JN411519

改訂版

現代 中國法槪論

韓大元 外 9人

傳 英 社

2009년 개정판 개 정 사

중국과 한국은 문화 전통과 용이한 지리적 접근성으로 인해 예로부터 활발한 교류 활동을 이어 왔다. 특히 1992년 8월 24일 중국과 한국의 역사적인 국교수립 이래 지난 17년 동안 중·한 양국은 정치·문화·경제 및 사회 각 분야에 걸쳐 실로 눈부신 교류의 성과를 이루어 내고 있다. 특히 경제분야에 있어서 괄목할 만한 교역 성과를 거두고 있으며, 이는 관련 통계를 통해서도 알 수 있듯이, 중·한 양국은 이제 실로 명실공히 서로에게 있어 가장 중요한 무역상대국으로 부상하게 되었다.

이러한 양국의 교류에 힘입어 한국에서의 중국에 대한 관심은 그 어느 때보다 높아졌다고 할 수 있으며, 한류 또는 중국어 학습 열풍 등 신조어들을 무수히 생산해 내었으며, 중국에 유학하는 한국 학생과 한국에 유학중인 중국 학생의 비율이 양국에서 각각 최대 수치인 것으로 미루어 보아도 작금의 중·한 간의 밀접한 관계와 친밀도 및 서로에 대한 애정과 관심 및 학습욕구를 대변해 준다고 할 수 있다.

그러나 중국에 대한 이해의 필요성이 나날이 증가함에도 불구하고, 한국에 알려져 있는 중국의 실상은 아직까지도 만리장성·이화원·천단공원 등 명승고적으로 유명한 관광지나, 삼국지·홍루몽·서유기 등 고대 문학작품 등에 대한 이해 차원 정도로만 머물러 있는 것이 아닌가 하는 생각이 든다.

어떤 한 국가의 현실을 가장 잘 파악하고, 그 나라와의 교류에 있어서 혼돈이나 착오·실수 등을 최소화하기 위해서는 우선 그 대상 국가의 법률제도에 대한 이해가 우선되어야 한다고 생각한다. 이러한 의미에서 중국에 대한 관심과 이해의 필요성에 비해, 물론 이전에 비해서 양적인 증가는 있었지만 아직까지도 중국의 법제도가 한국에 충분히 소개되고 있다고는 생각되지 않으며 이러한 점에 대해 실로 안타까움을 금할 수가 없다.

중국이 개혁과 개방의 문호를 대외에 활짝 연 지난 30여년 이래, 과거와는 비교할 수 없을 정도로 법률 정비작업을 통하여 사회주의 시장경제 체제를 발전시켜 나가고 있으며, 이러한 중국의 법률체계에 대한 소개는 이제 좀더 성숙한 단계를 향해 나아가고 있는 중·한 양국의 현실적 요청에도 부응하는 것이라 생각한다.

10년이면 강산도 변한다는 한국 속담도 있듯이, 중국의 법제도에 대한 입문서로서 본서 「현대중국법입문」을 출간한 지도 벌써 강산이 변하고도 2년이란 시간이 더 흘렀다. 그 동안 중국 입법·사법계는 실로 많은 법 제정과 개정 및 수많은 판례들을 쏟아 내었음에도 불구하고 본서에 대한 개정작업은 지난 2002년에 이어 이제서야 두 번째 개정판을 독자들 앞에 선보이게 된 점에 대해 저자의 게으름을 탓하지 않을 수 없다. 앞으로는 부단한 중국법의 변화를 좀더 빠르고 신속하게 수용하고 반영하여 새롭고 더 이해하기 쉬운 내용들로 독자들을 찾아뵙고자 노력하겠다.

이번 개정판도 현재 눈부신 변화와 발전을 거듭하고 있는 중국 현행 법제를 간략하게 소개함으로써 중국에 대한 이해가 필요한 독자에게 기본적인 법률체계의 내용을 제공하고자 하는 의도로 쓰여졌다. 본서의 내용은 제1장 중국법 개론, 제2장 헌법, 제3장 행정법, 제4장 민법, 제5장 혼인법·상속법, 제6장 상법, 제7장 세법, 제8장 형법, 제9장 민사소송법, 제10장 형사소송법, 제11장 노동법, 제12장 변호사제도, 제13장 법학교육으로 편성하였고, 모두 최신의 법령을 중심으로 가장 기본적이고 핵심적인 내용을 소개하고 있다. 특히 본서의 출간에 있어 지난 2002년 개정판과 다른 점은 국제경제법·경제법·환경법 내용을 생략하고, 중국 경제법에 있어서 좀더 중점적으로 서술할 필요가 있다고 생각한 세법을 하나의 장으로 단독 편성하였다. 뿐만 아니라 중·한 양국의 교류에 있어 지식재산권 분쟁이 가장 큰 문제로 부상한 점을 반영하여 제4장 민법 장에 지식재산권의 내용을 보강하였다.

이번 개정판은 지난 몇 년 간 중국에서 제정되거나 개정된 물권법·노동계약법·변호사법·상법·노동법·세법 및 형법 등의 제·개정내용을 모두 반영하고 있다. 또한 중·한 양국어로 된 현행법률목록 색인을 첨부하여 독자들로 하여금 중국 현행법률을 손쉽게 찾아볼 수 있도록 배려하였다.

독자들에 대한 중국법제의 기본적인 이해를 의도하고 있는 본서 역시 다른 개론서와 마찬가지로 아쉬움은 있다. 본서가 갖는 편성상의 한계로 인하여 좀더 깊이 있는 학술적 이해가 필요한 부분에 대하여는 다른 전문서적에 의존할 수밖에 없다는 점이 그것이며, 이에 대해 독자들의 양해를 구하는 바이다.

중국과 한국은 역사·문화적 배경 면에서 많은 공통점을 지니고 있으며, 오늘날은 동북아의 평화와 안정을 위해 양국의 교류 협력이 그 어느 때보다 절실히 요청되는 때이다. 양국 관계의 지속적인 발전은 양국 국민의 상호이해와 협력의 바탕위에서 이루어진다는 점을 감안하면 상호간의 법률제도에 대한 이해는 무엇보다도 중요하며 필수적인 것임을 다시 한번 강조한다.

본서가 중·한 양국관계의 발전에 조금이나마 도움이 된다면 집필자 모두는 더 이상 바랄 것이 없겠다. 본서의 잘못된 부분에 대하여는 독자 여러분의 서슴 없는 비평을 바라며, 아울러 옥고를 보내 주신 분들을 대신하여 독자 여러분의 행운과 건승을 비는 바이다.

본서의 개정에 있어서 여러분의 도움이 있었다. 이 자리를 빌어 수고를 아끼지 않은 여러분께 감사의 마음을 전한다. 끝으로 자꾸만 늦어지는 원고를 끈기 있게 인내심을 가지고 기다려 주신 박영사의 안종만 회장님을 비롯한 편집부 여러분께 깊은 사의를 표한다.

2009년 10월 25일

중국인민대학 명덕루 연구실에서

韓 大 元

서 문

중국과 한국은 수교 이래 정치적·문화적·경제적 및 사회적 각 방면에서 많은 교류가 있었고, 특히 경제분야에 있어서는 이제 상호 세 번째의 무역상대국이 되었다. 이러한 상황과 더불어 중국의 사회발전과 경제발전에 대한 관심은 그 어느 때보다도 높아졌다고 할 수 있다. 그러나 중국에 대한 이해의 필요성에 비하여 상호 법률제도에 대한 소개와 이해의 부족은 여전하여 여러 가지 문제가 발생되기도 한다. 특정국가에 대한 이해는 그 나라의 법제도를 우선 이해하는 것이 필요하다. 중국에 대한 이해는 우선 중국 법체계의 이해에 있다고 하여도 과언이 아니다. 각종의 사회관계를 규율하는 제도는 모두 법규범의 제정을 통하여 이루어지기 때문이다. 중국은 과거에 비교할 수 없는 정도의 치밀한 법제건설을 통하여 사회주의시장경제 체제를 발전시켜 나가고 있으며, 중국의 개혁개방정책은 이제 무역개방을 통하여 그 결실을 맺으려 하고 있다.

중국의 법제도에 대한 입문서로서 1995년 「현대중국법입문」을 출간한 바 있다. 「현대중국법입문」의 출간 이래, 그 동안 중국은 사회주의 법제현대화의 지속적인 추진 결과로 방대하고 체계적인 법률체계를 형성하게 되었으며, 「현대중국법입문」이 담고 있는 중국법의 내용은, 많은 부분에서 현행의 법률제도와 차이가 있어 시급한 개정이 필요하게 되었고, 독자들의 개정에 대한 요구 또한 적지 않았다. 우선 여러 가지 사정으로 인하여 일찌감치 독자들의 요구에 응하지 못한 점에 대하여는 지면을 통하여 사과를 드린다.

이번에 독자들의 요구에 부응코자 「현대중국법입문」을 전면 개정하여 중국법에 대한 개론서로서 「현대중국법개론」을 집필하게 되었다. 본서는 중국의 현대화된 현행의 법제를 간략하게 소개함으로써 중국에 대한 이해가 필요한 독자에게 기본적인 법률체계의 내용을 제공하고자 하는 의도로 쓰여졌다. 본서의 내용은 제 1 장 중국법 개론, 제 2 장 헌법, 제 3 장 행정법, 제 4 장 민법, 제 5 장 혼인법·상속법, 제 6 장 상법, 제 7 장 경제법, 제 8 장 형법, 제 9 장 민사소송법, 제10장 형사소송법, 제11장 국제경제법, 제12장 노동법, 제13장 환경법, 제14장 변호사제도, 제15장 법학교육으로 편성하였고, 모두 최신의 법령을 중심으로 가장 기본적인 내용을 간추려 소개하고 있다.

특히 본서의 출간에 있어 1995년에 출간된 「현대중국법입문」과 차이가 있는 점은 본서의 집필에 있어서 중국과 한국의 학자들이 함께 참여한 점이다. 중국과 한국의 교류는 경제적인 교류뿐만 아니라 법학연구분야에 있어서도 그 동안 지속적인 교류가 있었지만, 특히 본서의 출간에 있어서 양국 학자들의 참여는 한층 의미가 있다고 할 수 있다. 한국 학자들의 참여는 중국의 법률제도를 한국의 독자에게 더욱 친밀하게 제공할 수 있다는 장점이 있고, 앞으로 중국과 한국의 법학교류에 있어서 좋은 본보기가 될 수 있기 때문이다.

독자들에 대한 중국법제의 기본적인 이해를 의도하고 있는 본서 역시 다른 개론서와 마찬가지로 아쉬움은 있다. 본서가 갖는 편성상의 한계로 인하여 좀더 깊이 있는 학술적 이해가 필요한 부분에 대하여는 다른 전문서적에 의존할 수밖에 없다는 점이다. 이 점에 대하여는 독자들의 양해를 구한다.

중국과 한국은 공통적인 역사적·문화적 배경을 가지고 있고, 오늘날 동북아의 평화와 안정을 위하여 많은 협력이 필요하다. 양국관계의 지속적인 발전은 양국 국민의 상호이해와 협력의 바탕 위에서 이루어진다는 점을 생각하면 상호간의 법률제도에 대한 이해는 필수적인 것임을 다시 한번 강조한다. 본서가 양국관계의 발전에 도움이 된다면 집필자 모두는 더 이상 바랄 것이 없다. 본서의 잘못된 부분에 대하여는 옥고를 보내주신 분들을 대신하여 독자 여러분의 서슴없는 비평을 바라며, 아울러 독자 여러분의 행운을 빈다.

본서의 원고정리는 본서의 공저자인 정이근 선생이 맡아 주었고, 끝으로 본서가 출간되기까지 많은 도움을 주신 박영사 안종만 회장님을 비롯하여 노현 차장, 조성호 과장 그리고 편집부 여러분께 지면을 통하여 깊은 감사의 뜻을 표한다.

2002년 7월

중국인민대학법학원에서

韓 大 元

목 차

제 1 장 중국법 개론 [趙曉耕, 朱力宇]

제 2 장 헌 법 [韓大元]

제 3 장 행 정 법 [鄭二根]

제 5 장　혼인법 · 상속법　[金玄卿]

제 6 장　상　　법　[吳日煥]

제 7 장 세 법 [鄭二根]

제 8 장 형 법 [韓玉胜, 李星燕]

제10장 형사소송법 [鄭二根]

제11장 노 동 법 [鄭二根]

제12장 변호사제도 [金玄卿]

제13장 법학교육 [韓大元]

부　　록

제1장 중국법 개론

[趙曉耕, 朱力宇]

제 1 절 중국법의 전통

중국은 세계적으로 유구한 역사를 지닌 문명국가이다. 중화문명은 인류문명사에서 언제나 중요한 위치를 점하였다. 중국에 있어서 고대의 국가문명은 적어도 기원전 21세기의 하(夏)대로 거슬러 올라간다. 20세기의 고고학과 역사학 자료에 의하면, 지금으로부터 약 4,000여년 전의 하대에 이미 정식 국가가 형성되었다는 것을 알 수 있다. 1980년대 중기 요녕성 서부에서 발견된 양홍산(牛河梁紅山)문화유적이 증명하듯, 그 이전에도 중국에는 이미 국가가 발생하고 형성되었다는 것을 알 수 있다.

세계사에서도 중국의 전통문화는 그 역사가 유구하며, 끊임없이 발전, 변화하였다. 이는 바로 중화문화의 중요한 특징 중 하나이다. 중국에서 발생된 중화문화는 수천 년간 끊임없이 대대로 전해져 오고 있다. 요·순의 전설시대로부터 하·상·주·진·한·수·당·송·원·명·청에 이르기까지 수천 년의 발전과 변천의 과정에서 중국의 전통문화는 발전의 연속성과 주체의 순수성을 유지하고 있으며, 동방문화의 주류를 이루고 있고, 또한 서양문명과 함께 오늘날에도 건재하고 있다. 德을 근간으로 하고 刑罰을 보조수단으로 하는 중국의 고대 법률제도는 전통문화의 중요한 부분을 구성하고 있으며, 전통관념과 제도의 중요한 표현수단이 되었다.

기원전 21세기 하(夏)왕조의 건립을 기점으로, 중국의 고대법률제도는 국가문명의 번영과 함께 점차 집적되고 발전하는 과정을 거쳤으며, 하·상·서주(西周)의 삼대는 불문의 관습법이 주도적인 위치를 차지하였고, 춘추시대 중엽에 이르러 성문화된 제정법이 마침내 출현하였다. 이로써 성문법의 기본적인 특징을 갖춘 중국의 고대전통법률제도가 발전하기 시작하였다. 이후 수천 년을 거치는 동안 중국의 전통법률제도는 상대적으로 조악하고 간단한 법조문의 형태에서 체계적이고 다양한 내용의 독특한 특징을 가진 체계화된 법률제도로 변모하게 되었다. 입법에 있어서는 진·한에서 명·청에 이르는 역대 왕조는 건립초기에 거의 예외 없이 전면적인 기본법전을 제정하여 국가법제의 기초를 이루었다. 기본법전 외에도 영(令)·과(科)·비(比)·격(格)·식(式)·전(典)·칙(勅)·예(例)·지휘(指揮)·고사(故事) 등의 법률형식이 출현하였고, 이러한 법률형식은 성문법전을 보완하는 것으로서 사회생활의 전 분야에 걸쳐 전면적으로 규범하였다. 입법규모가 방대하고 입법내용이 풍부하며 법률형식의 다양성이라는 측면서, 중국의 고대법제는 세계고대사에서도 손꼽을 만한 위치에 있다. 입법적 성과 외에도 고대로부터의 장기적인 법의 실천을 통하여 차츰 형성되고 발전된 사법체제 또한 풍부한 특색의 일면을 가지게 되었다. 하·상대 이후, 고대의 전통적인 소송체제와 심판제도 또한 점차 완벽하여지게 되었다. 진(秦)대를 시작으로 중앙에서 지방에 이르기까지 완전한 사법체제, 즉 회심제도(會審制度)·조정제도·원정단죄(原情斷罪) 등 일련의 고대 전통적인 소송심판제도를 갖추게 되었고, 부단한 발전을 통하여 상당한 수준에 이르게 되었다. 특히 지적할 점은 오랜 변화와 발전과정에서 儒家思想의 영향으로 특징적인 고대의 법률제도와 법률규범을 형성하게 되었고, 이는 중국 고대법률의 윤리법적 특징이 되었다. 1840년 아편전쟁 이후 대내·외적인 환경의 변화로 인하여 고대의 전통법률제도는 고대법제에서 근·현대의 법률제도로 전환하게 되었다.

I. 고대 전통법제의 발전

4천여년에 이르는 중국 법제의 역사는 초기법제, 전국시대 이후의 고대 법제 및 근·현대법제 등 크게 세 부분으로 나눌 수 있다.

1. 초기법제의 형성

중국의 초기법제는 일반적으로 하·상·서주 및 춘추시기의 법제를 지칭하며, 일반적으로 노예제시대의 법률제도를 말한다. 시기적으로는 기원전 21세기에서 기원전 476년 사이의 기간에 해당한다. 초기법제의 특징은 관습법을 기본 틀로 하여, 법률은 공개하지 않으며, 비성문의 형식으로 존재한다.

중국의 초기법제에서 하·상대는 기초를 다진 시기라고 할 수 있다. 이 시기는 하 왕조가 건립된 기원전 21세기부터 약 500년 동안 지속되었다. 이 기간에는 중국 초기의 형벌제도, 감옥제도가 진전을 보인 시대이다. 하 왕조의 뒤를 이은 상 왕조도 약 500년간 유지되었다. 하대의 법률전통을 계승한 상대는 죄명, 형벌 및 사법소송제도 등의 분야에 많은 발전을 이루었다. 20세기 초에 출토된 갑골문의 자료들이 이를 입증해 주고 있으며, 상대의 형법 및 소송체제가 비교적 완벽한 경지에 이르렀다는 것을 엿볼 수 있다.

중국 초기법제의 흥성시기는 서주시기이다. 중국 역사상 서주시기는 매우 중요한 시기이다. 서주의 정권은 5세기 동안 지속되었으며, 중국 전통의 통치방식, 치국책략 및 일부 기본적인 정치제도가 이미 형성되기 시작한 시기였고, 전통문화의 기반인 철학사상, 윤리도덕 관념 등 사상문화 또한 발단한 시기였다. 법률적으로 서주의 법제는 형식과 내용에 있어서 초기법제의 정상에 도달하였다. 서주시기에 형성된 "이덕배천 명덕신벌(以德配天 明德愼罰)"의 법제사상은 '노인·아동범죄의 형벌감면,' '고의와 과실의 구분' 등의 법률원칙 및 형벌경중의 형사정책으로 구체화되었고, 이는 당시 세계 최고수준의 법률제도로서 중국 후대의 법제에 중요한 영향을 미쳤다. 그러므로 서주의 법률제도는 중국법제사 연구에 있어서 중요한 의의를 갖는다.

춘추시대는 중국역사에서 처음 맞는 대변혁기이며, 이 시기에 사회변혁의 중심은 '파괴(破),' 즉 서주가 수립한 일체의 종법제도의 파괴에 있었다. 여기에는 정치, 경제, 사상, 문화 등 모든 분야가 포함되었고, 이러한 기존의 모든 것들은 부정되었다. 법제영역에서는 '형벌의 독단'을 반대하고, '법을 대중에 공포'하도록 요구하는 내용의 성문법 공포운동이 일어나게 된다. 정(鄭) 나라 자산(子産)의 「주형서(鑄刑書)」, 등석(鄧析)이 지은 「죽형(竹刑)」 및 진나라의 「주형정(鑄刑鼎)」 등은 모두 법제개혁운동의 대표적인 성과이다.

2. 전국시대 이후의 고대전통법제의 발전

전국시대 이후의 고대법제는 일반적으로 전국시대 이후에서 청나라 말기 아편전쟁 이전의 각 주요 왕조의 법률제도를 가리킨다. 시기적으로는 기원전 476년에서 1840년까지의 2,000여년의 법제역사이다. 춘추시대 이후 비로소 성문법이 사회 전체에 공표되기 시작하였고, 이로인해 법률은 원래의 비공개와 불문의 상태에서 성문법 위주로 변화하게 되었다. 전국시대부터 청대에 이르는 2,000여 년 동안 법률이론, 입법기술, 법제규모뿐만 아니라 법률내용, 사법체제 등 각 분야에 걸쳐 근본적인 변화가 있게 된다. 우리가 흔히 말하는 '전통법률문화' 및 '전통법률제도'는 주로 이 시기에 형성되고 발전된 것이다. 법제 발전의 상황 및 법제의 전승에서 나타나는 작용을 근거하여, 다음과 같이 몇 단계로 나눌 수 있다.

(1) 전국시대

전국시대는 초기 관습법에서 성문법으로 전환되는 중요한 시기이다. 전국시대는 춘추시대에 이어 중국 역사상 대변혁이 이루어진 시대이다. 사회변혁의 중요한 성과와 중국 사상문화의 정수는 모두 이 시기에 출현하였다. 춘추시대와 비교해 보면 전국시대의 사회변혁 중 법제분야에서는 성문법을 위주로 하는 새로운 법률체제가 나타났고, 또한 보다 광범위하고 성숙된 형식으로 정비되기 시작하였다. 그 가운데 전국시대 초기 위나라의 이회(李悝)가 제정한 「법경(法經)」은 전국시기에 있어서 법제변혁운동의 대표적인 성과라 할 수 있다. 중국 고대사회에서 가장 영향력 있는 양대 학파인 유가와 법가의 주요한 정치 및 법률사상은 모두 이 시기에 성숙되었다.

(2) 진 · 한 시대

진·한 시대는 중국 고대 성문법 법률체계가 전면적으로 확립된 시기이다. 시기적으로는 기원전 221년에서 서기 220년의 역사시기를 포함한다. 기원전 221년은 진시황이 중국을 통일하고 중국역사상 최초의 중앙집권으로 특정되는 통일전제왕조를 세운 때이며, 이후 수천 년간 중국의 전통적인 정치방식과 정치모델을 확립하였다. 지도사상에 있어서, 진대에 시행한 것은 법가학파의 '법치(法治)' 및 '중형(重刑)' 등의 이론이다. 진대의 법률제도는 법가적인 색채를 명백히 띠고 있다. 중국 역사에서 전국시대와 진대는 법가학파가 가장 활발한 시기이나 법가이론이 완전하게 실천된 시기는 단지 진대에 불과하다. 그러므로 중국의 법제사에서 진대의 법제는 극히 분명한 특징을 나타내고 있다. 호북성 운몽현 수호지(雲夢睡虎地)의 진나라 묘에서 죽간(竹簡)이 출토된 이후, 많은 진대의 법률이 세상에 다시 드러나게 되었다.

양한(서한, 동한)시대에는 중국의 고대법제가 진대의 기초를 바탕으로 한층

발전한 시기이다. 전체적으로 볼 때, 한대의 법률제도는 단계적인 특징을 나타낸다. 즉, 한대의 법률제도는 전·후기의 두 시기로 나누어지는 특징이 있다. 전기는 한무제의 "罷黜百家 獨尊儒術(백가를 배척하고, 유가의 학술을 존중한다)"의 이전으로, 주로 "진대의 제도를 계승(漢承秦制)"하는 즉, 진대에서 전래된 법률의 기틀 위에 부분적인 개혁을 진행하였고, 진대의 법제형식과 유사한 법률체제를 형성하였다. 후기는 한무제의 "罷黜百家 獨尊儒術(백가를 배척하고, 유가의 학술을 존중한다)"의 이후를 가리키며, 지도사상으로는 유가의 사상이론을 받아들이고 유학을 관방적이고 정통적인 정치이론으로 삼았다. 이리하여 한대의 법률제도는 이론과 제도상에서 '유가화(儒家化)'되기 시작하였다. '유가화'를 거친 이후의 법률제도는 많은 부분에서 진대 및 한나라 초기의 법률과는 상이하다.

⑶ 위·진·남북조 시대

위·진·남북조 시대는 중국의 전통법제가 신속히 발전하는 시기이다. 위·진·남북조 시대는 중국 역사에 있어서 두 번째로 큰 동요의 시대이며 시기적으로는 221년에 조조가 세운 위나라로부터 581년 수문제가 남북분열을 끝내고 새롭게 중국을 통일한 시기이다. 이 시기에는 비록 국가 정세가 지속적으로 동요하였지만, 법률제도는 동요 속에서도 여전히 많은 발전을 이룩하였다. 우선 입법기술이 향상되었고 법률이론은 선통 '율학(律學)'의 발전에 따라 현저한 발전을 이루었다. 둘째로 구체적인 법률제도의 儒家化를 강화하였다. 일부 중요 법률제도는 '팔의(八議),' '관당(官當),' '중죄십조(重罪十條)' 등과 같은 이미 성숙한 내용을 법률원칙으로 하고 있다. 이 시기에 있어서 법제의 발전과 진보, 특히 전통법전의 내용과 구조의 변화는, 수·당대에 있어서 고대법제가 성숙하는 데 중요한 초석이 되었다.

⑷ 수·당 시대

수·당 시대는 중국의 전통법제가 성숙하고 정형화되는 시대이다. 시기적으로는 581년 수대의 건립에서부터 960년 송대의 건립 이전의 기간이다. 수·당 시대는 중국 고대사회의 흥성시기로, 하대 이후로부터 약 3,000년을 거친 고대사회의 정치·경제·문화 등 영역 모두가 이미 성숙되었고, 각종 사회체제도 비교적 화합의 단계에 접어들었다. 당대의 법률제도 역시 마찬가지이다. 수천 년의 입법과 사법의 경험을 기초로 수·당의 입법기술은 더욱 발전하였으며, 「당률소의(唐律疏議)」로 대표되는 우수한 법전이 제정되었다. 법률적으로는 한대 중기에 시작된 법률의 儒家化 과정은 800여년간 지속되었으며, 수·당시기에 이르러 마침내 결실을 맺게 되었다.「당률소의(唐律疏議)」의 제정을 기점으로, 고대의 도덕과 법률의 융합과정은 '예와 법의 결합(禮法結合)'의 과정을 기본적으로 완성하였고, 유가학파의 일부 기본적인 주장은 정교하게 성문법전에 반영되었다. 중국 전통사회의 '법률도덕화,' '도덕법률화'의 특징은 수·당의 법률에서 충분히 구현되었다.

특히, 당률소의(唐律疏議)로 대표되는 당대의 법제는 고대법제에서 최고수준에 도달하였다. 당률소의(唐律疏議)는 고대전통법제 ── 중화법체계 ── 의 대표작이며, 중국의 법제사와 세계의 법제사에 있어서 중요한 위치를 차지하고 있다. 그 영향은 고대의 주변국가인 조선, 일본, 베트남 등에까지 미쳤다. 예를 들어, 한국에서 지금도 쉽게 접할 수 있는 법률사 저작인「목민심서」와 일본이 당시에 제정한「대보율령(大寶律令)」등에서도 이러한 법률문화의 역사적 연원을 이해할 수 있다.

(5) 송·원·명·청 시대

이 시대는 고대전통법제가 극단적인 전제정치로 나아가는 시기이다. 시기적으로는 960년 북송의 건립에서부터 1840년 아편전쟁 이전까지의 시기이다. 송대 이후, 법률제도를 포함한 사회구조는, 수·당시기에 확립된 기본적인 틀 속에서 큰 발전을 하였다. 송·명·청 시기의 기본법전은 여전히 왕조법제의 기초이다. 왕조법률의 기본정신과 주체적인 틀은 여전히「송형통(宋刑統)」,「대명률(大明律)」,「대청률(大清律)」등 기본법전으로 확정한다. 그러나 칙령과 조례 등의 법률형식은 사법실무에서 실질적이고 구체적인 기능을 발휘한다. 전통사회 후기에는 '율(律)'을 기본 원칙으로 규정하였고, '칙령'과 '조례'는 각 분야에서 보충과 수정을 하였다. 기본 원칙으로 된 '율'은 상대적으로 안정적이어서 개정이 비교적 적으며, 실질적인 작용을 하는 부속입법은 수시로 빈번하게 개정을 하였다. 이러한 입법상의 변화는 수천 년간의 집적을 통하여 전통사회 후기에 이르기까지 이어지고, 통치자들로 하여금 각종 법률수단을 더욱 능숙하게 운용하여 사회를 조정할 수 있게 하였다. 동시에 당대 '안사의 난' 이후, 중국의 고대사회는 번성에서 쇠퇴의 길로 접어들기 시작하였다. 皇權의 끊임없는 강화에 따라 전통법제의 중심 역시 皇權을 보호하고 전제통치를 강화시키는 방향으로 기울어졌다. 송대의 편칙(編敕), 명대의 정장(廷杖)과 특무통치, 그리고 명·청대에 성행한 '문자옥(文字獄)' 등이 그 구체적인 예라고 할 수 있다.

Ⅱ. 근·현대법제의 변혁

중국 법률제도의 제 3 단계는 근·현대법제의 형성기이다. 1840년 아편전쟁 이후로 중국사회는 한국의 근대시기와 마찬가지로 서방열강의 계속적인 침략을 받기 시작하였다. 내우외환 가운데 중국사회는 어려운 전환을 시작하였다. 법률상으로, 이러한 전환의 독특한 특징은 수천 년간 존재하였던 전통법률체제와 법률관념이 와해되기 시작하였다는 것이지만, 근·현대적 의미의 법률제도가 전파되고 실시되기 시작하였다는 것이다. 이 시기의 법제변천은 다음과 같은 시기로 나눌 수 있다.

1. 청말의 변법시기(1840～1912년)

청말의 변법시기는 중국의 고대법제가 근·현대법제로 전환하는 중요한 시기이다. 1840년 중국과 영국의 아편전쟁에서부터 1911년 청이 멸망한 시기까지를 가리켜 일반적으로 '청말(淸末)'이라 한다. 아편전쟁 이후 중국은 주권독립국가에서 '반봉건 반식민지 사회'로 전락한다. 이 시기에는 서양열강의 잇따른 침략으로 중국사회의 정치·경제·민족의 모순은 날로 격화되고, 사회적 위기도 점점 심화된다. 비록 표면적으로는 청정부가 계속하여 중국 대부분의 지역에 대한 통치권을 유지하고 있었지만, 일부 연해지역과 통상의 항구에서는 실질적으로 국가의 영토주권(예, 홍콩)과 행정사법관할권(예, 중국에서의 영사재판권)을 상실하였다. 서양열강들의 중국에서의 영사재판권 확보는 바로 중국사회가 반식민지화 되었다는 법적인 반증이다. 동시에 1840년 이후, 특히 청정부가 존재한 최후의 10년간, 즉 1901년에서 1911년까지 청정부는 광범위한 법률개혁을 강요당하였는바, 예컨대 예비입헌, 관제개혁, 구법의 삭제와 수정, 신식법전제정 등 많은 내용의 법률개혁이 포함되었다. 서양의 근·현대 법률학설과 법률제도가 대량으로 들어와 청대 본래의 법률제도에 대하여 상당한 정도의 개혁을 하였다. 이로부터 고대의 전통법률체제에서 현대적 법률체제로 향하는 과도기가 시작되었다.

청말 변법의 여러 활동은 동방과 서방, 고대와 현대, 중국과 외국간의 여러 가지 모순과 충돌을 야기시켰다. 이러한 극히 광범위한 사회변혁 속에서 수천 년의 전통문화·전통가치관념·전통사회체제와 서방자산계급으로 대표되는 근·현대문화와 문명은 충돌과 융합을 거듭하였다.

2. 중화민국 시기의 법률제도

첫째, 중화민국 남경 임시정부의 시기이다. 1911년 10월 신해혁명이 발발하였고, 무장봉기의 성공 이후, 호북군 정부는 「중화민국악주약법(中華民國鄂州約法)」을 공포하였는데, 이는 중국의 자산계급이 제정한 최초의 헌법 문건이다. 1912년 1월 1일, 중화민국 남경 임시정부의 성립을 선포하였다. 각 성의 도독대표들이 연합하여 제정한 「중화민국임시정부조직대강」이 '임시헌법'으로서, 남경 임시정부 성립 후 새로운 수정을 거쳐, 「중화민국임시정부조직대강의 수정」이 되었다. 이것은 중국자산계급의 최초의 전국적 효력을 가진 헌법성 문건이다. 사실상 남경임시정부의 근본대법이다.

1912년 3월 11일, 손중산(孫中山)은 3월 8일 참의원 전원일치로 통과한 「중화민국임시약법」을 임시총통 명의로 공포하였다. 이는 근대헌정사상 진정한 자산계급공화국의 헌법적 성격을 지닌 법률문서이며, 손중산의 서명을 거쳐 효력이 발생되었다. 「중화민국임시약법」은 모두 7장으로 자산계급의 공화정체를 확립하였고, 원세개(袁世凱)의 중화민국 모반을 방지하기 위하여, 총통제를 책임내각제로 수정하였지만 공화정체제는 여전히 유지하였다. 통치권은 서방 자산계급 국가와 마찬가지로 입법권(참의원), 행정권(총통, 국무위원), 사법권(법원)의 삼권분립을 이루고 있다.

둘째, 중화민국 북경정부 시기이다. 1912년 3월, 원세개(袁世凱)가 중화민국 정권을 찬탈하고 북경에 북양군벌이 통제하는 중화민국 북경정부를 세웠는데, 이를 '북양정부'라고도 부른다. 북경정부가 행한 일부 입법활동은, 객관적으로는 이후 남경국민정부의 법제건설에 매우 유리한 조건을 제공하였다. 당시 수 년간에 걸친 군벌간의 혼전과 사회상황의 복잡 다변한 형세에 따라, 북경정부의 입법사상은 주로 아래의 세 가지로 나타난다. 하나는, 청말의 법제와 공자존중사상을 답습해야 한다고 주장하고, 전통사회의 윤리강령을 회복하여야 한다고 강력히 주장한다. 다른 하나는, 손중산 선생의 주장으로 제정한 「중화민국임시약법」을 파기하고, 군벌전제독재통치를 실시하는 것이다. 마지막으로 국내의 민주운동과 인민의 반항투쟁을 진압하고 그 반동통치를 유지하기 위하여, 특별법이 보통법에 우선한다는 원칙을 실행한다는 것이다. 이 시기의 헌정입법으로는 「중화민국약법」(袁記約法), 「참정원조직법」, 「대총통선거법」, 「중화민국헌법」(賄選憲法)

등이 있다. 이 외에도 대규모로 민·형사 등의 부문입법을 실행하였고, 형법제도에서는 부분적으로 전통형벌제도를 회복시켰다. 사법제도에서는 청말의 사법기구를 답습하였고, 군사심판기구는 사법심판 중의 특수한 지위로 하여 현의 지사가 심판권과 검찰권을 동시에 행사하였다.

셋째, 남경 국민정부 시기이다. 1927년에서 1949년까지는, 국민당이 건립한 남경 국민정부의 통치시기이다. 남경국민정부 건립 이후 광범위한 입법을 실행하여 대량의 법률, 법령 및 판례와 해석례(解釋例)를 공포하였고, '육법체계(六法體系)'를 형성시켰다. 남경국민정부의 법률제도는 다음 세 단계를 거쳤다.

제 1 단계는 1927년에서 1936년까지로 공산당과 내전이 지속된 10년간이며, 이는 국민당이 법률을 운용하고 일당전제통치의 지위를 확립한 시기로서, 그 '법통'이 형성된 시기이다. 이 기간에는 주로 헌법성질을 가진 「훈정강령」과 「훈정시기약법」이 공포되었고, 국민당이 일체의 국가대권을 독점하는 통치지위를 확립하였다.

제 2 단계는 1937부터 1945년까지 항일전쟁의 8년간이다. 이 시기는 남경국민정부가 '법통'을 확립한 때이다. 국민당이 공산당의 항일민족통일전선을 받아들여 제 2 차 국공합작을 실현하였고 부득이 공산당의 합법적인 지위를 승인하였다.

제 3 단계는 1946부터 1949년까지로 국민당과 공산당이 전면적인 내전을 벌이는 3년간이다. 이 시기는 남경국민정부가 '법통'을 유지하는 시기이다. 이 기간에는 국민당이 '헌정'과 국민에게 정치를 되돌려 주는 '환정우민(還政于民)'을 실행함을 표방하고 '국민대회'를 개최하였고, 「중화민국헌법」을 공포·실시하였으며, 중화민국정부와 5원의 조직법과 각종 선거법을 수정·공포하였다.

넷째, 중국공산당이 각 혁명근거지에 세운 지방정권의 법률제도이다. 주로 세 부분으로 나눌 수 있다. 먼저 법제의 수립과 기초를 다지는 단계(1927~1937년)이다. 1931년 중국공산당은 강서성(江西省)의 서금(瑞金)에서 중화소비에트공화국의 성립을 선포하고, 계속하여 「중화소비에트공화국헌법대강」 등 각종 법률 및 결의를 제정하였다. 신민주주의법제는 기본단계에 진입하였다. 다음은 법제가 전면적으로 발전하는 단계(1937~1945년)이다. 1937년 중국은 전면적인 항일전쟁기로 진입하였다. 중국공산당은 항일민족통일전선의 총 방침에 근거하여, 국민당과 제 2 차 국공합작을 이끌어냈다. 이후 적의 후방 항일근거지에는 각 급의 항일민주정권을 세웠다. 법제건설 부분에서는 변구의 헌법성 문건인 「시정강령(施政綱

領)」이 항일민족통일전선의 의지와 항전시기의 헌정주장을 체계적으로 반영하였다. 세 번째는 지방성법률제도가 전국 범위로 추진되는 단계(1945~1949년)이다. 이 시기는 정권과 법제건설의 측면에서 새로운 제도가 많이 탄생한 시기이다. 예를 들면 해방구인민정부의 성립, 대도시에서의 군사관제제도의 실시, 각계 인민대표회의 잇따른 개최는 정식의 인민대표대회제도가 실시되기 이전의 일종의 과도적인 형식이 되었다. 토지입법, 노동입법, 형사입법과 사법제도 부분에서도 모두 새로운 업적이 있었다. 예를 들면 「중국토지법대강(中國土地法大綱)」은 새로운 토지정책을 확립하였고, 노동입법은 노조(工會)제도, 노동보험제도, 노사관계 및 쟁의의 처리 등을 규정하였으며, 혼인상습입법은 여성의 권익을 더욱 강화하였고, 형사입법에서는 신민주주의 형사입법의 원칙이 괄목할만한 발전을 이루었다. 사법 영역에서는 남경 국민정부의 「육법전서」를 폐기하고 새로운 사법원칙을 확립하였다.

Ⅲ. 법제사 연구의 유구성

중화민족 고대의 역사학은 일종의 정치이론, 인간윤리와 학술사상 등을 포함하고 있다. 전 시대의 법제를 연구하고, 전 왕조의 정치·법제의 득과 실을 결산하는 것도 각 왕조건립 이후의 중요한 임무가 된다. 법제사 연구는 유구한 역사와 연원을 가지고 있다. 공자 말씀에, "은나라는 하나라의 예법으로 인하여 그 손익을 알 수 있다(殷因于夏禮, 其損益可知也. 「논어·위정」)"라고 하였다. 이로써, 중국 전통법제 형성의 초기에는 전대의 예악형벌제도 등을 연구하고 수용하는 것이 중요한 업무의 하나가 되었다는 것을 알 수 있다. 서주 목왕(穆王) 시기에 여형(呂刑)을 만들고, 전국시대의 이회(李悝)가 지은 「법경」, 한대의 소하(蕭何)가 율령을, 모두 이전 사람들의 법 전통 위에 완성된 것이다. 동한의 반고(班固)는 「한서」를 수정하여 최초로 형벌에 관한 전문규정을 둠으로써, 전 시대 법제의 연혁과 변천을 총결하였다. 이후 중국의 역사를 기술한 「이십사사(二十四史)」 등 대다수 관방 편찬의 정사(正史)에서도 모두 전문의 형법(벌)부분이 있으며, 관에서 편찬하는 사서 중에서는 전 시대의 법제사료 보존을 가장 중시하게 되었다. 수·당 이후로 모든 역대 왕조는 국사관(國史館)과 한림원(翰林院)을 설치하였으며, 정부는 사학연구와 편찬기구를 구성하여 체계적으로 전대의 전장제도(典章制度)를 연구하는 동시에 당시의 정치 및 법제활동을 기록하였다.

역대 관방의 正史에는 중국 법제발전의 사료들이 누적되어 있다. 관방조직의 연구활동 이외에도, 청대 이전에는 사대부 개인도 역사에 흥미를 가지고 전시대 사람들의 법제를 집중 연구하였으며, 대대로 명가들이 이어져 오고 있다. 도도한 웅변의 선진제자(先秦諸子)에서 '무재심문(務在深文)'으로 칭하는 한대의 문서관원(刀筆吏)에 이르기까지, 시부(詩賦)에 탁월한 백거이, 범중엄에서 남송 理學의 거장 주희에 이르기까지, 모두 법률 및 법제에 대하여 적지 않은 평가를 남긴 바 있다. 등석(鄧析) 이후에 이르러서는, 한대의 정현(鄭玄), 마융(馬融), 곽씨 일가, 위·진시대의 장비(張斐), 두예(杜預) 등과 같이 개인 및 가족이 고대의 전통율학을 연구하고 종사하는 전문가들로서 그들의 대를 이었다. 거시적으로 보면, 명대 이전의 법제사연구가 역사학에 속한 부속적인 것이었다면, 청대에 와서는 전문적으로 또는 의식적으로 법제사에 종사하는 연구자들이 출현하였다는 것이다. 청대 설윤승(薛允升)의 「당명율합편(唐明律合編)」, 학의행(郝懿行)의 「보송서형법지(補宋書刑法志)」 등 저작들이 이를 설명하고 있다. 청대 이후의 법률제도에 대한 연구는 이미 전문화된 경향이 있다. 특히 청대 말기에는 수률대신(修律大臣) 심가본(沈家本)이 전면적이고 체계적으로 중국 전설상의 요순시대에서 명대에 이르는 수천 년간의 입법, 사법 각 영역에 대한 연구와 결산을 진행하였다. 심가본이 지은 「역대형법고(歷代刑法考)」는 중국법제사에 대한 전면적이고 체계적인 연구이며, 또한 근대 이전의 중국법제사연구를 총결하는 것이다. 그러므로 중국법제사 연구에 있어서 심가본은 중요한 선구자적인 위치에 있다고 할 수 있다.

Ⅳ. 고대 전통법률제도의 기본특징

법률제도는 현실사회관계를 반영한다. 중국 고대사회의 점진적인 발전에 따라, 전통의 법률제도 또한 점점 성숙되었으며, 이는 단계적인 특징을 나타낸다.

수천 년간의 법제전통은 다음과 같은 특징을 나타낸다.

첫째, 전통법률문화의 윤리적 특성이다. 가족, 혈연, 윤리를 중히 여기는 것은 중국문화의 고유한 특징이며, 이는 고대의 법률에 있어서 극히 명확하게 나타난다. 중국은 수천 년의 농경사회로서 "윤리에 의거하여 형벌의 경중을 가린다(依倫理而輕重其刑)"는 특징을 지닌 전통법률을 형성시켰다. 즉, 고대에 법의 유무를 확정하고 형의 경중을 결정하는 것은 주로 윤리관계에 의거하고 있다. 중국의 전통사회에서는 군신, 부자, 형제, 부부, 장유, 존비, 귀천, 상하간에는 엄청난 사회적 차별이 존재한다. 법률적으로는, 하나의 동일한 행위에 대하여 어느 사람이 실시하고, 또는 어느 대상에 대하여 실행하였는가에 따라 법률의 결과는 절대적으로 다르다. 예를 들어 당률(唐律)에서는 일반인 간에 서로 구타하면 각각 곤장 40대의 체형에 처한다. 그러나 만일 친척지간에 이러한 일이 발생하면 상황은 매우 달라진다. 차별이 가장 큰 것은 부모와 자식 간에 대한 당률의 규정으로서, 자손이 부모 또는 조부모를 구타하면 십악(十惡)의 하나인 악역(惡逆)에 해당하고, 부상의 유무를 불문하고 일률적으로 최고형인 참형에 처한다. 반면, 부모 또는 조부모가 자손을 구타하면 일반적으로 법적인 책임을 면한다. 이처럼 '윤리법'으로 불리는 제도는 중국 고대의 어느 법이나 마찬가지이다.

둘째, 전통법률제도의 전제적 특징이다. 중국의 전통법률제도는 고대 전제정치사회의 토양에서 발육하고 성장되었다. 고대의 국가정권은 전제정치와 사회관리를 유지하는 중요한 도구가 되었으며, 전통법률은 의심할 여지 없이 강한 전제적 특징을 나타내고 있다. 이러한 특징은 정치적 측면에서뿐만 아니라 사회생활의 각 방면에 나타난다. 대체로 고대사회의 사람들은 두 가지 기본층차 즉 '존(尊)'과 '비(卑)'로 구분된다. 군신·부자·형제·부부·장유·귀천 등의 대응관계에서 군·부·형·부·장·귀의 사람은 '존'의 지위에 해당되고, 신·자·제·부·유·천의 사람은 '비'의 지위에 해당한다. '존'에 비하여 상대적으로 '비'는 의무만 있지 권리를 강조할 수 없는 것이다. 따라서, 전통법률에서 가장 많이 기술된 것이 '존'자에 대한 지위·존엄·이익의 보호이며, 개인의 권리보장에 관한 것은 매우 드물다. 이러한 전제통치의 특징은 무시할 수 없는 것이다.

셋째, 전통법률문화에 나타난 철학 및 사상적 특징이다. 법률제도는 일종의 특수한 사회적 현상으로서, 일정한 시대에 있어서 사람들의 사회 및 인생에 대한 기본적인 생각과 행동방식을 나타내는 것이다. 그러므로 법조문의 배경에도 다양한 사회사상이 들어 있으며, 당시에 주도적인 지위를 점하고 있던 철학사상 및 윤리도덕관념이 반영된다. 하·상대 이후로 중국의 고대법률은 줄곧 중국특유의 '천도'관념의 지배를 받고 있다. 하·상 양대의 '천토(天討)'·'천벌(天罰),' 서주시기의 '이덕배천(以德配天),' 한대 유가들이 제창한 '천인감응(天人感應)'·'천인합일(天人合一),' 더 나아가 송·명대 理學의 '이(理)'·'기(氣)'·'심(心)' 등의 범주는 모두 전통적인 '천도'관념의 반영이다. 이러한 '천도'관념은 고대법률에 대한 심층이론이며, 고대법전의 구성 및 각 정권의 거시적인 법제정책에 중대한 영향을 주었다.

중국역사상 법률제도에 대하여 가장 영향이 깊은 사상이론은 유가학파의 사상이다. 유가학파는 일찍이 춘추전국시기 제자백가에 크게 영향을 준 학파이다. 이후 수천 년 동안의 문화적 전승에서 유가학파는 세력의 우월성을 바탕으로 기타 학술사상의 진수를 부단히 흡수함으로써, 유학을 방대한 사상체계로 발전시켰으며, '천도'관념을 포함한 많은 전통철학 이론은 모두 유가학설을 흡수·계승·개조하게 된 것이다. 한대 중기 "백가를 배척하고 유가의 학술을 존중한다(罷黜百家 獨尊儒術)" 이후, 유가학설은 국가에 의해 받아들여져 유일하게 전파될 수 있는 사상이 되었기 때문에 고대사회의 주도적인 사상으로 변화 발전하였으며 유가의 관념과 주장은 사회생활의 각 부분으로 침투하여 전체 중국 사회에 지대한 영향을 주었다. 법률적으로는, 전국시대와 진대에 법가사상이 법제건설을 주도한 것을 제외하고, 기타 왕조의 법률제도는, 크게는 입법의 기본원칙과 거시적인 법률정책에서 작게는 구체적인 각 항목의 규정에 이르기까지, 모두 유가이론과 가치관의 영향을 받았다고 할 수 있다. 일반적으로 중국 고대법의 윤리특징, 즉 '예와 법의 결합(禮法結合)'은 모두 유가학설과 깊은 관계가 있다. 그러므로 유가학설과 이론은 중국의 고대법률제도를 연구하는 데 기본적인 역사배경이 된다.

제 2 절 법의 개념

I. 법의 뜻과 법의 특징

1. '법'과 '법률'의 뜻

현대한어(現代漢語)에 있어서 '법'과 '법률' 두 단어는 병용되고 있다. 법은 국가에서 제정 또는 인가하고 국가강제력에 의하여 그 실시가 보장되는 행위규범의 총칭이다. 예를 들면 중국 현행법에는 전국인민대표대회 및 그 상무위원회에서 제정한 법률, 국무원에서 제정한 행정법규, 각 성·자치구·직할시 인민대표대회 및 그 상무위원회에서 제정한 지방성 법규, 국무원 각 부(部)·각 위원회와 각 성·자치구·직할시 인민정부에서 제정한 부문규장(規章) 및 기타 규범적 법률문서 등이 포함된다. '법률'은 광의적(廣義的) 의미와 협의적(狹義的) 의미가 있다. 광의적 의미에서의 '법률'은 '법'과 동일한 뜻을 지닌다. 협의적 의미에서의 '법률'은 전국인민대표대회 및 그 상무위원회에서 제정한 법률을 지칭한다.

2. 법의 개념과 기본특징

법은 국가에서 제정 또는 인가하고 국가강제력으로 그 실시를 보장하며 국가의 의지와 이익을 반영한 규범체계이다.

법의 기본특징은 다음과 같다.

첫째, 법은 특수한 사회규범이다. 사회규범은 사람과 사람간의 관계를 조절하는 행위규범이다. 법률규범·도덕규범·사회단체규범 등은 모두 사회규범에 속한다. 법은 기타 사회규범에 비하여 규범성·개괄성과 예측가능성(可豫可能性)의 특징이 있다. 법의 규범성은 법이 사회생활에 있어서 사람들의 행위 방식, 표준, 방향을 확정할 수 있다는 것을 말한다. 즉 사람들은 어떻게 행동하여야 하며 어떻게 행동할 수 있고 어떻게 행동하지 말아야 한다는 것을 법이 규정할 수 있음을 말한다. 법의 개괄성은 법의 대상이 단지 개별적 사람, 개별적 일, 개별적 상황이 아니라 추상적이고 일반적인 사람이며, 동일한 상황 또는 조건에서 반복적으로 사용될 수 있다는 것을 말한다. 법의 예측가능성이란, 사람들이 법을 통하여 어떤 행위에 대한 국가의 태도 및 이런 행위로 하여 비롯될 수 있는 법률효과를 사전에 알 수 있다는 것을 말한다.

둘째, 법은 국가에서 제정 또는 인가한 것으로 국가의 의지를 나타낸다. 제정과 인가는 국가에서 법을 제정하는 두 가지 기본방식이다. 법의 제정은 국가기관에서 법정직권과 법정절차에 의하여 각종 규범적 법률문서를 제정·개정·폐지하는 활동이다. 법의 인가는 국가에서 사회현실의 요청에 따라 실제 존재하는 동시에 사람들에 의해 준수되는 어떤 행위규범에 직접 법률효력을 부여하는 것이다. 예컨대 관습·판례(判例) 등을 관습법, 판례법으로 인가하는 것이다. 제정이거나 인가이거나를 물론하고 법의 형성은 모두 국가를 떠나지 못한다. 다시 말하면 법은 국가의 명의로 사람들의 행위를 규범한 것으로서 국가의 존재를 조건으로 하며 국가의지의 속성을 가지고 있다.

셋째, 법은 국가강제력에 의하여 그 실시가 보장되며 국가의 강제력을 가진다. 일반적으로 모든 사회규범은 일종의 강제성을 가지고 있지만 법의 강제성은 기타 사회규범과 구별된다. 법의 강제력은 직접 국가권력에서 비롯된다. 즉 국가에 의해 법은 관철·실시된다.

넷째, 법은 사람들의 권리와 의무를 규정함으로써 일정한 사회관계를 확정하고 보호하며 발전시킨다. 법은 사람들의 권리와 의무를 규정하는 것을 자체의 주요내용으로 삼는다. 법률상의 권리는 사람들에게 어떤 행위를 할 수 있거나 할 수 없는 가능성을 부여한다. 법률상의 의무는 사람들에게 어떤 행위를 반드시 하여야 하거나 하지 말아야 할 책임을 부여한다. 기타 사회규범에도 권리와 의무의 내용이 흔히 있지만 그것은 법률상의 권리·의무와 구별된다. 그 구별은 주로 법률상의 권리와 의무는 국가에서 확인하고 보장하는 데 있다. 사람들의 법률상의 권리가 침해당하였을 때 국가기관에 보호를 요구할 수 있으며, 법률상의 의무를 지고 있는 사람이 그 의무를 이행하지 않을 때 해당 국가기관에서 그 법률책임을 추궁할 수 있다.

Ⅱ. 법제, 법치 및 법률질서

중국의 《대백과전서》(법학)에 따르면 법제는 국가의 법률과 제도를 총괄한다는 것으로 해석되고 있다. 이것은 광의적 의미에서의 법제에 대한 개념이다. 이런 의미에서 사용되는 법제의 개념은 서로 다른 상황과 조건하에서 일치하지 않는다. 첫째, 선거제도, 소유권제도, 재판제도 등과 같은 일부 법률규칙에 의해 구성된 구체적 법률제도를 말한다. 즉 영어의 legal institution에 해당된다. 둘째, 법 또는 광의적 법률개념과 뜻이 같다. 셋째, 한 나라의 법률체계를 의미하며, 영어의 legal system에 해당된다. 그것은 구체적인 법률제도와 법(법률규범의 총화)을 포함하고 있을 뿐만 아니라 법률실천(예컨대 법원의 재판활동)[1]과 사람들의 법률의식도 포함하고 있다. 중국에서는 상술한 마지막 의미에서의 법제의 개념을 사용하고 있다. 즉 법제에는 현행법, 법률실천 및 법률의식을 포함한 전반적인 법률상부구조가 포함된다. 때로는 이런 의미에서의 법제를 강조하기 위하여

1) 서양학자들은 때론 법률실천을 '행동중의 법(law in action)' 또는 '활용되고 있는 법(living law)'이리 하고 있다.

'법제건설'이라는 말도 사용되고 있다.

법제는 또 민주주의 원칙에 따라 국가사무를 제도화, 법률화하며 법에 따라 관리를 진행하는 방식을 특별히 말한다는 것으로 해석되어 있다. 이것은 법제에 대한 협의적인 개념이다.[1] 법에 의하여 다스리고 처리한다는 의미에서의 법제는 영문의 rule of law, rule by law 또는 legality에 해당된다. 이런 법제는 민주주의 원칙과 제도와 밀접히 연관되어 있다. 즉 민주주의는 법제의 전제이고 기초이며 법제는 민주주의의 구현이고 보장이다. 그 핵심은 법에 의하여 나라를 다스리고 일을 처리하는 것이다. 중국에 있어서 이런 의미에서의 법제를 "의거할 법이 있어야 하며 법을 꼭 지키며 법을 엄격히 집행하며 위법행위를 반드시 추궁하도록 하여야 한다"는 것으로 개괄된다.

법에 의하여 다스리고 처리한다는 의미에서의 '법제'와 '국가의 법률과 제도'는 완전히 다른 의미의 법률현상이다. 법에 의하여 다스리고 처리한다는 의미에서의 법제를 '법치(法治)'라 하고 법제를 '법률 제도'의 약칭으로 이해할 수 있다.[2] '법치'란 말은 중국법학에서 전통적으로 사용하는 술어이다. 자의(字意)대로 이해하면 그것은 법에 의하여 다스린다는 뜻을 포함하고 있다. 그러므로 그것은 법률지상(法律至上)을 관철하고 엄격히 법에 의하여 다스리고 처리하는 원칙, 제도, 방식과 사상을 더욱 적절히 구현할 수 있다. '법치'라는 어휘를 사용하는 것은 법에 의하여 처리하는 사람들의 의식의 육성에 유리하며 현대 중국법제건설의 핵심이 단지 '의거할 법이 있어야 할' 정도에 이를 뿐만 아니라 엄격히 법에 의하여 처리할 수 있는 정도에 이르는 데 있다는 것을 구현하는 데 유리하다.

법률질서는 사회생활에 있어서의 법률규범의 실현이며 상응한 법률관계로 전화된 후 형성된 안정하고 질서정연한 상태이다. 법제를 건전히 하고 법치를 실시한 직접적 결과가 바로 사회생활에서 형성될 수 있는 엄격하고 질서 있으며 조화되고 안정된 법률질서이다. 중국에 있어서 사람들은 "의거할 법이 있어야 하며 법을 꼭 지키며 법을 엄격히 집행하며 위법행위를 반드시 추궁하도록 하는" 법률질서를 형성하는 것은 사회발전의 중요한 조건의 하나라는 공동된 인식

1) 「중국대백과전서(법학)」, 중국대백과전서출판사, 1984년 9월, 114면.

2) 1999년 3월 15일, 제9기 전국인민대표대회 제2차 회의에서 통과된 헌법개정안에는 "중화인민공화국은 법에 의하여 국가를 다스리고 사회주의 법치국가를 건설한다"는 내용이 포함되어 있다.

을 바탕으로 한다.

Ⅲ. 법 계

법계는 법률제도의 역사적 전통, 형식과 구성, 법률실천과 법률의식의 일부 공통적인 특징에 따라 역사와 현실중의 서로 다른 국가와 지구의 법률제도에 대한 분류이다. 예를 들면, 법률제도의 역사전통, 형식, 구성 및 법원(法源) 등의 공통적인 특징에 따라 유럽대륙 각국의 법률제도를 대륙법계라 하고 영미 등 나라의 법률제도를 보통법계라 한다.

법계는 서양학자들이 처음으로 채용한 분류방식이다. 그러나 서양학자들의 법계개념은 통일되어 있지 않으며 그 구체적인 분류표준도 같지 않다. 중국법학이론도 이 표준을 인정함과 동시에 일정한 정도에서 채용하고 있다. 중국학자들은 법률제도분류의 표준은 종합적이어야 하고 사회의 경제와 정치제도의 영향을 보아야 할 뿐 아니라 법률의 전통과 기술 등 방면의 작용도 보아야 한다고 인정하고 있다. 이 두 표준의 관계를 놓고 말하면 사회의 경제와 정치제도의 표준이 일차적이고 결정적인 것이며 법률전통, 기술 방면의 표준은 이차적이고 보충적인 것이면서도 불가결한 것이다.

중국의 법학이론에서는 일반적으로 현대 중국의 법률제도는 사회주의법계에 속한다고 인정하는 동시에 중국의 학자들도 현대 중국의 법은 형식과 구성 및 법률의 연원 면에서 대륙법계와 일부 비슷한 특징을 가지고 있으며 역사전통과 법률의식의 측면에서 일본, 한국의 법률제도와 일부 유사한 특징을 가지고 있다고 인정한다.

제 3 절 법의 작용

법의 작용을 법의 일반적 작용과 구체적 작용, 법의 전체적 작용과 국부적 작용, 법의 예측작용과 실제작용, 법의 직접적 작용과 간접적 작용 등 여러 가지로 분류할 수 있다.[1] 중국법학저서에서 자주 볼 수 있는 분류는 법의 규범작용

1) 심종령 등, 전게서, 65~67면.

과 법의 사회작용이다.

I. 법의 규범작용

법의 규범작용은 특수한 행위규칙으로서의 법이 사람들의 행위를 규범하는 작용을 말한다. 법의 이런 규범작용을 다음과 같이 구체적으로 나눈다.

(1) 인도(引導)작용

법률을 통하여 무엇을 할 수 있으며 무엇을 하여야 하고 무엇을 하지 말아야 한다고 사람들을 인도하는 것이다. 인도에는 두 가지 상황이 있다. 첫째는, 확정적 인도이다. 즉 법률의무를 규정하는 것을 통하여 사람들에게 일정한 행위를 하거나 또는 억제할 것을 요구한다. 둘째는, 선택적 인도이다. 즉 법률권리를 부여하는 것을 통하여 사람들에게 어떻게 행동할 것인가를 선택할 기회를 마련해 준다.

(2) 평가작용

즉 법률을 통하여 사람들의 행위가 합법적인가 아니면 비합법적인가를 평가, 판단, 측정하는 것이다. 법의 평가는 국가의 기본가치관을 반영하며, 각 개인을 놓고 말하면 평가의 객관적인 기준이고 척도이며 준칙이다.

(3) 예측작용

즉 법률을 통하여 사람들 상호간에 어떻게 행동하며 또 그로 인하여 초래되는 법률효과에 대하여 사람들로 하여금 사전에 알거나 예측하도록 규정하는 것이다.

(4) 교양작용

즉 법률을 통하여 사람들의 행위에 대한 국가의 요구를 의식형태로 만들어 사람들에게 영향을 주고 사람들을 교양하여 사람들의 법률의식수준을 제고시키는 것이다.

(5) 강제작용

즉 법률을 통하여 위법범죄행위를 제재하고 처벌함으로써 법률질서를 유지한다.

Ⅱ. 법의 사회기능

법의 사회기능은 특수한 사회규범으로서 법이 사회생활을 규범하는 기능을 의미한다. 법의 사회적 기능과 법의 규범적 기능은 밀접한 관련이 있다. 법은 자체의 규범기능을 통하여 사회생활에 영향을 주며 법은 또 자체의 사회적 기능을 통하여 사람들의 행위에 대한 규범을 실현한다. 일반적으로 다음과 같은 네 가지 법의 사회적 기능이 있다.

(1) 사회주의법의 경제건설기능

법으로 사회주의의 기본경제제도를 확인하고 공고히 하며 경제체제개혁을 촉진하고 보장하며 시장경제체제를 건립하고 완성하며 경제를 발전시켜 인민의 생활수준을 높이는 것을 포함하는 기능이다.

(2) 사회주의법의 민주건설기능

법으로 공민의 기본권을 보장하고 정치체제개혁을 촉진하고 보장하며 인민대표대회제도의 역활을 통하여 국가권력이 민주와 법률질서 가운데서 정확히 행사되도록 하며 민주의 법률화, 제도화, 질서화를 기하는 것이다.

(3) 사회주의법의 정신문명건설기능

법으로 과학·문학·예술·신문출판·방송텔레비전·체육·위생·교육 등 문화교육사업의 발전을 촉진하고 보장하는 기능이다.

(4) 사회주의법의 대외교류기능

법으로 중국의 대외개방을 촉진하고 인도하고 보장하며 각 국과 정치·경제·과학기술·문화·교육 등의 분야에서 교류와 협조를 진행하는 것을 강화하여야 하는 것을 포함하는 기능이다.

제 4 절 법의 제정

Ⅰ. 입법체계와 법원(法源)

1. 입법체계

입법체게는 법의 제정 권한을 구분하는 제도, 즉 한 국가에서 여러 국가기관 및 그 인원이 법률과 기타 규범적 법률문서를 제정, 인가, 개정, 폐지하는 권한에 대하여 구분하는 제도이다.

어느 나라의 입법체계든 모두 그 나라의 경제 · 정치 · 문화와 사회발전의 수요에 적응하여 수립되고 발전하며 그 나라의 역사와 현실의 실정과 밀접한 관계가 있다.

중국의 현행 입법체계는 중국 사회주의국가의 본질에 의하여 결정되며 중국의 인민대표대회제도, 통일된 다민족국가의 국가구성형식 등에 의하여 결정되며,[1] 이는 또한 중국의 경제 · 정치 · 문화 · 사회 · 역사전통 · 지리환경 등 요소의 필연적 산물(產物)이다. 중국의 헌법과 관련 국가기관의 조직법에서는 각급 여러 국가기관의 법제정권한에 대하여 명확하게 규정하였다.

⑴ 최고국가권력기관 및 그 상설기관의 권한

전국인민대표대회는 헌법을 개정하며 형사, 민사, 국가기구 기타에 관한 기본법률을 제정 또는 개정한다. 전국인민대표대회 상무위원회는 전국인민대표대회가 제정하여야 할 기본법률 이외의 다른 법률들을 제정 또는 개정한다. 전국인민대표대회 휴회기간에 전국인민대표대회가 제정한 법률을 부분적으로 보완, 개정한다. 그러나 해당 법률의 기본원칙에 저촉되어서는 안 된다.

⑵ 최고국가행정기관 및 그 소속기관의 권한

국무원은 헌법과 법률에 근거하여 행정법규를 제정하며 결정과 명령을 공포한다. 국무원 각 부, 각 위원회는 법률과 국무원의 행정법규 · 결정 · 명령에 근거하여 각 부문의 권한범위 내에서 명령 · 지시 및 규정을 공포한다.

⑶ 지방 각급 국가권력기관 및 그 상설기관의 권한

지방 각급 인민대표대회는 해당 행정구역에서 법률이 정한 권한에 따라 결의를 채택 · 공포한다. 성, 자치구, 직할시의 인민대표대회 및 그 상무위원회는 헌법, 법률, 행정법규를 어기지 않는 전제하에 지방적 법규를 제정할 수 있으며 이를 전국인민대표대회 상무위원회에 등록한다. 성, 자치구 인민정부 소재지의 시와 국무원의 비준을 거친 비교적 큰 시의 인민대표대회 상무위원회는 필요한 지방적 법규초안을 작성하여 성, 자치구 인민대표대회 상무위원회에 제기하여 심의 · 제정하는 동시에 전국인민대표대회 상무위원회와 국무원에 등록한다.

민족자치지역의 인민대표대회는 당해 지역 민족의 정치 · 경제 · 문화의 특성

1) 중국의 사회제도, 정치제도와 국가구성형식의 자세한 내용은 이 책의 제 2 장 「헌법」을 참조.

에 따라 자치조례 및 단행조례를 제정할 권한을 가진다. 자치구의 자치조례 및 단행조례는 전국인민대표대회 상무위원회의 비준을 받은 후에 효력을 발생한다. 자치주, 자치현의 자치조례와 단행조례는 성 또는 자치구 인민대표대회 상무위원회의 비준을 받은 후에 효력을 발생하며 전국인민대표대회 상무위원회에 등록한다.

(4) 지방 각급 국가행정기관 및 그 소속기관의 권한

지방 각급 인민정부는 해당 행정구역 내에서 법률에 규정된 권한에 따라 결정과 명령을 공포할 권한을 갖는다. 성, 자치구, 직할시 및 성, 자치구 인민정부 소재지의 시와 국무원의 비준을 거친 비교적 큰 시의 인민정부는 법률과 행정법규에 근거하여 규정을 제정할 수 있다. 현 이상의 인민정부 산하의 부속 부문은 명령과 지시를 공포할 수 있다.

중국헌법 제58조에는 “전국인민대표대회 및 전국인민대표대회 상무위원회는 국가의 입법권을 행사한다”라고 규정하고 있다. 다시 말하면 중국은 기타 대다수 단일제(單一制) 국가와 마찬가지로 일급(一級) 입법체제를 실시하기 때문에 국가의 입법권은 전적으로 국가최고권력기관에 속한다. 동시에 중국의 지역이 넓고 인구가 많고 각지의 경제·정치·문화발전이 불균형한 현실을 감안하여 국가최고행정기관 및 그 소속 각 부, 각 위원회에 행정법규와 부문규정을 제정할 수 있는 권한을 부여하였으며 성, 자치구, 직할시의 권력기관과 인민정부에 지방성법규 및 지방정부규정을 제정할 권한을 위임하였다. 이는 일정 범위 내에서 2급(二級)입법체제의 특징을 갖고 있다는 것을 의미한다.[1]

2. 중국법의 법원(法源)

중국 현행의 법원은 다음과 같다.

(1) 헌 법

헌법은 전국인민대표대회에서 제정, 개정하는 것으로서 국가의 근본법이다. 기타 다른 법률과 비교할 때, 헌법은 최고의 법적 지위와 효력을 지니고 있으며 국가의 모든 법제정의 기초와 근거가 된다. 모든 법률, 법규, 규정의 효력은 헌

1) 중국은 일급입법체제인가 아니면, 이급(또는 다급)입법체제인가 하는 문제에 대한 중국학자들의 인식은 완전히 일치한 것은 아니다. 이에 대하여 일찍 논의가 있었다. 이 문제에 관해서는, 왕용비 등, 「중국법리학연구종합서술과 평가」, 중국정법대학출판사, 1992년 12월, 384-391면 참조.

법에서 비롯되며 헌법의 규정에 저촉되어서는 안 된다.

⑵ 법 률

협의적 의미에서의 법률을 의미한다. 즉 전국인민대표대회 및 그 상무위원회에서 “법률”로 제정한 규범적 법률문건들을 모두 지칭한다. 중국 헌법에 근거하여 법률은 기본법률과 기본법률 이외의 법률로 분류된다. 기본법률은 전국인민대표대회에서 제정한다. 예를 들면 「중화인민공화국 물권법」, 「중화인민공화국 형법」 등은 전국인민대표대회에서 제정하는 기본법이다. 기본법률 이외의 법률은 전국인민대표대회 상무위원회에서 제정한다. 예를 들면 「중화인민공화국 회사법」, 「중화인민공화국 법원조직법」과 같은 것은 전국인민대표대회 상무위원회에서 제정하는 기본법률 이외의 법률이다.

⑶ 행정법규

행정법규는 국무원에서 제정하는 것으로서 그 법적 효력은 헌법과 법률 다음이다. 국가최고권력기관의 집행기관으로서의 국무원은 국가의 최고 행정관리업무를 이행하기 위하여 ‘중화인민공화국 우편(郵便)법 실시세칙,’ ‘컴퓨터의 소프트웨어 보호조례’ 등과 같은 일부 행정법규들을 제정한다.

⑷ 부문규장

국무원 소속의 각 부 및 위원회는 직권범위 내에서 규정을 제정·공포할 수 있다. 이것을 일반적으로 ‘부문규장’ 또는 ‘부위(部委)규장’이라고 하며, 그 효력은 헌법, 법률, 행정법규보다 낮다. 예를 들면 교통부에서 공포한 ‘중화인민공화국 도로관리조례 실시세칙,’ 국가외화관리국에서 공포한 ‘외국채무등기 실시세칙’과 같은 것이 이런 부문규정에 해당한다.

⑸ 지방성 법규

지방성 법규는 성, 자치구, 직할시의 인민대표대회 및 그 상무위원회에서 제정 또는 비준한다. 중국헌법에서는 지방적 법규는 헌법, 법률, 행정법규에 저촉되어서는 안 된다고 규정하고 있다.

⑹ 지방정부규정

지방정부규정은 성, 자치구, 직할시 및 성, 자치구, 직할시 인민정부 소재지의 시와 국무원의 비준을 거친 비교적 큰 시의 인민정부에서 제정한다.

⑺ 자치조례 및 단행조례

자치조례 및 단행조례는 민족자치를 실시하는 지방의 인민대표대회에서 제정한다. 자치조례는 민족자치를 실시하는 지방의 인민대표대회에서 헌법과 민족구역자치법의 원칙 및 현지의 정치·경제 및 문화의 특성에 따라 자치기관이 자립적으로 자치지방사무의 관리를 위하여 규정한 조례이다. 단행조례는 민족자치를 실시하는 지방의 인민대표대회가 어떤 한 가지 사안의 문제를 해결하기 위하여 현지 민족의 특성을 고려하여 제정한 조례이다.

상술한 법률연원 외에 중앙으로부터 지방의 각급 권력기관 및 행정기관에는 직권범위 내에서 결의·결정·명령·지시 등을 공포할 권한이 있다. 그 중 규범적 내용을 갖고 있는 것은 법률연원에 속한다. 예를 들면 전국인민대표대회에서 제정한「밀수죄 징벌에 관한 보충규정」등과 같은 것이 있다.

⑻ 특별행정구의 법률

중국헌법 제31조에는 "국가는 필요한 경우에 특별행정구를 설치할 수 있다. 특별행정구에서 실시하는 제도는 구체적인 사안에 따라 전국인민대표대회가 법률로 규정한다"라고 규정하고 있다. 이것은 등소평(燈小平)이 제안한 '일국양제(一國兩制)'에 근거하여 홍콩·마카오 및 대만 문제를 해결하기 위한 탄력적 규정이다. 예를 들면「중화인민공화국 홍콩특별행정구기본법」제2조에는 다음과 같이 규정되어 있다. "전국인민대표대회는 홍콩특별행정구에 본 법의 규정에 따라 고도의 자치를 실시하며 행정관리권, 입법권, 독립적 사법권 및 종심권을 향유할 권한을 부여한다." 동 법 제8조 규정에 의하면, "홍콩의 기존 입법 즉 일반법, 형평법(衡平法), 조례, 부속입법 및 관습법에서 본법에 저촉되거나 홍콩특별행정구 입법기관이 개정한 것을 제외한 기타 입법은 기존대로 유지한다."「중화인민공화국 마카오특별행정구기본법」에도 이와 유사한 규정이 있다. 그러므로 중국에서 홍콩·마카오 지구의 법률도 중국의 법률연원에 속한다고 할 수 있다.

⑼ 국제조약

중국정부에서 조인하였거나 가입한 국제조약은 국내법 범주에는 속하지 않지만 일정한 구속력을 갖추고 있어 중국의 법률연원에 속한다고 할 수 있다.

이상의 각 국가기관에서 제정한 여러 규범적 법률문건은 중국법률연원의 체계를 구성하며, 이를 '입법체계'라고 한다. 그 상호관계는 다음과 같다. 즉 하급 국가기관의 규범적 법률문건은 상급국가기관의 규범적 법률문건과 저촉되어서는 안 된다. 동급 국가기관간에 있어서 행정기관의 규범적 법률문건은 권력기관의 규범적 법률문건과 저촉되어서는 안 된다. 모든 규범적 법률문건 가운데서 헌법이 최고의 법률 지위와 효력을 가지고 있다.

Ⅱ. 입법절차·입법원칙 및 입법기술

1. 입법절차

중국에 있어서 헌법 및 입법법에 법의 제정권한을 가지고 있는 국가기관이 규범적 법률문건을 제정, 개정, 폐지하는 과정을 엄격히 규정하고 있다. 헌법과 입법법의 규정에 근거하면 권력기관과 행정기관의 입법절차는 다르다. 전국인민대표대회 및 그 상무위원회와 국무원의 입법절차는 다음과 같다.

(1) 전국인민대표대회 및 그 상무위원회의 입법절차

전국인민대표대회 및 그 상무위원회의 입법절차는 다음 네 단계 절차를 거치도록 되어 있다.

(가) 법률안의 제기 법률안의 제기는 입법절차의 첫번째 단계이다. 즉 법정 입법권한을 가진 국가기관이 전국인민대표대회 또는 전국인민대표대회 상무위원회에 어떤 법률을 제정, 개정 또는 폐지에 관해 건의한다. 법률안은 의안(議案)의 일종이다. 법률안 외에 기타 의안에는 예산안·결산안·질의안·해임안 등이 있다. 중국의 입법법은 법률안을 의안문제의 규정 속에서 제기하였다.

중국의 입법법에서는 입법제안권에 대하여 상세하고도 명확하게 규정하고 있으며, 다음과 같다. 즉 전국인민대표대회에 전국인민대표대회의 직권범위에 속하는 법률안을 제기할 수 있는 권한을 가진 기관 및 인원은 전국인민대표대회 주석단(主席團), 전국인민대표대회 상무위원회, 전국인민대표대회 각 부문별 위원회, 한 개 대표단 또는 30명 이상의 전국인민대표대회 대표,[1] 국무원, 중앙군사위원회, 최고인민법원, 최고인민검찰원이다.

전국인민대표대회에 헌법의 개정안을 제기할 수 있는 권한을 가진 기관과 인원은 전국인민대표대회 상무위원회 또는 5분의 1 이상의 전국인민대표대회 대표이다. 전국인민대표대회 상무위원회에 전국인민대표대회 상무위원회의 직권범위에 속하는 법률안을 제기할 수 있는 권한을 가진 기관과 인원은 위원장회의,

---

1) 중국에서 한 개 성, 한 개 자치구 또는 한 개 직할시의 전국인민대표대회 대표로 한 개 대표단을 구성하였으며 중국인민해방군의 인민대표대회 대표로 한 개 대표단이 구성된다.

전국인민대표대회 부문별위원회, 전국인민대표대회 상무위원회의 10명 이상의 구성인원, 국무원, 중앙군사위원회, 최고인민법원, 최고인민검찰원이다.

(나) **법률안의 심의** 법률안 심의는 두 번째 입법절차에 속한다. 즉 전국인민대표대회 및 전국인민대표대회 상무위원회에서 이미 의정에 들어간 법률안을 정식 심사, 토론 등을 하는 활동이다. 이 단계에서의 중요한 세 가지 사항은 다음과 같다. 첫째, 법률안이 제기된 후 의정에 산입되기 위해서는 반드시 일정한 절차를 거쳐야 한다. 중국의 입법법에서는 이에 대하여 다음과 같이 규정하였다. 전국인민대표대회 주석단, 전국인민대표대회 상무위원회, 전국인민대표대회 각 부문별 위원회, 국무원, 중앙군사위원회, 최고인민법원, 최고인민검찰원에서 전국인민대표대회에 제기한 전국인민대표대회의 직권범위에 속하는 법률안은 전국인민대표대회 주석단에서 또는 각 대표단에서 심의하도록 결정하거나 먼저 유관 부문별 위원회에 넘겨 심의하고 보고하게 한다. 그런 다음 주석단에서 대회표결에 넘길 것을 심의, 결정한다. 한 개 대표단이거나 30명 이상의 전국인민대표들이 전국인민대표대회에 제기한 전국인민대표대회 직권범위에 속하는 법률안은 주석단에서 대회의정에 넣을 것인가를 결정하거나 혹은 먼저 유관 부문별 위원회의 심의에 넘겨 대회 의정에 상정할지의 여부에 대한 의견을 개진하게 한 다음 대회 의정에 넣을 것인가를 다시 결정한다. 전국인민대표대회 각 부문별위원회, 국무원, 중앙군사위원회, 최고인민법원, 최고인민검찰원에서 전국인민대표대회 상무위원회에 제기한 상무위원회 직권범위에 속하는 법률안은 위원장 회의에서 상무위원회 회의의 심의에 넘길 것을 결정하거나 혹은 먼저 유관 부문별 위원회에 넘겨 심의하고 보고를 하게 한 다음 심의하도록 상무위원회 회의에 제기한다. 전국인민대표대회 상무위원회의 10명 이상 구성인원이 상무위원회에 제기한 상무위원회 직권범위에 속하는 법률안은 위원장 회의에서 상무위원회 회의의 심의에 제기할 것인가를 결정하거나 혹은 먼저 유관 부문별 위원회에 넘겨 심의하고 보고를 제기하게 한 다음 상무위원회 회의의 심의에 제기할지의 여부를 결정한다. 또 다른 하나는, 법률안에 관한 설명을 들어야 한다는 것이다. 즉 법률안을 제기한 기관이거나 인원은 전국인민대표대회 또는 전국인민대표대회 상무위원회에 법률초안의 입법이유, 기초작성경과, 지도 사상과 원칙 및 유관 주요문제에 대하여 설명하고 해석하여야 한다. 마지막으로, 법률안을 심의하고 토론하여야 한다는 것이다. 전국인민대표대회 전체회의에서 법률안의 설명을 들은 후 각

대표단에서 심의하고 유관 부문별 위원회와 법률위원회에서 심의한다. 전국인민대표대회에서 법률안을 심의하는 형식은 대표단전체회의, 대표소조회의, 주석단회의, 대회전체회의 등이다. 전국인민대표대회 상무위원회회의에서는 법률안의 설명을 들은 후 분조회의를 열고 초보적으로 심의하고 다시 부문별 위원회의 심의와 법률위원회의 통일심의에 교부한다. 법률위원회에서는 전국인민대표대회 주석단 또는 전국인민대표대회 상무위원회에 심의결과에 관한 보고를 제기한다.

(다) **법률안의 채택** 법률안의 채택은 세 번째 입법절차에 해당한다. 즉 전국인민대표대회 또는 전국인민대표대회 상무위원회에서 심의한 법률안에 대하여 동의 여부를 정식으로 표시하는 활동으로, 다음의 두 가지 점을 숙지할 필요가 있다. 첫째, 법률안 채택 법정정족수이다. 중국헌법 제64조의 제1항의 규정에 의하면, "헌법은 전국인민대표대회 상무위원회 또는 전국인민대표대회 대표의 5분의 1 이상의 요청이 있고 전국인민대표대회 대표전원의 3분의 2 이상이 찬성하여야 개정된다." 중국헌법 제64조의 제2항에 의하면, "법률 및 기타 의안은 전국인민대표대회 대표전원의 반수 이상이 찬성하여야 채택된다." 전국인민대표대회조직법 제31조의 규정에 의하면, "상무위원회에서 심의한 법률안 및 기타 의안은 상무위원회 전체구성인원의 반수 이상이 찬성하여야 채택된다." 또 다른 하나는, 법률안을 채택하는 방식이다. 전국인민대표대회 조직법 제18조에는 다음과 같이 규정되어 있다. "전국인민대표대회 회의에서 선거를 하거나 의안을 채택할 때 주석단에서 무기명투표방식이거나 거수가결방식을 채용할 것인가 혹은 기타 방식을 채용할 것인가를 결정한다." 현재 중국의 전국인민대표대회 및 전국인민대표대회 상무위원회 회의에서는 보통 컴퓨터 계산 방식을 채용하고 있다.

(라) **법률의 공포** 법률의 공포는 입법절차의 네 번째 단계에 해당된다. 즉 전국인민대표대회 및 전국인민대표대회 상무위원회에서 채택된 법률을 법정형식으로 공포한다. 법률을 공포하는 것은 입법절차의 중요한 순서로서 채택된 법률이 절차에 위반하게 되면 법적 효력을 발생하지 못한다. 중국헌법 제80조는 중화인민공화국 주석은 전국인민대표대회의 결정 및 전국인민대표대회 상무위원회의 결정에 근거하여 법률을 공포한다고 규정하고 있다. 중국에서 법률을 공포하는 법정 서면형식은 전국인민대표대회 상무위원회 공보에 전문을 게재함으로써 공포하는 동시에 매스컴 등 기타 보도기관에서 이를 전재하는 것이다.

⑵ 국무원의 입법절차

국무원은 총리책임제를 실시하며, 입법절차는 전국인민대표대회 및 그 상무위원회에 비해 고유의 특성을 가지고 있으며 상대적으로 간단한 편이다. 국무원의 입법절차도 네 단계로 구분할 수 있다.

㈎ 행정법규안의 제기　행정법 규제안권을 가지고 있는 기관에서 국무원 전원회의 또는 국무원 상무회의에 행정법규를 제정, 개정, 폐지할 의견과 건의를 제기한다. 행정법규제안권을 가지고 있는 기관은 주로 국무원 각 부, 각 위원회, 국무원 직속기구, 국무원 사무기구, 국무원 비상설기구 등이다.

㈏ 행정법규안의 심의　국무원 전원회의 또는 상무회의의 의정에 들어간 행정법규초안을 심사하고 토론하는 활동이다.

㈐ 행정법규안의 채택　국무원 전원회의 또는 상무회의에서 심의한 행정법규안에 대하여 동의 여부를 정식 표시하는 활동이다. 국무원에서 행정법규안을 채택하는 것이 전국인민대표대회 및 그 상무위원회에서 법률안을 채택하는 것과 크게 구별되는 점은 소수가 다수에 복종하는 가결제를 실시하는 것이 아니라 총리가 회의참가자들의 의견에 근거하고 민주집중제의 원칙에 따라 최종 결정을 한다는 데 있다.

㈑ 행정법규의 공포　국무원에서 채택된 행정법규를 법정형식으로 공민에게 공포한다. 국무원에서 행정법규를 공포하는 데는 다음의 두 가지 형식이 있다. 첫째, 국무원 총리가 공포령에 서명하고 국무원에서 공포하는 것이고, 또 다른 하나는, 국무원에서 비준한 후 국무원의 유관 주관부문(主管部門)에서 공포하는 것이다. 행정법규를 공포하는 법정서면형식은 국무원 공보에 전문을 공포하며 기타 보도매스컴에서 전재하는 것이다.

지방 각급 인민정부에서 지방정부규정 및 기타 규범적 법률문건을 제정하는 절차도 대체적으로 상술한 절차와 비슷하며 유관 법률, 법규에도 구체적인 규정이 있다.

2. 입법기술

입법기술에 대한 이해에는 광의적 이해와 협의적 이해 두 가지가 있으며, 광의적 입법기술은 법의 제정과정에 형성된 일체 지식·경험· 규칙·방법과 기교 등의 총칭이다. 여기에는 입법체제기술·입법절차기술과 입법표현기술이 포함된다. 협의적 입법기술은 규범적 법률문건의 규정을 어떻게 표현할 것인가 하는 지식·경험·규칙·방법·기교 등을 말한다. 여기에는 법률문건의 내부구조·외부형식·개념·술어·언어·문체 및 입법예측·입법전망계획 등의 기술, 즉 입법표현기술이 포함된다.

중국의 학자들은 규범적 법률문건의 기초는 다음의 사항들을 갖추고 있어야 한다.

(1) 확 정 성

법률초안에 규정된 문제·상황·범위·규칙 등은 확정적이어야 하며, 너무 추상적이고 원칙적이어서는 안 되고 지나치게 구체적이고 정밀해서도 안 된다.

(2) 합 법 성

법률초안은 헌법 및 더욱 높은 효력등급(效力等級)의 기타 규범적 법률문건에 저촉되어서는 안 된다.

(3) 무모순성(無矛盾性)

법률초안은 현행의 기타 법률문건과 모순되는 내용을 포함하지 않아야 한다. 필요시에 기존 법률문건을 개정, 폐지함으로써 제반 법률체계의 일치성을 확보한다.

(4) 연 계 성

법률초안은 현행의 기타 규범적 법률문건과 체계와 조화를 이룸으로써 상호 융화되도록 하여야 한다.

(5) 논 리 성

법률초안 자체는 전후문맥이 일치되고 연관성이 있어야 한다.

(6) 한 도 성

동일한 내용을 조절하고 동일한 문제를 규정하는 규범적 법률문건의 수를 최저한도로 줄여야 하며, 이로써 법률문건의 지나친 증가와 번잡성을 피할 수 있다.

(7) 간 결 성

법률초안 중의 규정·언어·개념·술어 등은 간단 명료하고 정확하며, 통속적이고 알기 쉽게 표현되어야 한다.

제5절 법의 실시

I. 법률실시 · 법률적용

1. 법률실시

중국의 법학이론에서는 일반적으로 법률실시를 법률조절의 방식에 따라 세 가지 기본형식으로 나눈다.

(1) 금령(禁令)의 준수

금령의 준수란, 법에서 금지한 행위를 하여서는 안 된다는 것이며, 이것은 금지 규범을 실시하는 방식이다. 예를 들면 중국 혼인법에 "여성이 임신중에 있거나 해산 후 1년이 되기 전에 남성이 이혼을 제기하지 못한다"고 규정되어 있다. 남성이 이 기간에 이혼을 제기하지 않으면, 즉 법률에서 금지한 행위를 하지 않으면 이 규정이 실현될 수 있다.

(2) 적극적 의무의 이행

적극적 의무의 이행이란, 법률에서 요구하는 적극적 행위를 하여야 한다는 것으로, 이것은 의무 규범을 실시하는 방식이다. 예를 들면 중국 혼인법에 "부모는 자녀를 부양, 양육할 의무를 지니며 자녀는 부모를 봉양, 부조할 의무를 지닌다"고 규정되어 있다. 만일 부모 또는 자녀들이 각기 부양, 양육, 부조하는 행위를 한다면, 즉 법률에서 요구한 적극적 행위를 한다면 이 규범은 실현될 수 있다.

(3) 권리의 향유

권리의 향유란, 법에서 허용하는 적극적 행위를 할 수 있다는 것으로서, 실제 적극적인 행위를 할지의 여부는 전적으로 개인 각자에게 달려 있다. 이것은 수권(授權) 규정을 실시하는 방식이다. 예를 들면 중국 상속법에 "부부는 서로의 유산을 상속할 권리를 가진다"고 규정되어 있다. 부부 쌍방이 법률의 허용범위 내에서 상속권을 가지거나 상속권을 포기할 때 이 규정이 실현될 수 있다.

2. 법률적용

법률적용에는 광의적 의의와 협의직 의의 두 가지가 있다. 광의적 의미의 법률적용은 일체 국가기관 및 그 공무원이 직권과 법정절차에 따라 법규범을 운용하여 구체적인 문제를 처리하는 활동을 말한다. 협의적으로 말하면 법률적용은 사법기관 및 그 사업인원이 법정직권과 법정절차에 따라 법규범을 운용하여 구체적인 사건을 처리하는 활동을 말한다. 이것을 사법 또는 사법적용이라고도 한다.

법률적용은 법률실시의 특수한 형식이며, 그 특징은 다음과 같다.

(1) 법률적용은 국가의 특정한 전문기관의 전문적 활동이다. 중국의 헌법과 법률규정에 근거하여 법률적용활동을 진행할 권리를 가지고 있는 것은 사법기관과 국가에서 권리를 준 행정기관뿐이다.

(2) 법률적용은 국가의 명의로 헌법과 법률에서 규정한 직권과 절차에 따라 진행하는 활동으로써 그 어떠한 국가기관 및 그 공무원이든지 모두 그 직권을 초과해서는 안 되며 법정절차를 위반해서는 안 된다.

(3) 법률적용은 국가의 강제력에 의하여 국가기능을 실현하는 활동으로써 국가의 강제력을 가지고 있다. 그러므로 법을 위반한 자에 대하여 상응한 법률적 제재를 가할 때 법률적용결과를 밝힌 판결서, 제정서(裁定書) 등과 같은 법률문건이 있어야 한다.

3. 법률적용의 기본원칙

법률적용시, 다음과 같은 기본원칙을 준수하여야 한다.

(1) 사실을 근거로 하고 법률을 기준으로 하는 원칙

중국의 형사소송법, 민사소송법, 행정소송법 등에는 모두 동 원칙을 명확히 규정하고 있다. 사실을 근거로 한다는 것은 법률을 적용할 때 실사구시하여야 하며 절대 주관적인 상상, 분석, 판단을 근거로 할 수 없고 객관사실만을 유일한 근거로 할 수 있다는 것을 말한다. 사실을 근거로 하려면 공술(供述)을 경솔히 믿거나 당사자의 진술을 경솔히 믿을 것이 아니라 증거를 중요시하여야 하며 조사중에는 사건과 관련되는 각종 증거를 전면적으로 수집하고 파악하여야 한다. 그리고 각종 증거에 대해서는 전면적으로 분석하여야 하며 문제를 단편적으로 보지 말아야 한다. 법률을 기준으로 한다는 것은 법률을 적용할 때 반드시 엄격히 법률규정에 따라 처리하여야 하며 법을 꼭 지키며 법을 엄격히 집행하며 법을 위반하면 반드시 추궁하여야 한다는 것을 말한다. 국가에서 공포한 일체 법률, 법규는 실체법이거나 절차법이거나를 물론하고 엄격히 준수하여야 한다.

⑵ 모든 공민은 법률 앞에 평등하다는 원칙

동 원칙의 기본내용은, 중국공민은 민족, 인종, 성별, 직업, 가정출신, 종교신앙, 교육정도, 재산, 거주기간에 관계없이 모두 헌법·법률 및 기타 법규를 평등하게 준수하며 법에 의하여 법률이 정한 권리를 평등하게 가지며 법률이 정한 의무를 평등하게 이행한다는 것이다. 공민의 정당한 권리와 합법적 이익은 예외없이 법률의 보호를 받아야 하며 그것을 타인이 침해하여서는 안 된다. 공민이 위법, 범죄행위를 저지르면 법에 따라 추종과 제재를 받아야 한다. 개괄하면 모든 공민은 법률 앞에 평등하다는 것은 법률을 모든 사람들에게 같은 기준으로 적용하여야 한다는 것이다.

⑶ 사법기관이 법에 의하여 직권을 독자적으로 행사하는 원칙

이 원칙의 주요 내용은, 국가의 재판권과 검찰권은 인민법원과 인민검찰원에서 행사하여야 할 뿐 기타 기관, 사회단체 및 개인은 이 직권을 행사할 권한을 가지지 못한다는 것이다. 인민법원과 인민검찰원은 사법권을 법에 의하여 독자적으로 행사하며 행정기관·사회단체 및 개인의 간섭을 받지 않는다. 인민법원과 인민검찰원은 사법권을 행사하는 과정에 엄격히 법률규정에 따라 법률을 정확하게 적용하여야 한다.

Ⅱ. 법률효력·법률해석 및 법률유추

1. 법률효력

법률 효력은 시간적 효력, 공간적 효력 및 대인적 효력으로 분류할 수 있다.

⑴ 법률의 시간적 효력

법률의 시간적 효력이란 법규범이 어느 때 효력을 발생하여 어느 때 효력이 끝나는가, 효력을 발생하기 전의 그 행위와 사건에 대하여 소급효력을 가지는가 하는 등 문제를 말한다.

중국에서 법규범의 효력 발생시간에는 다음과 같은 경우가 있다.

첫째, 어떤 법률, 법규는 그것에 효력발생시간이 명확히 규정되어 있지는 않지만 관례 또는 해당 명령에 따라 공포하는 때부터 효력을 발생한다고 본다. 예를 들면 「중화인민공화국 헌법」은 1982년 12월 4일 전국인민대표대회 제 5 기 제

5차 회의에서 채택된 후 공포한 날부터 실시되었다.

둘째, 어떤 법률, 법규는 그 자체에 효력을 발생하는 구체적 시간이 명확히 규정되어 있다. 예를 들면 1993년 12월 29일에 소집된 제8기 전국인민대표대회 상무위원회 제5차 회의에서 채택된「중화인민공화국 회사법」제230조에 의하면 "이 법은 1994년 7월 1일부터 실시한다"라고 규정하고 있다. 이렇게 규정하는 것은 이 법률, 법규를 실시하여 그것을 선전교육하는 데 필요한 준비시간을 주기 위한 것이다.

셋째, 어떤 법률, 법규는 그것을 공포하는 날부터 효력을 발생한다는 것을 명확히 규정하였다. 예를 들면 1993년 7월 2일에 소집된 제8기 전국인민대표대회 상무위원회 제2차 회의에서 채택된「중화인민공화국 농업기술보급법」제30조에 의하면, "이 법은 공포한 날부터 실시한다"고 규정되어 있다.

넷째, 어떤 법률, 법규 자체에 효력발생시간을 규정하는 것은 그 법률, 법규의 유효실시에 달려 있다. 예를 들면 1986년 12월 2일에 소집된 제6기 전국인민대표대회 상무위원회 제18차 회의에서 채택된「중화인민공화국 기업파산법(시용)」제43조에 의하면, "이 법은 전인민적 소유 공업기업법을 실시한 후 만 3개월이 되는 날부터 시험적으로 시행한다"고 규정되어 있다.

중국에서 어떤 법률, 법규는 '시용' 또는 '잠정'의 방법으로 공포하여 실시한다. 시용 또는 잠정 기간에 있어서 이러한 법률, 법규는 정식 법률, 법규와 마찬가지로 법률효력을 가진다. 이것은 중국법제건설에서의 한 가지 특수한 경우이다. 일부 법률, 법규는 시용 또는 잠정을 거치고 다시 입법기관에서 개정하고 보충하고 완성한 다음 정식 법률, 법규로 된다.

중국에서 법규범의 실효시간 즉 효력정지시간에는 다음과 같은 경우가 있다.

첫째, 새로운 법률, 법규가 마찬가지 내용의 기존 법률, 법규를 대체하는 동시에 새로운 법률, 법규 가운데서 기존 법률, 법규의 폐지를 선포하는 것이다. 예를 들면 1987년 1월 22일 제6기 전국인민대표대회 상무위원회 제19차 회의에서 채택된「중화인민공화국 세관법」제61조에 의하면, "이 법은 1987년 7월 1일부터 실시한다. 1951년 4월 18일 중앙인민정부에서 공포한「중화인민공화국 잠정해관법」은 동시에 폐지한다"라고 규정하였다.

둘째, 법률, 법규를 제정할 권한을 가진 국가기관이 전문적인 결의, 명령을 공포하여 그가 제정한 어떤 법률, 법규를 개정 또는 폐지한다는 것을 선포하는 것이다. 예를 들면 1987년 1월 3일 국무원에서는 1949년부터 1984년까지의 기간에 국무원(정무원을 포함하여)에서 발표했거나 국무원의 비준을 거쳐 발표된 외교사무, 대외경제무역, 교업교통, 도시건설, 노동인사 및 교육, 과학, 문화, 위생 분야의 행정법규와 법규성 문건 158건을 폐지하기로 결정하였다.

셋째, 어떤 법률, 법규는 제정할 때 그 법률, 법규의 효력발생기간을 규정하여 시간이 차면 그 법률, 법규는 효력을 정지하는 것이다. 예를 들면 1985년 11월 22일에 국무원에서 발표한 「중화인민공화국 1986년 국고권조례」는 1986년 내에만 효력을 발생하였으며 1986년이 지난 후에는 효력이 정지된다.

넷째, 새로운 법률, 법규가 공포되어 실시된 후 마찬가지 내용의 기존 법률, 법규는 자연적으로 효력을 잃는 것이다. 예를 들면 1982년 12월 10일 전국인민대표대회 제 5 기 제 5 차 회의에서 「중화인민공화국 국무원조직법」이 채택된 후 1954년 전국인민대표대회 제 1 기 제 1 차 회의에서 채택된 「중화인민공화국 국무원조직법」은 스스로 효력이 정지된다.

다섯째, 어떤 법률, 법규는 역사적 과업을 완수하였거나 특정된 조건이 존재하지 않기에 자연적으로 그 효력을 잃는 것이다. 예를 들면 중국에서 1950년대 초기에 진행된 토지개혁, 자본주의 공상업에 대해 사회주의적 개조과정에 공포된 많은 법률, 법규는 역사적 조건이 변화됨에 따라 스스로 효력을 잃었다.

법률의 소급효문제도 법률의 시간적 효력의 범위에 속한다. 이것은 법규범이 그 효력발생 전의 행위와 사건에 대하여 적용할 수 있는가, 구속력을 가지는가 하는 문제를 가리킨다. 만일 적용할 수 있으며 구속력을 가진다면 소급효를 가지거나 또는 소급한다고 하며, 만일 적용할 수 없으며 구속효를 가지지 못한다면 소급효가 없거나 또는 불소급이라고 한다.

중국은 법률의 불소급원칙을 확인하며 또한 실시한다. 이것은 사람들이 오직 현행법률에 근거하여 자신의 행위를 규범할 수 있을 뿐이며 자기의 행위가 아직 효력을 발생하지 않았고 심지어 제정되지도 않은 법률의 요구에 부합될 수 있는가 하는 것을 예견하기 어렵기 때문이다. 법률의 불소급원칙을 실시하는 것은 공민의 합법적 권리와 자유를 보호하며 사회관계의 안정을 수호함에 있어서 아주 중요하다.

물론 법률의 불소급원칙이 결코 절대적인 원칙인 것은 아니다. 중국은 여러 나라들과 마찬가지로 법률실천에서 흔히 일부 예외적인 규정과 방법을 취한다.

예를 들면 중국에서는 다른 여러 나라들과 마찬가지로 형법에서 "구법에 따라 처리하면서도 경하게 처리한다"는 원칙을 채택하고 있다. 다시 말하면 새 형법은 원칙상으로 이전의 행위에 대하여 소급하여 적용하지 않고 구법에 따라 처리한다. 그러나 새로운 형법에서 범죄로 인정하지 않거나 범죄로 인정하나 경하게 처벌할 것이라면 새로운 형법을 적용하여 경하게 처리한다.[1] 그와 동시에 중국에서는 사회치안과 일부 범죄의 특수한 경우에 근거하여 일부 전문적인 형사법률에서 소급하는 방법을 채취한다.

형법을 제외한 중국의 기타 법률에서는 보통 법률의 소급효문제를 명문으로 규정하지 않고 법률의 불소급원칙하에 사법실천 가운데서 구체적 상황에 근거하여 일부 융통성, 변통성이 있는 방법을 채취한다. 예를 들면 최고인민법원에서는 '「중화인민공화국 민법통칙」을 관철집행함에 있어서의 약간의 문제에 관한 의견 〈시용〉'에 다음과 같이 규정하였다. "1987년 1월 1일[2] 이후에 접수처리하는 사건으로서 민사행위가 1987년 이전에 발생하였다면 민사행위가 발생될 때의 법률, 정책을 적용하여야 하나 당시의 법률, 정책에 이에 대한 구체적 규정이 없는 것은 민법통칙에 따라 처리할 수 있다."

(2) 법률의 공간적 효력

법률의 공간적 효력이란, 법규범이 어느 지역범위 내에서 구속력을 가지는가 하는 문제를 가리킨다. 중국은 국가의 주권, 영토보전, 법제통일의 원칙을 수호하는 데로부터 출발하여 법률, 법규의 제정기관이 다르고 규정하는 문제가 다른 데 근거하여 법규범의 공간적 효력을 확정한다. 다음과 같은 세 가지 상황이 있다.

첫째, 어떤 법률, 법규는 중국의 주권이 관할하는 모든 영역 내에서 효력을 가진다. 중앙국가기관에서 제정한 모든 규범적인 법률문건은 전국인민대표대회에서 제정한 헌법·법률, 전국인민대표대회 상무위원회에서 제정한 법률, 국무원에서 제정한 행정법규와 그 소속 각 부·각 위원회에서 제정한 규정 그리고 상술한 기관의 기타 규범적 법률문건을 포함하여 특수한 규정을 한 것 이외는 모두 중국의 전 영역 내에서 효력을 가지고 있다. 이른바 전 영역에는 중국의 전 영토(육지표면과 저토), 영수(내수, 영해 및 저토) 및 영공(영륙과 영수의 상공)이 망라

1) 이 두 가지 경우에 해당되는 법률규정과 이론적 설명은, 이 책 「형법」의 해당 부분을 참조.
2) 이 날짜는 「중화인민공화국 민법통칙」이 효력을 발생하여 실시된 시간이다.

된다. 국제공약과 관례에 근거하여 중국법률은 외국에 주재하는 중국 대사관, 영사관, 공해를 항행하거나 외국항구에 정박한 중국의 군용함선, 군용비행기 또는 중국국기를 건 선박, 비행기에서도 효력을 발생한다.

둘째, 일부 법률, 법규는 중국의 국부적 구역 내에서 효력을 가진다. 이것은 다음과 같은 두 가지 경우로 분류될 수 있다. 첫째, 중앙국가기관에서 제정한 일부 규범적 법률문건은 그 자체에 그 특정된 효력발생구역범위를 명확히 규정한 것이다. 예를 들면 1990년 4월 4일에 전국인민대표대회 제7기 제3차 회의에서 채택된 「중화인민공화국 홍콩특별행정구기본법」은 1997년 7월 1일부터 홍콩특별행정구에서 효력을 발생한다고 하였다. 또 다른 한 경우는 지방국가기관에서 제정한 규범적 법률문건이 그 관할행정구역 내에서만 효력을 발생하는 것이다.

셋째, 어떤 법률, 법규는 중국영역 내에서 효력을 가질 뿐만 아니라 영역 외에서도 효력을 가진다. 중국의 형법, 민법, 혼인법, 소송법 등 법률부문 중의 많은 법률, 법규는 모두 중국영역 내에서도 효력을 발생할 수 있다.

(3) 법률의 대인적 효력(人的 效力)

법률의 대인적 효력이란, 법규범이 어떤 사람에 대하여 구속력을 가지는가 하는 문제를 가리키는 것이다. 이는 사람이 소속되어 있는 국적과 법률의 공간적 효력과 밀접히 연관되어 있다. 사람들은 소속된 국적이 다르고 그들이 처한 공간적 범위가 다르기 때문에 그들에 대한 한 나라의 법규범의 효력도 차이가 있게 된다. 그렇기 때문에 법률의 대인적 효력은 실제에 있어서 두 측면의 문제 즉 한 나라의 법규범이 자국국경 내의 자국사람, 외국사람(국적이 없는 사람을 망라하여)에 대하여 발생하는 효력문제와 자국국경 외의 자국사람, 외국사람에 대하여 발생하는 효력문제와 관계된다.

중국에서는 세계 여러 나라들과 마찬가지로 법률의 대인적 효력을 확정하는 경우 나라의 주권을 수호하는 것으로 출발하여 속지주의(屬地主義)를 기초로 하고 속인주의와 보호주의를 가미하는 종합적 원칙을 취하고 있다. 이에 대하여는 구체적으로 다음과 같다.

첫째, 중국의 법규범이 자국 공민에 대하여 가지는 효력문제이다. 중국의 법규범은 중국영역 내의 전체 중국공민에 대하여 모두 구속력을 가진다. 중국헌법 제33조 제3항에는 "모든 공민은 헌법과 법률이 정한 권리를 가지며 동시에 헌법과 법률이 정한 의무를 이행하여야 한다"고 명확히 규정되어 있다. 헌법 제5

조 제 4 항에도 "그 어떤 조직이나 개인도 헌법과 법률을 초월하는 특권을 가지지 못한다"라고 규정되어 있다.

중국법규범은 국외에 있는 중국공민에 대하여 원칙상 구속력을 가진다. 중국공민은 국외에서 중국법률의 보호를 받는 동시에 중국법률을 준수할 의무를 가진다. 이것도 역시 중국의 법률, 법규들이 영역 밖에서 효력을 발생하는 원인의 하나이다. 각국 법률의 규정이 다르기 때문에 중국공민에게 중국법률을 적용하는가 아니면 거주국의 법률을 적용하는가 하는 문제가 생길 수 있다. 이에 대하여 중국에서 취하는 방법은 중국의 주권도 수호하고 타국의 주권도 존중하며 관계 국제공약과 관례에 근거하여 법률의 대인적 효력문제를 확정한다.

둘째, 중국의 법규범이 외국사람에게 발생하는 효력문제이다. 중국의 법규범은 특별한 규정이 있는 사람 외에는 중국영역 내의 외국사람에 대하여 모두 구속력을 가진다. 중국헌법 제32조 제 1 항에는 "중화인민공화국은 중국영역 내에 있는 외국인의 합법적 권리와 이익을 보호한다. 중국영역 내에 있는 외국인은 중화인민공화국의 법률을 지켜야 한다"라고 규정되어 있다. 중국법률은 중국영역 내에 있는 외국인의 합법적 권익도 보호하고 그들에게서 발생되는 법률분쟁도 해결하며 또 그들의 위법, 범죄행위를 징벌한다. 예를 들면 중국 민사소송법 제237조에는 "중화인민공화국영역 내에서 섭외민사소송을 하는 경우에 본편의 규정을 준용한다. 본편에 규정되지 않은 것은 이 법의 기타 해당 규정을 준용한다"라고 규정되어 있다.

2. 법률해석

법률해석은 해당 국가기관·조직 또는 공민개인이 법규범을 지키거나 적용하기 위하여 해당 법률규정, 법학이론이거나 자기의 이해에 근거하여 현행 법규범 또는 법률조문의 내용, 뜻 및 사용하는 개념, 술어 등에 대하여 여러 가지 설명을 하는 것을 말한다.

(1) 법률해석의 의의

법률해석의 의의는 다음과 같다.

(가) 법을 제정하는 과정에 법규범을 전면적이며 명확하게 제정할 것을 요구하지만 법규범이 추상적이며 개괄적인 행위의 규칙으로밖에 될 수 없으며 그것이 일반적인 적용조건, 행위방식 및 법률효과를 규정할 수밖에 없으므로 그것은

모든 문제에 대하여 빠짐없이 상세하게 규정할 수 없으며 또 그렇게 하여도 안 된다. 법을 실시하는 과정에는 개별적이며 특수한 문제에 부딪치게 된다. 즉 여러 가지 구체적인 천차만별의 행위, 사건, 관계 등에 대하여 처리, 결정하여야 한다. 그러므로 일반적인 법률규정을 구체적인 법률실제에 적용하려면 법규범에 대한 해석이 필요하다.

(나) 법규범은 상대적으로 안정되고 정해진 규칙이지만 사회생활은 언제나 발전변화하고 있다. 상대적으로 변하지 않는 법률규정을 끊임없이 변화하는 현실에 적용하려면 흔히 법규범에 대하여 필요한 해석을 가할 필요가 있게 된다.

(다) 법규범은 서로 다른 국가기관에서 제정한 것으로서 같지 않은 법률부문에 속해 있다. 실제생활에 있어서 여러 국가기관에서 제정하고 서로 다른 법률부문에 속해 있는 여러 가지 법규범 사이에는 모순과 저촉이 생길 수 있으며 또 한계가 명확하지 못한바 법률해석을 통하여 해결할 필요가 있다.

(라) 법규범은 엄격하고 전문적인 법률개념, 술어로 서술되어 있기 때문에 때로는 실제생활용어의 뜻과 같지 않아 사람들에게 쉽게 이해되지 않을 수 있다. 동시에 사람들은 직업·연령·지식수준·교육정도 등의 차이로 인하여 흔히 동일한 법규범에 대하여 같지 않은 이해를 가질 수 있다. 그러므로 권위적인 법률해석으로 사람들의 인식을 통일할 필요가 있다.

(2) 법률해석의 분류

법률해석에 대하여 중국에서는 다음과 같이 분류한다.

(가) 해석의 주체와 법률효력의 차이에 의해, 법률해석을 정식해석과 비정식해석으로 구분할 수 있다.

법률의 정식해석이란, 법정해석·유권적 해석이라고도 하는데 그것은 권한을 가진 국가기관이 그 직권범위 내에서 하는 법률효력을 가지는 해석을 가리킨다. 정식해석은 또 입법해석·사법해석 및 행정해석으로 나눌 수 있다.

입법해석은 해당 국가기관이 자체가 제정한 법규범에 대하여 하는 해석 또는 권한을 가진 기타 국가기관에서 하는 해석이다. 중국에서 해당 국가기관이 입법해석을 하는 경우는 주로 다음과 같은 것이 있다. 첫째, 해당 국가기관이 자기가 제정한 규범적 법률문건에 대하여 가하는 해석이다. 예를 들면 전국인민대표대회 상무위원회에서 자기가 제정한 법률에 대하여 해석을 한다. 둘째, 해당 국가기관이 헌법과 법률의 규정에 따라 가하는 해석이다. 예를 들면 전국인민대표대회 상무위원회는 헌법규정에 따라 헌법과 법률(기본법률과 기본법률 이외의 법률을 망라하여)을 해석할 권한을 가진다. 셋째, 해당 국가기관은 자기가 제정하는 규범적 법률문건에 권한을 가진 기타 국가기관에서 해석을 한다는 것을 규정한다. 예를 들면 1993년 7월 19일에 국무원에서 공포한 「중화인민공화국 귀국교포, 교포권속 권익보호 실시방법」 제30조에는 "이 방법은 국무원 화교사무판공실에서 책임지고 해석한다"라고 규정되어 있다.

사법해석은 국가사법기관이 법률을 적용하는 과정이 법규를 구체적으로 적용하는 것과 관련한 문제에 대하여 하는 해석이다. 중국에서 사법해석은 또 다음과 같은 두 가지로 나눌 수 있다. 한 가지는 재판해석, 즉 최고인민법원이, 각급 인민법원이 재판사업에서 법규범을 구체적으로 적용하는 것과 관련한 문제에 대하여 하는 해석이다. 이 해석은 지방 각급 인민법원과 부문별 인민법원에 대하여 보편적인 구속력을 가진다. 다른 한 가지는 검찰해석, 즉 최고인민검찰원이 검찰사업에서 법규범을 구체적으로 적용하는 것과 관련한 문제에 대하여 하는 해석이다. 이 해석은 지방 각급 인민검찰원과 특별검찰원에 대하여 보편적인 구속력을 가진다.

행정해석은 국가행정기관이 법에 의하여 그 직권범위 내의 행정사무를 처리하는 경우에 법규범을 구체적으로 적용하는 것과 관련한 문제에 대하여 하는 해석이다. 중국에서의 행정해석에 주로 두 가지 경우가 있다. 그 한 가지는 국무원 및 그 주관부문에서 재판과 검찰사업에 속하지 않는 기타 법률을 어떻게 구체적으로 적용할 것인가 하는 문제에 대하여 하는 해석이다. 예를 들면 국가교육위원회에서 법에 의하여 「중화인민공화국 의무교육법 실시세칙」을 구체적으로 적용하는 데 대하여 한 해석이다. 다른 한 가지는 성·자치구·직할시 인민정부 주관부문에서 지방적 법규에 속하는 것을 어떻게 구체적으로 적용하는가 하는 문제에 대하여 하는 해석이다. 예를 들면 북경시 인민정부에서 법에 의하여 「북경시 미성년보호조례」를 구체적으로 적용하는 데 대하여 한 해석이다.

법률의 비정식해석이란, 비법정해석 또는 무권해석이라고도 한다. 이것은 권한을 받은 국가기관 또는 사회조직, 공민개인을 거치지 않고 법규범에 대하여 한 법률효력이 없는 해석을 가리킨다. 비정식해석은 또 임의적 해석과 학리적 해석으로 나눌 수 있다.

임의적 해석은 공민, 당사자, 변호인, 대리인 등이 자기의 이해에 따라 법규범에 대하여 가하는 해석이다. 이러한 해석 자체는 법률효력을 가지지 못하지만 사법실천에서 흔히 참고가치를 가진다.

학리적 해석은 학술연구, 법학교육 및 법제선전 가운데서 관계 전문가, 학자 및 법률사업자들이 법규범에 대하여 하는 해석이다. 이러한 해석은 법률효력을 가지지 못하지만 사람들의 법률의식을 높이며 법률지식을 보급하며 법학연구와 교육의 발전을 추진하는 데 있어서 아주 중요한 역할이 있다.

(나) 해석의 효력범위의 차이에 의해, 법률해석은 규범적 해석과 개별적 해석으로 분류할 수 있다. 규범적 해석은 법규범을 실시하는 모든 상황 및 대상에 대하여 보편적인 구속력을 가지는 해석이다. 규범적 해석은 입법해석 중에 광범위하게 존재할 뿐만 아니라 사법해석과 행정해석 가운데도 많이 존재한다. 규범적 해석이 보편적인 효력을 가진다 할지라도 그것은 해당 법규범에 근거하여 해석을 할 뿐이며 새로운 내용을 증가하여서는 안 되며 해당 법규범의 원칙과 저촉되어서도 안 된다. 개별적 해석은 구체적인 상황 및 대상에 근거하여 해당 법규범에 대하여 하는 법률효력은 가지지만 보편적인 구속력을 가지지 못하는 해석이다. 예를 들면 지방 각급 인민법원에서 재판사업 중에 법률을 구체적으로 적용하는 문제에 대하여 하는 해석은 그 사건에 대하여서만 법률효력을 가질 뿐이며 기타 인민법원 및 그 법원에서 심리한 같은 사건에 대하여는 구속력을 가지지 못한다.

(다) 해석하는 정도에 따라, 법률해석은 문리해석·제한해석 및 확장해석으로 나눌 수 있다. 문리해석은 엄격하게 법률조문의 글뜻에 따라 하는 해석으로서 그것은 확대도 하지 말며 축소도 하지 말아야 한다. 이것은 법률해석에서 늘 쓰는 방식의 하나이다. 제한해석은 입법취지에 부합되게 하기 위하여 법률의 조문에 대하여 하는 그 통상의미보다 좁은 해석이다. 확장해석은 입법의 취지에 부합되게 하기 위하여 법률조문에 대하여 하는 그 통상의미보다 넓은 해석이다.

(라) 해석방식의 차이에 따라, 법률해석은 문법해석, 체계적 해석, 역사적 해석 및 논리적 해석으로 나눌 수 있다. 문법해석은 법률조문의 문법구조, 문자배열 및 문장부호 등에 대하여 분석하여 법규범의 내용과 뜻을 이해하고 천명하는 것이다. 체계적 해석은 어떤 법규범과 기타 법규범간의 연관 및 소속된 법률제도, 부문 및 체계 중에서의 그것들의 지위와 작용을 분석하여 법규범의 내용과 뜻을 체계적으로 이해하고 천명하는 것이다. 역사적 해석은 법규범을 제정한 시

간·지점·조건 등 역사적 배경자료에 대한 연구를 통하거나 어떤 법규범과 역사상의 같은 유형의 법규범과의 비교를 통하여 법규범의 내용과 뜻을 이해하고 천명하는 것이다. 논리적 해석은 형식논리학의 법칙과 방법을 적용하여 법규범을 분석하여 법규범을 일치하고 정확하게 이해하고 천명하는 것이다.

Ⅲ. 법률관계

1. 법률관계의 개념과 특성

(1) 법률관계의 개념

법률관계란 법규범이 사람들의 행위를 조절하는 과정에 형성된 법률상의 권리와 의무관계를 말한다.

(2) 법률관계의 특성

법률관계의 성격과 내용은 일반적으로 다음과 같은 특성을 지니고 있다.

(가) 법률관계는 반드시 현행법규범의 존재를 전제로 하여야 한다. 어떤 사회관계가 법률관계로 되는 것은 이러한 사회관계를 규정하고 조절하는 현행법규범이 존재하기 때문이다. 법규범은 법률관계가 이루어지는 전제이고 법률관계는 실제생활에서의 법규범의 구현이며 실현이다.

(나) 법률관계는 법률상의 권리와 의무를 내용으로 하는 사회관계이다. 법적 권리를 수여하며 법적 의무를 설정하는 것은 법규범이 사회관계를 조절하는 특유한 방식이다. 법률상의 권리와 의무의 성격이 없다면 그것은 법률관계가 아니다.

(다) 법률관계는 국가의 강제력으로써 보장하는 사회관계이다. 법률관계는 일단 형성되면 국가의 강제력의 보호를 받게 되며 그것을 위반하며 파괴하는 것을 허용하지 않는다. 법률관계는 오직 국가의 강제력을 담보로 하고 권리를 침범하며 의무를 이행하지 않는 행위에 대하여 추궁하고 제재를 하여야만 법률에 규정된 권리와 의무가 실생활에서 실현될 수 있다.

(라) 법률관계는 일종의 사상사회관계이다. 법률관계가 일종 사상사회관계로 되는 그 원인은 다음과 같다. 우선, 어느 법률관계나 모두 법률규정에 근거하여 어떤 사회관계를 조절할 때에 이루어진다. 구체적 법률관계는 보통 그것이 참가자들의 의사표시를 통하여 형성된다. 예를 들면 중국혼인법의 규정에 근거하면

결혼등록을 통하여 혼인법률관계를 이루자면 반드시 남녀 쌍방의 의사표시가 일치되어야 한다. 다시 예를 들면, 중국상속법의 규정에 근거하면 유언으로 인하여 상속법률관계를 이루자면 그 유언이 반드시 유언자의 의사표시여야 한다. 물론 어떤 법률관계는 형성될 때 어떤 당사자의 의사표시도 없을 수 있지만 그것이 최종적으로 실현될 때에는 관계 당사자들이 상응한 의사표시를 할 것을 요구한다.

중국에서는 법률관계에 대하여 일반적으로 주체, 내용 및 객체 이 세 요소로부터 연구한다.

2. 법률관계의 주체

법률관계의 주체는 권리주체라고도 하며, 법률관계의 참가자, 즉 법률관계에서 법에 의하여 권리를 가지며 의무를 지니는 사람 또는 조직을 가리킨다. 법률관계 주체는 법률관계를 구성하는 요소의 하나이다.

법률관계주체가 법률관계에 참가하며 권리를 가지고 의무를 지니자면 반드시 일정한 자격 또는 능력 즉 권리능력과 행위능력이 있어야 한다.

⑴ 권리능력

권리능력이란, 법률관계 주체가 법에 의하여 권리를 가지며 의무를 지니는 자격 또는 능력이다.

중국에서 공민의 권리능력에 대한 분류는 다음과 같다. 첫째, 일반적 권리능력과 특수 권리능력으로 나눌 수 있다. 전자는 전체 공민이 일반적으로 가지는 권리능력, 예를 들면 재산을 가지며 휴식하며 교육을 받는 것과 같은 권리능력을 가리키며, 후자는 특정한 권리를 가지며 특정한 의무를 지니는 능력, 예를 들면 국가공직자가 법에 의하여 일정한 직권을 행사하는 능력을 가리킨다. 다음으로, 민사상의 권리능력과 정치상의 권리능력으로 나눌 수 있다. 중국공민은 출생에서부터 사망에 이르기까지 민사상의 권리능력을 가진다.

중국에서 법인은 그것을 성립하는 취지, 목적에 근거하여 법률규정이나 주관기관이 비준한 범위 내에서 상응한 권리능력을 가지고 있으며 법인의 권리능력은 법인이 성립될 때 발생하고 법인이 종료될 때 소멸된다.

⑵ 행위능력

행위능력이란 법률관계주체가 자기의 행위를 통하여 법에 의해 권리를 얻으며 의무를 지니는 능력 또는 자격이다. 권리능력은 법률관계주체가 권리를 가지며 의무를 지니는 전제이다. 그러나 권리능력은 꼭 행위능력을 가지는 것은 아니다. 법률관계주체는 오직 동시에 권리능력과 행위능력을 가져야만 실제적으로 어떤 구체적인 법률관계에 참가할 수 있다.

중국에서 공민의 행위의 능력구비 여부는 그가 자신의 행위를 정확히 분간할 수 있는 식별능력을 가지고 있는지에 달려 있다. 중국 민법통칙은 공민의 민사행위능력에 대해 명확히 규정하고 있다.[1] 중국에서 법인의 행위능력과 그 권리능력의 범위는 일치한다. 즉 그 취지를 어기며 그 임무와 경영범위를 초월하는 활동을 하지 못한다. 법인의 행위능력은 법인의 성립에서 시작되어 법인의 소멸에서 끝난다. 법인의 행위능력은 그 법정대표자가 행사하며 법에 의하여 기타 공민 또는 법인에 위탁하며 대리하게 할 수도 있다.[2]

(3) 법률관계주체의 종류

중국에서 법률관계주체의 종류는 상당히 광범위하며, 다음과 같이 분류할 수 있다.

첫째, 공민(자연인). 중화인민공화국 국적을 가진 모든 사람은 다 중국공민이며 그들은 중국의 여러 가지 법률관계의 참가자로서 법에 의하여 권리를 가지며 의무를 지닌다. 중국 국내에 거주하는 외국인 또는 무국적자도 역시 중국의 여러 가지 법률관계의 주체가 될 수 있다. 그들이 구체적으로 어떤 법률관계에 참가할 수 있는가 하는 것은 중국의 해당 법률과 중국이 체결하였거나 참가한 국제공약 및 해당 국제관례에 의하여 결정된다.

둘째, 기업·사업단위와 기타 사회조직. 기업·사업단위와 기타 사회조직도 역시 중국의 여러 가지 법률관계의 참가자이다. 그들은 민사법률관계에 참가할 경우에는 법인의 주체신분으로 나타난다. 중국민법통칙에는 법인제도가 규정되어 있다.

셋째, 국가기관. 중국에서 법률관계주체로서의 국가기관에는 권력기관, 행정기관, 사법기관 등이 망라되어 있으며 그들도 여러 가지 법률관계의 참가자이다. 국가기관은 국가기능을 행사할 경우에는 국가기관의 직권과 직책을 가진다.

넷째, 국가. 중화인민공화국 국가는 전일체로서 특수한 법률관계의 주체이다. 중국 국내에서 국가는 어떤 법률관계의 주체일 수 있다. 예를 들면 국유재산

1) 이 두 문제에 관하여는, 이 책 「민법」의 관계부분을 참조.
2) 이 면의 문제에 대하여서도, 이 책 「민법」의 관계부분을 참조.

의 소유자이다. 국제상에 있어서 국가는 국제법률관계의 주체이며 체결하였거나 참가한 국제조약에 규정된 권리와 의무의 담당자이다.

3. 법률관계의 내용

법률관계란, 법률관계주체 간에 형성된 권리와 의무의 관계를 지칭한다. 권리와 의무는 법률관계의 내용을 구성하며 법률관계의 한 구성요소가 된다.

(1) 법률권리는 법정권리라고도 하는데 그것은 법률관계의 주체가 법에 의하여 가지는 어떤 권능 또는 이익이다. 그것은 주로 다음과 같이 표현된다. 첫째, 권리의 향유자는 법에 의하여 자기가 일정한 행위를 할 권리를 가진다. 둘째, 권리의 향유자는 법에 의하여 타인에게 일정한 행위를 하거나 억제할 것을 요구할 권리를 가진다. 셋째, 권리향유자의 권리가 불법침해를 받을 경우에는 법에 의하여 해당 국가기관에 보호해 줄 것을 요청할 권리를 가진다.

법적 권리에 관한 분류방식은 여러가지가 존재하며 일반적으로 다음과 같이 분류할 수 있다.

주체를 기준으로 하여, 공민의 권리, 기업·사업단위와 기타 사회조직의 권리, 국가기관의 권리, 국가의 권리 등으로 분류할 수 있다.

내용에 의해 분류하면 인신권리, 정치권리, 경제권리, 문화교육권리, 사회권리, 소송권리 등으로 구분된다.

권리행사범위에 근거하면, 일반적 권리와 특수한 권리로 나눌 수 있다. 전자는 절대권으로서 그 주체는 일반적 권리자이며 동시에 비특정적 의무자이다. 예를 들면 재산권 따위와 같은 것이다. 후자는 상대권으로서 그 주체는 특정의 권리자이며 동시에 특정의 의무자이다. 예를 들면 채권 따위와 같은 것이다.

(2) 법적 의무는 법정의무라고도 하는데 그것은 법률관계의 주체가 법에 의하여 지닌 반드시 이행하여야 할 책임이다. 그것은 주로 다음과 같이 표현된다. 첫째, 의무의 담당자는 법에 의하여 반드시 권리자의 요구에 따라 일정한 행위를 하여야 한다. 둘째, 의무의 담당자는 반드시 권리자의 요구에 따라 일정한 행위를 하지 말아야 한다. 셋째, 의무의 담당자가 의무를 이행하지 않을 경우에는 권리자는 해당 국가기관에 강제적으로 그가 의무를 이행하도록 하여 줄 것을 청구할 권리가 있으며 의무의 담당자는 반드시 이로 하여 생기는 법적 책임을 져야 한다.

법적 의무에 대한 분류는 일반적으로 다음과 같다. 주체에 의해 분류하면,

공민의 의무, 기업·사업단위와 기타 사회조직의 의무, 국가기관의 의무, 국가의 의무 등으로 나눈다. 내용에 따른 분류는, 적극적 의무와 소극적 의무로 나뉘는데, 전자는 반드시 일정한 행위를 하여야 할 의무이며 후자는 일정한 행위를 하지 말아야 할 의무이다. 의무의 적용범위가 다른 데 의하여 일반적 의무와 특수한 의무로 나누는데, 전자는 어느 주체나 다 반드시 담당하여야 할 부작위의 의무이며 후자는 특정의 의무자가 특정의 권리자에 대하여 지는 특정의 의무이다.

4. 법률관계의 객체

법률관계의 객체는 권리객체라고도 하며 그것은 법률관계주체의 권리와 의무가 지향(指向)하는 대상이다. 객체가 없으면 권리와 의무는 목표를 잃게 되며 실제적 내용이 없는 것으로 되고 만다. 그러므로 법률관계의 객체도 법률관계의 구성요소의 하나로 된다.

실제생활에서 법률관계는 다종다양하여 법률관계의 객체도 다종다양하다. 중국에서는 이론상에서 그것을 보통 세 가지로 나눈다.

(1) 물 건

법률적 의미에서의 물건은 법률관계에 있어서 재산권리의 대상으로서의 물건과 기타 모든 물질적 부를 가리킨다. 이러한 물건은 사람들에 의하여 통제되거나 지배될 수 있어야 하며 사람들의 어떤 수요를 충족시킬 수 있어야 하고 또 경제적 가치를 가지고 있는 물질적 부여야 한다.

(2) 행 위

법률적 의미에서의 행위는 작위(作爲)와 부작위(不作爲)를 포함하는 법률관계주체의 행위를 가리킨다. 작위는 적극적인 행위라고도 하는데, 법률관계주체가 주동적으로 일정한 행위를 하는 일이다. 부작위(不作爲)는 소극적인 행위이라고도 하는데 법률관계주체가 일정한 행위를 하지 않는 일이다.

(3) 인신과 서로 연관된 비물질적 부

법률적 의미에서의 인신과 서로 연관된 비물질적 부는 법률관계주체가 지적 활동을 통하여 창조하는 정신적 부를 가리킨다. 예를 들면 과학발명, 기술창조, 학술문예저작 등으로 인하여 이루어진 법률관계의 객체이다. 이러한 정신적 부는 비물질적인 무형재산으로서 일정한 인신과 밀접히 연관되어 있으며 동시에 일정한 물질적 재산 또는 보수를 받는 전제이다.

5. 법률관계의 발생, 변경 및 소멸

사회생활에서 법률관계는 다양할 뿐만 아니라 언제나 발전, 변화중에 처해 있는바 늘 어떤 법률관계는 발생되고 어떤 법률관계는 변경되며 소멸되고 있다. 이른바 법률관계의 발생이란 법률관계주체 사이에 새로운 법률상의 권리와 의무 관계가 형성되는 것을 말한다. 예를 들면 남녀 쌍방은 결혼등록을 한 것으로 인하여 부부관계가 맺어진다. 이른바 법률관계의 변경이란 기존의 법률관계가 주체, 내용 또는 객체 등의 변화로 하여 기존의 법률관계가 변경되고 새로운 법률관계가 이루어지는 것을 말한다. 이른바 법률관계의 소멸이란 법률관계주체 사이의 권리와 의무가 없어지고 원 법률관계가 더는 존재하지 않게 되는 것을 말한다. 예를 들면 부부는 법정절차를 거쳐 이혼한 후에는 기존의 부부관계가 소멸된다.

법률관계의 발생, 변경 및 소멸은 제멋대로 되는 것이 아니라 반드시 해당 법규범의 존재를 전제로 하여야 한다. 그러나 일반적 행위규칙으로서의 법규범은 구체적 법률관계의 발생, 변경 및 소멸을 자동적으로 야기시킬 수 없다. 오직 법규범이 규정한 그러한 경우가 나타날 때에야만 구체적 법률관계의 발생, 변경 및 소멸이 야기될 수 있다. 중국의 법학에서는 법률관계의 발생, 변경 및 소멸을 직접 야기시킬 수 있는 여러 가지 현상과 상황을 법률사실이라고 한다. 법률사실도 역시 다양하며 그것과 사람들의 주관의지와의 연계정도에 따라 다음과 같은 두 가지로 나눌 수 있다.

(1) 법률사건

법률사건이란, 관계 당사자의 주관적 의사와 관계없는 객관적 현상과 상황으로서 이런 현상과 상황이 나타난 후 법에 의하여 법률관계의 발생, 변경 및 소멸을 야기시키는 것을 가리킨다. 예를 들면 공민이 병사한 이 법률사건은 상속법률관계의 발생, 채무법률관계의 변경, 혼인법률관계의 소멸을 야기시킬 수 있다.

(2) 법률행위

법률행위란, 법률관계의 발생, 변경 및 소멸을 야기할 수 있는 사람들의 의식적이며 자각적인 활동을 가리킨다. 예를 들면 계약관계의 확립은 쌍방 당사자들이 협상하며 의사표시가 일치에 도달한 것 등 법률행위의 결과를 가리킨다.

제 6 절 위법의 법적 책임 및 법적 제재

I. 위법의 개념, 구성 및 종류

1. 위법의 개념

위법이란, 국가의 현행법률의 규정을 위반하여 사회에 위해성이 있는 모든 행위를 지칭한다. 중국에는 위법에 대한 이해에 있어서 보통 광의적인 이해와 협의적인 이해 두 가지가 있다. 광의적 의미의 위법은 일반적 위법과 엄중한 위법(즉 범죄)을 망라한 모든 위법을 가리킨다. 협의적 의미의 위법은 범죄를 포함하지 않는 일반적 위법을 가리킨다.

2. 위법의 구성

위법은 일반적 위법이건 엄중한 위법이건을 막론하고 반드시 다음과 같은 네 가지 구성요소가 망라되어야 한다.

(1) 위법은 반드시 법률규정을 위반한 행위여야 한다. 위법행위는 적극적인 작위일 수도 있으며 소극적인 부작위일 수도 있다. 위법으로 간주되는 행위는 반드시 다음과 같은 두 가지 특성을 가져야 한다. 첫째, 그것은 반드시 사람의 외적 활동으로 표현되어야 한다. 단순한 사상의식활동으로는 위법을 구성할 수 없다. 둘째, 그것은 반드시 현행법률규정에 대한 위반으로, 즉 법률이 금지하는 행위를 하였거나 법률이 요구하는 행위를 하지 않은 것으로 표현되어야 한다.

(2) 위법은 반드시 사회를 해치는 행위여야 한다. 즉 위법행위는 반드시 법률이 보호하는 사회관계를 침범한 것이어야 한다. 사회에 주는 위해성은 모든 위법행위의 본질적 특징이다. 그 어떤 위법행위나 다 일정한 사회관계와 사회질서에 해를 준다. 이것은 위법을 구성하는 가장 중요한 근거의 하나이다.

(3) 위법은 반드시 행위자의 고의거나 과실이어야 한다. 즉 행위자의 주관상에서 잘못이 있어야 한다. 자기의 행위가 사회에 유해한 결과를 가져오리라는 것을 분명히 알면서도 그런 결과의 발생을 희망하였거나 또는 방임한 것으로 하여 위법을 구성하는 것은 고의적 위법이다. 자기의 행위가 사회적으로 해로운 결과를 가져오리라는 것을 예견하여야 할 것임에도 불구하고 부주의로 하여 그

것을 예견하지 못했거나 또는 예견하였으나 그 결과를 능히 피면할 수 있으리라고 경솔히 믿었기 때문에 위법을 구성한 것은 과실적 위법이다. 만일 어떤 행위가 객관적으로 사회에 해독을 끼치는 결과를 가져왔지만 행위자의 고의 또는 과실로 인하여 빚어진 것이 아니라 불가항력적 또는 예견할 수 없는 원인으로 하여 빚어졌다면 그것을 위법으로 인정할 수 없다.

(4) 위법자는 반드시 법정책임능력을 가진 주체여야 한다. 중국법률규정에 의하면 위법주체로 될 수 있는 자연인은 반드시 법정연령에 도달하였으며 또 책임능력을 가진 사람이어야 하며 위법주체로 될 수 있는 조직은 반드시 독자적으로 민사책임을 질 수 있거나 또는 형사책임을 질 수 있는 법인이어야 한다. 만일 행위자가 법정책임능력을 가지고 있지 못하다면 그는 위법주체로 될 수 없으며 그의 행위도 위법을 구성한다고 말할 수 없다.

3. 위법의 종류

위법에 대한 분류방식은 여러가지가 있으며, 일반적으로는 위법의 성격에 의하여 다음과 같이 분류할 수 있다.

(1) 형사위법

형사위법은 소위 범죄라고도 하며 사회에 위해성이 있고 형법을 위반하였고 또 형벌을 받아야 할 행위를 가리킨다. 범죄는 모든 행위 가운데서 사회에 대한 위해성이 가장 큰 것이다.

(2) 민사위법

민사위법이란, 민사법률을 위반하여 민사책임을 져야 할 행위를 가리킨다. 민사위법은 일반적 위법에 속한다.

(3) 행정적 위법

행정적 위법이란, 행정관리법규를 위반한 행위를 가리킨다. 행정적 위법도 일반적 위법에 속한다.

Ⅱ. 법적 책임 및 그 특성

법적 책임이란 위법자가 그 위법행위에 대하여 강제성을 띤 법률상의 책임을 지는 것을 가리킨다. 법적 책임과 위법행위는 밀접히 연관되어 있으며 위법행위를 한 모든 사람은 사회와 피해자에 대하여 상응한 법적 책임을 져야 한다. 법적 책임은 기타의 사회책임과 다르며 그것은 주로 다음과 같은 특징을 가지고 있다.

① 위법행위와 연관되어 있다. 위법자에 대하여서만 그 법적 책임을 추궁할 수 있다.

② 법률상에서 명확한 구체적 규정을 가지고 있다. 각각의 위법행위에 대하여 법률은 각기 다른 법적 책임을 진다는 것을 규정하였으며 위법자는 그 위법행위에 대하여 법률에 규정될 상응한 책임을 져야 한다.

③ 국가의 강제성을 띠고 있다. 법적 책임은 국가의 강제력에 의하여 담보되고 있기 때문에 국가사법기관과 국가에서 권한을 부여한 전문기관이 법적 책임을 추궁하며 기타 어떤 조직과 개인은 이런 권력이 없다.

Ⅲ. 법적 제재 및 그 종류

법적 제재란 국가사법기관과 국가에서 권한을 부여한 전문기관이 위법자에 대하여 그가 응당 져야 할 법적 책임에 따라 취하는 징벌조치를 말한다. 법적 제재도 법적 책임과 마찬가지로 위법행위에 근거하여 생긴 것이다. 위법이 없으면 법적 책임을 추궁할 수 없으며 법적 제재를 실시한다는 것도 말할 수 없다. 그러므로 법적 제재는 위법행위확정을 전제로 하며 또 법률적 책임추궁의 실제적 효과이다. 물론 법적 제재와 법적 책임은 구별이 있다. 위법자의 법적 책임을 추궁할 때 그의 위법형태, 위해성의 정도, 주관적 측면 등 구체적 상황에 따라 감면하거나 중하게, 또는 가중하여 제재하여야 한다.

⑴ 사법적 제재

사법제재란 국가사법기관이 위법자에 대하여 그가 져야 할 법적 책임에 따라 취하는 징벌조치이다. 이것은 주로 다음과 같은 것을 망라하고 있다.

㈎ 형사제재　　형사제재는, 국가사법기관이 형법을 위반한 범죄자에 대하여 그가 져야 할 형사책임에 따라 취하는 형벌조치이다. 형사제재는 여러 가지 법적 제재 가운데서 가장 엄한 징벌조치이다. 중국형법에 규정된 형벌에는 주형과 부가형 두 가지가 망라되어 있는데 주형에는 관제, 구역, 유기징역, 무기징역과 사형이 있으며, 부가형에는 벌금, 정치권리박탈 및 재산몰수가 있으며, 죄를 범

한 외국인에 대하여서는 국외추방(경외구축)을 독립적으로 적용하거나 부가적으로 적용할 수 있다.

(나) 민사제재 민사제재란, 국가사법기관이 위법자에 대하여 그가 져야 할 민사책임에 따라 취하는 징벌조치이다. 중국민법통칙에 규정된 민사제재의 방식에는 침해중지, 방해배제, 위험제거, 재산반환, 원상회복, 수리, 손해배상, 위약금지불, 영향제거, 명예회복, 사죄표명 등이 있다. 이상의 방식은 단독으로 적용할 수도 있고 병용할 수도 있다. 인민법원은 민사사건을 심리함에 있어서 이상의 제재방식을 적용하는 외에 훈계를 주거나 회개서약서를 쓰게 하거나 불법적 활동에 이용된 재물과 불법소득을 몰수할 수 있으며 또 규범이 정한 데 따라 벌금, 구류에 처할 수 있다.

(2) 행정적 제재

행정적 제재란, 국가행정기관이 위법자에 대하여 그가 져야 할 법적 책임에 따라 취하는 징벌조치이다. 그것은 주로 다음과 같은 것을 망라하고 있다.

(가) 행정처벌 행정처벌은 국가행정기관이 행정처벌을 할 정도에 이르지 않은 경미한 위법행위를 범한 위법자에 대하여 취하는 징벌조치이다. 중국의 치안관리처벌조례에 규정된 행정적 처벌방식에는 주로 경고, 벌금, 구류 등이 있다.

(나) 행정처분 행정처분은 규율처분이라고도 한다. 이것은 국가기관, 기업·사업단위 및 기타 조직이 법률규정에 근거하여 행정소속관계에 따라 위법실직하였거나 또는 규율을 위반한 인원들에 대하여 취하는 징벌조치이다. 행정처분의 방식으로는 주로 경고, 강급(降級), 강직, 제명 등이 있다.

제 7 절 법률 감독

중국에서 법률 감독에 대한 이해에는 보통 광의적 이해와 협의적 이해 두 가지가 있다. 협의적인 법률 감독이란 국가검찰기관이 법의 실시의 합법성에 대하여 진행하는 감독을 말한다. 광의적인 법률적 감독이란 모든 국가기관, 사회단체 및 조직, 공민이 각종 법률활동의 합법성에 대하여 하는 감독을 말한다.

I. 법률 감독의 객체, 주체 및 내용

법률 감독의 객체, 주체 및 내용은 즉 누구를 감독하는가, 누가 감독하는가, 무엇을 감독하는가 하는 문제이다.

1. 법률 감독의 객체

중국에서 법률 감독을 받는 객체에는 여러 가지 법률활동을 하는 국가기관, 사회단체 및 조직, 공민 등이 망라되어 있다. 그 가운데서 국가기관(권력기관, 행정기관, 재판기관, 검찰기관을 망라하여)에 대한 법률적 감독은 특히 중요한 의의를 가지고 있다.

2. 법률 감독의 주체

법률 감독을 할 수 있는 주체에는 모든 국가기관, 사회단체 및 조직, 공민 등이 망라되어 있다. 그 가운데서 국가기관이 하는 법률 감독이 중국법률적 감독체계의 핵심을 이루고 있고, 법률적 효력을 가지고 있으며 헌법과 해당 법률에 국가기관의 법률적 감독에 대하여 명문으로 규정되어 있다.

3. 법률 감독의 내용

법률 감독의 내용에는 여러 가지 법률적 활동의 합법성에 대한 감독 즉 국가기관, 사회단체 및 조직, 공민의 여러 가지 법률활동이 헌법, 법률의 규정에 부합되는가, 엄격히 법에 의하여 처리되는가, 위법·실직·범죄행위 등이 없는가 하는 등에 대한 감독이 망라되어 있다. 그 중 국가기관 및 그 공무원에 대한 감독이 법률적 감독의 중점이다.

II. 법률 감독의 종류

법률 감독에 대한 분류방법은 여러가지가 있으며 일반적으로 다음과 같이 분류할 수 있다.

1. 감독의 주체에 따라 국가감독과 사회감독으로 나눌 수 있다. 국가감독

즉 국가기관이 하는 법률 감독은 또 권력기관의 감독, 행정기관의 감독 및 사법기관의 감독으로 나뉜다. 이들 감독에는 자체와 본 계통의 국가기관에 대한 각 국가기관의 법률 감독, 예를 들면 지방 각급 국가권력기관에 대한 최고국가권력기관의 감독, 지방 각급 국가행정기관에 대한 최고국가행정기관의 감독이 망라될 뿐 아니라, 또한 기타 유형의 국가기관에 대한 각 국가기관의 법률 감독, 예를 들면 행정기관, 사법기관에 대한 권력기관의 감독, 재판기관에 대한 검찰기관의 감독 등이 포함된다. 사회감독은 즉 각 정당, 사회단체, 조직 및 인민군중이 행하는 법률 감독이다.

2. 감독의 객체와 내용에 따라 직무를 집행하는 국가기관 및 그 공무원에 대한 감독과 각 정당, 사회단체, 조직 및 공민이 법률을 준수하는 데 대한 감독으로 나눌 수 있다. 그 가운데서 직무를 집행하는 국가기관 및 그 공무원에 대한 감독은 또 법의 제정활동에 대한 감독, 행정활동에 대한 감독, 사법활동에 대한 감독 등으로 나눈다.

3. 감독하는 방식에 따라 법률사실에 대한 감독과 법률문건에 대한 감독으로 나눌 수 있다.

4. 감독하는 시간에 따라 사전의 감독, 일상적 감독 및 사후의 감독으로 나눌 수 있다.

Ⅲ. 국가감독

국가감독은 국가기관이 하는 법률 감독인데 여기에는 주로 다음과 같은 형식이 있다.

1. 법 제정활동에 대한 감독이다. 이러한 감독은 규범적 법률문건을 제정할 권한을 가진 모든 국가기관이 법률, 법규를 제정하고 개정하거나 폐지하는 등 활동의 합법성에 대하여 하는 감독을 말한다.

2. 행정활동에 대한 감독이다. 이러한 감독은 각급 국가행정기관 및 그 소속 사업부문의 법집행활동의 합법성에 대하여 하는 감독을 가리킨다.

3. 사법활동에 대한 감독이다. 이러한 감독은 각급 국가사법기관의 사법활동의 합법성에 대하여 하는 감독이다. 이러한 감독에는 주로 다음과 같은 것이 포함되고 있다. 즉 전국인민대표대회 상무위원회가 최고인민법원, 최고인민검찰원의 사업을 감독하며 현급 이상의 지방 각급 인민대표대회 상무위원회가 해당 인민법원, 인민검찰원의 사업을 감독하며 최고인민법원이 지방 각급 인민법원과 특별인민법원의 재판사업을 감독하며 상급 인민법원이 하급 인민법원의 재판사업을 감독하는 것이 포함된다. 그리고 최고인민법원은 각급 인민법원의 판결과 판정에, 상급 인민법원은 하급 인민법원의 판결과 판정에 확실히 오류가 있다는 것을 발견하면 재판감독절차에 따라 심사하거나 하급 인민법원에 재심할 것을 명할 권한을 가진다. 인민검찰원은 국가의 법률감독기관이다. 최고인민검찰원은 각급 인민법원의 판결과 판정에, 상급 인민검찰원은 하급 인민법원의 판결과 판정에 확실히 오류가 있다는 것을 발견하면 재판감독절차에 따라 항소를 제기할 권한을 가진다.

제8절 법 학

I. 법학의 연구대상

중국에서는 법학을 법률과학이라고도 하며, 법률과학은 전문 법률현상을 연구대상으로 하는 학문의 총칭이다.

법학은 모든 법률현상을 연구대상으로 하고 있는바 그것에는 규범의의와 제도의의를 가지고 있는 법률현상에 대한 연구, 관계·행위·성격의 법률현상에 대한 연구와 의식·이론면의 법률현상에 대한 연구 등이 포함되어 있다. 그러므로 중국학자들은 법률현상 및 그 법칙을 연구대상으로 하는 체계적인 과학으로서의 법학은 반드시 그 연구대상에 대하여 모든 측면, 다양한 시각으로부터 연구를 하여야 한다고 인정한다.

법학의 연구대상에는 여러 가지 차원이 있다. 먼저 법의 합법칙성 문제를 검토하고 그 다음으로는 법학의 원리·원칙, 법의 제정과 실시에서의 방법·수단 등 문제를 검토한다.

법학은 여러 가지 분학과로 구분되지만 대체로 법학은 3개의 기본적 기능 즉 이론인식의 기능, 의식형태의 기능 및 실제응용의 기능을 가지고 있다. 중국에서는 이론과 실천을 결합시키며 이론의 실천에 대한 지도를 특별히 강조하고 있다.

Ⅱ. 법학의 분류와 법학체계

중국에서 법학의 분류와 법학체계의 내용은 다음과 같다.

1. 이론법학

법리학, 법학기초이론(법철학, 법사회학, 현실법이론 등 내용을 포함하여)이라고도 하는 법리학, 비교법총론 등을 망라한 분학과이다. 이론법학이 연구하는 것은 법률현상 가운데서 공통성, 합법칙성을 띠고 있는 문제이다. 예를 들면 법리학은 법률현상에 대한 철학적 연구, 사회학의 연구 및 전문법률의 연구를 결합시키고 전체 법률상부구조를 전일체로 삼아 그것의 생성·본질·발전과 작용 등 공통성 문제를 연구하는 동시에 법을 제정하며 실시하는 데서의 일반적 이론문제도 연구한다.

2. 법 사 학

중국법제사, 외국법제사, 중국법률사상사, 서양법률사상사 등을 망라한 분학과이다. 법률사학이 연구하는 것은 법률현상에서 공통성, 보편성, 합법칙성을 띠고 있는 문제이다.

3. 부문법학

헌법학, 행정법학, 민법학, 상법학, 형법학, 소송법학, 경제법학, 노동법학, 가족법학 등이 망라한 분학과이다. 부문법학은 전체 법학체계에서 관련된 면이 가장 넓고 범위가 가장 크며 내용이 가장 많은 한 부류의 분학과로서 그것들은 각기 자체의 이론과 방법을 가지고 있을 뿐만 아니라 실용성이 강조된다. 각 부문법을 구분하는 기본적인 기준은 법률부문의 구분이다.

4. 국제법학

국제공법학, 국제사법학, 국제경제법학 등을 망라한 분학과이다. 국제법학이 연구하는 것은 어느 한 나라의 법률현상이 아니라 국가거나 지역의 경계를 벗어난 국제성을 띤 법률문제이다.

5. 법학주변학

형사정찰학, 물증기술학, 법의학, 법률심리학, 사법정신병학 등을 망라한 분야이다. 법학주변학은 법학과 기타 학과와 서로 교차, 침투되어 생긴 일종의 학문분야이다.

이상 다섯 가지 유형의 법학에 대하여 다른 각도로부터 인식할 수 있다. 즉 앞의 두 유형은 이론성 법학에 속하며 뒤의 세 유형은 응용성 법학에 속한다. 상대적으로 말하면 응용성 법학은 법률실천과 직접적으로 연관되어 있다. 그것이 연구하는 것은 직접적인 경험재료이며 그 이론은 일반적으로 본 부문법의 영역에 제한되어 있다. 이론성 법학은 상대적으로 추상적이며 응용성 법학으로부터 개괄되어 나와 다시 응용 법학을 지도하는 데 쓰이며 그 이론은 각 부문 법에 적용된다.

제2장 헌　　법

[韓大元]

제1절　헌법의 기본원리

I. 헌법의 개념과 특징

1. 개　　념

법체계에서 가장 핵심을 이루고 있는 헌법은 그 기본내용과 가치로 하여 기본법 또는 근본법으로 지칭한다. 즉 법 중에서 가장 근본으로 되는 법이 곧 헌법이다. 근대헌법의 개념은 서양문화의 산물로서 입헌주의사상의 보급과 아울러 중국에 도입된다. 1908년 청 정부가 제정한 「침정헌법대강」은 중국역사상 최초로 공포된 헌법성 문서로서 헌법이라는 용어를 사용하였다. 그 뒤 헌정운동과 헌정사상의 발전에 따라 중국헌법학자들은 시대적 요청에 부합되는 과학적인 헌법개념의 정립에 노력해 왔다.

현대중국헌법이론에서 헌법이라 함은 곧 국가의 근본법을 말한다.

(1) 헌법의 내용으로 보면, 헌법은 국가생활과 사회생활 중에서 가장 근본적이고 중요한 문제를 규정한다. 즉 사회제도와 국가제도의 기본원칙, 공민의 헌법지위, 통치구조의 조직과 활동원칙 등을 규정한다.

(2) 헌법은 입법의 기초로 된다. 현행헌법 제3장과 총강은 전국인민대표대회조직법·국무원조직법·군사위원회의 조직법·지방인민대표대회와 지방인민정부조직법·민족구역자치법·법원조직법 등의 제정을 위한 입법원칙을 규정한다. 법률·법규 등 규범성 문건은 헌법의 기본정신과 규정에 저촉되어서는 아니 된다.

(3) 헌법은 법률체계 중에서 최고의 법률지위와 법률효력을 가진다. 헌법에 저촉되는 법률과 기타 규범성 문건은 그 효력을 상실하게 된다. 현행헌법은 서언

에서 "본 헌법은 법률의 형식으로 중국각족인민의 분투한 성과를 확인하고 국가의 근본제도와 근본임무를 규정한 국가의 근본법으로서 최고의 법률효력이 있다"고 규정하고 있다.

(4) 헌법을 근본법으로 정의하는 이유는 또 제정과 개정절차가 보통법률과 구별된다는 점이다. 보통법률의 제정과 개정과는 별도로 헌법의 제정과 개정은 특정한 기관이 특정된 절차에 따라 행한다. 1954년 중국의 첫 사회주의헌법은 헌법기초위원회에 의하여 제정되었고, 1975년 헌법 · 1978년 헌법 · 1982년 헌법의 개정은 헌법개정위원회에 의해 개정되었다. 특별한 절차의 규정은 헌법이 규정한 내용이 중요하고 통치의 기본원칙을 규정하고 있기 때문이다. 중국의 헌법학에서 헌법과 헌정의 개념은 서로 구별된다. 헌정(憲政)은 헌법의 내용과 실현결과이며 헌법은 헌정의 표현과 근거라 할 수 있다. 헌법이 있다 하여 자연적으로 헌정상태가 존재하는 것은 아니다. 헌법전(憲法典)이 있지만 민주정치의 이념을 떠나 헌법과 서로 괴리되는 사회현실이 존재할 수 있기 때문이다. 그러므로 중국학자들은 헌법개념을 연구할 때, 단순히 헌법전에만 국한되지 않고 사회생활 속에서 헌법의 이념을 해석하며 헌법권위의 중요성을 강조한다.

2. 특　징

헌법은 규범형태로 기능하기 때문에 헌법의 특징은 곧 헌법규범의 특징으로 표현된다. 앞서 언급한 바와 같이 헌법은 법률 중의 근본법으로서 보통법률이 가지고 있는 규범성이 있다. 다만 헌법은 근본법이므로 그 규범성에는 자체의 특징이 있다고 하겠다. 헌법의 특징은 아래와 같이 설명할 수 있다.

(1) 헌법의 정치성

헌법은 정치법으로서 정치권력의 원칙과 운영과정의 조절을 목적으로 한다. 헌법에 채택된 내용은 정치역량의 활동을 떠나서는 이해하기 어렵다. 헌법은 법률성을 가지고 있는 동시에 정치성을 가지고 있다. 헌법의 정치성은 곧 헌법의 가치체계를 반영한다.

(2) 헌법의 최고규범성

중국의 법체계 중에서 헌법규범은 최고법규이며 기타규범의 존재를 제약하고 통제한다. 최고규범성의 근거는 헌법의 최고법률효력에 있다. 중국헌법의 최고규범성을 이해할 때 다음 두 가지에 유의할 필요가 있다. 첫째는, 당의 강령과 헌법규범성의 관계이다. 중국헌법의 제정·개정과 해석과정에서 중국공산당의 역할은 매우 중요하지만 정당강령의 권위성은 당연히 헌법규범의 최고권위성에 종속된다. 당장에서 규정한 "당은 헌법과 법률범위 내에서 활동하여야 한다"는 원칙은 헌법의 최고효력을 설명해 주고 있다. 둘째는, 최고규범성의 법률효력문제이다. 일부 학자들은 헌법규범이 구체적인 제재성이 없다는 이유로 헌법의 법률효력을 승인하지 않는다. 또 일부 학자들은 헌법규범은 간접적인 효력만 있고 직접적인 효력은 없다고 보고 있다. 중국헌법의 규정으로 보면 헌법규정은 최고법률효력을 가지고 있을 뿐만 아니라 구체적인 제재성도 가지고 있다고 보는 것이 바람직하다. 만약 헌법규범이 강제성과 제재성이 없게 되면 헌법 자체도 기능할 수 없게 된다.

⑶ 강령성과 원칙성

일반적으로 헌법은 민주성과의 총화라고 하지만 미래지향적인 성격도 가지고 있다. 헌법에 규정된 내용은 구체적인 현실사회관계의 반영이 아니라 총체적인 원칙의 구현이다. 중국헌법전문과 총강에는 강령성과 원칙성에 관한 내용이 규정되어 있다.

⑷ 역 사 성

헌법은 역사의 산물로서 헌법으로 나라를 다스리는 통치경험의 구현이다. 헌법의 발전을 역사적으로 고찰하고 역사적 시각을 부여하는 것이 헌법을 이해하는 기본방법으로 된다. 더욱이 헌법에 의한 통치경험을 과학적으로 분석·판단하여야만 현실의 요청에 따른 새로운 통치정책을 모색할 수 있다.

⑸ 적응성과 안정성

헌법은 국가의 근본법이므로 안정성이 요청된다. 즉 사회관계가 질적인 변화가 없는 한 헌법규범을 자주 변경하는 것은 헌법의 권위를 수호하는데 유익하지 않다. 헌법개정절차의 엄격성은 그 안정성에 기인된다. 물론 안정성이란 절대적인 것이 아니라 상대적인 것으로서 사회의 변천에 따라 헌법규범의 현실적합성이 요청되게 마련이다. 현실생활을 규율하는 기능이 없으면 헌법 자체도 그 가치를 잃게 된다. 적응성과 안정성은 표면상으로는 서로 모순될 때가 있지만 양자는 변증법적 관계이다. 안정성을 지향하면서 적합성을 부여하는 것이 헌법학이 연구하여야 할 중심과제라고 본다.

그외 일부 학자들은 고정성·타협성·융통성 등을 헌법규범의 특징으로 이해

하고 있다.[1)]

Ⅱ. 헌법의 제정과 개정

1. 제 정

1949년 10월부터 1954년 9월까지 임시헌법으로 기능한 것이「중국인민정치협상회의 공동강령」이었다. 당시는 헌법을 제정할 여건이 충족되지 않았으므로 과도시기의 임시헌법을 채택하게 되었다. 공동강령은 전문과 7장 60조로 구성되었는데 제1장 총강, 제2장 정부기관, 제3장 군사제도, 제4장 경제정책, 제5장 교육·문화정책, 제6장 민족정책, 제7장 외교정책으로 구성되어 있다.

1953년 1월, 중앙인민정부위원회 제20차 회의에서 모택동을 주석으로 하는 헌법기초위원회가 구성되었다. 1954년 3월 헌법기초안이 헌법기초위원회에 의해 제출되었고 각계 대표 8,000여명의 토론을 거쳐 확정·공포된 것이다. 동년 9월 20일, 헌법초안이 가결되고 대회주석단의 명의로 공포되었다. 본 헌법은 중국역사상 처음으로 된 사회주의유형의 헌법이다. 헌법은 전문과 본문 4장 106개조로 구성된다. 제1장 총강, 제2장 국가기구, 제3장 공민의 기본적 권리와 의무, 제4장 국기·국장·수도 등이다. 1954년 헌법은 중국사회주의 헌법체계와 사회제도의 기본내용을 규정하였고 신중국헌정의 기본모델을 마련하게 된다. 본 헌법의 제정은 헌법제정권의 행사였으며 비교적 과학적으로 제정된 헌법이라 하겠다.

2. 개 정

(1) 제1차 개정

1975년 1월 17일 제4기 전국인민대표대회에서는 1954년 헌법을 개정하여 1975년 헌법을 채택하게 된다. 이 헌법은 국가의 정치생활이 비정상적인 환경 속에서 개정되었기에 그 지도사상과 내용에 상당한 착오가 있어「문화대혁명헌법」이라고도 한다. 이 헌법은 1954년 헌법이 규정한 기본원칙과 많은 내용을 개정하였고, 이에 반해 '좌'적인 내용이 추가된 것이다. 예를 들면 공민의 평등권, 사유

1) 자세히는 오걸, '헌법규범의 특징',「중국법학」, 1987년 6기; 위정인,「헌법학」, 북경대학출판사, 1987년 7월, 17~20면.

재산의 상속권, 사법독립 등의 원칙이 폐지되었다. 때문에 1975년 헌법은 성격상 사회주의헌법이지만 현대헌법이념을 떠난 형식적 헌법이다.

⑵ 제 2 차 개정

1978년 3월 5일, 제 5 기 전국인민대표대회 제 1 차 회의는 1975년 헌법을 전면개정하여 1978년 헌법을 채택하게 된다. 전문과 본문 4 장 60개조로 구성된 1978년 헌법은 제 1 장 총강, 제 2 장 국가기관, 제 3 장 공민의 기본적 권리와 의무, 제 4 장 국기·국장·수도로 되어 있다. 그 주요한 개정내용은 1954년 헌법의 일부 조항들을 부활시켰고 공민의 기본적 권리보장이 좀더 강화되었다는 점과 헌법조항들을 대폭 부활시켜 60개조로 늘어난 점을 들 수 있다. 다만 그 당시의 정치환경에서 1978년 헌법도 지도사상과 기본내용에서 자체의 한계를 가지고 있다.

⑶ 제 3 차 개정

1979년 7월 가결·공포된 것이다. 1978년 헌법과 사회현실이 심각한 괴리가 존재하여 제 5 기 전국인민대표대회 상무위원회는 1978년 헌법의 일부 내용을 개정할 데 관한 의안을 제출한 것이다. 그 주요내용은, 현과 현 이상의 지방 각급 인민대표대회에 상설기관인 상무위원회를 설치하고 지방 각급 혁명위원회를 지방 각급 인민정부로 개편함과 동시에 종래 간접제이던 현 인민대표대회 대표의 선거방법을 선거민에 의한 직선제로 개편하였다. 상하급 인민검찰원의 관계를 종래의 감독관계에서 영도적 관계로 개편하였다.

⑷ 제 4 차 개정

1980년 9월에 행해졌는데 그 주요내용은 이른바 '4대 자유'를 폐지하는 것이다. 즉 헌법 제45조에 규정되어 있던 '주요 의견을 진술할 수 있는 대명(大鳴)의 자유, 대담히 의견을 말할 수 있는 대방(大放)의 자유, 변론을 할 수 있는 대변론의 자유, 벽신문 즉 대자보를 운용할 수 있는 자유'를 폐지한 것이다. 1980년 8월에 소집된 제 5 기 전국인민대표대회 제 3 차 회의에서 헌법 제45조를 삭제한 것이다.

⑸ 제 5 차 개정

1982년 12월 4일, 제 5 기 전국인민대표대회 제 5 차 회의에서 심의·표결되어 채택된 것이다. 1978년 이후 헌법을 부분적으로 개정하였지만 사회현실의 발전 요청에 적응하기 어렵게 된다. 1980년 9월 10일, 헌법개정위원회를 설치하여 개헌에 관한 실질적인 업무를 관장케 하였다. 1982년 2월에 전인대 상무위원회에

초안을 제출하였고, 4월 12일부터 8월 21일까지 헌법개정초안에 대한 대토론을 하게 된다. 그 주요골자는, 조문의 수가 늘어났고 4장 138개조로 구성되어 구조적 특색이 있다는 점, 국가권력의 성격을 인민민주독재로 규정, 공유경제를 중심으로 다양한 경제형식의 인정, 사회주의 정신문명의 규정, 국가주석제의 부활과 국가중앙군사위원회의 설치, 국가영도직위 연속 3선 이상의 금지, 당·정분리원칙의 채택, 헌법보장제도의 강화 등으로 되어 있다.

⑹ 제6차 개정

1988년 4월 12일, 제7기 전국인민대표대회 제1차 회의에서 채택되었다. 개정안의 주요내용은 토지사용권의 양도인정, 사영경제의 헌법적 지위인정이다. 즉 사영경제는 사회주의 공유제 경제의 보완역할을 하는 경제형식이다.

⑺ 제7차 개정

1993년 3월 29일, 제8기 전국인민대표대회 제1차 회의에서 채택되었다. 9개 조항의 개정안의 주요내용은, 헌법 제15조를 개정하여 "국가는 사회주의 시장경제를 실시한다"는 원칙의 확립, 기업경영의 자주권과 민주관리권의 확대, 국영기업을 국유기업으로 개정, 농촌인민공사와 농업생산합작사라는 집단경제형식을 농촌의 가정생산책임제(聯產責任制)로 대체, 현·구를 설치하고 있지 아니한 시·시할구의 인민대표대회의 임기를 3년에서 5년으로 연장한 점이다.

⑻ 제8차 개정

1999년 3월 15일, 제9기 전국인민대표대회 제2차 회의에서 6개 조항의 헌법개정안이 채택되었다. 개정안의 주요 내용은 헌법 서언에 "중국은 사회주의 초급단계에 있다"는 내용을 명확히 규정하였고, 제15조에 "중화인민공화국은 법에 의하여 나라를 다스리고 사회주의 법치국가를 건설한다"는 내용을 새롭게 규정하였다. 경제제도에 대한 개정은 주로 "국가는 사회주의 초급단계에서 공유제를 주체로 하고 각종 소유제 경제가 공동으로 발전하는 기본경제제도를 견지하며 노동에 따른 분배를 주체로 각종 분배방식이 병존하는 분배제도를 견지한다"는 규정을 새롭게 추가하였고, 농촌집체경제조직은 가정청부경영을 기초로 하여 통분결합의 이중경영체제를 실행한다고 규정하였다. 비공유제 경제에 대한 보호를 강화하기 위하여 "법률의 범위 내의 개체경제, 사영경제 등 비공유제 경제는 사회주의 시장경제의 중요한 구성부분이다"고 규정하고, "반혁명활동"을 "국가안전을 위해하는 범죄활동"으로 개정하였다.

⑼ 제9차 개정

2004년 3월 14일, 제10기 전국인민대표대회 제2차 회의는 14개 조항의 헌법개정안을 통과시켰다. 그 주요내용은 다음과 같다. 재산권 보장에서 "공민의 합법적 사유재산은 침해되지 않는다"는 규정과 함께 "국가는 공공이익의 필요에 따라 법 규정에 의거하여 공민의 사유재산을 징수하거나 수용할 수 있으나 보상을 하여야 한다"고 규정하고 있다.

사영경제 등 비공유 경제의 발전에 관련하여 "국가는 비공유제 경제의 발전을 지지하고 인도한다는 규정을 첨가하였다." '3개대표중요사상'을 헌법에 규정함과 동시에 "국가는 인권을 존중하고 보장한다"는 인권조항을 신중국헌법사상 처음으로 규정하였다.

이상 우리는 사회변천에 따른 중국헌법의 제정과 개정과정을 살펴보았다. 50여년의 헌정사에서 9차례의 개정이 있었다는 사실에 대해 여러 가지의 평가가 예상되겠지만 헌법운영의 수준이 높지 못하고 헌법권위가 제대로 정착되고 있지 않았다는 사실을 생각할 수 있다.

Ⅲ. 헌법의 법원(法源)

헌법의 법원이라 함은 헌법의 표현형식을 말한다. 헌법은 어떠한 사실에 의해 구성되고 또 여하한 형식을 통하여 표현되는가의 문제는 헌법학에서 연구할 중요한 과제로 되고 있다.

1. 헌법전과 헌법수정안

헌법전(憲法典)은 중국헌법의 기본적인 법원이다. 헌법전 내용은 국가의 기본적인 경제제도·정치제도·공민의 헌법지위 등을 규정하고 있으며 국가권력운영의 기본이 된다. 헌법수정안은 헌법전과 동등한 효력을 가지고 있다. 예를 들면 1988년 4월의 헌법수정, 1993년의 헌법수정, 1999년의 헌법수정은 헌법전의 보완으로서 최고의 법률효력이 있다.

2. 법 률

헌법의 규정에 따르면 전국인민대표대회가 형사·민사·국가기구 등의 기본

법률을 제정하며 전국인민대표대회 상무위원회가 기본법률 이외의 법률을 제정한다. 헌법의 법원으로 되는 법률은 국가의 기본제도, 기본의무, 공민의 기본권리와 국가기구활동의 기본원칙을 규정한 내용을 말한다. 예를 들면 전국인민대표대회조직법, 인민법원조직법, 인민검찰원조직법, 민족구역자치법 등이다. 전국인민대표대회와 상무위원회에 의해 채택된 결의와 결정도 그 내용에 따라 헌법의 법원이 될 수 있다.

3. 행정법규

국무원에서 헌법과 법률의 규정에 따라 제정한 행정법규 가운데서 공민의 정치권리와 자유에 관련되는 부분은 헌법의 법원으로 된다.

4. 지방성 법규

헌법의 규정에 따라 성·직할시·자치구 인민대표대회와 상무위원회는 헌법·법률·행정법규에 저촉되지 않는 범위 내에서 지방성 법규를 제정할 수 있다. 그 가운데서 감독권에 관한 규정, 여성지위에 관한 보장, 집회·결사에 관한 규정 등은 헌법의 법원으로 역할할 수 있다.

5. 조 약

조약은 국제법상 완전한 주체가 될 자격이 있는 국가 사이의 문서에 의한 합의이다. 중국헌법은 국제조약이 국내법 중의 법률지위에 관한 직접적인 규정은 없지만 정부가 체결·참가·승인한 조약은 엄격히 준수되므로 그 중 국가주권, 공민의 기본적 권리와 의무에 관련된 조약은 헌법의 법원으로 된다.

6. 헌법관습

헌법관습이라 함은 사회실천 속에서 자연발생적인 규범을 말한다. 중국은 성문법국가이기에 관습법 수량은 적지만 헌정실천에서 가치 있는 헌법관습이 존재하고 있다. 예를 들면, 중국공산당 중앙위원회가 전국인민대표회 혹은 상무위원회에 헌법개정을 건의하는 관습, 전국인민대표대회 주석단이 헌법을 공포하는 관습 등이다.

Ⅳ. 헌법해석

헌법해석이라 함은 헌법의 내용, 헌법에 내재된 기본정신 및 한계에 대한 법률효력이 있는 설명을 말한다. 헌법해석은 헌법보장제도의 구성부분으로써 헌법이념의 실현과정에서 중요한 역할을 한다.

1. 헌법해석의 종류

헌법해석의 주체와 효력에 따라 유권해석과 학리(學理)해석으로 나눈다. 유권해석이란 권한이 있는 국가기관이 헌법이 규정한 절차에 따라 헌법규범을 설명한 법률적 구속력이 있는 해석을 말한다. 학리해석이란 사회조직·학술단체·학자 등이 헌법규범을 설명한 해석으로서 법률효력은 없지만 입법과정과 법의 실시에 일정한 영향력이 있다.

헌법해석의 목적에 따라 위헌해석과 보완해석으로도 나눈다. 위헌해석이란 위헌심사기관이 법률·법규의 헌법위반 여부를 판단하는 해석을 말한다. 보완해석은 헌법해석기관이 헌법규범과 사회현실의 괴리를 해결하기 위해 헌법규범에 대한 필요한 설명과 보완을 하는 것을 말한다.

헌법해석의 구체적인 방법에 따라 어법해석·논리(論理)해석·체계해석·역사해석으로 나눈다. 어법해석이란 헌법조문의 구절·문자 등에 관한 해석을 말한다. 체계해석이란 헌법규범 사이의 상호관계를 설명하는 것을 말한다. 역사해석이란 헌법제정의 역사배경, 헌법의 비교를 통한 설명을 말한다.

헌법해석의 척도에 따라 지면(紙面)해석·축소(縮小)해석·확장해석으로 나눈다. 지면해석이란 헌법조문의 문자 그대로 해석하는 것을 말하고 축소해석이란 헌법조문의 언어적 표현 자체보다 더 좁게 해석하는 것을 말한다. 확장(擴張)해석이란 헌법규범의 문자의미를 확장하여 널리 이해하는 해석방법이다.

2. 헌법해석의 형식

중국은 아직 헌법해석절차에 관한 전문적인 법률이고 해석의 형식에 대한 통일적인 규정은 없지만 헌정실천에서 아래의 형식이 존재한다. 헌법기초위원회가 전국인민대표대회에 헌법초안에 관한 보고를 하는 입법해석, 전국인민대표대회 상무위원회가 결의·결정을 통과하는 형식으로 헌법을 해석하는 것, 헌법관습에 의한 헌법해석 등이 있다.

3. 헌법해석의 기관

중국의 헌법규정에 따르면 전인대 상무위원회가 헌법해석기관이 된다. 전인대 상무위원회는 전인대의 상설기관으로서 헌법실시감독권을 행사하며 법률제정권도 가지고 있다. 전인대 상무위원회의 헌법해석이 권위가 있다고 하지만 헌법해석의 효율성이 높지 못하고 전문성이 결핍하다는 지적도 있다. 개혁방법으로는 전문적 헌법해석기구의 설치,[1] 최고인민법원의 헌법해석권의 관장[2] 등 견해가 유력하다.

4. 헌법해석의 절차

헌법해석의 절차는 네 단계로 나눈다.

(가) 헌법해석의 제출 전인대 상무위원회 · 국가기관 · 사회단체 · 공민이 제출권을 향유한다.

(나) 헌법해석의 심사단계 전인대 상무위원회가 직접 심사한다.

(다) 헌법해석의 결의 전인대 상무위원회가 법의 절차에 따라 헌법해석의 결의를 통과한다.

(라) 헌법해석의 공포 헌법해석에 관한 결의 · 결정이 통과되면 중화인민공화국 주석이 공포한다.

V. 헌법개정

사회변천에 따른 헌법개정은 그 필요성을 인정해야 하지만 개정권의 행사는 엄격한 절차에 따라야 한다. 중국헌법의 규정에 따르면 헌법개정권은 다음과 같은 특징이 있다.

(가) 제헌권과 개정권의 통일 중국에서 제헌권과 헌법개정권은 통일적으로 전인대가 행사한다.

(나) 헌법개정의 제안권 전국인민대표대회 상무위원회 혹은 1/5 이상의 전

1) 장경복, 「헌법학 기본이론」, 사회과학문헌출판사, 1994년, 175면.
2) 왕례, '우리나라 헌법해석기구를 논함', 「중외 법학」, 1993년 6기.

국인민대표대회 대표가 제안한다.

(다) **개정안의 통과** 헌법개정을 제안한 후 전국인민대표대회가 전체대표[1]의 2/3 이상의 다수 통과로 의결한다.

(라) **헌법개정의 형식** 헌법개정은 전면개정과 부분개정의 형식을 취한다. 부분개정은 또 헌법개정의 결의를 통과하는 형식과 헌법수정안(修正案)을 통과하는 형식이 있다. 1975년 · 1978년 · 1982년 헌법개정은 전면개정이고 1988년 · 1993년 · 1999년 · 2004년 헌법개정은 부분개정이다.

(마) **개정안의 공포** 헌법개정안이 통과되면 전국인민대표대회 회의 주석단이 공포한다.

제 2 절 헌법의 기본제도

중국의 기본제도는 모두 헌법에 의하여 규정되고 헌법의 보장을 받은 동시에 또 헌법의 제약을 받는다. 모든 기본제도의 형성과 발전의 기본원칙과 운영절차는 헌법의 규정에서 비롯된다.

I. 중국헌법에서의 기본정치제도

1. 인민대표대회제도

국가는 본질과 형식의 통일체이다. 본질은 국가정권의 성격을 말하는 것이고 형식은 정권의 조직과 운영형식을 말한다. 국가정권의 조직형식을 정체(政體)라고 한다. 정체의 선택은 국가성격의 영향을 받지만 전통문화 · 역사발전 · 지리환경 등 다양한 요소를 감안하여 각 나라의 실정에 따라 결정한다. 인민대표대회제도는 중화인민공화국의 기본정치제도이다.

(1) 인민대표대회제도의 개념

인민대표대회제도라 함은 인민이 민중집중제의 원칙에 따라 직접 · 간접적 방식을 통해 인민대표를 선출하여 국가권력기관을 구성하는 것을 말한다. 여타

1) 선거법 제15조의 규정에 따르면 전국인민대표대회 대표인 수는 3,000명을 초과하지 못한다.

의 국가기관은 국가권력기관에 의해 선출되고 그의 감독을 받는다.

⑵ 인민대표대회제도의 특징

인민대표대회제도는 중국의 기본적인 정치제도로서 그 특징은 다음과 같다.

㈎ 중국사회의 계급성격을 직접 반영한다. 인민대표대회제도는 인민이 국가권력의 주체이고 나라의 주인임을 규정한다. 인민은 인민대표대회제도를 통하여 국가관리에 참여하며 주인으로서의 권리와 자유를 향유한다.

㈏ 인민대표대회제도는 중국사회발전과정에서 형성된 중국특색이 있는 정치제도로서 여타 정치제도의 바탕으로 기능한다. 인민대표대회제도에 의해 법률제도·사법제도·가족제도·선거제도 등이 형성된다.

㈐ 인민대표대회제도는 중앙의 통일영도와 지방의 적극성 발휘에 적합한 제도이다. 중앙과 지방의 이익을 조절하려면 여러 가지 형식이 필요한바, 인민대표대회제도는 이익조절의 총체적인 원칙과 방식을 제공한다. 국가권력을 행사하는 국가기관은 인민의 이익의 대표자로서 인민의 이익을 우선원칙으로 한다. 중앙집권과 지방분권은 사회발전의 요청에 따라 선택되는 형식이며 중국은 중앙집권과 지방분권을 서로 결합한 형식을 선택하고 있다. 이런 의미에서 보면, 인민대표대회제도란 곧 다양한 주체의 이익조절의 제도라 할 수 있다.

㈑ 인민대표대회제도는 중국사회의 정치상황을 여실히 반영하는 제도로 평가된다. 인민대표대회제도를 기본정치제도라 함은 이 제도가 중국의 기본적인 정치원칙과 제도를 반영할 뿐만 아니라 각 사회분야에서 기능하는 구체적인 제도를 융합하는 역할도 하기 때문이다.

인민대표대회제도는 60여년의 역사를 가진 제도로써 중국의 민주발전과 법제발전에 큰 기여를 했다고 평가할 수 있다. 물론 이 제도 자체도 이상과 현실의 괴리 속에서 제대로 기능하지 못한 부분도 적지 않다. 주요한 문제점은 인민대표대회가 권력기관으로서의 권위가 아직 제대로 정립되지 못했고 제도를 실제 운영하는 인민대표의 수준도 높지 못하다는 점을 들 수 있다. 중국공산당의 영도와 인민대표대회제도의 관계가 아직도 합리적으로 정립되어 있지 않고 있다는 점도 유의할 문제라 하겠다.

2. 단일제의 국가구성형태

현대국가의 국가구성형태에는 대체로 단일제의 국가구성형태와 복합제(연방제와 邦聯制) 형태가 있다. 중국 현행헌법 전문에는 "중화인민공화국은 전국각족 인민이 공동으로 창건한 통일된 다민족국가이다"고 규정되고 있어 중국이 단일 제국가구성형태를 채택하고 있음을 명확히 규정하고 있다.

⑴ 단일제국가구성형태의 헌법기초

중국은 다민족국가이지만 단일제국가구성형태를 실시하고 있다. 56개 민족 가운데서 소수민족이 차지하는 총인구수는 9,120만여명이고 전국총인구의 8%, 점거면적은 전국총면적의 50~60%를 차지한다. 다민족국가인 중국에서 단일제 국가구성형태를 실시하는 주요원인은 아래와 같다.

첫째, 역사적 문명가치만으로 보면, 중국은 진시황이 통일한 후부터 한족을 주체로 하는 다민족의 중앙집권제국가로 되어 왔다. 역사발전과정에서 민족압박과 민족멸시 등 제도가 존재하였지만 국가의 통일이 주류로 되었다는 점이다.

둘째로, 중국 각 민족의 분포특징으로 보면, 집거(集居)가 주요형식으로 되지만 대다수민족은 다른 민족과 서로 교차(交錯)되어 생활하고 있기에 정치·경제·문화분야 등에서 서로의 의존관계를 유지해 왔다.

셋째로, 경제발전의 불균형성으로 보면, 소수민족지구는 경제와 기술발전이 상대적으로 낙후한 것은 사실이다. 때문에 통일된 국가에서 선진적인 기술을 따라 배워 자체의 한계를 극복하는 것이 각 민족의 발전에 필요하다고 하겠다. 중국의 역사발전과 현실조건을 종합적으로 분석해 보면 단일제국가구성형태를 실시하는 것이 각 민족의 근본적인 이익에 부합되며, 중국사회발전의 객관요청에도 적응된다.

⑵ 민족지역자치의 헌법기초

단일제국가구성형태를 실시하는 중국에서 민족문제를 해결하는 주요형식은 민족지역자치제도이다.

1) 민족지역자치의 의의

민족지역자치라 함은 통일된 국가 내에서 국가의 통일영도 아래 각 소수민족이 거주하는 지방에서 구역자치를 실시하고 자치기관을 설치하여 자치권을 행사하는 제도를 말한다. 그 특징은 첫째로, 민족지역자치는 중화인민공화국 범위 내에서의 자치다. 둘째로, 민족지역자치는 소수민족집거구를 바탕으로 하지만 단순한 민족자치나 지방자치와는 구별된다. 셋째로, 민족지역자치기관은 자치권을 행사한다.

2) 민족자치지방의 유형

헌법과 민족구역자치법의 규정에 따르면 중국의 민족자치지방을 자치구·자치주·자치현·자치향으로 나눈다. 소수민족의 분포와 거주특징에 따라 아래 세가지 유형이 있다.

첫째로 한 소수민족의 집거지구를 바탕으로 건립한 자치지방, 둘째로 인구가 상대적으로 많은 소수민족집거구를 바탕으로 다른 소수민족과 연합으로 건립한 민족자치지방, 셋째로 두 개 이상의 소수민족집단거주 지구를 바탕으로 건립한 민족자치지방이다. 2003년 말까지의 통계에 따르면 이미 155개 민족자치지방을 설립하였는데 그 가운데 5개 자치구, 30개 자치주, 120개 자치현(旗)[1]이 포함된다. 전국 55개 소수민족 중에서 구역자치를 실시한 민족은 44개이고 자치를 실시한 소수민족인구는 소수민족 총인구의 75%를 차지한다.

3) 민족지역자치제도의 주요내용

1984년 5월 30일, 제6기 전국인민대표대회 제2차 회의에서 「중화인민공화국 민족지역자치법」이 채택되었고, 2001년 2월 28일 제9기 전국인민대표대회 상무위원회 제20차 회의에서 1차 개정됨에 따라 헌법이 규정한 민족구역자치의 기본원칙이 구체화되었다.

㈎ 민족자치기관이라 함은 자치구·자치주·자치현의 인민대표대회와 인민정부를 말하는데 민족향과 자치지방의 인민법원·인민검찰원은 포함되지 않는다. 자치구·자치주·자치현의 인민대표대회는 구역자치를 실시하는 민족의 대표 이외에 거주하고 있는 기타의 소수민족의 대표도 적당히 참가한다. 자치구·자치주·자치현의 인민대표대회 상무위원회는 구역자치를 실시하는 민족이 주임 혹은 부주임을 담임한다(자치법 제16조).

자치구 주석·자치주 주장·자치현 현장은 구역자치를 실시하는 민족의 공민이 담임한다(자치법 제17조). 민족자치기관은 헌법이 규정한 민주집중제원칙을 실시하여 지방의 구체적인 실정에 따라 나라의 정책을 융통성 있게 집행한다.

㈏ 민족자치지방의 자치권

(i) **자치조례와 단행조례 제정권** 민족자치지방의 인민대표대회는 그 지방민족의 정치·경제와 문화의 특성에 따라 자치조례와 단행조례를 제정할 권한이 있다. 자치조례는 자치기관의 조직·원칙 등을 자주적으로 규정하는 종합성적

1) 현에 상당한 자치구의 행정구획단위.

인 조례이고 단행조례는 부분적인 문제를 규정하는 조례이다.

(ii) **재정자치권** 민족자치지방은 지방재정을 관장할 자치권이 있다. 국가의 재정체제에 따라 민족자치지방에 속하는 재정수입은 자치기관이 자주적으로 배분·사용할 수 있다.

(iii) **경제건설관리권** 자치지방은 국가의 통일적인 지도 아래 지방의 경제건설을 자주적으로 관리할 수 있다.

(iv) **공공사무의 관리권** 자치지방은 본 지방의 교육·과학·문화·위생·체육사업을 자주적으로 관리하며 민족의 문화유산을 보호·정리하여 민족문화를 발전·번영한다.

(v) **공안부대조직권** 민족자치지방의 자치기관은 국가의 군사제도와 그 지방의 실제수요에 따라 국무원의 비준을 거쳐 본 지방의 사회치안을 수호할 공안부대를 조직할 권한이 있다(자치법 제24조).

3. 행정구획

헌법 제30조의 규정에 따르면, 중국의 행정구역은 다음과 같이 획분된다. ① 전국은 성·자치구·직할시로 나뉜다. ② 성·자치구는 자치주·현·자치현·시로 나뉜다. ③ 현·자치현은 향·민족향·진(鎭)으로 나뉜다. 직할시와 비교적 큰 시는 구·현으로 나뉘며 자치주는 현·자치현·시로 나뉜다. 국가는 필요시 특별행정구를 설치한다.

II. 중국헌법에서의 경제제도

헌법과 경제질서의 관계는 헌법학의 중심과제라 하겠다. 경제제도는 헌법이 규율하는 중요한 분야이다. 중국헌법은 최고의 법률형식으로 경제제도의 발전원칙, 경제발전의 목표, 사회재부의 배분원칙 등을 규정하고 있다.

1. 중국헌법에서의 경제조항

중국헌법은 제 6 조에서 제13조까지 국유경제의 주도적 지위를 주체로 하는 다양한 경제형식을 규정하고 있다. 헌법 제 6 조는 "중화인민공화국의 사회주의경제제도의 바탕은 생산자료의 사회주의공유제, 즉 전민소유제와 근로대중의 집단소유제"라고 규정한다. 전민소유제는 국유경제로서 국가경제의 주도력이며 소유권의 주체는 국가이다. 계획경제로부터 시장경제시스템에의 전환에 따라 국유경제의 관리방식도 많은 변화가 있게 되는데 소유권과 경영권의 분리가 주요한 변화라 하겠다. 근로대중의 집단소유제경제는 농업생산합작사 및 기타 생산·공급·판매·신용·소비 등 각종 형태의 합작사경제를 말한다(헌법 제8조 제1항). 성진(城鎭)중의 수공업·공업·건축업·운수업·상업·서비스업 등 각종 형식의 합작경제는 사회주의 근로대중 집단소유제경제로서 국가의 보호를 받는다(헌법 제8조 제2항). 사회주의 공유제경제의 보완책으로 개체경제와 사영경제도 규정하고 있다. 법률범위 내의 성향(城鄕) 노동자개체경제는 사회주의 공유제경제의 보완으로서 국가는 개체경제의 합법적 권리와 이익을 보호한다. 국가는 전체경제, 사영경제 등 비공유제경제의 합법적 권리와 이익을 보호한다. 국가는 비공유제 경제의 발전을 고무·지지·인도하며 법에 따라 감독과 관리를 한다(헌법 제11조 제1항). 법률범위 내의 사영경제는 공유제경제의 보완으로서 합법적 권리와 이익은 국가의 보호를 받는다(헌법 제11조 제2항). 헌법은 또 사회주의 공공재산은 신성불가침이라 규정하여 공공재산의 우위적인 지위를 확인하고 있다(헌법 제12조). 대외개방과 경제건설의 요청에 따라 국가는 외국기업과 기타 경제조직 혹은 개인이 중국법률의 규정에 따라 중국에 투자할 수 있도록 규정하며(헌법 제18조), 외국기업·기타 외국경제조직 및 중외합작경영기업의 합법적 권리와 이익은 중국법률의 보호를 받는다. 그외 헌법은 사회주의 시장경제시스템의 확립(헌법 제7조), 자연자원의 보호(헌법 제9조), 국민경제균형발전의 보장(헌법 제15조), 국유기업과 집단경제조직의 경영활동의 자주권(헌법 제16조), 생활환경과 생태환경의 개선과 보호(헌법 제26조) 등을 구체적으로 규정하고 있다. 이와 같이 중국헌법에는 경제발전에 관한 조항들이 자세히 규정되어 있다.

2. 토지소유권문제

헌법 제10조는 토지의 공유제성격을 규정하고 있다. 도시의 토지는 국가소유제에 속하며 농촌과 도시교구(郊區)의 토지는 법률의 규정에 따라 국가가 소유하는 이외 집단소유에 속한다. 택지·개인소유의 산도 집단소유에 속한다. 1988년 4월의 헌법수정안의 규정에 따르면, 토지의 사용권은 법률의 규정에 따라 양도할 수 있다. 토지소유권과 사용권의 분리는 토지의 효율적인 사용과 경제발전에 적극적인 역할을 한다.

3. 공민개인재산권의 헌법적 보장

공민의 개인재산권은 기본적인 경제권리로서 헌법의 보장을 받는다. 사회주의제도의 건립은 공민개인재산을 소멸하는 것이 아니다. 시장경제시스템의 이념을 구현하고 있는 중국헌법제도에는 개인재산권이 종래의 헌법에 비해 많은 변화가 있게 된다. 개인재산권이란 공민이 자기의 재산에 대한 점유·사용·손익·처분의 권리를 말한다. 국가는 공민의 합법적인 수입·저축·가옥과 기타 합법재산의 소유권을 보호한다(헌법 제13조). 개인재산권은 생산자료소유권과 생활자료소유권을 말한다. 합법재산은 공민의 합법적 수입·저축·가옥·일상생활자료와 법률범위 내의 생산자료가 포함된다. 공민개인재산권에는 또 공민의 사유재산상속권도 포함되는데 국가는 법률의 규정에 따라 공민사유재산의 상속권을 보호한다(헌법 제13조 제2항). 시장경제의 요청에 따라 사유재산권의 보호를 강화하여 제약의 기준과 절차를 법률화할 것이 필요하다.

2004년 헌법의 개정으로 중국공민의 개인재산권 범위가 확대되고 법률에 의한 보장도 제도화되고 있다. 헌법은 "합법적인 개인재산은 법률의 보호를 받는다"고 규정하고 개인재산권에 대한 제한을 법률에 의해 통제하고 있다.

중국헌법에 규정된 경제제도의 특징은 첫째, 사회주의 공유제를 주체로 기타의 경제형식이 공존한다. 둘째, 노동에 따라 보수를 받는 원칙을 주체로 기타의 분배방식이 존재한다. 셋째로, 사회주의 시장경제제도를 실시한다. 넷째로, 경제제도의 법제화가 법제건설의 주요내용으로 된다.

Ⅲ. 중국헌법에서의 정당제도

1. 중국공산당이 영도하는 다당합작제(多黨合作制)

중국정당제도의 기본특징은 중국공산당이 영도하는 다당합작제를 헌법으로 규정한 점이다. 이는 중국민주정치의 주요한 특징이며 기본적인 정치제도이다. 중국공산당이 역사와 현실에서의 역할과 역사적 지위는 헌법전문에 명확히 규정되어 있다. 즉 중국공산당은 집권당으로서의 합법적 지위를 가진다. 다당합작의 전제는 각 민주당파가 중국공산당의 영도를 승인하는 데 있다. 민주당파는 참정당으로서 국가정권과 국가사무의 관리에 참여하며 조직의 독립성을 가지고 있다. 현재 중국에는 8개 민주당파가 있는데 중국국민당혁명위원회·중국민주동맹·중국치공(致公)당·중국민주추진회·중국공농민주당·중국민주건국회·구삼(九三)학사·대만민주자치동맹이다. 공산당과 민주당파의 관계는 서로 경쟁관계가 아니라 협력관계로서 장기공존·상호감독의 원칙하에 공동으로 국가건설에 참여한다.

2. 정치협상제도

정치협상이라 함은 중국공산당과 당파 사이의 관계를 조정하고 처리하는 제도를 말한다. 장기적인 정치실천 중에서 중국공산당은 나라의 중대한 문제에 대한 정치주장·방침·정책 등을 제출할 때 언제나 각 민주당파와 공동협상하여 민주당파와 기타 사회단체의 의견을 받아들여 더욱 정확한 정치주장·방침·정책을 제정하여 나라의 정치생활을 지도한다.

(1) 정치협상의 조직형식

중국인민정치협상회의는 애국통일전선조직이며 중국공산당이 영도하는 다당합작과 정치협상의 주요한 조직형식이다. 정치협상회의의 주요한 기능은 정치협상·민주감독·참정의정(參政議政)을 실시하여 각 당파·단체와 각계인사들의 정치참여를 조직한다.

(2) 정치협상의 내용

정치협상의 주요내용은, 사회주의 민주법제건설과 개혁개방 중의 중대한 정책, 정부사업보고, 국가재정예산, 중국공산당 중앙위원회에서 제출한 국가지도자 인선(人選), 국가 성급 행정구획의 변동, 외교방면의 중요한 방침·정책, 조국통일의 중대한 정책, 민중생활 중의 중대한 문제, 각 당파 사이의 공동성 사무 등을 협상한다.

(3) 정치협상의 주요형식

정치협상 전국위원회의 전체회의, 상무위원회회의, 주석회의, 상무위원회좌담회의, 각 전문위원회회의 등이 있다.

(4) 정치협상회의 조직제도

중국인민정치협상회의는 전국위원회와 지방위원회를 둔다. 정치협상 전국위원회위원은 중국공산당, 민주당파, 무소속민주인사, 인민단체, 각 소수민족과 각계대표, 대만동포 등으로 구성된다. 정치협상 전국위원회는 주석, 부주석, 비서장,

위원으로 구성되며 매년 회의를 소집한다.

3. 정당활동의 헌법기초

중국공산당과 기타 민주당파의 활동은 헌법의 규정과 기본정신에 위배되어서는 아니 된다. 중국공산당은 집권정당이지만 정당활동의 기본원칙은 헌법에 부합되어야 한다. 헌법은 전문에서 "전국각족인민, 모든 국가기관과 무장역량, 각 정당과 각 사회단체, 각 기업·사업조직은 헌법을 근본적인 활동규준으로 하며 헌법존엄을 수호하고 헌법실시를 보장할 책임이 있다"고 규정하였고 제 5 조에는 "여하한 조직 혹은 개인도 헌법과 법률을 초월할 권한이 없다"고 규정하고 있다. 중국공산당 당장에는 "당은 헌법과 법률의 범위내에서 활동하여야 한다"고 규정하였다. 헌법은 인민의 이익과 염원을 반영한 근본법이므로 인민의 이익을 충실히 수호할 의무가 있고 모든 정당은 헌법을 모범적으로 준수해야 한다. 헌법의 존엄을 수호하는 것과 인민의 이익에 봉사하는 것은 일치한다. 때문에 헌법과 정당의 관계를 정확히 정립하는 것은 헌법학의 중요한 과제로 된다.

Ⅳ. 중국헌법에서의 선거제도

1. 선거의 의의

선거라 함은 선거민이 법률이 정한 절차와 방식에 따라 국가대표기관대표와 국가공직자를 선출하는 행위를 말한다. 선거제도는 대의제(代議制) 정치의 기반이며 민주정치의 핵심이 된다. 국가정권의 존재에 합법성을 부여하고 민중과 국가권력 사이의 갈등을 해소하며 사회의 안정을 도모하는 면에서 선거제도는 중요한 기능을 한다. 중국정권체계의 구성과 운영은 최종적으로 공민의 선거행위에 의해 결정된다고 하겠다.

2. 선거제도의 기본원칙

중국선거제도의 기본원칙은 선거권의 보편성, 선거권의 평등성, 직접선거와 간접선거의 병용(倂用), 비밀선거이다.

(1) 선거권의 보편성

선거권의 보편성이란 선거권을 향유하는 주체의 범위가 넓다는 것을 말한다. 만 18세의 중화인민공화국의 공민은 민족·종족·성별·가정출신·종교신앙·교육정도·재산상황·거주기한과 상관없이 선거권을 행사할 수 있다. 법에 따라 선거권을 박탈 혹은 제한당한 자는 극소수이다. 선거권과 피선거권의 행사요건은 같으며 인민해방군은 단독으로 선거에 참가한다. 선거법은 또 해외 중국공민의 선거참여, 소수민족의 선거권 보장 등을 자세히 규정하고 있다.

⑵ 선거권의 평등성

선거권의 평등성이란 선거권의 주체가 실현한 권리가치가 평등하게 취급되는 것을 말한다. 투표가치의 평등은 절대적인 평등은 아니다. 중국선거법은 실질내용의 평등을 강조하고 있다. 소수민족의 선거권을 보장하기 위해 대표인원수의 배분에서 인구비례에 제약되지 않고 적당히 배려하는 정책을 실시한다. 도시와 농촌의 인구비례도 불균형하다. 예를 들면 전국인민대표대회 대표를 선출할 경우, 현행선거법의 규정에 따르면 한 명의 대표가 대표하는 인구수는 4：1로 된다. 즉 농촌인구가 4이고 도시인구가 1이다. 이 규정은 주로 중국의 농촌인구가 8억이 된다는 사실에 입각한 것이지만 투표가치의 불균형문제가 존재한다. 2007년 중국공산당 제17차 대표대회 정치보고에는 “선거권의 평등보호를 위하여 농촌과 도시가 같은 인구수로 대표를 선거하는 제도를 실시하여야 한다”는 내용이 언급되었다. 향후 선거법의 개정에 따라 도시와 농촌인구의 1：1로 대표를 선거하는 제도가 정착되리라 기대할 수 있다.

⑶ 직접선거와 간접선거의 병용

직접선거는 선거민이 직접 대표를 선출하는 형식인데 현(縣) 이하에서는 직접선거를 실시하고 현(縣) 이상에서는 간접선거형식으로 대표를 선출한다.

⑷ 비밀선거

비밀선거란 선거인이 누구에게 투표하였다를 외부에 공개하지 않도록 보장하는 것을 말한다.

3. 선거의 조직과 절차

⑴ 선거의 조직

중국에서 선거를 조직하는 형식은 두 가지가 있다. 하나는 간접선거를 실시할 경우, 인민대표대회 상무위원회가 해당급의 인민대표선거사업을 조직한다. 다른 하나는 직접선거를 실시할 경우, 선거위원회를 구성하여 해당급의 선거를 조직한다. 선거위원회는 선거인 등록, 선거구 획분, 대표인원수 배분, 정식후보자 확정, 선거일 규정 등의 권한을 가지고 있다.

선거구는 일정한 인구수에 따라 거주상황, 직장을 기준으로 획분되는데 보통 1선거구에 1～3명의 대표를 선출한다.

(2) 선거의 절차

선거인은 선거구에 따라 선거인등록을 하게 되는데 선거구에서 확인한 등록은 장기적으로 유효적이다. 선거인명부(名簿)는 선거날짜 20일 전으로 공포한다. 선거인명부에 이의(異議)가 있으면 선거위원회에 제소할 수 있고 선거위원회는 3일 이내에 처리결정을 본인에게 알려야 한다. 선거위원회의 처리결정에 불복하는 자는 선거날짜 5일 전에 인민법원에 기소할 수 있다. 선거인이 직접선거할 경우, 대표후보자는 선거구 선거인과 각 정당, 각 인민단체가 추천한다. 선거위원회는 의견을 종합한 후 선거날짜 15일 전에 후보자를 공포하며 선거인소조의 토론·협상을 거쳐, 다수선거인의 의결에 근거하여 정식후보자를 확정한다(선거법 제29조 제1항). 간접선거에서 후보자를 추천할 경우, 인민대표대회 주석단은 각 정당, 각 인민단체와 대표가 제출한 대표후보자명단을 전체대표에게 교부하여 토론·협상을 한 후 다수선거인의 의견에 따라 정식후보자를 결정한다(선거법 제29조 제2항). 후보자의 인원수가 법에 규정된 최고인원수를 초과할 경우, 전체대표의 토론·협상을 거쳐 예선(豫選)을 진행하여 득표수에 따라 정식대표후보자를 결정한다. 각급 인민대표대회 대표의 선거는 부동수(差額)선거를 실시한다.

각급 인민대표는 선거인과 선거단위의 감독을 받으며 선거인은 선거법에 규정된 절차에 따라 대표를 파면할 수 있다.

4. 선거의 보장

선거의 보장은 주로 물질보장과 사법보장으로 나뉜다. 중국선거법의 규정에 따르면, 전국과 지방의 인민대표대회의 선거비용은 모두 국가재정이 부담한다. 사법보장이란 선거의 법률보장을 말하는데 선거를 파괴하는 위법행위에 대해선 행정 혹은 형사처분을 한다. 선거활동을 방해하거나 선거문서를 위조하는 등 위법행위는 법의 제재를 받는다.

V. 중국헌법에서의 문화제도

헌법은 문화발전의 산물로서 문화생활에 대한 헌법의 규정은 국가의 기본적인 문화제도를 구성한다.

1. 헌법과 문화제도

헌법과 문화제도는 밀접한 관계가 있다. 헌법은 국가의 근본법으로써 문화제도의 기본원칙을 규정하며 문화제도의 발전은 헌법의 민족성과 시대성 구현에 기여한다. 헌법의 생성과 발전은 문화를 바탕으로 하며 문화는 헌법조절의 대상이 된다. 중국헌법의 특징을 이해하자면 헌법의 문화적 바탕을 분석함이 필요하다.

2. 문화제도에 대한 헌법의 규정

중국헌법은 전문에 문화의 민족성과 역사성을 규정함과 동시에 총강 제19조에서 제22조까지 문화제도에 대한 자세한 규정을 두고 있다. 구체적인 규정을 보면 국가는 사회주의교육사업을 발전시키고 전국인민의 과학문화수준을 제고한다(헌법 제19조). 국가는 자연과학사업과 사회과학사업을 발전시키며 과학과 기술지식을 보급하여 과학기술연구성과와 기술발명·창조를 장려한다(헌법 제20조). 국가는 의료·위생사업을 발전시키고(헌법 제21조), 사회주의를 위해 봉사하는 문화예술사업, 신문방송사업, 출판발행사업, 도서관·박물관 및 기타의 문화사업을 발전시킨다(헌법 제22조). 지식을 중시하고 인재를 존중한다(헌법 제23조).

3. 소수민족문화의 헌법보장

민족자치지방의 자치기관은 자주적으로 해당 지방의 교육·문화 등 사업을 관리하며 민족문화의 발전·번영을 도모한다. 각 민족공민은 본 민족의 언어문자로 소송할 권리가 있으며 인민법원과 인민검찰원은 당지에서 사용하는 문자를 모르는 소송당사자들을 위해 통역의 편의를 제공한다. 소수민족이 거주하거나 여러 소수민족이 생활하는 지방에서는 당지의 통용언어로 재판활동을 하며 판결서 등 문서도 그 지방에서 통용되고 있는 한 가지 혹은 두 가지 문자를 사용한다. 소수민족의 문화가치를 존중하고 헌법적 차원에서 보장제도를 마련하는 것은 중국헌법의 주요한 특징이다.

위 규정들을 종합하면, 중국헌법은 문화제도의 발전을 지향하고 헌법의 문화적 바탕을 헌법규범의 특징으로 규정하고 있음을 설명한다.

Ⅵ. 중국헌법에서의 지방제도

지방제도는 민중정치의 중요한 구성부분이다. 중국의 지방제도는 다양성·원칙성·독창성 등의 특징을 가지고 있으며 민주집중제원칙에 따라 운영되고 있다.

1. 지방 각급 인민대표대회

(1) 성질과 지위

지방인민대표대회는 지방의 국가권력기관이다(헌법 제96조). 지방인민대표대회의 범위는 성·자치구·직할시·자치주·구를 설치한 시·현·자치현·시할구·향·민족향·진의 인민대표대회이다. 지방인민대표대회는 일정한 행정구역 내에서 우선적인 지위에 있으며 해당급(同級)의 인민정부·인민법원·인민검찰원은 인민대표대회에 의해 선출되며 그에 대해 책임을 진다.

(2) 구성과 임기

지방 각급 인민대표대회는 직접 혹은 간접선거에 의해 선출된 대표로 구성된다. 성·자치구·직할시·자치주·현·자치현·시·시할구의 인민대표대회와 향·민족향·진 인민대표대회의 임기는 5년이다.

(3) 조직형식

지방 각급 인민대표대회의 조직형식은 인민대표대회, 현급 이상 인민대표대회 상무위원회와 향·민족향·진 인민대표대회 주석·부주석, 전문위원회, 대표 등이 있다.

(4) 권 한

헌법과 지방조직법의 규정에 따르면 지방인민대표대회의 주요권한에는 ① 지방성 법규의 제정권(성·자치구·직할시의 인민대표대회, 국무원이 비준한 시 인민대표대회), ② 헌법·법률·행정법규의 준수와 집행, ③ 중대한 사항의 결정권, ④ 인사임면권과 파면권 행사 및 감독권 행사 등이 있다.

(5) 회의제도

지방 각급 인민대표대회는 적어도 1년에 한번씩 소집되며 1/5 이상의 대표가 제의할 경우에는 임시회의를 소집할 수 있다. 회의는 예비회의와 전체회의 두 가지 형식이 있다.

⑹ 지방인민대표

지방인민대표는 의안의 의결·심사에 있어서 발언권·질의권·토론권·표결권을 가진다. 대표권리의 보장을 위해 발언·표결에 있어서 면책특권과 회기중(會期中)체포·구금되지 않는 불체포특권이 보장된다(헌법 제75조; 대표법 제29조). 지방인민대표의 의무는 선거인의 요구를 적극적으로 반영하며 법률과 정책을 선전하며 민중과 정부 사이의 모순을 해소하는 역할을 한다.

2. 현급 이상 지방인민대표대회 상무위원회

⑴ 성질과 지위

지방인민대표대회 상무위원회는 해당급 인민대표대회의 상설기구이며 인민대표대회가 폐회시 지방국가권력을 행사한다.

⑵ 구성과 임기

현급 이상 지방인민대표대회 상무위원회는 주임·부주임과 약간명의 위원으로 구성된다. 임기는 5년이다.

⑶ 주요권한

인민대표대회 상무위원회는 헌법의 규정에 따라 지방성 법규의 제정권, 법률집행의 감독권, 중대사항의 결정권, 정부·법원·검찰원사업에 대한 감독권, 임명·선거·파면권 등을 행사한다.

3. 지방 각급 인민정부

⑴ 성질과 지위

지방 각급 인민정부는 지방 각급 인민대표대회의 집행기관이며 지방 각급 국가행정기관으로서 해당급 인민대표대회에 책임을 지고 사업을 보고한다.

⑵ 구성과 임기

성·자치구·직할시·자치주·구를 설치한 시의 각급 인민정부는 성장·부성장·자치구 주석·자치구 부주석·시장·부시장·주장·부주장과 비서장·청장·국장·위원회 주임으로 구성한다. 향·민족향의 인민정부는 향장·부향장으로 구성된다. 지방 각급 인민정부의 임기는 해당급 인민대표대회의 임기와 같다.

⑶ 권 한

지방 각급 인민정부의 권한에는 본급 인민대표대회 및 상무위원회의 결의를 집행하고, 국민경제사회발전계획의 집행, 임면권, 소속 사업부문의 영도권 등이 있다.

⑷ 영도제도

헌법과 지방조직법의 규정에 따르면, 지방 각급 인민정부는 성장·자치구 주석·시장·주장·현장·구장·향장·진장 책임제를 실시한다. 중국의 행정수장(首長)책임제는 수장책임제와 합의제를 결합한 제도로서 행정효율의 제고를 그 목표로 한다.

4. 기층군중의 자치제도

기층군중의 자치제도라 함은 농촌의 촌민위원회, 도시의 주민위원회의 조직과 활동을 내용으로 하는 직접적인 민주형식을 말한다. 촌민위원회와 주민위원회는 기층군중성 자치조직이다. 주요특징은 ① 주민과 촌민의 거주상황에 따라 설치한 조직으로서 광범한 사회기반이 있다. ②상급기관이 없고 국가기관에 종속되지 않는다. ③ 국가기관과 성격을 달리하며 자율적으로 활동한다. 촌민위원회와 주민위원회는 인민조정·치안보호·공공위생 등 위원회를 둔다.

5. 특별행정구

특별행정구의 설치는 역사적 원인으로 존재하는 대만·홍콩·마카오 문제를 해결하기 위하여 1981년부터 중국정부가 제기한 것이다. 특별행정구는 중화인민공화국의 분리할 수 없는 부분으로서 중앙정부가 직할한다. 헌법은 “국가는 필요시 특별행정구를 설치한다. 특별행정구 내에서 실시되는 제도는 구체적인 상황에 따라 전국인민대표대회가 법률로 규정한다”고 규정하고 있다.

⑴ 특별행정구의 성질

특별행정구는 중화인민공화국의 분리할 수 없는 구성부분으로서 중앙인민정부의 영도를 받으며 일급 지방정권단위로 된다.

⑵ 특별행정구의 법률지위

특별행정구에서 실행하는 제도와 정책은 전국의 기타지방과 구별된다. 사회주의, 인민민주독재, 공산당의 영도 등 원칙은 특별행정구에 적용되지 않는다.

특별행정구는 종래의 자본주의경제제도와 생활방식을 그대로 보존한다.

(3) 특별행정구의 고도의 자치권

헌법과 홍콩·마카오특별행정구기본법은 특별행정구의 고도의 자치권을 규정하고 있다.

(가) 행정관리권 특별행정구정부는 당지의 영구성 주민으로 구성되는데 행정장관은 당지의 선거 및 협의를 거쳐 중앙정부가 임명한다.

(나) 재정자치권 특별행정구의 재정과 세금은 독립되며 중앙정부는 특별행정구의 세금을 징수하지 않는다. 재정수입은 특별행정구가 사용하고 지배한다.

(다) 외 사 권 특별행정구 정부의 대표는 중국정부대표단의 일원으로서 특별행정구와 직접 관련이 있는 외교담판 등에 참여하며 외국과의 경제적 관계를 보존하고 발전시킨다.

(라) 입법자치권 특별행정구의 기존의 법률은 기본법과 저촉되지 않은 한 보유한다.

(마) 독립적 사법권 특별행정구는 원래의 사법시스템을 보유하며 독립적인 재판·검사제도를 실시한다.

(4) 특별행정구의 조직형식

특별행정구는 애국자를 주체로 하는 지방정권으로서 행정을 주도로 하고 행정·입법이 서로 협조하고 제약하는 행정장관책임제도를 실시한다.

(5) 특별행정구주민의 권리와 자유

특별행정구기본법의 규정에 따라 주민의 재산소유권, 인신자유·선거권, 언론·집회·결사·시위 등 정치권리, 학술연구의 자유, 직업선택자유, 혼인자유, 종교신앙자유 등은 법의 보장을 받는다.

특별행정구제도는 '일국양제'의 방침에 따라 실시하므로 평화적인 방식으로 나라를 통일하는 바람직한 형식으로 평가된다. 홍콩·마카오특별행정구기본법의 제정은 홍콩·마카오의 번영과 발전을 도모하는 효과적인 형식이다.

제 3 절 공민의 기본적 권리와 의무

기본적 권리와 의무의 규정은 현대헌법의 공통으로 되는 특징이라 하겠다. 기본권의 보장과 권력분리가 헌법의 기본내용으로 된다면 그 핵심은 기본권의 보장에 있다. 왜냐하면 헌법이 제정되고 존재하는 기본가치는 기본권 보장에 있기 때문이다. 중국헌법 제 2 장은 24개 조문으로 공민의 기본적 권리와 의무를 자세히 규정하고 있다.

I. 일반이론

1. 역대헌법에서의 기본권 규정

1949년 이후 제정되고 개정한 헌법은 모두 기본적 권리에 관한 규정을 두었다. 「공동강령」과 1954년 헌법은 기본적 권리를 자세히 규정하였고 1975년 헌법과 1978년 헌법은 그 자체의 한계로 기본적 권리에 관한 규정이 미흡한 점이 많다. 1982년 헌법은 역사의 경험을 바탕으로 현실의 조건에 따라 기본적 권리를 체계적으로 규정하였다. 기본적 권리규정의 주요변화는 첫째로 헌법구조에서 공민의 기본적 권리와 의무를 제 3 장에서 제 2 장으로 변경하여 공민의 기본적 권리의 중요성을 시사하고 있다는 점, 둘째로 공민의 기본적 권리의 조항을 증가했는데 1954년 헌법의 기본적 권리조항이 14개조, 1975년 헌법은 2개조, 1978년 헌법은 12개조에 비해 1982년 헌법은 18개조로 증가했고 기본적 권리의 내용이 더욱 구체화되고 있다. 셋째로 기본적 권리와 의무의 일치성 원칙이 강조되고 있다는 점을 들 수 있다.

2. 중화인민공화국 공민

기본적 권리의 주체는 공민이므로 헌법에 규정한 기본적 권리를 이해하기 위해서는 우선 공민의 개념에 대한 이해가 필요하다. 헌법의 규정에 따르면 중국공민이라 함은 중화인민공화국 국적을 가진 모든 자를 말한다.

국적은 출생과 신청에 의해 취득할 수 있는데 중국은 단일국적제도를 실시하고 있으므로 이중국적을 승인하지 않는다. 중국국적을 취득한 외국공민은 종래의 국적을 보유하지 못한다. 중국공민이 외국국적을 가지게 되면 중국국적은 자연히 상실하게 된다.

공민이란 법률개념으로서 인민의 개념과 구별된다. 인민이라 함은 정치개념을 말한다. 중국헌법에 규정된 기본적 권리의 주체는 인민만 포함하는 것이 아니라 모든 공민을 말한다. 법에 따라 권리를 박탈당하지 않은 공민은 헌법상 기본권리를 향유할 수 있다. 중국에서 공민과 국민의 개념은 구별 없이 사용한다.

3. 기본적 권리

권리라 함은 헌법·법률이 부여한 공민이 향유하는 이익을 말한다. 다시 말하면, 공민은 헌법·법률의 규정에 따라 일정한 행위를 할 수 있고 또 국가에 보장을 요청할 수 있다. 권리의 실현은 권리주체의 자유의지에 의한 가능성으로 표현된다. 기본적 권리란 헌법권리를 말하는데 공민의 권리 중에서 가장 기본적인 권리를 말한다. 기본적 권리의 향유를 통하여 권리주체는 국가의 기본정치·경제·문화·사회생활 등 분야에서 평등한 법적 위치에 처하게 된다. 법률에 규정된 기타의 권리는 모두 기본적 권리에서 비롯된다.

권리의 개념을 이해할 때 보통 권리에 대한 국가법률의 규정성을 강조하지만 모든 권리가 다 법률에 의해서만 가치가 있는 것은 아니다. 헌법·법률에 규정되어 있지 않은 권리도 그 자체의 가치를 가지고 있다.

(1) 기본적 권리와 인권

인권이라 함은 인간으로서 향유할 권리를 말한다. 국내법적 차원에서 보면 인권은 공민이 향유하는 각종 권리로 표현된다. 2004년 헌법개정안 제24조는 "국가는 인권을 존중하고 보장한다"고 규정하여 인권이란 용어가 처음으로 헌법전에 규정된다. 헌법전에 규정된 인권은 보편적 가치를 구현한 인권개념으로서 국가가치관의 근본적인 변화를 시사하고 있다. 인권의 구체적인 내용은 헌법에 규정된 기본적 권리로 표현된다. 중국헌법은 인권의 보편적인 가치를 지향하면서 헌법전에 기본적 권리용어를 동시에 사용하고 있다. 1991년에 공포한 「중국인권상황」(白書) 전문은 "충분한 인권을 향유하는 것은 장기간에 거친 인류가 추구하는 이상"이라고 규정하고 있어 국가의 인권에 대한 기본이념을 구현하고 있다.

⑵ 권리의 분류

권리는 다양한 개념으로서 일정한 기준에 따라 다양하게 분류된다. 중국학자들에게 의한 주요한 분류형태를 보면 다음과 같다. 권리의 기반과 대상을 기준으로 공민권리·공무원권리로 분류할 수 있고 권리성격을 기준으로 정치권리·사회경제권리와 인신권리로 분류되며 법률규범의 규정을 기준으로 헌법권리·민사권리·형사권리·행정법상의 권리 등으로 분류된다. 또한 권리의 운영방식을 기준으로 실체적 권리와 절차적 권리로도 분류할 수 있다.

⑶ 권리·자유

중국헌법에서 권리와 자유는 같이 사용되는 용어지만 양자는 일정한 구별이 있다. 권리는 의무와 연계되는데 반해 자유는 조절범위가 넓고 다양한 내용을 가진 가치체계이다.

⑷ 권리의 상대성

공민의 권리는 절대적으로 보장되는 것이 아니고 일정한 제한이 가해진다. 상대성이 권리의 주요특징으로 된다. 권리를 향유하는 주체는 헌법·법률의 규정에 따라야 하며 타인의 권리나 국가의 안전보장·질서유지·공공복리원칙을 위배해서는 아니 된다. 국가는 필요한 경우에 법률로서 권리를 제한할 수 있다. 헌법 제51조는 "중화인민공화국 공민은 자유와 권리를 향유할 때 국가·사회·집단의 이익과 기타 공민의 합법적 자유와 권리를 침해해서는 아니 된다"고 규정하여 권리의 한계를 확인하고 있다. 권리와 의무는 그 가치가 일치하므로 절대적인 권리란 있을 수 없다.

Ⅱ. 공민의 기본권

헌법에 규정된 공민의 기본적 권리는 다음과 같다.

1. 평 등 권

헌법 제33조는 "중화인민공화국 공민은 법률 앞에 모두 평등하다"고 규정하고 있어 법 앞의 평등권을 보장하고 있다.

⑴ 평등권의 의의

평등권은 공민의 기본권리이며 사회주의 법제의 기본원칙이다. 평등권이라 함은 공민의 정치·사회·경제의 모든 분야에서 법에 따라 동등한 권리를 향유하는 것을 말한다. 평등권은 기타 정치권리의 바탕이며 법치사회의 상징이기도 하다. 평등권이 확립되지 않은 사회는 진정한 의미의 헌법이 존재할 수 없다고 하겠다.

⑵ 평등권의 내용

평등권의 내용은 다음과 같다. ① 모든 공민은 평등하게 헌법과 법률이 규정한 권리를 향유하며 불평등대우를 받지 않는다. ② 모든 공민은 평등하게 헌법과 법률이 규정한 의무를 부담하며 여하한 특권도 승인하지 아니한다. ③ 국가기관은 법을 적용할 경우 모든 공민을 평등하게 대해야 한다. 법적용의 근거는 법률규정과 객관적으로 존재하는 사실이다. ④ 평등권은 또 남녀평등·민족평등 등의 내용도 포함한다.

⑶ 평등권의 적용범위

중국헌법학계의 통설에 따르면 '법 앞의 평등'이란 법률적용시의 평등을 말하는 것이지 입법상의 평등은 아니라고 본다. 그 근거는 주로 법을 인민의 의지와 이익을 반영하는 규범으로써 모든 공민의 의지를 반영하는 것은 아니므로 입법과정에서 인민과 공민의 법률적 지위는 구별된다고 한다. 만일 평등권이 법적용상의 평등만 말한다면 평등권의 가치를 전면적으로 실현하기 어렵게 된다. 요즈음 일부학자들은 평등권은 입법상의 평등도 포함되어야 한다고 주장하는데 이 견해가 타당하다고 본다. 왜냐하면 법제정시 모든 공민은 평등하며 권리를 제한 혹은 박탈당하게 된 것은 본인이 위법·범죄행위를 했기 때문이지 선천(先天)적으로 불평등한 것은 아니다. 법률제정과정에서 불평등한 내용이 존재한다면, 법률을 아무리 제대로 적용해도 그 결과는 불평등으로 된다. 입법상의 평등원칙을 주장하는 것은 인간의 존엄과 가치를 존중하는 조건이 된다.

⑷ 평등권의 이상과 현실

'법 앞에서의 평등'은 헌법과 법률범위 내에서의 평등이지 사실상의 평등은 아니다. 평등권 이상의 추구와 평등권 실현의 현실조건은 서로 괴리가 있게 마련이다. 예를 들면 민족 사이, 남녀 사이의 사실상의 불평등은 보편적으로 존재하며, 권리의 주체가 평등권을 향유할 수 있는 여건도 일치한 것은 아니라, 평등권 실현에서의 사실상 불평등을 해결하는 근본적인 경로는 생산력의 발전에 있다.

2. 선거권과 피선거권

선거권과 피선거권은 공민의 정치생활에 참여하는 주요형식과 수단이며 참정권의 기본내용이다. 헌법의 규정에 따라 모든 공민은 선거권을 가지며 공무담임권도 가진다.

(1) 선거권과 피선거권의 개념

선거권이라 함은 공민의 대표기관 혹은 국가공직인원을 선거하는 권리를 말하며, 피선거권이라 함은 공민이 대표기관대표와 국가공직인원의 담임권을 말한다.

(2) 선거권의 내용

선거권의 내용은 다음과 같다. ① 공민은 자신의 자유의지에 따라 후보자를 선출한다. ② 공민은 대표로 선출될 자격이 있다. ③ 공민은 법의 규정에 따라 인민대표에 대한 파면권을 가진다. ④ 공민은 인민대표의 직무수행을 감독할 권한이 있다.

(3) 선거권의 제약

만 18세가 되는 중국공민은 선거권을 향유한다. 다만 법에 의해 선거권을 박탈당한 자는 선거권을 향유하지 못한다. 정치권리의 박탈은 형벌의 일종으로서 인민법원이 법에 따라 선포한다.

3. 언론 · 출판 · 집회 · 결사 · 행진 · 시위의 자유

언론자유는 정치권리와 자유의 주요한 내용이며 정치민주화정도를 평가하는 기준이기도 하다. 헌법 제35조는 “중화인민공화국 공민은 언론 · 출판 · 집회 · 결사 · 행진 · 시위의 자유가 있다”고 규정하고 있다.

(1) 언론자유

언론자유라 함은 공민이 언어로 사상 또는 의견을 발표하는 자유를 말한다. 언어로 사상을 표현하는 형식은 발언 · 신문보도 · 방송 · 연설발표 등이 있다. 언론자유의 내용은 ① 모든 공민은 평등한 발언권이 있다. ② 발언내용이 법률범위를 초월하지 않으면 불법적인 간섭을 받지 아니한다. ③ 발언권의 행사로 불이익이 초래되지 않는다. 언론자유는 공민이 사상을 표현하는 주요방식이며 민주정치의 기본조건이 된다. 법에 따라 언론자유를 충분히 보장해야만 사회주체의 적극성을 발휘할 수 있고 민주적이고 평화로운 정치풍토를 마련할 수 있다.

물론 언론자유는 절대적인 자유가 아니라 일정한 한계가 있다. 공민은 언론자유를 이용하여 국가안전에 해로운 행위를 하지 못하며 기타 공민의 인격을 모욕·비방해서는 아니 된다. 중국헌법과 치안관리처벌법은 이에 상응한 규정을 두고 있다.

⑵ 출판자유

넓은 의미에서 말하면 출판자유도 언론자유의 범주에 속한다. 문자 혹은 그림 등 형식을 통하여 사상·견해를 발표하는 자유를 출판자유라고 한다. 출판자유는 대체로 두 가지 내용이 있다. 첫째 공민이 신문·서적에 작품을 발표하는 것을 말하고, 둘째 공민이 출판물을 발행할 수 있는 권리를 말한다. 통계에 따르면, 전국의 신문 가운데서 공산당기관과 국가기관이 발행하는 비중은 신문총수의 1/5밖에 되지 않는다. 그 외의 신문은 각 민주당파, 사회단체, 학술기구와 군중조직이 발행한다. 출판자유의 보장과 제한에 대한 구체적인 내용은《출판관리조례》로 규정하고 있다.

⑶ 결사자유

결사자유라 함은 공민이 일정한 공동목표를 위해 법률이 규정한 절차에 따라 사회단체를 결성할 수 있는 자유를 말한다. 2003년의 통계에 따르면, 전국에 이미 1,402만여개의 사회단체가 있는데 전국적인 사회단체가 1,736개이고 성급사회단체가 21,030개, 지(地)급과 현급의 사회단체가 48,731개이다. 외국상회(商會)는 15개이다. 이들은 헌법과 법률의 범위내에서 자주적으로 활동한다. 1989년 10월에 제정하고 1998년 개정한「사회단체등록관리조례」는 사회단체성립에 대하여 자세한 규정을 두고 있다.

⑷ 집회·행진·시위의 자유

집회자유라 함은 공민이 일정한 목적을 위해 일정한 장소에서 일시적으로 회합하는 행위를 말한다. 집회는 또 정치성 집회와 비정치성 집회로 나뉜다. 행진자유는 공민이 일정한 염원을 표현하기 위해 행렬로 공공장소를 통행하는 자유를 말한다. 시위자유는 공민이 공공장소에서 집회·행진 등 형식을 통해 일정한 염원을 강력히 표현하는 정치성 활동 등을 말한다. 집회·행진·시위의 자유는 공민이 정치자유를 향유하는 주요한 형식이다. 이 자유에 대한 충분한 보장은 사회의 분쟁을 제때에 해소하고 안정을 도모하는 데 그 의미가 있다. 1989년 10월 31일 제정·공포된「중화인민공화국 집회·행진·시위법」은 집회·행진·시위의 개념, 신청과 허가절차 및 법률책임 등을 규정하고 있다. 이 법의 규정에 따르면, 집회·행진·시위의 자유를 향유하려면 책임자가 있어야 하며, 책임자는 집회·시위날 5일 전 공안기관에 서면으로 신청한다. 공안기관은 진행날짜 2일 전으로 신청 허가 여부를 결정한다. 공안기관의 불허가 결정에 불복하면, 해당급 인민정부에 재심의를 신청할 수 있다.

4. 비평·건의·제소·고소·검거권

헌법 제41조는 "중화인민공화국 공민은 국가기관과 국가기관사업인원에 대하여 비평과 건의를 제기할 권리가 있으며 여하한 국가기관과 국가기관사업인원의 위법·실직행위에 대하여 국가기관에 제소·고소할 권리가 있다"고 규정하고 있다. 공민이 유관기관에 제출한 제소·고소한 사실을 국가기관은 제때에 조사하고 처리해야 하며 공민에게 불이익을 주어서는 아니 된다. 위의 권리의 행사를 통하여 공민은 국가기관의 활동을 감독하며 국가권력의 침해를 배제한다.

5. 국가배상청구권

국가기관과 공무원이 직무상 불법행위로 손해를 받은 공민은 법률이 정하는 바에 의하여 국가에 배상을 청구할 수 있다. 국가배상청구권은 물질이익과 밀접한 관계가 있기에 정치권리와 사회경제권리의 성격을 가진다. 1994년 5월 12일에 제정·공포된 「중화인민공화국 국가배상법」은 공민의 국가배상청구권의 행사절차·요건, 행정배상, 형사배상, 배상기준 등을 자세히 규정하고 있다.

6. 종교신앙자유

헌법 제36조는 "중화인민공화국 공민은 종교신앙의 자유를 가진다"고 규정하고 있다. 종교신앙자유는 공민개인의 내심신앙으로서 개인의 염원에 의해 행해진다.

종교신앙자유는 다음과 같은 내용이 있다. ① 종교신앙의 자유와 신앙하지 않는 자유, ② 신앙하는 종교의 선택자유, ③ 종교와 신앙에 따라 종교행사를 치를 자유, ④ 종교신앙 변경의 자유 등이다. 종교신앙은 완전히 개인의 선택으로, 여하한 국가기관·사회단체와 개인도 공민의 종교신앙을 강제해서는 아니 된다(헌법 제36조 제 2 항). 국가는 정상적인 종교활동과 종교계의 합법적 권익을 보호하며, 공민의 종교신앙자유를 박탈한 공무원은 형법 제147조에 의해 법률책임을 지게 된다.

중국에는 중국불교협회·중국도교협회·중국이슬람교협회·중국천주교애국회·중국천주교교무위원회·중국천주교주교단·중국기독교 3자(三自)애국위원회와 중국기독교협회 등 8개 전국성 종교단체가 있고 164개 성(省)급 종교단체와 2,000여개의 현(縣)급 종교단체가 있다. 위의 종교단체들은 헌법과 법률의 규정에 따라 독립적으로 종교활동을 하며 공민의 종교신앙자유를 실현한다. 종교의 고급인재양성을 위해 전국적인 중국불학원(佛學院)·중국이슬람교경학원(經學院)·중국도교학원 등 47개 종교대학이 있다. 전국적으로 종교사업에 종사하는 직업종교인원이 20여만명에 달한다.

종교신앙자유는 절대적인 자유는 아니기에 종교를 신앙하는 공민은 헌법·법률에 규정된 의무를 부담해야 한다. 종교를 이용하여 사회질서를 파괴하거나 공민의 신체건강을 해치고 국가의 교육제도운영을 방해하는 활동은 금지된다.

중국의 종교는 독립자주의 방침을 실행하고 외국종교단체와 종교인사와의 우호적인 관계를 발전하지만 외래세력이 중국종교내부사무를 지배·간섭하는 것을 반대한다. 2004년 11월 30일, 국무원은《종교사무조례》를 제정하여 종교자유보장에 대한 구체적인 제도를 규정하고 있다.

7. 인신권리와 자유

인신자유(신체자유)는 공민이 사회생활에서 향유해야 할 기본적인 권리로서 기타 권리 보장의 전제가 된다.

(1) 공민의 인신자유의 보장

공민의 인신자유는 헌법의 보장을 받는다(헌법 제37조). 그 구체적인 보장제도는 다음과 같다.

㈎ 체포·구속은 적법한 절차에 따른다. 인민검찰원에서 비준·결정하거나 인민법원의 결정에 따라 공안기관이 집행해야만 체포할 수 있다. 체포권의 비준권한을 검찰기관에 부여하는 것은 체포권의 남용을 견제하기 위한 것이다.

㈏ 불법적으로 공민의 인신자유를 제한·박탈하지 못한다(헌법 제37조 제2항).

㈐ 불법적으로 공민의 신체를 수색하지 못한다.

㈑ 불법적 심문과 불법적 처벌은 금지된다.

㈒ 피고인권리의 보장, 피고인은 체포·구속당할 때에 변호사의 조력을 받을

권리가 있으며, 피고인이 변호사를 구할 수 없는 경우 인민법원이 선임한다.

(2) 주거의 자유

헌법 제39조는 "중화인민공화국 공민은 주거를 침해받지 아니한다. 공민의 주거에 대한 불법적 수사 혹은 불법적 침입은 금지된다"고 규정하고 있다. 주거는 공민이 거주하고 생활하는 장소이므로 인신자유와 밀접한 관계가 있다. 공안기관·검찰기관이 법에 따라 수사할 경우, 수사증을 제시해야 하며 수사를 받는 자의 친척 혹은 기타 증인이 장소에 있어야 한다. 수사가 끝나면 수사상황에 대한 기록을 작성하고 수사인원, 본인 및 기타 증인이 동시에 서명한다.

(3) 인격존엄의 보장

헌법 제38조는 "중화인민공화국 공민의 인격존엄은 침해받지 아니한다. 여하한 방법으로도 공민을 모욕·비방·모함해서는 아니 된다"고 규정하여 인격존엄의 가치를 긍정하고 있다. 공민의 인격이라 함은 인간으로써 마땅히 갖추어야 할 자격이므로 인신자유의 중요한 부분이다. 인격권에는 명예권·영예권·성명권과 초상권 등이 포함된다.

(4) 통신자유와 통신비밀

헌법 제40조는 "중화인민공화국 공민의 통신자유와 통신비밀은 법률의 보호를 받는다. 안전 및 형사범죄에 대한 수사의 필요로 공안기관 또는 검찰기관이 법률이 정한 절차에 따라 통신을 검사하는 이외 여하한 조직 또는 개인은 어떤 이유로도 공민의 통신자유와 통신비밀을 침해하지 못한다"고 규정하고 있다. 통신자유와 통신비밀은 법률에 의하지 않고는 침해받지 않으며, 우편물의 내용을 뜯어보거나 관계공무원이 취득한 사항을 타인에게 누설하지 못한다. 「중화인민공화국 체신법」과 「중화인민공화국 국가안전법」에는 공민의 통신자유와 비밀을 보장할 데 대한 절차·내용 등이 자세히 규정되어 있다.

8. 사회·경제권리

공민의 사회·경제권리라 함은 헌법이 공민에게 부여한 경제 물질이익 방면의 권리이며 기타의 권리를 실현하는 물질 바탕이 된다. 헌법에 규정된 사회·경제권리는 다음과 같다.

(1) 노 동 권

헌법 제42조는 "중화인민공화국 공민은 노동의 권리와 의무가 있다"고 규정하고 있다. 근로권이라 함은 모든 능력이 있는 공민이 사업에 참여하여 노동보수를 받는 권리를 말한다. 근로권은 노동능력이 있는 공민이 취직할 권리와 노동에 따라 보수를 받는 권리로 표현된다. 노동권은 공민의 권리인 동시에 의무로서 능력이 있는 공민은 노동에 참가한다.

헌법에 규정된 근로권의 보장을 위한 법률적 장치와 제도적 장치는 다음과 같다.

(가) 국가는 노동기회의 확보에 필요한 조치를 하며 실업자를 줄인다.

(나) 헌법과 노동법에는 근로조건이 규정되어 있다. 1994년 7월 5일에 제정·공포된 노동법에는 보수의 지급기준·노동시간·휴식시간·고용절차 및 해고절차 등의 내용이 자세히 규정되어 있다. 국가는 최저보수 보장제도도 실시한다(노동법 제48조).

(다) 노동보호제도를 실시한다. 노동보호는 기업발전의 중요한 내용이기에 노동안전감찰제도를 운영하여 노동보호를 감독하며, 여성노동자에 대한 특수보호제도도 실시한다.

(라) 근로자의 이익을 보장하기 위해 노동쟁의제도를 실시한다.

(2) 노동자의 휴식권

노동자의 휴식권은 헌법 규정에 따른 보장을 받는다. 노동자의 신체건강과 노동효율을 제고하기 위해 국가는 노동자가 휴식할 수 있는 시설을 마련한다. 노동자는 매일 사업 8시간을 초과하지 아니하며 평균 매주의 사업기간 44시간을 초과하지 아니한다. 매주 적어도 하루의 휴식은 보장된다.

(3) 정년퇴직인원의 생활보장권

기업·사업조직의 노동자와 국가기관공무원은 법률의 규정에 따라 퇴직제도를 실시한다. 퇴직인원의 생활은 국가와 사회의 보장을 받는다.

(4) 물질방조권

특수한 상황으로 인하여 노동능력을 상실한 자는 국가와 사회로부터 물질방조를 받을 권리가 있다. 특수한 상황이란 고령·질병 등으로 노동능력을 상실한 자를 말한다. 물질방조권은 사회복리제도의 주요내용이므로 생활곤란보조, 생활복리보조, 장애자 혜택 등으로 구현된다.

(5) 사유재산권과 사유재산상속권

사유재산권과 사유재산상속권은 공민의 기본경제권리로서 헌법의 보장을 받는다.

9. 문화 · 교육권리와 자유

문화 · 교육권리와 자유는 공민이 문화교육에 종사하는 주요한 권리이다.

⑴ 교육을 받을 권리

헌법 제46조는 “중화인민공화국 공민은 교육을 받을 권리와 의무가 있다”고 규정하고 있다. 교육을 받을 권리는 사람의 전면 · 자유발전의 전제로 된다. 국가는 각종 조건과 물질 보장을 제공하며 교육을 받을 권리의 충분한 실현을 보장하며 청소년들의 전면적인 발전을 추진한다. 의무교육법의 규정에 따라 중국은 9년제 의무교육을 실시하므로 교육을 받을 권리는 한편으로 공민의 의무가 된다. 국가는 정규적인 학교교육 이외 직업교육 · 방송대학교육 등 평생교육을 실시하며 전민족의 문화수준제고를 목표로 한다.

⑵ 과학연구와 문화생활의 자유

중화인민공화국 공민은 과학연구 및 문학창작과 기타 문화활동을 진행할 자유가 있다(헌법 제47조). 국가는 교육 · 과학 · 기술 · 문학 · 예술과 기타 문화사업에 종사하는 공민의 창조적인 사업을 장려하며 입법으로 보장한다.

10. 기타의 주요한 권리

헌법에 규정된 공민의 기타의 권리는 다음과 같은 내용도 포함된다.

⑴ 여성의 평등권

여성은 정치 · 경제 · 문화 · 사회와 가정생활 등 분야에서 남성과 평등한 권리를 가지고 있다. 여성의 정치권리 · 문화교육권리 · 노동권리 · 인신권리와 재산권리는 헌법과 법률의 보장을 받는다. 1992년 4월에 제정된 「중화인민공화국 여성권익보장법」은 여성의 권리를 보장하는 주요한 법률로 된다.

⑵ 미성년권리

미성년의 권리는 헌법과 법률이 보장한다. 1991년에 제정한 「미성년보호법」은 미성년권리의 보장을 위한 미성년권리 침해에 대한 제재조치도 규정하고 있다.

⑶ 혼인 · 가정보호

국가는 공민의 혼인 · 가정을 보호하며 혼인자유에 대한 파괴를 금지한다.

⑷ 화교 · 귀국화교 · 화교권속의 권리

국가는 화교의 정당한 권리와 이익을 보호하며 귀국화교 · 화교권속의 권익도 보장한다. 화교는 국외에서 생활하는 중국공민으로서 헌법의 보호를 받으며 화교의 개인재산권은 법률이 보장한다.

⑸ 범죄자의 권리보호

범죄자는 범죄행위로 하여 법에 따라 일정한 권리를 제한 혹은 박탈당하지만 공민으로서의 기타 권리는 헌법과 법률의 보호를 받는다. 범죄자의 주요권리는 ① 법원의 판결에 대한 제소의 권리, ② 인격이 모욕당하지 아니하고 인신안전이 침해를 받지 않는 권리, ③ 정치권리를 박탈당하지 않은 범죄자는 선거권을 향유한다. ④ 정상적으로 생활할 권리, 교육을 받을 권리, 종교신앙의 자유, 재산권, 상속권 등이 있다. 미성년범죄자, 여성범죄자, 노약자·장애인범죄자 등은 생리·심리·체력과 생활습관의 특수성으로 하여 기타의 범죄자와 다른 특수한 대우도 받을 수 있다.

Ⅲ. 공민의 기본적 의무

헌법은 공민의 기본적 권리를 규정하는 동시에 공민의 기본적 의무도 규정한다. 기본적 의무라 함은 공민이 헌법의 규정에 따라 부담해야 할 법률책임을 말한다. 헌법이 규정한 기본적 의무는, 국가통일과 전국 각 민족의 단결을 수호할 의무(헌법 제52조), 헌법과 법률을 준수하고 국가기밀을 엄수하며, 공공재산을 아끼고 노동규율을 준수하며 공공도덕을 존중해야 할 의무(헌법 제53조), 조국의 안전·영예 및 이익을 수호할 의무(헌법 제54조), 병역의 의무(헌법 제55조), 납세의 의무(헌법 제56조)이다. 그외 노동의 의무, 교육의 의무도 헌법상 공민의 기본적 의무에 속한다.

제 4 절 국가기구

I. 헌법과 국가기구

위에서 언급한 바와 같이 헌법의 기본내용은 기본권의 보장과 국가기구를 규정하는 데 있다. 통치구조는 기본권의 가치를 수호하고 헌법의 정신을 실현하는 물리적 장치라고 할 수 있다. 기본권의 보장과 국가권력의 운영은 헌법에 따라 조직된 국가기구의 활동에 의해 결정된다고 하겠다. 때문에 중국헌법구조에서 국가기구는 매우 중요한 위치에 있다. 첫째로, 헌법은 국가기구의 조직과 활동의 기본원칙을 규정하고 있다. 둘째로, 국가기구의 조직·권한·절차 등을 자세히 규정한다. 셋째로, 현행헌법이 국가기구에 대한 규정은 79개 항목에 달하는데 1954년 헌법보다 15개 항목이 증가되고 1978년 헌법보다는 55개 항목이 증가된 셈이다.

헌법 제 3 장은 전국인민대표대회(제57조~제78조), 중화인민공화국 주석(제79조~제84조), 국무원(제85조~제92조), 중앙군사위원회(제93조, 제94조), 지방 각급 인민대표대회와 지방 각급 인민정부(제95조~제110조), 민족자치지방의 자치기관(제112조~제122조), 인민법원과 인민검찰원(제123조~제135조) 등에 관하여 규정하고 있다. 헌법상 국가기구에 대한 규정 이외 기본법률로 국가기구의 활동원칙 등을 규정한다. 주요한 기본법률로는 「전국인민대표대회조직법」, 「국무원조직법」, 「지방 각급 인민대표대회와 지방 각급 인민정부조직법」, 「민족구역자치법」, 「선거법」, 「인민법원조직법」 등이 있다.

Ⅱ. 국가기구의 조직·활동원칙

1. 국가기구의 개념

나라를 다스리자면, 사회관계를 조절하는 많은 국가기관의 설치가 필요하게 된다. 이런 국가기관은 그 성질과 활동원칙에서 보면, 서로 내재적인 연관성이 있기에 현실생활의 적응성이 그 존재요건으로 된다. 국가기구구성의 원칙은 통치계급의 이익을 대표하지만 헌법문화의 가치관으로 보면 인류문명의 공동원칙으로 볼 수 있다. 국가기구는 폭력과 진압의 기능만 하는 것이 아니라 사회질서를 수호하고 인류의 공동문명을 발전시키는 역할도 한다.

중국의 국가기구는 인민대표대회제도를 기반으로 한다. 국가기구체계에서 인민대표대회가 핵심적인 지위에 위치하고 있으며 행정기관·군사기관·재판기관·검찰기관은 모두 인민대표대회에 의하여 조직되며 인민대표대회에 대하여 책임을 지고 그 감독을 받는다.

중국의 중앙정권구조는 다음과 같이 표시된다.

〈중국국가기구의 조직체계〉

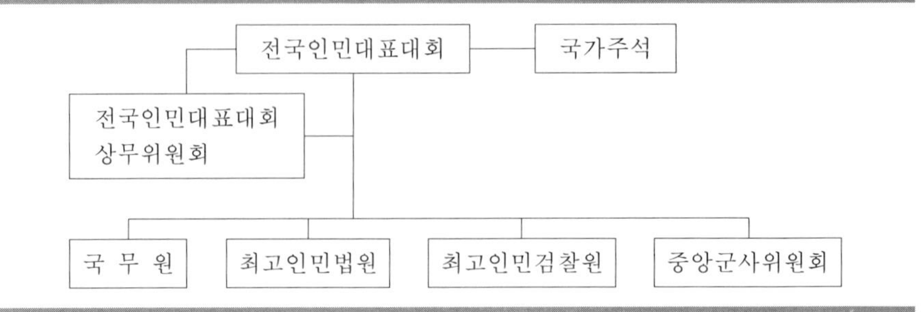

2. 조직·활동원칙

중국의 국가기구는 그 구성과 구체적인 기능은 서로 차이가 있지만 조직·활동에서 준수해야 할 기본원칙은 서로 같다고 하겠다.

(1) 민주집중제원칙

국가기구의 조직·활동의 근본적인 원칙은 민주집중제이다. 헌법 제3조 1항은 "중화인민공화국의 국가기구는 민주집중제의 실행을 원칙으로 한다"고 규정하고 있다. 국가기구의 활동에서 민주집중제의 표현은 ① 국가권력은 인민에게 속하며 인민은 국가권력의 주체로 된다. ② 인민대표대회는 인민의 의지에 따라 집중·통일적으로 국가권력을 행사한다. ③ 중앙과 지방관계에서 중앙의 통일영도를 견지하면서 지방의 적극성을 발휘한다. ④ 국가의 영도체제에서 집중영도와 개인분담책임제를 결합하는 등이다. 민주와 집중의 원칙은 실제생활에서 서로 괴리되는 현상이 있지만 양자의 평형관계는 국가기구의 인민성·민주성·효율성을 보장하는 원칙으로 역활하고 있다.

(2) 인민이익의 우선원칙

모든 국가기관과 공무원은 법에 따라 직권을 행사해야 하며 인민에 의거하고 인민을 위해 봉사한다. 인민의 이익을 수호하는 것은 국가기구의 최고원칙이며 행동의 준칙이다. 관료주의·부정·부패 등의 행위는 인민의 이익에 위배되며 위헌행위라고 할 수 있다.

(3) 법제원칙

헌법과 기타의 법률은 국가기구의 구성·활동의 원칙과 절차 등을 자세하게 규정하고 있다. 중국사회주의 법제는 인민이익을 반영하고 있으므로 법에 따라 직권을 행사한다는 것은 곧 인민이익에 복종·충실한다는 것을 의미한다. 따라서 헌법 제5조는 "국가는 사회주의 법제의 통일과 존엄을 수호한다"고 규정하여 국가권력의 합헌성·합법성을 강조하고 있다.

(4) 평등원칙

평등원칙은 국가기구의 활동에서 법률지위의 평등·민족평등과 민족단결의 원칙을 말한다. 중국은 다민족국가로서 국가기구의 활동에 있어 소수민족의 이익을 충분히 반영해야 하며 융통성 있는 정책을 실행해야 한다. 예를 들면, 국가권력기관의 구성원 가운데는 각 소수민족의 대표가 있고 국가는 전문적인 민족사무기구를 설치하여 민족문제를 처리하고 있다.

Ⅲ. 전국인민대표대회와 상무위원회

중국에서의 최고국가권력기관은 전국인민대표대회와 그 상무위원회이다.

1. 전국인민대표대회

(1) 전국인민대표대회의 헌법상 지위

전국인민대표대회의 헌법상 지위는 다음과 같다.

(가) 인민대표기관으로서의 지위　전국인민대표대회는 인민대표로 구성한 권력기관으로써 인민의 이익을 수호·발전하는 기관이다. 인민대표와 선거인의 관계는 단순한 위임관계가 아니라 전국인민의 총체적인 이익을 대표한다 하겠다.

(나) 최고국가권력기관으로서의 지위　헌법 제57조는 "중화인민공화국 전국인민대표대회는 최고국가권력기관이다"고 규정하여 국가기구체계 중에서 최고지위를 명확히 하고 있다. 국가의 권력은 전국인민대표대회가 통일·집중적으로 행사하기에 행정권·사법권·군사권 등은 최고국가권력기관에 의해 조직되며 여하한 기관도 전국인민대표대회와 병렬되거나 권력을 분할하여 행사할 수 없다.

(다) 국가입법기관으로서의 지위　전국인민대표대회는 국가입법권을 행사한다. 헌법의 규정에 따르면, 전국인민대표대회와 상무위원회는 국가의 입법권을 통일적으로 행사하므로 기타의 기관은 국가입법권의 행사에 참여하지 못하도록 되어 있다. 국가입법권은 기본법률을 제정할 권한과 법률을 제정할 권한으로 나뉘었는데, 전국인민대표대회는 헌법의 제정·개정권과 기본법률의 제정권을 행사한다.

㈑ **최고감독기관으로서의 지위** 전국인민대표대회는 국무원·최고인민법원·최고인민검찰원·국가군사위원회에 대한 감독권을 가지고 있는데, 감독권 체계에서 최고기관의 성격을 가진다.

⑵ **전국인민대표대회의 구조**

중국헌법은 일원제를 채택하고 있다. 1982년 헌법을 제정할 때 양원제 채택에 관한 논의가 있었지만 일원제 구성이 국가권력의 통일적인 행사와 권력의 제약에 유익하며 중국헌법문화에도 적응된다고 인정하여 일원제를 채택하였다. 전국인민대표대회는 전국인민대표대회의 전체대표로 구성되는데 선거법의 규정에 따라 전국인민 대표대회의 대표수는 3,000명을 초과하지 못한다. 외국의 의회에 비해 보면, 전국인민대표대회 대표에 점한 직업정치가는 적은 수이다. 제10기 전국인민대표대회의 대표구성은 다음과 같다. 노동자와 농민대표가 551명, 지식분자대표가 631명, 간부대표가 968명, 민주당파와 무소속애국인사대표가 480명, 인민해방군대표가 268명, 귀국화교대표가 38명, 홍콩특별행정구대표 36명, 마카오 특별행정구대표 12명이다. 위의 대표구성은 인민대표대회제도의 대표성 보장에는 의의가 있지만 직업화·현대화의 요청에 비하면 개진할 문제가 많다는 지적이 있다.

⑶ **전국인민대표대회의 임기**

전국인민대표대회의 임기는 1975년 전에는 4년이었는데, 1975년부터 5년으로 개정하였고 1982년 헌법에도 임기를 5년으로 하였다. 대표는 연임할 수 있다.

⑷ **전국인민대표대회의 권한**

헌법이 규정한 전국인민대표대회의 권한은 다음과 같다.

㈎ **입 법 권** 전국인민대표대회는 헌법을 개정하고 헌법의 실행을 감독하며 기본법률을 제정한다. 기본법률이라 함은 형사·민사·국가기구 등 헌법과 직접적으로 연관이 있는 주요한 법률을 말한다. 예를 들면, 선거법, 형법, 국가기구조직법, 형사소송법 등 기본법률의 제정은 오직 전국인민대표대회만이 행사할 수 있다.

㈏ **인사권(人事權)** 헌법의 규정에 따라 전국인민대표대회는 최고국가기관의 영도자를 선거·결정·파면한다. 중화인민공화국 주석·부주석, 중앙군사위원회 주석, 최고인민법원 원장, 최고인민검찰원 검찰장, 전국인민대표대회 상무위원회 위원을 선거하며, 중화인민공화국 주석의 제의에 따라 국무원 총리의 임명을 결정하고 국무원 총리의 제의에 따라 국무원 부총리, 국무위원, 각 부의 부장, 각 위원회 주임, 심계장(審計長), 비서장 임명을 결정한다.

㈐ 결 정 권 전국인민대표대회는 국가의 중대한 문제를 결정할 권한이 있다. 국민경제와 사회발전계획 및 계획집행상황에 대한 보고를 심사·비준하여 국가의 예산과 예산집행상황에 대한 보고의 심사·비준, 특별행정구의 설립 및 제도, 전쟁과 평화문제의 결정권 등이 있다.

㈑ 최고감독권 헌법의 규정에 따라 전국인민대표대회는 상무위원회·국무원·최고인민법원·최고인민검찰원 등 최고국가기관에 대한 최고감독권을 가진다. 전국인민대표대회 상무위원회는 전국인민대표대회에 책임을 지고 업무를 보고하며, 전국인민대표대회는 전국인민대표대회 상무위원회의 부적당한 결정을 변경 또는 철폐할 수 있다. 국무원·중앙군사위원회·최고인민법원과 최고인민검찰원은 전국인민대표대회에 책임을 진다. 전국인민대표대회는 또 최고국가권력기관이 행해야 할 기타의 권한도 행사한다. 이것은 헌법상의 보류(保留)조항인데 구체적인 행사기준은 전국인민대표대회의 판단으로 결정한다.

⑸ 전국인민대표대회의 회의제도

전국인민대표대회는 인민의 대표기관으로서 기본적인 사업형식은 회의제도이다. 「전국인민대표대회조직법」(1982년), 「전국인민대표대회 상무위원회 의사규칙」(1987년), 「전국인민대표대회 의사규칙」(1989년)은 회의제도의 규범화에 대해 자세히 규정하고 있다.

㈎ 회의 유형·출석인·열석인(列席人) 전국인민대표대회의 회의는 매년 정기적으로 소집되는 정기회의와 1/5 이상의 전국인민대표대회 대표들의 요구에 의하여 집회하는 임시회의로 구분된다.

전국인민대표대회의 열석인은 국무원의 구성인원, 중앙군사위원회의 구성인원, 최고인민법원 원장과 최고인민검찰원 검찰장 및 유관기관의 책임자 등이 포함된다.

㈏ 회기·형식 전국인민대표대회 회의는 매년 3월에 소집하며 회기는 법률의 명문규정은 없지만 2주일 전후로 한다.

회의는 의사공개의 원칙을 채택한다. 다만 국가의 안전을 위하여 필요하다고 인정될 경우, 주석단과 각 대표단장의 결정으로 비밀회의를 할 수 있지만 회의결의는 공개한다.

㈐ 회의소집·조직 전국인민대표대회의 회의는 전국인민대표대회 상무위원회가 소집하며 회의주석단이 구체적으로 조직한다.

㈑ **대표단·주석단** 전국인민대표대회가 회의를 소집하는 기간에 대표는 대표단형식으로 활동한다. 대표단은 의안심의, 파면안제출, 질의안제출 등 권한이 있다. 주석단은 회의를 조직하며, 전국인민대표대회의 비서장, 부비서장, 열석인원을 결정할 수 있고 의안의 처리를 결정한다. 또 국가주석 등 주요직위의 후보자를 제의할 수 있으며 표결방식 등도 결정할 수 있다. 주석단의 결정은 주석단전체인원의 과반수의 찬성으로 통과된다.

㈒ **전국인민대표대회 각 전문위원회** 전국인민대표대회는 의안처리의 효율성을 높이고 전국인민대표대회의 기능을 활성화하기 위해 경제위원회, 교육·과학·문화·위생위원회, 외사위원회, 화교위원회, 내무사업위원회 등 전문적인 기구를 설치한다. 각 전문위원회는 주임위원 1명, 부주임위원과 위원 약간명으로 구성된다. 전문위원회의 주요권한은, 전국인민대표대회 주석단과 상무위원회가 교부한 의안의 심의, 의안의 제기, 헌법과 저촉되는 행정법규·명령 등의 심의, 질의안 등을 심의할 수 있다.

⑹ **전국인민대표대회 대표**

㈎ **전국인민대표대회 대표의 헌법상의 지위** 전국인민대표대회 대표와 지방인민대표대회 대표는 인민의 이익과 의지를 대표하며 헌법과 법률이 부여한 인민대표대회의 직책에 따라 국가권력의 행사에 참여한다(대표법 제2조 제3항). 인민대표대회가 헌법상 인민대표기관이므로 인민대표도 헌법상 인민의 대표기관이다. 인민대표는 특정한 정당이나 선거구이익의 대표자가 아니라 전국인민의 이익을 반영하는 국가권력기관의 구성원이다.

㈏ **임 기** 전국인민대표대회 대표의 임기는 5년이며 연임할 수 있다.

㈐ **인민대표자격의 발생** 전국인민대표대회 대표는 간접선거에 의해 선거된다. 대표자격의 소멸에는 임기만료·사직·제명·국적상실·정치권리박탈 등 사유가 있다.

㈑ **권리와 특권** 전국인민대표대회 대표는 심의권(대표법 제7조), 제안권(대표법 제9조 제1항), 선거권(대표법 제11조 제1항), 질의권(대표법 제14조), 표결권(대표법 제17조), 파면권(대표법 제15조) 등 권한을 행사한다. 인민대표가 자유의지로 직무를 수행할 수 있도록 하기 위해 헌법과 대표법은 언론면책권과 불체포특권을 규정하고 있다. 인민대표는 인민대표대회 각종 회의에서 직무상 행한 발언과 표결에 관하여 인민대표대회 외에서 책임을 지지 아니한다(대표법 제29조). 현급 이상 각급 인민대표대회 대표는 해당급 인민대표대회 주석단 혹은

인민대표대회 상무위원회의 허가 없이 회기중 혹은 폐회중 체포 또는 구금되지 아니한다. 현행범인인 경우, 해당급 인민대표대회 주석단 혹은 상무위원회에 보고해야 하며 법률이 정한 기타의 인신자유를 제한하는 조치도 마땅히 인민대표대회 주석단 혹은 상무위원회의 허가가 필요하다.

(마) 인민대표의 의무 인민대표는 권리, 법에 규정된 특권을 향유하는 동시에 보통공민보다 더 많은 책임을 져야 한다. 주요임무는 ① 헌법과 법률을 모범적으로 준수하여 헌법과 법률의 실시를 추진한다. ② 인민의 의결과 요구를 적극적으로 반영하며 인민과 국가이익을 우선한다. ③ 국가의 기밀을 고수한다. ④ 해당급 인민정부를 협조하여 정부사업의 활성화를 추진한다.

2. 전국인민대표대회 상무위원회

(1) 성질 · 지위

전국인민대표대회 상무위원회는 전국인민대표대회의 상설기관으로서 최고국가권력기관과 국가의 입법기관의 위치에 있다. 전국인민대표대회는 매년 한 차례의 정기회의만 소집하기에 폐회기간의 많은 사무는 상설기관이 맡아 처리하게 된다. 전국인민대표대회 상무위원회는 최고권력기관의 구성부분으로서 전국인민대표대회에 의해 선거되며 그의 영도와 감독을 받는다.

(2) 구성 · 임기

전국인민대표대회 상무위원회는 위원장 1명, 부위원장 약간명, 비서장 1명과 위원 약간명으로 구성된다. 구성인원은 전국인민대표대회 대표 중에서 선출되며 적당한 인원수의 소수민족대표가 있어야 한다. 상무위원회의 구성인원은 국가행정기관 · 재판기관과 검찰기관의 직을 겸할 수 없다. 헌법의 규정에 따라 전국인민대표대회 상무위원회의 임기는 전국인민대표대회의 임기와 같으며 5년이다. 구성인원 중 위원장 · 부위원장이 연임은 1차에 한한다.

(3) 위원장회의

전국인민대표대회 상무위원회의 사무는 위원장회의가 책임을 지고 처리한다. 위원장회의는 위원장 · 부위원장 · 비서장으로 구성된다. 주요권한은 ① 상무위원회 회기의 결정, ② 의안과 질의안의 제출, ③ 각 전문위원회 업무의 지도와 협조, ④ 상무위원회의 기타의 사무 등이다.

(4) 기타의 사무기구

전국인민대표대회 상무위원회의 사무기구로 대표자격심사위원회, 사무국, 법제사업위원회 등이 있다. 사무국 아래에 법률실·연구실·편역실·인민접대실·민족실·고문실·비서처 등 기구를 둔다.

(5) 권 한

현행헌법은 인민대표대회 제도개선의 일환으로 전국인민대표대회 대표대회 상무위원회의 기능을 강화하였다. 종래 전국인민대표대회의 일부분의 권한을 상무위원회 권한으로 변경하여 상무위원회의 역할을 중시하고 있다. 헌법에 규정된 상무위원회의 권한은 21개 항목에 달하는데 개괄하면 다음과 같다.

(가) 헌법해석권 상무위원회는 헌법의 규정에 따라 헌법해석권을 가지며 헌법실시를 감독하는 주요기관으로 활동한다.

(나) 입 법 권 전국인민대표대회 상무위원회는 전국인민대표대회가 제정하는 기본법률 외의 기타법률을 제정·개정한다. 전국인민대표대회의 폐회기간에는 전국인민대표대회가 제정한 기본 법률에 대하여 부분적인 보완과 개정을 하되 법률의 기본원칙에 저촉되어서는 아니 된다.

(다) 법률해석권 전국인민대표대회 상무위원회는 최고국가권력기관의 구성부분으로서 법률해석권을 가진다. 법률조문의 내용·한계 등에 대한 해석은 상무위원회가 통일적으로 실시하는데 해석효력은 보편적인 구속력을 가진다.

(라) 행정법규·지방성 법규의 합헌성·합법성 심사 전국인민대표대회 상무위원회는 국무원이 제정한 헌법·법률에 저촉되는 행정법규·결정과 명령을 폐지하고 성·자치구·직할시 국가권력기관에서 제정한 헌법·법률·행정법규에 저촉되는 지방성 법규와 결의를 폐지할 권한이 있다.

(마) 계획·예산에 대한 부분적 조절의 심사권 전국인민대표대회의 폐회기간, 전국인민대표대회 상무위원회는 국민경제와 사회발전계획을 심사·비준하며 국가예산의 필요한 내용을 조정할 수 있다.

(바) 감독권과 임면권 전국인민대표대회의 폐회기간 국무원·중앙군사위원회·최고인민법원과 최고인민검찰원의 사업을 감독하며 국무원 총리의 제의에 따라 부장·위원회 주임·심계장·비서장의 임명을 결정하며 최고인민법원 원장의 제청(提請)에 따라 최고인민법원 부원장·심판원·재판위원회 위원과 군사법원 원장을 임명하며 최고인민검찰원 검찰장의 제청으로 부검찰장·검찰원·검찰위원회

위원과 군사검찰원 검찰장을 임명한다.

(사) **중대한 문제의 결정권** 외국과의 국제조약의 비준과 폐지를 결정, 국가훈장 수여, 전쟁상태의 선포의 결정, 전국총동원과 국부(局部)동원 등의 결정권을 가진다.

(6) 회의제도

전국인민대표대회 상무위원회는 합의제(合議制) 기관으로서 주요한 운영방식은 회의제도이다. 회의는 위원장이 소집하며 두 달에 한 번씩 집회하고 특수한 상황이 있을 경우, 법률이 정한 절차에 따라 임시회의를 소집한다.

Ⅳ. 중화인민공화국 주석

1. 중국국가원수(元首) 제도의 연혁(沿革)

1949년부터 1954년 헌법이 제정되기까지의 국가원수권한은 주석을 영도로 하는 중앙인민정부위원회가 행사하였다. 그 시기 중국인민정치협상회의가 전국인민대표대회 권한을 대리하였는데 중앙인민정부위원회는 상설국가권력기관이었다. 1954년 헌법은 국가주석제도를 정식으로 도입하여 중국의 국가원수제도를 규정하였다. 중화인민공화국 주석은 전국인민대표대회와 전국인민대표대회 상무위원회의 결정에 따라 법률·법령을 공포하며 국무원 총리와 국무원구성인원의 임명권을 행사한다. 대외적으로는 중화인민공화국을 대표한다. 1954년 헌법상의 국가주석은 실제상으로 국가원수의 지위를 가지며 국가의 명의로 전국인민대표대회와 상무위원회의 결정을 선포한다.

1975년 헌법은 국가주석제도를 폐지하고 종래 국가주석이 행사하던 권한을 전국인민대표대회 상무위원회·중국공산당 중앙위원회의 권한으로 변경하였는데 이로 하여 국가정치생활의 불균형성과 불규칙성을 초래하였다. 1978년 헌법도 국가주석제를 규정하지 않았고 국가원수의 일부권한을 전국인민대표대회 상무위원회의 권한으로 규정하였다.

1982년 헌법은 역사의 경험을 바탕으로 중화인민공화국 주석제를 부활하였고 국가체제의 발전에 따라 국가원수제도의 일부내용을 조절하였다.

2. 국가주석의 성질과 지위

(1) 성 질

중화인민공화국 주석은 국가기구의 주요한 구성부분으로서 최고국가권력기관체계에 속한다. 국가주석은 국가권력을 행사하는 개인이 아니라 하나의 국가기관을 형성한다. 국가주석과 전국인민대표대회 상무위원회는 공동행위로 국가원수권한을 행사한다.

(2) 지 위

국가주석은 국가기구체계에서 주요한 위치에 있다. 국가주석은 전국인민대표대회에 의해 선거되며 전국인민대표대회에 종속된다. 국제교류와 국가간의 중대한 문제를 해결할 때 국가주석은 중화인민공화국을 대표한다.

3. 국가주석의 선거와 임기

(1) 선 거

국가주석은 전국인민대표대회의 선거에 의하여 선출된다. 피선자격은 ① 중화인민공화국 국적을 가진 공민이어야 하며, ② 선거권과 피선거권이 있고, ③ 선거일 현재 45세에 달하여야 한다. 선거절차는 ① 전국인민대표대회 주석단의 제의, ② 대회에 출석한 각 대표단의 협상을 거친 후 다수대표의 의결에 따라 정식후보자를 확정한다. ③ 전국인민대표대회 회의에서 무기명투표선거, ④ 전체대표의 과반수 찬성으로 선출된다.

(2) 임 기

국가주석의 임기는 5년이며 연임은 1차에 한한다.

4. 국가주석의 권한

헌법의 규정에 따르면 국가주석은 최고 상징성을 가진 국가원수로서 실제적인 행정사무는 담당하지 아니한다.

(1) 법률 · 명령의 공포

국가주석은 전국인민대표대회와 상무위원회의 결정에 따라 법률을 공포하고 계엄령을 선포하며 전쟁상태와 총동원령을 선포한다.

(2) 임 명 권

국가주석은 전국인민대표대회와 상무위원회의 결정에 따라 국무원총리·부총리·국무위원·각 부 부장·각 위원회 주임·심계장·비서장을 임명한다.

(3) 외 교 권

국가주석은 중화인민공화국을 대표하며 외교사절을 접수하며 국사(國事)활동을 진행할 수 있고 전국인민대표대회 상무위원회의 결정에 따라 전권(全權)대표를 파견하고 외국과의 조약과 중요협정을 비준·폐지한다.

(4) 영전권(榮典權)

국가주석은 전국인민대표대회 상무위원회의 결정에 따라 국가훈장과 영예칭호를 수여한다.

국가주석의 권한은 형식적인 권력에 불과하지만 국무원총리에 대한 제의권만은 실질적 내용이 있는 권한으로 볼 수 있다. 전국인민대표대회의 결정권과 국가주석의 제의권이 서로 결합되어야만 국무원총리 선거절차에 부합된다.

5. 국가주석의 후임제도

국가주석이 궐위된 때 부주석이 주석의 직위를 후임한다(헌법 제84조). 국가 부주석이 궐위된 때에는 전국인민대표대회에서 보궐선거를 한다. 국가주석과 부주석이 모두 궐위된 경우, 전국인민대표대회에서 보궐선거를 하는데 보궐선거 전에는 전국인민대표대회 상무위원회 위원장이 임시로 주석 직위를 대행한다.

V. 국 무 원

1. 국무원의 성질과 지위

(1) 성 질

국무원은 전국인민대표대회의 집행기관으로서 전국인민대표대회에 의해 선거되며 전국인민대표대회에 책임지고 보고한다.

(2) 지 위

국무원의 지위는 다음과 같이 설명될 수 있다.

(가) 중앙인민정부로서의 지위 국무원은 각급 인민정부의 체계 중에서 최고 지위에 있으며 대외적으로 중화인민공화국의 명의로 활동한다.

(나) 최고국가행정기관으로서의 지위 중국의 행정기관 중에서 국무원은 최고행정기관이다. 국무원은 각급 지방정부를 영도하며, 전국의 지방인민정부는 국무원의 영도에 복종한다.

2. 국무원의 구성과 임기

국무원은 국무원총리·부총리·국무위원 약간명·부장·각 위원회 주임·심계장·비서장으로 구성한다.

총리는 국무원의 최고책임자로서 국무원의 사업을 영도한다. 부총리와 국무위원은 총리의 사업을 협조하며 국무원 상무회의의 구성인원으로 된다. 국무원의 구성인원은 전국인민대표대회 상무위원회의 위원으로는 될 수 없지만 전국인민대표대회 대표는 겸임할 수 있다. 위원의 연임은 1차에 한한다.

3. 국무원의 권한

헌법 제89조는 국무원의 권한을 자세히 규정하고 있는데 주요내용은 다음과 같다.

(1) 행정법규의 제정·공포권

국무원은 헌법과 법률의 규정에 따라 행정조치를 규정하고 행정법규를 제정한다.

(2) 의안의 제출권

헌법의 규정에 따라 국무원은 전국인민대표대회 혹은 전국인민대표대회 상무위원회에 의안을 제출할 수 있다. 의안은 총리가 서명한다.

(3) 중앙과 전국 각급 행정기관에 대한 영도·감독권

국무원은 각 부와 각 위원회의 임무와 직책을 규정하며 전국·지방국가행정기관의 사업을 통일적으로 영도한다.

(4) 행정인원에 대한 임명권

국무원은 헌법의 규정에 따라 행정기구의 정원관리를 심의·결정하며 국무원 부비서장·국무원 각 부 부부장(차관) 등 행정인원에 대한 임명권을 행사한다.

(5) 보 류 권

국무원은 전국인민대표대회와 상무위원회가 부여한 기타 권한을 행사한다. 이 부분은 보류조항으로서 권한의 행사에 상당한 융통성이 있다.

4. 국무원의 사업제도

⑴ 영도제도

국무원은 총리책임제를 실시한다. 총리는 국무원 내부관계에서의 총 책임자로서 국무원의 사업을 영도하며 국무원 명의로 채택한 결정에 대한 서명권과 인사권을 가진다. 총리책임제는 행정효율의 제고와 개인책임제의 강화에 그 의미가 있다.

⑵ 책임제도

국무원은 전국인민대표대회와 상무위원회에 책임을 진다.

⑶ 회의제도

국무원회의는 전체회의와 상무회의 두 가지 형식이 있다. 전체회의는 국무원 전체인원으로 구성되고 상무회의는 총리·부총리·국무위원·비서장으로 구성된다.

5. 국무원 각 부·각 위원회 및 기타 기구

국무원 소속기관으로는 각 부·각 위원회 및 직속기구가 있다. 국무원 각 부는 행정권을 행사하는 하부기관으로서 부장·위원회주임책임제를 실시한다. 국무원의 각 부·위원회라 함은 국가발전계획위원회·재정부·농업부·정보산업부·국방과학기술공업위원회·과학기술부·교육부·노동사회보장부·국토자원부·인사부·외교부·국방부·문화부·위생부·국가계획생육위원회·국가민족사무위원회·사법부·공안부·국가안전부·민정부·감찰부 등이다. 행정 각 부의 설치·조직과 직무범위는 법률로 규정한다. 국무원 직속기관은 전문적인 업무를 관할하는 기구이다. 국무원은 또 사무국 등 기구를 설치한다.

6. 심계(審計)기관

심계기관은 각 부·각 위원회·지방 각급 인민정부의 재정세입·세출의 결산, 국가재정금융기구와 기업·사업조직재정수입·지출 등 활동에 대한 감찰권을 행한다. 심계기관은 국무원 총리의 영도하에 법률에 따라 독립적으로 심계감독권을 행사하며 기타의 행정기관·사회단체와 개인의 간섭을 받지 않는다.

Ⅵ. 중화인민공화국 중앙군사위원회

1982년 헌법은 중앙군사위원회를 새롭게 설치하여 국가기구에 대한 중대한 개혁을 하였다.

1. 중앙군사위원회의 성질과 지위

중앙군사위원회는 중국의 최고군사영도결책(決策)기구이며 전국의 무장역량을 통솔한다. 국무원의 국방부는 무장역량의 건설을 영도한다.

2. 중앙군사위원회의 구성과 임기

(1) 구 성

중앙군사위원회는 주석·부주석 약간명·위원으로 구성된다. 주석은 전국인민대표대회에 의해 선거되며 중앙군사위원회 주석의 제의로 기타의 구성인원을 결정한다. 전국인민대표대회는 중앙군사위원회의 주석과 기타 구성인원을 파면할 수 있으며 전국인민대표대회 폐회기간, 전국인민대표대회 상무위원회가 중앙군사위원회 주석의 제의로 중앙군사위원회 기타 구성인원을 결정한다.

(2) 임 기

중앙군사위원회의 임기는 5년이다.

3. 중앙군사위원회의 사업제도

중앙군사위원회는 주석책임제를 실시하며 주석은 중앙군사위원회 권한범위 내에서의 최후의 결정을 할 수 있다. 중앙군사위원회 주석은 최고국가권력기관에 책임지며 전국인민대표대회 상무위원회는 중앙군사위원회의 사업을 감독한다.

Ⅶ. 재판제도와 검찰제도

인민법원과 인민검찰원은 각기 중국의 재판기관이고 검찰기관이다. 그 구성과 권한은 헌법·인민법원조직법·인민검찰원조직법에 규정되어 있다.

1. 재판제도

(1) 인민법원의 성질·법률지위와 주요임무

인민법원은 중국의 국가재판기관으로서 국가의 재판권을 행사하는 유일한 기관이다. 중국의 정권체계에서 인민법원은 인민정부·인민검찰원과 같은 지위에 있다. 인민법원은 인민대표대회에 의해 선거되며 인민대표대회의 감독을 받고 또 인민대표대회에 책임지고 사업을 보고한다.

재판권이라 함은 국가권력의 구성부분으로 인민법원이 법률에 따라 형사사건·민사사건·경제사건과 행정사건을 심리하는 권력을 말한다. 사건의 재판을 통해 범죄자를 징벌하고 분쟁을 해결하며 공민의 인신권리·민주권리 및 사유재산과 기타 합법재산의 보호를 주요임무로 한다.

(2) 헌법과 재판권의 독립

인민법원조직법은 "인민법원은 법률의 규정에 따라 독립적으로 재판권을 행사하며 행정기관·사회단체와 개인의 간섭을 받지 아니한다"라고 규정하여 사법독립원칙을 채택함을 의미하고 있다. 재판권의 독립은 공정한 재판을 보장하기 위한 것으로서 다음과 같은 내용이 포함된다.

㈎ 인민법원은 엄격히 법률에 따라 직무를 집행한다.

㈏ 인민법원은 재판권을 행사할 때 독립성이 있으며 행정기관·사회단체와 개인으로부터 독립하여 간섭을 받지 아니함을 원칙으로 한다.

㈐ 인민법원은 조직체계로서의 독립성을 가지며 법원 내의 구성인원의 독립을 의미하는 것은 아니다. 재판권의 독립은 중국사업제도의 주요한 원칙으로 평가되고 있으나 사법실천에서 여러 가지 문제점이 있음도 지적해야 한다. 재판권 독립을 점차 사법권 독립으로 발전시키는 것이 향후의 개선방향이라 하겠다.

(3) 인민법원의 구성·임기와 심급(審級)제도

1) 구 성

헌법과 인민법원조직법의 규정에 따르면 각급 인민법원은 원장·부원장 약간명·심판원(法官) 약간명으로 구성한다. 인민법원의 구성인원은 각급 국가권력기관에 의해 선거되고 파면된다.

2) 임 기

각급 인민법원 원장의 임기는 본급 인민대표대회의 임기와 같다. 최고인민법원 원장 · 고급인민법원 원장 · 중급인민법원 원장 · 현 · 시 · 시관할구의 인민법원 원장의 임기는 5년이며 최고인민법원 원장의 연임은 1차에 한한다.

3) 심급제도

인민법원은 '4급이심제'를 실시하고 있다. 모든 사건은 양급 인민법원의 재판을 거쳐 판결 후 종결된다. 지방 각급 인민법원의 제1심 사건에 대한 판결에 대하여 불복하는 당사자는 법률이 정하는 절차에 따라 상급 인민법원에 상소할 수 있고, 인민검찰원은 판결에 착오가 있다고 인정할 경우 상급 인민법원에 항소할 수 있다. 중급인민법원, 고급인민법원 및 최고인민법원이 재판한 제2심사건의 판결과 최고인민법원이 재판한 제2심사건의 판결은 종심적 판결이며 법률효력이 발생하는 판결이다. 다만 중국법률의 규정에 따라 여하한 인민법원의 종심판결은 법률효력을 발생한 다음에도 법률이 정한 감독절차에 따라 발생가능성이 있는 착오를 시정할 수 있다.

(4) 인민법원의 조직 · 직권

중국의 법원은 보통법원과 전문법원으로 조직된다. 보통법원에는 기층인민법원 · 중급인민법원 · 고급인민법원 · 최고인민법원 4종이 있고, 전문법원은 군사법원 · 해사(海事)법원 · 산림법원 · 철도운수법원 등으로 나누어진다.

(가) 기층인민법원 기층인민법원은 현인민법원 · 현급시인민법원 · 자치현인민법원 · 시할구[1]인민법원이 포함된다. 기층인민법원의 주요 직권은 ① 제1심의 형사 · 민사 · 경제 · 행정사건의 재판, ② 법률의 규정에 따라 심판감독절차로 심리하는 사건, ③ 재판을 요하지 않는 민사분쟁 및 경미한 형사 사건의 재판 등이 있다.

(나) 중급인민법원 중급인민법원은 성 · 자치구에 지역에 따라 설립한 중급인민법원, 직할시에 설립된 법원, 성 · 자치구 관할시에 설치된 중급인민법원, 자치주 중급인민법원 등이 있다. 현재 중국에는 300개소의 중급인민법원이 있다. 중급인민법원의 주요직권은 ① 제1심사건, ② 최고인민법원이 확정한 제1심사건, ③ 기층인민법원과 상급인민법원이 재판을 이송한 제1심사건, ④ 기층인민법원의 판결에 대한 상소 · 항소사건 등의 재판권을 가진다.

(다) 고급인민법원 고급인민법원에는 성 고급인민법원 · 자치구고급인민법원과 직할시 고급인민법원이 포함된다. 주요한 권한은 ① 법률이 규정한 제1심사

1) 대도시에 구를 둔 경우를 말한다.

건, ② 하급법원이 재판을 이송한 제 1 심사건, ③ 최고인민법원에서 이송한 제 1 심사건, ④ 상소·항소사건 등의 재판권을 가진다.

㈑ 최고인민법원 국가의 최고재판기관이며 지방 각급 인민법원 및 전문인민법원의 재판사무를 감독한다. 주요한 권한은 ① 법률의 규정에 따라 관할하는 제 1 심사건, ② 하급인민법원이 법률의 규정에 따라 재판을 이송한 제 1 심사건, ③ 고급인민법원·전문인민법원의 판결·재정(裁定)에 대한 상소·항소사건, ④ 최고인민검찰원이 재판감독절차에 따라 제기하는 항소사건의 재판권이 포함된다.

㈒ 전문인민법원 전문인민법원은 인민법원체계의 구성부분으로서 특정한 범위에 속하는 사건만을 전문적으로 처리하는 국가의 재판기관이다. 전문인민법원에는 군사법원·해사법원·철도운수법원·산림법원 등이 포함된다. 전문법원은 보통법원과 마찬가지로 법원조직법이 규정한 원칙을 준수하며 최고인민법원의 감독하에 재판사무를 처리한다. 중국법원의 조직체계는 다음과 같이 표시할 수 있다.

〈중국법원의 조직체계〉

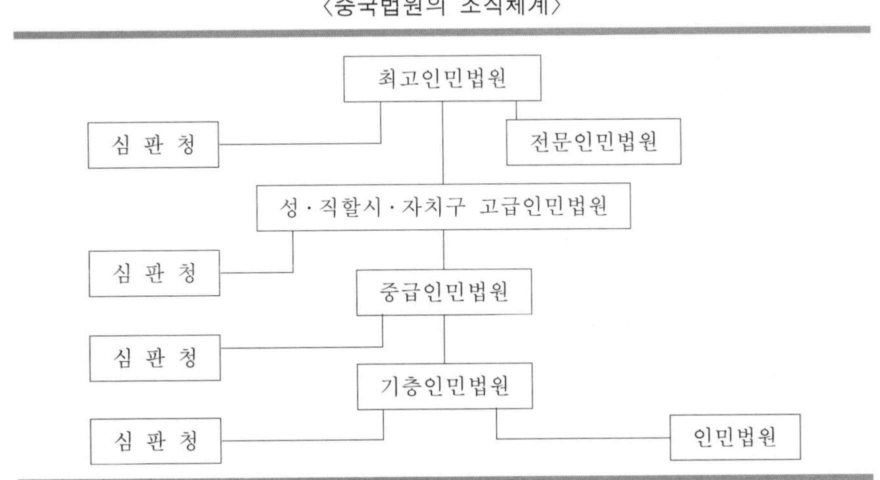

⑸ 법관의 자격

법원조직법의 규정에 따르면, 법관이라 함은 지방 각급 인민법원, 전문인민법원과 최고인민법원의 원장·부원장·재판위원회 위원·청장·부청장·심판원과 조

리심판원을 말한다. 선거권과 피선거권이 있고 만 23세에 달한 공민으로 참정권이 박탈되지 아니한 자는 인민법원 원장으로 피선되거나 부원장·청장·부청장·심판원·조리심판원에 임명될 수 있다. 법관은 기타 국가기관과 기업·사업단위 직무를 겸직할 수 없으며 허가를 받아 겸직하는 자는 보수를 받지 아니한다. 법관의 자격·관리·교육·봉급·퇴직 등은 법률로 규정한다.

⑹ 인민법원의 재판조직

인민법원의 재판조직에는 합의정(合議庭)과 재판위원회가 있다. 중국법원은 간단한 민사사건·경미형사사건과 법률이 정한 사건은 법관 1인이 재판하는 독임제(獨任制)를 실시하는 이외에 대부분의 사건은 합의제를 실시하여 합의정에서 재판한다. 재판위원회는 인민법원 내부에 설치한 재판사업에 대해 집체영도를 실시하는 재판조직이다. 지방 각급 인민법원 심판위원회 위원은 원장이 해당급 인민대표대회 상무위원회에 제청하여 임면하며, 최고인민법원 재판위원회 재판위원은 최고인민법원 원장이 전국인민대표대회 상무위원회에 제청하여 임면한다.

재판위원회의 주요임무는 ① 중대하거나 어려운 사건을 토론하여 결정을 내린다. ② 각급 법원 원장이 재판감독절차에 따라 재판위원회에 회부한 사건, ③ 재판실무경험종합 및 재판실무에 관한 기타 문제의 연구 등이 있다.

⑺ 재판제도의 원칙

헌법과 법원조직법의 규정에 따라 재판은 다음과 같은 원칙을 채택한다.

㈎ 공개재판원칙　사건의 재판과 판결은 법률이 정한 특별한 사항을 제외하고 모두 공개한다. 즉 사건재판 전에 사건의 내용, 당사자, 사건심리시간, 장소 등을 공개하며 판결의 선포도 공개한다. 공개하지 아니하는 사건은 국가비밀에 관련된 사건, 개인음사(陰私)사건, 미성년범죄사건 등이 있다.

㈏ 변호를 받을 권리의 보호　피고인은 변호를 받을 권리가 있다.

㈐ 인민배심원 배심(陪審)원칙　인민법원이 사건을 심리할 때 인민배심원이 배심할 수 있다.

㈑ 2심종심제(兩審終審制)원칙　사건의 재판은 양급 인민법원의 재판을 거쳐 종결되는 심판제도를 말한다.

㈒ 회피원칙　재판인원이 본 사건과 이해관계가 있을 경우, 공평재판을 기대하기 어려우므로 유관 당사자는 회피를 청구할 권리가 있다.

2. 검찰제도

인민검찰원은 검찰권을 행사하는 기관이다.

⑴ 성질과 지위

인민검찰원은 국가법률감독기관으로서 검찰권을 행사하는 기관이다. 인민검찰원은 인민법원·인민정부와 수평적 관계의 기관이며 인민대표대회에 의해 선거되고 인민대표대회의 감독을 받는다.

⑵ 조　　직

인민검찰원은 최고인민검찰원, 지방 각급 인민검찰원과 전문인민검찰원으로 나누어진다. 지방인민검찰원에는 성·자치구·직할시 인민검찰원, 성·자치구·직할시 인민검찰원분원, 자치주·성할시(省轄市) 인민검찰원, 현·시·자치현·시할구 인민검찰원이 포함된다. 전문인민검찰원은 중국인민해방군 군사검찰원을 말한다. 조직체계는 다음의 그림과 같이 표시할 수 있다.

〈중국검찰원의 조직체계〉

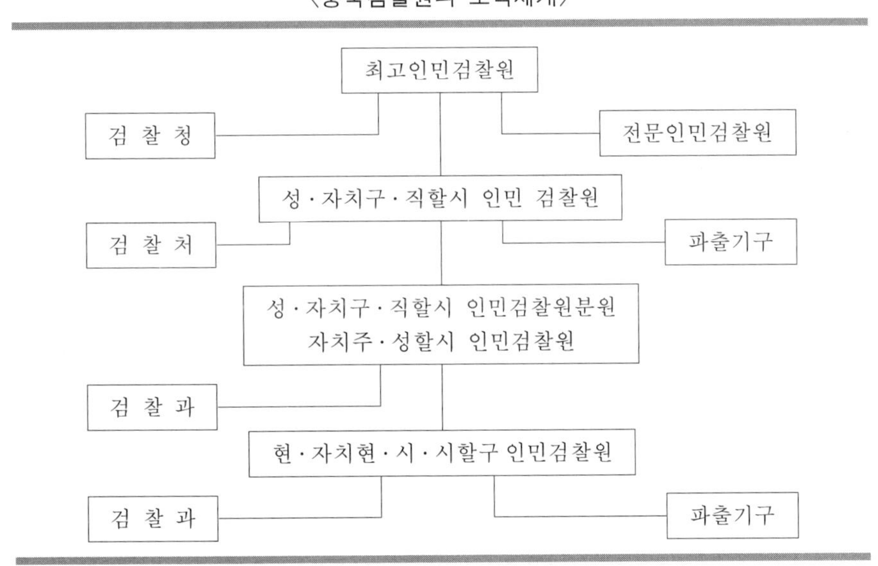

⑶ 권　　한

헌법과 법률의 규정에 따르면 인민검찰원의 권한은 법기(法紀)감독, 수사감독, 공소유지·재판감독 등이 포함된다.

(4) 검찰권행사의 기본원칙

인민검찰원은 검찰권을 행사할 때 평등원칙·검찰권의 독립원칙 등을 적용한다. 인민검찰원은 독립적으로 검찰권을 행사하며 기타의 행정기관·사회단체와 개인의 간섭을 받지 아니한다.

제 5 절 중국헌법보장제도

헌법의 진정한 가치는 그 규범성에만 있는 것이 아니라 실효성의 확보에 있다고 하겠다. 헌법의 이념과 기본정신으로 정치권력을 효과적으로 규제해야만 헌법의 역할을 발휘할 수 있다. 때문에 헌법보장제도는 헌법제도 주요한 부분이며 헌정(憲政)의 기본문제로 부각되고 있다. 중국의 헌법보장제도는 여러 가지 문제점은 있지만 국가권력 자체를 규정하는 과정에서 일정한 역할을 하고 있으며 자기의 특색을 가지고 있다.

I. 대표기관의 감독체제

헌법감독기관의 특징에 따라 헌법감독체제는 사법심사제도·대표기관감독체제·전문기관의 감독체제 등 형식이 있다. 중국은 대표기관의 감독체제를 채택하고 있다. 즉 중국헌법감독기관은 전국인민대표대회 및 상무위원회이다. 1954년 헌법은 전국인민대표대회를 헌법감독기관으로 규정하였고, 1982년 헌법은 새로운 사회현실에 적응하기 위하여 헌법감독권을 전국인민대표대회 상무위원회의 권한으로 규정하였다. 전국인민대표대회와 상무위원회는 모두 헌법감독권을 행사하지만 실제상에서 전국인민대표대회 상무위원회가 헌법감독의 전문기관이 된다. 전국인민대표대회 각 전문위원회는 헌법감독사업을 협조하며 지방 각급 인민대표대회 및 상무위원회도 해당 행정구역 내에서 헌법의 실시를 감독할 책임을 지고 있다. 중국의 정권조직은 삼권분립의 원칙에 따라 구성되지 않으므로 입법·행정·사법의 관계는 서로 병렬된 관계가 아니고 상호평형·상호제약의 관계도 아니며 국가권력기관이 최고의 지위에 위치하고 있다. 행정기관·재판기관·검찰기관은 최고권력기관에 종속됨으로 최고권력기관이 헌법감독권을 행사하는 것은 그 권위성이 보장된다고 할 수 있겠다. 다만 최고권력기관은 입법기관으로서 자기가 제정한 법률을 자체로 심사·판단한다는 것은 헌법감독의 효율성·유효성 측면으로 보면 문제점이 없는 것은 아니다. 때문에 다수 학자들의 의견대로 전국인민대표대회에 전문적인 헌법감독기구(헌법위원회 혹은 헌법감독위원회 등)를 설치하는 것이 헌법보장의 요청에 부합된다고 생각한다. 전국인민대표대회 혹은 상무위원회와 별도로 헌법법원 등 기구를 설치해야 한다는 견해도 일정한 합리성은 있지만 현행국가체제의 범위 내에서 가능성과 필요성을 감안한다면 최고국가권력기관 내부에 전문적인 헌법감독기구를 설치하는 것이 개혁의 진통(陣痛)을 적게 겪는 현실적인 방안인 것 같다.

Ⅱ. 헌법감독형식

중국의 헌법감독형식은 사전(事前)심사와 사후(事後)심사 두 가지 형식이 있다.

1. 사전심사

(1) 개 념

사전심사라 함은 법률이 효력을 발생하기 전에 법률의 합헌성을 심사하는 제도를 말한다. 사전심사는 헌법의 존엄을 준수하고 법제의 통일성을 확보하는 형식으로서 위헌으로 인한 사회위해성을 예방할 수 있다.

(2) 내 용

(가) 성·직할시 인민대표대회와 상무위원회는 헌법·법률·행정법규와 저촉되지 아니한 전제하에서 지방성 법규를 제정할 수 있으나 전국인민대표대회 상무위원회에 등록해야 한다(헌법 제100조).

(나) 자치구의 인민대표대회에서 제정한 자치조례와 단행조례는 전국인민대표대회 상무위원회의 비준을 받아야 하며, 자치주·자치현의 자치조례와 단행조례는 성·자치구의 인민대표대회 상무위원회의 비준을 거친 후 전국인민대표대회 상무위원회에 등록해야 한다.

(다) 전국인민대표대회가 폐회하는 기간 전국인민대표대회 상무위원회는 국민경제와 사회발전계획을 심사·비준하며 국가예산의 집행중에서의 조정도 심사한다.

2. 사후심사

(1) 개 념

사후심사라고 함은 법률이 공포·실시된 후 위헌 여부를 심사하는 것을 말한다. 사전감독이 엄격해도 위헌법률·위헌행위가 나타날 수 있으므로 사후심사제도의 역활이 필요하다.

(2) 내 용

(가) 전국인민대표대회는 전국인민대표대회 상무위원회의 위헌입법을 폐지할 수 있다(헌법 제64조 제11항).

(나) 전국인민대표대회 상무위원회는 국무원이 제정한 헌법·법률에 저촉되는 행정법규·결정과 명령을 폐지하고 성·자치구·직할시의 국가권력기관이 제정한 헌법·법률·행정법규에 저촉되는 지방성 법규와 결의를 폐지할 권한이 있다. 일반적인 절차를 보면, 상무위원회에서 먼저 헌법에 위배되는 행정법규·결정·명령 및 지방성 법규를 전문위원회에 교부하여 심의하며 전문위원회에서 제기한 보고에 따라 폐지결정을 내린다.

Ⅲ. 위헌제재형식

위헌법률·위헌행위에 대한 제재는 헌법보장제도의 핵심이라 하겠다. 헌법감독제도의 존재가치는 위헌에 대한 제재에 있다.

1. 위헌의 개념

위헌의 개념에 대하여 헌법학계에는 세 가지 견해가 있다. 일부학자들은 위헌이란 모든 조직과 공민이 헌법에 위배되는 행위를 말한다고 주장한다. 일부학자들은 위헌이란 국가기관과 공민이 행한 헌법에 위배되는 행위를 말한다고 주장한다. 또 일부학자들은 위헌이란 국가기관이 제정한 규범성 문서가 헌법에 저촉되고 국가영도자들의 헌법에 위배되는 행위를 말하는 것이라고 주장한다. 위헌개념의 논의의 쟁점은 위헌주체를 어떻게 규정하는가에 있다. 위헌주체를 국가기관과 공직자들의 위헌행위로 규정하는 것이 타당하다고 본다.

2. 위헌제재(制裁)형식

(1) 헌법과 저촉되는 법률과 지방성 법규를 폐지하고 유관기관의 위헌결정을 폐지한다.

(2) 위헌법안을 비준하지 아니한다. 예를 들면 자치조례와 단행조례의 내용이 헌법과 저촉될 경우, 비준하지 아니한다.

(3) 위헌책임자의 직무를 파면한다. 국가영도자의 행위가 위헌으로 판단되면 법률의 규정에 따라 파면할 수 있다.

Ⅳ. 헌법감독의 주요방식

헌법감독의 유효성을 보장하기 위하여 1982년 헌법은 다양한 헌법감독방식을 규정하고 있다.

1. 의안의 심사

의안은 주로 법률안과 중대한 문제에 관한 결의안 두 가지로 나누어진다. 전국인민대표대회와 상무위원회는 의안을 심사할 때 의안의 합헌성 심사를 주요 내용으로 한다.

2. 사업보고의 청취·심의

전국인민대표대회와 상무위원회는 최고권력기관이기에 기타의 국가기관은 정기적으로 최고권력기관에 사업을 보고한다. 사업보고를 청취·심의하고 더욱이 국무원의 사업보고를 심의하는 것은 헌법실행을 감독하는 주요한 방식이라고 할 수 있다.

3. 인민대표의 질의·시찰

인민대표대회는 주로 인민대표의 활동을 통하여 운영되고 있다. 헌법과 인민대표법이 규정한 질의권과 시찰권은 헌법실행을 감독하는 효과적인 방식이다. 전국인민대표대회가 회의를 소집하는 기간 한 개 대표단 혹은 30명 이상의 대표가 연명으로 법률이 정한 절차에 따라 국무원과 각 부문에 질의안을 제기할 수 있다. 질의를 받는 기관은 반드시 책임을 지고 회답해야 한다. 전국인민대표대회 상무위원회가 회의하는 기간, 상무위원회 구성인원 10명 이상의 연명으로 법률의 규정에 따라 국무원·최고인민법원·최고인민검찰원에 질의안을 제출할 수 있다. 질의안을 제기한 후, 전국인민대표대회 주석단 혹은 상무위원회 위원장회의의 결정을 거치거나 관련전문위원회가 심의한 후 질의를 받은 기관에 교부하여 회답을 요구한다. 헌법의 실행은 질의안의 주요내용으로 된다. 인민대표는 또 정기적인 시찰을 통하여 헌법·법률의 준수상황을 조사하고 문제를 발견하면 의견과 건의를 제기한다.

4. 파면권의 행사

위헌행위를 제재하는 주요형식은 파면권의 행사이다. 전국인민대표대회는 국가주석·부주석·국무원 총리·부총리·국무위원·각 부 부장·각 위원회 주임·심계장·비서장·중앙군사위원회 주석·중앙군사위원회의 기타 구성인원·최고인민법원 원장·최고인민검찰원 검찰장을 파면할 수 있다. 전국인민대표대회 주석단·세 개 이상의 대표단 혹은 1/10 이상의 대표연명으로 위의 인원에 대한 파면을 제출할 수 있다.

5. 전국인민대표대회 전문위원회의 위헌법률 심사

전국인민대표대회조직법의 규정에 따라 각 전문위원회는 의안을 연구·심의한다. 법률위원회는 모든 법안의 심의를 책임지고 있으므로 기본적으로 성숙되었다고 인정하는 법률초안만 법률로 통과된다. 때문에 전문위원회의 의안에 대한 심의는 헌법의 실행을 보장하고 헌법을 핵심으로 한 법률체계의 통일성을 확보하는 주요형식이다.

6. 특정문제에 대한 조사위원회의 조직

전국인민대표대회와 전국인민대표대회 상무위원회가 필요하다고 인정할 경우, 특정문제에 관한 조사위원회를 조직할 수 있고 조사위원회의 보고에 의하여 상응한 결의를 할 수 있다. 조사위원회가 조사할 때 모든 관련국가기관, 사회단체와 공민은 필요한 자료를 제공할 의무가 있다(헌법 제71조). 특정문제라 함은 국가생활중의 중대한 문제이므로 사회적으로 영향이 큰 위헌문제는 당연히 중대한 문제에 속한다. 위의 규정은 최고권력기관이 효과적인 수단으로 헌법의 실행을 감독하는 주요형식이라 하겠다.

V. 헌법감독제도의 문제점과 개선방향

1. 문 제 점

현행헌법체제하에서 헌법감독제도는 일정한 역할은 있지만 민주정치의 이념과 민중의 호헌요청에 비하면 문제점이 적지 않다고 하겠다.

첫째, 헌법감독기관의 역할이 제대로 발휘되고 있지 않다. 둘째, 감독방식이 단일하다. 법률문서의 위헌심사는 일정한 정도로 진행되고 있으나 구체적인 행위에 대한 합법성 감독은 아직도 제도화되지 않고 있다. 셋째, 위헌행위에 대한 제재가 유력하지 못하다.

2. 개선방향

사회주의 시장경제는 법치(法治)경제이므로 헌법체제도 점차 변화될 것이다. 헌법감독체제의 개혁은 헌법체제변화의 주요내용이 되고 있다. 중국의 실정에 따라 시대와 민주정치의 요청에 적응되는 헌법감독체제를 정비하는 것이 헌법학자들의 역사적 사명이라고 생각한다.

⑴ 헌법위원회 등 전문적인 헌법감독기관을 설치하여 헌법감독의 유효성을 제고해야 한다.

⑵ 헌법소송제도를 도입하여 공민의 기본권 보장을 강화해야 한다.

⑶ 위헌행위에 대한 제재형식을 법률화·제도화하여 헌법의 존엄을 보장해야 한다.

⑷ 헌법과 정당활동의 관계를 정확히 정립하여 중국공산당이 헌법의 범위내에서 활동하는 원칙을 견지해야 한다.

⑸ 공민의 헌법의식을 제고하여 헌법실행의 민중기반을 확고히 하는 것이 헌법의 이념을 실현하는 근본적인 힘이라 생각한다.

제3장 행 정 법

[鄭二根]

제 1 절 행정법 총설

I. 행정법의 개념

1. 행정법에 대한 관점

행정법은 행정에 관한 법이지만 일반인의 행정 및 행정법에 대한 이해는 다양하다. 그러므로 행정법의 개념에 대한 표현 역시 여러 가지로 나타난다. 행정법에 대한 대표적인 관점은 다음과 같다.

(1) 행정법은 주권의 행사한계와 행사방법을 규정한 법이다. 이러한 관점은 19세기 초 영국의 법학자 오스틴의 주장이 대표적이다. 그는 공법의 한 분야로서의 행정법은 주권행사의 한도와 방식을 규정한다고 하였다.

(2) 행정법은 행정기관의 특정한 행정내용을 조정하는 법이다. 이러한 관점을 지지하는 학자들이 있지만, 구체적으로 행정기관의 특정한 행정내용의 범위에 대하여는 견해가 일치되지 않는다. 행정법은 국가행정조직과 그 행위 및 행정조직과 그 행위에 대하여 감독을 행하는 법률규범의 총칭이라고 하는 주장이 있다.

(3) 행정법은 정부권력을 통제하는 법이다. 영미의 많은 학자들이 주장하며, 행정법 정의의 첫째 의미는 바로 정부권력의 통제에 관한 법이라는 점에 있다는 것이다. 또한 행정법은 정부활동을 관리하는 부문법이며, 행정기관이 행사할 수 있는 권력을 규정하고, 이러한 권력을 행사하는 원칙을 확정하며, 행정행위로 손해를 입은 자에 대하여 법률적인 구제를 규정하는 것이라는 주장이다.

(4) 행정법은 사회관계를 조정하는 법이다. 이러한 관점도 행정법이 어떠한

사회관계를 조정하는가에 대하여 견해가 일치되지 않는다. 예컨대 행정법은 국내공법의 일부분이며 행정권의 조직 및 행정주체로서의 국가 및 공공단체와 그 소속 국민 간의 관계를 규정한 법이라 하는 주장이다. 중국의 일부 교수는, 행정법은 국가의 중요 법률부문의 하나이고, 행정관계 및 이를 기초로 발생되는 행정감독관계를 조정하는 법률규범과 원칙의 총칭이라 한다.

2. 행정법의 개념

상술한 행정법 개념의 여러 가지 학설은 정도에 있어서 차이는 있으나 모두 행정법의 특징과 내용을 반영하고 있고, 서로 다른 방향에서 행정법이 무엇인가를 논하고 있다. 즉 행정법의 인식에 대한 단서를 제공하고, 행정법이 조정하는 내용의 복잡성과 변화를 충분히 반영하고 있으며, 서로 다른 국가적 상황 또는 서로 다른 시간적 상황에 있어서의 행정법의 발전상황을 반영하고 있다.

중국행정법의 현실적 상황에 근거하여, 행정법의 의미에 대하여 아래와 같이 서술할 수 있다. 행정법은 법의 한 독립부문이고 행정주체의 행정권 행사로 인하여 발생되는 특정사회관계를 조정하는 법률규범의 총칭이다.

(1) 특정한 사회관계를 조절대상으로 한다

행정법은 특정한 사회관계, 즉 행정권력의 행사과정에서 발생하는 사회관계를 조절대상으로 한다. 행정권력의 행사과정에서 형성되는 사회관계를 행정관계라고 총칭한다. 행정관계는 또한 ① 국가행정기관의 설립과정에서 형성되는 사회관계, ② 행정기관이 행정권력을 행사하는 과정에서 형성되는 사회관계, ③ 행정기관 또는 기타 국가기관이 행정구제를 진행하는 과정에서 형성되는 사회관계 등을 포함한다. 행정법률규범으로 사회관계를 조절할 경우에 행정법률관계가 형성된다. 행정법률관계 중에서는 행정기관이 주체가 되며 영도·명령의 지위에 위치해 있다.

(2) 행정법은 독립적인 부문법이다

행정법 조정대상의 특정성은 그 국가 법률체계 중의 독립적 지위를 결정한다. 행정법은 헌법과 다르지만 헌법과 밀접한 관계가 있다. 어떤 이는 헌법을 “정적인 행정법”으로 행정법을 “동적인 헌법”으로 부르지만 헌법과 행정법은 결국 서로 다른 법이다. 헌법은 근본법이고 행정법은 일반의 부문법이다. 행정법은 기타 일반 법률과도 다르며, 스스로 독립적이고, 기타 일반법이 대체할 수 없는 조정대상을 가진다.

3. 행정법의 특징

(1) 형식상의 특징

행정법의 형식상의 특징은 행정법은 통일된 행정법전이 없다는 것과 행정법은 각종 법률, 법규에 분산되어 존재한다는 것이다.

(2) 내용상의 특징

행정법이 관련된 영역은 매우 광범위하고 내용 역시 매우 풍부하며 행정법은 변동성이 강하여 수시로 입법, 개정, 폐지된다. 또한 행정법은 실체법과 절차법이 결합된 법이라 할 수 있다.

Ⅱ. 행정법의 법원

행정법의 내용을 규정하는 행정법규범은 일정의 형식을 통하여 표현될 것이 요구되고, 이러한 행정법규범을 표현하는 형식이 바로 행정법의 법원(法源)이다. 국가적 상황과 시간적 상황의 차이로 행정법규범의 표현형식이 모두 같을 수는 없다. 요컨대 오로지 법률문건만이 비로소 행정법의 법원이라 할 수 없고 성문의 법률문건, 법원의 판례, 행정관례 등은 모두 그 나라 행정법의 법원이 될 수 있다. 중국행정법의 법원은 다음과 같다.

1. 헌 법

헌법은 국가의 근본법으로 국가제도와 사회제도의 기본원칙과 중대 문제를 규정한다. 헌법에 행정법제도의 내용을 포함하고 있기 때문에 헌법은 행정법의 법원이 된다. 행정활동을 조정하는 헌법규범은 다음과 같다. 즉 행정활동 기본원칙에 관한 규범, 중앙인민정부와 지방각급인민정부의 조직과 권한에 관한 규범, 공민의 행정영역에서의 기본 권리와 기본의무에 관한 규범 등이다. 헌법은 행정법의 기본법원으로서 최고 법적 효력을 가진다.

2. 법 률

법률은 전국인민대표대회 및 그 상무위원회가 제정한 규범성 법률문건으로서, 기본법률과 일반법률로 나뉜다. 전자는 전국인민대표대회가 제정하는 것으로 중화인민공화국국무원조직법, 중화인민공화국지방각급인민대표대회와 지방각급인민정부조직법 등이 있고, 후자는 중화인민공화국철도법 등 여러 가지가 있다. 행정주체의 행정권 행사와 관련된 내용의 법률은 모두 행정법의 법원이 된다.

3. 행정법규

행정법규는 국무원이 국가의 각종 행정업무를 영도하고 관리하기 위하여 헌법과 법률에 근거하여 제정하는 정치, 경제, 교육, 과학·기술, 문화, 외교 등과 관련되는 조례·규정·조치(辦法)의 총칭이다. 예컨대, 중화인민공화국행정감찰조례, 중화인민공화국민용항공기운항관리조례 등이다. 행정법규는 국무원이 제정한 것이고, 전국의 각종 행정업무를 영도하고 관리하기 위한 중요한 규범성 법률문건으로서, 대부분 국가행정 업무에 대하여 직접 관련되기 때문에 행정법의 중요한 법원이다.

4. 지방성법규

지방성법규는 성·직할시·자치구 및 성·자치구 인민정부 소재지의 시와 국무원의 비준을 거친 대도시의 인민대표대회 및 그 상무위원회가 헌법, 법률 및 행정법규에 저촉되지 않는 범위 내에서 본 지구의 실제 상황에 근거하여 제정하는 규범성 법률문건이다. 예컨대 북경시인민대표대회상무위원회가 제정한 북경시도박금지조례, 하북성인민대표대회상무위원회가 제정한 하북성도시계획조례 등이다. 지방성법규는 지방인민정부가 당해 지구의 행정업무를 행하는 법적 근거가 되며, 행정법의 법원이 된다.

5. 자치조례와 단행조례

자치조례와 단행조례는 자치구·자치주·자치현의 인민대표대회가 해당지역 민족의 정치, 경제 및 문화특징에 의거하여 제정하는 규범성 법률문건이다. 예컨대, 내몽고자치구인민대표대회가 제정한 내몽고자치구각급인민대표대회와 각급인민위원회조직조례 등이다. 자치조례와 단행조례는 민족자치지방의 인민정부가 행정업무를 수행하는 법적 근거이며, 이 역시 중국행정법의 법원이 된다.

6. 행정규장

행정규장은 부문규장과 지방규장으로 나뉜다. 부문규장은 국무원의 각 조직부문이 법률과 행정법규에 근거하여 본 부문의 권한범위 내에서 제정하는 규범성 법률문건이다. 지방규장은 성·자치구·직할시 및 성·자치구 인민정부 소재지의 시와 국무원의 비준을 거친 대도시의 인민정부가 법률, 행정법규 등을 근거로 제정한 규범성 법률문건이다. 내용상으로 보면, 행정규장은 대다수가 지방행정업무를 직접 조정하는 법규범이며 이 또한 행정법의 법원이 된다.

7. 법률해석

법률해석은 법에 의하여 법률해석권을 가진 특정의 국가기관이 관련 법률문건에 대하여 내린 해석으로서 법적 효력을 가진다. 법률해석은 4가지가 있다. ① 입법해석, 즉 법에 의하여 전국인민대표대회상무위원회가 법률문건에 대하여 행하는 해석이다. ② 사법해석은 법에 의하여 최고인민법원과 최고인민검찰원이 법률문건에 대하여 행하는 해석이다. ③ 행정해석, 즉 법에 의하여 국무원 및 그 주관부문이 법률문건에 대하여 행하는 해석이다. ④ 지방해석은 법에 의하여 법정의 지방인민대표대회상무위원회 및 인민정부주관부문이 법률문건에 대하여 행하는 해석이다. 각종 유권해석 중에서 행정주체의 행정권 행사와 관련된 것은 행정법의 법원이 된다.

8. 조약과 협정

국가 또는 정부가 일단 다른 나라 또는 다른 나라 정부와 조약 또는 협정을 체결하면, 그에 규정된 권리와 의무는 국내의 기관, 조직과 개인에 대하여 법적 효력이 미친다. 그러므로 중국정부가 체결한 조약과 협정 중에서 행정에 관련된 내용은 중국행정법의 법원이 된다.

Ⅲ. 행정법의 기본원칙

행정법의 기본원칙에 대하여는 학자에 따라 여러 가지 주장이 있으나 대체로 법치원칙, 공정원칙, 공개원칙, 효율원칙으로 대별할 수 있다. 이 중 법치원칙은 가장 중요한 원칙이라 할 수 있으며 행정공정, 행정공개, 행정효율은 모두 법치원칙을 중심으로 전개되는 원칙이다.

1. 법치원칙

법치원칙의 주요 내용은 다음과 같다.

(1) 의법행정

의법행정이란 행정주체가 실시하는 모든 행정행위는 법정권한을 준수하고 실체규정과 절차규정을 준수할 것을 의미한다. 법정권한과 실체규정 및 절차규정에 위반한 행정행위는 무효 또는 취소할 수 있고 당해 행정행위는 처음부터 효력이 발생되지 않거나 행정상대인의 청구에 의하여 권한 있는 기관이 그 법률효력을 종료시킨다.

(2) 재량권 남용의 통제

재량권 남용의 통제는 법적 장치를 통하여 행정주체가 실시하는 재량행위가 적정하고 합리적인 범위 내에서 실시되도록 하여 그 남용을 방지하는 것이다. 행정주체의 재량권의 적합한 행사를 위하여 법률은 사전, 사중과 사후의 통제장치를 마련하고 있다.

(3) 정부의 권리침해행위에 대한 법률책임 부담

법치원칙은 정부와 공민에 대하여 동일한 요구, 즉 그 행위가 타인의 합법권익을 위법하게 침해하면 법률에 의하여 권리의 침해에 대한 배상책임을 부담하도록 요구한다.

(4) 인권보호와 공민의 합법권익 보호

정부가 실시하는 모든 행정행위는 공민의 인권을 보호하여야 하며, 이는 공민의 인신의 자유, 인격의 존엄을 포함하며, 공민의 기타 인신의 권리와 재산권을 보호하여야 한다.

2. 공정원칙

공정원칙은 다음과 같은 내용을 포함한다.

(1) 업무처리에 있어서 원칙을 지키고, 자신의 이익에 따라 처리할 수 없다.

(2) 신분, 종족, 성별과 종교 신앙이 다른 각각의 행정상대인에 대하여 평등하게 대우하여야 한다.

(3) 상관된 요소들을 합리적으로 고려하며 자의적으로 행하여서는 아니 된다.

(4) 자기 혹은 자기의 친족과 이해관계 있는 사무를 처리할 때는 반드시 회피하여야 하며, 자기의 사건에 자신이 심판관으로서 관여하지 못한다.

(5) 둘 혹은 다수 당사인의 이해관계에 관련된 사무를 처리할 때는 일방당사자가 없는 상황에서 단독으로 다른 당사자와 접촉할 수 없다.

(6) 사전통지와 상대인의 변명을 청취하지 않고는 그 상대인에게 불리한 행정행위를 할 수 없다.

3. 공개원칙

공개원칙은 다음 내용을 포함한다.

(1) 행정법규, 규장 및 기타 규범성 문건의 제정은 반드시 일정한 방식을 채택하여 일반인이 참여토록 하고, 일반인의 의견을 청취하고 필요시 청문회를 개최하며 이해관계자의 의견과 건의를 청취한다.

(2) 이미 제정된 행정법규, 규장 및 기타 규범성 문건은 반드시 공개된 정부간행물을 통하여 공포함으로써 일반인이 알 수 있도록 한다.

(3) 행정기관이 수집·보관하는 행정상대인 관련의 정보문건이나 자료는 법률, 법규가 기밀을 요하는 외에는 상대방이 열람·복사를 할 수 있도록 하여야 한다.

(4) 집행행위의 조건과 표준 및 절차 등은 마땅히 일정한 방식을 통하여 공포하여야 하고, 행정상대인이 사전에 알 수 있도록 하여야 한다.

(5) 행정기관 및 그 업무인원의 법규준수, 청렴성, 근무상황에 대하여는 매체를 통하여, 진실·정확의 전제 하에서, 공개보도를 인정하여야 하고, 그로 하여금 여론감독을 받도록 하여야 한다.

4. 효율원칙

효율원칙의 내용은 다음과 같다.

(1) 행정주체가 실시하는 모든 행정행위는 법정의 단계, 순서와 시간을 준수하여야 하고, 위법하게 절차를 증가시키거나 지연시킬 수 없다.

(2) 행정기관은 법정의 편제를 엄격히 준수하여야 하고 기구의 정예화를 도모하여야 하며, 임의로 증원 및 편제를 확대할 수 없다.

(3) 행정주체가 실시하는 행정행위는 필요한 원가이익을 예측 분석하여야 하며, 복수의 방안 중 가장 최선의 방안을 선택함으로써 행정행위에 따른 사회적·경제적 이익을 고려하여야 한다.

Ⅳ. 행정법관계

행정법관계는 행정법이 조정하는 행정법상의 권리·의무를 내용으로 하는 법률관계로 소위 행정관계라고도 한다. 이는 행정주체가 행정권을 행사하고 행정법제감독을 받으며, 외부의 행정상대인 및 행정법제감독 주체와 발생되는 관계와 행정주체 내부 상호간에 발생되는 법률관계를 가리킨다.

1. 행정법관계의 종류

(1) 내부행정법관계와 외부행정법관계

내부행정법관계는 행정권의 행사 중 행정기관 내부에 발생되는 법률관계로서, 행정기관 상호간의 법률관계, 행정기관과 공무원 간의 법률관계 및 행정감독 법률관계를 말한다. 외부행정법관계는 행정주체의 행정권 행사 중 행정상대인과 발생되는 법률관계를 말한다.

(2) 실체법관계와 절차법관계

실체법관계와 절차법관계는 동일한 행정주체의 양 방면의 법률관계이고, 상호 영향을 미치며 상호 의존관계에 있다. 전자는 행위의 내용을, 후자는 행위의 형식에 관련된 것이다.

2. 행정법관계의 내용

행정법관계는 행정법관계의 주체, 객체, 내용 등으로 구성된다.

(1) 행정법관계의 주체

행정법관계의 주체는 행정법관계의 당사자이며, 행정법관계에서 권리의 행사자와 의무의 부담자를 가리키며, 행정주체와 행정상대인을 포함한다. 행정법관계 주체와 행정주체는 서로 다른 개념이다. 행정법관계 주체가 가리키는 것은 행정영역의 법률관계 중 권리의 행사자와 의무의 부담자이고, 이는 행정주체와 행정 상대인 외에 행정감독법관계 중의 감독주체를 포함한다. 행정주체는 국가

행정권력을 향유하고 행사하며, 행정법관계 중의 특정한 주체이고, 구체적 행정법관계에서 일반적으로 주도적 지위를 가진다.

⑵ 행정법관계의 객체

행정법관계의 객체는 행정법관계 주체의 권리·의무가 지향하는 대상 및 목표이다. 재물, 행위 및 정신적 재화는 모두 일정한 행정법관계의 객체가 될 수 있다.

⑶ 행정법관계의 내용

행정법관계의 내용은 행정법관계 주체의 행정법상의 권리와 의무의 종합이다. 행정법관계는 매우 광범위하므로 당사자의 행정법상의 권리·의무의 내용 역시 매우 광범위하다. 그러나 각각의 행정법관계에서 당사자의 구체적 권리·의무는 각기 다른 것이다.

3. 행정법관계의 특징

⑴ 행정법관계는 법률규범에 기초하여 행정주체가 행정권을 행사하여 발생되는 관계이므로 행정법관계의 쌍방당사자 중 반드시 일방은 행정주체가 된다. 행정주체는 행정기관과 법률·법규가 수권한 조직을 포함한다.

⑵ 행정법관계 쌍방 당사자의 권리·의무는 모두 법률이 확정한다는 것이 특징이다. 즉 행정법관계에서는 민사법관계와는 달리, 쌍방 당사자는 오직 법률의 규정에 의하여 권리를 행사하고 의무를 부담할 뿐이며, 자유로이 권리와 의무를 선택할 수 없다.

⑶ 행정법관계 당사자의 권리와 의무는 중첩된다. 민사법관계에서 당사자의 권리와 의무는 그 한계가 분명하다. 그러나 행정법관계 당사자의 권리와 의무는 절대적인 것이라 할 수 없다.

⑷ 행정법관계 중 쌍방 당사자의 지위는 비 대등 관계에 있다. 일반적으로 행정법관계에서 행정주체는 관리자의 지위에 있고, 상대인은 피관리자의 지위에 있다고 말할 수 있다. 행정주체는 명령권, 강제권, 처벌권 등의 권력을 행사하기 때문이다.

V. 행정주체

1. 행정주체의 개념

⑴ 행정주체는 국가행정권을 행사하고, 행정행위를 행하는 기관, 조직이다.

⑵ 행정주체는 자신의 명의로 국가행정권을 행사하고 행정행위를 행하는 기관, 조직이다.

⑶ 행정주체는 그 자신의 직권행위에 대하여 대외적으로 법률책임을 지며 행정소송의 과정에서 피고가 될 수 있는 기관·조직이다.

⑷ 행정주체는 행정기관과 법률, 법규가 수권한 조직을 포함한다.

2. 행정주체와 기타 개념의 구별

⑴ 행정주체와 행정법관계 주체

행정주체는 행정법관계 주체의 한 부분이다. 행정법관계에서 행정주체는 일방의 주체가 되며, 다른 일방은 공민, 법인 또는 기타조직이 된다.

⑵ 행정주체와 행정기관

행정기관은 행정주체의 한 부분이다. 행정주체는 행정기관 이외에 법률·법규가 수권한 조직을 포함한다.

⑶ 행정주체와 국가공무원

국가공무원은 행정주체를 대표한다. 행정권은 통상 국가공무원을 통하여 실시되며, 공무원을 떠나서 행정주체는 존재할 수 없다.

3. 행정기관

⑴ 행정기관의 개념

행정기관은 헌법과 행정조직법의 규정에 의하여 설치된 국가행정권을 행사하는 국가기관이며 다음과 같이 표현된다. 첫째, 행정기관은 국가가 설치하고, 국가를 대표하여 국가행정권을 행사하는 기관이다. 둘째, 행정기관은 국가행정권을 행사하는 국가기관이다. 셋째, 행정기관은 헌법과 행정조직법의 규정에 의하여 설치되고, 국가행정권을 행사하는 국가기관이다.

(2) 행정기관의 특징

행정기관은 다른 국가기관에 비하여 다음과 같은 특징을 진다. 첫째, 국가행정권을 행사하고 국가행정사무를 관리한다. 둘째, 행정기관을 조직체제상 영도제(領導制)를 실시한다. 셋째, 행정기관은 정책결정의 체제상 수장책임제(首長負責制)를 실시한다. 넷째, 행정기관의 직권 행사는 일반적으로 능동적이며 일상적이고 다양하다.

(3) 행정기관의 종류

행정기관의 종류는 그 기준에 따라 여러 가지로 분류된다. 행정기관은 그 권한의 관할범위에 따라 중앙행정기관과 지방행정기관으로 구분된다. 행정기관의 권한의 성질에 따라 일반권한 행정기관과 부문권한 행정기관으로 구분된다. 행정기관이 관리하는 객체와 내용에 따라 직능성 행정기관과 전문행정기관으로 구분된다. 그 관리 대상에 따라 외부관리 행정기관과 내부관리 행정기관으로 구분된다. 정책결정과 책임체제에 따라 수장제 행정기관과 위원제 행정기관으로 구분된다.

4. 기타 행정권 행사의 조직

행정권은 국가행정기관이 행사하는 외에, 국가행정기관이 아닌 조직이 법률·법규의 수권 또는 행정기관의 위탁을 받아 일정한 행정권한을 행사할 수 있다. 법률·법규의 수권에 의하여 행정권을 행사하는 조직은 행정기관과 마찬가지로 행정주체의 지위를 가진다. 행정기관의 위탁을 받아 일정한 직권을 행사하는 조직은 행정주체의 지위를 가지지 못하고, 그 권한 행사의 행위에 대한 책임은 위탁한 행정기관에 귀속된다.

(1) 법률·법규 수권의 조직

법률·법규가 수권한 조직은 구체적인 법률과 법규의 수권에 의하여 특정한 행정 직권을 행사하는 조직으로서 국가기관이 아닌 조직을 말한다. 법률과 법규가 수권한 조직은 매우 광범위하며 고정 불변의 것이 아니다. 국가행정관리의 필요에 따라 법률과 법규가 권한을 수여하는 대상은 항상 변경될 수 있고 사회조직, 단체, 기업조직, 기층의 자치조직과 각종 기술검정 및 감정기관이 해당될 수 있다. 수권을 받은 조직의 법적 지위는 즉, 첫째, 수권을 받은 조직이 법률과 법규가 수권한 직권을 행사할 경우 행정기관과 같은 행정주체의 지위를 가진다.

둘째, 수권을 받은 조직은 자기의 명의로 법률과 법규가 수권한 권한을 행사하며, 그가 행한 행위에 대하여 대외적인 책임을 진다. 셋째, 수권을 받은 조직이 자신의 본래의 직능을 행할 경우에는 행정권한을 행사할 수 없고 행정주체의 지위를 갖지 못한다.

(2) 행정기관이 위탁한 조직

행정기관이 위탁한 조직은 행정기관의 위탁을 받아 일정한 행정권을 행사하는 국가기관이 아닌 조직을 말한다. 수탁을 받을 수 있는 조직의 조건은 일반적으로 법률과 법규에 규정된다. 예컨대 행정처벌법의 규정에 의하면, 법에 의하여 설립된 것으로 공공사무를 관리하는 사업조직일 것, 관련 법률·법규 및 규장과 업무에 능숙한 인원을 보유할 것, 위법행위에 대하여 기술감정 등이 필요한 경우에는 반드시 상응하는 조건을 갖춘 조직이 기술검사 또는 기술적 감정을 하도록 하고 있다.

Ⅵ. 국가공무원

1. 국가공무원의 개념

2005년 4월 27일 제10기 전국인민대표대회 상무위원회 제15차 회의에서 통과된 「중화인민공화국 공무원법」(이하 공무원법이라 한다.)에서 공무원의 개념을 명확히 규정하고 있다. 공무원법에서 말하는 공무원은 "법에 따른 공직을 수행하고, 국가 행정 편제에 소속되며, 국가 재정으로 급여 및 복리가 이루어지는 업무인원"이다. 즉 공무원법은 공무원의 개념을 명확히 규정한 바, 공무원은 법에 따라 공직을 수행하고 국가행정 편제에 소속되며, 국가재정으로 급여나 복리가 이루어지는 인원이다.

이로써 공무원은 정부기관의 업무 종사자에 국한되지 않고, 상술한 세 가지 조건에 부합하는 자는 공무원에 해당한다.

국가공무원법 규정에 의하면 공무원은 중화인민공화국의 국적을 가져야 하고, 만 18세 이상의 자로서, 헌법을 수호하고, 양호한 품행을 갖추어야 하며, 정상적인 업무 수행을 위한 신체조건을 갖추고, 직무가 요구하는 교육수준 및 업무능력이 있어야 하며, 법률이 규정한 기타 조건을 갖추어야 한다.

또한 국가공무원법은 준용규정의 관리 형식을 취하는 규정을 두고 있다. 즉 법률, 법규가 수권한 공공관리직능을 가진 사업단위 가운데 단순노무를 담당하는 인원 이외의 업무 수행자는 비준을 거쳐 공무원법에 준하여 관리하도록 규정하고 있다.

2. 국가공무원의 법적 지위

국가공무원의 법적 지위는 행정법관계의 차이에 따라 일치하지 않는다. 외부 행정관리관계에서 국가공무원은 행정기관을 대표하고 소속행정기관의 명의로 국가행정권을 행사하며, 그 행위에 따른 책임은 해당 행정기관에 귀속된다. 행정소송법관계에서 국가공무원은 원고나 피고로 될 수 없으며 소송당사자의 지위를 갖지 못한다. 당연히 국가공무원은 공무원이 지위에서 벗어나면 행정상대인이 되어 행정기관의 구체적 행정행위에 불복하여 행정소송을 제기할 수 있다. 내부 행정법관계에서 국가공무원은 일방 당사자가 되어 행정기관과 법률관계가 발생된다. 행정법제감독관계에서 국가공무원은 감독의 대상으로서 감독주체와 법률관계가 발생하고 일방 당사자가 된다.

3. 국가공무원의 권리와 의무

공무원의 권리와 의무는 공무를 집행하고 행정권을 행사하는 근거이다. 공무원의 권리와 의무를 명확히 하는 것은 공무원의 지위와 역할을 확정하고 공무원의 권리의식과 업무책임의 각성을 제고시켜 자신의 합법적 권익을 보장하는 동시에 법에 규정된 직책을 이행하여 행정인사제도의 민주화와 법제화를 실현하는 데 그 의의가 있다고 하겠다. 국가공무원법은 공무원의 권리와 의무를 상세히 규정하고 있다.

(1) 공무원의 권리

공무원의 권리는 다음과 같다. 즉, ① 직무의 수행을 위한 업무조건을 획득한다. ② 법정사유와 법정절차에 의하지 아니하고는 면직·강직(降職)·해임 혹은 행정처분을 받지 아니한다. ③ 노동보수와 보험·복리처우 등을 받는다. ④ 직무연수에 참가할 권리가 있다. ⑤ 행정기관 및 영도자에 대해 비평과 건의를 제출할 수 있다. ⑥ 고발과 고소를 할 수 있다. ⑦ 국가공무원법에 따라 사직할 수 있다. ⑧ 법률에 규정된 기타의 권리를 가진다.

(2) 공무원의 의무

공무원의 의무는 다음과 같다. 즉, ① 헌법과 법률을 모범적으로 준수하여야 한다. ② 규정된 권한과 절차에 따라 성실하게 직무를 수행하고 업무효율의 제고에 노력하여야 한다. ③ 전심전력으로 국민의 위해 봉사하고 인민의 감독을 받아야 한다. ④ 국가의 안전·영예와 이익을 수호하여야 한다. ⑤ 직무에 근면 충실하고 상급의 적법한 결정과 명령에 복종하고 집행할 의무가 있다. ⑥ 국가기밀과 업무기밀을 엄수할 의무가 있다. ⑦ 기율과 직업적 도덕을 준수하고 사회 공공도덕을 모범적으로 준수하여야 한다. ⑧ 공정청렴하게 업무를 처리할 의무가 있다. ⑨ 헌법과 법률이 규정한 기타의 의무가 있다.

4. 공무원의 직위분류

직위분류라 함은 공무원이 수행하는 직무의 성질·책임정도와 업무의 난이도 등의 요소에 근거하여 공무원의 직무와 직렬을 구분하는 것을 말한다. 그 목적은 직위의 분류를 통하여 직무·직별을 구별하며 상응하는 직무상의 요구조건과 임직(任職)자격을 확정하여 공무원의 고시임용·승진·연수 등 관리에 필요한 근거를 확보하는 것이다. 국가공무원법은 공무원의 직무 및 서열에 대하여 다음과 같이 규정한다.

국가공무원은 영도직 공무원과 비영도직 공무원으로 나누어진다. 영도직 공무원이라 함은 국무원 및 지방 각급 인민정부의 구성인원 및 각급 업무부문의 정·부직 행정수장, 예를 들면 총리·부총리·성장·부성장·국장·부국장·처장·부처장·과장·부과장 등을 말한다. 비영도직 공무원이라 함은 각급 국가행정기관 중에서 직무를 담당한 직원, 예를 들면 부주임직원·주임직원·수습조연원·조연원(調研員)·수습순시원·순시원(巡視員) 등을 말한다.

직무의 이행에 있어서 국가는 영도직 공무원과 비영도직 공무원에 대하여, 부담하는 업무의 특성에 따른 직무의 이행을 요구하고 있다.

영도직 공무원의 직무이행조건은 다음과 같다. 즉, ① 마르크스주의·모택동 사상이론을 잘 이해하고 네 가지 기본원칙을 옹호하여야 한다. ② 공산당의 노선·방침·정책을 정확히 이해하고 국가의 법률·법규를 충실히 집행하며 직권을 정확히 행사한다. ③ 업무에 대한 책임감이 있고 직무를 수행하는 조직능력과 학력수준이 있어야 한다. ④ 청렴의 의무를 지며 민주적인 업무방법을 겸비하고 공산당과 군중의 비평과 감독을 받는다.

비영도직 공무원의 직무이행조건은 다음과 같다. 즉, ① 네 가지 기본원칙을 견지하고 품위를 손상하는 행위를 하여서는 아니 된다. ② 법정공무원의 경쟁시험 혹은 임용고시를 통과한다. ③ 법률의 규정에 부합되는 연령·학력·근무기간 등의 요건이 있다. ④ 직무수행에 필요한 조건을 갖추어야 한다.

Ⅶ. 행정상대인

1. 행정상대인의 개념

행정상대인은 행정관리법률관계에서 행정주체와 대응하는 일방 당사자, 즉 행정주체의 행정행위가 그 권익에 영향을 미치는 개인 및 조직이다. 다시 말하면,

(1) 행정상대인은 행정관리법률관계에서의 개인과 조직이다.

(2) 행정상대인은 행정관리법률관계에서 행정주체와 대응하는 일방의 당사자인 개인과 조직이다.

(3) 행정상대인은 행정관리법률관계에서 그 권익이 행정주체의 행정행위로 영향을 받는 개인과 조직이다.

행정상대인으로서의 개인은 주로 공민을 말한다. 행정관리의 절대 다수의 영역에서 행정주체와 법률관계가 발생되는 상대방 당사자의 대부분은 공민이다. 행정상대인으로서의 개인은 중국 공민, 외국인과 무국적자를 포함한다. 행정상대인으로서의 조직은 법인의 지위를 가지는 각종 기업조직, 사업조직 및 사회단체를 말하며 중국에서 법인자격을 취득한 외국기업과 사업조직을 포함한다. 법인 외에도 비 법인조직 역시 행정관리법률관계에서의 행정상대인이 될 수 있다. 국가기관은 상응의 행정권한을 행사할 경우 국가행정권 행사의 주체로서 행정상대인이 될 수 없다.

2. 행정상대인의 법적 지위

행정상대인의 법적 지위는 행정상대인의 행정법상의 권리와 의무의 총체적 표현이다. 행정상대인의 법적 지위는 행정법관계에서 향유하는 권리와 부담하는 의무의 차이로 인하여 일정한 차이가 있다. 예컨대, 행정관리법률관계에서는 행정주체는 관리자로서 법정의 강제, 명령, 지휘, 제재 등의 권력을 가지게 되므로

주도적 지위에 서게 된다. 이와는 달리 행정상대인은 피관리자의 지위에 서게 되고, 공무우선·유효추정 및 집행부정지의 원칙으로 인하여 행정상대인은 복종의 의무를 지게 되므로 행정상대인은 행정주체와 불평등한 지위에 놓이게 된다. 그러나 행정감독관계와 행정구제법 관계에서는 행정상대인은 감독주체와 청구인 및 원고의 지위에 서게 되고, 법률 규정의 감독권, 청구권 및 소송의 권리를 가지게 되어 행정주체와 대등한 법적 지위에 놓이게 된다. 또한 행정실체법관계에서는 행정주체는 법률 규정에 의하여 비교적 광범위한 재량권을 가지게 되지만 반대로 행정상대인은 복종의 의무를 지게 된다. 행정절차법관계에서 행정주체는 많은 절차적인 의무를 지게 되지만, 행정상대인은 많은 절차적 권리를 가지게 된다.

3. 행정상대인의 권리와 의무

(1) 행정상대인의 권리

관련 법률과 법규의 규정에 의하여 행정상대인은 행정법관계에서 다음과 같은 권리를 가진다. 즉 신청권(보조금, 구제금), 참여권(토론, 청문, 논증), 알권리(결의, 결정, 절차, 자료, 정보), 비평·건의권(건의, 의견), 고소·고발·진술·변명권, 행정심판청구권, 행정소송권, 행정배상청구권 등이다.

(2) 행정상대인의 의무

행정상대인은 관련 법률과 법규의 규정에 의하여 다음과 같은 의무를 부담한다. 즉, 행정관리에 복종할 의무(행정명령과 행정결정의 집행), 공무협조의 의무(각종 재해 발생시 시설의 제공), 공익보호의 의무, 행정감독을 받을 의무(검사, 심사, 회계감사), 진실한 정보제공의 의무, 법정절차 준수의 의무 등이다.

제 2 절 행정행위

I. 행정행위의 개념

1. 행정행위의 정의

행정행위의 정의에 대하여 학계에서는 그 견해가 일치되지 않는다. 다음과

같은 몇 가지 견해가 있다. 즉,

(1) 행정행위는 일체의 국가 관리와 관계되는 행위로서, 국가행정기관의 행위와 공무원의 행위를 포함하며, 공민·법인 및 기타 조직 등이 발생시키는 행정법관계의 발생·변경·소멸의 행위를 포함한다.

(2) 행정기관이 행하는 일체의 행위는 모두 행정행위이다.

(3) 행정행위는 행정기관의 행정관리활동을 행하는 행위의 총칭이다.

(4) 행정행위는 행정주체(주로는 행정기관)가 행정관리목표를 실현하기 위하여 행정권을 행사하고, 외부에 대하여 그 법률효과를 발생시키는 행위이다. 이 학설이 현재 중국 행정법학계의 다수설이다.

(5) 행정행위는 행정주체의 법정의 국가행정권 행사를 말하며, 구체적인 사항 또는 특정인에 대하여 직접적인 법률효과를 일으키게 하는 구체적 행위이다.

2. 행정행위의 특징

(1) 법률종속성

행정행위는 법 집행의 행위이므로 모든 행정행위는 반드시 법률의 근거가 있어야 하며, 법치행정은 민주와 법치의 기본적인 요청이다. 행정기관과 공무원은 인민의 공복이며, 인민의 의지와 이익을 구체화시킨 법률에 근거하여 업무를 처리하여야 한다.

(2) 재 량 성

입법기술의 국한성과 현대국가에 있어서 행정의 전문성과 기술성 및 다양성으로 인하여 입법기관이 입법을 할 경우, 행정주체에 대하여 광범위한 재량의 여지를 부여함으로써 행정주체가 국가행정관리를 유효히 실시하고 국가와 사회의 이익을 최대한 보호하도록 한다.

행정행위는 주로 미래에 대하여 초점이 맞추어지는 것으로 허가나 비준은 물론 금지·면제 등 그 효력은 통상 행정상대인의 미래의 권리와 의무에 관련되고, 특히 행정주체가 제정하는 행정법규·규장 및 행정규범성 문건의 공포는 미래의 사항에 대하여 예측성의 규정을 하는 것으로 재량성이 강하다.

(3) 일 방 성

행정주체가 실시하는 행정행위는 행정조직법 또는 법률이나 법규가 수권한 범위 내에서는 행정상대인과 협상이 필요하지 않을 뿐더러 행정상대인의 동의도 필요로 하지 않는다. 행정행위의 일방성은 행정주체의 직권행사 뿐만 아니라 행정상대인의 신청으로 인한 행위에도 나타난다.

⑷ 공 정 성

행정행위는 권한 있는 기관의 취소나 변경이 있기 전에는 행정주체와 행정상대인 및 기타 국가기관에 대하여 모두 구속력을 가지며, 모든 개인과 단체는 이를 준수하고 복종하여야 한다. 행정행위의 효력을 부정하려면 권한 있는 기관의 직권과 법정절차에 의한 심사·인정이 있어야 한다.

⑸ 강 제 성

행정행위는 행정주체가 국가를 대표하여 국가의 명의로 실시하는 행위이므로 국가강제력으로써 그 실시를 보장한다. 행정법의 원칙에 근거하여, 행정주체는 관리권을 행사하고 행정권력과 수단을 이용하거나 법 규정에 의하여 기타 국가기관의 강제수단을 빌어 행정행위의 내용을 실현할 수 있다.

⑹ 무보상성

행정행위는 무보상을 원칙으로 하고 보상을 예외로 한다. 행정주체가 추구하는 것은 국가와 사회공공의 이익이며, 공공이익의 보호와 분배는 당연히 무보상이 원칙이다. 즉, 행정상대인은 무보상으로 공공부담(예컨대 납세)을 분담하며, 무보상으로 공공서비스를 향유한다. 그러므로 행정주체가 공권력을 행사하고 법정의 직무를 수행하며 일반적인 공공서비스를 제공하는 것은 무보상이다.

3. 행정행위의 분류

⑴ 추상적 행정행위와 구체적 행정행위

추상적 행정행위와 구체적 행정행위는 행정법학에 있어서 행정행위에 대한 가장 기본적인 분류이다. 추상적 행정행위는 행정주체가 불특정의 대상에 대하여 보편적인 효력을 가지는 행위규범을 설정 또는 규정하는 활동이다. 구체적 행정행위는 행정주체가 특정한 대상에 대하여 구체적 법률규범을 적용하여 특정의 대상에 대하여 구속력을 발생시키는 행위이다.

⑵ 내부행정행위와 외부행정행위

행정행위가 대상으로 하는 문제가 사회상의 관리사무인지 아니면 행정주체 자신의 내부관리사무인지를 기준으로 하여 외부행정행위와 내부행정행위로 구분한다.

⑶ 직권에 의한 행정행위, 수권에 의한 행정행위 및 위탁에 의한 행정행위

직권에 의한 행정행위는 행정주체 가운데 국가행정기관이 직접 자기의 법정 고유권한에 의하여 실시하는 행정행위이다. 수권에 의한 행정행위는 행정주체 가운데 행정기관에의 조직에 속하지 않는 조직이 법률이나 법규의 수권에 의하여 실시하는 행정행위이다. 위탁에 의한 행정행위는 행정기관이 아닌 조직이 국가행정기관의 위탁을 받아 위탁의 범위 내에서 행정기관을 대행하여 실시하는 행정행위이다.

⑷ 단방행정행위와 쌍방행정행위

행정행위가 행정주체 일방의 의사에 의하여 법률효력이 형성되고 발생되는지 여부를 기준으로 단방행정행위와 쌍방행정행위로 구분된다.

⑸ 기속행정행위와 재량행정행위

행정행위가 법률의 구속을 받는 정도를 기준으로 기속행정행위와 재량행정행위로 구분된다. 기속행정행위는 구체적 법 규정의 구속을 엄격히 받으며, 행정주체는 스스로 행위를 선택할 여지가 없는 행정행위를 말한다. 재량행정행위는, 법률은 단지 원칙과 일정한 범위를 규정하고 행정주체가 그 원칙 및 범위 내에서 구체적 상황에 따라 스스로 결정하여 행할 수 있는 행정행위를 말한다.

⑹ 요식적 행정행위와 불요식 행정행위

행정행위가 법적 효력을 가지기 위하여 특정한 형식을 필요로 하는지의 여부에 따라 요식적 행정행위와 불요식 행정행위로 구분한다.

4. 행정행위의 내용

행정행위의 내용은 즉, 행정행위가 내포하고 있는 의사와 목적이다. 행정행위는 일종의 법률행위로서 그 법률 의의상의 작용은 바로 일정한 법률관계의 발생, 변경 및 소멸이며, 따라서 행정행위의 내용은 모두 권리·의무와 관계가 있다. 행정행위의 내용은 ① 권리와 의무의 설정, ② 권리와 의무의 실현, ③ 권리의 박탈·제한 및 의무의 감·면, ④ 권리와 의무의 확인 및 회복, ⑤ 법률사실의 확인 등이다.

5. 행정행위의 성립요건과 효력발생요건

행정행위의 일반 성립요건은, ① 행정주체의 존재, ② 행정상대인, 즉 공민,

법인 또는 기타 조직의 존재, ③ 관련된 구체적 사실의 법률규제, 즉 행정목적의 존재, ④ 법률에 기초한 우세한 의사표시 또는 정신작용의 존재이다. 이 중의 어느 한 요건이 결여되면 그 행위는 행정행위로 될 수 없고, 이 경우에는 행정행위의 부존재라 한다.

이미 성립 또는 존재하는 행정행위가 현실적으로 효력을 발휘하기 위해서는 다음과 같은 조건을 갖추어야 한다. ① 행정주체에 하자가 없어야 한다. 즉 행정주체는 행정행위를 할 권한이 있어야 한다. ② 행정상대인에 하자가 없어야 한다. 즉 행정상대인은 반드시 당해 행정행위를 법률효과를 접수할 적합한 자격을 갖추어야 한다. ③ 목적과 내용에 하자가 없어야 한다. 즉 구체적 사실에 대한 법적 규제는 반드시 가능하고, 확정적이며 합법적이며 합리적이어야 한다. ④ 절차와 형식의 하자가 없어야 한다. 의사형성 과정, 의사결정의 과정, 의사표시의 과정에 하자가 없어야 한다.

6. 행정행위의 효력발생 시기

행정행위의 효력발생의 시기에 대하여는, ① 행정행위를 할 때 즉시에 효력이 발생하는 것, ② 상대방에게 통지함으로써 효력이 발생하는 것, ③ 행정상대인이 수령 후 효력이 발생하는 것, ④ 조건의 성립 시 효력이 발생하는 것 등으로 구분된다.

7. 행정행위의 효력

행정행위의 효력은 행정행위 성립 후 상대방과 행정주체 등에 대하여 발생하는 법률상의 효력을 말한다.

(1) 구 속 력

행정행위는 주로 행정상대인을 대상으로 하고 그것은 행정상대인의 권리·의무를 구속하며 행정상대인은 반드시 이에 복종하여야 한다. 또한 행정행위는 효력발생 후 행정주체를 구속하고 행정주체는 반드시 행정행위의 내용에 따라 자기의 직권을 행사하여야 하며 그렇지 않으면 상응하는 법률책임을 지게 된다.

(2) 공 정 력

행정행위의 공정력은 행정행위가 비록 위법한 것이라 하더라도 권한 있는 행정기관의 취소가 있기 전에는 행정상대인 및 이해관계인은 어떠한 이유로도 그 존재를 부정할 수 없고 그 행정행위를 유효한 것으로 보아야 하는 것을 말한다.

⑶ 집 행 력

행정행위의 집행력은 행정행위가 효력을 발생한 후, 행정주체가 법규정에 의하여 일정한 수단을 채택하여 행정행위의 내용을 실현시킬 수 있는 것을 말한다. 행정상대인이 당연히 이행할 법정의 의무를 이행하지 않을 경우, 행정기관은 그 의무이행을 위한 강제조치를 취할 수 있다.

⑷ 불가쟁력

행정행위의 불가쟁력은 쟁의를 할 수 없는 효력으로서, 일단 행정행위에 대한 행정심판 또는 행정소송 제기기간을 초과하면 행정상대인은 더 이상 그 행정행위에 대하여 효력을 다툴 수 없는 것이다. 이 효력은 쟁송기한의 초과를 전제로 한 것이며 행정행위의 성립시에 발생하는 것은 아니다.

⑸ 불가변력

행정행위의 불가변력은 권한 있는 행정기관이 일단 행정행위를 하게 되면 행정기관 스스로도 이러한 행위를 번복할 수 없는 효력을 말한다.

8. 행정행위의 무효, 취소, 변경과 소멸

⑴ 행정행위의 무효

행정행위의 무효요건은 ① 행정행위가 중대하고 명백한 위법의 경우, ② 행정주체가 불명확하거나 행정주체가 직권을 명백히 초과한 행정행위, ③ 행정주체가 강제 및 협박을 받아 행한 행정행위, ④ 행정행위의 실현이 장차 범죄를 구성하는 경우, ⑤ 실현 가능성이 없는 행정행위 등이다.

⑵ 행정행위의 취소

행정행위의 취소는 쟁송취소와 직권취소로 구분된다. 하자 있는 행정행위, 특히 권리를 침해하는 행정행위는 쟁송기간의 초과 또는 명문의 규정에 불구하고 행정기관은 직권으로 취소할 수 있다. 하자 있는 수익적(授益的) 행정행위는 원칙상 취소할 수 있지만 수익자(受益者)의 보호 차원에서 취소권은 여러 가지 제한을 받는다.

⑶ 행정행위의 변경

행정행위의 변경은 이미 현실적으로 시행되고 있는 하자 있는 행정행위의 내용을 변경시켜 새로운 효력을 갖도록 하는 것이다. 행정상대인의 원인으로 하자가 성립된 행정행위는 비록 행정상대인이 이미 이익을 획득한 후에도 이를 취소하여야 하며 변경할 수는 없다.

⑷ 행정행위의 철회

행정기관이 상황의 변화에 따라, 행정행위의 성립 시 하자가 없던 행정행위에 대하여 장래에 대하여 효력을 배제시키는 것이다.

⑸ 행정행위의 소멸

협의상의 행정행위의 소멸은 행정행위의 내용과 목적이 이미 실현된 것을 말하며, 즉 행정상의 의무주체가 행정행위의 내용에 따라 일정한 작위 또는 부작위의무를 완성함으로써 행정행위는 소멸된다.

Ⅱ. 행정입법

1. 추상적 행정행위의 개념

추상적 행정행위는 국가행정기관이 불특정의 사람과 사물을 대상으로 일반적 구속력을 가지는 행위규칙을 제정하는 행위를 말한다. 이러한 행위규칙은 행정법규, 행정규장과 기타 일반적 구속력을 갖는 결정, 명령 등을 말한다. 추상적 행정행위는 일반적으로 대상의 추상성, 효력의 일반성과 지속성, 불가쟁성의 특성을 갖는다. 이러한 추상적 행정행위는 행정입법의 형식으로 표현되며, 이것이 유효하게 성립하기 위해서는 일정한 요건이 필요하다. 즉, 행정입법은 상응의 행정입법권을 가진 행정기관이 제정할 것, 행정입법은 행정수장의 서명을 거쳐서 제정되고, 공포됨으로써 성립한다.

2. 행정입법의 특징

행정입법은 행정의 성질과 입법의 성질을 가진다.

⑴ 행정입법의 행정성질

행정입법의 주체는 국가행정기관이다. 행정입법이 조정하는 대상은 주로 행정관리사무와 행정관리와 밀접한 관계가 있는 사무이다. 행정입법의 근본 목적은 권력기관이 제정한 법률의 집행이며 행정관리직능의 실현이다.

⑵ 행정입법의 입법성질

권한 있는 행정기관이 국가를 대표하여 국가의 명의로 법률규범을 제정하는 행위이다. 행정법은 법의 기본적인 특징을 가진다. 행정입법은 상응의 입법절차를 준수한다.

3. 행정입법의 주체

행정입법의 주체는 다음과 같다.

(1) 국무원, 국무원의 각부, 각 위원회, 국무원 직속기구

(2) 성, 자치구, 직할시인민정부

(3) 성, 자치구인민정부가 소재하는 시의 인민정부

(4) 국무원의 비준을 거친 대도시의 인민정부

(5) 경제특구의 인민정부

4. 행정입법의 원칙

(1) 법치원칙

행정입법은 헌법과 입법법 등 상위법의 규정에 저촉되어서는 안 된다.

(2) 민주원칙

행정기관이 법률의 규정에 의하여 행정입법을 할 경우, 각종의 방식을 통하여 각계의 의견을 수렴하여야 하고 행정입법에 민중의 광범위한 참여를 위하여 노력하여야 한다.

(3) 효율원칙

행정기관은 행정상대인의 기본적 인권 보장과 행정관리의 효율성을 고려하여, 가능한 최저한의 비용으로 최선의 행정법규범을 제정하여야 한다.

5. 기타 규범성 문건의 개념과 특징

기타 규범성 문건은 각급 행정기관이 법률의 실시 및 정책의 집행을 위하여 법정의 권한 내에서 제정하는 것으로, 행정법규와 규장 이외의 일반적 구속력을 가진 결정, 명령 및 행정조치 등을 가리킨다. 기타 규범성 문건은 제정주체의 광범위성, 효력의 다단계성과 종속성, 규범성과 보편성 등의 특징이 있다. 기타 규범성 문건은 제정의 주체, 효력의 범위, 규범의 내용, 제정의 절차 등에서 행정입법과 구별된다.

Ⅲ. 행정허가

1. 행정허가의 개념과 특징

행정허가는 행정기관이 행정상대인에 대하여 일정한 권리와 의무를 부여하거나 일정한 의무를 면제하는 행위이다. 따라서 행정허가는 성질상 행정권한, 행정확인, 행정재결 또는 행정구제행위와는 다른 개념이다(자세히는 제3절 참조).

Ⅳ. 행정처벌

1. 행정처벌의 개념

행정처벌은 법정의 처벌권한을 가진 행정주체가 행정법 규범을 위반한 공민, 법인 및 기타 조직에 대하여 행하는 일종의 행정제재이다. 행정처벌은 형사처벌이나 민사처벌에 비하여 다음과 같은 특징이 있다. 첫째, 행정처벌을 실시하는 주체는 법정의 권한을 가진 행정주체이다. 형사제재와 민사제재의 실시주체는 기본적으로 사법기관 즉 인민법원이다. 둘째, 행정처벌의 대상은 행정법규범을 위반한 공민, 법인 또는 기타조직이다. 이 때 위법행위가 위반한 규범은 행정법규범이지 민사 또는 형사법규범이 아니다. 셋째, 행정처벌은 징벌의 성질상 행정제재에 속한다.

2. 행정처벌의 종류

⑴ 행정구류

치안구류라고도 하며 공안기관이 행정법규범의 위반자에 대하여 단기간 그 인신의 자유를 제한하는 처벌이다. 치안관리처벌조례와 출입국관리법 등의 규정에 의하면 행정구류의 기간은 1일 이상 15일 이하로 한다.

⑵ 벌　　금

행정처벌의 권한이 있는 행정주체가 행정법규범의 위반자에 대하여 일정기간 내 국가에 일정액의 금전 납부를 강제하는 처벌이다. 구체적인 액수는 개별법규에서 정한다.

⑶ 몰　　수

행정처벌의 권한이 있는 행정주체가 위법행위인의 위법소득과 불법적인 재물을 국가에 귀속시키는 처벌형식이다.

⑷ 생산 · 영업정지

행정법 규범을 위반한 기업에 대하여 그 생산의 정지 또는 영업의 정지를 명하는 처벌형식이다.

⑸ 허가 및 자격증의 취소와 박탈

위법한 자에 대하여 모종 활동에 종사할 권리 혹은 자격을 제한하거나 박탈하는 처벌형식이다.

⑹ 경　　고

행정주체가 비교적 경미한 위법행위에 대하여 견책과 경고의 처벌을 행하는 형식이다.

(7) 법률 · 행정법규가 규정하는 기타의 행정처벌

노동교양, 국외추방, 공개비판 등의 형식이 있다.

3. 행정처벌의 원칙

⑴ 처벌법정 원칙

행정처벌 법정원칙은 처벌주체 및 그 직권의 법정성, 처벌 대상인 행위의 법정성, 처벌의 종류와 내용 및 절차의 법정성을 포함한다.

⑵ 공정 · 공개원칙

처벌공개의 원칙은 합리처벌의 원칙이라고도 하며, 이 원칙은 행정처벌의 공평, 공정을 요구한다. 처벌의 공평과 공정을 확보하기 위한 유효한 방법이 바로 처벌공개의 원칙이다. 공포되지 않은 것은 행정처벌의 근거로 할 수 없고 처벌절차는 반드시 공개한다.

⑶ 처벌과 교육의 결합원칙

행정처벌을 실시하고 위법행위의 교정은 반드시 처벌과 교육을 결합하여야 하며, 공민 · 법인 및 기타 조직이 스스로 법을 준수하도록 교육하여야 한다.

⑷ 상대인의 권리보장 원칙

상대인 권리보장 원칙은 상대방에 대한 진술권, 변명권을 보장함과 아울러, 구제제도의 보장이 없이는 처벌도 없다는 '무구제 무처벌'의 원칙으로 구성된다.

(5) 일사부재리의 원칙

당사자의 동일한 위법행위에 대하여, 두 차례 이상의 행정처벌을 할 수 없다는 것이다.

4. 행정처벌법상의 청문제도

중국행정처벌법 제42조 규정의 청문절차는 해당 사건의 사실을 명확히 하고 행정처벌을 공정하고 합리적으로 행하기 위한 것으로서, 생산·영업의 정지 명령, 허가증 및 자격증의 취소, 고액의 벌금 처벌의 결정에 앞서 당사자의 요구에 따라 관련된 이해관계인을 참가시켜 공개의 형식으로 청문회를 개최하여 광범위한 의견을 청취하는 제도이다.

청문절차는 다음과 같은 특징이 있다. 첫째, 청문은 행정기관이 주재하고 이해관계인이 참여하는 절차이다. 둘째, 청문은 공개로 진행한다. 다만 국가기밀, 상업비밀과 개인의 비밀은 제외한다. 셋째, 청문의 절차는 단지 행정처벌 영역의 특정한 영역에만 적용된다. 생산·영업의 정지 명령, 허가증 등의 취소, 고액의 벌금 처벌에 대하여 청문절차가 적용되고 기타의 행정처벌 사건에는 적용되지 않는다.

V. 행정강제

행정강제는 행정주체가 행정목적의 실현을 위하여 상대인의 재산, 신체 및 자유 등에 대하여 강제조치를 취하는 것이다.

1. 행정강제집행

행정강제집행은 행정법관계에서 행정상대인이 이행하여야 할 법정의 의무를 이행하지 않을 때, 행정기관 또는 인민법원이 법에 의하여 행정강제조치를 취하여 그 의무 또는 그 의무와 동일한 의무의 이행을 실현시키는 활동이다.

2. 행정강제집행의 종류

중국의 행정법학계에서는 일반적으로 집행인이 직접 행할 수 있는지 또는 다른 사람으로 하여금 법정의무자가 이행할 의무를 대행케 할 수 있는지의 여부에 따라, 행정강제집행을 직접강제와 간접강제로 구분한다.

(1) 간접강제는 대집행과 집행벌이 있다. 대집행은 행정강제집행기관 또는 제 3 자가 행정행위가 확정한 대체가능의 의무를 대신 이행하고 그 의무자에 대하여 필요한 비용을 징수하는 강제집행조치이다. 집행벌은 강제금이라도 하며, 행정강제집행기관이 부작위의무 또는 대체가 불가능한 작위의무의 이행을 거절한 의무주체에 대하여, 새로운 금전납부의 의무를 과하고, 그 이행을 강제하는 강제집행조치이다.

(2) 직접강제는 인신강제와 재산강제로 구분한다. 인신강제는 전염병환자의 강제 격리, 치안처벌관리조례 위반자에 대한 강제구류 및 강제소환 등이 있다. 재산강제의 예로서는 가격법에 의한 물가감독기관의 해당 불법소득자에 대한 저축금 인출조치, 식품위생법의 규정에 의한 부패식품의 강제소각조치 등이 있다.

3. 행정강제집행의 원칙

(1) 의법집행의 원칙

이는 집행기관이 정당한 권한을 가질 것, 집행활동의 법적 근거가 있을 것, 행정강제는 반드시 법정의 절차에 따라 이루어질 것을 요구한다.

(2) 교육과 강제의 상호결합 원칙

행정강제집행의 조치를 취하기 전에 반드시 당사자에 대하여 그 사실을 훈계함으로써, 교육을 통하여 당사자가 법정의 의무를 스스로 이행할 수 있는 기회를 갖도록 하는 것이다.

(3) 당사자 합법권익 보호 원칙

재상의 봉인, 압류 시 또는 강제이주, 위법건축물의 강제철거 등의 경우에 있어서는 반드시 피집행인 또는 성년의 가족이 현장에 출두하도록 통지하여야 한다. 또한 피집행인에 대하여 진술과 변론의 기회를 부여하여야 한다.

4. 행정상의 즉시강제

(1) 즉시강제의 개념

행정상의 즉시강제는 현재의 긴급한 상황으로 인하여 명령을 발할 여유가 없거나, 비록 여유가 있다고 하더라도 명령을 발하는 것이 행정목적을 달성하기 어렵게 하는 경우, 행정기관이 상대인의 의무불이행을 전제로 하지 않고 바로 행정상대인의 신체, 자유 및 재산에 대하여 강제조치를 행하는 것이다.

(2) 즉시강제의 종류

즉시강제의 종류는 신체 및 신체의 자유에 대한 강제, 가택 및 사무소에 대한 강제, 재산에 대한 강제가 있다. 신체 및 신체의 자유에 대한 강제로는 관세법 제 4 조의 규정에 의한 압류·강제수사, 위생검역법에 의한 강제격리, 급성전염병관리조례와 에이즈감측관리의약간규정에 의한 강제격리 및 강제치료 등이 해당된다. 재산에 대한 즉시강제로는 파괴적 소방행위 등이 해당된다.

(3) 즉시강제의 요건

즉시강제의 요건으로는 반드시 법률의 근거가 있어야 한다는 것과 즉시강제의 집행에 있어서 집행 인원은 반드시 증표를 제시하여야 한다는 것이다.

Ⅵ. 행정지도

1. 행정지도의 개념

행정지도는 국가행정기관이 그 관할 사무의 범위 내에서 특정의 사람, 기업, 사회단체 등에 대하여 행하는 비강제적 수단으로서, 상대인의 동의 또는 협조를 얻어 행정상대인이 모종의 행위를 하게 하거나 하지 않도록 하여, 일정한 행정목적을 달성하는 행위를 말한다. 행정지도는 통상 설득, 교육, 시범, 권고, 건의, 협상, 정책지도, 경비원조, 지식 및 기술제공 등 비강제적 수단과 방법이 사용된다.

2. 행정지도의 특징

행정지도는 비강제성을 가진다. 즉 상대인의 행정지도에 대한 복종은 임의적이고, 일반적으로 행정상대인은 행정지도에 대하여 복종의 의무가 없다. 행정지도는 사실행위의 성질을 가진다. 행정지도가 채택하는 지도, 권고, 건의 및 기타 법적인 강제력이 없는 수단은, 행정기관과 상대인 간에 어떠한 법적인 권리·의무관계도 발생하지 않는다. 행정지도는 능동성을 가진다. 행정지도는 행정기관이 행정상대인이 모종의 행위를 하거나 하지 않도록 지도하는 활동이므로 상대인의 의지에 대하여 행정지도는 극히 능동적이다. 행정지도관계에서 행정기관은 우월성을 가진다. 행정지도관계에서 행정기관의 우월적 지위는 당해 행정지도의 실효성을 사실상 확보하기 위한 법률상의 권한을 배경으로 한다.

3. 행정지도의 법적 구제

⑴ 행정지도의 법적 근거

행정지도에 관하여 법률적 근거가 필요한가에 대하여는, 모든 행정지도는 모두 법률상의 근거가 필요하고 법률적 근거가 없으면 어떠한 행정지도도 실시할 수 없다는 주장과, 적어도 행정지도에 있어서 상대인의 권리와 자유를 제한하는 규제성의 지도에 대하여는 법률적 근거가 필요하다는 주장이 있다. 비록 법정 외의 행정지도라 하더라도, 그 내용이 법령을 위반하지 않고 현실적으로 강제적인 부정당한 수단을 채택하지 않는 한 이를 인정하여야 할 것이다.

⑵ 행정지도의 실시조건

첫째, 행정지도는 반드시 당해 행정기관의 권한에 속하는 내용이어야 한다. 둘째, 행정지도 역시 법률 우위의 원칙에 따라야 한다. 명문의 규정 또는 법의 일반원칙에 저촉되는 행정지도는 허락되지 않는다. 셋째, 행정지도는 상대인의 자발적인 협조를 필요로 하는 것이다. 넷째, 행정지도의 요건을 법률이 규정할 경우에 행정지도의 권한은 법률의 제약을 받으므로 그 요건에 위반한 행정지도는 위법한 행정지도에 해당한다.

⑶ 행정지도에 대한 구제

위법한 행정지도를 방지하고 행정지도로 인하여 입게 되는 피해를 방지하기 위해서는 광범위한 구제의 방법을 고려하여야 한다. 행정지도로 예기치 않은 손해를 입게 될 때는 행정소송을 통한 구제 외에도 국가배상의 청구를 인정해야 한다. 그러나 행정지도에 복종할 것인가 하는 여부는 결국 상대인의 자유이므로 그가 입은 손해가 반드시 행정지도로 귀속되기는 어렵고, 손해배상의 과정에서도 인과관계의 성립을 인정하기 어려운 문제가 있다.

Ⅶ. 행정계약

1. 행정계약의 의의와 특징

행정계약은 행정주체가 행정목적을 실현하기 위하여 행정상대인과의 의사의 일치를 기반으로 체결하는 계약이다. 행정계약은 다음과 같은 특징이 있다. 첫째, 행정계약의 당사자 중의 일방은 반드시 행정주체이다. 둘째, 행정계약의 내용은 공무집행의 행위이다. 셋째, 행정계약의 조항 중에는 사법 이외의 규칙을 규정한다. 넷째, 행정계약은 특수한 법률규범의 제약을 받는다. 다섯째, 행정계약은 특정된 관할제도를 적용하며, 일반적으로는 행정법원 또는 행정법정이 관할한다.

2. 행정계약의 유형

행정계약의 예로서는, 토지유상이전계약, 도급경영계약, 전민소유제공업기업의 도급·임차계약, 식량주문계약, 공공시설건설계약, 정부구매계약, BOT 정부특허경영계약, 기타 인사초빙계약, 연구계약, 계획생육계약 등이 있다.

3. 행정계약당사자의 권리와 의무

(1) 행정기관의 권리와 의무

행정계약상 행정기관의 권리로는 계약상대방 선택의 권리, 계약의 이행에 대한 감독권, 일방적 의사에 의한 계약해제의 권리, 불이행 또는 부적당한 계약이행의 상대방에 대한 제재권 등이 있다. 행정기관의 의무는 법 규정에 의하여 계약을 체결할 것, 법 규정에 의하여 계약의 의무를 이행할 것, 계약의 규정에 의하여 계약상대방 당사자에 대하여 우대 또는 배려의 의무, 상대방 당사자에 대한 손실보상의 의무, 계약의 규정에 의하여 대가를 지급할 의무 등이다.

(2) 상대방 당사자의 권리와 의무

상대 일방의 권리로는 보수를 취득할 권리, 손실보상과 손해배상을 청구할 권리, 예측하기 어려운 원인으로 발생된 손실에 대한 보상청구권이 있다. 상대방 당사자의 의무로는 계약이 규정한 조건과 기한에 따라 성실히 계약의 내용을 이행할 의무, 행정기관의 감독을 받을 의무 및 법 규정에 의한 제재를 수인할 의무가 있다.

4. 행정계약 체결의 원칙

첫째, 반드시 법률의 근거와 명확한 법률의 수권이 있어야 한다. 둘째, 행정권한을 초월할 수 없다. 셋째, 행정의 수요에 적절하여야 한다. 넷째, 반드시 합법적이어야 한다. 다섯째, 경쟁원칙과 공개원칙을 적용한다. 여섯째, 계약은 서면주의를 원칙으로 한다.

5. 행정계약의 변경, 해제 및 구제

행정계약의 체결 후, 계약체결 당시에 근거로 된 사실에 변화가 있거나 조건에 변화가 있는 경우, 즉 가격과 비용기준의 변화, 과학기술의 변화, 법률근거의 변화 등으로 계약의 당사자가 불합리한 부담을 지게 되거나 사실상 이행이 불가능한 경우 계약의 변경 또는 해제를 인정하여야 한다.

행정계약의 체결과 이행의 과정에서 일방의 의사에 의한 계약의 해제, 위약배상, 손실보상, 위약의 상대방에 대한 제재의 실시, 이해관계인의 입찰·낙찰에 대한 이의제기 등 일련의 규분은 모두 당사자의 이익과 밀접한 관계에 있고, 공공이익의 실현 여부와도 밀접한 관계가 있다. 그러므로 유효하게 실시될 수 있는 행정계약 관련의 구제제도가 확립될 때 비로소 행정계약이 충분히 역할을 할 수 있는 것이다.

제 3 절 행정허가

I. 행정허가의 일반원칙

1. 행정허가의 의의

2004년 7월 1일 제정된 중국행정허가법은 행정허가의 설정과 실시를 규율하고 공민, 법인 및 기타 조직의 합법권익을 보호하며, 공공이익과 사회질서를 수호하고, 행정기관이 행정관리를 유효하게 실시함을 목적으로 한다. 행정허가법에서 말하는 행정허가는 행정기관이 공민, 법인 또는 기타 조직의 신청에 근거하여, 법에 따른 심사를 거쳐 특정 활동에 종사함을 허락하는 행위로 정의되며, 관련 행정기관이 기타 행정기관 또는 그가 직접 관리하는 사업장의 인사, 재무, 외사 등 사항에 대하여 행하는 허가의 경우에는 이 법이 적용되지 않는다.

행정허가의 설정과 실시는 법정 권한, 범위, 조건과 절차에 따라야 하며 행정허가의 실시는 공개, 공평, 공정의 원칙을 기본원칙으로 한다. 또한, 행정허가에 관련된 규정은 공포하여야 하고, 공포를 하지 아니한 것은 행정허가의 근거로 할 수 없다. 행정허가의 실시와 결과는 국가기밀, 상업비밀 또는 개인의 사생활에 관련되는 것 이외에는 공개하여야 한다.

공민, 법인 또는 기타 조직은 행정기관의 행정허가 실시에 대하여 진술권, 변명권을 가지며 행정심판의 신청 또는 행정소송을 제기할 권리가 있다. 그 합법권익이 행정기관의 위법한 행정허가 실시로 손해를 입은 경우에 행정상대인은 배상을 요구할 권리를 가진다.

공민, 법인 또는 기타 조직이 법에 따라 취득한 행정허가는 법률의 보호를 받으며 행정기관은 효력 있는 행정허가를 자의로 변경할 수 없다.

행정허가의 근거가 되는 법률, 법규, 규장의 개정이나 폐지 또는 행정허가의 근거가 되는 객관적인 상황에 중대한 변화가 발생한 경우에는 공공이익의 필요에 따라 효력 있는 행정허가를 철회할 수 있다. 이로써 공민, 법인 또는 기타 조직에 대하여 재산적 손실을 입힌 경우에 행정기관은 법에 따라 이를 보상하여야 한다.

2. 행정허가의 범위

행정허가법은 행정허가를 할 수 있는 대상을 설정함에 있어서, 행정허가의 대상은 경제 및 사회발전의 규율을 따라야 하고 공민·법인 또는 기타 조직의 적극성과 능동성의 발휘에 이로워야 한다고 규정하고 있다.

중국 행정허가법이 규정하고 있는 행정허가의 가능 범위는 다음과 같다. 즉, ① 국가안전, 공공안전, 경제의 거시조정, 생태환경보호 및 신체의 건강, 생명 재산 안전 등에 직접 관계되는 활동으로 법정조건에 따라 허가가 요구되는 사항, ② 자연자원의 개발이용, 공공자원의 배치 및 공공이익에 직접 관계되는 특정 업종의 시장진입 등, 특정한 권리의 부여가 요구되는 사항, ③ 공공서비스의 제공 및 공공이익에 직접 관계되는 직업, 업종으로 특별한 신용이나 명예, 특수조건 또는 특수기능 등 자격이나 자질이 요구되는 사항, ④ 공공안전, 신체의 건강, 생명 재산의 안전에 직접 관계되는 중요설비, 시설, 생산품, 물품으로서 기술표준이나 기술규범에 따라 검험, 검측, 검역 등의 방식을 통하여 심사 결정을 요하는 사항, ⑤ 기업 또는 기타 조직의 설립 등 주체자격의 확정을 필요로 하는 사항, ⑥ 법률, 행정법규가 행정허가를 설정할 수 있다고 규정한 기타 사항이다.

행정허가법은 다음과 같은 사항에 대하여 행정허가의 대상으로 하지 않을 수 있다고 규정한다. 즉, ① 공민 법인 또는 기타 조직이 자주적으로 결정할 수 있는 경우, ② 시장경쟁 시스템이 유효하게 조절할 수 있는 경우, ③ 업계조직 또는 중개기구가 자율적으로 관리할 수 있는 경우, ④ 행정기관이 사후감독 등 기타 행정관리방식을 통하여 충분히 해결할 수 있는 경우이다.

이 외에도 필요한 경우에 국무원은 결정의 형식으로 행정허가의 대상을 정할 수 있다. 결정의 형식으로 허가 사항을 정한 후, 임시적인 행정허가사항을 제외하고 국무원은 즉시 전국인민대표대회 및 그 상무위원회에 법률의 제정을 제청하거나 스스로 행정법규를 제정하여야 한다. 또한 법률이나 행정법규가 제정되지 아니한 경우에는 지방성법규로 행정허가를 설정할 수 있다. 법률, 행정법규, 지방성법규가 제정되지 아니하고 행정관리의 필요에 따라 행정허가의 신속한 실시가 요구되는 경우에는 성, 자치구, 직할시 인민정부의 규장으로써 임시적인 행정허가를 설정할 수 있다. 임시적인 행정허가의 실시가 만 1년을 경과하고 계속적인 실시가 필요한 경우에는 본급 인민대표대회 및 그 상무위원회에 지방성법규의 제정을 제청하여야 한다. 다만 지방성법규와 성, 자치구, 직할시 인민정부가 제정한 규장은 국가가 통일적으로 확정하는 공민, 법인 또는 기타 조직의 자격, 자질에 관한 행정허가를 정할 수 없다.

3. 행정허가의 실시기관

행정허가는 행정허가권을 가진 행정기관이 그 법정직권 범위 내에서 실시하여야 하며 법률, 법규가 수권한 공공사무 관리의 직능을 가진 조직은 법정 수권범위 내에서 자기의 명의로 행정허가를 실시한다. 피 수권 조직은 본 법의 행정기관에 관련된 규정을 적용한다.

행정기관은 그 법정직권의 범위 내에서 법률, 법규, 규장의 규정에 의하여 기타 행정기관에 행정허가의 실시를 위탁할 수 있다. 위탁기관은 위탁을 받는 행정기관과 행정허가를 실시하는 내용을 공고하여야 한다. 위탁행정기관은 위탁을 받은 행정기관이 실시하는 행정허가행위에 대하여 감독책임을 지며, 당해 행위의 결과에 대하여 법적인 책임을 진다. 위탁을 받은 행정기관은 수탁한 범위 내에서 위탁한 행정기관의 명의로 행정허가를 실시한다. 기타 조직 또는 개인에게 행정허가의 실시를 재 위탁할 수 없다.

행정허가가 행정기관 내부에 설치된 여러 기구에 의하여 처리될 것이 필요한 경우, 당해 행정기관은 하나의 행정기구가 행정허가의 신청을 통일적으로 수리하도록 확정하여야 하고, 행정허가의 결정을 통괄하여 송달하여야 한다. 또 행정허가가 법에 의하여 지방인민정부의 둘 이상의 부문이 각기 실시하도록 된 경우, 본급 인민정부는 한 개 부문으로 하여금 통일적으로 처리토록 하거나, 관련 부문이 협력하여 처리하게 하거나 집중 처리케 할 수 있다.

4. 행정허가의 절차

(1) 허가의 신청과 수리

공민·법인 또는 기타 조직이 특정한 활동에 종사함에 있어 법에 따른 행정허가의 취득이 필요한 경우에는 행정기관에 신청을 하여야 한다. 신청서가 격식을 필요로 하는 경우 행정기관은 신청인에게 행정허가신청서 서식을 제공하여야 한다. 행정허가의 신청은 우편, 전보, 전신, 모사전송, 전자디지털 및 전자메일 등의 방식을 통하여 제출할 수 있다.

행정기관은 법률, 법규, 규장이 규정한 관련 행정허가의 사항, 근거, 조건, 수량, 절차, 기한 및 제출을 요하는 모든 자료의 목록과 신청서의 견본을 사무장소에 공시하여야 한다. 신청인이 행정기관에 공시의 내용에 대하여 설명이나 해석을 요구하는 경우, 행정기관은 설명이나 해석을 하여야 하고, 정확하고 믿을 수 있는 정보를 제공하여야 한다.

신청인은 그 신청 자료의 실질 내용의 진실성에 대한 책임을 진다. 행정기관은 신청인에 대하여 그 신청하는 허가사항과 관계없는 기술적인 자료나 기타 자료의 제출을 요구할 수 없다. 행정기관은 신청인이 제출한 행정허가신청에 대하여 다음과 같은 상황에 근거하여 각기 처리한다. ① 신청사항이 법에 의하여 행정허가의 취득을 필요로 하지 않는 경우, 즉시 신청인에게 불수리를 고지하여야 한다. ② 신청사항이 법에 의하여 본 행정기관의 직권범위에 속하지 않는 경우에는 즉시 불수리의 결정을 하여야 하고, 신청인이 관련 행정기관에 신청하도록 고지하여야 한다. ③ 신청 자료상 현장에서 시정할 수 있는 착오가 존재하는 경우에는 신청인이 현장에서 시정할 수 있도록 하여야 한다. ④ 신청한 자료가 불완전하거나 법정형식에 부합하지 않는 경우에는 목시 또는 5일 이내에 당사자에 대하여 보충이 필요한 내용 전부를 일시에 고지하고, 기간을 넘겨 고지하지 않는 경우 신청 자료를 받은 날에 수리한 것으로 본다. ⑤ 신청사항이 본 행정기관의 직권범위에 속하고 신청 자료가 완비되고 법정형식에 부합하는 경우, 또는 신청인이 본 행정기관의 요구에 따라 신청 자료를 모두 보정한 경우에는 행정허가의 신청을 수리하여야 한다.

행정기관의 행정허가의 수리 또는 불수리는 본 행정기관 전용인장의 날인과 날짜를 기재한 서면증서를 발행하여야 한다.

(2) 허가의 심사와 결정

신청인이 제출한 신청 자료가 완비되고 법정형식에 부합하여 행정기관이 현장에서 결정을 할 수 있는 경우에는 현장에서 서면의 행정허가결정을 하여야 하며, 법정 조건과 절차에 근거하여 신청 자료의 실질적인 내용에 대한 심사가 요구되는 경우 행정기관은 2인 이상의 인원을 파견하여 심사를 행하여야 한다.

법에 의하여 하급행정기관의 심사를 거친 후 상급행정기관의 결정을 요하는 행정허가의 경우에, 하급행정기관은 법정기한 내에 기초적인 심사를 하여 그 의견과 모든 신청 자료를 직접 상급행정기관에 송부하여야 한다. 상급행정기관은 신청인에게 신청 자료를 중복하여 제출하도록 요구할 수 없다.

행정기관이 행정허가의 신청에 대하여 심사를 하면서 행정허가사항이 타인의 중대이익에 직접 관계됨을 발견한 경우에는 당해 이해관계인에게 고지하여야 한다. 신청인, 이해관계인은 진술과 변명의 권리를 가진다. 행정기관은 신청인, 이해관계인의 의견을 청취하여야 한다.

행정기관은 행정허가의 신청에 대하여 심사를 진행한 후, 현장에서 행정허가결정을 하는 경우를 제외하고는, 법정기간 내 규정된 절차에 따라 행정허가결정을 하여야 한다. 행정기관이 행정허가를 하지 않는 서면결정을 하는 경우에는 이유를 설명하고, 신청인이 법에 따라 행정심판의 신청 또는 행정소송을 제기할 권리가 있음을 고지하여야 한다. 행정기관이 행한 행정허가결정은 공개하여야 하고, 일반인은 열람할 권리가 있다.

(3) 허가 기간

즉시 행정허가를 결정하는 경우 외에, 행정기관은 행정허가신청을 수리한 날로부터 20일 이내에 행정허가결정을 하여야 한다. 20일 이내에 결정을 할 수 없는 경우에는 본 행정기관 책임자의 비준을 거쳐 10일 간 연장할 수 있고, 기한을 연장하는 이유를 신청인에게 고지하여야 한다. 단, 법률, 법규가 별도로 규정한 경우에는 그 규정에 의한다.

행정허가가 각 부문 사이에서 통일적으로 처리될 필요가 있거나 연합처리 또는 집중처리의 형식을 취하는 경우에, 처리기간은 45일을 초과할 수 없다. 45일 이내에 완결할 수 없는 경우에는 본급 인민정부 책임자의 비준을 거쳐 15일간 연장할 수 있고, 기한을 연장하는 이유를 신청인에게 고지하여야 한다.

법에 의하여, 하급행정기관의 심사를 거친 후 상급행정기간의 결정을 요하는 행정허가의 경우, 하급행정기관은 행정허가신청을 수리한 날로부터 20일 이내에 심사를 완료하여야 한다. 다만 법률이나 행정법규가 별도로 규정한 경우에는 그 규정에 의한다.

행정기관이 행정허가를 허가하기로 결정한 경우에는 결정을 한 날로부터 10일 이내에 신청인에게 허가증을 발급 송달하여야 하거나, 또는 검사표지의 부착, 검험, 검측, 검역의 인장을 날인하여야 한다. 행정기관이 행하는 행정허가결정이 청문, 입찰, 경매, 검험, 검측, 검역, 감정 및 전문가의 평가가 요구되는 경우에는, 이에 소요되는 기간은 산입하지 않는다.

(4) 청문절차

법률, 법규, 규장이 행정허가를 실시함에 있어 청문을 실시하도록 규정한 경우, 또는 행정기관이 공공이익에 관련된 중대한 행정허가사항으로서 청문이 필요하다고 인정하는 경우에, 행정기관은 사회 일반에 공고하고 청문을 실시하여야 한다. 행정허가가 신청인과 타인 간의 중대이익에 직접 관계되는 경우 행정기관은 행정허가를 결정하기 전에 신청인과 이해관계인이 청문을 요구할 권리가 있음을 고지하여야 한다. 신청인이나 이해관계인이 청문의 권리를 고지받은 날로부터 5일 이내에 청문의 신청을 제출하는 경우 행정기관은 20일 이내에 청문을 실시하여야 한다.

행정허가법이 정한 청문절차는 다음과 같다. 즉, ① 행정기관은 청문을 실시하기 7일 전에 청문을 행하는 시간, 장소를 신청인, 이해관계인에게 고지하여야 하고, 필요시 공고한다. ② 청문은 공개적으로 거행하여야 한다. ③ 행정기관은 당해 행정허가신청을 심사하는 업무인원 이외의 인원을 청문주재자로 지정하여야 하고 신청인, 이해관계인은 주재자가 당해 행정허가사항과 직접 이해관계가 있다고 인정되는 경우에 회피를 신청할 권리가 있다. ④ 청문의 실행 시 당해 행정허가의 신청을 심사하는 업무인원은 심사의견의 증거, 이유를 제공하여야 하고, 신청인 및 이해관계인은 증거를 제출할 수 있으며 변명과 증거에 대해 질의할 수 있다. ⑤ 청문은 청문조서를 작성하여야 하며, 청문조서는 청문참가인이 착오가 없음을 확인한 후 서명 또는 날인하여야 한다. ⑥ 행정기관은 청문조서에 근거하여 행정허가의 결정을 하여야 한다.

(5) 허가의 변경과 연장

피 허가인이 행정허가사항의 변경을 요구하는 경우에는 행정허가결정을 한 행정기관에 신청하여야 한다. 법정조건이나 표준에 부합하면 행정기관은 법에 따라 변경수속을 처리하여야 한다. 법에 따라 취득한 행정허가 유효기간의 연장이 필요한 경우 당해 행정허가 유효기간 만기 30일 전에 행정허가를 결정한 행정기관에 신청하여야 한다. 단, 법률, 법규, 규장이 별도로 규정하는 경우에는 그 규정에 의한다.

행정기관은 피허가인의 신청에 근거하여 당해 행정허가의 유효기간 만료 전에 연장 여부의 결정을 하여야 한다. 기간을 넘겨 결정하지 않는 경우에는 연장을 허락한 것으로 본다.

(6) 허가에 관한 특별 규정

국무원이 실시하는 행정허가절차는 관련법률, 행정법규의 규정을 적용한다. 행정기관이 입찰, 경매 등 방식을 통하여 행하는 행정허가결정의 구체적인 절차는 관련 법률, 행정법규의 규정에 의한다.

행정허가법 제12조 제 3 항에서 열거한 사항의 행정허가와 공민에게 특정자격을 부여하는 경우 또는 법에 의거하여 국가고시를 실시하여야 하는 경우에 행정기관은 고시성적과 기타 법정조건에 근거하여 행정허가의 결정을 한다. 법인 또는 기타 조직에 특정의 자격, 자질을 부여하는 경우에는 행정기관은 신청인의 전문 인력의 구성, 기술조건, 경영업적과 관리수준 등을 고려한 후 행정허가의 결정을 한다. 단 법률, 행정법규가 별도로 규정하는 경우에는 그 규정에 의한다. 공민의 특정자격에 대한 고시는 법에 따라 행정기관 또는 업체조직이 실시하고, 공개로 시행한다.

행정기관이 검험, 검측, 검역의 결과에 따라 행정허가결정을 하는 경우, 행정기관이 실시하는 검험, 검측, 검역은 신청의 수리일로부터 5일 이내에 2명 이상의 업무인원을 파견하여 기술표준이나 기술규범에 따라 검험, 검측, 검역을 실시하여야 한다. 검험, 검측, 검역의 결과에 대하여 더 이상의 기술적 분석이 불필요하고 설비, 시설, 생산품, 물품의 기술표분이나 기술규범의 부합 여부를 즉시에 인정할 수 있는 경우에는 현장에서 행정허가결정을 하여야 한다.

수량이 제한되는 행정허가는 둘 또는 둘 이상 신청인의 신청이 모두 법정조건이나 표준에 부합하는 경우 행정기관은 행정허가신청을 수리한 선 후 순서에 따라 행정허가의 결정을 한다. 단, 법률이나 행정법규가 별도로 규정하는 경우에는 그에 따른다.

5. 허가에 대한 감독

상급 행정기관은 하급 행정기관이 행하는 행정허가에 대하여 감독을 강화하여야 하고, 행정허가를 실시하는 과정에서 위법행위를 즉시에 시정토록 하여야 한다. 행정기관은 적절한 감독 제도를 수립하여야 하고, 피 허가인의 행정허가사항과 관련한 활동에 대한 감독책임을 진다.

행정기관은 피허가인이 생산 경영하는 상품에 대하여 표본검사, 검험, 검측을 할 수 있고, 그 생산 또는 경영 장소에 대하여 법에 따른 현지검사를 행할 수 있다. 검사를 실시할 경우 행정기관은 법에 따라 피허가인에 대하여 관련 자료의 열람 또는 제출을 요구할 수 있다.

행정기관은 법률, 행정법규의 규정에 근거하여 공공안전, 신체의 건강, 생명재산의 안전에 직접 관계되는 중요한 설비나 시설에 대하여 정기적인 검험을 실시한다. 검험에 합격하는 경우 행정기관은 상응하는 증명문건을 발급하여야 한다. 행정기관이 실시하는 감독·검사는 피허가인의 정상적인 생산 경영활동을 방해할 수 없고, 피허가인의 재물을 독촉하거나 접수할 수 없으며, 기타 이익을 도모할 수 없다.

행정기관은 감독이나 검사를 실시하는 과정에서 공공안전, 신체건강, 생명재산의 안전에 직접 관계되는 중요한 설비 또는 시설에 안전상 문제가 있음을 발견한 경우에는 건조·설치 또는 사용의 정지를 명하여야 하고, 설계·건조·설치 및 사용 사업단위에 대하여 즉시 시정을 명령하여야 한다.

아래 상황에 해당하는 경우 허가의 결정을 행한 행정기관 또는 그 상급행정기관은 이해관계인의 청구 또는 직권에 따라 행정허가를 취소할 수 있다. 즉, ① 행정기관 인원의 직권남용, 직무소홀로 행정허가의 결정을 한 경우, ② 법정직권을 초월하여 행정허가결정을 한 경우, ③ 법정절차를 위반하여 행정허가결정을 한 경우, ④ 신청자격을 갖추지 못하였거나 법정조건에 부합하지 않는 신청인에게 행정허가를 한 경우, ⑤ 법에 따라 행정허가를 취소할 수 있는 상황에 해당하면 행정허가를 취소할 수 있다. 또한 상대방이 기만, 증뢰 등 부정당한 수단으로 행정허가를 취득한 경우에는 그 허가를 취소하여야 한다. 단, 행정허가의 취소가 공공이익에 중대한 손해를 초래할 가능성이 있는 경우 취소하지 아니한다.

행정허가의 취소로 인하여 피허가인의 합법권익에 손해를 입힌 경우, 행정기관은 법에 따른 배상을 하여야 한다. 행정허가법 제69조 제2항의 규정에 의한 행정허가 취소의 경우, 피허가인이 행정허가에 기하여 취득한 이익은 보호를 받지 못한다.

다음의 경우에 해당하면 행정기관은 행정허가의 말소수속을 하여야 한다. 즉, ① 행정허가의 유효기간이 만료된 후 연장하지 않은 경우, ② 공민에게 특정 자격을 부여한 행정허가의 경우, 당해 공민이 사망 또는 행위능력을 상실한 경우, ③ 법인 또는 기타 조직이 법에 의해 소멸된 경우, ④ 행정허가가 법에 따라 취소, 철회되거나 행정허가증을 법에 의해 회수한 경우, ⑤ 불가항력으로 행정허가와 관련된 사항을 시행할 수 없는 경우, ⑥ 법률, 법규가 행정허가를 말소하도록 규정한 기타 경우가 해당된다.

6. 허가에 관한 법적 책임

행정기관 및 그 인원이 행정허가법의 규정을 위반하여 다음과 같은 상황에 해당하는 경우에는 그 상급기관 또는 감찰기관이 시정을 명한다. 사안이 심각한 경우 직접 책임 있는 담당 인원과 기타 직접 책임자에 대하여 행정처분을 한다. 즉, ① 법정조건에 부합하는 행정허가신청을 수리하지 않는 경우, ② 법에 따라 당연히 공시하여야 하는 자료를 사무 장소에 공시하지 않은 경우, ③ 행정허가의 수리, 심사, 결정과정에서 신청인이나 이해관계인에게 법정 고지의무를 이행하지 않은 경우, ④ 신청인이 제출한 신청 자료가 불비하거나 법정형식에 부합하지 않는 경우 신청인에게 반드시 보정하여야 하는 모든 내용을 한꺼번에 고지하지 아니한 경우, ⑤ 법에 따른 행정허가를 수리하지 않는 이유 또는 행정허가를 하지 않는 이유를 설명하지 않은 경우, ⑥ 법에 따라 당연히 거행하여야 할 청문을 거행하지 않은 경우가 해당된다.

행정기관 업무인원이 행정허가, 감독 검사를 실시하면서 타인의 재물을 독촉 또는 접수하였거나 기타 이익을 도모한 경우, 범죄가 성립되면 법에 따라 형사책임을 추궁하고, 범죄가 성립되지 않는 경우에는 법에 의거하여 행정처분을 한다. 또 행정기관이 행정허가를 실시함에 있어서 다음의 경우에 해당하면, 상급 행정기관 또는 감찰기관이 시정을 명하고, 직접 책임 있는 담당자와 기타 직접 책임자에 대하여 행정처분을 한다. 범죄가 성립되면 법에 따라 형사책임을 추궁한다. 즉, ① 법정조건에 부합하지 않는 신청인에 대하여 행정허가를 하였거나 법정직권을 초월하여 행정허가의 결정을 한 경우, ② 법정조건에 부합하는 신청인에 대하여 행정허가를 하지 않거나 법정기한 내에 행정허가의 결정을 하지 않는 경우, ③ 법에 따라 입찰, 경매결과 또는 고시성적에 근거하여 우월한 자를 선택하여 행정허가결정을 하여야 하는 경우에 입찰, 경매 또는 고시를 거치지 아니하거나 입찰, 경매결과 또는 고시성적에 근거하여 우월한 자를 선택하지 아니하고 행정허가결정을 한 경우가 해당된다. 행정기관이 행정허가를 위법하게 실시하여 당사인의 합법권익에 손해를 가한 경우에는 국가배상법의 규정에 따라 배상하여야 한다.

허가신청인이 관련 상황을 속이거나 허위의 자료를 제출하여 행정허가를 신청한 경우 행정기관은 수리하지 않거나 행정허가를 하지 아니하며 경고를 한다. 허가신청이 공공안전, 신체의 건강, 생명 재산의 안전에 직접 관련된 경우, 신청인은 1년 이내에 당해 행정허가를 재차 신청할 수 없다. 기만, 증뢰 등 부정당한 수단으로 행정허가를 취득한 경우에 행정기관은 법에 따라 행정처벌을 하여야 한다. 이 때 취득한 행정허가가 공공안전, 신체건강, 생명 재산의 안전과 직접 관련된 경우에, 신청인은 3년 이내에 당해 행정허가를 재차 신청할 수 없다. 범죄가 성립되면 법에 따라 형사책임을 추궁한다.

허가를 받는 자가 아래의 행위를 한 경우에 행정기관은 행정처벌을 한다. 범죄가 성립되면 법에 따라 형사책임을 추궁한다. 즉, ① 행정허가증을 수정, 전매, 임대, 대출하거나 기타의 형식으로 행정허가를 불법 양도하는 경우, ② 행정허가범위를 초월하여 활동을 하는 경우, ③ 감독 검사의 책임이 있는 행정기관에 대하여 관련사항을 기만하거나 허위의 자료를 제공 또는 그 활동 상황을 반영한 실제 자료의 제공을 거절하는 경우, ④ 법률, 법규, 규장이 규정한 기타 위법행위가 해당한다.

제 4 절 행정심판

I. 행정심판의 의의와 특징

1. 행정심판의 의의

행정심판(중국에서는 行政復議라 한다)은 행정상대인이 행정주체의 구체적 행정행위가 그 합법권익을 침해하였다고 인정하여, 행정심판기관에 당해 구체행정행위의 재심을 신청하고, 행정심판기관이 법정의 절차에 의하여 그 구체적 행정행위에 대하여 합법·타당성의 심사를 하고 행정심판결정을 하는 법 제도이다. 행정심판은 행정상대인이 행정구제권을 행사하는 중요한 법제도로서 다음과 같이 해석할 수 있다. 첫째, 행정심판의 목적은 행정주체가 행한 위법·부당한 구체적 행정행위를 시정함으로써 행정상대인의 합법권익을 보호하는 것이다. 둘째, 행정심판은 일종의 신청에 의한 행위로서, 즉 행정심판은 행정상대인의 신청에 근거하여 신청의 대상인 행정행위가 합법·타당한지의 여부를 기초로 판단을 내리는 일종의 사법행위이다. 셋째, 행정심판의 대상은 구체적 행정행위이다.

2. 행정심판의 성질

행정심판은 다음과 같이 세 가지 측면에서 인식할 수 있다.

(1) 행정심판은 일정 한도 내에서 사법적 성질을 갖는 행정행위이다. 행정심판의 사법성은 심판기관이 법원의 심리방식을 빌어 행정심판을 하는, 즉 행정심판기관이 제 3 자로서 행정기관과 행정상대인 간의 행정분쟁에 대하여 심사하고 재결을 하는 데에서 나타난다.

(2) 행정심판은 행정기관 내부 감독과 착오를 시정하는 장치이다. 그러나 이러한 행정감독의 법률절차는 행정상대인의 신청으로 인하여 시작되는 것이기 때문에, 행정기관이 능동적으로 행하는 행정감찰 등과 같은 행정감독제도와는 차이가 있다.

(3) 행정심판은 국가행정구제제도의 중요한 부분이다. 행정기관 스스로의 착오시정은 행정상대인의 입장에서 보면 일종의 구제이다. 그러므로 행정심판이 행정구제의 기제에 속하는 것은 의심의 여지가 없다.

3. 행정심판의 특징

행정심판이 처리하는 쟁의는 행정쟁의로서 여기서 말하는 행정쟁의는 주로 행정주체의 행정관리과정에서 구체적 행정행위의 실시로 인하여 행정상대방과 발생하는 쟁의를 말하며, 이러한 쟁의의 핵심은 당해 구체적 행정행위의 합법·타당이다. 또한 행정심판은 구체적 행정행위를 대상으로 하고 일정한 경우에는 추상적 행정행위에 대하여 부수적으로 심사한다. 행정심판은 주로 서면의 방식을 채택하며 필요시에는 청문의 형식을 채택하여 심리하는데, 이러한 점에서 사법심사제도와 다르다.

Ⅱ. 행정심판의 기본원칙

행정심판법(중국의 行政復議法을 말한다) 제4조는 "행정심판기관은 행정심판의 직무를 이행하고 합법, 공정, 공개, 적시 및 공민에게 편리를 제공하는 원칙을 준수하여야 한다"고 규정하여 행정심판에 대한 기본원칙을 규정하였다. 다음과 같이 상술한다.

1. 합법원칙

합법원칙은 모든 행정권 행사에 있어서 마땅히 지켜야 할 기본 원칙이며, 법치행정의 기본 요구이고, 행정심판권의 행사에도 당연히 요구된다. 행정심판이 활동중에 있어서 합법원칙의 준수는 심판기관이 심판사건을 처리할 경우 반드시 사실에 기초하여 법률을 근거로 하여야 한다는 것이다. 합법원칙은 다툼이 있는 구체적 행정행위의 법률·법규 의거 여부, 직권의 일탈 여부, 직권 남용 또는 법정절차의 위반 여부를 심사한다.

2. 공정원칙

공정은 모든 사법활동의 본질적 요구이며, 행정심판은 일종의 사법행위로서, 심판기관이 해결하는 행정쟁의는 마땅히 피신청인으로서의 행정기관과 신청인으로서의 공민, 법인 및 기타 조직이 동등하다는 전제 하에 어느 일방으로 치우칠 수 없다. 공정성은 행정심판제도의 생명력과 같다. 행정심판의 공정성은 각 당사자에 대한 절차상의 평등대우뿐만 아니라 행정심판기관의 심판결정에 있어서도 요청되는바, 이는 일반적으로 행정기관이 재량의 범위 내에서 행하는 행정행위는 모두 합법이지만 경우에 따라서는 반드시 공정·합리적이라고 할 수는 없기 때문에 심판기관은 마땅히 다툼이 있는 행정행위의 합리·적정 여부를 심사하여 공정한 결정을 하여야 한다는 것이다.

3. 공개원칙

공개원칙은 중요한 절차원칙이며 민주행정의 본질적 요구이다. 이는 행정기관이 상대방의 이익과 관련되는 행정행위를 할 경우 일정한 절차를 통하여 상대방이 참여하고 이해할 수 있도록 하는 것이다. 행정심판에서 공개원칙은 행정심판결정의 공개뿐만 아니라 행정과정의 공개 및 당사자의 참여를 요구한다.

4. 적시원칙

적시(適時)원칙은 행정효율원칙의 구체적 요구이며, 권리구제의 수단으로서 행정심판은 일정한 사법성을 가지므로 그 심판은 공정할 것이 요구된다. 그러나 행정행위의 일종으로서의 행정심판은 행정행위의 특성이 요구하는 행정효율의 요구에 부합하여야 하는 것이다. 많은 경우에 있어서 행정심판은 종국적 결정이 아니고 행정상대인이 사법구제를 신청할 수 있기 때문에 행정심판절차를 설정할 경우 행정효율을 고려하여야 하고, 행정심판 사건을 처리함에도 행정효율의 고려가 필요하며 법률과 법규가 규정한 시한 내에 결정을 하여야 하는 것이다.

5. 공민에게 편리를 제공하는 원칙

이 원칙은 행정심판기관이 행정상대인의 참가를 위하여 행정심판활동을 함에 있어서 심판기관이 신청인의 권리행사를 위하여 편리를 제공하여야 한다는 것이다. 행정심판은 공민의 권리구제 제도이고 이러한 제도가 일반화되기 위한 관건은 공민에게 편리한 것인가 또는 시간·노력·비용의 절감이 가능한가 하는 것이다. 그렇지 않으면 이러한 구제의 방법을 기피하게 될 것이며 제도의 본질적 의의를 상실하게 된다.

Ⅲ. 행정심판의 참가자

1. 신 청 인

행정심판의 신청인은 자기의 합법권익이 구체적 행정행위로 인하여 침해되었다고 인정하여 법에 의하여 자기의 명의로 심판을 신청한 공민, 법인 또는 기타의 조직이다. 행정심판의 신청인은 반드시 행정관리의 상대 일방인 공민, 법인 또는 기타의 조직이어야 하며, 반드시 구체적 행정행위가 자기의 합법권익을 침해하였다고 인정한 공민, 법인 또는 기타 조직이어야 한다. 그러나 일정한 경우에는 신청인이 구체적 행정행위의 대상이 아닌 경우도 있다. 이러한 상황으로는, ① 행정심판을 청구할 권한 있는 공민이 사망한 경우에는 그 근·친속이 행정심판을 청구할 수 있다. 행정심판을 청구할 권한이 있는 공민이 행위무능력자 또는 행위능력이 제한된 자일 경우 그 법정대리인이 행정심판의 신청을 대신할 수 있다. ② 행정심판을 청구할 권한이 있는 법인 또는 기타 조직이 소멸된 경우에는 그 권리를 승계한 법인 또는 기타 조직이 행정심판을 청구할 수 있다.

2. 피신청인

행정심판법의 규정에 의하면 피신청인의 요건은 다음과 같다.

(1) 공민, 법인 또는 기타 조직이 행정기관의 구체적 행정행위에 불복하여 행정심판을 청구하는 경우에는 구체적 행정행위를 한 행정기관이 피신청인이다.

(2) 둘 이상의 행정기관이 공동의 명의로 구체적 행정행위를 한 경우에는 공동으로 구체적 행정행위를 한 행정기관이 공동으로 피신청인이 된다.

(3) 법률·법규가 수권한 조직이 한 구체적 행정행위는 당해 조직이 피신청인이다.

(4) 현급 이상의 지방인민정부가 설립한 파출기구의 구체적 행정행위에 불복하는 경우에는 당해 파출기관이 피신청인이 된다.

(5) 정부 업무부문이 설립한 파출기구가 법률, 법규 또는 규장의 규정에 의하여 자신의 명의로 한 구체적 행위에 불복하는 경우에는 당해 파출기구가 피신청인이다.

(6) 구체적 행정행위를 한 행정기관이 철폐된 경우에는 그 직권을 계속하여

행사하는 행정기관이 피신청인이다.

3. 제 3 자

제 3 자는 심판을 신청한 구체적 행정행위와 이해관계가 있는 자로서, 심판기관의 비준을 거쳐 심판에 참가한 공민, 법인 또는 기타 조직이다. 공민, 법인 또는 기타 조직이 제 3 자로서 심판에 참가하기 위해서는 다음의 조건을 갖추어야 한다. 첫째, 반드시 심판을 청구한 구체적 행정행위와 이해관계가 있어야 한다. 둘째, 반드시 행정심판의 과정에서 심판기관의 비준을 거쳐 심판활동에 참가한다.

Ⅳ. 행정심판의 범위

행정심판의 범위는 행정기관이 행정심판의 사건을 수리하는 범위를 말한다. 또한 행정상대인이 행정심판을 통하여 획득하는 구제의 범위를 말한다. 중국행정심판법의 규정에 의하면 행정심판의 범위는 다음과 같다.

1. 구체적 행정행위

⑴ 행정기관의 경고, 벌금, 위법소득 몰수, 불법재물 몰수, 조업정지 명령, 허가증 압류 혹은 취소, 면허증 압류 혹은 취소, 행정구류 등 행정처벌 결정에 불복하는 것

⑵ 행정기관의 인신자유의 제한 혹은 압류, 압수, 재산동결 등 행정강제조치에 불복하는 것

⑶ 행정기관의 허가증, 면허증, 자격증 등 증서의 변경, 중지, 취소의 결정에 불복하는 것

⑷ 행정기관의 토지, 지하자원, 수류(水流), 삼림, 산령(山嶺), 초원, 황무지(荒地), 모래사장, 해역 등 자연자원의 소유권확인 또는 그 사용권의 결정에 불복하는 것

⑸ 행정기관이 합법적 경영자주권을 침해한 것으로 인정한 때

⑹ 행정기관이 농촌도급계약을 변경 혹은 폐지하여 그 합법권익이 침해한 것으로 인정할 때

(7) 행정기관의 위법한 자금모집, 재물징수, 비용할당 또는 기타 위법한 의무이행을 요구한 때

(8) 법정조건에 부합하는 허가증, 면허증, 자격증 등 증서를 신청하거나 행정기관에 심사 비준, 등기 관련의 신청을 하였으나 행정기관의 처리가 없는 경우

(9) 행정기관에 인신보호의 권리, 재산의 권리, 교육을 받을 권리의 법정 직무에 대한 이행을 신청하였으나 행정기관의 이행이 없는 경우

(10) 행정기관에 무휼금의 지급신청, 사회보험금 혹은 최저생활비 신청을 하였으나 행정기관의 지급이 없는 경우

(11) 행정기관의 기타 구체행정행위가 그 합법권익을 침해한 것으로 여길 때

2. 추상적 행정행위

행정심판법 제7조는 공민, 법인 또는 기타 조직은 행정기관의 구체적 행정행위가 근거로 하고 있는 아래의 규정이 합법적이지 않다고 인정하는 때는, 그 구체적 행정행위에 대한 행정심판의 신청과 병행하여 당해 규정의 심사를 청구할 수 있다고 규정한다.

(1) 국무원부문의 규정

(2) 현급 이상의 지방 각급인민정부 및 그 업무부문의 규정

(3) 향, 진 인민정부의 규정

위에서 열거한 규정은 국무원 부, 위원회 규장과 지방인민정부의 규장을 포함하지 않는다. 규장의 심사는 법률, 행정법규에 의하여 처리한다.

3. 행정심판의 배제

행정심판의 대상에서 제외되는 행위로는 국방·외교 등 국가행위에 불복하는 것, 행정기관이 민사분규에 대하여 하는 화해, 인사처리 등 행정기관 내부의 행위, 행정법규와 규장 등 추상적 행정행위가 있다.

V. 행정심판의 관할

1. 정부부문의 행위에 불복할 경우의 관할

현급 이상의 지방 각급 인민정부 업무부문의 구체적 행정행위에 불복하는

경우에는, 신청인의 선택에 의하여 해당 부문의 본급 인민정부에 행정심판을 신청하거나 상급 주관부문에 행정심판을 신청할 수 있다. 세관, 금융, 국세, 외환관리 등 수직적 영도를 실행하는 행정기관과 국가안전기관의 구체적 행정행위에 대한 불복은 상급주관부문에 행정심판을 신청한다.

2. 지방인민정부의 행위에 불복할 경우의 관할

지방 각급 인민정부의 구체적 행정행위에 대한 불복은 상급 지방인민정부에 행정심판을 신청한다. 성, 자치구인민정부가 설립한 파출기관 소속의 현급 지방인민정부의 구체적 행정행위에 대한 불복은 해당 파출기관에 행정심판을 신청한다.

3. 국무원 부문 또는 성급 정부의 구체적 행정행위에 대한 관할

국무원 각 부문 또는 성, 자치구, 직할시 인민정부의 구체적 행정행위에 대한 불복은, 해당 구체적 행정행위를 한 국무원 부문 혹은 성, 자치구, 직할시 인민정부에 대하여 행정심판을 신청한다. 행정심판의 결정에 불복하는 때는 인민법원에 행정소송을 제기할 수 있다. 또한 국무원에 재결을 신청할 수 있고, 국무원은 행정심판법의 규정에 의하여 최종 재결을 행한다.

4. 파출기구의 구체적 행정행위에 불복하는 경우의 관할

현급 이상의 지방인민정부가 설립한 파출기관의 구체적 행정행위에 대한 불복은 해당 파출기관을 설립한 인민정부에 대하여 행정심판을 신청한다. 정부업무부문이 설립한 파출기구가 법률, 법규, 규장에 의하여 자기의 명의로 한 구체적 행정행위에 대한 불복은, 해당 파출기구의 설립 부문 또는 해당 부문의 본급 인민정부에 행정심판을 신청한다.

5. 법률·법규의 수권에 의한 조직이 한 행정행위에 대한 관할

법률·법규의 수권에 의한 조직이 한 구체적 행정행위에 대한 불복은 해당 조직을 직접 관리하는 지방 인민정부, 지방 인민정부 업무부문 또는 국무원 부문에 행정심판을 신청한다.

6. 공동으로 한 행정행위에 불복할 경우의 관할

둘 또는 둘 이상의 행정기관이 공동명의로 한 구체적 행정행위에 대한 불복은 그 공동의 상급 행정기관에 행정심판을 신청한다.

7. 철폐된 행정기관의 행정행위에 불복할 경우의 관할

철폐된 행정기관이 철폐되기 전에 한 구체적 행정행위에 대한 불복은 그 직권을 계속하여 행사하는 행정기관의 상급행정기관에 행정심판을 신청한다.

8. 관할이송

행정심판법 제15조 제2항의 규정에 의하여 행정심판의 신청을 접수한 현급 지방인민정부는, 본법 제15조 제1항의 규정에 의하여 다른 행정심판기관의 수리에 해당하는 행정심판의 신청에 대하여, 해당 행정심판의 신청을 접수한 날로부터 7일 이내에 관련 행정심판기관에 이송하고 신청인에게 고지한다. 이송을 받은 행정심판기관은 행정심판법 제17조의 규정에 의하여 처리한다.

Ⅵ. 행정심판의 절차

1. 행정심판의 신청

공민, 법인 또는 기타 조직은 구체적 행정행위가 그 합법권익을 침해한 것으로 인정할 때, 해당 구체적 행정행위가 있음을 안 날로부터 60일 이내에 행정심판을 신청할 수 있다. 단, 법률규정의 신청기한이 60일을 초과하는 경우는 예외로 한다. 불가항력 또는 기타 정당한 이유로 인하여 법정신청기한을 초과한 때는 그 장애가 제거된 날로부터 계산한다.

2. 행정심판의 수리

행정심판기관은 행정심판의 신청을 받은 후 5일 이내에 심사를 하여야 하고, 행정심판법 규정에 부합하지 않는 신청에 대하여는 불수리를 결정하고 신청인에게 서면으로 통지한다. 행정심판법 규정에는 부합하지만 당해 기관의 수리사항에 속하지 않는 행정심판의 신청은 신청인에게 관련 행정심판기관에 제출할 것을 고지한다. 상술 규정 외에, 행정심판의 신청은 행정심판기관 법제업무책임기구가 접수한 날에 수리된 것으로 본다. 또한 공민, 법인 또는 기타 조직이 적법하게 제출한 행정심판의 신청에 대하여 행정심판기관이 정당한 이유 없이 수리하지 않는 경우에는, 상급행정기관은 그 수리를 명하여야 하고, 필요한 경우에는 상급행정기관이 직접 수리할 수 있다.

3. 행정심판의 심리

행정심판은 원칙상 서면심사의 방식을 취하지만 신청인의 요구가 있거나 행정심판기관의 법제업무책임기구가 필요하다고 인정할 경우에는 관련 기관과 인원에 대하여 상황조사, 신청인의 의견 청취, 피신청인과 제 3 자의 의견을 들을 수 있다.

4. 행정심판의 결정

행정심판기관의 법제업무책임기구는 피신청인이 행한 구체적 행정행위에 대하여 심사를 하고, 의견제출 및 행정심판기관 책임자의 동의 또는 단체토론의 과정을 거친 후, 아래 열거 규정에 의하여 행정심판의 결정을 한다.

(1) 구체적 행정행위의 인정사실이 명확하고, 증거가 확실하며, 적용근거가 정확하고 절차가 합법적인 경우에는 행정행위의 유지를 결정한다.

(2) 피신청인이 법정의 직무를 불이행한 것에 대하여는 일정기한 내에 이행을 하도록 결정한다.

(3) 구체적 행정행위가 아래 열거 사항에 해당하는 경우에는 당해 구체적 행정행위의 위법에 대하여 취소, 변경 또는 확인의 결정을 하고, 당해 구체적 행정행위의 위법에 대한 취소 또는 확인의 결정을 할 때에는 피신청인에 대하여 일정기한 내에 구체적 행정행위를 다시 하도록 명할 수 있다.

① 주요 사실이 불명확하거나 증거가 부족한 경우

② 법규의 적용에 착오가 있는 경우

③ 법정절차에 위반한 경우

④ 직권을 일탈 또는 남용한 경우

⑤ 구체적 행정행위가 명백히 부당한 경우

5. 행정심판의 집행

피신청인이 불이행 또는 정당한 이유 없이 행정심판결정의 이행을 지연시키는 때에는 행정심판기관 또는 상급행정기관이 그 기한 내에 이행을 하도록 명하여야 한다. 신청인이 기한을 넘겨 불기소 또는 행정심판의 결정을 불이행하거나 최종재결의 행정심판결정을 불이행하는 경우에 있어서는, 아래 규정에 의하여 처리한다.

(1) 구체적 행정행위를 유지하는 행정심판 결정의 경우에는 구체적 행정행위를 한 행정기관이 강제집행하거나 인민법원에 강제집행을 신청한다.

(2) 구체적 행정행위를 변경하는 행정심판 결정의 경우에는, 행정심판기관이 강제집행하거나 인민법원에 강제집행을 신청한다.

제 5 절　행정소송

I. 행정소송의 개념과 특징

행정소송이라 함은 공민·법인 및 기타 조직의 합법적 권익이 행정기관·공무원의 구체적 행정행위로 인하여 침해되어 행정기관과 다툼이 있는 경우에 인민법원이 당사자의 소송제기에 의하여 소송절차에 따라 재판을 하여 침해된 권리를 구제하는 제도를 말한다. 행정분쟁을 해결하는 주요 형식으로서의 행정소송은 다음과 같은 특징이 있다.

(1) 행정소송의 성질은 사법활동이다. 행정소송은 국가의 재판권을 행사하는 인민법원이 행정쟁의를 해결하는 형식으로서 공민·법인 및 기타 조직의 합법적 권익을 보호하고 행정기관이 법률 규정에 따라 행정권을 행사하도록 감독하는 역할을 한다.

(2) 행정소송의 내용은 행정쟁의를 해결하는 활동이다. 행정쟁의의 존재는 행정소송이 진행되는 전제이므로 행정기관·공무원과 공민·법인 및 기타 조직간의 쟁의가 없으면 행정소송도 존재할 필요가 없게 된다.

(3) 행정소송의 원고는 행정관리상대방으로서의 공민·법인 기타 조직이고,

피고는 행정권을 행사하여 구체적 행정행위를 행하는 국가행정기관이다.

(4) 행정소송의 대상은 구체적 행정행위이다. 공민·법인 및 기타 조직은 법률이 규정한 한도 내에서 구체적 행정행위로 인하여 입은 손해에 대하여 행정소송을 제기할 수 있고 추상적 행정행위에 대하여는 인민법원에 제소할 수 없다.

(5) 행정소송은 공민·법인 기타 조직의 제소로 시작된다. 행정기관·공무원의 구체적 행정행위로 합법적 이익이 침해된 공민·법인 및 기타 조직은 인민법원에 행정행위의 적법성 여부의 심사를 청구할 수 있다.

Ⅱ. 행정소송의 기본원칙

행정소송의 기본원칙은 행정소송법이 규정한 전체 행정소송활동을 지도하는 데 필요한 기본 준칙이다. 행정소송의 기본원칙은 행정소송법의 골격 또는 정신의 표현이다. 그러므로 행정소송법의 원칙을 이해함은 아래와 같은 의의가 있다. 첫째, 행정소송법의 기본원칙을 이해함은 행정소송법 연구의 핵심이며, 기본원칙의 장악은 법조문의 이해를 더욱 용이하게 한다. 둘째, 법조문이 구체적으로 규정하지 않거나 명확하지 않은 경우에는 기본원칙을 지도로 적용하고 해석할 수 있다.

1. 기타 소송과의 공통원칙

행정소송은 법원이 주재하는 3대 소송제도 중의 하나로, 행정소송과 기타 소송제도는 여러 가지 공통된 원칙이 있다. 중요한 것으로는 ① 법원의 재판권의 독립 행사 원칙, ② 사실을 근거로 하고 법률에 의하여 재판하는 원칙, ③ 합의, 회피, 공개재판의 원칙, ④ 2심 종심의 원칙, ⑤ 당사인 법률지위 평등의 원칙, ⑥ 본 민족 언어·문자를 사용하여 소송을 진행하는 원칙, ⑦ 변론원칙, ⑧ 인민검찰원의 법률감독 실행 원칙 등이다.

2. 행정소송에 특별한 원칙

행정소송이 행정쟁의를 해결한다는 특수성은 행정소송이 다른 소송제도와는 다른 소송상의 원칙을 갖도록 한다. 중요한 것으로는, ① 행정심판 선택의 원칙, ② 구체적 행정행위의 집행부정지 원칙, ③ 거증책임의 피고 부담 원칙, ④ 화해제도의 적용 배제, ⑤ 구체적 행정행위의 합법성 심사원칙, ⑥ 사법변경권 유한의 원칙 등이다.

Ⅲ. 행정소송의 수리범위

행정소송의 수리범위란 인민법원이 행정사건을 수리하는 권한의 범위를 말한다. 중화인민공화국 행정소송법은 다음과 같은 세 가지 형식으로 행정소송의 사건 수리범위를 규정한다.

1. 개괄규정에 의한 수리범위

행정소송법 제2조는 공민·법인 기타 조직은 행정기관·공무원의 구체적 행정행위로 합법권익이 침해된 경우에 행정소송법에 의하여 인민법원에 소송을 제기할 수 있다고 규정하고 있다. 이 규정은 공민·법인과 기타 조직에 소송을 제기할 권리를 부여한 것으로 개괄적 형식으로 행정사건 수리범위를 규정한다.

2. 행정소송이 가능한 행정행위

행정소송법 제11조는 법원의 행정사건 수리의 범위를 다음과 같이 열거하고 있다.

(1) 구류·벌금·허가증의 회수·재산몰수 등 행정처벌에 불복하는 경우

(2) 신체의 자유를 제한하거나 재산에 대한 차압, 억류, 동결 등 행정강제조치에 불복할 경우

(3) 행정행위가 법률·법규가 규정한 경영자 주권을 침해하는 경우

(4) 법 규정에 따라 허가신청을 하였지만 행정기관이 거부하거나 불허를 결정하였을 경우

(5) 인신권·재산권에 대한 보호를 신청하였으나 행정기관이 거부하거나 불허를 결정한 경우

(6) 행정기관이 법규상 지급해야 할 연금, 위자료 등을 지급하지 아니하는 경우

(7) 행정기관이 위법한 의무부담을 요구하는 경우

(8) 행정기관이 기타의 인신권·재산권을 침해하는 경우

⑼ 법률·법규의 규정에 따라 소송을 제기할 수 있는 기타의 행정사건

3. 행정소송이 배제되는 행위

행정기관이 법 규정에 따라 행정권을 효율적으로 행사할 수 있도록 하기 위하여, 행정소송법은 행정소송을 제기할 수 없는 예외적인 규정을 두고 있다. 즉, ① 국방·외교 등 국가행위, ② 행정법규·규정 혹은 행정기관이 제정·공포한 일반적 구속력이 있는 결정·명령 등 추상적 행정행위, ③ 행정기관이 공무원에 대하여 행한 인사에 관한 결정, ④ 법률의 규정에 따라 행정기관이 최종적으로 재결한 구체적 행정행위 등이다.

Ⅳ. 행정소송의 관할

행정소송의 관할은 인민법원 간에 있어서 제 1 심 행정사건을 수리할 수 있는 권한과 범위를 말한다. 행정소송법의 규정에 의하면 행정소송의 관할은 직무관할, 지역관할과 재정관할로 나뉜다.

1. 직무관할

상·하급 인민법원 간에 제 1 심 행정사건을 수리할 수 있는 범위와 권한을 말한다. 직무관할을 확정하는 것은 행정사건의 관할권을 명확히 하는 것이다. 중화인민공화국 헌법과 인민법원조직법의 규정에 의하면 인민법원은 기층인민법원, 중급인민법원, 고급인민법원, 최고인민법원으로 조직되는 데 모두 제 1 심 행정사건을 관할할 수 있다.

⑴ 기층인민법원은 제 1 심 행정사건을 관할한다.

⑵ 중급인민법원은 발명·특허권을 확인하는 사건, 세관 관련의 사건, 국무원 각 부문 혹은 성·자치구·직할시 인민정부의 구체적 행정행위에 대하여 제기된 사건, 본 관할 지역 내에서 중대하고 복잡하다고 인정되는 사건 등을 관할한다.

⑶ 고급인민법원은 본 관할 지역 내에서 중대하고 복잡하다고 인정하는 제 1 심 행정사건을 관할한다.

⑷ 최고인민법원은 전국 범위 내에서 중대하고 복잡한 제 1 심 행정사건을 관할한다.

2. 지역관할

지역관할이란 각 지역의 동급 인민법원 간의 제1심 행정사건 수리에 관한 권한 범위를 말한다. 행정소송법의 규정에 따라 지역관할의 확정방법은 다음과 같다.

(1) 최초로 구체적 행정행위를 행한 행정기관의 소재지 인민법원이 관할한다. 행정심판을 거친 사건에 있어서는, 심판기관이 종래의 구체적 행정행위를 변경하였을 경우에는 심판기관의 소재지 인민법원이 관할한다.

(2) 인신의 자유를 제한하는 행정강제조치에 불복하여 제기하는 소송은 피고인의 소재지 또는 원고의 소재지 인민법원이 관할한다.

(3) 부동산에 관한 분쟁으로 인한 소송은 부동산 소재지 인민법원이 관할한다.

3. 재정관할

재정관할이란 법원이 직접 소송관할법원의 관할을 결정하는 것을 말한다. 이송관할, 지정관할과 관할권의 이전형식이 있다.

(1) 이송관할

이송관할은 동급 인민법원과 상·하급 인민법원 간에 진행된다. 이송관할을 규정하는 목적은 법원의 관할권을 보장하기 위함이다. 관할이 부당하면 판결이 무효로 된다. 이송관할의 요건은, ① 이송한 사건은 반드시 이미 수리한 사건이어야 하며, ② 이송한 인민법원은 당해 사건에 대하여 관할권이 없어야 하며, ③ 이송을 받은 인민법원은 당해 사건에 대하여 관할권이 있어야 한다. 이송관할의 결정은 이송을 받은 인민법원에 대하여 구속력이 있다.

(2) 지정관할

상급 인민법원의 지정에 의하여 발생하는 관할을 말한다. 두 가지의 경우가 있다. 하나는 관할권 있는 법원이 특수한 원인으로 인하여 관할권을 행사할 수 없는 경우이고, 다른 하나는 인민법원 사이에 관할의 쟁의가 발생한 경우이다.

(3) 관할권의 이전

상급 인민법원이 사건의 관할권을 하급 인민법원에 이전하거나 상급 인민법원의 동의 혹은 결정을 거쳐 하급 인민법원이 사건의 관할권을 상급 인민법원에 이전할 수 있다. 관할권 이전의 요건은, ① 인민법원이 이미 수리한 제1심 행정사건, ② 사건을 이송한 인민법원이 이송한 사건에 대하여 관할권이 있을 것, ③ 사건의 이송은 상·하급관계가 있는 인민법원 사이에 진행된다. 행정소송법의 규정에 따라 상급인민법원은 하급인민법원의 관할에 속하는 제 1 심 행정사건을 심리할 권한이 있고 자기의 관할에 속하는 제 1 심 행정사건을 하급인민법원에 이송하여 심리케 할 수 있다. 하급인민법원은 자신의 관할에 속하는 제 1 심 행정사건이 상급인민법원에서 심리를 할 필요가 있다고 인정하는 경우에는 상급인민법원에 보고하여 심리를 요청할 수 있다.

V. 행정소송의 참가자

행정소송참가자는 소송활동에 참가하며 법에 따라 소송에 관한 권리를 행사하고 그에 따른 의무를 부담하는 자다.

1. 원　　고

원고는 인민법원에 소송을 제기한 공민·법인 및 기타 조직을 말한다. 원고가 되는 조건은 두 가지가 있다.

(1) 공민·법인 및 기타 조직의 합법적 권익이 행정기관·공무원의 구체적 행정행위로 침해당한 경우 인민법원에 소송을 제기한다.

(2) 소송의 권리가 있는 공민이 사망할 경우 그 친족은 인민법원에 소송을 제기할 수 있다. 또 소송의 권리가 있는 법인·기타 조직이 소멸되었을 경우 그 권리를 승계한 법인·기타 조직은 인민법원에 소송을 제기함으로써 원고가 된다.

2. 피　　고

피고는 구체적 행정행위를 행한 행정기관을 말한다. 행정기관은 구체적 행정행위를 행한 사실로 인하여 기소되며 행정소송의 피고로 된다.

(1) 공민·법인 혹은 기타 조직이 행정기관의 구체적 행정행위에 대하여 행정심판을 거치지 않고 직접 인민법원에 소송을 제기하는 경우에는 구체적 행정행위를 행한 행정기관이 피고로 된다.

(2) 행정심판을 거친 사건에서 심판기관이 종래의 구체적 행정행위를 유지한 경우는, 원 구체적 행정행위를 한 행정기관이 피고로 된다.

(3) 두 개 이상의 행정기관이 공동으로 구체적 행정행위를 하였을 경우는 공동피고로 된다.

(4) 법률·법규의 규정이 수권(授權)한 조직이 구체적 행정행위를 하였을 경우는 당해 조직이 피고로 된다.

(5) 행정기관의 위임을 받은 조직이 행한 구체적 행정행위에 대하여는 위임을 한 행정기관이 피고가 된다.

(6) 행정기관이 철폐된 경우에는 그 직권을 계속하여 행사하는 행정기관이 피고로 된다.

3. 제3자

제3자라 함은 행정사건의 처리결과에 대하여 법률상의 이해관계로 인하여 이미 개시된 행정소송에 참가하는 자를 말한다. 특수한 경우에는 법원의 통지로 소송참가자가 될 수 있다.

(1) 제3자는 원고·피고 이외의, 소의 대상이 된 구체적 행정행위와 법률상의 이해관계가 있는 공민·법인 및 기타 조직을 말한다.

(2) 제3자가 소송에 참가하는 기간은 소송 개시 후부터 심리가 종결되기 전까지를 말한다.

(3) 제3자는 인민법원에 소송참가를 신청할 수 있고, 인민법원의 통지로 소송에 참가할 수 있다.

4. 소송대리인

소송대리인이란 피대리인의 명의로 법률의 규정이나 당사자가 위임한 한도 내에서 행정소송활동을 수행하는 자를 말한다. 대리인이 소송에 참가하는 목적은 피대리인의 이익을 보호하기 위해서이므로 자신의 이익을 주장하여서는 아니 되며 대리권의 범위 내에서만 소송행위를 할 수 있다.

VI. 행정소송의 절차

행정소송의 절차라 함은 법률의 규정에 따라 인민법원이 행정사건을 처리하는 활동과정을 말한다. 행정소송의 절차는 기소와 수리, 심리와 판결 및 집행이 포함된다.

1. 제소와 수리

공민·법인 및 기타 조직의 합법권익이 행정기관의 구체적 행정행위로 침해된 경우에는 인민법원에 권익의 보호를 청구할 수 있다.

행정소송법의 규정에 따라 당사자가 기소하는 절차는 두 가지 형식이 있다. 하나는 행정기관에 행정심판의 신청을 한 다음 그 결과에 따라 제소하는 것이고, 또 하나는 행정심판을 거치지 아니하고 직접 인민법원에 제소하는 형식이다. 행정소송과 행정심판의 제기는 당사자가 자유로이 선택할 수 있다. 다만 관련 법률과 법규정이 행정심판을 행정소송의 전치절차로 규정한 경우에는 사전에 행정심판을 거쳐야 하며 행정심판에 불복할 경우에만 다시 인민법원에 소송을 제기할 수 있다.

(1) 당사자가 행정소송을 제기하기 위해서는 아래와 같은 요건에 부합하여야 한다.

① 원고는 구체적 행정행위로 인하여 합법권익이 침해된 공민·법인 또는 기타 조직이어야 한다.

② 피고가 명확하여야 한다.

③ 구체적인 청구내용과 근거가 있어야 한다.

④ 인민법원의 수리범위에 속하고 법원의 관할권에 속하여야 한다.

(2) 행정소송법은 제소기간을 다음과 같이 규정한다.

① 행정심판의 신청이 있는 경우 행정심판기관은 신청서를 받은 날로부터 2개월 이내에 결정을 한다. 신청인이 행정심판결정에 불복하면 행정심판의 결정서를 받은 날로부터 15일 이내에 인민법원에 소송을 제기하며 심판기관이 기간이 경과되어도 결정을 하지 아니한 경우에는 신청인은 심판기간이 만료되는 날로부터 15일 이내에 인민법원에 소송을 제기한다. 법률·법규가 달리 규정하는 경우에는 그에 따른다.

② 당사자가 직접 법원에 소송을 제기하는 경우에는 구체적 행정행위가 있음을 안 날로부터 3개월 이내에 소송을 제기하며, 법률·법규가 달리 규정하는 경우는 제외한다.

③ 당사자가 불가항력 또는 특별한 사정으로 법정기한을 넘긴 경우에는 그

장애가 제거된 날로부터 10일 이내에 기한의 연장을 신청할 수 있고 인민법원이 이를 결정한다.

원고가 제소를 한 후 인민법원은 심사를 통하여 소송요건에 부합된다고 인정할 경우에는 재판에 회부할 것을 결정한다. 행정소송법의 규정에 따르면 인민법원은 소장을 받은 날로부터 7일 이내에 재판회부결정 또는 불수리의 결정을 한다. 결정에 불복하면 상소할 수 있다.

2. 심리와 판결

(1) 제 1 심 절차

1) 심리 전의 준비

인민법원은 재판회부를 결정한 날로부터 5일 이내에 소장 사본을 피고에게 발송한다. 피고는 소장 사본을 받은 날로부터 10일 이내에 인민법원에 구체적 행정행위와 관련된 자료와 답변서를 제출한다. 인민법원은 답변서를 받은 날로부터 5일 이내에 답변서 사본을 원고에게 발송하며, 피고가 답변서를 제출하지 않아도 인민법원의 심리에는 영향을 미치지 아니한다.

2) 행정사건의 법적 근거

인민법원은 행정사건을 심리할 때 법률·행정법규·지방성법규를 근거로 한다. 지방성법규는 당해 행정구역 내에서 발생하는 행정사건에 적용된다. 민족자치지방의 행정사건을 심리할 때에는 당해 민족자치지방의 자치조례와 단행조례를 근거로 한다.

인민법원은 또 행정사건을 심리할 때, 국무원 각 부·위가 법률과 국무원의 행정법규·결정·명령에 의하여 공포한 규정 및 성·자치구·직할시와 성·자치구 인민정부 소재지의 시(市)와 국무원이 비준한 대도시의 인민정부가 제정한 규정을 참조한다.

인민법원은 지방인민정부가 제정·공포한 규정과 국무원 각 부·위가 제정·공포한 규정이 서로 일치하지 아니하거나 국무원 각 부·위가 제정·공포한 규정이 서로 일치하지 않는다고 인정할 경우에, 최고인민법원을 통하여 국무원에 해석과 결정을 요청할 수 있다.

3) 심리기간

인민법원은 사건을 재판에 회부한 날로부터 3개월 이내에 제 1 심 판결을 한다. 특수한 사유로 연장이 필요한 경우에는 고급인민법원의 비준을 거친다. 고급인민법원이 제 1 심 사건을 심리할 경우, 기간의 연장이 필요하면 최고인민법원의 비준을 거쳐야 한다.

4) 소의 취소와 궐석재판

소의 취소는 다음과 같은 경우가 있다. ① 인민법원의 행정사건에 대한 판결이 있기 전에 원고가 소를 취소한 경우, ② 피고가 원래의 구체적 행정행위를 변경하고 원고가 동의하여 소를 취소한 경우이다. 인민법원이 두 차례에 걸쳐 소환하여도 정당한 이유 없이 소송에 응하지 않으면 소를 취하한 것으로 본다. 피고가 정당한 이유 없이 소송에 응하지 않으면 궐석재판을 할 수 있다.

5) 소송방해에 대한 강제조치

소송참가자들이 법률에 규정된 행정소송을 방해하는 행위를 하는 경우 인민법원은 구체적 상황에 따라 훈계 또는 반성문을 작성하게 하거나 1,000 위엔 이하의 벌금을 부과할 수 있으며, 15일 이내의 구류에 처할 수도 있다. 범죄가 성립되면 형사책임을 추궁한다.

6) 판 결

인민법원은 심리를 종결한 다음 아래와 같은 판결을 한다.

㈎ 구체적 행정행위의 증거가 명확하고 법률·법규의 적용이 정확하며 법정절차에 부합하면 유지판결을 한다.

㈏ 구체적 행정행위가 아래의 사항에 하나에 해당하는 경우에는 취소 혹은 부분취소의 판결을 할 수 있고, 피고가 다시 구체적 행정행위를 행하도록 판결할 수 있다. 즉 ① 중요 증거의 부족, ② 법률, 법규의 적용에 착오가 있는 경우, ③ 법정절차를 위반한 경우, ④ 직권을 남용한 경우이다.

인민법원이 새로운 구체적 행정행위를 하도록 판결한 경우에, 피고는 동일한 사실과 이유로 원래의 구체적 행정행위와 기본적으로 동일한 구체적 행정행위를 할 수 없다.

㈐ 피고가 법정직무를 이행하지 않거나 이행을 지연할 경우에는 일정한 기간 내에 이행하도록 판결한다.

㈑ 행정처벌이 현저하게 공정성을 상실한 경우 판결로써 변경할 수 있다.

인민법원의 제 1 심 판결에 불복하는 당사자는 판결서 송달의 날로부터 15일 이내에 직상급의 인민법원에 상소할 수 있다. 법정기간 내에 상소하지 아니하면 인민법원의 제1심 판결은 법률적 효력을 발생한다.

⑵ 제2심 판결절차

인민법원은 상소사건을 심리할 경우, 접수한 날로부터 2개월 이내에 종심판결을 한다. 특별한 사정으로 연기하려면 고급인민법원의 비준을 거쳐야 한다. 고급인민법원이 상소사건의 심리기간을 연장할 경우는 최고인민법원의 비준을 거친다.

인민법원은 상소사건의 심리를 거쳐 아래와 같이 구체적 사정에 따라 처리한다.

① 원심판결의 사실인정이 명확하고 법률·법규의 적용이 정확한 경우에는 상소 기각의 판결을 하여 원심판결을 유지한다.

② 원심판결의 사실인정은 분명하나 법률 및 법규의 적용에 착오가 있는 경우에는 법률에 따라 판결을 변경한다.

③ 원심판결의 사실인정이 불분명하거나 증거가 부족한 경우 또는 법정절차의 위반이 판결에 영향을 주었다고 인정하는 경우에는 결정으로 원심판결을 취소할 수 있고, 원심법원에 환송하여 다시 심리하게 하거나 사실을 분명히 한 후 판결을 변경할 수 있다. 당사자는 환송하여 심리한 판결과 결정에 대하여 상소할 수 있다.

⑶ 재판감독절차

인민법원장은 본원이 내린 판결과 결정이 법률·법규의 규정에 위반하여 재심이 필요하다고 인정하는 경우에는, 재판위원회에 회부하여 재심 여부를 결정하도록 하여야 한다. 상급인민법원은 하급인민법원이 행한 법률효력 발생의 판결·결정이 법률·법규에 위반됨을 발견한 경우 재심하거나 하급인민법원에 재심을 명할 수 있다.

당사자는 법률효력 발생의 판결·결정에 착오가 있다고 인정하는 경우, 원심법원 또는 직속 상급 인민법원에 소를 제기할 수 있지만 소의 제기로 판결·결정의 집행은 정지되지 아니한다.

인민검찰원은 인민법원이 행한 법률효력 발생의 판결·결정이 법률·법규의 규정에 위반함을 발견한 경우, 재판감독절차에 따라 항소할 수 있다.

3. 집 행

행정소송의 당사자는 법률효력이 있는 판결·결정을 반드시 이행하여야 한다. 공민·법인 또는 기타 조직이 법률효력 있는 판결·결정의 이행을 거부할 경우, 행정기관은 제 1 심 인민법원에 강제집행을 신청하거나 법 규정에 의하여 강제집행을 한다.

행정기관이 법률효력 발생의 판결·결정의 이행을 거부할 경우 제 1 심 인민법원은 아래와 같은 강제조치를 취할 수 있다.

(1) 마땅히 환부하여야 할 벌금 또는 배상금에 대하여는 은행에 통지하여 당해 행정기관의 계좌에서 출금한다.

(2) 규정된 기한 내에 이행하지 않으면 만기일로부터 당해 행정기관에 매일 인민폐 50 위엔에서 100 위엔의 벌금을 과한다.

(3) 당해 행정기관의 직속 상급 행정기관 또는 감찰·인사기관에 사법처리의 건의를 제출한다. 사법처리의 건의를 접수한 기관은 관련 규정에 따라 처리하여야 하며 처리상황을 인민법원에 고지하여야 한다.

(4) 판결·결정의 이행을 거부함으로써 그 상황이 심각하여 범죄를 구성하는 경우에는 주관 담당자와 직접책임자에 대하여 형사책임을 추궁한다.

제 6 절 행정배상제도

I. 행정배상의 개념

1. 행정배상제도의 개념과 특징

행정배상제도는 국가행정기관 및 그 공무원이 직권을 위법하게 행사하여 공민, 법인 또는 기타 조직의 합법권익을 침해하여 손해가 발생함으로써 국가가 그 배상책임을 부담하는 제도이다.

행정배상의 중요한 특징은 다음과 같다.

첫째, 행정배상 중의 권리침해 행위의 주체는 국가행정기관 및 공무원이다. 이 권리침해 행위의 주체상의 특징은 행정배상이 다른 배상과 구별되는 중요한 근거이다.

둘째, 행정배상은 행정과정에서 국가의 권리침해 행위가 손해를 발생시켜 이에 대한 배상을 하는 것으로, 이는 행정기관 및 공무원의 위법한 행정권의 행사로 발생되는 것이다.

셋째, 행정배상의 청구인은 그 합법권익이 권리침해행위로 인하여 손해를 입은 공민, 법인 또는 기타 조직이다.

넷째, 행정배상의 책임주체는 국가로 한다. 다만 행정배상 의무기관은 손해를 발생시킨 행정기관이다. 국가가 행정배상의 책임주체로 되는 것은, 국가와 행정기관 및 공무원의 관계에서 결정되는 것이다.

2. 행정배상과 관련 개념의 구분

⑴ 행정배상과 행정보상

행정보상은 행정기관 및 그 공무원이 직권행사의 과정에서 합법적 행위로 인하여 상대방에게 특별한 손실을 입힘으로써 국가가 보상을 행하는 제도이다. 행정배상과 행정보상은 비록 양자 모두 국가행정권의 행사과정에서 특별한 손해를 입은 상대방에 대하여 구제를 하는 것이지만 다음과 같은 차이가 있다. 첫째, 행정배상은 국가행정기관 및 그 공무원의 위법행위로 인하여 발생하는 것으로 위법을 전제로 하지만, 행정보상은 행정기관 및 공무원의 합법행위로 인하여 발생하며 위법을 전제로 하지 않는다. 둘째, 행정배상의 목적은 위법한 행위로 인하여 발생된 손해에 대한 일종의 법률책임의 부담이고, 행정보상은 국가나 사회의 공익으로 인하여 조성된 특별한 손실에 대한 보상으로 공평부담의 정신을 실현하는 것이다.

⑵ 행정배상과 행정소송

행정소송의 대상은 구체적 행정행위 그 자체이고, 그 소송은 구체적 행정행위의 합법성 여부를 중심으로 전개된다. 행정소송이 해결하는 것은 구체적 행정행위의 효력의 존재 여부이다. 행정배상의 대상은 권리침해로 인한 손해사실이고, 권리침해 사실의 존재 여부를 중심으로 절차가 전개된다. 행정소송의 범위는 구체적 행정행위에 한정되지만, 행정배상의 범위는 구체적 행정행위와 사실행위를 포함한다. 단독적인 행정배상의 청구는 행정처분 전치주의 원칙을 적용한다.

Ⅱ. 행정배상책임의 성질

1. 대위책임설

이 학설에 의하면, 국가배상은 공무원의 권리침해 행위로 발생된 손해를 국가가 대신하여 배상책임을 부담한다고 한다. 국가가 부담하는 책임은 결코 국가 자신의 책임이 아니고 공무원을 대신하여 책임을 진다는 것이다. 이론상으로는 공무원의 그 권리침해행위로 일어난 손해에 대하여 공무원 자신이 책임을 부담하여야 하지만, 공무원의 재력상의 한계로 인하여 손해를 입은 자에 대하여 충분한 배상을 하기 어렵기 때문에 국가가 공무원에 대신하여 배상책임을 지는 것이다. 이 학설은 공무원의 고의 또는 과실의 권리침해행위의 존재 및 배상책임의 부담을 국가가 대신하여 배상하는 것을 필요한 요건으로 한다. 대위책임설은 공무원의 주관적 과실을 강조하고 이는 이론적으로 손해를 입은 자가 배상을 획득하기 어렵게 한다. 국가공무원은 국가를 대표하여 업무를 행하기 때문에 합법의 행위의 효과는 국가에 귀속되고, 만약 그 직무의 집행중 위법한 권리침해행위로 발생된 책임을 그 개인이 책임을 지게 된다면 매우 불합리한 것이라 할 수 있다.

2. 자기책임설

이 학설에 의하면, 공무원의 과실 유무를 불문하고 손해의 발생이 국가권력의 행사중에 위법한 행위로 인한 것이면 국가는 모든 배상책임을 져야 한다고 주장한다. 또한 국가가 공무원에 공무집행의 권한을 수여하는 것 자체가 곧 공무원의 위법행위의 가능성을 포함한다는 것이라 인식한다. 말하자면, 권한은 그 자체가 이미 위험을 가지고 있으므로 국가는 당연히 위험책임을 져야 하기 때문에, 공무원 개인의 가해행위가 고의 또는 과실이 있는지의 여부와는 무관하다는 것이다. 이 이론은 공무원 행위가 일으킨 손해에 대한 국가의 배상책임 부담을 인정하고 국가배상책임과 공무원의 행위와의 관계를 나타내는 것으로 설득력이 있다. 그러나 이 이론은 국가가 배상책임을 져야 하는 이유를 충분히 설명하지 못한다는 점과 공무원 개인의 주관적 요소를 고려하지 못한다는 결함이 있다.

3. 행정배상책임의 성질에 대한 논쟁의 초점은 대위책임설과 자기책임설의 논쟁에 있다. 대위책임설과 자기책임설의 차이는 실질적으로 공무원의 권리침해 행위의 성질을 어떻게 인식할 것인가 하는, 즉 공무원의 권리침해행위가 개인행위인가 아니면 국가행위인가 하는 데 있다. 관련되는 공무원과 국가의 관계를 어떻게 파악하는가에 따라서 행정배상책임의 성질이 결정되는 것이다.

Ⅲ. 행정배상책임의 구성요건

행정배상책임의 구성요건은 국가가 배상책임을 부담하는 데 있어서 반드시 구비되어야 하는 전제조건이다. 즉 국가는 일정조건에 부합하는 전제 하에 권리침해로 인한 배상책임을 부담한다.

1. 행위주체요건

권리침해의 행위주체는 행정배상책임을 구성하는 필요조건의 하나이다. 행위주체의 요건을 논하는 것은 누가 실시한 행위가 행정배상의 책임문제를 일으킬 수 있는가 하는, 즉 권리침해의 행위주체가 누구냐 하는 것이다. 행정배상에서 권리침해 행위의 주체는 엄격히 제한되며, 국가기관과 공무원 및 기타 조직, 또는 법률의 수권이나 국가기관의 위탁을 받은 개인만이 그 행위의 주체가 될 수 있다. 일반 공민이나 법인은 행정배상의 행위주체가 될 수 없다.

2. 직무집행의 위법성

직무집행의 위법성 요건은 두 가지 내용을 포함한다. 즉 손해를 일으킨 행위는 반드시 직무집행의 행위일 것과 당해 직무의 집행행위가 위법일 것을 요구한다. 중화인민공화국 국가배상법은 국가기관 및 공무원이 직권을 위법하게 행사한 행위는 배상을 하도록 규정하였지만, 직무의 범위에 대하여는 명확한 규정이 없고, 학계에서는 객관기준, 즉 사회 관념상 직무를 집행하는 범주에 속한다고 인정되면 직무의 범위에 속한다는 주장이 다수 의견이다.

3. 손해의 발생

손해의 발생은 국가가 배상책임을 부담하는 데 있어서 우선적인 요건이다.

손해의 발생이 없으면 행정배상을 논할 가치가 없는 것이다. 행정배상요건으로서의 손해는 손해의 종류를 불문하고 일반적으로 다음과 같은 특징을 가진다. 즉 현실성과 확정성, 특정성과 위법성 및 계량가능성이다.

4. 인과관계

행정배상의 또 하나의 조건은 권리침해의 행위와 손해발생 간의 인과관계의 존재이다. 그 중 위법행위는 원인이며 손해발생은 결과이다. 인과관계의 존재 여부와 정도는 피해자의 합법권익의 구제범위에 직접적인 영향을 미친다. 그러므로 인과관계의 인정에 대하여는 학설의 대립이 있고, 예컨대 조건설, 원인설, 상당인과관계설, 필연인과관계설, 직접인과관계설 등이 있으나 상당인과관계설이 우세하다.

Ⅳ. 행정배상의 범위

중화인민공화국 국가배상법의 규정에 따르면 행정배상의 범위는 다음과 같다.

1. 행정배상의 열거규정

(1) 행정기관·공무원이 행정직권을 행사할 경우 아래와 같은 인신권의 침해에 해당하면 피해자는 배상을 청구할 권리가 있다.

① 위법하게 구류하거나 불법으로 공민의 신체의 자유를 제한하는 행정강제조치를 한 경우

② 불법하게 구금하거나 기타의 방법으로 공민의 인신의 자유를 불법적으로 박탈한 경우

③ 구타 등 폭력행위 혹은 타인을 교사하여 구타하는 등 폭력행위로 공민의 신체에 상해를 가하거나 이로 인하여 사망한 경우

④ 무기·장비 등의 위법한 사용으로 공민의 신체에 상해를 가하거나 이로 인하여 사망한 경우

⑤ 공민의 신체에 상해를 입히거나 사망을 초래한 기타의 위법행위

(2) 행정기관·공무원이 행정권한을 행사할 경우 아래와 같은 재산권 침해에 해당하면 피해자는 배상을 청구할 권리가 있다.

① 위법한 벌금의 부과, 허가증의 회수, 생산 및 영업의 정지, 재산의 몰수 등 행정처벌
② 재산에 대한 위법한 차압, 억류, 동결 등의 행정강제조치
③ 국가가 정한 규정에 위반하여 재물을 징수하고 비용을 부담시키는 경우
④ 기타 재산에 손해를 주는 위법한 행위

2. 행정배상의 예외규정

중화인민공화국 국가배상법은 국가가 배상책임을 지지 않는 예외적인 사항을 규정하고 있다.

(1) 행정기관·공무원의 직권행사와 상관없는 개인행위
(2) 공민·법인 및 기타 조직 자신의 행위로 인하여 발생한 손해
(3) 기타 법률이 규정한 사항

V. 배상청구인과 배상의무기관

1. 배상청구인

배상청구인이라 함은 법률의 규정에 따라 국가행정기관·공무원의 직무상 불법행위로 입은 손해에 대하여 배상을 청구하는 공민·법인 또는 기타 조직을 말한다. 배상청구인의 요건은 다음과 같다.

(1) 피해를 입은 공민·법인과 기타 조직
(2) 피해를 입은 공민이 사망했을 경우, 상속인과 기타 부양관계가 있는 친족
(3) 피해를 입은 법인 혹은 기타 조직이 소멸되었을 경우 그 권리를 승계한 법인 또는 기타 조직

2. 배상의무기관

배상의무기관이라 함은 법률의 규정에 의하여 행정배상청구를 접수하고 배상의무를 지는 행정기관을 말한다. 국가배상법의 규정에 따라 행정배상의무기관은 다음과 같은 원칙에 따라 확정된다.

(1) 행정기관·공무원이 직권을 행사하여 공민·법인 및 기타 조직의 합법 권익에 손해를 준 경우에는 당해 행정기관이 배상의무기관으로 된다.

⑵ 두 개 이상의 행정기관이 공동으로 직권을 행사하여 공민·법인 및 기타 조직의 합법 권익에 손해를 준 경우에는 직권을 행사한 행정기관이 공동으로 배상의무기관이 된다.

⑶ 법률·법규 규정의 수권(授權)에 따라 권한을 받은 기관이 행정 권력을 행사하여 공민·법인 및 기타 조직의 합법 권익에 손해를 준 경우에는 권한을 받은 기관이 배상의무기관으로 된다.

⑷ 행정기관의 위임을 받은 조직 혹은 개인이 위임받은 행정권을 행사하여 공민·법인 및 기타 조직의 합법 권익에 손해를 준 경우에는 위임한 행정기관이 배상의무기관으로 된다.

⑸ 배상의무기관이 철폐된 경우는 그 직권을 계속하여 행사하는 행정기관이 배상의무기관이 된다. 그 직권을 계속하여 행사하는 행정기관이 없는 경우는 당해 배상의무기관을 철폐한 행정기관이 배상의무기관으로 된다.

⑹ 행정심판을 거친 경우는 최초로 이익을 침해한 행정기관이 배상의무기관으로 되며, 심판기관의 심판결정으로 손해가 가중되었을 경우 심판기관은 가중된 부분에 대하여 배상의무를 이행한다.

Ⅵ. 행정배상절차

행정배상청구인은 행정배상의무기관에 행정배상을 청구하고 행정배상의무기관이 배상청구를 처리한다. 배상청구인이 배상소송을 제기하면 인민법원은 행정배상분쟁을 해결한다. 행정배상의무기관은 침해행위 중 고의 또는 중대한 과실이 있는 공무원에 대하여 구상권을 행사할 수 있다. 행정배상절차는 행정처리절차·배상소송절차와 구상권 행사절차로 나뉜다.

1. 행정처리절차

행정배상청구인이 배상을 청구할 경우에는 우선 배상의무기관에 청구하고, 배상의무기관은 법 규정에 부합되는 사항에 대하여 배상하여야 한다. 배상청구인이 공동배상의무기관 중의 어느 한 배상의무기관에 배상을 청구하면, 당해 배상의무기관은 배상을 하여야 한다. 배상청구인은 손해에 근거하여 동시에 수 개의 배상청구를 할 수 있다.

배상청구인은 배상을 청구할 때 신청서를 제출하여야 하며 신청서는 다음과 같은 내용이 기재된다.

(1) 피해자의 성명·성별·연령·직장과 주소, 법인 또는 기타 조직의 명칭·주소와 법정대표인 또는 주요 책임자의 성명과 직무

(2) 구체적인 요구·사실근거와 이유

(3) 신청의 년·월·일

배상의무기관은 배상신청서를 받은 후 반드시 심사를 하여야 하며, 신청서를 받은 날로부터 2개월 이내에 법률의 규정에 따라 배상 여부를 결정하여야 한다.

2. 배상소송절차

배상의무기관이 소정의 기한 내에 배상하지 않거나 배상액에 이의가 있는 배상처리결과에 대하여는 기간의 만기일로부터 3개월 이내에 인민법원에 소송을 제기할 수 있다. 배상소송의 구체적 절차에서 국가배상법과 행정소송법의 규정을 살펴보면, 배상소송에서는 화해를 적용한다는 점에서 큰 차이가 있다.

3. 행정구상제도

배상의무기관은 배상청구인에게 배상비용을 지급한 다음 고의 또는 중대한 과실이 있는 공무원이나 위임을 받은 조직 또는 개인에게 부분 혹은 전부의 배상비용을 부담하도록 명할 수 있다. 행정구상제도

Ⅶ. 행정배상의 방식과 기준

1. 배상의 방식

행정배상은 배상금의 지급을 주요 방식으로 한다. 재산을 반환할 수 있거나 원상회복이 가능하면 재산을 반환하거나 원상태로 회복시킨다.

2. 배상기준

(1) 공민의 인신의 자유를 침해한 경우, 배상금의 기준은 국가의 전년도 근로자 일일평균임금으로 한다.

(2) 공민의 생명·건강권을 침해한 경우의 배상금은 아래의 기준으로 계산한다.

① 신체의 상해의 경우에는 의료비와 미취업으로 인하여 감소된 수입을 배상하여야 한다. 감소된 수입의 매일의 배상금은 국가의 전년도 근로자 일일평균임금으로 계산하며 최고액은 국가의 전년도 근로자 평균임금의 5배로 한다.

② 노동능력의 부분 혹은 전부를 상실한 경우에는 의료비 및 장애배상금을 지급하여야 한다. 장애배상금은 노동능력의 상실정도에 따라 확정하며 부분적인 노동능력 상실의 최고액은 국가의 전년도 근로자 연 평균임금의 10배이고 노동능력을 전부 상실한 경우에는 국가 전년도 근로자 연 평균임금의 20배이다. 노동능력을 전부 상실한 자에 대하여는 그가 부양할 노동능력 없는 자의 생활비를 지급하여야 한다.

③ 사망의 경우에는 사망배상금을 지급한다. 장례비의 총액은 국가의 전년도 근로자 평균임금의 20배이다. 사망자가 생전에 부양한 노동능력 없는 자의 생활비도 지급하여야 한다.

(3) 공민·법인 및 기타 조직이 재산권의 피해를 입은 경우에는 아래 기준에 따라 처리한다.

① 과태료, 벌금, 추징 또는 재산을 몰수하거나 국가의 규정에 위반하여 재물을 징수하고 비용을 부담케 한 것은 재산을 반환한다.

② 재산의 차압, 압류, 동결의 경우에는 재산에 대한 차압, 압류, 동결을 해제하고 재산의 손해 또는 멸실의 경우에는 아래 ③, ④항의 규정에 따라 배상한다.

③ 반환하여야 할 재산이 파손된 경우에는 원상회복이 가능한 것은 원상을 회복하고, 원상을 회복할 수 없는 것은 손해의 정도에 따라 상응하는 배상금을 지급한다.

④ 반환하여야 할 재산이 멸실된 경우에는 상응하는 배상금을 지급한다.

⑤ 재산이 이미 경매된 경우에는 경매소득의 금액을 배상한다.

⑥ 허가증을 회수하였거나 조업의 정지를 명하였을 경우 조업정지의 기간에 필요한 경상비용을 배상한다.

⑦ 재산권에 대한 기타의 손해는 직접 손실의 정도에 따라 배상한다.

Ⅷ. 행정보상

1. 행정보상의 개념

행정보상은 일반적으로 행정주체의 적법한 행정행위로 행정상대인의 합법권익에 손실이 발생된 경우 행정주체가 상대인의 손실에 대하여 보상을 행하는 제도이다. 엄격한 의미에서 행정보상은 행정책임에 속하지 않으며 적극적 의무에 기초하여 실시하는 보상성 행위라 할 수 있다.

2. 행정보상의 특징

⑴ 행정보상의 전제는 행정주체 및 공무원의 합법적인 직무수행으로 특정의 개인이나 조직의 합법권익에 손실이 발생하였거나, 특정의 개인 또는 조직이 사회 공공의 이익 보호나 증진을 위하여 자기의 이익을 희생한 경우이다.

⑵ 행정보상의 주체는 국가이지만 보상의무기관은 국가행정기관 또는 기타 행정주체이다.

⑶ 행정보상의 대상은 특정한 공민 또는 조직이다.

⑷ 행정보상의 근거가 다양하다.

⑸ 행정보상은 손실이 사실상 발생한 후에 이루어지거나 손실이 발생하기 전에 이루어질 수도 있다.

⑹ 행정보상은 개인이나 조직이 입은 직접손실에 한정된다.

⑺ 행정보상의 방식은 다양하며, 상대인의 신청이 반드시 필요한 것은 아니다.

3. 행정보상 관련 입법

행정보상에 대한 통일된 보상입법은 없고, 행정보상에 관련된 법률규정은 일반적으로 각 단행 법률에 분산되어 있다. 중국에 있어서 행정보상과 관련된 법률 및 법규로는 중외합자경영기업법, 외자기업법, 토지관리법 등이 있다.

4. 행정보상의 이론기초

행정보상의 이론적 기초는, 즉 국가는 왜 합법적인 행정행위로 인한 손실에 대하여 보상을 하여야 하는가 하는 이유 또는 그 이론적 근거는 어디에 있는가

하는 것이다. 행정법학계에서 논쟁이 있지만, 중국에서 행정보상의 이론적 기초는 "이익을 얻는 자가 보상을 한다"는 원칙 아래 공용부담평등설의 입장이 다수설이다.

공용부담평등설의 주장은, 국가의 활동은 공공의 이익을 위하여 실시되는 것이기 때문에 그 비용은 사회 전체의 구성원이 평등하게 부담하여야 한다는 것이다. 적법한 행정행위가 공민이나 조직의 합법권익에 손실을 초래하면, 이는 사실상 손해를 입은 자가 일반납세부담 이외의 부담을 지게 되는 것이고, 이러한 부담은 손해를 입은 개인이 부담할 것이 아니라 사회 전체의 성원이 평등하게 분배하여 부담하여야 하는 것이다. 공용부담평등설은 프랑스를 대표로 하는 대륙법계 국가에서 널리 지지되고 있으며, 이들 국가의 국가보상제도 및 국가배상 중의 무과실책임원칙은 모두 공용부담평등설을 이론적 기초로 하고 있다.

5. 행정보상의 범위와 방식

행정배상에 있어서 손해는 직접손해와 간접손해를 포함하고, 물질적 손해와 정신적 손해를 포함한다. 그러나 행정보상에서는 일반적으로 직접손실에 한정되며, 대부분의 경우에 있어 법률규정의 보상액은 직접손실액에 미치지 못한다.

행정보상의 방식은 직접보상과 간접보상의 두 가지 방식이 있다. 직접보상은 금전보상, 재산의 반환, 원상회복을 포함한다. 행정주체는 직접보상의 방식을 채택할 경우 금전보상을 위주로 하여야 한다. 다만, 재산의 반환이 가능하거나 원상회복이 가능하면 재산을 반환하거나 원상으로 회복시켜야 한다. 간접보상의 방식은 다양하다. 각종의 우대정책과 조세의 감면 등이 있다.

제4장 민 법

[李井杓, 姚輝]

제1절 중국 민법의 개요

I. 「민법통칙」의 제정

1986년 4월 제6기 전국인민대표대회 제4차 회의에서 통과된 「중화인민공화국민법통칙(약칭: 민법통칙)」은 신 중국이 성립된 이후, 가장 전형적인 민사입법이다. 민법통칙은 현대 중국의 법체계에서 민사에 관한 기본 법률에 속한다. 기본 법률이란 국가의 중요 부분이나 국민의 생활과 직접 관련 있는 사항에 관하여 제정되는 법으로서 전국인민대표대회 또는 전국인민대표대회 상무위원회에서 통과되는 중요 규범이다.

중국 「민법통칙」은 총 9개의 장(章)과 156개 조항으로 구성되어 있다. 구성체계는 제1장 기본원칙, 제2장 자연인(公民), 제3장 법인, 제4장 민사 법률행위와 대리, 제5장 민사권리, 제6장 민사책임, 제7장 소멸시효(訴訟時效), 제8장 섭외민사관계의 법률적용, 제9장 부칙으로 구성된다.

구체적인 내용으로는 민사에 관한 기본원칙과 이 원칙의 바탕 위에서 민사주체 및 민사주체의 법률행위에 관한 사항, 민사권리로서 재산권·채권·지적재산권 및 인신권을 입법하였고, 민사주체의 책임관계에 관한 일반원칙과 계약상의 민사책임, 불법행위책임 및 민사책임의 방식, 소멸시효 및 섭외법률관계에 관한 법률적용의 문제 등을 입법하고 있다.

Ⅱ. 「민법통칙」의 적용대상(調整對象)

「민법통칙」의 적용대상은 평등주체인 자연인(公民)과 자연인(公民), 법인과 자연인(公民) 및 자연인(공민)과 법인에 관한 재산관계와 인신관계(人身關係)이다(제2조). 따라서 중국 「민법통칙」은 평등한 민사주체 간의 재산관계와 인신관계에 관한 법률관계에 적용하는 법이다.

중국 「민법통칙」이 규율하는 재산관계는 평등한 민사주체들이 재화의 생산·분배·교환 및 소비의 과정에서 발생하는 재산적 법률관계를 말한다. 이러한 관계는 민법에서 물권(物權)관계·채권(債權)관계 및 지적재산권(知識產權)관계에서 발생하는 권리의무관계로 표현된다. 「민법통칙」에서 물권관계는 소유권과 사용권에 관한 일반적 규정만 두고 있다. 물권에 관한 사항은 새로 제정된 「물권법」이 적용된다. 「민법통칙」에서 채권관계는 계약의 이행 및 그 담보 등에 관한 기본적인 사항만 규정되어 있다. 채권관계에서 계약에 관한 사항은 「계약법」이 적용된다.

신분관계에서도 부부나 부자(父子) 간의 재산적 권리의무관계 및 상속관계 등도 민법이 규율하는 재산관계에 포함된다. 중국 「민법통칙」이 규정하는 인신관계(人身關系)는 민사주체의 재산관계와 관계없이 그 신분과 불가분의 관련을 맺는 법률관계를 말한다. 이러한 관계는 인격관계(人格關係)와 신분관계(身分關係)로 구성된다. 인격관계는 자연인의 생명·성명·건강·명예·초상 및 법인의 명칭·명예가 민사주체 자격과 관련되어 맺어지는 법률관계이다. 신분관계는 자연인이나 법인이 법이 보호하는 특정 행위나 사회적 생활관계에서 취득된 특정한 신분이 있는 자의 법률관계이다. 「민법통칙」에서 규정하고 있는 신분권에는 영예권·혼인자주권 및 기타의 권리 등이 있다. 신분관계는 「민법통칙」중에서 그 원칙 및 관련 규정을 두었지만, 신분관계의 주요한 내용인 혼인관계는 「혼인법」에서 규정하고, 상속관계는 「상속법(繼承法)」에서 규정하고 있다.

다만 모든 재산관계와 인신관계가 민법의 규율대상으로 되는 것은 아니다. 민법은 평등한 민사주체 간에 자율적 의사표시가 반영된 재산관계와 인신관계를 그 대상으로 한다.

이와 같은 민법의 적용범위에 따라, 민법은 두 가지 개념으로 정의할 수 있다. 첫째, 형식적 민법으로서 국가입법기관이 「민법」 혹은 「민법전」이라는 명칭으로 제정한 법률이다. 민법전은 민법의 원칙, 권리와 의무, 적용범위 및 각종 민사법률제도를 계통적·체계적으로 규율하는 규범이다. 중국에서 형식적 의의의 민법전은 아직 존재하지 않는다.[1] 현재 법전의 형태로 존재하는 것은 「민법통칙」이지만, 이 법은 민사기본법의 형태만을 갖추었을 뿐이고, 일반적 의미의 민법전이라고 할 수 없다. 「민법통칙」은 민사법률관계에 관한 기본적인 사항만을 입법하고 있고, 민법의 주요 내용인 계약법, 물권법, 혼인법, 상속법, 담보법 등은 개별 단행법으로 입법하고 있기 때문이다.

둘째, 실질적 민법으로서, 민법의 성격을 갖고 재산관계와 인신관계를 규율하는 모든 법규범의 총체를 말한다. 여기에는 민법전을 포함하여 민법과 직접적으로 관련이 있는 법률·법규, 판례법과 관습법, 최고인민법원의 사법해석을 포함하는 법규범의 총체가 포함된다.

현재 「중화인민공화국민법전」을 제정하는 과정에 있다. 새로운 민법전의 편제방식과 주요 내용 및 편찬방향 등에 관하여 많은 논의가 있다. 민법전이 제정된다면 현대 중국 법제사에서 가장 큰 의미를 갖게 될 것이다.

Ⅲ. 중국 민법의 법원

보통법과 대륙법계의 전통을 이은 각 국가는 민법의 법원으로서 성문법과 불문법이 있지만, 대륙법계의 국가는 성문법을 주요 법원으로 하고 있으며, 성문법 중에서도 민법이 주요 법원으로 된다. 보통법국가는 민법의 법원으로서 각종 불문법이 주요 법원이 되며, 불문법 중에서도 판례법이 주요 법원이 되지만, 연방제국가 중에 독립적인 사법입법권이 있는 주(州)가 제정한 민법전 이외에도 단독입법형식으로 제정되는 재산법·불법행위법·혼인법·상속법 등의 성문법이 보충적 법원이 되기도 한다.

중국은 성문법주의를 취하고 있으며, 불문법으로서의 판례법은 민법의 법원이 되지 못하며, 관습법이나 학설은 간접적으로 그 법원성이 인정된다.

---

1) 王利明, 民法, 中國人民大學出版社, 2007, p. 6; 陳光中, 法學概論, 中國政法大學出版社, 2007, p. 133 등.

1. 중국 민법의 법원

중국 민법은 각종 성문 법률로 구성된다. 여기에는 법률과 행정법규, 지방성 법규, 자치조례와 행정규장 및 각종 사법해석이 있다.

(1) 법 률

민법의 법원인 법률에는 헌법·민사기본법·단행 민사법률·종합적 단행법 등이 있다.

헌법은 전국인민대표대회가 제정한 근본법이다. 헌법에 규정된 국민의 경제생활과 관련된 사항이나 소유제에 관련된 규범들, 과학·문화·교육·기본권 등에 관한 규정들은 민법에 관한 최고의 법원이다. 민사기본법과 단행 민사법률은 헌법에서 규정된 이와 같은 규범들에 근거하여 입법된다.

민사기본법은 민사에 관한 중요한 제도나 원칙을 정한 규범으로서 일반적으로 민법전을 말한다. 중국에는 아직 완결된 민법전이 없고, 다만 민사기본법의 역할을 하는 규범은 「민법통칙(民法通則: 1986)」, 「담보법(擔保法: 1995)」, 「계약법(合同法: 1999)」, 「물권법(物權法: 2006)」, 혼인법(婚姻法:1980, 2001년 개정) 및 상속법(繼承法: 1980)이 있다.

「민법통칙」은 계획경제체제의 토대 위에서 시장경제적 요소를 도입하기 위한 규범으로서 자연인(公民)과 법인의 민사법상의 지위, 민사 법률행위, 대리, 소멸시효, 민사권리, 민사책임 등 민사관계에 관한 기본적·공통적 사항들을 입법한 것이다. 이 규범의 명칭은 「통칙」이지만 그 내용에는 민사책임 등에 관한 민법의 일반적 내용이 입법되어 있다.

「계약법」은 최근에 입법된 민사기본법이다. 「민법통칙」은 민사에 관한 가장 중요한 기본법이고, 「계약법」은 민사에 관한 법률관계 중에서 계약의 기본입법이다. 따라서 「민법통칙」은 「계약법」의 상위법체계에 속한다. 민사에 관한 중요 기본법인 「물권법」이 2007년 3월 16일 전국인민대표대회 제5차 회의에서 통과 및 공포되고, 2007년 10월 1일부터 효력을 발생하게 됨으로서 민법전이 구성될 수 있는 가능성을 낳게 되었다.

단행 민사법은 「민법통칙」에서 규율하지 못하는 각종의 민사권리관계를 보완하기 위하여 특정의 민사관계나 민사행위를 규율한 특별입법으로, 전국인민대표회 상무위원회에서 통과된 규범이다. 따라서 「민법통칙」과 단행 민사법의 관계는 기본법과 특별법의 관계로 된다. 이러한 단행 민사법들은 「특허법(專利法: 1984, 2000년, 2008년 개정)」·「저작권법(著作權法: 1990, 2001년 개정)」·「상표법(商標法: 1982, 2001년 개정)」 등이 있다.

종합성 단행법은 특정한 권리주체나 권리객체 또는 특수한 사항을 규율하기 위하여 제정하는 단행법규로서 행정법규나 형사법규적 성질도 함께 내포하고 있는 특수 법률이다. 이러한 법률은 「토지관리법(土地管理法: 1998, 2004년 개정)」·「도시부동산관리법(城市房地産管理法: 1994)」·「농촌토지도급법(農村土地承包法: 2002)」·「부정당경쟁방지법(反不正當競爭法: 1993)」·「소비자보호법(消費者權益保護法: 1993)」 및 「제품질량법(產品質量法: 1993, 2000년 개정)」 등이 있다.

⑵ 국무원이 공포한 행정법규

국무원은 헌법·법률 및 전국인민대표대회 상무위원회가 수권한 권한의 범위 내에서 주관업무와 관련된 각종 민사 관련 행정법규를 제정·공포할 수 있다. 국무원이 제정한 행정법규는 주로 조례, 규정 또는 판법(辦法)의 형식으로 공포된다. 국무원이 제정한 민사 관련 행정법규가 민사와 관련된 사항일 경우에 민법의 법원이 된다.

국무원이 제정한 행정법규에서 민사법률과 관련된 것으로는 「計算機軟件保護條例」·「全民所有制工業企業承包經營責任制暫行條例」·「專利法實施細則」·「著作權法實施條例」등이 있다.

⑶ 지방성법규

지방 각급 인민대표대회와 지방 각급 인민정부 및 민족자치구의 자치기관은 헌법과 법률이 규정한 권한의 범위 내에서 지방성 법규를 제정·공포할 수 있다. 지방성법규는 조례·결의·명령·지방성법규·자치조례·단행조례 등으로 공포된다. 지방성 법규에서 민사와 관련된 법규는 민법의 법원이 된다.

⑷ 규장과 규범성문건

국무원의 각 부와 위원회 및 지방인민정부가 법률과 행정법규에 근거하여 제정한 규범을 통칭하여 규장(規章)이라고 한다. 규장이 민사와 관련된 것일 때 민법의 법원이 된다.

규범성 문건은 법률과 행정법규에 근거하여 제정되는 것으로서 규장이 아닌 문건을 의미한다. 규범성 문건의 실질은 일정한 기한 내에 반복적으로 적용되는 행위에 대한 통제규칙이다. 규범성 문건은 「~결의」·「~명령」·「~지시」·「~통지」등의 형태로 공포된다. 규범성 문건이 법원이 된다는 견해와 간접적으로 적용되는 간접규범이라는 견해 등이 있지만, 이에 관한 논의가 아직 정립되지 않았다.

⑸ 최고인민법원의 유권해석(사법해석)

법률의 유권해석은 법률에 대하여 유권해석을 내릴 수 있는 기관이 특정 법률의 효력에 대한 유권해석을 내리는 것이다. 법률에 대하여 유권해석을 내릴 수 있는 기관으로는 최고인민법원과 최고인민검찰원 등이 있지만, 민법의 법원과 관련하여 최고의 심판기관인 최고인민법원의 사법해석(司法解釋)은 구속력을 갖는 중요한 법원이 된다.

최고인민법원의 사법해석(司法解釋)은 「인민법원조직법(1979, 2006년 제 3 차 개정)」 제32조에 근거한다. 동 조항에서 "최고인민법원은 심판과정에서 구체적인 법률·법령의 적용문제에 관하여 해석을 내릴 수 있다"고 규정하고 있다.

최고인민법원의 사법해석은 미시적으로 특정 법률 조항의 의미를 명확히 하거나 그 흠결을 보완하고, 법률의 해석이나 보완을 통하여 법률을 창조하는 작용을 한다. 거시적으로는 법률 간의 충돌을 조정하거나 기타 새로운 민사법률관계에 적용할 사법의견을 제시하는 것이다.

현재 중국은 많은 입법을 진행하고 있지만, 빠르게 발전하는 중국의 경제현실에 비하여 법률의 흠결이 상대적으로 많기 때문에 사법해석은 민법의 해석·적용에 있어서 중요한 작용을 한다. 사법해석은 「~의견(意見)」, 「~해석(解釋)」, 「~비복(批復)」, 「~해답(解答)」 등으로 표시된다.

민사에 관한 주요한 사법해석으로는 「關於貫徹(中華人民共和國民法通則)若干問題的意見(1988)」, 「關於適用(中華人民共和國合同法)若干問題的解釋(1999)」, 「關於適用(中華人民共和國婚姻法)若干問題的解釋(2001)」, 「關於貫徹執行(中華人民共和國承繼法)若干問題的意見(1985)」, 「關於適用農業承包合同糾紛案件若干問題的規定(試行)(1999)」, 「關於適用(中華人民共和國擔保法)若干問題的解釋(2000)」, 「關於審理專利糾紛案件適用法律問題的若干規定(2001)」, 「關於審理著作權糾紛案件適用法律若干問題的解釋(2001)」, 「關於審理商標民事糾紛案件適用法律若干問題的解釋(2001)」등이 있다.

⑹ 한정성 법원

위에서 언급된 것 이외에 법원으로 인정할 것이냐에 관하여 관습(習慣)과 법리(法理) 및 판례(判例)가 논의의 대상이 된다.

관습은 특정 지역에서 생활관계에 관하여 장기적·자연적으로 형성된 행위규범을 말한다. 관습이 민법의 법원이 될 수 있는가에 관하여 다수의 학자들은 그 법원성을 인정한다. 다만 일정한 요건을 충족한 경우에 한하여 제한적인 효력의 범위 내에서만 민법의 법원으로 인정된다. 특히 국가가 인정한 관습만 민법의 법원으로 인정된다는 것이 학자들의 공통된 의견이다.

법리는 법의 일반원리 또는 사물의 당연한 도리를 말하는 것으로서 학자들의 학설과 법관이 내린 판례로 구성된다. 법리가 민법의 법원이 되느냐에 관하여 다수의 학자들은 이를 부정하고 있으나, 법리가 법관에게 이론적·논리적 사유를 하게 함으로써 판결을 내리는 데 간접적으로 작용된다는 점을 근거로 많은 학자들이 법리의 간접적 법원성에 동의하고 있다.

중국민법 학계에서는 종래에 판례가 민법의 직접적인 법원이 될 수 있느냐에 대하여 논의가 있다. 중국의 사법실무에서는 판례를 민법의 법원으로 인정하지 않았지만, 이를 법리의 한 구성부분으로서 간접적으로 법원이 된다는 견해가 주류를 이루고 있다. 그러나 최근에는 최신의 판례들을 독자적인 법원으로 인정하자는 견해가 많아지고 있다.

Ⅳ. 중국 민법의 체계 문제

중국 민법이 전체 법률체계에서 어떤 지위를 갖고 있느냐 하는 것은 중국 법률제도의 특수성과 제도적 독자성에 따라 독특한 의미를 갖는다. 중국 민법의 체계문제는 현재의 단계에서 두 가지 중요한 의미를 갖는다. 첫째, 중국 민법이 경제법과 구별되는 것이 무엇이냐 하는 점과, 둘째, 민법과 상법을 일원주의 입법체계에 둘 것이냐 이원적인 입법체계로 할 것이냐 하는 점이다.

중국 민법은 사법(私法)적 성질을 갖고 있지만, 그 내용에는 공법적 성격을 갖는 다수의 주체와 행위규범이 존재한다. 그러나 중국 민법은 본질적으로는 사법의 특성을 갖고 있기 때문에 공법분야와 구별되고 경제법과도 구별된다. 민법은 동일 유형의 사법체계에 속하는 혼인법 및 상법과도 구별되며 기타 노동법과도 구별된다.

과거 1980년대 중국의 경제법학계와 민법학계간에 그 적용범위에 관하여 오랫동안 논쟁이 지속되었다. 중국이 민법과 상법의 일원주의를 채택하였기 때문에 상법과 경제법의 영역이 중복되면서 민상법은 경제법과 어떻게 다르고, 그 적용범위와 연구 및 강학의 범위는 어떻게 할 것인가 하는 점에 논의가 집중되었다.

현재에도 경제법의 정의에 관한 많은 견해가 있지만, 경제법을 정부, 정부의 경제관리기관, 경제조직(법인과 기타 경제조직) 및 국민 사이에서 사회공공성(社會公共性)을 근본적 특징으로 하는 경제관리에 관한 법체계의 총체라고 보는 것이 일반적이다.

민법과 경제법은 다 같이 시장경제를 위한 기본법적 특성을 공유하고 있지만, 민법은 평등주체 간의 재산관계와 신분관계를 규율하는 것이 주요한 목적이고, 경제법은 사회공공이익을 실현하는 것 및 민사주체 간의 부정당한 권리의 남용이나 행사를 규제하는 것이 목적이다.

민법은 행정법과 구별된다. 민법은 평등한 주체 사이에서 민사생활관계를 규율하고, 행정법은 명령복종의 관계인 국가행정관계를 규율한다. 이에 따라 민법은 평등한 주체 사이에서 당사자 자치의 원칙에 의하여 사회 생활관계가 맺어지도록 보호하지만, 행정법은 행정관리자와 피관리자 사이에 지배와 복종의 관계를 전제로 하여 행정관계를 규율하는 규범이다.

민법과 상법은 구별되는가? 구중국시대의 민법전은 스위스와 이탈리아의 민법전을 따라 민상법 일원주의를 취하였다. 신중국의 성립 이후 국가의 계획경제체제에서 상법은 존립할 근거가 없었다. 1978년 이후 개혁개방이 시작되면서 비로소 민법과 상법의 체계문제가 논의되었다.

과거에는 민상법 일원주의에 따라 민법과 상법은 한 영역으로 간주되었고, 현재에도 대다수 민법학자들은 민상법 일원주의를 지지하고 있다. 그러나 사회생활이 복잡화·전문화 및 글로벌화되어감에 따라 민법과 상법은 점차 독립된 영역으로 정착해 가고 있다.

민법과 민사소송법은 실체법과 절차법으로서 상호 구별된다. 민법의 실체적 공정은 민사소송법상의 절차적 공정을 전제로 하여 성립하고 보장되기 때문에 민법과 민사소송법의 관련성은 매우 밀접하다.

민법과 노동법은 일정한 재산·경제적 관계를 규율한다는 점에서 공통점이 있다. 그러나 노동법은 노동관계 및 노동관계와 밀접한 관계가 있는 기타 법률관계를 규율하는 것이 주요한 목적이므로, 노동관계의 일방당사자는 반드시 근로자 혹은 노동자이어야 하고 다른 일방은 근로자를 고용하는 사업자이어야 한다. 임금은 노동에 따른 분배원칙에 의한 것이므로 유상등가의 원칙에 의한 것이 아니다. 노동보험도 유상등가의 원칙보다는 근로자의 물질적 보조를 위한 사회보장적 차원의 성질이 강하다.

V. 중국 민법의 기본원칙

1. 민법 기본원칙의 의의

민법의 기본원칙은 민사주체의 행위준칙이 될 뿐만 아니라 민사입법(民事立法)과 사법실무 및 법률해석과 연구 등에 적용되는 기본준칙이다.

민법의 기본원칙은 민사입법의 지도원리와 사상을 확정한 것이므로 민법의 구체적 개별 규정들이 상호 충돌하거나 모순이 될 때 이를 조정하는 원리가 된다.

민법의 기본원칙은 민법 내의 개별 규정과 일반법과 개별법의 관계를 갖는다. 민사주체의 법률행위는 개별 규정의 적용을 받지만, 개별 규정이 흠결되거나 명확하지 않을 경우 일반법인 기본원칙의 적용을 받는다.

민법의 기본원칙은 사법실무에 적용되는 보충적 규범의 역할을 한다. 법관이 개별 사안에 관한 법 규정의 적용 시에 그 해석의 기준이 될 뿐만 아니라, 규정이 완전하지 못할 경우 이를 보충할 수 있는 근거가 된다.

「민법통칙」은 민법의 기본원칙으로서 당사자 지위 평등의 원칙(제3조), 자원·공평·등가유상의 원칙(제4조), 신의성실의 원칙(제4조)을 규정하고 있다. 이 외에 「민법통칙」 제 6 조와 제 7 조의 규정을 공서양속의 원칙으로 통칭하거나,[1] 권리남용금지의 원칙이라고 하는 견해,[2] 공공이익존중의 원칙(제6조)과 권리남용금지의 원칙(제7조)을 구분하는 견해[3] 등이 있다. 이 책에서는 중국 민법체계가 전체적으로 대륙법계의 전통에 따르고 있다는 점을 참고하여 이 부분을 편의상 권리남용금지의 원칙으로 통용하여 설명한다.

1) 王利明, 民法, 中國人民大學出版社, 2007, p. 46.
2) 江平主編, 民法學, 中國政法大學出版社, 2000, p. 70; 尹田主編, 民法教程, 法律出版社, 2007, p. 13.
3) 郭明瑞·房紹坤·唐廣良, 民商法原理(一), 中國人民大學出版社, 1999, p. 65.

2. 「민법통칙」의 기본원칙

(1) 당사자 지위 평등의 원칙

민사 법률관계의 주체가 되는 자의 법률적 지위는 완전히 평등하다. 이 원칙은 중국 민법이 경제법·행정법에 대하여 독자성을 갖는 근거가 된다. 당사자의 법적 지위가 평등할 때 국가기관·국유기업·사회단체나 자연인의 정치·경제적 지위와 관계없이, 민사법률관계를 주체적으로 결정할 수 있기 때문이다.

당사자 지위 평등의 원칙은 자원·공평·신의성실원칙의 전제가 된다. 당사자의 지위가 전제로 되지 않는 한 민사주체들의 민사관계가 자율적으로 또는 공평하게 이루어질 수 없기 때문이다.

당사자 지위 평등의 원칙은 민사관계에서 지위의 평등을 의미하며, 법률보호에서의 평등 및 이에 따른 의무와 책임에서의 평등을 의미한다. 민사관계의 주체는 법에 의하여 향유되는 권리 및 의무로 민법 앞에서 평등하며, 민법에 의하여 자율적으로 이것을 변경할 수 있고, 이에 따른 평등한 권리와 의무를 부담하며, 어떤 일방 당사자도 타인에게 손해를 미칠 수 없다는 점에 그 의의가 있다.

(2) 자원·공평·등가유상의 원칙

「민법통칙」이 규정하고 있는 자원(自願)의 원칙은 당사자가 자신의 필요에 의하여 충분히 자신의 의사를 표명하고, 이를 통하여 민사관계를 확정·변경 및 종료시키는 기본준칙을 말한다. 이것은 대륙법계 국가의 민법이 규정하고 있는 의사자치의 원칙 또는 사적자치(私法自治)의 원칙과 같은 의미이다.

자원의 원칙은 민사관계의 주체인 당사자는 법률이 허용하는 범위 내에서 민사에 관한 사항을 진실한 의사표시에 의하여 결정할 수 있고, 이들 민사관계에 법률이 그 구속력을 부여하고, 동시에 당사자는 이에 따른 책임을 부담한다는 데 그 의의가 있다. 이 원칙은 법률행위의 효력과 민사책임 부분에서 중요한 원리로 작용한다.

공평의 원칙이 민법의 독자적 기본원리로 될 수 있는가에 대하여 이견이 있지만, 많은 학자들은 이것을 민법의 기본원칙으로 인정한다. 공평의 원칙은 민사법률관계에서 일정한 기본준칙으로 작용한다. 첫째, 민사관계에 참여할 수 있는 기회를 공평하게 보장하는 것이다. 즉, 민사주체가 민사활동에 참여할 수 있는 기회가 정당하고 평등하게 보장될 수 있는 준칙이 된다. 둘째, 법률행위를 하는 당사자는 공평의 관념에 따라 정당한 법률행위를 하여야 한다. 이러한 행위가 아닐 경우 공평의 원칙에 따른 규제를 받는다. 셋째, 민사법률관계를 판단하는 법관은 공평의 관념에 따라 당사자의 법률관계를 이익형량의 관점에서 평가하여야 한다. 이 외에도 입법자는 법제정시에 공평의 원칙에 따라 권리의무관계를 형량하여 입법하여야 한다.

등가유상(等價有償)의 원칙은 공평의 원칙이 재산관계에 반영된 것으로서 공평원칙의 한 부분에 불과하므로 이것은 민법의 기본원칙이 아니고, 재산관계 또는 상사관계에 적용되는 개별원칙에 불과하다.

(3) 신의성실의 원칙

신의성실(誠實信用)의 원칙은 민사생활관계의 도덕규범을 법률의 원리로 전환한 것이다. 신의성실의 원칙은 민사관계의 주체가 민사법률관계에서 신의와 성실로써 임해야 한다는 것이다. 신의란 민사관계의 형성·변경 및 종료 시에 상대방에 대하여 자기가 약속한 바를 지키는 것이고, 성실이란 이러한 변동 시에 거짓됨이 없이 행함으로써 관계 당사자의 이익을 침해하지 않는 것을 말한다. 신의성실이 원칙을 통하여 민사관계의 당사자는 신용을 확립할 수 있게 될 뿐만 아니라 거래관습을 존중하게 되고 권리남용이나 부당경쟁 및 독점 등을 예방할 수 있다. 신의성실의 원칙이 민사법률관계에서 갖는 의미는 두 가지이다. 첫째는 법률과 민사행위의 해석에 관한 준거가 될 뿐만 아니라, 법률의 규정이 명확하지 않거나 흠결된 경우 이의 보충규범으로서 작용한다.

(4) 권리남용금지의 원칙

「민법통칙」은 제 6 조 및 제 7 조에서 권리남용금지원칙에 관련된 사항을 규정하고 있다. 「민법통칙」에 규정된 이 두 개의 조문은 권리남용금지원칙을 정면으로 규정한 것은 아니지만 이 조항을 통하여 「민법통칙」이 권리남용금지의 원칙을 개괄적으로 규정하고 있다고 볼 수 있다.

「민법통칙」 제 6 조에서는 “민사활동은 법률을 준수하여야 하고, 법률에 규정이 없을 경우 국가의 정책을 준수하여야 한다”고 규정하고 있고, 제 7 조는 “민사활동은 사회공중도덕을 존중하여야 하고, 사회 공공의 이익을 저해할 수 없으며, 국가경제계획을 파괴하거나 사회경제질서를 교란하는 행위는 금지된다”고 규정하고 있다.

자연인이나 법인에게 의사자치의 원칙을 보장함으로써, 이들은 적극적인 민사법률행위를 통하여 자기의 합법적 권리와 이익을 얻을 수 있고, 어떠한 조직이나 자연인도 타인의 합법적 이익을 침해할 수 없게 된다. 그러나 권리를 행사하는 자가 자기의 합법적인 권리행사의 범위를 넘어서 행사함으로써 타인이나 기타 조직에 손해를 발생시키거나 사회공중도덕에 위반하는 결과가 되는 경우 또는 위법하게 타인의 정당한 권리행사를 방해하는 경우, 이는 권리의 남용의 원칙에 따른 법에 의한 규제를 받는다. 이러한 측면에서 권리남용 금지의 원칙은 의사자치 원칙을 보완하는 역할을 한다.

「민법통칙」 제7조에서 규정하는 '공공이익'은 대륙법계에서 말하는 '공서양속'과 같은 의미이지만, 중국의 특색이 가미된 공서양속을 말한다. 공공이익은 일반적으로 인류의 공동이익을 의미하지만, 중국에서는 이것을 사회주의경제제도, 정치제도, 사회주의질서와 경제질서, 국가의 경제정책, 국가의 지령성계획 등을 모두 공공이익의 범주에 포함시킨다.[1]

'사회공중도덕'은 사회가 널리 공인한 도덕규범을 말하고, '선량한 풍속'은 사회주의 문명건설을 위하여 필요한 우량한 민속풍속과 관습을 말한다. 사회공중도덕과 선량한 풍속은 사회 공공이익을 구성하는 요소이다.[2] 권리남용금지의 원칙은 개인이나 법인의 사적 이익과 공공이익을 조합하기 위한 민법상의 기본원칙이다.

제2절 민사법률관계의 주체

I. 민사법률관계

민사법률관계는 민법이 규정하는 평등한 민사주체 사이에서, 민법이 규율하는 재산관계와 인신관계를 대상으로 하여, 민사 권리와 의무를 핵심 내용으로 하는 사회 생활관계에 관한 법률적 표현이다.

민사법률관계는 주체, 내용 및 객체를 요소로 하여 구성된다.

1) 郭明瑞·房紹坤·唐廣良, 民商法原理(一), 中國人民大學出版社, 1999, p. 65.
2) 郭明瑞·房紹坤·唐廣良, 民商法原理(一), 中國人民大學出版社, 1999, p. 65.

민사법률관계의 주체는 민사법률 관계에 참여하여 권리를 향유하고 의무를 부담하는 당사자를 말하며, 일반적으로는 민사주체 또는 당사자(當事人)라고 한다. 그중 권리를 향유하는 당사자를 권리주체라 하고 의무를 책임지는 상대방을 의무를 부담하는 주체라고 한다. 대부분의 민사법률관계에서는 한 당사자가 권리를 향유함으로써 권리주체가 되지만 동시에 그 권리향유에 대한 상호작용으로써 의무의 주체도 된다. 민사법률관계의 주체가 되는 '인(人)'은 자연인과 법인 및 기타 경제조직이 포함된다.

민사법률관계의 내용은 민사주체가 민사법률관계 중에서 향유하는 민사에 관한 권리 및 의무의 내용을 말한다. 민사권리는 재산권과 인신권, 절대권과 상대권, 지배권과 청구권, 형성권과 항변권, 주된 권리와 종된 권리, 전속권과 비전속권, 기득권과 기대권 등으로 분류할 수 있다.

민사법률관계의 객체는 민사주체가 민사권리를 얻고 의무를 지는 대상을 말한다. 민사법률관계의 객체에는 물건(物), 행위, 지적성과, 인신이익과 권리 등이 포함된다. 물건은 일정한 물리적 속성과 법률적 속성을 갖추고 있어야 하며, 일정한 형체를 갖고 있거나 일정한 공간을 점유하는 객체이다.

민사법률관계의 객체로 되는 행위는 특정한 권리주체가 특정 이익을 얻기 위하여 하는 행위를 말하며, 재산급부행위, 노무나 서비스를 제공하는 행위, 일을 완성하거나 완성된 일의 교부행위 등이 이에 속한다. 지적 성과는 지적 노동력을 이용하여 창조된 정신적 성과물로서 발명, 문학작품 등을 말한다. 인신이익은 생명 · 성명(姓名: 법인명칭 포함) · 초상 · 명예 · 존엄 · 영예(榮譽) · 신분 등을 포함하는 개념이다.

Ⅱ. 민사법률관계의 주체

중국 민사법률관계에서 주체 자격이 있는 자는 일반적으로 자연인과 법인이다. 중국 「민법통칙」은 민사법률관계의 주체로서 평등한 주체인 자연인(공민)과 법인만을 규정하고 있지만(제2조), 자연인(공민)에 관한 제 2 장 부분에서 자연인과 함께 개체공상호(個體工商戶), 농촌도급경영호(農村承包經營戶), 개인조합(個人合伙)을 특수한 민사주체도 규정하고 있다. 이들은 자연인과 법인이 아닌 특수한 민사주체로서 중국 「민법통칙」에서만 규정하고 있는 기타 경제조직이다. 국가도 일반 민사주체가 된다.

이 외에도 법인자격 없는 비법인조직(非法人組織)에 관하여 민사주체 자격을 부여할 것인지에 관하여 논의가 있으나 사회의 필요 및 경제적 동기를 부여하기 위하여 일정한 조건에 부합하는 경우 민사주체로 인정하고 있다.

민사법률관계의 주체가 되는 자연인과 법인은 권리능력(權利能力)과 행위능력(行爲能力)이 있어야 한다. 권리능력은 민사주체가 권리를 향유하거나 의무를 부담할 수 있는 추상적·일반적 자격을 말한다. 이는 민사주체가 구체적 민사활동에 참가할 수 있는 전제가 되고 동시에 민사주체가 민사활동에 참가할 수 있느냐의 여부와 관계없이 존재하는 자격이다. 그러나 민사주체가 권리능력을 가지고 있더라도 구체적인 민사활동에 참여함으로써 특정한 권리를 얻고 의무를 부담하려면 일정한 행위능력이 있어야 한다. 행위능력은 민사주체가 스스로 한 행위에 대하여 권리를 얻거나 의무를 부담할 수 있는 구체적 자격을 말한다.

1. 자연인(공민)

(1) 자연인과 공민

「민법통칙」에서는 민사주체의 한 유형으로서 공민(公民)이라는 개념을 사용하고 있다. 「민법통칙」에서 사용하는 공민은 자연인과 개념상 구별 된다. 공민은 일반적으로 특정 국가의 국적을 가진 자연인을 의미한다. 중국 「헌법」도 "무릇 중화인민공화국의 국적을 가진 사람은 모두 중화인민공화국의 공민이다"고 규정하고 있다(헌법 제33조).

이에 비하여 자연인은 법인에 상응하는 개념으로서 출생을 통하여 생존하는 사람을 말하는 것이다. 자연인은 본국의 국적을 토대로 하는 공민뿐만 아니라 외국의 국적을 가진 외국인 및 국적이 없는 사람을 포함하는 개념이다. 따라서 「민법통칙」 제9조에서 말하는 공민(公民)은 자연인보다 그 범위가 좁다. 「민법통칙」 제8조에서는 "본 법에서 공민에 관한 규정은 중화인민공화국 영역 내에 있는 외국인·무국적인에도 적용된다. 법률에서 다른 규정이 있는 경우는 제외한다"고 규정하고 있다. 따라서 「민법통칙」에서는 자연인과 공민을 같은 개념으로 보아야 한다. 현재 입법작업 과정에 있는 민법초안에서도 자연인 개념을 사용하고 있다.

⑵ 자연인의 권리능력

「민법통칙」 제 9 조에 의하면 자연인은 출생 시부터 사망 시까지 권리능력을 보유하며, 법에 의하여 민사권리를 향유하고, 민사 의무를 부담한다.

출생의 시기는 태아가 모체로부터 완전히 분리해서 스스로 호흡할 수 있을 때를 말한다. 아직 출생하지 않은 태아는 권리능력이 없지만, 태아의 출생 후 생활을 보장해 주기 위하여 중국 「상속법」에서는 재산상속이 실시되는 경우 태아의 유류분권을 인정하고 있다(제28조). 자연인의 출생시간은 최고인민법원의 사법해석에 의하면, 호적증명에 기재된 시간에 따른다. 호적증명이 없을 경우에는 그 자연인이 출생한 병원에서 발급하여 보고하는 출생증명에 의하며, 병원의 증명도 없을 경우에는 기타 관련 기관의 증명을 참고하여 결정한다.[1)]

자연인의 사망은 자연사망과 선고사망 두 가지가 있다. 자연사망은 수명이나 기타 생리적 사유에 의하여 생명이 정지되는 것이다. 자연사망의 시기는 의학적으로 인증된 사망시간을 기준으로 한다. 중국 민사법학계에서는 일반적으로 심장이 멈추었거나 호흡이 정지한 것을 자연사망의 표준으로 인정한다. 자연사망 후에는 민사권리능력이 소멸한다.

선고사망은 자연인의 행방이 불분명하게 되어 일정한 기간이 경과하거나, 의외의 사고를 당하여 행방이 불명하게 된 경우 일정한 절차에 거쳐서 사망을 추정하게 하는 제도이다.

⑶ 실종선고와 선고사망제도

1) 실종선고

자연인인 국민이 법률에서 정한 일정한 기간 실종되어 행방불명된 경우 이해관계(利害關係)에 있는 자의 신고에 의하여 법원이 심판을 통하여 그 자의 실종을 선고함으로써 재산상의 법률관계를 조정하는 제도가 실종선고이다.

자연인이 자기의 주소를 떠나 2년 동안 행방불명된 경우에 이해관계자가 인민법원에 실종선고를 청구할 수 있다. 행방불명이란 실종자가 자기의 주소나 소재지에서 거주하거나 생존하고 있다는 사실을 입증할 수 없는 것을 말한다. 이해관계자란 실종자와 민사상 법률관계를 가지고 있는 자로서 혼인·혈연관계에 있거나 상속 또는 기타 관계에 있는 자를 말한다. 인민법원은 청구사실을 심사한 후 「민사소송법」 제168조의 규정에 따라 실종자 수색에 관한 공고를 하여야

1) 最高人民法院, 「關於貫徹執行(中華人民共和國民法通則)若干問題的意見」, 제 1 조.

하며, 그 기간은 3개월로 한다. 공고기간이 만료된 후 인민법원은 실종선고가 법정조건에 부합된다고 판단되면 실종선고의 판결을 내리고 그 조건에 부합하지 않을 때에는 실종선고의 신청을 기각(駁回)한다.

중국 민법학자들은 실종선고제도가 그 선고를 받은 자의 권리능력을 소멸시키는 것이 아니라 단지 그 자의 재산관리를 위한 제도로 이해한다. 실종선고가 있게 되면 실종자의 재산을 관리하기 위하여 그 자와 가장 밀접한 관계가 있는 자를 선임하게 되는데 이러한 자에는 그의 배우자, 부모, 성년자녀 및 기타 그 사람과 밀접한 관계의 친지, 친구 등이 있다. 만일 이러한 자가 없거나 있더라도 재산을 관리할 능력이 없을 경우에는 인민법원이 재산관리인을 지정한다. 실종자가 처리하지 못한 법률관계 예컨대 채무, 미납세금, 부양비, 양육비, 기타 재산관리비 등과 같은 것이 있으면 재산관리인이 실종자의 재산으로써 이를 지급하여야 한다.

실종선고는 재산관리를 위한 제도이므로 혼인관계에 영향을 주지 않는다. 실종선고를 받은 자의 배우자가 재혼을 원할 때는 반드시 먼저 이혼 신청을 한 후에 할 수 있다. 실종선고를 이유로 하는 이혼의 허가 여부는 인민법원이 일반적인 이혼사유 및 실종사실을 심사한 후 판결한다.

실종선고를 받은 자가 다시 나타나거나 생존한다는 사실이 입증되면 본인이나 기타 이해관계인의 신청에 의해서 인민법원에 실종선고 취소의 소를 청구할 수 있다.

2) 선고사망

선고사망제도는 인민법원이 법정절차에 의거하여 실종자가 일종의 사고와 같은 객관적 사실에 의하여 사망했다는 것을 확정하는 법률상의 추정이다. 한국 민법상의 인정사망제도와 같은 취지이다.

「민법통칙」에 의할 때 자연인의 행방이 불분명하게 된지 4년이 되거나 의외의 사고를 당한 자가 사고발생일로부터 2년 간 행방불명된 경우에 관계 기관을 통하여 실종자가 생존하지 않는다는 사실이 증명되면 이해관계인은 인민법원에 그 자의 선고사망을 신청할 수 있다.

선고사망 신청이 있게 되면 인민법원은 이를 접수한 후에 「민사소송법」의 실종자 수색에 관한 규정에 따라 공고를 하여야 한다. 행방불명된 지 4년이 되는 경우에는 공고기간을 1년으로 하고, 의외의 사고로 행방불명된 지 2년이 되는 경우에는 그 기간을 3개월로 하여야 한다. 공고기간이 만료된 후에 선고사망의 법정요건에 부합되는 경우에는 인민법원은 선고사망을 판결하고 선고사망의 요건을 갖추지 못한 경우에는 신청을 기각한다.

선고사망이 되면 법률상 사망한 것으로 추정된다. 따라서 자연사망과 같은 법률효과가 발생됨에 따라 선고를 받은 자는 민사권리능력이 소멸된다. 최고인민법원의 사법해석에 의하면 선고사망의 판결을 한 날이 사망일자가 된다.[1] 이에 따라 선고사망이 확정되면 선고된 자의 재산상 신분상의 법률상 효력이 발생한다. 선고된 자의 재산은 바로 피상속인에게 상속되고, 선고된 자와 혼인관계에 있는 자는 혼인관계가 해소된다. 이러한 점에서 선고사망제도는 실종선고와 다르다. 만일 선고사망 된 자가 살아서 나타나거나 사망하지 않았다는 사실이 입증되면 본인이나 이해관계인의 신청을 통하여 선고사망 취소의 소를 신청할 수 있다. 선고사망이 취소된 자는 재산반환 청구권을 갖는다. 선고사망에 따라 그의 재산을 취득하였던 자연인 또는 기타 조직은 상속받았던 원 재산을 반환하여야 하며 원래의 재산이 없을 경우에는 그 가액을 반환하여야 한다.

선고사망을 취소한 후에 선고사망 판결전의 선의로 한 행위는 선고사망의 취소판결로 인하여 영향을 받지 않는다. 그러므로 상속자로부터 그 재산을 양수한 선의의 제 3 자는 선고사망의 취소가 있더라도 유효하게 그 재산에 대한 권리를 보유하게 된다. 나아가 선고사망을 받은 자의 배우자가 선의로 타인과 재혼을 한 경우에는 유효한 결혼이 된다. 만일 선고사망을 받았던 자의 배우자가 재혼을 하지 않았을 때는 원래의 결혼관계가 회복된다.

(4) 자연인의 행위능력

자연인의 민사행위능력은 자연인이 자신의 의사에 따라 독립적으로 행위를 함으로써 권리를 취득하고 의무를 부담할 수 있는 능력 혹은 자격을 말한다. 자연인의 민사행위능력이 인정되고 법률이 효력을 부여하는 근거는 자연인의 의식능력, 즉 자기행위를 스스로 식별하고 통제할 수 있는 능력에 있다. 자연인이 스스로의 행위를 분별하고 통제할 수 있는지의 여부를 결정할 수 있는 기준은 연령(年齡)과 지력(智力)이다. 「민법통칙」은 자연인의 행위 능력을 이러한 기준에 따라 완전행위능력(完全行爲能力), 행위무능력(行爲無能力) 및 한정행위능력(限定行爲能力)의 세 가지로 구분하고 있다. 중국 「민법통칙」에서 18세 이상의 자연인은

1) 最高人民法院, 「關於貫徹執行(中華人民共和國民法通則)若干問題的意見」, 제36조.

독립적인 민사활동을 할 수 있는 완전민사행위능력자이다. 16세 이상 만18세 미만의 자라고 하더라도 자신의 노동수입을 주요한 생활원천으로 한다면 자기의 민사행위에 대하여 책임질 수 있는 상태에 있기 때문에 연령미달과 관계없이 완전행위능력자로 본다.

10세 이상의 미성년자 또는 비록 성년이 되었다 할지라도 자신의 행위를 완전히 식별할 수 없는 정신장애자는 한정행위능력자다. 이들은 그들의 연령과 지력 혹은 그들의 정신 건강상태에 상응하는 민사행위를 할 수 있고, 이 외의 기타 민사활동은 반드시 그의 법정대리인이나 그의 법정대리인의 동의를 통해서만 할 수 있다.

만 10세가 되지 못하는 미성년자와 비록 성년자이지만 스스로의 행위를 완전히 식별할 수 없는 정신장애자는 행위무능력자이다. 이들의 민사행위는 그들의 법정대리인이 대리하여야 한다.

⑸ 후 견

후견(監護)은 후견인이 미성년자나 정신장애자에게 그들의 신체와 재산상의 합법적인 권익을 보호하고 감독하는 것을 말한다. 후견제도의 주요한 특징은 무능력자와 한정행위능력자의 이익을 보호하여 민사관계의 안정을 기하기 위한 법률제도라는 점이다.

「민법통칙」은 무능력자와 한정행위능력자 모두에게 후견인을 세우도록 하였다. 후견인은 법률상 피후견인의 법정대리인이 된다.

「민법통칙」상 미성년자의 후견인은 먼저 부모가 된다. 부모가 사망했거나 생존하더라도 후견능력이 없을 경우에는 조부모(외조부모 포함), 형제, 자매나 밀접한 관계가 있는 기타 친척 혹은 친구가 후견인으로 된다. 기타 밀접한 관계에 있는 친척이나 친구가 후견인을 담당할 시에는 반드시 미성년자 부모의 소재 단위나 미성년자 주소소재지의 주민위원회나 촌민위원회의 동의를 얻어야 한다. 이러한 지정에 이견이 있는 이해관계인은 소송을 제기할 수 있고 인민법원에서 재결로 결정한다. 만일 위에서 언급된 자 중에서 후견인을 담당할 사람이 없을 때에는 반드시 미성년자의 부모 소재 단위나 미성년자 주소 소재지 지역 주민위원회 혹은 촌민위원회나 민정부문이 후견인으로 된다.

「민법통칙」상 미성년자 이외의 무능력자와 한정행위능력자의 후견인으로 되는 자는 배우자, 부모, 성년자녀, 기타 가까운 친척 순으로 한다. 가까운 친척이나 친구가 후견인으로 되는 경우에는 반드시 후견인이 소재하고 있는 단위나 주소 소재지의 주민 위원회나 촌민위원회의 동의를 얻어야 한다. 후견인 지정에 대한 이견이 있거나 위에서 언급한 자 중에서 후견인을 담당할 수 있는 사람이 없을 때에는 미성년자의 후견인 지정과 같은 방식으로 한다.

후견인으로 지정된 자는 피후견인에게 이익으로 되는 사항에 관하여서는 합리적으로 결정·처분할 수 있지만, 피후견인에게 불이익으로 되는 재산의 처분과 같은 행위는 할 수 없다. 피후견인에게 재산상의 손실을 초래하게 하였다면 그 손실에 대한 배상을 하여야 한다.

(6) 자연인의 주소

중국에서 자연인은 반드시 주소가 있어야 한다. 주소는 한 국가의 자연인에게 공법적·사법적으로 중요한 부분을 차지한다. 국적 결정, 행위지 결정, 이행지 결정, 혼인과 이혼의 등록지 결정, 재판적과 관할지 결정, 세금납부지 결정 등과 같은 경우에 주소는 모두 중요한 준거가 된다.

「민법통칙」은 자연인의 호적(戶口) 소재지를 주소로 하고 있다. 중국에서는 출생과 사망, 혼인과 이혼의 등록 및 성명을 바꾸는 것 등은 모두 호적의 기록을 중심으로 하여 이루어지기 때문이다. 따라서 호적은 자연인의 법률지위를 명확히 정하는 중요한 근거가 된다.

자연인의 거주지가 호적소재지와 다른 때에는 거주지를 주소로 본다. 최고인민법원의 사법해석에 의하면 거주지는 해당 자연인이 최후에 지속적으로 만 1년 이상을 생활한 지역을 말한다.[1)]

2. 법 인

(1) 법인의 개념과 특징

법인은 민사권리능력과 민사행위능력을 가지고 있고 법에 의하여 독자적으로 민사권리와 민사의무를 지니는 조직을 말한다(민법통칙 제36조). 「민법통칙」 제36조 및 제37조에 의할 때 법인은 다음과 같은 특징을 갖는다. ① 법에 의해 성립할 것, ② 필요한 재산 또는 경비를 가지고 있을 것, ③ 자기의 명칭, 조직기구 및 장소를 가지고 있을 것, ④ 독자적으로 민사상 책임을 부담할 수 있을 것 등이다.

1) 最高人民法院, 「關於貫徹執行(中華人民共和國民法通則)若干問題的意見」, 제 9 조.

⑵ 법인의 권리능력과 행위능력

법인의 권리능력과 행위능력은 법인의 성립 당시나 설립등록 당시에 발생되고 법인의 종료 시에 소멸하므로 자연인과는 달리 권리능력과 행위능력은 동시에 발생되며 그 범위도 일치한다. 다만 법인은 법에 의하여 설립된 조직체이기 때문에 자연인과는 달리 권리능력이나 행위능력의 범위는 법이나 정관에서 정하여진 범위 내로 한정되고, 특히 인신(人身)을 전제로 하여 성립된 권리능력이나 행위능력은 제한된다. 법인의 민사상 행위능력은 보통 법에 의하여 법인을 대표하는 기관에 의하여 실현되며, 법인기관의 행위가 바로 법인 자체의 행위로 되는 특색이 있다.

⑶ 법인의 종류

법인의 종류는 대륙법계와 영미법계가 각각 다른 개념을 가지고 있으므로, 이러한 개념에 따라 달리 분류될 수 있다. 대륙법계에서는 일반적으로 법인을 공법인과 사법인으로 구분하거나 사단법인과 재단법인으로 나눈다. 영미법계는 모든 법인을 사단(社團)으로 총칭하고 있고, 대륙법계에서 말하는 재단의 직능은 신탁제도에 의하여 운용된다. 사단법인은 집단법인과 독자법인으로 분류한다.

중국 「민법통칙」은 법인의 목적과 성질에 따라 기업법인, 기관법인, 사업단위법인 및 사회단체법인으로 구분하고 있다.

1) 기업법인

기업법인(企業法人)은 영리를 목적으로 독립적으로 경영활동을 하는 법인을 말한다. 「민법통칙」에 의할 때 기업법인은 소유제형식과 투자방식에 따라 전민소유제기업법인, 집체소유제기업법인, 사인소유제기업법인 및 혼합소유제기업법인으로 분류한다. 혼합소유제기업법인은 국내의 연합경영기업법인과 외상투자기업법인으로 나누어진다. 외상투자기업법인은 다시 중외합자경영기업(합자기업), 중외합작경영기업(합작기업) 및 외상독자기업으로 세분된다.

「민법통칙」 제41조와 「기업법인등록조례」의 규정에 따르면 기업법인은 반드시 등록하여야 하고, 등록 시에 필요한 요건은 다음과 같다. ① 명칭, 조직기구와 정관, ② 고정적 영업장소와 필요한 시설, ③ 국가규정에 부합되고 또 그 조직적 규모에 상응하는 설립자금액과 종업원, ④ 독자적으로 민사상 책임을 부담할 수 있을 것, ⑤ 국가의 법률·법규 및 정책의 규정에 부합되는 경영범위 등이다. 이 규정과 위에서 언급한 일반법인의 성립요건을 비교하면 기업법인은 일반

법인의 4개 조건 이외에도 조직운영에 관한 정관 및 국가가 정한 설립자금액을 충족하여야 하고 반드시 주무기관의 허가를 얻어 등록해야 한다. 기업법인은 이러한 요건에 따라 등록하였을 때 성립되고 법인자격을 보유한다.

기업법인은 등록 시 허가된 경영범위 내에서 경영에 종사하여야 하고, 그 법정대표자와 기타 경영자의 경영활동에 대하여 민사상 책임을 부담하여야 한다(민법통칙 제42조·제43조). 법인의 법정대표자는 기업법인을 대외·대내적으로 대표한다.

기업법인은 필요할 경우 분할(分立)·합병(合併) 및 조직변경(組織變更)을 할 수 있다. 기업법인이 분할하거나 합병한 경우 이러한 사실을 등록기관에 등록하고 동시에 일정기간 공고하여야 한다.

기업법인이 분할 또는 합병 후에 기업법인의 권리와 의무는 변경 후의 법인이 향유하거나 승계한다. 즉, 분할인 경우 원래의 기업법인에게 있던 재산·채권 및 채무 등은 일정한 분배방식에 의하여 분할 후의 개별 법인이 승계한다. 합병인 경우에는 원래의 법인재산·채권 및 채무는 모두 통합 후의 법인에게 포괄승계된다.

기업법인은 다음과 같은 사유가 있는 경우에 종료된다(민법통칙 제45조). 즉, ① 법률에 의하여 취소되는 경우, ② 해산되는 경우, ③ 법에 의하여 파산선고가 있는 경우, ④ 기타의 원인이다. 기업법인이 법률에 의하여 종료되는 경우에 청산기관이 설치되고 청산 기간 내에서 한정된 민사주체 자격이 인정된다. 청산임무가 완료되면 등록기관에 말소등록을 하고 이를 공고하여야 한다. 청산이 완료되면 민사주체자격이 완전히 상실된다.

2) 기관법인

기관법인(機關法人)은 법률이나 행정명령에 의하여 조직되고 독립된 예산을 보유할 뿐만 아니라 법인자격을 갖춘 국가의 각종 행정관리부서를 말한다. 법인자격이 있는 중앙과 지방의 국가 각급 기관은 국가가 위임한 권한에 근거하여 하여 정치·경제·군사·사회문화 등의 영역에서 각종 행정적 관리업무를 처리하게 되는데 이 과정에서 기타의 법인·자연인과 민사법률관계를 맺고 이에 따른 권리를 향수하고 의무를 부담한다.

3) 사업단위법인

사업단위법인(事業單位法人)은 문화교육·과학기술·의료·체육 등과 같은 비영리적 사회공익사업에 종사하는 법인을 말한다. 사업단위법인은 독립된 예산을 보유하지 못하고 국가예산에 의존하여 활동을 한다는 점에서 기관법인과 구별된다. 이 법인도 민사관계에서는 주체자격을 갖는다. 사업단위법인의 경우 법률의 규정에 의하여 법인등록을 할 필요가 없을 경우에는 성립된 날로부터 법인자격을 보유하며, 법률상 법인등록을 하여야 할 경우에는 허가를 받아서 등록하면 등록된 날로부터 법인자격을 취득한다.

4) 사회단체법인

사회단체법인은 공동의 목적을 갖는 일정한 수의 구성원이 자율적으로 조직하여 사회공익·문화예술·종교·학술 등의 활동을 하는 각종 비영리적 법인을 말한다. 「사회단체등록관리조례」에 의하면 법률·법규에 따로 규정되어 있는 것 외에 중화인민공화국 국내에서 조직된 각종 사회단체는 모두 이 조례의 규정에 의하여 등록을 하여야 하며, 법인요건을 갖춘 단체는 주무기관의 심사허가를 통하여 등록을 한 후 법인자격을 취득한다. 이와 같은 조직으로는 각종 노동조합, 업종별 각종 협회, 각종 연구회나 학회 등이 있다.

3. 특수한 민사주체

중국 민사법에서 민사관계의 주체를 논할 때 다른 국가의 민사법에서는 볼 수 없는 특수한 주체들이 있다. 「민법통칙」은 제2장에서 자연인에 관한 규정을 하면서 자연인과 유사한 주체인 개체공상호, 농촌도급경영호 및 개인조합을 별도로 규정하고 있다. 이들은 하나의 호(戶)라는 법률적 특성 때문에 자연인이 갖는 행위능력 이외에 각자의 영업범위에 필요한 특수한 행위능력을 갖추어야 한다.

⑴ 개체공상호

개체공상호(個體工商戶)는 개인이나 가정을 최소 단위로 하여 그 자신의 재산을 자본으로 등록하고, 허가받은 공업이나 상업 등과 같은 영업범위 내에서 영리활동을 하는 특수한 민사주체이다.

개체공상호의 법률적 특징은 다음과 같다. ① 개체공상호는 개별노동을 위주로 한 가내영업을 하는 민사주체로서 개인이 독자적으로 영업활동을 할 수도 있고(개인공상호), 가정을 단위로 영업활동을 할 수도 있다(가정공상호). ② 개체공상호의 영업범위는 일반적으로 소형공업, 수공업, 음식업, 수리업, 각종 서비스업, 운수업, 자문업, 건축업, 수선업 등이고 이러한 영업범위 내에서 얻은 이익은 법률상 보호를 받는다. ③ 개체공상호가 등록을 신청하면 공상행정관리기관은 이를 심사하고 법정요건에 부합하는 경우에 영업허가증(營業執照)을 발급한다. 개체공상호는 영업허가증을 받은 후에 합법적으로 영업활동을 할 수 있고 민사주체의 지위도 보유한다.

개체공상호는 자연인이 갖는 권리 이외에 법에 의하여 등록된 호(戶)이기 때문에 영업활동권, 상호사용권, 은행개좌개설권, 대출신청권, 감세 및 면세 청구권 등을 갖는다. 이러한 권리에 상응하여 공상행정관리기관의 감독을 받아야 하며 법률과 행정법규를 준수하여야 한다.

개체공상호의 영업활동 과정에서 발생된 채권과 채무는 개인공상호일 경우에는 개인의 권리로 귀속되고, 가정공상호일 경우에는 가정의 공동재산으로 귀속한다. 가정공상호일 경우에 대외적인 채무부담은 가족이 공동으로 연대하여 책임을 부담하며, 만일 가정의 구성원 일부만이 투자하여 등록한 경우에는 그 일부가 연대하여 책임을 진다. 가정의 공유재산으로 채무를 상환할 경우에는 가정의 구성원, 특히 미성년자나 생활무능력자 등을 위하여 생존에 필요한 도구와 필수품 등은 남겨 놓아야 한다.

(2) 농촌도급경영호

농촌도급경영호(農村承包經營戶)는 농촌 집체조직(集體組織)의 구성원이 법률이 허락하는 범위 내에서 도급계약(承包合同)에 근거하여 집체조직소유의 각종 부동산을 자기의 경영활동에 이용함으로써 이익을 얻는 특수한 민사주체를 말한다.

농촌도급경영호는 다음과 같은 법률적 특징을 갖는다. ① 농촌도급경영호는 농촌의 집체조직의 구성원이다. 농촌집체조직은 농촌이라는 행정적 조직을 토대로 하여 농민들과 행정조직이 결합된 집합체를 의미한다. 농촌도급경영호는 가정을 단위로 하여 농촌집체조직과 도급계약을 체결할 수도 있고, 개인이 직접 도급계약의 주체로 될 수도 있다. 실제적으로는 전자의 경우가 대부분이다. ② 농촌도급경영호는 농촌집체조직이나 국가와 도급계약(承包合同)을 근거로 상품의 생산 및 경영에 종사한다. 농촌도급경영호는 다른 특수 민사주체와는 달리 등록할 필요가 없다.

도급계약의 일방당사자는 농촌집체조직이나 국가(촌민위원회)가 되고, 다른 일방은 농촌도급경영호가 된다. 도급계약의 객체는 주로 토지·초원·산림·호

수·황무지·사막 등과 같은 것으로서 이들은 주로 집체조직 또는 국가의 소유이다. 따라서 농촌도급경영호는 농업·목축업·임업·어업 등의 1차 산품에 종사하며 생산 및 경영활동을 한다. 도급계약에는 도급기간, 도급범위 및 쌍방의 권리의무 등이 기재된다. 도급기간은 토지인 경우에는 일반적으로 15년 이상 이고, 황무지인 경우에는 30년 이상으로 한다. 도급계약이 체결되면 농촌도급경영호는 그 객체로 되는 토지 또는 기타 부동산에 관한 도급경영권을 보유하게 되며, 이를 직접 점유하거나 사용하여 이익을 얻을 수 있다. 도급경영권은 재산권으로서 이를 침범하는 자에게 불법행위에 기한 손해배상을 청구할 수 있다.

농촌도급경영호는 도급기간 내에 독자적 생산경영활동으로 발생된 각종 권리를 보유하고 채무를 부담한다. 농촌도급경영호는 약정한 의무를 이행하여야 하며 국가계획에 부합하는 생산경영활동을 할 의무가 있고, 도급계약의 객체로 되는 재산을 관리할 의무가 있다. 도급경영 과정에서 발생된 채무는 개인도급일 경우에는 개인의 재산으로 상환하고 가정도급일 경우에는 가정의 공동재산으로 상환하여야 한다. 대외적인 채무부담은 개체공상호에서 설명한 부분이 동일하게 적용된다.

⑶ 개인조합

조합(合伙)의 개념이나 정의는 각 국가의 입법이 다를 뿐만 아니라 그 내용도 다르다. 비교법적으로 볼 때 조합은 계약적 성질을 강조하는 입법 및 조합구성원의 조직적 성질을 강조하는 입법으로 대별된다. 최근 대륙법계와 영미법계의 조합 관련 입법은 모두 조합을 법인으로 재구성하려는 경향이 강하다.

중국민사법체계에서는 조합이 민사주체가 될 수 있느냐에 관하여 과거 논쟁이 있었다. 이러한 논쟁의 배경은 중국 「민법통칙」에서 민사주체를 공민과 법인으로 한정하였기 때문에(제2조 이하) 법인 아닌 조합의 형태로 구성된 조직이 민사주체의 자격이 있느냐 하는 점이다. 이에 관하여 민사주체 부정론과 민사주체 긍정론이 있다. 현재 조합은 경제적 의미를 지니고 있을 뿐만 아니라 민사활동의 주체로서 주요한 역할을 하기 때문에 관련 입법을 제정하여 민사주체로 인정하고 있다.

조합의 구성원은 독자적 재산을 보유하고 있을 뿐만 아니라, 공동으로 출자·경영 및 노동하고, 이로써 얻어진 이익을 공동으로 취득하며 연대하여 책임을 지기 때문에 독립된 민사주체의 지위를 갖는다.

중국에서 조합에 관한 입법으로는 현재 「민법통칙」과 「조합기업법(合伙企業法)」이 있다. 이 두 법에 의할 때 조합은 개인조합(個人合伙)과 조합기업(合伙企業)으로 구분되고, 이 두 유형의 조합은 모두 계약적 성질과 함께 조직체적 성질을 갖는다.

「민법통칙」에서 특수한 민사주체로 인정하고 있는 조합은 개인조합(個人合伙)이고, 조합기업은 「조합기업법(合伙企業法)」의 적용대상으로서 기업법 또는 경제법의 범주에 속한다.

개인조합(個人合伙)은 2인 이상의 자연인이 합의에 의해 각자가 현금·현물·기술 등을 출자하고 공동으로 경영하며 공동으로 노동하여 이익을 공유하며 책임을 부담하는 조직체로서 법인조합(法人合伙)이 아닌 것이다.

개인조합의 법률적 특징은 다음과 같다. 2인 이상의 자연인으로 구성된 조직체이다. 「민법통칙」은 조합의 구성원을 최저 2인으로 하고 그 최고한도는 제한하지 않는다고 규정하고 있다. 개인조합은 조합구성원의 협의(協議)에 의하여 설립한다. 조합은 구성원 상호간에 신뢰를 기초로 하여 성립하는 자율적 조직체이므로 조합설립에 관한 협의는 조합의 구성원들이 조합관계를 정하는 근거가 된다. 그 구체적인 내용은 공동의 투자·생산경영 및 분배 등이 된다. 조합설립에 관한 협의는 공동으로 하여야 하고 서면으로 작성하여야 한다. 조합설립에 관한 협의는 법에 의하여 심사하고 등기한 후에 효력이 발생한다. 조합 구성원들은 각자 출자하고 공동으로 노동하고 경영에 종사한다. 조합원의 개별 출자는 조합을 공동경영하기 위한 전제가 된다. 이에 따라 조합원 각자는 대내적으로 경영관리권을 보유하며 대외적으로 조합을 대표하여 거래행위를 할 수 있다. 각자의 출자에 따라 이익의 분배와 위험의 부담을 공동으로 진다. 출자는 현금·현물·기술성과 등으로 할 수 있다.

개인 조합원은 공동노동·공동경영을 하고 이에 따라 연대·무한책임을 진다. 이는 개인조합이 법인자격을 갖고 있지 않다는 데서 연유하는 것이다. 법인자격이 있을 경우에는 법인의 전체 재산으로 유한책임을 지기 때문이다. 이에 따라 조합설립에 관한 협의에서 채무부담이나 책임제한에 관한 조항이 있더라도 연대·무한의 책임을 진다. 다만 자기의 부담부분을 초과하여 채무를 상환한 자는 다른 구성원에게 구상할 수 있다. 개인조합의 경영방향, 이익분배, 조직변경 및 해산과 같은 중대한 사항은 조합원 전원의 만장일치로 결정하여야 한다.

개인조합은 상호를 가질 수 있고, 허가를 얻어 등록한 후 허가된 범위 내에서 영업활동을 할 수 있다.

조합기업(合伙企業)은 일반조합기업(普通合伙企業)과 유한조합기업(有限合伙企業)으로 구분된다(조합기업법 제2조 제1단). 일반조합기업은 일반조합원으로 구성되고, 조합원이 조합기업의 채무에 대하여 무한·연대의 책임을 부담한다. 유한조합기업은 일반조합원과 유한조합원으로 구성된다. 유한조합기업의 일반조합원은 일반조합기업의 일반조합원과 그 법적 지위가 같고, 유한조합원은 자신의 출자납입액을 한도로 하여 조합기업의 채무에 대하여 책임을 진다(조합기업법 제2조, 제61조).

일반조합기업은 최소 2인 이상의 자연인이나 법인 또는 경제조직으로 구성하여야 하고, 유한조합기업은 2인 이상 50인 이하의 조합원으로 구성한다(조합기업법 제14조, 제60조).

4. 연합경영

연합경영(聯營)은 기업과 기업 간 또는 기업과 사업단위 간에 각종 연합경영을 위하여 성립된 경제실체이다. 「민법통칙」은 이를 법률적 측면에서 세 가지를 예시하고 있다.

첫째, 법인형 연합경영방식이다. 이 방식은 연합경영에 참여하는 기업법인이나 사업법인이 각자 자신의 법인조직과 독립된 별도의 경제조직체를 구성하고, 이 조직체가 민사주체로서 연합경영을 하는 방식이다. 법인형 연합경영을 구성하는 주요한 이유는 기업과 기업 간에 새로운 사업을 구상하거나 자기 업종을 토대로 한 새로운 업종으로 확대하기 위한 것이다. 새로운 연합경영체는 출자자로부터 독립하여 민사행위를 하고 이로써 얻은 권리나 의무를 부담한다. 다만 그 구체적인 범위는 출자자가 약정한 내용이나 비례에 따른다.

둘째, 조합식(合伙式) 연합경영방식이다. 이 방식은 연합경영자가 새로운 법인조직을 만들지 않고, 조합과 같은 형식으로 운영하는 것이다. 따라서 출자자 각자는 비례 또는 협의에 따라 출자하고 공동경영하며 공동으로 책임을 부담한다. 공동으로 책임을 부담한다는 것은 각자가 소유한 재산이나 공동으로 관리하는 재산으로 연대책임을 지는 것이다.

셋째, 독자적 연합경영 방식이다. 연합경영을 하는 각 당사자는 독자적 법인이나 조합과 같은 조직을 구성하지 않고, 각자가 독립적으로 경영하고 민사책임을 진다. 연합경영의 구성원이 상호 독자경영을 한다는 전제에서 그 독자경영을 보완·촉진하기 위한 한도에서 일정한 시설이용이나 위탁거래 또는 대리활동 등을 위하여 약정을 하는 정도에 불과하다.

5. 비법인조직

비법인조직은 법인자격이 없지만, 자신의 명의로 민사거래에 참여하여 권리와 의무의 주체가 될 수 있는 조직체를 말한다. 비법인조직은 비법인의 사영기업, 조합기업, 비법인집체기업, 비법인외국인투자기업, 비법인공익단체(비법인기관사업단위와 사회단체), 설립중의 법인조직, 청산조직 등이 있다.

중국 「민법통칙」에서는 비법인조직이 민사주체로 인정되지 않지만, 실제상의 필요에 의하여 이들도 일정한 요건을 갖춘 경우에 민사주체로 인정된다.

비법인조직이 민사주체로 인정받기 위해서는 일정한 사람의 조직체가 존재하여야 하고, 특정한 경영범위 또는 업무범위가 있어야 하며, 독립적 지배 및 처분과 사용이 가능한 재산이 존재하여야 하고, 자신의 조직을 대표하는 대표자가 존재하여야 하며, 비법인조직의 명의로 민사거래활동을 하여야 한다.[1]

제 3 절 민사법률행위와 소멸시효

I. 민사법률행위

1. 민사법률행위의 개념

(1) 민사법률행위의 개념과 요건

「민법통칙」에 의할 때 민사법률행위는 자연인 또는 법인의 권리와 의무를 발생·변경·소멸하게 하는 합법적인 행위이다(제54조). 「민법통칙」에서 정한 이 규정은 민사법률행위의 본질이 무엇인지에 관하여 정의하지 않고, 다만 민사법률행위의 합법성을 강조하고 있을 뿐이다. 민사법률행위에 대한 개념정의에 대하여 학자 간에도 약간의 이견이 있지만, 「민법통칙」과 민법학자들의 견해를 종합하면 민사법률행위는 행위자의 의사표시를 본질적 요소로 하여 성립하고, 이 의

1) 江平主編, 民法學, 中國政法大學出版社, 2000, p. 152.

사표시는 일정한 법률효과의 발생을 목적으로 하는 행위이며, 합법적인 행위라는 특성을 갖는다.

민사법률행위와 구별되는 개념으로서 민사행위가 있다. 민사행위는 민사법률행위의 상위개념으로서 민사주체의 의사표시를 요소로 하여 일정한 민사법률효과를 발생시키는 행위이다. 민사행위가 합법·유효의 요건을 갖추면 민사법률행위로서 일정한 법률효과를 발생시키고, 이 효력요건을 갖추지 못한 경우에는 무효인 민사행위, 변경·취소 가능한 민사행위, 효력미정인 민사행위 등과 같은 비합법적인 민사행위로 된다. 따라서 민사법률행위는 민사행위 중에서 합법적인 민사행위만이 법률행위로서 보호된다는 점에서 합법적인 민사행위뿐만 아니라 비합법적인 민사행위의 개념까지 포괄하고 있는 민사행위와 구별된다.

(2) 민사법률행위의 성립요건

민사법률행위의 요건이란 민사법률행위를 구성하는 본질적 요소가 무엇인가를 탐구하는 것이다. 민사주체가 행한 행위가 민사법률행위의 요건을 충족하였을 경우 이에 부응하는 법률효과를 부여함으로써 당사자의 권익을 보장한다는 점에 그 의의가 있다.

「민법통칙」은 제55조에서 민사법률행위의 효력요건에 관하여서만 규정하고 있다(제55조). 이 규정을 입법할 당시에는 민사법률행위가 성립되면 곧 유효하게 된다는 견해를 반영한 것이다. 그러나 이 견해를 고수할 경우 모든 민사행위는 성립요건을 갖추면 곧 유효하게 되어 무효의 민사행위가 존재하지 않는다는 모순이 있게 됨에 따라 중국의 민법학자들은 이 규정이 민사법률행위의 성립요건을 전제로 하여 규정된 것이라고 해석하게 되었다. 민사법률행위의 성립요건으로는 민사법률행위를 위한 의사표시가 존재하여야 하고, 이 행위를 하는 당사자가 있어야 하며, 의사표시의 내용이 존재하여야 한다. 민사법률행위의 효력요건은, 첫째, 의사 표시가 진실하고 완전히 일치할 것, 둘째, 행위자가 행위능력을 갖추고 있을 것, 셋째, 당사자의 의사표시가 법률이나 사회공공 이익을 저해하는 것이 아니어야 한다.

민사행위가 성립요건을 구비하지 않으면 법률행위로 성립할 수 없다. 민사법률행위는 성립요건을 구비해야 하여야 할 뿐만 아니라 효력요건도 구비해야 완전한 법률행위로서 효력을 나타낸다.

민사행위가 성립요건을 갖추고 있지만 효력요건을 갖추지 않은 경우는 다음과 같은 세 가지유형으로 특정된다. 첫째, 무효인 경우, 둘째, 변경이나 취소가 가능한 경우, 셋째, 효력미정인 행위이다. 효력미정인 행위는 민사행위의 성립 후 특정한 효력요건을 흠결함으로써 그 효력이 발생되지 못하지만, 제 3 자가 그 효력요건을 보완하면 즉시 효력이 발생되는 법률행위이다. 이것에는 무권한자의 처분행위, 무권대리행위, 채무부담행위, 제한민사행위능력자의 민사행위 등이 포함된다.

2. 무효인 민사행위와 변경이나 취소가 가능한 민사행위

(1) 무효인 민사행위

무효인 민사행위란 민사법률행위의 효력요건을 갖추지 못하였거나 효력요건을 구비하였더라도 효력발생을 위한 필요충분조건을 갖추지 못함으로써 행위자가 예기한 법률적 효과를 발생할 수 없는 행위를 말한다. 무효인 민사행위는 그 효력에 따라 절대적 무효행위와 상대적 무효행위가 있다.

「민법통칙」 제58조는 무효인 민사행위를 다음과 같이 열거하고 있다. 즉, ① 무능력자(無民事行爲能力人)가 한 행위, ② 한정행위능력자(制限民事能力人)가 법에 의하여 독자적으로 할 수 없는 행위를 한 경우, ③ 당사자 일방이 사기나 협박의 수단으로 또는 타인의 위험에 편승하여 상대방으로 하여금 진실한 의사에 반하는 행위를 하도록 하는 경우, ④ 악의로 허위표시를 함으로써 국가나 집체 또는 제 3 자에게 손해를 가하는 행위, ⑤ 법률과 사회 공공이익에 위반 되는 행위, ⑥ 계약이 국가의 계획경제정책(指令性計劃)에 위반되는 경우, ⑦ 합법으로 가장하여 위법한 목적을 달성하고자 하는 행위 등이다.

민사행위가 무효가 되면 처음부터 법적 효력이 없는 행위가 되며, 당사자 또는 기타 이해관계자가 무효를 주장하거나 또는 법원의 심판을 거쳐 무효확인을 받을 필요 없이 처음부터 당연 무효 행위가 된다. 이것을 절대적 무효인 민사행위라고 한다.

민사행위가 부분적으로 무효로 되는 경우 기타 부분의 효력에는 영향을 주지 않는다. 다만 부분적인 무효가 그 민사행위의 본질적 부분이고 이 부분이 무효가 됨으로써 기타 부분도 존재할 만한 가치가 없을 경우에는 전체가 무효로 된다(민법통칙 제60조).

⑵ 변경이나 취소가 가능한 민사행위

변경 가능한 민사행위 또는 취소 가능한 민사행위란, 행위자가 행위내용에 대하여 중대한 착오가 있거나 현저하게 공평을 잃은 민사행위를 한 경우에, 행위자의 일방이나 쌍방이 인민법원이나 중재기관에 그 행위의 효력변경이나 또는 취소를 청구할 수 있는 민사행위를 말한다(민법통칙 제59조). 이러한 민사행위는 소위 상대적 무효인 민사행위로서, 청구권자가 변경권이나 취소권을 행사하지 않는 한 유효한 상태가 지속된다.

중대한 오해란 행위자가 민사행위의 내용에 대한 이해에 중대한 착오를 하는 것이다. 예컨대 행위의 객체에 대한 중대한 착오를 일으키거나, 행위의 성질에 대한 오해를 일으키는 것, 또는 가격 등에 대하여 중대한 오해를 함으로써, 본래 행위자가 민사행위를 통하여 달성하려고 하였던 목적을 이룰 수 없는 것을 말한다. 행위자의 중대한 오해와 민사행위에는 인과관계가 존재하여야 한다.

현저하게 공평을 잃은 민사행위란 해당 민사행위로서 발생한 권리와 의무간에 심각한 등가유상(等價有償)의 원칙에 위배되는 결과가 발생하는 것을 말한다. 즉 해당 민사행위로서 일방 당사자는 명백하게 이익이 되거나 유리하게 되었지만, 다른 일방 당사자에게는 명백하게 불이익이 되거나 불리하게 되는 민사행위이다. 이러한 민사행위는 공평의 원칙에 반하는 것이다.

이와 같은 두 가지 민사행위는 변경권과 취소권을 가지는 자가 민사행위가 있는 날로부터 1년 이내에 인민법원 또는 중재기관에 변경 또는 취소를 청구하여야 한다. 인민법원의 판결(審判) 또는 중재기관의 판정(裁决)을 통하여 취소된 민사행위는 행위의 성립 당시로 소급하여 무효로 된다. 만일 변경권과 취소권을 가지는 당사자가 그 기간 내에 이를 행사하지 않을 경우 그 민사행위는 유효하게 된다.

3. 무효인 민사행위의 법률적 효과

민사행위의 무효가 확정 된 후 민사행위는 처음부터 법적 구속력이 없기 때문에, 당사자는 그 행위로 인하여 상대방으로부터 취득한 이익은 법률상 원인없이 취득한 것으로서 이를 상대방에게 반환해야 한다. 이와 함께 민사행위가 무효로 확정되거나 또는 취소됨으로써 손해를 받은 일방당사자의 손해도 배상하여야 한다. 쌍방 당사자가 민사행위의 무효나 취소에 대하여 책임이 있는 경우에는, 각자 자기의 책임에 상응하는 손해를 배상하여야 한다. 쌍방당사자가 상호 허위표시를 하여 국가·집체 또는 제 3 자의 이익을 침해한 때에는, 민사행위 자체가 무효로 될 뿐만 아니라, 쌍방이 이러한 행위로서 획득한 재산은 국가·집체 또는 제 3 자에게 반환하여야 한다.

4. 조건부 민사법률행위와 기한부 민사법률행위

민사법률행위는 당사자의 의사표시에 따른 다양하고 복잡한 행위들을 법률적으로 보장하기 위한 것이다. 이러한 민사행위에 일정한 조건이나 기한이 부가되는 경우에 당사자의 의사자치를 더욱 확대할 수 있다. 「민법통칙」은 이러한 목적을 위하여 민사법률행위에 조건이나 기한을 부가할 수 있도록 하였다(제62조).

(1) 조건부 민사법률행위

일정한 민사법률행위를 하는 당사자는 이에 특정한 조건을 부가하여 그 조건이 실현되면 법률행위가 효력을 발생하거나 소멸하는 것으로 하는 경우가 있다. 이러한 조건을 부가한 민사법률행위를 조건부 (민사)법률행위라고 한다. 민사행위에 부가되는 조건은 특정된 법률사실로서 사건일 수도 있고 행위일 수도 있다. 조건부 법률행위는 다음과 같은 요건에 부합하는 것이어야 한다. ① 법률행위시에 그 행위에 부가된 조건이 아직 실현되지 않은 것이어야 하며, ② 조건은 발생 가능한 사실이어야 하며, ③ 조건이 발생할 것인가의 여부를 미리 알 수 없어야 하며, ④ 조건은 법률·국가정책 및 도덕규범에 위반되지 않는 것이어야 한다.

조건부 법률행위는 그 효력의 발생시기와 내용에 따라 연기조건과 해제조건, 적극조건과 소극조건으로 나눈다. 연기조건은 일단 부가된 조건이 성취되면 그 행위의 법률상 효과가 발생하는 것이다. 조건이 성취되기 전에 법률행위의 효과는 정지 상태로 있게 됨으로써 쌍방당사자에 대하여 법적 효력이 발생되지 않는다. 이를 정지조건이라고도 한다. 해제조건은 이미 효력을 발생하여 유효하게 존재하는 법률행위에 대하여 그 조건의 성취가 있을 경우 법률행위의 효력을 소멸시키는 것이다. 이 외에도 적극적 조건과 소극적 조건이 있지만 많이 논의되는 것은 아니다.

조건부 법률행위에서 조건의 성취는 자연적 사실에 의존하게 되며 이를 인위적으로 조작하여 적극적으로 실현시키는 경우에는 조건이 성취하지 않은 것으로 보고, 조건의 실현을 방해한 경우에는 조건이 성취된 것으로 본다. 조건의 성취나 불성취를 악의적으로 조작하여 상대방에게 손해를 가한 때에는 민사책임을 져야 한다.

⑵ 기한부 민사법률행위

기한부 민사법률행위는 당사자가 장래에 확정적으로 발생할 사실인 일정한 기한의 도래로써 그 행위의 효력이 발생·변경 또는 소멸되는 근거로 하는 것이다. 기한부 법률행위는 조건부 법률행위와 같이 일정한 사실의 발생에 따라 그 효력이 발생하거나 소멸된다는 점에서는 유사하다. 그러나 조건의 성취나 불성취는 당사자가 이를 알 수 없을 뿐만 아니라 그 조건은 성취될 수도 있고 되지 않을 수도 있다. 이에 반하여 기한은 일정한 시간이 지나면 반드시 도래하기 때문에, 당사자가 그 도래를 확실히 예견할 수 있다는 점에서 다르다.

기한부 법률행위는 시기(始期)와 종기(終期)로 나눈다. 시기는 그 기한이 도래한 때 법률행위가 법적 효력을 발생하는 것을 말하며, 종기는 그 기한이 도래한 때 민사행위의 법적 효력이 소멸하는 것이다. 기한은 확정기한과 불확정기한으로 분류된다. 확정기한은 특정 일자나 시간으로 표시되는 기한이다. 불확정기한은 장래 필연적으로 도래하게 될 일정한 사실의 발생을 법률행위의 효력발생 또는 소멸의 근거로 하는 것이다.

Ⅱ. 민사법률행위의 대리

1. 대리의 개념과 종류

대리는 대리인이 피대리인의 명의로 대리권의 범위 내에서 법률행위를 하고 이로써 발생하는 법률효과는 피대리인에게 직접 귀속되는 민사법률관계를 말한다.

대리관계의 법률적 특징은 다음과 같다. ① 대리행위는 대리인이 피대리인(본인)의 명의로 한다. 피대리인의 명의로 대리행위를 함으로써 대리행위로 인한 법률효과는 피대리인에게 귀속된다. 이것은 중개인이 자신의 명의로 법률행위를 하는 중개행위와 구별된다. ② 대리행위는 대리인이 대리권한의 범위 내에서 독자적으로 상대방에 대하여 의사표시를 하거나 의사표시를 수령할 수 있다. 이것은 피대리인의 의사를 단지 전달만 하는 이행보조자와 구별된다. ③ 대리행위에 의하여 피대리인과 제 3 자는 일정한 민사권리와 의무관계를 성립·변경 및 소멸시킬 수 있다.

대리가 가능한 행위는 주로 민사법률행위이지만 일정한 소송행위나 부동산등기, 상표나 특허등록 등과 같은 행정행위도 대리의 객체가 될 수 있다. 그러나 인신권(人身權)적 성격을 가지고 있는 민사행위, 예컨대 혼인등기나 이혼청구 또는 유언 등과 같은 행위는 그 성질상 대리할 수 없다.

「민법통칙」 제64조의 규정에 의하면 대리권은 그 대리권이 발생하는 사유에 따라 위임대리, 법정대리 및 지정대리 세 가지가 있다.

첫째, 위임대리는 피대리인의 의사표시에 의하여 발생한 대리관계로서 피대리인(본인)이 대리인에게 대리권을 수여함으로써 성립한다. 대리권을 수여하는 형식은 「민법통칙」 제65조의 규정상 서면이나 구두로도 할 수 있으나, 법률에서 서면으로 하도록 규정한 경우에는 서면형식에 의하여야 한다. 대리권을 수여할 때에는 대리인의 성명 또는 명칭, 대리사항과 권한 및 대리기간을 분명하게 하고, 서면으로 하는 경우에는 피대리인이 서명 또는 날인하여야 한다. 실제적으로 중대한 사항에 관하여 대리권을 수여하는 경우에는 서면형식에 의한다. 이러한 서면형식을 수권위탁서라고 한다. 수권위탁서의 내용이 명확하지 않음으로써 대리인이 한 대리행위에 대하여서는 피대리인과 대리인이 연대하여 제 3 자에게 민사책임을 진다. 대리인이 2인 이상인 경우에 각자의 대리권이 분명하지 않을 경우에는 공동대리로 된다.

둘째, 법정대리는 일정의 신분관계가 존재한다는 사실을 근거로 하여 법률이 직접 대리관계를 인정한 것이다. 예컨대 부모와 자녀, 부부 간, 형제 간 또는 기타 친척관계에 있는 자들 사이의 대리권관계이다. 「민법통칙」 제14조에는 "민사상 행위무능력자, 민사상 한정행위능력자의 후견인은 그의 법정대리인으로 된다"고 규정하고 있고, 후견인으로 되는 자에 관하여서는 「민법통칙」 제16조와 제17조에서 그 자격요건을 정하고 있다. 노동법에 의하면 기업이나 노동조합(工會)도 그 회원의 법정대리인으로 된다.

셋째, 지정대리는 위임대리나 법정대리에 의하여 대리인을 정할 수 없을 경우에 행정명령이나 법원의 지정에 따라 대리권이 발생되는 대리관계이다. 「민법통칙」 제16조와 제17조는 대리인을 지정할 권한을 가진 단위로서 미성년자의 부친이나 모친의 소재 단위 또는 정신장애자의 소재 단위의 주민위원회 또는 촌민위원회를 특정하고 있고, 최종적인 지정권자로서 인민법원을 정하고 있다.

2. 대리권의 행사

대리권의 행사는 대리인이 피대리인의 명의로 대리권한의 범위 내에서 피대리인의 이익을 위하여 행하는 민사법률행위이다.

첫째, 대리인은 반드시 대리권한의 범위 내에서 대리권을 행사하여야 한다. 대리권이 없이 민사행위를 하는 경우 무권대리로 된다. 무권대리는 다음과 같은 유형이 있다. 즉, ① 전혀 대리권 없이 하는 대리행위, ② 대리권한을 초월하여 한 대리행위, ③ 대리권이 소멸된 후의 대리행위이다. 이 세 가지 무권대리가 발생될 경우 피대리인이 이것을 추인한 경우에만 그 대리행위의 효과가 피대리인에게 귀속되고, 피대리인은 이로 인하여 발생된 결과에 대하여 민사책임을 진다. 추인이 없을 경우에는 대리권이 없이 한 행위자가 민사책임을 진다. 피대리인의 경우에도 타인이 자기의 명의로 민사행위를 한다는 것을 알면서도 이를 부정하지 않았을 경우에는 묵시적으로 동의한 것으로 인정되어 그 결과에 대한 민사책임을 져야 한다.

둘째, 대리인은 피대리인의 이익을 위하여 대리권을 행사하여야 한다. 즉, 대리인이 대리권을 행사하는 경우에 피대리인에게 가장 이익이 되는 방향으로 법적 효과를 선택하여야 한다. 대리인이 작위 또는 부작위를 통하여 피대리인의 이익을 침해한 경우에도 민사책임을 져야 한다. 특히 대리인이 적극적 작위를 통하여 대리권을 남용하는 경우로서 다음과 같은 사항도 포함된다. ① 대리인과 제 3 자가 악의적으로 허위표시를 하여 피대리인의 이익을 침해한 때에는, 대리인과 제 3 자가 연대하여 책임을 져야 한다. ② 대리인이 피대리인의 명의로 자기의 민사행위를 하는 경우이다. ③ 대리인이 동시에 두 피대리인의 대리인으로서 동일한 행위를 대리하는 경우이다.

셋째, 대리인은 직접 대리권을 행사하여야 하며 특수한 경우에는 복대리를 할 수 있다. 대리관계는 대리인과 피대리인 간의 신뢰관계를 전제로 하고 있으므로, 대리인은 직접 피대리인의 이익을 위하여 대리권을 행사하여야 한다. 대리인이 특별한 사유로 대리권을 직접 행사할 수 없을 경우에 피대리인의 동의를 얻어 복대리를 할 수 있다. 대리인이 사전에 피대리인의 동의를 얻지 못한 경우에는 사후에 즉시 피대리인의 추인을 얻어야 하며 피대리인의 추인이 없을 경우에는, 대리인이 자기가 복대리인으로 선임한 자가 한 행위에 대하여 민사책임을 진다.

3. 대리관계의 소멸

대리관계는 일정한 법률적 사실이 발생하는 경우 소멸된다. 대리관계가 소멸하는 원인은 대리관계가 발생하는 근거가 소멸하기 때문이다.

(1) 위임대리의 소멸

「민법통칙」제69조에 의할 때 위임대리는 다음과 같은 경우 종료된다. ① 대리기간이 만료되었거나 또는 대리사무가 끝났을 경우, ② 피대리인이 대리의 위탁을 취소하였거나 또는 대리인이 대리의 수탁을 거절한 경우, ③ 대리인이 사망한 경우, ④ 대리인이 민사상 행위능력을 상실하였을 경우, ⑤ 피대리인인 법인 또는 대리인인 법인이 종료된 경우이다.

피대리인이 대리의 위탁을 취소하거나 대리인이 대리의 수탁을 거절한 때에는 상대방의 동의와 관계없이 즉시 소멸된다. 그러나 대리권의 수여나 대리의 수탁은 제 3 자를 전제로 하는 민사행위이므로 대리의 위탁이 취소됨을 알지 못하고 한 대리행위에 대하여 피대리인은 책임을 져야 한다. 대리인의 사망이 있을 경우 대리권을 행사할 주체가 없으므로 대리권이 소멸하지만, 피대리인이 사망한 경우에 최고인민법원의 사법해석은, 대리인이 피대리인의 사망을 알지 못하였거나, 피대리인의 상속자가 대리인의 대리행위를 승인한 경우, 대리업무를 완수함으로써 대리권이 소멸하는 것으로 하는 약정이 있었던 경우, 대리행위가 피대리인이 사망하기 전에 행하여 졌고 또 그가 사망한 후 그 상속자의 이익을 위하여 그 행위를 계속 진행하는 것은 위임대리인의 대리행위에 영향을 주지 않는다[1]고 확정하고 있다.

(2) 법정대리 또는 지정대리의 소멸

「민법통칙」 제70조에 의하면 법정대리나 지정대리는 다음과 같은 경우에 소멸된다. ① 피대리인이 민사행위능력을 취득하거나 또는 회복하였을 경우, ② 피대리인 또는 대리인이 사망하였을 경우, ③ 대리인이 민사행위능력을 상실하였을 경우, ④ 대리를 지정한 인민법원이나 단위가 지정을 취소하였을 경우, ⑤ 기타 사유로 인하여 피대리인과 대리인 사이의 감호관계가 해소된 경우이다.

---

1) 最高人民法院, 「關於貫徹執行(中華人民共和國民法通則)若干問題的意見」, 제82조.

Ⅲ. 소멸시효(訴訟時效)

1. 시효의 개념과 종류

(1) 개 념

시효란 일정한 사실상태가 지속되어 법정의 기간을 경과함으로써 법에 의하여 일정한 법률효과가 발생되는 법률사실을 말한다. 일정한 사실상태의 지속은 그 행위의 주체가 일정기간 특정한 권리를 행사하지 않는 상태가 계속되거나 특정한 물건의 점유가 일정기간 지속되는 것이다. 이러한 지속적인 사실상태가 법에서 정한 기간을 경과한 경우에는 그 지속되는 동안 그 위에 발생한 민사법률관계를 보호하여야 할 필요가 있기 때문에 이를 법에서 인정하는 것이 시효제도이다. 시효제도가 인정됨으로써 권리자로 하여금 제때에 자기의 권리를 행사하도록 유도하여 권리의 귀속을 분명하게 할 수 있고 법률관계의 안정을 가져올 수 있게 된다.

중국 민법학계는 시효제도를 취득시효와 소멸시효로 구분한다. 취득시효는 타인의 동산이나 부동산을 점유하는 자가 소유의 의사로 법정기간 동안 점유를 계속할 경우 그 기간의 만료 시에 법에 의하여 그 재산소유권이나 기타 재산권을 취득할 수 있는 법률효과를 발생시키는 시효제도이다. 소멸시효(訴訟時效)는 권리자가 자기의 권리를 행사하지 않는 사실상태가 지속됨으로써 법에서 정한 법정기간을 만료할 경우에 법에 의하여 그 권리의 청구권을 소멸시키는 시효제도이다. 이를 소송시효(訴訟時效)라고도 한다. 중국 「민법통칙」은 시효제도로서 소송시효(訴訟時效)만을 입법하고 있다.

(2) 소멸시효(訴訟時效)

1) 소멸시효의 의의

소멸시효는 일정한 기간의 경과로써 권리소멸의 법률효과가 발생한다는 점에서 제척기간(除斥期間)과 유사하다. 그러나 체적기간은 법정의 권리존속기간으로서 그 기간이 경과하면 당연히 권리소멸의 효과가 발생한다는 점에서 소멸시효와 구별된다. 이와 함께 소멸시효는 청구권에 적용되는 법률사실이면서 그 법률효과는 실체적 권리인 청구권의 행사를 저지하는 소권을 소멸시키는 것인데 반하여, 제척권은 형성권에 적용되고 그 법률효과는 실체적 권리를 소멸케 한다는 점에서 구별된다. 이 외에도 소멸시효기간은 가변적이어서 중지·중단 및 연장 등이 가능하지만 제척기간은 고정적이다.

소멸시효기간은 법정기간으로서 강제성을 띠고 있으므로 당사자가 약정으로써 시효를 단축 또는 연장할 것을 정할 수 없다. 위에서 본 바와 같이 소멸시효기간이 만료된 후에도 당사자의 민사적 권리와 의무관계는 소멸되지 않는다. 의무자가 자원하여 자기의 의무를 이행하는 경우 권리자는 이를 수령할 수 있다. 이러한 특성 때문에 소멸시효가 적용되는 범위에 관하여 「민법통칙」에는 규정이 없고, 학설은 채권과 채권 이외의 재산권에 적용된다고 보는 것이 통설이다. 물론 이 외에도 물권적 청구권 중의 재산반환청구권이나 원상회복청구권에도 적용된다. 그러나 일반적 물권이나 소유권, 인신권이나 형성권 등과 같은 권리에는 적용되지 않는다.

2) 종　류

소멸시효는 일반소멸시효(普通消滅時效)와 특수소멸시효(特別消滅時效)로 구분된다.

㈎ **일반소멸시효**　일반소멸시효는 일반적으로 모든 민사관계에 적용되는 소멸시효로서, 특수소멸시효를 적용한다는 규정이 없는 한, 민사법률관계에는 일반소멸시효의 규정이 적용된다. 「민법통칙」은 제135조에서 "인민법원에 권리보호를 위한 청구소송의 시효기간은 2년으로 하며 법률이 따로 정한 것은 예외로 한다."라고 규정하고 있다.

㈏ **특수소멸시효**　특수소멸시효란 법률에서 특수한 민사법률관계에 적용될 소멸시효기간으로서 일반소멸시효보다 장기이거나 또는 단기인 소멸시효를 말한다. 특수소멸시효는 일반소멸시효에 우선적으로 적용된다. 특수소멸시효도 단기소멸시효와 장기소멸시효로 구분된다. 단기소멸시효는 일반소멸시효인 2년보다 단기의 시효를 말한다. 「민법통칙」 제136조는 단기소멸시효기간을 1년으로 정하고 다음과 같은 경우에 적용되도록 하였다. 즉, 첫째 신체상해에 관한 배상청구, 둘째 불량품이라는 사실을 공시하지 않고 판매하는 경우, 셋째 임차료의 지급을 연기하거나 거부한 경우, 넷째 보관을 위탁받은 물건을 멸실한 경우이다.

단기소멸시효는 다른 특별 법률이나 행정법규에도 규정되어 있다. 예컨대 「해상법」 제257조에서는 제13장에서 시효제도를 두고 있고, 이 장에서는 단기소멸시효가 많이 규정되어 있다. 장기소멸시효는 일반소멸시효기간보다 장기인 시효, 즉 2년을 초과하는 시효를 말한다.「중화인민공화국 합동법」제129조에서와 같이 국제화물매매계약으로 발생된 권리관계는 그 소멸시효를 4년으로 정하고 있다

「민법통칙」제137조는 권리가 침해된 날로부터 20년이 경과한 경우에는 인민법원이 이를 보호하지 않는다고 함으로써, 권리가 보장되는 기간의 최대한도를 20년으로 하고 있다. 이 기간의 성질에 대하여 중국 민법학자들 간에 많은 이견이 있지만 권리의 최장보호기간이라고 해석된다.

3) 소멸시효의 기산점 및 변동

소멸시효는 일정한 시점부터 시작하여 일정한 시점에서 종료된다. 소멸시효의 기간은 곧 민사법률관계에 변동을 가져오는 법률사실이기 때문에 그 기산점을 어떻게 산정하느냐가 상당히 중요하다. 소멸시효는 이 외에도 당사자의 공평을 위하여 특정한 원인이 발생하면 중지·중단 또는 연장된다.

㈎ 소멸시효의 기산점　소멸시효의 기산점은 소멸시효기간이 개시되는 시점을 말한다.「민법통칙」제137조는 "소멸시효기간은 권리침해에 대하여 알았거나 알 수 있었던 때로부터 계산한다. 그러나 권리가 침해된 날로부터 20년이 경과하였을 경우에는 인민법원은 이를 보호하지 않는다"고 규정하고 있다. 이 규정에 의할 때 소멸시효기간의 기산점은 세 가지로 해석할 수 있다. 첫째, 권리자가 자기의 권리가 침해받았다는 것을 안 때이다. 둘째, 권리자가 자기의 권리가 침해를 받은 것을 알 수 있었던 때이다. 알 수 있었던 때에 관하여서는 권리자의 지위나 기타 권리가 침해당한 객관적 사실 및 권리자의 주관적 행위능력 등을 종합적으로 판단하여 결정하여야 한다. 셋째, 권리자가 자기의 권리가 침해되고 있다는 사실을 알지 못하였거나 알 수 없었던 때에는 권리가 침해된 때로부터 기산한다.

㈏ 소멸시효의 중지　소멸시효의 중지란 소멸시효의 개시 이후 그 기간 중에, 권리자가 법정기간 내에 권리를 행사할 수 없는 객관적인 사유가 발생됨으로서 시효기간의 진행을 잠시 중지하고, 중시사유가 소멸하면 곧 소멸시효가 계속 진행되는 것이다. 소멸시효의 중지는 일반소멸시효기간과 특별소멸시효기간에 적용되고,「민법통칙」제137조와 같은 최장보호기간에는 적용되지 않는다. 소멸시효의 중지를 규정하는 이유는 권리자의 귀책사유가 아닌 법정 사유로 인하여 그 권리를 행사하지 못하게 되었음에도 불구하고 소멸시효기간을 진행시킨

다면 권리자에게 불공평한 결과를 발생시키기 때문이다.

소멸시효를 중지하게 하는 법정 사유로는 불가항력이나 기타 장애로 권리자가 청구권을 행사할 수 없는 경우이다. 기타 장애사유는 권리자가 행위능력을 상실하였음에도 불구하고 법정대리인이 없는 경우, 또는 상속이 개시되었음에도 불구하고 상속자가 확정되지 못한 상태 등과 같은 것이다. 소멸시효가 중지되는 법정기간은 소멸시효기간의 마지막 6개월 이내로 제한되어 있다. 즉 상술한 두 가지 중지사유가 소멸시효기간의 마지막 6개월 이내에 발생되었거나 또는 존재하였을 경우에만 소멸시효가 중지될 수 있다.

㈐ 소멸시효의 중단 소멸시효의 중단은 소멸시효가 진행되는 기간중에 일정한 사유가 발생함으로써 시효의 진행이 중단되고 이로써 이미 경과된 시효기간이 전부 무효로 되며, 시효가 중단된 시점을 기산점으로 하여 그 소멸시효기간을 다시 계산하는 것을 말한다. 이미 경과된 소멸시효기간과 다시 시작되는 소멸시효기간은 연속관계가 없다.

소멸시효기간이 중단되는 사유로는 다음과 같은 것이 있다(민법통칙 제140조).

첫째, 권리자가 소송을 제기하는 경우이다. 권리자의 소송제기는 자기의 권리를 보호하기 위한 적극적인 작위이므로 소멸시효의 진행을 중단하는 효력이 있다.

둘째, 권리자가 권리를 주장하는 경우이다. 권리주장은 권리자가 소송제기 이외의 기타 방식으로 자기의 권리를 적극적으로 주장하는 것이다. 이러한 방식으로는 구두(口頭)나 서면형식으로 의무자에게 의무이행을 청구하거나, 채무자의 보증인·대리인·재산관리인 및 연대채무자에게 그 의무를 이행할 것을 최고할 수도 있으며, 나아가 인민조정위원회(人民調解委員會)에 조정(調解)을 신청하는 경우 등과 같은 것이다.

셋째, 권리자의 소송제기나 권리주장이 없었음에도 불구하고 의무자가 자원하여 자기의 의무를 이행하는 경우이다. 의무자가 구두 또는 서면형식으로 권리자에게 자기의 의무를 이행할 것을 통지하거나 묵시적으로 의무를 이행하면 시효는 즉시 중단된다.

㈑ 소멸시효의 중지와 중단 소멸시효의 중지와 중단은 모두 시효가 완성되지 못하게 함으로써 권리자가 자기의 권리를 행사할 수 있도록 하려는 데 있다. 그러나 그 법정사유의 발생, 법정사유의 발생시기, 효력, 기간계산 등에서 양

자는 구별된다.

첫째, 소멸시효의 중지를 가져오는 법정사유는 당사자의 의사표시와 관계없는 객관적인 사정에 의하고, 이러한 객관적 사정이 권리자의 권리행사를 저지하는 경우이다. 소멸시효의 중단을 가져오는 법정사유는 당사자의 주관적 의사표시와 직접 관계가 있는 적극적 행위이다.

둘째, 소멸시효의 중지사유는 소멸시효기간의 진행 중에 최후 6개월 내 또는 최후 6개월 전에 발생한 것이어야 한다. 소멸시효의 중단사유는 소멸시효기간 중이면 어떤 시점에서 발생한 것이라도 그 효력을 발생한다.

셋째, 소멸시효의 중지는 소멸시효의 진행을 잠시 정지하고 중지사유가 소멸된 후에 원래의 시효는 계속 진행된다. 시효중단은 시효가 근본적으로 완성되지 못하도록 하는 것이고, 시효중단 이후에는 원래의 시효가 전체적으로 무효가 되고, 새로운 시효가 개시되어 진행한다.

넷째, 소멸시효의 중지는 중지사유가 소멸되면 중지 이전에 진행된 시효기간과 소멸 후에 진행된 시효기간을 합산하여 기간을 계산한다. 소멸시효의 중단은 중단사유가 소멸되면 권리자가 권리를 행사할 수 있는 시점에서 시효기간이 다시 기산된다.

(마) 소멸시효의 연장 소멸시효의 연장이란 권리자에게 정당하고 특수한 사유가 있어서 법정의 소멸시효기간 내에 권리를 행사하지 않고 소멸시효가 완성된 후에 권리자의 청구로 법원이 소멸시효기간을 연장하는 제도이다. 정당하고 특수한 사유란 당사자가 법정의 소멸시효기간 내에 권리를 행사할 수 없었던 객관적인 장애사유로서 우체국의 집배 상의 문제로 통지나 연락을 할 수 없었던 사정이나 민사관계의 한 당사자가 외국인으로서 태풍 등에 의하여 연락할 수 없었던 경우 등이다. 소멸시효의 연장은 시효기간이 만료된 후에 하며 인민법원이 재결을 거쳐 실시할 수 있다.

Ⅳ. 기일과 기간

기일과 기간은 민법상의 시간에 관한 것이다. 법률규정이나 당사자의 약정에 의하여 일정한 기간의 도래나 경과로써 민사권리의무관계의 발생·변경 및 소멸을 가져오는 민사법률사실이다.

1. 기일과 기간의 개념

기일(期日)이란 일정한 시점을 표시하는 시간단위로서, 예컨대 ○○년, ○○월, 제 몇 주, ○○일, ○○시 등으로 표시된다. 기간(期間)은 일정한 시점(期日)에서 일정한 시점(期日)까지의 시간적 연속을 단위로 하는 시기이다. 예컨대 ○○년 ○○월 ○○일로부터 ○○년 ○○월 ○○일까지로 하는 것이다.

2. 기일과 기간의 종류

기일과 기간은 법정기일·기간, 지정기일·기간, 약정기일·기간으로 대별된다. 법정기일과 기간은 법률이 직접 규정한 기일이나 기간으로서 법정소멸시효기간이나 제척기간 등이 있다. 지정기일과 기간은 인민법원이나 중재기관이 확정한 기일과 기간으로서 인민법원 판결서나 중재기관의 판정서에서 의무자의 의무이행기일이나 기간을 확정한 경우 등이다. 약정기일이나 기간은 당사자가 자유로이 선택한 기일이나 기간으로서 계약에서 약정된 채무이행기일이나 기간, 담보제공기일이나 기간 등과 같은 것이다.

3. 기일과 기간의 계산

기일과 기간은 법률규정이나 당사자의 약정 또는 법원의 판결에 따라 확정된다. 기일과 기간의 계산은 「민법통칙」 제154조 이하에 의한다.

첫째, 민법에서 사용하는 기일이나 기간은 달력의 년(年)·월(月)·일(日) 및 시간을 단위로 계산한다. 시간에 따라 기간을 계산하는 때에는 규정된 시간으로부터 즉시 개시하는 것으로 계산한다. 일·월·년에 따라 기간을 계산하는 경우에는 개시되는 첫 일자를 산입하지 않고 다음 일자로부터 기산한다.

둘째, 기간의 최후의 일자가 일요일이거나 기타 법정 공휴일인 때에는 그 일자의 다음 일자로부터 기산한다. 기간의 종료시점은 기간 최후일자로 하며 그 일자의 24시에 종료된다. 그러나 업무시간이 있을 경우에는 업무활동이 완료되는 시점을 기간 종료시점으로 한다.

셋째, 민법에서 사용하는 '이상(以上)', '이하(以下)', '이내(以內)', '만료(屆滿)' 등의 경우 그 해당 수를 산입한다. '미만(不滿)', '이외(以外)'의 경우 그 해당 수를 산입하지 않는다.

제 4 절 물 권 법

I. 물권 서설

1. 「중화인민공화국물권법」의 제정

물권제도는 민법의 중요한 구성부분으로, 중국에서도 유구한 역사를 지니고 있다. 비록 중국은 전통적으로 물권 및 물권법에 대한 개념이 희박하기는 하였으나, 토지, 건물 및 기타 재산의 귀속과 이용에 관한 법률은 존재하였다. 4천년 전, 상조(商朝)의 법률 중 토지소유권에 관한 규정이 중국 최초의 물권 법률제도로 여겨지고 있다. 이후 明, 淸 시기까지, 물권법률제도는 민사법률제도의 일부분으로 여겨져, 봉건사회 법률제도의 중요한 부분을 이루었다. 1911년 8월, 중국 역사상 처음으로 물권제도를 포괄하는 민법초안인 「대청민법초안(大淸民法草案)」이 역사의 무대에 등장하게 되었다. 1929년부터 1931년까지, 남경 국민당 정부는 「중화민국민법(中華民國民法)」을 공포하였고, 그 중 제 3 편이 "물권" 부분이며, 1930년에는 「토지법(土地法)」을 공포한 바 있다.

1949년 중화인민공화국 성립 직후부터 1986년 「민법통칙(民法通則)」실시 이전까지, 중국 헌법 및 기타 법규 등에는 비록 물권제도에 관한 규정이 산재하기는 하였으나, 이는 원칙적인 규범일 뿐, 내용이나 체계가 완전한 것은 아니었다. 1986년의 「민법통칙」 제 5 장 제 1 절에 "재산소유권 및 그와 관련된 재산권(財產所有權以及与財產所有權有關的財產權)"을 규정하였으며, 이 부분이 바로 실질적 의미의 물권법이다. 그러나 그 내용은 비교적 간단하여, 제71조부터 제83조에 이르는 단지 13개 조문으로 구성되었을 뿐이었다. 소유권의 개념 및 그 취득제도에 관하여 나누어 규정하였고, 국가소유권, 집체소유권(集体所有權) 및 국민의 개인소유권과 공유권 등에 관한 내용을 규정하였으며, 국유토지사용권, 토지도급경영권(土地承包經營權), 채광권 등 용익물권 및 상린관계(相隣關係)도 규정하였다. 비록 관련 부분에 관한 조문수가 충분한 것은 아니었으나 물권법의 기본내용에 대해서는 대부분 언급되고 있으므로 당시 중국 물권법의 기본구조를 이루었다고 할 수 있다. 1995 년 통과된 「중화인민공화국 담보법(中華人民共和國担保法)」은 저당권, 질권, 유치권 등의 담보물권(擔保物權)에 관하여 비교적 전반적으로 규정하고 있다. 그러므로 중국은 물권법 제정 이전에, 이미 실질적으로 완전한 담보물권법이 존재하고 있었던 것이다.

중국은 1993년 정식으로 민법전의 입법활동을 시작하였고, 물권법, 계약법(合同法) 등 민법전을 구성하는 각 부문 법률의 초안을 마련한 후 통일법전 편찬을 결정하였다. 입법기관은 1999년 계약법의 제정 작업 이후 곧바로 물권법 초안 작업에 착수하였으며, 2001년 전문가 및 학자들이 작성한 물권법 초안(物權法草案建議稿)을 기초로 하여, 2005년 전 국민에게 초안 전문을 공표하고 이에 대한 국민의 의견을 구하게 되었다. 마침내, 2007년 3월 16일 제10기 전국인민대표대회 제5차 회의에서 13년에 걸친 각고의 노력과 광범위한 여론수렴 끝에 창조된 중국 입법사상 단행 법률초안으로서는 심의 횟수가 가장 많았던「중화인민공화국물권법(中華人民共和國物權法)」(이하「물권법」이라 약칭함)이 마침내 인민대표들의 절대적인 지지를 받으며 높은 득표수로 통과되었고,[1] 지난 2007년 10월 1일부터 시행되고 있다. 물권법은 총 5편 19장 247개 조문으로 구성되었으며, 소유권, 용익물권과 점유 등에 관한 물권제도를 비교적 체계적으로 구성하고 있으며, 중국적 특색을 겸비한 법률이라 할 수 있다.[2]

물권법은 시장경제제도를 기초로 하는 재산관계의 기본법으로, 물권법이 사회주의 시장경제 질서에 필요한 규범이라는 것을 명확히 규정하고 있으며, 사회주의시장경제의 발전을 위한 기본요소로서 재산권의 명시, 공평경쟁을 명시하고 있다. 물권법의 제정은 物의 귀속관계 및 소유권과 용익물권 및 담보물권(擔保物權)의 내용을 명확히 하고, 각각의 시장주체에 대한 평등한 법률적 지위를 보장하며, 법에 의한 권리자의 물권 보호 및 사회주의시장경제 발전에 관하여 중요한 역할을 담당하게 되었다.[3]

물권법은 일반적으로 광의의 물권법과 협의의 물권법으로 나눌 수 있으며, 협의의 물권법은 민법전 상의 물권에 관한 규정을 지칭하고, 통상적으로 민법전의 물권편으로 표현된다. 중국「물권법」은 바로 협의의 물권법이다. 광의의 물권법은 물권관계에 대한 조정(調整)을 말하는데, 즉 사람의 物에 관한 지배관계에

1) 표결결과 회의에 참석한 인민대표 2889명 중 2799명이 물권법안의 통과에 찬성표를 행사하였다.
2) 王利明:《平等保護原則: 中國物權法的鮮明特色》, 載《法學家》2007年 第1期.
3) 王兆國:《關于〈中華人民共和國物權法(草案)〉的說明》(2007年 3月 8日 在第十屆全國人民代表大會第五次會議上).

관한 법률규범의 총칭으로, 협의의 물권법, 즉 민법전의 물권편 혹은 「물권법」을 포함할 뿐만 아니라, 물권과 관련된 단행법 및 기타법률 중에 물권에 관한 제 규정을 포함한다. 이하는 「중화인민공화국물권법」이 규정하는 내용을 위주로 기술하기로 한다.

2. 물권의 개념과 특징

「물권법」 제 2 조 제 3 항에 의하면, "본 법에서 지칭하는 物權이란, 권리자가 법에 따라 特定物에 대하여 직접적인 지배와 배타적 권리를 향유함을 의미한다"고 규정하고 있으며, 이는 다음과 같은 의미를 내포한다.

① 물권은 物件을 권리의 객체로 하는 민사권리이다. 민사권리의 객체로는 물건(物), 행위(行爲), 지적성과(智力成果), 인신(人身)관계의 이익 등의 유형 또한 존재하나, 물권의 객체는 물건(物)으로써 동산과 부동산을 포함하는 有體物을 지칭한다. 외국의 물권법에서는 "권리"를 물권의 객체로 규정하는 경우도 있는바, 중국 「물권법」 및 「담보법」에서 규정하고 있는 "권리질권"이 그 대표적인 예이다.

② 물권은 목적물의 지배와 그 이익을 향유하는 배타적 성질의 권리이다. 모든 민사권리는 일정한 이익을 그 내용으로 하나, 각각의 이익 실현 방식은 상이하다. 물권의 가장 큰 특징은 물권이 권리자가 특정한 물건을 직접 지배하여 그 이익을 실현한다는 것에 있다. 지배라는 것은, 물권의 권리자가 자신의 의지에 따라 독립적으로 특정의 동산(動產) 또는 부동산(不動產)에 대하여 점유, 사용, 수익, 처분할 수 있는 것으로, 어느 누구도 권리자의 동의 없이, 물권을 침해 혹은 간섭할 수 없다. 그 예로, 토지소유자는 그 토지를 경작할 수 있고, 저당권자는 법에 따라서 저당물을 처분할 수 있다. "그 이익의 향유"에는 두 가지의 경우가 있다. 첫째, 목적물의 이용을 통해 그 사용가치를 실현하는 것으로, 이 경우 생산 및 생활의 만족을 통해 그 이익을 향유한다. 둘째, 목적물의 교환가치로, 채무의 담보로 설정함으로써 채권의 실현을 확보하여 그 이익을 향유한다. 물권의 배타성은 동일한 목적물에서, 동시에 둘 혹은 둘 이상의 그 성질이 다른 물권이 병존할 수 없다는 물권의 특성이다. 그러므로 同一物에 두 개의 소유권 혹은 용익물권이 존재할 수 없다. 물권의 배타성에서 우선권 효력과 소급효력이 파생된다. 물권과 채권이 병존할 때, 물권은 채권에 대한 우선적 효력이 있으며,

물권과 물권 사이에는 먼저 설정한 물권이 우선되는 효력이 있다. 물권의 목적물이 어떤 곳에 존재하든, 권리자는 항상 物件의 소재를 쫓아서 그 권리를 행사할 수 있고, 법에 따라서 불법 점유자에게 반환을 청구할 수 있다.

물권의 법률적 특징은, 물권과 채권의 비교를 통하여 설명이 가능하다. 독일 민법체계를 채택한 대륙법 국가에서는 재산법을 물권법과 채권법으로 구분하고 있다. 물권과 채권은 민법에서 가장 기본적인 재산권이다. 재산법의 기본제도로서 물권과 채권 사이에는 매우 밀접한 연관성이 있다. 첫째, 물권은 채권 설정의 기초가 된다. 물권은 거래의 기초를 이루는 법률 형식으로 시장거래의 양 당사자 각자가 향유하며, 거래에 이용하는 재산 소유권의 전제이다. 둘째, 물권은 채권 거래의 결과이다. 거래는 사실상 소유권의 교환으로 볼 수 있다. 교환을 통해 거래 당사자는 원래의 소유권을 상실하는 동시에 다른 한편으로는 상실한 소유권에 상응하는 또 다른 재산 소유권을 취득하게 되는데 이것은 채권의 효과와 그 실현의 상징이다. 이를 통해 물권과 채권은 거래 과정에서 상호간 인과관계가 존재하는 두 종류의 법률현상임을 알 수 있다. 양자는 서로 의존적이고, 공통적으로 시장경제 활동의 요구를 반영한다. 하지만, 물권과 채권은 본질적으로는 두 종류의 다른 재산권으로, 서로 다른 재산관계를 반영하는 동시에, 각자 다른 법률적 특징을 가진다.

(1) 권리의 성질

물권은 지배권으로 권리자는 그 지배권을 행사하며, 목적물에 대한 직접적 관리와 지배를 통하여 자신의 이익을 실현한다. 예를 들면, 소유권은 物件에 대한 일종의 절대적 지배권으로써, 권리자는 목적물의 점유, 사용, 수익, 처분을 통하여 그 소유권을 행사하며 타인의 협조 없이 직접 자기의 권리를 실현할 수 있다. 하지만 채권은 일종의 청구권으로, 채권자는 채무자의 행위를 직접적으로 지배할 수 없고, 목적물에 대해서도 지배권을 직접적으로 행사할 수 없다. 단지 채무자에게 일정한 행위(作爲)를 하거나 혹은 일정한 행위를 하지 않도록(不作爲) 청구하여, 자신의 권리를 실현시킨다. 채무자의 채무 이행의 행위 없이, 채권은 실현될 수 없다. 물권은 공개화된 권리이고, 채권은 비공개성을 특징으로 한다. 물권의 성립에는 공시(公示)가 반드시 필요하지만, 채권은 특정 당사자 사이에 존재하기 때문에 공시성이 없고, 채권 설정에도 공시를 필요로 하지 않는다.

⑵ 권리의 효력범위

물권은 절대권이나, 채권은 상대권이다. 물권의 의무주체는 특정되지 않은 불특정 다수이다. 이 다수의 사람들은 물권자의 권리 행사를 방해하지 않을 의무를 지니는데(不作爲義務), 이러한 특성 때문에 물권을 "대세권(對世權)"이라 칭한다. 이와 반대로, 채권은 일종의 청구권으로 단지 특정의 의무주체(채무자)에게만 그 권리를 주장할 수 있다. 즉 채권자는 특정한 채무자에게만 일정한 행위 혹은 일정한 행위를 하지 않을 것을 청구할 수 있으며, 채무자 이외의 제 3 자에게는 채권을 주장할 수 없다. 그러므로 특정 채무자의 존재는 채권의 성립조건이 된다. 주의할 점은, 채권은 법률상의 권리로써, 그 자체는 물권과 같이 불가침성(不可侵性)을 가진다. 즉 채권자의 권리행사는 어떠한 사람의 불법적 방해도 받지 아니한다. 하지만 이러한 점을 채권 자체가 가지는 효력상의 특성으로는 볼 수 없으며 법률상의 권리의 한 종류로써 채권이 가지는 법률 고유의 특성일 뿐이다. 채권이 만약 제 3 자의 방해로 실현될 수 없다면, 채권자는 그 제 3 자에게 침해에 따른 배상을 청구할 수 있지만, 이런 종류의 청구권은 또 다른 채권관계의 내용일 뿐이다.

⑶ 권리의 객체

물권의 객체는 物件이나, 채권의 객체는 物件으로써 한정되지 않는다. 물권은 物件에 대한 지배권이고, 物의 존재는 물권 발생의 기초이며, 물권의 유일한 객체이다. 물권 자체의 성질(지배성)로 인해 행위(行爲), 지적 성과(知的成果) 혹은 인신이익(人身利益)은 물권의 객체가 될 수 없다.

채권의 객체는 급부(給付)이다. 급부는 채무자의 특정행위, 즉 적극적인 급부(작위를 내용으로 하는 급부)와 소극적인 급부(부작위를 내용하는 급부)를 포함한다. 급부 역시 통상적으로 物을 그 대상으로 하는데, 그 物件을 채권의 목적물이라고 한다. 여기서 지칭하는 목적물 "物"은 물권 객체의 "物件" 과는 다르다. 채권의 목적물은 이미 수량과 품종이 확정된 종류물, 즉 불특정물뿐 아니라 채권 설정 시에는 존재하지 않았으나, 채무 이행 시에 존재 가능성이 있는 物件 또한 포함한다. 단 법률상 유통이 금지된 物件은 채권의 목적물이 될 수 없다. 물권의 개체는 반드시 물권 성립 당시에 物件이 존재하고 있어야 하며, 특정物이어야만 한다. 또한 법률에서 유통을 금지시킨 物件 또한 배척하지 않는다.

⑷ 권리의 효력

물권은 우선권과 소급효력을 그 특징으로 하지만, 채권은 그렇지 않다. 물권의 우선권이란 동일 物 위에 물권과 채권이 동시에 존재할 때 물권이 채권에 우선하는 효력을 가지는 것으로, 권리자는 우선적으로 그 권리를 행사할 수 있고, 채권자는 권리자가 자신의 권리를 충족시킨 후에서야 그 권리를 주장할 수 있다. 물권의 소급력에 의해 물권의 목적물이 어떠한 곳에 있든, 권리자는 物件의 소재를 추적하여 그 권리를 행사할 수 있으며, 법에 의거하여 불법 점유자에게 반환을 청구할 수 있다. 그러나 채권은 이러한 효력이 없다. 채권 목적물의 소유권이 채권자에게 양도되기 전, 채무자가 제 3 자에게 그 소유권을 양도할 경우, 채권자는 제 3 자에게 반환 또는 배상을 청구할 권리가 없다.

⑸ 권리의 발생

권리 발생 측면에서도 물권과 채권은 그 성질을 달리한다. 물권의 설정은 법정주의(法定主義)를 채택하는데, 당사자가 임의로 새로운 물권을 만들 수 없으며, 물권의 내용 또한 임의로 변동할 수 없다. 하지만 채권(계약에 따른 채권)의 설정은 임의주의(任意主義)를 채택하여, 당사자가 법률의 강행규정(强制性規定)과 사회적 미풍양속을 위반하지만 않으면, 당사자의 자유의사에 따라 채권을 설정할 수 있고, 동시에 법에 의거하여 자신이 채권의 내용과 구체적 형식을 결정할 수 있다.

⑹ 권리의 보호방법

물권의 보호는 권리자가 物件의 지배를 회복하는 것을 주요한 목적으로 하므로, "물상청구권"의 방법에 편중되어 있다. 그 예로 원물반환, 방해 및 위험제거 등이 있으며, 손실에 대한 배상은 그 손실의 보충에 그친다. 그러나 채권의 보호는 손해배상의 방법을 주로 채택한다.

3. 물권법정주의

물권법정주의 원칙은 물권의 종류, 내용, 효력과 공시(公示)방법 등이 법률로 명확하게 규정되고, 당사자가 계약을 통하여 임의로 설정할 수 없음을 의미한다. 「물권법」 제 5 조에는 "물권의 종류와 내용은 법률로 규정 한다"고 규정되어 있다. 물권법정주의 원칙은 이하의 몇 가지 내용을 포함한다. 첫째, 물권 종류는 반드시 법률로 규정되어야 하고, 당사자가 임의로 창설(創設)할 수 없다. 둘째,

물권의 내용은 법률로 규정한다. 당사자는 법으로 정해진 물권의 내용에 부합되지 않는 물권을 창설할 수 없으며, 합의에 따라 물권의 내용을 결정할 수 없다. 셋째, 물권의 효력은 반드시 법률의 규정에 따라야 하고, 당사자의 협의를 통하여 그 효력을 발생시킬 수 없다. 넷째, 물권의 공시(公示)방법은 반드시 법률의 규정에 따라야 하며, 당사자가 임의로 확정할 수 없다.

물권법정주의 원칙의 주요 의의는 다음과 같다. 첫째, 물권은 사회소유제 관계를 직접적으로 반영하므로 사회 경제관계에 대한 영향이 매우 크다고 할 수 있다. 따라서 당사자가 임의로 새로운 물권을 창설하는 것은 허용되지 않는다. 둘째, 물권은 物에 대한 직접적 지배의 권리이고, 강한 배타성을 띠며, 제 3 자의 이익과 거래의 안전에 직접적인 관계가 있으므로, 당사자는 계약을 통해 임의로 새로운 규정을 창설할 수 없다. 셋째, 입법 과정에서 물권법정주의 원칙을 견지하는 태도로 법률, 법규, 규칙, 사법해석 등이 규정하고 있는 물권적 성질을 지니는 재산권에 대한 조정을 진행, 체계적인 물권법 체계를 형성하였다.

물권법정주의 원칙을 위반하여 발생한 결과에 대하여는 이하의 규정에 따라 처리한다. 첫째, 만약 물권법정주의 원칙을 위반한 결과가 법률로 명확하게 규정되어 있을 경우, 그 법률 규정에 의거하여 처리한다. 둘째, 법률에 특별한 규정이 없고, 당사자의 협의로 법률의 금지규정을 위반한 경우, 무효로 간주한다. 주의할 점은, 만약 물권의 내용 중, 금지규정을 부분적으로 위반하는 내용이 존재하나 그 밖에 기타 부분의 효력에는 영향을 미치지 않을 경우, 금지규정을 위반한 부분 이외의 내용에 대해서는 유효하다. 만약 당사자 간에 물권을 창설하는 법률행위가 있었으나 그 행위가 물권이 새로이 창설되는 법률효과를 발생시키지 않고 기타 법률행위의 조건에 부합될 경우, 당사자 사이의 법률행위에 대한 효력은 발생한다. 예를 들면, 계약내용 중, 구체적인 강행규정을 위반하지 않았다면, 그 계약을 무효라고 할 수 없고, 단지 그 창설된 물권의 효력만을 승인하지 않는다.

4. 물권의 보호

「물권법」 제 3 장 규정에 의하면, 물권 침해가 발생할 때, 권리자는 화해, 조정, 중재, 소송 등을 통하여 이를 해결할 수 있고, 당사자는 권리확인, 원물반환, 방해배제 및 위험제거, 수리, 재건, 교환 혹은 원상회복, 손해배상 등을 청구하는 방식을 통하여 자신의 권리를 보호할 수 있다. 상술한 보호 방식은 단독으로 적용할 수도 있고, 권리를 침해당한 정황에 따라 함께 적용할 수도 있다.

⑴ 물권의 확인

「물권법」 제33조는 "물권의 귀속·내용과 관련하여 인해 분쟁이 발생한 경우, 이해당사자들은 권리확인을 청구할 수 있다"고 규정하고 있다. 이 규정에 따라 물권확인은 아래의 조건에 부합하여야 한다.

1) 물권의 귀속 혹은 내용에 분쟁이 존재하여야 한다. 분쟁이란, 특정목적물에 대한 소유권 혹은 기타물권(他物權)의 귀속 및 권리 내용에 대한 서로 다른 주장이 존재함을 의미한다.

2) 이해관계자가 권리의 확인을 청구하여야 한다. 이해관계자란, 일반적으로는 목적물에 대하여 권리를 주장하는 자를 의미하며, 그 이익이 물권의 내용으로 인하여 영향을 받는 자 또한 포함된다. 물권의 귀속 혹은 내용과 이해관계가 없는 사람은 권리의 확인을 청구할 수 없다.

3) 관련 권한(有權)기관의 권리 확인. 물권의 확인은 공권력의 범위에 속하는 것으로, 행정기관(예를 들면, 정부토지관리기관과 같은)과 인민법원과 같은 관련 기관만이 수리 및 확인할 권한이 있다.

⑵ 원물반환

物件의 소유자 혹은 기타물권(他物權) 권리자는 物件이 타인에게 불법 점유되었을 때, 그 불법 점유자에게 원물 반환을 청구할 수 있는 권리와, 그 物件에 대한 점유를 회복할 수 있는 권리가 있다.

「물권법」 제34조: "부동산 또는 동산이 부당하게 점유된 경우 권리자는 원물반환을 청구할 수 있다." 원물반환 청구권은 소유권에서 파생된 청구권이며, 소유권효력의 직접적인 실현으로써, 타인이 무권 점유 혹은 소유자의 재산을 침해 할 경우, 소유자는 청구권의 행사를 통하여 소유권의 원래의 상태를 회복할 수 있다. 그러나 합법적 점유자는 그 합법 점유권을 근거로, 소유자의 청구를 거절할 수 있다. 그러므로 소유자는 불법 점유자에 대해서만 원물반환을 제기할 수 있으며, 합법적인 점유자에게는 반환을 청구할 수 없다. 점유자의 점유가 합법적인지의 여부에 대해서는, 소유자가 원물반환을 청구할 당시에 점유자의 점유권리 유무에 근거하여 확정한다.

소유자의 소유물 반환 청구권 행사는, 타인에게 소유물 반환을 청구함으로써, 소유물의 점유이전이라는 직접적인 법률효과를 발생시킨다. 이러한 청구권의 행사는 반드시 특정한 원물(原物) 및 그 물권의 현실적 존재를 전제로 한다. 만일 원물이 이미 소멸되어, 원물반환이 객관적으로 이미 불가능한 경우, 권리자는 손해 배상만을 요구할 수 있고, 원물반환을 청구할 수 없다. 만일 원물(原物)이 비록 존재하기는 하나, 이미 훼손 되었을 때, 원물 권리자는 자신의 이익에 근거하여 원물반환 및 손해배상, 수리, 재건, 교환 등을 청구할 수 있다. 소유물의 이전(移轉)은 예외로 한다. 원물반환 청구권의 행사는 이자의 반환, 손실 배상 및 비용보상 등의 문제도 함께 발생시킨다.

⑶ 방해배제 혹은 위험제거

「물권법」 제35조: "물권을 방해하거나 방해할 가능성이 있는 경우, 권리자는 방해배제 또는 위험제거를 청구할 수 있다." 방해배제를 청구할 때, 권리자는 일반적으로 그 소유물의 점유(占有)를 상실함이 없어야 하며, 원물반환을 청구하는 경우, 권리자는 소유물에 대한 점유를 상실한 상태여야만 한다. 이것이 방해배제와 원물반환 청구권의 차이점이다. 방해는 반드시 계속 진행되고 있는 상태에 있어야 하며, 일시적이거나 이미 소멸된 것이 아니어야 한다. 설령 방해 행위가 이미 발생했다 하더라도 그 방해가 계속 진행되고 있는 상태가 아니라면 소유자는 방해배제 청구권을 행사할 수 없으며, 타인에게 손해배상 등의 책임만을 청구할 수 있다. 이때 타인의 방해는, 반드시 불법 혹은 부정당할 것을 전제로 한다. 만약 방해가 법률상의 事由 혹은 협의된 事由라고 한다면, 권리자는 이를 용인할 의무가 있다.

⑷ 원상회복

「물권법」 제36조 규정에 따라, 부동산 또는 동산의 훼손을 초래한 경우, 권리자는 수선, 재건, 교환, 또는 원상회복을 청구할 수 있다. 「민법통칙」 제117조 제2항에 따르면, 원상회복 또한 민사책임의 독립적인 형식 중 하나이다.

원상회복 청구권의 행사는 다음의 조건을 구비하여야 한다.

① 손상된 物件은 반드시 회복 가능한 것 이어야 한다. 이러한 회복가능성의 판단기준은 사회의 일반적인 관념을 근거로 하며, 필요할 경우 관련된 전문적 기준을 참고하여 확정한다.

② 원상회복은 경제적으로 볼 때 합리적이야 하며, 만일 그 비용이 원물(原物)가치를 초과할 경우, 원상회복 청구권을 행사할 수 없다. 그러나 타인의 악의

또는 원상회복이 권리자에게 특수한 이익이 있는 경우, 경제적 합리성만을 과도하게 강조할 수는 없다.

5. 손해배상

물권법 제37조 규정에 의하여, 물권침해로 권리자의 손해가 초래된 경우, 권리자는 손해배상을 청구하거나 기타 민사책임 부담을 청구할 수 있다.

Ⅱ. 물권변동

물권의 변동은 물권의 설정, 변경, 이전과 소멸을 지칭한다. 물권 발생, 변경, 이전 혹은 소멸을 야기하는 법률사실은 법률행위와 법률행위 이외의 원인, 두 가지로 구분할 수 있다. 법률행위는 물권변동의 가장 보편적이며 가장 중요한 원인이다. 물권변동의 원인인 법률행위는 물권소멸(物權消滅)의 방치행위 등의 일방법률행위와 매매, 교환, 증여 등의 쌍방 혹은 다수의 법률행위를 모두 포함한다. 이러한 일방 혹은 쌍방, 다수의 법률행위를 통하여 소유권을 취득하고, 계약을 통해 저당권, 질권, 지역권 등의 기타물권을 설정한다. 법률행위 이외에도 물권변동의 원인은 그 종류가 다양하다. 물권 취득의 관점에서 본다면, 인민법원, 중재위원회의 법률문서 혹은 인민정부의 징수결정 등이 물권변동의 원인이 되며, 법률규정에 따른 물권취득(유치권 등), 상속으로 인한 물권취득, 신축에 의한 건물소유권 등 또한 물권변동의 원인이 된다. 물권 소멸의 관점에서 본다면, 목적물의 소멸, 법정기간의 도래, 혼동 등이 물권변동의 원인이 된다. 물권의 설정, 변경, 양도, 소멸은 목적물의 속성에 따라 그 공시방식이 상이하다. 중국 물권법에 따르면, 부동산 물권변동은 반드시 등기를 경료함으로써 공시하여야 하고 동산물권은 점유를 그 공시 방식으로 한다.

1. 부동산(不動產)물권의 변동

「물권법」 제9조 규정: "부동산물권의 설정·변경·양도와 소멸은 법에 따라 등기하여야 효력이 생긴다. 등기하지 않으면 효력이 생기지 않는다. 그러나 법률에 별도의 규정이 있는 경우는 제외된다." 이에 따라, 등기 후에 부동산물권 변동의 효과가 발생하는 것이 부동산 물권변동의 일반 원칙임을 알 수 있다. 등기를 경료하지 않았을 경우, 부동산물권변동의 의사표시(저당계약 등)나, 부동산 점유의 이전 등이 있다 하더라도, 물권의 설정, 변경, 양도, 소멸의 효력은 발생하지 않는다. 물권법 제24조의 규정에 의하면, 선박, 항공기와 자동차 등 물권의 설정·변경·양도와 소멸은 등기하지 않으면 선의의 제 3 자에게 대항하지 못한다. 「물권법」 제129조, 제158조 또한 유사한 규정을 두고 있다. 그 밖에 「물권법」 제31조는 非법률행위가 야기하는 물권변동에 관해 규정하고 있으며, "동 법 제28조부터 제30조의까지의 규정에 따라 부동산물권을 가지는 경우, 당해 물권을 처분할 때 법률의 규정에 따라 등기를 해야 하며, 등기를 하지 않으면 물권 효력이 생기지 않는다"고 명시하고 있다.

상술한 규정은 중국의 「물권법」이 부동산 물권변동에 관하여 이원적(二元的) 방식을 채택하고 있음을 보여주고 있다. 「물권법」 제15조에 의하면, 당사자 간에 체결한 부동산 물권의 설정·변경·양도와 소멸 관련에 관한 계약은 법률에서 별도의 규정이 있거나 계약에서 별도의 약정이 있는 경우를 제외하고 계약이 성립된 때로부터 효력이 생긴다. 즉 물권 등기를 경료하지 않아도, 계약의 효력에는 영향을 미치지 않는 것이다. 이를 통해, 등기효력발생론(登記效力發生論)이나 등기대항주의(登記對抗主義) 모두 등기와 거래 자체를 구별하고 있다는 것을 알 수 있으며, 등기와 물권변동은 서로 관련이 있으며, 등기가 물권변동의 공시방법이 되는 것이다. 계약(채권)은 당사자 사이의 합의일 뿐 등기와 필연적 연관성은 없다. 즉, 법률에 별도 규정이 없으며, 그 내용이 법률이 정한 강제규정이나 미풍양속을 위반하지 않을 경우, 당사자 간의 계약은 효력이 발생한다. 만일 당사자 간에 물권변동에 관한 합의만이 존재하고, 등기를 경료하지 않았을 경우에도 계약자체의 효력은 유효하다. 이 때 당사자 간의 관계는 그 관계의 성질상 일종의 채권채무(債)의 관계일 뿐, 물권관계는 성립하지 않는다. 그러므로 채권의 효과만이 발생할 뿐, 물권변동의 효력은 발생지 않는다. 당사자 간에 부동산 권리이전에 관한 합의만 있을 뿐 등기가 아직 경료되지 않은 경우에도, 계약관계는 이미 성립되어 효력이 발생한 것이다. 계약이 이미 구속력을 가질 경우, 당사자 중 일방이 계약을 위반하면 위약책임을 진다.

부동산등기란 권리자가 국가 등기부문에 관련 부동산물권 정보를 제출하여 부동산등기부에 관련 사실을 기재하는 것이다. 특수한 원인 또는 입법정책 등에 따라, 부동산물권등기의 적용에 있어서 예외가 있을 수 있으며, 「물권법」 제 9 조

제 2 항에 의하면 “법에 따라 국가에서 소유하는 자연자원은 소유권 등기를 하지 않을 수 있다”고 규정하고 있는 것이 그 한 예이다. 등기의 실질적 의의는 관련된 부동산물권의 변동 상황을 등기부상에 등록 기재하는 공시효과에 있다. 등기의 완료는 등기된 사실을 사회에 공개적으로 공시하는 것을 의미하고, 그 내용을 사람들에게 열람할 수 있게 한다. 이와 관련하여, 「물권법」 제14조에 의하면, “부동산 물권의 설정·변경·양도와 소멸이 법률의 규정에 따라 등기해야 하는 경우 부동산등기부에 기재된 때로부터 효력이 생긴다”고 규정하고 있으며, 동법 제18조에는 “권리자, 이해관계인은 등기자료의 열람, 복사를 신청할 수 있고, 등기기관은 그 정보를 제공하여야 한다”고 규정하고 있다. 부동산등기의 법적효력은 다음과 같다.

(1) 부동산등기부에 기재한 날로부터 물권 설정과 변동의 효력이 발생한다.

(2) 권리추정효력, 혹은 권리정확성 추정작용, 즉 부동산 물권이 등기를 경료하면 그 등기상의 물권과 사실상의 물권이 동일한 효력을 가지고 있다고 추정하는 것이다. 이와 관련하여 「물권법」 제16조는 “부동산등기부는 물권 귀속 및 내용의 근거이다”라고 규정하고 있으며, 만일 등기된 내용에 착오가 있을 경우 등기의변경 또는 취소는 가능하지만, 등기의 변경 혹은 취소 이전에 권리자는 등기부에 기재된 사항에 근거하여 판단한다.

(3) 부동산등기의 공신력. 부동산등기의 권리 추정력은 일반 대중으로 하여금 그 등기 내용을 신뢰하게 하고, 이러한 신뢰를 바탕으로 법률행위를 이끌어내며, 법률은 그 신뢰한 내용에 법률효과를 부여한다.

「물권법」 제10조 제 1 항에 따르면, 부동산등기는 부동산소재지의 등기 기관에서 한다. 「물권법」은 등기기관을 명확하게 규정하고 있지 않지만, 등기와 관련한 주관기관, 등기절차 등의 문제는 미래의 부동산등기법에서 해결할 수 있을 것이라고 기대해 본다. 「물권법」 제10조 제 2 항에 의하면, “국가는 부동산에 대하여 통일된 등기제도를 실시한다. 등기의 범위, 등기기관과 등기방법을 통일하여, 법률과 행정법규에 규정한다.”고 규정함으로써 등기제도 수립과 등기기관의 통일을 통하여, 통일된 등기규칙을 수립, 통일된 등기 효력을 부여하는 효과를 가져왔다.

「물권법」 제20조는 예고등기 제도에 대해서도 규정하고 있다. 즉, “당사자간에 건물매매 또는 기타 부동산 물권에 관한 계약이 체결된 경우, 장래의 물권 실현을 보장하기 위해 약정에 따라 등기기관에 예고등기를 신청할 수 있다. 예고등기 후 예고등기 권리자의 동의를 거치지 않고 당해 부동산을 처분한 경우 물권효력이 생기지 않는다," "예고등기 후 채권이 소멸되었거나 부동산등기를 할 수 있는 일자로부터 3개월 내에 등기신청을 하지 않은 경우 예고등기는 효력을 상실한다"는 규정을 두고 있다.

2. 동산 물권변동

「물권법」 제23조에 의하면, 동산물권의 설정과 양도는 인도 시부터 효력이 생긴다. 그러나 법률에 별도의 규정이 있는 경우는 제외된다고 규정하고 있다. 동산 인도는 현실적 교부와 관념적 교부 두 가지로 나눌 수 있다. 현실교부는 동산물권의 物件을 어떤 한 사람의 통제 하에서 다른 한 사람의 통제로 이전시키는 것이다. 그러므로 동산점유의 실질적인 이전의 발생이 교부의 일반적인 예이다. 현실교부의 채택 이전에 목적물은 통상적으로 양도인 점유 하에 있고, 양도인은 협의에 따라 목적물을 양수인에게로 점유이전하는 것인데, 이것을 교부로 본다. 직접교부 행위는 모두 양도인이 직접 진행해야만 하는 것은 아니고, 양도인이 그 이행을 다른 사람에게 위탁하여 교부행위를 완성할 수도 있다.

관념상의 교부는 특수한 상황 하에서, 법률이 당사자 간의 특별한 협의를 통하여 융통성 있게 비 현실적인 교부방식을 사용함을 인정하는 것으로 실제교부를 대신한다. 관념교부의 인정은 당사자의 의사를 존중하고, 실제 교부로 인하여 지출되는 거래비용을 감소시켜, 거래를 장려하고 거래의 편의를 제공하는 효과가 있다. 관념의 교부에는 주로 다음의 3가지 방식이 있다.

(1) 간이교부(簡易交付)

「물권법」 제25조에는, "동산물권의 설정과 양도 전에 권리자가 이미 법에 따라 당해 동산을 점유한 경우, 물권은 법률행위의 효력이 생긴 때로부터 효력이 생긴다"고 규정하고 있다. 본 조항은 간이교부(簡易交付)에 관한 규정으로, 간이교부는 "무형교부(無形交付)"라고도 하며, 양도인이 동산물권의 양도 전에, 매수인이 이미 위탁, 대차, 사용대차 등의 방식을 통하여 실제로 그 동산을 점유하고 있고, 목적물의 소유권 이전 계약의 효력이 발생하여, 교부한 것으로 간주하는 것이다. 바꾸어 말하면, 쌍방 당사자가 동산 물권 양도의 합의에 따라 동산의 현실교부(現實交付)를 대신하는 것이다. 간이교부 시에 양도인은 수 차례 점유의사를 양수인에게 나타내고, 양수인으로 하여금 타주(他主) 점유가 자주(自主) 점유로 변하게 하여, 현실교부행위를 대신하는 것이다. 이에 따라, 많은 학자들은 간이교부는 일종의 단순한 관념의 교부(交付)로 본다.

간이교부는 실제 교부(交付)의 과정을 간략화시킬 수 있고, 교역 비용을 감소 시켜서, 중국의 토지도급경영권(土地承包經營權)은 이러한 방식을 인정하고 있다. 「계약법」 제140조에 의하면, "목적물이 계약체결 전에 매수인이 점유하고 있는 경우, 계약의 효력발생시점을 교부시점으로 한다"고 규정하고 있으며, 동 조항은 비록 교부시점에 관하여 규정고 있지만, 실제적으로는 목적물의 간이교부를 인정하고 있는 것이다.

⑵ 지시교부(指示交付)

지시교부는 권리자가 동산(動產) 물권 양도 시에, 만약 그 동산이 이미 제 3 자의 점유하에 있다면, 양도인은 그 제 3 자에 대한 반환청구권을 양수인에게 이전할 수 있고, 이 반환청구권은 物件의 실질교부(實質交付)를 대신할 수 있다. 「물권법」 제26조에는 "동산물권의 설정과 양도 이전에 제 3 자가 법에 따라 당해 동산을 점유한 경우, 인도의무가 있는 자는 제 3 자에 대한 원물반환 청구권을 양도하는 방식으로 인도를 대체할 수 있다고 규정하고 있다."

⑶ 점유(占有)개정

점유개정은 양도인과 양수인이 동산물권 양도 시에, 만일 양도인이 그 동산의 계속적인 점유를 희망할 때, 당사자 쌍방이 계약을 체결할 수 있고, 특별협의에 따라 양도인은 그 동산을 계속 점유하고, 양수인은 목적물에 대한 간접 점유를 취득함으로써 목적물의 실제교부를 대신한다. 「물권법」 제27조에 의하면, "동산물권 양도 시 쌍방이 양도인에 의한 당해 동산의 계속점유를 약정한 경우 물권은 당해 약정이 효력이 생긴 때로부터 효력이 생긴다"고 규정하고 있다. 점유개정의 목적은 양도인이 계속적으로 목적물을 점유함으로써, 물권이전의 요구에 부합하고, 物件의 효용가치를 계속적으로 유지할 수 있게 한다. 그 밖에, 점유개정 방식에 있어서, 제한이 있는데 예를 들면 당사자는 점유개정의 방식으로 질권을 설정할 수 있는 것이 그 한 예이다.

Ⅲ. 소 유 권

1. 소유권의 일반원리

「물권법」 제39조의 규정에 따르면, 소유권은 소유권자가 자기의 부동산 또는 동산에 대해 법에 따라 점유·사용·수익과 처분의 권리를 지칭한다. 중국의 민법이론과 물권입법은 소유제 형태에 의하여 소유권을 구분하고 있으며, 즉 국가소유권, 집체(集体)소유권과 개인소유권이 이에 속한다. 「물권법」 제5장 또한 상술한 3종류의 소유권을 전문적으로 규정하고 있다. 그 밖에 「물권법」 제69조 따르면 "사회단체가 법에 근거하여 소유한 부동산과 동산은 법률의 보호를 받는다"라고 규정하고 있으며, 이는 "사회단체"의 소유권 주체로서의 지위를 확립한 것이다.

대륙법계의 전통적인 물권법은 소유제형태에 의한 소유권 유형의 분류방식은 채택하지 않고 있다. 그러나 이것은 결코 대륙법계의 전통적인 입법례 중 단일한 소유권 유형이 존재한다는 것을 의미하는 것이 아니며, 물권법의 소유권에 대한 일반규정만으로도 각종 재산소유관계를 충분히 조정할 수 있음을 의미하는 것이다. 중국 「물권법」이 국가소유권과 집체(集体) 소유권을 전문적으로 규정하는 이유로 첫째, 국유(國有)와 집체(集体)재산이 본질적으로 재산소유권의 범주에 속할지라도, 이러한 재산은 소유권의 객체, 취득방법, 경영 및 그 재산권의 사용에 관한 분쟁의 해결과 처리에 있어 모두 특수성을 지니며, 일반적인 소유권 규칙으로는 국유와 집체(集体) 재산관계에 완전하게 적용할 방법이 없다고 보기 때문이다. 그 예로, 국유재산권과 집체소유권의 객체 범위는 특수성이 있으며, 국가소유권의 행사와 정부의 재산권에 대한 감독을 명확하게 구분할 수 없고, 집체(集体) 소유권과 집체(集体) 조직의 구성원의 권리를 분리할 수 없으므로, 이러한 것들은 모두 이러한 재산의 확인, 관리, 사용 등에서 몇 가지 특수한 규칙을 확립할 필요성을 나타내며, 소유권의 일반적 규칙으로는 완전히 해결할 방법이 없다는 것을 알 수 있다. 둘째로, 물권법 중에서 국가소유권과 집체(集体) 소유권에 대한 규정은 개혁의 성과를 나타내어, 앞으로의 개혁 추진을 심화할 수 있다. 또한 재산과 관련한 민사입법을 더욱 개선할 수 있다. 소유제 구조의 큰 변혁에 맞추어, 적시에 물권법을 제정하여, 국유재산과 집체재산의 범위, 국가소유권과 집체(集体)소유권의 행사를 명확하게 함으로써, 국유재산의 보호를 강화하고, 공유제 경제의 발전을 공고히 할 수 있다고 생각한다. 사유재산의 범위를 명확하게 함으로써 법에 따른 사유재산보호는 비공유제(非公有制) 경제의 발전을 장려, 지지, 인도할 수 있어, 민법의 시각에서 볼 때, 사회주의 기본 경제제도를 견지하는 데 중요한 의의를 가진다.[1] 셋째로, 물권법은 민사 기본법의 지위와 성질을 가지며, 재산관계에 있어 통일된 조정을 진행할 수 있다. 만약 물권입법이 국가소유권과 집체(集体)소유권에 대한 언급을 회피했다면, 이것은 입법권을 행정입법에 양위함을 의미하며, 이것은 국유와 집체(集体)재산권 제도에 더욱 강력한 행정 색채를 가지게 하였을 것이며, 민법규범에서 가장 중요한 물권의 입법 기회를 놓친 것이었을 것이다.[2]

소유권의 취득은 원시취득과 승계취득으로 나눌 수 있다. 원시취득은 원소유자의 소유권이나 그 의사에 의하지 않고 직접 법률의 규정에 의하여 재산 소유권을 취득하는 것을 의미한다. 원시취득의 방법으로 생산활동, 자연이자의 취득, 몰수 등이 있다. 승계취득은 민사적 법률행위를 통하여 이미 소유권이 있는 원소유자로부터 그 소유권을 이전 받음으로써 취득하는 것이다. 승계취득의 방법으로는 매매, 상속, 증여 등이 있다. 다음은 몇 가지 소유권의 취득 방식을 소개하기로 한다.

(1) 징 수

징수는 국가소유권의 특수한 취득방식 가운데 하나이다. 물권법의 시각에서 징수는 국가가 법이 정한 절차에 따라 집체(集体)소유의 토지와 도시의 주택 및 기타 부동산을 국가의 소유로 회수하는 제도이다. 「물권법」 제42조 제 1 항은, "공공이익의 수요를 위해 법률에서 규정한 권한과 절차에 따라 집체소유의 토지 그리고 단위, 개인의 건물과 기타 부동산을 징수할 수 있다"고 규정하고 있다.

「물권법」 제42조의 규정에 의한 징수의 요건은 다음과 같다.

1) 공공이익의 필요에 기초 한다.

2) 법률규정에 명시된 권한과 절차로 진행한다.

3) 법에 따른 보상을 진행한다. 예를 들면, 단체, 개인의 건물 및 기타 부동산을 징수할 때에는, 법에 따라 적절한 보상과 피징수자의 합법적인 권익이 보

1) 楊景宇:《一部具有里程碑意義的法律物…權法出台的背景和意義》, 載《求是》2007年 第 9 期.
2) 王利明:《物權法研究》, 中國人民大學出版社, 2002年版, 第283頁.

장되어야 하며, 개인의 주택을 징수할 경우 피징수자의 주거문제를 해결해 주어야 한다.

⑵ 선의취득

선의취득은 동산 또는 부동산을 점유하고 있는 상대방을 권리자로 믿고 선의로 거래한 경우에는 비록 양도인이 정당한 권리자가 아니라 할지라도 양수인은 그 동산 혹은 부동산에 대한 권리를 취득하는 것을 인정하는 제도이다. 선의취득은 소유권 취득의 중요한 방식으로, 거래의 안전을 보호하는 기능이 있다. 중국「물권법」제106조는 선의취득 제도를 규정하고 있으며, 동 규정에 의하면, 선의취득은 다음과 같은 조건을 구비하여야 한다고 명시되어 있다.

1) 선의취득자가 재산취득 시에 선의일 것

선의취득 제도에서의 "善意"에 관하여 적극적 관념설과 소극적 관념설 두 학설이 존재하며, 전자는 선의취득자는 반드시 전주(前主)를 소유자라고 여겼어야 함을 요구하고, 후자는 선의취득자가 전주(前主)를 권리자 아님을 알 필요는 없다고 주장한다. 통설은 후자인 소극적 관념설을 취하고 있다. 즉, 당사자가 타인이 비소유자임을 모르거나 마땅히 알아야 할 필요가 없다는 입장을 선의로 본다.

2) 양도인에게 物件에 대한 처분권이 없어야 한다.

선의취득 적용의 전제는 처분의 권리가 없는 타인이 법률상 처분행위를 한 것이다. 법률상의 처분행위는 매매, 저당설정 등을 통하여 소유권의 이전을 발생시키는 것이다. 무권(無權)처분과 선의취득제도는 서로 밀접한 관계에 있다. 무권처분은 선의취득의 전제이고, 선의취득은 무권 처분행위에서 파생되는 문제인 것이다.

3) 합리적 가격에 따른 유상 양도여야 한다.

선의취득의 조건을 결정할 때, 양수인이 취득한 재산은 반드시 매매, 교환, 증여, 채무상환, 출자 등을 통한 거래적 형태를 통하여 획득된 것이어야 한다. 상속, 증여 등의 행위를 통하여 취득한 것은, 선의취득의 효력을 가질 수 없다. 만일 타인의 재산에도 선의취득제도 적용을 허락한다면, 불필요한 재산분쟁을 야기하기 쉽고, 상속과 증여의 정상적인 진행을 방해하기 때문이다.

4) 이미 물권 변동이 발생했어야 한다.

양도인의 재산은 법률의 규정에 따라 등기를 필요로 하는 것이면 등기가 경료된 것이어야 하고, 등기를 요하지 않는 경우 양수인에게 이미 교부된 경우여야 한다. 선의취득 제도는 반드시 점유의 이전을 그 전제로 한다. 즉 양도인이 양수인에게 실질적인 재산을 교부한 후, 양수인은 실질적으로 그 재산을 점유하고 있어야 한다. 이미 교부가 된 것이어야만 소유권 이전의 효력이 발생할 수 있는 것이다. 만약 거래 당사자 상호간에 합의만 있다면, 이는 목적물 점유의 이전이 발생하지 않은 것이고, 선의취득의 효력은 발생할 수 없으므로, 거래 당사자 사이에는 여전히 채권 관계만 존재할 뿐이다.

선의취득의 법률효과는 다음과 같다.

① 양수인이 목적물의 소유권을 취득한다. 선의취득제도의 기본 효력은 양수인이 목적물의 소유권을 취득하는 것으로, 그에 따라 원소유자의 권리는 소멸하게 된다.

② 동산양도는 원래의 권리를 소멸시킨다. 「물권법」 제108조는, "선의의 양수인이 동산을 취득한 후 당해 동산에 존재하는 원래의 권리는 소멸된다. 그러나 선의의 양수인이 인도받을 때 당해 권리를 알고 있었거나 알고 있어야 하는 경우는 제외된다"고 규정하고 있다.

③ 양도인이 원소유자에 대한 배상책임을 진다. 원소유자는 양수인이 그 재산 소유권을 선의취득 하여 자신의 권리가 침해를 받았을 때, 법률은 원래 권리자에게 일종의 채권 구제를 제공한다. 즉, 권리자는 양도인에게 위약책임, 불법행위책임 및 부당이득의 반환을 요구할 수 있다.

④ 양도인과 양수인 간의 기타 법률관계는 그 법률행위에 의거하여 확정된다. 선의의 양수인은 그 양도인과의 법률행위(매매, 교환 등)가 금전지불이나 기타 의무 부담이 필요하다면, 非선의취득의 정황과 결코 다르지 않으므로, 선의의 양수인은 양도인에게 이행을 거절할 수 없다.

(3) 유실물습득

유실물이란 소유자가 분실한 物件을 지칭한다. 「물권법」 제109조에서 제113조의 규정에 의하면, 유실물 습득 당시, 원소유자는 그 소유권을 상실한 것이 아니며, 습득자는 권리자에게 物件을 반환하여야 한다. 또한 습득자는 적시에 권리자에게 수령을 통지하거나 경찰 등 유관부문에 습득물을 넘겨 주어야 한다. 관련부문은 유실물을 수령하고, 권리자가 확인되면, 즉시 그 수령을 통지하여야 하며, 권리자를 알 수 없는 경우, 즉시 분실물 공고를 하여야 한다. 만약 공고한 날로부터 26개월 내에 수령자가 없다면, 유실물의 소유권은 국가에 귀속된다.

「물권법」 제112조의 규정에 의하면, 권리자는 유실물 수령 시 습득자 또는 관련 부서에 유실물 보관 등으로 지출된 필요한 비용을 지불하여야 한다.

권리자가 현상을 걸고 유실물을 찾은 경우, 유실물을 수령할 때 약속에 따라 의무를 이행하여야 한다. 습득자는 유실물을 침점한 경우 유실물 보관 등 지출된 비용을 청구할 권리가 없다. 동시에 권리자에게 약속에 따라 의무를 이행할 것을 청구할 권리도 없다.

(4) 이 자

이자(果實)는 원물로부터 파생된다. 이자는 그 생성 방식에 따라 천연과실과 법정이자로 분류된다. 천연과실은 원물의 자연속성에 따라 생성된 것이며, 법정이자는 법률규정 혹은 법률행위에 따라 생성된 이자로, 원물의 사용수익으로 표현된다.

2. 건축물 구분소유권

건축물의 구분소유권은 전통적인 단일 소유제와 공유관련제도의 소멸과 사회발전의 필요에 따라 물권법에서 규정하고 있는 새로운 유형의 소유권 형태이다. 건축물 구분소유권은 전용부분의 소유권과 공유부분의 권리 및 공동관계로부터 형성된 成員權을 구성하는 복합적인 권리이다.「물권법」 제70조에 의하면, 구분소유권자는 건축물 내의 주택, 영업용 건물 등 전유부분에 대해 소유권을 가진다. 전유부분 이외의 공유부분에 대해 공유와 공동관리의 권리를 갖는다고 규정하고 있다.

(1) 전유권(專有權)

전유권은 소유자(구분소유권자)가 건축물의 전용부분에 대해 향유하는 소유권을 지칭한다. 전용부분은 구조적 및 사용상에 있어 독립적인 부분을 지칭한다. 건축물의 전용부분은 반드시 다음의 두 가지 요건을 구비해야 한다. 첫째로, 반드시 구조적으로 독립성을 갖추어야 한다. 건축물이 그 구조상으로, 구분될 수 있어야 하고, 건축물의 기타부분과 일정한 거리를 두어야 한다. 둘째로, 반드시 사용상에 있어서 독립성을 구비하여야 하는데, 독립사용 혹은 독립적 경제효용이 있어야 함을 의미한다.

구분소유권자는 그 건축물의 전용부분에 대하여 점유, 사용, 수익, 처분의 권리를 향유한다. 전용부분의 소유권과 일반적인 부동산의 소유권은 그 권리면에서 동일한 권리이다. 그러나 소유의 특수성에 따라, 구분소유권자의 전유권 행사에는 일정한 제한이 있다. 「물권법」 제71조는 구분소유권자의 전유권 행사의 제한에 대해 다음과 같이 규정하고 있다. 첫째, 구분소유권자의 권리 행사가 건축물의 안전을 위협해서는 안 되고, 기타구분소유권자의 합법권익을 침해해서도 안 된다. 둘째, 구분소유권자는 법률, 법규 및 관리 규약을 위반해서는 안 되며, 주택을 영업용 점포 등으로 변경할 수 없다. 구분소유권자가 주택을 영업 용도로 바꾸었다면, 법률, 법규 및 관리 규제를 준수하는 동시에 이해관계에 있는 구분소유권자의 동의 또한 거쳐야 한다.

⑵ 공 유 권

공유권은 소유자가 건축물 및 그 부속시설의 공유부분에 대하여 향유하는 권리이다. 건축물 및 건축물 범위 내에서 소유하는 토지와 부속시설은 두 가지로 나눌 수 있으며, 전용부분에 속하는 것과 공유부분에 속하는 것으로 나눌 수 있다. 그러므로 공유부분은 전용부분 이외의 부분이다.

건축물의 공유부분은 두 가지 특징이 있다.

1) **종속성**(從屬性)

법률상 공유부분은 전용부분에 부속해서 존재하는 것으로, 종속성을 그 특징으로한다. 구분소유권자의 전용부분에 대한 소유권은 구분소유권자의 공유부분에 대해 공유권을 향유하기 위한 전제조건이 된다. 구분소유권자가 건축물내의 주택, 영업용도의 주택을 양도할 때는 그 건축물의 공유부분에 대한 공유권과 공동관리권도 함께 양도한다.

2) **불가분성**(不可分割性)

공유부분은 이용상에 있어서 구분소유권자에게 꼭 필요한 부분이며, 그 속성상 物의 속성으로, 분할할 수 없을 때, 분할을 청구할 수 없다.

중국 「물권법」 제73조에 규정된 공유부분에 대한 규정은 다음과 같다. "건축물구획 내의 도로는 입주자의 공유이다. 그러나 성진공공도로에 속하는 경우는 제외된다. 건축구획 내의 녹지는 입주자의 공유이다. 그러나 도시 공공녹지 또는 개인에 속한다고 명시되어 있는 경우는 제외된다. 건축구획 내의 기타 공공장소, 공용시설과 건물관리용시설은 입주자의 공유에 속한다."

⑶ 관 리 권

관리권은 소유자가 법에 입각하여 소유하는 공동재산과 공동사무를 관리하는 권리이다. 소유권자가 그 관리권의 행사하는 방법은 다음과 같다.

1) 구분소유권자회의 참여, 표결권의 행사

구분소유권자회의는 구분소유권자의 자치조직이고, 구분소유권자의 건축물 구분소유권의 행사에 기본을 두고 생성된 것으로, 전체구분소유권자로 구성되며, 건축 구획 내의 건축물 및 그 부속시설의 관리기구이다. 단지 건축 구획 내의 구분소유권자라면 구분소유권자대회에 참가할 권한이 있다.

2) 구분소유권자위원회 참여와 관리권의 행사

구분소유권자위원회는 건축물을 구분소유한 구분소유권자대회의 집행 기구이다. 구분소유권자대회의 결정에 따라 관리의 직책을 이행한다. 「물권법」 제78조의 규정, 구분소유권자위원회는 자치적 집행관리기구로, 동 위원회의 결정은 구분소유권자에 대하여 구속력이 있다. 그러나 구분소유권자위원회가 구분소유권자의 합법적인 권익침해를 내용으로 하는 결정을 내렸을 경우, 권리침해를 받는 구분소유권자는 인민법원에 그 결정에 대해 철회를 청구할 수 있다. 구분소유권자는 선거를 통하여 구분소유권자위원회의 회원이 될 수 있다.

3) 관리규약 제정의 참여

관리규약은 전체구분소유권자가 구분소유권자대회를 통하여 제정된 부동산의 관리, 사용, 유지 등에 관한 자치규칙이다. 관리규약은 구분소유권자대회의 합법적 결의에 기초하여 형성되며, 회사의 정관과 유사한 특징을 갖는다. 구분소유권자는 구분소유권자대회를 통하여 관리규약제정에 참여할 수 있는 권리가 있다.

4) 건물관리기구나 기타 관리인 임용을 공동 결정한다.

「물권법」 제81조의 규정에 의하면, 입주자들은 건축물 및 그 부속시설을 자체적으로 관리할 수도 있고 건물관리기업 또는 기타 관리인에게 위탁하여 관리할 수도 있다.

건설단위에서 초빙한 건물관리기업 또는 기타 관리인에 대해, 입주자는 법에 따라 교체할 수 있다.

3. 상린관계(相隣關係)

상린관계(相隣關係)는 서로 이웃하는 둘 이상의 부동산소유자 또는 점유자가 권리를 행사하는 경우 상호간에 상대방의 합법적 권익을 존중해야 할 권리, 의무 관계를 지칭한다. 「물권법」 제 7 장은 상린관계에 대해 규정하고 있다.

중국 물권법상의 상린관계(相隣關係)는 다음 몇 가지 내용을 포함한다.

⑴ 배수, 용수와 관련된 상린관계(相隣關係)

「물권법」 제86조의 규정에 의하면, "부동산 권리자는 이웃 권리자의 용수, 배수에 필요한 편의를 제공하여야 한다. 자연수 이용은 부동산의 이웃 권리자 간에 합리적으로 분배하여야 한다. 자연수의 흐름은 자연적인 흐름방향을 존중하여야 한다"고 규정하고 있다.

⑵ 통행과 관련된 상린관계(相隣關係)

「물권법」 제87조의 규정에 의하면, 부동산 권리자는 이웃 권리자가 통행 등으로 반드시 그의 토지를 이용해야 하는 경우, 필요한 편의를 제공하여야 한다.

⑶ 건축물의 건조, 수선 및 각종 전선, 전신, 수로, 가스관, 난방관 등에 부설로 인하여 반드시 인접한 토지, 건축물의 이용이 필요할 때 그 토지, 건축물의 소유자는 필요한 편리를 제공해야 한다.

⑷ 통풍, 채광으로 인한 인접관계

「물권법」 제89조에 의하면, 건축물 건조는 국가의 공정건설 관련 기준을 위배하지 못하며, 이웃 건축물의 통풍, 채광과 일조를 방해하지 못한다.

⑸ 「물권법」 제90조에 의하면, 부동산 권리자는 국가의 규정을 위반하여 고체폐기물을 버리거나 대기오염물질, 물오염물질, 소음, 빛, 전자파반사 등 유해물질을 배출하지 못한다.

특히, 「물권법」 제85조는 최초로 민사관습에 따라 판결을 내릴 수 있도록 규정하고 있는 조문이다. 동 조에 따르면, "법률, 법규에서 이웃관계 처리에 대해 규정이 있는 경우 그 규정에 따른다. 법률, 법규에 규정이 없는 경우, 현지의 습관에 따를 수 있다"라고 규정하고 있다. 이러한 규정은 1949년 이후 중국 대륙의 민사법률에서 민사관습을 재판에 적용할 수 있다고 한 최초의 규정이다.

4. 공 유

공유는 둘 또는 둘 이상의 민사주체가 동일 물위에 향유하는 소유권의 상태를 지칭한다. 공유는 독립된 소유권의 형태가 아니며, 소유권에 대한 “量”적 분할의 결과이다. 이 때, 각각의 공유자는 각기 하나의 소유권을 향유한다. 공유는 지분공유(按分共有)와 공동공유(共同共有)로 나눌 수 있다.

공유는 두 명 혹은 두 명 이상의 민사주체가 공동으로 하나의 소유권을 향유하는 상태이다. 소유권 이외에, 두 명 또는 두 명 이상의 민사주체가 기타의 민사권리를 공동으로 향유할 수도 있다. 기타의 민사 권리로는 채권, 지적재산권 등이 있는데, 이 때는 준(准)공유라고 부른다.

「민법통칙」 제78조는 두 가지 공유 형식을 인정하는데, 지분공유(按分共有)와 공동공유(共同共有)이다. 이것은 중국 현행법상의 기본적인 두 가지 유형의 공유형식이다. 「물권법」 제93조에도 “부동산 또는 동산은 2개 이상의 단위, 개인이 공유할 수 있다. 공유에는 지분공유(按分共有)와 공동공유(共同共有)가 있다”고 규정하고 있다.

⑴ 지분공유(按分共有)

지분공유(按分共有)는 둘 이상의 주체가 공동소유의 재산을 각자의 지분에 따라 나누어 권리를 향유하고 이에 상응하여 의무를 부담하는 소유형태를 지칭한다. 예를들면, 갑이 80만원을 출자하고, 을이 40만원을 출자하여, 주택 한 채를 구입하였다면, 갑과 을 사이에는 지분공유(按分共有)관계가 형성된다.

「물권법」 제103조, 제104조의 규정에 따라, 공유자는 공유의 부동산(不動產) 혹은 동산(動產)에 대하여 지분공유(按分共有) 혹은 공동공유(共同共有)의 협의를 하지 않았을 경우나 협의가 불명확할 경우, 공유자의 가족관계 등을 제외하고는, 모두 지분공유(按分共有)로 간주한다. 그 밖에, 지분공유자는 공유의 부동산 혹은 동산에 대하여 지분을 향유하나, 협의를 하지 않았거나 협의가 불명확할 경우, 출자액에 따라 그 소유권을 확정하고, 출자액을 확정할 수 없을 때는 等價로 하는 것으로 본다.

지분공유자(按分共有人)의 권리:

① 그 지분에 따라 공유물에 대한 점유(占有), 사용, 수익을 향유한다.

② 협의에 따라 공유물을 관리한다.

③ 공유물의 처분 또는 공유물을 보수(修繕)할 수 있다. 이 때, 원칙적으로 지분의 2/3 이상을 소유하고 있는 지분공유자의 동의를 거쳐야 하고, 지분공유자 사이에 다른 협의가 있을 경우는 예외로 한다.

④ 해당 지분을 양도할 수 있다. 그러나 기타의 공유자는 동등한 조건 하에서 우선적으로 매수권을 갖는다. 「물권법」 제101조 규정에 의하면, "지분공유자는 소유의 공유 부동산 또는 동산 지분을 양도할 수 있다. 기타 공유자는 동등한 조건으로 선매권을 가진다"고 규정하고 있다. 여기서의 동등조건이라 함은 일반적으로 양도인이 제3자와 협의한 양도 조건과 동일한 것으로, 가격조건을 우선적으로 고려하며, 동시에 지불방식 등에 관한 조건도 고려할 수 있다. 만약 구체적인 기준이 없을 경우, 그 지분의 시가를 기준으로 판단한다.

지분공유자(按分共有人)의 의무는, 그 공유물의 관리비용과 기타 부담 등이 있다. 협의가 있다면, 그 협의에 따르고, 협의가 없거나 불명확하다면 지분공유자의 지분에 따라 부담한다.

⑵ **공동공유**(共同共有)

공동공유(共同共有)는 둘 이상의 주체가 공동 소유로 되는 재산에 대하여 각자의 지분에 따라 나누지 않고 공동으로 보유하며, 개별 공동공유자(共同共有者)는 전부의 공유재산에 대하여 평등한 소유권을 갖는 것을 지칭한다. 예를 들면, 부부의 공동공유와 가족의 공동공유 등을 들 수 있다.

공동공유자(共同共有者)의 권리는 다음과 같다.

1) 공유물에 대해 평등한 소유권을 가진다.

2) 지분 비례에 따르지 않고 공동으로 공유물의 수익을 향유한다.

3) 원칙적으로 전체 공유자의 동의를 거치면, 공유물의 처분을 할 수 있다. 특별한 협의가 있는 경우는 예외로 한다.

공동공유자(共同共有者)의 의무는 다음과 같다.

1) 공유물에 대한 관리비용과 기타부담은 협의가 있다면 협의에 따르고, 협의가 없거나 불명확하면 공동공유자가 공동 부담한다.

2) 공유의 부동산(不動產) 또는 동산(動產)에서 발생하는 채무는 공유자가 연대책임을 진다. 하지만 법률에 이와 다른 규정 있거나 제3자가 공유자가 연대채무관계를 가지지 않음을 알고 있었다면 연대책임을 지지 않는다.

⑶ 공유물의 분할

공유물의 분할은 공유관계 존속기간중에 공유자가 해당 공유물을 단독소유로 전환을 청구하는 것이다. 일반적으로 지분공유자(按分共有人)는 언제든지 공유물 분할을 청구할 권리를 향유한다. 당사자 간 협의가 존재하지 않거나 불명확하다면, 지분공유자는 언제든지 공유물 분할을 청구할 수 있다. 「물권법」 제99조에 의하면, 공유자들이 공유하는 부동산 또는 동산을 분할하지 못한다고 약정하여 공유관계를 유지하는 경우, 약정에 따라야 한다. 그러나 공유자에게 중대한 이유가 있어 분할이 필요한 경우 분할을 청구할 수 있다. 약정이 없거나 약정이 불명확한 경우, 지분공유자는 언제든지 분할을 청구할 수 있다. 공동공유자는 공유의 기초를 상실했거나 중대한 이유가 있어 분할이 필요한 경우 분할을 청구할 수 있다. 분할로 기타 공유자에게 손해를 준 경우 배상하여야 한다.

「물권법」 제100조의 규정에 따라, 공유물의 분할은 3가지 방식을 채택한다.

1) 실물분할(實物分割)

공유물의 사용가치와 특정용도에 영향을 미치지 않는 상황에서, 각 공유자에게 원물(原物)을 분배한다.

2) 대금분할(換金分割)

공유물을 분할할 수 없거나 분할할 경우 그 가치가 손상되거나 공유자가 모두 공유물을 원하지 않을 경우 공유물을 환매하여, 각 공유자에게 지분을 분배한다.

3) 가격배상

공유자의 한 사람이 다른 공유자들의 지분에 상응하는 가격을 지급하고, 단독 소유자가 되는 방법이다.

공유물의 분할 이후, 공유자 사이의 공유관계는 소멸한다. 공유자는 공유물 혹은 대금의 단독 소유권을 취득한다.

Ⅳ. 용익물권

1. 용익물권 개설

용익물권은 권리자가 타인소유의 부동산 또는 동산에 대하여, 법에 따라 점유, 사용, 수익의 권리를 향유하는 기타물권이다. 기타 유형의 물권과 비교하여,

용익물권을 다음과 같은 특징을 가진다.

(1) 용익물권은 제한물권으로, 소유권 기능의 일부분만을 포함한다. 일정 범위 내에서, 物件에 대한 점유, 사용, 수익의 기능을 갖는다.

(2) 용익물권은 사용가치를 지배의 대상으로 하는 권리로, 이것은 용익물권과 담보물권구별의 기준이다.

(3) 용익물권은 부동산에 설정되며, 등기를 경료함으로써 공시한다.

(4) 용익물권자는 직접적으로 목적물의 지배를 할 수 있고, 타인 행위의 개입을 필요로 하지 않는다.

「물권법」 제11장에서 제14장에 토지도급경영권(土地承包經營權), 건설용지사용권(建設用地使用權), 택지사용권(住宅基地使用權)과 지역권(地役權) 등 4종류의 용익물권을 규정하고 있다. 이 밖에, 제122조와 제123조는 해역사용권, 탄광권, 채광권, 취수권(取水權)과 수역사용, 간석지 양식, 수산업 조업에 등에 관한 권리를 규정하고 있다. 해역사용권은 민사주체가 현급(縣級) 이상의 인민정부 해양행정 관리부분의 비준과 해역사용 허가증을 발급받아, 법에 따라 일정기한 동안 일정한 해역을 사용할 수 있는 권리를 지칭한다. 탄광권은 민사주체가 비준을 거쳐 특정지역 내의 광산 자원을 조사할 수 있는 권리를 취득하는 것을 의미한다. 채광권은 민사주체가 행정기관의 비준을 받아 광산 자원을 채굴하는 권리를 향유하는 것이다. 취수권은 민사주체가 지하수, 용지상의 수자원을 취수하여 자신의 필요에 따라 자원을 이용할 수 있는 권리를 취득하는 것이다. 어업권은 민사주체가 수면상에서 양식과 조업을 할 수 있는 권리이다. 상술한 해역사용권 등에 관한 권리는 학계에서 "특수물권(特殊物權)"또는 "준물권(準物權)" 이라 지칭한다.

2. 토지도급경영권(土地承包經營權)

중국농촌의 집단경제 조직은 가정도급경영을 기초로 집체적인 운영방식과 분산 운영방식을 결합한 새로운 합작 경제체제를 실행하고 있다. 농민집체소유와 국가소유의 경지, 임야, 초지 및 기타 농업에 이용되는 토지를 농민집체가 사용하는 것을 토지도급경영제도라 한다. 「물권법」 제125조는 토지도급경영권(土地承包經營權)을 물권법의 적용대상에 포함시키고 있다. 토지도급경영자는 법에 따라 그 도급경영의 경지, 임야, 초지 등을 점유(占有), 사용, 수익의 권리를 향유하고, 농업, 임업, 축산업 등의 농업생산에 종사한다.

토지도급경영권(土地承包經營權)은 다음과 같은 세 가지 특징을 포함한다.

⑴ 토지도급경영권(土地承包經營權)의 주체

토지도급경영권자는 원칙적으로 본 集體경제조직의 구성원으로 하고, 본 集體경제조직 구성원 이외의 조직 혹은 개인이 토지도급경영권을 취득할 때에는 엄격한 제한을 받는다. 동시에 토지도급은 한 농가(戶)를 단위로 하며, 농민개인을 단위로 하지 않는다. 농가의 증감은 일반적으로 토지도급경영권에 영향을 미치지 않는다.

⑵ 토지도급경영권(土地承包經營權)의 객체

첫째, 토지도급경영권의 객체는 농지이다. 농지는 농업생산에 직접적으로 이용되는 토지로, 耕地, 林野, 草地 등을 포함한다. 둘째로, 토지도급경영권의 객체는 일반적으로 集体소유의 토지로 하고, 국가소유의 농지에서 도급경영을 하려면, 물권법의 관련규정을 참조하여야 한다.

⑶ 토지도급경영권(土地承包經營權)의 내용

토지도급경영권의 기능은 당연히 점유(占有), 사용, 수익을 포함한다. 그러나 토지도급경영권자(土地承包經營權者)는 토지에 대한 점유, 사용, 수익의 권리를 농업, 임업, 축산업 등 농업생산활동에서만 향유할 수 있다.

농촌토지의 도급경영권은 법률 규정에 따라 신청, 허가의 절차 및 국가기관의 수권(受權)으로 발생하는 것이 아니라, 도급계약 체결을 통한 방식으로 확정되는 것이다. 이것은 도급경영권과 국가 자연자원사용경영권을 구별할 수 있는 특징이다. 「물권법」 제127조 제 1 항의 규정에 의하면, "토지도급경영권은 토지도급경영권 계약의 성립과 동시에 효력이 발생한다"고 규정하고 있다. 도급계약은 일반적으로 서면형식으로 하며, 도급을 주는 쪽은 국가의 관련 부문과 집체(集体)조직이다. 수급자는(承包人) 集体조직 혹은 자연인이다. 도급계약 성립 이후, 수급자는 계약에 따라 도급경영권을 향유한다. 집체(集体)경제조직과 도급계약을 체결한 자연인 또는 기타 集体경제조직은 국유토지와 기타 자연자원에 대한 도급경영권을 향유하게 된다. 「물권법」 제127조 제 2 항 규정에 의하면, 현급 이상 지방인민정부는 토지도급경영권자에게 토지도급경영권증서, 임야권리증서, 초원사용권증서를 발급하고 등기하여 토지도급경영권을 확인한다.

「물권법」 제127조의 규정은 토지도급경영권(土地承包經營權)에 대하여 의사주의(意思主義) 물권변동 방식을 채택하고 있다. 토지도급경영권의 성립은 도급인와 수급자의 의사표시가 일치하기만 하면, 법률은 그 물권의 설정에 대하여 등기를 조건으로 요구하지 않는다. 이 조문은 토지도급경영권의 설정을 등기요건주의(登記條件主義)의 예외 사항으로 보고, 중국 농촌의 실제 상황을 고려하여, 농민의 합법권익을 보호하는 데 그 의의가 있다.

토지도급경영권자는 토지의 사용권과 수익권, 생산경영자주권, 유전권(流轉權) 및 물상청구권들을 향유한다. 기타의 의무로는 토지의 농업용도의 유지, 토지의 보호 및 합리적 이용이 있으며 경지를 방치할 수 없다. 또한 법에 따른 비준을 거치지 않고 도급지를 비농업용지로 사용할 수 없다.

1) **도급자(發包方)의 권리**

① 토지도급경영권자가 도급계약에 따라 토지의 합리적 이용을 감독한다.

② 토지도급경영권자가 도급지와 농업자원을 훼손하는 행위를 제재한다.

③ 토지도급경영권자가 도급지를 양도 및 담보로 이용할 경우 도급자의 동의를 구하여야 한다.

④ 법에 따라 토지도급경영권(土地承包經營權)을 취소하고, 도급지를 회수할 수 있다.

⑤ 토지도급경영권 계약에 도급비(承包費－비용)에 대한 조항이 있을 경우, 도급자는 도급비를 수납할 권리가 있다.

2) **도급자의 의무**

① 불법적으로 도급계약을 변경, 해제할 수 없고, 임의대로 도급지를 회수 또는 조정할 수 없다.

② 수급자(承包方)의 법에 따른 정상적인 생산경영활동의 진행을 간섭할 수 없다.

③ 도급계약의 협의에 따라 수급자에게 생산, 기술, 정보 등을 제공하여야 한다.

토지도급경영권(土地承包經營權)의 양도에 관하여, 「물권법」 제129조는 다음과 같이 규정하고 있다. 즉, "토지도급경영권자가 토지도급경영권을 상호교환, 양도하였고 당사자가 등기를 요구하는 경우, 현급 이상 지방인민정부에 토지도급경영권 변경등기를 신청해야 한다. 등기하지 않으면 선의의 제 3 자에게 대항하지 못한다." 또한, 동법 제134조에 의하면, "입찰, 경매, 공개협상 등 방식으로 황무지 등 농촌토지를 도급받은 경우, 농촌토지도급법 등 법률과 국무원의 관련 규정에 따라 그 토지수급경영권은 양도, 지분투자, 저당, 또는 기타 방식으로 유통케 할 수 있다."

3. 건설용지사용권(建設用地使用權)

건설용지는 건축물과 구축물의 축조를 위한 토지로, 도시와 농촌의 주택과 공공시설 용지, 공업 용지, 교통수리시설 용지, 여행 용지, 군사시설 용지 등을 포함한다. 건설용지사용권(建設用地使用權)은 건축물과 구축물 및 그 부속시설의 축조를 목적으로 국유토지에 대한 점유, 사용, 수익을 진행할 수 있는 권리이다. 물권법에 따라, 건설용지사용권의 주체는 건설용지 사용권자이고, 객체는 국가소유의 토지이다.

「물권법」 제137조 제1항에 의하면, "건설용지사용권 설정은 양도 또는 분배(劃撥)의 방식을 취할 수 있다"고 규정하고 있어 건설용지사용권의 설정방식은 양도(轉讓) 또는 분배(劃撥)의 방식을 취하는 것을 알 수 있다.

(1) 양도(轉讓)

건설용지사용권(建設用地使用權)의 양도는 국가가 국유토지상에 양수인의 건설용지사용권을 창설하는 것으로, 양수인은 국가에 양도금을 지급하는 행위이다. 양도의 방식은 협의에의한 양도(協議出讓), 경매에의한 양도(拍賣出讓), 입찰에의한 양도(招標出讓), 자격요건에 의한 양도(挂牌)의 네 가지 방식이 있다. 「물권법」 제137조 제2항에 의하면, 공업, 상업, 관광, 오락과 상품주택 등 영업성 용지 및 동일 토지에 둘 이상의 의향이 있는 자가 있는 경우 입찰, 경매 등 공개적으로 가격경쟁을 하는 방식으로 양도한다. 또한, 「물권법」 제138조에 의하면, 입찰, 경매, 협의 등 양도방식으로 건설용지사용권을 설정하는 경우, 당사자는 서면형식으로 건설용지사용권 양도계약을 체결하여야 한다.

(2) 분배(劃撥)

건설용지사용권(建設用地使用權)의 분배(劃撥)는 국가가 무상으로 국유 토지상에 토지사용자를 위하여 건설용지사용권을 창설하는 행위이다. 「물권법」 제137조 제3항에 의하면, 분배(劃撥)로 건설용지사용권을 설정하는 것을 엄격하게 제한한다. 분배(劃撥)방식을 채택하는 경우, 법률, 행정법규의 토지용도에 관한 규정을 준수하여야 한다.

건설용지사용권(建設用地使用權)의 분배(劃撥)는 용익물권의 무상취득에 속한다.「물권법」제137조 제3항의 규정에 따라, 분배(劃撥)방식을 이용한 건설용지사용권의 설정을 엄격히 제한한다. 건설용지사용권의 분배(劃撥)방식은 다음의 4가지 경우로 제한한다.

1) 국가기관용지와 군사용지

2) 도시의 기초시설용지와 공익사업용지

3) 국가가 자원, 교통, 수리 등 중점을 두는 기초시설용지

4) 법률, 행정법규가 규정하는 기타용지

건설용지 사용권자의 권리는 다음과 같다.

1) 국유토지를 이용하여 건축물, 구축물 및 기타 부속시설을 축조할 수 있는 권리.

2) 건축물, 구축물 및 부속시설을 보유할 권리

건설용지사용권자가 축조한 건축물, 구축물 및 기타 부속시설의 소유권은 건설용지사용권자에게 속하고, 상반된 증거 및 증명이 있을 경우는 예외로 한다.

3) 건설용지사용권의 처분권으로 그 권리의 양도와 담보 등이 있다. 중국 물권법은 건물과 토지를 함께 처분하는 것을 원칙으로 한다. 즉 건설용지사용권은 반드시 그 위의 건축물 등 지상 정착물을 함께 처분하여야 한다. 건설용지사용권의 양도, 교환, 출자, 증여가 있을 때, 그 토지 위에 건설된 건축물, 구축물 및 기타 부속시설이 함께 처리된다. 건설용지사용권을 담보로 이용할 경우, 그 토지 위의 건축물도 함께 저당이 설정되며, 건축물을 담보로 이용할 경우, 그 건축물이 점유한 범위 내의 건설용지사용권도 함께 저당이 설정된다.

건설용지사용권자의 의무는 다음과 같다.

1) 필요한 비용의 지불

양도의 경우에 건설용지 사용권자는 양도금 등의 비용을 지불하여야 한다. 분배(劃撥)의 경우에는 건설용지 사용권자가 필요한 비용(安置費)과 보상비를 지불하여야 한다.

2) 확정된 용도에 따라 토지를 이용할 의무

건설용지 사용권자는 토지의 용도를 변경할 수 없다. 토지용도 변경이 필요할 경우, 법에 따라 관련된 행정주관 부문의 비준을 거쳐야 한다.

3) 토지의 합리적 이용과 환경보호의 의무

「물권법」 제139조, 제150조의 규정에 따라, 건설용지사용권(建設用地使用權)이 설정되면, 등기기관에 건설용지사용권등기를 신청해야 한다. 건설용지사용권은 등기한 날로부터 성립한다. 건설용지사용권이 소멸하면, 양도인은 즉시 말소등기를 해야 하며, 등기기관은 건설용지사용권 증서를 회수하여야 한다.

건설용지사용권의 기간이 만료된 후 지상물에 대한 처리는 「물권법」 제149조의 규정에 의하며, 「물권법」 제149조의 규정은 다음과 같다. "주택건설용지사용권은 기간만료 후 자동으로 연기된다. 비주택건설용지사용권의 기간만료 후의 연기는 법률의 규정에 따라 집행한다. 당해 토지 위의 건물 및 기타 부동산의 귀속은 약정이 있는 경우 약정에 따르고, 약정이 없거나 약정이 불명확한 경우 법률, 행정법규의 규정에 따라 처리한다."

4. 택지사용권(宅基地使用權)

택지사용권(住宅基地使用權)은 중국 특유의 용익물권의 한 형식으로, 중화인민공화국 설립 이래로 중국토지정책 중 고유한 제도로 자리잡고 있다. 이러한 택지사용권은 자신의 주택 및 그 부속시설을 축조를 목적으로 하는 집체(集体)소유 토지에 대한 점유와 사용에 관한 권리이다. 즉 농민의 거주의 필요를 만족시키기 위해 집체(集体)소유 토지를 이용하는 권리이며, 중국 농촌에서 가장 중요한 용익물권의 한 유형이다. 그 특징은 다음과 같다.

1) 집체(集体)소유의 토지상에 용익물권을 설정하는 것이다.

2) 주택 및 그 부속시설의 축조를 내용으로 하는 권리이다.

3) 무상취득의 기타 물권이다.

4) 농촌집체(集体) 경제조직의 구성원만이 권리주체가 될 수 있다.

택지사용권의 설정에 관하여, 「물권법」상에는 구체적인 규정을 하고 있지 않지만, 「토지관리법」 등의 법률과 국가 관련 규정을 적용할 것을 명기하고 있다. 「토지관리법」 제62조에 의하면, "농촌 촌민 한 가구는 단지 한 곳의 택지를 소유할 수 있고, 그 택지의 면적은 성, 자치구, 직할시가 규정하고 있는 기준을 초과할 수 없다고 할 수 없다고 규정하고 있다. 농촌 촌민이 주택을 축조할 때에는 향(鄕)의 토지이용에 관한 종합계획에 부합해야 하고, 가능한 한 원래 존재하던 택지나 마을 안의 공휴지를 사용해야 한다. 농촌 촌민 주택용지는 향(鄕)

인민정부의 심사를 거쳐, 縣 급 인민정부로부터 허가받는다. 그 중 농지의 점유가 있을 경우, 본 법 제44조의 규정에 따라 심사, 비준의 절차를 거처야 한다. 농촌 촌민이 주택의 매매 및 임대 후에, 택지를 다시 신청하는 것은 허가하지 않는다"고 규정하고 있다.

택지 사용권자는 다음의 권리를 향유한다.

1) 택지를 이용하여 주택 및 그 부속시설을 축조할 수 있는 권리.

2) 택지 위의 건축물 및 부속시설을 보유할 수 있는 권리.

3) 법률규정에 의거하여 택지사용권을 처분할 수 있는 권리

일정한 조건 하에서, 택지사용권은 주택과 함께 양도할 수 있으며, 이 때 양수 주체는 집체(集体)경제조직 내부의 구성원으로 제한한다. 또한, 농촌 촌민이 그 택지사용권을 양도한 후에는, 새로운 택지를 신청할 수 없다.

4) 택지사용권의 재분배 청구권

택지가 자연재해 등의 원인으로 멸실 되었다면, 택지사용권은 소멸된다. 유실된 택지의 농민에 대해서는, 택지를 재분배 해 주어야 한다.

택지사용권자의 의무는 다음과 같다.

1) 토지이용에 관한 전체적인 계획을 준수할 의무

농가는 주택을 축조할 때, 그 지역의 토지이용에 관한 총체적계획에 부합해야 하고, 가능한 한 원래의 택지와 마을 내의 공휴지를 사용해야 한다.

2) 택지사용권을 불법적으로 양도할 수 없다.

3) 택지를 합리적으로 사용하여야 한다. 농가는 주택의 수리를 이유로, 임의로 택지의 사용면적을 확장할 수 없고, 타인의 이익과 사회 공공이익에 피해를 줄 수 없다.

「물권법」 제154조에 의하면, "택지(宅地)가 자연재해 등의 원인으로 멸실된 경우, 택지사용권은 소멸된다. 택지를 상실한 촌민에게는 택지를 재분배하여야 한다"고 규정함으로써, 택지사용권에 대한 소멸과 재분배에 관하여 규정하고 있다. 택지를 재분배하는 경우는 두 가지 상황이 있다. 첫째, 상술한 「물권법」 제154조가 규정하고 있는 자연재해로 인한 택지 멸실의 경우이며, 둘째로 집체(集体)경제조직의 택지 회수 또는 국가의 징용으로 인하여 택지를 유실한 경우이다. 이미 등기된 택지사용권이 양도 또는 소멸되었다면, 즉시 변경등기나 취소등기를 하여야 한다.

5. 지역권(地役權)

지역권은 일정한 목적을 위하여 타인의 토지를 자기 토지의 편익에 이용하는 권리이다. 「물권법」 제156조에 의하면, "지역권자는 계약의 약정에 따라 타인의 부동산을 이용하여 자기 부동산의 효익을 높일 수 있다. 전항에서 말하는 타인의 부동산은 승역지(供役地)이고 자신의 부동산은 요역지(需役地)이다"라고 규정하고 있다.

기타 용익물권과 비교하여, 지역권(地役權)은 다음의 특징을 가진다.

⑴ 비독점성(非獨占性)

지역권은 승역지(供役地)의 실질적임 점유를 조건으로 하지 않고, 지역권자는 승역지의 기타 사용자와 공동으로 승역지(供役地)의 이용가치를 향유할 수 있다. 이 때 비독점성의 특징이 매우 현저하게 나타난다. 하나의 승역지 위에 수개의 지역권이 동시에 존재(수인의 통행 지역권)하고, 지역권과 기타 용익물권이 동시에 병존(예로 배수 지역권과 토지도급경영권의 병존)할 수 있다.

⑵ 종속성(從屬性)

지역권(地役權)은 종물권의 하나로, 요역지(需役地)의 이용가치을 높이기 위하여 존재하므로, 요역지의 소유권(또는 사용권)에 종속하고, 요역지와의 소유권(또는 사용권)과 그 운명을 같이한다. 요역지의 소유권(또는 사용권)이 양도 혹은 소멸되었을 때, 지역권 역시 함께 양도 또는 소멸한다(「물권법」 제165조, 제166조). 토지소유권자가 지역권을 향유 또는 지역권을 부담하고, 토지도급경영권(土地承包經營權), 택지사용권(住宅基地使用權) 설정 시에, 그 토지의 도급경영권자, 택지사용권자는 계속적으로 이미 설정된 지역권을 향유 또는 부담한다(「물권법」 제163조).

⑶ 불가분성(不可分性)

지역권의 불가분성은 지역권이 요역지(需役地) 전부와 승역지(供役地) 전부에까지 미침으로, 어떤 부분만 분할하여 존재할 수 없는 것이 특징이다. 지역권의 불가분성은 다음의 2가지로 나타난다.

1) 요역지(需役地)를 분할하거나 부분 양도할 경우에, 지역권 또한 각각의 부분으로 존재한다(「물권법」 제167조).

2) 승역지(供役地)를 분할하거나 부분 양도할 경우, 지역권 또한 각각의 부분으로 존재한다(「물권법」 제168조).

지역권 취득의 주요 경로는 법률행위에 따른 지역권의 설정이다. 이론적으로 지역권 설정의 법률행위는 계약, 상속 등 각종 법률행위를 포함하나, 현실적으로 지역권은 대부분 계약을 거쳐 설정된다. 지역권 설정의 계약은 요식계약(要式契約)으로, 그 계약은 서면형식을 취해야 한다.

그 밖에, 법률에 특별한 규정이 있을 경우, 민사주체는 지역권을 직접 취득할 수도 있다. 예를들면, 중국 물권법에는 토지소유권자가 지역권을 향유하거나 지역권을 부담하는 경우, 토지도급경영권(土地承包經營權), 택지사용권(住宅基地使用權)을 설정하는 때, 그 토지의 도급경영권자, 택지사용권자는 계속하여 설정된 지역권을 향유 또는 부담할 수 있다고 규정하고 있다. 이것은 법률이 직접 규정하는 지역권 취득의 전형적인 형태이다.

중국 「물권법」은 지역권 변동에 관하여 등기대항주의(登記對抗主義)를 취하고 있으며, 「물권법」 제158조 규정에 의하면, 지역권은 지역권계약이 효력을 발생한 때로부터 설정된다. 당사자가 등기를 요구하는 경우 등기기관에 지역권 등기를 신청할 수 있다. 등기하지 않으면 선의의 제 3 자에게 대항하지 못한다.

지역권자의 권리는 다음과 같다.

1) 승역지(供役地) 이용의 권리

2) 필요한 부대행위(附帶行爲)를 할 수 있는 권리

3) 공작물 회수의 권리

4) 물상청구권

5) 상린권(相鄰權)

지역권자의 의무는 다음과 같다.

1) 가능한 한 승역지(供役地)에 대한 손해를 최소화할 수 있는 지점과 방법을 선택해서 그 권리를 행사해야 한다.

2) 협의에 따라 비용을 지불해야 한다.

3) 공작물의 유지 및 승역지(供役地)권리자가 공작물을 사용할 수 있도록 해야 한다.

승역지(供役地) 권리자의 권리는 다음과 같다.

1) 지역권의 행사를 방해하지 않는 범위 내에서 승역지 권리자는 자신의 승역지에 대한 소유권과 사용권을 행사할 수 있다.

2) 지역권의 행사를 방해하지 않는 범위에서 승역지 권리자는 지역권자가

승역지 위에 설치된 공작물을 사용할 권리가 있다.

3) 지역권이 유상으로 설정되었다면, 승역지 권리자는 지역권자에게 비용 지불을 요구할 수 있는 권리가 있다.

승역지 권리자의 의무는 다음과 같다.

1) 용인의무(容認義務)와 부작위 의무(不作爲義務)

2) 승역지(供役地)권리자는 지역권행사를 방해하지 않는 범위 내에서 지역권자가 승역지(供役地) 위에 설치한 공작물을 사용할 때, 그 수익의 정도에 따라서 지역권자에게 일정한 비용을 지불해야 한다.

특정한 사유의 발생이나 법에 규정된 상황이 발생했을 경우, 지역권 당사자는 지역권을 취소할 수 있고, 기존의 지역권은 소멸된다.「물권법」제168조에 따라, 지역권자는 다음과 같은 경우가 발생하면, 승역지(供役地) 권리자에게 지역권 계약의 해제와 지역권 소멸을 선언할 권리가 있다.

1) 법률의 규정 또는 계약의 약정을 위반하여 지역권을 남용한 경우.

2) 승역지 유상사용의 경우, 약정한 지불기간 만료 후 합리적인 기한 내에 2차례의 최고를 거쳐도 비용을 지불하지 않은 경우.

V. 담보물권(擔保物權)

담보물권(擔保物權)은 담보채권을 목적으로, 즉 채권의 이행행위를 확보하기 위한 목적의 제한물권이다.「물권법」제170조에 따르면, 담보물권자는 채무자가 만기된 채무를 이행하지 않거나 당사자들이 약정한 담보물권 실행의 상황이 발생하는 경우, 법에 따라 담보재산에 대해 우선변제를 받을 권리를 가진다. 그러나 법률에 별도의 규정이 있는 경우는 제외된다고 규정하고 있다. 담보물권은 담보채권의 실현, 금융안전의 보장, 상품유통과 자금유통의 촉진이라는 기능이 있고, 대다수 국가의 법률에서도 담보물권제도는 중요한 위치를 점하고 있다. 중국 물권법 역시 예외가 아니다. 물권법 제 4 편에 “담보물권”에 관한 내용을 전문적으로 규정하고 있으며, 모두 4章 71개 조문으로 구성되어 있어, 비교적 체계적으로 담보물권을 규정하고 있으며, 이는 전체 물권법의 3분의 1을 차지하는 중요한 내용이다.

1. 저 당 권

(1) 저당재산

「물권법」의 규정에 따르면, 저당물의 범위에 대하여, "저당할 수 있는 재산"과 "저당할 수 없는 재산" 두 가지로 분류하여 규정하고 있다.

1) 저당할 수 있는 재산

「물권법」 제180조 제 1 항에 의하면, "채무자 또는 제 3 자에게 처분권이 있는 아래의 재산은 저당할 수 있다.

① 건축물과 기타 토지부착물

② 건설용지사용권

③ 입찰, 경매, 공개협상 등 방식으로 취득한 황무지 등 토지수급경영권

④ 생산설비, 원자재, 반완성품, 산품

⑤ 건조중인 건축물, 선박, 항공기

⑥ 교통운수도구

⑦ 법률, 행정법규에서 저당이 금지되지 않는 기타 재산. 저당권설정자는 전항에 열거된 재산을 함께 저당할 수 있다. 상기 규정에 따르면, 중국에서 저당할 수 있는 재산은 부동산(不動產), 동산(動產) 및 재산권리 등 몇 가지 재산형태를 포함한다.

2) 저당할 수 없는 재산

사회주의 공유제와 사회공공이익을 보호하기 위하여, 중국의 「담보법」과 「물권법」은 저당할 수 있는 재산을 규정함과 동시에 다음의 재산은 저당할 수 없음을 규정하고 있다(「담보법」 제37조, 「물권법」 제184조).

① 토지소유권

② 경작지, 택지(宅地), 자류지(自留地), 자류산 등 集體소유의 토지사용권. 그러나 법률이 저당을 허용한 경우는 제외된다.

③ 학교, 유치원, 병원 등 공익을 목적으로 한 사업단위, 사회단체의 교육시설, 의료위생시설과 기타 사회공익시설

④ 소유권, 사용권이 불명확하거나 분쟁이 있는 재산

⑤ 법에 의거하여 봉인·차압·감독관리중의 재산

⑥ 법률, 행정법규에서 저당할 수 없다고 규정한 기타재산

⑵ 저당계약 및 저당등기

「물권법」 제185조에 따라, 저당권을 설정하는 경우 당사자들은 서면형식으로 저당계약을 체결하여야 한다. 저당계약에는 일반적으로 아래의 조항을 포함한다.

① 담보되는 채권의 종류와 금액

② 채무자가 채무를 이행하는 기한

③ 저당재산의 명칭, 수량, 품질, 상황, 소재지, 소유권 귀속 또는 사용권 귀속

④ 담보되는 범위

「담보법」 제40조 및 「물권법」 제186조는 저당권자는 채무이행의 만기가 도래하기 전에는 저당권설정자와 협의한 채무자의 채무 불이행을 이유로 채권자 담보재산을 채권자 소유로 할 수 없다고 규정하고 있으며, 동 규정은 "유저당금지"의 규칙을 확립하는 것이다.

「물권법」은 제 2 장에서 부동산(不動產)등기의 효력에 관해 일반적 규정을 하고 있는 것 외에, "저당권" 제 1 장 중 저당 등기의 효력에 관해 더욱 구체적으로 규정하고 있으며, 다음의 두 가지 내용으로 구분하여 볼 수 있다.

1) 등기는 저당권의 성립요건이다

「물권법」 제187조에 의하면, "본 법 제180조 제 1 항 제 1 호부터 제 3 호에서 규정한 재산 또는 제 5 호에서 규정한 건조중인 건축물을 저당한 경우 저당등기를 하여야 한다. 저당권은 등기 시부터 설정된다"고 규정하고 있다.

2) 등기는 저당권의 대항 조건(對抗條件)이다

「물권법」 제188에 의하면, "본 법 제180조 제 1 항 제 4 호, 제 6 호에 규정한 재산 또는 제 5 호에 규정한 건조중인 선박, 항공기를 저당한 경우 저당권은 저당계약이 효력을 발생한 시기부터 설정된다. 등기를 하지 않으면 선의의 제 3 자에게 대항하지 못한다"고 규정하고 있다. 또한 「물권법」 제189조에 의하면, "기업, 개체공상호, 농업생산경영자가 이 법 제181조에 규정된 동산을 저당하는 경우 저당권설정자 주소지의 공상행정관리부서에 등기를 하여야 한다. 저당권은 저당계약이 효력을 발생한 때로부터 설정된다. 등기를 하지 않으면 선의의 제 3 자에게 대항하지 못한다. 이 법 제181조의 규정에 근거하여 저당한 경우 정상경영활동 중 이미 합리적인 금액을 지불하고 저당재산을 취득한 매수인에게 대항하지 못한다"고 규정하고 있으며, 이는 동산(動產) 저당의 "등기대항(登記對抗)"

규칙의 적용 범위와 그 예외사항의 경우를 명확히 하고 있는 것이다.

등기기관은 저당재산권의 종류에 따라서 달라진다.

1) 지상 건축물이 없는 국유토지 사용권(건설용지사용권(建設用地使用權))을 저당할 때, 등기기관은 토지사용권 증서를 발급한 토지관리부문이 된다.

2) 도시부동산 및 지방의 공장이나 주택을 저당할 경우, 등기기관은 현급 이상의 인민정부에서 규정한 부문이 된다.

3) 현급 이상의 인민정부가 등기에 관련한 부문을 규정하지 않는다면, 당사자는 토지관리부문이나 부동산관리부문에서 저당물 등기 수속을 하고, 그 등기의 효력을 확인받을 수 있다.

4) 임목(林木)을 저당물로 할 때에는, 등기기관은 현급 이상의 임업 주관부문이 된다.

5) 선박, 항공기, 오토바이를 저당물로 한다면, 등기기관은 교통운송의 등기부문이 된다.

6) 기업, 개인사업자, 농업생산경영자, 동산을 저당물이 된다면, 등기기관은 저당권설정자 주소지의 공상행정관리 부문이 된다.

⑶ 저당권의 효력

저당담보의 범위는 주 채권, 이자, 위약금, 손해배상금, 저당권 실현의 비용 등이 포함된다. 저당계약에 다른 협의가 있을 경우, 협의에 따른다. 중국 담보법 및 물권법에 규정된 담보의 채권범위는, 다른 국가 법에서 규정된 것보다 그 범위가 비교적 넓다. 주채권, 이자 이외에 위약금, 손해배상금, 담보재산의 보관, 담보물권 실현의 비용 등 또한 포함하고 있다.

저당권 효력이 미치는 목적물의 범위 즉, 저당권자가 저당권을 행사할 시, 법에 따라 환가(換價)하여, 변제받을 수 있는 목적물(재산)의 범위이다. 현대 각국의 민법에서 보통적인 주장은, 저당권의 효력은 原저당물에 미칠 뿐 아니라, 저당물의 종물, 첨부물, 이자와 대위물에까지 미친다. 「물권법」 제197조의 규정은 다음과 같다. "채무자가 이행기 도래의 채권을 이행하지 않거나 당사자들이 약정한 저당권 실행의 상황이 발생하여 저당재산이 인민법원에 의해 법에 따라 압류된 경우 압류일로부터 저당권자는 당해 저당재산의 천연과실 또는 법정과실을 수취할 수 있다. 그러나 저당권자가 법정과실을 변제해야 하는 의무자에게 통지하지 않은 경우는 제외된다. 전항에서 규정한 과실은 먼저 과실수취의 비용에 충당해야 한다.”

저당권의 저당권자에 대한 효력은, 저당권자가 향유하는 권리로, 주로 다음의 몇 가지가 있다.

1) 저당권의 보전권

「담보법」 제51조 제1항의 전단에 의하면, “저당권설정자의 행위가 충분히 저당물의 가치를 감소하게 하는 경우 저당권자는 저당권설정자의 행위를 중지할 것을 요구할 권리가 있다”고 규정하고 있으며, 「물권법」 제193조 제1항 규정에 의하면, “저당권설정자의 행위가 저당재산의 가치를 감소시키기에 충분한 경우 저당권자는 저당권설정자에게 그 행위 정지를 요구할 수 있다”고 규정하고 있다.

「담보법」 제51조 제1항 후단 규정에 의하면, “저당물의 가치가 감소할 시 저당권자는 저당권설정자가 저당물의 가치를 회복시키거나 또는 감소한 가치에 상당하는 담보를 제공할 것을 요구할 권리가 있다.”

「물권법」 제193조 후단 규정에 의하면, “저당재산의 가치가 감소한 경우 저당권자는 저당재산의 가치 회복 또는 감소된 가치에 상응하는 담보 제공을 요구할 수 있다. 저당권설정자가 저당재산의 가치를 회복하지 않고 동시에 담보도 제공하지 않는 경우 저당권자는 채무자에게 즉시 채무변제를 요구할 수 있다.”

2) 저당권의 처분권

「물권법」 제192조 규정에 의하면, “저당권은 채권과 분리하여 단독으로 양도하거나 기타 채권의 담보로 하지 못한다. 채권이 양도되면 당해 채권을 담보하는 저당권도 함께 양도된다. 그러나 법률에 별도의 규정이 있거나 당사자들이 별도의 약정이 있는 경우는 제외 된다.”

3) 우선변제권

「물권법」 제195조 제1항에 따라, 채무자가 이행기 도래의 채무를 이행하지 않거나 당사자들이 약정한 저당권 실행 상황이 발생한 경우 저당권자는 저당권설정자와 합의하여 저당재산으로써 가격배상하거나 당해 저당재산을 경매, 매매하여 취득한 금액에서 우선하여 변제받는다. 합의가 기타 채권자의 이익을 침해한 경우 기타 채권자는 그 사실을 알았거나 알 수 있었을 날부터 1년 내에 인민법원에 당해 합의의 철회를 청구할 수 있다. 저당권자와 저당권설정자가 저당권 실행방식에 대해 합의를 달성하지 못한 경우 저당권자는 인민법원에 저당재산의 경매, 매매를 청구할 수 있다. 저당재산을 가격배상하거나 매매하는 경우 시장가격을 참조해야 한다.

저당권자의 주요 의무는 저당권을 실현할 때, 엄격하게 법률 및 협의에서 정한 방식과 절차를 따라야 하며, 저당권설정자와 타인의 이익을 침해할 수 없다.

저당권 설정 이후, 저당권설정자는 저당물에 대하여 여전히 소유권 및 저당물의 점유를 향유하고, 그러므로 저당물에 대한 사용, 수익, 처분의 권리를 향유한다. 저당 법률관계에서 저당권설정자는 다음의 권리를 향유한다.

1) 저당물에 대한 점유(占有)권

저당설정 이후, 법률이나 계약에 별도의 규정을 제외하고, 저당권설정자는 저당물을 계속 점유할 권리가 있고, 저당물의 이자를 취득할 권리가 있다.

2) 저당물에 대한 처분권

저당설정 이후, 저당권설정자는 저당물에 대한 소유권을 상실한 것이 아니므로, 저당권설정자는 저당물을 타인에게 양도할 수 있는 권리가 있다. 하지만 저당기간에 저당권설정자가 저당물의 양도 후에 발생할 결과와 상관된 처리에 대하여, 「담보법」은 명확하게 규정하지 않았지만, 실무상 일찍이 다른 견해들이 존재했다. 「물권법」 제191조 규정, 저당기간에 저당권설정자는 저당권자의 동의를 거치지 않고는, 저당재산을 양도할 수 없지만, 양수인이 대신 채무변제를 위하여 저당권을 소멸하는 것은 예외로 한다. 저당기간에 저당권설정자가 저당권자의 동의를 거쳐 저당재산을 양도하는 경우에는, 양도소득의 대금을 저당권자에게 앞당겨서 채권변제를 하거나 공탁하여야 한다.

양도대금이 채권액수를 초과하면, 그 부분은 저당권설정자의 소유로 귀속하고, 부족한 부분은 채무자가 변제하여야 한다. 저당권은 채권과 분리될 수 없고, 단독으로 양도 또는 기타채권의 담보로 제공될 수 없다.

3) 저당물에 대한 여러 개의 저당을 설정할 권리

4) 저당물의 임대권

저당권 설정 이후, 저당물은 여전히 저당권설정자의 소유이고, 그러므로 저당권설정자는 저당물을 타인에게 임대할 수 있는 권리가 있다. 단, 저당권설정자가 이미 임대한 재산에 대하여는 저당을 하였다면, 임차인에게 서면으로 통지를 하여야 하고, 본래의 임대차계약은 계속 유효하다. 「물권법」 제190조에 의하면,

저당계약 체결 전 저당재산이 이미 임대된 경우 원 임대관계는 당해 저당권의 영향을 받지 않는다. 저당권이 설정된 후 저당재산을 임대한 경우 당해 임대관계는 이미 등기한 저당권에 대항하지 못한다.

저당권설정자의 주요 의무는 저당물을 적절하게 관리하는 것이다. 저당기간에 저당권설정자가 저당물을 계속적으로 점유하므로, 저당권설정자는 저당물을 책임지고 관리하여야 하며, 또한 필요한 조치를 취함으로써 저당물의 훼손, 멸실, 가치감소 등을 방지하여야 한다. 저당권설정자의 행위로 정당물의 가치가 감소가 있을 경우, 저당권설정자는 저당물의 가치를 회복하거나 감소된 가치에 상응하는 담보를 제공할 의무가 있다. 저당기간에 저당권설정자가 저당물을 양도할 때는 성실신용의 원칙을 준수해야 한다. 저당물 양도대금은 저당물의 실제 가치에 부합하여야 하고, 양도를 통해 획득한 대금은 담보채권 변제에 이용해야 한다.

「물권법」 제195조 규정에 의하면, 저당권의 실현은 경매, 환가(變賣), 대물변제(折價) 등 세 가지 방법에 의해 이루어 진다.

① 경매는 공개 가격경쟁 방식을 통하여, 저당재산을 매매하는 것이다.

② 환가(變賣)는 보통의 매매방식을 통하여 저당재산을 매매하는 것이다.

③ 대물변제(折價)는 당사자가 저당권설정자와 협상을 통하여 채무청산을 이유로 저당재산을 취득하는 것이다.

저당권자와 저당권설자 사이에 저당권 실현의 방식에 대하여 협의가 이루어지지 않았다면, 저당권자는 인민법원에 저당재산의 경매 등을 청구할 수 있다.

만약 동일한 재산이 두 명 이상의 채권자에게 저당되었을 경우, 저당재산의 경매, 매매로 얻은 대금은 다음의 규정에 따라서 변제된다.

① 저당권이 이미 등기되었다면, 등기의 선후 순위에 따라 변제된다. 동일순위에 있다면, 채권에 비례에 따라 변제된다.

② 이미 등기된 저당권은 미등기된 저당권에 우선하여 변제된다.

③ 저당권이 등기 되지 않았다면, 채권의 비례에 따라 변제된다.

⑷ 동산 저당

동산 저당은 채무자 또는 제 3 자가 점유를 이전하지 않고, 그 동산을 담보로 제공하는 것이다.「물권법」 제180조 규정에 따라, 동산저당의 객체는 생산설비, 원재료, 반제품, 제품만을 포함한다.

중국 물권법은 동산저당의 특수유형을 또한 규정하고 있다. 동산유동저당은 단지 특정의 주체로부터 설정되는데, 즉 기업, 개인사업자, 농업생산경영자 등이다. 그 저당의 객체는 현유(現有) 또는 부유(浮有)의 생산설비, 원재료, 반제품, 제품으로, 저당 등기기관은 저당권설정자 주소지의 공상행정관리 부문이다. 동산부동저당의 상황에서, 저당권의 실현 전에, 하나의 "결정(結晶)"의 절차가 있는데, 즉 저당재산 확정의 절차이다. 「물권법」 제196조에 따라, 동산유동저당의 상황에서, 저당재산은 다음의 상황 한 가지가 발생하면 확정된다.

1) 채무이행 기일이 도래하였지만, 채권이 미실현되었을 때

2) 저당권설정자가 파산선고 또는 철회선고를 받았을 때

3) 당사자가 협의한 저당권 실현의 상황

4) 채권실현에 중대한 영향을 미치는 기타 정황. 동산부동저당의 "결정"전에, 설령 등기를 하였다고 해도, 그 저당권은 정상적인 영업활동중에 이미 합리적인 대가를 지불하고 저당재산권을 취득한 매수인에게는 대항하지 못한다.

⑸ 최고액 저당

최고액저당은 채무의 이행을 보장하기 위하여, 채무자 또는 제3자가 일정한 기간 안에 연속적으로 발생하는 불특정의 채권에 대하여 담보재산을 제공하는 것으로, 채무자가 만기 도래 채무를 이행하지 못하거나 당사자 협의에 따른 저당권 실현의 상황이 발생할 경우, 저당권자는 채권최고액의 범위 내에서 그 담보재산으로 우선변제를 받을 수 있는 권리가 있다. 중국 물권법은 이 제도를 단독으로 규정해 놓았다.

「물권법」 제206조 규정, 최고액저당의 담보 채권액은 다음의 6가지 원인으로 인하여 확정될 수 있다.

1) 당사자가 협의한 채권확정기한이 도래하여야 한다. 여기서의 "채권확정기한"은 결산기를 말한다.

2) 당사자는 채권확정 청구권을 행사할 수 있어야 한다. 만약 저당권자 또는 저당권설정자 간에 채권확정기한에 대한 협의가 없거나 불명확할 경우, 일방이 최고액저당권 설정된 날로부터 2년 후에 채권의 확정을 청구할 수 있다.

3) 새로운 채권은 발생할 수 없다. 당사자가 최고액저당을 설정하는 목적은 채권의 실현을 담보하기 위함인데, 만약 새로운 채권이 발생할 수 없다면, 채권액은 최종적으로 확정되어야 한다.

4) 저당재산이 압류, 차압되었을 경우. 저당재산이 차압, 압류 이후, 채권은 특정되고, 그렇지 않으면, 집행절차를 진행할 수 없다.

5) 채무자나 저당권설정자가 파산 또는 철회 선고를 받을 경우. 채무자나 저당권설정자가 파산 또는 철회 선고를 받으면, 최고액저당담보의 채권액은 이미 특정한 것으로 간주하기 때문에, 새로운 채권이 다시 발생할 수 없기 때문이다.

6) 법률에서 규정한 채권 확정의 기타 정황.

2. 질 권

(1) 동산질권

동산질권은 동산을 객체로 하는 질권이다. 「물권법」 제208조 제1항의 규정에 의하면, 채무의 이행을 담보하기 위해 채무자 또는 제3자가 자기의 동산을 채권자에게 인도하여 점유케 한 경우 채무자가 이행기도래의 채무를 이행하지 않거나 당사자가 약정한 질권 실행의 상황이 발생한 경우 채권자는 당해 동산에 대해 우선변제를 받을 권리가 있다.

동산(動産)질권이 성립되려면, 설정자와 질권자가 서면형식의 질권계약을 체결해야 한다. 중국 물권법은 법정질권을 아직 인정하지 않고 있다. 질권계약의 내용은 다음과 같은 사항을 포함하여야만 한다.

1) 피담보채권의 종류와 액수

2) 채무자의 채무이행의 기한

3) 질물(質物)의 명칭, 수량, 품질, 상태

4) 질권담보의 범위

5) 질물의 교부 시점

6) 당사자 필요하다고 인정하는 기타 사항. 만약 질권계약이 상술한 내용을 불완전하게 구비하였을 경우, 당사자는 사후(事後)에 다시 보충을 할 수 있지만, 직접적으로 계약무효를 선언할 수는 없다. 현행 법률규정에 따라, 설정자와 질권자는 계약 중에 채무이행기일 도래 후에, 질권자가 변제받지 못한 채무를 이유로, 질물의 소유권을 질권자 소유로 이전하는 협의를 할 수 없다.

동산질권의 설정은 서면의 질권계약을 체결함과 동시에 이루어져야 하고, 동산의 점유도 이전 또한 동시에 이루어져야 한다. 즉, 동산질권을 설정하려면,

반드시 목적물의 점유가 질권자에게 이전되어야만 한다.

질권담보의 범위는 主채권 및 이자, 위약금, 손해배상금, 질물의 보관비용, 질권실현의 비용을 포함한다. 질권계약에 다른 협의가 있다면, 협의에 따른다.

질권자의 권리는 다음과 같다.

1) 질물(質物)에 대한 점유와 유치권

질권의 설정 이후, 질권자는 설정자가 제공한 질물을 점유할 권리가 있다. 주채무가 변제되기 전에는, 질권자는 질물을 유치할 권리가 있고, 설령 질물의 소유권이 설정자에서 타인에게 양도된 상태라 할지라도, 질권자는 변함없이 유치권을 향유할 수 있고, 또한 불특정 제 3 자에도 질물 교부의 요구를 거절할 권리가 있다.

2) 질물의 이자(과실)를 수취한다.

만약 질권계약에 당사자가 질물 이자를 설정자나 제 3 자가 수취한다는 특별한 협의가 없다면, 질권자가 질물로 발생하는 이자를 수취할 권리가 있고, 그 이자는 천연이자와 법정이자를 포함한다.「담보법」제68조에 따라 질권자는 질권에서 나오는 이자를 수취할 권리가 있다.

3) 전질(轉質)권

중국「담보법」에는 전질 규정이 없지만,「물권법」제217조 규정에 따르면 "질권자가 질권 존속기간에 질권설정자의 동의 없이 전질하여 입질재산을 훼손, 멸실한 경우 질권설정자에게 배상책임을 져야 한다"라고 규정하고 있다. 이것은 곧 질권자가 질권존속기간 중 설정자의 동의 없이 전질을 진행, 질물의 훼손 및 소멸을 야기하였을 경우 그 결과에 대해 규제를 가한다는 것을 의미한다.

4) 질물을 경매 등을 통해 채권을 실현할 수 있는 권리

「물권법」제216조의 규정에 의하면, 질권자에게 책임 없는 사유로 입질재산의 훼손 또는 가치의 현저한 감소 가능성이 있어 질권자의 권리가 충분히 위협받고 있는 경우 질권자는 질권설정자에게 상응한 담보 제공을 요구할 수 있다. 질권설정자가 제공하지 않는 경우 질권자는 입질재산을 경매, 매매하는 동시에 질권설정자와의 합의를 거쳐 경매 등을 통하여 취득한 금액으로 사전에 채무를 변제받거나 공탁할 수 있다.

5) 우선변제권

질권자는 질물의 매매로 얻은 대금으로 우선적으로 채무를 변제받을 권리가

있다.

질권자의 주요 의무로는 물질의 적절한 관리가 있다. 「담보법」 제69조 제1항의 규정에 따라 "질권자는 질물을 적절히 보관할 의무가 있다. 보관의 부적절로 인하여 질물이 멸실되거나 또는 훼손된 경우 질권자는 마땅히 민사책임을 져야 한다." 본 규정은 질권자가 질물에 대하여 적절한 관리를 진행, 주의를 다하여 관리를 하여야 함을 의미한다. 만약 질권자가 이런 의무를 다하지 못했을 경우, 설정자가 입게 되는 손해에 대하여 배상책임을 진다.

질권자는 채무 이행일이 도래하여 채무자가 채무 이행을 하였을 경우나, 설정자가 담보한 채권을 앞당겨 상환하였을 경우에는, 질물을 반환하여야 한다. 채무자가 만기에 그 채무를 이행하였기 때문에, 채권이 소멸하여, 질권 역시 자연히 소멸되어, 질권자는 계속 질물을 점유할 어떠한 근거도 없다.

동산질권의 실현은 채무자가 만기가 도래하였으나 채무를 이행하지 않는 경우에 질권자가 대물변제, 경매, 변매 방식을 통하여 획득한 대금으로 우선 변제를 받는 방식으로 실현된다. 「물권법」 제219조 제2항과 「담보법」 제71조 제2항의 규정에 따라, 채무자가 이행기 도래의 채무를 이행하지 않거나 당사자 간에 약정한 질권 실행의 상황이 발생한 경우 질권자는 질권설정자와 합의하여 입질재산으로써 가격배상하거나 또는 입질재산을 경매, 매매하여 취득한 금액으로 우선변제받을 수도 있다. 질물의 대물변제나 변매를 실시할 경우 시장 가격에 따라 진행한다. 질물의 대물변제, 변매, 경매 후에, 그 대금에서 채권 액수를 초과한 부분은 설정자 소유이고, 부족한 부분에 대해서는 채무자가 변제하여야 한다. 이 때, 미상환 채권은 보통 채권을 이룬다.

⑵ 권리질권

권리질권은 소유권, 용익물권과 준물권 이외에 양도할 수 있는 재산권리를 객체로 설정되는 질권이다. 중국 「물권법」 제223조 규정에 따르면, 다음의 7가지 종류를 권리질권의 객체로 설정할 수 있다.

1) 환어음, 수표, 약속어음

2) 채권, 예금통장

3) 창고증권, 선하증권

4) 양도할 수 있는 펀드 지분, 주식

5) 양도할 수 있는 등록상표전용권, 특허권, 저작권 등 지적재산권 중의 재

산권

6) 당연히 받아야 하는 금전청구권

7) 법률, 행정법규의 규정에 따라 질권 설정이 가능한 기타 재산권리이다.

3. 유치권(留置權)

유치권은 채무자가 만기 도래한 채무를 이행하지 않을 경우, 채권자가 이미 합법적으로 점유하고 있는 채권자의 동산을 유치함으로써, 일정한 조건 하에 그 동산에 대해 채권자가 우선하여 채무변제를 받을 수 있는 권리를 지칭한다. 중국 민법은 학설상 일반적으로 유치권의 설정조건을 적극적 조건과 소극적 조건으로 구분한다.

유치권 설정의 적극적 조건은 다음과 같다.

(1) 채권자가 채무자의 동산(動產)을 합법적으로 점유하고 있어야 한다. 채권자가 채무자의 동산을 합법적으로 점유하고 있는 것은 유치권 설정의 필수조건이다. 이것은 물권 공시원칙의 기본적 요구이기도 하다.

(2) 채무자가 만기 도래한 채무를 이행하지 않아야 한다. 만약 채권의 기한이 도래하지 않았을 경우에, 채권자의 유치권행사를 인정한다면, 이것은 채권자가 임의로 타인의 재산을 압류할 수 있음을 의미하고, 채무이행에 앞서 채무자를 압박하는 것과 같으며, 목적물 반환의무의 이행이 지연될 수도 있는데 이 모든 것 들은 합법적이지 못하다. 만약 채권자가 이미 기일이 도래한 채무를 이행하였다면, 유치권은 자연히 소멸하게 된다. 채권의 상환 기일이 지난 후에도, 채무자가 규정된 기한에 의무의 이행을 하지 못했을 때에만, 채권자는 비로소 채무자가 교부(交付)하여 점유한 재산을 유치할 수 있고, 그 이전에는 채권자에게 유치할 권리가 없다.

(3) 유치한 재산은 채권과 동일한 법률관계에 속한다.「물권법」제231조에는 "채권자가 유치한 동산은 채권과 동일한 법률관계에 속해야 한다. 그러나 기업간의 유치는 제외한다"고 규정하고 있다.

유치권(留置權)설정의 소극적 조건은 다음과 같다.

(1) 유치는 법률의 금지규정을 위반할 수 없다.「물권법」제232조에 의하면, 법률로 유치할 수 없다고 명확히 규정한 동산은 유치할 수 없다고 규정하고 있다.

⑵ 유치는 당사자 사이의 협의를 위반할 수 없다.「물권법」제232조에 의하면, 당사자가 유치할 수 없다고 협의한 경우, 유치할 수 없다고 규정하고 있다.

⑶ 유치는 채무에 상응하는 비례를 초과할 수 없다.「물권법」제233조에는, “유치재산이 가분물인 경우 유치재산의 가치는 채무의 금액에 상당해야 한다”고 규정하고 있다. 만약 채권자가 점유를 취득한 채무자의 동산이 수개의 物件이면, 유치재산의 가치는 역시 채무금액에 상당해야 한다. 그러나 만약 채무자가 점유한 동산이 분할할 수 없는 物件인 경우, 그 가치가 채권의 액수를 현저하게 초과하더라도, 채권자는 유치할 수 있는 권리가 있다.

⑷ 유치는 사회의 미풍양속을 위반할 수 없다.

유치권(留置權)은 2차적 효력을 가진 권리이다. 그 1차적 효력은 채무 만기가 도래한 후에, 다시 일정의 기한을 설정하고, 채무자에게 그 기한 내에 채무상환을 요구하는 것이다.「물권법」제236조의 규정에 따라, 유치권자와 채무자는 재산 유치 후의 채무 이행기간을 약정해야 한다. 약정이 없거나 약정이 불명확한 경우 유치권자는 채무자에게 2개월 이상의 채무 이행 기간을 주어야 한다. 그러나 부패하기 쉬운 등 보관하기 어려운 동산은 제외된다. 유치권의 2차적 효력은 채무자가 앞서 협의한 기한의 도래 이후에 여전히 채무를 이행하지 못하면, 유치권자는 채무자와 협의하여 유치재산으로 대물변제하거나, 유치재산을 경매 또는 변매하여 얻은 대금으로 우선 변제를 받을 수 있다. 그 밖에,「물권법」제239조의 규정에 따르면, 동일한 동산 위에 저당권 또는 질권을 설정했고 당해 동산이 또 유치된 경우 유치권자가 우선변제를 받는다.

유치권(留置權)의 실현에는 3가지 방법이 있다. 대물변제, 경매, 변매(變賣)이다. 대물변제는 당사자 간의 협의 또는 법원의 판결을 거쳐, 합리적인 가격으로 유치물의 소유권을 채권자에게 이전하는 방법이다. 경매는 경매기구에서 공개적인 가격 경쟁의 방식으로 유치물을 매매하는 것이다. 변매는 당사자 또는 법원이 합리적인 가격으로 유치물을 제 3 자에게 판매하는 것이다. 채무자의 이익을 보장하기 위해, 유치재산의 대물변제 또는 변매하는 경우, 시장가격을 참조해야 한다.「물권법」제237조의 규정에 따라, 채무자는 이행기만료 후에 유치권자에게 유치권 행사를 청구할 수 있다. 유치권자가 행사하지 않는 경우 채무자는 인민법원에 유치재산의 경매, 매매를 청구할 수 있다.

VI. 점유(占有)

대륙법계 국가에서 점유보호를「물권법」을 통해 규정하고 있는 것과는 다르게, 중국민법에서는 전통적으로 "점유"를 소유권 또는 기타물권의 한 가지 기능으로만 보아 왔다. 입법상으로도 점유제도가 확립되지 못하고 있었으나, 사회, 경제생활과 학계상 인식의 수준이 높아짐에 따라 그 필요성이 대두되었다.「물권법」초안 작업중에 대륙법계 국가의 점유제도를 흡수하여, 재산의 귀속과 재산 이용을 구별하는 동시에, 점유자와 비점유자 사이에 발생하는 재산의 점유이용의 재산관계를 조정을 범위로 하는 점유제도를 확립하여(제5편), 소유권(제2편)과 기타물권(제3편, 제4편)과 함께「물권법」체계를 구성, 입법상 존재하고 있던 결점들을 보완하였다.

점유는 일종의 사실 상태로, 권리가 아니며, 물권은 더더욱 아니다. 하지만 점유는 일정한 재산질서를 구현하고, 점유상태 역시 일종의 사회생활질서를 구성하므로, 법률 보호를 받아야 한다. 그러므로 물권법은 점유자에게 자력구제와 점유에 기초한 청구권을 부여하여 점유의 침해 행위를 제지하고, 상술한 수단으로도 점유의 회복이 불가능할 때는, 점유자가 점유회복의 소를 제기할 수 있도록 규정하고 있다.

점유자의 자력구제권은 점유방위권, 점유회수권 등을 포함하고 있다. 점유로 인해 발생하는 청구권은 다음과 같다.

1. 점유물 반환청구권

점유자는 점유물에 대한 타인의 침해가 있다면, 법에 따라 타인에게 점유물 반환을 청구할 수 있다.「물권법」제245조 제1항에 의하면, 점유한 부동산 또는 동산이 침점당한 경우 점유자는 원물의 반환을 청구할 수 있다. 그 구성요건은 다음과 같다. 첫째로, 반드시 점유물의 침해 사실이 존재해야 한다. 둘째로, 청구권자는 반드시 점유자이며, 직접 점유자와 간접 점유자를 포함한다. 단, 점유보조자는 일반적으로 그 청구권을 행사할 수 없다. 셋째로, 반드시 점유를 침해한 행위당사자에게 그 청구를 제기해야 한다. 주의할 점은, 이런 청구권은 성질상 부당이익의 반환청구권이 아니고, 일종의 독립적 청구권이다.「물권법」제245 조 제2항에 의하면, 점유자의 원물반환 청구권은 침점이 발생한 날로부터 1년 이

내에 행사하지 않으면 소멸한다.

2. 점유방해의 배제와 위험 제거의 청구권

점유자는 그 점유에 대해 타인의 방해가 있을 때, 타인에게 방해의 제거를 청구할 수 있는 권리가 있다. 현실적인 방해가 없어도, 방해 위험이 존재할 경우, 점유자는 그 위험의 제거를 요구할 권리가 있다.「물권법」제245조 제1항에 따르면, 점유를 방해하는 행위에 대하여, 점유자는 방해 배제 및 위험 제거를 청구할 권리가 있다. 그 구성조건은 다음과 같다.

⑴ 반드시 방해행위 혹은 방해의 위험이 존재해야 한다. 방해는 침해 이외의 방법으로 점유자가 점유물에 대한 관리와 통제에 장애를 주는 것이다. 여기서의 위험이란 점유자의 점유가 타인의 방해를 받을 수 있는 가능성을 나타낸다. 점유자는 위험제거의 청구권를 행사할 수 있고, 반드시 일반적인 사회통념과 당시의 정황에 근거하여 판단해야 하며, 점유자의 주관적 판단에 따라 결정할 수 없다.

⑵ 청구권자는 반드시 점유자여야 한다.

⑶ 방해자에게 청구를 제기해야 한다. 방해행위를 직접 실시한 사람이든, 타인의 점유를 간접적으로 방해한 사람이든, 점유자는 모두 청구권을 행사할 수 있다. 점유자는 방해자에게 방해 배제 및 위험 제거의 청구를 제기할 수 있고, 또한 방해 제거의 비용을 청구할 권리가 있다.

3. 점유에 기한 손해배상 청구권

「물권법」제245조 제1항 규정에 따르면, 타인의 침해 혹은 방해로 인하여 손해가 발생했다면, 점유자는 손해배상을 청구할 권리가 있다.

제 5 절 채 권

I. 채권의 의의

1. 채권의 개념

「민법총칙」 제84조는 "채권채무관계(債)는 계약의 약정이나 법률이 규정한 바에 따라 당사자 간에 발생하는 특정한 권리와 의무의 관계이다. 권리를 가지는 자는 채권자이고 의무를 가지는 자는 채무자이다"라고 규정하였다. 채권자는 계약에서 약정한 바에 따라 또는 법률이 정한 규정에 의하여 상대방 채무자에게 의무이행을 청구할 권리를 갖는데, 이것을 채권이라고 한다. 채무자는 채권자의 채권청구에 대하여 이를 이행할 의무를 지는데 이것이 채무이다. 채권(채무)관계는 일정한 행위의 이행을 청구할 수 있는 권리의무의 관계로서 그 목적으로 되는 것은 주로 일정한 행위(작위)이다.

채권은 그 발생근거를 기준으로 하여 네 가지로 구분할 수 있다. 즉 계약으로 하여 발생한 채권, 의무 없이 타인의 사무를 관리하는 과정에서 발생한 채권(無因管理債權), 부당이득을 원인으로 발생한 채권, 타인의 권리침해를 원인으로 발생한 채권(侵權行爲債權)이다. 후자의 세 가지 채권은 법률의 규정에 의하여 발생하는 법정채권이다.

채권관계에 적용되는 규범은「민법통칙」과「경제합동법」·「섭외경제합동법」·「기술합동법」 등이 있었지만, 1999년에 후자 3부의 계약법을 통일한 통일「계약법(合同法)」이 제정되었다. 이「계약법」은 계약관계에 관한 기본법으로 적용되기 때문에「민법통칙」은 계약에 관한 보충 규범으로서의 기능을 갖게 되었다. 계약관계에 적용되는 특별법에는 철도법, 해상법, 광고법, 운수업법 등이 있다. 이 외에도 최고인민법원의 사법해석이 있다.

2. 채권의 분류

채권은 채권관계에 참여하는 당사자의 수를 기준으로 하여 단순채권과 다수당사자채권으로 나눌 수 있다. 단순채권은 채권자와 채무자가 단일하게 한 사람인 채권관계를 말하며, 다수당사자채권은 채권자와 채무자의 일방 또는 쌍방 당사자가 둘 이상인 채권관계를 말한다.

다수당사자채권은 채권자 또는 채무자 상호간의 관계에 따라 분할채권과 연대채권으로 구분할 수 있다. 분할채권은 내부적으로 확정된 지분에 비례하여 권리를 향유하거나 의무를 부담하는 채권관계이다. 연대채권은 둘 이상의 채권자 중의 1인이나 전체 채권자에게 전부 의무를 이행할 것을 청구할 권리를 가지는 경우 또는 여러 채권자 중 1인이나 전체 채권에 대하여 전부 이행할 의무를 지는 채권관계를 말한다.

이와 같은 현행법상의 분류 이외에도 학설상으로 계약상의 채권과 비계약적 채권, 특정물 채권과 종류물 채권, 단일채권과 선택채권, 가분채권과 불가분채권, 주채권과 종채권으로 구분하기도 한다.

Ⅱ. 채권의 이행과 담보

1. 채권의 이행원칙

채권의 이행이라 함은 계약의 약정이나 법률에 의하여 채무자가 채무를 적절하게 이행하여 채권자의 채권을 실현시키는 것이다. 만약 채무자가 채무를 적절하게 이행하지 않는 경우 채권자는 사법절차를 통하여 자기의 채권을 실현할 수 있도록 하는 것이다.

채무자가 채무를 이행할 경우 「민법통칙」에서 민사법률행위의 대원칙으로 정한 신의성실의 원칙에 따라야 할 뿐만 아니라, 채권이행에 관한 일반원칙인 실제이행원칙, 적절이행원칙 등에도 부합되어야 한다.

실제이행원칙은 채권채무관계의 한 당사자인 채무자는 계약에서 정하였거나 법률에서 특정된 의무를 실제적·현실적으로 이행하여야 하며, 자의로 채권의 목적물과 다른 것으로 이행해서는 안 된다. 실제이행원칙은 급부의 목적물이 특정물인 경우에 적용되며, 채무자가 채무를 실제적으로 이행하지 않을 경우에 채권자는 인민법원에 강제이행을 청구할 수 있다.

적절이행원칙은 채무자가 약정이나 법률에서 특정한 수량·품질·이행기간·이행장소 및 이행방식 등에 따라 채무를 이행하여야 하는 것을 말한다.

채권의 이행원칙은 채무불이행을 판단하는 기준이 된다.

2. 계약의 이행

(1) 약정에 따른 이행

채권(채무)관계는 관련 당사자들이 협의하여 설정한 권리·의무의 관계이기 때문에, 채권이행에 필요한 계약의 내용과 그 이행방식 등은 모두 약정으로써 정할 수 있다. 그러나 당사자의 약정이 명확하지 못할 경우에는 관련 당사자의 권리·의무를 보완하기 위한 해결방법으로 약정의 관련 규정을 해석하거나 보충 또는 사후협의 등의 방법을 이용할 수 있다. 중국「민법통칙」은 당사자 간의 이해관계를 고려하여 당사자 간의 약정이 없거나 불명확한 경우에 이를 해결하기 위한 표준규정을 제시하고 있다. 이에 관한 규정은 강행법규성을 갖는다(제88조 제2단).

당사자의 약정이 불명확한 경우에 이를 해결하기 위한 표준규정이 제시되더라도 표준규정에 조금만 저촉되는 계약규정이 있으면 그 계약 자체를 강행법규 위반으로 판단하여 무효로 처리하였던 것이 법원의 관행이었다. 이러한 점을 고려하여 1999년에 제정된「계약법」은 당사자의 약정이 명확하지 않은 경우에 관한 표준규정을 권고규정으로 전환하였다. 따라서 계약에 관한 것은「계약법」제60조 이하에 따라서 당사자가 사후적으로 협의하여 보충하거나 기타의 조치를 취하면 되고, 계약 이외의 법정채권에 관한 것은 본「민법통칙」제88조 제2단에 따라서 처리하여야 한다. 그러나 채권이행이나 계약이행에 관한 것은 동일한 목적을 내용으로 하는 것이므로「계약법」에 관한 것이 우선 적용된다고 할 수 있다.

「계약법」에 의할 때[1] 적절한 이행이 되려면 당사자가 약정한 목적물(標的)에 부합하는 이행이어야 하고, 약정된 이행장소(履行地點)에서 이행되어야 한다(제61조). 당사자가 계약에서 정한 목적물이 명확하지 못한 경우 중국「계약법」은 그 해석을 위한 몇 가지 표준을 정하고 있다. 첫째, 계약목적물의 품질(質量)·가격·보수(報酬)와 이행장소가 불명확한 경우에 이를 확정하는 방법은 본「계약법」제61조에서 규정하고 있다. 둘째, 계약목적물을 위의 제61조에 의하여서도 확정할 수 없는 경우에는 본「계약법」제62조의 법정기준에 따라 판단하고, 셋째, 계약의 이행과정에서 정부가 계획경제의 필요에서 개별 당사자가 확정한 계약에 관한 행정적 조정이 필요한 경우 이를 해결하기 위하여 특별규정인 제63조

1) 중국통일계약법, 도서출판 한울, 2002, p.214 이하 참조.

를 입법하고 있다. 결국 이러한 문제를 해결하는 방식은 사후적 보충협의(補充協議)와 거래관행(去來慣行)에 따라 계약조항의 불명확과 흠결을 보완하고(제61조), 이러한 방식에 의하여서도 해결할 수 없을 경우에는 최종적으로 법정기준(法定標準)에 따르도록 입법하였다(제62조).

중국 「계약법」 제62조에 의한 법정기준에 관한 규정은 중국 「민법통칙」제88조를 현실에 맞도록 수정하여 입법한 것으로써, 약정내용이 불명확한 경우에만 적용하도록 하며, 특히 「계약법」 제62조 제 1 항에서 3항까지는 제61조에서 정한 이행기준에 의하여서도 이를 정하지 못할 경우에, 이를 확정할 보충적 근거를 정한 것이다.

「계약법」 제62조 이하에서는 품질표준(質量標準)에 대하여 국가에서 일정한 기준을 설정하고 계약의 당사자로 하여금 이 기준을 엄격히 준수하도록 요구하고 있으므로 아래의 사항을 주의하여야 한다.

① 목적물의 품질(質量)에 관한 확정기준이 없을 경우에는 먼저 국가표준(國家標準)·거래계(行業)의 표준을 따르고, 이와 같은 표준도 존재하지 않을 경우에는 통상의 표준(通常標準)이나 계약목적에 맞는 특정한 표준에 따라 이행한다(제62조 제 1 항).

② 가격이나 보수가 불명확한 경우에는 계약체결 시에 정한 이행지(履行地)의 시장가격(市場價格)에 따라 이행하고, 법률에 의하여 정부에서 정한 가격이나 정부지도가격에 따라 집행하여야 할 경우에는 이에 따라 이행한다(제62조 제 2 항).

③ 이행장소(履行地點)가 명확하지 않은 경우에는 채무의 성질에 따라 그 이행방식도 다르게 된다. 원래 「민법통칙」 제88조 제 3 단에서는 부동산의 인도를 목적으로 하는 계약은 그 부동산 소재지(所在地)에서 이행하도록 하고, 금전(金錢)의 교부가 목적인 경우에는 수령인의 소재지에서 이행하도록 하였으며, 기타 목적물은 채무자의 소재지에서 이행하도록 하였다.

「계약법」은 기본적으로 「민법통칙」을 수용하였고 다만 그 용어를 약간 다르게 표현하고 있을 뿐이다. 즉, 계약의 목적이 화폐(貨幣)로 급부를 하여야 하는 경우에는 화폐를 수령하는 일방당사자의 소재지에서 이행하여야 한다(제62조 제 3 항). 화폐를 수령하는 일방당사자는 채권자나 기타 수령권자를 말하고, 그 소재지란 주소지(住所地)나 기타 거소지(居所地)를 말한다. 부동산의 인도가 계약의 목적인 경우에는 부동산소재지에서 이행하여야 하고, 기타 이행에 관한 표지는 이행의무자의 소재지에서 이행한다(제62조 제3항). 이행의무자의 소재지는 주로 채무자의 주소지나 거소지를 말한다.

④ 이행기간(履行期限)이 불명확한 경우에는 채무자는 언제든지 이행할 수 있고 채권자는 언제든지 이행을 청구할 수 있다(제62조 제4항).

⑤ 이행방식(履行方式)이 확정되지 않은 경우에는 계약목적을 달성하는데 유리한 방식으로 하여야 한다(제62조 제5항).

⑥ 이행비용(履行費用)의 부담에 대하여 당사자의 약정이 명확하지 못한 경우에는, 의무를 이행하는 일방당사자가 부담한다(제62조 제6항). 이행비용이란 계약을 이행하기 위하여 필요한 비용으로써, 운송비·포장비·등기비용·통지비용 등이 포함된다.

(2) 정부가격이나 정부지도가격에 따른 이행[1)]

정부에서 정한 가격(政府定價)이나 정부지도가격(政府指導價格)에 따라 집행하여야 할 경우에는 당사자 자치는 제한되고 당사자는 이러한 규정에 따라 이행을 하여야 한다.

정부가격(政府定價) 혹은 국가가격(國家定價)이란 현급(縣級) 이상의 인민정부에 소속된 물가(物價)를 주관하는 부서가 정부의 계획적 필요에 따라 중앙정부의 수권범위 내에서 정하는 상품가격이다. 이는 정부의 정책수행에 필요한 중요상품 예컨대, 원유(原油)·전기(電氣)·농약(農藥)이나 국가의 계획범위에 속하는 중요한 농수산물품, 중요한 일용공업품(日用工業品) 등에 대하여 시행된다. 정부지도가격(政府指導定價) 혹은 국가지도가격(國家指導定價)이란 정부가격 또는 국가가격에 근거하여 국가로부터 허가를 받은 기업이 국가의 법률규정이나 일정한 행정가이드라인에서 정한 표준가격·변동폭·이윤율·가격의 최고한도 혹은 최저한도 등에 따라 상품의 가격을 정하는 것을 말한다. 이는 정부가 기업행위를 지도함으로써 물가를 안정시키고 시장 질서를 유지하기 위하여 제정하는 비강제적인 참고가격이다.

당사자가 이러한 목적물을 계약의 객체로 하여 체결하는 경우 그 가격을 자유로이 정할 수 없고, 계약을 이행하는 경우에도 국가 또는 허가를 받은 기업이 정한 가격에 따라 하여야 한다. 이와 같이 정부가격을 적용하는 목적물을 대상으로 하는 계약에서는 당사자자치가 제한된다(제63조). 이는 종래의 중국「경제합동

1) 중국통일계약법, 도서출판 한울, 2002, p. 214 이하의 내용을 전재함.

법」 제17조에서 계획경제를 수행하기 위하여 규정하였던 것을 중국 「계약법」에서 수정하여 수용한 것이다.

계약에서 정부가격이나 정부지도가격에 따라 이행하기로 하는 경우, 그 계약기한 내에 정부가격의 변동이 있는 경우, 어느 때를 기준으로 하여 가격을 결정할 것인가가 문제된다. 중국 「계약법」은 두 가지 기준을 설정하고 있다(제63조). 이행기한 내에 정부의 가격조정이 있는 경우와, 이행기한을 초과하여 목적물을 인도하거나 대금을 지급하는 과정에서 정부의 가격조정이 있는 경우이다.

이행기한 내에 정부가격의 변동이 있을 경우에는 교부(交付) 혹은 이행(履行) 당시의 가격으로 결정한다. 당사자가 체결한 일반적인 계약인 경우에는 계약체결시의 가격으로 정하게 되지만 정부가격과 관련 있는 계약은 교부 혹은 이행시의 가격기준에 따른다.

기한을 초과하여 목적물을 교부하거나 기한 경과 후에 대금을 지급하는 과정에서 정부의 가격조정이 있는 경우 원래의 가격 이하에서 결정한다. 이 규정은 특히 가격변동으로 인한 위험을 지체한 자에게 이전함으로써 징벌적 배상에 가까운 규정을 두었다는 점에 의의가 있다.

3. 채권의 담보

(1) 담보에 관한 법률제도

중국은 종래 사유제를 인정하지 않는 사회주의체제였기 때문에 담보에 관한 법률제도는 「中國人民銀行質押貸款辦法」, 「爲保護國家銀行債權的通報」등의 행정규칙적 규범만 존재하였다. 개혁·개방정책 실시 이후 담보제도에도 변화가 일어났는데 1981년 「경제합동법」이 제정되면서 담보에 관한 단행법규가 탄생하였고 이 법에서는 계약금·보증 등의 담보방식이 규정되었다. 1986년 「민법통칙」이 제정되면서 보증·저당·계약금 및 유치 등 네 종류의 담보방식이 비교적 명확하게 규정되었다. 그러나 시장경제 이행 과정에서 담보제도의 중요성이 제기되어 마침내 현재 시행 중인 「담보법」이 제정되었다.

현행 「담보법」은 1995년 6월 30일 제8기 전인대 상무위원회 제14차 회의를 통과하여 1995년 6월 30일 중화인민공화국 주석령(主席令) 제15호로 공포되었다. 「담보법」은 총 7장 96개조로서, 제1장 총칙, 제2장 보증, 제3장 저당, 제4장 질권, 제5장 유치, 제6장 계약금, 제7장 부칙으로 구성되어 있다. 담보법과 더불어 또 하나의 중요한 법원이 되는 최고인민법원의 사법해석으로서「關於適用(中華人民共和國擔保法)若干問題的解釋(2000. 12. 8.)」이 있다.

「담보법」상의 '담보(擔保)'는 민사 및 상사 법률행위에서 발생한 채권과 채무를 보호하기 위한 법률제도이다. 이것은 특히 채권채무관계에 대한 담보제도를 의미하는 것으로써, 물권에 관한 담보는 신 물권법이 적용된다(신 물권법 제4편).

담보에는 크게 광의와 협의의 의미가 있는데 우선 광의의 담보는 채무자의 채무이행을 독촉하고, 채권의 실현을 보장하는 법률 수단을 뜻한다. 이것에는 민사책임제도, 채권보전제도, 채무담보제도가 있다. 이 중 민사책임제도와 채권보전제도는 채무자의 전 재산으로 채권자에 대해 채무를 이행하는 '일반담보제도'에 속한다.

협의의 담보는 채무담보제도를 가리키는데 일반적으로 담보라고 할 때는 이를 가리킨다. 이 의미의 담보는 채무자가 그 전 재산으로도 채무를 갚지 못하는 상황에 대비하여 제3자의 신용 혹은 특정한 재산 위에 담보권을 설정함으로써 채권의 실현을 보장하는 법률수단이다. 중국「담보법」에서 정하는 담보의 주요한 방식으로 보증 · 저당(抵押) · 질권(質押) · 유치 및 계약금(定金)이 있다.

(2) 담보의 유형과 내용

1) 보 증

(가) 보증과 보증인 보증은 제3자가 채무자의 이익을 위하여 채권자에게 채무자의 채무이행을 보증하는 담보형식이다.「담보법」제6조에서는 보증을 "채무자의 채무 불이행시 보증인과 채권자의 약정에 따라 보증인이 채무 또는 책임을 지는 행위"라고 규정하고 있다.

이 규정에 의할 때 첫째, 보증인은 반드시 채무자 외의 제3자이어야 한다. 보증인은 보증계약에 의해 보증관계에서 발생하는 보증채무에 대해 책임을 지는 자를 말한다. 보증인은 보증관계에 있어 의무의 주체이며 보증계약의 일방 당사자로서, 채무상환 능력이 있는 자연인이나 기타 경제조직 또는 법인은 모두 보증인이 될 수 있다(동법 제7조). 국가기관은 원칙적으로 보증인이 될 수 없으며, 다만 외국정부 혹은 국제경제조직으로부터의 차관이 필요한 경우 국무원의 비준을 얻으면 예외적으로 가능하다(동법 제8조). 학교 · 유아원 · 병원 등 공익을 목적으로 하는 사업단위나 사단은 보증인이 될 수 없다(동법 제9조). 또한 기업법인으로부터 서면형식의 수권을 받지 못한 기업법인 소속의 기구나 부서도 보증인이 될 수 없다(동법 제10조).

둘째, 보증은 보증인과 채권자 간의 계약행위이며, 셋째, 보증책임은 일종의 의무없는 책임형식을 띠고 있으며, 넷째, 보증인이 보증에 대한 책임을 진 후에는 채무자에 대해 구상권이 있다. 동일 채무에 두 명 이상의 보증인이 있을 경우, 각각 보증계약에서 명시된 보증금액에 한하여 책임지고, 명시된 보증금액이 없을 경우에는 연대책임을 진다. 이미 보증책임을 진 보증인은 채무자에 대해 구상권을 행사하거나 다른 보증인에게 분담부분에 대한 상환청구를 할 수 있다.

파산신청이 있는 경우 채권자가 채권을 파산재산으로 신고하지 않은 경우에도, 보증인은 파산재산의 분배에 참여하여 우선적으로 자신의 구상권을 청구할 수 있다(동법 제32조).

(나) **보증계약** 보증은 계약을 통해서 발생하는 일종의 계약관계이다.

보증계약은 반드시 유명(有名)계약이어야 하며, 보증인이 채권자에 대하여 일방적으로 의무를 이행해야 하는 편무(單方)계약이며, 쌍방의 의사가 일치되면 성립하는 낙성계약이다. 보증계약은 반드시 서면형식으로 체결하여야 하는 요식계약이다(담보법 제13조). 또한 보증계약은 반드시 채무자의 의무불이행이 있어야 효력이 발생되는 조건부계약이다.

보증계약서에는 반드시 보증되는 채권의 종류, 수량 및 액수, 채무이행의 기한, 보증방식, 보증범위, 보증기간, 쌍방이 요구하는 기타 사항 등이 명시되어야 한다(동법 제15조). 보증방식에는 일반보증과 연대보증이 있다(동법 제16조). 보증담보의 범위에는 주채권과 이자, 위약금, 손해배상금과 채권실행에 소요되는 비용 등이 포함되며, 보증계약에서 이와 다른 규정이 있으면 그에 따른다. 보증담보의 범위에 관한 약정이 없거나 약정이 명확하지 않은 경우에 보증인은 채무 전부에 대한 책임을 진다(동법 제21조).

2) **저 당**

저당이란 채무자 또는 제 3 자가 채권자를 위하여 일정한 재산을 저당목적물로 특정하여 두고, 다만 그 저당목적물의 점유는 이전하지 않은 상태로 해당 목적물을 채권의 담보로 삼는 것을 말한다(담보법 제33조). 채무자가 채무를 이행하지 않을 경우에 채권자는 법이 정한 절차에 따라 저당목적물을 처분한 대금에서 우선적으로 변제받는다. 중국의 현행 민사법률에서 저당목적물로는 동산과 부동산의 구별이 없으며, 그 목적물의 점유를 이전하였는지에 관계없이 성립한다.

(가) **저당목적물** 「담보법」 제33조는 저당을 "채무자 또는 제 3 자가 저당목

적물로 되는 재산의 점유를 이전하지 않고 채권의 담보로 제공하는 것"으로 규정하고 있다. 채무자 또는 제3자를 저당권설정자라고 하고 저당권설정자로부터 저당목적물에 관한 저당권을 획득하는 채권자를 저당권자라고 한다.

담보로 제공될 수 있는 저당목적물에는 저당권 설정자가 소유하고 있는 가옥과 기타 지상의 정착물, 저당권 설정자가 소유하고 있는 기계나 운송설비 및 기타 재산, 저당권 설정자가 법에 의해 처분할 수 있는 국유토지사용권이나 가옥 및 기타 지상정착물, 저당권 설정자가 법에 의해 처분할 수 있는 국가소유의 기계나 운송설비 및 기타 재산, 저당권 설정자가 법의 의해 도급받은 후 도급인의 동의를 얻어 저당된 황무지 등의 토지사용권, 법에 의해 저당이 가능한 기타 재산 등이 있다(동법 제34조). 그러나 토지소유권·농경지·주택지(宅基地)·자유지(自留地)·자유산(自留山) 등의 집체소유 토지사용권 중에서 일부분, 학교나 유치원 및 의원 등과 같은 공익목적의 사업단위나 사회단체의 교육시설, 의료위생시설 및 기타 사회 공익시설, 소유권이나 사용권이 불명확하거나 분쟁이 있는 재산, 법에 의하여 차압·압류·가처분된 재산 등은 저당목적물로 할 수 없다(동법 제37조).

(나) **저당계약과 저당목적물 등기** 저당권 설정은 저당권 설정자와 저당권자 간의 계약으로 이루어지고, 반드시 서면형식이어야 한다(동법 제38조). 저당계약의 형식으로 저당권을 설정할 때는 첫째, 저당을 할 수 있는 채권이 존재해야 하며, 둘째, 저당목적물은 반드시 적법해야 하며, 셋째, 저당목적물의 가치는 채권의 가액보다 낮지 않아야 하며, 넷째, 저당계약을 체결함에 있어서 쌍방 당사자는 「담보법」의 규정에 위반되지 않아야 하며, 다섯째, 저당목적물은 반드시 등기해야 효력이 발생한다. 저당계약은 서면으로 체결되어야 한다.

저당계약에는 피담보 채권의 종류·금액·채무이행기한, 저당목적물의 명칭·수량·품질(質量)·상태·소재지·소유권의 권속(權屬) 또는 사용권의 권속, 저당권 담보의 범위, 당사자가 필요로 하는 기타 사항 등이 포함되어야 한다(동법 제39조). 저당권 담보의 범위는 주채권과 이자, 위약금, 손해배상금, 저당권 실행비용이다(동법 제46조).

저당목적물의 등기는 저당목적물의 성격에 따라 등기해야 하는 부서가 다르다. 토지사용권의 경우 토지사용권 증서를 발급한 토지관리부서에서 등기해야 하고, 성이나 시의 부동산 혹은 향(鄕)·진(鎭), 촌(村)에 위치한 기업의 공장이나 건축물을 저당할 때는 현급(縣級) 이상의 행정구역에서 인민정부가 규정하고 있는 부서에서 등기해야 한다(동법 제42조).

㈐ **저당권의 소멸** 저당권자는 채권 만기일까지 채권 전액이 이행되지 않으면 저당권을 행사할 수 있다. 저당권이 소멸되는 경우는 세 가지이다. 첫째, 저당권이 담보하는 채권이 소멸하였을 경우, 둘째, 저당권이 행사되면 자동소멸되며, 셋째, 저당목적물이 멸실되면 저당권도 이에 따라 소멸된다. 이 때 저당목적물이 부분 소멸되었을 경우, 나머지 부분으로 채무이행에 대한 책임을 져야 한다.

3) **질 권**

질권은 동산질권과 권리질권으로 분류된다.

㈎ **동산질권** 「담보법」 제63조는 "동산질권은 채무자 혹은 제3자가 채권자에게 그 자신이 소유하는 동산의 점유를 이전하여 채권의 담보로 삼는 것이다"라고 규정하고 있다. 채무자가 채무를 불이행하면 해당 동산에 관한 처분권이 채권자에게 이전되고, 채권자는 법에 의해 질권의 목적물을 처분할 수 있다.

채권자는 해당 동산을 보관해야 할 의무가 있고, 채권이 소멸되면 반환해야 한다. 보관기간동안 부주의로 해당 동산에 관하여 발생하는 손해에 대해서는 질권자(채권자)가 책임을 져야 하고, 해당 동산이 멸실되면 질권도 소멸된다. 질권계약은 반드시 서면형식이어야 하며, 질권의 객체인 목적 동산이 질권자(채권자)의 점유에 속하게 된 때부터 본 계약의 효력이 발생한다(동법 제64조).

㈏ **권리질권** 권리질권은 채무의 상환을 보장하기 위해 채무자 또는 제3자가 보유하고 있는 유형적 재산이 아닌 양도 가능한 재산권을 채권자에게 담보로 제공하여 채권의 담보로 삼는 것을 말한다. 질권의 객체로 되는 권리는 크게 네 종류로 구분된다(담보법 제75조). 첫째, 환어음, 수표, 약속어음, 채권, 은행예금, 창고증권, 선하증권 등의 유가증권이다. 둘째, 법에 의해 양도 가능한 주식과 증권이다. 셋째, 법에 의해 양도 가능한 상표권, 특허권, 저작권 등의 지식재산권이다. 넷째, 법에 의해 질권의 대상이 될 수 있는 기타 권리이다.

권리질권을 설정하기 위한 계약을 체결할 경우에는 반드시 서면형식이어야 한다. 유가증권의 경우 그 증서를 질권자에게 이전한 때에 질권의 효력이 발생한다. 주식의 경우 증권등기기관을 통해 등기한 후 질권의 효력이 발생하며, 질권자가 주식을 재양도할 경우에는 반드시 질권설정자의 동의를 얻어야 한다. 지식재산권의 경우, 반드시 해당 관리기관에 질권등기를 해야 하고, 등기일로부터 계약의 효력이 발생한다.

유가증권을 질권의 목적으로 하는 경우 유가증권상의 유효기간이나 지급기일이 채무이행의 만료일 이전일 경우 질권자는 그 증권의 유효기간 만료일에 유가증권을 처분하거나 지급청구를 할 수 있다(동법 제76조).

(다) **질권계약** 질권계약에는 피담보채권의 종류·금액·채무이행기한, 질권 목적물의 명칭·수량·품질(質量)·상태, 질권 담보의 범위, 질권 목적물의 점유이전시기, 당사자가 필요로 하는 기타 사항 등이 포함되어야 한다(동법 제65조). 질권의 담보범위는 주채권과 이자, 위약금, 손해배상금, 질권 목적물의 보관비용, 질권 실행비용 등이 포함된다(동법 제67조).

질권설정자와 질권자는 채무이행기한이 만료한 때 질권자의 채무가 이행되지 못한 때, 계약으로 질권 목적물의 소유권을 질권자에게 이전하도록 정하지 못한다(동법 제66조).

4) **유 치**

유치는 유치권자(채권자)가 특정한 계약에서 발생한 채무의 담보를 위하여 유치권설정자(채무자)의 동산(유치권의 목적물)을 점유하고, 그 채무가 이행되지 않으면 유치권자가 해당 동산을 처분하여 이로부터 우선적으로 상환받을 수 있는 담보방식이다. 중국 「담보법」이 유치권의 발생원인으로 정하고 있는 특정한 계약에는 임치계약(保管合同), 운송계약, 가공도급계약 및 법률에서 정한 기타 계약이다(동법 제84조).

유치권의 담보범위는 주채권과 이자, 위약금, 손해배상금, 유치권 목적물의 보관비용, 유치권 실행비용 등이 포함된다(동법 제83조).

유치권 존속기간 동안 채권자는 유치물을 보관할 의무가 있고, 보관기간 동안 관리소홀로 손해가 발생할 경우 책임을 져야 한다(담보법 제86조). 유치권자가 유치목적물을 유치한 후에 채무자는 계약서에 적어도 2개월 내에 채무이행을 한다는 내용을 명시해야 하며, 만약 이를 명시하지 않은 경우에는 채권자가 채무자의 재산을 유치한 후 2개월 이상의 기간을 확정하여 채무자에게 이 기간 내에 이행할 것을 통지해야 한다(동법 제87조). 유치권은 피담보 채권이 소멸되거나, 채무자가 다른 담보를 제공하고 채권자가 이에 동의한 경우 소멸된다(동법 제89조).

5) **계 약 금**

계약금(定金)은 계약체결 시 당사자 일방이 미리 일정금액(계약금)을 지불함으로써 채무이행을 보증하는 담보방식이다. 채무자가 채무를 이행한 후에 계약금은 원래의 채무에서 공제되거나 반환받을 수 있다. 계약금을 지불한 일방 당사자가 채무를 이행하지 않을 경우에는 계약금 반환을 요청할 수 없으며, 계약금을 수령한 다른 당사자가 채무를 이행하지 않으면 계약금의 두 배를 배상하여야 한다(담보법 제89조). 계약금의 약정은 반드시 서면형식이어야 하고, 실제로 계약금이 지불된 날로부터 계약의 효력이 발생한다. 계약금의 액수는 당사자의 약정에 따르지만 계약액의 20%를 초과해서는 안 된다(동법 제91조).

Ⅲ. 계약상의 채무

「민법통칙」 제85조의 규정에 의하면 "계약(合同)은 당사자 간에 민사관계를 발생·변경·종료하는 합의이다"라고 규정하고 있다. 여기서의 '민사관계'는 민사상 재산관계만을 의미하고, 인신권의 속성을 가지고 있는 민사관계 예컨대, 혼인관계는 제외되며, 노동관계도 포함되지 않는다.

당사자의 약정으로 정한 계약이 법에서 요구하는 요건을 충족한 경우에 이에 따른 법적 구속력을 부여하게 되는데, 당사자는 이에 따른 계약상의 의무를 부담하게 되므로 이를 계약상의 채무라고 한다. 계약에 적용되는 규범은 최근 많은 변화를 겪고 있다. 종래에는 계약에 관한 일반법으로「민법통칙」이 있었고 이에 관한 특별법으로「경제합동법」·「기술합동법」·「섭외경제합동법」 및 특수계약법과 관련된 10여개의 단행법규 등이 있었다. 그러나 1999년 위의 3부의 특별계약법을 통일하여 단일화 한 통일「계약법」이 제정됨으로써 현재 계약에 관한 규범체계는 채권관계를 규율하는「민법통칙」과 계약에 관한 일반법인「계약법」이 있고, 이 외에 최고인민법원의 사법해석도 있다.

1. 계약의 체결

「민법통칙」 제85조에서 "계약은 당사자 간에 민사관계의 발생(設立)·변경(變更)·종료(終止)에 관한 협의(協議)이다"고 규정하여, 계약의 개념에 관하여 일반적·추상적으로 정의하고 있다. 그러나 통일「계약법」 제2조는 "본법에서 말하는 계약(合同)은 평등한 주체인 자연인·법인·기타 조직 간에 민사권리의무관계를 설정·변경·종료하고자 하는 합의(合意)"라고 규정하고 있다. 통일「계약법」

제2조와 「민법통칙」 제85조에서 규정하는 계약에 관한 개념정의는 대체로 일치하고, 다만 통일 「계약법」에서는 「민사권리의무관계」라고 하는 것과 계약주체에 관한 「기타 조직」을 증가하였을 뿐이다. 이러한 일반적·추상적 입법규정 때문에 통일 「계약법」 제2조가 규정하는 계약개념에 관한 논쟁이 있었다.

그러나 통일 「계약법」 제2조가 규정하는 계약개념은 채권계약에 한정된다고 보는 것이 대다수 학자들의 견해이고, 이 견해가 타당하다고 생각한다. 이에 따라 통일 「계약법」 제2조에서 말하는 「민사권리관계」는 「채권계약」에 한정된다. 혼인·부양·감호 등 신분관계로 인하여 발생한 협의는 이와 관련된 법률이 적용되므로(계약법 제2조 제2단), 본 「계약법」의 적용범위에서 제외된다.

새로운 「계약법」은 종래의 개별 입법체계와 달리 통일된 계약법체계일 뿐만 아니라, 중국법체계가 민상법 일원주의를 채택하고 있으므로, 본 「계약법」이 적용되는 범위는 민사계약 및 나아가 상사계약과 섭외경제계약도 포괄하게 되었다.

계약의 체결은 청약과 승낙으로 이루어진다(계약법 제13조). 청약은 타인과 계약체결을 희망하는 의사표시이고, 이 청약은 일정한 요건을 갖추어야 한다(계약법 제14조). 청약은 피청약자에게 도달된 때로부터 효력이 발생한다. 청약은 철회할 수 있고, 취소도 가능하다(계약법 제18조). 승낙은 피청약자가 청약에 동의하는 의사표시이고, 이 의사표시는 청약의 내용과 일치하여야 한다. 이 승낙은 원칙적으로 통지의 방식에 의하며, 승낙은 승낙기한 내에 청약자에게 도달하여야 효력을 발생한다. 계약은 승낙의 효력이 발생한 때에 성립한다(계약법 제25조).

계약의 체결은 서면이나 구두형식 또는 기타 형식으로도 할 수 있다(제10조). 다만 금전소비대차계약(제12장), 시설대여계약(제14장), 건설공사계약(제16장)은 원칙적으로 서면형식으로 체결되어야 한다.

약관에 의하여 계약을 체결하는 경우에 약관제공자는 공평의 원칙에 따라 쌍방의 권리의무를 설정할 의무가 있으며, 계약체결 당시에 상대방 당사자에게 주요 조항에 대한 설명의무가 있다. 분쟁의 발생으로 약관을 해석하는 경우에는 상대방의 이익을 우선적으로 고려하여야 한다.

계약의 체결과정에 상대방에게 손해를 발생케 한 당사자 일방은 손해배상책임을 진다.

2. 계약의 효력·이행·변경·양도 및 종료

계약은 성립한 때로부터 효력이 발생한다. 당사자는 행위능력이나 대리권 또는 처분권한이 있는 자이어야 한다. 계약을 체결하는 당사자는 계약의 효력에 대하여 조건이나 기한을 부가할 수 있다.

중국 통일 「계약법」은 계약의 무효가 되는 범위를 비교적 광의로 정하고 있다. 즉, 사기나 강박의 수단으로 계약을 체결하고 국가이익에 손해를 준 때, 허위표시로서 국가나 집체 또는 제 3 자의 이익에 손해를 준 때, 합법의 형식을 가장하여 불법 목적의 행위를 하는 때, 사회공공의 이익에 손해를 준 때, 법률이나 행정법규의 강행규정을 위반한 때 등이다(제52조), 이 외에도 신체상의 피해나 고의 또는 중대한 과실로 인하여 상대방에게 재산상의 손해를 입히는 경우에도 면책되는 것으로 한 조항은 무효가 된다.

당사자는 약정에 따라 자기의 의무를 이행하여야 한다. 계약이 효력을 발생한 후 약정한 내용에서 품질·대금·이행장소·이행기간·이행방식 및 이행비용의 부담 등에 관하여 약정이 없거나 불명확한 경우에는 사후에 합의하여 보충할 수 있다. 계약의 채권자는 채무자가 자신의 채권을 행사하지 않음으로써 채권자에게 손해를 준 경우에는 이를 대위하여 행사할 수 있으며, 채무자의 책임재산 처분행위를 취소할 수 있다.

당사자는 협의에 의하여 계약을 변경할 수 있다. 계약변경 시에 법률이나 행정법규에서 특정한 인가나 등기 등의 절차를 거치도록 정한 경우에는 이러한 절차를 거쳐야 한다. 계약의 권리자인 채권자는 계약상 권리의 전체 또는 일부를 제 3 자에게 양도할 수 있고, 다만 채무자에게 이를 통지하여야 한다. 채무자는 채권자의 동의를 얻어 계약상 의무의 전체 또는 일부를 제 3 자에게 이전할 수 있다. 계약의 당사자 일방은 상대방의 동의가 있으면 자기의 계약상 권리와 의무 전체를 제 3 자에게 양도할 수 있다.

계약은 다음과 같은 사유가 있는 경우에 종료한다(계약법 제91조). 즉, ① 채무가 약정 내용에 따라 이행된 경우, ② 계약이 해제된 경우, ③ 채무가 상계된 경우, ④ 채무자가 법에 의하여 목적물을 공탁한 경우, ⑤ 채권자가 채무를 면제한 경우, ⑥ 채권과 채무가 동일한 주체에 귀속되는 경우, ⑦ 계약의 권리의무가 종료되는 것으로 법률이 규정하거나 약정으로 정한 경우이다.

계약의무의 불이행 또는 그 이행이 약정에 부합하지 않을 경우, 즉, 위약에 관한 구제조치는 이 책의 '제 8 절 민사책임'에서 설명한다.

Ⅳ. 부당이득 및 사무관리를 원인으로 하는 채무

1. 부당이득을 원인으로 하는 채무

부당이득은 합법적인 근거 없이 즉, 법률이나 계약상의 근거가 없이 타인의 재산에 손실을 줌으로써 취득한 이익을 말한다. 「민법통칙」 제92조는 "합법적 근거 없이 부당이득을 취득하고 타인에게 손실을 주었을 경우에는 그로 인하여 취득한 부당이득은 손실을 입은 당사자에게 상환하여야 한다"고 규정하였다. 이와 같은 사유로 발생된 부당이득을 손실을 입은 자에게 상환하여야 할 의무가 채무이고, 이 의무를 지는 자를 수익자라고 한다. 수익자의 부당이득으로 인하여 재산적 손실을 입은 자를 손실자라고 하고, 손실자는 부당이득을 취득한 수익자에게 그 상환을 청구할 권리를 갖는다.

부당이익을 원인으로 하는 채무가 발생하려면 다음과 같은 요건을 갖추어야 한다. 즉, ① 반드시 일방당사자가 법률적·계약적 근거없이 이익을 얻어야 하고, ② 이로서 타방당사자가 손실을 입어야 하며, ③ 부당이익과 손실사이에는 인과관계가 존재해야 한다.

2. 사무관리를 원인으로 하는 채무

법률이나 계약에서 자기의 의무가 없음에도 불구하고 타인을 위하여 그의 사무를 관리하는 행위를 사무관리라고 한다. 「민법통칙」 제93조는 "법정의무 또는 약정된 의무 없이 타인의 이익을 구제하기 위할 목적으로 관리 또는 용역을 제공한 자는 이로 인하여 지불한 필요비를 수익자에게 청구할 권리를 가진다"고 규정하였다. 사무관리가 성립되면 당사자 간에 채권과 채무의 관계가 발생된다. 사무관리를 행한 자는 수익자에게 그 관리나 용역제공에 지불한 비용을 청구할 수 있으며, 수익자는 사무를 관리한 자에게 합리적인 비용을 지불하여야 한다.

사무관리를 원인으로 하는 채무가 발생하려면 다음과 같은 요건이 있어야 한다. 즉, ① 타인의 사무를 관리하는 행위가 있어야 하고, ② 타인의 이익을 구제하기 위한 목적이 있어야 하며, ③ 법률이나 계약상의 의무가 없이 타인의 사무를 관리하여야 하고, ④ 사무관리는 본인에게 이익이 되는 방법으로 진행해야 하며, ⑤ 이와 같은 사실을 본인에게 통지하여야 한다.

V. 불법행위를 원인으로 하는 채무

「민법통칙」 제106조 제 2 항에는 "개인(국민)·법인은 과실로 인하여 국가·집체의 재산을 침해하였거나 타인의 재산이나 인신을 침해하였을 경우에는 민사책임을 부담하여야 한다"고 규정하고 있으며, 제 3 항은 "과실이 없더라도 법률에서 민사책임을 지도록 정한 경우에는 민사책임을 부담하여야 한다"고 규정하였다. 즉 불법행위는 행위자가 과실로 인하여 타인의 재산 및 인신에 손해를 줌으로서 법에 의하여 민사책임을 부담해야 하는 행위를 말한다.

대륙법계의 이론에 따르면 불법행위는 채무의 발생근거가 된다. 즉, 불법행위로 인하여 불법행위자(채무자)와 피해자(채권자) 간에 채권채무관계가 발생한다. 피해자는 불법행위자에게 손해배상을 청구할 권리를 갖는다.

중국민법은 민사책임에서 위약책임을 제외하고는 전체적으로 대륙법체계와 유사하다. 다만 「민법통칙」은 불법행위를 제 6 장 '민사상의 책임제도'에서 함께 규정함으로서 불법행위가 민사책임을 직접 발생시키는 근거로 인정하고 있다.

VI. 채권의 소멸

채권은 다음과 같은 사유에 의하여 소멸된다. ① 채무를 적절히 이행한 경우, ② 채무를 상계하는 경우, ③ 채권과 채무가 상호 혼동되는 경우, ④ 채무가 판결에 의하여 존재하지 않게 되는 경우, ⑤ 채무자의 파산이나 쌍방당사자의 채무면제가 있을 경우, ⑥ 채무의 시효가 만료되는 경우 등이다.

제 6 절 지식재산권

I. 지식재산권의 의의

지식재산권(知識產權)이라 함은 자연인이나 법인이 과학기술이나 문학예술분야에서 그가 창조한 정신적 성과물에 관하여 법에 의해 향유할 수 있는 독점적 권리를 말한다. 지식재산권은 지적재산권 또는 지적소유권이라고도 한다.[1] 지식재산권의 객체, 즉 지적 성과물은 과학·기술·문학·예술 등의 분야에서 창조된 지력활동의 결과이다. 이것은 과학적인 발명과 발견·공업설계·실용신안·상표 및 문학예술의 성과와 저작물 등을 포함한다. 중국은 자연인이나 법인에 의하여 창조된 지적 성과물을 보호함으로써 개별 민사주체들의 창조성·적극성을 격려하고 나아가 사회나 국가적인 발전을 촉진하기 위하여 지식재산권에 관한 법체계를 마련하고 있다. 동시에 지식재산권은 한 국가의 노력만으로는 충분한 보호를 할 수 없고, 이것은 전 세계의 발전과 직결되는 문제이므로 이에 관한 국가간 또는 국제적 협력을 위하여 국제협약·조약 및 협정에 참가하고 있다.

지식재산권은 인신권과 재산권의 속성을 갖는다. 지식재산권과 관련된 인신권은 지적 성과를 창조한 자의 인격과 분리할 수 없는 권리로서 재산권과 직접적인 관련이 없는 민사권리를 말한다. 예컨대, 성명표시권(署名權), 명예권 등과 같은 것이다. 이런 권리는 지적 성과의 창조자만이 향유할 수 있고 양도할 수 없는 것이다. 지식재산권에서의 재산권은 지적 성과를 이용하여 재산적 이익을 얻을 수 있는 민사권리를 말한다. 예컨대, 기술이전료, 기술사용료, 원고료 등과 같은 것이다.

지식재산권은 다음과 같은 특징을 지닌다. ① 독점·배타성을 갖는다. 지식재산권은 국가로부터 허가받은 특정한 주체만 향유할 수 있는 권리이기 때문에, 이러한 주체 이외의 자가 지식재산권을 사용하는 경우 불법행위가 발생된다. ② 지식재산권은 일정한 지역 내에서만 효력을 갖는 권리이다. 한 국가에서 취득한

---

1) 종전 교재에서는 '지적재산권'으로 번역하였던 부분을 '지식재산권'으로 변경하여 사용한다. 한국 특허청은 1998년 이후 '지식재산권(知識財產權)'이라는 용어를 사용하고 있고, 중국 법률용어도 '知識產權'으로 표기되고 있으므로 그 발음과 뜻에 따른다. 같은 중화권이더라도 홍콩은 '智力產權,' 대만은 '智慧財產權' 등으로 번역하여 사용하고 있다.

지식재산권은 그 국가의 국경 내에서만 효력이 있고, 다른 국가의 보호를 받으려면 국제조약 및 해당 국가의 법률에 따라 등록절차를 거치거나 타 국가의 승인을 얻어야 한다. ③ 지식재산권은 시간적 제한성을 가지고 있다. 각종 지식재산권은 그 보호기간이 명시되어 있으며 이 기간 내에 법적 효력을 유지한다.

지식재산권은 저작권, 특허권(專利權), 상표권, 반부정당경쟁법(反不正當競爭法)에 의한 권리로 구성되고, 이 외에도 민법통칙, 세관지식산권보호조례(海關知識產權保護條例), 식물신품종보호조례, 반도체집적회로보호조례(半導體集成電路保護條例) 등에 의한 권리도 포함된다. 특허권과 상표권은 산업재산권(工業財產權)이라고도 한다.

Ⅱ. 중국 지식재산권법의 국제화

1. 지식재산권 국제조약 가입 현황

중국은 1985년 파리협약을 비롯하여 1992년에 세계저작권협약(UCC), 1993년에 특허협력조약(PCT), 1994년에 니스협정, 1995년에 부다페스트협약, 1999년에 식물신품종보호에 관한 국제공약(UPOV) 등에 가입하였다. 최근 2007년에는 WCT(세계지적소유권기구 저작권조약)와 WPPT(세계지적소유권기구 실연 및 음반조약)에 가입하였다.

세계지적소유권기구와 직접적으로 관련 있는 국제공약은 대체로 약 27개의 조약이 있는데, 중국은 10개 조약에 가입해 있는 상태이다. 아직 가입하지 않은 것으로는 2000년의 특허법조약(PLT), 1961년의 로마협약 등이 있다. 중국은 WTO에 가입함으로서 TRIPs협정(무역관련지식재산권협정)의 준수의무가 발생하였다.

2. 중국 지식재산권법의 국제화

중국 지식재산권법 중에서 가장 먼저 입법된 것은 1982년 제정된 상표법이다. 동 상표법은 1993년과 2001년에 개정되었고, 개정 배경은 상표권의 국제화에 있다. 중국 상표법은 우선 등록주의원칙에 입각하여 상표권을 보호하고 있다. 이것은 미국의 사용자주의원칙과 다른 것이다. 중국 상표법은 1993년 개정시에 파리협약의 취지를 도입하여 유명상표(馳名商標)제도를 도입하였고, 2001년 개정시에 상표전용권 대신에 상표권 개념을 도입하였다.[1] 상표법은 2008년의 개정 초안을 기초로 하여 개정 과정에 있고, 2009년에 수정될 예정에 있다.

중국 특허법은 1984년 입법된 이래 1992년과 2000년 및 2008년에 개정되었다. 특허법은 발명과 실용신안 및 디자인의 보호를 그 목적으로 한다. 구 특허법에서는 발명특허의 출원에 관해서는 실질심사제도를 채택하고 있고, 실용신안과 디자인의 출원에는 무심사주의원칙을 도입하였지만, 개정 특허법에서는 1발명 1특허주의를 원칙으로 하고, 특허권과 실용신안권을 중복해서 출원할 수 있도록 예외규정을 둠으로써 이 두 권리의 중복출원을 허용하였다.

중국 저작권법은 1990년 제정된 이후 2001년 개정되었다. 중국 상표법과 특허법의 경우 그 권리의 등록과 보호과정에서 행정기관(공상행정관리기관)의 심사와 인가 등이 필요하지만, 저작권은 작자의 창작이 완료된 시점에 저작권이 발생되고, 등록이 필요하지 않다는 점에서 상표권 및 특허권의 발생시점과 구별된다.

중국 저작권법은 대륙법계의 정신적 인격의 보호 및 영미법계의 개인재산권 보호라는 측면을 동시에 갖고 있다. 이와 함께 저작권의 양도주체로서 작자와 그 상속인 이외에도 자연인과 법인이 포함된다는 점에서 대륙법계의 국가와 약간의 차이가 있다.

반부정당경쟁법은 1993년에 입법되었다. 반부정당경쟁법은 제 5 조에서 상표에 관한 부정경쟁행위를, 제10조에서 영업비밀에 관한 부정경쟁행위를 규정하고 있다. 이러한 부정당경쟁행위와 영업비밀은 파리협약과 WIPO가 1996년 공포한 「개발도상국의 부정당경쟁방지모법」 등과 같은 국제협약을 도입한 것이다.[2]

1997년 중국 형법이 개정되면서 처음으로 동법 제 3 장 제 7 절 이하에서 지식재산권죄를 신설하여 상표권과 특허권 및 저작권 침해에 대한 형벌을 규정하였다. 이 점도 파리협약의 취지를 도입한 것이다.

이 외에도 빠르게 변화하는 지식재산권 관련 법률문제에 대처하기 위하여 최고인민법원의 사법해석이 공포되었다. 지식재산권과 관련된 사법해석이 가장 짧은 시간에 가장 많은 수가 제정된 것은 그만큼 지식재산권에 관한 변화가 많다는 것을 의미한다. 이에 관한 것으로는 「關於人民法院對注冊商標進行財產權保

1) 鄭成思, 知識產權法, 法律出版社, 2007, p. 19.
2) 鄭成思, 知識產權法, 法律出版社, 2007, p. 21.

全的解釋」, 「關於審理專利糾紛案件適用法律問題的若干規定」, 「關於審理商標案件有關管轄和法律適用範圍問題的解釋」 등이 있다.

Ⅲ. 중국 지식재산권에 관한 행정권의 역할

중국의 지식재산권을 관할하는 국가기관으로는 행정기관과 사법기관이 있다. 이에 따라 지식재산권 침해사건의 경우 행정기관에 의한 구제절차와 사법기관에 의한 구제절차로 이원화되어 있으나, 중국에서는 행정기관의 강력한 행정지도가 그 영향을 발휘하는 경향이 있다.

행정기관으로는 현지의 공상국(工商局)·지재권국(知財權局)·판권국(板權局)·세관(海關)·기술감독국 및 식품의약국이 있고, 사법기관으로는 지역 관할의 구나 현지 중급인민법원과 고급인민법원이 있다.

행정절차의 경우에 각종 지식재산권 관련 침해사건에 따라 그 관할이 다르고, 최고인민법원이 지정한 일심법원이 관할권을 갖는 경우도 있다. 특허사건의 경우에는 지방지재권국이 행정절차에 따른 구제를 실행할 수 있고, 상표사건의 경우에는 현지의 공상국·기술감독국·공안국에서 행정구제를 받을 수 있으며, 저작권사건의 경우에는 현지의 판권국이나 공안국에 의한 행정구제를 받을 수 있다. 지식재산권 침해행위가 반부정당경쟁행위에 해당되는 경우에는 공상국·기술감독국·공안국에서 행정구제를 받을 수 있다. 지식재산권 침해가 의약품인 경우 현지 식품의약국·공상국·공안국의 관할을 받고, 수출입품이 지식재산권을 침해하는 사건인 경우에는 세관이 관할권을 행사한다.

사법절차의 경우에는 각 지역의 관할 구의 중급인민법원이 관할권을 갖는다. 특허사건의 경우에는 대도시 중급인민법원과 직할시 인민법원이 관할권을 갖고 있으며, 상표권과 저작권 및 반부정당경쟁행위와 관련된 지식재산권 침해사건은 모든 중급인민법원이 관할권을 행사한다.

행정절차와 사법절차에 따른 구제방식의 차이는 행정절차의 경우에는 위에서 언급된 현지의 행정기관이 관할권을 갖는 지식재산권 침해사건에 관하여 국가법률 및 지방성 규정을 적용하고, 직권조사 등을 통하여 행정처분을 내린다. 사법절차의 경우에는 지식재산권 침해사건이 발생한 해당 지역의 관할 구의 중급인민법원에서 국가법률과 최고인민법원의 사법해석을 적용하여 손해배상액 및 기타 구제조치를 내린다. 행정절차와 사법절차의 가장 큰 차이점은 손해배상액 결정을 할 수 있느냐 하는 점에 있다.

Ⅳ. 저 작 권

1. 저작권의 의의와 객체

저작권은 자연인이나 법인 또는 비법인 조직이 그 자신의 문학·예술 및 과학 등의 저작물(作品)을 법률에 의하여 독점적으로 출판·복제·이용할 수 있는 권리인데, 이를 판권(板權)이라고도 한다.「저작권법」제2조 제1항은 "중국의 공민(자연인)이나 법인 또는 기타 조직의 저작물(작품)은 그 공표(發表) 여부에 관계없이 본법에 의하여 저작권을 향유한다"고 규정하고 있다.

저작권법이 보호하는 객체는 특정한 형식을 취하여 창작된 '저작물(作品)'로서, 이에는 문학·예술·자연과학·사회과학·산업기술(工業技術) 등에 관한 다음과 같은 아홉 가지가 포함된다(저작권법 제3조). 즉, ① 문자(文字)저작물, ② 구술저작물, ③ 음악·연극(戱劇)·곡예(曲藝: 상성이나 구연)·무용(舞蹈)·기예(雜技) 등의 예술저작물, ④ 미술·건축저작물, ⑤ 촬영(攝影)저작물, ⑥ 영화저작물및 영화저작과 유사한 방식으로 창작한 저작물, ⑦ 공정(工程)설계도·제품(產品)설계도·지도·설명도(示意圖) 등 도형저작물과 모형저작물, ⑧ 컴퓨터 프로그램(計算機軟件), ⑨ 법률·행정법규가 규정한 기타 저작물 등이다.

중국 저작권법이 보호하는 저작권의 객체인 저작물은 유형의 형태로서 복제가 가능한 독창성이 있는 문학, 예술 및 과학영역에 해당되는 지적 창조물로 형성된 성과이어야 한다(저작권법실시조례 제2조). 저작권법이 보호하는 객체가 되기 위한 독창성의 판단기준으로는 원 저작물과 저작권을 침해하는 저작물이 실질적 유사성이 있느냐 하는 점과, 저작권을 침해하는 저작물이 원 저작물에 의존한 사실이 있느냐 하는 점이다. 구체적으로는 독립완성의 가능성을 배제할 수 있는 경우와 창조성 있는 저작물이라는 사실을 배제할 수 있는 경우이다.

2. 저작권의 주체와 귀속

저작권의 주체(저작권자)는 저작물의 작자이다. 작자는 저작물을 창조한 자연인이지만, 만약 법인이나 기타 조직이 주관하거나, 대표법인 혹은 기타 조직의 의지에 의한 창조, 또는 법인 혹은 기타 조직이 책임을 부담하는 저작물은 법인 혹은 기타 조직을 작자로 본다(저작권법 제11조 제 2 단). 이 외에도 외국인이나 무국적자도 포함된다. 외국인, 무국적자의 저작물은 그 저작자가 속한 국가 또는 통상 거주하는 국가가 중국과 체결한 협약 또는 공동으로 가입한 국제조약에 따라 저작권을 향유할 뿐만 아니라, 중국 저작권법에 의한 보호를 받는다. 외국인, 무국적자의 저작물이 중국에서 먼저 출판된 경우에는 중국 저작권법에 따라 저작권을 향유한다. 뿐만 아니라, 중국과 협약을 체결하지 아니하였거나 또는 공동으로 국제조약에 가입하지 아니한 국가의 저작자 및 무국적자의 저작물이, 중국이 가입한 국제조약의 가입국에서 최초로 출판되었을 경우 또는 가입국과 비가입국에서 동시에 출판된 경우에는 중국 저자권법에 의한 보호를 받는다(저작권법 제 2 조).

만약 상반되는 증명이 없을 경우에는 저작물에 서명한 자연인, 법인 또는 기타 조직이 저작자로 된다(저작권법 제11조 제 3 단). 서명한 작자는 실제작자인 경우가 일반적이지만 이 두 가지 사실이 일치하지 않거나 분쟁이 발생하는 상황도 나타난다.「저작권법」제 2 장 제 2 절은 합작저작물, 편집저작물, 녹음녹화저작물, 직무상 창작된 저작물 등의 저작권 귀속에 대하여 규정하고 있다.

3. 저작권의 내용과 보호기간

중국 저작권법은 저작권 자체에 대한 보호뿐만 아니라, 저작인접권도 보호한다. 저작권은 저작인신권(著作人身權)과 저작재산권(著作財產權)을 포함한다.

저작인신권은 다음과 같은 권리가 포함된다(저작권법 제10조). 첫째, 공표권(發表權)으로서 저작물을 대중 앞에서 공개할지의 여부에 관하여 결정할 수 있는 권리이다. 둘째, 성명표시권(署名權)으로서 창조한 저작물에 서명할 수 있는 권리이다. 셋째, 개정권(修改權)으로서 직접 또는 타인에게 권한을 수권하여 저작물을 개정할 권리이다. 넷째, 저작물의 동일성 유지권으로서 저작물이 왜곡되거나 곡해되지 않도록 보호받을 권리이다. 저작재산권에는 저작물의 복제권, 발행권, 대여권(出租權), 전람권, 실연권(表演權), 상영권(播放權), 방송권(廣播權), 정보네트워크(信息網絡) 전파권, 촬영권(攝制權), 각색권(改編權), 번역권, 편집저작권(匯編權) 및 기타 권리 등이 있다(저작권법 제10조 제 1 항 제 5 호~제17호). 기타 권리는 주석권(註釋權), 완성권(整理權)이 있다.

저작권의 보호기간은 저작권의 내용에 따라 다르다(저작권법 제20조 이하). 저작권의 보호기간은 법률과 규칙에 의하여 다음과 같이 정하여진다. 첫째, 저자의 성명표시권(서명권), 개정권(修改權), 저작물의 동일성유지권의 보호기간은 제한을 받지 않는다(저작권법 제20조). 둘째, 자연인의 저작물과 그 공표권(發表權) 및 저작권법 제10조 제1단 제5항부터 제17항에서 규정한 저작재산권에 관한 보호기간은 작자가 생존하는 동안 및 사망 후 50년으로 하며, 작자가 사망한 후 50년이 되는 해의 12월 31일까지로 한다(저작권법 제21조 제1단). 셋째, 법인 또는 기타 조직의 저작물과 법인 또는 기타 조직이 저작권을 소유하는 직무저작물저작권(성명표시권은 제외)의 공표권 및 저작권법 제10조 제1단 제5항부터 제17항에서 규정한 저작재산권의 보호기간은 50년간으로 하며, 저작물이 처음 발표된 때부터 50년이 되는 해의 12월 31일까지로 한다. 다만 저작물이 창작 완료 후 50년 이내에 발표되지 않은 경우에 본 저작권법은 보호하지 않는다(저작권법 제21조 제2단). 넷째, 영화저작물 및 이와 유사한 영화제작 방식으로 창작된 저작물과 그 촬영저작물에 대한 공표권 및 저작권법 제10조 제1단 제5항부터 17항에서 규정하는 저작재산권의 보호기간은 50년으로 하며, 저작물이 처음 공표된 때부터 50년이 되는 해의 12월 31일까지로 한다. 다만 저작물이 창작 완료된 후 50년 이내에 공표되지 않은 경우에는 본 저작권법에 의한 보호를 받지 못한다(저작권법 제21조 제3단).

저작인접권은 저작권과 관련된 권익을 갖는 권리로서 실연자권(表演者權)과 음반제작자권(錄制者權) 및 방송제작자권(廣播組織者權)이 있다. 실연자권은 저작물의 실연을 통하여 취득한 권리로서, 실연자가 실연을 녹음하거나 촬영하는 음반제작자 또는 영상제작자로부터 받는 보수청구권은 50년간 보호된다. 음반제작자권은 음반제작이나 영상촬영을 한 자가 음반제작이나 시청각자료를 통하여 복제 또는 판매를 통하여 얻을 수 있는 권리로서 이 권리의 보호기간은 50년이다. 방송제작자권은 라디오나 TV 등을 위하여 제작된 프로그램을 방영하거나 타인에게 허가하거나 복제발행 등을 통하여 얻을 수 있는 권리를 말하고, 이 보호기간도 50년이다.

4. 권리의 제한

타인의 저작물을 사용하는 자는 저작권자의 권리를 침해해서는 안 된다. 그러나 사회공중으로 하여금 특정 저작물의 성과를 향유하도록 하기 위하여 저작권법은 저작권에 대한 일정한 제한조항을 설정함으로써 저작권자가 아닌 자라도 저작권자의 허가 없이 해당 저작물을 합리적으로 사용할 수 있도록 하였다.

「저작권법」 제22조는 타인이 이미 발표한 저작물에 대하여 저작권자의 허가 없이 합리적으로 사용할 수 있는 12가지의 사항과 요건을 규정하고 있다.

① 개인의 학습, 연구 또는 감상을 위하여 타인의 공표 저작물의 사용, ② 저작물의 소개나 평론 또는 공표한 저작물의 인용, ③ 시사뉴스를 보도하기 위한 방송매체가 저작물의 재현 또는 인용, ④ 방송매체가 다른 방송매체가 공표한 기사를 게재 또는 방송하는 것, ⑤ 방송매체가 공중집회에서 공표한 강연을 게재 또는 방송하는 것, ⑥ 학교 수업 또는 과학 연구를 위한 목적으로 해당 당사자들이 이용하는 것, ⑦ 공무를 집행하기 위한 합리적 사용, ⑧ 도서관 등 공공의 목적인 기관 등에서 소장된 저작물을 일정한 한도 내에서 복제하는 것, ⑨ 저작물을 무상으로 실연하는 것, ⑩ 옥외 공공장소에 설치 또는 진열된 예술 저작물의 창작·모사·촬영 등, ⑪ 중국의 공민, 법인 또는 기타 조직이 중국어로 창작된 저작물을 소수민족의 언어 문자 저작물로 번역하여 국내에서 출판, 발행하는 것, ⑫ 이미 공표된 저작물을 시각장애인용 점자로 바꾸어 출판하는 것 등이다.

이와 같은 목적과 방식으로 타인의 발표저작물을 사용할 경우에는, 위의 ④, ⑤, ⑥의 경우 저작자가 게재 또는 방송이나 출판을 불허한다고 발표한 경우 외에는, 저작권자의 허가를 얻을 필요도 없을 뿐만 아니라 사용비나 보수를 지급하지 않아도 된다. 그러나 저작자의 성명·저작물의 명칭을 명시하여야 하며 「저작권법」에서 인정하는 저작권자의 기타 권리를 침해해서는 안 된다.

5. 컴퓨터 프로그램 저작권

국무원은 1991년 6월 4일 총 5장 40개조로 된 「컴퓨터 프로그램 보호조례(計算機軟件保護條例)」를 공포하였다. 동 조례는 2001년 12월 20일 제1차 개정되었고, 2002년 1월 1일부터 시행되었다. 동 조례는 컴퓨터 프로그램(소프트웨어) 저작권자의 권익을 보호하고, 컴퓨터 프로그램의 개발·보급·사용중에 발생되는 이익관계를 조절하며, 컴퓨터 프로그램의 개발과 유통을 장려하고, 컴퓨터 응용 사업을 촉진하기 위하여 「저작권법」에 근거하여 제정되었다(동 조례 제1조).

본 조례가 보호하는 객체는 개발자가 독자적으로 개발하고 특정 유형물체 위에 고정된 컴퓨터 프로그램 및 그와 관계되는 보관용 문서이다. 중국 자연인,

법인 또는 기타조직은 그 개발된 프로그램에 대해 공표 여부와 상관없이 이 조례에 따라 저작권을 향유한다(동 조례 제 5 조). 외국인, 무국적자의 프로그램이 처음 중국 경내에서 공표된 경우에는 이 조례에 따라 저작권을 향유한다. 외국인, 무국적자의 프로그램은 그 개발자 소재국 또는 주소지 국가와 중국이 협약을 체결하였거나 또는 중국이 가입한 국제조약에 의해 저작권을 향유할 수 있으며 이 조례의 보호를 받는다(동 조례 제 5 조).

자연인의 프로그램 저작권 보호기간은 자연인 생존기간 및 사망 후 50년이고, 법인 또는 기타 조직의 프로그램 저작권 보호기간은 50년이다. 자연인은 사망 후 제50년이 되는 해 12월 31일에 종료되고, 법인 또는 기타 조직은 프로그램 첫 공표 후 제50년이 되는 해 12월 31일에 종료된다.

6. 법적 책임

저작권법과 컴퓨터 프로그램 보호조례는 타인의 저작권을 침해한 행위는 침해의 중지, 영향의 제거, 사과, 손해배상 등의 민사상 책임과 행정책임이 있음을 명시하고 있다.

민사책임을 지는 저작권 침해행위는 「저작권법」 제46조에서 아래와 같은 몇 가지 행위를 예시하고 있다. ① 저작자의 허락 없는 공표, ② 공동 저작자의 허락 없는 공동 창작물의 단독 공표, ③ 창작에 참여하지 아니하고 타인의 저작물에 서명하는 행위, ④ 타인 저작물의 왜곡이나 곡해, ⑤ 타인 저작물의 표절, ⑥ 저작자의 허락 없이 영화나 촬영을 제작하거나 전시하거나, 각색, 번역, 주석을 하는 행위, ⑦ 타인의 저작물을 대가의 지급 없이 사용하는 행위, ⑧ 저작자의 허락 없이 제작된 영화저작물이나, 컴퓨터프로그램, 음반영상 제품을 대여하는 것, ⑨ 출판자 허락 없이 사용하는 행위, ⑩ 실연자의 허락 없이 생중계하거나 공개 전송 또는 실연의 녹음이나 녹화, ⑪ 기타 저작권의 침해행위 등이다. 저작권침해로 인하여 발생된 민사책임의 인정 및 처리에 관한 문제는 「저작권법」·「민법통칙」·「계약법」과 관련법규 및 최고인민법원의 사법해석을 적용한다.

저작자 또는 저작권 관련 권리자의 권리를 타인이 침해하고 있거나 또는 가까운 장래에 침해하려는 증거가 있고, 만약 그 합법적인 권익이 회복되기 곤란할 수준의 손해가 발생될 가능성이 있으며 이를 제어할 여유가 없을 경우, 제소전에 인민법원에 관련 행위의 중지 및 재산보전의 임시조치를 신청할 수 있다

(저작권법 제49조).

V. 특 허 권

1. 특허권의 의의와 객체

중국에서 특허는 법정 절차에서 정한 국가 특허국(國家專利局)의 심사와 인가를 받아 중국 특허법(專利法)이 보호하는 발명창조(發明創作)를 의미한다. 발명창조라 함은 발명, 실용신안, 디자인(外觀設計)을 말한다(특허법 제2조). 특허권은 특허주관기관이 특허법에서 특허의 소유자나 그 소지인 또는 그 상속인에게 일정한 기한 내에서 발명과 실용신안 및 디자인을 이용하여 제조·실시 또는 사용함에 대한 독점권과 전용권을 부여하는 권리를 말한다. 특허법은 특허권의 귀속·양도·사용·허가 및 보호에 관한 법규범이다.

특허권은 특허법이 보호하는 주요한 내용이며, 공개성·독점성 및 유한성을 특징으로 한다. 독점성은 동일한 내용의 발명이나 실용신안 또는 디자인에 대하여 유일한 권리를 부여하는 것이며, 특허의 출원은 특허 성과를 공개하는 것을 전제로 하고, 공개를 통하여 기술진보와 사회발전에 공헌할 수 있다는 것이다. 유한성은 특허의 보호기간과 지역상의 제한을 말한다. 특허는 보호기간 동안 개별적 보호를 받고, 특허권은 국제공약이나 쌍무간 협정을 제외하고는 이 권리가 부여된 국가나 지역 내에서만 보호를 받는다.

2. 특허권의 객체

중국 특허법이 보호하는 객체는 발명·실용신안(實用新型)과 디자인(外觀設計)이다. 발명은 제품(産品)·방법(方法) 또는 그 개량한 것에 대하여 제출된 새로운 기술방안을 말한다. 실용신안이란 제품의 형상·구조 또는 그 결합에 대하여 제출한 실용에 적합한 새로운 기술방안이다. 디자인이란 제품의 형상·도안 또는 그 결합 및 색채와 형상·도안의 결합에 대하여 만들어진 풍부한 미감이 있고 공업응용에 적합한 새로운 설계를 의미다(특허법 제2조). 발명특허와 실용신안특허는 신규성(新穎性)·창조성·실용성을 갖추어야 한다(특허법 제22조). 디자인특허는 현존설계에 속하지 않아야 하며, 어떤 단위 또는 개인이 동일한 디자인에 대하여 출원일 이전에 국무원 특허행정부서에 출원하지 않아야 하고, 출원일 이후에 공고된 특허서류 중에 기재되지 않아야 한다. 특히 디자인특허는 현존설계 또는 현존설계의 특징적 조합과 상호 비교하여 명백한 구별이 있어야 한다. 이 법 규정의 현존설계란 출원일 이전 국내외에서 공중이 알고 있는 설계를 말한다. 특허권을 수여하는 디자인은 타인이 출원일 이전에 이미 취득한 합법적인 권리와 서로 충돌하지 않아야 한다(특허법 제23조).

3. 특허권의 제한

특허법에 의하면 과학적 발견, 지능 활동의 규칙과 방법, 질병의 진단과 치료방식, 동물과 식물의 품종, 원자핵 변환방법을 이용하여 획득한 물질, 평면인쇄품의 도안·색채 또는 양자를 결합하여 형성되어 주로 표지작용을 하는 설계에 대해서는 특허권을 부여하지 않는다(특허법 제25조). 이 외에도 법률 및 사회공중도덕(社會公德)에 위배되거나 공공이익(公共利益)에 방해되는 발명창조도 특허권을 부여하지 않는다(특허법 제 5 조).

4. 특허권의 내용과 보호

중국 특허법은 "동일한 발명창조는 하나의 특허권만 수여한다"고 규정하여 '1발명 1특허주의' 원칙을 규정하였다(제 9 조 제 1 항 전단). 다만, 동일 출원인이 동일한 날자에 동일한 발명창조에 대하여 실용신안특허와 발명특허를 출원하여, 먼저 취득한 실용신안특허권이 아직 종료하지 않았고, 출원인이 당해 실용신안특허권의 포기를 성명할 경우, 발명특허권을 수여할 수 있도록 함으로서 특허권과 실용신안권의 중복출원을 허용하였다(제 9 조 제 1 항 후단). 이 원칙은 2008년 개정시에 새롭게 도입한 것으로서, 특허와 실용신안을 동시에 출원할 수 있는 기술인 경우 권리허여기간이 단기인 실용신안을 먼저 취득하게 함으로써 특허권을 취득할 때까지의 권리를 행사할 수 있도록 여유를 주고, 특허권을 취득한 후에는 실용신안권을 포기함으로써 특허권에 의한 확정적인 권리를 행사할 수 있게 한 것이다.

출원인이 발명 또는 실용신안을 외국에서 첫 출원한 날로부터 12개월 내 또는 디자인을 외국에서 첫 출원한 날로부터 6개월 내에 중국에서 동일한 주제로 특허를 출원할 경우 해당 국가와 중국이 체결한 협정 또는 공동으로 가입하고 있는 국제조약에 따라 또는 서로 비준하고 있는 우선권 원칙에 따라 우선권을 향유할 수 있다(특허법 제29조).

특허권자는 실시권·독점권·양도권·허가실시권을 통해 재산적 이익을 향유할 수 있다. 어떠한 자연인(공민)이나 법인 또는 기타 조직이라도 특허권자의 허가를 받지 않고 자의로 특허를 실시해서는 안 된다. 국가행정기관은 특허권과 특허권자를 보호하기 위하여 행정적 조치와 형사책임을 추궁할 수 있으며, 불법적인 특허권 침해행위에 대해서는 해당 권리자는 행정소송을 통하여 구제받을 수 있다.

발명특허의 보호기간은 20년이며, 실용신안 및 디자인특허의 보호기간은 10년이고, 이 기간은 출원한 날로부터 기산한다(특허법 제42조). 특허권 침해로 발생된 불법행위에 대한 청구권의 소멸시효는 2년이고, 특허권자 또는 이해 관계자가 침해로 인한 불법행위를 인지하거나 인지할 수 있는 날로부터 기산된다(특허법 제68조). 그러나 특허권의 침해분쟁 중, 권리침해 혐의자가 그가 실시하는 기술 또는 설계가 현존기술 또는 현존설계에 속한다는 증거 및 증명이 있는 경우에는 특허권의 침해행위가 되지 않는다(특허법 제62조).

5. 법적 책임

특허권을 소유하거나 소지하는 자 또는 이들의 상속인은 특허권자의 허가 없는 무단실시, 특허권을 침해하는 불법행위의 중지, 불법행위에 대한 민사적·행정적 및 형사적 책임을 추궁할 수 있다. 특허권 침해로 인하여 발생된 민사책임의 인정 및 처리에 관한 문제는 「특허법」·「민법통칙」·「계약법」과 관련법규 및 최고인민법원의 사법해석을 적용한다. 행정책임으로는 행정기관의 시정명령, 불법소득의 몰수, 벌금처분 등이 있다. 형법에서도 제216조에서 특허권 침해범죄에 대한 형사적 책임을 규정하고 있다.

Ⅵ. 상 표 권

1. 상표권의 의의

상표는 상품의 생산자나 경영자가 문자·도형 또는 이들의 결합을 통하여 자기의 상품이나 서비스를 특정하고 타인의 상품이나 서비스와 구별하게 하는 특수한 표장이다. 상표는 상품의 외관·구조·기능·원산지 등을 표창하므로 생산자의 신용과 소비자의 이익을 보호할 수 있는 중요한 제도로서 법률에 의한 보호를 받는다.

상표권은 등록상표권이라고도 하는데, 상표의 소유자가 법률에서 규정한 보호기간 내에 상표 등록기관에 출원을 거친 상표에 대하여 얻는 배타적 사용권과 처분권을 갖는 독점적 권리이다. 상표권도 독점성·시간성·지역성 및 유한성의 특징을 갖는다.

2. 상표권의 객체

상표권의 객체로 되는 상표는 중국 상표법상 '등록상표(注册商標)'이다. 등록상표는 상품상표, 서비스상표 및 단체상표(集體商標), 증명상표(證明商標)가 포함된다(상표법 제 3 조 제 2 단). 단체상표(集體商標)는 단체, 협회 또는 기타 조직 명의로 등록되고, 해당 조직 구성원이 상거래활동에 사용됨으로써 상표사용자가 해당 조직중의 구성원 자격을 증명(表明)하는 표지(標志)를 말한다(상표법 제 3 조 제 2 단). 증명상표는 특정 상품이나 서비스에 대해 감독능력을 갖춘 조직이 통제하고, 해당 조직 이외의 단위나 개인이 그 상품 또는 서비스에 부가하여 사용하고, 이로써 해당 상품 또는 서비스의 원산지, 원자재, 제조방법, 품질(質量) 또는 기타 특정 품질을 증명하기 위해 사용되는 표지이다(상표법 제 3 조 제 3 단). 단체상표와 증명상표의 등록 및 관리에 관해서는 국무원 공상행정관리부서가 따로 규정한다.

3. 상표권의 등록출원

중국 상표법에 의할 때 자연인, 법인 또는 기타 조직이 생산·제조·가공·선별한 상품이나 중개하여 판매하는 상품의 상표권을 취득해야 할 경우와 자연인, 법인 또는 기타 조직이 그 제공 서비스 항목에 대한 상표권을 취득해야 할 경우에는 상표국에 상표등록을 출원해야 한다(상표법 제 4 조). 외국인 또는 외국기업이 중국에서 상표등록을 출원할 경우에는 그 소속국과 중국이 체결한 협약 또는 공동으로 참가한 국제조약에 따라 처리하거나 대등원칙에 따라 처리하여야 한다.

자연인, 법인 또는 기타 조직의 상품을 타인의 상품 또는 서비스와 상호 구별하는 표지, 즉 문자·도형·알파벳(字母)·숫자·삼차원 표지와 색채의 조합 및 이들 요소를 결합한 것은 모두 상표법에 의한 상표등록을 출원할 수 있다(상표법 제 8 조). 등록출원되는 상표는 현저한 특성이 있어서 식별하기 용이하여야 하며, 동시에 타인이 먼저 취득한 합법적 권리와 충돌되지 않아야 한다(상표법 제 9 조).

다만 중국 「상표법」은 상표로 출원 등록할 수 없는 경우를 명시하고 있다(제10조). ① 중국 국가명칭(중화인민공화국)·국기·국장·군기·훈장 등과 동일하거나 유사한 것, ② 외국의 국가명칭·국기·국장·군기와 동일하거나 유사한 것, ③ 정부 간 국제기구의 명칭·기장·휘장과 동일하거나 유사한 것, ④ 관리실시를 표명하는 것, 정부기관에 보증을 부여하는 표지, 검인기호와 동일하거나 유사한 것, ⑤ 적십자, 적신월(紅新月: 회교도의 구호기관에 사용되는 휘장)의 명칭 및 표지와 동일하거나 유사한 것, ⑥ 민족차별을 함유하는 성격의 표지, 과장선전과 사기성이 있는 표지, 사회주의의 공중도덕을 저해하거나 기타 불량한 영향을 주는 것 등이다. 이 외에도 현급 이상 행정구역의 지명(地名)이나 일반공중에게 잘 알려진 외국지명은 상표로 사용하지 못한다.

중국 상표법은 유명상표(馳名商標)를 보호하고 있다. 유명상표의 구성요건은 다음과 같다(상표법 제14조). ① 관련 있는 공중이 해당 상표에 대한 인지정도, ② 해당 상표의 사용기간, ③ 해당 상표가 홍보되는 지속기간·정도 및 지리적 범위, ④ 해당 상표가 유명상표로서 보호를 받은 기록, ⑤ 해당 유명상표의 기타 요소 등이다.

단 지명에 기타 함의가 있거나 집단상표, 증명상표의 구성부분으로 되는 것은 제외이며 이미 등록 사용하는 지명 상표는 계속 효력을 발생한다.

4. 상표등록의 출원절차

상표관리기관의 심사비준을 통해 등록한 상표 및 상표등록자가 상표권을 향유하는 기타 상표는 법률의 보호를 받는다. 상표등록을 출원할 경우에는 규정된 상품분류표에 따라 상표를 사용하는 상품의 종류와 명칭을 기재하여 제출하여야 하고(상표법 제19조), 등록상표를 동일 종류의 다른 상품에 사용할 경우에는 별도로 등록출원을 제출하여야 한다(상표법 제21조). 등록상표의 표지를 변경해야 할 경우에는 다시 등록출원을 제출하여야 한다(상표법 제22조).

2인 또는 2인 이상 상표등록의 출원인이 동일 종류 상품 또는 유사 상품에 동일하거나 유사한 상표의 등록을 출원하였을 경우 예비판정을 하여 우선 출원 상표를 공고한다. 만약 같은 날에 출원하였을 경우에는 예비판정을 하여 우선 사용 상표를 공고하며, 다른 자의 출원은 기각하고 공고하지 아니한다(상표법 제29조). 등록 출원 상표가 이 법의 관련 규정에 부합하지 않거나, 다른 사람이 등록한 동일 종류 상품 또는 유사상품에 이미 등록된 것과 동일하거나, 예비판정을 받은 상표와 동일하거나 유사할 경우, 상표국은 출원을 기각하고 이를 공고하지 아니한다(상표법 제28조).

5. 상표권의 내용과 보호

상표는 등록에 의해 상표권을 얻는다. 상표권의 내용에는 상표사용권, 허가사용권 및 양도권이 포함된다.

상표권 보호 기간은 10년이고, 등록허가를 받은 날로부터 기산한다(상표법 제37조). 유효기간 만료 후에도 등록상표를 계속 사용하여야 할 경우에는 기간 만료 전 6개월 내에 갱신등록을 출원하여야 한다. 이 기간에 갱신등록의 출원을 하지 못하였을 경우에는 6개월의 연장기간을 부여할 수 있다. 연장기간이 만료되어도 출원하지 아니할 경우에는 그 등록상표는 말소된다(상표법 제38조). 매회 갱신 등록의 유효기간은 10년이다.

6. 법적 책임

중국 상표법은 등록상표 전용권의 침해 행위유형에 관하여 규정을 두고 있다(상표법 제52조). ① 등록상표권자의 허가 없이 동종의 상품이나 유사한 상품에 그 등록상표와 동일하거나 유사한 상표를 사용하는 행위, ② 등록상표권을 침해하는 상품의 판매행위, ③ 타인의 등록상표 표지를 위조하거나 자의로 제조한 경우, 무단으로 위조·제조한 등록상표의 표지를 판매하는 행위, ④ 등록상표권자의 동의 없이 해당 등록상표를 변경하면서 동시에 변경된 상표를 사용한 상품을 시장에 투입하는 행위, ⑤ 타인의 등록상표권에 손해를 초래한 기타의 행위이다.

상표권을 침범한 행위는 개별적 또는 경합하여 민사책임·행정책임 및 형사책임을 구성한다. 상표권 침해로 인하여 발생된 민사책임의 인정 및 처리에 관한 문제는 「상표법」·「민법통칙」·「계약법」과 관련 법규 및 최고인민법원의 사법해석을 적용한다. 상표 관련 행정기관은 직권조사·압류·몰수·벌금처분·시정처분 및 형사고발 등의 조치를 할 수 있다. 등록상표 위조, 위조된 상표로 제조된 상품판매 등과 같은 상표권 침해는 중국 형법상의 범죄가 된다.

제 7 절 인신권(人身權)

I. 인신권의 의의

인신권은 민사주체가 자신의 인격과 신분적 특성에 따라 법에 의하여 인정되는 민사권리이다. 인신권은 자신의 인격 및 신분과 분리하여 양도할 수 없고, 직접적으로 재산적 성격을 갖지 않는 법정의 민사권리이다. 인신권은 인격권과 신분권을 포함한다.[1] 중국 법체계에 따르면 인신권 중에서 신분권은 「민법통칙」에서 그 원칙을 규정하고 있으나, 신분권중에서 혼인권은 「혼인법」에서 규정하고, 상속권(繼承權)은 「상속법(繼承法)」에서 규정하고 있다.

인신권은 다른 권리와 비교할 때 다음과 같은 특징을 갖는다. ① 인신권은 민사주체의 일정한 인격적 이익을 권리의 객체로 하므로, 재산적 이익을 객체로 하는 물권이나 행위를 객체로 하는 채권 및 지적 성과를 객체로 하는 지식재산권과 구별된다. ② 인신권은 특정 민사주체의 인격적 이익을 보호법익으로 하는 전속적 권리이다. ③ 인신권은 그 본질상 재산적인 내용을 갖지 않는다. 인신은 재산이 아니며, 화폐나 기타의 형식으로 계량화하기가 용이하지 않으며, 양도할 수 없다. ④ 인신권은 일종의 절대권이다. 인신권을 보유하는 자는 다른 자의 협조 없이 이 권리를 실현할 수 있으며, 권리자 이외의 자는 이 권리를 방해할 수 없고, 이 권리를 침해한 때에는 불법행위를 발생시킨다.

인신권은 원칙적으로 자연인이 향유하는 전속적 권리이지만, 법인도 일정한 범위 내에서 이 권리를 갖는다. 즉, 생명권·초상권·혼인권 등은 자연인에게 전속하는 인격권이지만, 법인은 인격권에 속하는 명칭권과, 신분권에 속하는 명예권 및 영예권 등을 향유할 수 있다.

인신권은 민사주체가 민사활동 중에 갖는 가장 기본적이고도 중요한 권리이므로 「민법통칙」의 보호를 받을 뿐만 아니라, 기타 법의 보호도 받는다. 예를 들어 형법, 행정법, 혼인법 등이 있다. 「민법통칙」은 인신권에 관하여 민사권리의

1) 인신권을 인격권과 신분권으로 구분하고, 인격권에 신체권을 포함시키는 것이 통설이나, 인신권을 인격권과 신분권 및 신체권으로 구분하는 학자들도 있다: 郭明瑞·房紹坤·唐廣良, 民商法原理(一), 中國人民大學出版社, 1999, p. 352.

분류, 인신권의 내용, 인신권을 침해한 자의 민사책임 등을 구체적으로 규정하고 있다.

Ⅱ. 인신권의 종류와 내용

1. 인 격 권

(1) 인격권의 의의

인격권은 권리주체가 본질적으로 향유하는 인격이익에 관한 각종 인신권을 말한다. 인격권은 자연인과 법인이 자신의 생활 및 존엄을 유지하기 위하여 반드시 갖추어야 할 권리이며, 민사주체가 존속함에 따라 필연적으로 수반되는 권리이다. 「민법통칙」에 의하면 인격권은 다음과 같은 종류로 구분되고, 이에 따른 주요한 내용이 규정되어 있다.

법인이 갖는 인격권으로는 법인명칭권·법인명예권·법인영예권이 있다.

(2) 종 류

1) 생 명 권

생명권은 자연인의 생명 및 생명안전을 법에 의하여 보호받을 수 있는 권리이다. 생명안전은 자연인의 생명이 안전하게 유지될 수 있는지에 관한 것이고(생명안전유지보호권), 생명에 관한 위협이나 영향을 받는 모든 것으로부터 안전하게 유지될 수 있는 권리이다(생명안전보호청구권).

생명권은 민사주체로 되는 자연인이 갖는 가장 기본적인 권리로서 모든 권리의 기초가 된다. 「민법통칙」은 제98조에서 '생명건강권'이라 하여 생명권과 건강권을 통일하여 입법하고 있다. 생명권을 침해하면 민사책임·행정책임을 진다.

생명권은 생명안전을 보호객체로 하고, 생명안전에 관한 모든 이익을 그 내용으로 하므로, 자연인의 건강 및 유지를 목적으로 하는 건강권과 구별된다.

2) 건 강 권

건강권은 생명권이 존재한다는 전제에서 자연인이 자신의 신체를 자연상태에서 정상적으로 건강하게 유지할 수 있는 권리이다. 건강권은 인체의 생리적 건강과 심리적 건강을 보호 객체로 하고(건강유지권), 건강권의 침해가 있을 경우 법에 따라 이것을 회복할 수 있는 권리이다(건강회복 및 손해배상청구권).

3) 신 체 권

「민법통칙」에는 신체권에 관한 규정이 없으나, 최고인민법원의 사법해석인 「關於確定民事侵權精神損害賠償責任若干問題的解釋」 제 1 조 제 1 단에서는 불법 행위로 발생한 손해배상책임과 관련하여 생명권 및 신체권을 동일한 차원에서 인정하고 있다.[1)]

중국 학자들은 신체권을 인정한다. 신체권(身體權)은 자연인이 인체의 완전성을 유지 및 보전할 수 있는 권리이다. 신체권은 생명권이 보호내용으로 하는 생명이익과 동일한 내용을 갖지만, 신체권이 사람의 육체를 그 보호객체로 한다는 점에서, '생명 및 생명의 안전'을 보호객체로 하는 생명권과 차이가 있다.

4) 성명권과 명칭권

성명은 특정한 자연인에 대한 호칭으로서, 성과 이름의 두 부분으로 구성된다. 성명권은 자연인이 법에 의하여 자신의 성명을 결정·사용·변경할 수 있는 권리를 말한다. 타인의 성명을 도용하거나 동의 없이 사용하는 행위는 민사책임 및 형사책임을 진다.

명칭은 법인·개체공상호·개인조합과 같은 일정한 조직에 대한 호칭을 말한다. 명칭권은 이와 같은 특정한 조직이 법에 근거하여 자신의 명칭을 결정·사용 및 변경할 수 있는 권리이다. 「민법통칙」 제99조는 "법인·개체공상호·개인조합은 명칭권을 가진다. 기업·법인·개체공상호 및 개인조합은 자기의 명칭을 법에 따라 사용하거나 양도할 권리를 갖는다"고 규정하고 있다.

5) 초 상 권

초상은 자연인의 형상을 재현하는 것으로서, 자연인 개인의 인격이나 사회적 평가와 직접 관련된다. 초상권은 자연인이 법에 의하여 타인이 자신의 초상을 이용하는 데 동의 또는 거절할 수 있는 권리이다. 「민법통칙」 제100조는 "자연인은 초상권을 가진다. 본인의 동의 없이 영리를 목적으로 자연인의 초상을 사용하지 못한다"고 규정하고 있다. 영리를 목적으로 하지 않더라도 자의로 타인의 초상을 사용하는 것은 초상권의 침해라고 하는 학자도 있다.

6) 명 예 권

명예는 자연인이나 법인이 사회적 생활관계에서 일정기간 동안 형성된 개별적인 사회평가이다. 「민법통칙」 제101조는 "자연인·법인은 명예권을 가지며 자연인의 인격존엄은 법적 보호를 받는다. 모독이나 비방 등의 방식으로 자연인이나 법인의 명예를 손상하지 못한다"고 규정하고 있다. 「민법통칙」에 관한 최고인민법원의 사법해석은 타인의 개인적인 사생활을 누설하거나, 법인의 명예를 비방하여 일정한 손해를 발생하게 한 것은 명예권을 침해한 것으로 본다.[1)]

2. 신 분 권

(1) 신분권의 의의

신분권은 자연인이나 법인이 법이 보호하는 특정 행위나 사회적 생활관계에서 취득된 특정한 신분을 갖추고 있을 때 법이 부여하는 권리이다. 인격권은 모든 민사주체가 처음부터 당연히 향유하는 권리임에 비하여, 신분권은 특정 민사주체의 구체적 행위나 특정 사실로 인하여 형성된다. 예컨대, 영예권과 같은 것이다. 또 신분권은 민사주체가 특정된 요건을 충족하였을 때에 비로소 취득하고 향유할 수 있는 권리로서, 결혼을 통하여 형성된 배우자 간의 권리와 같은 것이다. 「민법통칙」에서 규정하고 있는 신분권에는 영예권·혼인자주권 및 기타의 권리 등이 있다.

(2) 종　류

1) 영 예 권

영예권(榮譽權)은 자연인 또는 법인이 법에 따라 취득한 영예칭호에 대하여 향유할 수 있는 불가침의 권리이며, 박탈할 수 없는 권리이다. 「민법통칙」 제102조는 "자연인이나 법인은 영예권을 가진다. 자연인이나 법인의 영예칭호를 위법적으로 박탈하지 못한다"라고 규정하고 있다.

영예권은 중국 민법이 보호하고 있는 중국 특색의 권리라고 하며,[2)] 이 권리의 법적 성질에 관해서는 인격권설 및 신분권과 인격권을 포함하는 중첩설(雙重屬性說) 등이 있고, 최고인민법원의 사법해석에서도 이것을 인격권의 하나로 규정하고 있으나,[3)] 대다수의 학자가 분류하는 방식에 따라 여기서는 신분권으로 분류한다.

2) 혼인자주권

혼인자주권은 자연인이 혼인자유에 관하여 갖는 신분권이다. 자연인은 혼인

1) 最高人民法院, 「關於貫徹執行(中華人民共和國民法通則)若干問題的意見」, 제140조.
2) 王利明, 民法, 中國人民大學出版社, 2007, p. 741.
3) 「關於確定民事侵權精神損害賠償責任若干問題的解釋」, 제 1 조 제 1 단.

의 결정, 이혼 등에 관하여 자유롭게 결정하고 처리할 수 있으며, 타인의 부당한 간섭을 배제할 수 있는 권리가 있다. 「민법통칙」 제103조는 "자연인은 혼인자주권을 갖는다. 매매혼인이나 정혼(包辦婚姻) 및 혼인자유를 간섭하는 기타 행위를 금지한다"고 규정하고 있다.

3) 가정관계에 기초한 신분권

가정관계에 기초한 신분권은 배우자 간의 신분권인 배우자권, 부모와 자녀 간의 신분권인 친족권 등을 포함한다.

Ⅲ. 인신권의 보호와 구제

1. 인신권 보호에 관한 중국 법체계

인신권 보호에 관한 중국의 법체계는 민사법과 형사법 및 행정법으로 구분된다. 자연인의 인신권을 침해하는 행위가 발생된 경우, 그 침해의 정도와 책임의 경중에 따라 가해자의 책임을 기준으로 분류한다면, 범죄를 구성하는 경우에는 「형법」에 의한 형사책임을 추궁할 수 있고, 형법의 구성요건에 해당되지는 않지만, 사회의 공서양속이나 치안유지 등의 요건에 해당되는 경우에는 「치안관리처벌조례(治安管理處罰條例)」에 의한 행정책임을 진다. 인신권 침해행위가 발생된 경우, 형법이나 행정법에 의한 책임 이외에도 「민법통칙」에 의한 민사책임을 진다.

인신권 침해행위가 발생된 경우 「민법통칙」은 제6장 '민사책임'에서 그 책임으로서 침해의 정지, 위험의 제거, 명예회복, 영향의 소진, 사과명령(賠禮道歉), 손해배상 등을 규정하고 있다. 이러한 구제방식은 개별적으로 책임을 부여할 수도 있고, 병합하여 책임을 추궁할 수도 있다. 이러한 구제방식 중에서 손해배상의 성질은 금전적 손해배상을 의미하고, 손해배상 이외의 기타 구제수단은 모두 비금전적 구제방식이다.

2. 인신권 침해의 특징—정신적 손해배상

정신적 손해배상은 자연인의 초상권, 명예권, 성명권, 영예권이나 법인의 명칭권, 명예권, 영예권 등의 인격권과 신분권이 불법행위로 침해된 경우, 법의 규정에 따라 손해배상의 책임을 지게 되는 민사책임의 한 유형이다. 중국 「민법통칙」 제120조에서는 자연인의 성명권, 초상권, 명예권, 영예권 등이 침해된 경우 이에 대한 정신상의 손해배상책임을 규정하고 있다.

정신적 손해배상책임이 성립하기 위해서는 이러한 불법행위로 인하여 권리자의 인신권에 침해가 발생되고, 침해행위는 위법성이 있어야 하며, 불법행위자는 귀책사유가 있어야 하고, 불법행위와 발생된 손해 사이에는 인과관계가 존재하여야 한다. 정신적 손해배상의 책임요건이 발생되더라도 그 구체적인 손해의 산정은 법관이 행위자의 귀책사유의 경중, 예컨대 과실이냐 고의냐 등을 고려하고, 발생된 불법행위의 구체적인 상태 등을 고려하여 판정하게 된다.

제 8 절 민사책임

I. 민사책임의 개요

1. 민사책임의 개념

민사책임은 민사주체의 일방 당사자가 자기의 의무를 이행하지 않거나 위반함으로써 상대방 당사자의 합법적 권익에 손해를 주는 경우에 부담하게 되는 법률적 효과이다. 민사책임은 다음과 같은 특징을 지닌다. 첫째, 민사책임은 민사법률관계에서 의무자의 의무위반을 전제로 한다. 민사의무는 계약상의 의무나 불법행위로 발생된 의무 또는 부당이득·사무관리를 원인으로 하는 의무 등이다. 둘째, 민사책임의 주요한 내용은 재산상의 책임이고, 그 방식은 손해의 수준에 상응하는 배상과 원상회복이다. 셋째, 민사책임은 그 발생사유에 따라 각각 다른 귀책원칙이 적용된다. 예컨대, 계약의무의 위반으로 인한 민사책임의 귀책원칙은 엄격책임의 원칙에 따르고, 불법행위를 원인으로 하는 민사책임의 경우에는 과실책임의 원칙에 의한다.

2. 민사책임의 분류

민사책임은 각종 판단 기준에 따라 다양하게 분류할 수 있다. 첫째, 민사책임의 유형에 따라 재산적 책임과 비재산적 책임으로 나눌 수 있다. 둘째, 민사책임의 부담내용에 따라 단일책임과 혼합책임으로 나눌 수 있다. 셋째, 책임부담자의 수에 따라 단독책임과 공동책임으로 나눌 수 있다. 공동책임에서는 공동관계의 본질에 따라 연대적 책임과 분할책임으로 구분할 수 있다. 넷째, 민사책임의 기본적 성격에 따라 위약책임과 불법행위책임 및 계약체결상의 과실책임으로 구분할 수 있다. 다섯째, 민사책임을 확정하는 귀책원칙에 따라 과실책임·무과실책임(엄격책임) 및 중간책임 등으로 나눌 수 있다.

3. 민사책임의 귀책원칙

민사책임의 귀책원칙은 민사행위를 한 주체에게 책임을 부여하는 근거와 표준을 확정하는 준칙이다. 즉, 자신의 의무를 위반한 자에게 어떤 요건을 특정하고 또 이에 따라 어떤 내용의 책임을 부과할 것인가를 확정하는 원칙이다. 「민법통칙」에서 규정되어 있는 민사책임에 관한 귀책원칙은 무엇인가에 관하여 학자들 사이에서 많은 논의가 있었다.[1] 이 논의의 배경은 민사책임의 귀책원칙을 규정하고 있는 「민법통칙」 제106조 제 1 단(일반 민사책임의 귀책원칙) 및 제111조(계약책임의 일반조항)에서 '과실(過錯)'을 그 요건으로 하고 있지 않기 때문이다. 따라서 이 논의의 핵심은 행위자의 주관적 태도가 민사책임의 구성요건으로 되는지 혹은 되지 않는지에 관한 것이다. 그러나 많은 학자들은 일반적으로 「민법통칙」은 민사책임에 관하여 과실책임을 원칙으로 하고, 개별 사례에 따라 무과실책임 및 중간책임을 보충적으로 채택하고 있다고 한다. 이러한 논의 과정에서 1999년 중국 통일 「계약법(合同法)」이 제정되면서 위약책임의 귀책원칙으로서 엄격책임원칙(무과실책임원칙)이 규정되었다(계약법 제107조). 「민법통칙」의 귀책원칙이 과실책임원칙을 유지한다고 보는 다수의 견해에 의하면, 동일한 대상에 적용되는 민사법제에서 각각 다른 귀책원칙이 혼재하게 되었다.

과실책임이라 함은 손해를 초래한 행위자의 주관적 과실을 그 행위자가 부담하는 민사책임의 근거로 하는 것을 말한다. 「민법통칙」 제106조 제 2 항은 "자연인이나 법인은 과실로 인하여 국가의 재산·집체의 재산을 침해하였거나 타인의 재산·인신을 침해하였을 경우에는 민사책임을 진다"고 규정하였다. 이 규정은 민사책임을 발생시키는 사유 중에서 불법행위를 원인으로 하는 사유를 규정한 것이다. 귀책원칙으로서 과실책임원칙을 채용하는 경우에는 민사책임의 구성요건은 행위의 위법성이나 위약성이 있어야 하고, 이러한 행위로 인하여 손해가

1) 참조: 중국통일계약법, 한울아카데미, 2002, 제 7 장 제 3 절.

발생하여야 한다. 손해는 정신적·물질적 손해를 포함한다. 위법적 행위 또는 위약행위와 손해발생 간에는 일정한 인과관계가 있어야 하며, 이러한 행위를 한 자가 고의 또는 과실로 손해를 발생케 하여야 하는 것 등이 과실책임의 요건으로 된다.

무과실책임은 엄격책임 이라고도 하는데 이것은 행위자의 과실을 민사책임을 지는 근거로 삼지 않는 것이다. 중간책임은 법률에 무과실책임의 적용에 관한 근거가 없고 과실책임을 적용할 근거도 없을 경우에는 중간책임법리에 따라 민사책임의 귀속을 확정하는 것이다.

Ⅱ. 위약책임[1)]

계약은 성립되면 유효요건을 방해받지 않는 한 곧 법적 구속력을 발생하기 때문에 쌍방 당사자들은 신의성실(誠實信用)의 원칙에 따라 계약의 의무를 엄격히 이행하여야 한다. 그렇지 않으면 계약을 위반한 민사책임, 즉 위약책임을 지게 된다. 위약책임과 관련된 규정은 「민법통칙」 제111조와 「계약법(合同法)」 제107조가 있지만, 계약에 관해서는 직접적으로는 「계약법」 제107조 이하의 규정이 적용된다.

「민법통칙」 제111조는 "당사자 일방이 계약의무를 불이행하거나 그 이행이 약정에 부합되지 않을 경우에 상대방 당사자는 이행을 청구하거나 기타 구제조치를 청구할 수 있고, 또 손해배상을 청구할 권리를 가진다"고 규정하고 있다. 「계약법」 제107조는 "당사자 일방이 계약의무를 불이행하거나 계약의 이행이 약정한 바에 부합되지 않으면 계속이행·보완조치 또는 손해배상 등의 위약책임을 부담한다"고 규정하고 있다. 이러한 규정에 의할 때 위약책임의 구성요건은 위약행위가 있어야 하고, 위약행위로 인하여 손해 등과 같은 일정한 사실이 발생하여야 하며, 위약행위와 발생된 결과 사이에는 인과관계가 있어야 한다.

당사자의 위약행위는 위약책임을 확정하는 가장 기본적 전제이다. 위약행위에 관한 「계약법」의 관련 규정에 의하면 위약행위는 크게 두 가지로 구분되고, 다시 세분된다.[2)] 먼저 위약행위의 유형으로는 계약당사자 간의 위약행위 및 계

1) 위약책임에 관한 구체적인 내용은, 중국통일계약법, 한울아카데미, 2002, p. 295 이하 참조.
2) 중국통일계약법, 한울아카데미, 2002, p. 310 이하 참조.

약당사자 이외의 제3자의 행위로 인한 위약행위로 구분된다. 계약당사자 간의 위약행위의 유형은 크게 두 가지로 나눌 수 있는데, 이는 이행기를 기준으로 한다. 즉, 하나는 선기위약(豫期違約)이고 다른 하나는 실제위약(實際違約)이다. 실제위약에는 계약의 불이행, 약정에 부합하지 않는 이행이 있다. 계약의 불이행은 이행을 하지 않는 것과 이행거절을 포함한다. 약정에 부합하지 않는 이행에는 이행지체·불완전이행이 포함되고, 불완전이행에는 하자 있는 이행과 적극적 채권침해 및 기타 이행방식의 부적절 등이 포함된다.

Ⅲ. 불법행위책임

1. 불법행위책임의 의의와 구성요건

민사행위자가 타인의 재산권이나 인신권을 위법적으로 침해하여 타인이 손해를 입은 경우, 그 행위자가 법에 의하여 손해를 입은 당사자에게 손해배상의 책임을 지는 것을 불법행위책임(侵權責任)이라고 한다.「민법통칙」에 의할 때, 불법행위책임은 일반적 불법행위책임과 특수한 불법행위책임으로 구분된다. 일반적 불법행위책임은 일반적 민사관계에서 발생하는 불법행위책임을 말하고, 주로 재산적 권리나 소유권에 관한 불법행위, 자연인의 인신권 즉, 생명권·성명권·초상권·명예권 등에 관한 불법행위, 지식재산권에 관한 불법행위로 인하여 부담하는 민사책임을 말한다. 특수한 불법행위책임은 특수한 권리침해로 발생된 불법행위에 대한 민사책임이다.

「민법통칙」 제106조 제2항의 규정에 의할 때 (일반적)불법행위책임의 구성요건은 다음과 같다. 첫째, 행위자의 위법한 행위로 타인에게 손해가 발생하고, 둘째, 불법행위가 존재하여야 하며, 셋째, 불법행위와 손해의 발생 사이에 인과관계가 존재하여야 하고, 넷째, 불법행위자의 주관적 귀책사유가 있어야 한다. 불법행위자의 주관적 귀책사유는 고의나 과실을 말한다.

이와 같은 불법행위책임의 구성요건이 충족되는 경우에는 불법행위자, 즉 채무자는 완전배상원칙에 따라 피해자, 즉 채권자에 손해의 전부를 배상하여야 한다.

2. 특수한 불법행위책임

특수한 불법행위의 개념이나 범위에 대하여 학자들 사이에 많은 견해 차이가 있다. 특수한 불법행위는 특수한 민사주체가 개별적인 책임요건 하에서 발생되는 민사책임을 말한다. 통설은 「민법통칙」 제121조~제128조에서 규정하는 있는 사항이 특수한 불법행위책임에 관한 것이라고 한다.

(1) 국가배상책임

국가기관이나 국가공무원이 직무를 집행하는 과정에서 발생한 불법행위책임을 국가배상책임이라고 한다. 국가배상책임의 특수성은 배상책임을 부담하는 주체가 공무를 집행하는 국가기관 또는 그 소속의 공무원이라는 점에 있다. 해당 국가기관의 배상책임에는 「국가배상법」이 동시에 적용된다.

(2) 제조물책임

제품의 품질이 국가에서 인정하는 품질요건에 맞지 않음으로써 발생한 불법행위책임이다. 제조물책임의 경우에는 과실추정의 원칙을 적용한다. 제품책임에는 「품질법(產品質量法)」과 「소비자보호법(消費者權益保護法)」이 적용된다.

(3) 고도의 위험을 지닌 작업책임

이 책임은 고도의 위험을 지닌 작업을 수행하는 과정에서 불법행위로 인하여 발생된 민사책임을 말하고, 이 책임에는 무과실책임이 적용된다. 다만 고도의 위험성을 지닌 업종의 사업자는, 발생된 손해가 피해자의 고의로 말미암아 초래되었다는 사실을 입증할 경우에는 면책된다.

(4) 환경오염책임

환경오염책임은 환경을 오염시킴으로 발생된 불법행위책임이다. 이 책임은 법률에서 정한 정당한 사유가 없는 한 엄격책임원칙이 적용된다. 환경오염책임에 대해서는 「환경보호법」, 「해양환경보호법」 및 관련 법규들이 적용된다.

(5) 지면시공자의 책임

지표면의 상단이나 지하에 시공을 하는 자가 불법행위로 인하여 지는 책임을 말하는데, 이 책임에 대하여 일부학자들은 과실추정의 원칙을 적용하여야 한다고 주장한다.

(6) 기　타

건축물이나 시설 및 사육중의 동물이 타인에게 손해를 입힌 경우의 민사책임은 특수한 불법행위책임으로서 엄격책임을 진다.

Ⅳ. 민사책임의 방식

「민법통칙」 제6장 제4절은 민사책임의 부담방식에 관하여 규정하고 있다. 이 규정에는 형사적 제재도 포함된다.

「민법통칙」 제134조의 규정에 따르면 민사책임의 부담방식에는 다음과 같은 것이 있다. 즉, ① 침해중지, ② 방해배제, ③ 위험제거, ④ 재산반환, ⑤ 원상회복, ⑥ 수리·재제작·교체, ⑦ 손해배상, ⑧ 위약금의 지불, ⑨ 원인이나 결과의 제거·명예회복, ⑩ 사죄표명(賠禮道歉) 등이다.

이러한 민사책임은 단독적으로 적용될 수도 있고 경합적으로 적용될 수도 있다. 인민법원은 민사사건을 수리할 경우에 상술한 규정 이외에도 책임자에게 훈계하여 회개서약을 명할 수 있으며, 위법활동으로 수취한 재물과 위법적 소득의 몰수를 명할 수 있고, 법률이 정하는 바에 따라 벌금이나 구류에 처할 수 도 있다(민법통칙 제134조 제2단·제3단).

제5장 혼인법 · 상속법

[金玄卿]

제1절 혼 인 법

I. 혼인법 개설

1. 혼인법의 개념과 기본원칙

(1) 혼인과 가정

혼인이란 당시의 사회제도가 인정한, 남녀양성이 서로의 배우자로 결합한 것을 지칭하며, 이러한 개념은 인류학, 사회학, 윤리학, 인구학 등 제 학과에서 보편적으로 사용되고 있는 개념이다.[1)]

혼인 가정에 대한 중국 혼인가정 법학계의 공인된 견해에 의하면, 혼인이란 남녀 양성이 영구적인 공동생활을 목적으로 부부 간의 권리의무를 그 내용으로 하는 합법적인 결합이며,[2)] 가정이란 공동생활을 하는 구성원들이 법률에 규정된 권리를 향유하고 의무를 부담하는 친족단체이다.[3)] 혼인관계는 남녀 양성의 혼인의 성립 및 계속으로 인하여 발생하는 부부 쌍방 간의 권리의무관계이며, 가정관계는 혼인, 혈연, 입양에 기초하여 가족구성원 간에 발생하는 권리와 의무관계이다.

(2) 중국의 혼인법

혼인법은 혼인과 친족 간의 신분관계 및 재산관계를 조율하는 법률규범의

1) 楊大文, 親屬法, 北京, 法律出版社, 2007, 64쪽.

2) 楊大文·龍翼飛·夏吟蘭, 婚姻家庭法學(第二版), 北京, 中國人民大學出版社, 2007, 7쪽; 楊大文, 親屬法, 北京, 法律出版社, 2007, 66쪽; 楊立新, 親屬法專論, 北京, 高等教育出版社, 2005, 83쪽.

3) 楊大文·龍翼飛·夏吟蘭, 婚姻家庭法學(第二版), 北京, 中國人民大學出版社, 2007, 7쪽.

총칭이다.[1] 광의의 혼인법은 신분관계와 신분관계에 수반된 재산관계를 그 규율 대상으로 하며, 협의의 혼인법인 현행 「중화인민공화국 혼인법(이하 "혼인법"으로 약칭함)」은 1980년 9월 10일, 제5기 전국인민대표대회 제3차 회의에서 제정한 것을, 2001년 4월 28일, 제9기 전국인민대표대회 상무위원회 제21차 회의에서 개정한 것을 지칭한다.

2. 혼인법의 기본원칙

중화인민공화국 「혼인법」 제2조는, "혼인의 자유, 일부일처제, 남녀평등의 혼인 제도를 실시한다. 여성(婦女), 아동 및 노인의 합법적인 권익을 보호한다. 산아제한(計划生育)을 실시한다"라고 규정함으로써 중국 혼인법의 기본원칙을 천명하고 있다.

⑴ 혼인자유의 원칙

혼인의 자유란, 남녀 양성은 법률의 규정에 의하여 혼인문제를 자주적으로 결정할 권리가 있으며, 누구도 이를 강제하거나 또는 간섭할 수 없음을 의미한다. 이는 헌법이 부여한 기본 권리이며,[2] 혼인의 자유는 혼인자유뿐 아니라 이혼의 자유도 포괄하는 개념이다.

혼인자유의 원칙을 보장하기 위하여 중국 「혼인법」 제3조 제1항에는 본인의 의사를 고려하지 않고 독단적으로 결정하는 혼인,[3] 매매혼 및 기타 혼인의

---

1) "혼인법"의 명칭과 관련하여, 중국의 친족법 분야는 입법과정에서부터 구소련의 영향을 깊이 받아, 지금까지도 친족법의 개념을 채용하지 않고 있으며, "혼인법(婚姻法)"의 용어로 친족법을 대체하고 있다. 이에 대한 중국 혼인법학계의 비판적 견해는 다음의 두 가지로 대표된다. 첫 째는, "친족법"의 용어로 현행의 "혼인법"을 대체해야 한다는 견해로, 이를 주장하는 학자들의 견해에 의하면, "친족법" 이라는 용어가 "婚姻家庭法"보다도 그 개념에 있어서 보다 광의적인 뜻을 포함하고 있으며, 중국의 「혼인법」이 규율하는 실질적인 범위를 고려할 때 "친족법"의 용어를 채용하여 현행 "혼인법"을 대체해야 한다고 주장한다. 楊大文·楊立新 等의 학자가 대표적이다. 또 다른 견해로는, 현행의 "혼인법" 명칭을 "혼인가정법"으로 변경해야 한다는 것으로, 이들이 주장하는 논거는, "혼인가정법"의 명칭이야말로 혼인과 가정관계를 모두 포괄하는 용어로서 현 중국의 입법현실에 가장 잘 부합한다는 것이다. 현 중국의 관련 입법은 1949년 건국 이래 지금까지 이전의 관행대로 "혼인법"의 용어를 사용하고 있을 뿐 아니라 「혼인법」을 친족관계를 규율하는 단행법으로 제정하고 있다(1950년 「혼인법」, 1980년 「혼인법」). 본 章 에서도 이러한 점을 고려하여 "친족법"의 명칭이 아닌 중국 현행법률의 명칭대로 "혼인법"이라는 명칭을 그대로 사용하기로 한다.

2) 「헌법」 제49조에 의하면, "혼인의 자유를 저해하는 것을 금지한다"고 규정하고 있으며, 「민법통칙」 제103조에는 "자연인(公民)은 혼인 자주권을 향유한다"라고 규정하고 있다.

3) 즉, "包辦婚姻" 또는 "包辦."

자유를 저해하는 행위를 금지하며, 혼인을 빌어 금품을 요구하는 행위를 금지한다고 규정하고 있다.

⑵ 일부일처제원칙

일부일처제는 한 남성과 한 여성이 부부로 결합하는 혼인제도로서, 어느 누구도 동시에 둘 또는 둘 이상의 배우자가 될 수 없으며, 기혼자는 배우자의 사망이나 이혼 전에는 재혼할 수 없고, 미혼남녀 역시 동시에 둘 또는 둘 이상의 자와 혼인할 수 없음을 의미한다.

중국「혼인법」제 3 조 제 2 항에 의하면, 중혼(重婚)을 금지하며, 기혼자의 타인과의 동거를 금지하고 있다. 일부일처제를 위반한 경우의 혼인은 혼인무효의 원인이 되며, 중혼죄를 범한 경우 형사책임을 지게 된다.

⑶ 남녀평등의 원칙

남녀평등의 원칙은 남녀 양성이 혼인관계와 가정생활에서 평등한 권리를 향유하고,[1] 동등한 의무를 부담하는 것을 의미한다. 이는 중국「헌법」제48조에 규정된 평등원칙[2] 이「혼인법」제13조, "부부의 가정에서의 지위는 평등하다"라는 규정에 구체적으로 구현된 예라고 할 수 있다.

⑷ 여성(婦女), 아동 및 노인의 합법적인 권익 보호의 원칙

여성(婦女)의 합법적인 권익보호를 특히 강조하는 것은 남녀평등의 원칙을 실현하기 위해 필연적으로 요구되는 사항이다.[3] 그러나 현실적으로 볼 때, 남녀 양성의 혼인 가정생활 내에서의 지위는 여전히 차별이 존재한다는 것을 부인할 수 없다. 여성은 생리적·심리적으로 남성과 차이가 있으며, 이를 고려할 때, 정치, 경제, 사회, 문화 및 가정생활에서 여성의 합법적인 권익을 특별히 보호하는 것은 당연하다 할 것이다.「혼인법」에는 이러한 여성에 대한 특수보호원칙을 반영하여 여성의 임신기간, 분만 후 1년 이내 또는 임신이 중지된 후 6개월 이내에 남성의 이혼제기를 금지하는 규정[4]을 비롯하여, 이혼 시 부부 공동재산의 분

1) 가정생활에서의 평등이란, 가정에서 남녀 양성이 혼인, 이혼문제, 신분관계, 재산관계 및 부모의 자녀에 대한 부양과 교육문제에 있어서의 권리와 의무가 평등함을 의미하며,「혼인법」이외에도「상속법」,「부녀자권익보장법」등에 여성의 재산권, 상속권 및 자녀의 친권 등에 대하여 규정하고 있다.

2) 중국「헌법」제48조, "중화인민공화국의 여성은 정치적·경제적·문화적·사회적 및 가정생활 등 각 방면에서 남성과 평등한 권리를 향유한다." 이 외 관련 규정으로는「민법통칙」제105조, "여성은 남성과 동등한 민사적 권리를 향유한다"라고 규정하고 있다.

3) 楊大文·龍翼飛·夏吟蘭, 婚姻家庭法學(第二版), 北京, 中國人民大學出版社, 2007, 67쪽.

4)「혼인법」제34조.

배 및 이혼 후 자녀양육 등 여러 분야에 걸쳐 구체적으로 여성의 권익을 보호하는 특별보호규정을 두고 있다.[1] 뿐만 아니라 「부녀자 권익보장법(中華人民共和國婦女權益保障法)」 제46조에 의하면, 이혼 시에 여성이 불임수술 등 기타 원인 등으로 생육능력을 상실한 경우, 자녀의 양육문제에 있어서 자녀의 복지 등에 유리할 것을 고려하는 전제 하에 여성의 합리적인 청구를 받아들이도록 규정하고 있다.

아동의 합법적인 권익보호와 관련하여, 헌법 제49조에는 "……아동은 국가의 보호를 받는다"라고 규정하고 있다. 아동의 합법적인 권익을 보호하기 위하여 「혼인법」에는 다음과 같은 규정을 두고 있다. 즉, 부모는 자녀를 양육하고 교육할 의무가 있고, 영아의 살해 유기 및 기타 장애아를 유기하는 행위를 금지한다.[2] 자녀는 부모의 유산을 상속할 권리가 있으며, 혼인 외의 자녀 및 양자는 혼인중의 자녀와 그 권리가 동등하다고 규정하고 있다.[3]

노인의 합법적인 권익보호를 위하여 「혼인법」은 자녀의 부모 봉양 의무를 규정하였고, 자녀가 이미 사망하였거나 부양능력이 없는 조부모, 외조부모에 대한 부양능력 있는 손자녀, 외손자녀의 봉양 의무를 규정하고 있다.[4]

(5) 산아제한의 원칙(計划生育原則)

한 자녀만 낳도록 허용되는 산아제한제도(計划生育制度)는 인구 성장 속도를 계획적으로 조절하여 급격한 인구증가를 억제함으로써 국민경제의 발전을 촉진하고자, 인구 재생산의 단위인 가정, 즉 부부 쌍방이 산아제한계획을 실행할 것을 공동의 의무로 부담시키는 제도이다. 이는 중국 「혼인법」의 기본원칙이며, 중국이 국가적 차원에서 시행하고 있는 기본정책이기도 하다.

Ⅱ. 혼인제도

혼인(結婚; 婚姻的成立)은 남녀 쌍방이 법률에 규정된 조건과 절차에 따라 혼인관계를 발생시키는 중요한 법률행위이다.[5] 혼인은 반드시 법정요건과 절차에

1) 「혼인법」 제37조, 제38조, 제39조 등.
2) 「혼인법」 제21조 제 1 항, 제 4 항.
3) 「혼인법」 제24조, 제25조.
4) 「혼인법」 제21조 제 3 항, 제28조.
5) 楊大文·龍翼飛·夏吟蘭, 婚姻家庭法學(第二版), 北京, 中國人民大學出版社, 2007, 104쪽.

부합하여야 하며, 이에 위반할 경우 국가의 승인과 법률의 보호를 받을 수 없다.

1. 혼인의 법정요건

「혼인법」의 규정에 의하면, 혼인요건은 필수요건과 일반요건으로 구분된다.

(1) 혼인의 필수요건

첫째, 혼인은 반드시 남녀 쌍방의 자발적인 의사에 의하여야 한다. 「혼인법」 제 5 조에는, 어느 누구도 혼인을 강요하거나 간섭할 수 없다고 규정하고 있다. 이는 혼인자유원칙의 구체적인 표현이라 할 수 있다.

둘째, 혼인은 반드시 남녀 쌍방이 법정연령에 도달하여야 할 수 있다. 법정연령은 법률에 규정된 남녀쌍방의 혼인 최저연령으로, 중국 「혼인법」 제 6 조의 규정에 의하면, 남자는 만 22세 여자는 만 20세가 혼인할 수 있는 법정연령이며, 「혼인법」은 소위 "晩婚晩育"을 장려하고 있다.[1]

셋째, 혼인은 반드시 일부일처제에 부합하여야 한다. 즉, 혼인 당사자 각자가 미혼, 이혼 또는 배우자가 사망한 경우에 한하여 혼인할 수 있다.

(2) 혼인 금지

「혼인법」 제 7 조의 규정에 의하면, 다음의 두 가지 상황인 경우 혼인을 금지한다. 즉, 직계 혈족과 三代 이내의 방계혈족,[2] 그리고 의학적으로 혼인에 적합하지 않은 질병을 앓는 경우 혼인을 금지한다. 이러한 규정은, 첫째, 우생학적인 측면과 민족의 건강 그리고 사회발전이라는 측면을 고려하여 근친혼을 금지하는 것이다. 둘째, 혼인이 제한되는, 즉 혼인금지요건에 해당하는 질병과 관련하여, 이러한 규정은 당사자뿐 아니라 민족 전체의 건강유지라는 차원에서 더욱 중요한 요건이라 할 수 있다. 과학 및 의학의 발달과 더불어, 혼인에 적합하지 않은 유전병 또는 전염병 등이 계속해서 발견되고 있는 현실을 고려하여, 법률로는 그 구체적인 혼인금지요건에 해당하는 질병의 범위를 규정하지는 않고 있으며, 혼전 검사를 통한 의학적인 감정으로 이를 결정하도록 하고 있다.

1) 「민법통칙」 제11조의 규정에 의하면, 자연인이 성인으로 되는 연령은 만 18세이며, 이 때 민사에 관하여 완전한 행위능력자로 된다. 그러나 중국은 인구가 많은 현실을 고려하여 혼인과 출산에 있어서는 "한 자녀 출산정책(計划生育政策)"과 더불어 "晩婚晩育"을 정책적으로 장려하고 있다. 이러한 정책이 법률로 표현된 부분이 「혼인법」 제 6 조의 혼인에 관한 법정연령의 제한 규정이다.

2) 즉, 8촌 이내의 혈족.

2. 혼인의 법정절차

(1) 혼인등기

중국은 혼인등기제도를 실시하는 국가로서,[1] 혼인등기는 남녀의 혼인관계 성립을 위하여 반드시 이행하여야 하는 법정절차이다.「혼인법」제 8 조는 "혼인을 하려는 남녀 쌍방은 반드시 혼인등기기관에 직접 출석하여 혼인등기를 하여야 한다. 본 법의 규정에 부합하는 경우 혼인증명서를 발급하며, 혼인증명서의 취득으로 부부관계가 성립된다"라고 규정하고 있다. 이로써 혼인등기는 혼인관계 성립의 필수적인 절차이며 국가가 혼인관계의 합법성과 유효성을 심사하고 감독하여 위법한 혼인을 방지하기 위한 필수적인 조치임을 알 수 있다.

(2) 혼인등기기관

혼인등기기관, 즉, 중국 내 주민의 혼인등기를 취급하는 기관은 현(縣) 급 인민정부의 민정부문 또는 향(鄕), 진(鎭) 인민정부, 성(省), 자치구(自治區), 직할시(直轄市)의 인민정부가 대민봉사원칙(소위 "便民原則")에 근거하여 지정한 농촌주민의 혼인등기 처리기관을 의미한다.[2]

(3) 혼인등기절차

1) 신 청

남녀 쌍방이 함께 직접 일방의 호구 소재지의 혼인등기기관에 출석하여 혼인등기를 신청하여야 하며, 이 때 타인의 대리는 금지된다.「혼인등기조례(婚姻登記條例)」제5조에 규정된 혼인등기 신청 시의 제출서류는 중국 내의 주민, 홍콩, 마카오, 대만주민, 화교 및 외국인의 경우에 따라 약간의 차이를 보이며, 대체로 중국 내의 주민의 경우와 비슷하다.

중국 내 주민의 혼인등기 신청 시의 제출서류와 외국인의 제출서류는 다음과 같다.

① 중국 내 주민의 혼인등기 신청시의 제출서류

- 본인의 호구증명과 주민신분증 등
- 본인이 배우자가 없다는 사실과 상대방이 직계혈족 및 三代 이내의 방계혈족이 아니라는 사실에 대한 서명이 된 성명서.[3]

1) 楊大文·龍翼飛·夏吟蘭, 婚姻家庭法學(第二版), 北京, 中國人民大學出版社, 2007, 116쪽.

2)「혼인등기조례(婚姻登記條例)」제 2 조.

3) 혼인등기 신청 시, 이혼경력이 있는 자는 반드시 이혼증서를 제출하여야 하며, 혼전 건강

② 외국인의 혼인등기 신청시의 제출서류

– 본인의 유효 여권 또는 기타 유효한 국제여행관련 증명서

– 본인의 자국 공정기관 또는 유관기관에서 발급하고, 자국의 중화인민공화국 대사관이나 영사관에서 인증한 본인의 무배우자 증명, 또는 소재국의 중국대사관이나 영사관에서 발급한 본인의 무배우자 증명서.

2) 심 사

혼인등기기관은 혼인등기신청자의 제출서류를 심사하며, 관련 사항에 대해 당사자에게 질문 등 조사를 실시한다. 그러나 이 때 혼인등기관의 조사 및 심사는 형식적인 부분에 대한 조사에 지나지 않으며, 만일 당사자가 위조 등의 위법한 방법으로 서류를 제출할 경우, 이에 대한 진위 여부에 대한 강력한 조사권은 아직까지 혼인등기관에게 부여되지 않고 있다. 혼인 등기관은 제출된 서류에 대한 형식적 심사 및 「혼인법」 제7조에 규정된 혼인금지조항 및 「혼인등기조례」 제6조에 규정된 등기 불허요건에 해당되는지의 여부 등에 대해서만 조사한다.

혼인등기 불허요건은 다음과 같다.

① 법정혼인연령에 도달하지 않은 경우

② 쌍방 자의에 의한 혼인이 아닌 경우

③ 일방 또는 쌍방이 이미 배우자가 있는 경우

④ 직계혈족 또는 三代 이내의 방계혈족인 경우

⑤ 혼인금지 요건에 해당하는 질병을 앓고 있는 경우

3) 등 기

혼인등기기관은 당사자의 혼인신청에 대한 심사를 마친 후, 혼인요건에 부합하면, 즉시 등기를 필한 후 혼인증명서를 발급하여야 한다. 이 때 이혼한 사실이 있는 경우, 이혼증서를 회수하여 말소하여야 한다. 그러나 심사결과 혼인등기요건에 부합하지 않는 경우, 등기를 할 수 없으며, 그 이유에 대해 반드시 서면형식으로 등기수리거부 이유에 대해 설명하여야 한다.[1)]

검진을 반드시 실시하도록 규정하고 있는 지역의 등기기관에 신청할 경우에는, 혼전 건강진단 증명서를 반드시 제출하여야 한다.

1) 「혼인등기조례(婚姻登記條例)」 제7조.

3. 혼인의 무효와 취소

(1) 혼인의 무효

중국 「혼인법」은 법정요건에 부합하고, 혼인등기를 경료한 합법적인 혼인관계에 한해서만 법률로 보호하며, 법정요건에 부합하지 않은 혼인은 무효이며, 혼인등기절차를 이행하지 않은 이른바 사실혼[1]이나 약혼(訂婚)[2]의 경우 법률로 보호될 수 없다.

「혼인법」 제10조에 규정된 혼인무효의 사유는 다음과 같다.

① 중혼인 경우

② 혼인을 금지하는 친족관계인 경우

③ 혼인 전에 의학적으로 혼인에 적당하지 않은 질병을 앓았으며, 혼인 후에도 치료되지 않은 경우

④ 법정혼인연령에 이르지 않은 경우.

무효인 혼인은 혼인 개시 때부터 무효이며 당사자는 부부로서의 권리와 의무가 없다.[3]

(2) 취소할 수 있는 혼인

취소할 수 있는 혼인이란, 당사자의 혼인합의에 하자가 존재하여, 법률로서 당사자의 신청에 의하여 혼인을 철회할 수 있는 권리를 부여하는 것을 의미한다. 이는 헌법과 혼인법에 규정된 혼인자유의 원칙을 관철하기 위한 규정이다.

「혼인법」 제11조는 강박에 의한 혼인은 취소할 수 있다고 규정하고 있다. 이 경우 강박에 의해 혼인등기를 경료한 일방은 혼인등기일로부터 1년 이내에 혼인등기기관 또는 인민법원에 혼인취소의 청구를 할 수 있으며, 불법적으로 신체의 자유가 제한을 받은 당사자가 혼인무효를 청구할 경우, 반드시 신체의 자유가 회복된 날로부터 1년 이내에 청구를 하여야 한다.

---

1) 1980년 중국 혼인법 이후

2) 중국 혼인법상 약혼(訂婚)은 단지 민간의 풍습으로서 혼인을 위한 필수요건이 아니므로 약혼의 성립과 해제에 대해서는 어떠한 법률적 효력도 없으며, 약혼 후의 남녀관계는 미혼부부(未婚夫妻)의 신분관계에 속한다(楊大文, 婚姻家庭法學(第二版), 北京, 中國人民大學出版社, 2007, 107쪽).

3) 「혼인법」 제12조.

Ⅲ. 가정관계

1. 부부관계

부부는 가정의 기본구성원이며, 부부관계는 가정관계의 기초를 이룬다. 부부관계는 합법적인 혼인으로 발생된 남녀 간의 신분관계와 재산관계의 권리 의무관계를 포함한다. 「혼인법」 제13조에는, 부부의 가정에서의 지위는 평등하다고 규정하고 있으며, 이는 부부관계에 있어서의 기본원칙이며 민주적이고 화목한 가정을 위한 필수 전제조건이기도 하다.

⑴ 부부 간의 신분관계

첫째, 자신의 성명을 사용할 권리.

「혼인법」 제14조는, 부부 쌍방은 모두 각자 자신의 성명을 사용할 권리가 있다고 규정하고 있다. 이로써 부부는 혼인으로 인하여 자신의 성명을 변경하지 않아도 된다. 부부 사이의 자녀는 아버지나 어머니의 성 중에서 한 쪽을 선택할 수 있으며, 반드시 아버지의 성을 따라야 하는 것은 아니다.[1]

둘째, 생산과 근로, 학습과 사회활동에 참여할 자유.

「혼인법」 제15조는, 부부 쌍방은 모두 생산, 근로, 학습과 사회활동에 참여할 자유가 있으며, 일방은 상대방에 대하여 제한 또는 간섭할 수 없다고 규정함으로써, 기혼여성의 자발적인 의사에 따른 학습, 취업 및 사회활동 등의 참여를 보장하고 있다.

셋째, 산아제한정책(計划生育政策)을 준수할 의무.

산아제한정책은 혼인법의 중요한 원칙 중 하나로서, 중국의 국가적 기본 정책이기도 하다. 혼인법은 산아제한정책을 부부쌍방이 지켜야 할 기본 의무로서 규정하고 있다.[2]

⑵ 부부 간의 재산관계

첫째, 부부는 혼인 존속기간중의 임금, 장려금, 지적재산권 수익, 상속 또는 증여로 인한 재산 및 기타 반드시 공동소유로 해야 하는 재산을 부부의 공동소유로 규정한다.[3] 부부는 공동소유재산에 대한 평등한 처분권을 행사

1) 「혼인법」 제22조.
2) 「혼인법」 제16조.
3) 「혼인법」 제17조.

한다.[1]

「혼인법」 제18조에는 부부 일방의 재산에 대해서도 규정하고 있으며, 법률이 규정하고 있는 부부 일방의 재산은 다음과 같다. 즉, 부부 일방의 혼인 전 고유재산, 일방이 신체의 손상으로 획득한 치료비, 장애 생활보상비 등의 비용, 유언 또는 유증 계약 중에 부부 중 어느 일방에 귀속되도록 명확히 규정한 재산, 및 기타 당연히 일방에게 귀속되는 재산[2] 등이다.

둘째, 부부는 서로에 대해 부양의 의무를 진다. 만일 부부 중 일방이 부양의 의무를 이행하지 않을 경우, 상대방은 부양비를 청구할 권리가 있다.[3]

셋째, 「혼인법」 제24조 제 1 항에는, 부부 쌍방은 상호간에 유산을 상속할 권리가 있음을 규정하고 있다.

2. 부모자녀관계

부모자녀관계는 친자관계라고도 하며, 이는 부모 자녀 간의 신분에 의하여 발생된 권리와 의무관계이다. 친자관계는 친부모자녀관계와 양부모 양자녀(계부모 계자녀 포함) 관계를 포함한다. 친부모자녀관계는 혼인중의 자녀와 혼인 외의 자녀를 포함하며, 양부모양자녀 관계는 법률상 친부모자녀관계와 동등한 권리의무 관계를 갖는다. 부모자녀관계는 가정관계의 중요한 구성부분이며, 다음과 같은 내용을 포함한다.

(1) 자녀양육의 의무

「혼인법」 제21조는 "부모는 자녀에 대하여 양육의 의무가 있으며 …… 부모

---

1) 「최고인민법원의 중화인민공화국 민법통칙의 집행을 관철하는 데 있어서의 약간 문제에 대한 의견(試行)」 제89조에 의하면, "공동공유관계 존속기간에 부분공유자가 공유재산을 임의로 처분한 경우, 일반적으로 무효로 인정한다. 그러나 제 3 자가 선의, 유상으로 동 재산을 취득한 경우, 제 3 자의 합법적인 권익은 당연히 보호되어야 하며, 기타 공유자의 손실에 대하여는, 임의로 공유재산을 처분한 자가 배상한다"라고 규정하고 있다. 이러한 규정에 비추어볼 때, 만일 부부 일방이 다른 일방의 동의 없이 임의로 공유재산을 처분할 경우, 다른 일방은 동 재산에 대한 법률효력을 부인할 수 있으나, 선의의 제 3 자에 대해서는 대항할 수 없다. 그러므로, 부부 중 일방이 재산상의 손해를 가한 경우, 임의로 재산을 처분한 일방이 이를 배상하여야 한다.

2) 예를 들면, 부부 일방이 각종 활동에 참여하여 획득한 트로피, 메달(상패) 등은 당연히 개인소유에 속한다. 또한, 「최고인민법원의 중화인민공화국 '혼인법'적용에 관한 약간 문제의 해석(二)(最高人民法院關于适用〈中華人民共和國婚姻法〉若干問題的解釋(二))」 제13조에 의하면, 군인의 사망보험금, 장애보조금, 의료 및 생활보조금은 개인재산에 속한다고 규정하고 있다.

3) 「혼인법」 제20조.

가 의무를 이행하지 않으면, 미성년자인 자녀 또는 독립적인 생활을 할 수 없는 자녀[1]는 부모에게 양육비[2]를 청구할 권리가 있다"라고 규정하고 있다. 또한「혼인법」제24조는 부모는 미성년자의 관리 및 보호의 권리와 의무가 있음을 규정하고 있으며, 미성년인 자녀가 국가, 단체 또는 타인에 대하여 손해를 발생시킨 경우 부모는 민사책임을 부담할 의무가 있음을 규정하고 있다.

⑵ 부모봉양의 의무

혼인법은 자녀의 부모에 대한 봉양, 부조의무를 규정하고 있으며, 자녀가 봉양 부조의무를 이행하지 않으면, 노동능력이 없거나 생활이 곤란한 부모는 자녀에 대하여 봉양비를 요구할 권리가 있음을 규정하고 있다.[3] 뿐만 아니라,「혼인법」제30조는, 자녀는 부모의 혼인자유에 관한 권리를 존중하여야 하며, 부모의 재혼 및 혼인 후의 생활을 간섭하지 못하고, 자녀의 봉양의무는 부모의 혼인관계의 변화로 종료되지 않는다는 것을 명확히 하고 있다.

⑶ 부모와 자녀의 상호 유산상속의 권리

부모와 자녀는 가장 가까운 직계혈족으로서, 극히 밀접한 신분관계와 재산관계에 있다. 부모 또는 자녀의 사망 후, 그들 상호간에는 상호 유산을 상속할 수 있는 권리가 발행한다.[4]

⑷ 혼인 외의 자녀와 부모, 계부모와 계자녀, 양부모와 양자녀의 관계

혼인 외의 자녀란 합법적인 혼인관계 내에서 출생하지 않은 자녀를 지칭하며, 혼인법은 혼인 외의 자녀와 혼인중의 자녀의 권리를 동등한 것으로 규정하고 있다.[5] 또한, 혼인 외의 자녀의 친부모는 자녀의 생활비와 교육비를 부담해야 하는 의무를「혼인법」제24조 제 2 항에 명확히 규정하고 있다.

계부 또는 계모와 그 양육을 받은 계자녀 사이의 권리의무는 혼인법의 부모

1)「최고인민법원의 중화인민공화국 '혼인법' 적용에 관한 약간 문제의 해석(二)(最高人民法院關于适用 '中華人民共和國婚姻法' 若干問題的解釋(二))」제20조에 의하면,「혼인법」제21조에 규정된 "독립적인 생활을 할 수 없는 자녀"란 중학교, 고등학교에서 학업을 계속하고 있거나, 완전히 혹은 완전하지는 않지만 노동능력을 상실하는 등 정상적인 생활을 유지할 수 없는 성년의 자녀를 의미한다.

2)「최고인민법원의 중화인민공화국 '혼인법' 적용에 관한 약간 문제의 해석(二)(最高人民法院關于适用'中華人民共和國婚姻法'若干問題的解釋(二))」제20조에 의하면,「혼인법」제21조에 규정된 "양육비(撫養費)"는 자녀의 생활비, 교육비, 의료비 등의 비용을 포함한다.

3)「혼인법」제21조.

4)「혼인법」제24조 제 2 항.

5)「혼인법」제25조.

자녀관계에 관한 규정을 준용한다.[1])

양부모와 양자녀 사이의 권리의무 또한 혼인법의 부모자녀관계의 규정을 준용하며, 양자녀와 친부모 간의 권리의무는 입양관계의 성립으로 소멸된다.[2])

3. 기타 가족 간의 관계

(1) 조부모와 손자녀, 외조부모와 외손자녀의 관계

조손(祖孫)은 3대 이내의 직계혈족으로서, 특별한 경우에 있어서 양육과 봉양의 의무가 있다.「혼인법」제28조는, 부담능력이 있는 조부모, 외조부모는 부모가 이미 사망하였거나 부모가 부양능력이 없는 미성년의 손자녀, 외손자녀에 대하여 부양의무가 있음을 규정하고 있다. 또한, 부담능력 있는 손자녀, 외손자녀는 자녀가 이미 사망하였거나 자녀가 봉양능력이 없는 조부모, 외조부모에 대하여 봉양의무가 있음을 규정하고 있다.

(2) 형제자매 관계

형제자매는 가장 가까운 방계혈족으로서, 동일가정에서 생활하고, 그 관계 또한 밀접하기 때문에 일정한 조건하에서 상호 부양의 의무가 있다.「혼인법」제29조는, 부담능력이 있는 손위 남녀형제자매는 부모가 이미 사망하였거나, 부모가 부양능력이 없는 미성년의 남녀동생에 대하여 부양의 의무를 부담할 의무가 있음을 규정하고 있으며, 손위 남녀형제자매의 양육으로 성장한 부담능력이 있는 동생은 노동능력이 없고 생활에 필요한 수입이 없는 손위 남녀형제자매에 대하여 부양의 의무가 있음을 규정하고 있다.

Ⅳ. 이혼제도

1. 이혼제도 개설

완전히 유효하게 성립한 혼인은 일정한 법정사실의 발생에 의하여 종료(婚姻關系終止)되며, 이를 혼인의 해소(婚姻關系的消滅)라 한다. 이러한 혼인해소의 법정요건에는 다음의 두 가지 유형이 있다. 즉, 첫째는 배우자 일방의 자연사망 혹은 선고사망[3])이며, 둘째는 혼인당사자의 이혼이다.[4]) 이혼은 혼인해소의 사유로

1)「혼인법」제27조.

2)「혼인법」제26조;「입양법(收養法)」제23조.

3) 중국의 선고사망과 관련된 법률규정은 다음과 같다.

서 부부 쌍방이 법률에 근거하여 혼인관계를 종료하는 법률행위이며, 이혼에 의한 법률효과는 부부 쌍방의 신분과 재산관계에 변화를 가져올 뿐 아니라 자녀의 양육에 관한 문제에도 관계되며 인척관계까지도 소멸시키는 법률문제이므로 혼인에 못지 않게 이혼문제를 정확히 처리하는 것 또한 부부 쌍방의 합법적인 권익보호를 위해서뿐만 아니라, 사회 전체의 안정을 위해서도 매우 중요한 의의가 있다고 할 수 있다.

중국「혼인법」은 이혼이 혼인관계에서 과실 없는 상대방, 여성, 자녀의 양육 및 군인 등 특수신분인 자에게 가혹한 결과가 되지 않도록 배려하고 있으며,[1] 특히 이와 같은 국가의 후견적 현상은 재판상 이혼 외에 조정(調解)[2]을 활성화하여 혼인을 합리적으로 해소하려는 시도로 나타나고 있다.

2. 이혼절차

이혼절차에는 행정적인 절차를 통해 혼인을 해소하는 협의이혼(登記离婚)과

「민법통칙(民法通則)」 제23조 규정. "자연인(公民)은 아래와 같은 상황 중 하나에 해당할 때, 이해관계자는 인민법원에 당사자의 선고사망을 신청할 수 있다. (一) 행방불명된 지 만 4년이 경과한 때; (二) 예기치 않은 사고로 행방불명된 후 사고발생시점부터 만 2년이 경과한 때. 전쟁기간에 행발불명 된 경우, 행방불명 된 시기는 전쟁이 종료한 때부터 기산한다."
「최고인민법원의 '중화인민공화국 민법통칙'의 집행을 관철하는 데 있어서의 약간 문제에 대한 의견 (試行))(最高人民法院關于貫徹執行'中華人民共和國民法通則'若干問題的 意見(試行))」 제37조 규정. "사망 선고된 자와 그 잔존 배우자의 혼인 관계는 사망선고일로부터 종료한다……"그러나, 부부 일방의 사망선고 후 그 생존을 알게 된 경우의 혼인관계에 대해서, 중국 민법은 그 잔존배우자가 재혼하지 않은 경우 사망선고가 법원에 의해 취소되는 날로부터 자동으로 회복되나, 만약 그 잔존배우자가 재혼 후 다시 이혼하였거나 또는 재혼 후 그 배우자가 사망한 경우에는 사망선고가 법원에 의해 취소되었다 하여도 전 혼이 자동으로 회복되는 것은 아니라고 본다. 이를 통해 볼 때, 중국법률은 후에 성립된 혼인관계, 즉 後婚을 前婚보다 보호하는 것을 원칙으로 하고 있음을 알 수 있다. 즉, 부부 일방의 사망선고 후 그 생존이 확인된 경우 법원의 사망선고 취소 후의 당사자들의 전 혼 회복 여부에 대해서는, 사망선고 취소 후 만일 그 잔존 배우자가 재혼하지 않았을 경우 자동으로 회복되며, 만일 그 잔존 배우자가 이미 재혼한 경우라면, 전 혼의 회복 여부에 대해서는, 구체적인 사안별로 결정됨을 알 수 있다.

4) 楊大文·龍翼飛·夏吟蘭, 婚姻家庭法學(第二版), 北京, 中國人民大學出版社, 2007, 156쪽.

1) 「혼인법」 제33조, 제34조 등.

2) 본 章과 중국「혼인법」에서 지칭하는 "조정(調解)"은 한국법률상의 "조정(調停)"을 지칭하며, 당사자가 서로 양보하여 당사자 사이의 분쟁을 종지하는 "화해(和解)"와는 구별되며, 소송 외 조정과 소송 내 조정으로 구분된다. 중국「혼인법」 제32조 제1항에 규정된 "유관부문에 의한 조정"은 소송 외 조정으로서 이혼소송에 있어서의 필수절차는 아닌 반면,「혼인법」 제32조 제2항에 규정하고 있는 조정은 이른바 소송 내 조정을 지칭하며, 이는 이혼소송의 필수절차이다. 이 외에 중국 중재법(中華人民共和國仲裁法) 제3조 제1항에 의하면, 혼인, 입양, 후견, 부양, 상속 관련 분쟁사건은 중재로 해결할 수 없다고 규정하고 있다.

인민법원의 심리를 거쳐 판결에 의해 혼인을 해소하는 재판상 이혼(訴訟离婚)이 있다.

(1) 협의 이혼(登記离婚)

협의에 의한 이혼은 당사자에게 이혼의 자유를 최대한 보장하는 제도인 반면 이러한 이혼제도에서는 자칫 이혼 후의 자녀의 양육사항 내지 사회적 약자인 배우자(많은 경우 처)의 부양청구권의 보호 등에 공백상태가 발생 할 수 도 있다는 단점이 있다. 중국의 「혼인법」은 이러한 점을 고려하여, 이혼의 결과, 즉 자녀의 양육, 면접교섭권 및 부양료, 재산분할, 전 배우자에 대한 부양 등과 관련한 문제에 대해서 합의가 도출되어야 함을 협의이혼(登記离婚)의 전제조건으로 하고 있다.[1) 「혼인법」 제31조와 「혼인등기조례」 제12조의 규정에 근거하면 협의이혼을 하기 위한 요건은 다음의 다섯 가지 사항으로 요약할 수 있다.

첫째, 협의이혼을 하려는 남녀쌍방은 반드시 합법적인 부부의 신분이어야 한다.

둘째, 부부 양 당사자는 반드시 완전민사행위능력자여야 한다.[2)

셋째, 부부 당사자간에는 반드시 자의에 의한 이혼의사의 합치가 있어야 한다.

넷째, 자녀부양과 재산문제가 이미 적절히 처리되었으며, 당사자 사이에 이혼협의의 합치가 있어야 한다.

다섯째, 부부 양 당사자는 자신이 常住하는 호구 소재지(常住戶口所在地)의 혼인등기기관에 반드시 직접 출석하여 이혼등기를 하여야 한다. 이 때 지참하여야 할 서류는 호구증명과 신분증, 소속사업장 또는 촌민위원회나 주민위원회의 소개장, 이혼합의증, 혼인증명서 등이며, 이혼요건에 부합하면 등기기관에서 등기를 경료한 후 이혼증서를 발급받고 혼인증명서를 말소함으로써 혼인이 해소된다.

(2) 재판상 이혼(訴訟离婚)

협의에 의한 이혼이 당사자들의 이혼 자유를 최대한 보장하는 제도인 반면

1) 「혼인법」 제31조 및 「혼인등기조례(婚姻登記條例)」 제12조 제 1 항의 규정에 의하면, 당사자 간에 이혼에 관한 협의가 이루어지지 않은 경우 혼인등기기관은 이혼신청을 받아 들이지 못하도록 규정하고 있다.

2) 「민법통칙」 제11조에 규정된 완전 민사행위능력자에 관한 규정은 다음과 같다. “만 18세 이상의 자연인(公民)은 성인이며, 완전민사행위능력이 있고, 독립적으로 민사활동을 할 수 있으며, 완전민사행위능력자이다. 만 16세 이상 만 18세 미만의 자연인(公民)이 자신의 노동수입이 생활의 주요 수입원인 경우, 완전민사행위능력자로 간주한다.”

재판상 이혼(訴訟离婚)은 이혼의 가능성을 상당히 제한하는 것을 특징으로 한다. 중국「혼인법」제32조 제 1 항의 규정에 의하면, “남녀 일방이 이혼을 요구할 경우, 유관부문(有關部門)에 의해 조정(調解)을 실시하거나 인민법원에 직접 이혼소송을 제기할 수 있다”고 규정하고 있다. 여기서 말하는 유관부문에 의한 조정(調解)은 소송 외의 조정(調解)을 의미하며, 이러한 조정(調解)을 진행하는 유관부문(有關部門)에 대해서 중국 법률에 명문규정은 없으나, 일반적으로 당사자의 소속 근무지(当事人所在單位), 시민단체(群衆團体), 기층 조정단체(基層調解組織), 법률써비스기구(法律服務机构) 등이 있다.[1] 그러나 이러한 소송 외의 조정을 거쳐서도 당사자 일방 또는 쌍방 모두 이혼에 동의하거나 또는 자녀양육과 재산처리 등에 이견이 있을 경우 그 중 일방은 법원에 이혼소송을 제기할 수 있다. 이러한 경우, 중국「혼인법」제32조 제 2 항의 규정에 의하면, “인민법원이 이혼사건을 심리할 경우, 반드시 조정절차를 거쳐야 하며……”라고 규정하고 있는바, 여기서 지칭하는 조정(調解)은 법원에 의한 소송 내 조정(調解)으로써 이혼소송의 필수절차이며, 이러한 조정(調解)이 성립되지 않을 경우에 비로소 법원에 의해 심리가 재개된다.「혼인법」제32조 제 3 항에 규정된 재판상 이혼(訴訟离婚)의 원인은 다음과 같다.

첫째, 중혼 또는 배우자 있는 자가 타인과 동거한 경우.

둘째, 가족 구성원에 대한 가정폭력 또는 학대, 유기 등의 행위를 한 경우.

셋째, 도박, 마약흡입 등 나쁜 습관이 여러 차례에 의한 권고 등에도 고쳐지지 않은 경우.

넷째, 애정결핍 불화로 인해 분가한 지 만 2년이 된 경우.

다섯째, 기타 부부 간 애정을 훼손시키는 상황을 야기시킨 경우 및 부부 일방이 실종선고를 판결 받은 경우,[2] 잔존 배우자는 이혼소송을 제기할 수 있으며, 이러한 경우 이혼은 허가된다.

(3) 이혼에 관한 특별보호규정

중국 혼인법상의 이혼에 관한 특별보호규정은 두 가지로 분류되며, 첫째는 현역군인에 대한 특별보호규정과, 둘째는 여성에 대한 특별보호규정을 들 수 있다.

---

1) 楊大文, 親屬法(第四版), 北京, 法律出版社, 2007, 181쪽.

2)「민법통칙」제20조에 규정된 실종선고에 관한 규정에 의하면, 공민(公民)이 행방불명 된 지 만 2년이 된 경우 이해관계자는 당해 공민(公民)에 대해 법원에 실종인 선고를 판결해 줄 것을 신청할 수 있다.

1) 현역군인에 대한 특별보호규정

중국「혼인법」제33조에 의하면, "현역군인의 배우자가 이혼을 요구하는 경우 반드시 군인의 동의를 얻어야 하지만, 군인 일방의 중대한 과오가 있는 경우는 예외로 한다"고 규정함으로써 이혼에 있어서 현역군인에 대해 특별보호제도를 실시하고 있음을 알 수 있다. 1980년 중국「혼인법」이 제정된 이래 군인혼인에 대한 이러한 특별보호규정은 이혼의 자유를 포함하는 혼인자유의 원칙에 위배될 뿐더러, 군인이 아닌 현역군인의 배우자에 대한 불평등한 조항으로 개정이 요청되었었다. 이러한 의견이 수렴되어, 2001년의「혼인법」개정 시에 "군인 일방의 중대한 과오가 있는 경우에는 예외로 한다"는 단서조항을 신설함으로써 이러한 문제를 어느 정도 해결할 수 있게 되었다.

그렇다면, 만일 현역군인 일방의 중대한 과오가 없고, 군인이 아닌 배우자가 이혼을 제기하는 경우 군인일방이 동의하지 않을 경우, 이미 혼인관계를 유지할 만한 이유가 존재하지 않는 상태에서도 이러한 혼인을 해소할 수 없단 말인가? 그렇지는 않다. 중국「최고인민법원의 민사정책법률의 집행을 관철하는 데 있어서의 약간 문제에 관한 의견(最高人民法院關于貫徹執行民事政策法律若干問題的意見)」제9조에 의하면, "현역군인"[1]의 배우자가 군인이 아닌 경우, 그 배우자가 제기한 이혼에 대하여「혼인법」의 관련 규정에 따라 처리한다. 군인이 이혼에 동의하지 않을 경우, 원고에게 군인과의 부부관계를 소중히 할 수 있도록 교육을 실시하고, 관계가 회복되도록 최대한 조정(調解)을 하거나 또는 이혼을 허가하지 않는 판결을 내린다. 부부의 애정이 이미 손상된 경우에, 다른 조정 등의 화해가 무효로 된 때, 확실히 부부관계를 존속시킬 수 없다면, 군인이 소속한 부대 이상의 정치기관을 통해 군인에 대해 사상적 준비를 시킨 후 이혼을 허가한다. 그러나 신중히 대처하며, 엄격히 관리한다"고 규정함으로써 여러 가능한 조처를 취한 후 이혼에 대해 동의하지 않는 군인의 혼인에 대해서도 이혼이 가능한 방안을 마련해 두고 있다. 이는 부부 쌍방이 모두 군인인 경우 군인 일방이 다른 군인 일방에게 이혼을 제기하는 경우에도 해당된다.

2) 여성에 대한 특별보호규정

이혼에 있어서 여성에 대한 특별보호규정은 다음과 같다. 중국「혼인법」제

---

1)「혼인법」제33조에 규정된 "현역군인"의 범위는, 군적이 있으며, 인민해방군 (人民解放軍) 또는 인민무장경찰부대(人民武裝警察部隊)에서 현재 복역하고 있는 남녀 군인"을 지칭한다.

34조 및 「부녀자 권익보장법(婦女權益保障法)」 제42조에 의하면, “부부일방인 여성의 임신기간 및 분만 후 1년 이내 또는 임신중지 후 6개월 이내에 부부 일방인 남성은 이혼을 제기할 수 없다. 여성이 이혼을 제기하였거나 또는 인민법원이 남성의 이혼청구를 수리할 필요가 있다고 인정하는 경우에는 이러한 기간의 제한을 받지 않는다”고 규정함으로써 임신과 분만 후 등 특수한 상황에 처해있는 여성들의 심신건강에 대한 특별한 보호를 시행하고 있음을 알 수 있다.

3. 이혼의 효과

이혼으로 인한 혼인관계의 해소로 부부 사이의 정조, 동거, 부양, 협조 등의 의무는 소멸하며, 부부재산관계 등 혼인에 의해 부부 사이에 발생한 모든 권리와 의무 또한 소멸한다. 그러나 이러한 혼인관계의 해소는 이혼한 부부와 자녀의 관계 및 자녀양육의 문제 등과 관련된 신분상의 문제와 부부 공동재산의 분할이라는 재산상의 문제 등을 발생시키게 된다. 이러한 문제들에 대한 중국 「혼인법」상의 규정은 다음과 같다.

(1) 신분상의 효과

1) 子의 신분관계

「혼인법」 제36조 제 1 항 내지 제 2 항의 규정에 근거하면, 부모가 이혼한 경우에도 자녀와의 신분관계는 영향을 받지 않는다. 즉 이혼 후에도 부모의 자녀에 대한 친족관계는 소멸하지 않으며, 양육권이 父나 母 어느 일방에게 있더라도 여전히 부와 모 공동의 자녀이며, 부모의 자녀에 대한 양육의 권리와 의무는 소멸하지 않는다.[1)]

2) 이혼 후 子의 양육문제

이혼 후, 수유기에 있는 자녀는 수유를 하는 모가 양육함을 원칙으로 하며, 수유기를 지난 자녀의 경우, 부모가 양육문제에 합의를 이루지 못한 경우 인민법원이 직권으로 자녀의 복리와 부모의 재산상황 기타 여러 사정을 참작하여 양육자를 결정한다.[2)] 수유기에 대한 해석과 관련하여, 중국 「혼인법」에는 수유기 자녀에 대한 양육권이 母에게 있음을 원칙적으로만 규정하고 있으며, 수유기간에 대해서는 규정하고 있지 않다. 이에 대해 중국 최고 인민법원의 관련 사법해

1) 「혼인법」 제36조 제 1 항~제 2 항.
2) 「혼인법」 제36조 제 3 항.

석(最高人民法院關于人民法院審理處理子女撫養問題的若干具体意見)에는 자녀가 만 2세 이하일 경우 일반적으로 母가 양육하도록 규정하고 있어, 「혼인법」에 규정된 수유기를 만 2세까지라고 보아도 무방할 것 같다. 이처럼 만 2세 이하 자녀의 양육권을 母에게 귀속시킴으로써 수유기 자녀의 복리적인 측면을 고려하고 있음을 알 수 있으며, 이러한 규정은 母에 대한 권리이자 의무로 해석할 수 있다.

「혼인법」 제37조의 규정에 근거하면, 이혼 후 자녀의 양육에 관한 사항에 대해서는 우선 부모가 협의해서 결정하고, 협의가 되지 않는 경우에는 인민법원이 직권으로 이에 관한 사항을 결정하도록 규정하고 있어 자녀의 복리를 위한 국가의 후견적 역할이 「혼인법」상에 강조되어 있음을 알 수 있다. 또한 자녀의 생활비나 교육비 등 양육과 관련하여, 비록 부모의 합의나 인민법원의 직권으로 정한 액수가 있더라도, 자녀의 필요에 의하여 부모의 어느 일방에 대하여 정한 액수를 초과하는 청구를 할 수 있도록 탄력적으로 규정하고 있다.[1][2] 이혼 후, 부모 일방이 자녀의 양육권 변경을 제기할 경우에 관하여 중국 「혼인법」에는 관련규정이 없으나, 관련 사법해석[3]에 의하면 인민법원은 다음의 상황 중 하나일 때 당사자의 청구에 의하여 양육자를 변경한다고 규정하고 있다. 첫째, 자녀를 양육하는 부모 일방이 심각한 질병 또는 장애로 인해 자녀를 계속 양육할 수 없게 된 경우, 둘째, 자녀를 양육하는 부모 일방이 자녀양육을 게을리하거나 자녀를 학대한 경우, 또는 양육자와 자녀와의 공동생활이 자녀의 심신건강에 좋지

1) 「혼인법」 제37조 제 2 항; 「최고인민법원의 인민법원이 이혼안건 심리시 자녀의 양육문제 처리에 관한 약간의 구체적 의견 (最高人民法院關于人民法院審理离婚案件處理子女撫養問題的若干具体意見)」 제18조; 「최고인민법원의 인민법원이 '중화인민공화국 민사소송법' 적용시의 약간 문제에 관한 의견 (最高人民法院關于适用 '中華人民共和國民事訴訟法' 若干問題的意見)」 제152조.

2) 자녀 양육비의 지급기한과 관련하여, 「최고인민법원의 인민법원이 이혼안건 심리시 자녀의 양육문제 처리에 관한 약간의 구체적 의견 (最高人民法院關于人民法院審理离婚案件處理子女撫養問題的若干具体意見)」 제11조 제 1 항에 의하면, 양육비는 일반적으로 자녀가 성인이 되는 법정 연령인 18세까지 지급하도록 규정하고 있다. 그러나, 자녀가 16세 이상 18세 미만인 경우에도 「민법통칙」 제11조 제 2 항과 「최고인민법원의 인민법원이 이혼안건 심리시 자녀의 양육문제 처리에 관한 약간의 구체적 의견 (最高人民法院關于人民法院審理离婚案件處理子女撫養問題的若干具体意見)」 제11조 제 2 항에 의하여, 자신의 노동수입이 생활의 주요 수입원인 경우 완전한 민사행위능력자로 간주하며, 이러한 수입으로 현지의 일반적인 생활수준을 유지할 수 있는 경우, 부모는 양육비의 지급을 정지할 수 있다고 규정하고 있다.

3) 「최고인민법원의 인민법원이 이혼안건 심리시 자녀의 양육문제 처리에 관한 약간의 구체적 의견(最高人民法院關于人民法院審理离婚案件處理 子女撫養問題的若干具体意見)」 제16조.

않다고 판단될 경우, 셋째, 만 10세 이상의 미성년 자녀가 현재 양육하는 부모 외의 다른 부모 일방과 함께 생활하기를 희망하고 또한 그 부모 일방이 자녀를 양육할 능력이 있는 경우, 넷째, 양육자를 변경할 기타 정당한 사유가 있는 경우.

3) **면접교섭권**(探望權)

면접교섭권은 2001년 중국「혼인법」일부 개정 시에 새롭게 도입되었으며, 면접교섭권의 주체에 관하여,「혼인법」제38조 제1항에 의하면, 이혼 후 비 양육권자인 부 또는 모는 자녀를 면접교섭할 권리가 있으며, 양육권자인 부 또는 모는 이에 협조할 의무가 있음을 규정하고 있다. 이로써 중국 현행「혼인법」은 면접교섭권을 명백히 부모의 일방적인 권리로 규정하고 있다. 그러나 특수한 상황, 즉 비 양육권자(면접교섭권자)가 실종, 사망 또는 민사무능력자인 경우, 그의 부모, 즉 미성년부모의 조부모, 외조부모 또한 면접교섭권의 주체가 될 수 있다. 이는 한 자녀 출산정책(計划生育: One Child Policy)을 펴고 있는 중국의 현실상 이혼당사자의 자녀는 대부분 한 자녀인 경우가 거의 대부분이며, 조부모, 외조부모의 손자녀, 외손자녀에 대한 혈육의 정은 미성년 자녀의 생활과 성장에도 도움이 될 뿐 아니라, 현대친자법의 기본이념인 자녀복리실현의 관점에서도 바람직하다 하겠다.

면접교섭의 행사방식과 시간 등에 대해서는 일단 부모의 협의에 의해서 정해지며, 협의가 되지 않을 경우 직권에 의하여 인민법원이 정하게 된다.[1] 면접교섭권자(비양육친)의 자녀에 대한 면접교섭이 자녀의 심신건강에 이롭지 못할 경우, 인민법원은 당사자의 청구 또는 직권으로 면접교섭을 제한하거나 배제하며, 이러한 면접교섭의 제한 또는 배제 사유가 소멸하면, 인민법원은 당사자의 청구 또는 직권으로 이전의 판결을 변경하여야 한다.[2] 면접교섭이 배제될 수 있는 사유로는 면접교섭권자인 비양육친의 질병(정신질환, 전염병, 알코올중독, 마약중독 등), 면접교섭권자의 자녀학대 및 면접교섭권자가 자녀와의 면접교섭을 납치의 기회로 이용할 가능성이 있는 경우 등에도 면접교섭의 배제를 고려할 수 있다.

1)「혼인법」제38조 제2항.
2)「혼인법」제38조 제3항.

(2) 재산상의 효과

1) 재산분할청구권

「혼인법」 제39조 제1항에 근거하면, 이혼 시에 부부 공동의 재산은 쌍방이 협의하여 처리하며, 협의가 이루어지지 않을 경우 인민법원이 재산형성의 기여도 등 제반 사항을 고려하여 자녀와 여성의 복리 우선 원칙을 고려하여 판결한다.[1)]

2) 가사노동 협력에 대한 보상규정

부부의 혼인기간에 증가한 재산을 각자의 소유로 할 것을 서면으로 약정한 경우, 만일 부부 일방이 자녀양육과 노인의 봉양 및 상대방의 근로를 뒷받침하기 위하여 적지 않은 협력을 제공했을 때, 혼인관계 해소 시에 이러한 협력을 제공한 부부 일방은 상대방에게 이에 대한 보상을 청구할 권리가 있으며, 상대방은 이에 대해 보상하여야 한다.[2)]

3) 채 무

이혼 시에, 일반 가사에 관한 법률행위로 인한 채무는 부부가 함께 상환한다. 부부 공동재산으로 이러한 부부공동채무를 부담하기에 부족한 경우 등에는 부부 쌍방이 협의하여 채무를 부담하며, 협의가 이루어지지 않을 경우 인민법원이 직권으로 판결한다.[3)]

4) 이혼 후의 부양

「혼인법」 제42조에는 이혼 후의 부양과 관련하여, 이혼을 하게 되면 배우자 일방의 이혼 후 생활이 곤궁해질 것으로 판단될 때에 다른 일방이 자신의 주택 등 개인재산에 여력이 있는 한도에서 적절한 도움을 주도록 명문으로 규정하고 있으며, 이에 대한 구체적인 방식은 협의를 통해 정하도록 하고, 협의가 이루어지지 않을 경우 인민법원이 판결하도록 규정하고 있다.[4)]

---

1) 「혼인법」 제39조 제1항.
2) 「혼인법」 제40조.
3) 「혼인법」 제41조.
4) 「혼인법」 제42조.

제 2 절 상 속 법

I. 상속법 개설

1. 상속과 상속법

(1) 상속의 의의

상속에 대한 最廣義적 개념은, 先祖가 창조한 물질문명과 정신문명에 대한 후대의 승계를 의미하며, 廣義적 개념은 死者가 생전에 향유하던 권리(의무도 포함)에 대한 살아 있는 자의 승계를 의미한다.[1] 상속에 대한 狹義적 해석은 살아 있는 자에 의한 死者의 재산 승계를 의미하며, 여기에서의 재산이란 적극재산(소유권, 채권)과 소극재산 즉, 채무를 포괄하는 의미이다.[2]

현대 법학에서의 상속의 개념은 廣義상의 상속을 지칭하며, 재산상속의 약칭이라고도 할 수 있다. 즉, 상속이란 피상속인의 사망에 의하여 상속인이 피상속인의 人身에 전속하는 것을 제외한 모든 재산상의 지위를 포괄적으로 승계하는 것이다.

(2) 상속법의 개념 및 법적 특징

1) 상속법의 개념

「상속법」은 자연인의 사망으로 발생한 재산상속관계를 규율하고 유산의 귀속을 확정하는 법규범의 총칭이며, 민법의 중요한 구성부분이다.

2) 상속법의 법적 특징[3]

「상속법」의 규율 대상은 자연인의 사망으로 발생하는 재산상속관계로서, 그 규율 대상은 일반적인 민사법률관계와 차이점이 있다. 즉, 死者의 유산을 살아 있는 자가 승계하는 특수한 민사관계로서, 이는 다른 재산관계와 구분되는 다음과 같은 특징이 있다. 첫째, 재산상속관계는 일정한 신분관계와 관련이 있다. 즉, 상속인과 피상속인 사이에는 특수한 친족 신분이 형성되어 있으며, 이는 상속인이 상속관계에 참여하게 되는 필수적 전제가 되며, 상속권이 발생하는 근거이기도 하다. 둘째, 재산상속관계는 재산 소유관계를 그 기초로 한다. 재산상속관계

1) 孫若軍, 繼承法, 北京, 中國人民大學出版社, 2004, 2쪽.
2) 劉素萍, 繼承法, 北京, 中國人民大學出版社, 1995, 4쪽.
3) 劉素萍, 繼承法, 北京, 中國人民大學出版社, 1995, 22쪽 내지 25쪽 참조.

는 재산 소유관계에서 파생된 것으로서, 이러한 관계를 통하여 피상속인이 생전에 합법적으로 소유한 재산은 법정상속의 방식 또는 유언상속의 방식으로 그 소유권이 상속인에게 이전되는 것이다. 셋째, 재산상속관계는 특정한 법률 사실, 즉 피상속인의 사망을 그 발생 원인으로 한다. 그러므로 피상속인의 사망 이전에는 상속이 이루어질 수 없다. 유언상속의 경우, 피상속인의 사망 외에, 합법적이고 유효한 유언을 그 법률관계의 발생 요건으로 하고 있다. 넷째, 재산상속관계는 오직 개인과 개인 간에 발생하는 것이다. 중국「민법통칙」제2조의 규정에 의하면, "민법은 평등한 주체인 자연인(公民)과 자연인(公民) 간의, 法人과 法人 사이 및 자연인(公民)과 法人 사이의 財産관계와 人身관계를 규율한다"고 규정하고 있다. 그러나 재산 상속관계는 오직 자연인과 자연인 사이에만 발생하는 것을 그 특징으로 한다.

2. 상 속 권

(1) 상속권의 개념 및 성질

상속권이란 자연인(公民)이 법률의 규정 또는 피상속인 생전에 작성한 합법적이고 유효한 유언에 의해 피상속인의 재산을 상속할 수 있는 권리를 의미한다.[1] 이러한 상속권은 객관적 의미의 상속권과 주관적 의미의 상속권의 두 가지 의미를 내포하고 있다. 즉, 그 하나는 상속 개시 전에 상속인이 법률규정과 유언에 의한 지정에 의하여 피상속인의 유산을 상속할 자격, 즉 상속인의 유산을 상속할 수 있는 권리능력을 의미한다. 이러한 의미의 상속권은 권리라기보다는 상속개시 전에 상속인이 期待權으로 가지는 상속권이라 할 수 있으며, 이러한 기대와 희망을 가지는 지위는 결격사유가 없는 한 상실하지 않는다. 그러나 이러한 지위만으로는 피상속인의 사망시점에야 상속인이 상속권을 취득한다는 점을 생각할 때, 그 이전에는 어떠한 종류의 실체법적인 권리도 취득하지 못하며, 오직 상속의 객관적인 가능성만을 의미한다고 할 수 있다. 이러한 관점에서, 객관적 의미의 상속가능성에 관한 권리, 즉 객관적 意義의 상속권을 "상속기대권(繼承期待權)"이라고도 한다.[2] 상속권의 두 번째 의미, 즉 주관적 의미의 상속권은 상속개시 이후에 상속인이 상속 효과를 얻을 수 있는 실제적이고 현실적인 권리

1) 郭明瑞·房紹坤·關濤, 繼承法, 北京, 中國人民大學出版社, 2003, 55쪽.
2) 劉素萍, 繼承法, 北京, 中國人民大學出版社, 1995, 136쪽.

와 그 지위를 포함한다. 이러한 상속권은 상속인이 주관적으로 상속을 승인함으로써 상속재산을 자신의 것으로 할 수 있는 권리인 형성권적 상속권과, 승인에 의하여 상속재산을 구성하는 권리의무를 승인 취득한 상태인 기득권적 상속권으로 나누어지며, 이러한 주관적 의의의 상속권을 "상속기득권(継承卽得權)"이라고 칭하기도 한다.[1)]

(2) 상속의 결격(継承權的喪失)

상속의 결격(継承權的喪失)이란 상속인이 피상속인이나 기타 상속인에 대하여 중대한 위법행위 또는 부도덕한 행위를 하거나, 혹은 피상속인의 유언에 대한 부정행위를 하였을 때, 법률의 규정에 의하여 그 상속 자격이 박탈되어 상속인의 지위를 상실하게 하는 제도이다.[2)] 중국 「상속법(継承法)」 제7조에 규정된 네 가지 상속결격사유는 다음과 같다.

첫째, 피상속인을 고의로 살해한 경우.

둘째, 유산을 쟁탈하기 위하여 기타 상속인을 살해한 경우.

셋째, 피상속인을 유기하였거나 피상속인을 심하게 학대한 경우.

넷째, 피상속인의 유언서를 위조, 변조 또는 파기한 경우.

상속 결격사유가 발생하면 상속인이 법률의 규정에 의하여 아무런 의사표시나 판결도 필요 없이 당연히 상속할 자격을 잃는 프랑스민법(제727조), 스위스민법(제450조) 및 한국의 민법과는 달리, 중국 상속법은 독일 민법례[3)]와 같이 결격사유에 기인하여 상속결격 여부에 관한 소를 제기하여 법원의 판결을 얻어야 비로소 결격의 효과가 생긴다.[4)] 뿐만 아니라, 결격의 효과가 법률상 당연히 생기는 것은 아니므로, 만일 피상속인이 상속결격자에 대하여 결격의 용서를 하거나 결격 효과의 취소 또는 면제가 허용됨을 알 수 있다.[5)]

---

1) 劉素萍, 継承法, 北京, 中國人民大學出版社, 1995, 137쪽.
2) 郭明瑞·房紹坤·關濤, 継承法, 北京, 中國人民大學出版社, 2003, 21쪽.
3) 「독일민법」 제2340조, 제2342조, 제2344조 참조.
4) 중국 「최고인민법원의 '중화인민공화국 상속법' 집행을 관철하기 위한 약간 문제의 의견(最高人民法院關于貫徹執行 '中華人民共和國継承法' 若干問題的意見)」 제9조.
5) 중국 「최고인민법원의 '중화인민공화국 상속법' 집행을 관철하기 위한 약간 문제의 의견(最高人民法院關于貫徹執行 '中華人民共和國継承法' 若干問題的意見)」 제13조.

3. 유 산

⑴ 유산의 개념 및 특징

유산은 자연인이 사망 시에 남긴 개인의 합법적인 재산 및 재산상의 권리이다.[1] 유산은 상속권의 객체로서 상속개시 이후 유산처리가 종결되기 직전까지의 시기에 존재하는 개념으로서 유산처리가 종결된 후에는 그 소유권이 상속인에게 귀속되어 상속인의 개인재산에 포함되어 유산으로서의 성질을 잃게 된다.[2]

유산의 법률특징은 다음과 같다.[3]

첫째, 유산은 합법성을 그 특징으로 한다. 유산은 반드시 피상속인이 합법적으로 소유하는 재산이어야 한다. 둘째, 유산의 특정 시간성 : 유산은 피상속인 사망 시에 남기는 것으로서 피상속인의 사망 시에 피상속인의 재산은 유산으로서의 성질을 획득하게 된다. 셋째, 유산의 재산적 성질 : 유산은 피상속인이 남긴 재산적 권리와 의무에 한정한다. 넷째, 유산의 양도성 : 유산은 「상속법」의 규정에 의해 타인에게 양도 가능한 재산이어야 한다. 다섯째, 유산의 총체성 : 유산은 피상속인 생전의 재산적 권리와 일정 범위 내의 재산 의무의 통일체이다.

⑵ 유산의 범위

「상속법」 제 3 조에 규정된 유산의 범위는 다음과 같다.

첫째, 자연인의 합법적인 수입

둘째, 자연인의 부동산과 저축 및 생활용품

셋째, 자연인의 임목, 가축 및 가금

넷째, 자연인 소유의 문화재,[4] 도서자료

다섯째, 법률이 허용하는 자연인 소유의 생산수단(生產資料)

여섯째, 자연인의 저작권, 특허권 중의 재산권

---

1) 孫若軍, 繼承法, 北京, 中國人民大學出版社, 2004, 56쪽.

2) 郭明瑞 · 房紹坤, 繼承法(第二版), 北京, 法律出版社, 2007, 84쪽 참조.

3) 孫若軍, 繼承法, 北京, 中國人民大學出版社, 2004, 56-57쪽;郭明瑞 · 房紹坤, 繼承法(第二版), 北京, 法律出版社, 2007, 84-86쪽; 夏吟蘭, 民法學(卷五)婚姻家庭繼承法, 北京, 中國政法大學出版社, 2007, 231쪽; 教育部高等教育司組編, 婚姻家庭繼承法(第三版), 北京, 法律出版社, 2008, 283쪽.

4) 중국 「문화재보호법」 제 6 조 규정에 의하면, 집단(集体) 및 개인(私人)이 소유권을 향유하는 문화재 등은 법률로 보호됨을 규정하고 있으며, 동 법 제 5 조의 규정에 의하면 상속이나 유증에 의한 문화재의 소장을 법률로 보호하고 있다.

일곱째, 자연인의 기타 합법적인 재산.[1]

Ⅱ. 법정상속

법정상속이란 상속인이 될 자의 범위와 순위가 법률상 정해져 있는 상속형태를 말한다.

1. 법정상속의 개념, 특징 및 적용범위

(1) 개념 및 특징

법정상속(Succession Legal)이란, 상속인의 범위, 상속순위, 유산분배의 원칙 등 법률의 규정에 의하여 직접 재산상속을 하는 일종의 상속제도이다.[2] 법정상속을 확정하는 근거는 상속인과 피상속인 간의 혼인관계와 혈연관계이며, 법정상속인의 범위는 법률에 의하여 家庭 내로 한정하며, 특정한 친족관계는 법정상속의 전제가 된다. 법정상속은 유언상속(遺囑繼承)의 대칭되는 개념으로서 '무유언상속(无遺囑繼承)'이라고도 하며, 중국의 상속제도는 법정상속을 위주로 하며, 법정상속은 상속의 주된 방식일 뿐만 아니라 상속제도에서 점하는 위치와 역할은 매우 크고 중요하다 할 수 있다.[3]

(2) 적용범위

「상속법」 제5조 및 제27조의 규정에 의하면, 다음 사항 중 하나에 해당하면 법정상속을 적용한다.

첫째, 피상속인 생전에 유언이나 유증부양계약(遺贈扶養協議)이 없는 경우.

둘째, 유언상속인이 상속을 포기하였거나 수증자가 유증을 포기한 경우.

셋째, 유언상속인이 상속권을 상실한 경우.

넷째, 유언상속인, 수증자가 유언자에 앞서 사망한 경우.

다섯째, 유언의 무효부분에 관계되는 유산.

여섯째, 유언으로 처분되지 않은 유산.

1) 중국「최고인민법원의 '중화인민공화국 상속법' 집행을 관철하기 위한 약간 문제의 의견(最高人民法院關于貫徹執行'中華人民共和國繼承法'若干問題的意見)」제3호 규정에 의하면, 자연인이 상속할 수 있는 기타 합법적인 재산은 유가증권과 이행물이 재물인 채권 등도 포함된다.

2) 劉素萍, 繼承法, 北京, 中國人民大學出版社, 1995, 185쪽.

3) 孫若軍, 繼承法, 北京, 中國人民大學出版社, 2004, 73쪽.

2. 법정상속인의 범위와 상속순위

(1) 법정상속인의 범위

법정상속인은 법률이 직접 규정한 법률에 의거하여 피상속인의 유산을 상속할 수 있는 자이다. 그 범위의 확정은 일반적으로 법정 친족범위를 근거로 한다. 「상속법」 제10조 내지 제12조의 규정에 의하면, 법정상속인의 범위는 배우자, 자녀, 부모, 형제자매, 조부모, 외조부모를 포함한다고 규정하고 있다. 또한 시아버지, 시어머니 또는 장인, 장모에게 그 부양의무를 다한 상처한 며느리와 사위도 법정상속인의 범위에 포함된다.[1)]

(2) 법정상속순위

상속이 개시될 때 상속인의 자격을 가진 자가 한 사람밖에 없을 경우 상속순위의 문제는 일어나지 않지만, 만일 그 자격을 갖춘 자가 수인인 경우에는 상속과 관련하여 여러 분쟁이 일어날 우려가 있다. 이에 상속의 순위를 법률로서 미리 정하여 이러한 불필요한 분쟁을 미리 방지할 수가 있는 것이며, 중국 「상속법」이 정하는 상속순위는 다음과 같다. 선순위 상속인이 1인이라도 존재할 경우 후순위 상속인은 상속할 수 없음을 원칙으로 한다.

1) 제1순위—배우자, 자녀 및 부모

「상속법」 제10조의 규정에 의하면, 제1순위 상속인은 피상속인의 배우자, 자녀 및 부모이다. 피상속인의 부모와 배우자가 제1순위인 점은 한국민법이 법정상속 제1순위로 직계비속만을 규정하고 있으며 배우자는 그 직계비속과 동순위, 즉 제1순위로 공동상속인이 되고, 직계비속이 없는 경우에는 피상속인의 직계존속과 동 순위로 공동상속인이 되며, 피상속인의 직계비속도 직계존속도 없는 경우에 한하여 단독 상속인이 되고, 그 상속분의 5할을 가산하는 것과는 차이가 있다. 즉, 중국 「상속법」에서의 1순위 상속인인 배우자, 자녀 및 부모는 모두 공동 상속인으로 규정되어 있으며, 여기서 지칭하는 자녀는 혼인중의 출생자이건 혼인 외의 출생자이건, 친생자이건 양자이건, 그 상속순위에는 아무런 차별이 없다. 더욱이 부양관계에 있는 계모자(継子女)관계에도 상속권이 인정되고 있는 점은 한국 민법이 1990년의 일부 개정으로 계모자관계와 적모서자(嫡母庶子)관계가 폐지됨으로써 상속권이 인정되지 않는 점과는 차이가 있다.

1) 劉素萍, 継承法, 北京, 中國人民大學出版社, 1995, 186쪽.

「상속법」 제12조의 규정에 의하면, 상처한 며느리가 시아버지, 시어머니에 대하여, 상처한 사위가 장인 장모에 대하여 주된 부양의무를 다하였을 경우, 제 1 순위 상속인이 되며, 또한, 태아는 상속순위에 관하여는 이미 출생한 것으로 간주한다.

2) 제 2 순위—형제자매, 조부모 및 외조부모

「상속법」 제10조의 규정에 의하면, 제 2 순위 상속인은 피상속인의 형제자매, 조부모 및 외조부모이다. 이 부분 또한 한국민법에는 제 2 순위 상속인으로 직계존속을 규정하고 있으며, 직계존속이 수인인 경우에 그 직계존속들이 촌수가 같으면 동순위이며, 촌수를 달리하면 최근친이 먼저 상속인이 되는 것과는 다르다. 즉, 직계존속 중 촌수가 가까운 부모는 배우자, 자녀와 함께 제 1 순위 상속인으로 규정하고, 촌수가 부모보다 먼 조부모와 외조부모를 피상속인의 형제자매와 함께 제 2 상속인으로 규정하고 있음을 알 수 있다. 이는 지난 1980년대 이래 한 자녀 정책(計划生育政策; One Child Policy)[1]을 펴고 있는 중국에서 한 쌍의 부부가 한 자녀밖에 둘 수 없는 여건 하에서 손 자녀와 조부모 및 외조부모와의 관계가 상당히 밀접하고 가까울 수밖에 없는 점을 감안할 때 중국 「상속법」의 법정상속권자의 순위에 관한 본 규정은 중국적 현실을 비교적 잘 반영하고 있는 조항이 아닌가 생각된다.

⑵ 대습상속

「상속법」 제11조에는 "피상속인의 자녀가 피상속인보다 먼저 사망한 경우, 피상속인 자녀의 손아래 직계혈족(晚輩直系血親)이 대습상속을 한다"고 규정함으로써 대습상속을 인정하고 있다.

대습상속의 요건은 상속인, 즉 피대습자가 상속개시 전에 사망하여야 하며,

1) 중국의 산아제한정책은 이미 1960년대부터 제창되기 시작하였으며(1962年 12月 中共中央和國務院發出關于認眞提倡計划生育的批示), 1963년 이래 중앙중공과 국무원은(中共中央和國務院) 晚婚을 장려하기 시작하였다. 이후 1964년 국무원은 계획생육위원회(計划生育委員會)라는 산아제한기구를 발족시켜 먼저 도시를 중심으로 산아제한정책을 펼쳐나갔으며, 농촌의 약 1/5의 현(縣)을 중심으로 이러한 정책을 우선적으로 추진하기 시작하였다. 1970년대 이후, 중국의 산아제한정책은 보다 전면적으로 전개되기 시작하였으며 이 시기에 인구정책(人口計划)은 정식으로 국민경제발전계획(國民經濟發展計划)에 산입되었으며, 1973년에는 정책적으로 한 쌍의 부부에게 한 자녀 출산이 장려되었고 많게는 두 자녀를 초과하지 않으며, 출산간격도 3년 이상이 될 것을 장려하였다. 그러나, 1980년대 이후 중국정부는 산아제한정책을 좀 더 구체화하여 1980년 9월 중공중앙, 국무원은 한 쌍의 부부가 한 자녀만을 출산하는 "한 자녀 출산 정책(獨生子女制度: One Child Policy)"을 제창하였으며, 1982년에는 헌법에 산아제한정책(計划生育)을 기본국책으로 명기하였다.

대습상속인은 피대습자의 直系卑屬이어야 한다. 그러나 상속인, 즉 피대습자가 상속인의 자격을 상실할 경우 원칙적으로 대습상속권을 인정하지 않는다.[1)]

재대습상속과 관련하여, 중국「상속법」은 피상속인의 자녀에게 대습 원인이 발생하면 손자녀가 대습상속을 하게 되는 것은「상속법」에 명문규정이 있으나, 재대습상속 즉, 만일 그 손자녀에 대해서도 대습원인이 발생할 경우 증손자녀가 대습상속을 할 수 있는지, 그리고 또 증손 이하의 직계비속에 대해서도 마찬가지로 대습 원인이 발생할 경우 대습상속이 가능한지에 관하여 명문규정은 없다. 그러나「최고인민법원의 '중화인민공화국 상속법' 집행을 관철하는 데 있어서의 약간 문제에 관한 의견(最高人民法院關于貫徹執行 '中華人民共和國繼承法' 若干問題的意見)」제26조에 의하면 재대습상속을 인정하고 있음을 알 수 있다.

⑶ 상속인의 자격

1) 상속능력의 의의

상속능력이란 상속인으로서 상속권을 취득할 수 있는 법률상의 자격을 의미한다.[2)] 상속은 재산상속을 의미하므로 권리능력이 있는 자는 모두 상속능력이 인정되나, 이는 자연인에 대해서만 인정되며, 법인 또는 기타 사회조직(其他社會組織)은 권리능력이 있더라도 상속능력은 인정되지 않는다. 법인 또는 기타 사회조직(其他社會組織)은 포괄적 수증자가 될 수 있으며,[3)] 포괄적 수증을 받는 경우 실질적으로 상속인의 지위로 상속을 받는 것과 동일한 효과가 발생한다.

2) 태아의 상속능력

상속의 개시 시기는 피상속인의 사망 시이다. 그러므로 상속인이 되기 위해서는 상속이 개시될 때에 권리능력자일 필요가 있다. 즉 출생해 있을 필요가 있다. 그러나 시간적으로 피상속인의 사망 시에 태아로 존재하는 경우 이 태아가 살아서 출생한다면 시간적인 약간의 차이로 인해 상속인이 되지 못하는 불공평한 결과가 초래될 수 있다. 이러한 태아의 권리를 보호해 주기 위하여, 원래 상속인이 되기 위해서는 동시존재의 원칙에 따라 상속 개시 시에 출생해 있을 필요가 있으나, 중국「상속법」제28조에는 태아에 관해서는 이 원칙의 예외를 인정하고 있다. 즉, 유산 분할 시에 태아의 상속분을 보류해 두도록 규정하고 있으

1)「최고인민법원의 중화인민공화국 '상속법' 집행을 관철하는데 있어서의 약간 문제에 관한 의견(最高人民法院關于貫徹執行 '中華人民共和國繼承法' 若干問題的意見)」제28조.

2) 劉素萍, 繼承法, 北京, 中國人民大學出版社, 1995, 129쪽.

3) 劉素萍, 繼承法, 北京, 中國人民大學出版社, 1995, 121쪽.

며, 만일 태아가 사체로 출생할 시에는 보류분은 법정상속에 의해 분배한다는 것도 규정하고 있다.[1)]

Ⅲ. 유언상속

유언상속이란 상속인이 피상속인의 유언으로 지정되는 상속형태를 말한다.

1. 유언의 성질

(1) 유언의 의의

유언은 자연인이 생전에 법률에 의거하여 자신의 재산을 처분, 처리 및 이와 관련된 사무를 하는 것이며, 유언자의 사망 후에 일정한 법률효과를 발생시키는 상대방 없는 단독행위이다.

(2) 유언의 법적 성질

유언은 사망한 자의 최종의사를 존중하려는 제도로서, 그 법적 특질은 다음과 같다.[2)]

1) 유언은 상대방이 없는 단독행위이다.

2) 유언은 반드시 유언자 본인의 독립된 의사에 의하여 이루어지는 법률행위이다.

3) 유언은 유언자의 사후에 법률효과가 발생하는 이른바 사후행위이다.

4) 유언은 요식행위이다.

5) 유언은 법률에 근거하여 행하여지는 민사 법률행위이다.

(3) 유언 능력

유언도 일종의 의사표시이기 때문에 의사능력이 없는 자가 한 유언은 설사 형식을 갖추고 있다 하더라도 그것은 무효이다. 그러나 행위자 자신을 보호하는 것을 목적으로 하는 무능력자제도를 엄격히 유언제도에 적용할 필요는 없다. 비록 무능력자라 하더라도 자기가 한 유언이 어떤 결과를 가져오는지에 대한 판단능력, 즉 의사능력만 있다면 유언을 할 수 있다.

---

1) 「상속법」 제28조.

2) 郭明瑞·房紹坤, 繼承法(第二版), 北京, 法律出版社, 2007, 137-138쪽.

2. 유언의 방식

⑴ 유언의 요식성

유언은 유언자의 사망 후에 그 효력이 발생하는 사후행위이기 때문에 그 내용이 유언자의 진의인지 아닌지 또는 유언이 실제로 있었는지의 여부 등을 확인하는 것은 매우 곤란하다. 따라서 그 형식을 엄격히 하여 유언자 사후에 자신의 뜻과 위배되는 일이 발생하지 않도록 진정으로 유언을 하려는 자에게 이러한 엄격한 형식을 밟도록 요구하는 것이다.

중국의 「상속법(繼承法)」은 1985년에 제정되어 동년 10월 1일부터 실시되었다. 상속법이 실시되기 이전의 법률이 정한 형식요건을 갖추지 못한 유언의 효력에 관해, 관련 사법해석[1] 제35조의 규정에 의하면, "상속법이 실시되기 이전의 유언서가 그 형식에 있어서 상속법에 규정된 요건을 충족시키지 못하나, 그 내용이 합법적이고 유언자의 진정한 의사에 합치한다는 충분한 증거가 있다면, 이러한 유언서도 유효하다고 판단 한다"고 규정하고 있다. 이는 즉, 1985년 10월 1일 「상속법」이 실시된 이후에 작성된 유언서가 그 형식에 흠결이 존재한다면 법률효력이 없다는 것을 의미하는 것이다.[2] 이처럼 법률이 정한 방식에 따라 유언을 할 것을 요구하는 것을 유언의 요식성이라 한다.

⑵ 유언의 방식

「상속법」 제17조에 규정된 유언의 법정형식은 다음과 같다.

1) 공정증서에 의한 유언(公証遺囑)

이 방식은 유언자가 생전에 직접 자신의 호구소재지나 주소지 또는 주요재산 소재지의 공정기관에 가서 구두 혹은 서면형식으로 유언공정증명을 한 서면유언을 말한다.

2) 자필증서에 의한 유언(自書遺囑)

유언자가 직접 유언서를 작성하고 친필 서명한 유언을 말한다. 반드시 유언자가 유언의 全文을 직접 쓰고 서명과 유언서 작성 일시(년, 월, 일) 및 서명을 하여 작성한다.

---

1) 「최고인민법원의 '중화인민공화국 상속법' 집행을 관철하는 데 있어서의 약간 문제에 관한 의견 (最高人民法院關于貫徹執行 '中華人民共和國繼承法' 若干問題的意見)」

2) 孫若軍, 繼承法, 北京, 中國人民大學出版社, 2004, 138쪽.

3) 대필증서에 의한 유언(代書遺囑)

두 명 이상의 증인이 참가하는 가운데, 그 중 한 명의 증인이 유언서를 대필하고, 유언서 작성 일시(년, 월, 일)와 대필자, 기타 증인 및 유언자가 서명하여 작성한다.

4) 녹음형식에 의한 유언(以录音形式立的遺囑)

유언자가 녹음형식으로 한 유언을 말한다. 녹음형식에 의한 유언 작성 시, 반드시 두 명 이상의 증인이 입회한 가운데 유언의 취지, 유언자의 성명, 유언한 일시(년, 월, 일)를 녹음하고, 입회한 증인이 유언자의 유언이 틀림없음을 확인하는 내용과 자신의 성명을 녹음시킴으로써 작성한다.

5) 구수증서에 의한 유언(口頭遺囑)

유언자에게 질병 등 기타 급박한 사정이 발생하여 부득이 앞에 설명된 기타 방식으로 유언을 성립시킬 수 없는 경우에 인정되는 방식이다. 구두에 의한 유언은 두 명 이상의 증인이 입회하여 증명하여야 한다. 급박한 사정이 종료된 후에 유언자가 서면이나 녹음형식의 유언을 하게 되면, 이전의 구두유언은 무효가 된다.

3. 유언의 효력

(1) 유언의 효력발생 시기 및 요건

유언은 상대방이 없는 의사표시로서, 유언자가 법률이 규정한 방식대로 유언을 하였을 때 성립하며, 유언자가 사망한 때로부터 그 효력이 발생한다.

「상속법」에 규정된 유언이 효력을 발생하기 위한 요건은 다음과 같다.

첫째, 유언자가 반드시 민사행위능력자 이어야 한다.

둘째, 유언자의 진정한 의사표시가 있어야 한다.

셋째, 유언의 내용이 합법적이어야 한다.

넷째, 유언의 형식이 법률에 규정된 형식요건에 부합하여야 한다.

(2) 유언의 무효와 취소

유언의 무효란 유언이 법률의 규정을 위반하여 법률효과가 발생하지 않는 것을 말한다.[1] 유언자는 그 생존중에 유언의 효력을 잃게 하려면 무효, 취소를 주장할 필요 없이 철회할 수 있으나, 일반적으로 유언의 무효와 취소가 문제되는 것은 유언자가 사망한 후의 일이다. 「상속법」 제22조와 제19조에 규정된 유

1) 郭明瑞·房紹坤, 繼承法(第二版), 北京, 法律出版社, 2007, 155쪽.

언무효의 상황은 다음과 같다.

첫째, 유언무능력자에 의한 유언은 무효이다.

둘째, 사기 강박에 의한 유언은 무효이다.

셋째, 위조된 유언 및 대리에 의한 유언은 무효이다.

넷째, 변조된 유언의 내용은 무효이다.

다섯째, 유언자 자신의 재산이 아닌 부분을 유언으로 처리한 경우 그 내용은 무효이다.[1]

여섯째, 유언에 노동능력이 부족하고 생활에 필요한 수입이 없는 상속인에게 남겨야 할 필요한 유산을 남기지 않은 경우, 반드시 남겨야 할 부분에 대한 유언은 무효이다.[2] 중국의 현행 「상속법」 제19조는 "유언은 노동능력이 부족하고 생활에 필요한 수입이 없는 상속인에게는 반드시 필요한 만큼의 유산을 남겨야 한다"고 규정함으로써, 한국이나 독일, 프랑스와 같은 유류분 제도와는 약간의 차이점을 보이고 있다.[3] 즉, 법정상속인 중 노동능력이 부족하고 생활에 필요한 수입이 없는 경우에 한해 상속권을 보장해 주도록 규정하고 있을 뿐이다. 이는 중국의 「상속법」 제정 당시인 1980년대만 하더라도 '개인 재산(個人財産)'의 규모가 그리 크지 않았고, 법률에 의해 좀 더 보호되어야 할 법익은 노동능력도 부족하며 생활에 필요한 수입이 없는 국민들의 생활을 보장하는 데 있다고 여겨졌다. 이러한 사회적 상황이 반영된 조항이 바로 중국적특색을 지닌 「상속법」 제19조의 유류분 유사규정이라 할 수 있다. 그러나 중국은 개혁개방 이후 30 여 년의 세월이 흐른 현재 사회적 富와 함께 개인의 富도 상당히 축적되었으며 그 규모도 계속 증가하는 추세임을 감안할 때, 유언에 있어서 유류분 제도에 의한 유언자유의 제한 필요성은 유류분을 가지는 추정상속인의 이익을 보다 포괄적으로 보호하는 방향으로 법개정이 이루어져야 한다는 주장이 학계에서 일부 제기되고 있다.[4]

1) 「최고인민법원의 '중화인민공화국 상속법' 집행을 관철하는 데 있어서의 약간 문제에 관한 의견(最高人民法院關于貫徹執行 '中華人民共和國繼承法' 若干問題的意見」 제26조.

2) 「상속법」 제19조.

3) 이와 같은 「상속법」 제19조의 규정과 관련하여, 중국 학계에서는 외국과 같은 유류분제도를 도입해야 한다는 견해와 「상속법」 제19조의 규정이 중국적 특징을 반영하였을 뿐 이미 유류분제도는 중국법에 존재한다는 견해가 대립한다.

4) 郭明瑞·房紹坤, 繼承法(第二版), 北京, 法律出版社, 2007, 159; 馬原·高圣平, 繼承法及配套規定新釋新解, 北京, 人民法院出版社, 2003, 520-521 참조.

Ⅳ. 유　　증

1. 유증의 의의 및 법적 성질

유증이란 유언에 의한 재산의 무상증여로서, 수증자는 국가, 집단(集体) 또는 법정상속인 외의 자연인이며, 증여자의 사망에 의하여 법률효과가 발생하는 법률행위이다.

유증의 법적 성질은 다음과 같다.

첫째, 유증은 반드시 유언의 방식을 취하는 단독행위이다.

둘째, 유증은 법정상속인 이외의 자에게 재산적 이익을 주는 행위이다.

셋째, 유증은 유언자(遺贈人)의 사망 후에 법률효과가 발생하는 사인행위이다.

넷째, 유증은 오직 수증자에 의해 직접 승인되는 행위이다.

2. 유증의 효력발생요건

유증은 비록 유언자(遺贈人) 단독의 의사표시이기는 하지만, 일정한 요건이 갖추어져야 비로소 법적 효력이 발생한다. 이러한 요건은 주로 다음과 같다.

첫째, 유언자(遺贈人)는 반드시 유언능력이 있는 자이어야 한다.

둘째, 유언자는 노동능력이 부족하고 또한 생활에 필요한 수입이 없는 상속인에게 반드시 남겨야 할 유산을 남겨야 한다.

셋째, 유언자의 유언은 법률에 부합하는 내용이어야 한다.

넷째, 수증자는 반드시 법정상속인 이외의 자이어야 하며 유언자의 유언이 효력을 발생하는 시점, 즉 유언자의 사망 시에 생존할 것을 요건으로 한다. 이는 유언자의 사망 전에 수증자가 사망한 경우에는 수증자의 지위는 승계, 즉 일종의 대습수증이 되지 않으므로, 결국 유증은 효력이 발생하지 않게 되는 것이다.

다섯째, 수증자는 반드시 수증적격이어야 한다.

여섯째, 유증 재산은 반드시 유산이어야 하며, 유언자 사망 시에 유증의 집행이 합법적으로 이루어질 수 있는 재산이어야 한다.

3. 유증부양계약(遺贈扶養協議)

⑴ 유증부양계약의 의의 및 법적 성격

「상속법」 제31조에 의하면, 자연인은 부양자(扶養人)와 유증부양계약(遺贈扶養協議)을 체결할 수 있다. 동 계약에 의거하여 부양자는 계약 상대방의 생전에 부양의무를 다하고 사망 후에는 장례처리에 관한 의무(生養死葬的義務)를 부담하며, 유증의 권리를 향유한다고 규정하고 있다. 이 때 부양자는 자연인 뿐 아니라 집단(集体)도 부양자가 될 수 있다.[1] 즉, 유증부양계약(遺贈扶養協議)이란, 부양자가 유언자 생전의 부양의무와 사후의 장례처리에 대한 의무를 부담할 것을 조건으로 유언자의 사후에 부양자에게 자신 소유의 합법적인 재산, 즉 유산을 남겨줄 것을 유언에 의해 지정한, 유언자와 부양자 간에 체결한 계약이다. 유증부양계약(遺贈扶養協議)은 쌍방 법률행위이며, 쌍무계약이고, 낙성계약이다.

⑵ 유증부양계약의 법률효과

첫째, 유증부양계약의 법률효력은 법정상속과 유언상속에 우선한다.[2] 「상속법」 제 5 조 규정에 의하면, 상속 개시 후에 법정상속에 의해 처리하며, 유언이 있을 경우, 유언상속이나 유증에 의해 처리하고, 유증부양계약이 있으면 동 계약에 의거하여 처리한다고 규정함으로써 유증부양계약의 효력이 유언상속이나 법정상속에 우선함을 알 수 있다.

둘째, 유증부양계약이 일단 체결되면 쌍방간에 약정된 권리와 의무관계가발생하므로 반드시 계약 내용을 성실히 준수하여야 한다.

셋째, 유증부양계약을 중도에 파기할 경우 다음과 같은 법률효과가 발생한다. 즉, 부양자가 정당한 사유 없이 계약으로 체결한 의무를 이행하지 않을 경우 계약이 해지되며 유증의 권리가 박탈되고, 이미 지출한 부양비용은 일반적으로 보상받지 못한다. 반면, 피부양자가 정당한 사유 없이 의무를 이행하지 않을 경우, 즉 계약을 해지할 경우, 부양자가 지출한 부양비를 상환해야 한다.

넷째, 유증부양계약은 유언자와 그 자녀, 부양자와 그 부모 간의 권리의무관계에는 영향을 미치지 않는다.

1) 「상속법」 제31조.
2) 「상속법」 제 5 조.

제 6 장 商　　法

[吳日煥]

제 1 절 商法總論

I. 총　　설

1. 상법의 의의

상법은 商事主體(商人)의 상행위로 인하여 발생하는 법률관계, 즉 商事關係를 규율하는 법률규범의 총칭이다. 상법은 일반적으로 형식적 의의의 상법과 실질적 의의의 상법으로 나눌 수 있다. 형식적 의의의 상법은 민·상법 분리의 입법주의를 취하고 있는 국가에서 民法典과는 별도로 제정한, 상법이란 이름으로 명명된 法典을 가리키며, 실질적 의의의 상법은 상사관계를 규율하는 모든 법률규범을 가리킨다. 대륙법계 국가이든 영미법계 국가이든, 민·상법 통일의 입법방식을 취하고 있는 국가이든 민·상법 분리의 입법방식을 취하고 있는 국가이든 막론하고 商事活動이 존재하는 한 실질적 의의의 상법은 존재한다.

중국에는 현재 商法典이 제정되어 있지 않기 때문에 형식적 의의의 상법은 존재하지 않는다. 그러나 시장경제체제의 수립에 따라 상사관계를 규율하는 상법규범은 이미 대량으로 존재하고 있다. 민·상법 통일의 입법경향을 취한 「민법통칙」(民法通則) 및 「계약법」(合同法) 외에 商事에 관한 단행법으로 「회사법」(公司法), 「조합기업법」(合伙企業法), 「개인독자기업법」(個人獨資企業法), 「어음법」(票據法), 「보험법」(保險法), 「해상법」(海商法) 등 법률을 제정·공포하였으며 민법, 경제법, 행정법 등 法域에 속하는 기타 법률에도 상사관계를 규율하는 법률규범이 대량으로 존재하고 있다. 따라서 실질적 의의의 상법은 중국에도 존재한다고 할 수 있다.

2. 商法의 地位

대륙법계의 국가에 있어서 상법은 오랜 역사를 가지고 있는 법분야로서 상사관계를 규율하는 특별사법(特別私法)의 성질을 가지고 있다. 그러나 중국은 현재 사회주의 계획경제체제로부터 사회주의 시장경제체제로 전환하는 단계에 처해 있고 商法典 자체도 아직은 제정되어 있지 않으므로 중국에 있어서 상법은 형성중에 있는 새로운 법역(法域)이며 그 지위에 대해서도 아직은 논란이 많다. 이하에서는 상법과 기타 인접 법분야와의 관계를 통하여 상법의 위상(位相)을 알아본다.

⑴ 商法과 民法

대륙법계에 있어서 민법과 상법은 사법(私法)의 양대 法域으로서 양자는 극히 밀접한 관계를 가진다. 민법은 사인(私人)의 일상적인 보통의 생활관계를 규율하는 一般私法이고 상법은 商事關係를 규율하는 特別私法이다. 따라서 민법과 상법의 관계는 일반법과 특별법의 관계이다.

중국은 전통적으로 민·상법 통일의 입법주의를 취하고 있는 국가로서 현재 商法典을 제정하지 않고 있지만 「회사법」, 「보험법」, 「해상법」, 「어음법」 등 대륙법계에서 전통적으로 상법에 속하는 법률들이 단행법으로 제정되어 있으므로 상법이 상대적으로 독립된 법분야로서 존재한다. 민법과 상법의 관계는 일반법과 특별법의 관계이고 상법은 기본적으로 민법과 마찬가지로 私法에 속한다고 중국 학계는 보편적으로 인정하고 있다. 따라서 상사관계에 관하여 상법이 우선 적용되고 상법에 특별한 규정이 없는 경우에만 민법의 일반적인 규정이 보충 적용된다. 또한 민법의 기본적인 개념들인 권리능력, 법률행위, 법인 등은 상법에 대하여도 일반적으로 적용된다.

⑵ 商法과 經濟法

중국에서 경제법의 개념은 廣義와 狹義로 나눈다. 광의의 경제법설에 따르면 경제법은 사회의 모든 경제관계를 규율하는 법률규범의 총칭으로서 평등한 주체들 사이의 橫的인 민사관계를 규율할 뿐만 아니라 불평등한 주체들 사이의 縱的인 행정관계도 규율한다. 이러한 경제법설 하에서는 상법의 내용이 경제법에 포함되며 상법의 독립성은 인정되지 않는다. 협의의 경제법설에 따르면 경제법은 독점규제법, 부정경쟁방지법, 국가의 거시적 조절법을 중심으로 하는 국가의 경제거래행위에 대한 간여를 체현하는 법률규범의 총칭이다. 이는 자본주의 국가에 있어서의 경제법의 定義와 기본적으로 일치하고 있다. 계획경제체제가 주류를 이루는 1980년대에는 광의의 경제법설이 유력하였으나 1990년대 이후 시장경제체제가 점차 수립됨에 따라 협의의 경제법설이 주류학설로 자리를 잡아가고 있다. 협의의 경제법설 하에서는 상법의 독립성이 인정된다. 경제법은 국가경제의 총체적 발전을 위해 국가가 경제거래활동에 간여하여 계약자유의 원칙과 같은 私法秩序에 공법적 수정을 가하는 것을 내용으로 하고 그 실현을 위해 벌칙 등 공법적 제재를 주요 수단으로 삼지만 상법은 私經濟의 평등한 주체 간의 이해조정을 목적으로 하며 그 실현수단도 주로는 사법적 효과에 의존한다.

(3) 商法과 行政法

행정법은 행정활동을 규율하는 법률규범의 총칭으로서 주로 국가행정권력의 조직, 행정권력의 활동 및 행정활동효과에 대한 구제를 규정한다. 행정법은 公法에 속하므로 私法으로서의 상법과는 명확히 구별된다. 그러나 상법에도 공법적 규정이 다수 존재하는 데 주로는 행정법률규범이다. 예컨대 상사등기제도, 상사장부제도, 선박등기제도, 위법행위자에 대한 행정처벌 등이다. 그러나 이러한 제도의 목적은 어디까지나 상사질서의 수립과 상사권리의 실현에 있으며 결코 상법의 私法的 성질을 변화시킬 수는 없다. 따라서 상사활동중의 행정법적 규율은 행정법이 상법에 대한 보충이라고 할 수 있다.

3. 商法의 法源

상법의 法源은 상법규범의 표현 및 존재형식으로서 상사활동의 중요한 법적 근거이다. 대륙법계 국가에 있어서 상법의 法源은 주로 商事制定法, 商慣習法, 商事國際條約, 商事自治法 등으로 구성되고 영미법계국가에서는 상사판례도 중요한 法源으로 작용한다. 중국법은 法源構成에 있어서 특수성이 있으므로 중국 상법의 法源은 주로 商事 관련 法律, 行政法規, 地方性 法規, 行政規章, 國際條約과 國際慣例 및 商事自治法으로 구성된다. 상사판례는 중국 상법의 法源은 아니나 최고인민법원의 상사 관련 법률적용에 관한 司法解釋은 상법의 法源으로서 작용한다.

⑴ 法 律

법률은 국가입법기관인 전국인민대표대회 및 그 상무위원회에서 제정·공포한 규범성 문건이다. 상사 관련 단행법률로는 「회사법」, 「조합기업법」, 「個人獨資企業法」, 「보험법」, 「해상법」, 「어음법」, 「증권법」, 「상업은행법」, 「기업파산법(시행)」, 「중외합자경영기업법」, 「중외합작경영기업법」, 「외자기업법」 등이 있다. 그리고 「민법통칙」, 「민사소송법」, 「계약법」등 기타 법률에도 상사 관련 규정들이 적지 않게 존재한다. 전국인민대표대회 상무위원회가 상사 관련 법률에 관한 입법해석은 법률과 동등한 효력을 가진다.

⑵ 行政法規

행정법규는 최고행정기관인 국무원이 헌법과 법률에 근거하여 제정·공포한 규범성 문건이다. 상사 관련 행정법규로는 「회사등기관리조례」, 「기업법인등기관리조례」, 「사영기업잠정조례」(私營企業暫行條例), 「주권발행 및 거래관리 잠정조례」(股票發行與交易管理暫行條例), 「선물거래관리잠정조례」(期貨交易管理暫行條例), 「국무원의 주식회사가 국내에 외자주를 상장하는 것에 관한 규정」(國務院關于股份有限公司境內上市外資股的規定) 등이 있다.

⑶ 地方性 法規

지방성 법규는 지방의 성·자치구·직할시, 국무원이 비준한 비교적 큰 도시의 인민대표대회 및 그 상무위원회가 헌법, 법률 및 행정법규에 저촉하지 않는 前提 하에서 제정·공포한 규범성 문건이다. 상사 관련 지방성 법규로는 「심천경제특구상사조례」(深圳經濟特區商事條例) 등이 있다.

⑷ 行政規章

행정규장은 중앙정부의 각 부처와 지방정부에서 제정한 규범성 문건이다. 중앙정부 각 부처에서 법률 및 국무원의 행정법규, 결정, 명령에 근거하여 제정한 규장을 部門規章이라 하고 지방의 성·자치구·직할시, 국무원이 비준한 비교적 큰 도시의 정부에서 법률, 행정법규 및 지방성 법규에 따라 제정한 규장을 地方政府規章이라 한다. 상사 관련 행정규장으로는 「외국인이 투자한 주식회사 설립의 약간 문제에 관한 잠정 규정」(關于設立外商投資股份有限公司若干問題的暫行規定) 등이 있다.

⑸ 國際條約 및 國際慣例

중국이 체결 또는 참가한 국제조약에 중국법률과 다른 규정이 있을 경우에는 국제조약을 적용한다. 단, 중국이 保留를 성명한 조항은 제외한다. 중국이 체결 또는 참가한 주요한 국제조약으로는 「유엔국제물품매매계약협약」 등이 있다.

중국법률과 중국이 체결 또는 참가한 국제조약에 규정이 없는 경우에는 국제관례를 적용할 수 있다. 예컨대, 「화환신용장통일규칙」 등이다.

(6) 商事自治規則

商事自治規則은 상사주체가 그 조직과 구성원의 법률관계 및 대내외적 활동에 대하여 자주적으로 정한 법률, 행정법규 및 행정규장과 상충하지 않는 규칙이다. 예컨대, 회사정관, 거래소업무규칙, 보통거래약관 등이다. 상사자치규칙은 법에 위배되지 않는 원칙 하에서 우선적으로 적용된다.

4. 近現代 中國商法의 體系

중국의 근대상법은 法繼受의 산물이다. 수천년간 지속된 중국의 봉건사회에서는 자급자족의 자연경제가 주도적 지위를 차지하였고 중화법계 또한 "諸法合一"의 형식을 띠고 있었으므로 상법이 발전할 수 있는 여건이 존재하지 않았다. 清末에 이르러 維新變法運動의 영향 하에서 중국법의 근대화과정이 시작되었는데 당시 공상업을 진흥시키기 위한 수단으로서 가장 먼저 서구의 상법을 계수하게 되었다. 1904년에 청정부는 「會社律」, 「商人通律」을 공포하였으며 1906년에는 「破産律」을 공포하였다. 1908년에 일본의 상법학자 志田鉀志郎을 초청하여 총 1008조로 구성된 「大淸商律草案」을 기초하였다는바 회사법이 6편, 海船法이 6편, 어음법이 3편을 점하였다. 그러나 미처 공포하기도 전에 청정부가 멸망하여 시행되지 못하였다.

신해혁명을 거쳐 새로 수립된 중화민국정부는 청나라 商事法律의 기초 위에서 새로 일련의 상사법률을 공포하였다. 주요한 것으로는 「中華民國商律」, 「會社條例」, 「商人通例」 등이다. 그 후 北洋政府도 1923년에 「상법」을 기초하였으나 정식으로 공포되지는 못하였다. 장개석(蔣介石)의 국민정부가 남경에 수도를 정한 후 민상법 통일의 입법체제를 취하여 1929년에 상법의 기본내용까지 포함한 민법전을 제정하였다. 따라서 전통적으로 상법총칙·상행위에 속하는 상인, 지배인, 대리상, 상호계산, 위탁매매, 창고, 운송 등 규칙이 민법전의 채권편에 포함되게 되었다. 하지만 상법의 기타 내용에 관하여는 민법전과는 별도로 단행법률을 제정하였다. 예컨대, 「회사법」, 「어음법」, 「보험법」, 「해상법」, 「상업등기법」,

「상업회계법」, 「증권거래법」 등이다.

1949년 중화인민공화국이 건립된 후 국민당정부의 六法全書를 폐지하고 수십년간 사회주의 계획경제체제를 실행하였으므로 상법은 거의 존재하지 않았다. 1979년부터 개혁·개방정책을 실행하면서 상사관계가 점차 생성·발전하였다. 그러나 1992년 말 이전에는 중국 개혁의 목표가 뚜렷하지 않았으므로 상사입법의 발전은 큰 제한을 받았다. 따라서 해상법 등 소수의 상사법률을 제외하고 기타 상사입법은 거의 공백이었다. 1992년 말 사회주의 시장경제체제수립의 개혁목표를 정한 후 1993년부터 현재까지 전국인민대표대회 상무위원회에서는 육속 「회사법」, 「어음법」, 「보험법」, 「상업은행법」, 「조합기업법」, 「증권법」, 「개인독자기업법」, 「계약법」, 「증권투자기금법」, 「파산법」 등을 제정하였으며, 「합작사법」 등 법률도 제정중에 있다. 따라서 중국에서 상법은 상대적으로 독립적인 법률분야로서 이미 형성되었다고 할 수 있다.

그러나 현재 중국에는 형식적 의의의 상법전이 제정되어 있지 않기 때문에 상법의 체계에 대하여 논란이 많다. 통설은 중국 상법의 체계는 주로 이하의 상사법률제도로 구성된다고 보고 있다. ① 상사주체법률제도(상사주체와 밀접한 관련이 있는 상사등기, 상호, 상업장부 등제도도 포함함), ② 상행위법률제도, ③ 회사법률제도, ④ 보험법률제도, ⑤ 해상법률제도, ⑥ 어음수표법률제도, ⑦ 증권법률제도 ⑧ 파산법률제도 등이다. 따라서 본 해설서에서는 통설을 존중하여 대체적으로 이러한 구조로 중국 상법을 해설한다.

Ⅱ. 商事主體(商人)

1. 商事主體의 意義

상사주체는 곧 상사법률관계의 주체로서 법률의 규정에 따라 상사법률관계에 참여하여 자기의 명의로 상행위를 행함으로써 독립적으로 상사권리를 향유하고 상사의무를 부담하는 개인과 조직을 말한다. 대륙법계 국가에서는 전통적으로 상사주체를 商人이라고 하며 통상 商法典에 상인에 대한 규정을 두고 있다. 그러나 중국은 장기간 사회주의 계획경제체제를 실행하여 왔으므로 상인이란 개념이 생소할 뿐만 더러 전통적으로 1929년에 제정된 「중화민국 민법전」이 민·상법 통일주의를 취한 바 있고 1986년의 「민법통칙」 및 1999년의 「계약법」도 이러한 전통을 계승하였으며, 향후 제정할 중국의 民法典도 민·상법 통일주의를 취할 전망이므로 중국의 상법학계에서는 상인이라는 용어를 쓰지 않고 상사주체라는 용어를 일반적으로 사용하고 있다.

2. 商事主體의 分類

한국의 경우 상법전에서 상인을 當然商人, 擬制商人, 小商人 등으로 나누고 있으나 중국에는 아직 상법전이 제정되어 있지 않기에 상인에 대한 법정 분류는 존재하지 않는다. 그러나 중국의 「민법통칙」이 민사상 주체를 자연인, 법인 및 조합으로 나누고 있기에 상사주체도 그 조직구조의 형태 내지는 특징에 따라 商個人, 商事組合(商事合伙), 商法人으로 나눌 수 있다.

(1) 商 個 人

상개인이란 법이 정한 요건과 절차에 따라 특정 상사주체자격, 즉 상사 권리능력과 상사 행위능력을 취득하고 독립적으로 상행위에 종사함으로써 법에 따라 상법상의 권리를 향유하고 의무를 부담하는 자이다. 상개인을 개인상인(個體商人) 또는 商自然人라고도 한다. 현재 중국에서 상개인을 규율하는 입법으로는 「민법통칙」, 「개인독자기업법」, 「사영기업잠정조례」(私營企業暫行條例), 「도시와 농촌의 개인공상호관리잠정조례」(城鄕個體工商戶管理暫行條例)」, 「도시와 농촌의 집시무역관리방법」(城鄕集市貿易管理方法)」등이 있다.

중국법의 규정에 따라 상개인에는 주로 개인공상호(個體工商戶), 농촌도급경영호(農村承包經營戶) 및 個人獨資企業이 포함된다. 개인공상호는 법률이 허용하는 범위 내에서 법에 따라 심사를 거쳐 등기하고 공상업경영에 종사하는 公民(자연인)이고(민법통칙 제26조), 농촌도급경영호는 법률이 허용하는 범위 내에서 도급계약에 따라 상품경영에 종사하는 농촌집단경제조직의 구성원이다(민법통칙 제27조). 개인독자기업은 개인이 단독으로 투자하고 경영하는 기업형식으로서 「개인독자기업법」 제 2조는 "본 법에 따라 중국 내에 설립한 자연인이 투자하고 재산은 투자자개인이 소유하며 투자자가 개인재산으로 기업의 채무에 대하여 무한책임을 부담하는 경영실체"라고 정하고 있다.

(2) 상사조합(商事合伙)

상사조합은 둘 또는 둘 이상의 조합원이 법률과 조합계약의 규정에 따라 공동으로 출자하고 공동으로 경영하며, 공동으로 이익을 향유하고 공동으로 위험을 부담하며, 조합원의 합동경영으로 인한 채무에 대하여 무한·연대책임을 부담하는 상사조직이다. 상사조합은 擬制된 법률주체이며 자기의 명의로 상행위를 실시할 수 있다. 상사조합에 관한 법률로는 「민법통칙」, 「조합기업법」, 「중외합작경영기업법」 등이 있다.

중국법의 규정에 따라 상사조합에는 주로 개인조합, 조합형 연합경영(合伙型聯營), 조합기업 등 유형이 포함된다. 「민법통칙」 제30조에 따르면 개인조합은 둘 이상의 자연인이 계약에 따라 각자가 자금, 실물, 기술을 제공하고 합동으로 경영하며 공동으로 노동하는 것을 가리킨다. 투자한 자산은 개인소유에 속하고 조합원이 공동으로 관리하고 사용하며 합동경영으로 축적한 재산은 조합원이 공유한다(민법통칙 제32조). 조합원은 조합의 채무에 대하여 연대책임을 부담한다(민법통칙 제35조). 개인조합의 설립은 반드시 공상등기를 하여야 하며 공상개체호의 명의로 영업허가증을 취득한다.[1] 조합형 연합경영은 기업간 또는 기업과 사업단위 간에 연합하여 공동으로 출자하고 공동으로 경영하는 법인격을 소유하지 않은 경제적 실체를 가리킨다. 연합 각측은 출자비례 또는 계약의 약정에 따라 각자가 소유하거나 경영관리하는 재산으로 민사책임을 부담하고 법률의 규정 또는 계약의 약정에 따라 연대책임을 부담해야 하는 경우 연대책임을 부담한다(민법통칙 제51-52조). 조합형 연합경영도 법에 따라 등기를 거쳐 권리능력과 행위능력을 취득한다. 중국의 일부 학자들은 조합형 연합경영의 실질은 법인조합이라고 주장하기도 한다. 조합기업은 「조합기업법」에 따라 중국 내에 설립한 각 조합원이 조합계약을 체결하고 공동으로 출자하여 합동으로 경영하고 수익을 공동으로 향유하며, 위험을 공동으로 부담하고 조합기업의 채무에 대하여 무한·연대책임을 부담하는 영리성 조직을 말한다(조합기업법 제2조). 조합원은 자연인에 한하며 법인 또는 기타 조직은 조합원이 될 수 없다(조합기업법 제9조 참조). 법인 및 기타 조직 사이의 조합은 조합형 연합경영으로 민법에서 규율한다. 법인자격이 없는 중외합작경영기업도 상사조합의 특수형식으로 본다.

(3) 商法人

상법인은 법에 정한 요건과 절차에 따라 설립한, 법인자격을 가지고 상사법률관계에 참가하여 법에 따라 독립적으로 권리를 향유하고 의무를 부담하는 상

1) 국가공상행정관리국이 1986년 1월 7일에 공포한 "關于執行 '民法通則' 對個人合伙登記管理的通知" 참조.

사조직이다. 상법인은 주로는 상사회사이다.[1] 중국은 경제조직형태의 특수성이 있으므로 소유제의 속성에 따라 상법인을 국유상법인, 집단상법인(集體商法人), 사영상법인, 외국인투자상법인 등으로 분류할 수 있다. 여기서 주의할 것은 국유상법인에는 국유회사 외에 「전민소유제공업기업법」에 준거하여 설립된 전민소유제기업도 포함되며 집단상법인에는 집단소유제의 회사 외에 지방입법에 의하여 설립한 주식합작기업도 포함된다. 사영상법인과 외국인투자상법인은 개인소유와 외국인 투자로 된 회사형태의 기업이다. 상법인에 관한 주요입법으로는 「민법통칙」, 「회사법」, 「전민소유제공업기업법」, 「중외합자경영기업법」, 「중외합작경영기업법」, 「외자기업법」, 「기업법인등기조례」, 「집단소유제기업조례」, 「사영기업잠정조례」 등이 있다.

Ⅲ. 商 行 爲

1. 商行爲의 意義

상행위는 대륙법계 국가에 있어서 상법전에 규정을 둔 法定 용어이다. 중국에는 상법전이 제정되어 있지 아니하므로 상행위는 중국에 있어서 법정 개념은 아니다. 그러나 최근 몇 년래 시장경제체제의 수립에 따른 상법학 연구의 번영으로 하여 비교적 많은 상법 관련 저서와 교과서들에서 상행위라는 용어를 사용하기 시작하였다. 대다수 학자들은 상행위는 상사주체가 행하는 영리를 목적으로 하는 營業行爲 내지는 經營行爲라고 정의하고 있다. 따라서 상행위개념에는 세 가지 의미가 포함된다. 첫째는 상행위는 상사주체가 행하는 행위라는 것이고, 둘째는 상행위는 영리를 목적으로 하는 행위이며, 셋째는 상행위는 상사주체가 영업 내지는 경영중에서 행하는 행위, 즉 계속적·반복적으로 행하는 행위라는 것이다.

2. 中國의 商行爲立法

중국에서는 통일된 계약법(合同法)을 제정하기 전에 입법에서 상사주체들 사이의 상행위와 비상사주체들 사이의 민사계약을 구분하였다. 상사계약은 일반적

1) 중국 회사법은 유한회사와 주식회사 두 가지 회사형태만 인정하고 있다. 회사에 관하여는 "회사법" 부분에서 상세히 해설한다.

으로 「경제계약법」, 「기술계약법」, 「섭외경제계약법」으로 규율하였고, 민사계약은 「민법통칙」에 의하여 규율하였다. 다만 「민법통칙」 중의 민사법률행위, 채권, 민사책임 등 부분에 둔 계약에 관한 일반적인 규정은 상사계약에도 적용되었다. 1999년 3월 15일에 통일된 「계약법」을 제정한 후 입법상으로 상사주체, 상행위와 민사주체, 민사법률행위를 더 이상 구분하여 적용하지 않았다. 중국 「계약법」 제2조는 "본 법에서 칭하는 계약은 평등한 주체들 사이의 자연인, 법인, 기타 조직 사이에 권리·의무관계를 설립, 변경, 해지하는 합의이다"라고 정하고 있다.

현행 중국 「계약법」은 대륙법계 국가에서 전통적으로 민법에서 규율하고 있는 계약형식 외에 상법에서 규율하고 있는 매매계약, 중개계약, 위탁매매계약, 운송계약, 창고계약, 금융리스계약 등도 규정하고 있다. 따라서 중국에서 계약법은 민법학의 연구대상일 뿐만 아니라 상법학의 연구대상이기도 하다. 「계약법」에 규정을 두지 않은 기타 상거래행위에 대하여는 특별법에서 규정하고 있다.

Ⅳ. 商事登記(商業登記)

1. 商事登記의 意義 및 관련 立法

상사등기란 당사자가 상사주체 자격을 창설, 변경 또는 종료하기 위하여 법에 정한 내용과 절차에 따라 등기주관기관에 등기신청을 하고 등기주관기관의 심사비준을 거쳐 등기사항을 등기부에 기재하는 법률행위를 말한다. 상사등기의 목적은 상거래 안전을 보호하고 상사주체의 권익을 보장하며 그 영업신용을 공시하고 주관기관의 감독관리를 강화하기 위한 것이다.

대륙법계 국가에서는 상사등기를 전통적으로 商業登記라고 하며, 통상 商法典에 상업등기에 관한 규정을 두고 있으며, 商法典을 제정하지 않은 국가의 경우 별도로 「商業登記法」을 제정하기도 한다. 중국에는 현재 상사등기법 내지는 상업등기법으로 명명된 법률은 없으나 행정법규 내지는 행정규장형식으로 제정한 「企業法人登記管理條例」, 「회사등기관리조례」, 「기업명칭등기관리규정」, 「도시와 농촌의 개인공상호등기규정」(城市工商個體戶登記規定), 「외국기업 상주대표기구의 등기관리방법」, 「외국기업이 중국 내에서 생산경영활동에 종사할 경우의 등기관리방법」 등에 상사등기에 관한 내용을 규정하고 있다.

2. 商事登記의 主管機關

중국에 있어서 상사등기의 주관기관은 공상행정관리기관이다. 공상행정관리기관은 독립적으로 등기관리권을 행사하고 級別管理를 원칙으로 한다. 즉 국가공상행정관리국, 지방의 성·자치구·직할시 공상행정관리국 및 시·현·구 공상행정관리국 등으로 급을 나누어 등기관할을 한다. 국무원 또는 국무원이 수권한 부문이 비준한 전국적인 회사·기업집단·수출입업무를 영위하는 회사, 국무원이 수권한 부문이 비준하여 설립한 주식회사, 국무원이 수권하여 투자한 회사, 국무원이 수권한 투자기구 내지는 부문이 단독 또는 공동으로 투자한 유한회사, 외국인투자기업, 법률의 규정 또는 국무원의 규정에 따라 응당 국가공상행정관리국에서 등기하여야 하는 기타 회사는 국가공상행정관리국에서 등기하고(기업법인등기관리조례 제5조 제1항, 회사등기관리조례 제6조) 전국적인 회사의 자회사, 성·자치구·직할시 인민정부 또는 그 수권부문이 비준하여 설립한 회사·기업집단·수출입업무를 영위하는 회사, 성·자치구·직할시 인민정부가 비준하여 설립한 주식회사, 성·자치구·직할시 인민정부가 수권하여 투자한 회사, 성·자치구·직할시가 수권한 투자기구 내지는 부문이 단독 또는 공동으로 설립한 유한회사, 국가공상행정관리국이 위탁등기하는 회사는 성·자치구·직할시 공상행정관리국에서 등기한다(기업법인등기관리조례 제5조 제2항, 회사등기관리조례 제7조). 국가공상행정관리국과 성·자치구·직할시의 공상행정관리국에서 등기하는 외의 기타 회사나 기업은 일반적으로 소재지의 시·현·구의 공상행정관리국에서 등기한다(기업법인등기관리조례 제5조 제3항, 회사등기관리조례 제8조).

3. 商事登記의 對象

상사등기의 대상은 상사주체이지만 모든 상사주체가 모두 등기해야 하는 것은 아니다. 어떤 상사주체가 등기해야 하는가에 대한 각국의 규정은 꼭 같지는 않다. 중국법은 상사등기의 대상을 두 가지로 분류한다. 하나는 기업법인조건을 구비한 기업으로서 전민소유제기업, 집단소유제기업, 사영기업, 연합경영기업(聯營企業), 중국 내에 설립한 외국인투자기업(중외합자경영기업, 중외합작경영기업, 외자기업)과 주식회사, 유한회사 및 기타 성격의 법인기업을 포함한다. 다른 하나는 기업법인조건을 구비하지 않은 기업과 경영조직이다. 주로 연합경영기업(聯營企業), 기업법인의 분설기구(分支機構), 경영활동에 종사하는 사업단위와 과학기술성 사회단체, 사업단위와 과학기술성 사회단체가 설립한 경영조직, 외국인투자기업이 설립한 경영활동에 종사하는 분설기구(分支機構), 외국회사의 분설기구(分支機構), 농촌도급경영호, 개체공상호, 개인조합, 사영기업 등이다.

4. 商事登記의 種類 및 事項

「기업법인등기관리조례」에서 정한 등기종류로는 개업등기, 변경등기, 말소등기가 있고, 「회사등기관리조례」에서 정한 등기종류로는 설립등기, 변경등기, 말소등기, 지사등기가 있다. 「기업법인등기조례」 제9조, 「회사등기관리조례」 제9조의 규정에 따라 상사주체를 설립할 경우 등기하는 사항은 주로 기업명칭, 주소, 경영장소, 법정 대표자, 경제성질(기업유형), 경영범위, 경영방식, 등록자본, 종업원인수, 경영(영업)기한, 유한회사의 사원 또는 주식회사의 발기인의 성명 내지는 명칭과 상사주체의 分設機構 등이다. 기업법인이 명칭, 주소, 경영장소, 법정 대표자, 경제성질, 경영범위, 경영방식, 등록자본, 경영기한 및 분설기구를 증설하거나 취소할 경우 변경등기를 하여야 한다(기업법인관리조례 제17조). 기업법인이 휴업, 강제폐쇄, 파산선고 또는 기타 원인으로 영업을 종료하는 경우 말소등기를 하여야 한다(기업법인등기관리조례 제20조). 회사가 지사를 설립할 경우 명칭, 영업장소, 책임자, 경영범위를 등기하여야 한다(회사등기관리조례 제41조 제1항).

V. 商號(商業名稱)

1. 商號의 意義 및 관련 立法

상호는 상업명칭이라고도 하는데 상사주체가 영업활동에서 자신을 표시하는 명칭이다. 상사주체는 상사거래에서 상호를 사용함으로써 자신을 타 상사주체와 구별하고 상사거래의 법적·경제적 효과를 자신에게 귀속시킨다. 상호는 상사주체의 대외신용의 상징으로서 중요한 영업재산이며 거래상대방에도 거래안전상 중요한 뜻을 지닌다. 따라서 상호는 제도적으로 보호되어야 하고 상호의 선정 및 사용은 일반인이 거래에서 신뢰할 수 있도록 엄정하고 선명해야 해야 한다.

대륙법계국가에서는 통상 상법전에 상호에 관한 규정을 두며 상법전이 없는 경우에는 단행법으로 제정한 「상업등기법」 등에 상호에 관한 규정을 둔다. 현재 중국의 입법에서는 주로 「민법통칙」, 「기업명칭등기관리규정」 및 공상등기에 관한 일련의 국가공상행정관리국의 일련의 규장들에 상호에 관한 규정을 두고 있다. 중국의 현행 법률에 따르면 상호의 개념이 외국의 경우와는 약간의 차이가 있다. 「민법통칙」에서는 개인공상호와 개인조합의 명칭을 "字號"라고 칭하고 있고 「기업명칭등기관리규정」에서는 공상기업의 명칭에 대하여 "企業名稱"이라고 칭함과 아울러 당해 규정 제 7 조에서는 "字號"는 "商號"에 해당된다고 하고 있다. 따라서 이 규정대로라면 "상호"는 기업명칭의 구성부분이라고 할 수 있다. 예컨대, "同仁堂藥店"이라는 상업명칭 중에서 同仁堂만 상호에 해당하는 것이다. 그러나 대다수의 학자들은 전통적 습관으로부터 출발하여 상주체의 명칭을 통털어 상호라고 한다. 따라서 중국에서는 상호의 개념은 광의와 협의로 나눌 수 있다. 광의의 상호는 상사주체명칭의 전부를 가리키고(물론 여기에는 字號도 포함) 협의의 상호는 "字號"만을 가리킨다. 여기서는 광의의 의미에서 상호라는 개념을 사용한다.

2. 商號의 選定

상호의 선정과 관련하여 商號眞實主義와 商號自由主義가 있다. 중국은 원칙적으로 자유주의를 취한다고 할 수 있다. 그러나 많은 제한을 가하고 있다. 「기업명칭등기관리규정」은 상호의 선정에 대하여 이하와 같이 제한하고 있다.

(1) 상사주체는 원칙적으로 하나의 상호만을 사용할 수 있다. 동일한 공상행정관리기관의 관할 구역 내에서 새로 등기하는 상호는 이미 등기한 동일업종의 상호와 같거나 近似하여서는 안 된다. 상호는 일반적으로 4개 부분으로 구성된다. 즉 行政區劃, 字號, 업종, 조직형식이다. 이 중에서 행정구획, 업종, 조직형식은 법정요구로서 일반적으로 상사주체가 임의로 정할 수 없으나 字號부분은 기업인격특정화의 표징이므로 당사자가 자주적으로 정할 수 있다.

(2) 상사주체는 이하의 상호를 사용할 수 없다. ① 국가 및 사회공공이익을 손상시키는 상호, ② 大衆들을 기만하거나 誤認시킬수 있는 상호, ③ 외국국가(지역)의 명칭과 국제조직의 명칭을 내용으로 하는 상호, ④ 정당명칭, 黨政軍機關의 명칭, 群衆組織의 명칭, 사회단체의 명칭 및 군부대번호를 내용으로 하는 상호, ⑤ 한어병음자모(외국어명칭에 사용하는 경우는 제외), 數字로 구성된 명칭, ⑥ 기타 법률, 행정법규가 사용을 금지하는 명칭.

(3) 민족자치지역의 기업이 당해 민족자치지역에 통용되는 민족언어를 사용

할 수 있는 외에 기타 지역의 상호는 일반적으로 한자를 사용하여야 한다. 기업명칭에 외국어 명칭을 증가하는 경우에는 당해 외국문명칭은 번역한 중문명칭과 일치하여야 한다.

(4) 상사주체가 분설기구를 설치할 경우 당해 상사주체 및 당해 분설기구의 상호는 이하의 요구에 부합되어야 한다. ① 상사주체의 상호중에 "總"자를 사용하는 경우에는 반드시 3개 이상의 분설기구를 설치하여야 한다. ② 독립적으로 민사책임을 부담하지 못하는 분설기구의 명칭은 먼저 그가 소속된 상사주체의 명칭을 쓰고 "지사"(分公司), "分工場," "分店" 등 문자를 그 뒤에 붙여서 표시하여야 하며 아울러 당해 분설기구의 업종과 소재지의 행정구역의 명칭 또는 지명을 표시하여야 한다. 단, 그 업종이 소속된 상사주체와 같을 경우에는 생략한다. ③ 독립적으로 민사책임을 부담할 수 있는 분설기구는 응당 독립적인 상호를 사용하여야 하지만 소속된 상사주체의 상호 중의 字號는 사용할 수 있다. ④ 독립적으로 민사책임을 부담하는 분설기구가 그 아래에 분설기구를 설치하는 경우 그 분설기구는 명칭 중에 총기구의 상호를 사용하지 못한다.

(5) 연합경영기업의 명칭은 연합경영 구성원의 字號는 사용할 수 있지만 연합경영구성원의 상호는 사용할 수 없다. 연합경영기업은 응당 그 명칭에 "연합경영" 또는 "연합"이라는 문자를 표시하여야 한다.

3. 商號의 登記

상호의 등기란 상사주체가 그가 선정한 상호를 법정 요구와 절차에 따라 상사등기기관에서 심사를 거쳐 등록하고 상호전용권을 얻는 행위를 말한다. 상호를 반드시 등기해야 하는가에 대하여 각국의 규정은 같지 않다. 영미법계 국가들에서는 회사형태가 아닌 상사주체의 상호는 반드시 등기할 필요가 없을 뿐 아니라 상호를 상업명칭으로 등기할 수도 있고 상표권으로 등기할 수도 있다. 그러나 대륙법계 국가들은 대부분이 강제등기제도를 채택하고 있다. 중국도 상호에 대하여 강제등기제도를 취하고 있다. 따라서 상호의 등기는 상호가 법률보호를 받는 필요한 조건으로서 상호를 선정한 후 등기를 거치지 않으면 법률의 보호를 받지 못한다. 상호의 등기는 등기원인과 목적에 따라 상호의 창설등기, 상호의 변경등기, 상호의 양도등기, 상호의 폐지등기, 상호의 상속등기 등으로 나눌 수 있다. 상호는 등기를 거치면 전용권을 취득하므로 배타적인 효력과 법률구제를 받을 수 있는 효력을 취득한다.

Ⅵ. 商業帳簿

1. 商業帳簿의 意義 및 관련 立法

상업장부란 상사주체가 영업상황 및 재산상황을 명확히 하기 위하여 법에 따라 작성한 장부를 말한다. 상사주체는 상업장부를 작성함으로써 재산 및 손익을 파악하여 영업성적을 평가하고 이를 토대로 경영계획을 수립할 수 있으며, 특히 주식회사 같은 기업은 상업장부의 공시를 통하여 투자자와 채권자를 보호하는 중요한 역할을 한다. 그리고 상업장부는 과세의 근거자료로 사용되기도 하며 민사소송의 증거자료로도 사용된다.

상업장부는 대륙법계에 있어서 전통적으로 상법의 중요한 규율대상으로서 일반적으로 상법전에 상업장부에 대하여 전문적인 규정을 두고 있다. 그러나 민·상법 통일의 입법방식을 취하고 있는 대만의 경우에는 단행법인「상업회계법」을 제정하여 상업장부에 대하여 규율하고 있다. 중국은 현재 상법전도 제정되어 있지 않고 상업장부에 관한 전문적인 법률도 제정해 두고 있지 않으므로 상업장부는 중국에 있어서 법정 용어가 아니다. 중국에서 상업장부라 함은 주로는 기업의 장부를 가리킨다. 기업장부에 관한 규정은 주로「회계법」,「회계감사법(審計法)」,「회사법」,「기업회계준칙」,「기업재무통칙」등 법률 및 행정법규에 산재되어 있다.

2. 商業帳簿의 種類

각국 상법이 상업장부의 종류에 대한 규정은 같지 않다. 중국에서는 일반적으로「회계법」,「회계감사법」,「회사법」등 법률에 근거하여 상업장부를 주로 회계증빙서(會計憑證), 회계장부(會計帳簿)와 회계제표(會計報表) 등 세 가지로 분류한다.

(1) 회계증빙서

회계증빙서란 상사주체의 일상적인 경영활동상황을 기록하고 회계근거로 삼는 서면증명이다. 상사주체는 경영활동 중에서 화폐의 입금과 출금, 대금결제, 물품의 입출고, 재산의 증감 등이 이루어지는 경우 반드시 업무인원을 통하여 회계증빙서를 취득하거나 작성하여 이를 결제의 근거로 한다. 회계증빙서에는 원시증빙서(原始憑證)와 기장증빙서(記帳憑證)가 있다.

⑵ 회계장부

회계장부는 일정한 절차와 방법에 따라 연속적·계통적·전면적으로 상사주체의 경영업무상황을 기재한 장부이다. 통상적으로 주관부문이 통일적으로 작성·인쇄하고 전문적인 양식을 구비한 상호연계가 있는 紙面으로 구성된다. 회계장부의 종류는 아주 많은 데 그 성질 및 용도와 따라 日記帳, 分介帳, 備考帳 등이 있다.

⑶ 회계제표

회계제표는 貨幣形式으로 상사주체의 일정한 회계기간 내의 생산경영활동과 재무상황에 대하여 종합적으로 반영하는 서면보고문건을 가리킨다. 일반적으로 회계장부의 기재에 근거하여 주관부문이 통일적으로 인쇄한 양식, 내용 및 방법에 따라 작성한다. 회계제표는 중점적·전면적으로 簡明하게 상사주체의 재무상황과 경영상황을 반영함으로써 상사주체의 경영관리기관, 투자자, 채권자 및 정부의 유관부문에 필요한 재무자료와 회계정보를 제공한다. 회계제표에는 대차대조표(資産負債表), 財務狀況變動表, 損益表, 利潤分配表 등이 포함된다.

3. 商業帳簿의 作成과 保管

⑴ 商業帳簿의 作成

상사주체가 반드시 상업장부를 작성해야 하는가에 관하여 각국 상법의 규정은 같지 않다. 대다수 국가의 상법은 소규모 상거래에 종사하는 노점상과 같은 소상인은 상업장부를 비치할 필요가 없다고 정하고 있다. 중국은 이에 대하여 법률에 명확한 규정을 두고 있지 않다. 그러나 財政部가 1986년에 공포한「개인공상호의 장부관리에 관한 규정」에 따르면 개인공상호도 반드시 세무기관의 규정에 따라 장부 및 증빙서를 작성, 사용, 보관하여야 한다고 정하고 있다. 다만 규모가 지나치게 영세하여 장부를 작성할 능력이 없고 실제로 재무회계인원을 초빙하기 어려운 경우에는 세무기관의 비준을 거쳐 잠시 장부작성을 미룰 수 있다고 정하고 있다. 그러나 물품의 입출고기재서, 영수증 및 기타 收支증빙서는 반드시 작성하도록 정하고 있다.

⑵ 商業帳簿의 保管

각국 법률은 모두 상사주체의 상업장부 보관의무에 대하여 규정하고 있다. 다만 보존의 방식과 기간은 꼭 같지 않다. 중국도 「회계법」에서 회계증빙서, 회계장부, 회계제표 및 회계자료는 응당 국가의 관련 규정에 따라 타당하게 보관하여야 한다고 정하고 있다. 다만 구체적인 보관기간과 폐기방법은 국무원 재정부문이 유관부문과 협의하여 제정한다(회계법 제23조). 실무적인 관행에 따르면 일반적인 상업장부는 최소한 10년은 보관하여야 하고 일부 중요한 장부는 그 보존기간이 더욱 길다.

제 2 절 會 社 法

I. 序 論

1. 會社(公司)의 意義

1904년에 제정한 清國 정부의 「회사율」(公司律)에서 최초로 서구의 회사에 해당하는 용어로 "공사(公司)"를 채택한 후 "公司"는 중국에서 점차 보편적으로 사용하는 법률용어로 되었다. 그러나 오늘날에 이르러 公司의 定義와 관련하여 「중화인민공화국 회사법」(中華人民共和國 公司法)(이하 「회사법」이라 함)에서 조차도 직접적인 규정을 두고 있지 아니하다. 「회사법」 제 2 조, 제 3 조, 제 4 조의 규정에 따라 종합한다면 회사는 「회사법」의 규정에 따라 설립한, 영리를 목적으로 하는 기업법인이라고 정의할 수 있다.[1] 따라서 「회사법」상 회사의 가장 중요한 법적 특징은 영리성과 법인성이다. 현재 적지 않은 나라의 회사법에서는 대륙법

1) 중국 회사법상 회사의 영리성에 대하여 의문을 제기하는 외국학자들이 많다. 2005년 개정 이전에는 「회사법」이 제 5 조 제 2 항에서 "회사는 국가의 거시적 조절하에서 시장의 수요에 따라 자주적으로 생산경영을 조직하고 경제효익, 노동생산능률을 제고하며, 자산가치의 보존 및 증식을 목적으로 한다"고 명확히 정하였으므로 중국의 많은 학자들은 당해 규정을 회사의 영리성의 근거를 삼았으나 2005년 개정 「회사법」이 당해 규정을 삭제함으로써 회사의 영리성과 관련된 직접적인 규정은 더 이상 찾아볼 수 없게 되었다. 그러나 「회사법」 제 3 조 제 1 항의 회사는 기업법인이라는 규정과 「회사법」제4조의 회사의 주주는 법에 따라 자산수익 등 권리를 향유한다는 규정에서 회사의 영리성을 유추해 낼 수 있다. 따라서 중국 학자들은 강학상에서 「회사법」상 회사의 영리적 특성을 인정한다.

계 회사의 전통적 특징인 社團性도 회사개념의 요소로 꼽고 있으나 「회사법」은 회사가 사단이라고 명확히 규정하지 않았고 유한회사에 대해서는 1인회사의 설립을 허용하고 있으므로 사단성을 모든 회사에 공통되는 개념요소로 파악하기에는 약간의 무리가 있다고 하겠다. 단, 「회사법」상 주식회사는 설립시 2명 이상의 발기인이 필요하므로(회사법 제79조) 분명히 사단으로 보아야 한다. 따라서 주식회사에 있어서는 사단성도 회사의 중요한 법적 특징이 된다. 또한 유한회사의 특수한 형태인 1인 유한회사를 제외한 일반 유한회사는 모두 사단으로 보아야 하고 1인 유한회사의 경우도 지분분산의 가능성이 존재한다는 의미에서 잠재적인 사단으로 볼 수 있으므로 해석상으로는 사단성을 유한회사의 개념요소로도 볼 수 있을 것이다.

2. 會社概念의 現代的 修正

(1) 회사의 사회적 책임

회사는 주주(사원)가 영리를 목적으로 설립한 것으로 영리성은 회사의 필연적 속성이라고 할 수 있다. 그러나 현대사회에서 회사는 전체 사회에 중대한 이해관계를 발생하는 사회적 실체로서 일정한 사회적 책임을 부담할 것이 요구된다. 특히 대규모 공개회사의 경우, 주주를 위한 이윤만 추구할 것이 아니라 종업원, 소비자, 지역사회 등 주주 이외의 다양한 이해관계자의 이익을 균형적으로 고려하여 회사의 이익을 사회에 일부 환원하고 사회를 위하여 봉사하는 등 사회적 책임을 부담하여야 한다. 회사의 사회적 책임과 관련하여 독일, 미국 등 선진국에서는 20세기 20-30년대부터 논의를 하여 왔으며, 회사법의 입법에도 일부 반영이 되고 관련 판례도 적지 않게 축적하였다. 그러나 현재까지 학자에 따라 회사의 사회적 책임에 대한 이해가 달라 회사법에 사회적 책임에 관한 일반적인 규정을 둔 예는 아직 찾아보기 힘들다. 하지만 중국의 경우 2005년도 회사법개정시에 회사의 사회적 책임과 관련하여 「회사법」에 일반적인 규정을 둠으로써 회사의 사회적 책임을 강조하였다. 「회사법」은 제5조에서 "회사는 경영활동에 종사함에 있어서 반드시 법률, 행정법규를 준수하고 사회공공도덕과 상업도덕을 준수하여야 하며, 성실하게 신용을 지키고 정부와 사회공중의 감독을 받아야 하며, 사회적 책임을 부담하여야 한다"고 정하고 있다. 적지 않은 학자들은 당해 규정은 선언적 규정에 불과하고 재판적 규범으로서의 효력이 의심된다고 지적하고 있으나 회사의 사회적 책임을 영리성을 보충하는 회사법의 해석원리로서 원용하고 주주이익의 극대화의 원칙을 완화하는 재판규범으로서 원용할 필요성이 있다고 하겠다.

「회사법」 제5조의 회사의 사회적 책임에 관한 일반적인 규정 외에도 「회사법」에는 회사의 사회적 책임의 구체적인 체현으로써 종업원이익을 보호하는 적지 않은 규정을 두고 있다. 회사의 감사회의 구성원으로서 종업원대표가 1/3 이상 되도록 요구하고 있으며(회사법 제52조 제2항, 제118조 제2항) 국유독자회사와 두 개 이상의 국유기업 또는 2개 이상의 국유투자주체가 투자설립한 유한회사는 이사회구성원 중에 반드시 종업원 대표가 있도록 요구하고 있다(회사법 제68조 제1항, 제45조 제2항). 그 외에도 종업원의 이익을 보호하기 위한 여러 가지 규정을 두고 있다. 예컨대, 회사는 반드시 종업원의 합법적 이익을 보호하여야 하고 법에 따라 종업원과 노동계약을 체결하고 사회보험에 가입하며 노동보호를 강화하고 안전생산을 실현하여야 한다(회사법 제17조 제1항). 회사는 응당 여러 가지 형식을 취하여 회사종업원의 직업교육과 업무훈련을 강화하고 종업원의 素質을 향상시켜야 한다(회사법 제17조 제2항). 회사의 종업원은 노동조합법에 따라 노동조합을 조직하고 노동조합활동을 전개함으로써 종업원의 합법적인 이익을 보호하여야 하며, 회사는 응당 본 회사의 노동조합에 필요한 활동조건을 제공하여야 한다(회사법 제18조 제1항). 회사는 헌법과 관련 법률에 따라 종업원대표대회 또는 기타 형식을 통하여 민주적인 관리를 한다(회사법 제18조 제2항). 회사가 체제전환 및 경영방면의 중대한 문제를 결정하고 중요한 규장제도를 제정할 시 응당 회사노동조합의 의견을 청취하여야 하며, 아울러 종업원대표대회 또는 기타 형식을 통하여 종업원의 의견과 건의를 청취하여야 한다(회사법 제18조).

(2) 회사 법인격 부인의 규칙

會社法人格否認이란 회사가 주주(사원)로부터 독립된 실체를 갖지 못한 경우 회사와 특정의 제3자 간의 문제된 법률관계에 있어서만은 회사의 법인격을 인정하지 아니하고 회사와 주주(사원)를 동일시하여 회사의 책임을 주주에게 묻는 것을 말한다. 회사가 법인격을 구비하고 주주(사원)가 유한책임을 부담하는 것은 물적회사제도의 핵심적인 내용이라고 할 수 있지만 현실에서는 회사의 법인격을 남용하여 부정당하게 채권자의 이익을 손해하는 현상이 많이 발생하므로 19세기 후반부터 미국의 판례법에 의해 법인격부인론이 생성하고 발전하게 되었다. 미국에 이어 대륙법계국가에서도 선후하여 판례에서 법인격부인론을 채택하고 당해 이론을 회사법의 해석원리로서 원용하여 왔다. 그러나 회사법상에 이와 관련한 명문적인 규정은 두지 않고 신의칙 또는 권리남용금지의 원칙에서 법리적 근거를 찾는 것이 일반적이다. 하지만 중국의 경우에는 「회사법」에서 성문법계국가 최초로 회사법인격부인에 관한 명문적인 규정을 두었다. 「회사법」 제20조는 "회사의 주주(사원)는 회사법인의 독립적 지위와 주주(사원)의 유한책임을 남용하여 회사채권자의 이익에 손해를 가하여서는 아니되며, 회사의 주주(사원)가 회사법인의 독립적 지위와 주주(사원)의 유한책임을 남용하여 채무를 면탈하고 채권자의 이익을 엄중히 손해하는 경우 응당 회사채무에 대하여 연대책임을 부담하여야 한다"고 정하고 있다. 물론 당해 규정이 대단히 원칙적이고 연대책임 등 표현상의 논란이 있기는 하지만 회사법인격부인을 명문화함으로써 대륙법계국가에 있어서 관련 입법의 새로운 패러다임을 제시하였다고 할 수 있다.

(3) 1인 회사

대륙법계국가에서 전통적으로 회사를 사단으로 인정하여 왔지만 20세기 들어 1인 회사를 인정하는 것은 세계적인 회사입법의 추세로 되어 왔다. 중국은 1993년에 제정된 「회사법」에서 국가가 투자한 국유독자회사에 한하여 1인회사를 인정하였으나 일반적인 회사에 대하여는 1인회사설립을 허용하지 않았다. 그러나 「회사법」이 회사가 설립된 후 주식(지분)의 양도로 인하여 주주(사원)가 1인이 되는 경우를 회사의 해산사유로 명문으로 규정하지 않았기에 존속중의 1인회사를 인정할 것인지에 관하여는 논란이 있었다. 2005년 단행된 회사법개정에서는 회사설립을 활성화하기 위하여 1인회사를 인정할 필요성이 강하게 대두되었다. 그러나 중국이 전반적으로 사회신용도가 높지 않고 1인회사설립이 남용되어 채권자의 이익을 침해할 우려를 많이 고려하여 유한회사에 한하여만 1인회사를 인정하였다. 따라서 현행 「회사법」상 유한회사형태의 1인회사만 설립가능하다. 주식회사의 경우에는 설립시 2인 이상의 발기인을 요구하므로(회사법 제79조) 1인 주식회사의 설립은 불가능하지만 주식회사가 설립된 후 주식양도 등 원인으로 하여 주주가 1인이 되는 경우 해산사유로 규정되어 있지 않으므로 존속중의 1인 주식회사를 인정할 것인지에 관하여는 역시 해석이 논란이 된다. 한편 1인 유한회사에 관하여 「회사법」은 전문적인 절을 두어 비교적 상세하게 규정하고 있고 그 내용에 있어서도 독특한 규정들이 있어 새로운 패러다임의 입법형태를 보이고 있다. 1인 유한회사와 관련하여는 유한회사부분에서 해설하도록 한다.

3. 會社의 種類

(1) 회사의 기본유형

출자자의 출자방식과 책임부담형식에 따라 대륙법계에서는 전통적으로 회사를 합명회사(無限公司), 합자회사(兩合公司), 주식합자회사(股份兩合公司), 유한회사(有限責任公司), 주식회사(股份有限公司) 등 5개 유형으로 나눈다. 그러나 「회사법」은 인적 회사에 대하여는 규정을 두지 않고 물적 회사인 주식회사와 유한회사에 대하여만 인정하고 있다(회사법 제2조). 따라서 현재 중국에는 회사형태로서 주식회사와 유한회사의 두 가지 형태만 존재하고 인적 회사는 존재하지 아니한다. 하지만 「조합기업법」(合伙企業法)이 인적 기업으로서 일반조합기업과 유한조합기업을 인정하고 있고 또한 이 두 가지 형태의 기업이 실질적으로 법인에 준하는 주체자격과 활동능력을 가지고 있으므로[1] 「조합기업법」상의 일반조합기업과 유한조합기업은 다만 형식상의 법인격만 없을 뿐이지 기본적으로 대륙법계의 합명회사와 합자회사에 상당하는 기업형태라고 할 수 있다. 따라서 회사법상 인적 회사를 둘 필요성을 느끼지 못하고 있다.

(2) 본사와 지사

본사는 중국의 회사실무에서 통상 총회사(總公司)라고 부르며 회사의 전부조직을 관할하는 법인자격을 가진 회사본부를 가리킨다. 지사는 본사의 관할 하에 있는 법인의 분설기구(分設機構)로서 독립적인 법인자격이 없다(회사법 제14조 제1항). 따라서 지사는 독립적으로 권리를 향유하고 의무를 부담하지 못하므로 독립적인 재산이 없고 그 재산은 본사의 소유에 속하며, 경영소득과 채무도 본사에 귀속되고 그의 활동으로 인한 민사책임은 본사가 부담한다(회사법 제14조 제1항). 물론 지사도 회사등기기관에 등기하여 영업허가증을 발급받아야 하고(회사법 제14조 제1항) 자기의 명의로 업무활동을 진행할 수 있으며, 자기명의로 소송도 진행할 수 있다. 그러나 그 업무행위와 소송의 효력은 역시 본사에 귀속된다.

(3) 모회사와 자회사

일반적으로 한 회사가 다른 한 회사의 상대적 다수의 주식을 취득함으로써

---

1) 중국의 「조합기업법」은 적지 않은 강행규정을 두는 등 짙은 단체법적 성격을 띠고 있으며, 동 법상 조합기업은 비록 법인격을 보유하지 않지만 자기명의로 재산을 취득하고 자기명의로 재판상 및 재판 외의 행위를 할 수 있는 등 상대적으로 독립된 주체자격이 인정된다고 할 수 있다. 따라서 중국 「민법통칙」상의 개인조합과는 많은 차이가 있다고 하겠다.

그에 대하여 실질적인 통제를 할 수 있을 경우 전자를 모회사라 하고 후자를 전자의 자회사라 한다. 「회사법」 제14조 제 2 항은 "회사는 자회사를 설립할 수 있으며, 자회사는 법인자격을 구비하고 법에 따라 독립적으로 민사책임을 부담한다"고 정하고 있다. 그러나 모자회사관계가 성립할 수 있는 주식(지분)보유기준에 대하여는 구체적인 규정을 두고 있지 않으며 모자회사 간의 주식보유제한에 관하여도 전혀 규정을 두고 있지 않다. 한국의 경우, 다른 회사의 발행주식총수의 50%를 초과하는 주식을 가진 회사를 모회사, 그 다른 회사를 자회사로 보며 자회사는 모회사의 주식을 취득할 수 없다고 정하고 있다(한국상법 제342조의2 제 1 항 본문).

(4) 내국회사와 외국회사

중국법에 준거하여 중국 境內에서 등기하여 설립한 회사를 내국회사라 하며, 반면에 외국법에 준거하여 중국 境外에서 등기하여 설립한 회사는 외국회사이다(회사법 제192조). 이로부터 볼 때 중국법은 회사국적의 확인기준과 관련하여 동시에 준거법주의와 설립지주의의 두 가지 기준을 취하고 있다는 것을 알 수 있다. 따라서 외국인이 중국인과 공동 또는 단독으로 중국 내에서 중국법에 따라 설립한 중외합자경영기업, 중외합작경영기업 및 외자기업은 모두 중국의 내국회사에 속하지만, 외국회사가 중국 내에 설립한 지사는 비록 중국정부의 비준을 거쳐 설립하지만 중국법인자격을 구비하지 않으므로(회사법 제193조, 제196조 제 1 항) 내국회사가 아니다. 그러나 외국회사의 지사는 자기의 명의로 중국 경내에서 경영활동에 종사할 수 있으며, 이러한 의미에서 외국회사의 지사는 중국 경내에서 경영활동에 종사할 수 없는, 외국회사의 중국 내 연락사무소의 성격을 띠고 있는 대표처(代表處)와는 다르다고 하겠다. 다만 외국회사 지사의 경영활동에 따른 민사책임은 그 외국본사가 부담한다(회사법 제196조 제 2 항).

4. 會社法의 意義

회사법은 광의의 회사법과 협의의 회사법으로 나눌 수 있다. 광의의 회사법은 회사의 조직과 활동에 관한 모든 법률규범의 총칭이고, 협의의 회사법은 "회사법"으로 명명된 단행법률 내지는 상법전내의 "회사편"을 가리킨다.

중국에 있어서 협의의 회사법은 1993년 12월 29일, 제 8 기 전국인민대표대회 제 5 차 회의에서 제정한 「회사법」을 말한다. 동 회사법은 총칙, 유한회사의 설립과 조직기구, 주식회사의 설립과 조직기구, 주식회사의 주식발행과 양도, 회사채권, 회사재무·회계, 회사합병과 분할, 회사해산 및 청산, 외국회사의 지사, 법률책임, 부칙 등 총 11장 230조로 구성되었다. 그 내용을 보면 기본적으로 서구의 회사법을 많이 참작하였지만 국유기업개혁 등 중국의 현실이 많이 반영되었다. 동 「회사법」은 총 세 차례의 개정을 거쳤다. 1999년 12월 25일에 단행된 첫 번째 개정은 국유독자회사 감사회의 설치에 관한 내용을 추가하는 것 등이고,[1] 2004년 8월 28일에 단행된 두 번째 개정은 행정허가법의 개정에 따라 동법의 규정에 부합되지 않는 관련 규정을 삭제하는 것이었다.[2] 이 두 번의 개정은 중국의 입법용어로 "修正"이라고 표현되는 소폭의 개정이었다면 2005년 10월 27일에 단행된 세 번째 개정은 무려 137개 조항이나 개정한 중국 입법용어로 "修訂"이라고 표현되는 대폭적인 개정이었다. 불완전한 통계에 따르면 이번 개정에서 추가, 삭제 및 수정한 조문이 총 224조에 달하는데, 그 중 새로 추가한 조문이 41개이고 삭제한 조문이 46개이며 수정한 조문이 137개로, 개정을 거치지 않은 조문은 다만 10%에 달할 뿐이라고 한다. 따라서 중국 학자들은 2005년 개정 회사법을 "신회사법"라고도 부르고 있다. "신회사법"은 기존의 국유기업의 특례에 관한 규정을 많이 삭제함으로써 회사법의 보편적 적응성을 강조하였고 규제완화와 정관자치를 확대하는 이념을 체현하였으며, 회사법의 실효성과 소송가능성을 향상하는 등 입법정책의 전환을 선언하였다. 이러한 입법정책 하에서 1인 유한회사, 주주대표소송 등 많은 새로운 제도들이 도입되었는데 그 중에서 회사법인격부인의 명문화, 기업의 사회적 책임에 관한 규정의 설치 등은 대륙법계 회사법의 입법에 있어서의 과감한 시도로서 새로운 입법패러다임을 체현하였다고 할 수 있다.

중국에 있어서 광의의 회사법은 「회사법」외에 기타 법률, 행정법규, 지방성법규, 행정규장(規章) 및 사법해석 등에 존재하는 회사에 관한 규정을 포함한다.

---

1) 1999년 개정의 내용은 두 가지가 있다. 그 중 하나는 제67조 중에 국유독자회사 감사회의 설치 및 감사회의 구성, 직권 등 내용을 추가한 것이고 다른 하나는 제229조의 제 2 항을 추가한 것이다. 즉 "하이테크에 속하는 주식회사에 있어서 발기인이 산업재산권과 비특허기술을 평가하여 출자한 금액이 회사등록자본에서 차지하는 비율, 회사의 신주발행, 주식상장의 신청조건은 국무원이 별도로 규정한다"고 정한 것인데 주요 목적은 하이테크주식회사가 증권시장에 진입하여 직접 자금조달을 하는 것을 지원함으로써 하이테크산업의 발전을 촉진하기 위한 것이라고 할 수 있다.

2) 2004년 개정은 제131조의 제 2 항, 즉 "액면가를 초과한 금액을 주권발행가격으로 할 경우 반드시 국무원 증권관리부문의 비준을 거쳐야 한다"는 규정을 삭제하는 데 그쳤다. 왜냐하면 이 규정이 중국 행정허가법의 규정에 부합되지 않기 때문이다.

예컨대, 중외합자경영기업, 중외합작경영기업, 외자기업에 관한 법률 및 행정법규 중의 외국인이 투자한 유한회사에 관한 특별규정, 「상업은행법」 중에 상업은행의 조직에 관한 특별규정, 「보험법」 중의 보험회사에 관한 특별규정, 「회사등기관리조례」 중의 회사등기에 관한 규정, 「증권법」 및 「주권발행과 거래의 관리에 관한 잠정조례」(股票發行與交易管理暫行條例) 중의 주식회사의 주권과 회사채권의 발행 및 양도에 관한 규정, 「민사소송법」과 「기업파산법」 중의 회사파산에 관한 규정, 「최고인민법원의 회사법을 적용하는 약간의 문제에 관한 해석」(I, II) 등이다. 개론서로서의 성격을 감안하여 本書는 주로 협의의 회사법을 대상으로 해설한다.

II. 通 則

1. 會社의 名稱과 住所

(1) 회사의 명칭

회사명칭은 회사인격특정화의 표시이다. 회사는 자기의 명칭으로 기타 회사의 영업과 구별한다. 동일한 등기기관 관할 하의 동일업종의 기업은 동일하거나 유사한 명칭을 사용할 수 없다. 따라서 일반적으로 회사의 명칭에 회사등기지의 지명을 붙여야 한다. 회사명칭에 "中國", "中華", "全國", "國際"라는 문구도 붙일 수 있는데 이럴 경우 반드시 국가공상행정관리총국의 심사비준을 받아야 한다. 아울러 회사명칭에는 반드시 회사의 법적 성질도 표시하여야 한다. 예컨대, 유한회사는 명칭 중에 반드시 유한책임회사(有限責任公司) 또는 유한회사(有限公司)라는 문구를 표기하여야 하며, 주식회사는 명칭중에 반드시 주식유한회사(股份有限公司) 또는 주식회사(股份公司)라는 문구를 표기하여야 한다(회사법 제8조).

(2) 회사의 주소

회사의 주요 사무기구의 소재지를 주소라고 한다(회사법 제10조). 회사가 단 하나의 사무기구가 있을 경우 당해 기구의 소재지가 주소이다. 만약 회사가 서로 다른 지역에 두 개 이상의 사무기구를 두고 있을 경우 반드시 그 중의 하나를 주요 사무기구로 확정하여야 한다. 일반적으로 회사가 다른 지역에 지사를 설치한 경우 회사본부를 주요 사무기구로 간주한다. 그러나 법적으로는 등기를 기준으로 한다.

2. 會社의 能力

(1) 회사의 권리능력

회사의 권리능력이란 회사가 법적 주체로서 권리를 향유하고 의무를 부담하는 자격을 말한다. 회사는 법인으로서 일반적 권리능력을 가지며, 그 권리능력은 법인이 성립하는 때로부터 발생하며 법인이 종료하면 소멸된다(민법통칙 제36조). 그러나 회사의 개별적 권리능력은 일정한 제한을 받는다. 우선, 회사는 법인으로서 재산권과 함께 인격권도 동시에 향유하지만 필경 자연인이 아니므로 자연인에 專屬하는 권리는 취득할 수 없다. 그리고 회사의 권리능력은 목적에 의한 제한은 받지 않으나[1] 법률에 의한 제한은 받는다. 예컨대, 회사는 기타 기업에 투자할 수 있으나 다른 법률에 별도의 규정이 있는 경우를 제외하고 투자한 기업의 채무에 대하여 연대책임을 부담하는 출자자가 될 수 없다(회사법 제15조). 조합기업의 경우 법인이 조합원이 될 수 있으므로(조합기업법 제2조) 국유기업 등을 제외한 회사들은 조합기업에 투자하여 조합원이 될 수 있다(조합기업법 제3조). 또한 회사가 기타 기업에 투자하거나 담보를 제공하는 경우 회사정관의 규정에 따라 이사회 또는 사원총회·주주총회의의 결의를 거쳐야 하고 회사정관에 투자 또는 담보의 총액 및 개별 투자 또는 담보의 한도액수에 대하여 규정을 둔 경우 한도액을 초과하지 못한다(회사법 제16조 제1항).[2] 그리고 회사가 회사주주 또는 실제지배자에게 담보를 제공하는 경우 반드시 사원총회 또는 주주총회결의를 거쳐야 한다. 이 경우 당해 주주 또는 실제지배자의 지배를 받는 주주는 당해 결의에 참가하지 못하고 당해 결의는 회의에 출석한 기타 주주가 소지한 의결권의 과반수로 통과한다(회사법 제16조 제2, 3항).

(2) 회사의 행위능력

회사의 행위능력은 회사가 자기의 의사에 따라 행위를 함으로써 권리를 취득하고 의무를 부담하는 자격을 말한다. 「민법통칙」 제36조에 따르면 회사는 행

1) 2005년 회사법 개정전에는 「회사법」이 "회사는 응당 등기한 경영범위 내에서 경영활동에 종사하여야 한다. …"(개정 전 회사법 제11조 제3항)라고 정하고 있었으므로 목적에 의한 권리능력제한이 인정되었으나 개정 이후에는 당해 조항을 삭제하였으므로 목적에 의한 제한이 문제가 되지 아니한다.

2) 2005년 개정 전 「회사법」은 "회사가 기타 유한회사, 주식회사에 투자하는 경우 국무원이 규정한 투자회사와 지주회사를 제외하고 누계투자액이 본회사 순자산의 50%를 초과하지 못한다. 단, 투자 후 피투자회사의 이윤으로 자본전입한 경우 그 증가액은 이에 포함하지 아니한다"라고 정하고 있었으나 2005년 개정에서 이를 삭제하였다.

위능력을 가지며, 회사의 행위능력은 권리능력과 마찬가지로 법인이 성립하는 때로부터 발생하고 법인이 종료되면 소멸한다. 회사에는 무능력제도가 없으므로 회사에 있어서 행위능력의 범위는 언제나 권리능력의 범위와 일치한다. 회사의 대외적 행위는 대표기관인 법정대표자를 통하여 실시되며, 법정대표자의 행위가 바로 회사의 행위가 된다. 법정대표자의 인선과 관련하여 2005년 개정 전에는 이사장(董事長)을 유일한 법정대표자로 규정하였으나 현행 「회사법」에는 회사정관의 규정에 따라 이사장 또는 집행이사가 담임할 수도 있고 경리가 담임할 수 있도록 규정되어 있다(회사법 제13조). 그러나 유일한 법정대표자에 대한 요구는 변함이 없어 한국을 비롯한 많은 대륙법계국가들에서 복수의 법정 대표자를 둘 수 있도록 하는 것과 많은 차이가 있다고 하겠다.

⑶ 회사의 불법행위능력

회사의 불법행위능력은 회사가 그의 불법행위로 인한 손해의 배상책임을 부담하는 능력을 말한다. 회사가 대표기관을 통하여 스스로의 행위능력을 갖는다면 행위능력의 다른 한 측면이라고 할 수 있는 불법행위능력도 아울러 갖는다. 「민법통칙」 제43조는 "기업법인은 그의 법정대표자 및 그 업무인원들의 경영활동에 대하여 민사책임을 부담한다"고 규정하고 있다. 따라서 법인으로서의 회사는 그의 법정대표자의 불법행위로 인한 손해배상책임을 부담한다고 하겠고 아울러 사용자배상책임도 부담한다고 하겠다. 그러나 한국법상 인정되는 대표이사가 업무집행상 타인에게 손해를 가한 경우 회사와 대표기관의 연대책임에 관한 규정은 「회사법」에 두지 않고 있다.

3. 會社의 資本

⑴ 회사자본의 의의

회사자본은 회사가 성립할 때 회사정관에서 확정하고 주주(사원)의 출자로 구성되는 재산총액으로서 자본금이라고도 한다. 「회사법」은 회사자본을 등록자본(注冊)이라고 표현하며, 반드시 등기할 것을 요구한다(회사법 제7조 제2항, 제3항). 유한회사에 있어서 등록자본은 회사등기기관에 등기한 전체 사원이 인수한 출자액을 가리키지만(회사법 제26조 제1항) 주식회사에 있어서는 발기설립을 하느냐 아니면 모집설립을 하느냐에 따라 등록자본에 대한 정의가 다르다. 발기설립의 경우 등록자본은 회사등기기관에 등기한 전체 발기인이 인수한 주식자본총액을 가리키고(회사법 제81조 제1항)

모집설립의 경우 등록자본은 회사등기관에 등기한 실제로 납입한 주식자본총액을 가리킨다(회사법 제81조 제2항). 회사의 자본은 회사의 자산의 일부분으로서 회사의 부채와 적립금 및 미분배이익과 함께 회사의 자산을 이룬다.

⑵ 법정자본제와 자본 3원칙

㈎ 「회사법」은 자본제도에 있어서 법정자본제(法定資本制)를 규정하고 있다. 2005년 회사법개정 이전에는 정관에서 확정하고 회사등기기관에 등기한 자본을 전부 납입하여야 회사가 설립되는 이른바 "출자납입주의"를 취하여 엄격한 법정자본제를 취하였지만 2005년 개정 후에는 유한회사의 경우와 발기설립하는 주식회사의 경우는 20%의 자본만 납입하면 회사를 설립할 수 있게 함으로써 엄격한 법정자본제가 다소 완화되었지만 여전히 법정자본제를 취하고 있는 것이다. 일부학자들은 출자의 분할납입제를 수권자자본제를 도입하였다고 하고 있지만 이는 정확한 견해가 아니다.

㈏ 「회사법」은 법정자본제 하에서 자본확정의 원칙, 자본유지의 원칙 및 자본불변의 원칙을 고수하고 있다. ① 회사는 반드시 정관에 자본총액을 명확히 정하고 전부 인수되어야 하며, 아울러 주식회사 모집설립의 경우 회사설립 전 전부 납입을 하여야 하며, 주식회사 발기설립의 경우와 유한회사의 경우 회사설립전 적어도 20%는 납입하여야 한다(회사법 제제26조 제1항, 제81조 제1항 및 제2항). 그렇지 않을 경우 회사를 설립할 수 없다. ② 회사는 존속과정에서 반드시 등록자본에 상응하는 순재산을 유지하여야 한다. 유한회사에 있어서 회사가 등기한 후 사원은 출자를 회수하지 못하며(회사법 제36조), 주식회사에 있어서 발기인, 주식인수인은 주식대금을 납입하거나 주식대금에 상당하는 출자를 교부한 후, 정한 기한 내에 주식이 전부 모집되지 못하거나 발기인이 정한 기한 내에 창립대회를 개최하지 못하거나 창립대회에 서 결의를 거쳐 회사를 설립하지 않는 경우를 제외하고 출자를 회수하지 못한다 (회사법 제92조). 회사는 세후이익을 분배할 경우 응다 이윤의 10%를 회사의 법정 적립금으로 적립하여야 하며, 회사의 법정 적립금이 전 연도의 적자를 미봉하지 못할 경우 적립금을 적립하기 전에 우선 당해의 이윤으로 적자를 미봉하여야 한다(회사법 제167조 제1항, 제2항). 또한 주식을 액면 이하로 발행하는 것을 금지한다(회사법 제128조). ③ 회사자본의 변경은 엄격한 절차를 따라야 한다. 회사는 법정 절차에 따라 정관을 변경하지 않으면 자본총액을 증가하거나 감소하지 못한다(회사법 제25조, 제82조).

(3) 자본의 변동(증자와 감자)

자본의 변동은 곧 자본의 증가와 자본의 감소를 말한다. 비록 자본의 변동이 순자산의 변동을 의미하는 것은 아니지만 끊임없이 변동하는 자산에 비하여 자본은 일정한 불변의 액수로서 회사가 응당 보유하여야 할 규범적 액수로 자본충실의 기준이 되므로 회사채권자 및 회사의 대외신용도에 큰 영향을 미친다. 따라서 자본의 변동은 회사법상 중요한 의미를 가지며 「회사법」은 증자와 감자에 대하여 일정한 규제를 가하고 있다. 증자와 감자의 경우 모두 회사재산의 중대한 변동을 초래하는 것이므로 유한회사의 경우에는 사원총회, 주식회사의 경우에는 주주총회에서 특별결의를 거쳐야 한다(회사법 제38조 제1항, 제100조). 증자의 경우 유한회사에 있어서는 전체 주주의 별도의 약정이 없는 한 사원의 증자우선인수권이 인정되지만(회사법 제35조) 주식회사에 있어서는 주주의 신주인수권이 인정되지 아니한다(회사법 제134조). 그리고 감자의 경우 감자 후의 등록자본이 법정 최저한도액보다 적어서는 아니되며 채권자보호절차를 거쳐야 한다. 즉 대차대조표와 재산명세서를 작성하여 등록자본의 감소결의를 한 날로부터 10일 내에 채권자에게 통지하고 아울러 30일 내에 신문에 공고하여야 한다. 채권자는 통지서를 받은 날로부터 30일 내에 통지서를 받지 못한 경우 공고일로부터 45일 내에 회사에 채무를 변제하거나 담보를 요구할 수 있다(회사법 제178조 제1항, 제2항). 증자와 감자를 완료하면 응당 법에 따라 회사등기기관에서 변경등기하여야 한다(회사법 제180조).

4. 會社債券(公司債券)

(1) 회사채권의 의의

강학상 회사채란 회사가 불특정다수자로부터 자금을 조달할 목적으로 집단적·정형적으로 부담하며 액면가로 단위화된 채무를 뜻한다. 대륙법계의 일반적인 입법례와는 달리 「회사법」은 회사채를 그에 내재하는 권리를 표창하는 유가증권인 會社債券으로 표현하고 회사채권에 대하여 명확한 정의를 두고 있다. 「회사법」 제154조 제1항에 따르면 회사채권은 회사가 법정 절차에 따라 발행하는, 일정한 기한 내에 원금을 상환하고 이자를 지급하기로 약정한 유가증권을 가리킨다. 이러한 입법방식은 회사채의 존재형식을 지나치게 강조한 데서 비롯되었다고 할 수 있다. 「회사법」은 회사채권의 발행과 양도 및 특수사채인 전환사채와 관련하여 약간의 규정을 두고 있다. 2005년 개정 전 「회사법」에서는 회사채권의 발행조건에 대해서도 상세한 규정을 두었으나 2005년 개정에서 이와 관련한 내용을 증권법으로 이전하여 증권법에서 증권의 공개발행을 규제하는 내용의 일부로 다루고 있다. 따라서 이 부분에 대해서는 본장의 증권법 부분에서 해설하도록 한다.

⑵ 회사채권의 종류

㈎ 기명사채권과 무기명사채권 회사채권은 회사채권상에 회사채권자의 명칭을 기재하는 여부에 따라 기명사채권과 무기명회채권으로 나눌 수 있다. 「회사법」 제157조는 "회사채권은 기명채권일 수 있고 무기명채권일 수도 있다"고 규정하고 있다. 이에 따라 「회사법」은 기명사채권과 무기명사채권을 모두 인정한다는 것을 알 수 있다. 「회사법」에 기명사채권과 무기명사채권을 동시에 발행하는 것을 금지하는 규정이 없기 때문에 회사채권의 발행시 기명사채권과 무기명사채권을 동시에 발행할 수도 있다. 기명사채권의 경우에는 당해 채권의 등기결제기구에 의하여 예탁관리되며, 이러한 등기결제기구의 경우 응당 채권의 등기, 예탁관리, 이자지급, 상환 등 관련 제도를 수립하여야 한다(회사법 제159조).

㈏ 전환사채권과 비전환사채권 회사채권은 주식으로의 전환가능 여부에 따라 전환사채권과 비전환사채권으로 나눌 수 있다. 전환사채권은 회사채채권자의 청구에 따라 사전에 정한 전환방법에 따라 주식으로 전환할 수 있는 회사채권을 가리키고 비전환사채권은 주식으로 전환할 수 없는 회사채권을 가리킨다. 일반사채권은 비전환사채권이고 전환사채권은 특수사채권에 해당한다. 「회사법」은 전환사채권에 관한 규정을 두고 있으므로 전환사채를 발행할 수 있으나 상장회사에 한해서만 주주총회결의에 따라 전환사채를 발행하는 것이 허용된다. 전환사채를 발행할 경우 응당 회사채권 모집방법 중에 구체적인 전환방법을 규정하여야 하고(회사법 제162조 제1항) 채권상에 "전환가능회사채권"이라는 문구를 기재하여야 하며 아울러 회사채권원부(公司債券存 根簿)상에 전환사채권의 액수를 기재하여야 한다(회사법 제162조 제2항). 그리고 상장회사가 전환사채권을 발행할 시에는 응당 국무원 증권감독관리기구에 보고하여 심사인준(核准)을 받아야 한다(회사법 제162조 제1항). 회사가 전환사채권을 발행한 경우 응당 그 전환방법에 따라 채권보유자에게 주권(股票)을 발행하여야 한다. 단, 채권보유자가 주권으로의 전환 여부에 대한 선택권을 가진다(회사법 제163조). 「회사법」은 상장회사에 한해 전환사채권의 발행을 인정하고 있으므로 회사법상의 규정 외에 중국 증권감독관리위원회가 제정·공포한 「상장회사

증권발행관리방법」(2006년 4월 26일 제정)에 보다 상세한 규정을 두고 있다. 따라서 실무적인 운영은 당해 방법에 따라 규율된다.

㈐ **담보부사채권과 비담보사채권** 회사채권은 물적 담보의 설정 여부에 따라 담보부사채권과 무담보사채권으로 나눌 수 있다. 전자는 발행시 일정한 물적 담보가 제공되는 회사채권으로서 사채권자가 보유채권이 실현하지 못할 경우 담보권의 행사에 의하여 우선적으로 변제를 받을 수 있고, 후자는 물적 담보를 제공되지 않는 회사채권으로서 사채권자는 다른 일반 채권자에 우선하여 변제를 받을 수 없다. 「회사법」은 담보부사채권의 발행에 대하여 명확한 규정을 두고 있지 않지만 제155조 제2항 제6호에서 회사채권모집방법에 응당 기재하여야 할 사항으로 채권의 담보정황을 규정하고 있으므로 담보부사채도 발행할 수 있다고 할 것이다. 많은 중국학자의 경우 회사채권의 발행시 제3자가 보증하는 인적 담보의 경우와 회사채권발행인이 자기의 재산으로 담보를 제공하는 물적 담보의 경우를 모두 담보부사채권의 발행으로 이해하고 있으나 담보부사채권의 경우 담보의 제공은 물적 담보에 한한다고 해석하여야 할 것이다.

⑶ 회사채권의 발행 및 양도

㈎ **회사채권의 발행** 2005년 회사법개정 이전에는 주식회사와 국유독자회사 및 두 개 이상의 국유기업 또는 기타 두 개 이상의 국유투자주체가 설립한 유한회사에 한하여 회사채권의 발행이 인정되었지만[1] 현행 회사법상 발행주체에 대하여는 제한이 없기 때문에 모든 주식회사와 유한회사는 회사채권을 발행할 수 있다고 해야 할 것이다. 회사채권을 발행할 경우 응당 「중화인민공화국 증권법」에 규정한 발행조건[2]에 부합되어야 하며(회사법 제154조 제2항) 국무원이 수권한 부문의 심사인준(核准)을 받아야 한다(회사법 제155조 제1항). 또한 전환사채권을 발행할 경우에는 국무원 증권감독관리기구의 심사인준(核准)을 받아야 한다(회사법 제162조 제1항). 회사는 이사회가 회사채권발행방안을 작성하여 주주총회(또는 사원총회)의 결의를 거친 후(회사법 제38조 제1항, 제67조 제1항 및 제100조) 국무원이 수권한 부문(전환사채의 경우 국무원 증권감독관리기구)의 심사인준(核准)을 거치면 회사채를 발행할 수 있다. 회사채를 발행할 시 "회사채권모집방법" 중에 응당 ① 회사명칭, ② 채권모집자금의 용도, ③ 채권총액과 채권의 액면금액, ④ 채권이자율의 확정방식, ⑤ 원금의 상환 및 이

1) 2005년 개정전 「회사법」 제159조 참조.
2) 증권법 제16조 및 제18조 참조.

자지급의 기한과 방식, ⑥ 채권의 담보정황, ⑦ 채권의 발행가격, 발행의 시작 및 종료일자, ⑧ 회사의 순자산액, ⑨ 이미 발행하였고 아직 만기하지 않은 회사채권총액, ⑩ 회사채권의 위탁발행기구 등을 기재하여야 하며(회사법 제155조 제2항), 아울러 "회사채권모집방법"을 공고하여야 한다(회사법 제155조 제1항). 그리고 회사가 實物券 방식으로 회사채권을 발행할 경우 반드시 채권상에 회사명칭, 채권의 액면금액, 이자율, 상환기한 등 사항을 기재하여야 하고 아울러 법정대표자가 서명하고 회사가 날인하여야 한다(회사법 제156조). 회사는 회사채권을 발행한 후 응당 회사채권원부를 회사에 비치하여야 한다. 기명사채권을 발행한 경우 응당 회사채권원부상에 ① 채권보유자의 성명 또는 명칭 및 주소, ② 채권보유자가 채권을 취득한 일자 및 채권의 번호, ③ 채권총액, 채권의 액면금액, 이자율, 원금의 상환 및 이자지급의 기한과 방식, ④ 채권의 발행일자 등을 기재하여야 하며, 무기명사채권을 발행할 경우 응당 회사채권원부상에 채권총액, 이자율, 상환기환 및 방식, 발행일자 및 채권의 번호를 기재하여야 한다(회사법 제158조).

(나) 회사채권의 양도 회사채권은 양도할 수 있으나(회사법 제160조) 반드시 법에 따라 진행되어야 한다. 양도장소와 관련하여 제한은 없지만 상장거래할 경우에는 응당 증권거래소에서 진행되어야 한다(회사법 제160조 제2항). 회사채권을 양도할 경우 양도가격은 양도인과 양수인 간의 약정에 따른다(회사법 제160조 제1항). 단, 증권거래소에 상장하여 거래시에는 증권거래소의 거래규칙에 따라 양도한다(회사법 제160조 제2항). 회사채권의 양도방식에 있어서 기명사채권과 무기명사채권의 경우는 다르다. 기명사채권의 경우 채권보유자가 배서방식 또는 법률, 행정법규가 규정한 기타 방식으로 양도한다.[1] 양도 후에 회사가 양수인의 성명 또는 명칭 및 주소를 회사채권원부에 기재한다(회사법 제161조 제1항). 따라서 기명회사채권의 경우 양수인의 성명 또는 명칭 및 주소를 회사채권 원부에 기재함으로써 회사와 제3자에 대한 대항력이 생긴다고 할 수 있다. 무기명사채권의 경우 채권보유자가 당해 채권을 양수인에게 교부함으로써 양도의 효력이 생기며(회사법 제161조 제2항) 양수인이 당해 채권을 계속 점유함으로서 회사 및 제3자에 대한 대항할 수 있다.

1) 현재 회사채권의 발행실무에서 實物券方式을 취하지 아니하고 無券化方式을 취하는 것이 대세이므로 회사채권의 양도에 있어서도 이 같은 경우에는 기타 법률 또는 행정법규의 규정에 따라 배서방식이 아닌 대체결제방식에 따른다.

5. 회사의 재무 · 회계

(1) 재무 · 회계제도의 의의

회사의 재무·회계제도는 회사의 재무제도와 회사의 회계제도를 총칭하는 것으로 법률, 행정법규 및 회사정관에서 확립한 재무회계규칙을 가리킨다.「회사법」제164조에 따르면 회사는 응당 법률, 행정법규 및 국무원 재정부문의 규정에 따라 자사의 재무·회계제도를 수립하여야 한다. 따라서 재무회계제도는 기타 내부관리제도와는 달리 강제성을 지닌다. 아울러「회계법」과 재정부에서 제정한「기업재무통칙」및「기업회계준칙」등 정부 관련 부처의 규정에 따라 작성하여야 하기에 규범성과 통일성도 지닌다. 재무·회계제도는 주주와 채권자 등 이해관계자의 이익을 보호하고 회사경영의 효율성을 제고하며 정부의 거시적 통제를 강화하는 데 있어서 중요한 의미를 가진다.

(2) 재무 · 회계보고서의 작성 및 감사

재무회계보고서는 회사의 경영성과와 재무상황을 반영하는 서면문건으로서 주로 대차대조표(資產負債表), 손익표(損益表), 재무상황변동표(財務狀況變動表), 재무정황설명서(財務情況說明書), 이윤분배표(利潤分配表) 및 부속명세서(附屬明細表)로 구성된다. 법에 따라 재무회계보고서를 작성하는 것은 회사가 재무회계제도를 수립한 중요한 표징이다. 재무회계보고서는 법률, 행정법규 및 국무원 재정부문의 규정에 따라 작성한다(회사법 제165조 제2항). 회사는 매 회계연도[1]가 종료한 후 재무회계보고서를 작성하야 하는 데(회사법 제165조 제1항) 통상 매년 4월 30일 전에 전 회계연도의 재무회계보고서를 작성하여야 한다.

재무회계보고서를 작성한 후에는 반드시 법에 따라 회계사사무소의 감사를 거쳐야 한다(회사법 제165조 제1항). 회사가 회사의 회계감사업무를 담당하는 회계사사무소를 선임하거나 해임할 경우 반드시 회사정관의 규정에 따라 주주총회(또는 사원총회) 또는 이사회가 결정한다(회사법 제170조 제1항). 회사의 주주총회(또는 사원총회) 또는 이사회가 회계사무소의 해임에 관한 표결을 할 경우 응당 회계사사무소가 의견을 진술하는 것을 허용하여야 한다(회사법 제170조 제2항). 재무회계보고서의 진실한 감사를 위하여 회사는 응당 선임한 회계사사무소에 진실하고 완전한 회계증빙서류, 회계장부, 재무회계보고서 및 기타 회계자료를 제공하여야 하고 관련 자료의 제공

---

1) 중국의 회계연도는 매년 1월 1일부터 12월 31일까지이다.

을 거절하거나 은닉하거나 거짓보고를 하여서는 아니된다(회사법 제171조).

⑶ 재무회계보고서의 공시와 주주(사원)의 열람권

주주의 이익을 보호하기 위하여 주주의 알 권리를 보장하는 것이 필요하다. 유한회사의 경우 회사정관이 정한 기한 내에 재무회계보고서를 각 사원에게 송부하여야 하고 주식회사의 경우 재무회계보고서를 정기 주주총회 개최일 20일 전에 자사에 비치하여 주주가 열람하게 하여야 한다. 그리고 주식을 공개발행한 주식회사의 경우에는 반드시 재무회계보고서를 공고하여야 한다(회사법 제166조). 또한 「회사법」 제34조와 제98조의 규정에 따라 유한회사의 사원과 주식회사의 주주는 재무회계보고서를 열람할 권한이 있으며 유한회사의 사원의 경우에는 회계장부 열람권도 인정된다. 유한회사의 사원은 회계장부열람을 요구할 시 응당 서면으로 청구를 하여야 하며 목적을 설명하여야 한다. 회사가 합리적인 근거가 있어 주주가 회계장부를 열람하는 것이 부정당한 목적이 있고 회사의 합법적 이익을 손해할 우려가 있다고 인정하는 경우 열람의 제공을 거절할 수 있다. 단, 사원이 서면청구를 한 날로부터 15일 이내에 서면형식으로 회답을 하고 아울러 그 이유를 설명하여야 한다. 회사가 열람제공을 거절할 시 사원은 인민법원에 회사가 열람을 제공할 것을 청구할 수 있다(회사법 제34조 제 2 항).

⑷ 준비금(公積金)과 이익배당(股利分派)

㈎ 준 비 금　준비금이란 회사가 법률, 정관 또는 주주총회(사원총회)의 결의에 따라 회사이윤 또는 기타 수입 중 주주(사원)에게 배당하지 않고 社內에 적립하는 금액을 말한다. 준비금을 적립하는 목적은 기업의 계속을 위한 물적 기초를 마련하고 유한책임제 하에서 채권자의 보호를 위해 요청되는 자본유지의 원칙을 실천하기 위한 것이라고 할 수 있다. 회사의 준비금은 회사적자의 塡補, 회사생산경영의 확대, 회사자본의 증가 등에 사용된다(회사법 제169조 제 1 항). 법정자본금이 자본으로 전환할 시 유보하는 당해 적립금은 자본전입 전 회사등록자본의 25%를 초과하지 못한다(회사법 제169조 제 3 항).

준비금은 우선, 그 재원에 따라 이익준비금과 자본준비금으로 나눌 수 있는데, 이익준비금은 손익거래로부터 발생하는 이익을 재원으로 하여 적립하는 준비금을 말하고, 자본준비금은 자본거래에서 발생한 이익을 재원으로 하여 적립하는 자본준비금을 말한다. 준비금은 또한 그 강제성 여부에 따라 법정준비금과 임의준비금으로 나눌 수 있는데, 법정준비금은 법률의 규정에 따라 적립이 강제되는 준비금을 말하고 임의준비금은 회사정관 또는 주주총회결의에 따라 법정준비금을 적립한 후 추가로 적립하는 준비금을 말한다. 「회사법」은 이익준비금으로서 법정준비금과 임의준비금을 규정하고 있으며, 주식회사의 경우에는 자본준비금에 대해서도 규정을 두고 있다. 법정준비금의 적립기준은 당해 연도 세후이윤의 10%이며, 법정준비금의 누계 적립액이 회사등록자본의 50% 이상을 초과하는 경우 더 이상 적립하지 않아도 된다(회사법 제167조 제1항). 회사의 법정 적립금이 전 년도 적자를 塡補하지 못할 경우 전항의 규정에 따라 법정 준비금을 적립하기 전에 응당 당해 연도 이윤으로 적자를 塡補하여야 한다(회사법 제167조 제2항). 그리고 稅後利潤에서 법정준비금을 적립한 후 회사는 사원총회 또는 주주총회결의를 거쳐 추가로 임의적립금을 적립할 수 있다(회사법 제167조 제3항). 주식회사의 경우에는 이익준비금과 자본준비금을 적립할 수 있다. 주권의 액면가액을 초과하는 발행가격으로 주식을 발행하여 얻은 액면초과금액 및 국무원 재정부문이 자본적립금에 산입한다고 규정한 기타 수입은 회사자본적립금에 산입된다(회사법 제168조). 단, 자본적립금의 경우 회사의 적자를 전보하는 데 사용하지 못한다(회사법 제169조 제1항).

(나) 이익배당　이익의 분배는 영리회사의 존재목적이다. 이익배당이란 회사가 법률 또는 정관의 규정에 따라 분배가능한 이윤 중에서 일정한 방식으로 정한 기한에 따라 주주에게 지급하는 재산이익을 이익배당이라고 한다. 「회사법」은 채권자 및 주주(사원)의 이익을 보호하기 위하여 이익배당에 대하여 일정한 규제를 하고 있다. 우선, 이익이 없는 경우 배당을 실행하지 못한다(회사법 제167조). 따라서 당해 연도 이익이 없는 경우 「회사법」상 배당이 불가능하다. 둘째, 이익배당은 법정 순서에 따라 진행되어야 한다. 이익이 있는 경우 법에 따라 소득세를 납부한 다음 회사에 전 연도 적자가 존재하는 경우 적자를 우선 塡補하고 준비금을 적립한 후 잔여이익이 있는 경우 배당을 진행할 수 있다(회사법 제167조 제4항). 셋째, 배당방법에 있어서 유한회사의 경우 전체 사원이 출자비율에 따라 배당을 수취하지 않기로 약정한 경우를 제외하고 원칙적으로 실제로 납입한 출자비율에 따라 배당하고 주식회사의 경우에는 정관에서 주식보유비율에 따라 분배하지 않기로 규정한 경우를 제외하고 주주가 보유한 주식의 비율에 따라 분배한다(회사법 제167조 제4항). 단, 회사가 보유한 자기주식은 이윤을 분배할 수 없다(회사법 제167조 제6항). 사원총회, 주주총회 또는 이사회가 위의 규정을 위반하여 회사가 적자를 塡補하고 법정 준비금을 적립하기 전에 주주에게 이윤을 분배한 경우 주주(사원)는 반드시 규정을

위반하여 분배한 이윤을 회사에 반환하여야 한다(회사법 제16조 제5항).

6. 會社의 再編

(1) 회사의 합병

㈎ 합병의 의의 및 종류　「회사법」은 합병에 대하여 명확한 정의를 두고 있지 아니하다. 강학상 회사의 합병이란 2개 이상의 회사가 법률의 규정 및 계약의 약정에 따라 그 중 1개의 회사를 제외하고 소멸하거나 전부 소멸하되, 청산절차를 거치지 아니하고 소멸하는 회사의 모든 권리·의무를 존속회사 또는 신설회사가 포괄적으로 승계하고 원칙적으로 社員을 수용하는 회사법상의 법률사실이다.

합병에는 흡수합병과 신설합병이 있다(회사법 제173조 제1항). 흡수합병은 한 회사가 다른 회사를 흡수하여 계속 존속하고 흡수당한 기타 회사는 해산하는 것을 말하며, 신설합병은 2개 이상의 회사가 합병하여 하나의 새로운 회사를 설립하고 합병 각 측은 해산하는 것을 말한다(회사법 제173조 제2항).

㈏ 합병의 절차

① 합병방안의 작성 및 합병계약의 체결　합병 각 측은 이사회에서 합병방안을 작성하고(회사법 제47조 제7호) 이를 기초로 합병조건, 합병방식 등 합병에 필요한 사항을 협의하여 합병계약을 체결하여야 한다(회사법 제174조). 물론 합병계약은 합병당사회사의 대표기관에 의하여 체결된다.「회사법」이 합병계약의 기재사항에 대하여 필요한 규정을 두고 있지 않으므로 합병계약의 기재내용은 전적으로 합병 각 측의 합의에 따른다.

② 대차대조표 및 재산명세서의 작성　합병 각 측은 합병계약서를 체결함과 아울러 대차대조표(資産負債表)와 재산명세서(財産清單)를 작성하여야 한다(회사법 제174조). 이는 주주 등 이해관계자를 위한 것으로 한국상법의 경우 주주총회(사원총회) 2주 전부터 합병 후 6개월이 경과할 때까지 공시하도록 요구하고 있으나「회사법」의 경우 공시에 대한 요구는 규정되어 있지 아니하다. 그러나 해석상으로는 주주총회(사원총회)결의를 하기 전에 주주(사원)가 열람할 수 있게 하여야 한다.

③ 합병결의와 반대주주의 주식(지분)매수청구권　합병은 회사의 구조적 변화를 초래하므로 주주(사원)의 중대한 이해 관계가 걸린 문제이다. 따라서 회사의 법정 대표자는 합병계약을 체결한 후 합병계약의 내용을 주주총회(사원총

회)에 상정하여 의결하게 하여야 한다. 이것이 바로 합병결의이다. 합병결의는 특별결의로서 주식회사의 경우 주주총회에 출석한 주주가 보유한 의결권의 2/3 이상으로 통과하여야 하고(회사법 제104조 제2항) 유한회사의 경우에는 2/3 이상의 의결권을 대표하는 사원의 동의를 거쳐야 하며(회사법 제44조 제2항), 단, 국유독자회사의 경우 합병은 일반적으로 국유자산관리기구가 결정하며, 그 중 중요한 국유독자회사의 합병은 국유자산관리기구의 심사확인을 거친 후 본급 인민정부가 비준한다(회사법 제67조 제1항). 중소주주의 권익을 보호하기 위하여 합병결의에 반대하는 주주에게는 주식(지분) 매수청구권이 주어진다(회사법 제75조 제1항, 제143조 제1항).

④ 채권자보호절차 합병에 관해 회사채권자도 주주에 못지 않게 중대한 이해관계를 가지므로 반드시 채권자보호절차를 거쳐야 한다. 우선, 회사는 합병결의를 한 날로부터 10일 내에 채권자에게 통지하여야 하며 아울러 30일 이내에 신문지상에 공고하여야 한다. 둘째, 채권자는 통지를 받은 날로부터 30일 이내에, 통지를 받지 못한 경우에는 공고일로부터 45일 내에 회사에 채무변제 또는 상응하는 담보를 제공할 것을 요구할 수 있다(회사법 제174조). 이러한 요구를 무시하고 합병한 경우 합병무효사유가 된다고 하겠다.

⑤ 자본의 융합절차 및 주주총회(사원총회)의 소집 채권자보호절차를 이행한 후 「회사법」상 규정은 없으나 합병 각측은 후속 절차를 진행하여야 한다. 우선, 합병비율에 따라 존속회사 또는 신설회사의 주식(지분)을 소멸회사의 주주(사원)에게 배정하고 교부금을 지급하여야 하며, 필요한 경우 관련 재산의 등록·등기 및 명의개서 등을 진행하여야 한다. 그리고 이러한 자본의 융합절차를 완성한 후에는 존속회사 또는 신설회사는 응당 주주총회(사원총회) 또는 창립총회를 소집하여 합병사항을 보고하고 회사정관을 변경 또는 제정하여야 한다. 신설합병의 경우에는 또한 이사, 감사를 선임하여야 한다.

⑥ 합병등기 상기 절차를 완성한 후 합병 각 측은 법정기한 내에 등기기관에 가서 합병등기를 하여야 한다. 존속회사의 경우 등기사항이 변경되었으므로 응당 법에 따라 회사변경등기를 하여야 하고 해산회사의 경우 응당 법에 따라 회사말소등기를 하여야 하며, 신설회사의 경우 응당 법에 따라 회사설립등기를 하여야 한다(회사법 제180조 제1항).

㈐ 합병의 효력

① 회사의 소멸과 신설 합병으로 인해 흡수합병의 경우에는 존속회사 이

외의 당사회사, 신설합병의 경우에는 모든 당사회사가 소멸한다. 「회사법」이 합병을 회사의 해산사유의 하나로 규정하고 있기 때문이다(회사법 제181조 제3호). 합병으로 해산을 하더라도 법인격을 소멸시키는 데만 그 목적이 있고 존속회사 또는 신설회사가 그 권리·의무를 승계하므로 청산절차를 밟지 아니한다. 신설합병의 경우에는 새로운 회사가 설립된다.

② 권리·의무의 포괄승계　회사가 합병할 경우 합병 각측의 채권·채무는 응당 합병후 존속하는 회사 또는 신설하는 회사가 승계한다(회사법 제175조). 이러한 승계는 포괄적인 승계로 해석하여야 하므로 개개의 재산에 대하여 이전행위를 따로 할 필요가 없고 별도의 채무인수절차도 필요하지 않다. 단, 승계한 권리를 처분하기 위해서는 등기·등록 등 공시방법을 갖추어야 할 경우가 있으며, 권리의 종류에 따라 제3자에게 대항하기 위해서는 대항요건을 갖추어야 할 경우가 있다.

③ 주주(사원)의 수용　「회사법」이 교부금합병에 대하여 제한규정을 두고 있지 않아 합병의 대가를 현금으로 지급할 수 있다고 해석되나 실무에서 합병의 대가를 전부 현금으로 지급하는 경우는 극히 드물고 또한 강학상 합병의 법리에 따라 합병에 의해 소멸회사의 주주(사원)는 원칙적으로 존속회사 또는 신설회사의 주주(사원)로 수용된다고 해석한다. 이 경우 주주(사원) 지위의 크기(보유하는 주식 또는 지분)는 합병계약에 따라 정해진다.

④ 소송법상의 효과　소송당사회사인 법인이 합병으로 인해 소멸할 경우 소송절차가 중단되고 존속법인 또는 신설법인이 소송절차를 수계하여야 한다(민사소송법 제136조).

(2) 회사의 분할

(가) 분할의 의의 및 종류　강학상 회사분할(公司分立)이란 하나의 회사가 법정 절차에 따라 청산절차를 거치지 아니하고 2개 이상의 회사로 나누어지는 조직법적 행위를 말한다. 회사분할로 인하여 본래의 회사(이하 분할회사라 함)는 소멸하거나 축소된 상태로 존속하고 그 주주는 분할회사의 권리·의무를 승계한 회사의 주식을 취득한다. 「회사법」은 회사분할에 대한 명확한 정의를 두고 있지 않고 다만 회사가 분할하는 경우 그 재산에 대하여 상응하는 분할을 한다고 정하고 있다(회사법 제176조 제1항). 따라서 회사분할의 대상은 회사의 재산이라고 하겠지만 이러한 재산은 개개의 재산의 아니라 영업목적을 위하여 조직화되고 유기적인 일체로서 기능하는 영업재산이라고 해석해야 할 것이다. 그리고 용어에 있어서

「회사법」은 중국어로 分割이란 용어를 사용하지 않고 분립(分立)이란 용어를 사용한다. 「회사법」상 분립(分立)제도가 1986년에 제정한 「민법통칙」상의 법인분립(法人分立)제도에서 유래하였기 때문이다. 하지만 본서에서는 해석상의 편리를 위하여 한국 상법상의 용어인 分割을 사용하도록 한다.

회사분할의 방법에 대하여 「회사법」은 아무런 규정을 두고 있지 아니하다. 따라서 「회사법」이 어떤 종류의 회사분할을 인정하는지 여부는 분명치 않다. 실무에서는 일반적으로 단순분할, 즉 존속분할과 소멸분할만 인정한다. 왜냐하면 「외국인투자기업의 합병과 분할에 관한 규정」(關于外商投資企業合併與分立的規定)[1)]에 따르면 외국인투자기업이 분할할 경우 존속분할과 해산분할(소멸분할)만 인정되기 때문이다. 존속분할은 하나의 회사를 두 개 이상의 회사로 분할하되, 본래의 회사(분할회사)는 계속 존속하고 분할된 영업재산을 가지고 1개 이상의 새로운 회사를 신설하는 것을 말하고 해산분할(소멸분할)이란 하나의 회사가 2개 이상의 회사로 분할하되 본래의 회사(분할회사)는 해산하고 분할된 영업재산을 가지고 2개 이상의 새로운 회사를 신설하는 것을 말한다. 중국에서는 일부 학자들이 강학상 존속분할을 파생분할, 소멸분할을 신설분할이라고 표현하기도 한다. 그러나 「회사법」이 회사분할의 방식에 대하여 제한을 두고 있지 않으므로 재판실무에서 분할합병의 법리에 대하여 인정하는 예도 있다.

㈏ 분할의 절차

① 분할계획서의 작성　회사가 분할할 경우 우선 이사회가 결의를 통하여 분할계획서(분할방안)을 작성한다(회사법 제47조 제7호, 제109조 제4항). 중국의 일부 학자들이 분할 후 존속 또는 신설하는 회사 간에 분할계약서를 체결하여야 한다고 해석하고 있으나 이는 분할의 법리에 대한 이해부족에서 유래된 것이라고 할 수 있다. 분할합병이 아닌 단순분할에서 분할계약서가 있을 수 없는 것이다.

② 대차대조표 및 재산명세서의 작성　회사가 분할할 경우 회사는 응당 대차대조표(資産負債表)와 재산명세서(財産淸單)를 작성하여야 한다(회사법 제176조 제2항). 이는 주주 등 이해관계자를 위한 것으로 한국상법의 경우 주주총회(사원총회) 소집 전 2주전부터 분할등기를 한 날 이후 6개월이 경과할 때까지 공시하도록 요구하고 있으나 「회사법」의 경우 공시에 대한 요구는 규정되어 있지 아니하다. 그러

1) 당해 규정은 1999년 9월 23일, 대외무역경제합작부와 국가공상행정관리국이 제정·공포하였고 2001년 11월 22일에 1차 개정을 하였다.

나 해석상으로는 주주총회(사원총회)결의를 하기 전에 주주(사원)가 열람할 수 있게 하여야 한다.

③ 주주총회(사원총회)결의와 반대주주(사원)의 주식(지분)매수청구권 회사가 분할하고자 할 경우 이사회가 분할계획서(분할방안)를 작성하여 주주총회(사원총회)의 결의에 의한 승인을 얻어야 한다. 분할결의는 특별결의로서 주식회사의 경우 주주총회에 출석한 주주가 보유한 의결권의 2/3 이상으로 통과하여야 하고(회사법 제104조 제2항) 유한회사의 경우에는 2/3 이상의 의결권을 대표하는 사원의 동의를 거쳐야 하며(회사법 제44조 제2항), 단, 국유독자회사의 경우에는 분할은 일반적으로 국유자산관리기구가 결정하며, 그 중 중요한 국유독자회사의 분할은 국유자산관리기구의 심사확인을 거친 후 본급 인민정부가 비준한다(회사법 제67조 제1항). 중소주주의 권익을 보호하기 위하여 분할결의에 반대하는 주주에게는 주식(지분)매수청구권이 주어진다(회사법 제75조 제1항, 제143조 제1항).

④ 채권자보호절차 회사분할의 경우 분할회사의 책임재산이 줄어들거나 없어지는 모습을 보이므로 반드시 채권자보호절차를 거쳐야 한다. 따라서 「회사법」은 회사는 분할결의를 한 날로부터 10일 내에 채권자에게 통지하고 아울러 30일 내에 신문지상에 公告하도록 요구하고 있다(회사법 제176조 제2항). 그러나 합병의 경우처럼 채권자가 회사에 대하여 채무변제 또는 담보제공을 요구할 수 있도록 규정을 두고 있지 아니하다. 이는 회사분할 전의 채무에 대하여 분할 후의 회사들이 원칙적으로 연대책임을 부담하므로(회사법 제177조) 책임재산에는 변동이 없고 책임주체에도 실질적인 변동이 없다고 할 수 있기 때문이다.

⑤ 회사의 설립 채권자보호절차를 이행한 수 「회사법」에 규정은 없지만 회사분할의 경우 영업을 승계할 회사를 신설하여야 하므로 신설회사의 설립절차를 밟아야 한다. 신설회사의 자본은 일반적으로 분할회사에서 분리되는 재산만으로 구성하고 주식인수의 절차없이 분할회사의 주주(사원)에게 신설회사의 주식(지분)을 배정하여야 하고 아울러 이사, 감사 등을 선임하여야 한다.

⑥ 분할등기 상기 절차를 완성한 후 분할회사와 신설회사는 법정기한내에 등기기관에 가서 분할등기를 하여야 한다. 분할회사가 존속하는 경우 등기사항이 변경되었으므로 응당 법에 따라 회사변경등기를 하여야 하고 분할회사가 해산하는 경우 응당 법에 따라 회사말소등기를 하여야 하며, 신설회사의 경우 응당 법에 따라 회사설립등기를 하여야 한다(회사법 제180조 제1항).

㈐ 분할의 효과

① 회사주체의 변화 회사가 분할하면 분할회사는 해산 또는 존속하고 새로운 회사가 설립된다. 존속분할의 경우 분할회사는 축소된 상태로 존속하고 1개 이상의 새로운 회사가 신설되며, 소멸분할의 경우 분할회사는 해산하고 2개 이상의 새로운 회사가 신설된다. 분할회사가 존속하는 경우 분할 전 회사의 법인격은 분할 후의 존속회사에서 그 동일성을 유지하지만 신설회사의 경우 분할회사가 해산하더라도 분할 전 회사의 법인격을 승계하지 아니한다.

② 권리·의무의 이전 분할로 인해 분할계획서에서 특정한 분할회사의 권리와 의무는 신설회사로 이전한다. 이러한 이전은 별도의 이전행위나 공시방법을 요하지 않고 분할로 인한 등기를 한 때에 이전되는 것으로 보아야 한다.

③ 주식(지분)의 귀속 회사분할을 하면 분할회사의 주주는 신설회사의 주식(지분)을 취득한다. 그 내용은 분할계획서의 규정에 따른다. 소멸분할을 함으로써 분할회사가 해산하면 주주(사원)는 분할회사의 주주권(사원권)을 상실하고 존속분할을 하면 감소방법에 따라 주주권(사원권)의 변동이 생긴다.

④ 분할회사채무의 승계와 책임 회사분할의 경우 회사의 합병의 경우와 같은 채무의 포괄승계가 없고 신설회사는 분할계획서에 따라 특정된 채무를 인수할 뿐이다. 따라서 채권자보호가 큰 문제로 된다. 채권자보호를 위하여 「회사법」은 회사분할 전의 채무는 분할 후의 회사가 연대책임을 부담한다고 정하고 있다. 단, 회사가 분할 전 채권자와 채무변제에 관하여 달성한 서면합의에서 별도로 약정한 경우에는 제외한다(회사법 제177조).

⑤ 소송법적 효과 소송당사회사인 법인이 분할로 인해 소멸할 경우 소송절차가 중단되고 분할계획에 의해 이전된 영업재산에 관한 소송의 경우 신설법인이 소송절차를 수계하여야 한다(민사소송법 제136조).

⑶ 회사의 조직변경

㈎ 조직변경의 의의 및 유형 회사의 조직변경이란 회사가 그 인격의 존속에 영향주지 아니하는 조건 하에서 그 법률상의 조직형식을 변경하여 기타 종류의 회사형태로 전환하는 것을 말한다. 회사가 조직변경을 하면 그 조직형식이 변경되어 기타 종류의 회사로 전환하나 그 인격은 동일성을 유지한다. 이는 조직변경의 특색으로서 어느 회사가 다른 회사의 권리·의무를 포괄적으로 승계하는 회사합병, 그리고 회사를 해산하여 청산절차를 밟고 그 사원과 그 재산으로

종류가 다른 회사를 신설하는 "사실상의 조직변경"과 구별된다.

회사의 조직변경의 유형과 관련하여 인적 회사와 물적 회사는 사원의 책임과 내부조직이 전혀 다르므로 이들 상호간에 조직변경을 인정할 경우 그 동일성을 유지하는 데 무리가 있다고 할 수 있으므로 대륙법계에서는 통상 인적 회사 상호간, 물적 회사 상호간에만 조직변경을 인정한다. 그러나 「회사법」은 주식회사와 유한회사만 인정하고 있으므로 주식회사와 유한회사 간의 조직변경만 고려할 만하다. 「회사법」 제 9 조에 따라 유한회사를 주식회사로, 주식회사를 유한회사로 변경하는 것이 모두 가능하다.

㈏ 조직변경의 조건과 절차

① 조직변경의 조건 유한회사를 주식회사로 변경할 경우에는 응당 「회사법」상 주식회사의 조건에 부합되어야 하고(회사법 제 9 조) 환가하는 실제로 납입한 주식자본총액이 회사의 순자산액을 초과하여서는 아니되며, 조직변경시 자본증가를 위해 주식을 공개할 경우에는 응당 국무원 증권감독관리구의 심사인준(核准)을 받는 등 법에 따라 진행해야 한다(회사법 제96조). 한편 주식회사를 유한회사로 전환할 경우에는 「회사법」상 유한회사의 조건에 부합되어야 한다(회사법 제 9 조).

② 조직변경의 절차 회사가 조직변경을 할 경우 우선, 이사회에서 결의에 의하여 조직변경에 관한 방안을 작성하고(회사법 제47조 제 7 호) 대차대조표와 재산명세서를 작성한다. 이사회가 작성한 조직변경안은 주주총회(사원총회)에서 결의에 의한 승인을 한다. 조직변경에 관한 결의는 특별결의로서 주식회사의 경우 출석한 주주가 보유한 의결권의 2/3 이상으로 통과하고(회사법 제104조 제 2 항) 유한회사의 경우 2/3이상의 의결권을 대표하는 사원의 동의로 의결한다(회사법 제44조 제 2 항). 주주총회(사원총회)결의를 거친 후에는 「회사법」상 주식회사 또는 유한회사의 설립절차에 준하여 전환을 한다. 마지막으로 회사등기기관에 가서 변경등기를 마치면 조직변경이 완료된다.

㈐ 조직변경의 효력 회사의 조직변경은 다만 그 조직형태만 변경하는 데 불과하고 별도의 새로운 회사를 설립하는 것이 아니다. 따라서 그 법인격은 존속되어 영향을 받지 아니하고 동일성이 유지된다. 따라서 유한회사가 주식회사로 변경할 경우 또는 주식회사가 유한회사로 변경할 경우 회사변경 전의 채권·채무는 변경 후의 회사가 승계한다(회사법 제 9 조). 그러나 이것은 어디까지나 변경 전 회사의 권리·의무를 변경 후의 회사가 계속 향유하거나 부담한다는 것이지 별도

의 권리·의무의 포괄적인 승계절차를 필요하다는 것은 결코 아니다.

7. 會社의 解散과 淸算

(1) 회사의 해산

(가) 회사해산의 의의 회사해산이란 이미 설립된 회사가 법률 또는 정관에서 규정한 해산사유로 인하여 적극적이고 능동적인 업무활동을 중단하고 청산을 진행하여야 하는 법적 사실을 말한다. 회사해산은 회사청산의 前置節次로서 회사법인격의 소멸을 초래한다. 그러나 회사가 해산하면 바로 법인실체의 소멸을 초래하는 것이 아니고 본래의 목적영업을 진행할 수 있는 영업능력을 상실한다는 것이다. 해산한 회사는 합병, 분할, 파산하는 경우를 제외하고 회사법상의 청산절차를 거쳐야만 소멸할 수 있다.

(나) 회사해산의 원인 회사해산의 원인은 회사의 해산이 회사법인의 自願에 의한 것인지 아니면 국가공권력의 강제에 의한 것인지에 따라 자원해산의 원인과 강제해산의 원인으로 나눌 수 있다.

① 自願解散의 原因 자원해산은 회사 자체의 의지에 따라 해산하는 것을 말하는데 「회사법」 181조의 규정에 따라 자원해산의 원인에는 이하의 네 가지 경우가 포함된다. (i) 회사정관에 정한 영업기한이 만료한 경우, (ii) 회사정관에 정한 기타 해산사유가 출현한 경우, (iii) 사원총회 또는 주주총회의 결의에 따라 해산하는 경우, (iv) 회사합병 또는 분할로 인하여 해산이 필요한 경우이다.

② 强制解散의 原因 강제해산은 국가공권력의 강제에 의하여 해산하는 것을 말하는 데 「회사법」 제181조 및 191조의 규정에 따라 강제해산의 원인에는 이하의 세 가지 경우가 포함된다. 첫째, 행정기관에 의한 해산이다. 「회사법」 제181조 제 4 호의 규정에 따라 행정기관에 의한 해산에는 영업허가증의 취소, 회사폐쇄명령, 회사등기의 취소가 있다.[1] 둘째, 사법기관에 의한 해산이다(회사법 제181조 제 5 호).

1) 예컨대, 「회사법」의 규정을 위반하여 허위자료의 제공하거나 기타 사기적인 수단으로 중요한 사실을 은폐하여 회사의 등기를 취득한 경우 회사등기관이 과태료를 부과하는 외에 그 情狀이 엄중하면 회사등기를 취소하거나 영업허가증을 취소하고(회사법 제199조) 회사가 성립한 후 정당한 이유없이 6개월을 초과하여 개업하지 않은 경우 또는 개업한 후 자체적으로 연속 6개월 이상 영업을 정지한 경우 회사등기관은 영업허가증을 취소할 수 있으며(회사법 제212조 제 1 항), 회사의 명의로 국가안전, 사회공공이익을 危害하는 엄중한 위법행위에 종사할 경우 영업허가증을 취소한다(회사법 제214조). 그리고 외국회사가 「회사법」의 규정을 위반하여 임의로 중국 경내에 지사를 설립한 경우 회사등기기관이 폐쇄명령을 내릴 수 있다(회사법 제213조).

「회사법」 제183조에 따르면 회사경영관리에 엄중한 곤란이 발생하여 계속 존속할 경우 주주의 이익이 중대한 손실을 입게 되고 또한 기타 경로로 해결이 불가능한 경우 회사의 전부 주주(사원)의결권의 10% 이상을 보유한 주주(사원)는 인민법원에 회사의 해산을 청구할 수 있다. 이는 주주(사원)의 회사해산판결청구권을 인정한 것이다. 이에 따라 사법기관의 판결에 의하여 회사는 해산할 수 있는 것이다. 셋째, 파산에 의한 해산이다. 즉 회사가 만기채무를 변제하지 못함으로 인하여 인민법원에 의하여 파산을 선고받은 경우이다. 단, 이 경우에는 「회사법」이 아닌 「기업파산법」의 규정에 따라 파산청산을 진행하여야 한다(회사법 제191조).

(다) 해산의 법률효과

① 회사가 해산할 경우 합병, 분할 및 파산하는 경우를 제외하고 회사법상의 청산절차에 진입한다. 따라서 해산사유가 출현하면 적시에 청산팀을 선임하여 「회사법」상의 청산절차에 따라 청산을 하여야 한다(회사법 제184조).

② 해산한 회사는 그 법인자격은 계속 존속하지만 권리능력은 청산의 목적범위 내로 축소된다. 따라서 청산기간중 회사는 청산과 무관한 경영활동을 전개할 수 없다(회사법 제187조 제3항).

③ 회사가 해산하면 기존의 업무집행기관과 대표기관은 권한을 상실하고 청산팀이 이를 대체한다. 청산팀(清算組)이 내부적으로 청산사무를 집행하고 대외적으로 청산중의 회사를 대표하는 기관이 된다.

(라) 회사의 繼續 해산사유 중 회사정관에 정한 영업기한의 만료, 정관에 정한 기타 사유의 출현으로 해산한 경우에는 주주총회 또는 사원총회의 결의로써 정관을 개정하여 회사를 계속(繼續)할 수 있다. 이러한 주주총회 또는 사원총회의 결의는 특별결의로서 주식회사의 경우에는 주주총회의 회의에 출석한 주주가 보유한 의결권의 2/3 이상이 통과하여야 하고, 유한회사의 경우에는 2/3 이상의 의결권을 보유한 주주의 동의를 거쳐야 한다(회사법 제182조 제2항). 회사의 계속에 대한 허용은 기업유지의 원칙을 실현한 것이다.

(2) 회사의 청산

(가) 회사청산의 의의 회사의 청산이란 회사가 해산한 후 재산 및 채권·채무에 대한 정리와 처분을 통하여 회사법률관계를 원만하게 종결하고 법인격을 소멸하는 절차를 말한다. 해산한 회사는 청산을 통하여 기존의 법률관계를 종료하고 잔여재산을 분배함으로써 최종적으로 법인격을 소멸한다. 회사의 청산은

해산과 밀접한 관계를 가진다. 해산은 청산의 원인이고 청산은 해산의 결과이다. 회사가 해산하는 경우 합병, 분할 및 파산으로 인하여 해산하는 경우를 제외하고 모두 회사법상의 청산절차를 거쳐야 한다. 「회사법」은 주주, 채권자, 종업원 등 이해관계자의 이익을 보호하기 위하여 「회사법」상 청산절차에 대하여 엄격한 규제를 가하고 있다.

(나) 회사청산의 종류

① 破産清算과 非破産清算　　파산청산은 회사가 만기한 채무를 변제할 수 없음으로 하여 법에 따라 파산선고를 받을 경우 파산법상의 파산절차에 따라 법원이 (청산)관리인을 선임하여 자산 및 채권·채무를 정리하고 법에 따라 파산재산을 처리하는 청산절차를 말한다(회사법 제191조). 비파산청산은 회사에 파산과 합병·분할 이외의 기타 해산사유가 발생하여 회사법상 청산절차에 따라 진행하는 청산을 말한다. 회사가 파산하거나 합병 및 분할하는 경우를 제외하고 반드시 회사법상의 청산절차를 거쳐야 한다. 단, 비파산청산의 과정에서 만약 회사재산이 채무를 변제할 수 없는 현상을 발견한 경우에는 응당 법에 따라 인민법원에 파산선고를 신청함으로써 파산청산으로 전환하여야 한다(회사법 제191조).

② 任意清算과 法定清算　　임의청산은 정관의 규정 또는 전체 주주의 동의에 따라 임의로 회사재산을 처분하는 청산으로서 그 절차는 법률의 간섭을 받지 아니하고 통상 인적 회사의 한하여 적용된다. 법정청산은 법률에 정한 절차에 따라 회사재산을 처분하는 청산으로서 회사법의 엄격한 규제를 받으며 통상 물적 회사에만 적용된다. 「회사법」은 주식회사와 유한회사만 인정하고 있으므로 「회사법」상 청산은 법정청산에 한한다.

③ 一般清算과 特別清算　　일반청산은 회사가 자체로 清算人을 선임하여 법에 따라 진행하는 청산이고 특별청산은 일반청산을 진행하는 데 현저한 장애가 존재하거나 회사재산이 채무를 변제할 수 없는 우려가 있을 경우 법원의 명령에 따라 청산인을 선임하여 법에 따라 진행하는 청산이다. 특별청산에 관한 전형적인 입법례는 일본 회사법상의 특별청산제도이다. 일본 회사법상의 특별청산은 일반청산과 파산청산 사이에 있는 특별절차로서 법원 또는 행정기관의 감독 하에 청산을 진행하고 청산인의 권한이 제한되며 채권자들이 청산절차에 상당히 개입하고 개별적인 강제집행이 정지되는 등 특징이 있다. 특별청산에 대하여 중국은 명확한 규정을 두고 있지 않지만 법에 정한 기한 내에 청산팀을 조직

하지 못할 경우 채권자의 신청에 따라 법원이 청산팀(清算組)을 지정하여 청산을 진행하게 되는 데 이를 指定清算 또는 强制清算이라고 하며(회사법 제184조) 일본법상의 특별청산제도와 유사하다고 하겠다.[1]

㈐ 청산팀(清算組)의 구성과 권한·의무

① 청산팀(清算組)의 구성　청산팀은 청산중 회사의 업무집행기관 및 대표기관으로서 대내로 청산사무를 책임지고 대외로 청산중의 회사를 대표한다. 회사는 합병 및 분할이 이외의 해산사유가 출현한 날로부터 15일 내에 청산팀을 성립하여야 한다. 유한회사의 청산팀은 사원으로 구성되고 주식회사의 청산팀은 이사 또는 주주총회가 확정한 인원으로 구성된다.[2] 만약 기한이 지나도 청산팀을 성립하여 청산을 진행하지 않을 경우 채권자는 인민법원에 관련 인원을 지정하여 청산팀을 구성하고 청산을 진행하게 할 것을 신청할 수 있다(회사법 제184조).[3]

---

1) 최고인민법원이 제정한 「"중화인민공화국 회사법"을 적용하는 약간의 문제에 관한 규정(Ⅱ)」에서는 指定清算(또는 强制清算)에 대하여 보다 상세한 규정을 두고 법원의 청산절차에 대한 일정한 감독권을 인정하고 회사재산이 채무를 변제할 수 없을 경우 청산팀이 채권자와 협상하여 채무변제방안을 작성하고 전체 채권자의 확인을 거친 후 기타 이해관계자들의 이익을 손해하지 않을 경우 인민법원이 인정만 하면 파산청산으로 가지 않고 청산방안에 따라 채무를 변제한 후 청산절차를 종결할 있는 등 채권자가 청산절차에 일정한 개입을 할 수 있도록 허용을 하고 있다. 따라서 일본 회사법상의 특별청산제도와 유사한 면을 가지고 있지만 법원의 감독과 채권자개입의 정도가 아직 상대적으로 약하고 개별적 강제집행을 불허하는 규정이 없는 등 일본 회사법상 특별청산제도와는 그 성격에 있어서 일정한 차이가 있다고 하겠다. 그리고 외국인투자기업의 경우에는 오랜 기간 1997년에 대외무역경제합작부에서 제정·공포한 「외국인투자기업청산방법」(外商投資企業清算辦法)상의 행정기관(인가기관)의 주도 하에 진행되는 특별청산제도를 적용하였지만 2008년 1월부터 당해 방법이 폐지되고 외국인투자기업에 대해서도 회사법상의 청산제도를 직접 적용된다. 따라서 외국인투자기업에 대해서도 특별청산제도는 존재하지 아니한다. 또한 지적해야 할 것은 원래 외국인투자기업에 적용되었던 특별청산제도도 일본식 특별청산제도와 비교하면 법원이 아닌 행정기관의 감독 하에 청산절차를 진행하는 등 적지 않은 차이가 있다고 하겠다.

2) 「회사법」 제184조의 규정에 따라 최고인민법원이 제정한 「"중화인민공화국 회사법"을 적용하는 약간의 문제에 관한 규정(Ⅱ)」에서는 유한회사에 있어서 清算義務者는 사원이고 주식회사에 있어서 清算義務者는 이사와 지배주주라고 정하고 있으며 또 어떤 회사형태를 막론하고 회사의 실제지배자(實際控制人)도 청산의무자로 될 수 있다고 정하고 있다. 그리고 청산의무자가 청산의무를 위배할 경우 상응하는 책임을 부담해야 한다고 정하고 있다(당해 규정 제18조-제20조 참조).

3) 최고인민법원이 제정한 「"중화인민공화국 회사법"을 적용하는 약간의 문제에 관한 규정(Ⅱ)」의 규정에 따르면 「회사법」 제184조에서 정한 회사가 해산한 후 법정 기한이 지나도 청산팀을 구성하여 청산을 진행하지 않은 경우를 제외하고 비록 청산팀을 성립하였으나 고의로 청산을 연체하는 경우와 위법한 청산으로 하여 채권자 또는 주주의 이익을 엄중히 손해할 우려가 있을 경우에도 채권자가 인민법원에 청산팀을 지정하여 청산을 진행하게 할 것을 신청할 수 있으며, 위의 경우 만약 채권자가 청산신청을 제기하지 아니하면 회사의 주주(사원)가 인민법원에 신청할 수 있다(당해 규정 제7조 제2항). 그리고 인민법원

② 청산팀의 권한　청산팀의 권한에는 다음의 내용이 포함된다. (i) 회사재산을 정리하고 각기 대차대조표와 재산명세서를 작성, (ii) 채권자에 대한 통지 및 공고, (iii) 청산과 관련된 회사의 미해결업무의 처리, (iv) 미납세금 및 청산과정에 발생한 세금의 완납, (v) 채권·채무의 정리, (vi) 회사가 채무를 변제한 후의 잔여재산에 대한 처리, (vii) 회사를 대표하여 민사소송에 참여 등이다(회사법 제185조).

③ 청산팀의 의무와 책임　청산팀은 청산중 회사의 업무집행기관과 대표기관으로서 그 구성원은 청산중 회사에 대한 선관주의의무와 충실의무를 부담한다고 하겠다. 청산기간중 청산팀은 청산과 무관한 경영활동를 전개할 수 없다(회사법 제187조 제3항). 만약 회사가 청산기간중 청산과 무관한 경영활동에 종사할 경우 회사등기관이 경고를 하고 위법소득을 몰수한다(회사법 제206조). 또한 채권신고기간중 청산팀은 채권자에 대하여 변제할 수 없으며(회사법 제186조 제3항), 법률의 규정에 따라 변제하기 전에는 회사의 재산을 주주(사원)에게 분배할 수 없다(회사법 제187조 제3항). 그리고 청산팀의 구성원은 응당 직무에 충실하고 법에 따라 청산의무를 이행하여야 한다. 청산팀의 구성원은 직권을 이용하여 뇌물 또는 기타의 불법수입을 수수하여서는 아니되고 회사재산을 불법점유하여서는 아니된다(회사법 제190조 제1항, 제2항). 그렇지 않을 경우 회사등기기관이 회사재산의 반환을 명령하고 위법소득을 몰수하며 아울러 위법소득의 1배 이상 5배 이하의 벌금을 부과할 수 있다(회사법 제207조 제2항). 한편 청산팀의 구성원이 고의 또는 중대한 과실로 회사 또는 채권자에 손실을 초래한 경우 응당 배상책임을 부담하여야 하며(회사법 제190조 제3항), 청산팀이 법률의 규정에 따라 회사등기기관에 청산보고서를 교부하지 않거나 청산보고서에 중대한 사실의 은폐 또는 중대한 누락이 있을 경우 회사등기간이 수정하도록 명령한다(회사법 제207조 제1항).

㈑ 회사청산의 절차

① 청산팀의 성립　회사는 해산한 후 15일 내에 청산팀을 성립하여야 한다. 유한회사의 경우 청산팀은 사원으로 구성되고 주식회사의 경우 청산팀은 이사 또는 주주총회에서 확정한 인원으로 구성된다. 법정 기한 내에 청산팀을 성립하여 청산을 하지 않을 경우 채권자는 인민법원에 관련 인원을 지정하여 청산

이 회사청산사건을 수리하여 관련 인원을 지정하여 청산팀을 구성할 경우 (i) 회사의 주주, 이사, 감사, 고급관리인원, (ii) 법에 따라 설립한 변호사 사무소, 회계사 사무소, 파산청산 사무소 등 사회중개기구, (iii) 법에 따라 설립한 변호사 사무소, 회계사 사무소, 파산청산사무소 등 사회중개개구중 관련 전문지식을 구비하고 아울러 업무종사자격증을 취득한 인원 등 인원과 기구를 선임하여 청산팀을 구성할 수 있다(당해 규정 제8조).

팀을 구성하여 청산을 하도록 신청할 수 있다(회사법 제184조).

② 채권자에 대한 공고 및 통지　청산팀은 응당 성립일로부터 10일 내에 채권자에게 통지하고 아울러 60일 내에 신문에 공고하여야 한다(회사법 제186조 제1항).

③ 채권의 신고 및 등기　채권자는 응당 통지서를 접수한 때로부터 30일 내에, 통지서를 접수하지 못한 경우에는 공고일로부터 45일 내에 청산팀에 채권을 신고한다. 채권자는 채권을 신고할 경우 응당 채권의 관련 사항을 설명하고 아울러 입증자료를 제공하여야 한다. 청산팀은 응당 신고한 채권에 대하여 등기하여야 한다(회사법 제186조 제1항, 제2항).

④ 회사재산의 정리 및 대차대조표와 재산명세서의 작성　청산팀은 채권 등기를 함과 아울러 회사재산을 정리하고 대차대조표와 재산명세서를 작성하여야 한다(회사법 제187조 제1항). 만약 회사재산을 정리하고 대차대조표와 재산명세서를 작성한 후 회사의 재산이 채무를 변제할 수 없는 상황을 발견한 경우 응당 법에 인민법원에 파산선고를 신청하여야 하고 법원이 파산선고에 관한 결정을 내린 후에는 청산사무를 법원에 이관하여야 한다(회사법 제188조).

⑤ 청산방안의 작성 및 확인　회사재산이 회사채무를 변제할 수 있을 경우 응당 청산방안을 작성하고 주주총회(사원총회) 또는 인민법원에 보고하여 확인을 거쳐야 한다(회사법 제187조 제1항). 일반청산을 할 경우 주주총회(사원총회)의 승인을 얻어야 하고 지정청산(또는 강제청산)을 할 경우 인민법원의 승인을 얻어야 한다.

⑥ 관련 비용 및 채무의 변제　회사재산이 채무를 변제할 수 있을 경우 각기 청산비용, 종업원의 임금과 사회보험비용 및 법정 보상금을 지급하고 미납세금을 납부한 후 회사채무를 변제한다(회사법 제187조 제2항).

⑦ 잔여재산의 분배　회사채무를 변제한 후 잔여재산이 있으면 유한회사의 경우는 사원의 출자비율에 따라 분배하고 주식회사는 주주가 보유한 주식비율에 따라 분배한다(회사법 제187조 제2항).

⑧ 청산의 종결　회사청산이 종료된 후 청산팀은 응당 청산보고서를 작성하여 일반청산의 경우에는 주주총회(사원총회), 지정청산(또는 강제청산)의 경우에는 인민법원의 확인을 거쳐 회사등기기관에 교부함과 아울러 등기말소신청을 하고 회사의 종료를 공고하여야 한다(회사법 제189조).

Ⅲ. 有限會社(有限責任公司)

1. 有限會社의 意義

유한회사는 社員이 그 출자액을 한도로 회사에 대하여 책임을 부담하고 회사는 그 전부의 자산으로 회사의 채무에 대하여 책임을 부담하는 기업법인이다(회사법 제3조 제1항, 제2항). 유한회사는 일반적으로 중소기업형태에 알맞는 회사형태로서 비록 전형적인 물적 회사인 주식회사와 마찬가지로 출자자들이 회사에 대하여 유한책임을 부담하지만 사원의 수가 제한되고 설립수속과 회사기관이 간이하며, 사원의 대외적인 지분의 양도가 제한을 받는 등 인적 회사의 특성도 아울러 가지고 있다. 2005년 회사법개정 전에는 유한회사의 정관에 의한 자치가 극히 제한적이었는데 2005년 개정에서는 규제완화와 기업의 경쟁력 향상의 차원에서 정관자치를 대폭 확대하였다.

2. 有限會社의 設立

(1) 설립조건

중국은 유한회사의 설립에 대하여 준칙주의를 원칙으로 한다. 따라서 회사법에 정한 유한회사의 설립조건에 부합할 경우 회사등기기관에 의하여 유한회사로 등기할 수 있다(회사법 제6조 제1항). 단, 법률, 행정법규의 규정에 따라 반드시 비준을 거쳐야 할 경우 응당 회사등기기관에서 등기하기 전에 비준수속을 밟아야 한다(회사법 제6조 제2항). 유한회사를 설립하기 위해서는 「회사법」 제23조의 규정에 따라 응당 이하의 조건을 구비하여야 한다.

(가) 사원의 수가 법정 人數에 부합되어야 한다. 즉 50명 이상이어야 한다(회사법 제24조). 사원은 자연인일 수도 있고 법인 또는 기타 영업조직일 수도 있다. 국가도 국유자산감독관리기구를 통하여 유한회사의 주주로 될 수 있다(회사법 제65조).

(나) 사원의 출자가 법정 최저 자본한도액에 도달하여야 한다. 유한회사의 등록자본의 최저한도액은 인민폐 3만위엔이다. 단, 법률, 행정법규에 유한회사의 등록자본의 최저한도액에 대하여 비교적 높은 규정이 있는 경우 그 규정에 따른다(회사법 제26조 제2항).[1)]

1) 개정 전 회사법에서는 법정 최저 자본한도액이 중국의 경제수준에 비하여 대단히 높았고

(다) 사원이 공동으로 회사정관을 제정하여야 한다. 회사정관은 응당 이하의 사항을 기재하여야 한다. ① 회사명칭과 주소, ② 회사경영범위, ③ 회사등록자본, ④ 사원의 성명 또는 명칭, ⑤ 사원의 출자방식, 출자액 및 출자시간, ⑥ 회사의 기구 및 그 선임방법, 직권, 의사규칙, ⑦ 회사의 법정 대표자, ⑧ 사원총회의 회의에서 규정이 필요하다고 인정하는 기타 사항(회사법 제25조).

(라) 회사명칭이 있어야 하고 유한회사에 부합되는 조직기구를 수립하여야 한다.

(마) 회사의 주소가 있어야 한다.

(2) 설립절차

(가) 정관의 제정　유한회사를 설립하려면 우선 정관을 제정하여 사원 및 출자 등 사항을 확정하여야 한다. 정관은 사원이 공동으로 제정한다(회사법 제23조 제 3 호). 정관에는 위의 필요한 사항을 기재하여야 하고 사원이 서명 및 날인하여야 한다(회사법 제25조).

(나) 회사명칭의 사전인가　유한회사를 설립하려면 전체 사원이 지정한 대표 또는 공동위임한 대리인이 회사등기기관에 회사명칭의 사전인가를 신청하여야 한다. 사전인가받은 회사명칭은 6개월 동안 보류할 수 있으나 경영활동에는 사용하지 못하고 양도할 수도 없다(회사등기관리조례 제17조, 제19조).

(다) 필요한 인가수속　유한회사의 설립에 대하여 「회사법」이 비록 준칙주의를 취하고 있지만 일부 업종의 경우에는 법률, 행정법규의 규정에 따라 관련 회사의 설립은 인가를 거쳐야 한다. 이 경우 응당 법에 따라 필요한 인가수속을 하여야 한다(회사법 제 6 조 제 2 항).

(라) 출자액의 납입과 검사　정관을 제정한 후 정관에서 확정한 사원은 정관의 규정에 따라 출자액을 납입하고 검사를 거쳐야 한다. 2005년 개정 이전에는 회사정관에서 정한 각자가 인수한 출자액을 충분히 납입하여야 회사설립이 가능하였지만 2005년 개정에서는 분할납입을 허용하였다. 단, 회사의 전체 사원이 최초로 출자한 출자액은 등록자본의 20% 이상이 되어야 하고 아울러 법정 등록자

또한 업종에 따라 별도의 규정을 두고 있었다. 즉 ① 생산경영을 위주로 하는 회사는 인민폐 50만원, ② 상품도매를 위주로 하는 회사는 인민폐 50만원, ③ 상업소매업을 위주로 하는 회사는 인민폐 30만원, ④ 과학기술개발, 자문, 서비스성격의 회사는 인민폐 10만원이 되어야 한다(개정 전 회사법 제23조). 2005년 개정에서는 투자를 권장하고 회사설립의 편의를 도모하기 위하여 최저 자본한도액을 대폭 인하하였다.

본의 최저한도액보다 낮아서는 아니된다. 따라서 법정 최저자본금보다 낮은 경우를 제외하고 등록자본의 20%만 출자하면 회사는 설립되고 나머지 출자액은 사원이 회사가 성립한 때로부터 2년 내에 납입하면 된다. 투자회사의 경우에는 5년 내에 납입완료하면 된다(회사법 제26조 제1항).

출자는 화폐로 할 수도 있고 실물, 지적재산권, 토지사용권 등 현물형식으로 할 수도 있다. 단, 현물출자의 경우 반드시 화폐로 평가가능하고 법에 따라 양도가능한 비화폐재산을 평가하여 출자하여야 한다. 그러나 법률, 행정법규가 출자를 금지하는 재산은 제외한다(회사법 제27조 제1항). 현물로 출자할 경우 응당 평가를 하여야 하는 데 재산을 확인하고 높이 평가하거나 낮게 평가하여서는 아니된다. 단, 법률, 행정법규에 평가에 대하여 규정이 있는 경우 그 규정에 따른다(회사법 제27조 제2항). 그리고 전체 사원의 화폐출자액이 유한회사 등록자본의 30% 이하가 되어서는 아니된다(회사법 제27조 제3항).

사원이 화폐로 출자할 경우 응당 화폐로 출자한 전액을 설립예정회사가 은행에 개설한 임시계좌에 입금하여야 한다. 현물로 출자할 경우 응당 법에 따라 그 재산권의 이전수속을 하여야 한다(회사법 제28조).

사원은 출자를 전부 납입한 후 반드시 법정 검사기관의 출자검사를 거쳐 출자증명서를 교부받는다(회사법 제29조).

㈒ 설립등기　사원이 전부의 출자를 납입하고 아울러 법정 검사기관의 출자검사를 거친 후 응당 전체 사원이 지정한 대표 또는 공동으로 위임한 대리인이 회사등기기관에 설립등기신청을 함과 아울러 회사등기신청서, 회사정관, 출자검사증명서 등을 제출하여야 한다(회사법 제30조). 회사등기기관은 설립등기신청이 회사법의 규정에 부합되는 경우 등기를 허가하고 영업허가증을 발급한다. 영업허가증의 발급일이 회사의 성립일이다(회사법 제7조 제1항).

⑶ 설립에 관한 책임

㈎ 자본충실의 책임　사원이 정관의 규정에 따라 출자를 납입하지 않을 경우 응당 회사에 대하여 전액납입의 책임을 부담한다(회사법 제28조 제2항). 이는 사원의 출자의무에 따른 것이다. 그리고 회사가 성립한 후 회사를 설립하기 위하여 출자한 현물의 실제가액이 회사정관에 정한 가액에 현저히 미달한 경우 응당 당해 출자를 교부한 사원이 그 차액을 전보하여야 하고 회사설립시의 기타 사원들이 연대책임을 부담한다(회사법 제31조).

(나) 위약책임 회사설립시의 사원은 자본충실의 책임을 부담하는 외에 회사정관의 규정에 따라 출자를 납입하지 않은 경우 응당 기한 내에 충분히 출자를 납입한 사원에 대하여 위약책임을 부담한다. 이는 중국 회사법의 특수한 규정으로서 법정 위약책임이라 하겠다.

3. 有限會社의 持分讓渡

(1) 유한회사의 지분

유한회사의 지분은 사원이 출자를 대가로 얻은 회사재산에 대한 권리이다. 지분의 증명은 출자증명서와 사원명부라고 하겠다. 유한회사는 성립한 후 사원에게 회사가 날인한 출자증명서를 발급하여야 하며 사원명부를 작성·비치하여야 한다. 주주명부에 기재한 사원에 한하여 사원으로서의 권리를 행사할 수 있다(회사법 제30조, 제31조). 따라서 사원명부의 기재자만이 회사에 대한 대항력을 가진다고 하겠다. 그러나 대외적으로는 사원의 성명 또는 명칭 및 그 출자액을 회사등기기관에 등기하여야 하며 등기사항이 변경되는 경우 응당 변경등기를 하여야 한다. 등기 또는 변경등기를 거치지 않으면 제3자에 대항할 수 없다.

유한회사의 사원은 원칙적으로 지분율에 따라 권리를 향유한다. 사원총회에서의 의결권의 경우 회사정관에 별도의 규정이 있는 경우를 제외하고 출자비율, 즉 지분율에 따라 의결권을 행사하고(회사법 제43조) 이익배당이나 증자분인수의 경우 전체 사원이 출자비율에 따라 이익배당하거나 증자분을 우선적으로 인수하지 않는다고 약정한 경우를 제외하고 사원은 실제출자비율에 따라 이익배당을 하거나 실제출자비율에 따라 우선적으로 증자분을 인수한다(회사법 제35조).

(2) 유한회사 지분의 양도

(가) 일반적인 양도 유한회사는 폐쇄성을 있으므로 지분의 양도는 일정한 제한을 받는다. 그러나 이러한 제안은 일반적으로 대외적인 제한에 한하며 사원들 사이에 출자를 양도하는 것은 정관에 별도의 규정이 있는 경우를 제외하고 제한을 받지 아니한다. 따라서 유한회사의 사원 간에는 서로 그 전부 또는 일부 지분을 양도할 수 있는 것이다.

하지만 사원이 사원 이외의 자에게 그 지분을 양도할 경우에는 반드시 기타 사원의 과반수의 동의를 거쳐야 한다. 이와 관련하여 지분을 양도하려는 사원은 반드시 지분양도사항에 관하여 반드시 서면으로 기타 사원에게 통지하여 동의를 얻어야 하며, 기타 사원은 서면통지를 받은 날로부터 30일 내에 답복하지 않은 경우 동의한 것으로 간주한다. 기타 사원의 반수 이상이 동의를 하지 않는 경우 동의하지 는 않는 사원은 응당 당해 지분을 매입하여야 하며 매입하지 않는 경우 양도에 동의한 것으로 간주한다(회사법 제72조 제1항, 제2항).

사원의 동의를 거쳐 양도하는 출자에 대하여 동등한 조건 하에서 기타 사원은 우선매수권을 가진다. 둘 이상의 사원이 우선 매수권의 행사를 주장하는 경우 협상을 통하여 각자의 매입비율을 확정하고 합의가 이루어지 않을 경우 양도 시의 각자의 출자비율에 따라 우선매수권을 행사한다(회사법 제72조 제3항). 물론 회사정관에 지분의 대외적인 양도에 관하여 별도의 규정이 있는 경우에는 그 규정에 따라야 한다. 유한회사의 인적 특성을 고려하여 2005년 개정법에서 특히 정관자치를 확대한 대표적인 예라고 할 수 있다.

㈏ **특수한 양도** 지분의 강제집행과 관련하여 회사법은 특수한 규정을 두고 있다. 인민법원이 법률이 정한 강제집행절차에 따라 사원의 지분을 양도할 경우 응당 회사 및 전체 사원에 통지하여야 하며, 기타 사원은 동등한 조건 하에서 우선 매수권을 가진다. 기타 사원은 인민법원이 통지한 날로부터 20일 내에 우선매수권을 행사하지 아니하면 우선매수권을 포기한 것으로 간주한다(회사법 제73조).

㈐ **자기지분의 취득** 자본유지의 원칙에 따라 회사가 성립한 후 사원은 출자를 빼가지 못한다(회사법 제36조). 즉 사원은 회사에 지분을 양도하지 못한다고 할 수 있다. 단, 이하의 경우 중 하나에 해당하는 경우 사원총회결의에 반대하는 사원은 회사에 합리적인 가격으로 자기의 지분을 인수할 것을 요구할 수 있다. ① 회사가 연속 5년간 사원에 이윤을 분배하지 않았고 회사가 이 5년간 연속 이익이 발생하고 아울러 회사법에 정한 이익분배의 조건에 부합되는 경우, ② 회사가 합병, 분할, 주요 재산의 양도를 할 경우, ③ 회사정관이 정한 영업기한이 만료하였거나 정관에 정한 기타 해산사유가 출현하여 사원총회에서 결의를 통하여 정관을 개정하여 회사를 계속시키는 경우. 물론 자기지분의 취득과 관련하여 지분을 양도하려는 사원과 회사 간에 매수합의를 달성해야 한다. 단, 사원총회결의 일로부터 60일 내에 사원과 회사가 지분매수합의를 달성하지 못할 경우 사원은 사원총회결의일로부터 90일 내에 인민법원에 소송을 제기할 수 있다(회사법 제75조).

㈑ **지분의 상속** 회사의 정관에 별도의 규정이 있는 경우를 제외하고 자연인 사원이 사망하면 그 합법적인 상속인이 사원의 자격을 상속할 수 있다(회사법 제76조).

4. 有限會社의 組織機構

유한회사의 조직기구는 회사기관을 가리킨다. 대체적으로 사원총회, 이사회 및 경리, 감사회로 구성된다. 사원총회는 회사의 권력기구이고 이사회 및 경리는 집행기구이며 감사회는 감독기구이다. 소형기업의 수요에 적응하기 위하여 「회사법」은 소형기업의 경우 이사회, 감사회를 두지 않고 1명의 집행이사와 1~2명의 감사를 두는 것을 허용하고 있다. 주식회사의 조직기구와 비교할 때 유한회사의 조직기구는 다소 간소화되고 구체적인 운영에 관한 규정을 정관에 많이 일임하고 있다.

⑴ 사원총회

㈎ 사원총회의 권한 유한회사의 사원총회는 회사의 최고권력기관으로서 전체 사원으로 구성된다(회사법 제37조). 「회사법」 제38조의 규정에 따라 사원총회는 이하의 직권을 행사한다. ① 회사의 경영방침 및 투자계획의 결정, ② 비종업원대표 출신의 이사·감사의 선임과 해임 및 이사·감사보수에 관한 사항의 결정, ③ 이사회보고의 심의·비준, ④ 감사회(또는 감사)보고의 심의·비준, ⑤ 회사의 연도 재무예산안과 결산안의 심의·비준, ⑥ 회사의 이익배분안과 결손전보안의 심의·비준, ⑦ 등록자본의 증가 또는 감소에 관한 결의, ⑧ 회사채권발행에 관한 결의, ⑨ 회사의 합병·분할, 조직형식변경, 해산 및 청산 또는 회사형식변경에 관한 결의, ⑩ 회사정관의 개정, ⑪ 회사정관이 정한 기타 직권.

㈏ 사원총회의 종류 사원총회는 정기총회와 임시총회로 나누어진다. 정기총회는 정관에 규정한 시간에 따라 소집되며 임시총회는 수시로 소집될 수 있다. 1/10 이상의 의결권을 가진 사원, 1/3 이상의 이사, 감사회 또는 감사회를 설치하지 않은 회사의 임시총회의 소집을 제안하는 경우 응당 임시총회를 소집하여야 한다(회사법 제40조 제1항, 제2항). 사원총회에서 사원은 출자비례에 따라 의결권을 행사한다(회사법 제41조). 사원총회에서 자본금의 증가 또는 감소, 분할, 합병, 해산 또는 회사형식변경에 대하여 결의할 경우 반드시 2/3 이상 의결권을 대표하는 사원의 동의를 거쳐야 한다(회사법 제40조).

㈐ 사원총회의 소집 최초의 사원총회는 출자를 가장 많이 한 사원이 소집하고 주최한다(회사법 제39조). 최초의 사원총회에서 이사를 선임하면 두 번째부터의 사원총회는 이사회가 소집하고 이사장이 주최한다. 이사장이 직무를 이행할 수 없

거나 직무를 이행하지 않는 경우 부이사장이 주최하고 부이사장이 직무를 이행하지 않거나 직무를 이행하지 않는 경우 반수 이상의 이사가 공동으로 추대한 한명의 이사가 주최한다(회사법 제41조 제1항). 단, 이사회를 설치하지 않은 유한회사의 경우 사원총회는 집행이사가 소집하고 주최한다(회사법 제41조 제2항). 그리고 이사회 또는 집행이사가 사원총회를 소집하는 직책을 이행할 수 없거나 이행하지 않는 경우 감사회 또는 감사회를 설치하지 않는 회사의 감사가 소집하고 주최하고 감사회 또는 감사가 소집하지 않거나 주최하지 않는 경우 1/10 이상의 의결권을 대표하는 사원이 자체적으로 소집하고 주최한다(회사법 제41조 제3항).

사원총회를 소집하는 경우 응당 회의소집일 전 15일 내에 전체 사원에게 통지하여야 한다. 단, 회사정관에 별도의 규정이 있는 경우 또는 전체 사원이 변도의 약정이 있는 경우는 제외한다(회사법 제42조 제1항).

㈑ 사원총회의 결의 사원총회에서 사원은 출자비율에 따라 의결권을 행사한다. 단, 회사정관에 별도의 규정이 있는 경우는 제외한다(회사법 제43조). 사원총회의 의사방식과 의결절차는 회사법에 규정이 있는 경우를 제외하고 회사정관의 규정에 따른다(회사법 제44조 제1항). 단, 사원총회사에서 회사정관의 개정, 등록자본의 증가 또는 감소에 관한 결의 및 회사합병, 분할, 해산 또는 회사형식의 변경에 관한 결의는 반드시 2/3 이상의 의결권을 대표하는 사원의 동의를 거쳐야 한다(회사법 제44조 제2항).

㈒ 사원총회결의 하자의 구제 사원총회결의에 하자가 존재하는 경우 두 가지 경로를 통하여 구제할 수 있다. 하나는 사원총회 결의의 내용이 법률, 행정법규를 위반한 경우인데 이 경우 회사법은 당해 결의를 무효로 본다(회사법 제22조 제1항). 따라서 법원에 무효의 소를 제기할 수 있다. 이 소송은 확인의 소이다. 다른 하나는 사원총회 결의의 내용이 회사정관의 규정을 위반하거나 사원총회의 소집절차, 의결방식이 법률, 행정법규 또는 회사정관을 위반한 경우인데 이 경우 결의취소의 소를 제기할 수 있다(회사법 제22조 제2항). 이 소송은 형성의 소로서 제소기간 및 제소자 등이 제한된다. 제소기간은 결의한 날로부터 60일 내에 제소를 하여야 하며 제소자는 주주에 한한다(회사법 제22조 제2항). 악의의 소송을 방지하기 위하여 회사법은 주주가 결의취소소송을 제기하는 경우 인민법원은 회사의 청구에 따라 사원에게 상응하는 담보를 제공하도록 요구할 수 있다고 정하고 있다. 회사가 사원총회의 결의에 따라 이미 변경등기를 한 경우 인민법원이 당해 결의의 무효 또는 취소를 선고한 후 회사는 응당 회사등기기관에 변경등기의 취소를 신청할

수 있다(회사법 제22조 제4항).

⑵ 理事會(執行理事)

㈎ 이사회의 구성　이사회는 유한회사의 업무집행기관과 경영의사결정기관으로서 필요상설의 기관이다. 유한회사의 이사회는 3명~13명의 이사로 구성된다. 단, 사원의 인수가 비교적 적거나 규모가 비교적 작은 유한회사의 경우 이사회를 설치하지 않고 한명의 집행이사를 둘 수 있다(회사법 제45조 제1항, 제51조). 일반적으로 이사는 사원총회에서 선임하지만 두 개 이상의 국유기업 또는 두 개 이상의 기타 국유투자주체가 투자하여 설립한 유한회사는 그 이사회구성원 중에 응당 회사의 종업원대표가 있어야 한다. 기타 유한회사의 이사회 중에도 회사의 종업원대표를 둘 수 있다. 이사회 중의 종업원대표는 회사종업원들이 종업원대표대회, 종업원대회 또는 기타 형식의 민주선거로 선임한다(회사법 제45조 제2항). 이사의 임기는 정관으로 정하며 3년을 초과하지 못한다. 그러나 임기가 만료하여 재선임되면 연임할 수는 있다(회사법 제46조 제1항). 이사의 임기가 만료한 후 적시에 재선임하지 않거나 이사가 임기 내에 사직함으로 하여 이사회의 구성원이 법정인수보다 적을 경우 새로 선출된 이사가 취임하기 전 기존의 이사는 응당 법률, 행정법규와 회사정관의 규정에 따라 이사의 직무를 이행하여야 한다(회사법 제46조 제2항). 이사회는 이사장 1명을 설치하고 부이사장을 설치할 수 있다. 이사장, 부이사장의 선임방법은 회사정관의 규정에 따른다(회사법 제45조 제3항).

㈏ 이사회의 권한　이사회는 사원총회에 대하여 책임지고 다음의 권한을 행사한다. ① 주주총회의 소집과 주주총회에 대한 업무보고, ② 주주총회결의의 집행, ③ 회사의 경영계획 및 투자안의 결정, ④ 회사의 연도재무예산안과 결산안의 작성, ⑤ 회사의 이익배분안과 결손전보안의 작성, ⑥ 회사자본금의 증가 또는 감소안 및 회사채발행안의 작성, ⑦ 회사의 합병·분할·해산 또는 회사형식변경안의 작성, ⑧ 회사내부관리기구설치의 결정, ⑨ 회사경리의 임용 또는 해임 및 그 보수사항, 경리의 제청에 의한 부경리 및 재무책임자의 임용 또는 해임 및 그 보수의 결정, ⑩ 회사기본관리제도의 제정, ⑪ 회사정관이 정한 기타 사항(회사법 제46조). 이사회를 설치하지 않은 회사의 집행이사의 권한은 회사법상 이사회의 권한을 참조하여 회사정관으로 이사회의 권한을 정한다(회사법 제51조 제2항).

㈐ 이사회회의 소집　이사회회의는 이사장이 소집하고 주최한다. 이사장이 직무를 수행할 수 없거나 수행하지 않을 경우 부이사장이 소집하고 주최하며,

부이사장이 수행할 수 없거나 수행하지 않을 경우 반수 이상의 이사가 공동으로 한명의 이사를 추천하여 소집하고 주최한다(회사법 第48조). 이사회의 의결방식과 의결절차는 회사법에 규정이 있는 경우를 제외하고 회사정관의 규정에 따른다.

㈑ **이사회의 결의 및 구제** 이사회결의의 의결에 있어서 1인 1표제를 실시한다(회사법 第49조 제3항). 이사회는 응당 부의사항에 대한 결정을 회의기록으로 작성하고 회의에 출석한 이사는 응당 회의기록에 서명하여야 한다(회사법 第49조). 이사회결의하자의 구제는 사원총회결의하자의 구제와 같다. 따라서 이사회결의가 법률, 행정법규를 위반한 경우 무효이고 이사회결의의 의사방식과 의결절차가 법률, 행정법규, 회사정관을 위반하였거나 이사회결의의 내용이 회사정관의 규정을 위반한 경우 결의취소사유가 되어 결의취소의 소를 제기할 수 있다.

⑶ 經 理

㈎ **경리의 법적 지위** 경리는 유한회사의 일상 경영관리에 대하여 전적으로 책임지는 필요상설의 고급관리인원으로서 이사회를 도와 구체적 업무를 집행하는 보조적 업무집행기관이다. 경리는 이사회에 의하여 임용되고 해임되며, 이사회에 대해 책임진다(회사법 第50조 제1항). 경리는 법에 정한 권한과 이사회의 수권 및 회사정관에 의하여 회사의 생산경영관리업무를 책임진다.

㈏ **경리의 권한** 경리는 이사회에 책임지고 회사정관에 별도의 규정이 있는 경우를 제외하고 다음의 권한을 행사한다. ① 회사의 생산경영관리업무의 管掌과 이사회결의의 실시, ② 회사의 연도경영계획 및 투자안의 실시, ③ 회사내부관리기구설치안의 작성, ④ 회사기본관리제도안의 작성, ⑤ 회사의 구체적인 규칙의 제정, ⑥ 副經理 및 재무책임자의 임용 또는 해임의 제청, ⑦ 이사회에 의하여 임용·해임되는 자 이외의 관리책임자의 任免, ⑧ 이사회가 수여한 기타 권한(회사법 第50조 제1항). 이 밖에 경리는 이사회에 배석할 권한도 가진다(회사법 第50조 제3항). 그러나 회사정관이 경리의 직권에 대하여 별도의 규정이 있는 경우 그 규정에 따른다(회사법 第50조 제2항).

⑷ 監事會(監事)

㈎ **감사회의 구성** 감사회는 회사의 재무 및 업무집행정황에 대하여 감독하는 필요상설의 기관이다. 유한회사는 감사회를 설치하며 그 구성원은 3명 이상이어야 한다. 단, 사원의 수가 비교적 적거나 회사의 규모가 비교적 작은 경우 감사회를 설치하지 아니하고 1~2명의 감사를 둘 수 있다(회사법 第52조 제1항). 감사회는

사원의 대표와 적당한 비율의 종업원대표로 구성되며, 그 중 종업원대표의 비율이 1/3 이상이 되어야 하며, 구체적인 비율은 회사의 정관으로 정한다. 감사회중의 종업원대표는 회사종업원들이 종업원대표대회, 종업원대회를 통하거나 기타 형식의 민주선거 의하여 선임한다(회사법 제52조 제2항). 이사와 고급관리인원은 감사를 겸임하지 못한다(회사법 제52조 제4항). 감사의 임기는 3년이고 임기가 만료한 후 재선임이 되면 연임이 가능하다(회사법 제53조 제1항). 감사의 임기가 만료한 후 적시에 재선임하지 않거나 감사가 임기 내에 사직하여 감사회의 구성원이 법정 인수보다 적을 경우 새로 선임된 감사가 취임하기 전 원 감사는 응당 법률, 행정법규 및 회사정관의 규정에 따라 감사직무를 이행하여야 한다(회사법 제53조 제2항).

(나) 감사회의 권한 감사회(감사)는 사원총회에 책임지고 다음의 권한을 행사한다. ① 회사재무의 검사, ② 이사와 경리의 회사직무를 집행한는 행위에 대하여 감독하며, 법률, 행정법규, 회사정관 또는 사원총회결의를 위반한 이사, 고급관리인원에 대하여 파면건의를 제기, ③ 이사와 고급관리인원의 행위가 회사의 이익에 손해를 입힌 경우 이사, 고급관리인원에 시정을 요구, ④ 임시 사원총회소집을 제의하고 이사회가 회사법에 정한 사원총회의 소집과 주최직책을 이행하지 않을 경우 사원총회를 소집하고 주최, ⑤ 사원총회에 제안, ⑥ 이사, 고급관리인원이 회사직무의 집행시 법률, 행정법규 또는 회사정관의 규정을 위반하여 회사에 손실을 초래한 경우 주주의 청구에 따라 대표소송을 제기, ⑦ 이사회회의에 참석하여 이사회결의사항에 대하여 질문하거나 건의를 제기, ⑧ 감사회 또는 감사회를 설치하지 않은 회사의 감사가 회사경영상황의 이상을 발견한 경우 조사를 할 수 있으며, 필요시에 회계사사무소 등을 초빙하여 그 업무를 협조하게 할 수 있으며 그 비용은 회사가 부담, ⑨ 회사정관이 정한 기타 권한(회사법 제54조, 제55조). 감사회와 감사회를 설치하지 않은 회사의 감사가 직권행사시 필요한 비용은 회사가 부담한다(회사법 제57조).

(다) 감사회의 운영 감사회는 한명의 주석을 설치하고 전체 감사의 과반수에 의하여 선임한다. 감사회주석은 감사회회의를 소집하고 주최하고 감사회주석이 직무를 수행할 수 없거나 수행하지 않을 경우 반수 이상의 감사가 공동으로 한명의 감사를 추대하여 감사회회의를 소집하고 주최하게 한다(회사법 제52조 제3항).

감사회회의는 매년 적어도 한번은 정기회의를 소집하여야 하고 감사의 제의에 의하여 임시 감사회회의를 소집할 수 있다(회사법 제56조 제1항). 감사회의 의사방식과 의결절차는 회사법에 규정이 있는 경우를 제외하고 회사정관의 규정에 따른다(회사법 제56조 제2항). 감사회회의는 반드시 과반수 이상의 감사가 통과하여야 한다(회사법 제56조 제3항). 감사회는 응당 의결사항의 결정에 대하여 회의기록을 작성하고 회의에 출석한 감사는 응당 회의기록에 서명하여야 한다(회사법 제56조 제4항).

5. 1人 有限會社의 特例規定

(1) 1인 유한회사의 의의 및 규제의 특수성

1인 회사란 출자자가 하나인 회사를 가리킨다. 2005년 개정 이전에는 회사법은 1인 회사의 설립을 허용하지 않았다. 그러나 존속시의 1인 회사에 대하여는 지분이 한 사람에 집중되는 것을 해산사유로 명확히 규정하지 않았으므로 해석상 논란이 있었다. 2005년 개정시 투자를 권장하기 위하여 1인 회사의 설립을 허용하였다. 단, 1인 유한회사만 인정하고 주식회사에 대하여는 1인 회사를 허용하지 않았다.

회사법의 규정에 따라 1인 유한회사란 한 자연인 주주 또는 한 법인 주주만 존재하는 유한회사를 가리킨다(회사법 제58조 제2항). 개정 회사법이 1인 유한회사를 인정하였지만 1인 유한회사의 경우 적지 않은 병폐도 존재하고 그 운영원리도 일반 유한회사와 다르므로 1인 유한회사에 대하여 별도의 규제를 가하고 있다. 따라서 1인 유한회사에 대하여 특별규정을 적용하고 특별규정이 없는 경우에는 일반 유한회사의 설립과 조직기구에 관한 규정을 적용한다(회사법 제58조 제1항).

(2) 1인 유한회사에 대한 규제체계

(가) 설립에 대한 규제　1인 유한회사의 설립시 설립한 회사의 수, 회사의 자본 등에 대하여 일반 유한회사와 다른 규제를 가하고 있다. 한 자연인은 한 개의 유한회사만 설립할 수 있으며 당해 1인 유한회사는 새로운 1인 유한회사를 설립할 수 없다(회사법 제59조 제2항). 그러나 법인이 1인 유한회사를 설립하는 경우 그 숫자에 대하여 제한은 없다.

1인 유한회사의 등록자본의 최저한도액은 인민폐 10만원으로 일반 유한회사의 3만원보다 높다. 또한 분할납입을 할 수 없고 응당 회사정관이 정한 출자액을 일시불로 전액 납입하여야 한다(회사법 제59조 제1항). 1인 유한회사의 정관은 주주가 제정한다(회사법 제61조).

(나) 공시규제　1인 유한회사의 공시를 강화하여 거래안전을 도모하기 위하

여 1인 유한회사의 경우 회사등기시 자연인 독자 또는 법인 독자라고 표기하여야 하며, 영업허가증에 기명하여야 한다(회사법 第60조).

(다) 조직운영에 대한 규제　1인 유한회사는 사원총회를 설치하지 아니하고 1인 주주가 사원총회의 직권을 행사한다. 단, 사원총회의 직권을 행사할 시 응당 서면형식을 취하여야 하고 아울러 서명한 후 회사에 비치하여야 한다(회사법 第62조).

(라) 회계감사에 대한 규제　1인 유한회사의 경우 응당 매 회계연도의 종료시 재무회계보고를 작성하고 아울러 회계사사무소의 회계심사를 거쳐야 한다(회사법 第63조).

(마) 법인격부인에 관한 규제　1인 유한회사의 주주는 회사재산이 주주 자신의 재산에 독립한다고 입증하지 못한 경우 응당 회사의 채무에 대하여 연대책임을 부담하여야 한다(회사법 第64조).

6. 國有獨資會社(國有獨資公司)의 특례규정

(1) 국유독자회사의 의의 및 이용범위

국유독자회사란 국가가 단독으로 투자하고 국무원 또는 지방인민정부가 본급 인민정부의 국유자산감독관리기구에 수권하여 출자자로서의 직책을 수행하게 하는 유한회사를 가리킨다(회사법 第65조 제2항). 국유독자회사는 투자주체가 하나밖에 없으므로 그 성질상 1인 유한회사에 속한다. 그러나 유일한 투자주체가 국가이므로 특수한 1인 유한회사라고 할 수 있다. 따라서 「회사법」은 국유독자회사에 대하여 특별규정을 두어 별도의 규제를 가하고 있다. 단, 특별한 규정이 없는 경우에는 일반 유한회사에 관한 규정을 적용한다(회사법 第65조 제1항).

국유독자회사는 1993년 중국 회사법 제정시 전통적 국유기업의 회사형태전환을 위하여 창제한 회사형태로서 완전한 국유기업이라고 할 수 있다. 기본목적은 전략적 업종에 있어서 기업의 경영체제를 전환하면서도 기존의 국가소유적 속성을 유지하기 위한 것이었다. 따라서 2005년 개정 전 「회사법」은 국무원이 확정한 특수제품을 생산하는 회사 또는 특정업종에 속하는 회사는 국유독자회사 형태를 취하여야 한다고 규정하였다(개정전 회사법 第64조 제2항). 그러나 최근에는 민영화정책의 진척에 따라 2005년 개정 「회사법」은 당해 규정을 삭제하고 법으로는 더 이상 제한하지 않고 어떤 회사가 국유독자회사형태를 취하여야 하는가에 대하여 정책적으로 파악하고 있다.

⑵ 국유독자회사의 설립

국유독자회사는 국유자산감독관리위원회가 설립한다. 국유독자회사의 설립 시 회사정관은 국유자산감독관리기구가 제정하거나 이사회가 제정한 후 국가수권기구의 비준을 받는다(회사법 제66조).

⑶ 국유독자회사의 조직기구

㈎ 국유독자회사는 사원총회(股東會)를 설치하지 않고 국유자산감독관리기구가 투자자로서 사원총회의 직권을 행사한다. 국유자산감독관리기구는 이사회에 수권하여 사원총회의 일부 직권을 행사하여 회사의 중대한 사항을 결정할 수 있다. 단, 회사의 합병, 분할, 해산, 증자와 감자 및 회사채권의 발행은 국유자산감독관리기구가 결정한다. 그리고 중요한 국유독회사가 합병, 분할, 해산하거나 파산을 신청하는 경우에는 응당 국유자산감독관리기구가 심사한 후 본급 인민정부의 비준을 받아야 한다(회사법 제67조 제1항). 그러나 중요한 국유독자회사의 범위에 대하여 「회사법」에 규정을 두지 않고 국무원의 규정에 따라 확정한다고 정하고 있다(회사법 제67조 제2항).

㈏ 국유독자회사의 이사회는 일반 유한회사의 이사회의 직권을 향유하는 외에 국유자산감독관리위원회의 수권이 있는 경우 사원총회의 일부 직권을 행사할 수 있다(회사법 제67조 제1항). 이사의 수와 관련하여 2005년 개정 전 회사법은 3~9명으로 정하였으나(개정전 회사법 제68조 제2항) 개정 후에는 일반 유한회사의 이사회와 같이 3~11명이다. 이사의 임기도 일반 유한회사의 이사의 임기와 같이 3년을 초과하지 못한다. 단, 이사회 구성원 중에 응당 회사종업원대표가 있어야 한다(회사법 제68조 제1항). 회사종업원대표가 아닌 이사회의 구성원은 국유자산감독관리위원회가 위임·파견하지만 종업원대표출신의 이사는 회사의 종업원대표대회에서 선거에 의하여 선임한다(회사법 제68조 제2항). 이사회는 이사장 1명을 두고 필요에 따라 부이사장을 둘 수 있다. 이사장과 부이사장은 국유자산감독관리기구가 이사회구성원 중에서 지정한다(회사법 제68조 제3항). 그리고 국유독자회사는 경리를 두어야 한다. 경리의 직권은 일반 유한회사의 직권과 같다. 경리는 이사회가 임용 또는 해임하며, 국유자산감독관리위원회의 동의를 거치면 이사회 구성원은 경리를 겸임할 수 있다(회사법 제69조). 국유독자회사의 이사장, 부이사장, 이사, 고급관리인원은 국유자산감독관리기구의 동의를 거치지 아니하면 기타 유한회사, 주식회사 또는 기타 경영조직에서 겸직할 수 없다(회사법 제70조).

(다) 국유독자회사는 또한 감사회를 설치한다. 국유독자회사의 감사회구성원은 5인 이상이어야 하고 그 중에서 종업원대표의 비율은 1/3 이상이어야 하고 그 구체적인 비율은 회사정관으로 정한다. 감사회의 구성원은 국유자산감독관리위원회에서 위임·파견하지만 종업원대표의 경우 회사종업원대표대회에서 선거에 의하여 선임한다. 감사회 주석은 국유자산감독관리기구가 감사회구성원 중에서 지정한다. 감사회는 일반 유한회사의 직권을 행사하는 외에 국무원이 정한 기타 직권을 행사한다(회사법 제71조).

Ⅳ. 株式會社(股份有限公司)

1. 株式會社의 意義

주식회사란 그 전부의 자본이 같은 액수의 주식으로 나누어지고 주주는 그가 인수한 주식을 한도로 회사에 대하여 책임을 부담하며, 회사는 그 전부의 재산으로 회사의 채무에 대하여 책임을 부담하는 기업법인을 말한다(회사법 제3조). 주식회사는 가장 전형적인 물적 회사로서 사원(주주)의 개성이 중시되지 않는 순수한 자본단체라고 할 수 있다. 따라서 「회사법」상 주식회사에 대한 내용은 유한회사에 대한 내용에 비하여 강행규정이 많고 정관에 의한 자치가 많이 제한된다. 특히 상장회사의 경우 공개회사의 특성을 고려하여 비상장 일반 주식회사와 다른 특례규정을 두고 있다(회사법 제4장 제5절 참조).

2. 株式會社의 設立

(1) 設立條件

주식회사의 설립에 대하여 「회사법」은 유한회사의 경우와 마찬가지로 역시 준칙주의를 취하고 있다.[1] 「회사법」 제77조의 규정에 따라 주식회사를 설립할 경우 다음의 6개 요건을 구비하여야 한다.

① 발기인이 法定 人數에 부합되어야 한다. 주식회사를 설립하려면 2명 이상 200명 이하의 발기인이 있어야 하고 그 중 반수 이상의 발기인이 중국 境內

1) 2005년 개정 전 회사법은 주식회사의 설립은 반드시 국무원이 수권한 부문 또는 성급인민정부의 비준을 거쳐야 한다고 규정하여(개정 전 회사법 제77조) 주식회사의 설립에 대하여 허가주의를 취하였는데 2005년 개정에서는 당해 규정을 삭제함으로써 준칙주의로 전환하였다.

에 주소가 있어야 한다(회사법 제79조).

② 발기인이 인수하고 모집한 주식자본(股本)이 법정 자본최저한도액에 도달하여야 한다. 주식회사의 등록자본은 발기설립의 경우 회사등기기관에 등기한 전체 발기인이 인수한 주식자본총액을 가리키고 모집설립의 경우 회사등기기관에 등기한 실제로 납입한 주식자본총액을 가리킨다. 주식회사의 등록자본의 최저한도액은 인민폐 500만원이다. 법률, 행정법규에 주식회사 등록자본의 최저한도액에 대하여 비교적 높은 규정이 있는 경우 그 규정에 따른다(제81조).

③ 주식의 발행 및 회사설립사항이 법률의 규정에 부합되어야 한다.

④ 발기인이 회사정관을 제정하고 모집설립의 경우에는 창립총회에서 통과하여야 한다. 주식회사 정관에는 응당 (i) 회사의 명칭과 주소, (ii) 회사의 경영범위, (iii) 회사의 설립방식, (iv) 회사의 주식총수, 매주의 금액과 등록자본, (v) 발기인의 성명 또는 명칭, 인수한 주식의 수, 출자방식 및 출자시간, (vi) 이사회의 구성, 직권 및 의사규칙, (vii) 회사의 법정 대표자, (viii) 감사회의 구성, 직권 및 의사규칙, (ix) 회사의 이윤분배방법, (x) 회사의 해산사유와 청산방법, (xi) 회사의 통지와 공고방법, (xii) 주주총회가 규정이 필요하다고 인정하는 기타 사항을 기재하여야 한다(회사법 제82조).

⑤ 회사의 명칭이 있어야 하고 주식회사의 요구에 부합되는 조직기구를 설립하여야 한다.

⑥ 회사의 주소가 있어야 한다.

(2) 設立方式 및 節次

(가) 발기설립 및 그 절차 주식회사의 설립은 발기설립 또는 모집설립의 방식을 취할 수 있는데 발기설립이란 발기인이 회사가 응당 발행하여야 하는 전부의 주식을 인수하여 회사를 설립하는 것을 말한다(회사법 제78조 제2항). 회사법의 규정에 따라 발기설립의 절차는 다음과 같다.

① 발기인 간에 합의서 체결 발기인이란 주식회사의 정관을 제정하고 그가 인수하여야 하는 전부 또는 일부 주식을 인수하며, 회사의 설립사무를 책임지는 자를 말한다(회사법 제77조 제4호, 제78조 제2항 및 제3항, 제80조 제1항). 주식회사를 설립할 경우 발기인은 응당 발기인합의를 체결하여 각자의 회사설립과정에서의 권리와 의무를 명확히 하여야 한다(회사법 제80조 제2항).

② 정관의 제정 발기인 간에 합의서를 체결한 후 회사정관을 제정하여야

한다. 발기설립의 경우 회사정관은 발기인이 공동으로 제정한다(회사법 제77조 제4호).

③ 회사명칭의 사전인가　주식회사를 설립할 경우 응당 회사명칭의 사전인가를 받아야 한다(회사등기관리조례 제17조). 사전인가받은 회사명칭은 6개월간 보류하며 이 기간중 경영활동에 종사하지 못하며 회사명칭을 양도하지 못한다(회사등기관리조례 제19조).

④ 필요한 인가수속　주식회사의 설립이 비록 준칙주의를 취하고 있지만 일부 업종의 경우에는 법률, 행정법규의 규정에 따라 관련 회사의 설립이 인가를 거쳐야 한다. 이 경우 응당 법에 따라 필요한 인가수속을 하여야 한다(회사법 제6조 제2항).

⑤ 발기인의 주식인수　발기설립의 경우 회사가 응당 발행하여야 하는 전부의 주식을 발기인이 인수한다(회사법 제78조 제2항). 발기인은 응당 서면으로 회사정관에서 그가 인수한다고 정한 주식을 인수하여야 한다(회사법 제84조 제1항).

⑥ 발기인의 주식대금납입과 출자의 검사　발기인은 주식을 인수한 후 인수한 주식대금을 납입하여야 한다. 발기설립의 경우에는 유한회사의 설립과 마찬가지로 일시불로 납입할 수 있고 분할납입을 할 수도 있다. 단, 분할납입을 할 경우 회사의 전체 발기인의 최초의 출자액은 등록자본의 20% 이상이 되어야 하고 나머지 부분은 발기인이 회사의 성립일로부터 2년 내에 납입완료하여야 한다. 투자회사인 경우에는 나머지 부분을 5년내에 납입완료할 수 있다. 납입완료하기 전에 타인으로부터 주식을 모집할 수 없다(회사법 제81조 제1항). 그리고 발기인은 주식대금을 납입할 경우 유한회사의 사원과 마찬가지로 화폐로 납입할 수 있고 주식대금에 상당한 현물을 출자할 수도 있다(회사법 제83조 및 제27조). 현물을 출자하는 경우 응당 법에 따라 재산권의 이전수속을 하여야 한다(회사법 제84조 제1항). 발기인은 출자한 후 출자검사기구를 통하여 출자검사를 하고 출자증명서를 교부받아야 한다(회사법 제84조 제3항).

⑦ 임원의 선임　발기인은 1차 출자를 한 후 이사, 감사를 선임하여 이사회와 감사회를 구성하고 관련 안건을 처리하여 한다(회사법 제84조 제1항).

⑧ 설립등기　발기인이 임원을 선임하여 이사회, 감사회를 구성한 후 이사회가 회사등기기관에 회사정관, 법에 따라 설립된 출자검사시구가 제시한 출자검사증명서 및 법률, 행정법규가 정한 기타 서류를 제출하고 설립등기신청을 한다(회사법 제84조 제3항). 회사등기기관은 설립신청서를 접수한 후 회사법의 규정에 부합될 경우 영업허가증을 발급한다. 회사영업허가증의 발급일이 회사의 성립일이다(회사법 제7조).

㈏ 모집설립 및 그 절차 발기설립 외에 주식회사는 모집설립의 방법으로도 설립할 수 있다. 모집설립이란 발기인이 회사가 응당 발행하여야 하는 주식의 일부만 인수하고 나머지 부분은 사회적으로 공개모집하거나 특정대상으로부터 모집하여 회사를 설립하는 것을 말한다(회사법 제78조 제3항). 회사법의 규정에 따라 모집설립의 절차는 다음과 같다.

① 발기인 간에 합의서 체결 모집설립의 경우에도 발기인 간에 합의서를 체결하여 각자의 회사설립과정에서의 권리와 의무를 명확히 하여야 한다(회사법 제80조 제2항).

② 정관의 제정 발기인 간에 합의서를 체결한 후 회사정관을 작성하여야 한다. 모집설립의 경우 발기인이 작성한 회사정관은 창립총회에서 통과하여야 한다(회사법 제77조 제4호).

③ 회사명칭의 사전인가 모집설립의 경우에도 응당 회사명칭의 사전인가를 받아야 한다(회사등기관리조례 제17조). 사전인가받은 회사명칭은 6개월간 보류하며 이 기간중 경영활동에 종사하지 못하며 회사명칭을 양도하지 못한다(회사등기관리조례 제19조).

④ 필요한 인가수속 주식회사의 설립이 비록 준칙주의를 취하고 있지만 모집설립의 경우에도 일부 업종은 법률, 행정법규의 규정에 따라 관련 회사의 설립은 인가를 거쳐야 한다. 이 경우 응당 법에 따라 필요한 인가수속을 하여야 한다(회사법 제6조 제2항). 그리고 주식을 공개모집할 경우에는 응당 국무원증권감독기구에 신청하여 주식공개발행의 인준(核准)을 받아야 한다(회사법 제93조 제2항).

⑤ 발기인의 주식인수 모집설립의 경우 발기인이 회사가 응당 발행하여야 하는 주식의 일부분을 인수하고 나머지 주식은 사회적으로 공개모집하거나 특정대상으로부터 모집한다. 단, 발기인이 인수하는 주식은 법률, 행정법규에 별도의 규정이 있는 경우를 제외하고 회사주식총수의 35% 이상이 되어야 한다(회사법 제85조).

⑥ 주식공개모집시의 특별절차

(i) 주식모집설명서 공고와 주식청약서의 작성 발기인은 사회적으로 주식을 공개모집할 경우 반드시 주식모집설명서를 공고하고 주식청약서를 작성하여야 한다(회사법 제86조). 주식모집설명서에는 발기인이 인수한 주식의 수, 매주의 액면가액과 발행가격, 무기명주식의 발행총수, 모집자금의 용도, 주식인수인의 권리·의무, 금번 주식모집의 기한 및 기한초과 후 모집미달시 주식인수인이 주식인수를 철회할 수 있다는 설명을 기재하여야 하며 발기인이 작성한 회사정관을 첨부하

여야 한다(회사법 제87조). 주식청약서에 응당 위의 주식설명서의 기재내용을 기재하여야 한다(회사법 제86조).

(ii) 위탁모집계약과 주식대금대리수수계약의 체결　발기인은 사회적으로 주식을 공개모집할 경우 응당 법에 따라 설립한 증권회사와 주식위탁모집계약을 체결하고 아울러 은행과 주식대금대리수수계약을 체결하여야 한다(회사법 제88조 및 제89조 제1항).

(iii) 주식청약서기재에 의한 주식의 인수　주식을 공개모집하는 경우 주식인수인은 응당 발기인이 작성한 주식청약서에 기재하는 것을 통하여 주식을 인수하여야 한다. 이 경우 주식인수인은 주식청약서에 인수하는 주식의 수량, 금액, 주소를 기재하고 서명날인하면 된다(회사법 제86조). 이에 따라 회사가 주식배정을 하면 주식인수인이 인수한 주식의 수량이 결정된다(회사법 제86조).

⑦ 주식대금의 납입과 출자의 검사　주식인수인은 응당 인수한 주식의 수량에 따라 주식대금을 납입하여야 한다. 주식을 공개발행하는 경우 주식대금은 반드시 주식대금대리수수계약을 체결한 은행에 대납한다. 주식대금을 대리수수하는 은행은 주식대금을 납입하는 주식인수인에게 영수증을 발급하고 관련기관에 수금증명서를 제시하는 의무를 부담한다(회사법 제89조 제1항). 발기설립시와 마찬가지로 발기인은 현물출자를 할 수 있다. 발행주식의 주식대금이 전부 납입되면 반드시 법정 출자검사기구의 출자검사를 받고 아울러 출자증명서를 교부받아야 한다(회사법 제90조).

⑧ 창립총회의 소집　주식대금의 납입이 완료되면 발기인은 30일 내에 창립총회를 소집하여야 한다. 창립총회는 발기인 및 주식인수인으로 구성된다(회사법 제90조). 발기인은 응당 창립대회 소집 15일 전에 회의일자를 각 주식인수인에 개 통지하거나 공고하여야 한다. 창립대회는 주식총수의 1/2 이상을 대표하는 발기인과 주식인수인이 출석하여야만 개최할 수 있다(회사법 제91조 제1항). 창립대회는 결의를 통하여 발기인의 회사설립정황에 관한 보고를 심의하고 회사정관을 통과하며, 이사회 및 감사회의 구성원을 선임하고 회사의 설립비용에 대하여 심사하며 발기인이 주식대금에 대신하여 출자하는 재산에 대하여 심사한다. 그리고 불가항력이 발생하거나 경영조건에 중대한 변화가 생겨 직접적으로 회사의 설립에 영향을 줄 경우에는 회사를 설립하지 않는 결의를 할 수도 있다. 창립대회의 결의는 반드시 회의에 출석한 주식인수인이 보유한 의결권의 과반수에 의하여 가결된다(회사법 제91조).

⑨ 설립등기 모집설립의 경우 이사회는 응당 창립대회가 종료한 후 30일 내에 회사등기기관에 등기신청서, 창립대회의사록, 회사정관, 출자검사증명서, 법정대표자, 이사, 감사의 임직서류 및 신분증명서, 발기인의 법인자격증명서 또는 자연인신분증명서, 회사주소증명서 등을 제출함으로써 설립등기신청을 하여야 한다. 주식을 공개발행한 경우에는 국무원증권감독관리기구의 주식공개발행 인준(核准)서류도 제출하여야 한다(회사법 제93조). 회사등기기관은 설립신청서를 접수한 후 회사법의 규정에 부합될 경우 영업허가증을 발급한다. 회사영업허가증의 발급일이 회사의 성립일이다(회사법 제7조).

⑶ 회사설립에 관한 책임

㈎ 회사가 성립한 경우 발기인의 책임

① 자본충실책임 주식회사가 성립한 후 발기인이 회사정관의 규정에 따라 출자를 전부 납입하지 않은 경우 응당 보충납입하여야 하고 기타 발기인은 이에 대하여 연대책임을 부담한다. 그리고 만약 주식회사가 성립한 후 회사를 설립하기 위해 출자한 현물출자의 실제가액이 회사정관에 정한 가액에 현저히 미치지 못하는 경우 당해 출자를 교부한 발기인이 그 차액을 전보(塡補)하여야 하며 기타 발기인은 이에 대하여 연대책임을 부담한다(회사법 제94조).

② 손해배상책임 회사설립과정에서 발기인의 과실로 인하여 회사이익이 손해를 입은 경우 발기인은 회사에 대하여 손해배상책임을 부담하여야 한다(회사법 제95조 제3호).

㈏ 회사가 성립하지 못한 경우 발기인의 책임 다음의 세 가지 경우에는 회사가 성립하지 못한다. (i) 불가항력이 발생하거나 경영조건에 변화가 발생하여 직접적으로 회사설립에 영향을 미침에 따라 창립대회에서 회사를 설립하지 않기로 결의한 경우(회사법 제91조 제2항 제7호), (ii) 주식모집설명서에서 정한 주식발행기한을 초과하였음에도 모집완료하지 못한 경우, (iii) 발기인이 주식대금이 납입완료된 날로부터 30일 내에 창립대회를 소집하지 않은 경우. 회사가 성립하지 못한 경우 발기인은 그 설립행위로 인하여 발생한 채무와 비용에 대하여 연대책임을 부담하고(회사법 제95조 제1호) 주식인수인이 이미 납입한 주식대금 및 은행예금이자의 반환에 대하여 연대책임을 부담하여야 한다(회사법 제95조 제2호).

3. 株式會社의 組織機構

「회사법」상 주식회사의 조직기구는 주주총회, 이사회, 경리, 감사회 등 4개 부분으로 구성되는 데 유한회사의 경우와 큰 차이가 없다. 각 부분의 기능과 운영은 유한회사의 경우와 유사한 곳이 적지 않으므로 이하에서는 차이가 있는 내용만 해설한다.

(1) 株主總會

주주총회는 주식회사의 권력기구로서 필요기관이다. 회사법 제99조의 규정에 따라 주주총회는 전체 주주로 구성되는 주식회사의 최고의사결정기관으로서 회사운영의 중대한 사항을 결정한다. 주주총회의 직권은 유한회사 사원총회의 직권과 같다(회사법 제100조).

주주총회는 정기총회와 임시총회로 나누어진다. 정기총회는 연 1회 소집되며, 임시총회는 이사의 수가 회사법에서 정한 수 또는 정관에서 정한 수의 3분의 2가 못되는 경우, 회사의 미전보결손액이 자본총액의 3분의 1을 초과한 경우, 발행주식의 10% 이상을 가진 주주에 의한 청구가 있는 경우, 이사회가 소집할 필요가 있다고 인정하는 경우 및 감사회가 소집을 제안하는 경우 2개월 내에 소집하여야 한다(회사법 제101조). 주주총회에서 주주는 1주 1의결권을 가지며 대리인에 의하여 의결권을 행사하게 할 수 있는데 대리인은 회사에 주주의 위임장을 제출하고 수권범위 내에서 의결권을 행사한다(회사법 제107조).

주주총회의 개최시에 주주제안권이 인정되며(회사법 제103조) 이사, 감사를 선임할 경우에는 회사정관의 규정 또는 주주총회결의에 따라 누적투표제를 실행할 수 있다(회사법 제106조). 그리고 유한회사의 경우 인정되는 서면결의는 주식회사에는 인정되지 아니한다.

(2) 理 事 會

이사회는 주식회사의 업무집행과 경영의사결정기구로서 주주총회에서 선임되는 전체이사로 구성되는 필요상설기관이며 주주총회에 대하여 책임진다. 이사회는 주주총회의 결의를 집행하고 주주총회에 업무를 보고한다. 아울러 이사회는 일상 경영과 행정사무에 대하여 관리하고 결정할 권한을 갖고 있다. 이사회의 직권은 유한회사 이사회의 직권과 완전히 같다.

이사회는 5인이상 19인이하의 이사로 구성되며(회사법 제109조 제1항) 이사회는 이사장

1명과 부이사장을 둘 수 있다. 이사장과 부이사장은 이사회에서 전체이사의 과반수로 선임한다(회사법 제110조). 이사장은 정관에 규정을 둔 경우 회사의 법정대표자로서 대외적으로 회사를 대표한다. 이사장은 주주총회의 주최와 이사회회의의 소집 및 주최, 이사회결의의 실시정황검사를 할 수 이으며 법정대표자인 경우 회사가 발행하는 회사주권·회사채권에 서명할 권한을 가진다(회사법 제110조).

이사회는 1년에 최소 2회 소집되어야 하고, 회의가 개최되기 10일 전까지 이사와 감사 전원에게 통지되어야 한다(회사법 제111조). 이사회의 회의는 2분의 1 이상 이사의 출석으로 개최되며, 그 결의는 전체이사의 과반수찬성으로 통과한다(회사법 제112조). 이사회에는 이사가 스스로 출석하여야 하지만, 이사가 특별한 사정으로 인하여 출석할 수 없는 경우에는 다른 이사에게 대리출석을 위임할 수 있다(회사법 제1113조).

(3) 經 理

경리는 주식회사 일상 경영관리에 대하여 전적으로 책임지는 필요상설의 고급관리인원으로서 보조적 업무집행기관이다. 경리는 이사회에 의하여 고용되고 이사회에 대해 책임지며 법에 정한 권한과 이사회의 수권 및 회사정관에 의하여 회사의 생산경영관리업무를 책임진다. 아울러 이사회의 수권에 따라 그 수권범위내에서 회사의 명의로 대외활동을 할 수 있다. 경리의 직권은 유한회사의 경우와 완전히 같다(회사법 제114조). 단, 주식회사에 있어서는 경리가 필수기관이고 유한회사의 경우에는 임의기관이라는 면에서 차이가 있다.

(4) 監 事 會

감사회는 주식회사의 필요상설 감사기관으로서 회사의 재무 및 업무집행정황에 대하여 감독한다. 감사회의 구성, 직권 및 감사임기 등은 유한회사의 경우와 같다. 감사회는 매 6월에 한번씩 소집한다. 감사는 임시 감사회회의의 소집을 제의할 수 있다(회사법 제120조).

(5) 상장회사 조직기구의 특례

상장회사는 주권이 증권거래소에 상장하여 거래하는 주식회사를 가리킨다(회사법 제121조). 상장회사는 공개회사로서 비상장주식회사와 많은 차이가 있으므로 「회사법」은 상장회사 조직기구에 대하여 특례규정을 두었다. ① 상장회사가 1년 내에 구매 또는 판매하는 중대한 자산이나 담보금액이 회사자산총액의 30%를 초과하는 경우 주주총회 특별결의에 의하여야 한다(회사법 제122조). ② 상장회사는 반드시 독립이사를 설치하여야 한다(회사법 제123조). ③ 상장회사는 이사회비서를 두어 주주총회와 이사회의 준비, 문서보관 및 주주자료의 관리, 정보공개 등 업무를 책임진다(회사법 제124조). ④ 상장회사의 이사가 이사회 회의의 결의사항과 관계되는 기업과 관련이 있는 경우 당해 이사는 당해 결의에 대하여 의결권을 행사하지 못하고 기타 이사를 대리하여 의결권을 행사하지 못한다. 당해 이사회 회의는 과반수에 달하는 무관련 이사가 출석하여만 개최할 수 있으며 무관련 이사의 과반수로 결의를 통과한다. 이사회 회의에 출석한 무관련 이사의 수가 3명이 되지 않을 경우 응당 상장회사 주주총회에 상정하여 심의한다(회사법 제125조).

4. 株式의 發行과 讓渡

(1) 株式의 槪念

주식은 주식회사의 자본과 주주권리의 최소단위이다. 각 주식은 상호 평등하고 법률에 규정이 있는 외에는 정관 또는 기타 형식으로 주식의 양도를 금지하거나 제한하지 못한다. 주식은 주권의 형식을 취한다. 주권이란 회사가 발행하는 주주의 주식소유를 증명하는 증서이다(회사법 제126조). 주권은 紙面形式 또는 국무원 증권관리부문이 정한 기타 형식을 취하며, 발기인주권은 "발기인주권"임을 표시해야 한다(회사법 제129조). 주권은 회사가 성립해야만 주주에게 교부할 수 있다(회사법 제133조). 주식은 일반적으로 기명주식과 무기명주식, 보통주식과 우선주식, 액면주식과 무액면주식으로 나눌 수 있다. 중국 회사법상 무액면주식은 인정되지 않는다.

(2) 株式의 發行

(가) 주식발행의 원칙 주식의 발행은 공개, 공평, 공정의 원칙을 실행하며 동일한 종류의 주식이라면 그 권리와 이익도 같아야 한다(회사법 제127조). 주식의 발행가격은 액면가보다 낮아서는 안된다(회사법 제128조).

(나) 주식발행의 방식

① 설립발행 설립발행이란 회사가 설립과정에서 주식을 발행하는 것을 말한다. 회사설립방식에 따라 설립발행은 또 발기설립발행과 모집설립발행으로 나눈다. 발기설립의 경우에는 발행주식은 발기인이 전부 인수하고 모집설립의 경우에는 발기인이 발행주식의 일부를 인수하고 나머지는 사회로부터 모집한다.

② 신주발행 신주발행이란 회사가 설립한 후 재차 주식을 발행하는 것을 말한다. 신주발행시 공모할 수도 있고 사모할 수도 있다. 주식을 공모하는 경우

회사는 반드시 다음의 조건을 구비하여야 한다. (i) 건전하고 양호한 조직기구를 구비하여야 한다. (ii) 지속적인 영리능력을 구비하고 재무상황이 양호해야 한다. (iii) 최근 3년 재무회계문건에 허위기재가 없고 중대한 위법행위가 없어야 한다. (iv) 국무원이 비준을 거쳐 국무원증권감독기구가 규정한 기타 조건을 구배해야 한다(증권법 제13조).

(3) 株式의 讓渡

주식의 양도란 회사주식을 보유하고 있는 주주가 법에 따라 자기가 보유하고 있는 주식을 타인에게 양도함으로써 타인으로 하여금 회사주주로 되게 하는 법률행위를 말한다. 주식은 주권의 형태를 취하므로 주권의 양도가 실제상 주식의 양도이다.

주식은 원칙상 자유로이 양도할 수 있다. 주식의 양도가 회사재산의 안정에 영향을 미치고 일부 주주의 이익에 손해가 되는 것을 방지하기 위하여 회사법은 주식양도에 대하여 필요한 제한을 둔다. 「회사법」상 주식양도에 대한 제한으로는 주로 이하의 것들이 있다. ① 주주가 주식을 양도하는 경우 반드시 법에 따라 설립한 증권거래장소에서 진행하거나 국무원이 정한 기타 방식으로 하여야 한다(회사법 제144조). ② 기명주권은 배서방식 또는 법률, 행정법규가 정한 기타 방식으로 양도한다. 주식을 양도한 후 회사는 기명주식 양수자의 성명 또는 명칭 및 주소를 주주명부에 기재한다(회사법 제140조 제1항). ③ 발기인이 보유한 본 회사의 주식은 회사 성립일로부터 1년 이내에 양도하지 못한다(회사법 제142조 제1항). ④ 회사가 주식을 공개 발행하기 전에 이미 발행한 주식은 회사주권이 증권거래소에 상장하여 거래하는 날로부터 1년 내에 양도하지 못한다(회사법 제142조 제1항). ⑤ 회사의 이사, 감사, 고급관리인원은 회사에 자기가 소지하고 있는 자기회사의 주식 및 그 변동상황을 신고하고 임기 내에 매년 양도하는 주식이 그가 보유한 본 회사 주식총수의 25%를 초과하지 못하고 그가 보유한 본 회사 주식은 주권의 상장거래일로부터 1년 내에 양도하지 못하며 이직 후 반년 내에 그가 보유한 본 회사 주식을 양도하지 못한다(회사법 제142조 제2항). ⑥ 회사는 원칙적으로 자기주식을 취득하지 못한다. 단, 회사의 자본을 감소시키거나 본회사의 주식을 보유하고 있는 기타 회사와 합병하거나 주식을 본 회사의 종업원들에게 나누어 주거나 주주총회의 합병 또는 분할결의에 반대하여 주식매수청구권의 행사를 위해 자기주식을 취득하는 경우는 제외한다(회사법 제143조 제1항).

V. 外國會社의 支社(外國公司的分支機構)[1]

외국회사의 지사는 외국회사가 중국법률에 의거하여 중국 내에 설립한 중국 내에서 생산경영활동에 종사하는 경영기구를 가리킨다. 여기에서 외국회사란 외국법률에 의거하여 중국 境外에서 등기설립한 회사를 말한다(회사법 제192조).

외국회사의 지사는 법에 따라 중국 내에서 상응하는 민사활동에 종사할 수 있지만 중국법인 자격을 구비하지 않으므로(회사법 제196조 제 1 항) 그가 중국 내에서의 경영활동으로 인한 민사책임은 그 외국본사가 부담한다. 외국회사의 지사 자체는 독립적으로 권리를 향유하고 의무를 부담하지 못하며 그 경영성과와 채권채무는 그 외국본사에 귀속된다.

외국회사는 중국 내에서 지사를 설립하려면 반드시 중국 회사법의 규정에 따라 중국정부의 비준을 거쳐 등기하고 영업허가증을 받아야 한다(회사법 제193조). 외국회사의 지사를 폐쇄할 때에는 법에 따라 청산하여야 한다(회사법 제198조).

제 3 절 保 險 法

I. 總 說

1. 保險의 意義

상법에서 말하는 보험은 위험을 분산하고 손해를 제거하는 일종의 상업활동으로서 보험의 목적은 계약법률행위를 통하여 실현된다. 「중화인민공화국 보험법」 제 2 조는 “보험은 보험계약자가 계약의 약정에 따라 보험자에게 보험료를 지급하고 보험자는 계약에서 약정한 발생가능한 사고로 인하여 초래한 재산손실에 대하여 보험금을 배상할 책임을 부담하거나 피보험자의 사망, 부상, 질병이 발생하거나 계약에서 약정한 연령, 기한에 도달하였을 때 보험금의 지급책임을 부담하는 상업보험행위를 가리킨다”라고 정하고 있다. 따라서 상법상의 보험은

1) 중국 회사법상의 原語는 分支機構로 되었는데 그 지위가 일반회사의 지사의 법적 지위와 같다고 할 수 있으므로 여기서는 상법총론의 상사등기부분에서처럼 分設機構로 번역하지 않고 직접 지사라고 번역한다.

사회보험과는 명확히 구별된다. 사회보험은 일종의 사회보장조치로서 국가가 사회구성원이 노약, 질병 등 원인으로 근로능력을 상실하거나 실업당하였을 경우 물질적인 도움을 제공하는 제도이다. 예컨대 연금, 의료보험, 실업보험 등이다.

2. 保險의 種類

⑴ 財產保險과 人保險

보험은 保險目的에 따라 재산보험과 인보험(人身保險)으로 나눌 수 있다. 재산보험이란 물건 및 재산 관련 이익을 보험목적으로 하는 보험을 가리킨다.

인보험이란 사람의 생명 또는 신체를 보험목적으로 하는 보험을 가리킨다. 예컨대 생명보험(人壽保險), 健康保險, 傷害保險 등이다.

⑵ 强制保險과 任意保險

보험은 그 實施形式에 따라 강제보험과 임의보험으로 나눌 수 있다. 강제보험이란 법률의 규정에 따라 강제로 실시하는 보험을 말한다. 강제보험은 주로 국가의 사회경제정책적 수요로부터 출발하여 교통도구책임, 제조물책임, 공공책임, 고용책임, 직업책임 등 영역에 적용된다.

임의보험이란 보험계약자의 의사에 따라 가입하는 보험을 말한다. 보험계약자와 보험자 사이에 공평·호혜·자원의 원칙에 따라 보험계약체결을 통하여 보험가입이 이루어진다.

⑶ 原保險과 再保險

보험은 보험자의 책임순서에 따라 원보험과 재보험으로 나눌 수 있다. 원보험은 제1차적인 보험으로서 보험자가 피보험자에 대하여 직접적인 책임을 부담하는 원시보험을 말한다.

재보험은 제2차적 보험으로서 보험자가 자기가 취급하는 보험업무의 일부를 보험가입의 형식으로 다른 보험자에게 이전하는 것을 말한다(보험법 제28조 제1항).

⑷ 個別保險과 重複保險

보험은 보험자의 수에 따라 개별보험(單保險)과 重複保險으로 나눌 수 있다. 개별보험이란 보험계약자가 하나의 보험목적, 하나의 보험이익, 하나의 보험사고에 관하여 한 보험자와 보험계약을 체결한 보험을 말한다.

중복보험이란 보험계약자가 동일한 보험목적, 동일한 보험이익, 동일한 보험사고에 관하여 둘 이상의 보험자와 보험계약을 체결하는 보험을 말한다(보험법 제40조 제3항).

3. 保險法의 意義

보험법은 광의와 협의로 나눌 수 있다. 광의의 보험법은 보험관계를 규율하는 법률규범의 총칭을 가리키고 협의의 보험법은 "보험법"으로 명명된 단행 보험법전 내지는 상법전 중의 "보험편"을 가리킨다.

중국에 있어서 협의의 보험법은 1995년 6월 30일에 제정·공포된 「중화인민공화국 보험법」(이하 「보험법」이라 함)을 가리킨다. 「보험법」은 2002년 10월 28일에 한 차례의 개정이 있었다. 광의의 보험법은 「보험법」 외에 기타 법률, 행정법규 및 행정규장 중에 보험에 관한 규정을 포함한다. 예컨대, 중국 「해상법」에는 해상보험에 관한 규정을 두고 있으며, 보험 관련 행정법규 및 행정규장으로 「재산보험계약조례」, 「보험기업관리잠정조례」, 「보험대리인관리잠정규정」 등이 있다.

중국의 보험기본법인 「보험법」은 대륙법계의 전통적인 보험법과는 달리 보험계약에 관한 내용뿐만 아니라 보험업규제에 대한 내용도 담고 있다. 따라서 중국에는 보험법의 경제법적 성격이 강하다고 보아 보험법을 경제법 내지는 금융법에 포함시키는 학자들도 다수 있다. 그러나 보험법의 상법적 특징은 본질적인 것이라 할 수 있으므로 보험법을 상법에 포함시키는 것은 당연하다고 할 수 있겠다. 그렇다 할지라도 상법으로서의 중국 보험법을 해설함에 있어서 실정법을 존중하여 보험업에 관한 제도도 동시에 해설하여야 한다. 다만 본 해설서는 개론서이므로 지면상의 관계로 주로 보험계약에 관한 내용만 소개하도록 한다.

II. 保險契約總論

1. 保險契約의 意義

보험계약은 보험계약자(投保人)와 보험자(保險人) 사이에 보험에 관한 권리·의무관계를 약정하는 합의이다(보험법 제 9 조 제 1 항). 보험계약은 응당 서면형식으로 체결하여야 한다(보험법 제12조 제 2 항). 보험계약에 따라 보험계약자는 보험자에게 보험료를 지급하고 보험자는 약정한 보험사고가 발생하거나 약정한 보험사건이 출현 또는 보험기간이 만료하였을 경우 보험금의 배상 또는 지급의무를 이행한다. 보험계약은 最大善意契約이고 射倖契約이며 雙務·有償契約이다. 또한 보험계약은 附合

契約이고 要式契約이다.[1])

2. 保險契約의 主體와 客體

(1) 保險契約의 主體

㈎ 보험계약의 당사자　보험계약의 당사자란 보험계약을 체결함과 아울러 보험계약에서 확정한 권리와 의무를 부담하는 자를 말한다. 보험계약의 당사자에는 보험자와 보험계약자가 포함된다.

보험자란 보험계약자와 보험계약을 체결하고 보험금의 배상 또는 지급책임을 부담하는 보험회사를 가리킨다(보험법 제9조 제3항). 상업보험업무의 경영은 「보험법」에 따라 설립한 보험회사만이 할 수 있으며, 기타 單位와 개인은 할 수 없다(보험법 제5조).

보험계약자란 보험자와 보험계약을 체결하고 보험계약에 따라 보험료의 지급의무를 부담하는 자를 가리킨다(보험법 제9조 제2항). 보험계약자는 피보험자 본인도 될 수 있고 피보험자 이외의 제3자도 될 수 있다. 그러나 그 어떠한 경우에 해당되더라도 보험계약의 당사자로서의 보험계약자는 반드시 민사권리능력과 민사행위능력을 구비하여야 하며 보험목적에 대하여 보험이익을 가지고 있어야 한다(보험법 제1조 제1항).

㈏ 보험계약의 관계자　보험관계자란 보험사고가 발생하거나 보험계약에서 약정한 조건이 만족될 경우 보험자에 대하여 보험금의 지급청구권을 가진자를 말한다. 보험관계자에는 피보험자(被保險人)와 수익자(受益人)가 포함된다.

피보험자란 그 재산 또는 人身이 보험계약의 보장을 받으며 보험금의 지급

---

1) 보험계약을 不要式契約으로 보는 견해도 중국학계에 상당히 존재한다. 중국 보험법상 보험계약이 요식계약인가 아니면 불요식계약인가는 「보험법」 제12조를 어떻게 이해하는냐에 따라 달라진다. 「보험법」 제12조는 이렇게 정하고 있다. "보험계약자가 보험요구를 제기하고 보험자의 보험승낙을 거쳐 계약의 조항에 대하여 합의를 달성하면 보험계약은 성립된다. 보험자는 응당 적시에 보험계약자에게 보험증권 또는 기타 보험증서를 발행하여야 하며 보험증권 또는 기타 보험증서에 당사자 쌍방이 약정한 계약내용을 기재하여야 한다. 보험계약자와 보험자가 합의하여 동의하면 전항규정 이외의 기타 서면합의형식으로도 보험계약을 체결할 수 있다." 불요식계약설을 취하는 학자들은 보험계약자와 보험자 사이에 합의만 달성하면 보험계약이 성립하고 기타 특정형식을 취할 필요가 없다고 해석하여 보험계약은 불요식계약이라고 한다. 그리고 보험자가 보험증권 또는 기타 보험증서를 발행하는 행위는 계약을 이행하는 행위이지 보험계약의 성립요건이 아니라고 한다. 그러나 요식계약설을 취하는 학자들은 동조 제2항에서 "보험계약자와 보험자가 합의하여 동의하면 전항규정 이외의 기타 서면합의형식으로 보험계약을 체결할 수 있다"고 정하고 있으므로 보험계약은 서면형식을 취하여야 하며 계약형식은 주로 보험자가 사전에 작성한 보험증권 또는 기타 보험증서라고 한다. 본 해설서는 요식계약설을 취한다.

청구권을 향유하는 자를 가리킨다. 피보험자는 보험계약자 본인이 될 수도 있고 보험계약자 이외의 제 3 자도 될 수 있다(보험법 제21조 제 2 항).

수익자란 인보험계약에서 피보험자 또는 보험계약자가 지정한 보험금의 지급청구권을 가진 자를 가리킨다. 보험계약자, 피보험자 및 제 3 자는 모두 수익자로 될 수 있다(보험법 제21조 제 3 항).

(다) 보험계약의 보조자 보험계약의 補助者란 보험계약의 체결 또는 이행과 일정한 보조적인 관계에 있는 자를 가리킨다. 보험계약의 보조자에는 일반적으로 보험대리인, 보험중개인, 보험사정인 등이 포함된다.

保險代理人이란 보험자의 위임에 근거하여 보험자로부터 대리수수료를 수취하고 보험자가 수권한 범위 내에서 보험업무를 대신처리하는 單位 또는 個人을 가리킨다(보험법 제122조).

保險仲介人이란 보험계약자의 이익을 위하여 보험계약자와 보험자 간의 보험계약체결을 위한 중개서비스를 제공하고 법에 따라 중개수수료를 수취하는 單位를 말한다(보험법 제123조).

保險査定人(保險公證人)이란 보험계약 당사자를 위하여 보험목적의 검사, 감정, 평가와 배상금액의 산정 및 협상을 하고 이에 대하여 증명하는 자이다. 보험사정인은 보험자 또는 피보험자의 위임을 받고 일하고 그 보수는 위임인이 지급한다. 「보험법」은 보험사정인에 대한 규정을 두고 있지 않다.

(2) 保險契約의 客體

보험계약의 객체는 보험목적(保險標的)을 가리킨다. 보험목적이란 보험대상으로서의 재산 및 그와 관련된 이익 또는 사람의 생명과 신체이다(보험법 제11조 제 3 항). 보험의 목적은 보험자가 보상해야 할 범위와 한계를 정하는 역할을 한다. 보험자는 보험계약에서 구체적으로 정한 보험의 목적에 관하여 발생한 보험사고에 대해서만 책임을 진다.

3. 保險契約의 締結

(1) 保險契約의 成立

보험계약은 반드시 청약과 승낙과정을 거쳐야 한다. 「보험법」 제12조 제 1 항에 따라 보험계약자가 보험요구를 제기하고 보험자의 승낙을 거쳐 계약의 조항에 대하여 합의를 달성하면 보험계약은 성립된다.

⑵ 保險契約의 形式

보험계약은 要式契約으로서 일반적으로 보험청약서(投保單), 보험증권(保險單) 및 기타 보험증서(保險憑證)로 구성된다. 보험청약서는 보험계약자가 보험자에게 대한 보험계약체결의 의사표시이며 보험자가 이를 접수하면 보험계약이 성립된다. 보험계약이 성립하면 보험자는 적시에 보험계약자에게 보험증권 또는 기타 보험증서를 발행하고 보험증권 또는 기타 보험증서에 당사자가 약정한 계약내용을 기재하여야 한다(보험법 제12조 제1항). 보험증권은 보험자와 보험계약자가 체결한 보험계약의 정식 서면증서이다. 보험증서는 소보험증권이라고도 하는데 약식보험증권이라고 볼 수 있으며 보험증권과 동등한 효력이 있다. 보험계약자와 보험자가 협상을 거쳐 동의한다면 보험증권과 보험증서 이외의 기타 서면형식으로 보험계약을 체결할 수 있다(보험법 제12조 제2항).

⑶ 保險契約의 內容

보험계약은 법정조항과 임의조항으로 나눌 수 있다. 보험계약에 반드시 포함되어야 할 법정조항에는 ① 보험자의 명칭과 주소, ② 보험계약자, 피보험자의 명칭과 주소 및 인보험 수익자의 명칭과 주소, ③ 보험목적, ④ 보험책임과 책임면제, ⑤ 보험기간과 보험책임의 시작시간, ⑥ 보험가치, ⑦ 보험금액, ⑧ 보험료 및 지급방법, ⑨ 보험금의 배상 또는 지급방법, ⑩ 위약책임과 쟁의처리, ⑪ 계약체결의 년, 월, 일 등이 포함된다(보험법 제18조). 보험계약자와 보험자는 전술한 보험계약사항 외에 보험과 관련되는 기타 사항에 대하여도 약정을 할 수 있다(보험법 제19조). 이는 보험계약의 임의조항에 해당한다.

⑷ 說明義務와 告知義務

보험계약은 최대선의계약이므로 보험계약을 체결할 경우 당사자들은 반드시 상응하는 설명과 고지의무를 이행하여야 한다. 이는 실제상에서 보험계약 당사자의 일종의 선계약의무이다.

㈎ 보험자의 설명의무　　보험자는 보험계약을 체결하는 경우 반드시 보험계약자에게 보험약관의 내용에 대하여 설명하여야 한다(보험법 제16조 제1항). 특히 보험계약 중에 보험자책임면제에 관한 조항을 규정한 경우에는 보험자가 보험계약체결시에 보험계약자에게 명확히 설명하여야 한다. 그렇지 않을 경우 당해 조항은 효력을 발생하지 아니한다(보험법 제17조). 이는 신의성실원칙의 구체적 체현이라고 할 수 있다.

(나) **보험계약자의 고지의무** 보험계약자는 보험계약을 체결할 경우 응당 보험목적의 중요한 사실을 진실하게 보험자에게 고지하여야 한다. 고지의 형식에 대하여 중국 보험법은 질문에 답하는 방식을 취한다(보험법 제16조 제1항). 따라서 보험자의 질문사항 이외의 문제에 대하여는 보험계약자가 주동적인 고지의무를 부담하지 아니한다. 보험계약자가 고의로 사실을 은닉하고 진실하게 고지할 의무를 이행하지 않거나 과실로 인하여 진실하게 고지할 의무를 이행하지 않아 보험자가 보험승낙을 결정하거나 보험요율의 제고를 결정하는 데 영향을 준 경우 보험자는 보험계약을 해제할 수 있으며 보험계약해제 전에 발생한 보험사고에 대하여 보험금의 배상 또는 지급책임을 부담하지 아니한다. 단, 후자의 경우는 보험계약해제 전에 발생한 보험사고에 대하여 보험료를 반환할 수 있다(보험법 제16조 제2항, 제3항).

4. 保險契約의 履行

(1) 保險契約者의 義務

(가) **보험료의 납입** 보험계약이 성립한 후 보험계약자는 반드시 약정에 따라 보험료를 납부하여야 한다(보험법 제13조). 보험계약은 유상계약이므로 보험계약자가 보험료를 납부하는 것은 보험금 취득의 대가이다. 따라서 보험료의 납부는 보험계약자의 중요한 의무이다. 보험료는 일시불로 할 수도 있고 분할납부할 수도 있는데 구제적인 납부방식은 보험계약의 약정에 따른다.

(나) **보험사고의 통지** 보험계약자, 피보험자 또는 수익자는 보험사고의 발생을 알았을 경우 응당 적시에 보험자에게 통지하여야 한다(보험법 제21조 제1항). 보험사고가 발생한 후 적시에 보험자에게 통지하는 것은 보험자가 필요한 조치를 취하여 손실의 확대를 방지하고 보험목적의 잔여부분을 보전하는 데 유리하며, 보험자가 적시에 손실발생의 원인을 조사하고 증거를 수집하고 현장을 조사하는 데 유리하다.

(다) **보험금청구시 관련 자료의 제출** 보험사고가 발생한 후 보험계약에 따라 보험자에게 보험금의 배상 또는 지급을 청구할 때 보험계약자, 피보험자 또는 수익자는 응당 보험자에게 자신이 제공할 수 있는 보험사고의 성질, 원인, 손실정도 등의 확인과 관련되는 증명서와 자료를 제공하여야 한다(보험법 제22조 제1항).

(2) 保險者의 義務

(가) **보험금의 지급** 보험금의 지급은 보험자가 이행하여야 할 가장 기본적

인 의무이다. 보험자는 피보험자 또는 수익자의 보험금의 배상 또는 지급청구를 접수한 후 응당 적시에 심사·확정을 하여야 하며 보험책임에 해당할 경우에는 피보험자 또는 수익자와 보험금의 배상 또는 지급에 관한 합의를 달성한 후 10일 내에 보험금의 배상 또는 지급의무를 이행하여야 한다. 보험계약에 보험금액 및 그 배상 또는 지급기한에 대하여 약정한 경우 보험자는 응당 보험계약의 약정에 따라 보험금의 배상 또는 지급의무를 이행하여야 한다. 보험자가 적시에 전술한 의무를 이행하지 않은 경우 보험금을 지급하는 외에 피보험자 또는 수익자가 이로 인하여 입은 손실을 배상하여야 한다(보험법 제23조 제1항, 제2항).

(나) 비밀유지　보험자 또는 재보험접수자는 보험업무의 처리중에 알게 된 보험계약자, 피보험자 또는 재보험가입자의 업무와 재산상황에 대하여 비밀유지의 의무를 부담한다(보험법 제31조). 보험자가 비밀유지의무를 위반한 경우 법적 책임을 부담하여야 한다.

5. 保險契約의 變更, 解除 및 解止

(1) 保險契約의 變更

보험계약은 성립한 후 이행을 완료하기 전에 당사자는 계약을 변경할 수 있다. 보험계약의 변경은 두 가지 경우가 있다. 하나는 보험계약자, 피보험자의 변경이고 다른 하나는 보험계약내용의 변경이다.

보험계약자 또는 피보험자의 변경은 계약의 양도 또는 보험증권의 양도에 속하는 것으로 보험계약자 또는 피보험자가 보험계약의 유효기간 내에 보험계약 이익을 제3자에게 양도함으로써 보험계약을 변경을 초래하는 것이다. 이는 실질상 계약주체의 변경이다. 그러나 이러한 주체의 변경은 일반적으로 보험계약자 또는 피보험자에만 한하고 보험자는 변하지 않는다. 보험계약내용의 변경은 보험계약의 유효기간 내에 보험계약의 내용에 대하여 수정 또는 보충하는 것을 말한다. 「보험법」 제20조 제1항의 규정에 따르면 보험계약은 유효기간 내에 보험계약자와 보험자가 합의를 거치면 보험계약의 관련 내용을 변경할 수 있다.

(2) 保險契約의 解除

보험계약의 해제는 보험계약자로 놓고 말한다면 보험법에 별도의 규정이 있거나 보험계약에 별도의 약정이 있는 경우를 제외하고 보험계약이 성립한 후 보험계약자는 계약을 해제할 수 있다(보험 제14조). 보험자를 놓고 말한다면 보험법에 별도의 규정이 있거나 보험계약에 별도의 약정이 있는 경우를 제외하고 원칙상 보험자는 계약을 해제할 수 없다(보험법 제15조).

⑶ 保險契約의 解止

보험계약이 해지되는 원인은 이하와 같다. ① 보험계약이 기한이 만료하여 해지된다. ② 보험계약이 보험금의 배상 또는 지급으로 하여 해지된다. ③ 보험계약의 해제로 인하여 해지된다. ④ 재산보험에서 보험목적이 부분적인 손실이 발생하는 경우 보험계약자는 보험자가 배상한 후 30일 내에 계약을 해지할 수 있다. 보험계약에서 해지하지 못한다고 약정한 경우 외에는 보험자도 계약을 해지할 수 있다(보험법 제42조 제 1 항). ⑤ 생존을 지급조건으로 하는 인보험계약에서 피보험자 또는 수익자가 사망하면 보험계약은 해지된다.

Ⅲ. 財產保險契約

1. 財產保險契約의 意義

재산보험계약은 재산 및 그와 관련된 이익을 보험목적으로 하는 보험계약이다(보험법 제32조). 재산보험계약은 주로 재산의 실제손해를 보상하기 위한 것이므로 손해보험계약이라고도 한다. 재산보험계약은 보험책임의 한정제도를 실시하는데 구체적으로 보험책임은 보험계약에서 약정한 보험금액을 한도로 하며 계약에서 약정한 보험금액을 초과하는 손실에 대하여 보험자는 보험책임을 부담하지 아니한다. 그리고 재산보험계약은 보험대위의 원칙을 실시한다.

2. 財產保險契約의 種類

중국 보험법 제91조 제 1 항은 "재산보험업무는 재산손실보험, 책임보험, 신용보험 등 보험업무로 나눈다"고 정하고 있다. 따라서 재산보험계약은 이하와 같이 분류할 수 있다.

⑴ 財產損失保險契約

재산손실보험계약은 재산손실의 보상을 목적으로 하는 보험계약이다. 그 목적은 농작물, 가축 이외의 모든 동산과 부동산이다. 재산손실보험계약은 가장 전형적이고 대표적인 재산보험계약에 속하며, 가정재산보험계약, 기업재산보험계약, 운송도구보험계약, 화물운송보험계약 등으로 나누어진다.

⑵ 責任保險契約

책임보험계약은 피보험자가 제3자에 대하여 법에 따라 응당 부담하여야 할 배상책임을 목적으로 하는 보험계약이다(보험법 제49조 제2항). 보험자는 책임보험의 피보험자가 제3자에게 초래한 손해에 대하여 법률의 규정 또는 계약의 약정에 따라 직접적으로 제3자에게 보험금을 배상한다(보험법 제49조 제1항). 책임보험계약에는 주로 제조물책임보험계약, 고용주책임보험계약, 직업책임보험계약 등이 있다.

⑶ 信用保險契約

신용보험계약은 보험자가 피보험자의 신용대출 또는 신용판매에 대한 일종의 보증형식이다. 채무자가 채무를 변제하지 않거나 못할 경우 보험자가 배상한다. 신용보험계약의 목적은 보험계약자의 합법적인 권리가 제3자가 법정 또는 약정한 권리의무를 이행하지 않음으로 하여 얻는 손실이다. 신용보험계약에는 수출신용보험계약, 상업신용보험계약 등이 있다.

⑷ 農業保險契約

농업보험계약은 보험자가 전문적으로 농업생산자가 농업생산과정에서 자연재해 또는 이외 사고로 인하여 입는 손실을 위하여 경제적인 보장을 제공하는 보험계약이다.

3. 財産保險契約의 特則

⑴ 保險金額의 限度

보험금액은 보험가치를 초과할 수 없다. 보험가치를 초과한 부분은 무효이다. 보험금액이 보험가치보다 적은 경우 계약에 별도의 약정이 있는 경우를 제외하고 보험자는 보험금액과 보험가치의 비례에 따라 배상책임을 부담한다(보험법 제39조 제2, 3항). 보험목적의 보험가치는 보험계약자와 보험자가 약정하여 계약에 기재할 수 있고 보험사고 발생시 보험목적의 실제가치에 따라 확정할 수도 있다(보험법 제39조 제1항).

⑵ 被保險者의 義務

㈎ **보험목적의 안전유지** 피보험자는 국가의 소방, 안전, 생산, 노동보호 등에 관한 규정을 준수하고 보험목적의 안전을 유지하여야 한다(보험법 제35조 제1항).

㈏ **위험증가시의 통지의무** 보험계약의 유효기간 내에 보험목적의 위험이 증가하는 경우에는 피보험자는 계약의 약정에 따라 적시에 보험자에게 통지하여

야 한다(보험법 제36조 제1항).

(다) 손실의 방지 및 감소의무 보험사고가 발생한 후 피보험자는 최대한 필요한 조치를 취하여 손실을 방지하거나 감소시킬 책임이 있다(보험법 제41조 제1항).

(3) 契約의 變更, 解除 및 解止

(가) 계약의 변경 보험목적을 양도하는 경우 응당 보험자에게 통지하여야 한다. 보험자가 계속적인 보험취급에 동의하는 경우에는 법에 따라 계약을 변경할 수 있다. 단, 화물운송보험계약과 별도의 약정이 있는 보험계약은 제외한다(보험법 제33조). 계약에 별도의 규정이 있는 경우를 제외하고 보험요율을 결정하는 관련 정황에 변화가 발생하고 보험목적의 위험정도가 현저하게 감소한 경우 또는 보험목적의 보험가치가 현저하게 감소한 경우에는 보험자는 응당 보험료를 인하하고 상응하는 보험료를 반환하여야 한다(보험법 제37조).

(나) 계약의 해제 보험계약의 유효기간 내에 보험목적의 위험이 증가할 경우 피보험자는 응당 적시에 보험자에게 통지하여야 하며 보험자는 보험료증가나 계약해제를 요구할 수 있다(보험법 제36조 제1항). 보험계약자, 피보험자가 약정에 따라 응당 이행해야 할 보험목적의 안전에 대한 책임을 이행하지 않은 경우 보험자는 보험료증가나 계약해제를 요구할 수 있다(보험법 제35조 제3항). 단, 화물운송보험계약과 운송도구항정보험계약은 보험책임이 개시된 후 계약당사자는 계약을 해제할 수 없다(보험법 제34조).

보험책임이 시작되기 전에 보험계약자가 계약해제를 요구하는 경우 응당 보험자에게 수수료를 지급하여야 하며, 보험자는 응당 보험료를 반환하여야 한다. 보험책임이 개시된 후 보험계약자가 계약해제를 요구하는 경우 보험자는 보험책임이 개시된 날로부터 계약해제일까지의 보험료를 수취하고 나머지 부분을 보험계약자에게 반환한다(보험법 제38조).

(다) 계약의 해지 보험목적의 부분손실이 발생하였을 경우 보험자가 배상한 후 30일 내에 보험계약자는 계약을 해지할 수 있으며, 보험계약에 계약을 해지하지 못한다는 약정이 있는 경우를 제외하고 보험자도 계약을 해지할 수 있다. 보험자가 계약을 해지한 경우 응당 15일 내에 보험계약자에게 통지함과 아울러 보험목적의 손실을 입지 않은 부분의 보험료를 보험책임개시일로부터 계약해지일까지의 응당 받아야 할 부분을 공제하고 보험계약자에게 반환하여야 한다(보험법 제42조).

⑷ 代位請求權

제3자가 보험목적에 대해 손해를 가함으로써 발생한 보험사고에 대하여 보험자는 피보험자에게 보험금을 배상한 날로부터 배상금액의 한도 내에서 피보험자가 제3자에 대하여 배상을 청구할 수 있는 권리를 대위하여 행사할 수 있다. 보험사고가 발생한 후 피보험자가 이미 제3자로부터 손해배상을 취득한 경우에는 보험자가 보험금을 배상할 때 피보험자가 제3자로부터 이미 취득한 배상금액을 상응하게 공제할 수 있다. 보험자가 대위청구권을 행사하는 권리는 피보험자가 배상받지 못한 부분에 대하여 제3자에게 청구할 수 있는 권리에 영향주지 아니한다(보험법 제44조). 보험사고가 발생한 후 보험자가 배상금을 배상하기 전에 피보험자가 제3자에 대하여 배상청구할 권리를 포기한 경우에는 보험자는 보험금의 배상책임을 부담하지 아니한다. 보험자가 피보험자에게 보험금을 배상한 후 피보험자가 보험자의 동의를 거치지 않고 제3자에 대한 배상청구권을 포기하는 것은 무효이다. 피보험자의 과실로 인하여 보험자가 대위배상청구권을 행사하지 못할 경우 보험자는 보험배상금을 공제할 수 있다(보험법 제45조).

Ⅳ. 人保險契約

1. 人保險契約의 意義

인보험계약은 사람의 생명과 신체를 보험목적으로 하는 보험계약이다(보험법 제51조 제1항). 인보험계약에 따라 보험계약자는 보험자에게 보험료를 지급하고 보험자는 피보험자가 보험기간 내에 보험사고로 인하여 부상을 입거나 사망하였을 경우, 또는 보험기간이 만료한 후 약정한 보험금의 지급조건에 부합되는 경우 피보험자 또는 수익자에게 보험금을 지급하여야 한다. 인보험과 재산보험의 근복적인 구별점은 보험목적이 다르다는 데 있다. 전자는 사람의 생명과 신체를 보험목적으로 하고, 후자는 재산 또는 재산 관련 이익을 보험목적으로 한다. 인보험계약의 보험금액은 定額性을 띠고 보험기간은 장기성을 띤다. 또한 인보험계약의 체결과 이행은 일정한 예금성을 띠며, 인보험계약에는 대위청구권이 인정되지 않는다.

2. 人保險契約의 種類

(1) 生命保險契約

생명보험계약이란 보험계약자와 보험자 사이에 피보험자가 계약에 정한 기한내에 사망하거나 또는 계약에 정한 기한이 만료할 때 여전히 생존하는 경우 보험자가 피보험자 또는 수익자에게 보험금을 지급하기로 약정하는 계약을 말한다. 생명보험계약의 목적은 피보험자의 생명이고 보험사고는 피보험자의 생존 또는 사망이며, 피보험자가 약정한 기한 내에 사망하거나 보험기한이 만료할 때까지 생존하는 경우 보험자가 약정에 따라 보험금을 지급하는 책임을 부담한다. 생명보험은 보험사고를 기준으로 사망보험, 생존보험, 생사일괄보험으로 나눈다.

(2) 健康保險契約

건강보험이란 당사자 쌍방이 보험계약자가 보험자에게 보험료를 납부하고 피보험자가 질병, 출산을 당하거나 질병 또는 출산으로 인하여 장애자가 되거나 노동능력을 상실할 경우 보험자가 보험금을 지급하기로 약정하는 보험을 말한다. 건강보험에는 의료비용지급보험, 임금수입보험, 업무소득보험 및 장애자보험, 사망보험 등이 포함된다.

(3) 傷害保險契約

상해보험이란 보험계약자와 보험자 사이에 피보험자가 의외상해 또는 의외사고로 인하여 장애자가 되거나 사망하였을 경우 보험자가 피보험자 또는 수익자에게 보험금을 지급하기로 약정하는 보험을 말한다. 상해보험계약을 의외사고보험계약이라고도 한다. 상해보험계약에는 일반상해보험, 단체상해보험, 여행상해보험, 교통사고상해보험, 직업상해보험 등이 포함된다.

3. 人保險契約의 特則

(1) 年齡 不眞實申告의 效果

인보험계약에서 보험계약자는 반드시 진실하게 피보험자의 연령을 신고하여야 한다. 그렇지 않을 경우 다음의 법률효과가 따른다. ① 보험계약자가 신고한 피보험자의 연령이 진실하지 못하고 아울러 그 진실한 연령이 계약에서 약정한 연령의 제한에 부합되지 않을 경우, 보험자는 계약을 해제하고 수수료를 공제한 후 보험계약자에게 보험료를 반환할 수 있다. 단, 계약성립일로부터 2년이 경과한 경우는 제외한다(보험법 제53조 제1항). ② 보험계약자가 신고한 피보험자의 연령이 진실하지 못함으로 하여 보험계약자가 납부한 보험료가 응당 납부하여야 할 보험료보다 적은 경우 보험자는 보험료를 변경하고 추가납부를 요구하거나 보험금의 지급시 실제로 납부한 보험료와 응당 납부하여야 할 보험료의 비례에 따라 보험금을 지급할 수 있다(보험법 제53조 제2항). ③ 보험계약자가 신고한 피보험자의 연령이 진실하지 못하여 보험계약자가 실제로 납부한 보험료가 응당 납부하여야 할 보험료보다 많은 경우 보험자는 응당 많은 부분을 보험계약자에게 반환하여야 한다(보험법 제53조 제3항).

⑵ 保險料의 納付

인보험계약에서 보험료는 계약이 성립한 후 보험자에게 전부 납부할 수도 있고 계약의 약정에 따라 분할납부할 수도 있다. 계약의 약정에 따라 보험료를 분할납부하는 경우, 보험계약자는 계약이 성립할 때 1차 보험료를 납부한 후 약정한 기간에 따라 나머지 보험료를 납부하여야 한다(보험법 제56조).

⑶ 保險契約의 中止 및 效力恢復

인보험계약의 약정에 따라 보험료를 분할납부하는 경우, 보험계약자가 1차 보험료를 납부한 후 계약에 별도의 약정이 있는 경우를 제외하고 규정한 기한을 60일 초과하여 당기 보험료를 지급하지 못하면 계약의 효력이 중지되거나 보험자가 계약에 약정한 조건에 따라 보험금액을 삭감한다(보험법 제57조). 인보험계약이 전술한 원인으로 하여 효력이 중지되는 경우 보험자는 보험계약자와 협상하여 합의를 달성하고 보험계약자가 보험료를 보충납부하면 계약의 효력은 회복된다. 단, 계약효력이 중지된 후 2년 내에 쌍방이 합의를 달성하지 못하면 보험자는 계약을 해제할 수 있다(보험법 제58조 제1항).

⑷ 除外責任

㈎ 보험계약자, 수익자가 고의로 피보험자의 사망, 부상 또는 질병을 초래한 경우에는 보험자는 보험금의 지급책임을 부담하지 아니한다. 보험계약자가 이미 2년 이상 보험료를 납부한 경우에는 보험자는 계약의 약정에 따라 기타 권리를 향유하는 수익자에게 보험증권의 현금가치를 반환한다(보험법 제64조 제1항).

㈏ 사망을 보험금의 지급조건으로 하는 계약에서 피보험자가 자살한 경우 보험자는 보험금지급책임을 부담하지 아니한다. 그러나 피보험자가 이미 지급한 보험료는 보험자가 보험증권에 근거하여 그 현금가치를 반환하여야 한다. 단, 피

보험자가 계약이 효력을 발생한 후 2년 후에 자살한 경우에는 보험자는 계약에 따라 보험금을 지급한다(보험법 제65조).

(다) 피보험자가 고의범죄로 인하여 부상을 입거나 사망을 한 경우 보험자는 보험금의 지급책임을 부담하지 아니한다. 보험계약자가 이미 2년 이상 보험료를 납부한 경우 보험자는 보험증권에 근거하여 그 현금가치를 반환한다(보험법 제66조).

(5) 保險金의 相續

피보험자가 사망한 후 다음의 경우에 해당하는 때에는 보험금은 피보험자의 유산으로 되며 보험자는 피보험자의 상속인에게 보험금의 지급의무를 부담한다. ① 수익자를 지정하지 않은 경우, ② 지정한 수익자가 피보험자보다 먼저 사망하고 기타 수익자가 없는 경우, ③ 수익자가 법에 따라 수익권을 상실하거나 수익권을 포기하였고 기타 수익자가 없는 경우이다.

제 4 절 海 商 法

I. 總 說

1. 海商法의 意義

해상법은 해상운송관계와 선박관계를 규율하는 법률규범의 총칭이다. 「중화인민공화국 해상법」(이하 「해상법」이라 함) 제 1 조는 "해상운송관계·선박관계를 규율하고 각 당사자의 합법적인 권익을 수호하며 해상운송과 경제무역의 발전을 촉진하기 위하여 본 법을 제정한다"고 정하고 있다. 여기에서 말하는 해상운송관계는 海上貨物運送과 海上旅客運送에 기하여 발생하는 각종 관계 및 해상운송과 관련된 기타 관계를 가리킨다. 예컨대, 해상화물운송관계, 해상여객운송관계, 海上曳船關係, 선박충돌관계, 共同海損關係, 해상보험관계 등이다. 「해상법」 제 2 조의 규정에 따라 해상운송은 바다와 강 사이, 강과 바다 사이의 직통 운송을 포함하나 중국 항구 사이의 해상화물운송은 포함하지 아니한다. 선박관계는 선박에 기하여 발생하는 각종 관계로서 주로 선박소유권관계, 선박저당권관계, 선박우선특권관계, 船舶傭船關係 등을 포함한다.

해상법은 광의의 해상법과 협의의 해상법으로 구분할 수 있다. 광의의 해상법은 해상운송관계와 선박관계를 규율하는 모든 법률규범이고 협의의 해상법은 단행법전으로 제정된 해상법 또는 상법전 중의 "해상편"을 가리킨다. 중국은 1992년 11월 7일에 「중화인민공화국 해상법」(이하 「해상법」이라 함)을 제정·공포하였다. 「해상법」은 총칙, 선박, 선원, 해상화물운송계약, 해상여객운송계약, 선박임대차계약, 해상예인계약, 선박충돌, 공동해손, 해사배상책임의 제한, 해상보험계약, 시효, 섭외관계의 법률적용, 부칙 등 총 15장 278조로 구성되어 있다. 여기서는 주로 협의의 해상법을 논의의 대상으로 한다. 단, 지면상의 제약으로 해상예인계약, 해상보험, 시효, 섭외관계의 법률적용 등 내용은 생략한다.

2. 海商法의 性質

해상법은 전통적으로 사법에 속한다. 「해상법」 제127조는 "본장에 임대인과 임차인 사이의 권리의무관계에 관한 규정은 선박임대차계약 중에 약정이 없거나 이와 다른 약정이 없는 경우에 적용한다"고 정하고 있다. 이는 사법상의 당사자 자치의 원칙을 체현한다. 그러나 해상법은 일반사법이 아니고 특별사법이다. 해상법이 규율하는 선박관계와 운송관계는 민법이 규율하는 재산관계의 특별화이다. 예컨대, 선박우선특권, 공동해손, 해사배상책임제한 등 제도들은 해상법의 특유한 제도들이다. 법률적용에 있어서 해상법과 민법의 규정이 다른 경우에 해상법의 규정을 우선적용하고 해상법에 규정이 없을 경우 민법의 규정을 적용한다.

Ⅱ. 船舶과 船員

1. 船 舶

⑴ 船舶의 意義

해상법에서 말하는 선박은 海船과 海上移動裝置를 가리키며 船舶屬具도 이에 포함된다. 단, 군사적 용도와 정부의 공무용의 선박 및 20톤 이하의 소형 船艇은 제외된다(해상법 제3조).

⑵ 船舶所有權

선박소유권이란 선박소유자가 법에 따라 그 선박에 대하여 향유하는 점유, 사용, 수익 및 처분할 권리를 말한다(해상법 제7조). 국가가 국가소유의 선박을 법인자격을 가진 전민소유제기업에 수여하여 경영관리하게 하는 경우 해상법상 선박소유자에 관한 규정은 당해 법인에 적용된다(해상법 제 8 조). 선박소유권의 취득, 양도, 소멸은 선박등기기관에 등기하여야 한다. 등기를 거치지 않으면 제 3 자에 대항하지 못한다(해상법 제 9 조 제 1 항).

(3) 船舶抵當權

선박저당권이란 저당권자가 저당자가 채무담보로 제공한 선박에 대하여 채무자가 채무를 이행하지 않을 경우 법에 따라 경매하여 취득한 금액으로 우선변제받을 수 있는 권리를 말한다(해상법 제11조).

선박소유자 또는 선박소유자가 수권한 자는 선박저당권을 설정할 수 있으며 선박저당권의 설정을 위해서는 응당 서면계약을 체결하여야 한다(해상법 제13조). 선박저당권을 설정할 시에는 선박저당권자와 선박저당자가 공동으로 선박등기기관에 가서 저당권등기를 하여야 한다. 저당권등기를 거치지 않으면 제 3 자에 대항할 수 없다(해상법 제13조 제 1 항).

동일한 선박에 대하여 두 개 이상의 저당권을 설정할 수 있다. 이 경우 저당권자의 변제받는 순서는 등기 선후를 기준으로 한다. 즉 선박을 경매하여 취득한 대금으로 저당권등기 순서에 따라 변제받는다. 동일한 날에 등기한 저당권은 동일한 순서에서 변제받을 수 있다(해상법 제19조).

선박저당권은 주채권의 이전에 따라 이전되고 저당선박의 소멸에 따라 소멸된다(해상법 제18조, 제20조). 저당자는 선박저당권 설정 후 저당권자의 동의를 거치지 않으면 저당선박을 타인에게 양도할 수 없다(해상법 제17조).

(4) 船舶優先特權

선박우선특권이란 해사청구자가 법에 따라 선박소유자, 나선임차인, 선박경영자에게 해사청구를 제기함으로써 해사청구가 발생한 선박에 대하여 가지는 우선변제받을 권리를 말한다(해상법 제21조). 선박우선특권은 法定性을 띠고 있어 당사자들이 설정할 수 없고 은폐성을 띠고 있어 선박점유와 선박우선특권의 등기를 통하여 공시할 필요도 없다. 선박우선특권은 채권에 우선할 뿐만 아니라 선박유치권 및 선박저당권에도 우선한다.

「해상법」 제22조의 규정에 따라 선박우선특권을 가지고 있는 채권은 다음과 같다. ① 선장, 선원과 船上에서 일하는 기타 在籍人員들의 노동법률, 행정법규 또는 노동계약에 따라 발생한 임금, 기타 노동보수, 선원귀환비용 및 사회보험비용에 대한 지급청구, ② 선박운영중에 발생한 人員의 死傷에 대한 배상청구, ③

선박톤수, 導船費用, 항구작업비용 및 기타 항구비용의 납부청구, ④ 해난구조료에 대한 지급청구, ⑤ 선박운영중의 불법행위로 인하여 발생한 재산배상청구(단, 2000톤 이상의 벌크 기름을 선적한 선박이 유효한 증서를 소지함으로써 이미 유류오염손해민사책임보험에 가입하였음을 증명하거나 상응하는 재무보증이 있음을 증명하는 경우 당해 선박이 초래한 유류오염손해에 대한 배상청구는 이에 해당하지 아니한다). 「해상법」 제23조의 규정에 따라 선박우선특권은 위의 순서대로 변제받는다. 그러나 ④의 해사청구가 ①, ②, ③보다 후에 발생한 경우 응당 ①, ②, ③에 우선하여 변제를 받는다. 그리고 ①, ②, ③, ⑤ 중 두 개 이상의 해상청구가 있는 경우 선후를 가리지 않고 동시에 변제를 받으며, ④의 해사청구가 두 개 이상인 경우에는 후에 발생한 것이 우선 변제받는다.

선박우선특권은 선박소유권의 양도에 따라 소멸되지 아니한다(해상법 제26조 제1항). 선박우선특권은 법원이 압류한 선박우선권이 발생하는 선박에 대하여 행사한다(해상법 제28조). 선박을 양도할 때 법원이 양수인의 신청에 따라 공고한 날로부터 60일 내에 선박우선특권을 행사하지 않는 경우, 선박우선특권을 가지는 해사청구가 우선특권이 발생한 날로부터 1년내에 행사하지 않는 경우, 법원이 강제로 선박을 매도하는 경우, 선박이 멸실되는 경우에 선박우선권은 소멸된다(해상법 제26조, 제29조).

2. 船 員

⑴ 船員의 意義

선원은 船長을 포함한 船上의 모든 임직원을 말한다(해상법 제31조). 선박은 응당 적정한 수량의 선원을 배치하여야 한다. 주요 업무담당 선원은 반드시 상응하는 적임증서를 가지고 있어야 한다(해상법 제32조). 국제항해에 종사하는 선박의 中國籍 선원은 반드시 중화인민공화국 항구사무감독기관(港務監督機構)이 발급한 海員證 및 관련 증서를 소지하여야 한다(해상법 제34조).

⑵ 船長의 職責

선장은 船上의 일체사무를 관장하는 자로서 그 職責은 다음과 같다. ① 선박의 관리와 운전을 책임진다. 선장이 그 직권범위 내에서 발포한 명령에 대하여 선원, 여객 및 기타 선상 인원들은 반드시 집행하여야 한다. 선장은 필요한 조치를 취하여 선박과 선상인원, 문건, 우편물, 화물 및 기타 재산을 보호하여야 한다(해상법 제35조). ② 선상인원과 선박의 안전을 보장한다. 이를 위하여 선장은 선상에서 위법, 범죄활동을 하는 인원들에 대하여 감금 또는 기타 필요한 조치를 취하고 증거의 은닉, 훼손, 위조를 방지할 권한이 있다(해상법 제36조 제1항). ③ 선상에서의 출생 또는 사망사건에 대하여 증명한다. 선장은 선상에서 발생하는 출생 또는 사망사건에 관하여 항해일지에 기입하고 증인 2명의 참여 하에서 증명서를 작성하여야 한다(해상법 제37조). ④ 선원과 기타 선상인원들을 지휘하여 선상의 생명과 재산을 구조하여야 한다. 선박에 해상사고가 발생하여 선상인원과 재산의 안전을 위협할 경우 선장은 응당 선원과 기타 선상인원들을 조직하여 최대한 구원하여야 하며 선박의 침몰, 훼멸이 불가피한 경우 선장은 선박포기결정을 할 수 있다. 단, 긴급한 경우를 제외하고 응당 선박소유자의 동의를 얻어야 한다(해상법 제38조 제1항).

Ⅲ. 海上運送契約

1. 海上貨物運送契約

(1) 海上貨物運送契約의 意義

해상화물운송계약은 운송인이 운임을 수취하고 운송을 위임받은 송하인의 화물을 海路를 통하여 한 항구에서 다른 한 항구로 운송하는 계약이다(해상법 제41조). 해상운송계약은 선명한 섭외성을 띠고 있어 중국 항구 사이의 해상화물운송에는 적용되지 않는다(해상법 제2조 제2항). 해상화물운송계약의 당사자는 운송인과 송하인이나 실제운송인, 수하인 등 제3자에게도 해상화물운송계약의 효력은 미친다.

(2) 海上貨物運送契約의 種類

(가) 개품운송계약(件雜貨運輸合同)　개품운송계약이란 해상운송인은 송하인이 송부한 개개의 물품을 해로를 거쳐 한 항구로부터 다른 한 항구로 운송하고 송하인은 이에 대하여 보수를 지급할 것을 약속하는 운송계약을 말한다. 개품운송계약의 운송인은 일반적으로 모두 확정된 항로, 고정된 정박항구 및 규정된 요율에 따라 운영하는 정기항선사들이므로 정기항선선박운송계약(班輪運輸合同)이라고도 한다. 개품운송계약에서 운송인은 다수의 운송인과 운송계약을 체결하므로 일반적으로 일일이 담판하여 계약문서를 작성하지 않고 선하증권 또는 기타 해운서류뒷면에 定型的인 계약조항을 기입한다. 개품운송계약은 가장 일반적인 해상물품운송계약이다.

(나) 용선계약(航次租船合同)　용선계약이란 선박임대인은 임차인에게 선박

또는 선박의 일부 船腹을 제공하여 약정한 물품을 한 항구로부터 다른 항구로 운송하고 임차인은 약정한 운임을 지급하는 계약을 말한다(해상법 제92조). 용선계약을 물품운송계약으로 분류하는 이유는 일반적으로 용선계약에서는 선박을 임대인이 점유하고 통제하며, 임차인은 다만 물품을 운송하기 위하여 船腹을 임차하는 것이므로 개품운송계약과 대체적으로 일치한 것이다.

㈐ 복합운송계약(多式聯運合同)　복합운송계약이란 복합운송사업자가 두개 종류 이상의 서로 다른 운송방식(그 중의 하나는 해상운송방식이어야 함)으로 물품을 접수지로부터 목적지까지 운송하여 수하인에게 인도하고 전노선의 운임을 수취하는 계약을 말한다(해상법 제102조 제 1 항). 복합운송은 비록 두 개 이상의 서로 다른 운송방식을 사용하지만 송하인은 복합운송인과 계약을 체결하여 그로부터 하나의 선하증권을 취득하고 운임을 지급하면 된다.

⑶ 海上物品運送契約의 締結, 變更 및 解除

㈎ 계약의 체결　해상개품운송계약은 구두방식이나 서면으로 체결할 수 있으며 운송인 또는 송하인이 서면으로 해상화물운송계약의 성립을 확인하게 할 수 있다. 단, 용선계약은 반드시 서면으로 체결해야 한다(해상법 제43조).

㈏ 계약의 변경　용선계약에서 임대인과 임차인인의 동의를 거치면 선박을 변경하거나 화물을 변경할 수 있다. 그러나 변경한 선박은 응당 계약의 약정에 부합되어야 하며 계약의 약정에 부합되지 않을 경우 임차인은 거절하거나 계약을 해제할 수 있다. 변경한 화물이 임대인에게 불리한 것은 임대인은 거절하거나 계약을 해제할 수 있다(해상법 제96조 제 1 항, 제100조 제 1 항).

㈐ 계약의 해제　① 선박이 선적항에서 발항하기 전 송하인은 계약해제를 요구할 수 있다. 그러나 계약에 별도의 약정이 있는 경우를 제외하고 송하인은 응당 운송인에게 운임의 절반을 지급하고 화물이 이미 선적한 것은 선적 및 양육비용과 기타 관련 비용을 부담하여야 한다(해상법 제89조). ② 선박이 선적항에서 발항하기 전 불가항력 또는 기타 운송인과 송하인에게 귀책할 수 없는 원인으로 하여 계약을 이행할 수 없을 경우 쌍방은 모두 계약을 해제할 수 있으며 상호 배상책임을 부담하지 아니한다. 계약에 별도의 약정이 있는 경우를 제외하고 이미 지불한 운임은 운송인이 응당 운임을 송하인에게 반환하여야 하고 화물이 이미 선적한 경우 송하인은 선적 및 양륙비용을 부담하여야 하며, 이미 선하증권을 발행한 경우에는 송하인은 선하증권을 운송인에게 반환하여야 한다(해상법 제90조). ③ 불

가항력 또는 기타 운송인과 송하인에게 귀책할 수 없는 원인으로 하여 선박이 계약에 약정한 목적항에서 양륙할 수 없는 경우 계약에 별도의 규정이 있는 경우를 제외하고 선장은 화물을 목적항에서 가장 가까운 안전항구 또는 장소에서 양륙할 권한이 있으며 이럴 경우 계약을 이행한 것으로 간주한다(해상법 제91조 제 1 항).

(4) 海上物品運送契約의 效力

운송인과 송하인은 해상법상 해상물품운송계약에 관한 규정에 따라 계약조항을 체결하고 권리와 의무를 확정하여야 한다. 해상물품운송계약과 계약증명으로서의 선하증권 또는 기타 운송서류 중의 조항이 해상법상 해상물품운송계약에 관한 규정을 위반한 경우에는 무효이다. 단, 이러한 조항의 무효는 당해 계약과 선하증권 또는 기타 운송서류 중의 기타 조항의 효력에 영향주지 아니하며(해상법 제44조) 운송인이 해상법상 규정한 운송인의 책임과 의무 외에 그 책임과 의무를 증가하는 것에도 영향주지 아니한다(해상법 제45조).

(가) 운송인의 의무

① 감항의무　운송인은 선박발항 전과 발항시 응당 주의 있게 처리하여 선박이 감항상태를 유지하게 하여야 한다. 이를 위하여 타당하게 선원을 배치하고 선박을 정비하며 공급품을 준비하여 선창, 냉장실, 냉기실과 기타 적재장소 등이 물품을 안전하게 수령하고 운송하며 보관할 수 있게 하여야 한다(해상법 제47조).

② 화물관리의무　운송인은 응당 타당하게 주의 있게 운송화물을 선적, 이동, 적재, 운송, 보관, 보호와 揚陸하여야 한다(해상법 제48조).

③ 직항의무　운송인은 응당 약정한 또는 관습적인 또는 지리상의 항로로 화물을 양륙항구까지 운송하여야 한다. 단, 선박이 해상에서 인명과 재산을 구조하기 위해서거나 기타 합리적인 원인으로 직항을 할 수 없는 경우는 이에 해당하지 아니한다(해상법 제49조).

④ 인도의 不遲延義務　물품이 명확히 약정한 시간 내에 약정한 양륙항에서 교부하지 못한 경우는 지연교부로 본다. 운송인은 「해상법」에서 정한 면책되는 경우를 제외하고 자기의 과실로 물품이 지연교부되어 초래한 손실에 대하여 배상책임을 부담한다(해상법 제50조 제 1 항, 제 3 항).

(나) 운송인의 책임　운송인이 活動物을 운송하는 경우 응당 송하인의 특별요구를 이행하여야 한다(해상법 제52조). 운송인이 선창면(船艙面)에 화물을 적재하는 경우 응당 송하인과 합의를 하거나 항운관습에 부합되거나 관련 법률, 행정법규의 규

정에 부합되어야 한다(해상법 제53조 제1항). 운송인은 自己責任期間 내에 화물이 멸실되거나 손해가 발생한 경우 법률이 정한 면책사항을 제외하고 응당 배상책임을 부담하여야 한다(해상법 제46조, 제51조, 제52조, 제53조).

㈐ 운송인의 기본권리

① 운임 및 기타 비용의 수취권과 유치권 운송인은 계약의 약정에 따라 운임 및 기타 비용을 수취할 수 있다. 응당 운송인에게 지급하여야 하는 운임, 공동해손분담액, 기한초과비용, 운송인이 화물을 위하여 대신지급한 필요한 비용 및 응당 운송인에게 지급하여야 하는 기타 비용을 완제하지 않았거나 적당한 담보를 제공하지 않았을 경우 운송인은 합리적인 한도 내에서 그 화물을 유치할 수 있다(해상법 제87조).

② 면책 내지는 배상한도를 향유할 권리 책임기간 내에 화물이 멸실 내지는 손해가 발생하는 경우 해상법에 정한 면책사유로 인한 경우에는 운송인은 배상책임을 부담하지 아니한다. 화물의 멸실, 손해 또는 인도지연이 운송인 또는 운송인의 고용인, 대리인의 배상책임을 면할 수 없는 원인과 기타 원인이 공동으로 작용하여 발생한 경우 운송인은 그가 면책할 수 없는 범위 내에서 배상책임을 부담한다. 단, 운송인은 기타 원인으로 발생한 멸실, 손해 또는 지연교부에 대하여 입증책임을 부담하여야 한다(해상법 제54조).

㈑ 送荷人의 基本義務 ① 송하인은 응당 약정에 따라 운송인에게 운임을 지불하여야 한다. 송하인과 운송인은 운임은 수하인이 지불하도록 약정할 수 있다. 단, 이 약정은 반드시 운송서류에 기재하여야 한다(해상법 제69조).

② 송하인은 화물을 적당하게 포장하고 진실하게 신고하여야 한다. 화물포장이 불량하거나 자료가 부정확하여 운송인에 대하여 손실을 초래하는 경우 송하인은 손해배상책임을 부담하여야 한다(해상법 제66조 제1항).

③ 송하인은 위험화물을 송하하는 경우 응당 해상위험화물운송에 관한 규정에 따라 적당하게 포장하고 위험표식과 라벨을 부착하고 그 정식명칭과 성질 및 응당 취하여야 할 예방조치를 서면으로 운송인에게 통지하여야 한다(해상법 제68조 제1항).

④ 송하인은 적시에 항구, 세관 등 주관기관에 화물운송에 필요한 각종 수속을 하여야 하며 이미 처리한 각종 수속서류를 운송인에게 교부하여야 한다(해상법 제67조).

㈒ 송하인의 권리 송하인은 계약의 약정에 따라 화물이 선적될 권리를

가지며 운송인이 선하증권을 발행하도록 청구할 수 있다(해상법 제72조). 또한 송하인은 운송인이 그 책임기간 내에 응당 책임져야 할 사유로 인하여 발생한 화물손실 또는 인도지연으로 인한 경제적 손실에 대하여 법정기간 내에 배상을 청구할 수 있다. 과실이 있는 경우를 제외하고 송하인 및 그 고용인, 대리인은 운송인, 실제운송인이 입은 손실 내지는 선박이 입은 손해에 대하여 배상책임을 부담하지 아니한다(해상법 제70조).

⑸ 船荷證券(提單)

선하증권이란 해상화물운송계약과 운송인이 화물을 인수 내지는 선적하였다는 것을 증명하고 운송인은 이에 근거로 화물을 인도한다고 보증하는 서류이다(해상법 제71조). 선하증권은 운송인이 화물을 인수하거나 선적한 후 송하인의 청구에 따라 발행한다. 운송인이 수권한 자도 선하증권을 발행할 수 있다. 선하증권을 화물을 적재한 선박의 선장이 발행한 경우 운송인을 대표하여 발행한 것으로 간주한다(해상법 제72조).

2. 海上旅客運送契約

⑴ 海上旅客運送契約의 意義

해상여객운송계약이란 운송인은 여객운송에 적합한 선박으로 해로를 통하여 여객 및 그 수하물을 한 항구로부터 다른 한 항구로 운송하고 여객은 승선료를 지급하는 계약이다(해상법 제107조). 여객승선권은 해상여객운송계약이 성립하는 증명이다(해상법 제111조). 해상여객운송계약은 운송인이 여객에 대한 법정책임을 면제하지 못하고 해상법에서 정한 운송인의 배상책임한도액을 인하하지 못하며, 해상법에서 정한 입증책임에 대하여 상반되는 약정을 하지 못하고 여객의 배상청구권리를 제한하지 못한다(해상법 제126조). 「해상법」상 해상화물운송계약의 경우와는 달리 해상여객운송계약은 중국항구 사이의 여객운송에도 적용한다.

⑵ 契約當事者의 權利義務

㈎ 운송인의 권리의무 운송인은 계약에 따라 승선료를 취득할 수 있고 여객이 규정을 위반하여 휴대한 위험품을 처치할 수 있으며(해상법 제113조 제2항), 여객이 휴대한 화폐, 보석, 금은, 유가증권 또는 기타 귀중한 물품의 훼손 및 멸실에 대하여 책임을 부담하지 아니한다(해상법 제116조 제1항). 운송인은 그 책임기간 내에 과실로 인한 손해에 대하여 배상책임을 부담한다(해상법 제114조). 운송인은 여객의 과실 또는 여객

과 운송인의 공동과실로 인한 손해에 대하여 배상책임을 면제하거나 경감할 수 있고 여객의 고의로 손해를 초래한 경우에는 배상책임을 부담하지 아니한다(해상법 제115조, 제116조). 「해상법」 제117조의 규정에 따라 운송인은 배상책임한도액을 향유한다.

(나) 여객의 권리의무　여객은 승선료를 근거로 승선하고 상응하는 서비스를 받으며 운송인 또는 그 고용인, 대리인이 그 책임기간 내에 과실로 인한 인원의 死傷 또는 수하물의 손해에 대하여 배상을 청구할 수 있다(해상법 제114조). 여객은 승선권 없이 승선할 수 없고 등급을 초과하거나 노정을 초과하여 승선할 수 없으며 금지품 또는 위험품을 휴대하여 승선할 수 없다(해상법 제112조, 제113조). 수하물에 손실이 있는 경우 여객은 응당 법정기간 내에 서면통지를 제출하여야 하며(해상법 제119조 제2항), 여객이 배상을 청구할 경우 입증책임을 부담하여야 한다(해상법 제114조 제2항).

Ⅳ. 定期傭船契約과 裸船賃貸借契約

1. 定期傭船契約(定期租船合同)

정기용선계약이란 선박임대인이 임차인에게 약정에 따라 임대인이 선원을 배치한 선박을 제공하고 임차인은 약정한 기간 내에 약정한 용도로 사용함과 아울러 임대료를 지불하는 계약을 말한다(해상법 제129조). 정기용선계약에 있어서 선박의 운영자는 임대인이 아니고 임차인이다. 정기용선계약이 체현하는 것은 주로 재산의 임대관계이고 운송관계가 아니므로 임대인이 수취하는 것은 임대료이지 운임이 아니다. 「해상법」상 정기용선계약의 당사자권리의무에 관한 규정은 임의규정으로서 계약에 별도의 약정이 없는 경우에만 적용한다. 따라서 정기용선계약은 해상법이 정한 내용을 기재하지 않을 수 있다. 정기용선계약은 반드시 서면형식으로 체결하여야 한다(해상법 제128조).

2. 裸船賃貸借契約(光船租賃合同)

나선임대차계약이란 선박임대인이 임차인에게 선원이 배치되지 않은 선박을 제공하여 약정한 기간 내에 임차인이 점유, 사용, 운영하게 하고 임차인은 임대인에게 임대료를 지불하는 계약을 말한다(해상법 제144조). 나선임대차계약은 자기가 선원을 고용할 수 있으므로 비교적 큰 권리를 가지고 있고 상응하게 비교적 큰 의무와 위험을 부담한다. 「해상법」상 나선임대차계약의 당사자권리의무에 관한 규정도 임의규정이므로 나선임대차계약중에 기재하지 않아도 된다. 나선임대차계약도 반드시 서면형식으로 체결하여야 한다(해상법 제128조).

V. 船舶衝突

1. 船舶衝突의 意義 및 構成要件

선박충돌이란 선박이 해상 또는 바다와 이어지는 항행가능수역에서 접촉하여 초래한 사고를 말한다(해상법 제165조). 「해상법」의 관련 규정에 따라 선박충돌의 구성요건은 다음과 같다. ① 충돌은 반드시 선박과 선박 사이에서 발생한 충돌이어야 한다. 단, 군사용 내지는 정부의 공무용의 선박과 20총톤 이하의 小型船艇의 충돌사고는 여기에 포함되지 않는다. 그리고 「해상법」 제174조는 "실제적으로 다른 선박과의 충돌이 발생하지 않았지만 선박이 불합리한 운전 또는 항행규정의 불준수로 하여 기타 선박 및 선상인원, 화물 또는 기타 재산의 손실이 발생한 경우에는 해상법상 선박충돌에 관한 규정을 적용한다" 고 정하고 있는데 이는 간접충돌을 인정한 것이다. ② 충돌은 반드시 해상 내지는 바다와 이어지는 항행가능수역에서 발생하여야 한다. 여기에서 "항행가능수역"은 20총톤 이상의 해선이 자유로 항행할 수 있는 바다와 이와 이어지는 통해수역을 말한다. ③ 충돌은 손해의 결과가 발생하여야 한다. 선박충돌 후 선박, 선상인원, 물품 또는 기타 재산의 손실이 발생하지 않은 경우는 선박충돌에 해당하지 않는다. ④ 직접충돌은 과실을 요건으로 하지 않는다. 그러나 간접충돌은 과실을 요건으로 한다.

2. 船舶衝突의 法律效果

(1) 當事船舶 船長의 船舶衝突后의 義務

(가) 救援義務 선박이 충돌이 발생하였을 경우 당사선박의 선장은 자기선박과 선상인원의 안전을 엄중히 위협하지 않은 상황 하에서 반드시 상대측 선박과 선상인원들을 최대한 구원하여야 한다(해상법 제166조 제1항).

(나) 통지의무 선박이 충돌이 발생한 후 충돌선박의 선장은 가능한 충돌선박의 명칭, 船籍 및 발항항과 목적항을 상대측에 통보하여야 한다(해상법 제166조 제2항).

⑵ 船舶衝突의 責任負擔

㈎ 선원의 무과실충돌 선원무과실충돌은 불가항력 또는 기타 어느 일방에 귀책할 수 없는 원인 또는 명백히 밝힐 수 없는 원인으로 인한 충돌이다. 선원의 무과실충돌인 경우에는 충돌 각측은 상호 배상책임을 부담하지 아니한다(해상법 제167조). 즉 이 경우의 손해는 자기로 부담하여야 한다는 것이다.

㈏ 선원의 과실로 인한 충돌 선박충돌중의 과실은 해상충돌규칙을 준수하지 않은 과실이다. 선원과실로 인한 충돌에는 두 가지 경우가 있다. 하나는 일방적인 과실로 인한 선박충돌이다. 이 경우 충돌사고는 일방적인 원인으로 초래되었으므로 손실은 과실이 있는 선박이 부담하여야 한다(해상법 제168조). 다른 하나는 쌍방 과실로 인한 선박충돌이다. 이 경우 충돌사고는 쌍방의 과실로 인한 것이므로 손해는 각 선박이 과실비례에 따라 부담한다. 만약 손실정도가 비슷하거나 과실정도의 비례를 판정하기 어려운 경우 쌍방은 평균적으로 손실을 부담한다(해상법 제169조 제1항).

㈐ 선박충돌의 손해배상 선박충돌의 손해배상은 선박, 선상에 적재한 화물 및 기타 재산의 손해와 선상의 여객, 선원의 死傷에 대한 배상을 포함한다. 쌍방과실로 인한 선박충돌의 경우 충돌선박은 과실의 비례에 따라 배상책임을 부담한다. 선박충돌이 제3자의 死傷을 초래한 경우 상호 과실이 있는 선박은 연대적 손해배상책임을 부담한다(해상법 제169조 제2항, 제3항).

Ⅵ. 海難救助

1. 海難救助의 意義

해난구조란 해난에 조우한 선박 및 기타 재산에 대하여 구조하는 행위를 말한다. 해상구조를 하는 수역은 해상과 바다와 이어지는 항행가능수역이다(해상법 제171조). 구조를 실시하는 자는 전문적으로 구조작업에 종사하는 구조회사일수도 있고 부근에 있거나 지나치는 선박일 수도 있다.

2. 救助契約

⑴ 救助契約의 意義

해난구조를 시작하기 전 또는 진행중에 구조자와 피구조자가 서면 또는 구두형식으로 쌍방의 권리의무를 명확히 하는 합의를 구조계약이라고 한다. 조난선박의 선장은 선박소유자를 대표하여 구조계약을 체결할 수 있다. 조난선박의 선장 또는 선박소유자는 선상재산의 소유자를 대표하여 구조계약을 체결할 수 있다(해상법 제175조 제2항).

⑵ 救助契約의 種類

구조계약은 두 가지로 나눌 수 있다. 하나는 "무효과 무보수"의 구조계약이고 다른 하나는 고용구조계약이다. 전자의 경우 구조자가 보수를 취득은 구조행위의 효과를 조건으로 한다. 따라서 구조행위가 효과가 없으면 구조보수를 지급할 필요가 없다. 후자의 경우 구조보수의 지급은 계약의 약정을 전제로 하며 구조성공 여부를 떠나서 계약의 약정에 따라 구조보수를 지급하여야 한다.

⑶ 救助契約의 變更

구조계약은 체결되면 당사자는 임의로 해제하거나 변경할 수 없다. 「해상법」 제176조의 규정에 따르면 구조계약은 다음의 두 가지 경우에 당사자 일방이 소를 제기하거나 중재신청을 하여 법원 또는 중재기구의 판결 또는 판정을 통하여 계약을 변경할 수 있다. ① 계약이 불정당하거나 위험한 상황의 영향 하에서 체결되었고 계약조항이 현저하게 불공평할 경우, ② 계약에 따라 지급한 구조료가 실제로 제공한 구조서비스보다 현저하게 높거나 낮은 경우이다(해상법 제176조).

⑷ 救助者의 義務

구조작업과정에서 구조자는 피구조자에게 다음의 의무를 부담한다. ① 주의있게 구조를 진행하여야 한다. ② 필요한 주의를 기울여 환경오염손해를 방지하거나 감소시켜야 한다. ③ 합리적인 상황 하에서 기타 구조측의 지원을 도모하여야 한다. ④ 피구조자측이 합리적으로 기타 구조자가 구조작업에 참여하도록 요구하는 경우 이 요구를 접수한다. 단, 이 요구가 불합리한 경우에는 원구조자측의 구조보수는 영향을 받지 아니한다(해상법 177조).

⑸ 被救助者의 義務

구조작업과정에서 피구조자측은 구조자측에 대하여 다음의 의무를 부담한다. ① 구조자측과 힘을 합쳐 협력하여야 한다. ② 필요한 주의를 기울여 환경오염손해를 방지하거나 감소시켜야 한다. ③ 구원된 선박 또는 기타 재산이 이미 안전한 지점에 운송하였을 때 구조자측이 제기한 합리적인 인도요구를 접수하여야 한다(해상법 제178조).

3. 救助報酬

(1) 救助報酬請求權

해난구조보수청구권의 성립요건은 다음과 같다. ① 반드시 해난에 조우하였어야 한다. 여기서 말하는 해난은 항해로 인하여 발생하는 위험을 말하고 구체적으로 해난이 발생한 원인과 해역을 묻지 아니한다. ② 구조의 효과가 있어야 한다. 일반적으로 "무효과, 무보수"의 원칙을 실행하고 계약에 별도의 약정이 있는 경우는 제외한다. ③ 구조자는 반드시 구조의무가 없어야 한다. 구조자에 대하여 구조를 진행할 의무가 있는 자는 구조보수를 청구할 수 없다.

(2) 救助報酬를 取得할 수 없는 救助行爲

다음의 구조행위는 구조보수를 취득할 수 없다. ① 법적 의무가 있는 구조행위, ② 예선계약 및 기타 서비스계약의 의무를 이행하기 위하여 진행한 구조행위, ③ 조난한 선박의 선장, 선박소유자 또는 기타 재산소유자가 명확하고도 합리적인 거절이 있었음에도 구조행위를 진행하는 행위(해상법 제186조).

(3) 救助報酬를 減少하거나 取消할 수 있는 救助行爲

피구조자는 다음의 경우 구조보수를 취소하거나 감소시킬 수 있다. ① 구조자의 과실로 구조작업이 필수적인 것으로 되거나 더욱 어려워진 경우, ② 구조자가 사기 또는 기타 불성실한 행위를 행한 경우(해상법 제187조).

(4) 救助報酬의 負擔者

구조보수를 지급하여야 할 자는 구조받은 선박 및 기타 재산의 소유자이다. 그들은 각자가 구조받은 선박 및 기타 재산의 가치가 전부 구조가치에서 차지하는 비례에 따라 구조보수를 부담한다(해상법 제183조). 만약 선박과 화물이 보험에 가입한 경우에는 구조보수는 보험자가 부담한다. 인명구조에 대하여는 구조자는 피구조인원들에 대하여 보수를 청구하지 못한다. 그러나 구조자는 선박 및 기타 재산을 구조하였거나 환경오염을 방지 내지는 감소시킨 구조자측이 받은 구조보수로부터 합리적인 액수를 취득할 수 있다(해상법 제185조).

Ⅶ. 共同海損

1. 共同海損의 意義

공동해손이란 동일해상의 항해에서 선박, 화물 기타 재산이 공동으로 위험에 조우한 경우, 공동의 안전을 위하여 의도적이고 합리적인 조치를 취함으로 하여 직접적으로 초래된 특수한 희생 및 지급한 특수비용을 말한다(해상법 제193조 제1항). 공동해손은 각 수익자가 비례에 따라 분담한다.

2. 共同海損의 成立要件

(1) 선박, 화물 기타 재산이 반드시 공동의 위험에 조우해야 해야 한다. 따라서 화물을 적재하지 않고 항행하는 선박 또는 이미 화물을 양륙한 선박은 해난에 조우하였더라도 공동해손이 존재하지 않는다. 아울러 공동위험은 반드시 실제로 존재하여야 하고 억측한 것이 아니어야 한다.

(2) 취한 조치는 반드시 고의적이고 합리적인 것이어야 한다. 조치가 고의적인 것이어야 된다는 것은 선박측이 해난에 조우하였을 경우 주동적으로 행동을 취하여 선박과 화물이 공동위험을 피하게 하여야 한다는 것이다. 조치가 합리적인 것이어야 한다는 것은 최소한의 손실로서 최대한의 재난을 피하게 하여야 한다는 것이다.

(3) 희생과 비용은 반드시 특수한 것이어야 한다. 선주측이 취한 조치로 인한 희생과 지급한 비용이 의무외의 것이고 정상적인 상황 하에서 응당 발생하는 것이 아니면 특수한 것으로 볼 수 있다.

(4) 취한 조치가 효과를 거두어 전부 또는 부분적으로 선박과 화물 기타 재산을 보전하는 목적에 도달하여야 한다.

3. 共同海損의 範圍

(1) 共同海損犧牲

공동해손희생이란 선박과 화물이 위험에 직면하였을 경우 선박 및 화물의 공동안전을 위하여 조치를 취함으로 인하여 발생하는 선박 또는 화물의 손실을 말한다. 공동해손희생에는 선박의 손실, 화물의 손실, 운임의 손실, 선박상의 기타 재산의 손실이 포함된다.

⑵ 共同海損費用

공동해손비용이란 선박 및 화물의 공동안전을 위한 공동해손조치를 취함으로써 지불한 액외의 비용을 말한다. 공동해손희생과 공동해손비용의 차이는 전자는 공동해손조치를 취함으로 인하여 선박 또는 화물 기타 재산 자체의 멸실 또는 손실을 말하지만 후자는 선박 또는 화물의 물질적인 손실이 아니고 위험을 해제하기 위하여 발생한 액외비용을 말한다. 공동해손의 구체적인 비용에는 주로 구조비용, 피난항비용, 代替費用, 수리비용, 대신지급금의 수속비용과 공동해손이자 등이 포함된다.

Ⅷ. 海事賠償責任의 制限

1. 海事賠償責任制限의 意義

해사배상책임제한이란 중대한 해난이 발생하여 타인에게 중대한 손실을 초래한 경우 책임자측의 배상책임을 일정한 범위로 제한하는 것을 말한다. 해상배상책임제한제도는 해상법상의 특수한 제도이다.

2. 海事賠償責任制限의 主體

해사배상책임제한의 책임주체는 선박소유자, 선박임차인, 선박경영자, 구조자, 중대한 책임사고에 대하여 직접적인 책임을 부담하는 선박소유자 또는 구조자의 피고용자 또는 대리인, 해사배상책임보험제한을 향유하는 피보험자에 대하여 보험을 취급한 보험자이다(해상법 제204조, 제205조, 제206조).

3. 制限性債權과 非制限性債權

⑴ 制限性債權

제한성채권이란 해사배상책임주체가 해상법상 해사배상책임제한의 규정에 따라 그 배상책임을 제한할 수 있는 해사배상청구를 말한다. 「해상법」 제207조는 이하의 제한성채권을 규정하고 있다. ① 선박의 운영, 구조작업과 직접적으로 관련되는 인원의 死傷 또는 재산의 멸실, 훼손 및 이로 인한 상응한 손실의 배상청구, ② 해상화물운송이 인도지연 또는 여객 및 수하물운송의 지연으로 인한 손실에 대한 배상청구, ③ 선박의 운영 또는 구조작업과 직접적으로 관련되는 비계약권리를 침해하는 행위로 인한 손실에 대한 배상청구, ④ 책임자 이외의 자가 책임자의 법에 따라 배상책임을 제한할 수 있는 손실을 피면 또는 감소하기 위하여 취한 조치에 대한 배상청구 및 이런 조치로 인하여 초래된 진일보의 손실에 대한 배상청구.

⑵ 非制限性債權

비제한성채권이란 책임주체가 해상법상 해사배상책임제한의 규정에 따라 그 배상책임을 제한할 수 없는 해사배상청구를 말한다.「해상법」제208조는 다음의 비제한성채권을 정하고 있다. ① 구조료 또는 공동해손분담에 대한 청구, ② 중화인민공화국이 참가한 국제유류오염손해민사책임협약이 정한 유류손해에 대한 배상청구, ③ 중화인민공화국이 참가한 국제원자능손해책임제한협약이 정한 원자능손해에 대한 배상청구, ④ 핵동력선박이 초래한 핵손해에 대한 배상청구, ⑤ 선박소유자 또는 구조자의 고용인이 배상청구시 근로계약을 규율하는 법률에 따라 선박소유자 또는 구조자가 당해 배상청구에 대하여 배상책임을 제한할 권한이 없거나 당해 법률이 해상법에서 정한 배상한도액보다 높은 규정을 두었을 경우.

제 5 절 어음法(票據法)

I. 序 論

1. 어음의 意義

중국어에서 어음(票據)은 광의와 협의로 이해할 수 있다. 광의의 어음은 유가증권에 해당하며 일정한 권리 또는 재산가치를 표창하는 서면증명으로서 권리의 발생, 이전과 행사는 모두 이 증권의 소지를 필요로 한다. 이러한 의미에서 어음은 환어음, 약속어음, 수표, 주권, 채권, 국채권, 선하증권, 창고증권, 승차·승선권 등을 포함한다. 그러나 협의의 어음은 어음법에서 정하는 환어음(匯票), 약속어음(本票), 수표(支票)만을 가리킨다.[1] 법률상 특별한 설명이 없는 경우 어

1) 중국에서 말하는 票據는 환어음, 약속어음, 수표를 포함하는 개념으로 한국에서 말하는

음은 일반적으로 협의의 어음을 가리킨다. 즉 어음이란 발행인이 어음법에 따라 발행한 자기가 또는 다른 사람에게 위탁하여 무조건적으로 일정한 금액을 수취인 또는 어음소지자에게 지급하도록 약속하는 유가증권이다. 「중화인민공화국 어음법」(이하 「어음법」이라 함) 제2조 제2항은 "본 법에서 말하는 어음은 환어음, 약속어음, 수표를 가리킨다"고 명확히 정하고 있다. 따라서 「어음법」에서 말하는 어음은 협의의 어음을 가리키는 것이다. 기타의 유가증권과 비교하여 볼 때 어음은 완전한 有價證券이고 設權證券이며 無因證券이다. 또한 文言證券, 金錢債權證券이고 流通證券이며 要式證券이다.

2. 어음法의 意義

어음법은 어음 및 각종 어음관계를 규율하는 법률이다. 어음법은 광의와 협의로 나눌 수 있다. 광의의 어음법은 어음에 관한 모든 법률규범이고 협의의 어음법은 어음에 관한 전문 입법이다. 즉 "어음법"으로 명명된 단행 법률이다. 일반적으로 어음법은 주로 협의의 어음법을 가리킨다. 어음법은 강행법적 성질과 기술적인 성질을 지니고 있으며 국제적 통일화 경향이 있다.

중국은 1995년 5월 10일, 제8기 전국인민대표대회 상무위원회 제13차 회의에서 「어음법」을 제정·공포하고 1996년 1월 1일부터 시행에 들어갔다. 「어음법」은 총칙, 환어음, 약속어음, 수표, 涉外어음의 법률적용, 법률책임, 부칙 등 총 7장 111조로 구성되어 있다.

Ⅱ. 總　　則

1. 어음法上의 法律關係

(1) 意　　義

어음법상의 법률관계는 어음관계와 비어음관계로 나눈다. 어음관계는 어음행위로 인하여 발생하는 권리의무관계를 말하고 비어음관계는 어음행위로 인하여 직접적으로 발생하는 법률관계가 아니고 어음과 관련하여 어음법 및 기타 법률의 직접적인 규정에 따라 발생하는 권리의무관계를 말한다. 비어음관계에는

어음과 약간의 차이가 있다. 한국의 경우 어음이라고 하면 환어음과 약속어음만을 가리키기 때문이다. 그러나 중국법의 내용을 그대로 반영하기 위하여 票據를 어음·수표로 번역하지 않고 직접 어음이라고 번역한다.

주로 원인관계, 어음약속관계, 자금관계 등이 포함된다.

(2) 어음關係

어음관계는 어음당사자의 어음행위로 인하여 발생하는 채권채무관계로서 어음소지인(채권자)의 지급청구권과 溯求權, 어음채무자의 지급의무와 상환의무를 주요 내용으로 한다. 어음관계의 당사자는 기본적 당사자와 비기본적 당사자로 나눈다. 기본적 당사자는 어음발행시에 이미 어음관계에 참여한 당사자를 가리키는데 여기에는 발행인, 지급인, 수취인이 포함된다. 기본적 당사자는 어음관계에 반드시 존재해야 하는 필요한 주체로서 이러한 주체가 존재하지 않거나 불완전하다면 어음관계는 성립되지 않고 어음도 무효로 된다. 비기본적 당사자는 어음발행 후 각종 어음행위를 통하여 어음관계에 참여하는 어음당사자를 가리키는데 여기에는 인수인, 배서인, 보증인, 참가지급인 등이 포함된다.

(3) 비어음關係

(가) 원인관계 원인관계는 어음당사자 사이에 어음을 교부하는 이유를 가리킨다. 원인관계에는 발행인과 수취인 사이, 배서인과 피배서인 사이의 물품대금의 지급 및 기타 계약급부사항과 어음양도의 원인을 포함한다. 원인관계는 어음을 授受하는 직접 당사자 사이에 존재하지만 어음이 이전을 거치면 원인관계와는 분리된다.

(나) 어음약속관계(票據豫約關係) 어음약속관계는 어음당사자가 어음을 授受하기 전에 어음의 종류, 금액, 유효기간, 발행장소 등 사항에 대하여 달성한 합의, 즉 어음의 발행 또는 배서양도에 관하여 달성한 계약을 말한다. 어음약속은 어음원인과 어음행위 사이의 媒介體로서의 역할을 한다. 어음약속은 당사자 사이에 어음권리의 취득과 수여에 관한 민사계약으로서 이러한 권리의무는 그 성질상 민법상의 권리의무이지 어음법상의 권리의무는 아니다.

(다) 자금관계 자금관계는 환어음발행인과 지급인 사이, 수표발행인과 은행사이의 기초관계를 말한다. 환어음과 수표의 발행인이 지급위탁을 하고 지급인이 지급하는 것은 그들사이에 일정한 자금관계가 존재하기때문이다.

2. 어음權利

(1) 어음權利의 意義

어음권리란 어음소지인이 어음채무자에게 어음금의 지급을 청구하는 권리를 말하는데 지급청구권과 소구권이 포함한다(어음법 제4조 제4항). 지급청구권은 1차적인 어음권리로서 어음권리자가 직접 어음주채무자에게 어음금의 지급을 청구하는 권리를 가리킨다. 소구권은 2차적인 어음권리로서 어음주채무자가 인수거절 또는 지급거절하거나 기타 법정사유가 발생하는 경우 어음소지인이 그 전어음행위자에게 어음금의 지급을 청구하는 권리를 말한다.

⑵ 어음權利의 取得

어음권리의 취득이란 일정한 법률사실로 인하여 어음을 취득하는 것을 말한다. 어음의 취득은 반드시 어음쌍방당사자가 인정하는 상응하는 대가를 지급하여야 한다(어음법 제10조 제2항). 단, 稅收, 相續, 贈與로 법에 따라 어음을 무상으로 취득하는 경우에는 대가지급의 제한을 받지 아니한다(어음법 제11조). 사기, 절도 또는 협박 등 수단으로 어음을 취득한 경우 또는 이러한 사실을 명백히 알면서도 악의로 어음을 취득하는 경우에는 어음권리를 향유하지 못한다(어음법 제12조 제1항). 어음소지인이 중대한 과실로 어음법의 규정에 부합되지 않는 어음을 취득하는 경우에도 어음권리를 향유하지 못한다(어음법 제12조 제2항).

어음권리의 취득에는 原始取得과 繼受取得이 있다. 전자는 발행인으로부터 최초로 어음을 취득하는 것을 말하고 후자는 어음양도에 의하여 어음소지인으로부터 어음을 취득하거나 법정원인, 예컨대 세수, 상속, 증여, 회사합병 등을 통하여 어음을 취득하는 것을 말한다.

⑶ 어음權利의 行使와 保全

어음권리의 행사란 어음소지인이 법정기한 내에 어음채무자에게 어음을 제시하고 어음채무를 이행할 것을 청구하는 행위를 말한다. 어음권리의 행사에는 인수청구권, 지급청구권 및 소구권을 행사하는 것이 포함된다.

어음권리의 보전은 어음소지인이 어음권리의 상실을 방지하기 위하여 행하는 행위를 말한다. 「어음법」 제17조의 규정에 어음권리는 일정한 기간 내에 행사하지 않으면 시효가 완성되어 소멸되므로 보전행위를 취하여야 한다. 어음권리의 보전에는 어음제시, 인수 또는 지급거절증서의 작성, 소제기 등이 포함된다.

⑷ 어음權利의 消滅

어음권리의 소멸이란 일정한 법률사실로 인하여 어음권리가 존재하지 않는 것을 말한다. 「어음법」 제60조, 제72조, 제17조, 제18조의 규정에 따라 어음권리는 어음채무자의 지급, 피소구인의 변제, 어음시효기간의 완성, 어음기재사항의 흠결, 보전절차의 흠결 등 법정사유로 인하여 소멸된다. 그리고 민법상 일반채권의 소멸사유, 예컨대 상계, 혼동, 공탁, 면제 등 원인에 의해서도 어음권리는 소멸된다.

⑸ 어음權利의 瑕疵

㈎ 어음의 僞造와 變造 어음의 위조란 어음상의 권리를 행사할 목적으로 타인의 명의를 도용하여 어음행위를 진행하는 것을 말하는데 어음상의 서명날인과 기타 기재사항을 위조하는 것을 포함한다. 어음상의 기재사항은 응당 진실하여야 하고 위조되어서는 아니된다. 따라서 어음상의 서명날인과 기타 기재사항을 위조한 경우 응당 법률책임을 부담하여야 한다(어음법 제14조 제 1 항). 단, 어음상에 서명날인을 위조한 경우 어음상의 기타 진실한 서명날인의 효력에 영향을 주지 아니한다(어음법 제14조 제 2 항).

어음의 변조란 변경권한이 없는 자가 어음권리의 행사를 목적으로 어음상에 이미 기재한 내용을 기술적으로 변경하거나 증가 또는 감소시키는 것을 말한다. 어음상의 기재사항은 변조해서는 안 되므로 어음상의 서명날인과 기타 기재사항을 변조하는 경우 응당 법률책임을 부담하여야 한다. 단, 어음상 서명날인의 변조는 어음위조의 경우와 마찬가지로 어음상의 기타 진실한 서명날인의 효력에 영향을 주지 아니한다(어음법 제14조 제 1 항, 제 2 항).

㈏ 어음의 變更 어음의 변경은 원기재인이 합법적으로 어음상의 기재사항을 변경하는 것을 말한다. 어음금액, 일자, 수취인명칭을 제외한 어음의 기타 기재사항은 원기재인이 변경할 수 있다. 단, 변경시에는 원기재인이 서명날인으로 증명하여야 한다(어음법 제 9 조).

3. 어음行爲

⑴ 어음行爲의 意義

어음행위는 어음상의 권리·의무관계를 변동시키는 법률행위를 말한다. 어음행위에는 어음의 발행, 배서, 인수, 참가인수, 보증 등 행위가 포함된다. 한편 인수 또는 지급을 위한 제시, 어음금의 지급 또는 지급거절 등은 단순한 법률사실 또는 준법률행위에 속한다. 모든 어음행위는 모두 어음발행을 기타 어음행위발생의 전제조건으로 하고 있다. 따라서 어음발행행위를 주어음행위라 하고 주어음행위의 기초상에서 발생한 배서, 인수와 보증 등 행위를 부속어음행위라 한다.

⑵ 어음行爲의 要件

㈎ 어음행위의 실질적 요건 어음행위자는 반드시 어음능력, 즉 어음권리능력과 어음행위능력 및 진실한 의사표시를 구비하여야 한다.

㈏ 어음행위의 형식적 요건 ① 어음행위는 반드시 서면형식을 취하여야 한다. ② 어음법의 규정에 따라 어음상에 관련 사항을 기재하여야 한다. 이러한 기재사항은 그 효력에 따라 필요한 기재사항(절대적 기재사항과 상대적 기재사항), 임의적 기재사항, 기재금지사항, 어음법상 효력이 발생하지 않는 사항 등으로 나눈다. ③ 서명날인하여야 한다. 서명날인은 서명, 날인이거나 서명과 날인을 합한 것이다. 법인 및 기타 어음을 사용하는 單位의 어음상의 서명날인은 당해 법인 또는 당해 單位의 날인에 그 법정대표자 또는 그가 수권한 대리인의 서명날인을 합한 것이다(어음법 제7조). ④ 어음을 교부하여야 한다. 교부란 어음행위자가 어음을 상대방에 넘겨 점유하게 하는 행위이다. 교부는 어음행위가 성립하는 유효요건이다.

⑶ 어음行爲의 代理

어음행위의 대리란 대리인이 그 대리권한범위 내에서 어음상에 피대리인의 명칭 및 피대리인을 대리한다는 의사를 기재하고 어음상에 서명날인하는 행위를 말한다. 「어음법」 제5조 제1항은 "어음당사자는 그 대리인에게 어음상에 서명날인하도록 위임할 수 있으며 그럴 경우 응당 어음상에 그 대리관계를 표명하여야 한다"고 정하고 있다. 대리인이 피대리인의 명의로 대리권한 내에서 행하는 어음행위에 대하여 피대리인은 책임을 부담한다. 당사자의 어음대리행위는 일종의 민사활동으로서 원칙적으로 「민법통칙」 및 기타 대리에 관한 법률법규가 적용되나 거래의 안전을 확보하기 위하여 「어음법」은 어음행위의 대리에 대하여 특별규정을 두고 있다. 즉 "대리권이 없는데도 불구하고 대리인의 명의로 어음상에 서명날인한 경우에는 서명날인한 자가 어음책임을 부담하며, 대리인이 대리권한을 초월한 경우에는 응당 초월한 권한부분에 대하여 어음책임을 부담한다"(어음법 제5조 제2항). 따라서 만약 행위자가 대리권이 없는데도 대리인의 명의로 어음상에 서명날인한 경우 당해 행위는 무권대리에 속하지만 당해 행위의 효력은 무권대리의 영향을 받지 않고 행위자 자신이 어음법상의 책임을 부담한다. 마찬가지로 행위자가 대리권을 초월하여 어음행위를 한 경우 초월한 권한부분에 대하여 행위자 자신이 어음법상의 책임을 부담한다.

4. 어음抗辯 및 救濟

(1) 어음抗辯

어음항변이란 어음채무자가 어음법의 규정에 따라 어음채권자에 대하여 의무이행을 거절하는 행위를 말한다(어음법 제13조 제 3 항). 어음채무자는 약정의무를 불이행하는 자기와 직접적인 채권채무관계를 가지는 어음소지인에 대하여 항변할 수 있지만(어음법 제13조 제 2 항) 자기와 어음발행인 또는 어음소지인의 전어음행위자 사이의 항변사유로 어음소지인에 대항할 수는 없다. 단, 어음소지인이 항변사유를 명백히 아는 상황 하에서 어음을 취득한 경우는 제외한다(어음법 제13조 제 1 항).

(2) 어음喪失의 救濟

어음을 상실한 경우 어음상실자는 어음상실로 인하여 어음권리를 상실하지 않는다. 그러나 어음제시를 통하여만 어음권리를 행사할 수 있으므로 어음의 점유를 상실하면 어음법에 정한 절차에 따라 어음권리를 행사할 수 없게 된다. 따라서 어음법은 어음상실자에 대한 구제조치를 규정하고 있다.「어음법」에 따라 어음상실자는 지급정지통지, 公示催告, 소송제기 등을 통하여 구제받을 수 있다. 어음을 상실한 후 어음상실자는 적시에 어음의 지급인에게 지급정지를 통지할 수 있다. 단, 지급인을 기재하지 않았거나 지급인 및 지급대리인을 확정할 수 없는 어음은 제외한다. 지급정지통지를 받은 지급자는 지급을 잠시 정지하여야 한다. 어음상실자는 지급정지통지 후 3일 내에 또는 어음을 상실한 후 직접 법에 따라 인민법원에 공시최고를 신청하거나 인민법원에 소송을 신청한다(어음법 제15조).

5. 利得償還請求權

이득상환청구권이란 어음권리가 어음기재사항의 흠결, 어음시효의 완성 등으로 소멸되는 경우, 어음소지인이 그로 인하여 이익을 얻은 어음채무자에게 그 이익의 반환을 청구할 수 있는 권리를 말한다. 어음법은 어음당사자 간의 이해의 공평을 기하고 관련 당사자의 손실을 구제하기 위하여 이득상환청구권제도를 규정한다.「어음법」제18조는 "어음소지인이 어음권리시효의 초과 또는 어음기재사항의 흠결로 인하여 어음권리를 상실하는 경우 여전히 민사권리를 향유하며 어음발행인 또는 인수인에게 그가 지급하지 않은 어음금에 상당하는 이익의 반환을 청구할 수 있다"고 정하고 있다. 어음법상 이득산환청구권은 어음권리에 속하지 않고 어음법이 규정한 특수한 청구권으로서 지명채권의 일종으로 본다.

Ⅲ. 換 어 음

1. 換어음의 意義 및 種類

⑴ 換어음의 意義

어음법 제19조의 규정에 따라 환어음(匯票)란 발행인이 서명·발행한, 지급인(付款人)에게 一覽時 또는 指定日子에 무조건으로 확정된 금액을 수취인(收款人) 또는 어음소지인에게 지급할 것을 위탁하는 어음을 말한다. 환어음은 지급위탁증권이다.

⑵ 換어음의 種類

㈎ 은행환어음과 상업환어음 　은행환어음은 은행이 본 은행에 화폐를 예금한 수취인에게 발행한, 타지역에서 계좌결제를 하거나 현금을 인출하는 데 사용되는 환어음을 말한다. 은행환어음의 발행인은 수취인소재지의 은행이고 지급인은 수취인이 도착한 타지역의 은행이다. 그리고 수취인은 환어음을 발행하는 은행에 화폐를 예금한 자이다.

상업환어음은 수취인 또는 지급인(또는 인수신청인)이 발행한, 인수인이 인수하여 만기일에 수취인 또는 피배서인에게 어음금을 지급하는 어음을 말한다. 상업어음의 발행인은 거래중의 매도인 또는 매수인이며, 지급인은 매수인 또는 매수인의 개설은행이며 수취인은 매도인이다.

㈏ 일람출급환어음과 기한부환어음 　일람출급환어음이란 지급기한을 기재하지 않았거나 "일람즉시 지급"이라는 문구를 기재하고 일람즉시 지급하는 환어음을 말한다.

기한부환어음이란 일정한 기일을 약정하여 지급하는 환어음을 말한다. 기한부환어음은 확정일출급환어음, 발행후정기출급환어음, 일람후정기출급환어음 등 세 가지가 있다(어음법 제25조).

2. 換어음의 발행

⑴ 換어음發行의 意義

환어음의 발행이란 발행인(出票人)이 어음법에 정한 양식에 따라 환어음을 작성하고 이를 수취인에게 교부하는 어음행위를 말한다(어음·수표법 제20조). 환어음의 발행인은 반드시 지급인과 진실한 지급위탁관계가 있어야 하며 어음금을 지급하는 확실한 자금출처가 있어야 한다. 대가성이 없는 어음을 발행하여 은행 또는 기타 어음당사자의 자금을 사취해서는 안 된다(어음·수표법 제21조).[1]

⑵ 換어음의 記載事項

㈎ 절대적 기재사항　「어음법」 제22조에 따라 환어음은 반드시 다음의 사항을 기재하여야 한다. ① "환어음"이라는 문구, ② 무조건 지급의 위탁, ③ 확정된 금액, ④ 지급인의 명칭, ⑤ 수취인의 명칭, ⑥ 발행일자, ⑦ 발행인의 서명날인이다. 환어음에 위의 사항중의 하나를 기재하지 않은 경우 환어음은 무효이다.

㈏ 상대적 기재사항

① 지급일자　지급일자는 환어음의 만기일을 가리킨다. 지급일자를 기재하지 않은 경우 一覽出給으로 보아야 한다. 기재하는 경우 일람출급, 確定日出給, 發行後定期出給, 一覽後定期出給 등으로 기재하여야 한다(어음법 제25조 제1항).

② 지급장소　지급장소를 기재하지 않은 경우 지급인의 영업장소, 주소 또는 經常居住地를 지급장소로 한다.

③ 발 행 지　발행지를 기재하지 않은 경우 발행인의 영업장소, 주소 또는 經常居住地를 발행지로 한다.

㈐ 임의적 기재사항　어음에 「어음법」에 규정한 사항 이외의 기타 사항을 기재할 수 있지만 어음상의 효력은 발생하지 않는다(어음법 제4조).

⑶ 환어음發行의 法的 效力

㈎ 발행인에 대한 효력　발행인은 환어음 발행 후 즉시 당해 환어음인수와 지급책임을 부담한다. 발행인은 어음이 인수 또는 지급되지 않을 경우 응당 어음소지인에게 거부된 어음금액 및 관련 이자와 비용을 변제하여야 한다(어음법 제26조).

㈏ 지급인에 대한 효력　환어음발행 후 지급인은 반드시 인수 및 지급의무를 부담하여야 한다.

㈐ 수취인에 대한 효력　환어음발행 후 수취인은 지급청구권과 溯求權을 취득한다.

---

1) 당해 규정으로 하여 중국 어음법상 환어음은 無因性이 결여되었다고 지적하는 학자들이 있다.

3. 背 書

(1) 背書의 意義 및 種類

환어음의 배서란 어음소지인이 환어음권리를 타인에게 양도하거나 일정한 환어음권리를 타인에게 수여하는 것을 목적으로 하는 환어음의 뒷면 또는 보전(補箋)에 관련 사항을 기재하고 서명날인하는 어음행위를 말한다(어음법 제27조 제1항, 제4항). 배서는 일종의 부속어음행위이므로 주어음행위가 완성된 후에 비로소 진행할 수 있다. 배서행위를 하는 어음소지인을 배서인이라고 하고 배서인으로부터 환어음을 양수하는 자를 피배서인이라 한다. 환어음의 배서는 주로 환어음의 양도를 목적으로 한다. 「어음법」 제27조 제3조에 따라 환어음소지인이 환어음을 양도하기 위해서는 응당 배서를 하고 환어음을 교부하여야 한다. 「어음법」은 단순교부에 의한 양도방식은 인정하지 않는다.

배서는 통상 그 목적에 따라 양도배서와 비양도배서로 나눈다. 양도배서는 환어음소지인이 환어음권리를 양도할 목적으로 행하는 배서를 말하고, 비양도배서는 타인에게 일정한 환어음권리를 수여할 목적으로 행하는 배서를 말한다. 양도배서는 일반적 의미에서의 배서이고 비양도배서는 특수한 의미에서의 배서이다. 양도배서는 진일보로 보통의 양도배서와 특수한 양도배서로 나누는데 보통의 양도배서에는 완전배서와 백지배서가 포함되고 특수한 양도배서에는 무담보배서, 양도금지배서, 기한후배서, 환배서 등이 포함된다. 비양도배서는 또한 위임배서와 입질배서로 나눈다.

(2) 普通의 讓渡背書

㈎ 의 의　보통의 양도배서는 환어음권리의 양도를 목적으로 하는 완전한 권리이전과 권리담보효력을 가진 배서를 말한다. 보통의 양도배서는 완전배서와 백지배서로 나눈다. 완전배서란 배서인이 환어음 뒷면 또는 補箋에 배서의 뜻과 피배서인의 명칭을 기재하고 서명날인하는 배서를 말한다. 완전배서를 記名背書 또는 正式背書라고도 한다. 백지배서란 배서인이 피배서인의 명칭을 기재하지 않고 서명날인만 하는 배서를 말한다. 「어음법」은 완전배서만 인정하고 백지배서를 인정하지 않는다(어음법 제30조 참조).

㈏ 배서의 기재사항　배서는 요식행위로서 반드시 일정한 사항을 기재하여야 한다. 「어음법」은 이에 대하여 명확히 정하고 있다.

① 필요한 기재사항 「어음법」 제29조 제 1 항은 "배서는 배서인이 서명날인하고 아울러 배서일자를 기재한다"고 정하고 있으며 동법 제30조는 "환어음을 양도시에는 반드시 피배서인의 명칭을 기재하여야 한다"고 정하고 있다. 이에 따라 완전배서의 필요한 기재사항은 배서인의 서명날인, 배서일자와 피배서인의 명칭이다. 이 중 배서인의 서명날인과 피배서인의 명칭은 절대적으로 필요한 기재사항이고 배서일자는 상대적으로 필요한 기재사항에 속한다. 「어음법」 제29조 제 2 항은 "배서시 일자를 기재하지 않은 경우 환어음만기일 전에 배서한 것으로 간주한다"고 정하고 있다.

② 임의적 기재사항 「어음법」 제34조는 "배서인이 환어음상에 '양도하지 못한다'고 정했음에도 불구하고 그 후어음행위자가 재배서하여 양도한 경우 원배서인은 그 후어음행위자의 피배서인에게 보증책임을 부담하지 아니한다"고 정하고 있다. 여기서 환어음상에 "양도하지 못한다"고 정하는 것은 임의적 기재사항에 속한다. 만약 배서인이 이러한 기재를 하지 않는다고 하여도 배서의 효력은 이로 인하여 영향을 받지 아니하고 만약 기재를 하였다면 이러한 기재는 어음법상의 효력을 발생한다.

③ 기재금지사항 「어음법」 제33조 제 1 항은 "배서는 조건을 첨부하지 못한다. 배서시 조건을 첨부한 경우 첨부한 조건은 환어음상의 효력을 가지지 아니한다"고 정하고 동조 제 2 항은 "환어음금액의 일부분을 양도하는 배서 또는 환어음금액을 각기 두 사람에게 양도하는 배서는 무효이다"고 정하고 있다. 여기에서 배서행위는 무조건성과 불가분성을 가지고 있다는 것을 알 수 있다. 이 중에서 조건을 첨부하는 배서는 無益한 기재사항으로서 배서인이 첨부한 조건은 기재하지 않은 것으로 간주되지만 배서 자체는 효력이 있으며, 환어음금액의 일부양도배서와 분할양도배서는 有害한 기재사항으로서 이러한 기재사항 자체가 무효로 될 뿐만 아니라 배서도 이로 인하여 무효로 된다.

㈐ 배서의 법적 효력

① 권리이전의 효력 환어음은 배서를 거치면 지급청구권, 전어음행위자에 대한 소구권, 환어음보증인에 대한 권리, 환어음을 양도할 권리를 포함한 환어음상의 모든 권리는 모두 배서인으로부터 피배서인에게 이전된다.

② 지급담보의 효력 배서인은 배서로 환어음을 양도하면 곧 그 후어음행위자가 소지한 환어음에 대한 인수와 지급의 보증책임을 부담한다. 다시 말하자

면 만약 환어음소지인이 인수청구 또는 지급청구가 거절당하면 배서인에게 소구권을 행사할 수 있다.

③ 권리증명의 효력 배서로 양도하는 환어음의 배서는 응당 연속되어야 한다. 환어음소지인은 배서의 연속으로 그 환어음권리를 증명할 수 있다(어음법 제31조 제1항). 배서의 연속이란 어음의 양도에서 환어음을 양도하는 배서인과 환어음을 양수하는 피배서인이 환어음상에 한 서명날인이 순차적으로 전후로 연결되는 것을 말한다(어음법 제31조 제2항). 배서양도를 거치지 않고 기타 합법적인 방식으로 환어음을 취득한 경우 법에 따라 입증책임을 부담하여 환어음권리를 입증하여야 한다.

(3) 특수한 양도배서

특수한 양도배서란 권리이전과 지급담보효력이 일정한 제한을 받는 배서를 말한다. 특수한 양도배서에는 무담보배서, 양도금지배서, 기한후배서, 환배서가 포함된다. 무담보배서란 배서인이 인수 및 지급담보책임을 면제한다는 뜻을 기재한 배서를 말한다. 「어음법」은 이를 인정하지 않는다. 양도금지배서란 배서인이 양도하지 못한다는 뜻을 기재한 배서를 말한다. 기한후배서란 거절증서작성기한이 경과한 후에 행하는 배서를 말한다. 환배서란 환어음상에 이미 기재된 발행인, 배서인, 보증인 등 채무자를 피배서인으로 하는 배서를 말한다.

(4) 비양도배서

비양도배서에는 위임배서와 입질배서가 포함된다. 위임배서란 타인에 대한 수금의 위탁을 목적으로 하는 배서를 말하는데 추심위임배서라고도 한다. 위임배서에 있어서 피배서인은 배서로 환어음권리를 양도하지 못하고 배서인을 대리하여 환어음권리를 행사할 권한을 얻는다. 「어음법」 제35조 제1항은 "배서에 '수금위탁'이라는 글자를 기재한 경우 피배서인은 배서인을 대리하여 위임받은 환어음권리를 행사할 수 있다. 그러나 피배서인은 재배서로 환어음권리를 양도하지 못한다"고 정하고 있다. 입질배서란 채무담보를 위하여 환어음상에 질권을 설정하는 것을 목적으로 하는 배서를 말한다. 「어음법」 제35조 제2항은 "환어음은 질권을 설정할 수 있으며 입질시에는 응당 배서로 '입질'이라는 문구를 기재하여야 한다. 피배서인은 법에 따라 그 질권을 실현하는 경우 환어음권리를 행사할 수 있다"고 정하고 있다.

4. 인수(承兌)

⑴ 引受의 意義

인수란 환어음의 지급인이 환어음의 만기일에 환어음 금액을 지급하기로 약속하는 어음행위를 말한다(어음법 제38조). 인수는 환어음 특유의 제도로서 그 목적은 발행인이 환어음상에 기재한 사항에 대한 지급인의 승인 여부와 지급인이 당해 어음금의 지급을 원하는지 여부를 명확히 하기 위한 것이다. 인수는 부속어음행위이고 조건을 첨부하지 못한다. 조건을 첨부한 인수는 인수거절로 간주한다(어음법 제43조). 지급인은 환어음을 인수한 후 응당 만기지급책임을 부담하여야 한다(어음법 제44조). 인수 이전에는 지급인은 가능한 의미에서의 채무자이고 인수를 거친 후에는 현실적 의미의 제 1 채무자로 된다.

⑵ 引受提示

인수제시란 어음소지인이 지급인에게 환어음을 제시함과 동시에 지급인에게 지급약속을 요구하는 행위를 말한다(어음법 제39조 제 2 항). 환어음에 있어서 어음소지인은 환어음발행 후 만기일 전에 지급인에게 인수를 요청할 수 있다. 「어음법」의 규정에 따라 확정일출급 또는 발행후정기출급 환어음은 응당 환어음만기일 전에 어음소지인이 지급인에게 인수를 제시하여야 하며(어음법 제39조 제 1 항) 일람후정기출급 환어음은 어음소지인이 응당 발행일로부터 1개월 내에 지급인에게 인수제시하여야 한다(어음법 제40조 제 1 항). 환어음이 규정된 기한에 따라 인수제시되지 않은 경우 어음소지인은 전어음행위자에 대한 소구권을 상실한다(어음법 제40조 제 2 항). 일람출급 환어음은 인수제시할 필요가 없다(어음법 제40조 제 3 항).

⑶ 引受成立의 條件

어음소지인이 지급인에게 인수제시를 하는 경우 반드시 환어음을 임시로 지급인에게 교부한다. 지급인은 인수제시하는 환어음을 받은 날로부터 3일 내에 인수 또는 인수거절을 하여야 한다(어음법 제41조 제 1 항). 지급인이 환어음을 인수할 경우 응당 환어음 정면에 "인수"라는 문구와 인수일자를 기재하고 서명날인하여야 한다. 일람후정기출급하는 환어음은 인수시에 지급일자를 기재하여야 한다. 환어음상에 인수일자를 기재하지 않은 경우 지급인은 인수제시한 환어음을 인수제시 받은 날로부터의 제 3 일을 인수일자로 한다(어음법 제42조).

5. 保 證

(1) 保證의 意義

환어음의 보증이란 환어음의 채무자 이외의 제3자가 환어음채무의 이행을 담보하는 어음행위를 말한다(어음법 제45조 참조). 환어음지급인을 담보하는 자를 보증인이라고 하고 담보받은 환어음채무자를 피보증인이라고 한다.

(2) 保證의 方式

「어음법」 제46조의 규정에 따라 보증인은 보증시에 반드시 환어음 또는 補箋에 "보증"을 표시하는 문구, 보증인의 명칭과 주소, 피보증인의 명칭, 보증일자, 보증인의 서명날인을 기재하여야 한다. 보증인이 피보증인의 명칭을 기재하지 않은 경우 이미 인수한 환어음은 인수자를 피보증인으로 하며 미인수된 환어음은 발행자를 피보증인으로 한다. 보증일자를 기재하지 않은 경우 발행일자를 보증일자로 한다(어음법 제47조). 보증인은 조건을 첨부하지 못한다. 첨부한 조건은 환어음의 보증책임에 영향을 주지 아니한다(어음법 제48조).

(3) 保證의 效力

피보증인의 채무가 환어음기재사항의 흠결로 하여 무효로 된 경우를 제외하고 보증인은 합법적인 어음소지인에게 보증책임을 부담하여야 한다(어음법 제49조). 이러한 책임은 피보증인과의 연대책임이다. 따라서 환어음이 만기 후 지급받지 못할 경우 어음소지인은 보증인에게 지급을 청구할 수 있고 보증인은 응당 전부 지급하여야 한다(어음법 제50조). 보증인은 환어음채무를 변제한 후 어음소지인의 피보증인 및 그 전어음행위자에 대한 소구권을 행사할 수 있다(어음법 제52조). 보증인이 2인 이상일 경우 보증인 사이에 연대책임을 부담한다(어음법 제51조).

6. 支 給

(1) 支給의 意義

지급이란 환어음상의 지급자가 어음소지인의 支給提示에 따라 어음소지인에게 환어음금을 지급하고 어음법률관계를 종료하는 사실행위를 말한다. 지급을 청구하는 것은 어음소지인의 환어음권리이자 환어음을 소지하는 목적이고 지급하는 것은 환어음채무자의 책임이다.

(2) 支給의 節次

(가) 支給提示 지급제시란 어음소지인이 지급인에게 환어음을 제시하여 환어음금액의 지급을 청구하는 행위를 말한다. 지급제시는 어음소지인이 지급청구권을 행사하는 필요한 전제이고 지급인이 환어음금액을 지급하는 필요한 절차이다. 일람출급 환어음은 발행일로부터 1개월 내에 지급인에게 지급제시하여야 하며, 확정일출급, 발행후정기출급 또는 일람후정기출급하는 환어음은 만기일로부터 10일 내에 인수인에게 지급제시하여야 한다(어음법 제53조 제1항). 어음소지인이 법정기한 내에 지급제시를 하지 않은 경우 어음소지인의 설명을 거치면 인수인 또는 지급인은 계속적으로 어음소지인에 대하여 지급책임을 부담하여야 한다(어음법 제53조 제2항).

(나) 實際支給 어음소지인이 법에 따라 지급제시를 한 경우 지급인은 반드시 당일에 전부 지급하여야 한다(어음법 제54조). 「어음법」은 지급연기나 일부지급은 일정하지 않다. 지급인 및 그 지급대리인은 지급시 응당 환어음배서의 연속성을 심사하고 아울러 지급제시인의 합법적 신분증명 또는 유효증명서를 심사하여야 한다(어음법 제57조 제1항).

(다) 換어음의 交付 어음소지인은 지급받은 후 환어음상에 "收取"를 표시하고 환어음을 지급인에게 교부하여야 한다. 어음소지인이 은행에 수금을 위임한 경우 수임은행이 대리수취한 환어음금을 어음소지인의 계좌에 입금시키면 수취를 표시한 것으로 간주한다(어음법 제55조).

(3) 支給의 效力

지급인이 법에 따라 전부 지급한 후 전체 환어음채무자의 책임은 해제된다(어음법 제60조). 즉 지급으로 인하여 지급인 및 기타 환어음채무자의 어음책임은 해제되고 환어음법률관계는 소멸된다. 단, 확정일출급, 발행후정기출급 또는 일람후정기출급하는 환어음에 있어서 지급인이 만기일 전에 지급하는 경우 지급인은 이로 인하여 발생하는 책임을 부담하여야 한다(어음법 제58조).

7. 溯 求 權

(1) 溯求權의 意義

소구권(追索權)이란 어음금의 지급이 거절되었거나 환어음의 인수가 거절되는 등 어음금의 지급을 기대하기 어려운 법정사유가 발생한 경우 어음소지인이 법에 따라 자기의 전어음행위자에 대해 어음금의 지급을 청구하는 권리를 말한다. 소구권자는 어음의 최후소지인이 될 수도 있고 변제로 환어음을 취득한 배서인, 보증인 등 환어음채무자도 될 수도 있다. 그러나 어음소지인이 발행인인 경우 그 전어음행위자에 대한 소구권을 가지지 못하고 어음소지인이 배서인인 경우 그 후어음행위자에 대한 소구권을 가지지 못한다. 피소구권자는 주채무자 이외의 어음행위자로서 발행인, 배서인, 인수인 및 보증인 등 환어음채무자가 포함된다. 소구권은 환어음상의 2차적인 권리로서 환어음상의 1차적인 권리, 즉 지급청구권을 보충하기 위하여 설정한 것이다. 어음소지인은 1차적인 권리가 실현되지 못하였을 경우에만 2차적인 권리를 행사한다. 어음소지인의 지급청구권이 실현되면 소구권은 소멸된다.

⑵ 溯求權行使의 要件

㈎ 어음소지인이 법에 따라 지급제시 또는 인수제시를 하여야 한다.

㈏ 환어음의 지급거절 또는 인수거절 및 기타 법정사유가 발생하여야 한다. 즉 ① 환어음이 만기 후 지급거절되는 경우, ② 만기 전 인수거절되는 경우, ③ 인수인 또는 지급인이 사망하거나 도망한 경우, ④ 인수인 또는 지급인이 법에 따라 파산선고를 받거나 위법으로 인하여 업무활동을 종료당하는 경우가 발생해야 한다(어음법 제61조).

㈐ 어음소지인이 관련 증명서를 제공해야 한다(어음법 제62조 제 1 항). 어음소지인이 지급제시 또는 인수제시시 거절당한 경우에는 거절증서 또는 어음반환이유서(退票書)를 제공하여야 하고 인수인 또는 지급인이 사망, 도망 또는 기타 원인으로 거절증서를 취득할 수 없는 경우에는 법에 따라 기타 관련 증서를 제공하여야 하며, 인수인 또는 지급인이 인민법원에 의해 파산선고된 경우에는 인민법원의 관련 사법문서를 제공하여야 하고, 인수인 또는 지급인이 위법으로 업무활동을 종료당한 경우 행정주관부문의 처벌결정문을 제공하여야 한다(어음법 제62조 제 2 항, 제63조, 제64조). 어음소지인이 거절증서, 어음반환이유서를 제시하지 못하거나 규정된 기한 내에 기타 합법적인 증서를 제공하지 못하는 경우 그 전어음행위자에 대한 소구권을 상실한다. 단, 인수인 또는 지급인은 여전히 어음소지인에 대하여 책임을 부담하여야 한다(어음법 제65조).

⑶ 溯求權의 行使

어음소지인은 인수거절 또는 지급거절의 관련 증서를 받은 날로부터 3일 내에 피거절사유서를 그 전어음행위자에게 통지하여야 한다. 어음소지인의 전어음행위자는 또한 통지를 받은 날로부터 3일 내에 그 전어음행위자에게 통지하여야 한다. 어음소지인은 동시에 각 환어음채무자에게 서면통지를 발송할 수도 있다. 통지 여부는 소구권의 행사에 영향주지는 않는다. 단, 통지지연으로 전어음행위자 또는 발행인에게 손실을 초래한 경우에는 규정된 기한 내에 통지하지 않은 환어음당사자는 환어음금액의 한도 내에서 당해 손실에 대한 배상책임을 부담하여야 한다(어음법 제66조).

어음소지인은 소구권을 행사하는 경우 피소구인에게 ① 지급거절된 환어음금액, ② 환어음금액 만기일 또는 지급제시일로부터 변제일까지의 중국인민은행이 정한 이자율로 계산한 이자, ③ 관련 거절증서의 취득과 통지문을 발송한 비용을 지급하도록 청구할 수 있다(어음법 제70조). 환어음의 발행인, 배서인, 인수인 및 보증인 등 피소구인은 어음소지인에게 연대책임을 부담한다(어음법 제68조 제 1 항). 피소구인은 통지문을 받은 후 응당 주동적으로 채무를 변제하여야 한다. 그렇지 않을 경우 어음소지인은 임의의 피소구권자에게 소구권을 행사할 수 있다(어음법 제68조 제 2 항 참조).

(4) 再溯求權의 行使

피소구인이 어음소지인에 대하여 채무를 변제한 후 어음소지인과 동일한 권리를 향유하며 기타 환어음채무자에게 소구권을 행사할 수 있다. 이 때의 소구권을 재소구권이라고 한다. 피소구권자가 재소구권을 행사하는 경우 기타 환어음채무자에게 이미 변제한 전부의 금액, 어음소지인에 대한 변제일로부터 재소구금액변제일까지의 중국인민은행이 정한 이자율로 계산한 이자 및 통지문의 발송비용을 지급하도록 청구한다(어음법 제71조).

Ⅳ. 約束어음

1. 約束어음의 意義

어음법 제73조 제 1 항의 규정에 따라 약속어음(本票)은 발행인이 발행하는, 자신이 일람시 확정된 금액을 수취인 또는 어음소지인에게 무조건으로 지급할 것을 약속하는 어음이다. 약속어음은 발행인 자신이 어음금의 지급을 약속하는 지급약속증권으로서 기본적인 당사자가 발행인과 수취인뿐이며 인수제도가 적용되지 않는다. 「어음법」은 은행약속어음만 규정하고 상업약속어음은 인정하지 않는다(어음법 제73조 제 2 항). 「어음법」상의 약속어음은 일람출급형 약속어음에 속한다.

2. 約束어음의 特殊規則

⑴ 發行人의 資格

약속어음 발행인의 자격은 중국인민은행이 심사·결정한다(어음법 제75조). 발행인은 반드시 약속어음금을 지급할 확실한 자금내원이 있어야 하고 아울러 지급을 보증을 하여야 한다(어음법 제74조).

⑵ 約束어음의 記載事項

약속어음은 반드시 ① “약속어음”이라는 문구, ② 무조건으로 지급한다는 약속, ③ 확정된 금액, ④ 수취인의 명칭, ⑤ 발행일자, ⑥ 발행인의 서명날인을 기재하여야 한다. 이는 절대적 기재사항으로서 이 중의 하나라도 기재하지 않은 경우 약속어음은 무효이다(어음법 제76조). 약속어음에 支給地, 發行地 등 사항을 기재할 경우 명확하여야 한다. 이는 상대적 기재사항으로서 지급지를 기재하지 않은 경우 발행인의 영업장소를 지급지로 하고 발행지를 기재하지 않은 경우에는 발행인의 영업장소를 발행지로 한다(어음법 제77조).

⑶ 約束어음의 支給

약속어음의 발행인은 어음소지인이 약속어음을 제시하는 경우 반드시 지급책임을 부담하여야 한다(어음법 제78조). 약속어음의 지급기한은 발행일로부터 최장 2개월을 초과하지 못한다(어음법 제79조). 약속어음의 소지인이 규정한 기한 내에 약속어음을 제시하지 않은 경우 발행인 이외의 전어음행위자에 대한 소구권을 상실한다(어음법 제80조).

3. 約束어음에 대한 換어음規則의 適用

약속어음은 환어음과 마찬가지로 유통할 수 있는 금융지급수단으로서 환어음의 많은 특징 및 기능을 가지고 있다. 따라서 「어음법」은 환어음규칙의 약속어음에 대한 적용을 규정하고 있다. 약속어음의 배서, 보증, 지급행위와 소구권의 행사는 「어음법」상 약속어음에 관한 규정이 있는 외에는 환어음에 관한 규정을 적용한다(어음법 제81조 제1항). 그리고 약속어음의 발행행위는 「어음법」상 약속어음에 관한 규정이 있는 경우를 제외하고 「어음법」 제24조의 규정을 적용한다(어음법 제81조 제2항). 이에 따라 수표발행시 「어음법」에서 정한 사항 이외의 기타 발행사항도 기재할 수 있으나 어음법상의 효력은 발생하지 않는다(어음법 제24조).

V. 手　　票

1. 手票의 意義

「어음법」 제82조의 규정에 따라 수표(支票)는 발행인이 서명·발행하는, 수표예금업무를 취급하는 은행 또는 기타 금융기관에 위탁하여 一覽時 무조건으로 확정된 금액을 수취인 또는 수표소지인에게 지급하는 어음이다. 수표는 「어음법」상 어음(票據)의 일종으로서 지급위탁증권의 성질을 가지고 있다. 이 점에서 지급약속증권인 약속어음과 다르고 환어음과 같다. 그러나 수표는 또 일람출급의 성질을 가지고 있으므로 약속어음과 지급위탁증권·지급약속증권이라는 것 이상의 중요한 차이가 있고 환어음과도 본질적인 차이가 있다. 수표는 오로지 지급기능만 하고 현금의 대용수단이 될 뿐이며 신용창조의 수단으로 이용될 수 없다. 현재 중국에서는 수표로 현금을 지급·인출할 수 있고 계좌이체도 할 수 있다. 수표를 전문적으로 현금의 지급·인출에 사용할 경우에는 별도로 현금수표를 작성할 수 있다. 단, 현금수표는 현금의 지급·인출에만 사용할 수 있다. 마찬가지로 수표를 전문적으로 계좌이체에 사용할 경우에는 별도로 계좌이체수표를 작성할 수 있다. 단, 계좌이체수표는 계좌이체에만 사용되고 현금을 지급·인출할 수 없다(어음법 제84조).

2. 手票의 特殊規則

(1) 手票發行人의 資格

발행인이 수표를 발행하기 위해서는 반드시 수표예금계좌를 개설하여야 한다. 계좌개설의 신청시 반드시 그 실명으로 하여야 하며 아울러 자신의 신분을 증명하는 합법적인 증명서를 교부하여야 하며 신청인의 실명 서명양식과 인감을 예치하여야 한다(어음법 제83조 제 1 항, 제 3 항). 수표예금계좌를 개설하고 수표를 수령하려면 응당 확실한 자금신용이 있어야 하며 일정한 자금을 예금하여야 한다(어음법 제83조 제 2 항). 수표의 발행인은 그가 서명·발행하는 수표금액이 그 지급시 지급인에 있어서의 실제예금액을 초과하는 수표, 즉 백지수표를 발행하지 못한다(어음법 제88조). 수표의 발행인은 또 그가 예치한 서명양식 또는 인감과 일치하지 않은 수표도 발행하지 못한다(어음법 제89조).

(2) 手票發行時 記載事項

수표의 발행시 반드시 다음의 사항을 기재하여야 한다. ① "수표"임을 표시하는 문구, ② 무조건 지급의 위탁, ③ 확정된 금액, ④ 지급인의 명칭, ⑤ 발행일자, ⑥ 발행인의 서명날인. 이상의 기재사항은 절대적 기재사항으로서 그 중의 하나라도 기재하지 않은 경우 수표는 무효이다(어음법 제85조). 수표상의 금액은 발행시 이미 확정되어 기재할 수도 있고 발행후 재확정하여 보충기재할 수 있다. 「어음법」 제86조는 "수표상의 금액은 발행인이 수권하여 보충기재할 수 있고 보충기재하지 않은 수표는 사용하지 못한다"고 정하고 있다. 수표상에 수취인명칭을 기재하지 않은 경우에는 발행인이 수권하여 보충기재할 수 있다. 발행인은 자기를 수취인으로 할 수도 있다(어음법 제87조 제1항, 제4항). 수표의 지급지와 발행지는 상대적 기재사항으로서 수표상에 지급지를 기재하지 않은 경우 지급인의 영업장소를 지급지로 하고 발행지를 기재하지 않은 경우 발행인의 영업장소, 주소 또는 경상거주지를 발행지로 한다(어음법 제87조 제2항, 제3항). 수표는 일람출급에 한하므로 별도로 지급일자를 기재하지 않는다. 별도로 지급일자를 기재한 경우 당해 기재는 무효이다(어음법 제91조).

(3) 手票發行의 效力

수표의 소지인은 응당 발행일로부터 10일 내에 지급제시하여야 한다. 타지역에 사용하는 수표의 지급제시기한은 중국인민은행이 별도로 정한다. 지급지시기한을 초과한 경우 지급인은 지급하지 않을 수 있으나 수표의 발행인은 여전히 수표소지인에 대하여 어음책임을 부담한다(어음법 제92조). 발행인은 반드시 그가 발행한 수표금액에 따라 당해 수표소지인에게 지급하는 책임을 부담하여야 한다. 따라서 지급인에 예치한 발행인의 예금이 수표금액을 전부 지급할 수 있을 경우 지급인은 당일에 전부 지급하여야 한다(어음법 제90조). 지급인은 법에 따라 수표금액을 지급한 후 더 이상 발행인에 대한 위탁지급의 책임을 부담하지 아니하며 수표소지인에 대하여 더 이상 지급의 책임을 부담하지 아니한다. 단, 지급인이 악의 또는 중대한 과실로 지급한 경우는 제외한다(어음법 제93조).

3. 手票에 대한 換어음規定의 適用

수표의 배서, 지급행위와 소구권의 행사는 「어음법」상 수표에 관한 규정이 있는 것을 제외하고 환어음에 관한 규정을 적용한다(어음법 제94조 제1항). 수표의 발행행위는 「어음법」상 수표에 관한 규정이 있는 경우를 제외하고 환어음에 관한 「어음법」 제24조, 제26조의 규정을 적용한다. 따라서 수표발행시 「어음법」에 규정된 사항이외의 기타 발행사항을 기재할 수 있다. 단, 당해 기재사항은 수표상의 효력을 가지지 않는다. 그리고 발행인은 수표를 발행한 후 반드시 당해 수표에 대한 지급책임을 보증하여야 하며 수표소지인이 지급받지 못할 경우 응당 수표소지인에게 당해 수표금액, 지급기한을 초과한 수표금액의 이자 및 소구권행사에 필요한 비용을 지급하여야 한다.

제 6 절 證 券 法

I. 總 說

1. 證券의 意義

증권은 通常 유가증권을 가리킨다. 유가증권이란 재산소유권 내지는 채권을 表彰하는 증서이다. 유가증권은 일반적으로 유가증권이 表彰하는 권리의 내용에 따라 實物證券과 價值證券으로 나눈다. 實物證券은 일정한 물품에 대하여 청구권과 처분권을 가지는 유가증권으로서 선하증권, 화물상환증권 등이 여기에 포함되는데 증권거래와는 직접적인 관계가 없다. 價值證券은 일정한 화폐금액에 대하여 청구권과 처분권을 가지는 유가증권으로서 발행목적과 경제적 성질에 따라 또 貨幣證券과 資本證券으로 나눈다. 화폐증권은 일정한 화폐금액을 표시하거나 일정한 화폐금액으로 전환할 수 있는 유가증권으로서 환어음, 약속어음, 수표 등이 여기에 포함된다. 자본증권은 자본조달을 위하여 발행하는 일정한 자본소유권과 일정한 이익분배청구권을 표시하는 유가증권으로서 주권(株券), 채권(債券) 등이 여기에 포함된다. 증권법상의 증권은 일반적으로 자본증권만을 가리킨다.

2. 證券의 種類

증권법상 증권의 종류는 증권법의 규제대상인 유가증권의 범위를 말하는 것으로 증권의 발행 및 유통과 관계되는 증권법의 규제영역을 결정하며 아울러 증권산업의 업무범위를 결정한다. 증권법상 증권의 종류 내지는 증권의 범위를 결정하는 방식에는 두 가지가 있다. 즉 열거주의방식과 포괄주의방식이다. 「중화인민공화국 증권법」(이하 「증권법」이라 함)은 제2조에서 열거주의방식을 통하여 증권의 종류를 정하고 있다. 즉 "중화인민공화국 경내에서의 株券, 會社債券 및 국무원이 법에 따라 인정한 기타 증권의 발행과 거래는 본법을 적용한다. 본법이 규정하지 않은 것은 중화인민공화국 회사법과 기타 법률, 행정법규의 규정을 적용한다. 政府債券, 증권투자기금지분의 상장거래는 본법을 적용하고 기타 법률, 행정법규에 별도의 규정이 있는 경우 그 규정을 적용한다. 증권파생상품을 발행, 거래하는 관리방법은 국무원이 본법의 원칙에 따라 규정한다." 따라서 「증권법」이 인정하는 증권에는 주권, 회사채권, 정부채권, 증권투자기금권, 증권파생상품 및 국무원이 법에 따라 인정하는 기타 증권이 포함된다고 하겠다.

그러나 구체적으로 증권법을 적용하는 정도에서는 차이가 있다고 하겠다.

⑴ 주식회사가 자금조달을 위하여 발행하는 주권의 발행과 거래는 증권법의 적용을 받는다.

⑵ 회사가 발행하는 회사채권의 발행과 거래는 증권법의 적용을 받는다.

⑶ 정부채권의 발행은 별도의 규정에 따르지만 그 상장거래는 증권법의 적용을 받는다. 물론 기타 법률, 행정범규에 별도의 규정이 있는 경우 그 규정을 우선 적용한다.

⑷ 증권투자기금권의 발행은 「증권투자기금법」에 의하지만 그 상장거래는 증권법의 적용을 받는다. 정부채권과 마찬가지로 기타 법률, 행정법규에 별도의 규정이 있는 경우 그 규정을 우선 적용한다.

⑸ 증권파생상품의 경우 그 발행과 거래는 국무원이 증권법의 원칙에 따라 제정하게 되므로 증권법의 직접적인 규율을 받지 않으나 증권법이 확립한 원칙은 응당 준수하여야 하며, 또한 향후 증권법에 도입할 가능성도 배제할 수 없는 것이다.

⑹ 국무원이 법에 따라 인정한 기타 증권의 발행과 거래는 증권법의 적용을 받는다. 주권과 회사채권 외에 금융채권 등 기타 증권이 존재하고 있다. 이러한 추가적인 규정을 둔 이유는 열거주의방식의 한계를 극복하기 위한 것으로 「증권법」이 취한 입법방식은 한정적 열거주의라고 할 수 있다.

3. 證券法의 意義

증권법은 증권의 발행, 거래, 서비스, 증권시장의 감독 및 기타 관련 활동으로 인한 사회관계를 규율하는 법률규범이다. 증권법은 광의와 협의로 나눌 수 있는 데 광의의 증권법은 증권의 발행, 거래, 서비스 및 그 감독관리관계에 관한 모든 법률규범을 가리키고 협의의 증권법은 “증권법”으로 명명된 단행법률을 가리키는데 중국에서는 1998년 12월 29일에 제 9 기 전국인민대표대회 상무위원회 제 6 차회의에서 통과한 「증권법」을 말한다. 제정 당시 「증권법」은 총칙, 증권의 발행, 증권의 거래, 상장회사의 매수, 증권거래소, 증권회사, 증권등기결제기구, 증권거래서비스기구, 증권업협회, 증권감독관리기구, 법률책임, 부칙 등 총 12장 214조로 구성되어 있었다. 동 「증권법」은 2004년 8 월 28일과 2005년 10월 27일에 두번의 개정을 거쳤다. 2004년 8 월 28일의 개정은 소폭의 개정이고 2005년 10월 27일의 개정은 회사법과 동시에 진행된 대폭의 개정으로서 회사법에 포함되어 있던 적지 않은 증권법률규범이 증권법으로 이전되는 등 증권법의 내용에 있어서 많은 변화가 있었다.

「증권법」은 중국 증권시장의 기본법으로서 관련 법률, 행정법규와 지방성 법규, 중국증권감독관리위원회에서 제정한 행장규장 및 증권거래소에서 제정한 관련 규칙 등과 함께 중국 증권법의 法源體系를 구성하고 있다. 여기서는 주로 협의의 증권법을 대상으로 해설한다.

4. 證券法의 基本原則

증권법의 기본원칙은 증권법이 규정한 증권발행과 증권거래활동에서 반드시 준수하여야 할 기본준칙으로서 투자자보호를 중심으로 하는 증권법의 기본취지와 증권법의 구체적 규범 간의 교량역할을 하며, 증권 관련 입법, 사법 및 법집행의 출발점과 지도사상이고 증권법의 기본정신을 체현한다. 「증권법」의 규정에 따라 「증권법」의 기본원칙은 이하의 몇가지로 개괄할 수 있다.

(1) 公開 · 公平 · 公正의 原則

증권의 발행과 거래활동은 반드시 공개 · 공평 · 공정의 원칙을 실행하여야 한다(증권법 제 3 조). 공개 · 공평 · 공정의 원칙을 “3公”의 원칙이라고도 하는데, 이는 증권법의 가장 기본적인 원칙으로서 투자자의 합법적 권익을 보호하고 증권시장의 건전한 발전을 보장하는 데 중요한 의의를 가지며, 모든 증권법률제도는 모두 이를 원칙으로 수립한다. 이 중 공개의 원칙은 증권시장의 운행과 관련 정보의 공개를 요구하는 것으로 이해관계자 및 감독기구의 감독에 유리하다. 공평의 원칙은 증권시장경쟁에 참여하는 모든 당사자들은 평등한 법적 지위를 가지고 법률규칙상에서 응당 동등한 대우를 받아야 하며 각자의 합법적 권익은 응당 공평한 보호를 받아야 한다는 것이다. 공정의 원칙은 증권시장에서 입법자는 응당 공정한 규칙을 제정하여야 하고 사법자와 관리자는 이러한 공정한 규칙에 따라 공정하게 법률을 집행하여야 하며, 모든 피감독자에게 공정한 대우를 하여야 한다는 것이다. "3公"의 원칙에서 공개의 원칙은 핵심이고 精髓로서 증권감독의 가장 효과적인 수단이라고 하겠다.

⑵ 平等·自願·有償·信義誠實의 原則

증권의 발행과 거래활동에서 당사자는 평등한 법적 지위를 가지고 있으며 응당 자원, 유상, 신의성실의 원칙을 준수하여야 한다(증권법 제4조). 평등·자원·유상·신의성실의 원칙은 모든 거래활동에서 준수하여야 할 사법상 기본원칙으로서 증권의 발행과 거래도 예외가 될 수 없다. 따라서 당사자는 실사구시적으로 자기가 부담하는 의무를 이행하여야 하며 그 어떤 사기행위가 있어서는 안 된다.

⑶ 合法性의 原則

증권발행과 거래활동은 반드시 법률, 행정법규를 준수하여야 하며 사기, 내부자거래와 증권거래시장을 조종하는 행위를 금지한다(증권법 제5조).

⑷ 分業經營·分業管理의 原則

증권업과 은행업, 신탁업, 보험업은 분업경영과 분업관리를 하며 증권회사는 은행, 신탁회사, 보험업무기구와 별도로 설립하여야 한다. 단, 국가가 별도의 규정을 두는 경우는 제외한다(증권법 제6조).

⑸ 國家의 集中的이고 統一的인 監督管理와 業界自律管理을 結合하는 原則

국무원의 증권감독관리기구가 법에 따라 전국의 증권시장에 대하여 집중적이고 통일적인 감독관리를 실행한다(증권법 제7조). 국무원의 증권감독관리기구는 현재 중국증권감독관리위원회를 가리킨다. 국가가 증권발행과 거래활동에 대하여 집중적이고 통일적인 감독관리를 실행하는 전제 하에서 법에 따라 증권업협회를 설립하여 자율관리를 실행한다(증권법 제8조).

⑹ 국가회계감사기관의 회계감독의 원칙

국가의 회계감사기관은 법에 따라 증권거래소, 증권회사, 증권등기결제기구, 증권감독관리기구에 대하여 회계감사에 의한 감독을 한다(증권법 제9조).

II. 證券 관련 機構

1. 證券去來所

증권거래소는 증권의 집중적인 去來를 위하여 장소와 시설을 제공하고 증권거래를 조직하고 감독하며, 자율관리를 실행하는 법인이다(증권법 제102조 제1항). 증권거래소는 증권을 보유하지 않고 증권매매에도 참가하지 않으며 증권가격도 결정하지 않는다. 다만 매매쌍방에 공개거래의 장소와 서비스를 제공하고 증권거래에 대하여 감독과 관리를 할 뿐이다. 증권거래소는 상장규칙, 거래규칙, 회원관리규칙 및 기타 관련 규칙을 제정한다. 증권거래소는 모든 상장회사에 정기적으로 그 경영상황과 재무상황을 공포할 것을 요구한다. 아울러 거래소는 적시에 각종 증권의 시세표와 주가지수를 공포하고 중요한 주식시장정보 및 기타 관련 자료를 공포한다.

증권거래소는 일반적으로 회사제와 회원제로 나누는데 중국의 증권거래소는 회원제로 운영되며 이사회를 설치하고 總經理 1인을 둔다(증권법 제105조, 제106조, 제107조). 현재 중국에는 두 개의 증권거래소가 있는데 하나는 1990년 12월에 설립한 상해증권거래소이고 다른 하나는 1991년 7월에 설립한 심천증권거래소이다.

2. 證券會社

증권회사란 회사법 및 증권법의 규정에 따라 국무원증권감독관리기구의 심사비준을 거쳐 증권경영업무에 종사하는 유한회사와 주식회사를 가리킨다(증권법 제122조, 제123조). 증권회사는 다음의 해당하는 업무의 전부 또는 일부를 영위할 수 있다. ① 증권의 중개, ② 증권투자자문, ③ 증권거래, 증권투자활동과 관련된 재무고문, ④ 증권의 위탁매도와 보증추천, ⑤ 증권의 自營, ⑥ 증권자산의 관리, ⑦ 기타 증권업무.

위의 업무중 ①-③을 영위하는 경우 최저자본금이 5,000만위엔이 되어야 하고 ④-⑦ 중 하나를 영위하는 경우 최저자본금이 1억위엔이 되어야 하며, ④-⑦ 중 2개 이상을 영위하는 경우 최저자본금이 5억위엔이 되어야 한다(증권법 제125조, 제127조).

3. 證券登記決濟機構와 證券서비스機構

증권등기결제기구란 증권거래를 위하여 집중적인 등기, 예탁관리와 결제서비스를 제공하는 영리를 목적으로 하지 않는 법인을 가리킨다(증권법 제155조 제 1 항). 증권등기결제기구를 설립하려면 반드시 국무원증권감독관리기구의 비준을 얻어야 한다(증권법 제155조 제 2 항). 중국의 증권등기결제기구는 한국의 증권예탁원과 그 기능이 같다.

증권서비스기구란 증권의 발행과 거래에 서비스를 제공하는 전문기구를 말한다. 투자자문기구, 재무고문기구, 자산신용평가기구, 자산평가기구, 회계가사무소 등이 증권서비스업에 종사할 경우 반드시 국무원증권감독관리기구와 관련 주관부문의 비준을 거쳐야 한다(증권법 제169조).

4. 證券業協會

증권업협회는 증권업의 자율성 조직으로서 사회단체법인이다(증권법 제174조 제 1 항). 중국증권업협회는 1991년 8월 28일에 설립되었고 회원제를 실행한다. 증권회사는 응당 증권업협회에 가입하여야 하며 증권업협회의 권력기구는 전체 회원으로 구성된 회원대회이다(증권법 제174조 제 2 항, 제 3 항). 증권업협회는 이사회를 설치하고 이사회구성원은 정관의 규정에 따라 선임된다(증권법 제177조).

5. 證券監督管理機構

국무원증권감독관리기구는 법에 따라 증권시장에 대하여 감독관리를 하고 증권시장의 질서를 유지함으로써 증권시장이 합법적으로 운영되도록 보장하는 기관이다. 현재 국무원증권감독관리기구는 중국증권감독관리위원회를 가리킨다. 「증권법」의 규정에 따라 국무원증권감독관리기구는 증권시장에 대하여 감독관리를 실시하는 과정에서 다음과 같은 직책을 수행한다. ① 법에 따라 증권시장감독관리에 관한 規章, 규칙을 제정하고 법에 따라 심사비준 또는 인준(核准)권한을 행사한다. ② 법에 따라 증권의 발행, 상장, 거래, 등기, 예탁관리, 결제에 대하여 감독관리를 한다. ③ 법에 따라 증권발행인, 상장회사, 증권거래소, 증권회사, 증권투자기금관리회사, 증권서비스기구, 증권거래소, 증권등기결제기구의 증권업무활동에 대하여 감독관리를 한다. ④ 법에 따라 증권업무에 종사하는 인원의 자격기준과 행위준칙을 제정하고 그 실시를 감독한다. ⑤ 법에 따라 증권발행과 상장 및 거래의 정보공개상황을 감독검사한다. ⑥ 법에 따라 증권업협회의 활동에 대하여 지도하고 감독한다. ⑦ 법에 따라 증권시장감독관리에 관한 법률, 행정법규를 위반한 행위에 대하여 검사처리한다. ⑧ 법률, 행정법규가 정한 기타 직책을 수행한다(증권법 제179조).

Ⅲ. 證券의 發行 및 委託募集

1. 證券의 發行

⑴ 證券發行의 意義

증권의 발행이란 증권발행인이 자금조달을 직접적인 목적으로 법에 정한 조건과 절차에 따라 사회상의 투자자에게 일정한 권리를 표창하는 증권을 청약하여 모집하는 행위를 말한다. 증권발행시장은 증권시장의 1차 시장이다. 중국의 증권발행시장은 발행인, 투자자, 중개기구 등 참가자로 구성된다. 증권의 발행인은 회사, 금융기관, 정부가 될 수 있다. 회사, 금융기관은 주로 주권과 채권을 발행하고 정부는 국채, 國庫券을 발행한다. 투자자는 증권을 인수하는 개인, 기업, 금융기관, 펀드 및 기타 기관투자자가 될 수 있다. 중개기구는 증권위탁매도회사, 변호사사무소, 회계사사무소, 자산평가기구가 될 수 있다.

⑵ 證券發行의 方式

㈎ 증권의 발행은 그 발행대상에 따라 公募와 私募로 나눌 수 있다. 공모는 즉 공개발행으로서 발행인이 불특정의 사회대중들로부터 널리 증권을 모집하는 행위를 가리킨다. 사모는 즉 비공개발행으로서 소수의 특정 투자자로부터 증권을 모집하는 행위를 말한다. 「증권법」은 공모와 사모를 모두 인정한다(증권법 제10조).

㈏ 증권의 발행은 중개기구가 개입되는 여부에 따라 직접발행과 간접발행으로 나눈다. 직접발행이란 발행인이 증권위탁모집기구를 통하지 않고 자체로 발행위험을 부담하면서 발행업무를 처리하는 것을 말한다. 직접발행방식은 발행비용은 적게 들지만 발행인의 영업실적이 좋아야 하고 비교적 높은 지명도가 있어야 한다. 간접발행이란 발행인이 증권위탁모집기관에 위탁하여 사회로부터 증권을 모집하는 것을 말한다. 간접발행을 위탁모집이라고도 한다.

⑶ 證券發行의 審査·認可

「증권법」은 증권의 공개발행에 대하여 엄격히 규제하고 있다. 「증권법」 제

10조는 "증권을 공개발행하려면 반드시 법률, 행정법규에 정한 조건에 부합되어야 하며 법에 따라 국무원증권감독관리기구 또는 국무원이 수권한 부문의 認准(核准)을 받아야 한다. 법에 따른 認准(核准)을 거치지 않으면 그 어떤 單位와 개인도 사회에 공개적으로 증권을 발행하지 못한다"고 정하고 있다. 따라서 중국은 증권의 공개발행에 대하여 등록제를 실시하지 않고 심사·인가제도를 실시함을 알 수 있다. 여기에서 주의해야 할 것은 認准(核准)과 심사비준은 모두 심사·인가의 범주에 속하며 실질적인 심사를 하는 것이지만 전자는 후자보다 그 심사의 정도가 완화되어 있고 계획적인 요소가 적다.

주식을 공개발행하는 경우에는 반드시 회사법에 정한 조건에 따라 국무원증권감독관리기구의 인준(核准)을 거쳐야 한다. 발행인은 반드시 국무원증권감독관리기구에 회사법에 정한 신청문건과 국무원증권감독관리기구가 규정한 관련 문건을 제시하여야 한다(증권법 제12조 제1항). 국무원증권감독관리기구는 발행심사위원회를 설치하여 법에 따라 주식발행신청을 심사한다(증권법 제22조 제1항). 주식공개발행의 경우와는 달리 회사채를 발행하는 경우에는 반드시 회사법에 정한 조건에 따라 국무원이 수권한 부문의 인준(核准)을 거쳐야 한다. 발행인은 반드시 국무원이 수권한 부문에 회사법에서 정한 신청문건과 국무원이 비준한 관련 문건을 제시하여야 한다(증권법 제17조 제1항).

2. 證券의 委託募集

(1) 證券委託募集의 意義

증권의 위탁모집이란 증권회사가 발행인의 위탁의 받고 법에 따라 발행인을 도와 증권을 모집하는 행위를 말한다. 증권의 위탁모집은 위에서 언급한 바와 같이 간접발행방식이다. 중국「회사법」제88조는 "발기인이 사회로부터 공개적으로 주식을 모집하는 경우 응당 법에 따라 설립한 증권경영기구가 위탁모집하여야 하고 위탁모집계약을 체결하여야 한다"고 정하고 있다.「증권법」제21조도 "증권회사는 법률, 행정법규의 규정에 따라 발행인이 사회에 불특정다수에게 발행하는 증권을 위탁모집한다"고 정하고 있다. 따라서 중국에 있어서 증권을 공개발행하는 경우 법률, 행정법규의 규정에 따라 증권회사가 위탁모집한다. 사회에 공개발행하는 증권의 총 액면가액이 인민폐 5000만원 이상되는 경우에는 응당 主委託募集會社와 위탁매매에 참여하는 증권회사로 구성되는 위탁모집단이 위탁모집을 하여야 한다(증권법 제32조).

⑵ 證券委託募集의 種類

위탁모집방식에는 대리모집(代銷)과 인수모집(包銷)가 포함된다. 대리모집이란 증권회사 등이 발행인을 대리하여 증권을 발행하고 위탁모집기간이 종료하면 모집하지 못한 증권을 전부 발행인에게 반환하는 위탁모집방식을 말한다(증권법 제28조 제2항). 인수모집이란 증권회사가 발행인의 증권을 계약에 따라 전부 인수하거나 위탁모집기간이 종료한 후 나머지 증권을 전부 인수하는 위탁모집방식을 말한다(증권법 제28조 제3항).

⑶ 證券委託募集契約과 委託募集期限

발행인은 위탁모집회사를 자주적으로 선택할 수 있고 증권회사는 증권을 위탁모집하는 경우 발행인과 위탁모집계약을 체결하여 위탁모집의 방식과 조건을 합의하여 쌍방의 권리의무를 확정한다(증권법 제29조, 제30조 참조). 증권의 위탁모집기한은 최장 90일을 초과하지 못한다(증권법 제33조 제1항). 주식을 공개발행하는 경우 대리모집, 인수모집기한이 만료하면 발행인은 응당 규정한 기한 내에 주식발행정황을 국무원증권감독관리기구에 보고하여 기안하여야 한다(증권법 제36조).

Ⅳ. 證券의 上場과 去來

1. 證券의 上場

증권의 상장이란 공개발행하는 증권이 법정조건을 만족시키는 경우 그 발행자가 증권거래소에 신청하여 심사를 받고 아울러 증권주관기관의 비준을 거쳐 증권거래소에서 집중호가매매하는 법률행위를 말한다.

2. 證券의 去來

증권거래란 증권소지인이 자신이 소지한 증권을 양도하고 양수인은 증권소지인에게 대가를 지급하는 것을 말한다. 증권거래는 장내거래와 장외거래로 나눈다. 장내거래는 증권거래소시장에서 진행하는 거래를 말하고 장외거래는 증권거래소시장 이외의 장소에서 진행하는 거래를 말한다. 법에 따라 상장거래하는 증권은 반드시 증권거래소에서 거래하여야 한다. 증권거래소에서의 증권거래는 기본적으로 가격우선, 시간우선의 원칙을 실행한다. 증권거래는 또 현물거래, 선물거래, 옵션거래, 신용거래 등으로 나누는데 「증권법」은 2005년 개정 전에는 증권거래는 반드시 현물로 하여야 한다고 규정하여 선물거래와 신용거래를 금지하였으나 현재는 당해 규정을 삭제하여 신용거래가 가능하다.

3. 禁止하는 去來行爲

(1) 內部者去來의 禁止

내부자거래란 증권거래내부정보를 알고 있는 자, 즉 내부자가 내부정보를 이용하여 증권거래활동을 진행하는 것을 말한다. 투자자들의 합법적인 권익과 사회공공이익을 보호하기 위하여 「증권법」은 내부자거래를 금지한다(증권법 제73조). 증권거래내부정보를 알고 있는 자 또는 불법으로 내부정보를 취득한 기타 인원들은 당해 회사의 증권을 매입하거나 소지하고 있는 당해 회사의 증권을 매도하지 못하며 당해 정보를 누설하거나 타인에게 당해 증권의 매매를 건의하지 못한다(증권법 제76조). 내부정보란 증권거래활동 중에서 회사의 경영, 재무 또는 당해 회사증권의 시장가격에 중대한 영향이 있는 미공개된 정보를 말한다(증권법 제75조 제1항). 주식회사의 이미 발행한 주식의 5%를 소유한 주주는 그가 소유하고 있는 당해 회사의 주권을 매입 후 6개월 내에 매도하거나 매도 후 6개월 내에 재매입한 경우 이로 얻은 수익은 당해 회사의 소유로 한다. 단, 증권회사가 인수모집한 후 매도잔여로 하여 5% 이상 주식을 소유하게 된 경우 당해 주권의 매도는 6개월의 시간제한을 받지 아니한다(증권법 제47조 제1항).

(2) 時勢操縱行爲의 禁止

시세조종행위란 이익취득이나 손실감소를 목적으로 수중의 자금 등 우세를 이용하여 증권시장가격에 영향을 줌으로써 증권시장의 假象을 발생시켜 투자자들이 진상을 알지 못한 상태에서 투자결정을 내리게 하는 등 증권시장질서를 교란하는 행위를 말한다. 다음의 수단으로 부당한 이익을 취득하거나 위험을 전가하는 행위는 시세조종행위에 해당한다. ① 단독 또는 공모로 자금우세, 주식소유우세를 집중시키거나 정보우세를 이용하여 연합 또는 연속적으로 매매하여 증권거래가격을 조종하는 행위, ② 타인과 공모하거나 사전에 약속한 시간, 가격과 방식으로 상호 증권거래를 진행하거나 소유하지 않은 증권을 상호 매매함으로써 증권거래가격 또는 증권거래량에 영향주는 행위, ③ 자기를 거래대상으로 소유권을 이전하지 않는 자기매매를 함으로써 증권거래가격 또는 증권거래량에 영향주는 행위, ④ 기타 방법으로 증권거래가격을 조종하는 행위(증권법 제77조).

(3) 虛僞陳述行爲의 禁止

국가의 업무인원, 방송매체종사인원 및 관련 인원들이 허위정보를 꾸미거나 전파하여 증권거래에 엄중한 영향을 미치는 것을 금지한다. 증권거래소, 증권회사, 증권등기결제기구, 증권거래서비스기구, 사회중개기구 및 그 종사인원과 증권업협회, 증권감독관리기구 및 그 업무인원들이 증권거래활동 중에서 허위진술 또는 정보를 誤導하는 것을 금지한다. 각종 방송매체에서 증권거래정보를 전파할 경우에는 반드시 진실하고 객관적이어야 하며 誤導를 금지한다(증권법 제78조).

(4) 顧客詐欺行爲의 禁止

증권거래 중에서 증권회사 및 그 종사인원들이 ① 고객의 위탁을 위배하고 자기를 위하여 증권을 매매하는 행위, ② 규정한 시간 내에 고객에게 거래의 서면확인문건을 제공하지 않는 행위, ③ 고객이 매매를 위탁한 증권 또는 고객계좌의 자금을 유용하는 행위, ④ 사사로이 고객계좌상의 증권을 매매하거나 고객의 명의로 증권을 매매하는 행위, ⑤ 수수료수입을 위하여 고객을 유혹하여 불필요한 증권매매를 하는 경우, ⑥ 기타 고객의 진실한 의사표시를 위배하고 고객의 이익을 손해하는 행위 등 고객의 이익을 침해하는 사기행위를 하는 것을 금지한다(증권법 제79조).

(5) 기타 禁止行爲

증권거래에서 법인이 개인의 명의로 계좌를 개설하여 증권을 매매하는 것을 금지하고 공금을 유용하여 증권을 매매하는 것을 금지한다(증권법 제80조, 제82조). 국유기업과 국유자산이 지배하는 기업이 상장거래하는 주식을 매매할 경우 반드시 국가의 관련 규정을 준수하여야 한다(증권법 제83조).

V. 證券市場의 情報公開制度

1. 情報公開制度의 意義

정보공개제도를 공시제도라고도 하는데 주로 주식 또는 채권의 발행인이 발행시장, 거래시장에서 법에 따라 증권의 발행 및 거래에 관한 중대한 사항을 공개하는 것을 말한다. 증권정보의 공개는 투자자로 하여금 증권매매와 관련되는 중대한 사실과 자료를 알 수 있게 함으로써 정확한 투자결정을 내릴 수 있게 하며 증권시장자금의 흐름을 유도함으로써 사회자원의 효율적인 분배기를 가능케 한다. 또한 증권발행인의 경영활동이 투자자들의 감독 하에 놓이게 함으로써 적시에 발행인의 위법활동을 발견하고 제지하는 역할도 한다. 증권의 발행인, 상장회사가 법에 따라 공개하는 정보는 반드시 진실하고 정확하며 완전하고 허위기재, 誤導性 진술 또는 중대한 누락이 없어야 한다(증권법 제63조).

2. 證券發行時의 情報公開

국무원증권감독관리기구의 심사·인가를 거쳐 법에 따라 주권을 발행하거나 국무원이 수권한 부문의 비준을 거쳐 법에 따라 회사채권을 발행하는 경우 응당 회사법의 규정에 따라 주식모집청약서, 회사채권모집방법을 공고하여야 한다. 법에 따라 신주를 발행하거나 회사채권을 발행하는 경우에는 회사재무보고서도 공고하여야 한다(증권법 제64조).

3. 證券上場時의 情報公開

(1) 주권상장거래는 증권거래소에 신청하여 증권거래소의 심사동의를 거치면 쌍방이 상장계약서를 체결한다(증권법 제48조 제 1 항). 주권의 상장거래신청이 증권거래소의 심사동의를 거친 후 증권거래소와 상장계약서를 체결한 회사는 응당 규정한 기한 내에 주권상장의 관련 문건을 공고하고 당해 문건을 지정된 장소에 비치하여 열람할 수 있게 하여야 한다(증권법 제53조). 아울러 비준된 주권거래일자, 회사주식을 제일 많이 보유한 전 10명의 명단 및 보유주식액수, 회사의 실제지배자, 이사·감사·經理 및 기타 고급관리인원들의 성명 및 회사주권과 채권의 보유정황을 공고하여야 한다(증권법 제54조).

(2) 회사채권의 상장거래가 증권거래소의 심사동의를 거쳐 증권거래소와 상장계약서를 체결한 회사는 응당 규정한 기한 내에 회사채권상장 관련 문건 및 관련 문건을 공고하고 신청문건을 지정된 장소에 비치하여 대중들이 열람할 수 있게 하여야 한다(증권법 제59조).

4. 持續的인 情報公開

(1) 中期報告書의 公告

주권 또는 회사채권을 상장거래하는 회사는 응당 매 회계연도의 상반년이 끝난 후 2개월 내에 국무원증권감독관리기구와 증권거래소에 중기보고서를 제출하고 공고하여야 한다(증권법 제65조).

(2) 年度報告書의 公告

주권 또는 회사채권을 상장거래하는 회사는 응당 매 회계연도가 끝난 날로부터 4개월 내에 국무원증권감독관리기구와 증권거래소에 연도보고서를 제출하고 공고하여야 한다(증권법 제66조).

(3) 臨時報告書의 公告

상장회사의 주권거래가격에 비교적 큰 영향을 미치고 투자자들이 아직 알지 못한 중대한 사건이 발생할 가능성이 있는 경우 상장회사는 응당 즉시에 당해 중대한 사건의 정황에 관한 임시보고서를 국무원증권감독관리기구와 증권거래소에 제출하고 공고하여야 한다(증권법 제67조).

Ⅵ. 上場會社의 引受

1. 上場會社引受의 意義 및 種類

상장회사의 인수(上市公司收購)란 투자자가 특정 상장회사를 지배하거나 합병할 목적으로 이미 발행한 당해 상장회사의 주식을 대량으로 매수하는 행위를 말한다.

「증권법」 제85조의 규정에 따라 상장회사의 인수는 청약인수(要約收購)와 합의인수(協議收購) 및 기타 합법적인 방식의 인수로 나눈다. 청약인수란 인수자가 대상회사의 전체 주주에게 공개적으로 당해 회사주식을 매수하겠다는 청약을 발송하는 방식을 통하여 대상회사주식을 매수하는 행위를 말한다. 매수청약은 매수가격, 매수수량 및 청약기간 등 매수조건을 규정하고 공고하여야 한다. 청약인수는 사실상 공개매수방식이다. 합의인수란 인수자가 대상회사의 주주와 협상을 통하여 합의를 달성하고 합의서에 규정한 매수조건, 매수가격, 매수기한 및 기타 사항에 따라 목표회사의 주식을 매수하는 행위를 말한다. 합의인수는 사전에 대상회사의 주주와 서면 주식양도합의서를 체결하고 이를 근거로 주식을 양수받음으로써 인수목적을 실현하는 것이다.

2. 上場會社引受의 節次

⑴ 請約引受

㈎ 상장회사인수보고서를 제출한다. 증권거래소를 통한 증권거래에서 투자자가 단독으로 또는 계약이나 기타 안배로 타인과 공동으로 한 상장회사의 이미 발행한 주식의 30%를 보유한 경우 계속 매수하려면 매수자(인수자)는 당해 상장회사의 전체 주주에게 상장회사의 전부 또는 일부 주식을 매수하는 매수청약을 발송하여야 한다. 단, 국무원증권감독관리기구가 청약의 발송을 면제하는 경우는 제외한다. 매수청약을 발송하기 전에 응당 국무원증권감독관리기구와 증권거래소에 상장회사인수보고서를 제출하여야 한다(증권법 제88조, 제89조).

㈏ 매수청약을 공고한다. 매수자(인수자)는 상장회사인수보고서를 제출한 날로부터 15일 후에 매수청약을 공고하여야 한다. 매수청약의 기한은 30일 이상이어야 하고 60일을 초과할 수 없다(증권법 제90조).

㈐ 피인수회사의 상장거래를 종료한다. 매수청약의 기한이 만료한 후 피인수회사의 주식소유구조가 상장조건에 부합되지 않는 경우 당해 상장회사의 주권의 증권거래소에서의 상장거래를 종료한다(증권법 제97조).

㈑ 강제매수를 한다. 매수청약의 기한이 만료한 후 피인수회사의 주식소유구조가 상장조건에 부합되지 않는 경우 나머지 피인수회사의 주식을 보유한 주주는 매수자(인수자)에게 매수청약과 동등한 조건으로 그 주식을 매도할 권리가 있으며 매수자(인수자)는 응당 매수하여야 한다(증권법 제97조).

⑵ 合意引受

인수자는 법률, 행정법규의 규정에 따라 피인수회사의 주주와 합의방식으로 주식양수도 할 수 있다. 합의방식으로 상장회사를 인수하는 경우 합의를 달성한 후 인수자는 반드시 3일 내에 당해 인수합의에 따라 국무원증권감독관리기구 및 증권거래소에 서면보고서를 제출하고 공고하여야 한다. 공고 전에는 인수합의를 이행할 수 없다(증권법 제94조). 따라서 합의쌍방은 임시로 증권등기결제기구에 위탁하여 합의양도하는 주권을 보관하고 자금을 지정한 은행에 예금할 수 있다(증권법 제95조).

제 7 절 破 産 法

I. 總 說

1. 破産의 意義

파산법상 파산은 두 가지 의미가 있다. 첫째는 채무자가 만기한 채무를 변제할 수 없는 사실상태이고, 둘째는 채무자가 채무를 변제할 수 없는 상황하에서 公平하게 채무를 처리하는 법률절차이다.

일반적으로 채무자(기업)가 채무를 변제할 수 없는 상황 하에서 당해 채무자(기업)와 채권자에게는 두 가지 선택이 있다. 하나는 당사자 간의 협상 등 司法 이외의 절차나 방법을 통하여 채무문제의 해결방법을 찾는 것이고(예컨대, 채무연장) 다른 하나는 파산법에 따라 법원에 파산신청을 제기하여 법원의 지휘와 감독하에서 채무관계를 청산하거나 화의절차 또는 정리절차 등 再建型 채무자회생절차를 통하여 채무관계를 처리하는 것이다. 따라서 파산사건은 꼭 채무자(기업)가 청산하는 결과를 초래하는 것이 아니다.

그러므로 현대 파산법에 있어서 법률절차로서의 파산은 넓은 의미의 파산, 즉 한국법상 倒産에 해당하는 개념[1]으로서 파산에 따른 청산절차만을 가리키는 것이 아니고 채무자, 특히 재무곤경에 빠진 기업들을 구제하는 기타 절차들을 포함한다. 중국은 일찍 1986년에 제정한「기업파산법(시행)」에서 "和議와 整頓"(和解와 整頓)절차를 규정하여 기업이 채권자의 양보 하에서 整頓을 통하여 회생할 수 있는 제도를 마련한 바 있으며, 20세기 70년대 이후 선진국을 중심으로 보편적으로 사용하기 시작한 회사정리제도가 보다 유력한 법적 수단으로 채무곤경에 처한 기업들을 구제하고 있는 현실에 비추어 새로 제정된「중화인민공화국 기업파산법」에서는 파산에 따른 청산절차 외에 채무자회생절차로서의 화의절차와 정리절차를 동시에 규정하고 있다. 따라서 중국의 기업파산법상 파산절차는 파산에 따른 청산절차 외에 화의절차와 정리절차를 포함하는 개념이다.

---

1) 중국어에서 법률용어로 倒産이라는 용어는 사용하지 아니한다. 따라서 여기서 말하는 넓은 의미에서의 파산은 한국법상의 도산에 해당하는 개념이라고 할 수 있다.

2. 破產法의 意義

파산법은 채무자가 만기한 채무를 변제하지 못할 경우 파산청산절차, 화의절차 또는 정리절차를 적용하여 채무관계를 처리하는 법률규범의 총칭이다. 파산법은 협의의 파산법과 광의의 파산법으로 나누어 볼 수 있는데 협의의 파산법은 "파산법"으로 명명된 단행법률 또는 상법전에 포함된 "파산편"을 가리키고 광의의 파산법은 채무자가 채무를 변제하지 못할 경우 파산청산절차, 화의절차 또는 정리절차를 적용하여 채무관계를 처리하는 모든 법률규범을 가리킨다.

중국에 있어서 협의의 파산법은 2006년 8월 27일에 제정한 "중화인민공화국 기업파산법"(이하 「파산법」이라 함)을 가리킨다. 「파산법」 제정 이전에는 파산사건이 주로 1986년에 12월 2일에 제정·공포한 「기업파산법(시행)」과 1991년에 제정·공포한 「민사소송법」 중의 "기업법인파산 및 채무상환절차"에 의하여 규율되었다. 「기업파산법(시행)」은 전민소유제기업, 즉 국유기업에 한하여 적용되었고 「민사소송법」상의 "기업법인파산 및 채무상환절차"는 비국유기업형태의 기업법인에 적용되었다. 그리고 최고인민법원이 제정한 「"기업파산법(시행)"을 관철집행하는 약간의 문제에 관한 의견」(1991. 11. 7.), 「"중화인민공화국 민사소송법"을 적용하는 약간의 문제에 관한 의견」(1992. 7. 14.), 「인민법원이 기업파산사건을 심리할 시 응당 주의해야 할 몇가지 문제에 관한 통지"(1997. 3. 6.), 「기업파산사건을 심리하는 약간의 문제에 관한 통지」(2002. 9. 1.) 등 사법해석 및 「몇개 도시에서 국유기업파산을 시행하는 것과 관련된 문제에 관한 통지」(1994. 10. 25.) 등 국무원의 국유기업의 정책성 파산에 관한 규범성 문건도 파산법의 중요한 법원으로 작용하였다. 그러나 기존의 파산법은 입법이 지나치게 분산되고 국유기업과 비국유기업에 서로 다른 파산절차를 실행함으로 하여 공정경쟁에 불리하며, 파산법규범에 정부가 파산절차에 간섭하는 계획경제의 요소가 다분히 존재하고 법조문이 원칙적이고 실효성이 떨어져 채권자와 채무자의 이익을 보호하는 데 불리하며, 시장경제 하에서 정리절차 등 새로운 채무자회생절차가 결여되고 서로 다른 법률에 정한 파산에 관한 규정이 모순되는 등 많은 문제점들이 존재하여 시장경제체제 하의 기업의 파산제도와는 거리가 멀었다. 이에 따라 중국은 진정으로 시장경제의 이념을 체현하고 시장경제체제에 부합하는 새로운 파산법의 기초에 착수하여 2008년 8월 27일에 드디어 「파산법」을 제정하게 되었다.

「파산법」은 중국 시장경제발전의 상징적 법률로서 중국 기업파산제도의 새로운 지평을 열어놓았다고 할 수 있다. 「파산법」은 기존의 여러 법률에 분산된 파산절차를 통합하여 모든 기업법인에 적용되는 통합된 파산법을 제정하였고 처음으로 정리절차와 管理人制度[1]를 도입하였으며, 파산기업의 노동자의 이익을 최대한 보호하고 국유기업의 정책성 파산을 제외하였으며, 파산조건을 더욱 完全하게 수정하고 채권자에 대한 보호를 강화하였으며, 엄격한 파산책임을 규정하고 사기성 파산에 대한 예방과 타격을 강조하였으며, 금융기관파산에 대하여 특별규정을 두고 국제파산에 관한 규정을 두는 등 중국 파산제도의 획기적인 발전을 보여 줄 뿐만 아니라 중국 파산제도의 특색도 제시하고 있다. 新 파산법의 제정에 이어 최고인민법원은 「기업파산사건의 심리시 관리인의 지정에 관한 규정」(2007.4.4.) 및 「기업파산사건을 심리시 관리인보수의 확정에 관한 규정」(2007.4.4.)을 제정하여 적용하고 있으며, 「인민법원이 기업파산사건을 심리하는 약간의 문제에 관한 통지」 등 기존의 사법해석도 「파산법」과 배치되지 않은 범위 내에서 효력을 갖는다. 아울러 민사소송법 등 기타 법률에 산재된 파산 관련 규정도 파산법의 法源으로 작용한다. 여기에서는 주로 협의의 파산법, 즉 「파산법」을 중심으로 해설한다.

3. 破産法의 適用範圍

파산절차 내지는 파산법의 적용범위는 파산능력과 관련된다. 「파산법」 제정 이전에는 중국 파산법은 商法人破産主義를 실행하여 파산법은 기업법인에만 적용되었고 비법인형태의 기업에 대하여는 파산절차가 마련되어 있지 않았다. 구체적으로 말하자면 개정전 「민사소송법」 제206조에 따라 법인격이 없는 기업, 개인공상호(個體工商戶), 농촌도급경영호(農村承包經營戶), 개인조합(個人合伙)이 만기한 채무를 변제하지 못하는 경우에는 파산절차를 적용할 수 없었다. 그러나 기업의 성격에 따라 파산법의 적용범위에 있어서 명확한 구분이 있었다. ① 全民所有制企業, 즉 국유기업은 「기업파산법(시행)」을 적용하였고 ② 非全民所有制企業, 즉 국유기업 이외의 기타 기업법인은 「민사소송법」상의 "기업법인파산 및 채무상환절차"를 적용하였으며 ③ 「상업은행법」에 의하여 설립한 금융기관이 파산하는 경우에는 당해 법률 제71조의 규정을 우선 적용하였고 당해 법률에 규정

1) 한국 파산법상의 관재인제도에 해당한다.

이 없는 경우에는 「기업파산법(시행)」 또는 「민사소송법」상 "기업법인파산 및 채무상환절차"의 규정을 적용하였다.

「파산법」이 시행된 후 파산법의 적용범위는 비록 여전히 商法人破産主義를 취하고 있지만 더 이상 소유제에 따라 구분하여 처리하지 않고 기업법인이라면 그 어떤 소유제를 막론하고 모두 「파산법」을 적용할 수 있게 하였다. 그리고 「파산법」에 파산사건의 심리절차에 대하여 규정이 없을 경우 민사소송법의 관련 규정을 적용하게 하였고(파산법 제4조), 「파산법」시행이전 국무원이 규정한 기한과 범위 내의 국유기업파산에 관한 특수한 사항은 국무원의 관련 규정에 따라 처리하도록 하였으며(파산법 제133조), 상업은행, 증권회사, 보험회사 등 금융기구가 파산하는 경우 국무원이 「파산법」 및 기타 관련 법률의 규정에 따라 실시방법을 제정할 수 있게 하였다(파산법 제134조). 그리고 기타 법률이 규정한 기업법인 이외의 조직이 파산청산을 하는 경우 당해 법률이 규정한 절차를 참조할 수 있게 하였다(파산법 제135조). 예컨대, 2006년 8월 27일에 개정된 「조합기업법」의 제92조의 규정에 따라 조합기업도 파산청산신청을 할 수가 있는데 이 경우 「조합기업법」상 파산에 관한 규정이 미비하므로 「파산법」의 규정을 참조하여 처리하게 된다.

4. 破産法의 域外適用

파산절차 내지는 파산법의 역외적용은 국제도산의 문제이다. 이와 관련하여 속지주의와 보급주의의 입법방식이 있다. 속지주의는 파산절차의 효력이 미치는 범위를 절차개시국에 존재하는 채무자의 재산에 한정하는 입법방식이고 보급주의는 파산절차의 효력이 외국에 존재하는 재산에 대하여도 미치도록 하는 입법방식이다. 「파산법」 제5조는 "본법에 따라 개시한 파산절차는 중화인민공화국 영역 이외의 채무자재산에 대하여 효력을 발생한다. 외국법원이 내린 법률효력이 발생하는 파산사건의 판결, 결정에 대하여 채무자의 중화인민공화국 영역 내의 재산과 관련이 있어 인민법원에 승인 및 집행을 신청 또는 청구하는 경우 인민법원은 중화인민공화국이 체결하였거나 참가한 국제조약 또는 호혜의 원칙에 따라 심사하여 중화인민공화국법률의 기본원칙을 위반하지 않거나 국가주권, 안전 및 사회공공이익을 손해하지 않고 중화인민공화국 영역 내의 채권자의 합법적 권익을 손해하지 않는 경우 승인 및 집행을 결정한다"고 정하고 있다. 따라서 「파산법」은 파산절차의 역외적용에 대하여 제한적인 보급주의를 취하고 있는 것이다. 우선, 중국 내 파산절차의 역외적용을 인정하여 중국법인이 진행하는 파산절차가 국외에 있는 채무자의 재산에 미치게 함으로써 管理人 또는 법원이 국외에서 중국판결의 승인과 집행을 신청하는 데 근거를 제공하였으며, 그 다음으로 외국파산절차의 중국 내 승인과 집행에 대해서는 조건부로 인정하였다. 이는 중국채권자의 이익을 보호하고 다른 나라와 국제도산협력을 진행하는 데 유리하다고 하겠다.

Ⅱ. 破產事件의 申請과 受理

1. 破產原因

파산원인은 파산절차 적용의 근거로 되는 특정의 법률사실로서 파산절차개시의 전제이며 법원이 파산사건의 수리와 파산선고를 할 수 있는 필수적인 요건이다. 파산원인의 입법방식에는 통상 영미법계국가에서 취하는 열거주의와 대륙법계국가에서 취하는 포괄주의가 있다. 열거주의는 파산원인에 해당하는 사실에 대하여 열거하는 것을 말하는데 채무자가 이 중 하나에 해당되는 경우 파산절차를 적용할 수 있다. 포괄주의는 파산원인에 해당하는 사실을 한 개 또는 몇 개의 범주로 개괄하는 것을 말한다. 한편 포괄주의입법방식을 취하고 있는 국가에서는 통상 채무변제불능, 채무초과 및 지급정지 등 사실중 하나 또는 몇가지를 파산원인으로 정하고 있다. 이에 따라 포괄주의입법을 진일보로 파산원인단일주의와 파산원인복합주의로 나누기도 한다.

「파산법」은 대륙법계국가의 통상적인 입법례에 따라 파산원인에 관하여 포괄주의입법방식을 취하고 있다. 구체적인 파산원인과 관련하여 「기업파산법」을 제정하기 전에는 「기업파산법」(시행)과 「민사소송법」(2008년 4월 개정 이전) 및 「상업은행법」에 따라 원칙적으로 채무변제불능(지급불능)[1]을 파산원인으로 하였고[2]

1) 채무변제불능이란 채무자가 변제능력이 부족하여 이미 변제기한이 도래하였고 이미 변제청구를 받은 전부 또는 주요한 채무에 대하여 전면적으로 계속적으로 변제할 수 없는 재산상태를 가리킨다.

2) 「기업파산법」(시행) 제 3 조는 “기업이 부실한 경영관리로 인한 엄중한 적자를 초래하여 만기한 채무를 변제할 수 없는 경우 본 법의 규정에 따라 파산을 선고한다”고 정하고 있고 「민사소송법」(2008년 4월 개정 이전) 제199조는 “기업법인이 엄중한 적자로 인하여 만기한 채무를 변제할 능력이 없는 경우 채권자는 인민법원에 채무자가 파산하여 채무를 변제할 것을 선고하도록 신청할 수 있고 채무자도 인민법원에 파산하여 채무를 변제할 것을 선고하도록 신청할 수 있다”고 정하고 있으며, 「상업은행법」 제71조는 “상업은행이 만기

「파산법의견」에 따라 특수한 상황 하에서 지급정지도 파산원인으로 하였지만[1] 새로 제정된 「파산법」에서는 원칙적으로 채무변제불능(지급불능)과 채무초과 등을 동시에 파산원인으로 하고 있다. 따라서 「파산법」은 파산원인과 관련하여 복합주의방식을 취하고 있다는 것을 알 수 있다. 「파산법」 제2조 및 제7조의 규정에 따라 파산원인에는 다음의 세 가지 경우가 포함된다.[2] 첫째, 기업법인이 만기한 채무를 변제할 수 없고 아울러 자산이 전부의 채무를 변제하지 못하는 경우, 둘째, 기업법인이 만기한 채무를 변제할 수 없고 아울러 현저히 변제능력이 결여된 경우, 셋째, 기업법인이 현저히 변제능력을 상실할 우려가 있는 경우이다. 첫 번째 경우와 두 번깨 경우에는 정리절차, 화의절차 또는 파산청산절차의 개시를 모두 신청할 수 있고 세 번째 경우에는 정리절차의 개시만 신청할 수 있다. 그리고 해산한 회사에 있어서는 청산을 아직 하지 않았거나 청산을 시작하였지만 완료하지 않았다면 자산이 채무를 변제하지 못하는 경우, 즉 채무초과만으로도 파산원인이 된다.[3]

2. 破產事件의 管轄

(1) 지역관할

「파산법」 제3조는 "파산사건은 채무자소재지의 인민법원이 관할한다"고 정하고 있다. 여기서 "채무자소재지"는 "민법통칙"과 최고인민법원의 "기업파산사

한 채무를 지급할 수 없는 경우 국무원 은행업감독관리기구의 동의를 거쳐 인민법원은 법에 따라 그 파산을 선고한다.…"라고 정하고 있다.

1) 「파산법의견」은 제8조 제2항에서 "만기한 채무에 대한 지급을 정지하고 아울러 연속적인 상태에 처해 있는 경우 만약 상반되는 증거가 없으면 '만기채무를 변제할 수 없는 것'으로 추정한다"고 정하고 있다.

2) 「파산법」 제2조는 "기업법인이 만기한 채무를 변제할 수 없고 아울러 자산이 전부의 채무를 변제하지 못하거나 현저히 변제능력이 결여된 경우 본 법에 따라 채무를 청산하고 정리하여야 한다. 기업법인은 전항에서 규정한 경우가 있거나 현저히 변제능력을 상실할 우려가 있을 경우 본법에 따라 정리를 진행할 수 있다"고 정하고 있고 제7조에서는 "채무자는 본법 제2조에서 규정한 경우 경우 인민법원에 정리, 화의 또는 파산청산의 신청을 제기할 수 있다. 채무자가 만기한 채무를 변제할 수 없을 경우 채권자는 인민법원에 채무자에 대하여 정리 또는 파산청산을 진행할 것을 신청할 수 있다. 기업법인이 이미 해산하였지만 청산하지 않았거나 청산을 완료하지 않았을 경우 자산이 전부의 채무를 변제하지 못한다면 법에 따라 청산책임을 부담하는 자는 응당 인민법원에 파산청산을 신청하여야 한다"고 정하고 있다.

3) 이와 관련하여 중국 「회사법」도 제188조에서 "청산팀(清算組)이 회사재산, 대차대조표와 재산명세서를 작성한 후 회사재산이 전부의 채무를 변제할 수 없는 경우 응당 법에 따라 인민법원에 파산선고를 신청하여야 한다"고 정하고 있다.

건을 심리하는 약간의 문제에 관한 규정"에 따라 기업의 주요 사무기구의 소재지를 가리킨다. 따라서 기업의 등록지와 주요 사무기구가 일치하지 않은 경우 응당 후자를 기준으로 한다. 단, 채무자가 사무기구가 없을 경우 등록지의 인민법원이 관할한다.

⑵ 심급관할(級別管轄)

「파산법」은 파산사건의 심급관할에 대하여 규정을 하지 않았다. 최고인민법원의 "기업파산사건을 심리하는 약간의 문제에 관한 규정" 제 2 조에 따라 파산사건의 심급관할은 다음의 원칙에 따른다. ① 기층인민법원은 일반적으로 縣, 縣級 市 또는 區의 공상행정관리기관에 등기한 기업의 파산사건을 관할하고 ② 중급인민법원은 일반적으로 地區, 地區級 市 이상의 공상행정관리기관에 등기한 기업의 파산사건을 관할하며, ③ 국가계획조정에 들어간 기업파산사건은 중급인민법원이 관할한다.

⑶ 이송관할(移送管轄)

최고인민법원의 "기업파산사건을 심리하는 약간의 문제에 관한 규정" 제 3 조 및 "민사소송법" 제39조의 규정에 따르면 상급인민법원은 하급인민법원이 관할하는 기업파산사건을 심리할 수 있고 본원이 관할하는 기업파산사건을 하급인민법원이 심리하게 할 수 있으며, 하급인민법원은 자기가 관할하는 기업파산사건을 상급인민법원에 넘겨 심리하게 할 필요가 있을 경우 상급인민법원이 심리하도록 청구할 수 있다. 그리고 성·자치구·직할시 범위 내에서 특수상황으로 인하여 개별기업 파산사건의 지역관할에 대하여 조정이 필요한 경우에는 반드시 공동 상급인민법원의 비준을 받아야 한다.

3. 破產申請

파산신청은 파산절차개시의 형식적 요건으로서 법에 따라 신청권을 가진 당사자가 법원에 채무자파산의 선고를 청구하는 의사표시를 말한다. 「파산법」에 따라 파산신청을 제기할 수 있는 주체에는 채무자, 채권자 및 청산인이 포함된다. 따라서 파산신청은 세가지 유형으로 나눌 수 있다. 그 중 하나는 채무자에 의한 파산신청이고 다른 하나는 채권자에 의한 파산신청이며, 또 하나는 청산인에 의한 파산신청이다. 이중 청산인에 의한 파산신청은 채무자에 의한 파산신청의 특수한 형태라고 하겠다. 각 주체에 의한 신청조건은 다음과 같다.

⑴ 채무자에 의한 파산신청

「파산법」 제7조 제1항의 규정에 따라 기업법인이 만기한 채무를 변제할 수 없고 아울러 자산이 전부의 채무를 변제하지 못하거나 현저히 변제능력이 결여된 경우 인민법원에 정리, 화의 또는 파산청산을 신청할 수 있으며, 현저히 변제능력을 상실할 우려가 있을 경우에는 정리신청만 할 수 있다. 따라서 채무자에 의한 파산신청조건은 파산원인과 동일하다고 하겠다.

⑵ 채권자에 의한 파산신청

「파산법」 제7조 제2항의 규정에 따라 채무자가 만기한 채무를 변제할 수 없을 경우 채권자는 인민법원에 채무자에 대하여 정리 또는 파산청산을 진행할 것을 신청할 수 있다. 채무자에 의한 파산신청조건과 비교하면 채권자에 의한 파산신청조건은 그 요구가 낮다고 할 수 있다. 이는 채권자가 채무자의 재산상태를 파악하기 쉽지 않은 점을 고려하여 채권자의 이익을 보호하기 위한 것이라고 하겠다.

⑶ 청산인에 의한 파산신청

「파산법」 제7조 제3항에 따라 기업법인이 이미 해산하였지만 아직 청산하지 않았거나 청산을 완료하지 않은 경우 자산이 전부의 채무를 변제하지 못한다면 법에 따라 청산책임이 있는 자는 응당 인민법원에 파산청산을 신청하여야 한다. 이는 채무자에 의한 파산신청의 특수한 형태로서 상기요건이 구비되면 응당 신청하여야 한다는 점에서 채무자와 채권자에 의한 파산신청과 성격이 다르다.

그 어떤 신청주체를 막론하고 인민법원에 파산신청을 할 시에는 응당 파산신청서와 관련 증거를 제출하여야 한다. 파산신청서에는 ① 신청인, 피신청인의 기본정황, ② 신청목적, ③ 신청의 사실과 이유, ④ 인민법원이 응당 기재하여야 한다고 인정하는 기타 사항을 기재하여야 한다. 그리고 채무자가 신청하는 경우에는 또 인민법원에 재산상황증명서, 채무정리장부, 채권정리장부, 관련 재무회계보고, 종업원안치예비방안 및 종업원임금의 지급과 사회보험비용의 납부정황을 교부하여야 한다(파산법 제8조). 파산절차의 개시는 인민법원이 파산신청을 수리할 시에 결정되는 것이므로 당사자의 의사를 존중하여 물론 인민법원이 파산신청을 수리하기 전에 신청인은 신청의 철회를 청구할 수 있다(파산법 제9조).

4. 破產事件의 受理

파산사건의 수리는 인민법원이 파산신청을 접수한 후 심사를 거쳐 당해 신청이 법이 정한 요건에 부합되는 경우 입건하고 이로부터 파산절차를 개시하는 사법행위를 말하는 것으로서 파산사건의 수리는 곧 파산절차의 개시를 의미한다. 파산사건의 수리는 일정한 법적 절차를 거쳐야 하며 일정한 법적 효과를 발생한다.

(1) 受理의 節次

(가) 파산신청에 대한 심사 인민법원은 파산신청을 접수한 후 이에 대하여 형식적인 심사와 실질적인 심사를 진행하여야 한다. 형식적인 심사는 본 법원이 관할권을 가지고 있는지, 신청인이 신청자격을 구비하고 있는지, 파산신청서 및 관련 서류가 법률의 규정에 부합되는지를 심사하는 것이고 실질적인 심사는 채무자가 파산능력을 구비하고 있는지, 파산원인을 구비하고 있는지, 파산신청을 조각(阻却)하는 장애가 없는지에 대하여 심사하는 것이다.[1] 다만 실무에서는 형식적인 심사가 위주이고 파산원인의 존재 여부 등 실질적인 심사는 초보적인 심사에 한한다.

(나) 법원의 수리결정 파산신청을 접수한 법원은 심사를 거쳐 파산신청이 법률에 정한 요건에 부합되는 경우 수리결정을 내리고 파산신청이 법률에 정한 요건에 부합되지 않는 경우 不受理결정을 내린다. 관련 당사자들의 이익을 보호하기 위하여 「파산법」은 파산사건의 수리와 관련하여 일정한 수리결정기한을 정해 놓고 있는데 수리결정은 법에 정한 기한 내에 내려야 한다. 단, 신청인에 따라 수리결정기한은 다르다. 채무자와 청산인이 파산신청을 하는 경우 법원은 파산신청을 접수한 날로부터 15일 내에 수리 여부를 결정하여야 하지만(파산법 제10조 제2항) 채권자가 파산신청을 하는 경우에는 수리결정기한이 보다 길다. 우선, 인민법원은 파산신청을 접수한 날로부터 5일 내에 채무자에게 통지해야 하는데 채무자가 신청에 대하여 이의가 있는 경우 응당 인민법원의 통지를 접수한 날로부터 7일 내에 인민법원에 제출해야 한다. 이에 따라 법원은 채무자의 이의만기일로부터 10일 내에 수리 여부를 결정해야 한다(파산법 제10조 제1항). 그러나 그 어떤 신청주체가 파산신청을 제기하더라고 특수한 정황이 존재하여 연장할 필요가 있는 경우 바

---

1) 張小煒·尹正友, 「企業破產法的實施與問題」, 當代世界出版社, 2007年 8月, 제47면.

로 상급 인민법원의 비준을 거쳐 15일까지 연장할 수 있다(파산법 제10조 제3항). 한편 인민법원이 파산신청을 수리한 후 파산선고 전에 심사를 거쳐 채무자가 파산원인을 구비하지 않는다는 것을 발견한 경우 신청기각결정을 내릴 수 있다. 그리고 신청인이 당해 결정에 불복할 경우 결정이 송달된 날로부터 10일 내에 바로 상급 인민법원에 상소를 제기할 수 있다(파산법 제12조 제2항).

㈐ **통지 및 공고** 인민법원은 파산신청을 수리한 경우 결정을 내린 날로부터 5일 내에 신청인에게 송달하여야 하며, 채권자가 신청한 경우에는 인민법원은 결정을 내린 날로부터 5일 내에 동시에 채무자에게 송달하여야 한다. 채무자는 결정이 송달된 날로부터 15일 내에 인민법원에 재산상황설명서, 채무장부, 채권장부, 관련 재무회계보고서 및 종업원노임의 지급과 사회보험비용의 납부정황을 교부하여야 한다(파산법 제11조). 그리고 인민법원이 파산신청을 수리하지 않기로 결정한 경우 응당 결정을 내린 날로부터 5일 내에 신청인에게 송달하고 아울러 그 이유를 설명하여야 한다. 단, 신청인인 당해 결정에 불복할 경우 결정이 송달한 날로부터 10일 내에 바로 상급 인민법원에 상소를 제기할 수 있다(파산법 제12조 제1항).

신청인과 채무자에게 통지하는 외에 인민법원은 파산사건을 수리한 후 25일 내에 이미 알고 있는 채권자에게 통지함과 아울러 공고하여야 한다. 통지와 공고에는 응당 다음의 사항을 기재하여야 한다. ① 신청인, 피신청인의 명칭 또는 성명, ② 인민법원이 수리한 파산신청의 시간, ③ 채권을 신고하는 기한, 장소 및 주의사항, ④ 관리인의 명칭 또는 성명 및 그가 사무를 처리하는 장소, ⑤ 채무자의 채무자 또는 재산소지인은 응당 관리인에게 채무를 변제하거나 재산을 교부해야 한다는 요구, ⑥ 첫 번째 채권자회의를 소집하는 시간 및 장소, ⑦ 인민법원이 응당 통지하여야 한다고 인정하는 통지와 공고의 기타 사항(파산법 제14조).

⑵ **受理의 效果**

법원이 파산신청을 수리하면 파산절차가 개시된다. 파산절차가 개시된 후 채무자의 재산은 보전상태에 들어가며 채권자의 권리행사도 구속을 받게 된다. 구체적으로 말하자면 주로 이하의 법률효과가 발생한다.

㈎ **채무자에 대한 영향** 인민법원이 파산사건을 수리한 후 채무자 및 그 법정 대표자 등은 이하의 의무를 부담한다. 우선, 채무자는 법원이 파산신청을 수리하면 개별채권에 대한 변제를 하지 못한다. 채무자가 개별채권자에 대한 채무변제는 무효이다(파산법 제16조). 둘째, 채무자기업의 법정대표자와 인민법원의 결정을

거친 채무자기업의 재무관리인원과 기타 경영관리인원은 법원의 파산신청을 수리하는 결정이 채무자에게 송달한 날로부터 파산절차종결일까지 채무자의 관련인원에게 다음의 의무를 부담한다. ① 그가 점유하고 관리하는 재산, 인감과 장부, 문서 등 자료를 타당하게 보관하여야 하고 ② 인민법원, 관리인의 요구에 근거하여 업무를 진행하고 아울러 진실하게 질문에 답하여야 하며, ③ 채권자회의에 출석하여 진실하게 질문에 답변하여야 하고 ④ 인민법원의 허가를 거치지 않으면 주소지를 이탈하지 못하며, ⑤ 기타 기업의 이사, 감사, 고급관리인원을 새로 담임하지 못한다(파산법 제15조).

(나) **채권자에 대한 영향** 파산신청이 수리되면 채권자의 미만기 채권은 기한이 도래한 것으로 간주한다. 다만, 채권액을 계산할 시 응당 기한이익을 공제하여야 한다. 그리고 채권자는 채무자의 개별변제를 받지 아니하고 파산절차를 통하여만 권리를 행사할 수 있다. 따라서 채권자는 개별적으로 채권을 구상하지 못하고 법원에 새로운 민사소송도 제기하지 못한다.

(다) **제3자에 대한 영향** 법원이 파산신청을 수리한 후 채무자의 채무자 또는 재산소지인은 응당 관리인에게 채무를 변제하거나 재산을 교부하여야 한다. 채무자의 채무자 또는 재산소지인이 고의로 이에 위배하여 채무자에 변제하가나 재산을 교부함으로써 채권자가 손실을 입은 경우 그의 채무변제 또는 재산교부의 의무는 면제되지 않는다(파산법 제17조). 그리고 파산신청을 수리하기 전에 성립하였고 채무자와 상대방 당사자 모두 이행을 완료하지 못한 계약에 대하여는 관리인이 해제 또는 계속 이행을 결정할 권한이 있으며. 이 경우에는 아울러 상대방 당사자에게 통지하여야 한다. 만약 관리인이 파산신청을 수리한 날로부터 2개월 내에 상대방 당사자에게 통지하지 않았거나 상대방 당사자의 최고를 받은 날로부터 30일 내에 답복을 하지 않는 다면 계약을 해제한 것으로 간주한다. 관리인이 계약을 계속 이행하기로 결정한 경우에는 상대방 당사자는 응당 이행하여야 한다. 단, 상대방 당사자는 관리인에게 담보제공을 요구할 수 있다. 관리인이 담보를 제공하지 않는 경우 계약을 해제한 것으로 간주한다(파산법 제18조).

(라) **관련 민사절차에 대한 영향** 인민법원이 파산신청을 수리한 후 채무자 재산에 관한 보전조치는 응당 해제하여야 하고 집행절차는 응당 중지하여야 한다(파산법 제19조). 이 경우 보전조치를 해제한 채무자의 재산은 파산재산에 포함되며, 집행신청자는 효력을 발생한 판결문상 집행이 필요한 변제액을 파산채권으로 신고

할 수 있다. 그리고 인민법원이 파산신청을 수리한 후 이미 시작되고 아직 종결되지 않은 채무자에 관한 민사소송 또는 중재절차는 응당 중지하여야 한다. 단, 관리인이 채무자의 재산을 접수관리한 후 당해 소송 또는 중재는 계속 진행한다(파산법 제20조). 또한 인민법원이 파산신청을 수리한 후 채무자에 관한 민사소송은 파산신청을 수리한 인민법원에 한하여 제기할 수 있다(파산법 제21조).

Ⅲ. 破産財産의 管理

1. 관 리 인

(1) 관리인의 의의

관리인[1]은 인민법원이 파산사건을 수리한 후 법에 따라 성립한, 파산채무자를 접수관리하고 독립적으로 파산채무자의 재산에 대한 보관, 정리, 평가, 환가 및 분배 등 사무를 처리하는 필수적인 기관이다. 관리인은 인민법원이 파산사건을 수리함과 동시에 지정하고 파산절차의 종료에 따라 해산한다. 선임된 관리인은 채권자집회의 신청에 따라 인민법원에 의하여 변경될 수 있으며, 그 직무집행은 법원에 대하여 책임지고 아울러 채권자회의와 채권자위원회를 감독을 받는다. 관리인제도는 「파산법」을 제정하면서 신설한 내용이다. 「기업파산법(시행)」에서는 파산사건의 수리시부터 전문 관리인을 두지 않고 파산사건의 수리시부터 파산선고시까지는 채무자가 재산을 자유로이 관리하고 파산선고 이후에만 청산팀(淸算組)를 두어 파산청산사무를 처리하게끔 하여 파산절차진행의 효율성이 저해되고 채무자가 재산을 은닉하거나 낭비를 초래할 여지가 있었다는 비판이 있어왔다.[2] 따라서 이러한 문제점을 극복하기 위하여 이번에는 국제적인 입법례를 참조하여 파산절차에 있어서 채무자의 재산관리와 기타 사무를 관리하는 기관으로서 국제적으로 통용되는 관리인을 두게 되었다.

(2) 관리인의 선임 및 보수

관리인의 선임주체는 법원이다. 법원은 파산사건을 수리함과 동시에 지정하

1) 파산관리인에 해당하는 기관을 영미법계국가에서는 "파산수탁인"이라 부르고 대륙법계국가에서는 "파산관재인" 또는 "파산관리인"이라고 부르는데 중국의 경우에는 「기업파산법(시행)」에서는 "청산팀"(淸算組)으로 부르다가 이번 「기업파산법」에서는 "관리인(管理人)"이라는 용어로 대신하였다. 원문의 뜻을 존중하여 파산관재인이라 표현하지 않고 관리인이라는 용어를 그대로 사용한다.

2) 王衛國, 「破産法」, 人民法院出版社, 1999年 12月版, 199면.

여야 한다(파산법 제13조, 제22조 제1항). 단, 채권자회의가 관리인이 법에 따라 공정하게 직무를 집행할 수 없거나 기타 직무를 수행할 수 없는 상황이 있을 경우 인민법원에 신청하여 변경하게 할 수 있다(파산법 제22조 제2항).

관리인의 선임범위와 관련하여「파산법」제24조는 적극적인 자격과 소극적인 자격을 규정하고 있다. 우선, 관리인의 적극적인 자격과 관련하여 관리인을 담임할 수 있는 기구와 개인은 다음과 같다. ① 유관 부문, 기구의 인원으로 구성된 청산팀(淸算組), ② 법에 따라 설립한 변호사사무소, 회계사사무소, 파산청산사무소 등 사회중개기구, ③ 전문지식을 구비하고 업무종사자격을 취득한 사회중개기구의 인원. 위의 ③의 경우에는 인민법원이 채무자의 실제정황에 근거하여 유관 사회중개기구의 의견을 수렴한 후 당해 기구의 관련 전문지식을 구비하고 업무종사자격을 취득한 인원을 지정하여 관리인을 담임하게 한다. 그리고 개인의 경우에는 관리인을 담임할 수 없는 소극적인 자격으로서 일정한 제한이 따른다. 즉 다음의 경우 중 하나에 해당하는 경우에는 관리인을 담임할 수 없다. ① 고의범죄로 형사처벌을 받은 경우, ② 관련 업종의 업무종사증서를 취소당한 적이 있는 경우, ③ 본 사건과 이해관계가 있는 경우, ④ 인민법원이 관리인을 담임하기에 적합하지 않다고 인정하는 기타 경우. 또한 개인이 관리인을 담임하는 경우 응당 영업종사책임보험에 가입하여야 한다.

관리인이 선임되면 그 보수는 인민법원이 결정하는데, 채권자회의가 관리인의 보수에 대하여 이의가 있는 경우에는 인민법원에 제기할 수 있다(파산법 제28조 제1항). 관리인보수의 확정방법은 최고인민법원의 규정에 따른다(파산법 제22조 제3항).

⑶ 관리인의 직책 및 의무

관리인은 주로 파산채무자의 접수, 파산채무자재산의 관리, 파산재산의 정리, 파산재산의 환가 및 분배 등 직책을 이행한다.「기업파산법」제25조에 따라 관리인의 구체적인 직책은 다음과 같다. ① 채무자의 재산, 인감과 장부, 문서 등 자료를 접수·관리한다. ② 채무자의 재산상황을 조사하고 재산상황보고서를 작성한다. ③ 채무자의 내부관리사무를 결정한다. ④ 채무자의 일상 지출 및 기타 필요한 지출을 결정한다. ⑤ 제1차 채권자회의를 소집하기 전에 채무자의 영업을 계속할 것인가 아니면 정지할 것인가를 결정한다. ⑥ 채무자의 재산을 관리하고 처분한다. ⑦ 채무자를 대표하여 소송, 중재 또는 기타 법률절차에 참가한다. ⑧ 채권자회의의 소집을 제안한다. ⑨ 인민법원이 관리인이 응당 이행하여야 한다고 인정하는 기타 직책을 수행한다.

관리인은 상기 직책을 수행할 시 응당 근면하고 책임을 다하며 충실하게 직무를 집행하여야 한다(파산법 제27조). 따라서 관리인은 파산사무의 처리에 있어서 주의의무와 충실의무를 동시에 부담한다고 할 수 있다. 이 외에도 관리인은 법에 따라 구체적인 의무를 부담한다. 직무집행시 인민법원에 보고를 하여야 하며(파산법 제23조 제1항), 제1차 채권자회의를 소집하기 전에 관리인이 채무자의 영업을 계속하거나 정지하기로 결정하는 경우 또는 관련 자산의 양도, 차입, 재산담보의 설정, 채무자와 상대방 당사자 모두 이행을 완료하지 못한 계약을 이행, 권리의 포기, 담보물의 환취 및 채권자에게 중대한 영향을 미치는 기타 재산을 처분하는 행위는 인민법원의 동의를 거쳐야 한다(파산법 제26조 및 제69조). 또한 관리인이 필요한 업무인원을 고용하는 경우와 정당한 이유가 있어 사직할 경우에도 인민법원의 허가를 거쳐야 한다(파산법 제28조 제1항, 제29조). 그리고 관리인은 법원의 감독을 받는 동시에 채권자회의와 채권자위원회의 감독을 받아야 한다. 관리인은 응당 채권자회의에 출석하여야 하며, 채권자회의에 직무집행정황을 보고하고 질문에 답하여야 한다(파산법 제23조).

2. 파산재산(채무자재산)의 범위

파산재산을 破產財團이라고도 하는데 파산선고 후의 채무자재산을 말한다. 「파산법」은 제4장에서 채무자재산에 관한 규정을 두고 제10장 파산청산에 관한 부분에서 파산선고 후 채무자를 파산자라고 부르고 채무자재산을 파산재산이라고 부른다고 규정하고 있다(파산법 제107조 제1항). 「파산법」 제30조의 규정에 따라 채무자재산이란 파산신청의 수리시 채무자에 속한 전부의 재산 및 파산신청을 수리한 후 파산절차 종결 전까지 채무자가 취득한 재산을 가리킨다(파산법 제30조). 따라서 채무자재산의 범위에는 다음의 재산이 포함된다.

(1) 파산신청시 채무자에 속한 전부의 재산이다. 여기에는 채무자가 소유한 기계, 설비, 건물 등 유형재산이 포함될 뿐만 아니라 채무자가 소유한 주식, 채권, 지적재산권 등 무형자산도 포함되며, 중국 경내에 있는 재산이 포함될 뿐만 아니라 중국 경외에 있는 재산도 포함된다. 즉 채무자가 소유권을 향유한 재산은 모두 파산채무자의 재산에 포함된다. 그리고 국유기업의 경우에는 "전민소유제공업기업법"의 규정에 따라 소유권이 없지만 국가의 수권에 따라 기업이 경영관리하는 처분권을 가진 자산도 파산재산에 포함된다고 할 수 있으며, 불하(出

讓)방식으로 취득한 국유토지사용권 등 양도 가능한 사용권도 채무자재산에 포함된다고 할 수 있다. 단, 담보물권이 설정된 재산과 법정 우선권이 존재하는 재산은 제외한다.

(2) 파산신청을 수리한 후 파산절차종결전까지 채무자가 취득한 재산이다. 이 부분 재산을 채무자재산에 포함시키는 것을 강학상에서 "팽창주의입법례"라고 하는 데 주로 ① 채무자의 채무자가 채무를 변제하여 취득한 재산, ② 계약상대방이 계약을 이행함으로 하여 취득한 재산, ③ 채무자재산이 발생하는 果實, ④ 파산신청수리 전에 취득한 주식, 채권에 대하여 파산신청수리 후에 취득한 배당과 이자, ⑤ 채무자가 계속적으로 영업함으로 하여 취득한 재산, ⑥ 기타 합법적 원인으로 취득한 재산 등이 포함한다. 파산재산은 파산기업이 소유한 파산분배에 사용되는 전부재산의 집합이다. 파산재산은 본질상 파산변제에 사용되는 재산이다. 비록 이론적으로 파산변제 이후 잔여재산은 파산자 또는 출자자에게 귀속되지만 실제상 이런 가능성은 거의 없다고 할 수 있다. 따라서 파산재산은 채권자의 재산이라고 할 수 있다. 그렇다면 그 어떤 파산재산을 감소시키는 행위는 모두 채권자의 이익에 영향을 준다. 따라서 중국 파산법은 파산재산을 정확하게 확정하기 위하여 부인권, 회수권(追回權), 환취권, 상계권 등에 대하여 규정을 두었다.

3. 부인권(撤銷權)과 회수권(追回權)

(1) 부 인 권

부인권이란 관리인이 파산채무자가 파산사건을 수리하기 전의 법정 기한 내에 실시한, 파산관계자이익을 손해하는 행위에 대하여 취소할 수 있는 권리를 말한다. 부인권은 관리인이 소송방식으로만 행사할 수 있다. 부인권의 행사는 두 가지 법적 효과를 발생한다. 하나는 채권자의 이익을 손해하는 행위는 무효로 되고 당해 행위로 인하여 취득한 재산 또는 재산권리는 채무자에게 귀속된다. 따라서 취소권은 회수권행사의 전제이고 회수권은 취소권행사의 필연적 결과이다. 「파산법」은 세 가지 응당 취소하여야 할 행위를 규정하고 있다. ① 인민법원이 파산사건을 수리하기전에 채무자재산과 관련된 다음의 행위는 관리자가 인민법원에 청구하여 취소할 수 있다. (i) 무상으로 양도하는 경우, (ii) 현저히 불합리한 가격으로 거래를 진행한 경우, (iii) 재산담보가 없는 채무에 대하여 재산담보를 제공한 경우, ⒤ 미만기 채권에 대하여 사전에 변제를 한 경우, (v) 채권을 포기한 경우(파산법 제31조). ② 인민법원이 파산신청을 수리하기 전 6개월 내에 채무자가 본 법 제2조 제1항에 규정한 경우에 해당함에도 불구하고 개별채권에 대하여 변제한 경우 관리인은 인민법원에 취소를 청구할 수 있다. 단, 개별변제가 채무자재산이 수익하게 하는 경우는 제외한다(파산법 제32조). ③ 채무자재산과 관련되는 다음의 행위는 무효이다. (i) 채무를 회피하기 위하여 재산을 은닉하거나 이전하는 행위, (ii) 채무를 가장하거나 진실하지 않은 채무를 승인하는 행위(파산법 제33조).

(2) 회 수 권

회수권이란 법의 규정에 따라 파산관리인이 취소권을 행사한 후 취득한 피취소행위로 인하여 처분된 재산을 회수할 수 있는 권리를 말한다. 기업파산법 제34의 규정에 따라 제31조, 제32조, 제33조의 행위로 인하여 취득한 채무자의 재산은 관리인이 회수할 수 있다. 관리인은 상기 무효 또는 취소하여야 하는 행위로 인하여 취득한 재산 또는 재산권리 외에 또 다음의 두 가지 종류의 재산을 회수할 수 있다. ① 법원이 파산사건을 수리한 후 채무자의 출자자가 아직 완전히 이행하지 못한 출자의무가 있을 경우 관리인은 응당 출자기한을 불문하고 출자자에게 인수한 출자를 납입할 것을 요구할 수 있다. ② 채무자의 이사, 경리와 고급관리인원이 직권을 이용하여 취득한 비정상수입과 침점한 기업의 재산에 대하여 관리인은 응당 회수하여야 한다(파산법 제35조, 제36조). 관리인이 회수권을 행사하여 회수한 재산은 파산재산에 산입된다.

4. 환취권(取回權)과 상계권(抵銷權)

(1) 환 취 권

환취권이란 채무자에 속하지 않는 재산에 대하여 재산의 권리자가 파산절차에 의하지 아니하고 법에 따라 관리인으로부터 당해 재산을 환취할 수 있는 권리를 말한다.

「파산법」 제38조는 "인민법원이 파산신청을 수리한 후 채무자가 점유한 채무자에 속하지 않는 재산에 대하여 당해 재산의 권리자가 관리인을 통하여 환취할 수 있다. 단, 본법에 별도의 규정이 있는 경우는 제외한다"라고 정하고 있다. 환취권자는 파산선고 후로부터 파산절차종료 전의 기간 내에 수시로 청산팀에 환취권을 행사하여 재산의 환취를 청구할 수 있다. 청산팀이 환취권자의 청구를 받은 후 확인을 거쳐 사실인 경우에는 응당 반환하여야 한다. 환취권의 목적물은 응당 原物로 반환하여야 하며, 그 목적물이 이미 처분하였거나 훼손·멸실되어 原物을 반환할 수 없는 경우에는 응당 환가하여 반환하여야 한다. 환가금액은 응당 전액 지급하여야 하며 파산채권으로 간주하여 파산분배에 참여시켜서는 안 된다.

(2) 상 계 권

파산상계권이란 채권자가 파산사건의 수리 전에 채무자에 대하여 채무를 부담하고 있는 경우 그 채권으로 그가 채무자에게 부담하고 있는 채무를 상계할 수 있는 권리를 말한다. 「파산법」 제40조는 "채권자는 파산신청의 수리전에 채무자에게 부담하고 있는 채무에 대하여 관리인에게 상계를 주장할 수 있다. 단, 다음의 경우중 하나에 해당하는 경우 상계를 할 수 없다. (i) 채무자의 채무자가 파산신청의 수리후에 타인의 채무자에 대한 채권을 취득한 경우, (ii) 채권자가 이미 채무자가 만기채무를 변제할 수 없거나 파산신청을 한 사실을 알고 채무자에게 채무를 부담한 경우(단, 채권자가 법률의 규정 또는 파산신청 1년 전에 발생한 원인으로 채무를 부담한 경우는 제외함), (iii) 채무자의 채무자가 이미 채무자가 만기채무를 변제할 수 없거나 파산신청을 한 사실을 알고 채무자의 채권을 취득한 경우(단, 채무자의 채무자가 법률의 규정 또는 파산신청 1년 전에 발생한 원인으로 하여 채권을 취득한 경우는 제외함).

파산상계권은 개별채권자에게 유리한 권리로서 파산채권자의 공동이익을 유지하기 위하여 일정한 제한이 가해진다. ① 파산채권자가 파산선고 후 파산자에 대하여 부담하는 채무는 상계할 수 없다. ② 파산자의 채무자는 파산선고 이후 양도를 통하여 취득한 타인의 파산자에 대한 채권은 상계를 할 수 없다. (3) 파산채권자가 이미 파산자가 지급정지를 하거나 파산신청을 한 사실을 알고 파산자에게 부담한 채무는 상계할 수 없다.

파산채권자는 관리인에 파산상계의 주장을 하고 관리인의 승인을 거치면 상계의 효과가 발생한다. 만약 관리인이 상계에 대하여 이의가 있다면 소송을 통하여 해결할 수 있다. 상계한 후 채무가 파산채권을 초과하는 부분은 여전히 파산재산에 속하며 파산채권자는 응당 급부의무를 이행하여야 한다.

5. 破産費用과 公益債務

파산비용이란 파산절차가 개시된 후 파산절차의 진행 및 전체 채권자의 공동이익을 위하여 파산재산의 관리, 평가, 정리, 환가와 분배 중에서 발생한 비용 및 파산재산을 위한 소송과 기타 사무를 처리하기 위하여 지불된 비용을 말한다. 공익채무란 파산절차가 개시된 후 전체 채권자의 공동이익을 위하여 부담하는 채무를 말한다. 입법례에 따라 파산비용과 공익채무를 합병하여 처리하기도 하지만 「파산법」은 이를 분리하여 입법하고 있다.

파산비용에는 다음의 것들이 포함된다.

① 파산사건의 소송비용, ② 채무자재산의 관리, 환가와 분배에 필요한 비용, ③ 관리인이 직무를 집행하는 비용, 보수 및 업무인원을 초빙하는 비용 등이다(파산법 제41조).

그리고 공익채무에는 다음의 것들이 포함된다.

① 관리인 또는 채무자가 상대방 당사자에게 쌍방이 이행완료하지 못한 계약의 이행을 청구하여 발생하는 채무, ② 채무자가 사무관리로 인하여 발생한 채무, ③ 채무자가 부당이득으로 발생한 비용, ④ 채무자가 계속 영업으로 인하여 지급한 노동보수와 사회보험비용 및 이로 인하여 발생한 기타 채무, ⑤ 관리인 또는 관련 인원이 직무집행으로 손해를 초래하여 발생하는 비용, ⑥ 채무자재산이 타인에게 손해를 초래하여 발생하는 채무이다(파산법 제43조).

이러한 비용은 전체 채권자의 이익과 파산절차의 순조로운 진행을 위하여 반드시 지불하여야 하는 것이기에 응당 채무자재산에서 수시로 변제하여야 하며, 또한 우선적으로 지급되어야 한다. 채무자재산이 모든 파산비용과 공익채무를 변제하지 못할 경우에는 우선적으로 파산비용을 변제하여야 하며, 비례에 따라 변제하여야 한다. 채무자가 모든 파산비용을 변제할 수 없을 경우 관리인은 응당 인민법원에 파산절차를 종결하여야 한다. 인민법원은 응당 청구를 받은 날로부터 15일 내에 파산절차를 종결하고 아울러 공고하여야 한다(파산법 제43조).

Ⅳ. 破産申告와 債權者會議[1)]

1. 債權의 申告

채권신고는 법원이 파산사건을 수리한 후 채권자가 법정 절차에 따라 그 채권의 존재를 주장하고 증명함으로써 파산절차에 참가하는 법률행위이다. 채권신고는 파산절차 중의 중요한 제도로서 채권자가 파산절차에 참가함과 아울러 권리를 행사는 전제이다.

⑴ 채권신고의 기한

인민법원은 파산신청을 수리한 후 응당 채권가 채권을 신고하는 기한을 확정하여야 한다. 채권신고의 기한은 인민법원이 파산신청수리공고를 한 날로부터 계산하여 최단 30일보다 적거나 최장 3개월을 초과할 수 없다(파산법 제45조).

⑵ 채권신고의 접수기관

「기업파산법(시행)」에서는 인민법원을 채권신고의 접수기관으로 규정하였지만 「파산법」에서는 관리인을 채권신고의 접수기관으로 정하고 있다. 따라서 채권자는 응당 인민법원이 확정한 채권신고기한 내에 관리인에게 채권을 신고하여야 한다(파산법 제48조 제1항).

⑶ 채권신고의 방식과 내용

채권자는 채권을 신고할 시 응당 서면으로 채권의 액수와 재산담보의 존재여부를 설명하고 아울러 관련 증거를 제출하여야 한다. 신고한 채권이 연대채권일 경우 응당 설명하여야 한다(파산법 제49조).

⑷ 채권신고의 범위

① 파산신청수리전에 성립한 채무자에 대한 채권은 모두 신고가능한 채권이다. 만기하지 않은 채권은 파산신청수리시에 만기한 것으로 간주하며 파산신청수리후에 만기한 채권중 이자를 지급하는 것은 파산신청수리시에 이자지급을 중지하며 이자를 지급하지 않는 것은 응당 파산사건수리시부터 만기시까지 법정이자를 공제하여야 한다. 단, 이자를 지급하지 않는 임대채권은 이에 한하지 아니한다.

---

1) 한국 파산법상 채권자집회에 해당한다. 원문의 표현을 존중하여 채권자회의라는 용어를 그대로 사용한다.

② 재산담보가 있는 채권과 재산담보가 없는 채권은 모두 신고대상이다.

③ 연대채권자는 그 중 한 사람이 전체 연대채권자를 대표하여 채권을 신고할 수 있고 공동으로 채권을 신고할 수도 있다(파산법 제50조).

④ 채무자의 보증인 또는 기타 연대채무자가 이미 채무자를 대신하여 채무를 변제한 경우 그의 채무자에 대한 구상권으로 채권을 신고할 수 있다. 채무자의 보증인 또는 기타 연대채무자가 아직 채무자를 대신하여 채무를 변제하지 아니한 경우 그의 채무자에 대한 미래의 구상권으로 채권을 신고할 수 있다. 단, 채권자가 이미 관리인에게 전부의 채권을 신고한 경우에는 제외한다(파산법 제51조).

⑤ 연대채무자로서의 수인이 본법에 정한 절차를 적용하기로 결정받은 경우 그 채권자는 전부의 채권에 대하여 각기 각 파산사건에서 채권을 신고할 수 있다(파산법 제52조).

⑥ 관리인 또는 채무자가 본법의 규정에 따라 계약을 해제한 경우 상대방 당사자는 계약해제로 발생한 손해배상청구권을 채권으로 신고한다(파산법 제53조).

⑦ 채무자가 위임계약의 위임인이고 본법에 규정한 절차를 적용하기로 결정받은 경우 수임인이 당해 사실을 모르고 계속 위임사무를 처리한 경우 수임인은 이로 인하여 발생하는 청구권으로 채권을 신고할 수 있다(파산법 제54조).

⑧ 채무자가 어음의 발행인으로서 본법에서 정한 절차를 적용받기로 결정한 경우 당해 어음의 지급인이 계속 지급 또는 인수한 경우 지급인은 이로 인하여 발생한 청구권을 채권으로 신고할 수 있다(파산법 제55조).

⑨ 조건부, 기한부 채권과 소송, 중재 미결의 채권도 채권자는 신고할 수 있다(파산법 제47조).

⑩ 채무자가 지급하지 않은 종업원의 임금과 의료, 장애수당, 무휼비용, 지급하지 않은 응당 종업원 개인계좌로 이체하여야 할 기본연금보험, 기본의료보험비용, 및 법률, 행정법규에서 규정한 응당 종업원에게 지급하여야 할 보상금은 신고할 필요가 없으며 관리인이 조사한 후 명세서를 만들어 공시한다. 종업원이 명세서의 기재에 이의가 있는 경우 관리인에게 변경을 요구할 수 있으며 관리인이 변경하지 않을 겨우 종업원은 인민법원에 소송을 제기할 수 있다(파산법 제48조 제2항).

(5) 채권신고의 효력

인민법원이 확정한 채권신고기한 내에 채권자가 채권을 신고하지 않은 경우 파산재산의 최후분배 전에 보충신고를 할 수 있다. 단, 그 이전에 이미 진행한 분배는 더 이상 보충 분배를 하지 않는다. 보충신고채권을 심사 및 확인하기 위한 비용은 보충신고인이 부담한다. 채권자가 「파산법」의 규정에 따라 채권을 신고하지 않은 경우 「파산법」의 규정에 따라 권리를 행사할 수 없다(파산법 제56조).

⑹ 신고채권의 심사확정

관리인은 채권신고자료를 접수한 후 응당 등기책자를 만들어 신고한 채권에 대하여 심사를 진행하고 채권표를 작성하여야 한다. 채권표와 채권신고자료는 관리인이 보관하고 이해관계자가 열람하게 하여야 한다(파산법 제57조). 관리인이 작성한 채권표는 제1차 채권자회의에 상정하여 심사확인을 받는다. 채무자, 채권자가 채권표에 기재한 채권에 대하여 이의가 없는 경우 인민법원이 확인결정을 한다. 채무자, 채권자가 채권표에 기재한 채권에 대하여 이의가 있는 경우 파산신청을 수리한 인민법원에 소송을 제기할 수 있다(파산법 제58조).

2. 債權者會議

⑴ 채권자회의의 의의

채권인회의는 전체 채권자들이 파산절차에 참가하여 집단적으로 권리를 행사하는 의결기구이다. 채권자회의는 전체 채권자들로 하여금 하나의 유기체로서 권리행사와 권리처분에 대하여 공동의사를 표시하고 그들의 공동이익을 위하여 필요한 행동을 취할 수 있게 한다.

⑵ 채권자회의의 구성과 권한

㈎ 채권자회의의 구성 법에 따라 채권을 신고한 채권자는 모두 채권자회의의 구성원으로서 채권자회의에 참석할 수 있으며 의결권을 향유한다(파산법 제59조 제1항). 단, 채무자의 특정재산에 대하여 담보권을 향유하는 채권자로서 우선적으로 변제받을 권리를 포기하지 않은 경우 의결권이 제한된다(파산법 제59조 제3항).

㈏ 채권자회의의 권한 채권자집회의 권한은 다음과 같다. ① 채권을 실사한다. ② 인민법원에 관리인의 변경을 신청하고 관리인의 비용과 보수를 심사한다. ③ 관리인을 감독한다. ④ 채권위원회의 구성원을 선임하고 변경한다. ⑤ 채무자의 영업을 계속하거나 정지하는 것을 결정한다. ⑥ 정리계획을 의결한다. ⑦ 화의계획을 의결한다. ⑧ 채무자재산의 관리방안을 의결한다. ⑨ 파산재산의 환가방안을 의결한다. ⑩ 파산재산의 분배방안을 결정한다. ⑪ 인민법원이 응당 채권자회의에서 행사하여야 한다고 인정하는 기타 권한을 행사한다(파산법 제61조).

⑶ 채권자회의의 소집과 결의

㈎ **채권자회의의 소집** 제1차 채권자회의는 인민법원이 소집하는데 채권신고기한 만료 후 15일 내에 소집하여야 한다. 이후의 채권자회의는 인민법원이 필요하다고 인정하는 경우 또는 관리인, 채권자위원회, 채권총액의 1/4 이상을 차지하는 채권자가 채권자회의의 의장에 제의하는 경우 소집한다(파산법 제62조).

㈏ **채권자회의의 결의** 채권자는 채권자회의에 직접 출석하여 의결권을 행사할 수 있고 대리인에게 위임하여 채권자회의에 출석하여 의결권을 대리행사하게 할 수 있다(파산법 제59조 제4항). 「파산법」에 별도의 규정이 있는 경우를 제외하고 채권자회의의 결의는 두 가지 조건을 구비되어야 한다. ① 회의에 출석한 의결권을 가진 채권자의 과반수 찬성이 있어야 한다. ② 찬성표가 대표하는 채권액수가 무재산담보채권총액의 1/2 이상이 되어야 한다(파산법 제64조 제1항).

채권자회의의 결의는 전체 채권자에게 구속력을 발생한다(파산법 제64조 제3항). 채권자가 채권자집회의 결의가 법률의 규정을 위반하고 그 이익에 손해를 가한다고 인정하는 경우 채권자회의가 결의한 날로부터 15일 내에 인민법원에 당해 결의의 취소하고 채권자회의에서 법에 따라 새로 결의하게 할 것을 청구할 수 있다(파산법 제64조 제2항).

⑷ 채권자위원회

㈎ **채권자위원회의 법적 지위** 채권자위원회는 채권자회의의 대표기관으로서 파산절차에서 채권자의 공동이익을 대표하여 파산절차의 진행을 감독하는 역할을 한다. 채권자위원회는 채권자회의에서 선임하고 채권자회의에 책임진다. 그 결의가 채권자회의의 결의와 일치하지 않을 경우 응당 채권자회의의 결의에 복종하여야 한다.

㈏ **채권자위원회의 구성** 채권자위원회는 채권자회의에서 선임한 채권자대표와 1명의 종업원대표 또는 노동조합대표로 구성된다. 채권자위원회구성원의 수는 9명을 초과하지 못한다(파산법 제67조 제1항). 채권자위원회구성원은 응당 인민법원이 서면결정으로 인가한다(파산법 제67조 제3항).

㈐ **채권자위원회의 권한** 채권자위원회는 이하의 권한을 행사한다. ① 채무자재산의 관리와 처분에 대한 감독, ② 파산재산분배에 대한 감독, ③ 채권자회의소집을 제의, ④ 채권자회의가 위임한 기타 직권. 채권자위원회는 직무집행시 관리인, 채무자의 유관인원에 그 직권범위 내의 사무에 대하여 설명하거나

관련 문건을 제공할 것을 요구할 수 있다. 관리인, 채무자의 유관인원이 「파산법」의 규정을 위반하여 감독을 거절한 경우 채권자위원회는 감독사항에 관하여 인민법원에 청구하여 결정을 내리게 할 수 있다. 인민법원은 응당 5일 내에 결정하여야 한다(파산법 제68조).

관리인이 실시하는 다음의 행위는 적시에 채권자위원회에 보고하여야 한다. ① 토지, 건물 등 부동산권익의 양도, ② 광산탐사권, 채광권, 지적재산권 등 재산권의 양도, ③ 전부의 재고 또는 영업의 양도, ④ 금전대차, ⑤ 재산담보설정, ⑥ 채권과 유가증권의 양도, ⑦ 채무자와 상대방 당사자가 모두 이행완료하지 않은 계약, ⑧ 권리의 포기, ⑨ 담보물의 환취, ⑩ 채권자이익에 중대한 영향을 주는 기타 재산처분행위. 아직 채권자위원회를 설립하지 않은 경우 관리인은 정한의 규정을 실행하기 전의 행위는 응당 적시에 인민법원에 보고하여야 한다(파산법 제69조).

V. 整理節次(重整程序)

1. 整理의 意義

정리는 기업이 채무를 변제할 수 없을 경우 법률의 규정에 따라 기업이 계속적으로 영업을 할 수 있도록 보호하고 채무조정과 기업정리를 실현하여 곤경에서 벗어나게 함으로써 회생하게 하는 재건형 채무처리제도이다. 이러한 제도를 일본의 경우에는 "更生"이라고 하고 한국의 경우에는 "정리"라고 하지만 중국 "파산법"에서는 "重整"이라고 표현한다. 한국독자들의 이해의 편리를 위해 한국 파산법상의 용어인 "整理"를 사용한다. 구체적으로 말하자면 정리절차의 경우 채무를 변제할 수 없는 채무자의 재산에 대하여 즉시 청산을 진행하지 않고 법원의 주도 하에 채무자와 채권자 간에 합의를 달성하여 정리계획을 제정하고 규정한 기한 내에 채무자가 일정한 방식으로 전부 또는 일부 채무를 변제함과 아울러 계속적으로 그 경영업무를 진행하게 하는 것이다. 1986년에 제정한 「기업파산법(시행)」과 1991년에 제정한 「민사소송법」상에 정리제도가 없어 기업을 구제하는 데 불리하였다. 따라서 「파산법」에서는 미국, 프랑스, 일본 등 국가의 입법례를 참조하여 정식으로 정리제도를 도입하였다. 따라서 정리절차는 중국 파산법상 3대 절차 중의 하나로 되었다.

2. 整理節次의 開始

(1) 정리의 신청

채무자 또는 채권자는 「파산법」의 규정에 따라 직접 인민법원에 채무자에 대한 정리를 신청할 수 있다. 채권자가 채무자에 대하여 파산청산을 할 것을 신청한 경우 인민법원이 파산신청을 수리한 후 채무자의 파산을 선고하기 전에 채무자 또는 출자액이 채무자의 등록자본의 10% 이상을 점하고 있는 출자자는 인민법원에 정리를 신청할 수 있다(파산법 제70조).

(2) 정리신청의 수리

인민법원은 심사를 거쳐 정리신청이 파산법의 규정에 부합된다고 인정한 경우 응당 채무자정리를 결정하고 아울러 공고하여야 한다(파산법 제71조).

3. 整理期間中 財産 및 營業事務의 管理

(1) 재산 및 영업사무의 관리자

정리기간은 인민법원이 채무자정리의 결정을 내린 날로부터 정리절차의 종료까지를 말한다(파산법 제72조). 정리기간중 채무자의 신청에 따라 인민법원의 비준을 거쳐 채무자는 관리인의 감독 하에서 자기로 재산과 영업사무를 관리할 수 있다. 이 경우 「파산법」의 규정에 따라 이미 채무자의 재산과 영업사무를 접수한 관리인은 응당 채무자에게 재산과 영업사무를 이전하고 「파산법」에 규정한 관리인의 직권은 채무자가 행사한다(파산법 제73조). 관리인이 재산과 영업사무를 관리할 경우 채무자의 경영관리인원을 임용하여 영업사무를 책임지게 할 수 있다(파산법 제74조).

(2) 정리기간중의 파산보전

정리기간중 채무자의 특정재산에 대하여 향유하는 담보권은 잠정적으로 행사를 중단한다. 단, 담보물이 훼손 또는 가치가 현저히 감소가능성이 있어 담보권자의 권리를 충준히 위해할 경우 담보권자는 인민법원에 담보권의 행사의 회복을 청구할 수 있다. 정리기간중 채무자 또는 관리인이 계속 영업을 위하여 차관을 할 경우 당해 차관은 담보를 설정하여야 한다(파산법 제75조). 채무자가 합법적으로 점유한 타인재산은 당해 재산의 권리자가 정리기간중 환취를 요구할 경우 응당 사전에 약정한 조건에 부합되어야 한다(파산법 제76조). 정리기간중 채무자의 출자자는 투자수익의 분배를 청구할 수 없다. 정리기간중 채무자의 이사, 감사, 고급관리인원은 제3자에게 그가 보유한 채무자의 주식(지분)권리를 양도할 수 없다. 단, 인민법원이 동의한 경우는 제외한다(파산법 제77조).

4. 整理計劃의 制定과 批准

⑴ 정리계획의 제정

정리계획은 정리절차의 핵심적 요소이며 정리절차에서 가장 중요한 법정 문서로서 채무자, 채권자와 기타 이해관계자가 협상한 기초 위에서 채무변제와 기업구제에 관하여 마련한 일종의 계획이다.

채무자 또는 관리인은 응당 인민법원이 채무자정리결정을 내린 날로부터 6개월 내에 동시에 인민법원과 채권자회의에 정리계획서초안을 제출하여야 한다. 위에서 규정한 기한이 만료하면 채무자 또는 권리인의 청구를 거쳐 정당한 이유가 있을 경우 인민법원은 3개월 연기결정을 할 수 있다. 채무자 또는 관리인이 기한 내에 정리계획서초안을 제출하지 않을 경우 인민법원은 응당 정리절차의 종료를 결정하고 아울러 채무자파산을 선언하여야 한다(파산법 제79조).

채무자가 자체적으로 재산과 영업사무를 관리할 경우 채무자가 정리계획서초안을 작성한다. 관리인이 재산과 영업사무를 관리할 경우 관리인이 정리계획초안을 작성한다(파산법 제80조). 정리계획서초안은 응당 다음의 내용을 포함한다. (i) 채무자의 경영방안, (ii) 채권의 분류, (iii) 채권의 조정방안, (iv) 채권의 상환방안, (v) 정리계획의 집행기한, (vi) 정리계획집행의 감독기한, (vii) 채무자정리에 유리한 기타 방안(파산법 제81조).

⑵ 정리계획의 의결 및 비준

㈎ 인민법원은 응당 정리계획서초안을 접수한 날로부터 30일 내에 채권자회의를 소집하고 정리계획에 대하여 의결하여야 한다. 회의에 출석한 동일한 의결조의 채권자의 과반수가 정리계획에 동의하고 아울러 그가 대표하는 채권액이 같은 조 채권총액의 2/3 이상을 차지할 경우 당해 조는 정리계획서초안을 통과한 것이다. 채무자 또는 관리인은 응당 채권자회의에 정리계획초안에 대하여 설명하고 질문에 답하여야 한다(파산법 제84조).

㈏ 정리계획의 비준　정리계획을 통과한 날로부터 10일내에 채무자 또는 관리인은 응당 인민법원에 정리계획의 신청하여야 한다. 인민법원은 심사를 거쳐 본법의 규정에 부합된다고 인정할 경우 응당 신청을 접수한 날로부터 30일

내에 비준을 결정하고 정리절차를 종료함과 아울러 공고하여야 한다(파산법 제86조 제2항).

5. 整理計劃의 效力, 執行 및 監督

㈎ 인민법원이 비준을 결정한 정리계획은 채무자와 전체 채권자에게 모두 구속력을 가진다. 채권자가 「파산법」의 규정에 따라 채권을 신고하지 않은 경우 정리계획의 집행기간에 권리를 행사하지 못한다. 정리계획의 집행이 완료한 후 정리계획에서 규정한 같은 유형의 채권의 변제조건에 따라 권리를 행사한다. 채권자가 채무자의 보증인과 기타 연대채무자에 대하여 향유하는 권리는 정리계획의 영향을 받지 아니한다(파산법 제92조).

㈏ 정리계획은 채무자가 책임지고 집행한다. 인민법원이 정리계획을 비준한 후 이미 재산과 영업사무를 접수한 관리인은 채무자에게 재산과 영업사무를 이전하여야 한다(파산법 제89조).

㈐ 인민법원이 정리계획을 비준한 날로부터 정리계획에 규정한 감독기한 내에 관리인은 정리계획의 집행을 감독하여야 한다. 감독기한 내에 채무자는 응당 관리인에 정리계획의 집행정황과 채무자의 재무상황을 보고하여야 한다(파산법 제90조). 감독기한의 만료시 관리인은 응당 인민법원에 감독보고서를 제출하여야 한다. 감독보고서를 제출한 날로부터 관리인의 감독직책은 종료된다. 관리인은 인민법원에 교부한 감독보고서는 정리계획의 이해관계자는 열람할 수 있다. 관리인의 신청에 따라 인민법원은 정리계획집행의 감독기한을 연장할 수 있다(파산법 제91조).

6. 整理節次의 終結

채무자가 정리계획을 집행할 수 없거나 집행하지 않는 경우 인민법원은 관리인 또는 이해관계자의 청구를 거쳐 응당 정리계획의 집행을 종료하고 채무자의 파산을 선고한다. 인민법원이 정리계획집행의 종료를 결정한 경우 채권자는 정리계획 중에서 한 채권조정의 승낙은 효력을 상실한다. 채권자가 정리계획을 집행하여 받은 변제는 여전히 유효하고 채권의 미변제부분은 파산채권으로 한다. 위에서 규정한 채권자는 기타 동순위의 채권자가 자기가 받은 변제와 동일한 비율에 도달할 경우 계속적으로 분배를 받을 수 있다(파산법 제93조). 정리계획에 따라 감면하는 채무는 정리계획의 집행완료시부터 채무자는 더 이상 변제책임을 부담하지 아니한다(파산법 제94조).

Ⅵ. 和議節次(和解程序)

1. 和議의 意義

화의는 법원이 파산사건을 수리한 후 채무자가 파산선고를 피하기 위하여 채권자단체와 양보방법으로 채무문제를 처리하는 합의를 달성하고 법원의 인정을 거쳐 효력을 발생하는 법률절차이다. 화의제도는 파산을 예방하기 위한 재건형 채무처리제도로서 다음의 특징을 가지고 있다. 첫째, 이미 파산원인이 발생한 채무자가 화의청구를 제출한다. 둘째, 화의청구는 파산청산을 피면하는 것을 목적으로 한다. 셋째, 채무자와 채권자 사이에 합의를 달성한다. 넷째, 화의합의는 양보방법으로 채무문제를 처리한다. 다섯째, 화의절차는 법정기관의 감독을 받는다.

중국은 「기업파산법(시행)」 제4장에서 화의에 관한 규정을 두었었다. 그러나 동 법상의 화의절차는 화의와 정돈[1]을 결합한 절차로서 정돈신청은 화의신청 제출의 전제로, 정돈의 실시는 화의합의집행의 전제로 규정하였다. 그리고 화의와 정돈절차는 채권자가 파산을 신청하는 사건에 한하였다. 그러나 새로 제정한 「파산법」에서는 화의는 파산청산절차 및 정리절차와 병행하는 독립적인 절차로 규정하였다.

2. 和議의 申請

화의의 유일한 신청자는 채무자이다. 채무자는 「파산법」의 규정에 따라 직접 인민법원에 화의를 신청할 수 있고 인민법원이 파산신청을 수리한 후 채무자의 파산을 선고하기 전에 인민법원에 화의를 신청할 수 있다. 채무자가 화의를 신청하는 경우 응당 화의합의초안을 제출하여야 한다(파산법 제95조). 인민법원은 심사를 거쳐 화의가 「파산법」의 규정에 부합된다고 인정하는 경우 화의결정을 내리고 공고하며 채권자회의를 소집하여 화의합의초안을 토론하게 한다(파산법 제96조).

---

1) 整頓이란 기업의 상급 주관부문이 기업에 대하여 취하는 기업의 경영관리를 개선하고 기업의 효율성을 제고하기 위한 일련의 행정조치를 말한다.

3. 和議合意의 成立

채권자회의에서 회의에 출석한 의결권을 가진 채권자의 과반수가 동의하고 그가 대표하는 채권액이 무재산담보채권총액의 2/3 이상을 차지하면 화의합의는 통과된다(파산법 제97조). 채권자회의에서 통과한 화의합의는 인민법원의 인정을 거쳐 효력을 발생한다(파산법 제98조). 만약 화의합의가 채권자회의에서 통과하지 못하거나 통과하더라도 인민법원의 인정을 받지 못한다면 인민법원은 응당 화의절차를 종료하고 채무자파산을 선고하여야 한다(파산법 제99조).

4. 和議合意의 法的 效果

(가) 채권자회의에서 통과된 화의합의가 인민법원의 인정을 받으면 화의절차가 종료되고 파산절차가 중지된다. 관리인은 응당 채무자에게 재산과 영업사무를 이관하고 인민법원에 직무집행보고서를 제출하여야 한다(파산법 제98조).

(나) 화의합의는 채무자에 효력을 발생한다(파산법 제100조). 화의합의가 효력을 발생한 후 채무자는 그 재산에 대한 지배권을 다시 취득한다. 개별채권자는 채무자에게 채무를 구상할 수 없고 관련 소송도 제기할 수 없다. 채무자는 화의합의에 정한 조건에 따라 채무를 변제한다(파산법 제102조).

(다) 화의합의는 파산신청시 무담보채권을 향유한 전체 화의채권자에 대해 효력을 발생한다(파산법 제100조). 화의채권자는 개별변제를 요구할 수 없다.

(라) 화의합의는 무담보채권자, 채무자의 보증인 및 기타 연대채무자에 효력을 발생하지 아니한다. 채무자의 특정재산에 대하여 담보권을 향유한 권자자는 인민법원이 화의결정을 한 날로부터 권리를 행사할 수 있다(파산법 제96조 제2항). 그리고 화의채권자가 채무자의 보증인 및 기타 연대채권자에 대해 향유하는 권리는 화의합의의 영향을 받지 아니한다(파산법 제101조).

5. 和議合意의 終了

화의합의가 집행완료되어 채무자가 화의합의에서 정한 조건에 따라 채무를 변제한 경우 화의합의는 종료된다. 화의합의에서 감면된 채무는 화의합의가 집행완료하면 채무자는 더 이상 변제책임을 부담하지 아니한다(파산법 제106조). 그러나 채무자가 화의합의를 집행할 수 없거나 집행하지 않을 경우에는 인민법원은 채권자의 청구에 따라 화의합의집행의 종료를 결정하고 채무자파산을 선고한다(파산법 제104조 제1항). 또한 채무자의 사기 또는 기타 위법행위에 의하여 성립한 화의합의에 대하여는 인민법원이 무효결정을 내리고 채무자파산을 선고한다(파산법 제103조 제2항).

Ⅶ. 破產淸算

1. 破產宣告

⑴ 破產宣告의 意義

파산사건을 수리한 후 채무자가 기타 절차(예컨대, 정리절차, 화의절차 등)를 통하여 청산을 면할 수 없는 경우 법원은 파산을 선고한다. 파산선고는 법원이 채무자가 파산원인을 구비하고 있다는 사실에 대한 법적 판정이다. 따라서 채무자가 파산원인을 구비하고 있는 것은 파산선고를 하는 기본적인 근거이다. 만약 정리절차나 화의절차를 통하여 채무관계를 처리할 수 없다면 파산선고를 하게 된다. 채무자가 파산선고를 받게 되면 채무자는 파산인이 되고 채무자의 재산은 파산재산이 된다. 그리고 인민법원이 파산신청을 수리할 시 채무자에 대하여 보유한 채권은 파산채권이 된다(파산법 제107조 제2항). 파산선고는 파산청산절차의 기점이다.

⑵ 破產宣告의 決定

「파산법」은 파산선고에 대하여 신청주의 입법방식을 취하고 있다. 따라서 법원은 직권으로 파산선고결정을 내릴 수 없고 채무자 또는 채권자의 신청에 따라 파산신청에 대한 심사를 거쳐 파산선고결정을 내린다. 인민법원이 채무자파산을 선고하는 경우 응당 결정을 내린 날로부터 5일 내에 채무자와 관리인에게 송달하고 결정을 내린 날로부터 10일 내에 채권자에게 통지하고 아울러 공고하여야 한다(파산법 제107조).

⑶ 破產宣告의 效果

파산선고는 사법행위로서 일련의 법적 효과가 따른다. 인민법원이 파산선고를 결정한 후 「파산법」의 규정에 따라 다음의 법률효과가 발생한다.

㈎ 파산사건이 청산절차로 진입 파산사건을 수리한 후 파산선고 이전에 채무자는 정리, 화의 등 방식으로 파산청산을 면할 수 있다. 그러나 파산선고가 되면 파산사건은 곧 청산절차로 진입한다. 파산선고 이후 당사자가 화의나 정리

를 신청하는 것은 허용되지 않는다.

(나) 채무자가 파산자로 전환 인민법원이 파산사건을 수리한 후 파산절차가 개시된다. 그러나 이 때 채무자가 파산자로 된 것은 아니다. 파산선고를 거쳐야만이 채무자가 파산자로 된다. 파산자의 민사권리는 파산절차의 제한을 받는다.

(다) 채권자가 권리행사를 위한 특별권리를 취득 파산선고 후 채권자는 변제를 받기 위한 다음의 특별허가를 취득한다. ① 미만기의 채권은 만기한 것으로 간주한다. ② 재산담보가 있는 채권자는 수시로 담보물을 통하여 변제를 받을 수 있다. ③ 파산기업에 채무를 부담하는 채권자는 파산상계권을 행사할 수 있다. ④ 재산담보가 없는 채권자는 법정 절차에 따라 집단적으로 파산분배방안을 확정하고 파산재산으로부터 변제를 받는다.

2. 破產債權

(1) 破產債權의 意義

파산채권은 채권의 특수형식이며 파산선고 전의 원인으로 발생한, 파산분배를 통하여 파산재산으로부터 공평하게 변제받을 수 있는 재산청구권이다.

(2) 破產債權의 範圍

「파산법」의 관련 규정에 따라 파산선고 전에 성립한 다음의 청구권은 파산채권이 될 수 있다. ① 재산담보가 없는 채권, ② 재산담보가 있지만 우선변제권을 포기한 채권, ③ 재산담보가 있는 채권에서 담보물로 변제한 후의 미변제부분, ④ 파산자의 보증인 또는 그 연대 채무자가 파산자를 대신하여 채무를 변제하고 취득한 구상권, ⑤ 상술한 채권이 이자를 계산하여야 할 경우 파산선고일까지의 이자, ⑥ 어음발행인 또는 배서인이 파산선고를 한 후 그 어음의 지급인 또는 인수인이 그 사실을 모르고 지급하거나 인수하여 발생한 채권, ⑦ 관리인이 계약해제를 결정하고 다른 일방 당사자가 계약해제로 인하여 손해를 입은 경우 법원이 확정한 그 배상액.

3. 破產財產의 換價와 分配

(1) 破產財產의 換價

파산재산의 환가란 비금전형태의 파산재산을 법정 조건과 방식에 따라 타인에게 양도하여 금전형태로 전환시킴으로써 파산청산 및 분배의 편리를 도모하는 것을 말한다. 파산재산의 환가는 파산채권이 변제받는 전제이다. 왜냐하면 파산청산은 통상 금전분배를 원칙으로 하고 실물분배를 예외로 하기 때문이다. 파산재산의 환가는 관리인이 적시에 환가방안을 작성하고 채권자회의에 교부하여 통과하여야 한다(파산법 제111조 제1항). 파산재산의 환가는 채권자회의에서 결의한 경우를 제외하고 응당 경매방식으로 진행하여야 한다. 파산재산이 국가의 규정에 따라 경매하지 못하거나 양도제한물인 경우 응당 국가가 규정한 방식에 따라 처리하여야 한다(파산법 제112조).

(2) 破產分配

파산재산의 분배방안은 관리인이 적시에 작성하고 채권자회의의 토론을 거쳐 통과하며, 인민법원에 보고하여 인정을 거친 후 집행한다(파산법 제115조, 제116조). 파산재산은 우선적으로 파산비용과 공익채무를 지급한 후 다음의 순서에 따라 변제한다.

① 파산자가 체불한 종업원의 임금 및 의료·장애보조·무휼비용, 종업원의 개인계좌로 이체할 기본연금, 기본의료보험비용, 그리고 법률, 행정법규에 정한 응당 종업원에게 지급하여야 하는 보상금,

② 파산자가 체납한 위에서 열거한 사항 이외의 사회보험비용 및 세금,

③ 일반 파산채권. 파산재산이 동일한 순서에 있는 변제요구를 만족시키지 못하는 경우 비율에 따라 분배한다(파산법 제113조).

4. 破產節次의 終了

(1) 終了事由

파산선고 이후 다음의 경우에 해당하는 때에는 인민법원은 관리인의 신청에 따라 파산절차를 종료하여야 한다. ① 파산자가 분배할 재산이 없는 경우, ② 파산재산의 마지막 분배를 완료한 후 관리인이 파산재산분배보고서를 교부하는 경우 인민법원은 관리인의 파산절차종료청구를 접수한 날로부터 15일 내에 파산절차종료 여부에 관한 결정을 내린다. 종료결정은 응당 공고하여야 한다(파산법 제120조).

(2) 終了의 效果

① 관리인은 파산자의 원 등기기관에서 말소등기를 한다(파산법 제121조). 이로써 파산기업의 법인격은 소멸된다.

② 소송 또는 중재가 끝나지 않은 경우를 제외하고 관리인은 말소등기를 한 다음날부터 직무집행을 종료하여야 한다(파산법 제122조).

③ 변제받지 못한 파산채권은 더 이상 변제하지 않는다. 그러나 파산자의 보증인 및 기타 연대채무자는 파산절차가 종료한 후에도 채권자가 파산청산절차에 따라 변제받지 못한 채권에 대하여 법에 따라 변제책임을 부담한다(파산법 제124조).

제7장 세　　법

[鄭二根]

제1절　중국 조세제도 개요

1. 조세제도의 기본특성

조세제도는 강제성, 세수의 무보상성, 세수의 고정성을 특징으로 한다. 조세제도의 강제성은 국가가 공권력을 배경으로 징수에 있어 법률의 규정에 따라 강제력을 행사할 수 있다는 점이다. 모든 개인과 법인은 법률의 규정에 따라 납세를 하여야 하며 이를 위반하면 법률의 제재를 받는다. 무보상성은 세금이 납부되면 국가의 재정수입으로 되고 납세자에게 반환하지 않으며 보상 또한 존재하지 않는다는 것을 의미한다. 고정성은 국가가 세금을 징수하기 전에 법률의 형식으로 징수대상, 징수범위와 징수액 또는 비율을 정하고 납세자는 과세대상이 되는 소득이 발생한 경우에 한하여 일정액 또는 비율에 따른 납세를 한다.

2. 조세제도의 원칙

조세제도의 원칙은 조세제도를 시행하고 집행하는 기본이 되는 원칙이다. 효율원칙과 공평원칙으로 대별된다. 효율원칙은 시장 제도의 효율을 고려한다는 것을 의미하며, 조세제도가 중립성을 유지하여야 하고 납세자의 생산, 경영, 투자정책 등을 저해하지 않으며 납세자가 최대한의 이윤을 얻도록 하여야 한다는 것이다. 공평원칙은 세금의 징수는 경제적 능력 또는 담세능력에 근거하여 공평하게 분담하도록 하여야 한다. 경제적 능력이 동등한 경우 동등한 조세부담을 하도록 하고 경제적 능력이 다른 경우에는 각각 달리 조세부담을 하도록 하는 원칙이다. 주의할 점은 개별 구체적인 사건에서 이러한 원칙이 어느 정도 법원

(法源)으로서 기능할 것인가 하는 점은 생각해 볼 문제이다.

3. 세금의 분류

세금의 분류에 대하여는 여러 가지 기준에 따라 다를 수 있지만 과세대상이나 성질, 세금관리의 권한 또는 기타 후술하는 방법에 따라 분류할 수 있다.

첫째, 과세대상 또는 성질에 따른 분류이다. 이러한 분류 방법에 의하면 유통세 성질의 세금, 소득세 성질의 세금, 자원세 성질의 세금, 재산세 성질의 세금, 행위세 성질의 세금 등으로 분류할 수 있다. 유통세 성질의 세금은 부가가치세, 소비세, 영업세, 도시유지건설세, 관세 등이 있다. 소득세 성질의 세금은 기업소득세 및 개인소득세가 해당된다. 자원세 성질의 세금은 자원세, 성진(城鎭)토지사용세, 토지부가세, 경지점용세, 농업세, 목축업세가 있다.

재산세 성질의 세금은 부동산재산세, 도시부동산재산세, 부동산취득세가 있고, 행위세 성질의 세금은 차량선박사용세, 차량선박등록세, 인지세, 도축세, 연회석세, 선박톤세가 있다.

둘째, 세금의 관리 권한에 따른 분류이다. 이러한 분류방법에 의하면 중앙세, 지방세, 중앙 및 지방 공유세로 구분한다. 중앙세는 중앙정부의 재정수입에 속하는 세금으로 관세, 소비세, 차량매입세, 세관이 대리 징수하는 부가세, 선박톤세, 철도와 은행계통이 운영하는 영업세 수입, 소비세, 저축이자에 대한 개인소득세가 해당된다. 지방세는 지방정부의 제정수입에 속하는 세금으로 영업세, 개인소득세, 성진토지사용세, 부동산재산세, 도시부동산재산세, 차량선박사용세, 차량선박등록세, 도축세, 연회석세, 경지점용세, 부동산취득세, 토지부가세, 농업목축업세 등이 있다. 중앙 및 지방 공유세는 중앙정부와 지방정부가 정해진 비율에 따라 각 재정수입으로 하는 세금으로서 부가가치세(중앙정부 75%, 지방정부 25%), 영업세, 기업소득세, 자원세, 도시유지건설세, 증권거래세, 인지세 등에서 일정비율은 중앙정부의 수입에 귀속시킨다.

기타 다음과 같은 분류방법이 있다. 즉 종가세(從價稅)와 종량세(從量稅), 직접세와 간접세로 구분할 수 있다. 종가세는 과세대상의 가격을 기준으로 부과하는 세금이며 대부분의 세금은 종가세를 따른다고 할 수 있다. 종량세는 과세대상의 수량, 중량, 부피 등을 단위를 과세의 기준으로 하는 세금이다. 직접세는 납세자가 직접 세금을 부담하는 것으로 소득세나 재산세 등이 해당하고, 간접세는 납세자가 조세부담을 타인에게 전가할 수 있는 세금으로 대개 유통세는 간접세에 속한다.

4. 세법의 체계

세법은 대개 기본적인 구성요소로 이루어진다. 주로 납세자, 과세대상, 세목, 세율, 납세시기, 납세기간, 세금감면, 법적 책임 등이 그 핵심적인 사항이라 할 것이다. 따라서 이러한 사항에 대한 이해는 개별 법규를 이해하는 기본이 된다.

⑴ 납 세 자

납세의무자의 총칭이며 납세주체라 할 수 있다. 직접적으로 납세의무를 지는 개인 또는 단체가 해당된다. 납세자와 관련된 개념으로 원천징수의무자가 있다. 세법의 규정에 따라 세금을 대리 징수하여 납부할 의무를 지는 자를 말한다.

⑵ 과세대상

과세의 객체라 할 수 있으며 무엇에 대하여 과세할 것인가 하는 문제이다. 예컨대 소득세 유형의 세금에서 납세자의 소득액 또는 수익금이 과세대상에 해당한다.

⑶ 세 목

세목은 과세대상의 구체화된 형태라 할 수 있다. 이는 세금징수의 범위를 더욱 명확히 하거나 세금의 징수 항목을 명확히 구분하여 각기 다른 세율을 적용하기 위한 목적으로 정해진다.

⑷ 세 율

세액과 과세대상 사이의 비례관계를 말하며 납부세액을 산출하는 기준이 된다. 세율의 고저는 국가의 세수정책을 직접적으로 반영하는 것이고 재정수입에도 직접 영향을 미친다. 세제의 중요한 요소라 할 수 있다. 중국의 경우 비례세율, 누진세율 및 정액세율의 방법을 운용하고 있다. 비례세율은 일반적으로 유통세에 적용되고, 누진세율은 소득세에 적용되며, 정액세율(고정세율)의 경우는 과세대상이 되는 대상의 각 단위에 대하여 고정된 세액을 규정하는 경우가 해당한다.

⑸ 납세단계

납세단계(시기)는 단일단계의 납세와 다단계 납세로 구분할 수 있다. 단일단계의 납세는 과세대상이 생산에서 소비에 이르는 유통과정에서 특정한 단계를 선택하여 납세하는 것이며, 다단계 납세는 생산에서 소비에 이르는 유통과정에서 각 단계를 거치는 경우 모든 단계에서 세금을 징수하는 경우를 말한다. 현행의 부가가치세가 이에 해당한다.

⑹ 납세기간

납세기간은 납세의무가 발생한 후 법규에 따라 세금을 납부하여야 하는 기간이다.

⑺ 세금의 감면

감세 및 면세는 법률 또는 국가가 모 납세자 또는 과세대상에 대하여 특별한 고려를 하여 세금을 감액하거나 또는 면제하는 것을 의미한다. 일부 업계에 대한 지원 장려를 위한 세수정책 또는 개별 사정을 고려한 세수정책이 실현 결과이다.

⑻ 법적 책임

국가의 세법 관련 규정을 위반한 자에 대하여 취해지는 처벌조치를 말하며, 위법행위와 위법행위로 부담하여야 하는 법적 책임으로 구분할 수 있다.

5. 세금의 관할기관

세무기관이 징수에 책임을 지는 세금의 징수 및 관리는 세수징수관리법에 의거하고, 세관이 징수 관리에 책임을 지는 경우는 관세법 수출입관세조례 등 관련 법규에 따라 행한다. 세수관리기관별로 관리하는 세금은 다음과 같이 분류할 수 있다.

첫째, 국가세무국이 관할하는 세금은 다음과 같은 종류가 있다. 즉 부가가치세, 소비세, 철도 각 은행 보험회사가 총괄하여 납부하는 영업세 소득세 및 도시유지건설세, 중앙기업소득세, 지방은행, 외자은행 및 비금융기관기업소득세, 해양석유기업소득세, 자원세, 주식거래인지세, 영내 외상투자기업 및 외국기업의 각항 세수 및 외국인이 납부하는 개인소득세, 수출상품의 세액환급 관리, 중앙세의 체납금, 가산세, 벌금 등, 중앙세 및 공유세에 부가하는 교육비, 집체거래와 개인경영자의 각종 세수가 포함된다.

둘째, 지방세무국이 관할하는 세금의 종류는 다음과 같다. 즉 영업세, 개인소득세, 토지부가세, 도시유지건설세, 차량 선박사용세, 부동산재산세, 도축세, 자원세, 도시 및 읍의 토지사용세, 지방기업소득세, 인지세, 연회석세, 농업세, 목축업세, 농업특산세, 경지점용세, 부동산취득세, 지방세의 체납금, 가산세, 벌금, 지방영업세에 부가하는 교육비가 포함된다.

셋째, 세관이 관할하는 세금의 종류는 다음과 같다. 즉 수출입 관세, 입국자 개인 소지품과 우편물품에 대하여 징수하는 수입관세, 수탁에 의거 수입단계에서 대리 징수하는 소비세, 부가세, 선박톤(ton)세가 포함된다.

제 2 절 세수징수관리법

1. 근거법규

세수징수관리제도는 세무기관이 국가를 대표하여 조세권을 행사하고 납세자로 하여금 납세의무를 이행토록 지도하며, 일상적인 세수활동의 조직, 관리, 감독 및 검사에 대한 사항에 관한 제도이다. 현행의 각종 세금의 징수와 관련하여 세수징수에 관한 법규가 적용된다. 세수징수관리에 관한 법적 근거는 1992년 9월 4일 제 7 기 전국인민대표대회 상무위원회 제27차 회의에서 제정된 중화인민공화국세수징수관리법(2001년 4월 개정)이며, 실시세칙에 관한 법규로는 국무원이 제정한 중화인민공화국세수징수관리법실시세칙이 있다.

2. 세무등기

세무등기의 종류는 개업등기, 변경등기, 영업정지 및 영업재개등기, 말소등기, 출장경영보고등기로 구분된다.

(1) 개업등기

생산, 경영에 종사하는 납세자는 영업허가증을 수령한 날로부터 30일 이내에 생산지, 경영지 또는 납세의무발생지의 관할 세무기관에 세무등기를 하여야 한다. 국가기관과 개인을 제외한 기타 납세자는 납세의무가 발생한 날로부터 30일 이내에 관련 증서를 소지하여 소재지 관한 세무기관에 세무등기하여야 한다. 세수우대정책에 따라 우대를 받는 기업은 관련 증명이나 자료를 제출하여야 한다.

개인납세자의 경우는 개업등기 시 세무기관이 성명, 신분증번호, 직업, 주소,

소속사업장 및 주소와 관련 자료를 등기한다. 생산, 경영에 종사하는 납세자는 관련 규정에 따라 세무등기증을 소지하여 은행 또는 기타 금융기관에서 기본예금계좌와 기타 예금계좌를 개설하여, 계좌개설 후 15일 이내에 관할 세무기관에 그 계좌개설상황을 서면으로 보고하여야 한다.

세무등기증의 내용은 납세자의 명칭, 통일 코드, 법정대표자 또는 책임자, 주소, 경제 유형, 경영방식 또는 경영범위, 경영기간 및 증서 유효기간 등이다.

⑵ 개업등기에서 필요한 제출서류

개업등기에 필요한 서류는 다음과 같다. 즉 영업허가증 또는 등기증서, 관련 계약서, 정관, 협의서, 법정대표자(책임자) 또는 업주주민신분증, 여권 또는 기타 신분증, 조직 기구 통일 코드증서 및 세무기관이 요구하는 기타 관련 증서가 해당된다.

⑶ 변경등기

공상행정기관에 변경등기를 한 경우(세무등기사항이 변경되는 공상등기의 경우)에는 그 변경등기를 한 날로부터 30일 이내에 세무기관에 관련 증서를 지참하여 세무 변경등기를 하여야 한다.

⑷ 말소등기

세무 말소등기는 법규에 의하여 납세의무가 종료되는 경우, 납세자의 주소 또는 경영 장소의 변경, 납세자의 영업허가증이 취소되는 경우에 행하는 등기이다. 납세자의 해산, 파산 또는 기타 법정 사유에 따라 납세의무가 종료되는 경우 납세자는 공상기관에 말소등기를 하기 전에, 관할 세무기관에 세무 말소등기를 하여야 한다. 공상기관의 말소등기가 불필요한 경우에는 관련 기관의 종료 선고일로부터 15일 이내에 관할 세무기관에 말소등기 한다.

납세자의 주소 또는 경영 장소가 변경된 경우에는 원 세무기관에 말소등기를 한 후, 30일 이내에 새로이 이전한 지역 세무기관에 세무등기를 하여야 한다. 영업허가증이 취소된 경우에는 그 취소된 날로부터 15일 이내에 세무기관에 말소등기를 하여야 한다. 납세자는 말소등기를 하기 전에 납부할 세금, 체납금, 벌금, 계산서, 세무등기증서 등을 청산 또는 제출하여야 한다.

⑸ 영업정지 또는 영업재개등기

납세자가 경영기간 내에 휴업이 필요한 경우에는 영업정지등기를 하여야 하고, 생산 경영활동을 회복하는 경우에는 세무기관에 영업재개의 등기를 하여야 한다.

⑹ 출장경영보고등기(外出經營報驗登記)

생산 경영에 종사하는 납세자가 다른 현 또는 시에서 일시적으로 생산 또는 경영에 종사하는 경우에는 세무등기증 사본과 소재지 세무기관이 발급한 출장경영관리증명을 지참하여, 영업지 관할 세무기관에 보고등기를 하고 세수관리를 받도록 한다. 동일지역에서 180일을 초과하는 경우에는 영업지에서 세무등기를 하여야 한다.

3. 장부의 관리

장부와 증빙관리에 관한 규정은 장부와 증빙의 신뢰성을 확보하기 위한 것이다. 다음과 같은 내용에 따른다. 영업허가증의 수령 또는 납세의무의 발생일로부터 15일 이내에 관련 법규에 따른 장부를 설치하여야 한다. 소규모 생산 경영으로 인하여 장부의 설치가 어려운 경우 허가를 거쳐 회계대리기관에 위탁하거나 세무기관이 인정하는 재무회계원으로 하여금 장부업무를 맡길 수 있다. 회계대리기관 또는 재무회계원을 초빙하기 어려운 경우, 현 이상의 세무기관의 비준을 거쳐 수입지출증빙첨부장부, 물품입출고장부를 두거나 세금기록장치를 사용할 수 있다.

관련 법규에 따라 원천징수의무가 있는 자는 그 의무발생일로부터 15일 이내에 원천징수에 관한 장부를 설치하여야 한다.

세무등기증서를 받은 날로부터 10일 이내에 그 세무 회계제도 또는 재무 회계처리 방법을 관할 세무기관에 보고하여야 한다. 납세자가 전산 기장을 사용하는 경우는 그 사용 전에 회계전산화 관련 소프트웨어, 사용설명서 및 관련 자료를 관할 세무기관에 보고하여야 한다.

납세의무자와 원천징수의무자는 장부와 증빙, 세금완납증명 등 관련 서류를 보관하여야 한다. 법규가 달리 정한 경우를 제외하고 장부, 회계증빙, 재무제표, 완납증명 등의 보존기간은 10년으로 한다.

4. 계산서(發票) 관리

계산서라 번역하였으나 중국에서는 파퍄오(發票)라 하며 거래가 발생하였음을 증명하는 문건이며, 회계과정에서는 원시적 증명 문건의 역할을 한다. 즉 상품의 매매, 노무의 제공 또는 대금의 수지가 발생하였음을 증명하는 문건이다. 계산서와 관련하여 다음과 같이 요약할 수 있다.

국가세무총국은 전국적인 계산서 발급업무에 대하여 총괄한다. 성, 자치구 및 직할시의 국가세무국은 관련 기관의 협조를 얻어 해당 지역의 계산서 관리업무를 담당한다.

계산서의 종류는 성급 이상의 세무기관이 확정한다. 전국범위의 통일적인 양식의 계산서는 국가세무총국이 확정하고 성, 자치구 및 직할시 범위의 통일적인 계산서는 성급 세무기관이 확정한다. 계산서는 성, 자치구 및 직할시의 세무기관이 지정한 기업에서 인쇄한다. 부가가치세에 관한 전용 계산서는 국가세무총국이 통일하여 인쇄한다.

적법하게 세무등기를 마친 자는 세무등기증서를 수령한 후 계산서를 구매할 수 있다. 세무등기를 필요로 하지 않는 경우에도 법규에 따라 계산서를 구매할 수 있다. 출장경영의 경우에도 소재지 세무기관의 증명을 근거로 경영지 세무기관에 경영지의 계산서 구매신청을 할 수 있다.

계산서의 발급과 보관에 대하여는 다음 사항을 준수하여야 한다. 상품의 판매, 노무의 제공 및 기타 경영활동에 종사하는 자는, 경영업무로 대외적으로 발생한 금원의 수취와 관련하여, 금원을 수령하는 측은 지불하는 측에 대하여 계산서를 발급하여야 한다. 조달기관과 원천징수의무자가 지불하는 경우에는 지불하는 측에서 수령하는 측에 대하여 계산서를 발급하여야 한다.

계산서를 발급한 경우 계산서의 보관본과 발급기록부는 5년간 보존하여야 하고, 보존기간이 만료되면 세무기관의 검사를 거친 후 파기한다.

5. 납세신고

납세신고는 납세자 또는 원천징수의무자가 법률이나 법규의 규정에 따라, 신고기간 내에 납세사항에 대하여 서면으로 세무기관에 신고하는 절차이다.

(1) 납세신고의 내용과 제출서류

납세신고의 주요 내용은 세금의 종류, 세목, 과세항목 또는 원천징수 항목, 세율, 계산근거, 공제항목 및 기준, 납세할 세액 또는 원천징수할 세액, 납부기간, 세금이나 부족세액 또는 체납금의 연기 등에 관한 사항이다.

납세신고 시 신고서는 사실대로 작성하고 구체적인 상황에 따라 다음과 같은 서류를 제출하여야 한다. 즉, 재무회계보고서 및 그 설명자료, 납세와 관련된 계약서, 협의서 또는 증빙서류, 세금기록장치의 전자세금보고자료, 출장경영 기간의 세수관리증명 및 타지 완납증명, 영내 또는 영외의 공증기관이 발급한 관련 증명문건, 세무기관이 제출토록 규정한 기타 증서나 자료가 해당된다.

⑵ 납세신고기간

세무등기를 한 납세자는 세무기간이 정하는 기간 내에 납세 및 원천징수 신고를 하여야 하고, 납세자가 정당한 이유 없이 연속 3개월 동안 세무기관에 납세신고를 하지 않는 경우, 세무기관은 인력을 파견하여 실지 조사를 하여야 하고, 행방을 알 수 없거나 납세의무의 이행을 강제하기 어려운 경우에는, 세무기관은 공고를 하고 기간을 정하여 개선을 명하고, 기간을 넘겨 개선하지 않는 경우, 그 세무등기증서의 정지 또는 계산서구매부와 계산서의 사용을 정지시킬 수 있고, 비정상납세자인정서를 작성하여 납세자 대장(당안)에 기재하고, 이러한 기재가 1년이 경과하는 경우에 세무기관은 그 세무등기를 말소시킬 수 있다.

⑶ 납세신고의 방식

납세신고의 방식에는 직접신고, 우편신고, 전자디지털 방식에 의한 신고가 있다.

6. 세금의 징수와 관련한 조치

⑴ 세금납부와 납부의 연기

특별한 사정으로 기한 내에 세금의 납부가 곤란한 경우에는 현급 이상 세무기관의 비준을 받아 3개월 이내에 한하여 납부의 연기가 가능하다. 한 종류의 세금에 대하여는, 납세연도 내에 1회의 납부연기를 할 수 있고, 재차 신청할 경우에는 성급 이상 세무기관의 비준이 필요하다.

⑵ 세금의 징수와 관련한 세무기관의 조치

체납금의 부과: 납세자 또는 원천징수의무자가 납부기한 내에 세금을 납부하지 않는 경우, 세금의 체납일로부터 5/10,000의 체납금을 부과할 수 있다.

과오납에 대한 조치: 세금을 초과하여 납부한 경우에는 이자와 함께 환급 조치한다. 납세자는 납부일로부터 3년 이내에 환급을 신청할 수 있다. 세무기관의 귀책사유로 세금이 부족하게 납부된 경우 세무기관은 3년 이내에 부족한 세금에 대한 납부를 명할 수 있고, 다만 체납금은 부과할 수 없다. 납세자 또는 원천징

수의무자의 귀책사유로 부족 납부가 있는 경우, 세무기관은 3년 이내에 부족한 세금 및 체납금을 추징할 수 있다. 탈세, 조세저항, 기망으로 인한 경우에는 기한의 제한을 받지 아니한다.

세수보전조치: 세무기관이 납세자의 납세의무 발생 후 납세의무의 이행을 담보하기 위하여 행하는 조치를 말한다. 세무기관은 납세자의 세무회피 행위가 있다고 인정하는 경우에는, 규정된 납세기간 전에 세금의 납부를 명할 수 있고, 납세 대상의 상품, 화물 및 기타 재산의 이전이나 은닉이 명백한 경우 납세자에 대하여 담보를 요구할 수 있다. 납세가가 납세담보를 제공할 수 없는 경우에는 납세자의 예금에 대한 지급의 동결, 재산에 대한 압류 또는 봉인 조치를 할 수 있다. 개인 또는 그 부양가족의 생활 유지에 필요한 가옥이나 용품에 대하여는 보전조치를 할 수 없다.

강제집행조치: 세무기관의 납부독촉에 불구하고 여전히 세금의 기한을 넘겨 세금을 납부하지 않는 경우에 세무기관은 납세의무자 또는 원천징수의무자의 재산에 대하여 압류, 봉인, 경매처분 등의 강제조치를 할 수 있다. 기타 체납자 또는 그 대표자가 출국하는 경우에 세금의 청산을 명할 수 있고, 세금을 완납하지 않는 경우에는 출국을 저지할 수 있다.

7. 세무감사

세무감사는 세무기관이 세법 관련 규정에 따라 납세자, 원천징수의무자의 납세의무 또는 원천징수의무의 이행 상황에 대하여 심사 감독하는 수단이다. 세무감사의 근거는 세무 관련 법률, 법규이다. 세무감사의 구체적인 내용의 설명은 생략한다.

8. 법적인 책임

(1) 세무관리를 위반한 행위의 법적 책임

다음의 행위에 해당하는 경우 세무기관이 기한을 정하여 개선을 명령할 수 있고 2,000위엔 이하의 벌금에 처할 수 있다. 사안이 심각한 경우 2,000위엔 이상 10,000위엔 이하의 벌금에 처한다.

– 규정된 기간 내에 세무등기, 변경등기 또는 말소등기를 하지 않는 경우.

– 규정된 장부를 설치 보관하지 않거나 증빙자료 등 관련 서류를 보관하지

않는 경우.

- 규정된 재무회계제도 또는 재무회계처리방법 대로 하지 않거나 회계처리 프로그램을 세무기관에 제출하지 않는 경우.
- 모든 은행 계좌를 세무기관에 보고하지 않는 경우.
- 규정에 위반하여 세금기록장치를 설치, 사용하거나 훼손 또는 무단 변경하는 경우.
- 납세자가 세무등기증서를 규정대로 사용하지 않거나 세무등기증서를 이전, 개서, 훼손, 매매, 위조하는 경우에는 2,000위엔 이상 10,000위엔 이하의 벌금에 처하고, 사안이 심각한 경우에는 1만 위엔 이상 5만 위엔 이하의 벌금에 처한다.

⑵ 탈세에 대한 법적 책임

납세자가 장부나 기장의 증빙서류를 위조, 변조, 은닉 또는 훼손하거나 장부상 수입을 누락시키거나 적은 액수로 기장하는 경우, 세무기관의 신고통지를 받고도 신고를 거부하는 경우, 허위의 세무신고를 하는 경우 등으로서 세금을 납부하지 않거나 적게 납부하는 경우가 탈세에 해당한다. 이러한 탈세행위에 대하여는 납부하지 않은 세액 또는 적게 납부한 세액의 50% 이상 5배 이하의 벌금에 처한다.

범죄를 구성하는 경우 사법기관에 형사책임을 추궁하도록 이첩한다. 탈세에 대하여는 형법 제201조의 규정에 의한 처벌이 있을 수 있다.

⑶ 납세저항에 대한 법적 책임

폭력이나 협박 등의 방법으로 세금의 납부를 거부하는 경우가 조세저항에 해당한다. 세무기관이 납부를 거부하는 세금 및 체납금을 추징하고 사법기관에 형사책임을 묻도록 이송한다. 사안이 경미한 경우에는 세무기관이 세금 및 체납금을 추징하고, 납부를 거부하는 세금의 1배 이상 5배 이하의 벌금을 부과한다.

형법 제202조의 규정에 의한 징역 또는 벌금의 형을 받을 수 있다. 폭력적인 방법으로 중상 또는 사망에 이르게 한 경우에는 상해죄 또는 살인죄가 구성된다.

⑷ 부족 세액에 대한 법적 책임

납세자 또는 원천징수의무자가 기간 내 납부할 세금을 납부하지 아니하거나 모자라게 납부한 경우, 세무기관은 기한을 정하여 납부를 명하고, 기한을 넘겨 납부하지 않는 경우 세무기관은 규정에 따라 강제집행조치를 취하여 그 세금을 추징하는 외에, 납부하지 않은 세금 또는 모자라는 세금의 50% 이상 5배 이하의 벌금에 처할 수 있다.

⑸ 세무기관의 추징에 대한 회피와 법적 책임

납세자가 재산의 이전 또는 은닉하여 세무기관의 세금 추징을 방해하는 경우에는 세무기관이 그 세금 및 체납금을 추징하고, 미납된 세금의 50% 이상 5배 이하의 벌금에 처할 수 있다. 범죄를 구성하는 경우 사법기관에 형사책임을 추궁하도록 이첩한다.

⑹ 수출환급세액을 편취하는 행위의 법적 책임

수출환급세를 편취하는 경우 세무기관은 그 환급세액을 추징하고 편취한 세액의 1배 이상 5배 이하의 벌금에 처한다. 범죄를 구성하는 경우 사법기관에 이첩한다.

⑺ 세무감사의 거부에 대한 법적 책임

세무기관의 세무감사를 회피, 거절하거나 기타 방법으로 세무감사를 방해하는 경우, 세무기관은 그 개선을 명령하고, 1만 위엔 이하의 벌금에 처할 수 있다. 사안이 심각한 경우 1만 위엔 이상 5만 위엔 이하의 벌금에 처한다.

⑻ 불법적으로 부가가치세 전용 세금계산서를 판매하는 경우

형법 제207조의 규정에 의하면, 이 경우 3년 이하의 징역, 구류 또는 관제에 처하고 2만 위엔 이상 20만 위엔 이하의 벌금에 처한다. 수량이 많은 경우 3년 이상 10년 이하의 유기징역에 처하고 5만 위엔 이상 50만 위엔 이하의 벌금에 처한다. 수량이 극히 많은 경우 10년 이상의 유기징역 또는 무기징역에 처하고 5만 위엔 이상 50만 위엔 이하의 벌금 또는 재산몰수에 처한다. 사업장의 경우에는 사업장에 대하여 벌금을 부과하고 그 직접적인 책임이 있는 주무자와 책임자에 대하여 상술한 바와 같은 처벌을 한다.

⑼ 허위로 부가가치세 전용 세금계산서를 발급한 경우의 책임

형법 제205조의 규정에 의하면, 허위로 부가가치세 전용 세금계산서를 발급하거나 허위로 발급하여 수출 세액환급 또는 세액의 감액에 사용하는 경우 3년 이하의 유기징역 또는 구금에 처하고 2만 위엔 이상 20만 위엔 이하의 벌금에 처한다.

허위로 발급한 세금계산서의 세액이 비교적 많거나 기타 사안이 심각한 경

우에는 3년 이상 10년 이하의 유기징역에 처하고 5만 위엔 이상 50만 위엔 이하의 징역에 처한다. 허위로 발급한 세금계산서의 세액이 막대하고 사안이 특히 심각한 경우에는 10년 이상의 유기징역 또는 무기징역에 처하고 5만 위엔 이상 50만 위엔 이하의 벌금 또는 재산몰수에 처한다.

상술한 행위로 국가이익에 중대한 손해를 가한 경우에는 무기징역 또는 사형에 처하고 재산을 몰수한다. 사업장의 경우에는 사업장에 대하여 벌금을 부과하고, 그 직접적인 책임이 있는 주무자와 책임자에 대하여 3년 이하의 유기징역 또는 구금에 처하고, 사안이 심한 경우에는 3년 이상 10년 이하의 유기징역에 처하고, 허위로 발급한 세액이 막대하거나 사안이 매우 심각한 경우에는 10년 이상의 유기징역 또는 무기징역에 처한다.

제 3 절 기업소득세법(법인세법)

2007년 3월 16일 중국의 제10기 전국인민대표대회 제 5 차 회의에서 새로 제정된 기업소득세법(법인세법에 해당함)은 현행의「중화인민공화국외상투자기업 및 외국기업소득세법」과「중화인민공화국기업소득세잠행조례」를 하나의 법률로 통일한 것으로 모두 8 장 60개 조문으로 이루어져 있다. 또한 새로 제정된 이 법이 실시되는 2008년 1월 1일부터 기존의「중화인민공화국외상투자기업 및 외국기업소득세법」과「중화인민공화국기업소득세잠행조례」는 폐지된다.

새 기업소득세법은 중국 영내의 내자기업이나 외자기업에 대하여 모두 적용되기 때문에 그동안 차별적으로 적용되어 온 세율 등 세수 관련 우대정책에도 변화가 따르게 되었다. 이 법률의 제정은 기업소득세수제도에 대한 개혁적 조치라 할 수 있기 때문에, 특히 중국 영내에서 기업을 운영하거나 운영하고자 하는 경우에는 이러한 세수개혁조치의 주요 내용과 새로 제정된 기업소득세법의 내용을 잘 파악하고 대처하는 것은 필수적이라 생각한다.

새로 제정된 중국의 기업소득세법은 크게 9가지 내용으로 묶어 요약할 수 있다. 즉 납세의무자 및 세율에 관한 내용, 과세소득의 산정에 관한 내용, 세액의 산출에 관한 내용, 세수우대에 관한 내용, 원천징수와 세액의 납부에 관한 내용, 세액의 조정에 관한 내용, 징수 및 관리에 관한 내용과 기타 경과조치에 관한 내용이다. 다음에서 간략히 내용을 살펴본다.

1. 납세의무자

⑴ 납세의무자

중국의 영내의 기업 및 기타 수입이 있는 조직(이하 모두 기업이라 칭한다)을 기업소득세의 납세자로 하고, 이들 기업은 기업소득세법의 규정에 따라 기업소득세를 납부한다. 다만 개인독자기업과 조합기업은 기업소득세법을 적용하지 않는다.

⑵ 기업의 분류

기업은 주민기업과 비주민기업으로 구분되는데, 기업소득세법에서 말하는 주민기업은 법에 의하여 중국 영내에 설립된 경우, 또는 외국 내지 지역의 법률에 의하여 설립되었지만 실제 관리기구가 중국 영내에 있는 기업을 말한다. 비주민기업은 외국 내지 지역의 법률에 의하여 설립되고 실제 관리기구가 중국 영내에 있지는 않지만 중국 영내에 기구나 영업장소를 둔 경우, 또는 중국 영내에 기구나 영업장소를 두지 않더라도 중국 영내에 소득 원천이 있는 기업이다.

⑶ 과세대상

주민기업은 중국 영내 및 영외 소득에 대하여 기업소득세를 납부하여야 한다. 비주민기업으로 중국 영내에 기구나 영업장소를 둔 경우, 그 기구나 영업장소에서 취득한 중국 영내의 소득에 대하여 기업소득세를 납부하여야 하고, 또한 중국 영외에서 발생한 경우라도 그 기구나 영업장소와 실질적인 관계가 있는 소득에 대하여는 기업소득세를 납부하여야 한다.

비주민기업이 중국 영내에 기구나 영업장소를 두지 않은 경우, 또는 비록 기구나 영업장소를 두고 있다 하더라도 취득한 소득이 그 설치한 기구나 영업장소와 실질적인 관계가 없는 경우에도, 중국 영내에서 발생한 소득에 대하여는 기업소득세를 납부하여야 한다.

2. 세 율

기업소득세의 세율은 25%로 한다. 기업소득세법에서 세율을 이처럼 정한 것은 내자기업에 대한 세수경감과 외자기업에 대한 최소한의 세금부담을 고려한 것이며, 특히 주변 국가(또는 지역)의 세율 수준을 고려한 것이다. 다만 기업소득세법 제 3 조 제 3 항의 규정과 관련된 비주민기업의 소득에 대하여는 20%의 세율을 적용한다. 이는 특허권소득, 이자, 주식이자소득, 재산임대소득, 재산이전소득 등의 세율과 균형을 고려하여 확정된 것이다.

3. 과세소득

기업의 매 납세연도의 수입총액에서 과세대상이 아닌 수입, 면세수입, 각종 공제 또는 이전년도 결손보전 후의 남은 금액 등을 공제한 후 나머지 금액을 과세소득액으로 한다. 기업이 화폐 또는 기타 형식으로 취득한 각종의 수입을 수입총액으로 하며 수입에는 판매수입, 노무제공수입, 재산이전수입, 주식·배당 등 수익성 투자수익, 이자수입, 임대수입, 특허권수입, 기부수입, 기타수입이 포함된다. 다만 재정지원금 또는 법에 따라 수취하여 재무관리에 계정한 행정사업성 수입 및 정부기금, 국무원이 정한 기타 과세대상으로 하지 않는 수입은 수입총액에 산입하지 않는다.

기업에서 실제 발생한 것으로 수입과 관련된 합리적인 지출은 원가, 비용, 세금, 손실 및 기타 지출을 포함하며, 과세소득액을 산출할 때 공제하도록 한다. 공익성 기부금지출은, 년 이윤총액의 12% 이내에서, 과세소득액을 산출할 때 공제하도록 한다. 또한 이미 충분한 액수의 감가상각을 한 고정자산의 개조에 따른 지출, 임차한 고정자산의 개조에 따른 지출, 고정자산의 대수리에 따른 지출, 기타 장기대기분담비용의 지출을 장기대기분담비용으로 하여 규정에 따라 분담한 것에 대하여는 공제를 하도록 한다.

기업이 사용 또는 판매한 재고품의 경우, 규정에 근거하여 계산한 재고품의 원가는 과세소득액을 산출할 때 공제를 한다. 기업이 자산을 양도한 경우의 당해 자산의 순수가액은 과세소득액을 산출할 때 공제한다. 규정에 따라 계산한 고정자산의 감가상각은 수입총액에서 공제를 하지만 가옥, 건축물 이외의 것으로서 사용에 제공하지 않은 고정자산, 경영임대방식으로 임차한 고정자산, 융자임대방식으로 임대한 고정자산, 충분한 감가상각을 하고도 여전히 계속하여 사용하고 있는 고정자산, 경영활동과 무관한 고정자산, 독립적인 평가액을 고정자산으로 하여 장부에 산입한 토지, 기타 감가상각을 할 수 없는 고정자산에 대하여는 감가상각을 할 수 없다.

또한 투자자에게 지급한 주식·배당 등 수익성 투자수익금, 기업소득세세금,

세수체납금, 벌금, 과징금 및 몰수재물의 손실, 기업소득세법 제9조가 규정한 것 이외의 기부금 지출, 찬조지출, 허가결정을 거치지 않은 준비금 지출, 수입의 취득과 무관한 기타 지출은 공제할 수 없다.

무형자산에 대한 분담비용은 공제를 한다. 그러나 자기 개발에 따른 지출로서 과세소득액을 산출할 때 이미 공제한 무형재산, 스스로 창조한 상업적 신용 또는 명예, 경영활동과 무관한 무형자산, 기타 분담비용으로 공제할 수 없는 무형자산은 분담비용으로 공제할 수 없다.

기업의 대외투자 원금은 과세소득액의 계산에서 공제할 수 없다. 기업이 납부할 기업소득세액을 총괄 계산할 경우, 그 영외 영업기구의 손실을 영내 영업기구의 이익에서 차감할 수 없다. 이는 국내 세수의 확보를 위한 규정이며 기업의 영외 경영손실을 국내로 전이되는 것을 방지하기 위한 것이다. 또한 기업의 납세연도에 발생한 손실은, 이후 년도에 이월하여 이후 년도의 소득으로 보전할 수 있지만, 이월 연한은 최장 5년을 초과할 수 없다.

비주민기업이 취득한 기업소득세법 제3조 제3항 규정의 소득인 경우 주식·배당금 등 수익성 투자수익과 이자, 임대수입, 특허권소득은 수입금 전액을 과세소득액으로 한다. 재산양도소득은 수입금 전액에서 재산의 순수가액을 공제한 나머지 금액을 과세소득액으로 한다. 기타 소득은 상술한 두 경우의 방법을 참고하여 과세소득액을 산출한다.

기업의 수입이나 공제의 구체적인 범위와 기준 및 자산의 세무처리에 대한 구체적인 방법은 국무원의 재정 및 세무 주관부문(재정부 또는 국가세무총국)이 규정한다. 또한 과세소득액을 산출할 경우 기업의 재무 회계처리 방법이 세수 관련 법률이나 행정법규와 일치하지 않는 경우에는, 세수 관련 법률이나 행정법규의 규정에 따라 계산하여야 한다.

4. 납부할 세액의 산출

기업의 과세소득에 적용세율을 곱하고 기업소득세법의 세수우대에 관한 규정에 의한 감면세액을 공제한 후의 금액을 납부할 세액으로 한다. 중국 영외에서 발생한 주민기업의 과세소득, 또는 중국 영내에 설립한 비주민기업의 기구나 영업장소가 취득한 영외소득으로서 당해 기구나 영업장소와 실질적인 관계가 있는 과세소득의 경우로서, 이미 영외에서 소득세세액을 납부한 경우에는, 그 납부할 세액에서 차감할 수 있고, 차감할 금액의 한도는 기업소득세법 규정에 의하여 계산한 세액에 한하며, 그 차감한도를 초과하는 부분은 이후 5년의 한도 내에서, 매년 차감한도액 범위 내에서 해당 년도에 차감할 수 있다.

주민기업이 그 직접 또는 간접적인 통제를 하는 외국기업으로부터 분배 회득한 영외 발생의 주식·배당 등 수익성 투자수입의 경우는, 외국기업이 영외에서 실제로 납부한 소득세 세액에서, 당해 항목의 소득이 부담하는 세액부분을 차감할 수 있는 영외 소득세 세액으로 할 수 있고, 기업소득세 제23조가 규정한 차감한도 내에서 차감한다.

5. 세수우대

국가가 중점적으로 장려하고 육성하는 기업과 종목에 대하여는 기업소득세에 대한 우대정책을 실시한다. 이는 기업소득세의 세수우대방식과 내용을 정한 것으로, 산업우대위주 및 지역우대를 보조수단으로 한다는 원칙을 정한 것이라 할 것이다. 또한 부분적인 세수우대정책으로 국내외의 자금을 국가산업정책에 부합하는 쪽으로 유도하여 기업의 기술발전과 산업발전을 꾀하고 나아가 국가경제구조를 개선하려는 의도가 반영된 것이라 할 수 있다.

다음과 같은 수입은 면세수입으로 한다. 즉 국채이자수입, 조건에 부합하는 주민기업 사이의 주식·배당 등 수익성 투자수익, 중국 영내에 기구나 영업장소를 설립한 비주민기업이 주민기업으로부터 취득한 수입으로 당해 기구나 영업장소와 실질적인 관계가 있는 주식·배당 등 수익성 투자수익, 조건에 부합하는 비영리조직의 수입이 면세수입에 해당한다.

기업이 농업, 임업, 목축업, 어업 항목에 종사하여 얻은 소득, 국가가 중점 육성하는 공공기초시설종목의 투자 경영으로 얻은 소득, 조건에 부합하는 환경보호 에너지절약 및 절수 항목에서 얻은 소득, 조건에 부합하는 기술이전 소득 및 기업소득세법 제 3 조 제 3 항이 규정한 소득에 대하는 기업소득세의 징수를 감면할 수 있다.

조건에 부합하되 이익이 적은 소형박리기업은 20%의 세율을 적용하여 기업소득세를 징수한다. 국가가 중점 육성하는 고기술기업은 15%의 세율을 적용하여 기업소득세를 징수한다. 민족자치지방의 자치기관은 본 민족자치지방의 기업이 납부하여야 하는 기업소득세 중에서 지방이 향유하는 부분에 대하여 징수의 감면을 결정할 수 있다. 자치주나 자치현이 징수의 감면을 결정하는 경우에는 반드시 성, 자치구, 직할시 인민정부의 비준을 얻어야 한다.

기업의 신기술이나 상품 개발에 필요한 연구개발비용, 장애자의 정착 및 국가가 정착을 장려하는 기타 취업인원에 대하여 지급한 임금지출은 과세소득액을 산출할 경우에 공제할 수 있다. 창업투자기업이 국가가 중점 육성하는 창업투자에 종사한 경우, 투자액의 일정 비율로 과세소득에서 차감할 수 있다.

기업의 고정자산이 기술의 진보 등 원인으로 감가상각 기간의 단축이 필요한 경우, 감가상각의 기한을 단축하거나 감가상각의 비율을 상향 조정할 수 있다. 기업이 자원을 종합적으로 이용하고 국가산업정책 규정에 부합하는 생산품을 생산하여 취득한 수입의 경우, 과세소득액을 산출할 때 수입에서 감액하여 계산할 수 있다. 환경보호, 에너지절약 및 절수, 생산안전 등 전용설비의 구매설치에 투자한 금액은 일정한 비율로써 산출세액에서 차감할 수 있다.

세수우대의 구체적인 방법은 국무원이 규정한다. 또한 국민경제 및 사회발전의 필요에 따라, 또는 돌발사건 등 원인으로 기업의 경영활동에 중대한 영향을 미친 경우, 국무원은 기업소득세특별우대정책을 제정할 수 있고, 이 때에는 전국인민대표대회상무위원회에 보고하여야 한다.

6. 원천징수와 납부

비주민기업이 취득한 기업소득세법 제3조 제3항의 소득에 따른 기업소득세에 대하여는 원천징수납부를 실시하고, 지급인을 원천징수의무자로 한다. 세금은 원천징수의무자가 매 분기 또는 기간의 도래에 따라 지급할 때, 지급하는 금액 중에서 원천징수한다. 비주민기업이 중국 영내에서 취득한 공사작업과 노무소득에서 납부할 기업소득세에 대하여 세무기관은 공사대금 또는 노무비의 지급인을 원천징수의무자로 지정할 수 있다.

기업소득세법 제37조 또는 제38조의 규정에 의하여 원천징수하여야 할 소득세로, 원천징수의무자가 법에 따른 원천징수를 하지 않은 경우 또는 원천징수의무를 이행할 수 없는 경우에는, 납세자가 소득의 발생지에서 납부한다. 납세자가 납부하지 않는 경우 세무기관은 당해 납세자에 대한 중국 영내 기타 수입종목의 지급인이 지급할 금액에서 납부할 세액을 추징할 수 있다.

원천징수의무자는 매 차례 공제한 세액에 대하여, 공제한 날로부터 7일 이

내에 국고에 납입하여야 하고, 소재지 세무기관에 기업소득세원천징수보고서를 제출하여야 한다.

7. 세액의 조정

기업과 그 관련자측 사이의 업무교류가 독립거래원칙에 부합하지 않고, 기업 또는 그 관련자측의 과세대상수입 또는 소득액을 감소시키는 경우에, 세무기관은 합리적인 방법으로 조정할 권한이 있다. 기업과 그 관련자측이 무형재산을 공동으로 개발 또는 공동 인수하거나, 또는 공동으로 노무를 제공 또는 접수하여 발생한 원가는, 과세소득액을 계산할 때 독립거래원칙에 따라 분할하여야 한다. 기업은 세무기관에 대하여 그 관련자측과의 업무교류에 대한 가액결정원칙과 계산방법을 제출할 수 있으며, 세무기관과 기업이 협상 확인한 후, 약정한 금액을 적용할 수 있다.

기업은 세무기관에 대하여 연도기업소득세납세신고서를 제출할 경우, 그와 관련자측 사이의 업무교류에 대하여는 연도관련업무교류보고서를 첨부하여 제출하여야 한다. 기업이 그 관련자측과의 업무교류자료를 제출하지 않거나, 허위 또는 불충분한 자료를 제공하는 경우, 또는 그 관련 업무 교류 상황을 진실하게 반영하지 않은 경우에, 세무기관은 그 과세소득액을 결정할 권한이 있다. 세무기관이 업무관련사항을 조사할 경우, 기업 및 그 관련자측의 업무관련조사와 관련된 기타 기업은 마땅히 규정에 따라 관련되는 자료를 제출하여야 한다.

주민기업 또는 주민기업과 중국 주민이 통제하고, 실질적인 조세부담이 기업소득세법 제 4 조 제 1 항이 규정한 세율에 비하여 현저히 낮은 수준의 국가(지구)에 설립한 기업으로서, 합리적인 경영상의 필요가 없는 경우에도 불구하고 이윤에 대한 불 분배 또는 분배의 축소가 있는 경우에는, 이윤 가운데서 당해 주민기업에 귀속되는 부분에 한하여 당기 수입에 산입하여야 한다.

기업이 그 관련자측으로부터 접수한 채권성 투자와 수익성 투자의 비율이 규정의 기준을 초과함으로써 발생한 이자 지출은 과세소득액을 산출할 때 공제할 수 없다. 기업이 기타 불합리한 상업적 목적으로 그 과세대상수입 또는 소득액을 감소시킨 경우, 세무기관은 합리적인 방법에 따라 조정할 권한이 있다. 기업소득세법에 따른 세무조정은, 세금의 추가적인 징수가 필요한 경우에는 마땅히 세금을 추가하여 징수하고, 국무원의 규정에 따라 이자를 더하여 징수한다.

8. 징수관리

기업소득세의 징수관리는 기업소득세법이 규정하는 경우를 제외하고, 「중화인민공화국세수징수관리법」의 규정에 따라 집행한다. 세수 법률이나 행정법규가 별도로 규정하는 경우를 제외하고, 주민기업은 기업의 등기지를 납세지로 한다. 다만 등기지가 영외인 경우에는 실질적인 관리기구의 소재지를 납세지로 한다. 주민기업이 중국 내에 설립하되 법인자격이 없는 영업기구인 경우에는 기업소득세를 일괄 계산하여 납부하여야 한다.

비주민기업이 취득한 기업소득세법 제3조 제2항 규정의 소득은, 그 기구나 영업장소의 소재지를 납세지로 하고, 비주민기업이 중국 영내에 둘 또는 둘 이상의 기구나 영업장소를 설립한 경우에는, 세무기관의 심사 비준을 거쳐, 그 주된 기구나 영업장소를 선택하여 기업소득세를 일괄하여 납부할 수 있다. 비주민기업이 취득한 기업소득세법 제3조 제3항의 소득은 원천징수의무자의 소재지를 납세지로 한다.

기업소득세는 납세연도에 따라 계산한다. 납세연도는 양력 1월 1일부터 12월 31일까지로 한다. 기업이 납세연도 중간에 개업하거나 경영활동을 종료하여, 납세연도의 실제 경영기간이 12개월에 이르지 못한 경우에는, 그 실제 경영기간을 납세연도로 한다. 기업이 법에 따른 청산을 할 경우에는 청산기간을 납세연도로 한다.

기업소득세는 월별 또는 분기별로 예납한다. 기업은 월 또는 분기가 종료된 후 15일 이내에, 세무기관에 기업소득세예납신고서를 제출하고 세금을 납부한다. 또한 납세연도가 종료된 후 5개월 이내에 세무기관에 연도기업소득세납세신고서를 제출하여야 하고, 일괄 정산하여 과부족 세금을 납부 또는 환급받는다. 기업은 기업소득세납세신고서를 제출할 경우, 규정에 따라 재무회계보고서와 기타 관련 자료를 첨부하여야 한다. 기업이 연도중에 경영활동을 종료한 경우에는 실지로 경영을 종료한 날로부터 60일 이내에 세무기관에 대하여 기업소득세를 정산 처리하여야 한다. 기업은 말소등기를 하기 전에 그 청산소득에 대하여 세무기관에 신고하고, 법에 따라 기업소득세를 납부한다.

9. 기타 경과조치

새로 제정한 기업소득세법을 공포하기 전에 이미 설립을 비준한 기업이 당시의 세수법률이나 행정법규의 규정에 의하여 저 세율의 우대를 받는 경우에는, 국무원의 규정에 의하여, 기업소득세법의 시행 후 5년 이내의 기간에 점진적으로 본 법이 정한 세율에 이르도록 할 수 있다. 정기적인 세금 감면의 우대를 받는 경우에는, 국무원의 규정에 따라, 그 기간의 만료일까지 계속하여 우대를 받을 수 있지만, 이익을 얻지 못하여 우대 혜택을 누리지 못한 경우에, 그 우대기간은 새 기업소득세법의 시행년도부터 계산한다.

법률에 의하여 설치된 대외경제합작 및 기술교류 발전을 위한 특정지구의, 또한 국무원이 상술한 지구의 특별정책을 집행하기 위하여 정한 규정에 따라 새로 설립한 국가중점육성의 고기술기업은, 과도적으로 세금우대를 누릴 수 있고, 그 구체적인 방법은 국무원이 규정한다. 또한 국가가 이미 확정한 기타 육성기업은 국무원 규정에 의하여 세금감면우대를 누릴 수 있다.

중화인민공화국 정부와 외국 정부가 협정한 세수에 관한 협정과 본 법의 규정이 서로 달리 규정하는 경우에는 협정한 규정에 따라 처리한다. 국무원은 기업소득세법에 근거하여 실시조례를 제정한다.

제 4 절 세무행정심판법

중국에서 세무심판은 일반 행정심판과 일정한 차이가 있다. 물론 일반적인 행정심판과 공통적인 특징도 많이 있지만 세무심판이 일반 행정심판과 차이가 있는 주된 이유는 무엇보다 세수가 국가재정수입의 주된 원천이라는 점, 세금의 징수에는 효율성이 요구된다는 점을 들 수 있을 것이다. 그러나 국가재정수입이나 효율성을 간과할 수 없지만, 무엇보다 세무기관의 행정행위는 일정한 개연성 즉 납세자에 대한 과세처분이나 징세과정 등에서 위법 또는 부당한 행위를 배제할 수 없는 것이 사실이다. 세무심판은 이처럼 위법 부당한 행위로부터 공민의 권리보호와 세무기관이 자기 시정의 기회를 갖는다는 데 의의가 있다.

중국의 국가세무총국은 중화인민공화국행정심판법, 중화인민공화국세수징수관리법 등 관련 법규에 근거하여 2004년 2월 24일 「세무행정심판규칙(잠행)」을 새로이 제정하였다. 이 세무행정심판규칙(잠행)은 입법체계상 부문규장에 속하는 규범이며 2004년 5월 1일부터 시행되고 있다. 이하에서는 우선 중국의 세무심판제도를 이해하기 위하여 필요한 내용을 각 항목별로 구분하여 소개하기로 한다.

1. 세무심판의 개념

중국에서 세무심판(중국에서는 稅務行政復議라 한다.)은 납세자와 기타 당사자가 세무기관의 구체적 행정행위가 그 합법권익을 침해하였다고 판단하여 법에 따라 상급 세무기관 또는 본급 인민정부에 당해 구체적 행정행위의 심사를 청구하고, 심판기관이 당해 구체적 행정행위의 적법성과 정당성에 대하여 심사하고 재결을 내리는 제도를 말한다.

납세자나 기타 당사자가 세무기관의 구체적인 행정행위가 그 합법권익을 침해하였다고 인정하는 경우에는 법에 따라 세무심판기관에 세무심판을 신청할 수 있다. 납세자와 기타 당사자가 세무심판에 불복하는 경우에는 행정소송법의 규정에 따라 인민법원에 행정소송을 제기할 수 있다. 행정소송은 세무분쟁의 경우에 대하여 필요적 심판전치주의를 취한다는 데 주의할 필요가 있다.

세무심판제도의 원활한 운용을 위하여 각급 세무기관은 법제업무기구를 설치하고 있으며 세무심판 업무를 행하는 전문 인력을 배치하여 심판활동이 합법, 공정, 공개, 신속 및 편리의 원칙 아래 이루어지도록 한다. 또한 심판기관, 심판기관의 업무인원과 피신청인이 세무심판의 과정에서 행정심판법이나 세무심판규칙을 위반하는 경우에는 관련 규정에 따라 법적 책임을 져야 한다.

2. 세무심판의 범위

세무행정심판규칙(잠행) 제8조의 규정에 의하면, 다음과 같은 구체적 행정행위의 불복에 대하여 세무심판기관은 그 신청을 수리한다.

세무기관이 행하는 징수행위로서, 이는 납세주체, 과세대상, 과세범위, 감세, 면세, 환급, 세율의 적용, 세액산출의 근거, 납세단계(intermediate links of taxation), 납세기간, 납세장소, 징수방식 등의 구체적 행정행위와 세금의 징수, 체납금의 징수, 원천징수의무자, 세무기관의 위탁을 받은 기관이 행한 공제와 대납행위를 포함한다.

세무기관이 행한 세수보전조치로서, 이는 은행 또는 기타 금융기관에 서면으로 통지하여 납세자의 예금을 동결하거나, 납세자의 상품, 화물 또는 기타 재산을 압류 봉인하는 행위를 포함한다.

세무기관이 신속히 세수보전조치를 해제하지 않음으로 인하여 납세자나 기타 당사자의 합법권익에 손해를 가한 경우이다.

세무기관의 강제 집행조치로서, 이는 은행 또는 기타 금융기관에 서면 통지하여 납세자, 원천징수의무자, 납세보증인의 계좌에서 세금을 인출하는 경우, 압류 봉인한 납세자, 원천징수의무자, 납세보증인의 상품, 화물 또는 기타 재산을 경매 또는 환가하는 행위가 해당된다.

세무기관의 행정처벌행위로서 벌금, 재물이나 위법한 소득의 몰수, 수출환급세의 지급정지가 해당된다.

세무기관이 법에 따른 처리를 하지 않거나 회답을 하지 않는 경우로서, 감세, 면세 또는 관세의 환급을 하지 않는 경우 및 세제혜택을 적용하지 않는 경우 등이다. 또한 세금을 환급해 주지 않는 경우, 세무등기증이나 영수증을 판매하지 않는 행위, 납세완납증명이나 납세증명을 발행하지 않는 행위, 부가세 일반납세자로 인정하지 않는 행위, 연장 신고나 세금의 납부 연기를 비준하지 않는 경우 등도 해당한다.

세무기관이 행한 부가세 일반납세자 자격을 취소한 행위, 세무기관이 행한 영수증의 몰수행위 또는 영수증 판매를 정지하는 등 행위, 세무기관이 납세자에게 납세보증인을 요구하거나 납세보증의 유효성을 인정하지 않는 행위, 세무기관이 법에 따른 장려금을 지급하지 않는 경우, 세무기관이 출입국관리기관에 통지하여 출국을 저지하는 행위, 세무기관이 행한 기타 구체적 행정행위도 세무심판의 대상이 된다.

납세자와 기타 당사자는 세무기관의 구체적 행정행위가 근거한 규정이 "위법"하다고 인정하는 경우에는 구체적 행정행위에 대한 심판을 청구하면서 동시에 세무심판기관에 대하여 당해 규정에 대한 심사를 청구할 수 있다. 즉 국가세무총국 및 국무원 각 부문의 규정, 기타 각급 세무기관의 규정, 지방 각급 인민정부의 규정, 지방 각급 인민정부 부문의 규정에 대한 심사를 청구할 수 있다.

3. 세무심판의 관할

세무기관의 구체적 행정행위에 불복하는 경우에는 그 직 상급 세무기관에 세무심판을 신청할 수 있다.

성, 자치구, 직할시 지방세무국의 구체적 행정행위에 불복하는 경우에는 국가세무총국 또는 성, 자치구, 직할시 인민정부에 심판을 청구할 수 있다. 국가세무총국의 구체적 행정행위에 불복하는 경우에는 국가세무총국에 심판을 청구할 수 있다.

심판결정에 불복하는 경우에는 인민법원에 행정소송을 제기할 수 있고, 또한 국무원에 재결을 신청할 수도 있다. 이 때 국무원의 재결은 종국적인 재결이 된다.

기타 세무기관이나 조직 등의 구체적 행정행위에 불복하는 경우에는 다음과 같이 심판을 청구한다.

시 세무국의 구체적 행정행위에 불복하는 경우에는 성 세무국에 세무심판을 청구한다.

세무소, 각급 세무국의 검사국이 행한 구체적 행정행위에 불복하는 경우에는 그 주관 세무국에 심판을 청구한다.

원천징수의무자에 대한 원천징수 행위에 불복하는 경우에는 당해 원천징수의무자를 주관하는 직 상급 세무기관에 심판을 청구한다. 세무기관의 위탁을 받은 기관이 행한 징수행위에 불복하는 경우에는 위탁한 세무기관의 직 상급 세무기관에 심판을 청구한다.

국가세무국(검사국, 세무소)과 지방세무국(검사국, 세무소), 세무기관과 기타 행정기관이 합동으로 조사한 세무사건은 각 기관의 권한에 따라 협상을 거쳐 각자 구체적 행정행위를 하여야 하고, 구체적 행정행위를 공동으로 할 수는 없다.

철폐된 세무기관이 철폐 이전에 한 구체적 행정행위에 불복하는 경우에는 그 권한을 계속하여 행사하는 세무기관의 상급 세무기관에 심판을 청구한다.

상술한 둘째, 셋째, 넷째, 다섯째의 ㅡ에 해당하는 경우에 신청인은 구체적 행정행위의 발생지의 현급 지방 인민정부에 심판청구를 할 수 있고, 신청을 접수한 현급 지방 인민정부는 법 규정에 따라 사건을 이송한다.

4. 세무심판의 신청

세무심판을 제기하는 납세자와 기타 당사자를 심판청구인으로 하며, 납세자, 원천징수의무자, 납세담보인 및 기타 당사자를 포함한다. 세무심판의 청구권이 있는 공민이 사망한 경우에는 그 근친속이 심판을 청구할 수 있다. 공민이 무행위능력자 또는 한정능력자인 경우에는 그 법정대리인이 대리할 수 있다. 심판청구권이 있는 법인 또는 기타 조직이 합병, 분리 또는 종료된 경우에는 그 권리를 승계한 법인 또는 기타 조직이 심판을 청구할 수 있다.

심판대상인 구체적 행정행위와 이해관계 있는 기타 공민, 법인 또는 조직은 제 3 자로서 심판에 참가할 수 있다. 구체적 행정행위의 상대방은 아니지만 그 구체적 행정행위로 인하여 그 권리가 직접 박탈, 제한되거나 의무가 부과되는 경우의 제 3 자는, 행정관리 상대방의 세무심판 청구가 없는 경우에 단독으로 심판을 청구할 수 있다.

납세자와 기타 당사자가 세무기관의 구체적 행정행위에 불복하여 세무심판을 제기한 경우, 구체적 행정행위를 한 세무기관이 피신청인이 된다. 신청인, 제 3 자는 대리인에게 위탁하여 심판에 대신 참가하게 할 수 있고, 피신청인은 위탁대리인으로 하여금 심판에 대신 참가하게 할 수 없다.

납세자, 원천징수의무자 및 납세담보인이 다음과 같은 행위에 대하여 소송을 제기하고자 하는 경우에는 반드시 먼저 세무심판을 거쳐야 한다. 즉, 세무기관이 행하는 징수행위로서, 이는 납세주체, 과세대상, 과세범위, 감세, 면세, 환급, 세율의 적용, 세액산출의 근거, 납세단계(intermediate links of taxation), 납세기간, 납세장소, 징수방식 등의 구체적 행정행위와 세금의 징수, 체납금의 징수, 원천징수의무자, 세무기관의 위탁을 받은 기관이 행한 공제와 대납행위를 포함하며, 또한 세무기관이 법에 따른 처리를 하지 않거나 회답을 하지 않는 경우로서 감세, 면세 또는 관세 환급을 허가하지 않는 경우, 세제혜택을 적용하지 않는 경우, 세금을 환급해 주지 않는 경우에도 먼저 세무심판을 거쳐야 한다. 세무심판의 결정에 불복하는 경우에는 인민법원에 행정소송을 제기할 수 있다.

세무심판 전치주의를 규정한 경우로서 세무심판을 청구하는 때에는 반드시 세무기관이 법률이나 행정법규에 근거하여 확정한 세액과 기간에 따라 세금을 납부하거나 세액 및 체납금을 해결하거나 또는 상응하는 담보를 제공하여야 하고, 실제로 세금이나 체납금을 납부한 이후 또는 제공한 담보가 구체적 행정행위를 한 세무기관의 인정을 받은 날로부터 60일 이내에 세무심판을 신청할 수 있다.

신청인이 세무기관이 행한 기타 구체적 행정행위에 불복하는 경우에는 세무심판을 청구할 수도 있고, 직접 인민법원에 소송을 제기할 수 있다. 신청인은 세무기관의 구체적 행정행위를 안 날로부터 60일 이내에 심판을 청구할 수 있다. 불가항력 또는 피신청인에 의한 장애 등 정당한 이유로 법정 신청기간을 넘긴 경우, 그 기간은 장애가 제거된 날로부터 계속하여 계산한다.

신청인이 심판을 청구하여 심판기관이 이를 수리한 경우, 법정 심판기간 내에는 인민법원에 행정소송을 제기할 수 없다. 신청인이 인민법원에 행정소송을 제기하여 인민법원이 이를 수리한 경우에는 세무심판을 청구할 수 없다.

5. 세무심판의 수리

세무심판기관은 세무심판의 청구를 접수한 날로부터 5일 이내에 심사를 행하여 수리 여부를 결정하여야 한다. 규정에 부합하지 않는 신청은 불수리의 결정을 하고 서면으로 신청인에게 고지한다.

다음의 경우에 해당하면 심판기관은 불수리의 결정을 한다. ① 심판의 수리범위에 속하지 않는 경우, ② 신청기간을 경과한 경우, ③ 피신청인과 심판대상이 불명확한 경우, ④ 다른 법정 심판기관에 심판을 청구하여 그 기관이 이미 수리한 경우, ⑤ 인민법원에 소송을 제기하여 인민법원이 이미 수리한 경우, ⑥ 신청인이 납세문제에 대하여 세무기관과 다툼이 있어 규정에 따른 세금, 체납금의 납부를 하지 않거나 담보의 제공이 없는 경우 또는 담보가 효력이 없는 경우, ⑦ 신청인의 신청자격이 없는 경우가 해당된다.

당해 심판기관의 수리 사항에 속하지 않는 경우, 심판기관은 신청인에게 해당 심판기관에 신청하도록 고지하여야 한다. 심판기관이 심판의 신청을 접수한 후 법정 기간 내 불수리의 결정을 하지 않는 경우에는 이를 수리하는 것으로 본다. 규정에 부합하는 세무심판의 신청은 심판기관의 법제업무기구가 접수한 날로부터 수리한 것으로 본다. 세무심판 신청의 수리는 서면으로 신청인에게 고지하여야 한다.

심판전치주의 규정에 따라 세무심판을 청구하여야 하고 심판결정에 불복하면 인민법원에 행정소송을 제기하도록 한 구체적 행정행위의 경우에서, 심판기관이 불수리의 결정을 하거나 수리 후 심판기간을 넘겨 통보가 없으면 납세자와 기타 당사자는 불수리의 결정을 통지받은 날로부터 또는 심판기간의 만료일로부터 15일 이내에 인민법원에 행정소송을 제기할 수 있다. 규정에 따라 심판청구기간을 연장한 경우에는 연장이 만료되는 날을 세무심판 청구 만료일로 한다.

납세자와 기타 당사자가 세무심판을 청구하고, 심판기관이 정당한 이유 없이 수리하지 아니하고, 신청인이 인민법원에 소송을 제기하지 않는 경우에, 상급세무기관은 그 수리를 명하여야 한다. 필요시 상급 세무기관은 직접 수리할 수 있다.

세무심판의 기간중에 구체적 행정행위의 집행은 정지되지 아니한다. 다만 다음의 경우에 해당하면 집행을 정지할 수 있다. ① 피신청인이 집행의 정지가 필요한 것으로 인정하는 경우, ② 심판기관이 집행의 정지가 필요하다고 인정하는 경우, ③ 신청인이 집행의 정지를 신청하고 심판기관이 그 요구가 합리적이라고 판단하여 집행의 정지를 결정하는 경우, ④ 법률이 집행의 정지를 규정하는 경우이다.

심판기관은 다음의 경우에 해당하면 심리를 중지한다. ① 신청인이 사망하여 그 승계인이 세무심판에 참가할 것인지 여부를 표명하도록 기다려야 하는 경우, ② 신청인이 행위능력을 상실하여 법정대리인을 확정하지 못한 경우, ③ 일방 당사자로서의 행정기관, 법인 또는 기타 조직이 종료하여 그 권리 의무의 승계인을 확정하지 못한 경우, ④ 불가항력으로 심판기관이 사건의 상황을 조사 또는 이해할 수 없는 상황의 경우, ⑤ 구체적 행정행위의 근거에 대하여 법에 따른 처리를 하는 경우, ⑥ 사건의 결과가 반드시 다른 사건의 심사결과를 근거로 해야 하는 경우로서 다른 사건이 아직 심리가 종결되지 않은 경우, ⑦ 신청인이 피신청인에 대하여 법정 직무의 이행을 요구하고 피신청인이 이를 이행하는 중인 경우, ⑧ 기타 심판을 중지해야 하는 경우이다.

심판의 중지는 서면으로 당사자에게 고지하여야 한다. 심판의 정지사유가 소멸된 후에는 즉시 절차를 진행하여야 한다.

다음의 경우에 해당하면 심판은 종료된다. ① 신청인이 규정에 따라 심판의 청구를 취소한 경우, ② 다른 심판기관 또는 인민법원이 먼저 수리한 것으로 판명된 경우, ③ 신청인이 사망하여 승계인이 없거나 승계인이 세무심판의 권리를 포기한 경우, ④ 신청인으로서의 법인 또는 기타 조직이 종료하여, 그 권리 의무의 승계인이 심판권을 포기한 경우, ⑤ 신청인의 사망의 경우에는 그 승계인의 심판 참가 여부의 표명을 기다려야 한다. 신청인이 행위능력을 상실하여 법정대리인을 확정하지 못하고, 심판을 중지한 지 60일이 경과하여도 여전히 심판의 승계인이 없는 경우에는 심판을 종료하며, 다만 정당한 이유가 있는 경우에는 제외한다. 세무심판의 신청을 수리한 후 합리적인 조건에 부합하지 않는 것으로 판명된 경우에도 심판은 종료된다.

세무심판의 종료는 서면으로 당사자에게 고지하여야 한다. 세무심판의 청구를 수리함에 있어, 심판기관은 신청인에게 어떠한 비용도 징수할 수 없다.

6. 세무심판의 증거에 관한 내용

세무심판에서 증거는 서증, 물증, 시청각자료, 증인의 증언, 당사자의 진술, 감정결론, 검사조서, 현장조서 등을 포함한다.

세무심판에서 피신청인은 자신이 행한 구체적 행정행위에 대한 입증책임을 진다. 심판기관은 심판사건을 심사하는 경우, 반드시 증거가 증명하는 사실을 근거로 하여야 한다. 심판기관은 사건의 구체적 상황에 따라 다음과 같이 증거의 적법성을 심사한다. 증거가 법정 형식에 부합하는지 여부, 증거의 취득이 법률, 법규, 규장 및 사법해석과 기타 규정의 요구에 부합하는지 여부, 증거의 효력에 영향을 미치는 기타 위법사항을 심사한다.

심판기관은 사건의 구체적 상황에 따라, 다음과 같은 내용을 중심으로 증거의 진실성을 심사한다. 증거 성립의 원인, 증거 발견시의 객관적 환경, 증거가 원본, 원물인지, 복제본과 원본 원물이 부합하는지, 증거제공자나 증인과 당사자의 이해관계 여부, 증거의 진실성에 영향을 주는 기타 요인 등.

다음과 같은 자료는 증거로 채택할 수 없다. 즉 법정절차에 위반하여 수집한 증거, 도촬, 도록, 도청 등의 수단으로 취득한 타인의 합법권익을 침해하는 증거자료, 유혹, 사기, 협박, 폭력 등 부정당한 수단으로 획득한 증거자료, 당사자가 정당한 이유 없이 입증기간을 도과하여 제시하는 증거, 당사자가 정당한 이유 없이 원본, 원물의 제공을 거부하는 경우로서, 다른 증거가 없는 경우, 또는 상대방 당사자가 인정하지 않는 증거의 복제 또는 복제품, 진위를 판별할 방법이 없는 증거자료, 의사를 정확하게 표시할 수 없는 증인이 제공하는 증언, 합법성과 진실성을 갖추지 못한 기타 증거자료 등이다.

심판기관의 법제업무기구가 규정에 따라 관련 조직과 인원에 대하여 조사하고 채집한 증거 및 문건과 자료를 열람하여 취득한 관련 자료는, 피신청인의 구체적 행정행위를 지지하는 증거로 사용할 수 없다. 또한 심판과정에서 피신청인은 스스로 신청인과 기타 관련 조직 또는 개인에 대하여 증거를 수집할 수 없다.

신청인과 제 3 자는 피신청인이 제출한 서면답변, 구체적 행정행위를 한 증거, 근거 및 기타 관련 자료를 열람할 수 있고, 국가기밀이나 상업비밀 또는 개인의 프라이버시에 관련되는 것 외에는 심판기관이 이를 거절할 수 없다.

7. 세무심판의 결정과 이행

세무심판은 서면심사를 원칙으로 한다. 다만 당사자의 요구가 있거나 심판기관 법제업무기구가 필요하다고 판단하는 경우에는 신청인, 피신청인 및 제 3 자의 의견을 청취하여야 하고, 관련 조직 및 인원에게 상황을 알릴 수 있다.

심판기관은 피신청인이 행한 구체적 행정행위가 근거한 사실 증거, 법적 절차, 법적 근거와 설정한 권리 의무내용의 적법성과 적정성에 대하여 전면적인 심사를 한다. 심판기관 법제업무기구는 심판의 청구를 수리한 날로부터 7일 이내에 심판청구서 사본 또는 심판청구조서사본을 피신청인에게 발송하여야 한다. 피신청인은 심판청구서 또는 심판청구조서의 사본을 받은 날로부터 10일 이내에 서면으로 답변하여야 하고, 당초 구체적 행정행위를 한 증거, 근거 및 기타 관련 자료를 제출하여야 한다.

심판기관은 심판의 결정을 하기 전에 신청인의 취소가 있는 경우에는 그 청구를 취소할 수 있다. 취소 후에는 동일한 기본사실 또는 이유로 재차 심판을 청구할 수 없다. 신청인이 세무심판을 청구하면서 세무행정심판규칙의 규정에 따라 동시에 관련 규정에 대한 심사를 신청한 경우에, 심판기관이 당해 규정에 대한 처리권한이 있는 경우에는 30일 이내에 이를 처리하여야 한다. 처리권한이 없는 경우에는 7일 이내에 법정절차에 따라 처리권한이 있는 기관이 처리하도록 이송하여야 하고, 처리권한이 있는 기관은 60일 이내에 이를 처리하여야 한다. 처리기간 동안에 구체적 행정행위에 대한 심사는 중지된다.

심판기관이 구체적 행정행위를 심사할 경우, 그 근거가 부적법하다고 인정하는 경우에, 당해 기관이 처리권한이 있는 경우에는, 30일 이내에 처리하여야 한다. 처리권한이 없는 경우에는 7일 이내에 법정절차에 따라 처리 권한 있는 국가기관이 처리하도록 이송하여야 한다. 처리기간 동안 구체적 행정행위에 대한 심사는 중지된다.

심판기관의 법제업무기구는 피신청인이 한 구체적 행정행위의 적법성과 적정성을 심사하여야 하고 의견을 제출하며, 심판기관 책임자의 동의를 얻어 다음과 같이 결정을 한다.

구체적 행정행위의 인정사실이 명확하고, 증거가 정확하며, 적용근거가 명확하며, 절차가 적법하고 내용이 적정한 경우에는 유지결정을 한다. 피신청인이 법정직무를 이행하지 않은 경우에는 일정기간 내 이행을 하도록 결정한다. 주요사실이 불명하고, 증거가 부족한 경우, 적용근거에 착오가 있는 경우, 법정절차를 위반한 경우, 직권의 일탈 또는 남용의 경우, 구체적 행정행위가 명백히 부당한 경우에는 취소, 변경 또는 당해 구체적 행정행위의 위법을 확인하는 결정을 한다. 취소 또는 당해 구체적 행정행위의 위법을 확인하는 결정을 하는 경우에는 피신청인에 대하여 일정 기간 내에 다시금 구체적 행정행위를 하도록 명령할 수 있다.

심판기관이 피신청인에 대하여 다시금 구체적 행정행위를 하도록 명령한 경우에, 피신청인은 동일한 사실과 이유로 원 구체적 행정행위와 동일하거나 기본적으로 동일한 구체적 행정행위를 할 수 없다. 그러나 심판기관이 원 구체적 행정행위가 법정절차를 위반한 것으로 취소를 결정한 경우에는 이러한 제한을 받지 않는다.

피신청인이 규정에 따른 서면답변을 제출을 하지 않는 경우, 당초 행한 구체적 행정행위의 증거, 근거 및 기타 관련 자료를 제출하지 않는 경우에는, 당해 구체적 행정행위는 증거나 근거가 없는 것으로 보며, 당해 구체적 행정행위의 취소를 결정한다.

신청인은 세무심판을 청구할 경우 동시에 행정배상청구를 할 수 있고, 심판기관은 국가배상법의 규정에 부합하는 경우로서 배상을 하여야 할 사안인 경우에는 구체적 행정행위의 취소, 변경 또는 위법확인의 결정을 하면서 동시에 배상의 결정을 하여야 한다. 신청인이 심판을 청구하면서 행정배상을 청구하지 않은 경우로, 심판기관이 구체적 행정행위가 확정한 세금, 체납금, 벌금 및 재산의 압류 등 강제조치를 취소, 변경 또는 위법하다는 확인결정을 하는 때에는, 동시에 피신청인에게 세금, 체납금, 벌금의 반환 또는 재산에 대한 압류 등 강제조치의 해제, 또는 상응하는 배상을 명하여야 한다.

심판기관은 세무심판의 청구를 수리한 날로부터 60일 이내에 심판결정을 하여야 한다. 사안이 복잡하여 규정된 기간 내에 심판결정을 할 수 없는 경우에는 심판기관 책임자의 비준을 거쳐 기간을 연장할 수 있으며, 이 때에는 신청인과 피신청인에게 고지하여야 하며, 기간을 연장하는 경우에도 최장 30일을 초과할 수 없다. 심판기관이 심판결정을 하면 심판결정서를 제작하고 날인하여야 한다. 심판결정서는 송달 즉시 법적 효력이 발생한다.

피신청인이 세무심판결정을 이행하지 않거나 정당한 이유 없이 심판결정의 이행을 지연하는 경우에는 심판기관 또는 상급 행정기관이 기간 내 이행할 것을 명령하여야 한다.

신청인이 기한을 넘겨 소송을 제기하지도 않고 심판결정도 이행하지 않는 경우, 또는 종국재결인 심판결정을 이행하지 않는 경우에는 다음과 같이 처리한다. 구체적 행정행위의 유지결정의 경우, 구체적 행정행위를 한 세무기관이 강제집행하거나 인민법원에 강제집행을 신청한다. 변경결정의 경우에는, 심판기관이 강제집행하거나 인민법원에 강제집행을 신청한다.

8. 관세와 관련한 세무심판

납세자와 세관 사이에 납세쟁의가 발생한 경우에는, 먼저 세금을 납부한 뒤에 세무심판을 청구할 수 있다. 세무심판결정에 불복하는 경우에는 인민법원에 소송을 제기할 수 있다. 관세법에서도 납세자와 세관 사이에서 발생한 납세에 관한 쟁의는 행정심판전치주의를 취하고 있다.

반덤핑조례의 규정에 따라 반덤핑세를 징수할 것인가의 결정이나 징수, 환급, 신 수출경영자에 대한 징세의 소급에 관한 결정에 대하여 불복하는 경우, 또는 반덤핑세를 계속하여 징수할 것인가에 대한 심판결정에 불복하는 경우, 보조금지조례의 관련 규정에 따라 처리한 반보조세를 징수할 것인가에 관한 결정 및 징수의 소급에 관한 결정에 불복하는 경우, 또는 반보조세를 계속하여 징수할 것인가에 대한 심판결정에 불복하는 경우에는 세무심판을 신청하거나 인민법원에 행정심판을 청구할 수 있다. 이처럼 반덤핑조례나 보조금지조례의 경우에는 세무심판이나 행정소송중에 선택할 수 있다.

9. 세무 관련 배상청구

공민, 법인 또는 기타 조직은 그 합법적인 권익이 세무기관 또는 세무기관 업무인원의 구체적 행정행위로 인하여 손해를 입은 경우, 국가배상을 청구할 권리가 있다. 공민, 법인, 또는 기타 조직이 손해배상만 단독으로 청구한 경우에는 당해 세무기관이 우선적으로 해결하여야 한다. 세무기관의 처리에 불복하는 경우에는 인민법원에 소송을 제기할 수 있다.

세무기관 또는 세무기관의 업무인원의 구체적 행정행위로 손해가 발생한 경우에는 당해 세무기관 또는 세무기관 업무인원 소속의 세무기관이 배상책임을 진다. 세무기관은 배상을 한 후, 고의 또는 중대과실이 있는 업무인원에 대하여 배상비용의 전부 또는 일부를 변상하도록 명하여야 한다.

제8장 형 법

[韓玉胜, 李星燕]

제1절 중국형법 개설

I. 형법의 제정과 개정

형법은 국가의 기본법률이며, 국가법률체계의 중요한 구성부분으로서, 인민을 보호하고 범죄인을 처벌하며 인권을 수호하는 강력한 수단이며, 법치국가의 보장을 위해서도 상당히 중요하다. 형법전의 제정·반포 이전, 중국은 주로 단행형사법규형식으로 각종 형사사건을 처리하였고, 이들 단행 형사법규는 형법 제정에 앞서 풍부한 경험적 기초가 되었다. 1979년 7월 1일 제5기 전국인민대표대회 제2차 회의에서 통과된 중화인민공화국형법은 중국의 형사법제 정비가 새로운 역사적 단계에 진입하였음을 의미한다. 20여년의 형사사법 실천과정에 있어서 형법은 매우 중요한 역할을 하였다. 그러나 국가의 정치, 경제정세의 발전과 변화에 따라 사회현상으로서의 범죄 역시 새로운 상황 및 새로운 문제로 출현하였고, 원래의 형법 중 일부 규정은 이미 새롭게 변화된 환경 하에서는 범죄와의 투쟁에 적응할 수 없게 되었으며, 이에 형법개정안이 입법기관의 의결에 상정되게 된 것이다. 1997년 3월 14일 제8기 전국인민대표대회 제5차 회의에서 개정된 중화인민공화국형법이 통과되었다. 개정 후의 형법은 이전의 형법에 비하여 형법의 적용범위, 형벌의 양형제도, 형벌의 집행제도 등 형법총칙에 대한 내용상의 완비뿐만 아니라 형법각칙상의 범죄에 대하여 더욱 상세히 규정하였고, 가장 주목을 끈 것은 형법각칙의 조문수가 종전의 103개 조문에서 350조문으로 증가한 것이다.

1998년 12월 29일 제9기 전국인민대표대회 제6차 회의에서는「외환사기매입, 외환도피 및 외환불법매매범죄 처벌에 관한 결정」을 공포하였고, 이는 형법 개정 이후 처음으로 제정한 단행의 형사법규가 되었다.

1999년 12월 25일 제 9 기 전국인민대표대회 제13차 회의에서 중화인민공화국형법개정안이 통과되었고, 이후 2009년 2월 28일 현재까지 총 7차례의 개정작업을 진행하였다. 즉 중화인민공화국형법개정안(2)이 2001년 8월 31일 제 9 기 전국인민대표대회 제23차 회의에서 통과되었으며, 개정내용은 경제질서파괴죄와 관련된 조문에 대하여 보충 및 개정. 중화인민공화국형법개정안(3)이 2001년 12월 29일 제 9 기 전국인민대표대회 제25차 회의에서 통과되었으며, 개정내용은 테러활동범죄의 처벌, 국가와 인민생명의 안전보장, 사회질서유지를 위한 조문의 보충 및 개정. 중화인민공화국형법(4)이 2002년 12월 28일 제 9 기 전국인민대표회의 상무위원회 제31차 회의에서 통과되었으며, 그 개정내용은 사회주의 시장경제질서 파괴·사회관리질서 방해·공무원의 독직범죄행위 처벌, 사회주의 현대화 건설의 순조로운 진행 보장, 공민의 인신안전보장을 위한 관련 조문의 보충 및 개정. 중화인민공화국형법(5)이 2005년 2월 28일 제10기 전국인민대표대회 상무위원회 제14차 회의에서 통과되었으며, 개정내용은 신용카드 위조·사용의 범죄에 대한 구체적 상황에 관한 판례조문의 보충 및 개정. 그리고 97년 형법 개정이래 가장 많은 부분을 보충·개정한 중화인민공화국형법개정안(6)이 2006년 6월 29일 제10기 전국인민대표대회 제22차 회의에서 통과되었으며, 개정내용은 중대한 안전생산사고, 금융관리질서 파괴, 시장에 진출한 회사와 일반투자자의 이익에 대한 중대한 손해, 상업뇌물, 돈세탁, 위장파산 등에 대한 규정을 보충 및 개정하였다. 가장 최근의 형법 개정은 2009년 2월 28일 제11차 전국인민대표대회 상무위원회 제 7 차 회의에서 통과되었으며, 주요 개정내용은 다음과 같다.

첫째, 뇌물죄를 엄벌하는 내용을 강화하였다.

〈중국형법〉 제388조에 이어 제388조의1을 신설하여 뇌물죄의 적용대상을 기존의 공무원에서, 공무원과 그의 가족 및 공무원과 친밀한 관계(关系密切的人)에 있는 자, 퇴직공무원에게까지 확대하였다. 이들이 공직자의 직위를 이용해 거액의 뇌물을 수뢰할 경우 최고 7년 이상의 유기징역과 벌금형 또는 재산몰수를 할 수 있도록 규정하고 있다.

둘째, 공무원의 부패를 엄단하기 위한 규정이 보강되었다.

〈중국형법〉 제395조 제 1 항의 규정을 개정하여, 만일 공무원이 거액의 의

심스러운 재산의 출처를 밝히지 못하면, 기존에는 최고 5년형의 유기징역을 받도록 하였으나, 이번 제7차 형법 개정에서는 최고 10년 형으로 그 처벌의 수위를 상향 조정하였다.

셋째, 금융기관 임직원들에 대한 처벌규정을 강화하였다.

〈중국형법〉 제180조 제 1 항에 의하면 금융기관 임직원들이 내부거래를 할 경우 최고 유기징역 10년형에 처하도록 하였으며, 부당이익금(违法所得)의 최고 5배까지 벌금을 부과할 수 있도록 규정하고 있다.

넷째, 경제질서 파괴행위에 관한 규정이 강화되었다.

〈중국형법〉 제224조 후단에 제224조의1을 신설하여, 다단계판매를 통한 조직범죄행위로 사회경제질서를 파괴할 경우, 최고 5년 이상의 유기징역 및 벌금형을 부과할 수 있도록 처벌규정을 강화하였다.

다섯째, 군부대 차량의 번호판 등을 위조하여 불법으로 유통하는 행위에 대한 처벌대상을 기존의 불법 번호판 등의 판매자에 국한하던 것에서 이에 대한 사용자에게까지 처벌할 수 있도록 규정을 강화하였다(〈중국형법〉 제375조 제 2 항 참조).

여섯째, 개인정보의 보호규정을 강화하였다.

기존의 〈중국형법〉 제253조에 제253조의1 규정을 신설하여, 국가기관, 금융기관, 통신, 교통, 의료기관 등에 종사하는 자가 그 직무를 수행하는 과정에 알게 된 타인의 개인정보를 불법적으로 판매 또는 타인에게 제공할 경우 3년 이하의 유기징역이나 구역에 처할 수 있도록 규정하였으며, 벌금형도 부과할 수 있도록 하였다.

Ⅱ. 형법의 기본원칙

형법의 기본원칙은 형사입법과 형사사법에 있어서 중요한 의의를 가지며, 이는 형사입법과 형사사법에 있어서의 근본적인 문제를 내포하고 있는 것이다. 형법의 기본원칙을 관철하는 것은 형법의 법률공정을 수호하고, 형사법제 개선의 추진, 형법 목적의 실현, 형법이 도달하려는 가장 이상적인 효과의 실현에 필요한 것이다. 형법의 기본원칙이라 함은 형법 자체가 본래 지니고 있는, 형법의 모든 규범을 관통하며, 형사입법과 형사사법의 기본정신을 구체화하고, 형사입법과 형사사법이 과정을 지도하고 제약하는 기본준칙이다. 형법에서는 3가지 기본원칙, 즉 죄형법정원칙, 죄와 형의 상호적응원칙 및 형법적용의 평등원칙을 규정하였다.

1. 죄형법정주의

죄형법정원칙의 기본적인 의의는 법률에 명문 규정이 없으면 죄로 삼지 않고, 법률에 명문의 규정이 없으면 벌하지 않는다는 것으로, 즉 형법 제3조가 규정한 "법률의 명문규정이 범죄행위로 하는 것은 법률에 의하여 죄를 정하여 처벌하고, 법률에 범죄행위로 하는 명문의 규정이 없으면 죄로 정하여 처벌할 수 없다"는 것과 같다. 죄형법정원칙의 기본적인 요구는 첫째, 죄형법정화 즉 범죄와 형벌은 반드시 법률로써 사전에 명문의 규정을 하여야 하고 법관이 법을 떠나 마음대로 판단하는 것을 허락하지 않는다는 것이다. 둘째, 죄형실정화, 즉 범죄를 구성하는 행위와 범죄로 인하여 발생하는 결과에 대하여 형법은 반드시 실체적인 규정을 하여야 한다는 것이다. 셋째, 죄형의 명확화, 즉 형법의 조문은 반드시 명확한 문자상의 표시가 필요하고 의사내용의 명백함을 필요로 한다.

2. 죄와 형의 상호적응원칙

죄와 형의 상호적응원칙의 기본적인 의의는 범죄인이 받게 되는 형벌은 그가 범한 범죄와 서로 상응하여야 한다는 것으로, 즉 중한 범죄는 중하게 처벌하고 경한 범죄는 경하게 처벌하며 범죄와 형벌은 서로 균형을 유지하여야 하며, 벌은 그 죄에 상응하여야 한다는 것이다. 범죄의 경중을 확정하는 것은 마땅히 범죄의 사회적 위험성과 범죄자 자체의 위험성을 동시에 고려하여야 하며, 이로써 그가 부담할 형사책임의 정도를 확정하고 상응하는 형벌의 경중을 적용하여야 한다. 죄와 형의 상호적응원칙의 기본적인 요구는, 첫째 형사입법에 있어서 구체적인 범죄의 처벌에 대하여 원칙적인 규정을 필요로 하고, 범죄자의 형벌에 대한 양형제도, 집행제도 및 법정형의 설정에 대하여 범죄의 사회적 위험성을 고려할 것과, 행위자 자체의 위험성을 고려할 것이 요청된다. 둘째, 형사사법의 실천에서 형벌을 구체적으로 적용할 경우 범죄행위 및 그 위험결과를 고려하는 동시에, 범죄의 구체적 사실과 범죄자에 대한 여러 가지 요소들을 고려하여 형벌의 개별화를 실현하여야 한다.

3. 형법적용의 평등원칙

형법적용의 평등원칙의 기본적인 의의는 바로 형법 제 4 조에서 규정한 "모든 사람의 범죄는 법률의 적용에 있어서 평등하다. 어떠한 사람에 대하여도 법률을 초월한 특권을 인정하지 않는다"와 같다. 형법적용의 평등원칙이 요구하는 기본적인 내용은 다음과 같다. 즉 첫째, 어떠한 사람의 범죄라도 반드시 형법의 처벌을 받으며 형법을 초월한 특권을 가질 수 없다. 둘째, 모든 범죄자에 대하여 동일하게 형벌을 적용하고, 범죄자의 사회적 신분, 가정출신, 직업, 재산상황 등의 차이로 처벌에 있어서 차별을 받지 않는다. 셋째, 누구라도 범죄로부터 침해를 받으면 반드시 형법의 보호를 받는다.

Ⅲ. 형법의 효력범위

형법의 효력범위는 시간과 공간의 결합 위에서 형법의 적용범위 및 그 대상에 대한 한계이며, 형법의 공간적 효력과 형법의 시간적 효력을 내용으로 한다.

1. 형법의 공간적 효력

형법의 공간적 효력은 형법의 지역적 효력과 대인적 효력을 가리키며, 공간적 효력이 해결하는 것은 국가형사관할권의 범위에 관한 문제이다. 형법 제 6 조의 규정에 의하면 "중화인민공화국 영역 내의 모든 범죄는 법률에 특별한 규정이 있는 경우를 제외하고 본법을 적용한다"고 규정되어 있다. 동시에 "범죄의 행위 또는 결과가 중화인민공화국 영역 내에서 발생하는 경우 중화인민공화국 영역 내의 범죄로 인정한다"라 규정하고 있다.

소위 중화인민공화국 영역 내라 함은 중화인민공화국 영역 내의 모든 공간적 범위를 말하며 영토, 영해, 영공을 포함한다. 국제조약과 국제관례에 따르면 중국의 선박, 항공기 및 기타 비행선 및 주외대사관은 중국 영토의 연장으로 보며 중국형법을 적용한다.

법률에 특별한 규정이 있다 함은 다음의 네 가지 경우를 말한다. 첫째, 외교특권과 면책특권을 향유하는 외국인의 형사책임으로서, 이는 중국의 법률절차를 통하여 처리하는 것이 아니고 국제조약에 근거하거나 외교경로를 통하여 처리한다. 둘째, 형법 제90조가 규정한 바와 같이, "민족자치지방이 본법의 전부를 적용할 수 없는 경우에는, 자치구 또는 성의 인민대표대회가 당해 지역 민족의 정치, 경제, 문화적 특징과 본법이 규정한 기본원칙에 따라 변경 또는 보충의 규정을 할 수 있다"의 경우이다. 셋째, 형법 실시 후 국가입법기관이 제정한 특별형법과 같은 규정이다. 넷째, 홍콩특별행정구 및 마카오특별행정구는 형사사법상 독립적이며 중화인민공화국의 형법을 적용하지 않는다.

중화인민공화국 영역 내의 범죄는 다음의 세 가지 경우를 포함한다. 즉 첫째, 범죄행위의 발생이 중국의 영역 내이고, 범죄결과의 발생이 중국의 영역 밖인 경우이다. 둘째, 범죄행위의 발생이 중국의 영역 밖이고 범죄의 결과가 중국의 영역 내인 경우이다. 셋째, 범죄행위와 범죄결과 모두 중국의 영역 내인 경우이다.

형법 제7조는, "중화인민공화국 공민이 중화인민공화국 영역 밖에서 본법 규정의 죄를 범한 경우에는 본법을 적용한다. 단 본법 규정의 최고형이 유기징역 3년 이하인 경우 형사처벌을 하지 않을 수 있다"고 규정한다. 또한 "중화인민공화국 국가공무원과 군인이 중화인민공화국 영역 밖에서 본법 규정의 죄를 범한 경우에는 본법을 적용한다"고 규정한다. 이로써 중화인민공화국 공민이 중국 영역 밖에서 중국형법이 규정한 죄를 범한 경우에는 모두 중국형법을 적용하고, 만약 법정최고형이 유기징역 3년 이하인 경우에는 처벌하지 않을 수 있음을 알 수 있다. 여기서 처벌하지 않을 수 있다는 것은 일률적으로 모두 처벌하지 않는다는 것이 아니고 실제상황에 근거하여 형사책임을 추궁할 것인지 여부를 결정한다는 것이다. 중국 영역 밖의 중국국가공무원과 군인에 대하여는, 그들은 모두 형법이 규정한 특수한 주체이기 때문에 어떠한 범죄를 범하였는지 또는 형의 경중을 불문하고 모두 중국형법을 적용하여 형사책임을 추궁하여야 한다. 형법 제10조의 규정에 의하면, 중국 공민의 중국 영역 밖에서 범한 범죄로 중국형법의 규정에 의하여 마땅히 형사책임을 져야 하는 것은, 비록 외국의 재판을 받았다고 하더라도 여전히 중국의 형법을 적용하여 처벌할 수 있다. 그러나 외국에서 이미 처벌을 받은 경우에는 처벌을 면제 또는 감경할 수 있다.

형법 제8조의 규정에 의하면, 외국인이 중국 영역 외에서 중국국가 또는 중국공민에 대하여 행한 범죄로서, 중국형법이 규정한 법정최저형이 유기징역 3년 이상인 경우에는 중국형법을 적용할 수 있다. 다만 범죄행위지의 법률에 의하여 처벌을 받지 않는 것은 제외한다.

형법 제 9 조의 규정에 의하여 중국이 체결 또는 참가한 국제조약이 규정한 범죄는 중국이 부담하는 의무의 범위 내에서 형사관할권을 행사하고 중국형법을 적용한다.

2. 형법의 시간적 효력

중화인민공화국형법은 1979년 7월 1일 전국인민대표대회를 통과하여, 같은 해 7월 6일 공포되고 1980년 1월 1일부터 시행되었다. 또한 1997년 3월 14일 개정·공포되고 같은 해 10월 1일부터 시행되었다.

형법 시행 이후 그 효력 발생 전에 재판을 거치지 않은 행위에 대하여 적용하는지의 여부는 형법의 소급문제에 관계된다. 만약 적용을 한다면 형법은 소급력이 있고, 적용하지 않는다면 형법은 소급력이 없는 것이다. 이 문제에 있어서 중국형법은 구법을 따르고 경한 죄를 적용한다는 원칙을 채택하였다. 형법 제12조의 규정은 중화인민공화국 성립 이후 형법 시행 이전의 행위는, 당시의 법률이 범죄로 인정하지 않는 것은 당시의 법률을 적용하고, 당시의 법률이 범죄로 인정하고 현행 형법의 규정이 형사소추를 하도록 규정한 것은 당시의 법률에 따라 형사책임을 추궁하고, 다만 현행의 형법이 범죄로 인정하지 않거나 가볍게 처벌하도록 규정한 경우에는 당시의 법률을 적용하지 않고 현행의 형법을 적용한다.

제 2 절 범죄에 관한 일반규정

I. 범죄의 개념과 범죄의 구성

형법 제13조는 범죄에 대하여 명확히 규정하고 있다. 즉, "국가의 주권과 영토의 보전을 침해하며, 국가를 분열시키고 인민민주전정의 정권을 전복시키고 사회주의 제도를 파괴하며, 사회질서와 경제질서를 파괴하고, 국유재산 또는 노동군중집체소유의 재산을 침해하며, 공민 개인소유의 재산을 침해하고, 공민의 인신권리, 민주권리 및 기타의 권리를 침해하고 기타 사회에 해를 끼치는 일체의 행위로서 법률에 의하여 형벌의 처벌을 받아야 하는 것은 모두 범죄이다. 다만 사안이 현저히 경미하고 위험성이 적은 것은 범죄로 인정하지 않는다"이다. 이 규정에서 범죄는 세 가지 가장 기본적인 특징을 가진다는 것을 알 수 있다. 첫째, 심각한 사회적 위험성이다. 즉 범죄는 사회를 매우 위태롭게 하는 행위이다. 둘째, 형사위법성 즉 범죄는 형법에 저촉되는 행위를 한 것이다. 셋째, 범죄는 형벌을 받아야 하는 행위이다. 이상 세 가지 범죄의 기본특징은 상호 연계되고 긴밀하게 결합되어 있으며, 이는 범죄와 범죄가 아닌 것을 구분하는 기준이 된다.

범죄의 구성과 범죄의 개념은 두 가지가 서로 관련성을 가지면서 또한 서로 구별되는 것이다. 범죄의 개념은 범죄를 구성하는 기초이며, 범죄의 구성은 범죄 개념의 구체화이다. 소위 범죄의 구성은 형법의 규정에 의하여 모종의 행위에 대하여 사회적 위험성 및 그 정도를 결정하는 것으로서, 당해 행위가 범죄를 구성하는 데 필수적인 일체의 주관적 요건과 객관적 요건의 종합이다. 범죄구성의 요건은 네 가지 내용을 포함하는바, 즉 범죄의 객체, 범죄의 객관적 측면, 범죄 주체, 범죄의 주관적 측면을 포함한다.

II. 범죄의 객체

범죄의 객체는 형법이 보호하고, 범죄행위로 침해된 사회관계이다. 사회관계는 인간의 공동생산과 생활에 있어서 형성되는 인간과 인간의 상호관계이며, 물질관계와 정신관계를 포함한다.

범죄행위가 침해한 사회관계의 범위에 따라 형법이론은 범죄의 객체를 세 가지로 구분하는바, 즉 일반객체, 동류(同類)객체와 직접객체로 나눈다. 일반객체는 형법이 보호하는 사회관계 전체를 말하며, 형법이 보호하는 가장 중요한 객체에 해당하고, 모든 범죄의 공통된 속성 즉 모든 범죄는 모두 사회를 위험하게 하는 행위라는 것을 드러낸다. 동류객체는 모종 유형의 범죄가 공동으로 침해한, 형법이 보호하는 사회관계의 일부분으로서, 범죄의 동류객체의 구분은 범죄행위가 침해한 사회관계의 차이에 따른 분류이며, 형법전에서는 형법각칙에서 규정한 10가지 범죄가 해당된다. 직접객체는 모종의 범죄행위가 직접 침해한, 형법이 보호하는 모종의 구체적 사회관계이다. 범죄의 직접객체는 범죄의 객체를 연구하는 중심이 되고, 사법실무에서도 범죄의 성립 여부를 구분하고 죄목을 적용하는 관건이 된다.

구체적인 범죄행위가 침해한 구체적인 사회관계의 수에 따라 다시 단일객체와 복합객체로 구분한다. 단일객체는 모종의 범죄행위가 단지 모종의 구체적 사회관계를 직접 침해한 것을 말한다. 예를 들면 절도죄가 침해한 객체는 공공재산과 개인재산의 소유권이다. 복합객체는 범죄행위가 직접 침해한 객체가 두 가지 또는 그 이상의 구체적 사회관계를 포함하는 경우이며, 예를 들면 강도죄는 공공재산 및 개인재산의 소유권을 침해하고, 또한 타인의 신체의 권리를 침해하는 것이다.

범죄의 객체와 범죄대상은 동일한 범주에 해당하지 않는다는 점에 주의가 필요하고, 그들 상호간에 비록 관련은 있지만 원칙에 있어서는 차이가 있다. 범죄대상은 형법각칙의 조문이 규정한 범죄행위가 직접 지향하는 구체적 사람 또는 물건을 말하지만, 범죄의 객체는 범죄행위가 침해한, 형법이 보호하는 모종의 사회관계이다. 예를 들면 사기죄에 있어서 사기범이 편취한 재물은 범죄대상이고, 사기를 당한 사람의 재물에 대한 소유권은 범죄객체에 해당한다. 범죄객체와 범죄대상의 구별은 다음과 같다. 첫째, 범죄의 객체만이 범죄의 성질을 결정할 수 있고, 범죄대상은 범죄의 성질을 결정할 수 없다. 둘째, 범죄의 객체는 모든 범죄가 모두 갖추어야 하는 범죄의 구성요건이지만 범죄대상은 그러하지 아니하다. 셋째, 모든 범죄는 모두 범죄객체의 침해를 필요로 하지만 범죄대상은 반드시 손해의 발생을 요하는 것은 아니다. 넷째, 범죄의 객체는 형법각칙의 각종의 구체적 범죄에 대한 분류의 기초가 되지만 범죄대상은 그러하지 아니하다.

Ⅲ. 범죄의 객관적 측면

범죄의 객관적 측면은 형법이 규정한 범죄를 객관적으로 구성하는 외부적인 표현이다. 범죄의 객관적 측면은 객관성, 구체성, 다양성 및 법정성의 특징이 있다. 범죄의 객관적 측면은 침해행위, 침해결과, 침해행위와 침해결과간의 인과관계 및 범죄의 시간, 장소 및 수단을 내용으로 한다.

1. 침해행위

침해행위는 행위자의 의식 및 의지에 따라 실행되는 형법규정을 위반한 사회적 침해행위이다. 침해행위의 기본적인 형태는 작위와 부작위가 있다.

작위는 범죄자의 적극적인 행위로 이루어지는 것으로 형법이 금지한 사회적 침해행위이다. 작위는 침해행위의 형태로서, 형법이 규정한 다수의 범죄는 작위의 형식으로 이루어진다. 예를 들면 강도죄, 절도죄, 강간죄, 도주죄 등과 같다.

부작위는 범죄자가 의무가 있고 실행 가능한 모종의 적극적인 행위를 실행을 하지 않음으로써 사회적 침해를 가하는 것을 말한다. 여기서 말하는 의무는 결코 일반적인 의미의 의무가 아니고 행위자가 당연히 이행하여야 할 것을 이행하지 않는 의무로서, 세 가지 경우가 있다. 첫째, 법률이 명확히 규정한 의무로서, 예를 들면 세법이 규정한 납세자의 납세의무, 혼인법이 규정한 부모 자녀 및 부부 간의 부양의무 등이 있다. 이러한 의무를 위반할 경우 탈세, 유기 등의 범죄가 성립될 수 있다. 둘째, 행위자의 직무상 또는 업무상 이행이 요구되는 모종의 특정한 의무로서, 예를 들면 의사의 치료의무, 국가업무인원의 청렴봉사의무 및 직무에 최선을 다할 의무 등으로, 이러한 특정의 의무를 이행하지 않으면 의료사고, 탐오, 수뢰, 직무소홀 등의 범죄가 성립될 수 있다. 셋째, 행위자의 선행행위가 특정의 의무를 발생시키는 것으로서, 예를 들면 어떤 사람이 자기 이웃의 아이를 데리고 수영장에 간 경우, 그는 그 아이의 안전을 보호할 의무가 있고, 만약 이러한 특정의 의무를 이행하지 않으면 과실치사죄가 성립될 수 있다. 당연히 특정의 의무를 이행하지 않는 것만으로 모두 범죄가 성립되는 것은 아니고, 행위자가 그러한 특정의 의무를 실제로 이행할 수 있는가 하는 것을 고려하여야 한다. 예를 들면 아들이 의외의 사고로 노동능력을 상실하면 부모를 부양할 의무를 이행할 수 없으므로 이는 형법이 말하는 부작위에 속하지 않는다. 행위자가 특정의 의무를 이행할 수 있음에도 이를 이행하지 않는 경우 비로소 형법상의 부작위가 되는 것이다.

2. 침해결과

침해결과는 침해행위가 범죄의 직접객체에 대하여 발생시킨 법정의 실질적인 손해 또는 현실의 위험상태이다. 침해결과와 범죄의 직접객체는 밀접한 관계가 있고, 범죄행위의 사회적 위험성 및 그 정도는 주로 침해행위를 통하여 객체에 대한 침해로 표현되는 것으로, 이러한 침해의 객관적인 표현이 바로 침해결과이다. 침해결과는 객체에 대하여 발생시킨 실질적인 손해와 객체에 대하여 발생시킨 현실적 위험상태를 포함한다.

3. 침해행위와 침해결과간의 인과관계

침해행위와 침해결과간의 인과관계는 범죄구성의 객관요건 중 침해행위와 침해결과간에 존재하는 원인과 결과의 관계이다. 행위자는 단지 자신이 행한 침해행위 및 그가 발생시킨 결과에 대하여만 형사책임을 부담하고, 침해결과가 발생한 경우, 어떤 개인에 대한 형사책임의 부담을 확정하기 위하여서는 반드시 그가 행한 행위와 그 결과간에 형법상의 인과관계가 성립하는가를 명확히 하여야 한다. 형법상의 인과관계는 객관성, 상대성, 시간적 순서, 조건성, 구체성과 복잡성의 특징을 가지며, 반드시 명확히 하여야 하는 중요한 문제이다. 인과관계를 명확히 밝히는 것은 결코 행위인의 형사책임을 확정하는 것과 동일한 것은 아니다. 인과관계는 단지 형사책임의 확정을 위한 기초에 해당하고, 행위자가 형사책임을 부담하여야 하는가 하는 것에 대하여는 다시 형법이 규정한 기타의 구성요건을 필요로 한다. 즉, 주체요건, 주관요건 등이다. 말하자면 인과관계는 형사책임과 동일한 것이 아니다.

4. 범죄의 시간, 장소 및 수단

형법이 규정한 일부 범죄는 특정시간, 특정장소 및 특정수단을 범죄의 구성요건으로 하고 있다. 이러한 경우에 범죄의 시간, 장소 및 수단은 범죄의 성립에 결정적인 역할을 한다. 예를 들면 형법 제341조는, "수렵법규를 위반하여 수렵금지구역에서 수렵금지기간 또는 금지된 도구와 수단을 사용하여 수렵을 함으로써 야생동물자원을 파괴하여 그 정황이 심각한 경우 불법수렵죄를 구성한다"고 규정한다. 여기서 수렵금지구역은 특정의 장소이며, 수렵금지기간은 특정시간이고, 금지된 도구와 수단을 사용한다는 것은 특정수단이다. 이러한 특정의 조건이 구비되는 경우에 비로소 해당 범죄가 성립될 수 있는 것이다. 형법에서는 비교적 소수의 조문이 범죄의 시간, 장소 및 수단에 대한 규정을 하고 있고, 대다수의 조문은 시간, 장소 및 수단에 대하여 특별한 규정이 없다.

Ⅳ. 범죄의 주체

중국의 형법에서 범죄의 주체는 자연인 범죄주체와 법인 범죄주체를 포함한다. 자연인 범죄주체는 형법상 가장 보편적인 의미의 범죄주체이고, 법인 범죄주체는 형법이 모종의 범죄에 대하여 특별히 규정한 것이다.

1. 자연인 범죄주체

자연인 범죄주체는 사회적 침해행위를 실행하여 법에 의하여 형사책임을 부담하는 자연인을 말한다. 그러나 모든 자연인이 범죄의 주체로 되는 것은 아니고, 자연인으로서의 범죄주체는 반드시 형법이 규정한 형사책임 연령에 도달하여야 하고 상응의 형사책임능력이 있어야 한다.

형법 제17조의 규정에 의하면 만 16세에 달한 사람이 범한 죄는 반드시 형사책임을 져야 하고, 이는 완전한 형사책임을 지는 연령에 해당한다. 만 14세에 이상 만 16세 미만의 자가 범한 고의살인, 고의중상해죄 또는 사망, 강간, 강도, 마약판매, 방화, 폭발, 독극물투약의 죄는 형사책임을 져야 하고, 이들 범죄 이외의 기타 사회적 침해행위에 대하여는 형사책임을 지지 않는바 이는 상대적인 형사책임 연령에 해당한다. 만 14세 미만의 사람이 행한 침해행위는 형사책임을 지지 않는바, 이는 완전히 형사책임을 지지 않는 연령에 해당한다. 만 18세 미만의 사람이 미성년자임을 고려하여 형법은 만 14세 이상 만 18세 미만인 자의 범죄에 대하여 경한 처벌을 하거나 감경하도록 규정하였다. 만 16세 미만으로 인하여 그가 행한 사회적 침해행위에 대하여 형사처벌을 하지 않는 것은 사회적 침해행위를 방임하고 관리하지 않는 것이 아니라, 그의 가장 또는 후견인으로 하여금 관리 교육토록 하고, 그의 가장 또는 후견인에 대하여 반드시 이행하여야 할 관리 교육의 의무를 이행하도록 요구한다. 만약 특별한 사유로 가장 또는 후견인이 관리 교육의 의무를 이행하는 것이 불가능하거나 어려운 경우에는 필요에 따라 정부가 수용하여 선도할 수 있다.

형법 제18조의 규정에 의하면 행위자는 오직 자기의 행위를 판별하고 통제할 수 있는 능력을 가지는 상황하에서 비로소 형사책임을 질 수 있다. 그러므로 정신병자가 자신의 행위에 대한 판별 또는 통제불능의 상태에서 행한 침해의 결과는 법정절차에 따른 감정 및 확인을 거쳐 형사책임을 면할 수 있다. 그러나 그의 가족 또는 후견인에 대하여 엄격한 관리를 하게 하거나 치료를 받도록 명하여야 하고 필요에 따라 정부가 강제로 치료할 수 있다. 간헐성정신병자가 정상적인 상태에서 행한 범죄는, 행위 당시에 자기의 행위에 대한 판별과 통제능력이 있었기 때문에 반드시 형사책임을 져야 한다. 자신의 행위를 판별하고 통제하는 능력을 완전히 상실하지는 않은 정신병자는 자기가 행하는 행위의 성질 및 결과에 대하여 인식을 할 수 있는 경우에는 반드시 형사책임을 져야 하지만, 그가 일반적인 정상인과 다르다는 점을 고려하면 그에 대하여 경한 처벌을 하거나 감경할 수 있다. 술에 취한 자는 형사책임 무능력자에 속하지 않고 오히려 술에 취한 상태는 자신이 만든 것이므로, 음주상태에서 죄를 범한 경우에는 반드시 형사책임을 져야 하고, 이러한 경우에는 경한 죄로 처벌하거나 또는 감경할 사유가 없다. 농아자 또는 맹인 역시 형사책임 무능력자가 아니다. 다만 그들의 생리적인 장애로 그들이 모종의 문제에 대한 인식상 장애가 발생하여 정상인과는 다른 반응과 행동이 야기될 수 있으므로, 그 행위가 범죄를 구성할 경우 그들이 자신의 행위를 판별하고 통제하는 실제상황을 고려하여 경한 죄로 처벌하거나 감경 또는 처벌을 면제할 수 있다.

형사책임연령에 도달하고 형사책임능력이 있는 자연인은 형법상 일반주체라 부른다. 그러나 형법이 규정한 각종의 범죄 가운데 어떤 죄는 행위자가 반드시 특정의 신분을 가질 것을 요구하고 있는바 이는 특수주체라 한다. 소위 특수주체는 형법이 규정한 바에 의하여 행위자의 형사책임에 영향을 주는 행위자의 자신의 특정한 자격, 지위 등이다. 예를 들면 국가기관업무인원, 사법업무인원, 금융기구업무인원, 군인, 죄수, 피고인, 범죄피의자 등이다. 범죄주체의 특수한 신분은 죄를 정하는 데 영향을 미치는데, 예를 들면 동일한 우편물절취의 행위에서 일반주체는 통신자유침해죄에 해당하지만 특수주체 예컨대 우편업무자는 우편물 및 전보의 임의개봉, 은닉, 손괴 등의 죄에 해당된다. 또한 양형에 있어서도 영향을 미치는바, 예컨대 형법 제349조 제 2 항이 “마약체포인원 또는 기타 국가업무인원이 마약의 제조·운수·판매의 범죄분자를 엄호하거나 비호하는 경우 전항의 규정에 의하여 가중 처벌한다”고 규정하고 있는 것과 같다.

2. 법인 범죄주체

법인 범죄주체는 사회적 침해행위를 실시하여 반드시 형사책임을 져야 하는 회사, 기업, 사업단위, 기관 및 단체를 말한다. 법인 범죄는 반드시 법인의 의지의 지배 아래 법인의 내부 구성인원이 행한 범죄로서, 즉 법인 범죄는 한 집단의 전체적 범죄이다. 모든 범죄가 법인주체로 구성될 수 있는 것은 아니고, 형법상 명문의 규정이 있는 경우에 법인범죄가 성립될 수 있다.

법인 범죄의 특수성으로 인하여 형법은 법인 범죄의 처벌에 대하여 자연인 범죄와는 달리 규정하고 있다. 법인 범죄의 처벌에는 두 가지 방식이 있다. 하나는 양벌제로서 죄를 범한 법인에 대하여 벌금에 처하고 법인 내부의 직접책임자 또는 직접책임 있는 관리자에 대하여 처벌하는 것이다. 다른 하나는 죄를 범한 법인에 대하여는 처벌하지 않고 법인 내부의 직접책임자 또는 직접책임 있는 관리자에 대하여 처벌하는 것이다. 형법이 규정한 각종의 법인에 관한 범죄의 조문 가운데 대다수는 양벌제의 원칙을 채택하고 있다.

V. 범죄의 주관적 측면

범죄의 주관적 측면은 범죄주체가 자기가 실시하는 침해행위 및 그 침해결과에 대하여 가지는 심리상태를 말한다. 범죄의 주관적 측면에 관한 내용은 범죄의 고의, 범죄의 과실, 범죄의 목적과 동기, 의외의 사건, 형법상의 인식의 착오 등이 포함된다.

1. 범죄의 고의

범죄의 고의는 행위자가 자기의 행위가 사회적 침해의 결과를 발생시킨다는 것을 명확히 인식하고, 또한 이러한 결과의 발생을 희망 또는 방임하는 일종의 주관적 심리상태를 말한다. 행위자가 자기의 행위가 사회적 침해의 결과를 명확히 인식한다는 것은 고의범죄를 구성하는 인식요소이다. 행위자가 자기의 행위가 발생시킬 수 있는 침해의 결과에 대하여 희망하거나 방임하는 심리상태는 고의범죄를 구성하는 의사요소이다. 명확한 인식과 의사요소를 동시에 구비하여야 비로소 행위자가 범죄의 고의를 가졌다고 할 수 있다. 행위자가 침해의 결과에 대하여 가지는 심리적 상태의 차이에 따라 범죄의 고의는 범죄의 직접고의와 범죄의 간접고의로 구분된다.

범죄의 직접고의는 행위자가 자기의 행위가 필연적으로 또는 사회적 침해행위의 결과 발생을 명확히 인식하고, 또한 이러한 결과 발생을 희망하는 일종의 심리상태를 말한다. 행위자의 인식정도에 따라 범죄의 직접고의는 두 가지 형식으로 표현된다. 하나는 행위자가 자기의 행위가 사회적 침해의 결과를 필연적으로 발생시킬 수 있음을 명확히 인식하고 이러한 결과의 발생을 희망하는 심리상태이다. 다른 하나는 행위자가 자기의 행위가 사회적 침해의 결과를 발생시킬 가능성이 있음을 명확히 인식하고 이러한 결과의 발생을 희망하는 심리상태이다. 비록 침해결과에 대한 인식요소의 정도상 차이가 있으나, 의사요소에서 보면 별다른 차이는 없고 모두 이러한 결과의 발생을 희망한 것이다.

범죄의 간접고의는 행위자가 자기의 행위가 사회적 침해의 결과를 발생시킬 가능성이 있음을 명확히 인식하고, 이러한 결과의 발생을 방임하는 일종의 심리상태이다. 행위자의 인식요소로 보면 그는 단지 자기가 실시하는 행위가 침해의 결과를 발생시킬 가능성을 인식한 것이지만, 의사요소로 보면 행위자는 이러한 결과를 방임한 것이다. 소위 방임이란 행위자가 비록 침해의 결과 발생을 적극적으로 추구한 것은 아니지만, 침해결과의 발생을 방지하기 위하여 어떠한 조치도 취하지 않고 침해결과의 발생에 대하여 방임의 태도를 취하여, 결과의 발생 또는 불발 모두가 행위자의 의사에 관계없이 이루어지는 것이다. 범죄의 간접고의는 세 가지 상황이 있다. 첫째, 행위자가 모종 범죄의 실현을 의도로 별도의 침해결과의 발생을 방임하는 것이다. 둘째, 행위자가 모종의 비범죄의 실현을 의도로 어떠한 침해결과의 발생을 방임하는 것이다. 셋째, 돌발적인 범죄에서 행위자가 결과를 예측하지 못하고 심각한 침해결과의 발생을 방임하는 것이다.

형법각칙의 조문이 규정한 고의범죄 가운데 절대다수는 직접고의로 구성되어 있고, 일부 소수의 범죄는 직접고의 또는 간접고의로 구성될 수 있다.

2. 범죄의 과실

범죄의 과실은 행위자가 마땅히 자기의 행위가 사회적 침해의 결과를 발생시킬 수 있음을 예견하여야 함에도 불구하고 이를 소홀히 함으로 인하여 그것을 예견하지 못하였거나, 또는 예견하였으나 능히 피할 수 있다고 경솔히 믿음으로써 사회적 침해의 결과가 발생되기에 이른 주관적 심리상태를 말한다. 범죄의 과실과 범죄의 고의는 모두 인식요소와 의사요소를 포함하는 점에서 동일하고, 단지 내용상의 차이가 있을 뿐이다. 과실의 특징은 다음과 같다. 첫째, 행위자의 인식능력과 실제의 인식이 다르다는 것이다. 즉, 행위자가 당연히 자기의 행위가 사회적 침해의 결과를 발생시킬 수 있음을 인식하여야 하지만 이를 소홀히 하여 예견하지 못하였거나, 비록 예견은 하였으나 경솔히 피할 수 있다고 경솔히 믿은 것이다. 둘째, 행위자의 주관적 희망과 객관적 효과의 불일치로서, 즉 행위자는 주관적으로 침해의 결과를 원하거나 방임하지 않고 그 결과에 대하여 배척하고 부정하였지만, 침해결과의 발생이 행위자의 주관적 의지와 다르게 된 경우이다. 행위자의 침해결과에 대한 인식정도의 차이에 따라 과실은 인식 없는 과실과 인식 있는 과실로 구분된다.

인식 없는 과실은 행위자가 마땅히 자기의 행위가 사회적 침해의 결과를 발생시킬 수 있음을 예견하여야 함에도 불구하고 이를 소홀히 하여 침해의 결과를 발생시키게 되는 심리상태를 말한다. 인식 없는 과실은 두 종류로 구분된다. 첫째, 행위자가 마땅히 자기의 행위가 사회적 침해의 결과를 발생시킬 수 있음을 예견하였어야 한다. 여기서 마땅히 예견하여야 한다는 것은 행위자가 침해의 결과에 대하여 예견의 의무가 있다는 것과 예견의 능력이 있다는 것이다. 만약 행위자가 근본적으로 예견의 의무가 없으면 비록 침해의 결과가 발생하더라도 과실범죄의 문제를 논할 수 없는 것이다. 둘째, 행위자가 발생 가능한 침해의 결과를 소홀히 함으로써 예견하지 못한 것이다.

인식 있는 과실은 행위자가 이미 자기의 행위가 사회적 침해의 결과를 예견하였지만, 능히 피할 수 있을 것으로 경솔히 믿음으로써 침해의 결과를 발생시킨 심리상태를 말한다. 인식 있는 과실 역시 두 가지의 특징이 있다. 첫째, 행위자가 이미 자기의 행위가 사회적 침해 결과의 가능성을 예견하였다는 것이다. 둘째, 이러한 침해의 결과를 능히 피할 수 있을 것으로 경솔히 믿었으나 이를 피하지 못하고 행위자가 예견한 침해의 결과가 사실상 발생된 것이다.

3. 의외의 사건

형법 제16조의 규정에 의하면, 행위가 비록 손해의 결과를 발생시켰다고 하더라도 고의 또는 과실에 기인하지 않고, 항거할 수 없거나 예견할 수 없는 원인으로 발생된 경우에는 범죄로 인정하지 않고, 형법상 의외의 사건으로 본다. 의외의 사건의 특징은 행위자의 행위가 비록 객관적으로는 모종 손해의 결과를 발생시켰지만 이러한 결과가 고의에서 발생되거나 과실로 인한 것이 아니고, 항거할 수 없거나 예견할 수 없는 원인으로 발생된 것이므로, 행위자의 의지와 능력으로 통제할 수 없는 것이다. 의외의 사건은 범죄구성의 주관적 요건을 결하기 때문에 범죄로 인정할 수 없다.

4. 범죄의 목적과 동기

범죄의 목적은 범죄자가 자신이 실시하는 범죄행위를 통하여 모종의 사회적 침해의 결과를 실현하려는 심리상태를 말한다. 범죄의 목적은 오직 직접고의의 범죄에서 존재하고, 간접고의와 과실범죄에 있어서는 행위자가 침해결과에 대하여 취한 것이 방임 또는 부정의 태도이기 때문에 범죄의 목적이 있을 수 없다. 그러므로 행위자가 모종의 침해결과에 대하여 갖는 희망과 추구는 모두 범죄목적의 내용이다.

범죄의 동기는 범죄자를 자극하여 범죄행위를 실행하도록 하여 범죄의 목적에 도달하도록 하는 내심의 충동 또는 원인이다. 범죄의 동기는 범죄자를 자극하여 범죄의 목적을 발생시키는 원인이고 범죄의 목적은 범죄동기의 자극 아래 비로소 발생되는 것이다. 범죄의 동기를 이해하지 못하면 범죄자가 왜 모종의 범죄목적을 추구하는가 하는 것을 이해할 수 없는 것이다.

5. 형법상의 인식의 착오

형법상의 인식의 착오는 행위자가 자기의 행위가 가지는 법률상의 의의 또는 그와 관련한 객관적인 사실상황에 대하여 잘못된 인식을 가지고 있는 것을 말한다. 행위자의 인식의 착오는 법률상의 인식의 착오와 사실상의 인식의 착오로 구분된다.

행위자의 법률상의 인식의 착오는 행위자가 의식적으로 모종 행위를 실행할 경우, 자기의 행위의 법률적 성질 또는 의의에 대하여 인식상의 착오가 있는 것을 말한다. 행위자의 법률상의 인식의 착오는 주로 원래 무죄의 행위를 유죄로 잘못 인식하는 경우, 원래 유죄의 행위를 무죄로 잘못 인식하는 경우, 자기의 행위에 대한 죄의 확정 및 양형을 잘못 인식하는 경우 등이다.

행위자의 사실상의 인식의 착오는 행위자가 자기의 행위와 관련된 사실상황에 대하여 잘못 인식하는 것을 말한다. 행위자의 사실상의 인식의 착오는 주로 행위의 객체에 대한 인식의 착오, 행위대상에 대한 인식의 착오, 행위의 성질에 대한 인식의 착오, 인과관계에 대한 인식의 착오를 포함한다.

Ⅵ. 사회적 위험성이 배제된 행위

사회적 위험성이 배제된 행위는 행위자가 실행한 행위가 표면적으로는 사회에 유해한 것으로 보이지만 사실상으로는 사회에 대하여 해롭지 않은 행위를 말한다. 형법상 사회적 위험성이 배제된 행위로는 정당방위, 긴급피난, 명령의 집행행위, 정당한 업무행위, 과학연구 및 자연탐험의 행위, 피해자가 승낙한 행위 및 피해자가 승낙한 것으로 추정되는 행위 등이다. 중국의 형법에서 사회적 위험성이 배제된 행위는 정당방위와 긴급피난의 두 가지이다. 사회적 위험성이 배제된 행위는 사회적 위험성이 없기 때문에 형사책임의 부담 문제는 발생되지 않는다.

1. 정당방위

정당방위는 국가적 이익, 공공이익, 본인 또는 타인의 신체, 재산 및 기타의 권리에 대한 현재의 불법적인 침해를 방지하기 위하여, 불법적인 침해행위를 저지하고 불법침해자에 대하여 손해를 발생시키는 행위이다. 정당방위는 반드시 다음의 조건에 부합하여야 한다. 첫째, 반드시 사실상의 불법적인 침해행위가 있어야 한다. 행위자의 주관적 판단의 착오, 즉 사실상 발생하지 않은 불법적인 침해행위를 현재 발생되고 있는 불법적인 침해행위로 오인하는 것은 정당방위가 아니고 오인방위가 된다. 둘째, 불법적인 침해행위는 반드시 현재 진행되고 있는 것이어야 한다. 불법적인 침해행위가 아직 개시되지 않은 데 대한 방위행위는 사전방위가 되고, 이미 종료된 불법적인 침해행위에 대한 방위는 사후방위가 된다. 이들 양자를 모두 부적합 시기의 방위라 한다. 부적합 시기의 방위는 모두 정당방위가 아니다. 셋째, 정당방위의 행위는 반드시 국가적 이익, 공공이익, 본인 또는 타인의 신체, 재산 및 기타의 권리가 현재의 불법적인 침해를 받지 않도록 하기 위한 것이어야 한다. 방위행위를 빌미로 하여 타인으로 하여금 불법적인 침해행위를 하도록 유인하는 방위도발행위, 쌍방 모두 정당한 목적을 갖지 못하는 상호 구타의 행위, 타인의 불법행위시 보복의 목적으로 행하는 손해행위 등은 목적이 정당성을 갖지 못하므로 정당방위에 속하지 않는다. 넷째, 방위행위는 반드시 불법침해의 행위를 하는 본인에 대하여 하여야 하고 제 3 자에 대하여 행할 수 없다. 불법적인 침해행위가 없는 제 3 자에 대하여 행한 손해행위는 정당방위가 아니다. 다섯째, 방위행위는 반드시 필요한 한도를 초과하지 않아야 한다. 방위의 과정에서 방위행위가 필요한 한도를 명백히 초과하여 중대한 손해를 발생시키는 경우에는 과잉방위에 해당한다. 형법의 규정에 의하면 과잉방위의 상태에서 행위자는 형사책임을 져야 한다. 다만 이때에는 감경 또는 처벌을 면제하여야 한다.

형법에서는 하나의 특별한 규정을 두고 있는바, 즉 제20조 제 3 항에서 "목전에 폭행, 살인, 강도, 강간, 납치 및 기타 신체의 안전을 심각히 위협하는 폭력범죄가 진행되고 있는 경우, 방위행위로 인하여 발생되는 불법침해자에 대한 상해 또는 사망은 과잉방위에 해당하지 않고, 형사책임을 지지 않는다"를 규정하고 있다. 이론상 이러한 상황을 무과잉방위 또는 무한방위라고 한다. 무과잉방위의 상황에서는 우선 방위자의 행위는 반드시 정당방위의 다섯 가지 조건 중 전자의 4가지 조건을 갖추어야 한다. 즉 한도조건 외에 조건을 모두 갖추어야 한다. 둘째, 방위행위가 지향하는 것은 반드시 목전에 진행되고 있는 폭행, 살인, 강도, 강간, 납치 및 기타 신체의 안전을 심각히 위협하는 폭력범죄이고, 위협이 없는 비폭력범죄 및 비록 폭력이 있다 하여도 신체의 안전에 영향이 없는 것은 무과잉방위의 규정을 적용하지 않는다.

2. 긴급피난

긴급피난은 국가의 이익, 공공이익, 본인 또는 타인의 신체, 재산 및 기타 권리에 대한 목전의 위험을 피하기 위하여 부득이 취한 조치가 다른 합법적 이익을 침해하는 것을 말한다. 긴급피난은 다음의 조건에 부합하여야 한다. 첫째, 행위자가 반드시 현실적으로 위험에 직면하여야 한다. 위험의 근원은 자연력의 침해, 동물의 침해 및 사람의 침해를 포함한다. 행위자가 객관적 사실에 대하여 착오를 한 경우, 즉 사실상 발생하지 않은 위험을 사실상의 위험으로 오인한 경우는 오인피난이며 긴급피난이 아니다. 둘째, 행위자가 직면한 위험은 반드시 목전에 발생중인 위험이어야 한다. 위험이 아직 개시되지 않은 경우 피난을 빌미로 한 행위는 사전피난이고, 위험이 이미 종료된 경우 피난으로 자칭하는 행위는 사후피난으로서, 이 두 상황은 부적합 시기의 피난이라 하며, 부적합 시기의 피난은 긴급피난에 해당하지 않는다. 셋째, 행위자가 취하는 피난의 목적은 반드시 정당한 것이어야 한다. 만약 자기의 부정당한 목적을 위하여 피난을 빌미삼는 것은 긴급피난이 아니다. 넷째, 당시의 상황으로 보아 기타의 방법으로는 목전에 발생되고 있는 위험을 피할 수 없음이 확실하여야 한다. 피난은 반드시 당시에 유일하게 취할 수 있는 피난방법이어야 하고, 즉 피난의 방법 외에 기타의 방법으로는 위험을 피할 수 없어야 한다. 즉 기타의 방법으로 위험을 피할 수 있으면 긴급피난의 방법을 취할 수 없다는 것이다. 다섯째, 피난의 행위는 반드시 필요한 한도 내에서 행하여져야 한다. 필요한 한도는 피난의 방법을 채택하여 보호하려는 이익이 반드시 손해가 발생되는 이익보다 커야 한다는 것으로, 이는 작은 이익을 희생하여 큰 이익을 보호하는 것이며, 이는 긴급피난의 출발점이다. 이러한 정신에 위반되는 경우 긴급피난은 그 의의를 상실하는 것이다. 만약 피난의 과정에서 필요한 한도를 초과하여 발생되지 않아야 하는 손해가 발생된 경우는 과잉피난이 되고, 이때에는 형사책임을 져야 한다. 다만 감경 또는 처벌을 면제하여야 한다.

Ⅶ. 범죄의 미완성형태

범죄의 미완성형태는 범죄자의 행위가 범죄과정에서 일어날 수 있는 각종의 중지형태를 말하며, 범죄의 기수, 범죄의 예비, 범죄의 미수와 범죄의 중지를 포함하는 개념이다. 여기서는 두 가지 점에 주의할 필요가 있다. 첫째, 범죄의 중지상태는 직접고의의 범죄에서만 발생한다는 것으로, 이는 직접고의의 범죄만이 범죄의 목적이 있기 때문이며, 행위자가 명확한 범죄의 목적을 가질 경우에 한하여 비로소 범죄의 중지형태에 관한 문제가 발생할 수 있기 때문이다. 둘째, 범죄의 중지형태는 비록 기수, 예비, 미수, 중지의 네 가지 형태가 있으나, 구체적 범죄에 있어서는 네 가지 형태 중에서 하나를 구비할 수 있고, 두 가지 이상의 중지상태를 동시에 구비할 수는 없다.

1. 범죄의 기수

범죄의 기수는 이미 고의의 범죄를 완성한 것으로서, 객관적으로 형법이 규정한 결과 또는 행위를 완성한 범죄형태이다. 범죄의 기수는 네 가지 유형을 포함한다. 즉 첫째, 행위범이다. 행위자가 형법이 규정한 침해행위를 완성하기만 하면 범죄는 기수가 되는 것이다. 둘째, 거동범이다. 행위자가 형법이 규정한 침해행위의 실행에 착수하면 범죄는 기수가 되는 것이다. 셋째, 결과범이다. 행위자가 형법이 규정한 침해행위를 실행하는 것만이 아니고 상응의 침해결과가 발생하여야 비로소 기수가 되는 것이다. 넷째, 위험범이다. 행위자가 실행한 침해행위 및 침해행위로 발생된 위험상태로 인하여 범죄가 기수로 되는 것이다.

2. 범죄의 예비

범죄의 예비는 범죄를 위하여 도구를 준비하거나 조건을 만드는 행위이다. 여기서 말하는 도구의 준비는 합법적인 방법으로 도구를 준비하는 즉 구매·차용 등의 방식을 포함하며, 불법적인 방식으로 도구를 준비하는 예컨대 불법제조·절도·강도 등의 방식을 포함한다. 광의적 의미에서 도구의 준비는 범죄의 편리를 위한 준비행위에 속하지만, 형법이 이미 도구의 준비를 범죄예비의 내용으로 하고 있기 때문에, 여기서 논하는 조건을 만드는 행위는 바로 범죄의 실시를 위하여 각종 편리한 조건을 만드는 행위를 말하고, 예를 들면 공동범죄자를 물색하는 행위, 범죄계획을 수립하는 행위, 범죄의 실행을 위하여 장애를 제거하는 행위 등이 포함된다. 범죄의 예비는 다음과 같은 네 가지 특징이 있다. 첫째, 객관적으로 도구의 준비를 실행하고, 조건을 만드는 행위를 실행한 것이다. 둘째는 도구의 준비, 조건을 만드는 행위가 주관적으로는 범죄의 실행을 위한 것이다. 셋째 행위자가 아직 범죄에 착수하지 않았다는 것이다. 넷째, 범죄행위가 예비단계에 머무르고 있는 것은 행위자가 통제할 수 없는 것을 원인으로 한다.

범죄의 예비는 범죄의사의 표시와는 다르며, 범죄의사의 표시는 행위자가 자기의 범죄의도를 타인에게 노출시키는 행위이다. 범죄의사의 표시는 비록 행위자의 범죄의도를 노출시키는 것이지만, 범죄의 실시를 위한 도구의 준비가 없고 범죄를 위한 조건을 만들지 않았기 때문에 범죄의사의 표시는 범죄가 아니다.

형법 제22조의 규정에 의하면, 예비범에 대하여는 기수범에 비하여 경하게 처벌하거나, 감경 또는 처벌을 면제할 수 있도록 하고 있다. 이는 주로 범죄의 예비는 범죄의 실행에 착수하지 않았다는 것을 고려한 것이고, 비록 범죄의 예비행위 자체가 사회적 위험성을 가지고 있지만, 범죄의 실행과는 현실적으로 거리가 있다는 것을 고려하여 경하게 처벌하거나 감경 또는 처벌을 면제하는 것이다.

3. 범죄 미수

범죄 미수는 행위자가 이미 범죄의 실행에 착수하였으나, 범죄자의 의지 이외의 원인으로 범죄를 완수하지 못한 것을 말한다. 범죄의 미수는 세 가지 특징이 있다. 첫째, 행위자가 이미 범죄의 실행에 착수한 것이다. 여기서 말하는 착수는 행위자가 범죄실행의 행위를 착수한 것으로, 착수는 실행행위의 개시이며 예비행위의 종결로서, 범죄형태가 질적인 변화를 나타내는 전환점이다. 여기서 말하는 범죄의 실행은 행위자가 이미 형법각칙에 규정한 작위의 범죄구성요건에 해당하는 행위를 개시하였다는 것이다. 둘째, 범죄의 목적을 이루지 못한 것이다. 행위자가 실행한 범죄행위가 목적을 이루지 못한 것은 주관적 측면과 객관적 측면의 요인으로서, 주관적 측면에서는 행위자가 원래 예기한 직접고의의 내용을 완전히 실현하지 못한 것으로 이는 행위자의 본의에 위배되는 것이다. 객관적 측면에서는 행위자가 실행한 범죄가 불안전한 것이다. 셋째, 범죄가 목적을 달성하지 못한 것은 범죄자의 의지 이외의 원인이다. 범죄자의 의지 이외의 원인으로 예기한 범죄가 목적을 이루지 못한 것은 범죄미수의 본질적 특성이다. 형법이론에서는 범죄미수의 행위 측면의 특징과 범죄미수의 원인을 근거로 범죄의 미수를 구분한다. 하나는 행위실행의 완성여부에 근거하여 범죄의 미수를 실행종료의 미수와 실행미종료의 미수로 구분한다. 실행종료의 미수는 행위자가 범죄의 실행에 필요한 행위를 모두 실행하였으나 행위자의 의사 이외의 원인으로 범죄의 목적을 이루지 못한 것이다. 실행미종료의 미수는 행위자가 범죄의 실행을 위하여 필요한 행위를 완료하지 못하고, 행위자의 의사 이외의 원인으로 범죄의 목적을 달성하지 못한 것을 말한다. 다른 하나는 행위가 실제로 범죄를 완성할 능력이 있는가의 여부에 따라 범죄의 미수를 가능미수와 불능미수로 구분한다. 가능미수는 행위자가 본래 범죄의 목적을 달성할 수 있는 능력을 가지고 있지만, 그 의사 이외의 원인으로 범죄의 목적을 달성하지 못한, 예를 들면 살인행위를 실행할 경우 타인에 의하여 저지된 경우이다. 불능미수는 행위자 자신이 범죄를 완성할 능력을 가지고 있지 못함으로써 범죄의 목적을 달성하지 못하는 경우이다. 불능미수는 다시 도구불능미수와 대상불능미수로 구분된다. 도구불능미수는 행위자가 범죄의 실행에 사용한 도구 또는 방법에 착오가 있어 범죄의 목적을 달성할 수 없는 경우이다. 대상불능미수는 행위자가 범죄를 실행할 경우 대상의 착오로 인하여 범죄의 목적을 달성할 수 없는 경우이다.

형법 제23조의 규정에 의하면 미수범에 대하여는 기수범에 비하여 가볍게 처벌하거나 감경 처벌할 수 있다. 범죄의 미수와 범죄의 기수는 사회적 위험성에 있어서 차이가 있으므로 형법상의 처벌에 있어서도 당연히 구별된다.

4. 범죄의 중지

범죄 중지는 행위자가 범죄의 과정에서 자발적으로 범죄를 중지하거나 범죄결과의 발생을 효과적으로 방지하여 범죄가 완성되지 못한 경우를 말한다. 범죄의 중지가 성립하기 위하여는 다음의 조건이 필요하다. 첫째, 범죄의 중지는 오직 범죄의 과정에서 발생하여야 한다. 범죄의 과정이라 함은 범죄의 기수 이전을 말하며, 범죄의 기수가 이루어지면 범죄의 중지는 성립할 수 없다. 둘째, 범죄의 중지는 반드시 행위자가 자발적으로 하여야 한다. 행위자가 자발적으로 범죄를 중지한다는 것은 행위자가 자발적으로 범죄행위의 진행을 방치하거나 자발적으로 범죄결과의 발생을 방지할 것이 필요하다. 타인에 의한 저지 등 행위자 자신의 의사에서 나오지 않은 행위는 범죄의 중지가 아니다. 당연히 행위자의 자발적인 행위가 자신에 대한 반성에서 나오든 아니면 법률에 대한 두려움 또는 타인의 권고에 의한 것이든지 관계없이 최후로 행위자 자신이 스스로 중지의 결정을 하게 되면 범죄의 중지가 성립되는 데 영향이 없다. 셋째, 범죄의 중지는 반드시 범죄결과의 발생을 유효하게 방지하여야 한다. 범죄의 중지의 유효성은 두 가지 형식으로 구분된다. 하나는 행위자가 자발적으로 범죄행위의 진행을 방치하기만 하면 예기한 범죄의 결과가 발생하지 않는 경우이다. 다른 하나는 행위자의 범죄행위가 이미 완료되었지만 결과의 발생 전에 유효하게 범죄결과의 발생을 방지한 경우이다. 이상의 세 가지 조건이 동시에 만족되면 비로소 범죄의 중지가 인정된다.

범죄의 중지를 행할 경우, 범죄형태와 중지할 경우의 행위의 특징에 따라 각각의 유형으로 구분할 수 있다. 하나는 범죄행위가 처한 단계에 따라 예비행위의 중지와 실행행위의 중지로 구분된다. 예비행위의 중지는 행위자가 범죄의 예비단계에서 자발적으로 범죄의 계속을 중지하는 것으로 이러한 경우에는 당연히 범죄의 결과가 발생될 수 없다. 실행행위의 중지는 행위자가 범죄의 실행과정에서 자발적으로 범죄를 중지하고, 범죄결과의 발생을 유효하게 방지한 경우이다. 다른 하나는 행위자의 행위가 실행을 종료하였는지의 여부에 따라 실행종료의 중지와 실행미종료의 중지로 구분된다. 실행종료의 중지는 행위자의 범죄행위가 이미 실행을 모두 완료하였지만 범죄결과의 발생 전에 범죄결과의 발생을 유효하게 방지한 경우이다. 실행미종료의 중지는 행위자의 범죄실행행위가 아직 완전히 종료되지 않았고, 행위자가 자발적으로 범죄행위의 진행을 중지함으로써 행위자가 원래 예기한 범죄의 결과가 발생되지 않은 경우이다.

형법 제26조에서는 중지범에 대하여 손해의 발생이 없으면 마땅히 처벌을 면제하고, 손해가 발생된 경우에는 감경 처벌하도록 규정하고 있다. 형법이 이처럼 규정한 것은 입법상 범죄의 중지를 위한 구체적 표현이고, 비록 범죄행위가 이미 실행되어 돌이킬 수 없지만 처벌상 면제 또는 감경함으로써 범죄의 위험성을 최소화하려는 것이다.

Ⅷ. 공동범죄

1. 공동범죄의 개념과 성립요건

공동범죄는 2인 이상이 공동으로 실행한 고의적 범죄를 말한다. 공동범죄가 성립하기 위하여서는 다음의 세 가지 조건을 갖추어야 한다. 첫째, 범죄주체가 반드시 2인 이상이어야 한다. 여기서 말하는 2인 이상은 둘 이상의 자연인이 실행한 공동범죄와 둘 이상의 법인이 실행한 공동범죄를 포함하고, 아울러 자연인과 법인이 공동으로 실행한 범죄를 포함한다. 공동범죄자 중의 자연인은 반드시 형법상의 범죄주체에 관한 규정에 부합하여야 하고, 형사연령에 도달하지 않았거나 형사책임능력이 없는 사람은 공동범죄의 주체가 될 수 없다. 둘째, 객관적 측면에서, 각각의 공동범죄자는 반드시 공동의 범죄행위가 있어야 한다. 공동의 범죄행위는 각각의 공동범죄자의 범죄행위가 서로 연계되어야 하고, 모든 공동범죄자의 행위는 동일한 목표를 대상으로 하여야 하며, 모든 공동범죄자의 행위는 범죄결과와 인과관계가 있어야 한다. 셋째, 주관적인 측면에서, 각각의 공동범죄자는 반드시 공동범죄의 고의가 있어야 한다. 공동범죄의 고의는 각각의 공동범죄자는 모두 동일한 범죄적 고의에서 출발하여, 모든 공범자는 자기가 단독으로 범죄를 실행하지 않고 기타의 자와 함께 범죄를 실행함을 알아야 하며, 범죄목적의 일치성이 있어야 한다. 사법 실무에서 공동범죄의 범위를 확대시키지 않도록 하기 위하여 형법 제25조는 “2인 이상이 공동으로 행한 과실범죄는 공동범죄로 처벌하지 않는다. 형사책임을 져야 하는 경우에는 그들이 범한 죄에 따라 각각 처리한다”고 규정하였다. 공동과실의 범죄가 공동범죄를 구성하지 않는다는 것 외에도, 몇 가지 공동범죄를 구성하지 않는 경우를 살펴볼 필요가 있다. 첫째, 단순고의와 단순과실이 공동으로 일으킨 모종의 침해결과이다. 둘째, 2인 이상이 실행한 범죄에 있어서 고의의 내용이 다른 경우이다. 셋째 범죄자가 실행한 행위가 공동고의의 범위를 초과한 경우이다. 넷째, 주관적으로 보아 범죄의사의 연계가 없는 동시범의 경우이다. 다섯째, 사전에 모의가 없는 범죄자에 대한 은닉 및 비호행위의 경우이다.

2. 공동범죄의 형식

공동범죄의 형식에 대하여는 여러 가지로 표현될 수 있지만 주로 다음과 같은 내용으로 구분할 수 있다. 첫째, 공동범죄의 고의가 형성되는 시간에 따라 사전공모의 공동범죄와 사전공모 없는 공동범죄로 구분할 수 있다. 사전공모의 공동범죄는 각각의 공동범죄자가 범죄의 실행에 착수하기 전에 이미 공동범죄의 공동고의를 형성한 경우를 말하며, 여기서의 사전공모는 사전의 구두공모와 사전의 서면공모를 포함한다. 사전공모 없는 공동범죄는 각각의 공동범죄자가 범죄의 실행에 착수하기 전에 공동범죄의 범의를 형성함이 없이, 범죄실행의 과정에서 공동범죄의 공동고의를 형성한 것을 말한다. 둘째, 공동범죄가 임의로 형성될 수 있는지의 여부에 따라 임의적 공동공범과 필요적 공동공범으로 구분할 수 있다. 임의적 공동범죄는 형법이 규정한 범죄로, 단독으로 실행 가능한 범죄를 2인 이상이 공동으로 실행한 공동범죄로서 예컨대 강도죄 등이다. 필요적 공동범죄는 형법이 규정한 범죄로, 반드시 2인 이상이 실행 가능한 공동범죄이며, 예컨대 조직에 관련된 범죄 등이다. 셋째, 공동범죄자 사이에 명확한 역할 분담이 있었는지의 여부에 따라 단순공동범죄와 복합공동범죄로 구분할 수 있다. 단순공동범죄는 각각의 공동범죄자 사이에 역할의 분담이 없고 모두가 범죄를 실행한 공동범죄이다. 복합공동범죄는 각각의 공동범죄자 사이에 명확한 역할 분담이 있고 각자의 협력으로 범죄가 완성된 공동범죄이다. 넷째, 공동범죄에 있어서 조직형식의 유무에 따라 일반적 공동범죄와 특수공동범죄로 구분할 수 있다. 일반적 공동범죄는 각각의 공동범죄자의 결합정도가 비교적 느슨한 경우로서 특정의 조직형식이 없는 공동범죄를 말한다. 특수공동범죄는 조직을 갖춘 공동범죄, 즉 범죄집단을 이용한 공동범죄를 말한다. 조직을 가진 공동범죄에 대하여 형법은 두 종류를 명문으로 규정하고 있다. 하나는 범죄주체의 수가 특정되고, 범죄의 목적이 명확하며, 범죄활동에 조직이 이용되고, 조직구성이 비교적 안정적인 범죄집단이다. 다른 하나는 암흑사회와 같은 성질의 조직이다.

3. 공동범죄자의 분류 및 형사책임

일정한 기준에 따라 공동범죄자에 대한 분류를 할 수 있다. 중국의 형법은 각각의 공동범죄자의 공동범죄 과정에서의 역할과 작용에 근거하여 공동범죄자를 주범, 종범, 협종범 및 교사범으로 구분한다. 각각의 공동범죄자의 역할과 작용의 차이로 형사책임의 부담 역시 차이가 있다.

형법 제26조의 규정에 의하면, 주범은 범죄집단을 조직하고 영도하여 범죄활동을 진행하거나 공동범죄에 있어서 주된 역할을 하는 범죄자를 말한다. 이러한 개념에서 보면 주범은 두 가지의 경우가 있다고 볼 수 있다. 하나는 범죄집단을 조직하고 이끌어 범죄활동을 진행하는 범죄자로서, 범죄집단의 수괴이다. 형법 이론상 통상적으로 주범을 조직범이라 한다. 다른 하나는 공동범죄에 있어서 주된 역할을 한 범죄자로서, 공동범죄에서 주된 역할을 하는 범죄자란 범죄집단의 간부, 사람을 규합하여 공동범죄를 실행하는 과정에서 조직, 기획 및 지휘적 역할을 하는 범죄자 등을 말한다. 하나의 공동범죄에서 주범은 단수일 수도 있고 다수일 수도 있으며 구체적인 상황에 근거하여 판단한다. 범죄집단을 조직, 이끌어 범죄활동을 실행하는 주범은 집단이 행한 모든 죄행에 대하여 형사책임을 져야 한다. 범죄집단의 수괴 이외의 기타 주범은 각기 참여하고 기획 및 지휘한 모든 범죄에 대하여 형사책임을 져야 한다.

형법 제27조의 규정에 의하면, 종범은 공동범죄에서 부차적이거나 보조적인 역할을 한 범죄자를 말한다. 이러한 의미에서 종범은 두 가지 경우가 있다. 하나는 공동범죄에 있어서 부차적인 역할을 한 범죄자이다. 여기서 말하는 공동범죄에 있어서 부차적인 역할을 한 범죄자란 행위자가 비록 형법이 규정한 모종의 범죄행위를 직접 실행하였다 하더라도 공동범죄에서의 역할이 주범에 미치지 못하는 자이다. 보조적인 역할을 한 범죄자는 행위자가 모종의 범죄행위를 직접 실행하지 않고 다만 공동범죄의 실행과 완성에 대하여 보조적 역할을 한 자이다. 종범에 대하여는 당연히 경하게 처벌하거나 감경 또는 처벌을 면제한다.

형법 제28조의 규정에 의하면, 협종범은 공동범죄의 과정에서 협박에 의하여 범죄에 참가한 범죄자이다. 협종범은 주관적으로는 범죄실행의 참가에 원하지 않았거나 불완전한 참가 희망 상태에서 모종의 위협을 받아 부득이하게 범죄에 참가한 것이다. 객관적으로는 비록 공동범죄에 참여하였지만, 공동범죄의 실행에서 비교적 소극적인 행위를 한 것이다. 협종범에 대하여는 마땅히 그가 행한 범죄행위의 구체적 상황에 따라 감경 또는 처벌을 면제하여야 한다.

형법 제29조에 의하면, 교사범은 타인을 교사하여 범죄를 실행하는 범죄자이다. 교사범이 교사하는 내용은 반드시 특정되고, 즉 타인을 교사하여 실행하는 것은 형법이 규정한 범죄행위이고 일반적 위법행위가 아니다. 교사의 대상은 반드시 한정되고, 즉 교사범이 교사하는 대상은 원래 범죄의도가 없고, 교사범의 교사로 인하여 비로소 범죄의도가 발생된다. 교사범의 교사행위는 독립적이며, 피교사자가 교사범이 교사한 범죄를 실행하였는지의 여부를 불문하며, 그 실행의 여부는 교사범의 성립에 영향을 미치지 않는다. 교사범의 교사방법은 매우 다양하며 사주, 유인, 권고, 종용, 청구, 위협, 도발 및 매수 등의 방법이 있고 교사방법은 교사범의 성립에 영향을 미치지 않는다. 교사범의 처벌에 대하여 형법의 세 가지 경우를 규정하였다. 하나는 피교사자가 교사범이 교사한 범죄를 실행하여 교사범과 피교사자가 공동범죄관계가 성립하는 경우로, 교사범이 공동범죄의 과정에서 행한 역할에 근거하여 처벌한다. 두 번째는 피교사자가 교사범이 교사한 범죄를 실행함이 없고, 교사범과 피교사자 사이에 공동범죄관계가 성립되지 않는 경우로, 교사범은 단독으로 형사책임을 부담한다. 다만 경하게 처벌하거나 감경 처벌할 수 있다. 나머지 하나의 경우로는 교사범이 만 18세 미만의 자를 교사하여 범죄를 실행하게 한 경우로서, 교사범에 대하여는 마땅히 가중 처벌하여야 한다.

Ⅸ. 죄수(罪數)의 형태

죄수(罪數)를 정확히 구분하는 것은 행위자의 형사책임을 정확히 추궁하는데 이롭고, 하나의 죄를 범한 것과 수개의 죄를 범한 것은 형사책임의 부담에 있어서 차이가 있다. 그러므로 일죄(一罪)와 수죄(數罪)를 정확히 구분하는 것은 죄를 정하는 데 있어서 반드시 해결하여야 하는 문제이다. 일죄와 수죄를 구분하는 기준은 형법 이론상 여러 가지 주장이 있은바, 범죄의사기준설, 목적기준설, 행위기준설, 법익기준설, 결과기준설, 절충기준설, 구성요건기준설, 범죄구성설 등이다. 중국의 형법 학계에서는 범죄구성설이 다수설이다. 즉 행위자의 행위가 하나의 범죄를 구성하는 데 부합하면 일죄이고, 여러 개의 범죄를 구성하는 데 부합하면 수죄이다.

1. 일죄(一罪)의 유형

형법 이론에 있어서 일죄는 실질상의 일죄, 법정적 일죄 및 처단상의 일죄로 구분할 수 있다.

실질상의 일죄는 행위자가 실행한 행위가 단지 형법이 규정한 하나의 범죄를 구성하는 것이다. 상상적 경합범, 계속범과 결과적 과중범을 포함한다. 상상적 경합범은 다시 상상적 수죄라고도 하며, 이는 행위자가 실행한 하나의 행위가 동시에 여러 개의 죄명을 위반한 범죄형태를 말한다. 예를 들면 어떤 사람이 통신선로상의 전선을 몰래 절취한 경우 그 행위는 절도죄의 죄명에 저촉되고 또한 공용전신시설파괴의 죄명에 저촉되는 것이다. 상상적 경합범의 특징은 행위자가 실행한 행위가 하나에 불과하지만 이 행위는 오히려 동시에 여러 개의 각기 다른 죄명에 저촉되고, 그가 저촉한 여러 개의 죄명 중에서 하나를 택하여 중한 죄로 처벌하여야 한다는 것이다. 계속범은 행위자의 행위가 실행의 개시에서부터 중지에 이르기까지의 일정한 시간 내에 불법의 상태가 계속하여 지속되고 있는 상태의 범죄형태이다. 예를 들면 불법구금죄는 바로 전형적인 계속범의 형태이다. 계속범의 특징은 행위자가 특정의 지속범죄를 실행하려는 고의를 가지고 동일한 객체에 대한 침해를 지속하는 행위이며, 행위자의 범죄객체에 대한 침해상태와 그 행위의 불법상태가 동시에 지속되는 것이다. 계속범이 실행하는 지속범죄의 시간의 장·단은 양형에 있어서 중요한 고려요소가 된다. 결과적 가중범은 행위자가 실행한 형법규정의 범죄행위가 심각한 결과의 발생으로 인하여 법정형을 가중하는 형태의 범죄형태이다. 결과적 가중범의 특징은 행위자가 하나의 행위를 실행하였지만 이 행위가 오히려 심각한 결과를 초래하여 법률의 이러한 범죄에 대하여 가중하여 처벌할 것을 규정한 것이다. 예를 들면 고의상해치사에 있어서 고의상해는 이 범죄의 기본적인 구성요건이지만 상해로 사망에 이르게 하면 바로 가중요건에 해당하게 되고, 형법이 규정한 법정형에 의하여 처벌하여야 하는 것이다.

법정적 일죄는 행위자가 실행한 것은 여러 개의 행위이지만 형법이 이러한 여러 종류의 행위를 하나의 죄로 규정한 범죄이다. 결합범과 상습범을 포함한다. 결합범은 형법의 특별한 규정으로 인하여 원래는 여러 개의 독립된 죄명을 하나의 새로운 죄명으로 결합하여 규정한 범죄형태이다. 결합범의 특징은 행위자가 실행한 행위가 여러 개의 독립된 범죄의 구성요건에 부합하고, 여러 개의 독립된 죄명을 결합하여 하나의 새로운 죄명으로 규정하며, 여러 개의 독립된 범죄행위는 반드시 동시에 발생하여야 하고, 행위자가 주관상 여러 개의 고의를 가져야 하고, 형식상으로는 수죄에 해당하지만 법률의 특별한 규정으로 하나의 죄가 되는 것이다. 상습범은 모종의 범죄를 일상적으로 실행하고, 범죄로 얻는 것을 중요한 생활비 또는 유흥비로 삼거나, 비교적 장기간에 걸쳐 반복하여 모종의 범죄를 실행하는 범죄형태이다. 상습범의 특징은 행위자의 범죄악습이 비교적 심각하고, 비교적 장기간에 걸쳐 동일한 범죄를 반복하여 실행하며, 범죄로 인한 소득을 생활비 또는 유흥비로 삼는다는 것이다.

처단상의 일죄는 행위자의 행위는 원래 수죄에 해당하지만, 실제 처벌에 있어서는 수죄간의 특수관계에 비추어 하나의 죄에 따라 처리하는 범죄형태이다. 연속범, 견련범, 흡수범 등이 처단상의 일죄에 해당한다. 연속범은 행위자가 동일한 범죄의사에 기하여 일정한 시간 내에 동일한 성질의 범죄를 연속하여 실행함으로써 동일한 죄를 범한 범죄형태이다. 연속범의 특징은, 그 행위가 주관상으로는 동일한 범죄의사에 기인한 것으로, 실행한 여러 개의 범죄행위는 성질이 서로 같고, 동일한 죄를 범한 것이다. 연속범은 수죄병벌(數罪幷罰)을 하지 않고 하나의 죄로 가중 처벌한다. 관련범은 행위자가 하나의 범죄목적으로 여러 개의 범죄행위를 실행하고, 여러 개의 행위 사이에 방법과 목적 또는 목적과 결과라는 관련관계가 존재하여 각기 여러 개의 죄를 범한 범죄형태를 말한다. 관련범의 특징은 행위자의 범죄목적이 하나이지만 실행한 범죄행위는 여러 개이며, 여러 개의 행위 사이에 모종의 관련관계가 존재하고, 범죄의 방법행위 및 결과행위는 각기 다른 죄를 범한 것이다. 형법에서는 관련범의 처벌에 대하여 수죄병벌(數罪幷罰)을 실행하지 않는 것과 수죄병벌을 실행하는 두 가지 방법을 규정한다. 수죄병벌을 실행하지 않는 것으로는, 예를 들면 형법 제399조에서 규정한 사법공무원의 뇌물수수로 인한 위법행위는 위법재판죄 또는 수뢰죄 중의 한 죄에 의하여 중하게 처벌한다. 수죄병벌을 실행하는 것으로는, 예를 들면 형법 제157조가 규정한 폭력·위협의 방법으로 체포에 항거하는 행위는 밀수죄와 공무방해죄에 따라 병행하여 처벌한다. 흡수범은 사실상은 여러 개의 각기 다른 성질의 행위이지만 그 중의 한 행위가 기타의 행위를 흡수하여, 그 흡수한 행위에 따라 죄를 정하고 양형하는 범죄형태이다. 흡수범의 특징은 행위자가 사실상 여러 개의 범죄를 구성하는 행위를 실행하였지만, 여러 개의 범죄행위 사이에 흡수관계가 존재하고, 이러한 흡수관계의 존재는 여러 개 행위간의 발전, 교체 또는 파생으로 인하여 여러 개의 죄를 범한 것이다. 흡수범의 처벌에 대하여는 주행위가 종행위를 흡수, 중행위가 경행위를 흡수, 사중행위가 사전, 사후행위를 흡수하는 것으로 한다.

2. 수죄(數罪)의 유형

수죄는 여러 개의 범죄구성요건에 부합하는 범죄이다. 수죄의 인정은 행위의 외부적 현상을 통하여 인정하고 범죄구성의 기준에 의하여 양형한다.

수죄의 종류로는 ① 같은 종류의 수죄, ② 다른 종류의 수죄, ③ 병벌의 수죄, ④ 병벌이 아닌 수죄가 있다. 같은 종류의 수죄는 동일한 성질의 범죄행위가 여러 개인 범죄형태이다. 다른 종류의 수죄는 서로 다른 성질의 범죄행위가 여러 개인 범죄형태이다. 병벌의 수죄는 수죄가 성립되면 반드시 수죄를 병행 처벌하여야 하고, 하나의 죄에 따라 처벌될 수 없는 범죄형태이다. 병벌이 아닌 수죄는 병벌의 수죄를 실행하지 않는 범죄형태이다.

X. 형사책임

형사책임은 행위자의 형사위반행위가 범죄를 구성하는 경우 법률적인 처벌을 받아야 하는 것을 말한다. 형사책임은 다섯 가지 특징을 가진다. 첫째, 형사책임의 당연성, 즉 형사책임과 범죄는 일종의 필연적 관계이다. 둘째, 형사책임의 대가성, 즉 형사책임을 부담하는 주체측에서 보면 일종의 불리한 효과와 대가로 표현된다. 셋째, 형사책임의 심각성, 즉 형사책임은 심각한 효과를 가져오는 법률책임이다. 넷째, 형식상의 전속성, 즉 형사책임은 오직 형사법률의무를 위반한 범죄자가 부담하는 것이다. 다섯째, 형사책임의 시효성, 즉 형사책임은 소추에 있어서 시효가 있는 것이다.

범죄자가 반드시 형사책임을 부담하여야 하는 것은 일반인의 범죄 및 형사책임에 대한 정확한 인식에 의하여 결정되고, 개인의 주관적 능동성, 개인의 심리와 행위의 발생동기 등과 같은 현상의 과학적 인식에 따라 결정된다. 형사책임은 오로지 형사법률로써 명확히 규정할 수 있고, 형사책임의 부담은 행위자의 행위가 범죄의 구성요건에 부합하고 사회적 위험성을 가질 것을 기초로 한다.

형사책임의 과정은 사법기관이 국가를 대표하여, 소송과정을 통하여 형사책임을 추궁하고, 행위자로 하여금 형사의무를 이행하도록 하는 과정이다. 행위자가 당연히 형사책임을 져야 하는 기간은 범죄의 성립일로부터 소추시효의 만기일까지이며, 행위자가 형사책임을 질 수 있는 기간은 사법기관이 범죄의 추궁을 개시하는 때로부터 확정판결이 효력을 발생하는 때까지이며, 행위자가 형사책임을 질 것을 확정하는 기간은 확정된 유죄판결의 효력발생일로부터 형벌의 집행완료 또는 사면이 되기까지의 기간이다. 형사책임의 부담 방식은 정죄판형(定罪判刑)의 방식과 정죄면형(定罪免刑)의 방식이 있다. 이 외에도 외교특권과 면책특권을 가지는 외국인의 형사책임에 대하여 외교적 경로를 통하여 해결하는 것은 일종의 특수한 형사책임 처리방식이다. 형사책임의 종료는 정죄판형의 경우 형벌의 집행완료 또는 사면으로 종결된다. 형의 유예, 가석방 기간중 유예 및 가석방에 부가된 조건을 위반하지 않음으로써 종결된다. 또한 형벌의 집행 과정에서 범죄자의 사망으로 종결된다. 이 외에도 형사소추 시효의 초과, 자소사건에서 자소자의 불기소 또는 소의 취하, 행위자가 형사소추를 받기 전에 사망하거나 형사책임능력을 상실하는 경우 역시 형사책임의 종료 원인이 된다.

제 3 절 형벌의 종류 및 형벌제도

I. 형벌의 개념

형벌과 범죄는 긴밀한 관계가 있고, 범죄는 형벌 적용의 전제와 기초이며, 형벌은 바로 범죄의 필연적인 결과이다. 형벌과 범죄는 공동으로 형법의 기본내용을 구성한다. 형벌은 국가가 범죄자에 대하여 처벌을 행하는 일종의 강제적인 방법이다. 형벌적 처벌의 결과는 범죄자의 모종의 권리와 이익을 박탈하거나 제한할 뿐만 아니라, 동시에 국가의 명의로 범죄자 및 그 범죄행위에 대하여 비난하고 부정적인 평가를 내리는 것이다.

형벌은 법원이 국가를 대신하여 법률의 규정에 의하여 범죄자에 대하여 적용하는 일종의 강제방법이라고도 할 수 있으며, 기타의 강제방법과 비교하면 형벌은 그 자체의 특징을 갖는다. 첫째, 엄격한 정도의 차이다. 형벌이라는 강제방법은 모든 법률의 강제방법 중 가장 엄격한 것으로, 이는 범죄자의 신체의 자유, 재산, 정치적 권리를 박탈할 수 있을 뿐 아니라, 죄행이 특히 심각한 범죄자에 대하여는 그 생명을 박탈할 수 있다. 둘째, 형벌적용의 대상이 다르다. 형벌은 오로지 형법의 규정에 의하여 사회적 침해의 행위, 형법을 위반하는 행위, 마땅히 형사처벌을 받아야 하는 범죄자에만 적용하고, 범죄를 구성하지 않는 자에 대하여는 형벌을 적용할 수 없다. 셋째, 적용의 기관과 절차가 다르다. 형벌은 오직 법원이 형사소송법이 규정한 절차에 의하여 범죄자에 적용하고, 기타의 어떠한 기관이나 단체 또는 개인도 형벌을 적용할 권한이 없다.

형벌의 범죄자에 대한 적용으로 발생되는 영향은 비단 범죄자뿐만 아니라, 범죄행위로 인한 피해자 및 그 친족, 사회 일반인에 대하여도 미친다. 대체로 형벌의 기능은 처벌의 기능, 교정의 기능, 위로의 기능, 위협의 기능 및 교육의 기능을 포괄한다.

범죄에 대한 형벌의 적용목적은 단지 범죄자를 처벌하는 데만 있는 것이 아니고, 범죄를 예방하는 데에도 있다. 범죄의 예방은 특수예방과 일반예방이 있다. 소위 특수예방은 범죄자에 대한 형벌의 적용을 통하여 그들로 하여금 다시는 죄를 범하지 않도록 하는 것이다. 다시는 죄를 짓지 않는다는 것은 범죄자가 형벌을 받음으로써 자기의 범죄를 뉘우치고 이후에 다시 죄를 범하지 않는 것과, 범죄자가 형벌을 받음으로써 다시는 감히 죄를 짓지 않는, 즉 이후에 피동적으로도 죄를 범하지 않는 것을 포함한다. 일반예방이라 함은 범죄자에 대한 형벌의 적용을 통하여 사회상의 잠재적인 범죄가능의 자로 하여금 범죄의 필연적인 결과는 형벌이라는 처벌임을 인식시켜 감히 죄를 범하지 않도록 하는 것이다. 형벌의 특수예방과 일반예방은 형벌의 범죄예방이라는 목적의 두 측면이며, 서로 밀접히 관련되고 상호보완의 관계에 있는 것이다.

특수예방과 일반예방의 목적 외에도 형벌은 중요한 작용을 하는바, 즉 범죄자에 대한 형벌의 적용을 통하여 사회 일반인에 대하여 무엇이 위법이고, 무엇이 범죄이며, 위법한 범죄의 결과가 무엇인지를 교육함으로써 법제의식을 강화시키는 것이다.

Ⅱ. 형벌의 체계와 종류

형벌의 체계는 형법의 규정에 근거하여 일정한 순서로 배열된 각종 형벌방법의 총칭이다. 형벌은 크게 주형과 부가형의 두 가지 유형이 있다. 주형은 오직 독립적으로 적용할 수 있고 기타의 형벌에 부가하여 적용할 수 없는 형벌로서, 주형의 특징은 적용상의 독립성에 있고, 관제, 구역, 유기징역, 무기징역과 사형의 5종이 있다. 부가형은 부가적으로 적용할 수 있고 또한 독립적인 적용이 가능한 형벌이다. 부가형의 특징은 적용상의 이중성에 있고, 벌금, 정치권리의 박탈, 재산의 몰수 등 3종이 있다. 형법 제35조는 다시 특수한 규정을 하고 있는바, 즉 "죄를 범한 외국인에 대하여는 독립적으로 또는 부가적으로 국외 추방시킬 수 있다"고 규정한다. 이로써 국외추방은 본질적으로는 일종의 형벌이며, 부가형의 성질을 가진다. 그러나 이러한 형벌의 방법은 오직 죄를 범한 외국인에게만 적용되므로, 일반적 의미의 형벌에서는 부가형의 종류에 해당하지 않는다.

1. 관 제

관제(管制)는 범죄자에 대하여 구금을 실시하지 않고 사회 속에서 공안기관이 군중의 감독에 의지하여 범죄자를 개조하는 형벌로서 경한 형벌이다. 관제의 적용대상은 반드시 비록 범죄행위를 실행하였지만 범죄의 사실, 성질, 정황, 효과와 사회적 침해정도 및 뉘우치는 정도에 근거하여 볼 때 구금을 요하지 않고 사회적 위험을 야기하지 않을 범죄자이어야 한다. 관제의 내용은 법률, 행정법규의 준수와 감독에의 복종이 있다. 집행기관의 허가 없이 언론, 출판, 집회, 결사, 데모, 시위의 권리를 행사할 수 없다. 집행기관의 규정에 따라 자기의 활동상황을 보고한다. 집행기관의 면담자(대인접촉)에 관한 규정을 준수하여야 한다. 거주의 시, 현을 벗어나거나 거소를 옮기는 경우 집행기관의 비준을 받아야 한다. 관제범이 관제기간중에 참가한 노동에 대하여는 노동에 따른 보수를 받는다. 관제의 기간은 3개월 이상 2년 이하로 하며, 여러 개의 죄로 병행 처벌될 경우 3년을 초과하지 못한다. 관제의 형기는 판결의 날로부터 기산하고, 판결 이전에 미리 구금된 경우에는 구금 1일로 관제의 형기 2일을 감한다. 관제의 집행기관은 공안기관이며, 공안기관은 범죄자 소재의 사업장 및 군중의 범죄자에 대한 감독 등을 통하여 감독한다. 관제에 처해진 범죄자의 관제기간이 만료되면, 집행기관은 마땅히 본인과 그 소속 사업장 또는 거주지의 군중에 대하여 관제의 해제를 선언하여야 한다. 만약 관제에 정치권리 박탈의 부가형이 있는 경우에는 관제의 해제 선포와 동시에 정치권리의 회복을 선언하여야 한다.

2. 구 역

구역(拘役)은 단기간에 걸쳐 범죄자의 신체의 자유를 박탈하는 것으로, 반강제의 노동을 통하여 개조하는 형벌로서, 관제와 유기징역의 사이에 위치한 두 번째로 경한 형벌이다. 구역의 적용대상은 범죄가 비록 비교적 가벼운 것이지만 여전히 구금이 필요한 범죄자이다. 구역에 처해진 범죄자는 반드시 힘이 미치는 한도에서 노동에 참가하여야 하고, 종사하는 노동은 단순작업을 주로 하며, 그 목적은 노동을 통하여 그들의 범죄사상과 범죄습관을 교정하는 데 있다. 노동에 참가한 구역범에 대하여는 적당한 보수를 줄 수 있다. 구역소가 있는 지방에서는 구역소에서 집행하고, 구역소가 없는 지방에서는 집행기관이 가까운 곳을 정하여 집행한다. 구역의 집행기간중 구역범은 매월 하루 또는 이틀 동안 귀가할 수 있으며, 귀가한 기간은 구역의 형기에 포함된다. 구역의 형기는 1개월 이상 6개월 이하로 하고, 수죄병벌의 경우에는 1년을 초과하지 못한다. 구역의 형기는 판결의 집행일로부터 기산하고, 판결의 집행 전에 구금된 경우에는 구금 1일로써 형기 1일을 감한다.

3. 유기징역

유기징역은 일정한 기간 내 범죄자의 신체의 자유를 박탈하는 형으로, 감옥 또는 기타의 집행장소에서 강제로 교육개조 또는 노동개조를 실시하는 형벌이다. 유기징역은 적용의 범위가 가장 광범위한 형벌이다. 유기징역 경중의 범위는 비교적 크기 때문에 형법 규정의 어떠한 범죄에도 적용된다. 유기징역에 처해진 범죄자는 복무기간중 반드시 교육개조와 노동개조를 받아야 한다. 유기징역의 집행장소는 성년 남자와 성년 여자를 구금하는 감옥 및 미성년범을 구금하는 미성년범관찰소를 포함한다. 유기징역의 형기는 6개월 이상 15년 이하로 하지만, 다만 3가지의 경우에 있어서 유기징역은 15년을 초과할 수 있다. 첫째, 수죄병벌의 경우 최고 20년을 초과할 수 없다. 둘째, 집행유예 2년부 사형에 처해진 범죄자의 경우, 집행기간중 현저한 공이 있는 경우 2년의 기간 만료 후 15년 이상 20년 이하의 유기징역으로 감형할 수 있다. 셋째, 무기징역 역시 15년 이상 20년 이하의 유기징역으로 감형될 수 있다. 유기징역의 형기는 판결의 날로부터 기산하고 판결 이전에 구금된 경우에는 구금 1일로써 형기 1일을 감한다.

4. 무기징역

무기징역은 범죄자의 종신자유를 박탈하는 형으로, 감옥에서 강제로 교육개조와 노동개조를 진행하는 형벌이며, 이는 유기징역과 사형 사이의 형벌로서, 사형의 감형을 적용할 수 있는 일종의 완충적 형벌이라고도 할 수 있다. 무기징역의 적용대상은 죄행이 심각하지만 사형의 정도에는 이르지 못하고 또한 유기징역 이하의 형벌로는 부족한 범죄자이다. 무기징역에 처해진 범죄자는 감옥 또는 기타의 집행장소에서 집행되고, 집행기간 동안 반드시 교육개조와 노동개조를 받아야 한다. 무기징역의 의의는 종신형에 있으나 사실상으로는 절대다수의 무기징역범은 감형되어 유기징역범으로 되기 때문에 무기징역의 진정한 집행은 극소수에 불과하다.

5. 사 형

사형은 범죄자의 생명을 박탈하는 형벌이며, 이는 형벌 중에서 가장 중한 형벌로서 극형이라고도 한다. 사형의 집행에는 사형의 즉시집행과 집행유예 2년부 집행의 두 가지 집행제도가 있다. 사형의 즉시집행은 죄행이 극히 심각한 범죄자에 한하여 적용된다. 범죄자가 범행 당시에 만 18세 미만의 미성년자 또는 재판 당시 이미 임신한 경우에는 사형을 적용할 수 없다. 사형은 최고인민법원이 판결하는 외에는 모두 최고인민법원의 비준을 받아야 한다. 사형은 총살 또는 주사 등의 방법으로 집행한다. 집행유예 2년부 사형은 사형의 완화로서, 중국 형벌집행제도상의 한 특징이다. 마땅히 사형에 처할 범죄자에 대하여 사형의 즉시집행이 필요하지 않는 경우, 사형을 선고함과 동시에 2년의 집행유예기간을 선고할 수 있다. 사형의 유예범은 2년의 집행유예 검증기간을 갖는다. 사형유예 검증의 기간은 판결의 확정일로부터 기산하고, 사형유예 판결의 확정 전에 구금된 일 수는 사형유예의 검증기간에 산입하지 않는다. 사형의 유예범이 사형유예 기간 중 고의범죄를 재발하지 않으면, 2년간의 검증기간 만료 후 무기징역으로 감형한다. 만약 고의범죄의 재발이 없을 뿐만 아니라 중대한 공적이 있는 경우에는 15년 이상 20년 이하의 유기징역으로 감형된다. 사형의 유예범이 사형유예의 검증기간 내 다시 고의범죄를 범하는 경우에는 마땅히 사형을 집행한다. 중국에서 사형에 대한 집행유예제도는 활발히 운용되고 있으며, 지난 2007년에는 사상 최초로 사형집행건수보다 집행유예건수가 많아지는 현상이 나타나기도 하였으며, 이는 중국 당국이 사형제도 운영에 있어 보다 신중해졌다는 증거라고도 설명할 수 있다. 중국 특유의 사형집행유예제도의 운영과 관련하여 비판적인 측면 또한 없지 않으나 독특한 제도로서의 사형집행유예제도는 중국의 사형제도 내에서 독특한 순기능을 하는 제도라고 할 수 있다.

6. 벌 금

벌금은 강제로 범죄자로 하여금 국가에 대하여 일정 금액의 금전을 납부토록 하는 형벌이다. 벌금은 주로 경제적 이익 및 재산에 관련된 범죄에 적용하고, 그 목적은 범죄자에 대하여 벌금에 처함으로써 범죄의 경제적 기초를 박탈하는 동시에 범죄자의 경제적 탐욕을 처벌하고 교육하는 데 있다. 벌금형의 액수는 마땅히 범죄의 구체적 상황에 따라 확정하여야 한다. 형법의 조문 가운데 일부는 벌금의 한도를 명확히 규정하고 있지만, 많은 조문에 있어서 벌금의 구체적 한도가 명확히 규정되어 있지 않다. 그러므로 벌금에 처할 경우, 범죄상황의 경중에 대한 고려가 필요하고 범죄자의 실질적인 납부능력을 고려하여야 한다. 벌금의 납부에는 세 가지 유형이 있다. 첫째, 자발적인 납부이다. 즉 범죄자가 판결이 지정한 기간 내에 자진 납부하는 것이다. 둘째, 강제납부이다. 강제납부는 다시 두 가지 상황이 있는바, 하나는 범죄자가 판결이 지정한 기간 내에 납부할 능력이 있으나 벌금을 납부하지 않는 경우, 법원이 봉인, 범죄자의 재산처분, 저축의 동결 등을 행한다. 다른 하나는 범죄자의 재산은닉 등으로 벌금을 납부하지 않는 경우, 법원은 피집행인의 재산을 발견할 경우 수시로 추징한다. 셋째, 납부의 감면이다. 즉 벌금의 납부기간 내에 불가항력으로 인하여 벌금의 납부가 명백히 곤란한 경우, 원 판결이 확정한 벌금을 감면하거나 면제할 수 있다.

7. 정치권리의 박탈

정치권리의 박탈은 범죄자가 국가관리와 정치활동에 참가하는 권리를 박탈하는 형벌이다. 정치권리의 박탈은 국가안전을 침해하는 범죄자, 고의살인·강간·방화·폭발·투약·강도 등 사회질서를 심각히 파괴하는 범죄자, 사형에 처해진 자, 무기징역에 해당하는 범죄자 및 기타 형법이 규정한 정치권리의 박탈을 독립적으로 적용할 수 있는 범죄에 적용한다. 정치권리의 박탈은 선거권과 피선거권, 언론·출판·집회·결사·데모·시위의 권리, 국가기관의 업무를 담임할 권리, 국유의 회사·기업·사업단위와 인민단체의 영도직무를 담임할 권리를 내용으로 한다. 구역과 유기징역에 정치권리의 박탈을 부가하는 경우, 정치권리 박탈의 기간은 1년 이상 5년 이하로 한다. 관제형에 정치권리의 박탈을 부가하는 경우, 정치권리 박탈의 기간은 관제의 기간과 동일하다. 사형, 무기징역에 정치권리의 박탈을 부가하는 경우, 정치권리의 박탈은 종신이다. 사형유예의 판결을 유기징역으로 감형한 경우 또는 무기징역의 판결을 유기징역으로 감형한 경우에는 마땅히 부가한 정치권리의 박탈기간을 3년 이상 10년 이하로 변경하여야 한다. 정치권리의 박탈 기간은 세 가지로 구분된다. 첫째, 관제에 정치권리의 박탈을 부가한 경우, 정치권리 박탈의 기간은 관제판결의 집행일로부터 기산하고, 정치권리의 박탈기간과 관제의 기간은 동일하다. 둘째, 구역, 유기징역에 정치권리의 박탈을 부가한 경우, 정치권리의 박탈 기간은 구역 또는 유기징역의 집행 완료일로부터 기산한다. 정치권리의 박탈은 주형의 집행기간중에는 당연히 효력이 있다. 셋째, 단순히 정치권리의 박탈에 처해진 경우, 정치권리의 박탈 기간은 판결의 집행일로부터 기산한다. 정치권리의 박탈은 공안기관이 집행한다. 정치권리의 박탈기간중 범죄자는 법률, 행정법규와 국무원공안부문의 관리·감독에 관한 규정을 준수하고 감독에 복종하여야 한다. 정치권리의 박탈기간이 만료되면 집행기관은 마땅히 본인에게 통지하여야 하고, 적당한 범위 내에서 그 정치권리의 회복을 선언하여야 한다.

8. 재산의 몰수

재산의 몰수는 범죄자 개인소유 재산의 일부분 또는 전부를 강제·무상으로 국가에 귀속시키는 형벌이다. 재산의 몰수는 국가안전을 침해하는 범죄 및 경제범죄 등에 적용한다. 재산의 몰수는 오직 범죄자 개인의 재산에 한하고, 범죄자의 가족 또는 생활에 반드시 필요한 재산에 속하는 것은 몰수할 수 없다. 범죄자 개인소유의 재산은 일부분을 몰수할 수 있고 전부를 몰수할 수 있다. 재산의 전부를 몰수할 경우 범죄자 본인과 그가 부양하는 가족의 기본적인 생활에 필요한 부분은 남겨 두어야 한다. 재산을 몰수하기 전에, 범죄자가 부담하는 정당한 채무가 몰수의 재산으로써 상환이 필요한 경우에는, 채권자의 청구를 거쳐 마땅히 상환하여야 한다.

9. 기 타

국외추방은 죄를 범한 외국인을 강제로 중국의 밖으로 축출하는 형벌이다. 국외추방은 오직 중국 영토 내에서 죄를 범한 외국인에 한하여 적용하며, 무국적자를 포함한다.

형벌의 방법 외에도, 형법에서는 비형벌적인 처리방법을 규정한다. 비형벌적인 처리방법은 형법이 특수한 경우에 범죄자에 대하여 형벌 이외의 기타 방법으로 처리하도록 규정한 것으로서, 손실배상, 훈계, 반성문의 제출, 사과, 주관부문의 행정처벌 또는 행정처분 등을 포함한다.

Ⅲ. 형벌의 양형

양형(量刑)은 형벌의 재량이라고도 하며, 이는 법원이 범죄피고인에 대하여 형법의 규정에 의하여 형의 정도를 결정하는 형사재판의 활동이다. 양형은 이미 범죄를 구성하는 피고인에 대하여 형벌에 처할 필요가 있는지의 여부를 확인하는 것, 범죄자에 대하여 당연히 적용할 형벌의 종류와 형벌의 정도를 확인하는 것, 범죄자에 대하여 적용할 형벌의 방식과 형벌제도를 확인하는 것 등이 포함된다. 양형을 함에 있어서는 반드시 범죄사실에 의거하고 형법을 기준으로 한다는 기본원칙을 준수하여야 한다. 범죄사실에 의거한다는 것은 범죄의 사실을 명확히 조사하여 밝히는 것, 범죄의 성질을 정확히 확인하는 것, 범죄상황의 정확한 분석과 침해의 정도를 정확히 형량(衡量)하여야 한다는 것을 내용으로 한다. 형법을 기준으로 하여야 한다는 것은 형법각칙에 규정하는 형벌의 종류와 한도 내에서 형벌을 양형하여야 한다는 것과 반드시 형법총칙에서 규정한 원칙에 따라 형벌을 양형하여야 한다는 것이다.

양형의 상황에는 법정상황과 참작상황이 있다. 법정상황은 형법이 명문으로 양형을 할 경우 당연히 고려하도록 규정한 상황으로서, 구체적으로는 다시 엄격한 양형의 상황과 탄성적인 양형의 상황으로 구분할 수 있다. 엄격한 양형의 상황은 범죄자에 대하여 양형을 할 경우 반드시 고려하여야 하는 상황으로서, 마땅히 처벌을 면제하여야 하는 상황, 마땅히 처벌을 감경하여야 하는 상황, 마땅히 처벌을 감경 또는 면제하여야 하는 상황, 마땅히 처벌을 경한 죄에 따라 하여야 하거나 감경 또는 면제하여야 하는 상황, 마땅히 처벌을 경한 죄에 따라 하거나 감경하여야 하는 상황, 마땅히 중한 죄에 따라 처벌하여야 하는 경우 등이다. 탄성적인 양형의 상황은 형법상 법원이 양형을 할 경우 선택적으로 적용하도록 규정한 상황으로서는, 처벌을 면제할 수 있는 상황, 처벌을 면제 또는 감경할 수 있는 상황, 처벌을 감경 또는 면제할 수 있는 상황, 경한 죄에 따라 처벌하거나 감경 또는 처벌을 면제할 수 있는 상황, 경한 죄에 따라 처벌하거나 처벌을 감경할 수 있는 상황이 있다. 참작양형의 상황은 형법상 비록 명문의 규정이 없다 하더라도 사법 실무에서 구체적 상황에 따라 참작할 수 있는 상황을 말하며, 범죄의 수단, 범죄의 환경, 범죄의 대상, 범죄의 동기, 범죄 후의 태도 및 범죄자의 일관된 태도 등이 해당된다.

양형의 상황은 정확히 운용하여야 하고, 범죄상황의 차이에 따라 각기 중한 죄에 따른 양형, 경한 죄에 따른 양형, 감경, 처벌의 면제 등 4종의 양형 방법을 채택한다. 중한 죄에 따른 처벌은 형법각칙이 규정한 형벌의 한도 내에서 비교적 중한 형벌의 종류를 선택하거나 비교적 장기의 형기를 선택하는 것이다. 경한 죄에 따른 처벌은 형법각칙이 규정한 형벌의 한도 내에서 비교적 경한 형벌의 종류를 선택하거나 비교적 단기의 형기를 선택하는 것이다. 감경처벌은 형법각칙이 규정한 법정형 이하의 범위에서 형벌을 처하는 것이다. 처벌의 면제는 범죄자에 대하여 유죄의 선고를 하지만, 마땅히 처하여야 하는 형벌을 면제하는 것이다.

Ⅳ. 양형제도

형벌의 양형은 행위자에 대하여 이미 유죄를 확정한 후 형벌의 적용을 어떻게 하는가 하는 형사사법의 활동과정이며, 이 과정에서는 반드시 형법이 규정한 형벌의 양형제도를 정확히 운용하여야 한다. 중국형법이 규정한 형벌의 양형제도는 누범제도, 자수제도, 입공제도, 수죄병벌 및 집행유예의 제도가 있다.

1. 누범제도

누범은 과거 일정한 형벌을 받았고, 형벌의 집행이 종료되었거나, 사면 이후의 일정한 기간 내 다시 일정한 처벌을 받아야 하는 죄를 범한 범죄자를 말한다. 누범은 일반누범과 특수누범으로 구분된다.

일반누범은 보통의 누범이라 하며, 유기징역 이상의 형벌에 처해진 범죄자가 형벌의 집행이 종료되거나 또는 사면 이후 5년 이내에 다시 유기징역 이상의 형벌에 처해야 할 죄를 범한 경우이다. 누범은 반드시 다음의 세 가지 요건을 갖추어야 한다. 첫째, 주관적 조건으로서, 즉 전죄와 후죄는 모두 고의범죄이어야 한다. 만약 전죄와 후죄 가운데 어느 한 죄가 과실범죄이거나 전·후의 두 죄가 모두 과실범죄일 경우에는 누범이 성립하지 않는다. 둘째, 형의 종류에 대한 조건, 즉 전죄의 형벌과 후죄의 형벌이 모두 유기징역 이상의 형벌이어야 한다. 셋째, 시간적 조건, 즉 후죄는 반드시 전죄 형벌의 집행완료 또는 사면 이후 5년 이내에 행하여진 범죄이어야 한다.

특수누범은 특별누범이라고도 하며, 이는 국가안전을 침해한 범죄자가 형벌의 집행완료 또는 사면 이후에, 시기에 관계없이 다시 국가안전위해죄를 범한 경우로서, 누범에 해당하는 경우이다. 특수누범을 구성하는 데에는 다음의 요건이 필요하다. 첫째, 죄명 유제한의 조건이다. 즉 전죄와 후죄는 반드시 국가안전위해죄이어야 한다. 둘째, 시간 무제한의 조건이다. 즉 후죄는 전죄에 대한 형벌의 집행완료 또는 사면 이후 어떠한 시기에 발생하여도 관계없다. 셋째, 형의 종류 무제한의 조건이다. 즉 후죄와 전죄가 처한 형벌의 종류에 대하여는 특별한 규정이 없다.

누범에 대하여는 마땅히 중한 죄에 따라 처벌하여야 하고, 집행유예를 적용하지 않는다.

2. 자수와 입공(立功)제도

자수는 범죄자가 죄를 범한 이후 스스로 자수하여 자기의 범행을 사실대로 진술하거나, 강제조치에 취해진 범죄피의자, 피고 및 형의 집행을 받고 있는 죄수가 사법기관이 파악하지 못하고 있는 본인의 기타 죄행을 사실대로 진술하는 행위를 말한다. 자수에는 일반자수와 특별자수가 있다.

일반자수는 범죄자가 죄를 범한 이후 스스로 자수하여 자기의 죄행을 사실대로 진술하는 행위이다. 일반자수가 성립하기 위해서는 두 가지 요건이 필요하다. 첫째, 범죄자가 반드시 스스로 자수하는 행위로, 이는 일반자수가 성립하기 위한 전제조건이다. 스스로 자수한다 함은 범죄자가 범죄행위를 한 후 사건이 해결되기 전에 자진하여 유관기관에 자기의 범죄사실을 알리는 것이고, 사법기관의 처리가 필요한 행위는 구체적으로 세 가지 상황이 있는바, ① 범죄사실과 범죄인 모두 발견되지 않은 상태에서 범죄자가 스스로 자수한 경우, ② 범죄사실이 이미 발견되었으나 범죄자가 누군지 모르는 상황에서 범죄자가 자수한 경우, ③ 범죄사실과 범죄자 모두 발견되고 사법기관이 강제조치를 취하기 전에 범죄자가 스스로 자수하는 경우이다. 둘째, 범죄자가 반드시 자기의 죄행을 사실대로 진술하는 것은 일반자수가 성립하기 위한 근본적인 조건이다. 사실대로 진술한다는 것은 범죄자의 진술이 자기의 모든 범죄사실이어야 하며 어떠한 속임도 없어야 한다. 자기의 죄행을 진술하는 방식은 여러 가지이다. 구두로 할 수 있고 서면으로도 할 수 있으며 기타의 방식으로 할 수도 있다. 자기의 모든 죄행을 사실대로 진술하기만 하면 자수로 인정하여야 한다.

특별자수는 강제조치에 처해진 범죄피의자, 피고 및 형의 집행을 받고 있는 죄수가 사법기관이 파악하지 못하고 있는 본인의 기타 죄행을 사실대로 진술하는 행위이다. 특별자수의 주체는 특정되며, 오직 강제조치에 처해진 범죄피의자, 피고 및 현재 형의 집행을 받고 있는 죄수에 한정된다. 진술하는 죄행은 반드시 사법기관이 파악하지 못한 본인의 기타 죄행이어야 한다.

자수는 범죄자가 일정한 죄의 인정을 표명하는 태도이므로 형법은 자수에 대하여 관대한 처벌을 하도록 규정하였다. 자수한 범죄자에 대하여는 경한죄에 따라 처벌하거나 감경 처벌할 수 있다. 그 중 범죄가 경미한 것은 처벌을 면제할 수 있다. 자수를 한 후 다시 중대한 공이 있는 경우에는 감경 또는 처벌을 면제하여야 한다.

입공은 범죄자가 타인의 범죄행위를 적발하고, 실증을 거쳐 사실이 증명된 경우, 또는 중요한 단서를 제공하여 수사상 기타의 사건을 해결할 수 있도록 한 경우이다. 입공은 범죄자가 타인의 범죄행위를 적발한 것으로 실증을 거쳐 사실로 증명된 경우와 범죄자가 중요한 단서를 제공하여 사법기관으로 하여금 수사상 기타 사건을 해결하도록 한 두 가지의 경우가 있다. 범죄자의 입공의 상황에 따라 형법에서는 일반입공과 중대입공으로 구분한다. 일반입공은 범죄자가 타인의 범죄행위를 적발한 것으로 실증을 거쳐 사실로 증명된 것이 비교적 경미한 범죄에 해당하거나, 범죄자가 사법기관에 제공한 수사의 단서가 일반범죄의 사건 등인 경우이다. 중대입공은 범죄자자 타인의 범죄행위를 적발한 것으로 실증을 거쳐 사실로 증명되고 중대한 범죄에 해당하거나, 범죄자가 사법기관에 제공한 수사의 단서가 중대한 범죄사건에 해당하는 경우이다. 형법의 규정에 따라 일반입공이 있는 범죄자에 대하여는 경한죄에 따라 처벌하거나 감경 처벌할 수 있고, 중대입공이 있는 범죄자는 감경 또는 처벌을 면제할 수 있다.

3. 수죄병벌(數罪幷罰)제도

수죄병벌은 범죄자가 판결선고 이전에 여러 건의 죄를 범하였거나, 판결선고 이후 형벌의 집행완료 이전에 별도의 죄가 있지만 재판을 받지 않았음이 발견되었거나, 판결에 처해진 범죄자가 다시 새로운 죄를 범한 경우에, 법원이 형법 규정의 수죄병벌 원칙과 방법에 따라 범죄자가 범한 여러 건의 죄에 대하여 병합하여 처벌하는 양형제도이다. 구체적으로 말하면, 수죄병벌의 원칙은 다음의 내용을 포함한다. 즉, 수개의 형벌 중에 사형 또는 무기징역이 있으면 바로 사형 또는 무기징역을 집행한다. 또한 수개의 형벌 중에 두 개 이상의 유기징역, 두 개 이상의 구역 또는 두 개 이상의 관제가 있으면, 형기를 모두 합산한 수 이하의 형기로 하되 수개의 형벌 중 최고형기 이상으로 하며, 집행할 형기는 참작하여 결정한다. 다만 관제는 최고 3년을 초과할 수 없고, 구역은 최고 1년을 초과할 수 없으며, 유기징역은 최고 20년을 초과할 수 없다. 만약 수개의 죄 중에서 부가형이 있으면 부가형은 여전히 집행하여야 하고, 범죄자가 처해진 주형이 무엇인지를 불문하고 부가형의 집행에는 영향이 없다.

판결의 선고 전에 수개의 죄가 있는 경우에는 마땅히 각각의 범죄에 대하여 별도로 죄를 정하여 양형한 후, 형법이 규정한 수죄병벌의 원칙과 방법에 따라, 집행할 형벌을 결정한다. 판결의 선고 이후 형벌의 집행을 완료하기 전에 범죄자가 기타의 죄를 범하고 판결을 받지 않은 경우에는, 새로 발견된 범죄에 대하여 판결을 하고, 전·후 두 건의 판결이 처한 형벌을 수죄병벌의 원칙에 따라, 집행할 형벌을 결정한다. 이미 집행을 한 형기에 대하여는 새로운 판결이 결정한 형기 내에 산입하여야 한다. 판결의 선고 이후 형벌의 집행완료 전에 판결에 처해진 범죄자가, 다시 새로운 죄를 범한 경우에는, 새로 범한 죄에 대하여 판결을 하고, 전죄에서 집행되지 않은 형벌과 후죄에서 처해진 형벌을 수죄병벌의 원칙에 따라, 집행할 형벌을 결정한다. 이미 집행된 형기는 새로운 판결이 결정한 형기에 산입하지 않는다.

4. 집행유예

집행유예는 판결에 처해진 범죄자에 대하여 일정한 조건에 해당하는 경우, 일정한 검증기간 내에, 조건부로 원판결의 형벌을 집행하지 아니하는 제도이다. 집행유예의 특징은 범죄자가 일정한 형벌에 처해지는 동시에 잠시 집행을 하지는 않지만, 일정한 기간 내에 집행할 가능성이 있다는 데 있다. 집행유예의 실질은 조건부로 원판결의 형벌을 집행하지 않는, 즉 집행유예가 선고된 범죄자가 집행유예의 검증기간 동안 반드시 지켜야 하는 조건을 준수하면 검증기간의 만료 후 원판결의 형벌은 집행하지 않는 것이다. 그러나 반드시 준수하여야 할 조건을 위반하면 원판결의 형을 집행하여야 한다.

중국의 형법이 규정한 집행유예는 구역 또는 3년 이하의 유기징역에 처해진 범죄자에 대하여, 그 범죄의 정황과 반성의 태도에 따라, 집행유예를 적용하여도 사회적 위험이 없다고 인정하는 경우, 법원은 형벌을 선고하는 동시에 집행유예를 선고할 수 있고, 일정한 검증기간을 정하여 형벌의 집행을 잠시 유예할 수 있다. 집행유예의 검증기간 내 집행유예를 선고받은 범죄자가 새로운 범죄를 범하지 않고, 판결을 받지 않은 다른 죄가 발견되지 않으며, 또한 법률 행정법규 또는 국무원공안부문의 집행유예에 관한 감독규정을 위반하지 않고 상황이 심각한 정도에 이르지 않는 경우에는, 원판결의 형벌을 재차 집행하지 않는다. 집행유예는 범죄자의 형사책임을 면제시켜 주는 것이 아니라 집행유예에 처해진 범죄자에 대하여 구금을 하지 않고 사회에서 개조하고 감독하는 것이며, 만약 형법이 규정한 조건을 위반하면 원판결의 형벌은 여전히 집행을 요한다.

집행유예는 독립된 형벌의 종류가 아니고 구역과 3년 이하 유기징역에 부속하는 일종의 형벌 제도이며, 처벌의 면제도 아니고 또한 감옥 외에서의 집행도 아니다. 집행유예의 적용조건은 다음과 같다. 첫째, 집행유예의 대상은 반드시 구역 또는 3년 이하의 유기징역에 처해진 범죄자이어야 한다. 둘째, 집행유예를 적용하는 범죄자는 반드시 범죄의 성질이 비교적 경미하고 반성의 태도가 비교적 양호하여야 하며, 다시금 사회적 위험을 발생시키지 않을 것이 확실하여야 한다. 셋째, 집행유예를 적용하는 범죄자는 반드시 누범이 아니어야 한다. 구역에 대한 집행유예의 검증기간은 원판결의 형기 이상으로 하되 1년 이하로 한다. 그러나 2개월보다 적게는 할 수 없다. 유기징역에 대한 집행유예의 검증기간은 원판결의 형기 이상으로 하되 5년 이하로 한다. 다만 1년보다 적게는 할 수 없다. 집행유예를 받은 자는 집행유예의 검증기간 내 다음의 규정을 준수하여야 한다. 즉, 법률, 행정법규를 준수하고 감독에 복종하여야 한다. 조사기관의 규정에 따라 자기의 활동상황을 보고하여야 한다. 조사기간의 면담자에 대한 규정을 준수하여야 한다. 거주의 시, 현 또는 거주지를 옮길 경우에는 반드시 조사기관의 비준을 받아야 한다. 집행유예에 처해진 범죄자는 집행유예기간중 공안기관이 조사하고 소속의 사업장 또는 기층조직과 서로 협조한다.

집행유예의 범죄자가 집행유예의 검증기간 내에 새로운 죄를 범하거나, 재판의 전에 기타의 판결되지 않은 죄가 발견될 경우에는 집행유예를 취소하여야 하고, 새로운 범죄 또는 새로 발견된 범죄에 대하여 판결하고 전죄와 후죄에 대한 형벌을 수죄병벌의 규정에 따라 병과하여 처벌한다. 집행유예에 처해진 범죄자가 집행유예의 검증기간 내에 법률, 행정법규 또는 국무원공안부문의 집행유예에 관한 관리 감독규정에 위반하여 상황이 심각한 경우에는 집행유예를 취소하여야 하며, 원판결의 형벌을 집행한다. 집행유예에 처해진 범죄자가 집행유예의 기간중 규정의 위반이 없고, 검증기간이 만료되면, 원판결의 형벌은 다시금 집행하지 않고, 공개적으로 이를 선언하여야 한다.

형법은 군인의 직무위반죄에 관한 규정 중에서 특수한 집행유예의 제도를 규정한바, 전시에 있어서, 3년 이하의 유기징역에 처해진 자로서, 집행유예를 선고하여도 현실적 위험이 없는 죄를 범한 군인이 공을 세울 기회를 얻어 공을 세울 성과가 현저할 경우, 원판결의 형벌을 취소하고 범죄를 논하지 아니할 수 있다.

V. 형벌의 집행제도

형벌의 집행은 국가로부터 형벌의 집행권을 부여받은 사법기관이 법원의 효력 있는 판결이 확정한 형벌에 근거하여 형벌의 내용을 집행하는 형사사법의 활동이다. 형법은 범죄자의 태도에 근거하여 적용되는 각각의 형벌집행제도를 규정하였고, 감형과 가석방은 복형중인 범죄자에 대하여 적용하는 형벌의 집행제도이다.

1. 감 형

감형은 관제, 구역, 유기징역 및 무기징역에 처해진 범죄자가 형벌의 집행기간 동안 성실하게 감독규칙을 준수하고, 교육개조를 받으며, 반성 및 입공의 태도가 현저하여 원판결의 형벌을 적당히 감경하는 형벌의 집행제도이다. 감형은 판결의 변경이 아니다. 판결의 변경은 원판결이 인정한 사실과 적용의 법률상 명확한 착오가 있는 경우, 법정의 소송절차에 따라 원판결을 취소하고 새로운 판결을 내리는 것이다. 간단히 말하면, 판결의 변경은 원판결이 명확한 착오가 있는 것을 전제로 한다. 감형은 원판결이 정확하다는 전제하에서 범죄자의 복형기간중의 태도에 근거하여 원판결의 형벌을 적당히 감경하는 것이다. 감형에 있어서의 감경은 두 가지의 경우가 있다. 하나는 형벌 종류의 감경으로, 예컨대 무기징역을 유기징역으로 감경하는 것이다. 다른 하나는 형기의 감경으로, 예컨대 유기징역 15년을 유기징역 13년으로 감경하는 것이다.

감형의 적용대상은 관제, 구역, 유기징역, 무기징역에 처해진 범죄자이다. 감형이 적용되는 실질적인 조건은 범죄자가 형벌의 집행기간중 성실하게 감독규칙을 준수하고, 교육개조를 받으며, 반성과 입공의 태도가 현저하여야 한다. 감형을 적용하는 한도는 범죄자에 대하여 감형의 적용을 할 경우, 감형 이후 실제집행의 형기로 하고, 관제, 구역, 유기징역에 처해진 것은 원판결의 형기의 2분의 1 이하로 감형할 수 없다. 무기징역에 처해진 경우에는 10년 이하로 감형할 수 없다.

범죄자에 대한 감형은, 집행기관이 중급 이상의 법원에 감형건의서를 제출하고, 법원은 합의부를 구성하여 심리하고, 반성과 입공의 사실이 확실한 경우에는 재정으로 감형한다. 법정의 절차를 거치지 않고는 감형할 수 없다.

2. 가 석 방

가석방은 유기징역 및 무기징역에 처해진 범죄자에 대하여 일정기간의 형벌을 집행한 후, 만약 성실히 감독규칙을 준수하고, 교육개조를 받으며, 반성의 태도가 현저하고, 사회적 위험행위가 없다고 판단되는 경우에, 사법기관이 조건부로 사전에 석방하는 형벌의 집행제도이다. 가석방은 범죄자로 하여금 사전에 사회로 돌아가게 하는 것이다. 비록 일정한 조건은 있지만 결국 개조장소 이외에서 복역하도록 하는 것이며, 사회질서의 수호라는 측면에서 보아 형법은 가석방을 적용할 경우 일정한 조건을 요구하고 있다. 이들 조건은 첫째, 가석방의 대상은 유기징역 및 무기징역에 처해진 범죄자에 한한다. 주의할 것은 모든 유기징역 및 무기징역의 범죄자가 가석방이 적용되는 것은 아니고, 형법의 규정에 의하면 누범, 살인, 폭발, 강도, 강간, 납치 등의 폭력성 범죄로 10년 이상의 유기징역 및 무기징역에 처해진 범죄자에 대하여는 가석방할 수 없다. 둘째, 유기징역 및 무기징역에 처해진 범죄자는 일정한 형기를 집행한 뒤에 비로소 가석방의 적용이 가능하다. 일정한 형기를 집행하였다 함은, 유기징역에 처해진 범죄자의 경우 원판결 형기의 2분의 1 이상, 무기징역에 처해진 범죄자의 경우 반드시 10년 이상의 집행이 있어야 비로소 가석방을 적용할 수 있다. 범죄자의 복역중의 태도에 따라 형법은 특별한 규정을 두고 있다. 즉 복역중인 범죄자가 만약 특수한 상황이 있는 경우, 최고인민법원의 심사를 거쳐 집행형기의 제한을 받지 않고 가석방될 수 있다. 이는 가석방 집행형기 조건의 예외적 규정이다. 여기서 말하는 특수한 상황은 국가의 정치, 국방, 외교 등 방면에서 특별히 필요한 상황이다. 셋째, 유기징역 및 무기징역에 처해진 범죄자가 형벌의 집행기간중 반드시 성실하게 감독규칙을 준수하고, 교육개조를 받으며, 사회적 위험행위를 하지 않아야 한다. 이는 가석방을 적용하는 가장 실질적인 조건으로서 이 조건을 갖추지 못하면 가석방의 적용을 고려할 수 없다.

유기징역을 선고받았던 범죄자의 가석방 검증기간은 집행의 잔여 형기로 한다. 무기징역을 선고받았던 범죄자의 가석방 검증기간은 10년으로 한다. 가석방의 검증기간은 모두 가석방의 날로부터 기산한다. 정치권리의 박탈이 부가된 경우에는 가석방의 날로부터 기산한다. 가석방을 받은 범죄자는 다음의 사항을 준수하여야 한다. 법률, 행정법규를 준수하고, 감독에 복종하여야 한다. 감독기관의 규정에 따라 자기의 활동상황을 보고하여야 한다. 감독기관의 면담자에 관한 규정을 준수하여야 한다. 거주의 시, 현을 떠나거나 거소를 옮기는 경우 감독기관의 비준을 받아야 한다.

가석방의 검증기간 내에 가석방을 받은 범죄자가 가석방에 관한 각종의 규정을 준수하고, 가석방의 부가조건을 위반함이 없이, 가석방 검증기간이 만료되면, 원판결의 형벌이 이미 집행 완료된 것으로 보고, 이를 공개적으로 선언하여야 한다. 다음의 세 가지 경우에 있어서 가석방을 취소한다. 첫째, 가석방된 범죄자가 가석방의 검증기간 내에 다시 새로운 죄를 범하면, 새로 범한 죄가 고의 또는 과실을 불문하고, 또한 중죄 또는 경한 죄를 불문하고, 모두 가석방을 취소하여야 하고, 새로운 죄에 대한 형벌과 전죄에 집행되지 못한 형벌을 형법의 수죄병벌의 원칙에 따라 집행할 형벌을 결정한다. 둘째, 가석방의 검증기간 내에, 원판결 전에 판결되지 않은 다른 죄가 있음이 발견되고, 형사소추의 시효가 경과되지 않은 경우에는 가석방을 취소하여야 하고, 판결되지 않은 죄에 대하여 판결한 형벌과 전죄에 대한 형벌을 형법이 규정한 수죄병벌의 원칙에 따라, 집행하여야 할 형벌을 결정한다. 셋째, 가석방의 검증기간 내에 법률, 행정법규 또는 국무원공안관리부문의 가석방에 관한 관리감독규정을 위반하는 행위가 새로운 범죄를 구성하지 않는 경우에는, 법정의 절차에 따라 가석방을 취소하여야 하고 잔여 형벌에 대하여 수감 집행한다.

Ⅵ. 형벌의 소멸제도

형벌의 소멸제도는 국가가 사법기관에 부여한 형벌권이 법정사유의 출현으로 그 행사가 정지되는 제도이다. 형법에서 규정한 형벌의 소멸제도는 소추시효와 사면이 있다.

1. 소추시효

소추시효는 형법의 규정에 따라 범죄자의 형사책임을 추궁하는 유효기간이다. 소추시효의 기간의 길고 짧음은 구체적 범죄의 사회적 위험성 정도에 따라 직접 관계가 있고, 사회적 위험성이 비교적 큰 범죄는 소추기간이 비교적 길며, 사회적 위험성이 비교적 작은 범죄는 소추기간이 비교적 짧다. 형법에서는 범죄에 따라 각각의 소추기간을 규정하였다. 법정최고형이 5년 미만인 유기징역의 경우 소추시효의 기간은 5년으로 한다. 법정최고형이 5년 이상 10년 미만인 유기징역의 경우 소추시효의 기간은 10년으로 한다. 법정최고형이 10년 이상의 유기징역인 경우 소추시효의 기간은 15년으로 한다. 법정최고형이 무기징역, 사형인 경우의 소추시효는 20년으로 한다. 20년 이후에도 반드시 소추할 필요가 있는 경우에는 최고인민검찰원의 비준을 받아 소추할 수 있다.

검찰기관, 공안기관 및 국가안전기관의 입건 수사 또는 재판기관의 사건 수리 이후에, 수사 또는 재판의 도피를 한 경우에는 소추기간의 제한은 받지 아니한다. 피해자가 소추기간 내에 고발하고, 재판기관, 검찰기관 및 공안기관이 마땅히 입안하여야 함에도 입안하지 않는 경우에는 소추기간의 제한을 받지 않는다. 이상 두 가지 경우를 형법에서는 소추기간의 연장이라 한다. 소추기간 내에 다시 죄를 범할 경우, 전죄의 소추기간은 범죄의 날로부터 기산하고, 다만 범죄가 연속 또는 계속되는 경우, 소추시효의 기간은 범죄행위의 종료일로부터 기산한다.

2. 사 면

사면은 일반사면과 특별사면으로 구분한다. 일반사면은 보통사면이라고도 하며, 범위가 비교적 광범위한 사면으로서, 일반적으로는 모종의 범죄에 대하여 일정한 기간 내에 재차 소추하지 않음을 규정하며, 이미 형벌에 처해진 경우는 부분 또는 전부의 사면을 하거나, 중형의 경우에는 가벼운 형으로 환형, 또는 이미 만기 석방된 사람에 대하여 그 전과를 말소하는 등이다. 일반사면의 특징은 범죄자의 죄를 사면할 수 있고, 또한 범죄자의 형을 사면할 수 있다는 것이다. 특별사면은 모종 또는 특정한 범죄자의 형벌의 일부 또는 전부를 사면하는 것을 말한다. 특별사면의 특징은 단지 범죄자의 형을 사면하는 것으로서 범죄자의 죄를 사면하는 것이 아니라는 것이다. 중국의 현행헌법은 특별사면을 규정하고 있다. 1959년부터 1975년까지 중국에서는 7차례의 특별사면이 실시되었다. 중국의 특별사면은 다음과 같은 특징이 있다. 첫째, 특별사면은 개별의 범죄자를 대상으로 하는 것이 아니고 모종의 범죄 종류를 대상으로 한다. 둘째, 중국의 특별사면은 형벌의 집행이 개시되지 않은 범죄자에 대한 것이 아니고, 일정기간 개조되어 확실히 개과천선한 범죄자에 대하여 실시한다. 셋째, 중국에서의 특별사면은 전국인민대표대회 상무위원회가 결정하고, 국가주석이 특사령을 공포하여, 최고인민법원과 고급인민법원이 집행한다.

제 4 절 형법상 규정된 구체적 범죄

I. 구체적 범죄 조문의 구성

형법의 구체적 범죄에 관한 모든 규정은 형법각칙의 조문에 있고, 형법각칙 조문의 기본 내용은, 어떠한 행위가 범죄를 구성하는가, 각각의 범죄에 대하여 어떠한 형벌에 처하고 형벌의 범위는 어느 정도로 해야 하는지에 대하여 구체적으로 규정하는 것이다. 형법각칙의 조문은 죄상과 법정형의 두 부분으로 구성되어 있다.

죄상은 형법각칙의 조문이 구체적인 범죄와 그 구성의 특징에 관하여 기술한 것이다. 죄상은 범죄 구성의 규범적 표현형식이라고도 말한다. 죄상의 주요 기능은 어떤 행위가 범죄로 성립되는가를 설명한 것이다. 서술방식의 상세함의 정도에 따라 죄상은 아래의 몇 가지로 나눌 수 있다. 첫째, 명확죄상으로서 이는 구체적인 범죄의 구성특징에 대해 비교적 자세하게 기술하는 죄상의 형식이다. 예를 들어 형법 제305조에 규정된 "형사소송에 있어서 증인, 감정인, 기록인, 통역이 사건과 관련된 중요한 내용에 대하여 고의적으로 허위의 증명, 감정, 기록, 통역을 하고, 타인을 모함할 의도 또는 범죄의 증거를 은닉하는 것"은 전형적인 명확죄상의 형식에 속한다. 둘째, 단순죄상이다. 이는 단지 범죄구성의 특징에 대하여 간단히 기술하며 죄명의 개괄적 범위를 넘지 않는 죄상형식이다. 예를 들면 형법 제232조에 규정된 "고의로 사람을 살해한"은 전형적인 단순죄상의 형식이다. 셋째, 백지죄상이다. 이는 죄상에 단지 모종의 범죄행위만을 규정한 것이지만, 구체적인 특징은 기타의 법률과 법규의 규정을 참고하여 확정하는 죄상의 형식이다. 예를 들면 형법 제133조에 규정된 "교통운수법규를 위반하고, 이로 인한 대형사고의 발생과, 중상 또는 사망의 인명사고 또는 공적·사적 재산에 중대한 손실을 가져온"과 같은 것은 전형적인 백지죄상의 형식이다. 넷째, 인증죄상(引證罪狀)이다. 이는 동일한 법률의 다른 조항을 인용하여 모종의 구체적 범죄행위의 특징을 설명하거나 확정하는 죄상의 형식이다. 예를 들면 형법에 규정된 "과실로 전항의 죄를 범한," "국가업무인원이 전항의 죄를 범한," "법인이 전항의 죄를 범한" 등은 모두 전형적인 인증죄상의 형식에 속한다.

법정형은 죄형관계를 규정한 형법조문이 구체적인 범죄에서 적용하는 형벌의 종류와 범위를 가리킨다. 법정형은 절대확정의 법정형, 절대불확정의 법정형, 상대확정의 법정형 등 세 가지로 나눌 수 있다. 절대확정의 법정형은 형법이 모종의 범죄 또는 모종 상황의 범죄에 대하여 규정한 형벌의 종류와 정도로서 재판기관의 재량의 여지가 없는 것을 가리킨다. 예를 들면, 형법 제239조에 규정된 "유괴죄를 범한 자는 10년 이상의 유기징역 또는 무기징역에 처하고, 벌금 또는 재산을 몰수한다. 피해자를 사망하게 하거나 유괴당한 자를 살해한 경우에는 사형에 처하고 재산을 몰수한다" 등이다. 절대불확정의 법정형은 법률상 단지 모종의 범죄에 대하여 처벌을 하여야 한다는 규정만 있을 뿐 구체적인 형벌의 종류나 정도는 명시하지 않는 것을 가리킨다. 중국의 형법에는 절대불확정의 법정형은 존재하지 않는다. 상대확정의 법정형은, 형법각칙의 조문이 개별 범죄의 성질과 사회적 위험성에 대하여 하나 또는 여러 개의 주형, 하나 또는 여러 가지로 형벌의 범위를 규정한 것이다. 상대확정의 법정형은 융통성이 비교적 크기 때문에, 형법각칙의 조문에서 가장 광범위하게 채택하는 방식이다.

Ⅱ. 국가안전위해죄

국가안전위해죄는 고의로 중화인민공화국국가주권, 영토의 보전, 국가정권과 사회주의제도의 안전을 침해하는 행위가 해당된다. 국가안전위해죄는 형법이 규정한 바의 죄질이 가장 엄중하고 위험성이 가장 큰 범죄이다. 국가안전위해죄가 침범하는 객체는 국가안전이다. 범죄의 객관적 측면의 표현 형태는 국가안전을 위협하는 행위이다. 범죄의 주체는 대부분이 일반주체이고, 소수가 특수주체이며, 범죄의 주관적 측면은 모두 고의라는 것이다.

국가안전위해죄의 구체적 죄명은 다음과 같다. 즉 국가배반죄, 국가분열죄, 국가분열선동죄, 무장반란폭동죄, 국가정권전복죄, 국가정권선동전복죄, 국가안전위해범죄활동지원죄, 배신및투항죄, 배반·도망죄, 간첩죄, 국가기밀·정보의 국외 절취·염탐·매수·불법제공죄, 이적죄 등이다.

Ⅲ. 공공안전위해죄

공공안전위해죄는 고의 혹은 과실로 불특정 다수인의 생명, 건강, 중대한 공적·사적 재산, 또는 공공의 생활안전에 위협하는 행위가 해당된다. 공공안전위해죄가 침해하는 객체는 공공의 안전이다. 범죄의 객관적 측면의 표현 형태는 공공의 안전을 위협하는 행위로 나타난다. 범죄의 주체는 대부분이 일반주체이고 소수는 특수주체이다. 범죄의 주관적 측면은 고의와 과실 모두를 포함한다.

공공안전위해죄의 구체적인 죄명은 다음과 같다. 즉 방화죄, 결수죄, 폭발죄, 위험물질투척죄, 위험방법공공안전위해죄, 실화죄, 과실결수죄, 과실폭발죄, 위험물질과실투척죄, 과실위험방법공공안전위해죄, 교통수단파괴죄, 교통시설파괴죄, 전력설비파괴죄, 인화성·폭발성설비파괴죄, 교통수단과실파손죄, 교통시설과실파손죄, 전력설비과실파손죄, 인화성·폭발성설비과실파손죄, 테러조직조직·영도·참가죄, 테러활동원조죄, 항공기납치죄, 선박·자동차납치죄, 비행안전폭력위협죄, 방송텔레비전시설·공용전신시설파괴죄, 방송텔레비전시설·공용전신시설과실파괴죄, 총기·탄약·폭발물불법제조·매매·운송·우편·보관죄, 위험물질매매·운송·보관죄, 총기위법제조판매죄, 총기·탄약·폭발물·위험물질절도강탈죄, 총기·탄약·폭발물·위험물질강도죄, 총기탄약불법소지보관죄, 총기불법임대차죄, 총기분실불고지죄, 총기·탄약·도검·위험물불법소지공공안전위해죄, 중대비행사고죄, 철도운수안전사고죄, 교통사고죄, 중대책임사고죄, 중대노동안전사고죄, 위험물품사고죄, 공사중대안전사고죄, 교육시설중대안전사고죄, 소방책임사고죄 등이다.

Ⅳ. 사회주의시장경제질서의 파괴죄

사회주의시장경제질서의 파괴죄는 국가의 경제관리법률이나 법규를 위반하여 사회주의시장경제질서를 파괴하고, 국가의 경제발전에 심각한 타격을 주는 행위를 가리킨다. 사회주의시장경제질서의 파괴죄가 침범하는 객체는 사회주의시장경제질서이다. 범죄의 객관적 측면은 국가의 경제관리법률 및 법규를 위반하여 시장경제질서를 파괴하는 행위로 나타난다. 범죄의 주체는 자연인과 법인을 포함한다. 범죄의 주관적 측면은 절대다수가 고의범죄이고, 경제적 이익을 얻으려는 것이 그 목적이나, 드물게는 과실범죄도 있다.

범죄행위가 침범하는 객체의 종류에 따라 사회주의시장경제질서의 파괴죄는 8가지 종류로 나뉘고, 그 구체적인 죄명은 다음과 같다.

1. 저질상품의 생산, 판매죄

저질상품생산판매죄, 가짜약품생산판매죄, 저질약품생산판매죄, 위생기준미달식품생산판매죄, 유해유독식품생산판매죄, 기준미달의료기기생산판매죄, 안전기준미달상품생산판매죄, 저질농약·가축약·비료·종자생산판매죄, 위생기준미달화장품생산판매죄 등이다.

2. 밀 매 죄

무기탄약밀매죄, 핵연료밀매죄, 위폐밀매죄, 문물밀매죄, 귀금속밀매죄, 진귀동물·진귀동물제품밀매죄, 진귀식물·진귀식물제품밀매죄, 음란물품밀매죄, 보통화물·물품밀매죄, 고체폐기물밀매죄 등이다.

3. 회사, 기업 관리질서방해죄

허위자본등기죄, 허위출자·도피출자죄, 주식채권사기발행죄, 허위재무회계보고죄, 청산방해죄, 회계자료·회계장부·재무회계보고은닉·고의훼손죄, 회사기업인원수뢰죄, 회사기업인에 대한 증뇌죄, 유사업종불법경영죄, 친우를위한불법모리죄, 계약체결이행으로 인한 피사기죄, 국유회사·기업·사업단위인의 직무상과실죄, 국유회사·기업·사업단위인의 직권남용죄, 국유재산불법저가환산·매각죄 등이다.

4. 금융관리질서파괴죄

화폐위조죄, 위폐판매·구매·운송죄, 금융인의 위폐구매와 위폐로써 화폐와 교환하는 죄, 위폐소지·사용죄, 화폐변조죄, 금융기관무단설립죄, 금융기관경영허가증·비준문건위조·변조·이전죄, 고리전대죄, 공중저축불법흡수죄, 금융증권위조·변조죄(신용카드 위조·사용에 대한 구체적 상황 추가), 국가유가증권위조·변조죄, 주식·회사·기업채권 위조·변조죄, 주식·회사·기업채권무단발행죄, 내부거래·내부정보누설죄, 증권·선물거래허위정보날조·유포죄, 투자자에 대한 증권·선물매매기만죄, 증권·선물거래가격조작죄, 장부외 고객자금 불법차용대부죄, 금융증권불법발행죄, 위법어음에 대한 인수·상환·보증죄, 외화도피죄, 돈세탁죄 등이다.

5. 금융사기죄

자금모집사기죄, 대출사기죄, 어음수표사기죄, 금융증서사기죄, 신용증서사기죄, 신용카드사기죄, 유가증권사기죄, 보험사기죄 등이다.

6. 세수징수관리위해죄

탈세죄, 납세저항죄, 미납세추징도피죄, 수출환급세편취죄, 증치세(부가세)전용계산서를 허위로 발급하여 수출환급세·담보세의 편취에 이용하는 죄, 증치세전용계산서위조·판매죄, 증치세전용계산서불법판매죄, 증치세전용계산서불법구매·위조된증치세전용계산서구매죄, 수출환급세·담보세편취에 이용되는 불법계산서의 제조판매죄, 불법제조된계산서의 불법제조판매죄, 수출환급세·담보세의 편취에 이용되는 계산서 불법판매죄 등이다.

7. 지적재산권침해죄

가짜등기상표죄, 가짜등기상표의 상품판매죄, 불법제조된 등기상표표시의 불법제조판매죄, 가짜특허죄, 저작권침해죄, 침권복제품판매죄, 상업비밀침해죄 등이다.

8. 시장질서교란죄

상업신용·상품신용손해죄, 허위과장광고죄, 입찰결탁죄, 사기계약죄, 불법경영죄, 거래강요죄, 위조유가증권 위조·전매죄, 차표·선표전매죄, 토지사용권불법양도·전매죄, 허위증명문건제공죄, 증명문건발행 중대 상실죄, 상품검사도피죄 등이다.

V. 공민의 인신권리와 민주권리침해죄

공민의 인신권리와 민주권리침해죄는 고의 또는 과실로 타인의 인신권리와 기타 인신의 자유와 직접 관계 있는 권리를 침해하거나, 공민이 자유롭게 행사하고 의법 향유하는 국가사무의 관리와 정치활동 참여의 권리를 불법적으로 박탈하거나 방해하는 행위를 가리킨다. 공민의 인신권리와 민주권리침해죄가 침해하는 객체는 공민의 인신권리와 기타 인신과 직접관계 있는 권리 및 민주권리이다. 범죄의 객관적 측면의 표현은 공민의 인신권리와 민주권리를 불법 침해하는 행위로 나타난다. 범죄의 주체는 대부분이 일반주체이고, 소수가 특수주체이다. 범죄의 주관적 측면의 절대다수는 고의이고 극소수가 과실이다.

공민의 인신권리와 민주권리침해죄의 구체적 죄명은 다음과 같다. 즉 고의살인죄, 과실치사죄, 고의상해죄, 과실중상해죄, 강간죄, 부녀강제외설모욕죄, 아동외설죄, 불법구금죄, 납치죄, 부녀·아동유괴매매죄, 유괴매매된 부녀·아동매수죄, 매매된 부녀·아동구출집단방해죄, 무고모함죄, 직공노동강요죄, 소년공위험노동종사고용죄, 불법수사죄, 불법가택침입죄, 모욕죄, 비방죄, 고문자백강요죄, 폭력취증죄, 피감호인학대죄, 민족원한선동죄, 민족멸시죄, 소수민족작품출판멸시모욕죄, 공민신앙자유불법박탈죄, 소수민족풍속습관침해죄, 통신자유침해죄, 유편물·전보의 임의개봉 은닉 훼손죄, 무함보복죄, 회계·통계인원보복죄, 선거파괴죄, 혼인자유폭력간섭죄, 중혼죄, 군인혼인파괴죄, 학대죄, 유기죄, 아동유괴죄 등이다.

Ⅵ. 재산침해죄

재산침해죄는 고의적으로 공적 또는 사적 재물을 불법점유, 유용, 훼손하는 행위를 말한다. 재산침해죄가 침해하는 객체는 공적 또는 사적 재산소유권이다. 범죄의 객관적 측면은 행위자가 공적 또는 사적 재산에 대하여 행하는 각종 불법적인 침해행위로 나타난다. 범죄의 주체는 대다수가 일반주체이고, 소수가 특수주체이다. 범죄의 주관적 측면은 모두 고의이다.

재산침해죄의 구체적인 죄명은 다음과 같다. 즉 강도죄, 절도죄, 사기죄, 강탈죄, 군중기만죄, 점유침해죄, 직무상점유침해죄, 자금유용죄, 특정항목물품유용죄, 공갈편취죄, 재물고의손괴죄, 생산경영파괴죄 등이다.

Ⅶ. 사회관리질서방해죄

사회관리질서방해죄는 국가의 사회관리활동을 방해하고, 사회질서를 파괴하여, 마땅히 형사처벌을 받아야 하는 행위를 가리킨다. 사회관리질서방해죄가 침해하는 객체는 국가의 사회에 대한 관리활동과 사회관리질서이다. 범죄의 객관적 측면은 행위자가 국가의 사회관리 활동을 방해하고 사회관리질서를 파괴하는 행위로 나타난다. 범죄의 주체는 대다수가 일반주체이고, 소수가 특수주체이다. 법인도 포함된다. 범죄의 주관적 측면은 절대다수가 고의이고, 극소수는 과실이다.

범죄행위가 침해하는 객체에 따라 사회관리질서방해죄는 아홉 가지로 나누어지고 구체적인 죄명은 다음과 같다.

1. 공공질서교란죄

공무방해죄, 법률시행폭력항거선동죄, 명의사칭사기죄, 국가기관공문·증서·인장 위조변조매매죄, 국가기관공문·증서·인장 절도강탈훼손죄, 회사·기업·사업단위·인민단체인장위조죄, 주민신분증위조변조죄, 경찰용장비불법생산매매죄, 국가기밀불법획득죄, 국가기밀·기밀문건·자료·물품불법소지죄, 간첩전용기자재불법생산판매죄, 도청·비밀촬영기자재불법사용죄, 컴퓨터정보계통불법침입죄, 컴퓨터정보계통파괴죄, 무선전신통신관리질서교란죄, 군중사회질서교란죄, 군중국가기관습격죄, 군중공공장소질서·교통질서교란죄, 가짜유해물질투척죄, 가짜테러정보조작·고의전파죄, 군중구타죄, 트집을 잡아 소란을 일으키는 죄, 폭력단체성질조직의 조직·영도·참가죄, 폭력단체조직의 입경발전죄, 폭력단체성질조직의 비호·종용죄, 범죄방법전수죄, 불법집회·데모·시위죄, 무기·도검류·폭발물을 불법소지하고 집회·데모·시위참가죄, 집회·데모·시위방해죄, 국기·국휘모욕죄, 신앙집단·사교조직·미신을 이용한 법률시행파괴죄, 신앙집단·사교조직·미신을 이용한 인명치사죄, 공중음란죄, 미성년자유인공중음란죄, 시체절도모욕죄, 도박죄, 배달우편물고의지연죄 등이다.

2. 사법방해죄

위증죄, 변호사·소송대리인 증거훼손·증거위조·입증방해죄, 입증방해죄, 증거훼손위조방조죄, 증인보복공격죄, 법정질서문란죄, 은닉비호죄, 간첩범죄증거제공거절죄, 장물은폐수매판매죄, 판결재정거부죄, 봉인동결압류재산불법처리죄, 감호질서파괴죄, 탈주죄, 피호송인원탈취죄, 조직탈옥죄, 폭동탈옥죄, 군중기계소지감옥강탈죄 등이다.

3. 국경관리방해죄

타인의국경탈주조직죄, 출국증명편취죄, 위조변조출입국증명제공죄, 출입국증명판매죄, 타인의국경탈주운송죄, 국경탈주죄, 국경표지파괴죄, 영구성측량표지파괴죄 등이다.

4. 문물관리방해죄

문물고의훼손죄, 명승고적고의훼손죄, 문물과실손실죄, 진귀문물의 외국인에 대한 불법판매증여죄, 문물암거래죄, 문물소장품불법판매증여죄, 고문화유적·고분묘도굴죄, 고인류화석·고척추동물화석도굴죄, 국유당안강탈절취죄, 국유당안무단매각이전죄 등이다.

5. 공공위생방해죄

전염병방지방해죄, 전염병독균독충확산죄, 국경위생검역방해죄, 매혈불법조직죄, 매혈강요죄, 혈액불법채집공급및혈액제품불법제작공급죄, 의료사고죄, 불법의료행위죄, 루프수술불법실행죄, 동식물검역도피죄 등이다.

6. 환경자원보호방해죄

중대환경오염사고죄, 수입고체폐기물불법처리죄, 고체폐기물무단수입죄, 수산품불법어로죄, 진귀멸종위기야생동물불법수렵및살해죄, 진귀멸종위기야생동물및진귀멸종위기야생동물제품 불법수매운수판매죄, 불법수렵죄, 경지임야불법점용죄, 불법채광죄, 파괴성채광죄, 국가중점보호식물불법채벌·훼손죄, 국가중점보호식물·국가중점보호식물제품불법판매·운송·가공·수출죄, 임목도벌죄, 임목남벌죄, 도벌남벌임목불법수매죄 등이다.

7. 마약 밀수, 판매, 운수, 제조죄

마약밀수판매운수제조죄, 마약불법소지죄, 마약범죄자비호죄, 마약은닉이동

기만죄, 마약제조물품밀수죄, 마약제조물품불법매매죄, 마약류식물불법재배죄, 마약류식물종자모종불법매매운수휴대죄, 타인의마약흡연유인교사기만죄, 타인의마약흡연강요죄, 타인의마약흡연수용죄, 마취약품정신성약품불법제공죄 등이다.

8. 매음의 조직, 강요, 유인, 수용, 소개죄

매음조직죄, 매음강요죄, 조직매음위협죄, 매음의 유인·수용·소개죄, 유녀매음유인죄, 성병전염죄, 유녀와의표숙죄 등이다.

9. 음란물품 제조, 판매, 유포죄

음란물품제조복제출판판매유포모리죄, 타인의음란서적출판을위한도서번호제공죄, 음란물품유포죄, 조직음란음향제품방송죄, 조직음란표현행위죄 등이다.

Ⅷ. 국방이익위해죄

국방이익위해죄는 공민 또는 법인의 군사작전이나 군사행동에 대한 위해, 국방기초시설과 국방활동에 대한 위해, 국방관리질서의 방해, 국방의 의무이행의 거절 또는 회피, 부대의 명예를 훼손하는 등의 행위에 관한 죄를 말한다. 국방이익위해죄가 침해하는 객체는 국방이익이다. 범죄의 객관적 측면은 행위자가 국방이익을 침해하는 행위의 실행으로 나타난다. 범죄의 주체는 대다수가 일반주체이고, 소수가 특수주체이다. 범죄의 주관적 측면은 절대다수가 고의이고, 극소수가 과실이다.

국방이익위해죄의 구체적인 죄명은 다음과 같다. 군인집행직무방해죄, 군사행동방해죄, 무기·장비·군사시설·군사통신훼손죄, 불합격무기·장비·군사설비고의제공죄, 불합격무기장비군사시설과실제공죄, 군중군사금지구역습격죄, 군중군사관리구질서교란죄, 군인사칭사기죄, 군인부대이탈선동죄, 부대이탈군인고용죄, 불합격병력인원징집이관죄, 군부대공문증명인장위조변조매매죄, 군부대공문증명인장절도강탈죄, 군용표지불법생산매매죄, 전시징집군사훈련거부도피죄, 전시복무거부도피죄, 전시허위정보고제공죄, 전시군심교란죄, 전시부대이탈군인은닉죄, 전시군사계약물품고의지연죄, 전시군사징용거절죄 등이다.

Ⅸ. 탐오수뢰죄

탐오수뢰죄는 공공재물의 탐오·유용·개인분배, 뇌물의 독촉 접수 또는 국가공무원과 국유사업장을 대상으로 한 수뢰, 공무원의 매수, 공무의 청렴성을 파괴하는 행위가 해당된다. 탐오수뢰죄가 침해하는 객체는 국가업무인원 공무행위의 청렴성이며, 동시에 공·사재산소유권을 침범하는 것이다. 범죄의 객관적 측면은 국가공무원이 직무를 이용하여 공공재산을 탐오·유용·개인분배하거나, 뇌물을 독촉·접수하는 행위, 개인 또는 법인의 이익을 위하여 공무의 청렴성을 모독하는 행위이다. 범죄의 주체는 대다수가 특수주체이고, 소수가 일반주체이다. 범죄의 주관적 측면은 모두 고의이다. 탐오수뢰죄의 구체적인 죄명은 다음과 같다. 즉 탐오죄, 공금유용죄, 수뢰죄, 사업장수뢰죄, 증뢰죄, 사업장에 대한 증뢰죄, 뇌물알선소개죄, 사업장증뢰죄, 거액재산출처불명죄, 국외저축은폐죄, 국유재산개인분배죄, 몰수재물개인분배죄 등이다.

Ⅹ. 독 직 죄

독직죄는 국가기관업무인원의 공무활동 중 집권남용, 업무태만, 사리 사욕을 위한 부정행위, 국가의 관리활동을 방해하여 공공재산 또는 국가와 국민의 이익에 중대한 손실을 입히는 행위가 해당된다. 독직죄가 침해하는 객체는 국가기관의 정상적인 관리활동이다. 범죄의 객관적 측면은 행위자의 직권남용, 업무태만, 사리사욕으로 공공재산 및 국가와 국민이익에 중대한 손실을 입히는 행위로 나타난다. 범죄의 주체는 특수주체이다. 범죄의 주관적 측면은 고의와 과실을 모두 포함한다.

독직죄의 구체적인 죄명은 다음과 같다. 즉 집권남용죄, 직무소홀죄, 국가기밀고의누설죄, 국가기밀과실누설죄, 위법직무행사죄, 위법재판죄, 구금인원무단석방죄, 구금인원실직탈주죄, 불법감형·가석방·감옥외집행죄, 형사사건불이송죄, 회사설립·증권발행등불법등기비준죄, 세금부정감면불징수죄, 보증금·수출환급세등계산서불법발매죄, 수출환급세증명불법제공죄, 국가업무인원계약체결이행실직죄, 임목벌채허가증불법발행죄, 환경감독실직죄, 전염병방지실직죄, 토지징용·점용불법비준죄, 국유토지사용권불법저가양도죄, 밀수방임죄, 상품검사부정죄, 상품검사실직죄, 동식물검역실직죄, 저질상품제조판매범죄행위방임죄, 국경탈주자출입국증명처리죄, 국경탈주자통행허가죄, 유괴납치의부녀아동불구출죄, 유괴납치의부녀아동구제방해죄, 범죄자처벌도피방조죄, 공무원학생사칭부정죄, 진귀문물훼손유실의실직죄 등이다.

XI. 군인의 직무위반죄

군인의 직무위반죄는 중국인민행방군의 현역군인, 군사임무를 수행하는 예비역 및 군사임무를 수행하는 기타 인원의 직무위반행위로서, 국가의 군사이익에 위해를 가함으로써 법률에 의하여 마땅히 형사처벌을 받아야 하는 행위를 가리킨다. 군인의 직무위반죄가 침해하는 객체는 국가의 군사이익이다. 범죄의 객관적 측면은 행위자가 군사직무를 위반하여 국가의 군사이익에 손해를 주는 행위로 나타난다. 범죄의 주체는 특수주체이다. 범죄의 주관적 측면은 고의와 과실을 포함한다.

군인의 직무위반죄의 구체적인 죄명은 다음과 같다. 전시항명죄, 군사정보허위보고죄, 군령의전달거부·허위전달죄, 투항죄, 전시진지이탈죄, 군무무단이탈·소홀죄, 군사직무집행방해죄, 부하에대한직무위반지시죄, 작전소극죄, 우방부대원조거부죄, 군인반역죄, 군사기밀불법획득죄, 외국을 위한 군사비밀절취·염탐·수매·불법제공죄, 군사비밀고의누설죄, 군사비밀과실누설죄, 전시유언비어유포죄, 전시자해죄, 부대이탈죄, 무기장비사고죄, 무기장비배치용도무단변경죄, 무기장비·군용물자 절도강탈죄, 무기장비불법매각양도죄, 무기장비유기죄, 무기장비유실죄, 군인부동산무단매각양도죄, 부하학대죄, 상이군인유기죄, 전시상이군인치료거부죄, 전시주민상해·주민재물약탈죄, 포로불법석방죄, 포로학대죄 등이다.

제9장 민사소송법

[鄭二根]

제1절 민사소송법 서론

I. 민사소송법

1. 민사소송법의 의의

민사소송법은 국가가 제정한 법률규범으로서 인민법원, 당사자 및 당사자 이외의 모든 소송참가자가 민사소송활동과 집행활동을 진행하는 데 필요한 사항을 규정한 법률규범이다. 즉 민사소송법은 인민법원의 민사사건의 처리와 해결을 위한 규정이며, 당사자의 기소와 응소 및 소송진행의 행위준칙이며, 당사자 이외의 모든 소송참가자가 소송활동에 있어서 반드시 준수해야 할 사항을 정한 법률규범이다. 민사소송법은 국가기본법의 하나이며 민사실체법의 사법적 보호를 위하여 중요한 역할을 한다. 즉, 민법은 실체법으로서 평등한 주체인 공민과 공민 사이, 법인과 법인 사이, 공민과 법인 사이의 재산관계 및 신분관계를 조정하는 법률이고, 민사소송법은 절차법으로서 이는 실질적인 권리·의무관계를 규정하는 것이 아니고 민사소송법관계 주체를 위하여 분쟁해결을 위한 절차를 규정한다.

2. 민사소송법의 임무

모든 법률은 각기 특정한 임무를 지니고 있다. 민사소송법 역시 예외는 아니다. 민사소송의 입법, 이론 및 실무에 근거하여 중국의 민사소송법은 아래와 같은 목적을 지니고 있다.

첫째, 인민법원의 민사사건에 대한 공정, 합법의 심리를 보장하고 사회주의 경제질서와 사회질서를 수호한다.

둘째, 당사자의 정당한 민사권익 보호와 민사소송권리의 자유로운 행사를 보장한다.

3. 민사소송법의 효력

민사소송법의 효력은 민사소송법의 시간적·공간적·인적 효력을 포함한다. 민사소송법의 인적 효력은 민사소송법 제4조에서 규정하는 바와 같이, 중화인민공화국 영내에서 행하는 모든 민사소송은 반드시 민사소송법을 준수하도록 되어 있다. 현행 민사소송법은 중화인민공화국의 공민, 법인과 기타 조직, 중국에서 소송을 진행하는 외국인, 무국적자 또는 국적불명의 자 및 중국에서 소송을 진행하는 외국기업과 조직에 적용된다. 민사소송법의 공간적 효력은 중화인민공화국의 모든 영역 즉 영해, 영토 및 그 지하층과 영공에 적용된다. 외교특권이 적용되는 주화대사관 및 특권이 인정된 외교기구 내부의 민사분규는 중국의 민사소송법이 적용되지 않는다. 민사소송법의 시간적 효력은, 중화인민공화국 제7기 전국인민대표대회 제4차 회의의 결정에 의하여, 1991년 4월 9일 통과 및 공포되어 시행하게 되었다. 또한 이 법률은 2007년 10월 28일 제10기 전국인민대표대회 상무위원회 제30차 회의에서 개정하였고, 개정된 민사소송법은 2008년 4월 1일부터 시행하게 되었다. 이 외에도 인민법원이 민사소송법에 의하여 어떠한 사건에 대하여 심판권을 행사하여야 하는가 하는 민사소송법의 물적 효력이 있다.

Ⅱ. 민사소송법률관계

1. 민사소송법률관계의 의의

현행 민사소송법이 비록 민사소송법률관계를 직접 규정하고 있지는 않지만, 민사소송법의 조문에는 소송과정에서의 권리와 의무의 내용이 포함되어 있다. 민사소송법 제12조는 “당사자는 변론의 권리가 있다,” 제13조에서는 “당사자는 법률규정의 범위 내에서 자기의 민사권리와 소송권리를 처분할 자유가 있다,” 제14조는 “인민검찰원은 민사재판활동에 대한 법률감독권이 있다,” 제8조는 “인민법원의 민사사건의 심리는 당사자의 소송권리를 보장하고 편리를 제공하여야 한다"라 규정하고 있다. 법리적 측면에서 보면 권리와 의무는 상호 대응되는 것이며, 의무 없는 권리는 없고 권리 없는 의무 역시 없다.

민사소송법률관계는 법률관계의 일종이며 사회관계이다. 또한 권리·의무를 내용으로 하는 사회관계이며 국가강제력을 배경으로 하는 사회관계이다. 소위 민사소송법률관계는 민사소송에서 인민법원과 당사자 및 당사자 이외의 모든 소송참가자 사이에 발생되는 법률관계로 민사소송법이 조정하는 사회관계이며, 그들 사이의 민사소송 권리·의무관계이다.

2. 민사소송법률관계의 특징

첫째, 당사자는 민사소송법률관계 발생의 당연한 주체이다. 민사권리가 관련되는 것은 당사자의 사권이며, 법률규정에 의하여 '불고불리(不告不理)'의 원칙을 적용하기 때문이다. 즉 법원은 소송절차에 있어서 능동적이지 못하다. 소송절차를 언제 개시할 것인가의 여부는 모두 당사자 자신의 독립된 의지에 달려 있다. 즉, 당사자의 제소 없이는 민사소송이 발생될 수 없고, 민사소송의 발생 없이는 민사소송법률관계 역시 발생되지 않는다. 이러한 의미에서 당사자는 민사소송법률관계의 당연한 주체이다.

둘째, 인민법원은 민사소송법률관계에서 주도적 지위를 차지한다. 민사소송법률관계는 당사자 쌍방간에 발생하는 관계가 아니며, 당사자와 제 3 자간에 발생하는 관계 역시 아니다. 이는 인민법원과 원고, 인민법원과 피고, 인민법원과 각각의 소송참가자 사이에 발생하는 법률관계이다.

셋째, 민사소송법률관계는 다면적인 상호관계가 서로 분리되고 또한 통일되는 관계이다. 다면적인 상호관계라 함은 법원과 원고, 법원과 피고, 법원과 제 3 자, 법원과 증인, 법원과 감정인, 법원과 통역인 등으로 이루어지는 관계를 말한다. 여기서 각각의 법률관계는 독립적으로 존재하는 것이며, 민사소송법이 이들의 관계를 전체질서 속으로 통일시키는 것이다.

3. 민사소송법률관계의 구성

(1) 민사소송법률관계의 주체

민사소송법률관계의 주체는 민사소송 과정에서 소송권리를 향유하고 소송의무를 부담하는 사람을 말한다. 민사소송법률관계의 주체에는 인민법원, 당사자,

소송참가자와 인민검찰원이 있다. 그러나 각각의 민사소송법률관계 주체가 반드시 모든 소송에 나타나는 것은 결코 아니다. 민사사건은 매우 다양하기 때문에 어떤 조건에서는 소송대리인이 있고, 또 다른 조건에서는 소송대리인이 없을 수도 있다. 어떤 사건에서는 감정인이 필요하고 또 다른 사건에서는 감정인이 필요하지 않는 것과 같다.

⑵ 민사소송법률관계의 내용

민사소송법률관계의 내용이라 함은 민사소송법률관계의 주체가 향유하는 소송권리와 부담하는 소송의무를 말한다. 소송권리는 법률관계의 주체가 소송과정에서 법에 의하여 스스로 일정한 행위를 하거나 타인에 대하여 일정한 행위를 하도록 요구할 가능성을 의미한다. 소송권리의 특징 가운데 하나는 포기할 수 있다는 것이다. 소송의무는 법률관계의 주체가 소송과정에서 일정한 행위를 하여야 하거나 일정한 행위를 하지 않아야 하는 책임이다. 소송의무의 특징 가운데 하나는 그 의무를 거부할 수 없다는 것이다.

모든 민사소송법률관계의 주체는 그 신분과 상응하는 소송권리와 소송의무를 가진다. 인민법원은 재판의 임무를 완수하기 위하여 소송중에 소장과 답변서의 심사, 증거의 인정, 소송을 주도하는 등의 권리를 가진다. 법원이 국가의 심판기관이라는 데서 인민법원의 소송권리는 양도될 수 없는 것이다. 당사자는 자신의 합법권리를 보호하기 위하여 소송과정에서 기소, 회피, 변론, 처분, 상소와 집행의 신청 등과 같은 소송권리를 갖는다. 동시에 법정출두, 증거의 제공, 사건의 증명, 사실의 진술, 소송질서의 준수, 효력이 있는 재판내용의 이행 및 소송비용의 납부 등의 의무를 진다. 전체 소송참가자 역시 일정한 소송의 권리와 의무를 진다. 인민검찰원의 가장 큰 권리는 항소의 제기이고, 가장 큰 의무는 인원을 파견하여 소송에 참여하는 것이다.

⑶ 민사소송법률관계의 객체

민사소송법률관계의 객체는 민사소송법률관계 주체의 소송권리가 지향하는 대상이다. 일반 법학이론에 의하면 법률관계의 객체는 물건, 행위 또는 정신적 재산이다. 그러나 민사소송법률관계의 객체는 매우 복잡하다. 당사자가 인민법원에 소송을 제기하는 것은 자신의 합법적인 민사권익의 보호를 청구하는 것이고, 인민법원이 모든 소송과정에서 추구하는 것은 분쟁의 해결이며, 증인 등 소송참가자 역시 사건의 처리를 목적으로 참가한다. 비록 각자의 행위는 다르지만 그 기본적인 방향은 일치하는 것이다. 그들의 소송권리와 의무가 지향하는 목표는 모두 소송중의 민사사건이며, 사건은 법원의 판결을 거쳐 당사자의 이익을 만족시키게 되는 것이고, 이로써 법원과 각 소송당사자 및 소송참가자의 임무는 완성되는 것이다. 그러므로 민사사건은 민사소송법률관계의 객체가 된다.

4. 민사소송법률관계의 발생조건

민사소송법률관계는 자유로이 발생되는 것이 아니고 일정한 조건을 필요로 한다. 즉 일정한 조건하에서 민사소송법률관계가 발생, 변경 및 소멸되는 것이다.

⑴ 법률규범

모든 법률관계의 발생은 반드시 상응하는 법률규범의 규율이 필요한 것이고, 그렇지 않으면 사회관계는 법률관계로 성립되지 못하는 것이다. 예컨대 혼인법의 규정이 없으면 남녀간의 혼인관계는 성립될 수 없는 것이고, 상속법의 규정이 없으면 상속관계는 발생될 수 없는 것과 같다.

⑵ 소송행위

소송행위는 법원과 당사자 및 모든 소송참가자가 소송법률규정의 상황하에서 민사소송법률관계를 발생, 변경 및 소멸시킬 수 있는 행위이다. 예컨대, 원고의 소송제기, 피고인의 소환, 피고인의 상소 등은 모두 소송행위이다. 소송행위는 소송법률관계 주체의 합법행위이다. 행위의 불법은 민사소송법률관계의 발생, 변경 및 소멸에 영향을 미치지 못한다.

⑶ 사　　건

민사소송법률관계를 변경, 소멸시킬 수 있는 객관적 상황을 사건이라 한다. 사건은 사람의 의지에 따라 변화되지 않는다. 사건은 사람의 사망이나 중병, 재판의 중지를 가져오는 자연재해, 전쟁 또는 기타의 원인을 포함한다. 예컨대 일방당사자의 사망으로 상속인의 소송참가가 필요한 경우 민사소송법률관계는 상속인의 참가가 있을 때까지 중단되며, 또한 피고인의 사망으로 상속인이 없거나 상속인이 권리를 포기하는 경우에는 민사소송법률관계가 소멸될 수 있는 것이 그 예다.

제 2 절 민사소송법의 일반원리

I. 민사소송법의 기본원칙

민사소송법의 기본원칙은 민사소송의 모든 과정에서 주도적인 작용을 하며, 인민법원과 당사자 및 소송참가자가 모두 준수하여야 할 원칙이다. 민사소송법의 기본원칙은 민사소송법의 일반규범 및 기본제도와는 달리 세 가지의 명확한 특징이 있다. 첫째, 민사소송법의 기본원칙은 민사소송법 제정 중 각종의 구체적 절차나 제도 및 규칙의 기초가 된다. 둘째, 민사소송법의 기본원칙은 일종의 추상적 규범으로서 민사재판의 주체, 당사자 및 기타 소송참가자의 소송과정에서의 권리와 의무를 구체적으로 규정하지 않을뿐더러 민사소송의 특정 제도에 대하여도 구체적으로 규정하지 않는다. 민사소송의 기본원칙은 민사소송과 관련된 몇 가지의 기본원칙, 기본정신 및 입법 지도사상에 대하여 개괄적인 규정을 한다. 셋째, 민사소송법의 기본원칙이 근본성과 추상성을 가지기 때문에 모든 민사소송법률관계의 주체가 행하는 민사활동에 대하여 지도적인 역할을 한다.

(1) 당사자 소송권리 평등의 원칙

당사자 소송권리 평등의 원칙은 민사소송법 제 8 조에 규정되어 있다. 이 원칙은 헌법에 규정된 "공민은 법률의 적용에 있어서 모두 평등하다"는 원칙이 민사소송법에서 구체화된 것이며, 이는 민사법률관계의 필수적인 요구이다.

중국의 민사소송법에 규정된 평등의 원칙은 다음과 같은 내용을 포함한다. 첫째, 모든 소송 당사자는 그의 사회적 신분, 재산상황 등을 불문하고 모두 평등하게 민사소송법에 규정된 권리를 향유한다. 둘째, 원고와 피고는 소송과정에서 평등한 지위에 선다. 소송중의 권리는 서로 대응되거나 기본적으로 동일하다. 만일 원고가 제소권이 있다면 피고는 응소와 항변권이 있으며, 원고가 소송청구의 포기권이 있다면 피고는 승인권이 있으며, 원고와 피고는 모두 화해권, 소송청구 변경권 및 상소권 등을 가진다. 셋째, 외국인당사자 또는 국적이 없는 당사자의 소송상의 권리 역시 원칙상 평등하다. 민사소송법 제 5 조는, "외국인, 무국적자, 외국기업 또는 조직이 인민법원에 소송을 제기하거나 응소할 경우에는 중화인민공화국 공민, 법인 및 기타 조직과 동일한 소송권리와 의무를 가진다"고 규정한다. 외국의 법원이 중화인민공화국 공민, 법인 및 기타 조직의 민사소송상의 권리를 제한하는 경우 중화인민공화국 인민법원은 그 나라의 공민, 기업 및 기타 조직의 민사소송상의 권리에 대하여 대등원칙을 적용한다.

⑵ 소송권리 보장의 원칙

이 원칙은 민사소송법 제 8 조에 규정된 것으로서, 이는 인민법원에 대한 의무적 규정이다. 이 원칙의 목적은 당사자가 법에 의하여 소송권리를 충분히 보장하며, 법원 또는 기타 기관·기업 및 사업단위· 단체와 개인은 당사자의 소송상의 권리행사를 방해할 수 없다는 것이다.

민사소송법의 규정에 따라 당사자의 소송권리 보장의 원칙은 다음과 같다. 첫째, 인민법원은 당사자가 향유하는 법률상의 소송권리를 제한하거나 박탈할 것이 아니라 당사자가 소송의 권리를 행사하도록 편의를 제공하여야 한다. 이 내용은 민사소송법에 규정된 절차와 제도의 여러 측면에서 나타난다. 예를 들면 순회재판 및 사건발생지에서 재판을 하는 제도는 당사자의 제소와 응소에 도움을 주는 것이다. 당사자는 인민법원의 소송권리 제한 행위에 대하여 상소를 제기하거나 재심을 제기할 권한을 가진다. 둘째, 인민법원은 당사자가 법정의 소송권리를 행사함에 있어서 일체의 방해행위를 배제하고 당사자가 소송의 권리를 충분히 행사하도록 보장을 의무가 있다. 민사소송법 제102조의 규정에 근거하면 인민법원은 소송참가자에 대하여 모독, 비방, 무함(誣陷), 구타하거나 보복을 하는 행위에 대하여 그 상황에 따라 벌금을 과하거나 구류에 처할 권한이 있다.

⑶ 조정원칙

중국민사소송법 제 9 조는 "인민법원은 민사사건을 심리함에 있어서 자원(自願) 및 합법의 원칙에 따라 조정을 하여야 하며 조정이 성립되지 않는 경우에는 즉시 판결하여야 한다"고 규정하였다.

조정은 민사분쟁을 해결하는 데 있어서 광범위하게 이용된다. 조정의 주체는 인민법원 이외에 전문적인 군중조직, 즉 인민조정위원회가 있고 변호사 등 기타기관, 조직 또는 개인이 있다. 그러나 인민법원의 조정만이 소송상의 조정이며 가장 유효한 조정이다.

중국민사소송법의 규정에 따르면 조정원칙에는 아래와 같은 내용이 있다. 첫째, 조정은 민사재판상의 한 방법이다. 인민법원은 민사사건을 재판함에 있어서 가능한 한도 내에서 조정을 통하여 당사자를 설득하여 당사자로 하여금 분쟁이 발생한 원인을 명확히 알도록 하고 시비를 분명히 가려 당사자로 하여금 스스로 자기의 행위를 가늠하도록 하여야 한다. 당사자 쌍방의 조정을 통한 합의 달성은 법원의 통상적인 업무처리방법이다. 둘째, 조정은 사건심리를 종결하는 방법이다. 법원의 조정을 거쳐 당사자간에 합의를 달성할 수 있는 경우에는 인민법원에서 조정서를 작성한다. 조정서는 효력발생 후 판결서와 동일한 효력을 갖는다.

인민법원의 민사조정은 무원칙적으로 이루어지는 것이 아니고, 당사자 쌍방의 의사를 전제로, 사실을 조사하고 책임을 분명히 한 다음 이루어진다. 조정을 통하여 달성한 합의는 반드시 합법적이어야 한다. 만일 조정을 통하여 합의를 달성하지 못하면 법률이 정한 재판기한 내에 판결하여야 한다.

(4) 변론의 원칙

중국민사소송법 제12조는 "인민법원이 사건을 심리할 경우 당사자는 변론의 권리를 가진다"라고 규정한다. 이는 당사자가 변론할 권리를 가진다는 법률적 근거이다. 민사소송법에 '당사자가 변론할 권리를 가지는 원칙'을 규정한 목적은 당사자 쌍방에게 소송과정에서 상대방의 주장에 반박할 권리를 제공할 뿐만 아니라 소송방식을 확정하는 데에도 있다. 인민법원에서 사실을 해명하고 시비를 가려 사건을 정확히 판단하기 위해서는 변론원칙을 고수하고 직권주의로 흐르는 것을 방지하여야 한다.

소송중의 당사자 쌍방은 사실관계에 다툼이 있는 문제에 대하여 상호 반박하며 자기의 주장과 이유를 설명하고 상대방의 근거와 청구를 반박함으로써 사실을 분명히 한다. 인민법원은 쌍방의 변론을 통하여 밝혀진 사실을 재판의 중요한 근거로 한다.

변론원칙은 법정에서만 존재하는 것이 아니라 민사소송의 각 단계에서 광범위하게 존재한다. 원고의 기소와 피고의 응소 및 항변은 일종의 변론이다. 변론은 실체상의 문제뿐만 아니라 절차상의 문제에 대하여도 진행할 수 있다. 예를 들면 피고측이 관할에 대하여 이의를 제기하여 원고가 이에 대하여 반대의견을 제기하는 것도 변론에 해당한다. 변론의 형식은 다양하다. 법정에서의 구술과 서면변론으로 나타난다. 변론은 당사자 쌍방이 직접 행할 수 있고 소송대리인을 통하여 행할 수도 있다.

⑸ 민사권리와 소송권리 처분의 원칙

민사소송법 제13조는 "당사자는 법률이 정한 범위 내에서 자기의 민사권리와 소송권리를 처분할 권리를 가진다"고 규정한다. 이는 당사자가 법률의 규정에 의하여 민사권리와 소송권리를 처분할 수 있는 법률적 근거이다. 당사자는 민사소송의 과정에서 법률규정의 범위 내에서 자기가 가진 민사권리와 소송권리를 지배할 권리가 있다는 것, 즉 행사할 수도 있고 행사하지 않을 수도 있으며, 직접 행사할 수 있으며 타인에게 위임하여 행사할 수도 있다.

이 처분원칙은 민사소송법 중에서 광범위하게 나타난다. 예를 들면, 공민이나 법인은 타인과 민사분쟁이 발생한 경우 그 기소의 여부를 자신이 결정하며, 기소 후의 소송에 있어서 청구를 변경할 것인지 또는 포기할 것인가 하는 것도 당사자 자신이 결정하고, 법관의 회피를 신청할 것인가, 재산보전과 판결 전 집행을 청구할 것인가, 상소할 것인가, 집행신청을 할 것인가 하는 것 모두를 당사자 자신이 결정한다. 그러나 당사자가 민사권리와 소송의 권리를 처분하는 것도 절대적인 자유는 아니다. 반드시 법률에 규정된 범위 내에서 행하여야 하며, 국가나 단체 또는 타인의 이익을 침해하는 처분행위를 할 수 없다. 이를 위반한 처분은 무효이다.

⑹ 검찰기관 법률감독의 원칙

검찰기관이 민사재판활동에 대하여 법률감독을 하는 것은 중국민사소송법이 규정한 중요한 원칙 중의 하나이다. 민사소송법 제14조에서 "인민검찰원은 민사재판활동에 대하여 법률감독을 실시한다"는 원칙을 규정한 것 외에, 제187조부터 제190조까지 4개 조문에서 검찰감독의 방법에 대하여 규정하였다. 이들 조문은 모두 검찰감독의 법적인 근거가 된다.

중국의 검찰기관은 국가의 법률감독기관으로서, 민사재판에 대하여 법률감독을 실시하는 것도 그 본연의 임무 중 하나다. 검찰기관이 민사재판을 감독하는 것은 민사재판의 발전에도 의의가 있으며 국가의 이익을 수호하고 당사자의 합법적 권익을 보호하는 데 있어서도 적극적인 의의가 있다.

검찰기관이 민사재판활동에 대하여 법률감독을 실시하는 방식은 재판감독절차에 의하여 항소를 제기하는 것이다. 인민법원은 인민검찰원에서 항소를 제기한 사건에 대하여 재심하여야 하며 인민법원은 항소사건을 재심할 경우 인민검찰원에 대하여 출석을 통지하여야 한다.

Ⅱ. 민사소송과 인민법원

1. 민사소송과정에서 법원의 지위

중국헌법 제123조는, "중화인민공화국인민법원은 국가의 재판기관이다"라 규정하고, 민사소송법 제 6 조 제 1 항에서는, "민사사건의 재판권은 인민법원이 행사한다"라고 규정하고 있다. 헌법과 법률의 인민법원에 대한 이러한 규정은 법원이 민사소송 과정에서 주도적인 지위와 작용을 하도록 하였다. 이러한 주도적인 지위와 작용은 다음과 같이 표현된다. 즉, 첫째, 법원은 민사소송의 개시와 종료를 결정한다. 둘째, 법원은 민사소송의 모든 과정을 지휘한다. 셋째, 법원은 민사소송의 결과를 결정한다. 넷째, 법원은 판결과 재정의 집행을 보장한다.

민사소송법 제 6 조 제 2 항은, "인민법원은 법률의 규정에 의하여 민사사건에 대하여 독립하여 재판하고, 행정기관, 사회단체와 개인의 간섭을 받지 아니한다"라고 규정한다. 이는 인민법원이 민사소송 과정에서 독립된 지위에 서며, 민사사건에 재판에 있어 법률의 규정에만 복종한다는 것으로 어떠한 행정기관이나 단체 또는 개인의 간섭도 받지 않는다는 것이다. 그러나 인민법원의 재판권의 독립행사는 관련기관의 영도와 감독을 떠나 임의로 행사되는 것이 아니다. 헌법의 규정에 의하면, 최고인민법원은 전국인민대표대회 및 그 상무위원회에 책임을 지고, 지방 각급인민법원은 각각의 지방 국가권력기관에 대하여 책임을 진다.

민사소송법 제14조는, "인민검찰원은 민사재판활동에 대하여 법률감독을 실시할 권한이 있다"고 규정한다. 즉 인민법원의 민사재판활동은 인민검찰원의 감독을 받는다. 이 외에, 인민법원의 재판활동은 당의 영도 아래 이루어지며 반드시 당의 정치적, 조직적 또는 정책상의 감독과 지도에 복종하여야 한다.

2. 재판조직의 형식

⑴ 단 독 부

단독부는 1명의 판사가 사건을 단독으로 심리하는 재판조직을 말하며, 적용범위는 다음과 같다.

① 단독부는 간단한 민사사건의 심리 및 일반적인 비송사건에 적용된다.

② 단독부는 기층인민법원 및 그 파출의 법정에만 적용되고, 중급인민법원,

고급인민법원 및 최고인민법원에서는 단독부를 적용하여 사건을 심리할 수 없다.

③ 단독부는 1심 민사사건의 심리에만 적용된다.

④ 인민법원의 판사만이 단독으로 재판을 할 수 있고 인민배심원은 단독으로 사건을 심리할 수 없다.

⑵ 합 의 부

① 인민법원이 제 1 심 민사사건을 심리할 때 구성하는 합의부의 인원은 3인 이상의 단수로 하며, 합의부는 판사와 배심원으로 구성할 수 있고, 모두를 판사로 구성할 수 있다.

② 제 2 심 사건은 당사자가 하급인민법원의 판결이나 재정에 불복하여 상소한 사건을 심리하는 것이다. 인민법원이 상소사건을 심리할 경우의 합의부는 판사로만 구성되며, 배심원이 참가할 수 없다.

③ 환송된 재심사건은 반드시 합의부를 구성하여 심리하여야 하며, 제 1 심 절차에 의하여 별도의 합의부를 구성하여야 하며, 당초 참가한 판사와 배심원은 재심사건의 심리에 참가할 수 없다.

재판의 민주와 사건의 공정한 처리를 위하여 합의부는 소수의 다수에 대한 복종의 원칙을 실행하고, 사건의 판결이나 재정은 다수의견에 따라 결정한다.

⑶ 배 심 제

배심제는 재판기관이 법관 이외의 민중대표를 사건의 심판에 참여토록 하는 제도이다. 재판기관이 비전문의 법관을 재판에 참여시키는 배심제도는 다음과 같은 기능을 한다. 첫째, 사회가 재판권을 나누어 가질 수 있는 길을 열어 주며, 이로써 일반 군중이 사법을 충분히 감독할 수 있도록 한다. 둘째, 재판조직상 제약과 균형의 효과를 가져오게 한다. 셋째, 배심원은 일반군중을 대표하여 법률상의 명문규정을 고려할 뿐만 아니라 사회의 일반행위와 도덕기준을 고려함으로써 법조문의 흠을 보충할 수 있다.

⑷ 회피제도

회피제도는 재판인원의 사건심리에 대한 공정성을 확보하기 위하여 설정한 제도이다. 그 내용은 인민법원이 모종의 민사사건을 심리할 경우, 심리를 행하는 판사 또는 관련 인원이 사건과 법정 상황의 이해관계가 있는 경우 스스로 본 사건의 심리에서 물러나거나, 당사자 또는 그 대리인의 신청에 의하여 재판인원을 교체하는 것이다. 회피제도를 적용하는 조건으로서는, ① 재판인원 또는 재판에 참여한 서기원·통역인·감정인 등이 사건의 당사자이거나 당사자의 근친속인 경우, ② 재판인원 또는 기타 인원이 당해 사건과 이해관계가 있는 경우, ③ 당해 사건의 당사자와 기타 관계로 인하여 사건의 공정한 심리에 영향을 줄 가능성이 있는 경우 등이다.

Ⅲ. 민사소송의 관할

1. 관할의 개념

민사소송의 관할은 상·하급 인민법원 간 또는 동급 인민법원 간 제 1 심 민사사건의 수리 권한을 확정하는 제도이다. 이는 종적 및 횡적인 측면에서 인민법원 내부의 제 1 심 민사사건 수리에 관한 업무분담의 문제와 관계되는 것이다. 중국의 민사소송법은 관할제도의 확립에 있어서 다음과 같은 원칙을 고려하였다. 첫째, 당사자의 소송진행을 편리하도록 하였다. 둘째, 인민법원의 재판권행사를 편리하도록 하였다. 셋째, 각급 인민법원의 직능과 업무부담의 균형을 고려하였다. 넷째, 관할의 명확성과 융통성을 서로 결합하였다.

2. 심급관할

심급관할은 상·하급 인민법원간 제 1 심 민사사건의 수리에 대한 분담과 권한을 정한 것이다. 이는 인민법원 내부의 종적인 업무분담이다. 중국은 4급의 법원이 있고 이들 각급 법원의 임무는 일치하지 않으며, 1심사건의 관할범위 역시 서로 차이가 있다. 민사소송법이 심급관할을 정하는 근거는 사건의 성질, 사건의 복잡성 정도와 사건의 영향력 등이다. 소송실무에서는 사건의 성질 및 소송목적물의 금액에 의하고 있다. 각급인민법원의 제 1 심 민사사건의 범위는 다음과 같다.

기층인민법원은 현급, 시급의 인민법원이다. 최고인민법원, 고급인민법원과 중급인민법원이 관할하는 제 1 심 민사사건 이외의 제 1 심 민사사건은 모두 기층인민법원이 관할한다.

중급인민법원은 시, 지구급의 인민법원이다. 중급인민법원은 중대한 섭외사건, 본 관할구역 내에 중대한 영향을 미치는 사건, 최고인민법원이 중급인민법원이 관할토록 확정한 사건(해사, 특허 및 홍콩·마카오·대만 관련사건) 등을 관할한다.

고급인민법원은 성, 자치구, 직할시급의 인민법원이다. 고급인민법원은 본 관할구역 내에 중대한 영향을 미치는 제 1 심 민사사건을 관할한다.

최고인민법원이 관할하는 제 1 심 민사사건은 전국적인 영향을 미치는 중대 사건과 최고인민법원이 심리함이 적당하다고 판단되는 사건이다.

3. 지역관할

지역관할은 동급 법원간에 제 1 심 민사사건의 분담과 권한을 확정하는 것이다. 지역관할이 해결하는 것은 제 1 심 민사사건을 수리하는 범위의 문제로, 인민법원과 계통내부의 횡방향의 업무분담이다. 일반지역관할, 특수지역관할과 전속관할로 구분된다.

(1) 일반지역관할

일반지역관할은 당사자의 주소지와 인민법원의 관할구역에 근거하여 확정한 관할이다. 일반지역관할은 피고주소지의 법원을 관할법원으로 함을 원칙으로 하고, 원고주소지 법원의 관할을 예외로 한다. 민사소송법 제22조는, 공민에 대하여 제기하는 민사소송은 피고주소지 인민법원의 관할로 한다고 규정하고, 피고주소지와 일상 거주지가 다른 경우 일상 거주지 인민법원이 관할한다고 규정한다. 법인에 대하여 제기하는 민사소송은 피고주소지 인민법원의 관할로 규정한다. 이는 민사소송이 피고주소지 인민법원을 관할로 하는, 일반지역관할을 원칙으로 확정한 것이다.

원고주소지 인민법원의 관할은 일반지역관할의 예외이며, 민사소송법 제23조가 규정한 바와 같이, 다음의 경우에는 원고 주소지 인민법원이 관할한다. 즉 첫째, 중화인민공화국 국내에 거주하지 않는 사람에 대하여 제기하는 신분관계의 소송. 둘째, 생사불명 또는 실종선고된 사람에 대하여 제기하는 신분관계의 소송. 셋째, 노동교양을 받는 사람에 대하여 제기하는 소송. 넷째, 감금된 사람에 대하여 제기하는 소송 등이다.

(2) 특수지역관할

특수지역관할은 특별관할이라고도 하며, 이는 소송목적물의 소재지 또는 민사법률사실의 발생지를 기준으로 한 것이다. 특수지역관할이 적용되는 소송은 다음과 같다.

① 계약의 분쟁으로 인하여 제기하는 소송은 피고주소지 또는 계약이행지의

인민법원이 관할한다.

② 보험계약의 분쟁으로 제기하는 소송은 피고주소지 또는 보험목적물소재지의 인민법원이 관할한다.

③ 수표·어음으로 인하여 제기하는 소송은 지급지 또는 피고소재지 인민법원이 관할한다.

④ 철도, 도로, 수로, 항공운수와 통운계약으로 제기하는 소송은 하물 발송지, 목적지 또는 피고주소지 인민법원이 관할한다.

⑤ 권리침해행위로 제기하는 소송은 침해행위지 또는 피고주소지 인민법원이 관할한다.

⑥ 철도, 도로, 수로, 항공사고로 인하여 손해배상청구를 제기하는 소송은 사고발생지, 차량 선박의 최우선 도착지, 항공기의 최우선 착륙지 또는 피고주소지 인민법원이 관할한다.

⑦ 선박의 충돌 또는 기타 해난사고로 인하여 손해배상의 청구를 제기하는 소송은 충돌발생지, 충돌선박의 최초 기항지, 가해선박의 억류지 또는 피고주소지 인민법원이 관할한다.

⑧ 해난구조비용으로 인하여 제기하는 소송은 구조지 또는 피구조선박의 최초기항지 인민법원이 관할한다.

⑨ 공동해손으로 인하여 제기하는 소송은 선박의 최초기항지, 공동해손 정산지 또는 항해종료지의 인민법원이 관할한다.

⑶ 전속관할

전속관할은 법률규정이 특정한 민사사건에 대하여 특정한 인민법원이 관할토록 규정한 것이다. 민사소송법의 규정에 의하면, 다음의 사건은 전속관할에 속한다.

① 부동산의 분쟁으로 인하여 제기하는 소송은 부동산소재지 인민법원이 관할한다.

② 항만작업중에 발생한 분쟁으로 제기하는 소송은 항만소재지 인민법원이 관할한다.

③ 유산 상속의 분쟁으로 제기하는 소송은 피상속인 사망 당시의 소재지 또는 중요 유산소재지의 인민법원이 관할한다.

(4) 협의관할

협의관할은 합의관할이라고도 하며, 당사자 쌍방이 분쟁의 발생 전 또는 발생 후 서면의 형식으로 관할법원을 약정하는 것이다. 민사사건의 협의관할은 다음의 조건에 부합하여야 한다.

① 당사자는 계약분쟁사건에 한하여 관할협의를 할 수 있다.

② 협의관할은 제 1 심의 지역관할에 대하여 변경을 협의할 수 있고, 급별관할이나 전속관할의 변경을 협의할 수 없다.

③ 반드시 법률규정의 범위 내에서 관할법원을 선택하여야 한다.

④ 관할의 협의는 반드시 서면의 형식으로 한다.

4. 지정관할

(1) 지정관할

지정관할은 상급인민법원이 결정의 형식으로 하급인민법원으로 하여금 민사사건을 관할하도록 지정하는 것이다. 지정관할은 법정관할에 대한 보충이다. 민사소송법 제37조는, 관할권이 있는 인민법원이 특수한 사정으로 관할권을 행사할 수 없는 경우 상급법원이 관할권을 지정한다고 규정하고 있다. 또한 인민법원간 관할권으로 인하여 쟁의가 발생한 경우 쟁의 쌍방의 협의로 해결하고, 해결이 되지 않는 경우 그들의 공동 상급인민법원에 관할의 지정을 요청하도록 규정하고 있다.

(2) 관할권의 이전

관할권의 이전은 상·하급인민법원 사이에, 이미 수리한 민사사건의 관할권을 서로 이전하는 것으로 이는 급별 관할의 변형이다. 관할권의 이전은 사건의 이송과는 다른 개념이다. 관할권의 이전은 수소법원이 관할권을 갖는 것을 전제로 하지만 사건의 이송은 수소법원이 관할권을 갖지 않음을 전제로 하고, 관할권의 이전은 상·하급인민법원간에 한하여 발생하지만, 사건의 이전은 주로 동급인민법원에서 발생하고 때로는 상·하급인민법원에서 발생하기도 한다.

민사소송법 제39조는, 상급법원은 하급법원이 관할하는 제 1 심 민사사건을 관할할 권한이 있고, 또한 본원 관할의 제 1 심 민사사건을 하급인민법원으로 하여금 심리하게 할 수 있다고 규정하고, 또한 하급법원은 그가 관할하는 제 1 심 민사사건이 상급법원이 심리가 필요하다고 인정하는 경우에 상급법원에 심리를 요청할 수 있다고 규정하고 있다.

Ⅳ. 민사소송의 당사자

1. 당사자의 개념

민사소송의 당사자는 타인과 민사분쟁이 발생하여 자기의 명의로 소송에 참가하고, 재판의 결과에 구속을 받는 이해관계인을 말한다. 소송주체로서의 당사자는 다음과 같은 특징이 있다. 첫째, 본질적인 특징은 사건과 직접적인 이해관계가 있다는 것이다. 즉 소송중의 당사자는 반드시 다툼이 있는 권리의무관계와 직접적인 이해관계가 있는 자이다. 둘째, 형식상의 특징은 자기의 명의로 소송에 참가한다는 것이다. 셋째, 인민법원의 재판에 구속을 받는다는 것이다.

당사자는 각각의 절차에서 각기 다르게 불려진다. 소송절차상 당사자는 제1심에서 원고와 피고로 불리고, 제2심에서는 상소인과 피상소인으로 불린다. 특별절차에서의 당사자는 신청인이라 불리며, 집행절차에서의 당사자는 집행신청인과 피집행신청인으로 불려진다.

2. 당사자의 권리능력과 행위능력

(1) 권리능력

당사자의 소송권리능력은 당사자로서 소송을 진행할 수 있는 자격을 말하고, 즉 자기의 명의로 소송에 참가하고 소송상의 권리를 향유하며 의무를 부담할 수 있는 자격을 말한다. 그러므로 당사자능력이라고도 한다. 당사자능력을 가진다는 것은 자기의 민사권익이 침해되거나 타인과 분쟁이 발생한 경우, 소송을 제기함으로써 원고가 되고, 응소를 함으로써 피고가 된다.

공민의 소송권리능력은 출생으로부터 시작되고 사망으로 종료된다. 법인의 소송권리능력은 그 성립시에 시작되고 파산, 합병, 해산 등 법인의 소멸시 종료된다.

(2) 행위능력

당사자의 소송행위능력은 당사자가 직접 소송을 수행할 능력을 말한다. 즉 직접 자기의 행위로 소송권리를 행사하거나 소송의무를 이행할 능력을 말하며, 소송능력이라 부른다. 소송능력이 없으면 직접 소송행위를 할 수 없고 법정대리인을 통하여 소송을 수행한다. 소송행위능력은 대체로 성년에 달한 경우와 정신적 질병이 없는 조건을 필요로 한다. 법인의 경우에는 소송권리능력과 소송행위능력은 일치하며, 법정대표자 또는 중요 책임자가 소송을 수행한다.

소송권리능력을 갖추어야 비로소 소송행위능력이 있으며, 소송행위능력이 있어야 스스로 소송을 수행할 수 있다. 소송권리능력은 있으나 소송행위능력이 없는 자도 당사자가 될 수 있으나 반드시 법정대리인이 소송을 대리하여야 한다.

3. 당사자의 소송권리와 소송의무

(1) 소송권리

당사자는 제소권·응소권, 소송청구의 변경 또는 승인권, 조정의 청구와 접수권, 화해권, 상소권, 집행청구권, 제소 및 상소의 철회권 등의 권리를 가지며, 이러한 권리의 특징은 당사자의 실체권익의 존재상태와 직접 관계가 있고, 이들 권리는 당사자가 사법적 보호를 청구하는 정도나 범위를 반영한다. 또한 당사자는 회피신청권, 증거제공권, 변론권, 소송기록열람권 등의 권리를 가지며, 이들 권리의 공통된 특징은 당사자의 실체권익과 직접 연결되는 것은 아니지만 결국 최종의 목적은 실체이익의 보호에 있다는 것이다.

(2) 소송의무

당사자의 주요한 소송의무로는 다음과 같다. 첫째, 소송권리는 법에 의하여 정확하게 행사하여야 하고 남용하지 못한다. 둘째, 법정의 기율과 법정의 지휘에 복종하며, 상대방 당사자와 기타 소송참가자의 소송권리를 존중하여야 한다. 셋째, 법률효력 발생의 판결, 재정, 조정서상의 자신의 의무를 성실히 이행하여야 한다.

4. 당사자의 변경

당사자의 변경은 소송과정에서 당사자 자격이 없는 자를 정당한 당사자의 자격이 있는 자로 변경하는 것을 말한다. 당사자의 변경은 원고의 변경과 피고의 변경으로 구분된다. 법원은 원고가 정당한 자격이 없다고 인정되는 경우 소송에서 배제를 명령하고 정당한 원고가 소송에 참가토록 한다. 피고가 정당한 자격이 없다고 인정되는 경우에는 원고에 대하여 피고의 변경을 통지하고 원고가 이를 거절할 경우 소를 기각한다.

V. 공동소송인과 제 3 자

1. 공동소송인

공동소송인이란 원고나 피고 또는 원고와 피고가 모두 2명 이상으로 된 당사자를 말한다. 원고가 2명 이상인 것은 공동원고라 하고 피고가 2명 이상인 것을 공동피고라 한다.

중국민사소송법 제53조는 당사자의 일방 또는 쌍방이 2명 이상인 것, 소송목적물이 동일한 경우 또는 소송목적물이 동일한 종류인 경우에 있어서, 인민법원이 병합심리가 가능하다고 인정하여 당사자의 동의를 거친 경우는 공동소송으로 한다고 규정한다. 공동소송은 소송주체의 병합이며, 소송절차를 간소화하는데 의의가 있고, 공동소송에는 필요적 공동소송과 일반적 공동소송이 있다. 필요적 공동소송은 소송목적물이 동일한 경우이며, 일반적 공동소송은 소송목적물이 동일유형의 경우이다.

민사소송에서 인민법원은 공동소송인을 추가할 권한이 있다. 그러나 추가한 후에는 다른 당사자에게 통지하여야 한다.

공동소송에 있어서, 소송목적물에 공동의 권리와 의무를 가지는 공동소송의 당사자가 다른 공동소송인의 승인을 얻어 소송행위를 한 경우에는 다른 공동소송인에 대하여도 법적 효력이 발생한다. 소송목적물에 대하여 공동의 권리와 의무가 없는 사람의 소송행위는 다른 공동소송인에 대하여 법적 효력이 발생하지 않는다.

2. 소송대표자

소송대표자란 다수 당사자의 일방에서 추천되거나 인민법원의 지정에 의하여 다른 당사자를 위하여 소송을 수행하는 당사자를 말한다. 소송대표자는 집단소송에 존재한다. 중국민사소송법이 규정한 집단소송은 다음의 두 가지 경우를 가리킨다. 첫째, 기소할 당시 당사자 일방의 인원수가 이미 확정되었고 인원이 10명을 초과한 집단소송, 둘째 기소할 당시 당사자 일방의 인원수가 확정되지 않았으나 인원수가 많고 기소 당시에 이미 10명을 초과한 집단소송이다. 최고인민법원의 사법해석에 근거하면 당사자가 추천되거나 법원에 의하여 지정된 소송대표자는 2명 내지 5명이다. 각 소송대표자는 1명 내지 2명의 소송대리인에게 위임할 수 있다.

소송대표자의 소송행위는 그가 대표한 당사자에 대하여 효력이 발생한다. 그러나 대표자가 소송청구를 변경·포기하거나 상대방 당사자의 소송청구를 승인하고 화해를 할 경우에는 반드시 당사자의 동의를 얻어야 한다.

3. 제 3 자

제 3 자란 원고 또는 피고가 다투고 있는 소송목적물에 대하여 독립적인 청구권이 있거나 또는 독립적인 청구권은 없으나 소송결과에 대하여 법률상의 이해관계를 가짐으로써 이미 진행되고 있는 소송에 참가하는 공민, 법인 또는 기타 조직을 말한다. 중국민사소송법 제56조의 규정에 의하면 제 3 자는 독립청구권이 있는 제 3 자와 독립청구권이 없는 제 3 자로 구분된다.

독립청구권이 있는 제 3 자는 인민법원에 소송청구와 이유를 제시하고 당사자로 될 권리가 있으며 그 소송상의 지위는 원고와 동일하다. 독립청구권이 없는 제 3 자는 독립적으로 소송을 청구할 수 없으며, 제 1 심에서 사건의 관할권에 대하여 이의를 제기할 권리가 없으며, 소송청구를 포기·변경하거나 취소를 신청할 권리가 없다. 그러나 제 1 심 법원의 판결을 거쳐 민사책임을 부담한 독립청구권 없는 제 3 자는 상소를 제기할 권리가 있으며 제 2 심 절차의 당사자가 되어 기타 상소인과 동일한 소송권리를 갖는다.

VI. 소송대리인

1. 소송대리인의 개념과 특징

소송대리인은 대리권에 의하여 당사자의 명의로 소송행위를 하며, 당사자의 이익을 위하여 소송에 참가하는 소송참가자이다. 소송대리인이 당사자를 대리하여 소송활동을 행하는 권한을 소송대리권이라 한다. 소송대리인은 다음과 같은 특징이 있다. 첫째, 소송대리인은 반드시 소송행위능력이 있어야 한다. 둘째, 소송대리인은 반드시 대리권의 범위 내에서 소송활동을 행한다. 셋째, 소송대리인은 반드시 피대리인의 명의로 소송활동을 진행한다. 넷째, 소송대리의 효과는 피대리인에게 직접 귀속된다. 다섯째, 소송대리인은 동일 사건에서 일방 당사자만을 위하여 소송을 대리할 수 있다. 여섯째, 소송대리인은 상대적으로 독립된 소송참가자이다.

소송대리인의 종류에 대하여는 학자들의 견해가 일치되고 있지는 않지만 대체로 법정소송대리인, 지정소송대리인 및 위탁소송대리인으로 구분된다.

2. 법정소송대리인

⑴ 법정소송대리인의 개념과 특징

법정소송대리인은 법률규정에 근거하여 소송행위능력이 없는 당사자를 위하여 민사소송활동을 하는 자이다. 법률이 법정소송대리인에게 부여한 권한을 법정소송대리권이라 한다. 법정소송대리인은 다음과 같은 특징이 있다. 첫째, 법정소송대리인의 대리권은 법률의 규정에 의하여 발생한다. 둘째, 법정소송대리인이 대리하는 대상은 소송행위 무능력자에 한한다. 셋째, 법정소송대리인의 범위는 당사자에 대하여 친권과 감호권을 가진 자에 한한다. 넷째, 법정소송대리인의 대리권은 일종의 권리이자 의무이다.

법정소송대리제도와 민법상의 법정대리제도는 모두 법률이 행위능력상 흠결이 있는 자를 위하여 설립한 구제제도로서, 양자의 대리의 대상과 대리인의 범위는 일치하며, 대리권 발생과 소멸의 원인 역시 근본적으로 동일하다.

⑵ 법정소송대리인의 지위

민사소송에서 법정소송대리인은 당사자와 유사한 소송지위에 선다. 당사자의 모든 소송행위는 법정대리인에 의하여 행하여진다. 그러나 비록 법정소송대리인과 당사자의 지위가 거의 일치한다 하여도 법정소송대리인은 당사자가 아니다. 법정소송대리인은 실체권리의 향유자가 아니며 또한 실체의무의 부담자도 아니다. 또한 직접 자기의 명의로 소송을 진행할 수 없으며, 소송의 법률효과 역시 법정소송대리인이 부담하는 것이 아니며, 그 법률효과는 당사자에게 귀속된다.

3. 지정소송대리인

⑴ 지정소송대리인의 개념

지정소송대리인은 소송행위능력이 없는 당사자가 법정대리인이 없거나 법정대리인이 대리권을 행사할 수 없는 경우 법원이 직권으로 당사자를 위하여 지정하는 소송대리인이다. 법원의 이러한 지정으로 발생된 대리권을 지정소송대리권이라 한다. 지정소송대리는 친권 또는 감호권으로 인하여 발생되는 것이 아니며 또한 당사자의 위탁으로 발생되는 것도 아니다. 이는 수소법원이 특별한 상황하에서 지정을 함으로써 발생되는 것이므로 소송상의 특별대리인이라고도 한다.

(2) 지정소송대리인의 지위

법정소송대리인과 마찬가지로 지정소송대리인이 대리하는 당사자는 소송행위 무능력자이며, 따라서 소송과정의 모든 소송행위는 사실상 지정소송대리인에 의하여 진행된다. 지정소송대리인은 당사자의 소송권리를 행사하고 상응하는 소송의무를 부담한다. 피대리인의 이익을 보호한다는 전제하에서 소송권리의 처분을 대신할 수 있으며 실체권리의 처분을 대신할 수 있다.

그러나 지정소송대리인은 피대리인과 감호관계가 존재하는 것은 아니며, 단지 법원의 지정에 의하여 소송대리인이 되는 것이다. 법원은 당사자의 이익의 보호를 위하여, 지정소송대리인이 당사자의 실체권리를 처분하는 행위에 대하여 필요한 심사와 감독을 하며, 모종의 처분행위가 적법 유효한지 여부를 최종 확정한다. 그러므로 지정소송대리인의 소송지위는 법정소송대리인과 구별되며, 지정소송대리인은 자신의 독자적인 소송지위를 가지며 상대적으로 독립된 소송대리인이다.

4. 위탁소송대리인

(1) 위탁소송대리인의 개념과 특징

위탁소송대리인은 당사자, 법정대리인, 소송대표인 또는 법정대표인의 권한을 위탁받아 소송활동을 대신하는 사람이다. 위탁소송대리권의 발생은 모두 위탁자의 의지에 의하여 결정되며, 위탁소송대리는 민사소송에서 가장 보편적인 소송대리의 방식이다. 위탁소송대리인은 다음과 같은 특징을 갖는다. 첫째, 위탁소송대리권의 발생은 위탁자의 대리권 수여에 의한다. 둘째, 소송대리의 사항과 대리권한은 일반적으로 위탁자가 스스로 결정한다. 셋째, 위탁자와 수탁자 모두 소송행위능력을 갖는다.

민사소송법 제58조의 규정에 의하면 변호사, 당사자의 근·친속, 관련 사회단체 또는 당사자 소재의 사업장이 추천하는 사람, 법원의 허가를 얻은 기타 공민이 위탁소송대리인이 될 수 있다.

⑵ 위탁소송대리인의 지위

민사소송에서 위탁소송대리인의 소송활동은 대리권의 범위 내에서, 피대리인의 명의로, 피대리인의 요구에 따라, 민사권리·의무관계를 중심으로 이루어진다. 그 소송활동의 근본적인 목적은 위탁자의 합법권익을 최대한 보호하는 것이다. 위탁소송대리인이 소송 중에 향유하는 권리와 일정한 의무의 부담은 피대리인의 권리와 의무에서 파생하는 것이며, 위탁소송대리인이 수권의 범위 내에서 소송을 진행할 경우에 비로소 피대리인이 소송을 진행하는 것과 동일한 법률효력이 발생하는 것이며, 그 행위의 법률효과 역시 피대리인에게 직접 귀속되는 것이다. 민사소송에서 위탁자와 소송대리인의 사건에 대한 진술의 내용이 불일치한 경우 법원은 위탁자의 진술을 기준으로 한다. 피대리인은 법원에 대하여 소송대리인이 법정에서 행한 진술의 변경이나 취소를 요구할 수 있다. 또한 피대리인은 소송대리인의 대리권한을 변경할 수 있고 수시로 위탁계약을 해제할 수 있다.

Ⅶ. 민사소송 증거제도

1. 민사소송증거의 개념과 특징

민사소송증거는 민사사건의 사실관계를 충분히 증명할 수 있는 각종의 객관사실을 말한다. 현실적으로 민사소송의 증거에 대하여는 두 가지 개념으로 이해되고 있다. 하나는 당사자가 법원에 제공하였거나 또는 법원의 조사에 의하여 수집된 것으로서 인증을 거치지 않은 서증, 물증 및 시청각 자료 등을 말하며, 다른 하나는 법원의 판결 중에 인증된 서증이나 물증 등을 말한다. 전자는 엄격한 의미에서 증거자료이며, 후자는 민사소송증거에 해당한다고 할 수 있다.

민사소송증거의 특징은 객관성과 관련성 및 합법성이다. 민사소송증거의 객관성은 증거가 반드시 객관적으로 존재하는 자료여야 한다는 것이다. 소송증거의 관련성은 증거는 반드시 증명대상물과 객관적인 관련성이 있어야 하며, 증명대상의 일부분 또는 전부를 증명할 수 있어야 한다는 것이다. 소송증거의 합법성은 증거형식이나 증명방법이 반드시 법률의 규정에 부합하여야 하고, 증거의 조사나 수집 등이 법정절차에 부합하여야 한다는 것을 의미한다.

2. 증명책임

⑴ 증명책임의 개념

증명책임의 개념에 대하여는 세 가지 주장이 있다. 즉 행위책임설, 이중설, 위험부담설이다. 행위책임설에 따르면 증명책임은 당사자가 증거를 제공할 책임으로 이해하며, 이중설에 의하면 증명책임은 두 가지 의미를 내포하는 즉, 행위 의의상의 증명책임과 결과 의의상의 증명책임을 내포한다고 이해한다. 위험부담설은 결과책임설이라 하며 사건의 진위가 불명확할 경우 일방당사자가 지게 되는 패소위험의 부담으로 이해한다.

⑵ 증명책임의 분배

증명책임의 분배는 일정한 기준에 의하여 각각의 법률요건사실의 증명책임을 쌍방 당사자 사이에 분배하는 것을 말한다. 일반적으로 원고는 소송을 제기한 일방으로서 마땅히 증명책임을 부담하지만 원고가 모든 패소위험의 책임을 부담한다면 매우 불공평하게 되고, 특히 증거가 피고의 수중에서 통제되고 원고가 증거를 확보할 수 없는 상태에서는 원고로 하여금 과중한 부담을 지게 하는 것이 된다. 이러한 불공평한 상태와 일정한 경우의 원고의 부담을 해소하는 의미에서 증명책임의 분배는 의의가 있는 것이다.

⑶ 증명책임의 분배원칙

중국 민사소송법 및 관련 사법해석의 규정에 의하면 증명책임의 분배원칙은 다음과 같다. 첫째, 주장하는 자가 증명책임을 부담하는 원칙이다. 본소의 원고, 응소의 피고 및 소송참가를 신청하는 제 3 자는 자기의 주장에 대하여 증명책임이 있다. 본소의 피고, 응소의 원고 및 제 3 자는 상대방 당사자가 제출한 청구 및 그 사실근거의 반론에 대한 증명책임이 있다. 둘째, 증명책임 면제의 원칙이다. 증명책임의 면제는, 민사소송의 당사자가 주장을 하고, 인민법원이 민사소송 당사자의 주장이 증거의 제출을 필요로 하지 않는 것으로 인정하여 그 증명책임을 면제하는 것을 말한다. 사건의 심리과정에서 상대방 당사자가 승인한 경우, 사회 일반인이 모두 알고 있는 사실 등에 대하여는 당사자의 증명책임을 면제할 수 있다. 셋째, 증명책임전환의 원칙이다. 일반적인 상황에서 당사자는 자기가 제출한 주장에 대하여 증명책임을 부담한다. 그러나 특수한 권리침해의 소송에 있어서, 원고가 제출한 침권의 사실에 대하여 피고가 부인하면 피고가 증명책임을 지게 되는데 이를 증명책임의 전환이라 한다. 주로 다음과 같은 경우가 있다. ① 제품의 제조방법, 발명특허로 인한 특허침해소송, ② 고도의 위험작업으로 인하여 사람에게 손해를 입힌 침해소송, ③ 환경오염으로 인한 손해배상소송, ④ 건축물 또는 기타 시설물로 인하여 사람에 손해를 입힌 침해소송, ⑤ 동물의 사육으로 인하여 사람에 손해를 입힌 침해소송, ⑥ 관련 법률의 규정이 피고가 증명책임을 부담토록 규정한 것 등이다.

Ⅷ. 법원조정제도

1. 법원조정제도의 개념과 특징

법원조정제도는 인민법원 재판부의 주재 아래 쌍방 당사자가 민사권익의 쟁의에 대하여 평등하게 협상하여 합의에 도달함으로써 분쟁을 해결하는 소송활동이다. 법원의 조정은 중국 민사소송법상의 기본원칙이며 사법실무에서도 광범위하게 적용되고 있다. 일반적으로 민사권리의무의 분쟁으로 일어나는 민사사건은, 조정의 가능성이 없거나 조정을 할 조건이 구비되지 못한 것을 제외하고, 조정의 방식을 통하여 해결할 수 있다.

법원조정제도의 특징은 다음과 같다. 첫째, 법원조정은 소송 내의 조정이며, 인민법원의 재판조직이 주재하고 법정의 절차에 의하여 진행하며, 조정을 통하여 달성된 협의는 법적인 효력을 가진다. 둘째, 법원조정은 사법자치의 정신과 민사소송의 처분원칙을 구체화한 것이며, 민사재판 전 과정을 통하여 이루어진다. 셋째, 법원조정은 인민법원이 사건을 종결하는 한 방식이다. 재판방식과 조정방식은 인민법원이 민사분쟁을 해결하는 기본형식이다.

법원조정과 소송상의 화해는 다음과 같이 구분된다. 우선 법원조정은 법원의 주재하에서 진행되고, 법원이 재판권을 행사하는 일종의 방식이며, 법원의 재판권 행사와 당사자의 처분권 행사의 결합이다. 그러나 소송상의 화해는 쌍방 당사자가 주도적으로 협상하는 것이고, 화해의 협의는 재판조직의 참여가 없는 상황하에서 달성되는 것이다. 다음으로 법원조정은 인민법원의 사건종결 방식이며 법원조정이 달성한 조정협의는 판결과 동등한 효력을 갖는다. 그러나 소송상의 화해는 인민법원의 사건종결의 방식이 될 수 없고, 통상 원고의 소송철회를 통하여 사건이 종결되는 동시에 소송상의 화해협의는 당사인의 이행에 의지할 뿐 강제집행의 효력을 갖지 못한다.

2. 법원조정의 원칙

(1) 자원원칙

자원원칙은 당사자의 의지가 법률조정과정에서 주도적인 역할을 하고, 법원조정활동과 조정협의의 달성은 모두 쌍방당사자의 희망을 전제로 이루어진다는 것이다. 자원원칙은 다음과 같은 내용을 포함한다. 첫째, 절차상의 자원 즉 법원조정을 채택하여 민사분쟁을 해결할 것인가 하는 것은 완전히 당사자의 희망에 의하여 결정된다는 것이다. 둘째, 실체상의 자원 즉 쌍방당사자가 조정협의를 달성할 수 있는지 하는 여부가 완전히 당사자의 희망에 의하여 결정된다는 것이다.

(2) 사실을 조사하여 밝히고, 시비를 분명히 하는 원칙

사실에 의거하고 법률을 기준으로 하는 것은 인민법원의 재판에 있어서 반드시 지켜야 할 원칙일 뿐만 아니라 법원조정에서도 반드시 지켜야 할 원칙이다. 사건의 사실을 조사하여 밝히고 당사자 사이의 책임 시비를 분명히 하는 것은 조정을 실시하는 기초가 된다.

(3) 합법원칙

합법원칙은 인민법원의 재판조직이 진행하는 당사자간의 민사분쟁에 대한 조정은 실체적으로나 절차적으로 법률의 규정에 부합하여야 한다는 것이다. 절차상의 합법성은 법원의 조정활동이 법정의 절차에 따라 진행되어야 하며, 법원조정의 재판조직, 조정의 방식, 단계, 조정협의의 달성과 조정서의 작성은 모두 민사소송법의 규정에 부합하여야 한다는 것이다. 실체상의 합법성은 당사자 쌍방이 달성하는 조정협의의 내용이 법률의 금지성규정과 공서양속을 위반할 수 없다는 것을 말한다.

3. 조정협의의 효력

효력 발생의 조정협의는 기판력 있는 판결과 동등한 법률효력이 있다. 조정협의의 법률효력은 다음과 같이 표현된다.

(1) 실체법상의 효력

조정협의가 효력을 발생한 후 당사자 쌍방 간에 다툼이 있는 민사권리의무관계는 조정협의의 내용에 따라 확정되고, 이리하여 당사자는 더 이상 다툴 수 없게 된다.

⑵ 소송법상의 효력

조정협의는 소송상 세 가지 효력이 발생한다. 첫째, 소송절차의 종결이다. 조정은 인민법원이 사건을 종결하는 한 방식이다. 둘째, 당사자는 상소 또는 재기소 할 수 없고 재심을 제기하는 것은 엄격한 제한을 받는다. 셋째, 강제집행의 효력이 있다. 효력 있는 조정협의는 기판력 있는 판결과 마찬가지로 당사자는 이를 이행하여야 한다. 일방 당사자가 이행을 거절하면 상대방 당사자는 법원에 강제집행을 신청할 수 있다.

Ⅸ. 기간과 송달

1. 기　　간

⑴ 기간의 개념과 의의

민사소송에서 기간은 당사자와 소송참가자 각자가 소송행위를 행하고 완성하는데 있어 준수해야 할 기간을 말한다. 기간은 민사소송법이 시간적인 측면에서 규정한 일종의 소송보장제도이다. 민사소송에서 법원의 재판행위이든 당사자와 기타 소송참가자의 소송행위이든 모두 일정한 시간적 요구를 준수하여야 하며, 그렇지 않을 경우에는 상응하는 법적 효력이 발생하지 않는다. 민사소송에서 기간 외에 기일이 있다. 기일은 당사자 및 기타 소송참가자와 법원이 함께 소송행위를 진행하는 시간이다. 기간과 기일은 서로 다른 개념이다.

민사소송에서 기간은 다음과 같은 의의가 있다. 첫째, 소송법률관계의 주체가 일정한 시간 내에 소송행위를 완성하도록 하고 민사분쟁을 신속히 해결하도록 하는 데 의의가 있다. 둘째, 당사자와 기타 소송참가자의 합법권익을 보호하는 데 의의가 있다. 셋째, 소송활동의 엄숙성과 법률의 권위를 보호하는 데 의의가 있다.

⑵ 기간의 종류

법정기간은 법률이 명문으로 규정한 소송기간이다. 민사소송법에 규정한 입안기간, 관할권 이의기간, 상소기간, 재심신청의 기간, 집행신청의 기간 등이 모두 법정기간에 속한다. 지정기간은 법원이 사건의 구체적 상황에 따라 직권으로 지정한 기간이다. 법원이 당사자에 대하여 기소장의 보정을 지정하는 기간, 피집행인에게 판결이 확정한 의무를 이행하도록 지정한 기간 등이 여기에 속한다.

기간을 임의로 변경할 수 있는가의 여부에 따라 불변기간과 가변기간으로 구분한다. 불변기간은 법률의 규정에 의하여 누구도 변경할 수 없는 기간을 말한다. 상소기간, 재심신청의 기간 등이 여기에 해당된다. 가변기간은 법률의 규정이나 법원의 지정에 의한 기간이 상황의 변화로 인하여 규정된 기간이나 지정된 기간 내에 모종의 소송행위를 완성하기 어려운 경우, 법원이 당사자의 신청이나 직권에 의하여 당초에 정한 기간을 변경할 수 있는 것을 말한다. 일반적으로 지정기간은 가변기간에 속하고, 법정기간은 대부분 불변기간에 속한다.

(3) 기간의 계산

민사소송법이 규정한 기간은 시, 일, 월, 년을 계산단위로 한다. 기간 개시의 시와 일은 기간의 계산에서 산입하지 않는다. 기간의 만료일이 공휴일인 경우 공휴일의 다음날을 기간의 만기일로 한다. 기간은 우송 도중의 시간을 포함하지 않고, 소송문서를 만기 전에 우체국에서 발송한 경우에는 기간을 넘긴 것으로 보지 않는다.

2. 송 달

(1) 송달의 개념과 의의

민사소송에서의 송달은 법원이 법정의 절차와 방식에 의하여 소송문서를 당사자 또는 기타 소송참가자에게 송부하는 행위이다. 송달은 일종의 강제성을 가진 소송행위로서 다음과 같은 특징이 있다. 첫째, 송달은 법원이 당사자 및 기타 소송참가자에게 행하는 소송행위이다. 둘째, 송달은 법원이 소송과정에서 실시하는 행위이다. 셋째, 송달의 내용은 각종 소송문서이다. 넷째, 송달은 법정의 절차와 방식에 의하여 이루어진다.

(2) 송달의 방식

① 직접송달은 법원이 직접 전문 인원을 이용하여 소송문서를 송달받을 자에게 전달하는 방식이다. 직접송달은 민사소송의 기본적인 송달원칙이며, 직접송달이 가능한 것은 모두 직접송달의 방법을 취하여야 한다.

② 유치송달은 송달을 받을 자 또는 그 동거의 성년 가족이 소송문서의 접수를 거절한 경우, 송달인이 법에 의하여 소송문서를 송달받을 자의 주소지에 유치시킴으로써 송달된 것으로 보는 송달방식이다. 유치송달과 직접송달은 동등

한 법률효력을 가진다.

③ 위탁송달은 법원이 직접 소송문서를 송달하기 곤란한 경우 송달받을 자의 소재지 법원에 위탁하여 소송문서를 송달하는 방식으로서, 직접송달과 동일한 효력이 있다.

④ 우편송달은 법원이 우편등기의 방식을 통하여 소송문서를 전달하는 방식이다. 우편송달은 직접송달이 어려운 경우에 채택되는 방식이다.

⑤ 사업장송달은 법원이 소송문서를 송달받을 자의 사업장에 송달하고, 당해 사업장이 송달받을 자에게 전달하는 송달방식이다. 사업장송달은 송달받을 자의 신분이 비교적 특수하여 직접송달의 방식을 채택하기 어려운 경우에 적용하는 송달방식이다.

⑥ 공시송달은 법원이 공고를 붙이거나 신문공고 등을 통하여, 송달이 필요한 소송문서를 공시하여 법정기간의 경과 후 송달된 것으로 보는 것이다. 공시송달은 송달받을 자의 소재불명 또는 기타 송달의 방식으로 송달할 방법이 없는 상황에서 소송절차의 원만한 진행을 위하여 채택하는 송달방식이다. 민사소송법의 규정에 의하면 공시송달은 공고일로부터 60일이 경과하면 송달된 것으로 본다.

⑶ 송달의 효력

송달의 절차상의 효력은 소송문서의 송달 후 발생되는 소송절차상의 법률효과이다. 법원의 소장부본 송달 후 피고와 민사소송법률관계가 형성되고 피고는 응소 및 답변서 제출의 권리가 생기는 등이 그 예이다. 실체상의 효력은 소송문서 송달 후 형성되는 권리의무 측면의 법률효과를 말한다. 급부의 내용을 가진 조정서의 송달 후 의무자는 규정된 기간 내에 의무를 이행하여야 하며, 의무자가 기한을 넘겨 이행하지 않는 경우 권리자는 조정서의 내용에 따라 강제집행을 신청할 수 있는 것이 그 예다.

제 3 절 민사소송의 일반절차

I. 제 1 심절차

제 1 심 절차는 인민법원에서 제 1 심 사건을 심리하고 재판하는 데 적용하는 재판절차이다. 중국민사소송법에 규정된 제 1 심 절차에는 제 1 심 보통절차와 간이절차가 있다.

1. 제 1 심 보통절차

제 1 심 보통절차는 인민법원에서 제 1 심 민사사건을 심리하는 데 일반적으로 적용되는 절차이다. 이 재판절차의 특징은 첫째, 제 1 심 보통절차는 민사재판절차에서 가장 완전한 체계를 가진 재판절차이다. 중국민사소송법은 제 1 심 보통절차의 각 단계 즉 당사자의 기소와 인민법원의 수리, 심리전의 준비, 개정심리 등에 대하여 체계적이고 전면적으로 규정하였다. 둘째, 제 1 심 보통절차는 기타 재판절차의 기초로서 광범위하게 적용된다. 즉 이는 많은 민사사건의 심리, 중대하고 복잡한 민사분쟁을 해결하는 데 이용된다. 민사소송법에 규정된 원칙과 제도는 제 1 심 보통절차에서 기본적으로 구체화된다. 제 1 심 보통절차는 다음과 같은 소송단계로 이루어진다.

(1) 기소와 수리

기소는 원고가 인민법원에 대하여 민사권익에 대한 사법적 보호를 요청하는 소송행위이다. 기소는 제 1 심 절차가 시작되기 위한 선결조건이다. 중국민사소송법 제108조의 규정에 의하면, 기소의 조건은 다음과 같다. 첫째, 원고는 해당사건과 직접적인 이해관계가 있는 공민, 법인 및 기타 조직이어야 한다. 둘째, 피고가 명확하여야 한다. 셋째, 구체적인 소송청구의 사실과 이유가 있어야 한다. 넷째, 인민법원의 민사소송수리범위에 속하고 수소법원의 관할에 속하여야 한다.

수리는 인민법원이 원고의 기소에 대하여 심사하고 법정요건에 부합할 경우 사건을 심리할 것을 결정하는 소송행위이다. 인민법원이 기소를 심사하는 것은 주로 기소가 법정요건을 구비하였는가에 대한 것이다. 인민법원은 심사 후 기소조건에 부합하지 않을 경우에는 수리하지 않는다는 결정을 한다. 인민법원이 기소를 심사하는 기간은 7일이다. 원고는 불수리 결정에 불복하여 상소할 수 있다.

(2) 심리전의 준비

인민법원은 원고가 기소한 민사사건에 대하여 입건한 후 심리와 재판의 순조로운 진행을 위하여 다음과 같은 업무를 한다. ① 입건한 날로부터 5일 내에 기소장 또는 구술기소기록을 피고에게 발송하여 15일 이내에 답변서를 제출할 것을 알린다. ② 원고에게 사건수리통지서를 발송하고 피고에게 응소통지서를 발송한다. ③ 합의부의 구성인원을 확정하고 3일 이내에 당사자에게 통지한다. ④ 합의부의 구성인원은 소송자료를 심의하고 필요한 증거를 조사하고 수집한다. ⑤ 필요적 공동소송의 당사자가 소송에 참가하지 않은 경우 소송에 참가할 것을 통지한다.

(3) 개정심리

개정심리는 법정심리라고도 한다. 개정심리는 인민법원이 당사자 및 기타 소송참가자의 참여하에 사건에 대하여 실체심리를 하는 소송활동을 말한다. 개정심리는 재판절차에서 가장 중요한 소송단계로서 판결, 재정, 조정을 행하기 위한 준비작업이다.

인민법원은 개정심리 3일 이내에 심리의 시간과 장소를 당사자와 기타 소송참가자에게 통지한다. 공개 심리하는 사건에 대하여는 공고를 한다.

개정심리의 단계는 다음과 같다.

1) 예비단계

이 단계에서 당사자 및 기타 소송참가자의 법정출석 여부를 조사하고 법정규율을 선포하며 당사자의 신분을 대조하고 사건의 제소사유 및 합의부 인원과 서기의 명단을 공개하며 당사자의 소송권리와 의무를 고지하고 당사자의 회피신청 여부를 묻는다.

2) 법정조사

이는 주로 당사자 쌍방의 사건 진술과 상호 대질, 증인에 대한 질문을 통하여 이루어진다. 당사자는 사건의 진술과정에서 관련되는 증거를 들어 증명하여야 한다. 당사자 일방은 상대방이 제공한 증거에 대하여 증인에게 질문할 권리가 있다. 만일 당사자 쌍방의 사건진술을 통하여 사건의 진상이 분명하지 못하거나 사건사실을 확정할 수 없는 경우 재판장은 당사자에게 질문하고 증인에게 질문하며, 증거를 제시하고 감정결론, 검증, 검사기록을 낭독하는 방법을 통하여 사건의 사실을 분명히 한다.

3) 법정변론

이는 당사자 쌍방 및 소송대리인이 법정에서 사실의 인정과 법률의 적용에 대하여 구술변론을 행하는 소송활동이다. 법정변론의 순서는 원고 및 그 소송대리인의 발언, 피고 및 피고 소송대리인의 답변, 제 3 자 및 그 소송대리인의 발언 또는 답변, 상호변론이다. 재판장은 당사자 각 측의 최후의견을 묻는다. 당사자가 조정에 동의하지 않거나 조정이 성립되지 않는 경우에는 판결을 한다.

개정심리의 과정에서 법정의 사유로 인하여 심리를 진행할 수 없는 경우에는 심리를 연기할 수 있다.

4) 평의와 판결의 선고

평의와 판결선고 단계의 임무는 합의부에서 사건에 대하여 평의를 하고 사건사실을 확인하며 당사자 쌍방의 책임을 가려 민사권리의무관계를 확인하고, 법률을 적용하여 판결을 하고 판결의 선고를 공개한다.

인민법원이 보통절차로 재판하는 사건은 일반적으로 입안한 날로부터 6개월 내에 심리를 마친다.

2. 간이절차

간이절차란 제 1 심 절차 중 사실이 분명하고 권리와 의무관계가 명확하여 쟁의가 복잡하지 않는 간단한 민사사건을 심리하는 데 적용하는 재판절차를 말한다. 간이절차는 공민의 소송에 편의를 제공하고 법원의 사건처리에도 효율적이다. 간이절차의 특징을 다음과 같다. 첫째, 원고가 구술에 의하여 기소를 할 수 있다. 둘째, 당사자 쌍방이 동시에 기층법원 및 그 파출법정에 가서 분쟁의 해결을 청구할 수 있고 기층법원 및 그 파출법정은 즉시에 심리할 수 있다. 셋째, 기층법원 및 그 파출법정은 간편한 방식으로 수시로 당사자와 증인을 소환할 수 있다. 넷째, 재판관 한 사람이 단독으로 심리할 수 있다. 다섯째, 기층법원 및 그 파출법정에서 심리를 할 경우 보통절차에 규정된 조사방식과 법정변론순서에 따르지 않고도 사건을 심리할 수 있다. 여섯째, 간이절차를 적용하여 사건을 심리할 경우에는 입건할 날로부터 3개월 이내에 심리를 마친다.

최고인민법원은 다음과 같은 사건에서 간이절차를 적용할 수 있다고 하였다. ① 당사자 쌍방의 결혼 기간이 짧고 재산분쟁과 크게 관계없는 이혼사건, ② 권리의무관계가 명확하고, 다만 급부의 시기와 금액상 분쟁이 있는 부양비·양육비·교육비 등의 사건, ③ 수양·부양관계의 확인이나 변경사건으로 쌍방의 분쟁이 크지 않은 사건, ④ 대차관계가 명확하고 증거가 충분하며 분쟁이 크지 않은 사건, ⑤ 유산과 상속인의 범위가 명확하며 유산의 액수가 크지 않은 상속사건, ⑥ 사실이 분명하고 책임이 명확하며 배상금액이 크지 않은 손해배상사건, ⑦

사실이 명확하고 시비가 분명하며 쟁의의 초점이 명확한 것으로 금액이 크지 않은 기타사건 등이다.

Ⅱ. 민사판결, 재정, 결정 및 명령

1. 민사판결

(1) 판결의 개념 및 특징

민사판결은 인민법원이 민사사건에 대한 심리를 통하여 사실을 명확히 하고, 사실에 의거하고 법률에 근거하여 쌍방 당사자간의 실체문제에 대하여 내리는 결론적 판정이다. 민사판결은 다음과 같은 특징이 있다. 첫째, 인민법원이 민사사건에 대하여 내리는 판결은 국가가 부여한 민사심판권에 기반을 둔다. 둘째, 판결은 민사사건의 실체문제에 대하여 내리는 결론적 판정으로, 즉 판결은 당사자 간의 실체문제를 확정하는 데 이용된다. 셋째, 판결은 인민법원과 당사자의 활동의 결과이다. 넷째, 판결은 재판조직이 법에 의하여 행한 것이다. 다섯째, 판결은 쟁점이 되는 사실과 소송목적물이 판결을 할 정도에 이르러서야 비로소 할 수 있다. 여섯째, 판결은 법원의 사건종결 방법의 하나이다.

(2) 판결의 종류

첫째, 해결하려는 분쟁의 성질을 기준으로 판결은 소송사건의 판결과 비송사건의 판결로 구분된다. 둘째, 재판절차와 심급의 차이에 따라 1심 판결과 2심 판결 및 재심판결로 구분한다. 셋째, 판결이 형성되는 기반의 차이에 따라 개정심리의 판결과 불개정심리의 판결로 구분된다. 넷째, 판결의 성질과 내용에 따라 급부판결, 확인판결 및 변경판결로 구분된다. 다섯째, 판결이 소송의 전부를 종결하는지 또는 일부를 종결하는지에 따라 종국판결과 일부판결로 구분된다. 여섯째, 쌍방 당사인의 출정 여부에 따라 대석판결과 궐석판결로 구분된다.

(3) 판결의 내용

민사소송법의 규정과 재판실무에 의하면, 판결서는 다음과 같은 내용을 포함한다. 즉, ① 사건의 경위, 소송청구, 쟁의의 사실과 이유, ② 판결이 인정한 사실 및 이유와 적용한 법률근거, ③ 판결결과와 소송비용의 부담, ④ 상소기간과 상소심법원 등이다.

⑷ 판결의 효력

판결의 효력은 법원판결의 법률상의 효력이다. 법원의 판결은 법률상 구속력, 기판력을 가지며, 급부를 내용으로 하는 판결은 집행력을 가진다.

㈎ **구 속 력**　판결의 구속력은 판결의 대인적 지배력, 즉 일정한 작위 또는 부작위를 하여야 하는 법률상의 효력이다. 판결의 구속력은 당사자에 대한 구속력, 법원에 대한 구속력과 사회에 대한 구속력이 포함된다. 당사자에 대한 구속력은, 판결이 일단 효력을 발생하면 당사자는 반드시 이를 이행하여야 하며, 그렇지 않는 경우에는 상응하는 법률효과를 부담하여야 하는 것이다.

㈏ **기 판 력**　판결의 기판력은 판결의 법률상의 확정력이다. 기판력은 실질상의 기판력과 형식상의 기판력이 있다. 당사자에 있어 실질상의 기판력은, 판결이 확정한 실체권리의무의 문제는 이미 최종적으로 확정된 것으로 되어, 판결이 확인한 민사권리의무관계에 의하여만 그 권리행사가 가능하고, 재차 다툴 수 없는 법률상의 힘을 말한다. 당사자에 대한 형식상의 기판력은 판결의 효력이 발생되면 당사자는 판결이 인정한 사실에 대하여 소송 또는 상소를 할 수 없는 것을 말한다.

㈐ **집 행 력**　집행력은 판결을 집행의 근거로 하고, 법원의 사법집행권을 통하여 강제 집행할 수 있는 효력을 말한다. 판결의 효력발생 후 의무자가 의무를 불이행하면 권리자는 판결을 근거로 하여 법원에 강제집행을 신청할 수 있고, 법원은 강제집행절차에 따라 국가강제력으로써 판결의 실효성을 보장한다.

2. 재정(裁定)

⑴ 재정의 개념과 특징

재정은 인민법원이 절차상의 문제 해결을 위하여 내리는 판단 또는 어떠한 실체문제에 관련되지만 실체문제를 결정하지 않는 특별한 판단이다. 민사재정은 다음과 같은 특징이 있다. 첫째, 법원이 내린 재정은 법원의 소송지휘권에 기초를 둔다. 둘째, 재정은 실체문제에도 관련은 되지만, 절차문제를 해결하는 데 내리는 판단이다. 예컨대, 재산의 보전이나 사전집행에 대한 재정은 비록 실체문제에 관련되지만 당사자 쌍방의 민사권리의무관계 분쟁의 그 자체를 해결하는 것은 아니며 여전히 절차상의 사항에 속하게 된다. 셋째, 재정은 소송의 어느 단계에서나 가능하다. 넷째, 재정은 일종의 불요식행위로서 서면의 형식 또는 구두의 형식으로도 가능하다.

(2) 재정의 범위

재정의 범위는 재정이 어느 정도의 범위에서 적용되는가 하는 문제이다. 민사소송법의 관련규정에 의하면 재정의 적용범위는 다음과 같다. 즉, ① 소송의 제기에 대하여 수리를 하지 않는 것, ② 관할권의 이의에 대한 것, ③ 기소에 대한 기각, ④ 재산보전과 사전집행, ⑤ 소송의 취하에 대한 허가 또는 불허가, ⑥ 소송의 중지 또는 종결, ⑦ 판결서 오기의 수정, ⑧ 집행의 중지 또는 종결, ⑨ 중재재결의 집행을 하지 않도록 하는 것, ⑩ 공증기관이 강제집행력을 부여한 채권명의를 집행하지 않도록 하는 것, ⑪ 기타 재정으로 해결할 사항 등이다.

(3) 재정의 효력

재정의 효력은 재정이 법률상 가지는 구속력으로, 특정한 경우에 재정이 집행력을 가지는 경우도 있다. 재정은 당사자 및 기타 소송참가자에 대하여 구속력이 있지만 사회일반에 대하여는 일반적으로 구속력이 없다. 이는 절차문제가 당사자의 소송진행과 법원의 심리과정에서 발생하기 때문이다. 판결을 법원에 대하여 구속력을 가지지만 재정은 이와 달리 법원을 구속하는 재정과 구속하지 않는 재정이 있다. 이는 재정이 소송을 지휘하는 데 이로운지의 여부, 당사자의 권리를 보장할 수 있는지 여부, 심사를 접수할 필요가 있는지 등의 요인에 의하여 결정된다. 재정은 절차문제를 해결하는 것으로, 일반적으로는 소송기간 동안 유효하며 소송의 종결 또는 재정이 해결하는 문제의 완결로서 재정의 효력은 소멸된다.

3. 결　정

(1) 결정의 개념과 특징

결정은 법원이 소송의 순조로운 진행을 위하여 소송상의 문제에 대하여 내리는 판단이다. 결정은 다음과 같은 특징을 가진다. 첫째, 법원이 내리는 결정은 민사사건 심판과정의 처분권에 기초를 둔다. 둘째, 결정은 법원이 소송문제 및 소송에 관계되는 문제에 대하여 내리는 판단이다. 셋째, 결정은 법원의 내부관계와 외부관계에 대한 처리이다. 넷째, 결정은 특정문제에 대하여 내리는 것이므로 동시에 사법행정의 성질을 가지며, 이로써 법원의 외부관계에 대한 결정은 당사자 또는 기타 참가자가 불복하는 경우에도 상소할 수 없고, 결정을 내린 법원에 재심을 신청할 수 있다.

⑵ 결정의 적용범위

결정이 적용되는 사항으로는 다음과 같다. 즉, ① 재판위원회가 이미 효력발생의 재판에 대하여 재심이 필요하다고 인정하는 경우, ② 민사소송을 방해하는 행위에 대하여 강제조치를 취하는 경우, ③ 재판인원의 회피여부 등이 적용된다.

⑶ 결정의 효력

법원의 결정은 특별한 문제에 대하여 내리는 판단이다. 문제의 적절한 해결과 소송의 순조로운 진행을 위하여 어느 시기에 결정이 효력을 발생하는가에 대하여는 제한적 규정이 없고, 일반적인 상황에서는 결정이 내려지면 즉시 법률효력이 발생한다.

4. 명 령

⑴ 명령의 개념과 특징

명령은 법원이 소송의 순조로운 진행이나 모종의 권리보호를 위하여 특별한 문제에 대하여 내리는 판단이다. 다음과 같은 특징이 있다. 첫째, 법원의 명령은 법원의 재판권과 지휘권에 기초를 둔다. 둘째, 명령은 법원이 소송의 진행을 보장하기 위하여, 또는 모종의 권리를 보호하기 위하여 내리는 판단이다. 셋째, 명령은 소송의 모든 과정에서 내릴 수 있다. 넷째, 명령은 일종의 요식행위이다.

⑵ 명령의 적용범위

명령이 적용되는 범위는 지급명령, 수사명령, 압류명령, 재산보전해제명령 등이다.

⑶ 명령의 효력

일반적인 경우 명령이 내려지면 곧 효력이 발생한다. 예컨대, 압류명령, 수사명령 또는 재산보전해제의 명령 등이다. 그러나 명령의 성질에 따라 법정기간이 경과한 후 법률효력이 발생하는 경우가 있다. 예컨대 지급명령의 경우에는, 법원이 지급명령을 내린 후 채무자는 지급명령을 접수한 날로부터 15일 이내에 채무를 변제하거나 법원에 이의를 신청하여야 하고, 채무자가 15일 이내에 이의를 제출하지 않으면 지급명령은 판결과 동등한 효력이 발생한다. 그러므로 15일은 효력발생의 법정기간이다. 명령은 상소의 문제가 발생하지 않으며 명령에 대한 재심신청 역시 인정하지 않는다.

Ⅲ. 제2심 절차

1. 제2심 절차의 개념과 기소의 조건

민사소송의 당사자가 지방 각급 인민법원의 제1심 판결이나 재정에 불복하여 상급 인민법원에 상소를 제기하고, 상급 인민법원이 이를 심리하는 절차를 제2심 절차라 한다. 중국의 민사소송법이 2심 종심제를 채택하기 때문에 제2심 절차는 종심절차에 해당된다. 상소는 제2심절차 발생의 근거이며, 법률은 당사자가 지방인민법원 제1심 판결에 대하여 상소를 제기할 권리가 있음을 규정한다. 상소는 다음과 같은 조건을 구비하여야 한다. 첫째, 상소를 제기하는 주체는 반드시 제1심 사건의 당사자 즉 원고, 피고, 공동소송인과 제3자이어야 한다. 둘째, 상소제기의 객체는 반드시 법에 의하여 상소를 허가한 판결 또는 재정이다. 셋째, 반드시 법정의 기한 내에 상소를 제기하여야 한다. 판결에 대한 상소기간은 15일이며 재정에 대한 상소기간은 10일이다. 넷째, 상소장을 제출하여야 한다.

2. 상소사건의 심리절차

상소사건의 심리절차는 다음과 같다. 첫째, 개정 전의 준비이다. 주요한 업무로는 합의정의 구성, 제1심사건의 자료 검토, 당사자 조회 등이다. 둘째, 2심의 심사범위이다. 심사범위는 민사소송법이 규정하며, 2심 법원은 청구와 관련된 사실과 법률의 적용을 심사한다. 셋째, 2심의 심리방식이다. 개정심리를 원칙으로 하며, 열람과 조사 및 당사인 조회를 거치고 사실대조를 통하여 합의부가 개정심리가 불필요하다고 인정하는 경우에는 개정 없이 판결이나 재정을 할 수 있다. 넷째, 심리장소이다. 제2심 법원에서 진행할 수 있고, 사건발생지 또는 원심인민법원 소재지에서 행할 수 있다. 다섯째, 법정조정이다. 제2심 법원은 사건에 대하여 조정을 할 수 있고, 조정이 이루어지면 조정서를 작성하고, 조정서 송달 후 원심법원의 판결은 취소된 것으로 본다.

3. 상소사건의 재판

제2심 법원은 상소사건을 심리한 후 상황에 따라 다음과 같이 처리한다.

첫째, 원 판결의 인정사실이 명확하고 법률의 적용이 정확한 경우에는 상소기각의 판결을 하고 원 판결을 유지한다. 둘째, 원 판결의 법률적용에 잘못이 있는 경우에는 법률의 규정에 의하여 제 2 심 법원이 재판한다. 셋째, 원 판결의 사실인정에 잘못이 있거나, 원 판결에 인정된 사실이 명확하지 못하고 증거가 불충분한 경우에는 원 판결을 취소하는 재정을 하고 원심법원에 환송하여 다시 심리하게 하거나, 사실을 명확히 한 후 제 2 심 법원이 재판한다. 넷째, 원 판결이 법정의 절차를 위반하여 사건의 판결에 영향을 주었을 가능성이 있었던 경우에는 원 판결을 취소하는 재정을 하고 원심법원에 환송하여 다시 심리하게 한다.

4. 상소사건의 재판기간

제 2 심 법원의 판결에 대한 상소사건의 심리는 제 2 심의 입안일로부터 3개월 이내에 심리를 종결하여야 한다. 특수한 사정으로 연기할 필요가 있는 경우에는 본원 원장이 비준한다. 제 2 심 법원의 재정에 대한 상소사건의 심리는 제 2 심의 입안일로부터 30일 이내에 종심의 재정을 하여야 한다.

Ⅳ. 재판감독절차

1. 재판감독절차의 개념과 특징

재판감독절차는 이미 법률효력이 발생한 판결, 재정, 조정서 등에 대하여 착오가 있음이 발견된 경우에 법률의 규정에 따라 재차 심리를 진행하는 절차를 말하며 재심절차라고도 한다. 재판감독절차는 제 1 심 절차와 제 2 심 절차에 비하여 다음과 같은 특징이 있다. 첫째, 감독의 대상은 이미 효력이 발생된 것으로 명백한 착오가 있는 판결서, 재정서와 조정서이다. 둘째, 재판감독 제기의 주체는 당사자, 각급 인민법원원장 및 그 재판위원회, 최고인민법원, 상급 인민법원, 최고인민검찰원, 상급 인민검찰원이다. 셋째, 심리법원은 사건의 원심법원, 사건의 원 상소심법원 또는 상급 인민법원이다. 넷째, 법정조직과 인원이 심판감독을 제기하는 기간에 대하여는 아무런 규정이 없고, 당사자가 재심을 신청할 수 있는 기간은 재판의 효력발생일로부터 2년 이내로 한다. 다섯째, 재판감독절차를 적용하여 심리하는 사건은 소송비용을 납부하지 않는다.

2. 재판감독 제기조건과 절차

재판감독의 제기는 반드시 다음의 조건을 갖추어야 한다. 첫째, 반드시 재판에 명백한 착오가 있거나 법정의 조건에 부합하는 경우여야 한다. 둘째, 법정의 조직과 인원이 제기하거나, 당사자가 제기하여야 한다. 재심을 제기하는 절차는 재심을 제기하는 주체에 따라 다르다. 즉 첫째, 각급 인민법원원장이 본원이 내린 효력 있는 판결, 재정에 착오가 있음을 발견하여 재심이 필요하다고 인정하는 경우에는 재판위원회의 토론에 부쳐야 한다. 둘째, 최고인민법원이 제기하는 각급 인민법원의 판결, 재정에 대한 재심의 제기나 상급법원이 제기하는 하급법원의 판결, 재정에 대한 재심의 제기는, 하급법원에 대하여 재심을 명할 수 있다. 셋째, 당사자가 이미 효력발생의 판결, 재정에 명백한 착오가 있어서 제기하는 것은 원심 인민법원 또는 상급 인민법원에 대하여 제기할 수 있다. 넷째, 최고인민검찰원의 지방 각급 인민법원 판결 재정에 대한 재심의 제기나 상급 인민검찰원의 하급 인민법원이 행한 판결, 재정에 대한 재심의 제기는 재판감독절차에 따라 항소한다. 지방 각급 인민검찰원의 동급 인민법원이 행한 판결, 재정에 대한 재심의 제기는 상급 인민검찰원에 보고하고 재판감독절차에 따라 항소한다.

3. 당사자가 신청하는 재심의 조건

당사자가 신청하는 재심은 다음과 같은 조건을 갖추어야 한다. 첫째, 재심을 허가한 판결에 대하여만 재심을 제기할 수 있다. 당사자는 이미 법률효력이 발생한 혼인해제판결에 대하여는 재심을 청구할 수 없다. 둘째, 재심신청의 조건은 반드시 법정요건에 부합하여야 한다. 즉, 새로운 증거가 원 판결이나 재정을 충분히 번복시킬 수 있는 경우, 원 판결이나 재정이 인정한 사실의 주요증거가 부족한 경우, 원 판결이나 재정이 적용법률상 명백한 착오가 있는 경우, 인민법원의 법정절차 위반이 판결이나 재정에 영향을 준 경우, 재판인원의 뇌물수뢰 등으로 인한 위법한 재판 등의 경우이다. 상술한 내용을 포함하여 민사소송법 제179조는 당사자가 신청하는 3가지 경우의 재심신청에 대하여 인민법원이 당연히 재심을 실시하도록 규정하고 있다. 셋째, 법정기간 내에 재심을 신청하여야 한다.

4. 재심사건의 소송절차

인민법원에서 재심사건을 심리할 경우에는 합의부를 따로 구성하여야 한다. 법률효력 있는 판결, 재정이 제 1 심 법원이 한 것인 경우에는 제 1 심 절차에 의하여 재심하며, 이에 대하여 당사자는 상소할 수 있다. 법률효력 있는 판결, 재정이 제 2 심 절차에 의한 것인 경우에는 제 2 심 절차에 따라 재심하며, 그 재심의 결과는 법률효력 있는 판결과 재정이 된다. 상급 인민법원에서 재심을 행할 경우에는 제 2 심 절차에 따라서 심리한다.

제 4 절 민사소송의 특별절차

I. 특별절차

1. 일반규정

중국민사소송법의 특별절차는 인민법원에서 민사권익과 관련없는 분쟁사건을 심리하는 데 적용하는 재판절차이다. 민사소송법 제15장에는 아래의 4가지 사건에 특별절차심리를 적용한다고 규정되어 있다. 즉 첫째, 선거인 자격사건, 즉 공민이 선거인자격과 관련한 선거위원회의 처리결정에 불복하여 인민법원에 제소한 사건이다. 둘째, 공민의 실종선고사건 또는 사망선고사건이다. 셋째, 공민의 민사상 행위무능력 또는 민사상 행위능력의 제한을 인정하는 사건이다. 넷째, 재산의 무주(無主)를 인정하는 사건이다.

민사소송법의 규정에 의하면 특별절차의 특징은 첫째, 특별절차는 민사권익의 분쟁을 해결하는 것이 아니라 법률사실의 존재여부, 권리상태의 유무 및 자격의 향유여부 또는 어떠한 권리를 행사할 수 있는지를 확인한다. 둘째, 특별절차는 공민, 법인, 기타 조직의 기소에 근거하거나 공민, 법인, 기타 조직의 신청에 근거하여 시작된다. 셋째, 특별절차는 1심 종심제를 채택하며 상소심이 없다. 넷째, 특별절차에서 사건을 심리하는 기간을 비교적 짧다. 선거인 자격사건을 입안한 후 선거일 이전에 심리를 마쳐야 하는 외에도, 기타 사건은 입안한 날로부터 30일 또는 공고가 만기된 후 30일 이내에 심리를 마쳐야 한다. 다섯째, 선거인 자격을 제외하고는 원칙적으로 재판관 1명이 단독으로 심리한다.

2. 선거인자격사건

공민이 선거위원회의 선민자격과 관련한 처리 결정에 불복하여 제기하는 소송은, 선거 5일 전에 선거구 소재지 기층인민법원에 대하여 제기할 수 있다. 인민법원은 선거인자격사건을 수리한 후 반드시 선거일 전에 심리를 종결하여야 한다. 심리를 할 경우 기소인, 선거위원회의 대표와 관련 공민은 반드시 참가하여야 한다. 인민법원의 판결문은 선거일 전에, 선거위원회와 소송을 제기한 자에게 송달하고, 관련 공민에게 알려야 한다.

3. 실종선고와 사망선고사건

공민의 생사불명이 만 2년 이상으로, 이해관계인이 그 실종의 선고를 신청하는 경우에는 생사불명인의 주소지 기층인민법원에 제출한다. 공민의 생사불명이 만 4년 이상이거나 돌발적인 사고로 생사불명이 만 2년 이상인 경우, 또는 돌발적인 사고로 생사가 불명하고 관련 기관에 의하여 당해 공민이 생존가능성이 없다고 인정된 경우에 이해관계인이 그 사망의 선고를 신청하는 때에는, 생사불명인의 주소지 기층인민법원에 제출한다. 인민법원은 실종선고, 사망선고의 사건을 수리 후 생사불명인에 대한 탐문 공고를 하여야 한다. 실종선고의 공고기간은 3개월로 하고 사망선고의 공고기간은 1년으로 한다. 돌발적인 사고로 생사가 불명하고 관련기관이 생존의 가능성이 없다고 증명한 경우에 사망선고의 공고기간은 3월로 한다. 공고기간의 만료에 따라 인민법원은 실종선고 또는 사망선고의 판결을 할 수 있고, 실종선고나 사망선고를 당한 공민이 다시 출현하는 경우에는 본인 또는 이해관계인의 신청에 의하여 인민법원은 새로운 판결을 하고 원 판결을 취소한다.

4. 행위무능력의 인정 및 행위능력 제한의 사건

공민의 민사행위무능력의 인정 또는 민사행위능력의 제한에 대한 신청은, 그 근·친속 또는 기타 이해관계인이 당해 공민 주소지 기층인민법원에 제출한다. 인민법원은 신청을 수리한 후 필요한 경우 피신청인에 대한 감정을 실시한다. 인민법원이 심리하는 공민의 민사행위무능력의 인정 또는 민사행위능력의 제한에 관한 사건은 당해 공민의 근·친속을 대리인으로 하여야 한다. 단, 신청인은 제외한다. 근·친속이 서로 대리를 회피하는 경우에는 인민법원이 그 중의 한 사람을 대리인으로 지정한다. 인민법원은 심리를 거쳐 신청사실이 근거가 있다고 인정하는 경우에는 당해 공민의 민사행위무능력의 인정 또는 민사행위능력 제한의 판결을 하고, 신청사실이 근거가 없다고 인정하는 경우에는 각하 판결을 한다.

5. 재산의 무주를 인정하는 사건

공민, 법인 또는 기타 조직이 재산의 무주를 인정하는 사건을 제기하는 경우에는 재산 소재지 기층인민법원에 제출한다. 인민법원은 신청을 수리한 후 실태조사를 거쳐 재산확인의 공고를 하여야 한다. 공고 후 만 1년이 경과하여도 주인이 없는 경우에는 재산의 무주를 인정하는 판결을 하고 국가 또는 집체소유로 귀속시킨다.

Ⅱ. 독촉절차

1. 독촉절차의 개념과 특징

독촉절차는 인민법원이 채권자의 신청에 의하여 채무자에게 지급명령을 발하여 채무를 상환하도록 독촉하는 절차를 말하며, 만약 채무자가 법정기한 내 서면으로 이의를 제기하지 않으면 당해 지급명령은 법률효력을 발생하는 것이다. 독촉절차는 기타 절차에 비하여 다음과 같은 특징이 있다. 첫째, 독촉절차는 채권자의 신청에 의하여 개시되고 채무자의 소송참가를 필요로 하지 않는다. 둘째, 독촉절차의 적용범위는 비교적 한정되며 금전급부의 청구나 유가증권의 소에 한정된다. 셋째, 독촉절차에서 채권자와 채무자는 채무관계의 성립에 대하여 다툼이 없다. 넷째, 독촉절차를 적용하여 처리하는 사건은 절차가 간단하며, 실질적인 조사가 필요하지 않고 개정심리도 필요로 하지 않는다. 다섯째, 지급명령의 효력은 조건부이다.

2. 지급명령 신청의 조건 및 지급명령의 발부

지급명령의 신청조건은 다음과 같다. 즉 첫째, 청구내용은 반드시 금전 또는 유가증권의 급부일 것. 둘째, 채권자와 채무자 사이에 다른 채무분쟁이 없을 것. 셋째, 지급명령이 채무자에게 송달 가능할 것. 넷째, 채권자가 서면으로 신청할 것. 다섯째, 지급명령의 신청은 반드시 관할권 있는 인민법원에 신청할 것 등이다.

인민법원은 지급명령을 신청한 사건을 심리할 경우, 채무 사실에 대한 진실성 여부와 제출한 증거의 확실성 여부를 직접 심사할 수 있다. 당해 사건의 채권 채무관계가 명확하고 합법적이며, 이미 이행의 기간을 도과한 경우에 인민법원은 신청의 수리일로부터 15일 이내에 채무자에 대하여 지급명령을 발한다. 신청이 성립하지 않는 경우에는 재정으로 기각한다.

3. 지급명령의 효력

지급명령의 효력은 피신청인의 태도에 따라 다르다. 첫째, 지급명령은 피신청인에게 송달되는 날로부터 구속력이 있고, 피신청인은 기한 내 채무를 변제할 의무가 있다. 인민법원에 이의를 제기할 수 있으며 그렇지 않은 경우에는 강제집행을 당할 수 있다. 둘째, 피신청인이 기간 내에 이의를 제기하지 않고 지급명령도 이행하지 않는 경우에 채권자는 인민법원에 집행을 신청할 수 있다. 인민법원은 채권자의 신청 및 지급명령을 집행근거로 법정의 절차에 따라 강제집행할 수 있다.

Ⅲ. 공시최고절차

1. 공시최고절차의 개념과 특징

공시최고절차는 배서로 이전되는 수표 어음 등 증권이 도난, 분실 또는 멸실된 경우에, 인민법원이 소지인의 신청에 의하여, 공고의 방식으로 권리자가 법정의 기한 내에 권리를 주장하도록 최고하고, 기간 내에 권리의 주장이 없는 경우 당해 증권의 무효를 선언하는 절차를 말한다.

공시최고절차는 다음과 같은 특징이 있다. 첫째, 적용의 범위는 배서 이전이 가능한 수표 어음 등의 도난, 분실 또는 멸실로 인한 사건이나, 또는 법률이 공시최고를 할 수 있도록 규정한 사항에 한정된다. 둘째, 공시최고사건은 신청인만 존재하고 피신청인은 존재하지 않는다. 셋째, 서면심사와 공고의 방식으로 심리를 한다.

2. 공시최고절차의 제기의 조건

공시최고는 증권소지인의 신청으로 제기된다. 공시최고의 신청은 다음과 같은 조건이 구비되어야 한다. 첫째, 반드시 배서 이전이 가능한 어음 수표 등 증권이 도난, 분실 또는 멸실된 경우일 것. 둘째, 반드시 증권의 소지인이 신청할 것. 셋째, 공시최고의 신청은 반드시 인민법원에 신청서를 제출하여야 한다.

3. 심리절차

(1) 지급정지의 통지와 최고의 공고

인민법원은 공시최고 신청의 수리를 결정한 후, 지급인에 대하여 지급정지의 통지를 하여야 한다. 지급정지의 통지는 지급의무자가 지급을 정지하는 법적 근거이다. 지급인은 인민법원의 지급정지 통보를 받은 경우 공시최고절차의 종료시까지 지급을 정지하여야 한다. 지급인이 지급정지의 통지를 받은 후 공시최고절차 종결 전에 해당증권의 지급요구를 받은 경우에는 지급을 거절할 수 있고, 상황을 즉시 인민법원에 고지하여 인민법원이 이를 결정한다.

공시최고의 공고기간은 법원이 증권의 종류, 유통범위, 지급일자 등의 실제 상황을 근거로 결정한다. 다만 최고를 발한 날로부터 60일 이상이어야 한다. 공시최고기간중 증권권리의 이전행위는 무효이다.

(2) 제권판결

이해관계인이 공시최고기간 이내에 인민법원에 권리가 있음을 주장하면 인민법원은 공시최고절차 종결의 재정을 하여야 하며, 신청인과 지급인에게 통지한다. 신청인 또는 권리의 주장자는 증권의 소유권에 대하여 다툼이 있는 경우 인민법원에 제소할 수 있다. 공시최고기간 권리의 주장이 없으면 인민법원은 신청인의 신청에 근거하여 증권의 무효를 판결한다. 판결은 공고하고 지급인에게 통지한다.

(3) 제권판결의 효력

제권판결은 다음과 같은 효력이 있다. 첫째, 증권의 무효를 선고하는 효력이 있다. 제권판결이 있으면 누구도 원래의 증권을 근거로 지급인에 대하여 지급을 요구할 수 없고, 지급인 역시 액면상의 금액을 지급할 수 없다. 둘째, 지급근거로서의 효력이 있다. 제권판결 이후 공시최고의 신청인은 제권판결을 가지고 지급인에 대하여 원 증권의 액면금액에 대한 지급을 요구할 수 있고, 지급인은 이를 거절한 수 없다. 셋째, 제권판결의 상술 효력은 상대적이다. 제권판결은 법원이 명확한 조사에 의거하여 내리는 것이 아니고, 단지 공시최고기간 동안 권리의 주장자가 없음을 근거로 한 것이다. 이해관계인이 정당한 이유로 판결 전에 권리의 주장을 할 수 없는 경우는, 제권판결의 공고를 안 날로부터 또는 알아야 할 날로부터 1년 이내에 인민법원에 제소할 수 있다. 인민법원은 만약 증권이 공시최고의 신청인에게 귀속되지 않음을 확인한 경우 새로운 판결을 하고, 이로써 원 제권판결은 무효가 된다.

제5절 민사소송의 집행절차

I. 집행절차의 개념과 조건 및 집행근거

1. 개념과 조건

민사소송법이 규정한 법정 조직과 인원이 국가의 강제력을 이용하여 법원의 판결, 재정 및 기타 법률문서의 규정에 근거하여 민사소송의 당사자가 부담하는 의무를 강제하는 절차를 집행절차라 한다. 집행절차의 발생은 다음과 같은 조건을 필요로 한다. 첫째, 민사소송의 집행은 반드시 집행의 근거를 필요로 한다. 법률문서에 의한 근거가 없으면 집행절차는 개시될 수 없다. 둘째, 집행근거로서의 법률문서는 반드시 법률효력이 있어야 한다. 셋째, 집행의 근거가 되는 법률문서는 반드시 급부를 내용으로 하여야 한다. 넷째, 집행절차가 발생되는 전제조건은 의무를 지는 일방 당사자가 이행의 의무를 고의로 지연하거나 도피 또는 거절하여야 한다. 만약 법률문서가 규정한 기간 내에 당사자가 스스로 의무를 이행하면 집행절차의 문제는 일어나지 않는다.

2. 집행의 근거

집행의 근거는 당사자가 집행을 신청하고 인민법원이 집행을 강제하는 근거가 되는 법률문서로서 집행문서라 한다. 다음과 같은 종류가 있다. 첫째, 인민법원이 작성한 법률문서로서 급부를 내용으로 하는 판결서, 재정서, 조정서를 포함하며, 재산보전민사재정서, 재산의 집행을 내용으로 하는 효력 있는 형사판결서, 재정서와 지급명령 등이 포함된다. 둘째, 기타 기관이 작성한 문서로서 인민법원이 집행하여야 하는 법률문서로서, 중재기관이 작성한 효력 있는 재결서, 조정서가 포함되고, 공증기관이 작성한 강제집행력 있는 채권문서와 행정기관이 작성하고 인민법원이 집행하는 결정서 등이 포함된다. 셋째, 인민법원이 작성한 문서로서 외국법원의 판결과 중재기관의 재결을 승인 또는 협조하는 재정서 등이다.

Ⅱ. 집행조직과 집행관할 및 집행대상

1. 집행조직

민사집행의 업무 수행은 인민법원이 책임을 진다. 지방 각급인민법원은 집행원을 두어 민사판결이나 재정의 집행업무를 처리하며, 형사사건의 판결과 재정중 재산부분에 관련된 사항을 처리한다. 집행조직은 인민법원 내에 설치된 집행의 전문기구로 한다. 집행조직과 재판조직은 업무를 분담하며 각자의 임무를 수행한다.

2. 집행관할

집행의 근거로 된 법률문서의 차이에 따라 집행관할은 달라진다. 다음의 내용으로 관할을 확정한다. 첫째, 집행의 근거가 인민법원이 작성한 효력 있는 민사판결, 재정, 조정협의, 지급명령이거나 형사판결 또는 재정중에 재산부분은 원심인 제 1 심 법원이 집행한다. 둘째, 집행의 근거가 기타 기관이 작성한 법률문서인 경우에는 피집행인의 주소지 또는 피집행인의 재산소재지 기층인민법원이 관할한다. 셋째, 집행의 근거가 인민법원이 작성한 것으로 외국법원의 판결이나 외국중재기구의 재결을 집행하기 위한 재정서인 경우에는 당해 재정서를 작성한 중급인민법원이 집행에 대한 책임을 진다.

3. 상급법원을 통한 집행

인민법원이 집행의 신청서를 받은 날로부터 6개월을 초과하여 집행을 하지 않는 경우, 집행의 신청인은 상급 인민법원에 집행을 신청할 수 있다. 상급 인민법원은 심사를 거쳐 원 인민법원에 대하여 일정한 기간 내 진행을 하도록 명할 수 있고, 또한 본원이 집행하거나 기타 인민법원이 집행토록 명할 것을 결정할 수 있다.

4. 집행의 대상

집행의 대상은 집행업무가 지향하는 대상이다. 중국의 민사소송법은 집행의 대상에 대한 명문의 규정을 두고 있지는 않지만, 강제집행의 조치에 관한 규정에서 유추하면 집행의 대상은 피신청인의 재산 및 관련 행위를 포함한다고 볼 수 있다. 피집행인이 집행통지에 따라 확정된 의무를 이행하지 않는 경우에는 집행통지 접수 당시 및 과거 1년간의 재산상황을 보고하여야 하고, 피집행인의 보고를 거절하거나 허위로 보고하는 경우 인민법원은 상황에 따라 피집행인, 법정대리인 또는 사업장의 주요 책임자 내지 직접책임자에 대하여 벌금 또는 구류를 과할 수있다.

Ⅲ. 집행이의와 집행화해

1. 집행이의

당사자, 이해관계인이 집행행위가 법률규정을 위반하였다고 인정하는 경우에는 집행의 책임 있는 인민법원에 서면으로 이의를 제기할 수 있다. 인민법원은 이의신청을 접수한 날로부터 15일 이내에 심사하고 이유가 있다고 인정하는 경우 재정으로써 취소 또는 수정하여야 한다. 이유가 없다고 판단하는 경우 기각의 재정을 하며, 당사자나 이해관계인이 재정에 불복하는 경우에는 재정 송달일로부터 10일 이내에 상급 인민법원에 재심을 신청할 수 있다.

민사집행의 과정에서 집행절차에 참가하지 않은 사건 이외의 자는, 그 집행이 자신의 합법권익을 침해하거나 침해할 우려가 있는 경우에, 그 권리침해를 주장할 수 있고, 이의를 제출할 수 있다. 이를 집행이의라 한다. 집행과정에서 사건 외의 자가 집행의 목적물에 대하여 이의를 제출하는 것에 대하여 집행원은 반드시 법정의 절차에 따라 심사를 하여야 한다. 이유가 성립되지 않는 것은 기각한다. 이유가 있다고 판단되는 것은 원장이 집행의 중지를 비준한다. 만약 판결이나 재정에 착오가 있음을 발견한 경우에는 재판감독절차에 따라 처리한다.

2. 집행화해

집행의 화해는 집행의 과정에서 쌍방 당사자가 협상을 통하여 피차간의 권리의무관계에 대하여 합의를 하고, 인민법원의 비준을 얻음으로써 집행의 절차가 종료되는 것을 말한다. 쌍방당사자가 협의를 달성한 것에 대하여는, 집행원이 협의의 내용을 기록하고 쌍방당사자가 서명날인을 하도록 한다. 일방 당사자가 협의의 내용을 이행하지 않을 경우 인민법원은 상대방 당사자의 청구에 의하여 원 문서의 집행을 회복시킬 수 있다.

Ⅳ. 집행의 개시와 집행조치의 종류

1. 집행의 개시

민사집행의 개시에는 집행신청과 집행이관의 두 가지 방식이 있다. 집행신청은 의무자가 법률문서가 규정한 의무의 이행을 거절할 경우, 권리자가 일정기한 내 관할권 있는 인민법원에 강제집행을 요구하는 것이다. 집행의 신청은 다음과 같은 조건을 갖추어야 한다. 첫째, 신청인은 반드시 법률문서상의 권리자이어야 한다. 둘째, 법률문서는 효력이 있어야 하며 이행기간의 도래와 의무자의 이행거절이 있어야 한다. 셋째, 반드시 법정의 기간 내에 신청하여야 한다. 집행신청의 기간은 쌍방 또는 일방 당사자가 공민인 경우 1년, 쌍방이 법인 또는 기타 조직인 경우에는 6개월로 한다. 넷째, 반드시 관할권 있는 인민법원에 집행신청서와 효력 있는 법률문서를 제출하여야 한다.

집행이관은 인민법원이 작성한 판결, 재정 및 조정협의가 법률효력을 발생한 후, 당해 사건을 맡은 재판조직이 법률문서를 집행조직에 이관하여 집행하는 것을 말한다. 집행이관의 사건은 주로 다음과 같은 것이 있다. 첫째, 부양비, 양육비, 교육비, 무휼금, 노동보수, 의료비 청구관련의 사건. 둘째, 형사재판중 재산의 집행을 내용으로 하는 사건. 셋째, 국가나 단체의 중대한 이익에 관련된 경제분쟁 사건. 넷째, 인민법원이 종심판결을 선고할 때 의무자가 집행의 거부를 표시한 사건 등이다.

2. 집행조치의 종류

집행조치는 강제집행을 실시하는 구체적인 방법이며, 각종의 효력 있는 법률문서의 내용을 실현하는 수단이다. 민사소송법의 규정에 의하면 다음과 같은 조치가 있다. 즉, ① 피집행인의 저축금에 대한 조회, 동결, 인출, ② 피집행인의 수입의 압류, 인출, ③ 피집행인의 재산의 차압, 압수, 동결, 경매 및 환금, ④ 피집행인의 은닉재산 수사, ⑤ 법률문서가 지정한 재물 또는 유가증권의 강제교부, ⑥ 강제이주 또는 토지로부터의 강제퇴출, ⑦ 법률문서가 지정한 행위의 강제이행, ⑧ 재산권 이전절차의 처리, ⑨ 지연이자와 반환이행금의 강제지급 등이다.

V. 집행의 중지와 종결 및 회복

1. 집행의 중지

집행절차 개시 후 모종의 특수한 사정의 발생으로 잠시 집행절차가 중단되는 경우가 있다. 이러한 특수한 상황의 소멸 후 집행절차가 계속되는 경우, 절차가 잠시 중단되는 것을 집행의 중지라 한다. 민사소송법의 규정에 의하면, 아래의 경우에는 인민법원이 재정으로써 집행을 중지한다. 즉, ① 신청인이 연기하여 집행할 것을 표시한 경우, ② 사건 당사자 이외의 자가 집행목적물에 대하여 정당한 이의를 제기한 때, ③ 일방 당사자인 공민의 사망으로, 그 상속인이 권리를 상속하거나 의무를 부담함을 기다릴 필요가 있는 경우, ④ 일방당사자인 법인 또는 기타 조직이 종료되어 권리의무를 승계할 자가 확정되지 아니한 때, ⑤ 인민법원이 집행의 중지가 필요하다고 인정하는 경우 등이다.

2. 집행의 종결

집행의 과정에서 모종의 특수한 상황이 발생하여 집행이 불가능하거나 집행을 진행시킬 필요가 없는 경우, 즉 집행의 절차를 정지시키고 이후에 다시 회복시킬 필요가 없는 경우를 집행의 종결이라 한다. 다음의 경우에 인민법원은 재정으로 집행을 종결하여야 한다. 즉 ① 신청인이 신청을 취소한 경우, ② 집행의 법률문서가 취소된 경우, ③ 피집행인인 공민의 사망으로 집행이 가능한 유산이 없거나 의무를 부담할 자가 없는 경우, ④ 부양비, 양육비, 교육비 청구사건의 권리자가 사망한 경우, ⑤ 피집행인인 공민이 생활곤란으로 상환할 능력이 없거나 수입원이 없고 노동능력을 상실한 경우, ⑥ 인민법원이 집행의 종결이 필요하다고 인정한 경우 등이다.

3. 집행의 회복

집행의 회복은 집행을 완료한 후, 집행의 근거가 된 법률문서가 취소 또는 변경됨으로 인하여, 이미 집행된 재산의 일부분 또는 전부를 피집행인에게 되돌림으로써, 집행개시 전의 상태로 회복시키는 것을 말한다. 집행회복의 조치를 취하는 데에는 반드시 다음과 같은 조건이 필요하다. 즉, ① 원 법률문서가 규정한 내용이 이미 집행되었을 것, ② 원 법률문서가 법규정에 의하여 취소되었을 것, ③ 집행의 회복이 가능할 것, ④ 집행의 회복은 반드시 새로운 법률문서에 근거하여 집행할 것 등이다.

제 6 절 섭외민사소송절차

I. 섭외민사소송절차의 개념과 일반원칙

1. 섭외민사소송절차의 개념

섭외민사소송절차는 사법기관이 섭외관련의 민사사건, 경제분쟁사건을 수리하여 심판하고 집행하는 소송절차를 말한다. 섭외 관련의 사건은 다음과 같은 경우에 해당된다. 첫째, 당사자 일방 또는 쌍방이 외국인, 무국적자 또는 외국기업, 조직일 경우. 둘째, 쌍방간의 민사법률관계의 발생, 변경 또는 소멸의 법률사실이 외국에서 발생한 경우. 셋째, 쌍방간에 다툼이 되고 있는 재산이 외국에 있는 경우 등이다.

2. 섭외민사소송절차의 일반원칙

(1) 중국민사소송법 적용의 원칙

중국의 민사소송법 제 4 편에서는 섭외민사소송절차의 특별규정을 규정하였다. 인민법원이 섭외사건을 심리할 경우 우선적으로 이들 특별규정을 적용하여야 하며, 제 4 편에 규정이 없는 것에 한하여 제 3 편의 규정을 적용한다.

⑵ 평등원칙

외국인, 무국적자, 외국기업과 외국조직은 인민법원에 제소나 응소를 할 경우 중화인민공화국 공민, 법인 및 기타 조직과 평등한 소송권리와 의무를 가진다.

⑶ 대등원칙

외국법원이 중화인민공화국 공민, 법인 또는 기타 조직의 민사소송권리에 대하여 제한을 가하면, 인민법원은 당해 국가의 공민, 기업과 조직의 민사소송권리에 대하여 대등한 제한을 실시한다.

⑷ 중국이 체결 또는 참가한 국제조약 적용의 원칙

중화인민공화국이 체결 또는 참가한 국제조약과 중국이 민사소송법규정이 일치하지 않는 경우, 당해 국제조약의 규정을 적용한다. 다만 중화인민공화국이 유보를 선언한 조항은 예외로 한다.

⑸ 사법면책특권원칙

외교특권과 면책특권을 가지는 외국인, 외국조직 또는 국제조직이 제기한 민사소송은 중화인민공화국의 관련법률과 중화인민공화국이 체결하고 참가한 국제조약의 규정에 의하여 처리한다.

⑹ 중국통용의 언어 문자사용 원칙

인민법원이 섭외민사사건을 심리할 경우에는 중화인민공화국에서 통용하는 언어와 문자를 사용하여야 한다. 당사자가 통역을 요구하는 경우에는 통역을 제공하고 비용은 당사자가 부담한다.

⑺ 중국변호사 위탁대리 소송원칙

외국인, 무국적자, 외국기업과 조직이 제소와 응소를 하는 경우로 변호사의 위탁대리가 필요한 때에는 반드시 중국 변호사에게 위탁하여야 한다.

Ⅱ. 섭외민사사건의 관할

중국민사소송법 제 4 편의 제25장은 섭외민사사건의 관할에 대한 특별규정이다. 제25장에 특별한 규정이 없는 것은 민사소송법의 관할에 대한 일반규정을 적용한다. 제25장은 피고가 중국 내에 주소가 없는 계약분쟁 또는 기타 재산권 분쟁사건의 관할 문제와 협의관할과 전속관할 및 피고의 인민법원 관할권의 묵인 문제에 대하여 각각 규정하고 있다.

1. 계약분쟁 또는 기타 재산권분쟁사건의 관할

첫째, 계약이 중국 내에서 체결되었거나 이행되는 것은 계약의 체결지 또는 계약이행지의 인민법원이 관할한다. 둘째, 소송목적물이 중국 영내에 있는 경우에는 소송목적물 소재지의 인민법원이 관할한다. 셋째, 피고의 재산이 중국 내에 있고, 압류가 가능한 경우에는 압류가 가능한 재산의 소재지 인민법원이 관할한다. 넷째, 재산권분쟁의 사건은 권리침해행위의 발생지 인민법원이 관할한다. 다섯째, 피고가 중국 내에 대표기구를 두고 있지 않은 경우 기구 소재지 인민법원이 관할한다.

2. 협의관할

섭외계약소송 또는 섭외재산권 소송의 당사자는 서면의 형식으로, 분쟁과 관계 있는 장소의 소재지 법원으로 관할을 협의하여 선택할 수 있다. 여기서의 분쟁과 관계 있는 장소는 계약체결지, 이행지, 소송목적물 소재지, 당사자 소재지 등이다. 당사자의 협의관할은 전속관할과 급별관할의 규정을 위반할 수 없다. 협의관할이 갖추어야 할 조건은 다음과 같다. 첫째, 협의관할의 당사자는 공민, 법인일 수도 있고, 당사자 쌍방이 모두 외국기업, 조직 또는 개인이거나 당사자 일방이 외국기업, 조직 또는 개인일 수 있다. 둘째, 반드시 서면의 형식으로 협의하여야 한다. 셋째, 당사자는 관할 법원만을 협의 약정할 수 있고, 반드시 당해 분쟁에 대하여 실질적인 관할권이 있는 법원으로 하여야 한다. 넷째, 당사자의 관할 협의는 제 1 심 사건의 관할법원이며, 제 2 심의 관할법원을 약정할 수 없다. 다섯째, 민사소송법상의 전속관할을 위반할 수 없다.

3. 전속관할

중화인민공화국에서 이행하는 중외합자기업경영계약, 중외합작기업경영계약, 중외합작자연자원탐사개발계약으로 발생되는 분쟁으로 제기하는 소송은 중화인민공화국의 인민법원이 관할한다. 중외합자기업경영, 중외합작기업경영은 중국법인의 자격을 가지고 있기 때문이며, 중외합작자연자원탐사개발계약은 중국의 국가주권 문제와 관계되고, 이러한 계약이 중국의 국경 내에서 이행되고 당사자 및 소송목적물이 모두 중국에 있기 때문에, 주권의 수호와 당사자의 소송편리 등의 요소를 고려하여 이들 사건을 중국 인민법원의 전속관할로 하였다.

4. 피고의 관할 묵인

섭외민사소송의 피고가 원고의 제소 후 관할에 대하여 이의를 제기하지 않고 응소 및 답변을 한 경우에는 당해 인민법원을 관할권이 있는 법원으로 승인한 것으로 본다. 이러한 관할권의 확정은 전속관할에 적용되지 않고 급별관할의 규정에도 위반할 수 없다.

Ⅲ. 기간과 송달

1. 기 간

섭외민사소송기간은 섭외민사소송에서 인민법원, 당사자 및 기타 소송참가자가 소송행위를 하는 데 있어서 반드시 준수해야 할 시간이다. 섭외민사소송의 기간을 적용하는 전제는 당사자가 중화인민공화국 내에 주소를 두지 않는 것이다. 중국의 민사소송법은 섭외민사소송의 답변기간, 상소기간, 상소에 대한 답변기간 등에 대하여 규정하는바, 이들 규정의 특징은, 첫째 시간이 비교적 길다는 것으로서 이는 당사자가 외국에 거주할 경우 소송행위가 비교적 긴 시간을 필요로 하기 때문이다. 둘째, 당사자가 규정된 기간 내에 소송행위를 완성하기 어려운 때에는 기간의 연장이 가능하고, 이에 대한 결정은 인민법원이 한다.

2. 송 달

섭외민사소송에서의 송달은 인민법원이 섭외민사소송사건을 심리하는 과정에서 소송문서를 당사자와 기타 소송참가자에게 전달하는 행위이다. 섭외민사소송에 있어서 송달은, ① 국제조약 관련의 방식에 의한 송달, ② 외교경로를 통한 송달, ③ 송달받을 자가 소재하는 국가의 대사관이나 영사관을 통한 송달, ④ 소송대리인을 통한 송달, ⑤ 송달받을 자의 중국주재 대표기구 또는 지점 등을 통한 송달, ⑥ 우편송달, ⑦ 공고송달 등이 있다.

Ⅳ. 재산보전

섭외민사소송중의 재산보전은 일반민사소송에 있어서의 재산보전과 비교하여 다음과 같은 특징이 있다. 첫째, 섭외민사소송에서의 재산보전은 당사자의 신청에 의하고 인민법원이 직권으로 행할 수 없다. 일반 민사소송의 재산보전은 당사자의 신청으로도 가능하고 인민법원의 직권에 의하여도 가능하다. 둘째, 인민법원은 재산보전의 재정을 한 후 피신청인에 대하여 담보의 제공을 명하거나 압류조치하여야 한다. 셋째, 인민법원이 재산보전의 재정을 한 후 신청인은 30일 이내에 소송을 제기하여야 한다. 기간을 넘겨 소송을 제기하지 않는 경우에는 재산보전을 해제한다. 일반 민사소송에서는 인민법원이 재산보전을 재정한 후, 신청인은 15일 이내에 소송을 제기하여야 한다. 기간을 넘겨 소송을 제기하지 않으면 재산보전을 해제한다.

Ⅴ. 중　　재

섭외경제무역, 운송과 해사에 관하여 발생하는 분쟁은 당사자가 중재의 방식으로 해결할 수 있고 소송의 방식으로도 해결할 수 있다. 중재의 방식에 의한 해결을 선택함에는 반드시 쌍방당사자의 합의가 필요하며 계약상의 중재조항 또는 중재협의를 근거로 한다. 소송에 의한 방식의 선택은 중재의 협의가 없는 상황에서 일방 당사자가 인민법원에 소송을 제기하는 것이다. 전자를 쌍방당사자의 공동선택이며 후자는 일방당사자의 선택으로서 모두 당사자의 권리이다.

섭외경제무역, 운송과 해사중재에서 당사자가 재산의 보전을 신청하면 중화인민공화국섭외중재기구와 인민법원은 편리를 제공하며, 그 구체적인 절차는 다음과 같다. 첫째, 당사자가 중재기구에 신청을 한다. 둘째, 섭외중재기구는 당사자의 신청을 인민법원에 전달한다. 중국의 민사소송법 규정에 의하면 섭외중재기구는 당사자의 신청을 반드시 피신청인의 주소지 또는 재산소재지의 중급인민법원에 전달하도록 되어 있다. 셋째, 중화인민공화국섭외중재기구의 재결을 거친 사건을 일방 당사자가 이행하지 않을 경우, 상대방 당사자는 피신청인의 주소지 또는 재산소재지 중급인민법원에 집행을 신청할 수 있다.

제10장 형사소송법

[鄭二根]

제 1 절 형사소송법 서론

I. 형사소송법의 개념

1. 형사소송의 개념

광의의 형사소송은 법원의 재판, 공소기관의 기소와 수사기관의 수사 등 일련의 소송활동을 말한다. 협의의 형사소송은 형사사건에 관한 법원의 재판활동을 말하며, 재판 이전의 입건, 수사, 기소에 대한 심사 등은 포함하지 않는다. 중국의 형사소송은 광의로 이해된다. 형사소송의 개념을 명확하게 이해하기 위하여 다음과 같은 몇 가지 형사소송의 특징을 들 수 있다. 첫째, 형사소송은 일종의 국가활동이며 국가기관이 국가형벌권을 행사하는 활동이다. 둘째, 형사소송은 특정의 임무 즉 형사소송을 통하여 범죄의 진상을 밝히며, 범죄자의 형사책임을 물어 범죄자를 처벌하며 무고한 사람이 형사처벌을 받지 않도록 하는 소송절차이다. 형사소송이 해결하려는 주된 문제는 범죄 피의자와 피고의 형사책임문제이다. 셋째, 형사소송은 당사자와 기타 소송참가자의 참가 아래 진행되며, 특히 당사자는 형사소송에서 불가결한 소송주체이다. 이 점은 형사소송의 민주성과 공개성을 결정하는 것이다. 넷째, 형사소송은 법정의 소송절차에 따라 이루어지는 것이다. 국가사법기관이 행하는 형사소송은 반드시 법률이 정한 절차에 따라 진행하여야 하며 자의적으로 소송의 단계를 취사선택할 수 없다.

2. 형사소송법의 개념

형사소송법은 국가 근본법의 하나이며, 국가의 통치계급이 자신의 의지에 따라 제정한 형사소송에 관한 법률규범, 사법해석 및 판례의 총칭이다. 중국에서 형사소송법은 국가공안기관(국가안전기관을 포함한다), 인민검찰원, 인민법원 및 소송참가자가 형사소송을 하는 데 있어서 반드시 준수하여야 할 법률규범이다. 형사소송법은 절차법으로서 국가전문기관의 형사사건 처리에 대한 직권범위와 당연히 준수하여야 할 기본원칙 및 제도, 당사자와 기타 소송참가자의 소송권리와 의무, 형사사건의 처리를 위한 입건, 수사, 기소 재판과 집행 등 구체적 소송절차와 소송제도를 규정하였다.

협의의 형사소송법은 형사소송법전을 말한다. 중국에서는 1979년 7월 1일 제5기 전국인민대표대회 제2차 회의에서 통과되고, 1996년 3월 17일 제8기 전국인민대표대회 제4차 회의에서 개정된 중화인민공화국형사소송법을 가리킨다.[1] 그러나 광의의 형사소송법에는 형사소송법전 이외에 단행의 형사소송법규와 조례, 기타의 법률 법규 조례 중에서 형사소송절차와 관련된 규범 및 최고인민법원 등의 해석이 포함된다.

Ⅱ. 형사소송법의 법원(法源)

1. 헌 법

헌법은 국가의 근본법이며, 최고의 법률효력을 가지며, 모든 법률과 법령의 법원이 된다. 형사소송법은 국가의 기본법률이므로 형사소송법의 제정은 반드시 헌법을 근거로 하여야 한다. 형사소송법이 규정한 모든 규정은 목적, 임무, 기본원칙에서 기본절차 제도에 이르기까지 모두 헌법의 규정에 부합하여야 하고 헌법의 정신에 위배될 수 없다. 형사소송법은 헌법 관련 규정의 구체화이며, 형사소송법의 모든 내용은 헌법정신의 표현이다.

2. 형사소송법전

중화인민공화국형사소송법은 형사소송법의 중요한 법원이며, 형사소송절차의 중요한 근거이다. 형사소송법은 형사소송의 목적, 기본원칙, 구체적인 제도와 기본절차에 대하여 전면적인 규정을 하고 있다. 모두 4편 225개 조문으로 구성되어 있다.

---

1) 이 형사소송법은 1997년 1월 1일부터 시행되고 있다..

3. 관련 법률과 법령

국가입법기관이 제정한 기타의 법령 중에서 형사소송절차와 관련된 규정은 형사소송법의 법원이 된다. 예컨대 중화인민공화국변호사법, 중화인민공화국법관법, 중화인민공화국검찰관법, 중화인민공화국경찰법, 중화인민공화국인민법원조직법, 중화인민공화국인민검찰원조직법 등이 해당된다.

4. 사법해석

최고인민법원과 최고인민검찰원이 재판 및 검찰업무 과정에서 법률 · 법규를 어떻게 적용할 것인가 하는 문제에 대하여 내린 사법해석 및 관련 지시와 비준 등은 형사소송의 법원이 된다.

5. 국제조약

국내법의 법원으로서 국제조약은 반드시 국가권력기관이 승인한 국제조약이며, 이는 체약국 또는 해당조약에 참가·승인한 각 주권국가와 국제조직간의 법률이다. 국제관례에 의하면 서명국가가 당해 조약의 내용에 대한 유보선언이 없는 한 권력기관의 승인이 있으면 당해 국가의 법원이 된다. 이러한 점에서 국제조약 역시 형사소송법의 법원에 해당한다.

Ⅲ. 형사소송법학의 기본개념

1. 범죄의 처벌과 인권보장의 결합

범죄의 처벌과 인권의 보장은 형사소송법이 추구하는 두 가지 기본적인 내용이다. 어느 한 쪽만을 강조하는 것은 형사소송법의 근본적인 취지를 위반하는 것이다. 소위 범죄의 처벌은 형사소송절차를 통하여 정확하고 신속하게 사건의 진상을 파악한 뒤 범죄를 구성하는 피고인에 대하여 형법을 적용하여 범죄를 처벌하고 국가형벌권을 실현하는 것이다. 인권의 보장은 범죄처벌의 과정을 통하여 공민의 권리를 보장하고, 특히 피고인과 피해자 및 기타 소송참가자의 실체권리와 절차권리가 불법적인 침해를 받지 않도록 하는 것이다. 형사소송에서의 인권보장은 첫째, 범죄자에 대한 신속한 처벌, 일반 공민의 신체와 재산 등 합법권익이 범죄로부터 침해되지 않도록 하는 것이다. 둘째, 범죄자를 처벌하는 동시에 무고한 사람이 처벌되지 않도록 하는 것이다. 셋째, 인권의 보장은 범죄혐의자, 피고인 및 피해자를 포함하는 모든 소송참가자의 소송권리가 충분히 행사될 수 있도록 하는 것이다. 넷째, 범죄자가 공정한 처벌을 받도록 하는 것이다.

2. 사법공정

어떠한 사법제도에서든 공정성은 필수적이며 근본적인 것이다. 공정은 사법제도를 평가하고 구성하는 가장 중요한 가치이다. 사법공정은 실체공정과 절차공정을 포함한다. 실체공정은 국가사법기관의 모든 활동은 반드시 사실에 의하고 법률을 기준으로 하여야 한다는 것을 요구한다. 사법의 실체공정은 국가사법기관이 추구하는 목적이며 또한 사법제도의 합리적 존재가치라 할 것이다. 절차공정은 법률을 정확히 적용하는 것이며, 사법과정에서의 부당한 편견을 배제하는 수단이고, 법률정의를 실현하는 근본적인 기제가 된다.

3. 기소와 재판의 분리

기소와 재판의 분리는 현대 형사소송의 중요한 원칙이자 제도이다. 기소권과 재판권의 철저한 분리는 형사소송법의 내재적 요구이며 형사소송의 민주화와 과학화의 중요한 징표가 된다. 이 원칙은 기소와 재판의 기능이 각기 다른 주체에 의하여 이루어질 것을 요구하며, 즉 법관은 기소를 담당할 수 없으며 기소가 없는 사항에 대하여는 재판할 수 없다는 것을 의미한다.

기소와 재판의 분리를 전제로 기소는 재판의 전제가 된다. 기소와 재판의 분리 원칙은 두 가지 소송원칙, 즉 불고불리의 원칙과 기소와 재판대상의 동일성 원칙을 포함한다.

4. 기소와 변호의 대등

기소와 변호의 대등은 현대 형사소송의 핵심적인 기제이며, 평등 이념의 구체화이고, 사법공정의 전제조건이다. 이 원칙은, 첫째 기소와 변호 측 쌍방의 소송중의 법률지위의 평등, 즉 기소측과 피고측은 모두 소송의 주체로서 법률지위가 평등하여야 한다는 것이다. 둘째 기소와 변호측 쌍방의 소송권리는 서로 동일하거나 대응한다는 것을 의미한다.

5. 소송효율

현대 사회에서 범죄율은 날로 증가하는 추세에 있기 때문에 형사사법계통이 직면한 부담 역시 날로 증대되고 있다. 형사소송의 목적실현, 형사범죄의 통제, 인권의 보장, 법률질서의 수호와 사회안전의 보장을 위하여 국가는 대량의 인적·물적 자원을 소비하게 된다. 이들은 모두 소송과정상의 경제성 문제와 관련이 있고, 형사소송의 영역에서 소송효율의 실현은 소송과정에서의 경제적이고 합리적인 제도운용에 달려 있다.

Ⅳ. 형사소송법의 제정목적과 임무

1. 형사소송법의 제정목적

형사소송법의 목적은 국가가 형사소송법을 제정하고 실시하는 출발점이자 형사소송법이 추구하는 결과이다. 절차법으로서의 형사소송법은 우선 실체법으로서의 형법이 충분히 실현될 수 있도록 하는 가치를 지녀야 한다. 형사소송법의 규정에 의하여 다음과 같이 형사소송법의 가치를 설명할 수 있다. 첫째, 형법의 정확한 실시를 보장하고, 범죄를 처벌하며, 인민을 보호하는 것은 형사소송법의 직접목적이다. 둘째, 국가안전과 사회공공의 안전을 보장하고, 사회주의 사회질서를 수호하는 것은 형사소송법의 간접목적이다.

형사소송법의 이러한 가치를 인정하는 동시에 마땅히 고려하여야 할 것은 국가가 제정하는 형사소송법의 목적을 오로지 형법의 정확한 실시를 위한 것으로 보거나 형사소송법을 형법의 수단으로 보아서는 안 된다. 이 외에도 형사소송법은 그 자체로 독자적인 내재가치를 가진다. 형사소송법이 독자적으로 가지는 내재적 가치는 일반적으로 절차적 정의라 한다.

2. 형사소송법의 임무

형사소송법 제 2 조의 규정에 의하여, 형사소송법은 대략 다음과 같은 세 가지의 임무가 있다고 할 수 있다. 첫째, 정확하고 신속한 범죄의 처벌을 보장하는 것은 형사소송법의 가장 우선적인 임무이다. 형사소송법이 사법기관에 대하여 정확하고 신속하게 범죄사실을 밝히도록 요하는 것은 양자가 서로 밀접하고 불가분의 관계에 있다는 것이다. 신속만을 요하고 정확성을 요하지 않으면 범죄를 방관하고 무고한 사람을 처벌하게 되므로, 신속함은 반드시 정확함을 전제로 하여야 한다. 둘째, 죄 없는 자가 처벌을 받지 않도록 하고 공민의 합법권익을 보호하는 것은 형사소송법의 또 다른 중요한 임무이다. 범죄자를 처벌하고 죄 없는 자가 형사처벌을 받지 않도록 하는 것은 형사소송법의 당연한 임무이다. 어떠한 공민도 범죄행위를 하지 않은 경우 또는 법규정에 의하여 형사책임이 면제된 경우에는 처벌되지 않는다. 셋째, 공민을 교육하여 법률을 준수토록 하고 사회주의 법제를 수호토록 하는 것은 형사소송법의 또 다른 임무이다. 형사소송법의 규정에 의하면, 마땅히 공개재판을 하여야 하는 사건은 공개로 재판하고 방청하는 공민에 대하여 법제교육을 하도록 되어 있다. 법제교육은 다음의 내용을 포함한다. 즉 공민이 스스로 법률을 준수하도록 교육할 것을 요하며, 공민이 위법한 범죄행위에 대하여 적극적으로 투쟁하도록 교육하며, 공민에 대하여 범죄에 대한 경계심을 고취시키고 범죄예방을 강화하도록 하는 것이다.

V. 형사소송법률관계

형사소송은 형법의 실시를 목적으로 하는 과정으로서, 이러한 과정의 순조로운 진행은 각각의 소송주체가 각자의 활동목표에 따라 법률행위를 하는 것과 관계가 있고, 이로써 또한 여러 가지 복잡한 권리·의무의 관계가 발생한다. 이처럼 소송주체가 구체적 형사소송행위를 행함으로써 발생되는 법률관계가 형사소송법률관계이다. 기타의 법률관계와 마찬가지로 형사소송법률관계 역시 주체, 객체 및 행위의 세 가지 중요한 부분으로 이루어지며, 권리·의무관계를 그 실질적인 내용으로 한다. 이처럼 형사소송법률관계는 형사소송주체, 형사소송객체, 형사소송행위 등과 불가분의 관계에 있다. 형사소송의 주체는 형사소송의 과정에서 소송행위를 통하여 일정한 소송권리를 향유하고 일정한 소송의무를 부담하는 자이다. 형사소송주체로는 국가를 대표하여 수사권, 기소권 및 재판권을 행사하는 국가기관, 당사자 및 기타 소송참가자가 있다. 형사소송의 객체는 형사소송의 주체가 소송행위를 하고 형사소송활동을 함에 있어서 지향하는 대상이다. 형사소송의 객체에 대하여는 형사책임설과 범죄사실설이 대립된다. 형사소송의 행위는 형사소송주체가 소송과정에서 소송권리의 향유와 소송권리의 부담을 위하여 행하는 법률행위를 말한다. 소송주체는 자기의 활동목표 달성과 소송권리의 행사를 위하여 구체적인 소송행위를 하게 된다. 형사소송행위는 형사소송법률관계가 발생, 변경 및 소멸되는 전제조건이다.

Ⅵ. 형사소송법의 효력범위

1. 시간적 효력

형사소송법의 효력이 발생되는 시기는 일반적으로 공포시에 명문으로 규정한다. 효력이 소멸되는 시기에 대하여는, 새로운 형사소송법이 명문으로 구법의 폐지를 규정하거나, 신법우선의 원칙에 의하여 구법의 폐지시기를 추정한다. 1996년 3월 17일 공포된 중화인민공화국주석령 64호는, 중화인민공화국형사소송법 개정안을 1997년 1월 1일부터 시행한다고 규정하였다.

2. 대인적 효력

중국의 영역 내에 있는 모든 사람은, 외국인 또는 무국적자를 불문하고, 범죄혐의가 있거나 형사소추를 받아야 할 경우에 중국의 형사소송법규정이 적용된다. 동시에 중국 내에서 범죄혐의가 있는 모든 법인 또는 기타 조직에 대한 형사소추 역시 중국형사소송법이 적용된다. 중국의 형사소송법은 대인적 효력범위에 대하여 속지주의 원칙을 취하고 있고, 그 예외로서 외교특권과 면책특권을 인정하고 있다.

3. 지역적 효력

각국의 법학이론은 형사소송의 지역적 효력범위에 대하여 속지주의 원칙을 취하고 있다. 이 원칙에 의하면, 한 나라의 형사소송법의 효력범위는 그 나라의 모든 영역에 미친다. 본국의 영역 내에서 발생되는 일체의 형사사건은 본국의 사법기관이 관할권을 행사한다. 이는 국가주권원칙의 구체적 표현이기도 하다. 그러나 관련 국제조약 또는 관례에 의하여, 각국에서는 국제형사사법 협조체제를 인정하고 있다. 이는 형사소송법의 지역적 효력범위에 대한 한계를 극복하기 위한 것이다.

제 2 절 형사소송법의 일반원칙과 제도

I. 형사소송의 주체

중국형사소송법에 규정된 형사소송의 주체는 전문사법기관과 소송참가자가 포함된다. 전문사법기관에는 인민법원, 인민검찰원, 공안기관, 국가안전기관 및 군대 내부의 보위기관이 포함된다. 소송참가자에는 피해자, 자소인(自訴人), 피고, 부대민사소송당사자, 법정대리인, 변호인, 증인, 감정인과 통역 등이 포함된다.

1. 전문사법기관

(1) 인민법원

인민법원은 국가의 재판기관이며, 국가를 대표하여 재판권을 행사한다. 재판권은 각종 형사, 민사, 경제, 행정 등의 사건을 심리하고 재판하는 권한으로 국가권력의 중요한 구성 부분이다. 인민법원만이 국가를 대표하여 재판권을 행사할 수 있고, 기타의 어떠한 기관이나 조직 또는 개인도 재판의 권한을 행사할 수 없다. 형사재판에서 재판은 인민법원이 관장하며, 인민법원은 유일한 재판기관이다. 재판은 형사소송에 있어서 중요한 것은 오직 재판을 통하여만 피고인의 유·무죄를 확정할 수 있고, 인민법원의 심리와 재판을 거치지 않고는 어느 누구에 대하여도 유죄를 확정할 수 없다는 것이다.

재판권의 실시를 보장하기 위하여 형사소송법은 인민법원에 대하여 다음과 같은 직권을 부차적으로 부여하였다. 첫째, 형사피고인에 대하여 체포, 구금, 심문과 감시의 결정을 할 수 있도록 하였다. 둘째, 필요시 조사, 검사, 압류, 감정 및 재산동결을 할 수 있게 하였다. 셋째, 부대민사소송이 제기되는 경우에는 피고의 재산을 봉인, 압류할 수 있도록 하였다. 넷째, 법률의 규정에 의하여 판결과 재정의 집행권을 행사토록 하였다.

인민법원조직법의 규정에 의하면 인민법원의 조직 체계는 지방각급인민법원, 전문인민법원과 최고인민법원으로 되어 있다. 지방각급인민법원은 기층인민법원, 중급인민법원과 고급인민법원으로 되어 있다. 전문인민법원은 군사법원, 철도운수법원과 해사법원이 있고 해사법원은 형사사건의 관할권이 없다. 최고인민법원은 국가의 최고재판기관이며, 지방각급인민법원과 전문인민법원의 재판업무를 감독한다. 헌법과 인민법원조직법의 규정에 의하면, 인민법원은 반드시 각급 국가권력기관 즉 각급 인민대표대회에 대하여 책임을 지며, 각급 인민대표대회 및 그 상무위원회의 감독을 받는다.

인민법원은 재판권을 행사하지만 인민법원이 심리하는 형사사건은 모두 일정한 조직을 통하여 실현된다. 인민법원을 대표하여 형사사건에 대하여 심리와 재판을 하는 조직이 재판조직이다. 인민법원조직법과 형사소송법의 관련 규정에 의하면 인민법원이 형사사건을 재판하는 조직은 세 가지로 구분된다. 즉 단독부, 합의부 및 재판위원회이다. 이 중에서 합의부는 가장 보편적이고 일상적인 형식이며, 단독부와 재판위원회는 소송경제원칙과 집단영도체제를 관철하기 위한 특별한 형식으로서, 현실적으로는 여러 가지 문제가 존재한다.

⑵ 인민검찰원

인민검찰원은 국가의 법률감독기관이며 국가검찰권을 행사한다. 검찰권은 국가권력의 중요한 구성부분이며 그 내용은 헌법과 법률의 정확한 실시를 보장하고 사회주의 법률의 통일과 존엄을 수호하는 것이다.

인민검찰원의 감독대상과 범위는 특정되는바, 즉 관련 국가기관, 공무원과 공민이다. 그 중에서 국가기관은 사법기능을 수행하는 국가기관 즉 공안기관, 인민법원, 교도소 및 노동교양기관이다.

인민검찰원의 임무는 검찰권의 행사를 통하여 일체의 국가전복행위, 국가분열행위 및 기타 국가안전을 해치는 범죄활동을 진압하며, 국가안전을 해하는 범죄분자와 기타의 범죄분자를 소탕하여 국가통일의 수호, 인민민주전정제도의 수호, 사회질서의 수호, 공민의 재산보호, 공민의 신체적 권리와 기타의 민주적 권리를 보호하고 사회주의 현대화 건설의 순조로운 진행을 보호하는 것이다.

인민검찰원조직법과 형사소송법의 규정에 의하여 형사소송상 인민검찰원이 행사하는 직권은 수사권, 기소권 및 감독권이다.

인민검찰원은 인민법원과 마찬가지로 국가권력기관이 구성하고, 국가권력기관의 감독을 받는다. 조직체계상 인민검찰원은 국가행정기관과 재판기관으로부터 독립되고, 최고인민검찰원을 정점으로 지방각급인민검찰원과 전문인민검찰원을 포함하여 통일된 검찰기관체제를 이루고 있다.

헌법의 규정에 의하여 인민검찰원은 권력기관 즉 인민대표대회 및 그 상설기관에 대하여 책임을 진다. 상·하급인민검찰원간에는 영도와 피영도의 관계에 있고 상급인민검찰원은 하급인민검찰원의 업무를 영도하며, 최고인민검찰원은 지방각급인민검찰원과 전문인민검찰원의 업무를 영도한다. 인민검찰원 내부에는 수장책임제를 실시하며, 검찰장이 검찰원의 업무를 통일 영도한다.

⑶ 공안기관

공안기관은 국가의 치안보위기관이며, 각급행정기관 즉 각급인민정부의 구성부분이다. 공안기관은 국가치안행정역량과 형사사법역량이며, 사회치안과 국내안전보위업무의 전문기관이다.

공안기관의 임무는 사회치안질서의 유지, 범죄예방, 국가안전을 해하는 범죄분자와 기타 형사범죄를 수사하고 소탕하며, 국가와 집체 및 개인의 합법재산을 보호하고, 인민민주전정의 수호, 사회주의 제도의 유지, 사회주의 현대화 건설의 순조로운 진행을 보장하는 것이다. 형사소송에서 공안기관은 수사권을 행사한다. 공안기관의 임무는 바로 각종의 수사수단을 통하여 증거를 수집하고, 범죄사실을 조사하며, 범죄피의자를 추적하여 인민검찰원의 기소와 인민법원의 재판근거를 제공하는 것이다. 이 외에도 공안기관은 형사소송에서 형사판결과 재정의 집행에 대한 부분적인 책임을 진다.

⑷ 국가안전기관

국가안전기관은 국가기관의 중요한 구성부분으로, 인민민주전정의 도구이다. 국가안전기관은 간첩 등에 대한 투쟁을 담당하며, 국가안전을 보호하고 인민민주전정인 사회주의제도를 공고히 하는 기능을 담당한다. 국가안전기관은 국가안전을 해치는 형사사건을 처리하며, 이 때에는 공안기관과 동일한 권한을 행사하고 소송지위 역시 공안기관과 동등하다. 공안기관 역시 지방각급인민정부의 구성부분이며, 동급인민정부의 영도를 받으며 상급국가안전기관은 하급국가안전기관을 영도한다.

⑸ 군대보위부문

군대보위부문은 군대 내에서 발생한 형사사건에 대하여 수사권을 행사한다. 군대보위부문이 처리하는 형사사건은 형사소송법의 관련 규정을 적용하므로 군대의 보위부문은 공안기관과 동일한 수사권을 행사한다.

2. 소송참가자

소송참가자는 형사소송에서 사법인원 이외에 일정한 소송권리를 가지거나 일정한 소송의무를 부담하는 자를 말한다. 소송참가자에는 당사자, 법정대리인, 소송대리인, 변호인, 증인, 감정인과 통역을 포함한다. 소송참가자는 당사자와 기타 참가자로 구분할 수 있다. 당사자는 사건과 직접적인 이해관계가 있는 자로서, 형사소송법의 규정에 의하면 피해자, 자소인, 범죄피의자, 피고, 부대민사소송의 원고와 피고가 당사자에 포함된다.

사건과 직접적인 이해관계가 없고 기타의 원인에 의하여 형사소송에 참가하는 자가 기타 소송참가자이다. 법정대리인, 소송대리인, 변호인, 증인, 감정인과 통역 등이 포함된다.

(1) 공소사건의 피해자

형사소송에서 피해자는 범죄행위로 인하여 그 신체, 재산 및 기타 합법권익에 피해를 입은 자를 말한다. 피해자는 부대민사소송의 원고가 되어 형사소송에 참가할 수도 있다. 피해자가 당사자로서 가지는 소송권리는 ① 자기 민족의 언어문자로 소송을 할 권리, ② 재판인원과 검찰인원 및 수사인원의 소송권리 침해와 모욕행위에 대한 고발권, ③ 재판인원 등에 대한 회피신청권, ④ 법정조사에 참가할 권리, ⑤ 진술권, ⑥ 법정변론권 등이 있다. 피해자는 상술의 소송권리뿐만 아니라 소송의 과정에서 법정의 소송의무를 준수하여야 한다. 즉 사법기관에 사실대로 진술할 의무, 사법기관의 신체조사를 수인할 의무, 사법기관의 소환에 대한 출두의무, 법정질서의 준수의무 등이다.

(2) 자소인(自訴人)

자소는 법률의 규정에 따라 피해자 또는 기타의 법정대리인이 직접 인민법원에 형사소송을 제기하는 방식이다. 형사소송법의 규정에 따라 자소사건의 범위는, ① 고소로 처리할 사건, ② 피해자가 증거를 가지는 경미한 형사사건, ③ 피해자가 자신의 신체 또는 재산권 침해에 대한 증거를 가지고 있으나 공안기관 및 인민검찰원이 피고인에 대하여 형사책임을 추궁하지 않는 사건 등이다.

자소인은 직접 인민법원에 자소사건을 기소한 당사자이다. 그 범위는 피해자, 피해자의 법정대리인과 피해자의 근친자이다. 자소인은 자소사건의 당사자로서 독립적인 소송지위를 가진다. 자소인의 기소, 소의 취소, 피고와의 화해, 상소

등의 행위는 소송절차의 개시와 전개 및 종료에 영향을 미친다. 자소인의 합법적인 권익을 보호하기 위하여 법률은 자소인 및 소송참가자가 가지는 공통적인 소송권리 외에도 다음과 같은 권리를 규정하였다. 즉, ① 형사소송의 제기, ② 형사소송의 제기와 동시에 부대민사소송의 제기, ③ 재판인원 등에 대한 회피의 신청, ④ 법정조사와 변론권, ⑤ 소송의 위탁권, ⑥ 재판기록의 열람권, ⑦ 소의 취소권 등이다. 자소인은 일정한 소송권리를 가지는 외에 일정한 소송의무를 부담한다. 법정에의 출두의무, 사건의 진상을 제공할 의무, 증거제시의 의무, 인민법원의 판결 등을 이행할 의무 등이 그 예다.

⑶ 범죄피의자와 피고

범죄피의자와 피고는 범죄혐의로 형사책임을 추궁당하는 사람이다. 형사소송은 범죄피의자 또는 피고에 대하여 형사책임을 인정하는 과정이다. 피의자 또는 피고의 참여가 없으면 형사소송은 이루어질 수 없고, 피의자 또는 피고가 사망하면 형사소송활동이 종료된다.

형사소송법은 범죄피의자와 피고를 위하여 일련의 소송권리를 확립하였다. 즉, ① 본 민족의 언어와 문자를 사용하여 소송을 할 권리, ② 재판인원, 검찰인원 및 수사인원의 소송권리 침해와 모욕행위에 대한 고발권, ③ 재판인원 등에 대한 회피의 신청, ④ 피소된 내용을 신속히 알 권리 및 소송의 권리가 있음을 알 권리, ⑤ 사건과 무관한 내용에 대한 대답의 거절권, ⑥ 변호를 받을 권리, ⑦ 법정조사에 대한 참가권 및 진술권, ⑧ 상급법원에 대한 상소권 등이 그 예다.

⑷ 부대민사소송의 원고

부대민사소송의 원고는 형사소송에서 자기의 명의로 사법기관에 부대민사소송을 제기한 자이다. 민사소송의 원고는 반드시 민사소송의 능력이 있어야 하고, 피고의 범죄행위로 손해를 입어 배상을 청구할 실체적 권리가 있어야 한다. 부대민사소송의 원고는 ① 피해자, ② 피해자의 사망시 그 근친자, ③ 피해자의 법정대리인, ④ 국유재산의 손해 발생시 인민검찰원에 의한 부대민사소송의 제기, ⑤ 보험금을 지급한 보험자가 부대민사소송을 제기하는 등이다.

⑸ 부대민사소송의 피고

부대민사소송이 피고는 형사소송에서 형사피고의 범죄행위로 인하여 발생된 손해에 대하여 민사배상책임을 부담하는 자이다. 부대민사소송의 피고는 일반적으로 형사피고 본인이나 특수한 경우에 있어서는 다음의 자가 부대민사소송의 피고가 된다. 즉, ① 형사피고가 미성년자 또는 행위무능력자인 경우 그 민사배상책임을 지는 보호자, ② 형사피고가 한정행위능력자인 경우에는 형사피고와 그 보호자가 공동으로 부대민사소송의 피고가 되고, ③ 기관 단체의 직원이 직무 집행상의 범죄행위로 발생한 손해에 대하여는 관련 법인이 부대민사소송의 피고가 되며, ④ 공동으로 손해를 발생시킨 경우 연대배상책임이 있는 자는 공동으로 부대민사소송의 피고가 되고, ⑤ 사형이 집행된 죄수의 유산 상속인 등이 부대민사소송의 피고가 될 수 있다.

Ⅱ. 형사소송법의 기본원칙

1. 형사소송 기본원칙의 개념

형사소송법의 기본원칙은 사법기관 및 소송참가자가 형사소송을 진행할 때 반드시 준수해야 할 기본적인 행위준칙을 말한다. 중국형사소송법의 기본원칙은 헌법, 형사소송법, 인민법원조직법과 인민검찰원조직법 등에 의하여 규정된다. 헌법으로 형사소송법의 기본원칙을 규정하는 것은 각 국가의 일반적인 현상으로서 형사소송의 중대한 사항에 대한 기본적인 입장을 나타내는 것이다. 중국헌법에 규정된 형사소송의 기본원칙으로는 재판공개의 원칙, 변호를 받을 권리를 가지는 원칙, 재판권 및 검찰권 독립의 원칙, 본 민족 언어와 문자로 소송할 권리를 가지는 원칙, 공안기관·인민검찰원·인민법원의 업무분담·상호협조·상호제약의 원칙 등이다. 인민법원조직법과 인민검찰원조직법이 정한 형사소송법의 기본원칙으로는 재판권 및 검찰권 독립의 원칙, 재판공개의 원칙, 2심 종심의 원칙 등이다. 중국형사소송법에 규정된 형사소송의 기본원칙은 두 가지 측면에서 비롯된다. 첫째, 중국형사소송의 실무경험을 바탕으로 한 것이다. 예를 들면 군중에 의거하는 원칙, 책임분담·상호협조·상호제약의 원칙은 이러한 유형에 속한다. 다른 하나는 세계 각 국가의 합리적인 법률문화를 수용하고 중국의 상황에 맞추어 형성된 원칙이다. 예를 들면 모든 공민의 법률적용상의 평등원칙, 재판공개의 원칙, 피고의 변호권 보장원칙, 재판권 독립의 원칙 등이다.

2. 형사소송의 기본원칙

형사소송법의 기본원칙은 형사소송법의 기본내용과 특징을 반영하고, 사법기관의 소송활동을 지도하며, 소송의 순조로운 진행을 보장하고 형사소송법의 임무 실현에 중요한 역할을 한다.

⑴ 인민법원과 인민검찰원의 직권독립 원칙

형사소송법 제5조는 "인민법원은 법률의 규정에 의하여 재판권을 독립하여 행사하고, 인민검찰원은 법률의 규정에 의하여 검찰권을 독립하여 행사하며, 행정기관, 사회단체와 개인의 간섭을 받지 않는다"고 규정한다. 이 규정이 인민법원과 인민검찰원의 직권독립에 관한 법적 근거이다. 인민법원과 인민검찰원의 직권독립은 다음의 내용을 포함한다. 즉 첫째, 인민법원, 인민검찰원은 법률의 규정에 의하여 독립적으로 형사사건에 대하여 재판권과 검찰권을 행사하고, 행정기관·사회단체 및 개인의 간섭을 받지 않는다. 둘째, 법률이 규정한 재판권 및 검찰권 독립행사의 주체는 법원과 검찰원이며 법관과 검찰관이 아니다. 즉 법원이 재판권을 독립하여 행사하고 검찰원이 검찰권을 독립하여 행사한다. 셋째, 중국의 법률이 규정한 재판권과 검찰권의 독립행사는 서방 국가의 사법독립과 구별된다. 중국은 사회주의 국가로서 의행합일(議行合一)의 정치제도를 실시한다. 인민법원과 인민검찰원은 입법기관에 의하여 구성되고 입법기관의 감독을 받으며 입법기관에 대하여 책임을 진다.

⑵ 군중에 의거하는 원칙

형사소송법 제6조는 인민법원, 인민검찰원 및 공안기관이 형사소송을 진행할 경우 반드시 군중에 의거하도록 규정하고 있다. 군중에 의거하여 형사소송을 진행하는 것은 형사소송업무 본래의 필요에 의한 것이다. 군중에 의지하고 군중 속으로 들어가 조사하고 연구하는 것은 범죄단서를 찾고 범죄증거를 확보하고, 조속히 사건의 사실을 밝히는 데 도움이 된다. 동시에, 형사소송의 과정에서 군중에 의거하고 군중의 의견을 듣고 군중의 감독을 받는 것은 법률의 정확한 적용에 필요한 것이다.

군중에 의거하는 원칙을 정확히 이해하고 집행하는 데는 다음과 같은 주의가 필요하다. 즉 첫째, 군중을 믿고 군중이 하는 업무의 방법을 체득하도록 한다. 둘째, 법을 엄격히 준수하여 업무를 처리한다. 법을 엄격히 준수하여 업무를 처리할 때 비로소 군중의 지지를 받을 수 있는 것이다.

⑶ 사실에 의거하고 법률을 근거로 하는 원칙

형사소송에서 법률을 근거로 하는 것은, 반드시 형법·형사소송법과 기타 법률의 관련 규정으로써 죄목을 확정하고 형량을 정하여야 한다는 것을 의미한다. 영도자의 태도나 개인의 발언은 그 근거가 될 수 없는 것이다. 사건의 진상을 명확히 조사하고 법률의 적용을 정확히 하는 것은 사법기관이 형사소송을 진행하는 양대 기본임무이며, 이는 또한 사법기관과 소송참가자의 형사소송 진행에 대한 기본적인 요구이다. 사실에 의거하고 법률을 근거로 하는 것은 형사소송의 결정적인 문제를 장악하는 것이고 형사소송법의 임무를 실현하기 위한 가장 기본적인 조건을 확보하는 것이다.

⑷ 법률적용상의 평등원칙

이 원칙의 기본 의의는 사법기관이 형사사건을 처리할 경우 민족·성별·직업·사회적 출신·종교신앙·교육정도·재산상황·거주기한 등에 관계없이 모든 공민의 합법권익은 법률에 의한 보호를 받고, 모든 공민의 위법한 범죄행위에 대하여 법적인 책임을 추궁하며, 법률 앞에서 어떠한 특권도 인정하지 않는다는 것이다. 모든 공민에 대한 법률적용상의 평등은 법률규정의 범위 내에서 차별대우하는 것과 모순되는 것이 아니다. 법률의 범위 내의 차별 대우는 법률의 규정에 근거하여 행하는 것이다. 주범과 종범을 차별하여 대우하는 것, 자수와 범죄인정의 태도에 따른 차별 등이 해당된다. 모든 공민의 법률적용상의 평등은 법률의 사회주의 성질과 부합하는 것이고, 형사소송의 정확한 실시를 위하여 필요한 것이다. 형사소송에서 이 원칙을 관철하는 것은 특권을 반대하고 방지하는 데에도 유리하다. 또한 이 원칙을 관철하는 것은 인민이 사회주의 민주와 법치를 건설하는 데에도 적극적인 의의가 있다.

⑸ 업무분담·상호협조·상호제약의 원칙

공안기관, 검찰기관 및 법원이 업무를 분담한다는 것은 공안기관, 검찰기관 및 법원이 법률의 규정에 따라 각기 맡은 바 업무에 따라 소송활동을 행하고 이에 대하여 각자의 책임을 진다는 것이다. 공안기관은 수사, 구류 및 예심의 직권을 행사하고, 검찰기관은 수사를 포함한 체포의 비준과 기소권을 행사하며, 법원은 재판권을 행사한다. 공안기관, 검찰기관 및 법원은 상호 대체될 수 없고 직권을 초월하여 행사할 수 없다.

세 기관이 상호 협조한다는 것은, 세 기관이 형사소송에서 각기 맡은 직무에 대하여 책임을 지는 동시에, 상호 협조하여 범죄사실을 정확하고 신속하게 조사하고, 법률을 정확히 적용하여, 범죄자를 처벌하며, 죄 없는 자가 형사처벌을 받지 않아야 한다는 형사소송법의 임무를 완수하는 것이다.

세 기관이 상호 제약한다는 것은, 세 기관이 법률의 규정에 따라 기타 기관이 행한 잘못된 결정 등에 대하여 이의를 제기하며, 법에 의하여 시정을 요구할 수 있는 것이다.

⑹ 본 민족의 언어와 문자를 사용하여 소송할 권리를 가지는 원칙

중국은 다민족의 사회주의국가로서, 각 민족의 정치적 법률적 지위는 모두 평등하고, 각 민족은 모두 본 민족의 언어와 문자를 사용하고 발전시킬 권리가 있다. 본 민족의 언어와 문자를 사용하여 소송을 진행하는 것은 각 민족의 정치적·법률적 지위의 평등을 형사소송에서 실현하는 것이다.

⑺ 공개재판의 원칙

공개재판은 인민법원이 형사사건을 심리하고 재판하는 경우에 모두 공개로 진행한다는 것이며, 공민의 방청을 허락하고 신문기자의 취재를 허락한다는, 즉 법정재판의 모든 과정을 일반에 공개한다는 것이다. 다만 특수한 경우에 한하여 공개하지 않을 수 있다. 즉 ① 국가기밀에 관련되는 사건, ② 관련 공민의 사생활에 관련되는 사건, ③ 14세 이상 16세 이하 미성년자의 범죄사건, ④ 16세 이상 18세 미만의 미성년자의 범죄사건 역시 일반적으로 공개하지 않는다.

공개재판의 공개는 다음과 같은 의의가 있다. 첫째 재판의 공개는 인민법원의 재판업무를 인민군중의 감독하에 두는 것이고, 인민법원이 사건의 사실을 전면적이고 객관적으로 밝혀 정확한 판결을 함으로써 재판의 질을 높이는 데 이로운 것이다. 둘째, 범죄예방과 범죄를 감소시키는 데 필요하고 재판의 교육적인 작용을 확대시키는 데에도 필요하다. 셋째, 재판의 공개는 군중과 밀접히 연계하는 것이고, 군중의 역량에 의거하여 범죄분자를 교육하고 개조하는 유효한 방법이다.

⑻ 범죄피의자와 피고의 변호권 보장 원칙

헌법과 법률이 보장한 범죄피의자와 피고의 변호권 보장은 국가의 성질에 의하여 결정된 것이다. 중국은 인민민주전정의 사회주의국가로서 공민은 광범위한 자유와 권리를 가진다. 범죄피의자와 피고는 특수한 지위를 가지는 공민이며, 그들의 합법적인 권익을 보호하기 위하여 국가의 헌법과 법률은 그들에 대하여 변호권을 부여한다.

범죄피의자와 피고가 형사소송의 과정에서 법에 의하여 변호권을 향유하는

것은, 범죄피의자 및 피고가 기소에 대하여 변명하고 상응하는 사실과 증거자료 제출 등의 수단을 통하여 자기의 무죄, 감경 및 처벌면제 등의 사유를 주장하여 자신의 합법권익을 보호하는 것이다. 인민법원 및 기타 사법기관은 범죄피의자와 피고의 변호권 행사를 보장할 의무가 있다. 공안기관과 검찰기관은 수사와 기소를 심사하는 단계에서 범죄피의자와 피고의 변호권 행사를 보장할 의무가 있다.

범죄피의자와 피고의 변호권 보장은 사건처리의 질을 높이고 범죄피의자와 피고의 합법권익을 보호하는 데 유리하고, 형사소송의 공평·공정 및 민주정신을 구체화하는 것이다.

Ⅲ. 관할제도

1. 관할제도의 개념과 의의

형사소송에서의 관할은 사법기관의 형사사건 처리 범위상의 분담에 관한 것이다. 관할제도가 해결하는 문제는 공안기관, 인민검찰원과 인민법원이 형사사건을 수리하는 데 있어 업무의 분담이며, 인민법원의 제 1 심 형사사건에 대한 업무분담이다. 형사소송법의 규정에 의하면 관할은 입건관할과 재판관할로 구분된다.

2. 입건관할

입건관할은 부문관할 또는 직능관할이라고도 하며, 공안기관, 인민검찰원, 인민법원 사이의 형사사건 수리 범위상의 업무분담이다.

인민법원이 직접 수리하는 형사사건은 자소사건으로서, 자소사건의 범위는, ① 고소로 처리할 사건, ② 피해자가 증거를 가지는 경미한 형사사건, ③ 피해자가 자신의 신체 또는 재산권 침해에 대한 증거를 가지고 있으나 공안기관 및 인민검찰원이 피고인에 대하여 형사책임을 추궁하지 않는 사건 등이다.

인민검찰원이 직접 수리하는 형사사건은 국가공무원의 독직사건, 국가공무원이 직권을 이용하여 행하는 불법구금, 고문과 자백강요, 보복과 무함, 불법수사로 공민의 신체자유를 침범하는 범죄 및 공민의 민주권리를 침해하는 범죄 등으로 이들 사건은 인민검찰원이 입건하여 수사한다.

법률이 규정한 형사사건 이외에 모든 형사사건의 수사는 공안기관이 실시한다. 국가안전기관은 법률의 규정에 의하여 국가안전을 위해하는 사건을 처리하고, 이때에는 공안기관과 동일한 직권을 행사한다. 군대보위부문은 군대 내부에서 발생한 형사사건에 대하여 수사권을 행사한다. 교도소 내에서 발생한 범죄사건은 교도소가 수사를 한다.

3. 재판관할

재판관할은 인민법원의 제 1 심 형사사건에 대한 재판관할상의 분담이다. 재판관할은 급별관할, 지역관할 및 전속관할을 포함한다.

⑴ 심급관할

심급관할은 각급 인민법원간에 있어서 제 1 심 형사사건 재판관할상의 분담이다. 기층인민법원은 제 1 심 보통형사사건을 관할한다. 다만 형사소송법이 상급인민법원이 관할하도록 규정한 것은 제외한다. 중급인민법원은 반혁명사건, 국가안전을 해치는 사건, 무기징역이나 사형에 처할 일반 형사사건, 외국인 범죄의 형사사건 등을 제 1 심 형사사건으로 한다. 고급인민법원의 제 1 심 형사사건은 성, 자치구, 직할시 급의 중대한 형사사건이다. 최고인민법원은 전국성의 중대 형사사건을 제 1 심 형사사건으로 한다.

⑵ 지역관할

지역관할은 동급인민법원간에 있어서 제 1 심 형사사건 재판관할상의 분담이다. 형사사건은 범죄지 인민법원이 관할한다. 만약 피고 거주지의 인민법원이 관할하는 것이 더욱 적합할 경우에는 피고의 거주지 인민법원이 관할할 수 있다. 즉 범죄지 인민법원이 관할함을 원칙으로 하고 피고의 거주지 인민법원이 관할함을 부차적으로 인정하고 있다.

⑶ 전속관할

전속관할은 각종 전문법원의 제 1 심 형사사건에 대한 재판관할상의 분담이다. 전속관할에 대하여는 법률이 별도로 규정한다.

Ⅳ. 회피제도

1. 회피제도의 개념과 의의

형사소송에 있어서 회피제도는 사건과 이해관계가 있거나 특수관계에 있는 수사인원, 검찰인원 및 재판인원이 당해 사건을 처리하는 데 참여할 수 없도록 한 소송상의 제도이다. 회피제도는 사법공정의 실현을 위한 것이라 할 수 있다.

2. 회피의 종류와 사유

회피는 스스로에 의한 회피, 당사자의 신청에 의한 회피 및 공안사법기관의 명령에 의한 회피가 있다.

회피의 사유로는 ① 당해 사건의 당사자 또는 당사자의 근친자인 경우, ② 본인 또는 그의 근친자가 당해 사건과 이해관계가 있는 경우, ③ 당해 사건의 증인, 감정인, 변호인 또는 소송대리인이었던 경우, ④ 당해 사건의 당사자와 이해관계가 있어 사건의 공정한 처리에 영향을 줄 염려가 있는 경우이다.

이 외에도 형사소송법은 재판인원, 검찰인원 및 수사인원은 당사자 및 그 위탁인의 접대나 선물을 받을 수 없고, 규정에 위반하여 당사자 및 그 위탁인을 접견할 수 없다고 규정한다. 재판인원, 검찰인원 및 수사인원이 이에 위반하면 법적인 책임을 추궁하며, 당사자 및 그 법정대리인은 회피를 신청할 수 있다.

3. 회피의 적용범위

회피제도가 적용되는 범위는 수사인원, 검찰인원, 재판인원 및 수사, 기소, 재판활동과정의 기록원, 통역인 및 감정인이 포함된다.

회피를 신청하는 주체는 당사자 및 그 법정대리인으로 한다.

V. 변호와 대리

1. 변　　호

(1) 변호의 개념

변호는 형사소송에서 범죄피의자와 피고 및 그 변호인이 기소 측의 제소에 대하여 행하는 범죄피의자 및 피고의 무죄나 감경사유 또는 형사처벌의 면제를 증명하고, 범죄피의자 및 피고의 합법권익을 보호하는 소송활동이다. 변호인은 형사사건에서 범죄피의자 및 피고의 위탁 또는 관련 사법기관의 지정을 받아 범죄피의자 또는 피고의 변호권 행사를 돕고, 법규정에 의하여 범죄피의자 및 피고의 합법권익을 보호하는 소송참가자이다.

⑵ 변호인의 범위

중국 형사소송법상 변호인의 범위는 변호사, 인민단체 또는 범죄피의자 및 피고의 소속 사업장이 추천하는 자, 범죄피의자 및 피고의 감호인 또는 친구가 변호인이 될 수 있다. 중국에서 변호인이 될 수 있는 자는 상술한 바와 같이 변호사에 한하지 않고 매우 광범위하지만 모든 사람이 변호인이 될 수 있는 것은 아니고, 형벌의 집행을 받고 있는 자 또는 법에 의하여 신체의 자유가 박탈되거나 제한된 자는 변호인이 될 수 없다.

⑶ 변호인의 권리와 의무

변호인의 소송상의 권리로는 변호권, 소송기록 열람권, 접견·통신권, 증거의 조사·수집권, 개정의 통지를 받을 권리, 법정조사에 참가할 권리, 법정변론권 등이 있다. 형사소송에서 변호인이 이행할 의무로는 직무충실의 의무, 비밀유지의 의무, 법정에서의 규칙준수 의무, 규정에 위반하여 법관이나 검찰관을 회견하지 않아야 할 의무, 기타 증거에 관한 의무 등이 있다.

⑷ 형사법률구조제도

형사법률구조제도는 국가가 경제적으로 곤란한 자 또는 특별한 사건의 당사자에 대하여, 비용을 감면하거나 국가가 변호사비용을 지급하는 등의 방식으로, 법률원조를 제공하는 법률제도이다. 형사법률구조의 대상은 ① 맹인 및 농아자로서 위탁변호인이 없는 경우, ② 미성년자로서 위탁변호인이 없는 경우, ③ 사형에 처해질 자로서 위탁변호인이 없는 경우, ④ 본인의 경제적 능력이 없거나 기타의 원인으로 위탁변호인이 없는 경우 등이다.

2. 대 리

⑴ 대리의 개념

형사소송에서의 대리는 대리인이 공소사건 피해자 및 그 법정대리인 또는 근친자, 자소사건의 자소인 및 그 법정대리인, 부대민사소송의 당사자 및 그 법정대리인의 위탁을 받아 피대리인의 명의로 소송에 참가하고, 수권의 범위 내에서 활동하며, 피대리인이 대리행위의 법률효과를 부담하는 법률제도이다.

⑵ 자소사건의 대리

자소사건은 당사자가 직접 인민법원에 제소하여 인민법원이 직접 수리하는 사건으로, 형사소송법에는 세 가지를 규정하고 있다. 또한 형사소송법의 규정에 의하면 자소사건의 자소인 및 그 법정대리인 또는 그 근친자는 자유로이 소송대리인에게 소송을 위탁할 수 있다. 자소인과 소송대리인은 소송대리계약을 체결하여야 하며, 대리사항, 대리권한, 대리기간 등의 중요한 사항을 기재하여야 한다.

(3) 공소사건 피해자의 대리

공소사건의 피해자는 형사사건의 당사자로서, 사건의 처리결과와 법률상의 이해관계를 가진다. 그러나 피해자는 범죄행위로 인한 신체상의 중대한 상해 등으로 인하여 법정에 출정할 수 없는 경우가 있고 이로 인하여 자기의 합법권익을 충분히 보호받지 못하는 경우가 있다. 이에 법률은 피해자에게 소송대리인에게 위탁할 수 있는 권리를 부여하였다. 공소사건의 피해자 및 그 법정대리인 또는 근친자는 사건의 기소를 심사토록 이송된 날로부터 소송대리인에게 위탁할 권리가 있다. 피해자의 대리인이 대리하는 권리의 범위는 법률이 피해자에게 부여한 소송권리범위의 제한을 받고, 아울러 위탁인이 대리인에게 수권한 범위의 제한을 받는다.

(4) 부대민사소송에서의 대리

부대민사소송대리인의 소송권리는 형사부대민사소송당사자가 가지는 소송권리 및 그 수권행위에서 나온다. 특별수권의 경우 대리인은 다음과 같은 권리가 있다. 즉, 원고측 대리인이 가지는 제소권, 원고측 대리인이 가지는 보전 또는 사전급부의 신청권, 회피신청권, 법정조사 참가권, 법정변론권, 조정요구권, 상소권 등이다.

Ⅵ. 증거제도

1. 증거의 종류와 의의

형사소송법상 사건의 진실상황을 증명하는 일체의 사실은 모두 증거이며 증거는 다음과 같은 종류가 있다. 즉, ① 물증, 서증, ② 증인의 증언, ③ 피해자의 진술, ④ 범죄 피의자나 피고의 자백이나 변명, ⑤ 감정결론, ⑥ 검증과 검사, ⑦ 시청각자료이다. 형사소송증거의 개념은 두 가지를 내포한다. 내용상으로 증거는 사건의 진실상황을 충분히 증명할 수 있는 일체의 사실이며, 형식상으로는 형사소송법이 규정한 7종의 형식에 한하여 증거로 한다. 그러므로 중국의 형사소송에 있어서 증거는 법률규정의 형식으로 된, 사건의 진실상황을 충분히 증명할 수 있는 일체의 사실을 말한다.

형사소송에서 증거는 다음과 같은 의의가 있다. 첫째, 증거는 사건의 정황을 밝히는 유일한 수단이다. 둘째, 증거는 사건의 정확한 처리를 위한 기초이다. 셋째, 증거는 소송활동을 진행하는 근거가 된다. 넷째, 증거는 범죄분자에 대하여 죄를 인정하게 하는 강력한 수단이다. 다섯째, 증거는 죄 없는 자가 형사추궁을 받지 않도록 하는 보장수단이다. 여섯째, 증거는 사회주의 법제교육을 행하는 도구이다.

2. 증거의 분류방법

첫째, 증거자료의 출처에 따라 증거는 원시증거와 전문증거로 구별된다. 원시증거는 목격자나 피해자의 진술, 서증의 원본, 물증의 진품 등이다. 전문증거로는 전해들은 말이나 복제한 증거자료 등이다. 둘째, 증거의 증명작용이 범죄피의자와 피고가 행한 범죄행위를 긍정하는지 부정하는지에 따라 유죄증거와 무죄증거로 구분한다. 셋째, 증거사실의 표현형식에 따라 언어문자증거와 실물증거로 구분할 수 있다. 넷째, 증거와 사건의 주요사실과의 증명관계에 따라 직접증거와 간접증거로 구분할 수 있다. 목격자의 증언, 범죄피의자와 피고의 자백이나 진술 등은 직접증거의 예이며, 현장에 남긴 발자국, 지문, 범죄에 사용된 도구 등은 간접증거의 예가 된다.

3. 증명대상과 책임

형사소송에서 증명은 국가의 전문기관이 형사소송 과정에서 증거를 이용하여 사건의 사실을 확정하는 활동이다. 형사소송에서 증명이 관련되는 이론문제는 다음과 같다.

(1) 증명대상

증명대상은 형사소송에서 증거를 이용하여 증명을 할 필요가 있는 문제이다. 형사소송에서 증명의 대상은 주로 실체방면의 사실 즉 범죄피의자 및 피고에 대한 정확한 범죄확정과 양형에 관련된 사건사실이다. 구체적으로는 범죄의 구성요건과 관련된 사실과 범죄피의자 및 피고 개인의 상황에 관련된 것이다. 이 외에도 형사소송에서 증명이 필요한 것은 절차방면의 사실, 즉 소송절차문제의 해결에 법적 의의를 갖는 사실, 예컨대 회피가 필요한 상황, 소송기관과 관련된 사실, 법정절차 위반의 사실 등이 해당된다.

⑵ 증명책임

증명책임은 공안사법기관이 범죄피의자 및 피고에 대하여 처분성의 결정을 할 경우 반드시 사건의 사실을 증명하는 증거를 제출하여야 하는 책임을 말한다. 증명책임이 해결하려는 문제는 국가기관이 범죄를 규명할 경우, 범죄와 범죄피의자 및 피고와의 관계문제이다. 중국의 형사소송에서 증명책임은 인민법원, 인민검찰원 및 공안기간이 부담하고, 공안사법기관이 범죄피의자 및 피고의 범죄혐의 또는 유죄를 확정하려면 반드시 증거로써 증명하거나 확실하고 충분한 증거를 수집하여야 한다. 증명이 지향하는 목표는 공안사법기관이 행하는 결정에 따라 다르다. 예컨대 범죄피의자의 체포는 범죄사실이 있음을 증명하는 증거를 필요로 하고, 피고에 대한 유죄판결은 확실하고 충분한 증거를 필요로 한다. 범죄피의자와 피고는 증명책임을 지지 않는다. 즉 범죄피의자와 피고는 자기의 유죄 또는 무죄를 증명할 증거를 제시할 의무가 없다.

증명책임과 관련되는 개념으로서 거증책임이 있다. 거증책임은 법정의 심리단계에서, 기소측과 변호측 중 누가 증거를 제출하는가 하는 문제이다. 공소사건이든 자소사건이든 모두 소를 제기한 자가 거증책임을 부담한다. 공소사건에서는 공소인이 거증책임을 부담하고 자소사건에서는 자소인이 거증책임을 부담한다. 자소인은 소송을 제기할 경우 충분한 증거를 제출하여야 하며 그렇지 않을 경우 인민법원은 소를 각하할 수 있다.

Ⅶ. 강제조치

형사소송에서의 강제조치는 공안기관, 인민검찰원 및 인민법원이 범죄와의 유효한 투쟁과 형사소송의 원활한 진행을 위하여 법규정에 의하여 범죄피의자 및 피고에 대하여 일시적으로 그 신체의 자유를 제한하는 각종 방법과 수단이다. 이러한 방법과 수단으로는 구인, 보석, 가택연금, 구류와 체포의 다섯 종류가 있다.

1. 구　　인

구인은 공안기관, 인민법원과 인민검찰원이 구금되지 않은 범죄피의자 및 피고에 대하여 강제로 심문을 받게 하는 강제적 조치이다. 구인은 강제조치 중 가장 경미한 것으로 공안사법기관이 형사소송의 과정에서 구체적 상황에 따라 적용을 결정할 권리가 있다. 구인의 대상은 사법기관의 합법적인 소환에 정당한 이유 없이 이를 거절하는 범죄피의자, 혐의자 및 피고에 적용된다. 소환은 구인의 필요적 절차가 아니다. 인민법원, 인민검찰원과 공안기관은 사건의 구체적 상황에 따라 범죄피의자 및 피고에 대하여 구인을 결정할 수 있다.

2. 보석과 가택연금

형사소송법의 규정에 의하면 ① 통제, 구금에 처할 수 있거나 또는 부가형을 독립하여 적용할 수 있는 경우, ② 유기징역 이상의 형벌에 처할 수 있는 경우에 보석이나 가택연금을 채택하여도 사회적 위험성이 없는 경우에는 범죄피의자와 피고에 대하여 보석과 가택연금을 적용할 수 있다. 보석과 가택연금은 인민법원, 인민검찰원 및 공안기관이 결정하고, 공안기관이 집행한다. 보석은 보증인을 세우는 방법과 보증금을 납부하는 방법이 있다. 보증인은 법률이 규정한 조건에 부합하여야 하며 법정의 의무를 이행하여야 하고 그렇지 않는 경우에는 상응의 책임을 져야 한다. 보증금을 납부한 범죄피의자와 피고가 법률규정의 의무를 이행하면 보석이 종결되는 때에 보증금을 되돌려 받는다. 가택연금을 받는 범죄피의자나 피고는 집행기관의 비준 없이는 거주지를 떠날 수 없다. 거주지가 일정하지 않은 자는 집행기관의 비준 없이 지정된 거소를 떠날 수 없고, 형사소송법의 가택연금에 대한 규정을 준수하여야 한다. 보석의 기간은 최장 12개월을 초과할 수 없고, 가택연금은 최장 6개월을 초과할 수 없다.

3. 구 류

구류는 공안기관, 인민검찰원이 결정하며, 공안기관이 집행하는 현행범 또는 중대혐의자에 대한 일시적인 신체자유 제한의 강제조치이다. 구류를 적용하는 조건은, ① 범죄의 예비, 범죄의 실행 또는 범죄 후 즉시에 발각된 경우, ② 피해자 혹은 사건현장의 목격자가 범죄를 확인하는 경우, ③ 신변 또는 거소에서 범죄의 증거가 발견된 경우, ④ 범죄 후 자살 또는 도피를 기도하거나 도피한 경우, ⑤ 증거를 인멸 또는 위조하거나 허위진술을 하는 경우, ⑥ 실명, 주소를 진실하게 말하지 않고 신분이 불분명한 경우, ⑦ 도피범행, 상습범행 및 집단범행의 중대한 혐의가 있는 경우이다.

공안기관은 구류 후 수사에 장애가 있거나 통지를 할 방법이 없는 경우를 제외하고는, 구류의 원인과 구금의 장소를 24시간 이내에 피구류인의 가족 또는 소속사업장에 통지하여야 한다. 공안기관은 구류 후 24시간 이내에 신문을 하여야 하고, 부당한 구류의 경우에는 즉시 석방하고 석방증명을 발급하여야 한다. 체포가 필요하지만 증거가 불충분한 경우에는 보석 또는 가택연금의 방법을 채택할 수 있다.

4. 체 포

체포는 인민검찰원의 비준 또는 결정을 거치거나, 인민법원의 결정을 거쳐 공안기관이 범죄피의자 및 피고에 대하여 비교적 장시간에 걸쳐 신체의 자유를 제한하는 강제조치이다.

유죄사실을 증명할 증거가 있고, 징역 이상의 형벌에 처할 범죄에 해당하는 피의자 및 피고에 대하여, 보석과 가택연금 등의 방법을 채택함이 사회적 위험성을 방지하기에 부족하여, 체포가 필요한 경우에는, 즉시 체포하여야 한다. 체포를 해야 할 범죄피의자 또는 피고가 중병을 앓고 있는 경우, 임신중인 경우 또는 영아에 대한 수유가 필요한 부녀에 대하여는 보석과 가택연금의 방법을 취할 수 있다.

수사단계에서의 구금기간은 체포 후 2개월을 초과할 수 없다. 사안이 복잡하여 기간의 연장이 필요한 경우에는 상급인민검찰원의 비준을 거쳐 1개월 연장할 수 있다. 기타 중대하고 복잡한 사건 또는 중대한 범죄집단사건 등의 경우 성, 자치구, 직할시 인민검찰원의 비준 또는 결정을 거쳐 2개월 연장할 수 있다. 기소를 심사하는 단계의 구금기간은, 인민검찰원이 공안기관이 기소를 하도록 이송한 사건에 대하여 1개월 이내에 결정을 하여야 하고 중대하고 복잡한 사건의 경우에는 15일 연장할 수 있다. 재판단계에 있어서의 구금기간은, 인민법원이 기소사건을 심리함에는 사건을 수리한 후 1개월 이내에 판결을 선고하여야 하며, 늦어도 1개월 반을 초과할 수 없다. 교통불편지역의 중대 복잡한 사건, 중대한 집단범죄사건 등의 경우에는 성, 자치구, 직할시 고급인민법원의 비준 또는 결정을 거쳐 1개월 재연장할 수 있다. 제 2 심 법원이 상소 또는 항소를 수리한 경우에는 1개월 내에 심리를 종결하여야 하며, 늦어도 1개월 반을 초과할 수 없다. 중대 복잡한 사건의 경우에 성, 자치구, 직할시 고급인민법원의 비준 또는 결정을 거쳐 1개월 재연장할 수 있다. 최고인민법원이 수리하는 상소 및 항소사건은 최고인민법원이 결정한다.

Ⅷ. 부대민사소송

1. 개념과 성립조건

부대민사소송은 형사소송부대민사소송이라고 하며 인민법원 및 인민검찰원이 당사자와 기타 소송참가자의 참여하에, 피고의 형사책임을 추궁하는 동시에, 피고의 범죄행위로 발생된 피해자의 물질적 손해에 대한 배상문제를 부차적으로 해결하는 소송활동을 말한다. 부대민사소송은 범죄행위로 인하여 발생하는 것으로, 형사소송의 과정에서 제기되고 형사사건과 같이 해결되므로 그 성립과 해결은 모두 형사소송과 밀접한 관계가 있다. 그러므로 부대민사소송은 형사소송에 종속된 특수한 민사소송이다. 부대민사소송의 성립에는 다음과 같은 요건이 필요하다. 첫째, 부대민사소송의 제기는 반드시 형사사건의 성립을 전제로 한다. 둘째, 범죄행위가 피해자에게 물질적 손해를 준 것이어야 한다. 셋째, 피해자의 물질적 손해는 반드시 피고의 범죄행위가 직접 발생시킨 것이어야 한다. 넷째, 부대민사소송은 반드시 형사소송의 과정에서 제기하여야 한다.

2. 부대민사소송의 당사자

(1) 부대민사소송의 원고

형사소송법 및 최고인민법원의 '형사소송법약간문제의 집행에 관한 해석'에 근거하면, 부대민사소송의 원고는 다음과 같다. 첫째, 범죄행위로 인하여 물질적 손해를 입은 공민. 둘째, 범죄행위로 물질적 손해를 입은 사업장. 셋째, 피해자가 사망한 경우의 근친자. 넷째, 행위무능력자 또는 한정행위능력자인 피해자의 법정대리인. 다섯째, 국가재산이나 집체재산의 손해의 경우 인민검찰원이 원고가 될 수 있다.

(2) 부대민사소송의 피고

형사소송법 및 최고인민법원의 '형사소송법 약간문제의 집행에 관한 해석'에 근거하면, 부대민사소송의 피고는 다음과 같다. 첫째, 형사피고 및 형사책임을 추궁받지 않는 기타의 공동가해자. 둘째, 미성년자, 정신병자의 법정대리인 또는 감호자. 셋째, 사형이 집행된 죄수의 유산상속인. 넷째, 공동범죄사건에서 심리가 종결되기 전에 사망한 피고의 유산상속인. 다섯째, 기타 형사피고의 범죄행위에 대하여 당연히 민사배상책임을 져야 할 사업장과 개인이다.

3. 부대민사소송의 절차

부대민사소송의 제기조건은 부대민사소송을 제기하는 원고 및 법정대리인이 법정조건에 부합하여야 하며, 명확한 피고, 배상을 청구하는 구체적 요구와 근거가 있어야 하며, 피해자의 물질적 손해가 피고의 범죄행위로 발생된 것이어야 하고, 부대민사소송의 수리범위에 해당하여야 한다.

부대민사소송의 제기 기간은 형사사건 입건 이후 제1심 판결의 선고 전에 제기하여야 한다. 제1심 판결 전에 제기가 없으면 재차 부대민사소송을 제기할 수 없고, 형사판결의 효력 발생 후 별도로 민사소송을 제기할 수 있다.

부대민사소송사건의 심리는 인민검찰원이 제기하는 경우 외에는 조정으로 할 수 있다. 조정은 반드시 자원합법(自願合法)의 원칙상 가능하다. 조정서는 쌍방 당사자가 서명한 후 즉시 법적 효력이 발생한다.

Ⅸ. 기간과 송달

1. 기 간

법률은 사법기관과 소송참가자가 진행하는 소송활동에 대하여 구체적인 기간을 명확히 규정하고, 형사소송을 진행하는 경우 반드시 준수하도록 요구한다. 소송활동의 구체적인 기간을 정하는 것은 소송의 지연을 방지하고 형사소송의 신속한 진행을 보장하며, 당사자 등 소송참가자의 합법권익 및 신속한 범죄처벌을 보장하는 것이다. 기간은 시, 일, 월을 계산단위로 하고, 기간개시의 시와 일은 기간에 산입하지 않는다. 기간만기의 계산은, 기간의 마지막 날이 공휴일인 경우 공휴일 후의 첫날을 만기일로 본다. 그러나 범죄피의자, 피고 또는 죄수의 구금기간은 기간이 만료되는 날로 집행하여야 하고, 공휴일로 인하여 공휴일 후의 첫날을 만기일로 하여 집행할 수 없다.

2. 송 달

송달은 형사소송에 있어서 불가결한 소송활동이며, 형사소송의 원활한 진행을 보장하고, 소송참가자의 소송권리의 실현을 보장하며, 사법기관의 직무 이행을 보증한다. 법률은 송달에 대하여 구체적인 절차를 규정한바, 사법기관이 소송문서를 송달함에는 반드시 법률규정의 송달절차를 엄격히 준수하여야 한다. 송달은 반드시 법률규정의 송달방식에 따라 행하여야 하는바, 송달의 방식은 직접송달, 간접송달, 유치송달, 우편송달, 위탁송달 등이 있다. 소송문서의 송달은 반드시 송달확인증이 있어야 하고 법률이 규정한 기한을 엄수하여야 한다.

제 3 절 입건과 수사 및 기소절차

I. 입건절차

입건은 공안기관, 검찰기관 및 인민법원이 신고, 통보, 고발 및 자수에 대한 심사를 하고, 사실과 법률에 근거하여 형사사건으로서 수사 또는 심리를 할 것인가를 결정하는 소송활동이다. 이는 형사소송의 개시단계이다.

1. 입건자료의 접수

입건자료의 중요한 원천은, ① 기관, 단체, 기업·사업단위 및 공민개인의 신고와 통보, ② 피해자의 신고와 고발, ③ 범인의 자수 등이다.

공안기관, 인민검찰원 및 인민법원은 신고, 고발, 통보 및 자수에 대하여 마땅히 접수하여야 하며, 동시에 고발자 및 신고자 등에 대하여 무고의 경우 상응하는 법률책임을 져야 한다는 것을 설명하여야 한다. 자신의 관할에 속하지 않는 경우에는 접수 후 관할기관에 이송하고 신고자, 고발자, 통보자 및 자수자에게 통지하여야 한다. 공안기관, 인민검찰원과 인민법원은 신고자, 고발자, 통보자 및 그 근친자의 안전을 보장하여야 하며 필요시 그들을 위하여 비밀을 유지하여야 한다.

2. 입건자료의 심사와 처리

인민법원, 인민검찰원과 공안기관은 관할의 범위에 따라, 신고·고발·통보 및 자수의 사항에 대하여 신속히 심사하여야 한다. 심사 후 유죄사실 및 형사책임을 추궁할 필요가 있다고 인정하는 경우에는 입건 및 상응하는 법적 조치를 하여야 한다. 형사책임을 물을 필요가 없다고 인정되는 경우에는 입건하지 않는다. 이 때에는 입건하지 않는 이유를 고발인 등에게 통지한다. 고발인 등은 이에 대하여 재심을 신청할 수 있다.

공안기관이 입건 수사하지 않는 사건에 대하여, 인민검찰원이 입건 수사가 필요하다고 인정하는 경우, 또는 피해자가 마땅히 입건 수사하여야 한다고 인정하여 인민검찰원에 제기한 사항에 대하여, 인민검찰원은 공안기관에 대하여 입건하지 않는 이유를 설명토록 요구하여야 한다. 인민검찰원은 공안기관의 이유가 불명확한 경우 공안기관에 입건토록 통지하여야 하고, 공안기관은 통지를 접수한 후 반드시 입건하여야 한다.

자소사건은 피해자가 직접 인민법원에 대하여 기소할 수 있다. 피해자의 사망 또는 행위능력 상실의 경우에는 피해자의 법정대리인, 근친자가 인민법원에 대하여 기소할 권리를 갖는다.

Ⅱ. 수사절차

수사는 공안기관 및 인민검찰원이 입건된 형사사건을 처리하는 과정에서, 법률에 따라 실시하는 전문적인 조사업무와 일련의 강제조치를 가리킨다.

1. 수사행위

(1) 범죄피의자 심문

수사인원이 법정절차에 따라 범죄피의자에 대하여 심문을 하고, 범죄여부 및 관련 상황을 추적하는 수사활동이다. 범죄피의자의 심문은 적어도 2명 이상의 인민검찰원 또는 공안기관의 수사인원이 실시한다. 심문할 경우에는 우선 범죄피의자의 범죄행위 유·무를 심문하고, 그로 하여금 유·무죄의 상황 또는 무죄의 변명을 진술토록 한 연후에 다시 질문을 한다. 범죄피의자는 수사인원의 질문에 사실대로 진술하여야 하며, 사건과 무관한 문제에 대하여는 대답을 거절할 수 있다.

⑵ 증인과 피해자 조사

증인에 대한 조사는 수사인원이 사건과 관련되는 상황에 대하여 증인을 대상으로 조사하는 것이다. 증인의 조사는 인민검찰원, 공안기관 또는 증인이 소속하는 사업장 및 증인의 거소에서 행할 수 있다. 증인의 조사는 개별로 실시한다. 조사를 하기 전에 수사인원은 증인에 대하여 관련법률의 규정, 즉 사실대로 증거 및 증언을 할 것과 허위의 증언 또는 범죄의 은닉은 상응하는 법적 책임을 져야 한다는 것을 고지하여야 한다. 피해자에 대한 조사의 방법은 증인에 대한 방법과 같다.

⑶ 검증과 검사

검증과 검사는 수사인원이 범죄와 관련된 장소, 물품, 신체, 시체 등에 대하여 검증·조사 및 검사하는 것이다. 검증과 검사는 반드시 수사인원이 실시하고, 필요시 전문가를 초청하여 실시하되 수사인원이 주재하여야 한다. 수사인원은 검증과 검사를 진행할 경우 반드시 인민검찰원 또는 공안기관의 증표를 소지하여야 한다. 검증과 검사는 필요시 강제로 진행할 수 있다.

⑷ 수 사

수사는 수사인원이 증거의 확보, 범인의 체포를 위하여 범죄피의자 및 범죄용의자 등의 신체, 물품, 주거와 기타 관련 장소에 대하여 수색, 검사하는 것을 말한다. 수사인원이 수사를 할 경우에는 반드시 상대방에 대하여 증표를 제시하여야 한다. 다만 체포 구류에 있어서 긴급을 요하는 경우에는 별도로 한다. 수사를 할 경우에는 반드시 수사상대방 또는 그 가족, 이웃 또는 기타 증인의 참여가 있어야 한다. 수사인원은 2명 이상으로 한다. 여자의 신체를 수사하는 경우에는 반드시 여자수사원이 행한다.

⑸ 물증과 서증의 압수

이는 수사인원이 수사중에 발견된 범죄피의자의 유죄 또는 무죄를 증명할 수 있는 물품, 문건을 압수하는 것이다. 압수의 범위는 범죄피의자의 유죄 또는 무죄를 증명할 수 있는 물품이나 문건에 한하고, 사건과 무관한 것에 대하여는 압수할 수 없다. 수사인원이 범죄피의자의 우편물이나 전보 등에 대한 압수가 필요하다고 인정하는 경우에는, 공안기관 및 인민검찰원의 비준을 거쳐 우편전신기관에 관련 우편물의 검열이나 압수를 통지할 수 있다. 공안기관은 범죄수사의 필요에 따라 범죄피의자의 저금을 동결할 수 있다.

(6) 감 정

감정은 사건의 진상을 밝히고 사건 중의 전문적인 문제를 해결하기 위하여, 수사기관이 전문적인 지식을 가진 전문가를 통하여 과학적 감별과 판단을 하는 것이다. 감정인이 고의로 허위의 감정을 하는 경우에는 상응의 법률책임을 진다.

(7) 지명수배

지명수배는 공안기관이 도피한 범죄혐의자의 체포를 위하여 수배령을 내리는 것이다. 공안기관은 수배령을 내릴 권한이 있다. 인민검찰원 및 인민법원은 범죄피의자 또는 피고에 대하여 지명수배가 필요한 경우 공안기관과 협의하여 진행할 수 있다.

2. 수사종결

수사종결은 수사기관이 일련의 수사활동을 통하여 사건의 사실이 밝혀지고 증거가 확보되어 계속하여 수사를 할 필요가 없다고 인정하여 수사종결을 결정하는 활동이다. 공안기관은 사건에 대한 기소의견서를 작성하여 관련자료 및 증거와 함께 동급 인민검찰원에 이송하여 결정토록 한다. 공안기관은 수사과정에서 범죄피의자에 대한 형사책임의 추궁이 불필요한 것임을 발견한 경우 사건을 취소하고, 범죄피의자가 체포된 경우에는 즉시 석방하고 석방증명을 발급하여야 한다.

3. 인민검찰원이 직접 수리한 사건의 수사

인민검찰원이 직접 수리한 사건에 대하여 수사할 경우, 상술의 수사 수단과 조치를 채택할 수 있다. 인민검찰원이 직접 수리한 사건의 수사를 하는 과정에서 범죄피의자가 체포, 구류의 조건에 부합하고 체포, 구류가 필요하다고 인정하는 경우에는, 인민검찰원이 결정하고 공안기관이 이를 집행한다. 인민검찰원은 직접 수리한 사건의 수사를 종결한 후, 그 수사부문이 기소의견서를 작성하거나 사건을 취소한다.

Ⅲ. 기소절차

1. 기소의 심사

기소의 심사는 인민검찰원이 공안기관이 수사를 종결한 후 이송한 사건에 대하여 심사를 하고, 사건을 인민법원의 재판에 붙일 것인가를 결정하는 소송활동이다. 기소의 심사는 다음의 사항을 심사한다. 즉, ① 범죄사실과 상황의 명확여부, 증거의 확실·충분 여부, 범죄의 성질과 죄명인정의 확실여부, ② 범죄행위와 마땅히 형사처벌을 받아야 할 자의 누락여부, ③ 형사책임을 묻지 않아야 될 자에 해당하는지 여부, ④ 부대민사소송의 여부, ⑤ 수사활동의 합법여부 등이다.

기소의 심사에서는 마땅히 서류를 열람하고, 범죄피의자를 심문하고, 피해자와 범죄피의자 및 피해자가 위탁한 자의 의견을 들어야 한다. 인민검찰원은 심사를 거쳐 공안기관이 이송한 사건이 범죄사실이 불분명하거나 증거의 부족 또는 중요 범죄행위의 누락 등 수사의 보완이 필요한 경우, 공안기관에 수사를 보완토록 환송할 수 있고, 스스로 수사할 수도 있다.

2. 공소의 제기 또는 불기소

⑴ 공소의 제기

인민검찰원은 심사를 거쳐 사건이 공소를 제기할 조건에 부합한다고 인정한 경우, 즉 범죄사실이 명확하고 증거가 충분하여 범죄피의자의 형사책임을 물어야 하는 경우에는 기소의 결정을 하고, 상응하는 인민법원에 공소를 제기한다.

⑵ 불 기 소

불기소는 인민검찰원이 공안기관이 이송한 사건에 대하여 심사를 한 후, 범죄피의자의 행위가 범죄를 구성하지 않거나 형사책임을 묻지 않아야 하는 경우, 또는 비록 범죄를 구성하더라도 형사처벌이 필요 없거나 형벌의 면제조건에 해당하여 인민법원에 기소를 하지 않는 것이다. 다음의 경우에 불기소한다. 첫째, 비록 수사를 보완하여도 인민검찰원이 여전히 증거가 부족하고 기소요건에 부합하지 않는다고 인정하면 불기소의 결정을 할 수 있다. 둘째, 범죄피의자의 행위가 범죄를 구성하지 않거나 형사소송법 第15조의 규정에 해당하는 경우는 불기소의 결정을 하여야 한다. 셋째, 범죄의 상황이 경미하여 형법의 규정에 따라 형사처벌이 필요 없거나 형벌의 면제조건에 해당하는 경우에 인민검찰원은 불기소의 결정을 할 수 있다.

불기소의 결정은 공개적으로 선포하여야 하고, 불기소의 결정서는 불기소된 자 및 그 사업장에 송달하여야 한다. 공안기관이 이송한 사건에 대하여는 공안기관에도 불기소의 결정서를 송달하여야 한다. 공안기관은 이의가 있는 경우 재심을 요구할 수 있다. 피해자가 있는 경우 불기소의 결정서는 피해자에게도 송달하여야 한다. 피해자가 불복하는 경우 7일 이내에 상급인민검찰원에 제소하여 공소제기를 청구하거나, 인민법원에 제소할 수 있다.

⑶ 인민검찰원이 직접 수리한 사건의 공소제기와 불기소

인민검찰원의 기소심사부문은 그 수사부문이 이송한 사건에 대한 심사를 한 후, 공소를 제기하거나 불기소한다.

제 4 절 형사소송의 재판절차

I. 제 1 심절차

1. 재판조직

재판조직은 인민법원이 사건을 재판하는 조직이며 합의부, 단독부 및 재판위원회로 구분된다. 합의부는 형사재판의 기본적인 재판조직이며 인민법원의 형사재판은 일반적으로 합의부를 구성하여 재판한다.

기층인민법원, 중급인민법원의 1심절차 합의부는 3명의 법관으로 구성하거나 3명의 법관 및 인민배심원으로 구성하고, 고급인민법원과 최고인민법원의 1심절차 합의부는 3명 내지 7명의 법관으로 구성하거나 3명 내지 7명의 법관 및 인민배심원으로 구성한다. 상소 또는 항소사건을 심리하는 제 2 심절차 합의부는 3명 내지 5명의 법관으로 구성한다. 사형재심절차의 합의부는 3명의 법관으로 구성한다. 합의부는 인민법원 원장 또는 정장(庭長)이 재판장을 지정하고, 원장 또는 정장이 재판에 참가하는 경우에는 스스로 재판장을 맡는다.

단독부는 법관 1명으로 구성하며, 기층인민법원이 간이절차에 따라 심리하는 사건에 적용된다.

재판위원회는 인민법원 내부의 재판업무에 대하여 집체영도를 실행하는 일종의 특수한 재판조직으로서 인민법원의 원장, 부원장, 정장 및 경험이 많은 법관으로 구성되고, 그 임무는 중대하고 해결하기 어려운 사건 및 기타 재판상의 문제를 토론하는 것이다. 합의부는 사건이 중대하고 복잡하여 해결하기 어렵다고 인정하는 경우 재판위원회의 토론을 거쳐 결정하도록 인민법원 원장에게 제청할 수 있다.

2. 공소사건 제 1 심절차

공소사건 제 1 심절차는 인민법원이 공소사건에 대한 최초의 재판에 있어서 일반적으로 적용하는 절차로서 다음과 같은 단계가 있다.

⑴ 개정 전 심사

개정 전 심사는 인민법원이 재판의 개정 전에 인민검찰원이 기소한 사건에 대하여 재판에 붙일 조건에 부합하는지 여부를 심사하는 것이다. 개정 전의 심사는 다음 두 가지 경우에 한한다. 첫째, 기소장에 명확한 범죄사실이 있는지 여부 즉, 기소장에 범죄를 행한 시간, 장소, 수단 및 결과 등이 구체적으로 제시되었는지 여부를 심사한다. 둘째, 증거목록, 증인명단과 주요 증거의 사본 또는 사진이 첨부되었는지 여부를 심사한다. 인민법원은 심사를 거쳐 상술의 두 가지 조건에 부합하면 재판의 개정을 결정하여야 한다.

⑵ 개정 전의 준비

첫째, 합의정의 구성인원을 확정한다. 둘째, 인민검찰원의 기소장사본을 늦어도 개정 10일 전에는 피고에게 송달한다. 셋째, 개정의 시간, 장소를 개정 3일 전에 인민검찰원에 통지한다. 넷째, 당사자를 소환하고, 변호인, 소송대리인, 증인, 감정인과 통역에게 통지하며, 소환장과 통지서는 늦어도 개정 3일 전에 송달하여야 한다. 다섯째, 공개심판의 사건에 대하여는 개정 3일 전에 미리 사건의 이유, 피고의 성명, 개정시간과 장소를 공고하여야 한다.

⑶ 법정재판

법정재판은 인민법원이 법정을 조직하여 형사사건에 대하여 심리하고 판결하는 것을 말한다. 법정재판은 다음의 절차가 있다.

1) 개　　정

개정시 심판장은 당사자가 법정에 출석하였는지를 확인하고 사건의 이유를 선포한다. 합의부의 구성인원, 서기, 공소인, 변호인, 소송대리인, 감정인과 통역의 명단을 발표하고, 당사자에게 회피권이 있음과 피고에게 변호권이 있음을 고지한다.

2) 법정조사

법정조사는 합의부가 공소인, 당사자와 기타 소송참가자의 참여하에, 법정에서 사건의 사실과 증거에 대하여 진실여부를 조사하는 것이다. 법정조사는 다음의 내용을 포함한다. 첫째, 공소인이 기소장을 낭독한 후, 피고와 피해자는 기소장의 범죄에 대하여 진술을 한다. 피고는 범죄의 경과를 진술할 수 있고 무죄를 진술할 수 있다. 피해자는 그가 알고 있는 관련 범죄상황에 대하여 진술할 수 있다. 둘째, 공소인이 사건의 정황에 대하여 피고인을 심문한다. 피해자, 부대민사소송의 원고와 변호인, 소송대리인은 심판장의 허가를 얻어 피고에 대하여 질문할 수 있다. 셋째, 증인에 대한 신문과 각종 물증, 서증의 확인 또는 제출을 행한다. 합의부는 심리과정에서 증거의 진실여부 또는 사건과의 관련성 유무에 관하여 의문이 있는 경우 휴정을 선포할 수 있다.

3) 법정변론

법정변론은 재판장의 주재하에서 공소측과 변호측 쌍방이 법정조사의 상황에 근거하여 사실과 증거에 대하여 각자의 견해를 발표하고 상호 반박하는 것을 말하며, 법정조사에서도 적절한 반박을 할 수 있다.

4) 피고의 최후진술

재판장이 법정변론의 종결을 선언한 뒤 피고는 최후진술의 권리를 가진다. 피고는 사건과 관련된 일체의 견해와 생각을 발표할 수 있다.

5) 평의와 판결

피고의 최후진술 후, 재판장은 휴정을 선언하여야 하고, 합의부는 평의를 하며, 밝혀진 사실, 증거 및 관련법률의 규정에 근거하여 판결을 한다. 판결은 유죄판결과 무죄판결로 구분된다. 사건사실이 명확하고 증거가 확실·충분하며, 법률에 의하여 피고의 유죄가 인정되는 경우에는 유죄의 판결을 하여야 한다. 무죄판결은 두 가지로 구분되며, 법률에 의하여 피고의 무죄가 인정되면 무죄의 판결을 하여야 한다. 증거의 부족으로 피고의 유죄를 인정할 수 없는 것은 증거부족 및 범죄성립 불능의 무죄판결을 하여야 한다. 판결의 선고는 공개로 진행한다.

(4) 심리의 연기

심리의 연기는 법정심리 과정에서 법정심리에 영향을 주는 상황이 발생하여 사건을 연기하여 심리하는 제도이다. 다음의 경우에 심리를 연기할 수 있다. 첫째, 새로운 증인의 법정출석이 필요한 경우, 새로운 물증의 확보가 필요한 때, 재감정 또는 재검정이 필요한 경우이다. 둘째, 검찰인원이 공소를 제기한 사건의 보완이 필요하다고 하여 건의를 제출한 경우이다. 셋째, 당사자가 회피를 신청하여 재판을 진행할 수 없는 경우이다.

3. 자소사건의 제 1 심절차

자소사건의 제 1 심 절차는 인민법원이 자소사건을 재판할 경우 일반적으로 적용하는 재판절차이다.

(1) 자소사건의 범위

첫째, 고소로서 처리할 사건, 즉 형법에 근거하여 피해자 또는 그 법정대리인이 고소를 제기함으로써 인민법원이 수리한 사건, 모욕·비방사건, 혼인자유에 대한 폭력사건, 학대사건 등이 해당된다. 둘째, 피해자가 증거를 가지고 있는 경미한 형사사건, 즉 사건의 성질이나 정황 또는 위험정도가 경미하고 피해자가 증거를 가지고 있는 사건이 자소사건에 해당한다. 셋째, 피해자가 자신의 신체나 재산권리를 침해한 피고의 행위에 대하여 마땅히 법에 의하여 형사책임을 추궁하여야 할 증거를 가지고 있어나, 공안기관 또는 인민검찰원이 피고의 형사책임을 추궁하지 않는 사건이다.

(2) 자소사건의 심사

인민법원은 자소사건을 심사하여야 한다. 공소사건의 개정 전 심사와 달리 자소사건에 대하여는 그 범죄사실의 명확성 여부, 증거의 충분여부를 심사한다. 범죄사실이 명확하고 증거가 충분한 사건은 개정하여 판결하여야 한다. 증거가 부족한 사건의 경우 자소인이 증거의 보완을 하지 않으면 자소를 취소토록 설득하거나 재정으로 기각한다. 자소인이 두 차례의 적법한 소환에도 불구하고 정당한 이유 없이 출석하지 않거나, 법정의 허가 없이 중도에서 퇴정하는 경우에는 소의 취소에 따라 처리한다.

⑶ 자소사건의 제 1 심절차

자소사건의 심리는 원칙상 공소사건 1심절차에 따라 진행한다. 그러나 형사소송은 자소사건에 대하여 일부 특별규정을 두고 있다. 즉 첫째, 조정으로 사건을 종결할 수 있다. 재판인원은 자소사건에 당사자에 대하여 조정을 진행하여 쌍방으로 하여금 조정협의를 달성케 할 수 있다. 다만 조정은 자원(自願)과 합법을 원칙으로 하여야 한다. 또한 피해자가 자신의 신체나 재산권리를 침해한 피고의 행위에 대하여 마땅히 형사책임을 추궁하여야 할 증거를 가지고 있어나 공안기관 또는 인민검찰원이 피고의 형사책임을 추궁하지 않는 사건은 조정을 할 수 없다.

자소인은 판결선고 전에 피고와 화해하거나 자소를 철회할 수 있다. 자소사건의 피고는 소송과정에서 자소인에 대하여 반소를 제기할 수 있다. 반소는 자소의 규정을 적용한다.

4. 간이절차

간이절차는 일반절차에 비하여 상대적으로 간소화된 절차이다. 간이절차의 범위와 특징은 다음과 같다.

⑴ 간이절차의 범위

인민법원은 다음과 같은 사건에 대하여 간이절차를 적용할 수 있다. 즉 적용되는 범위는, ① 3년 이하의 유기징역·구역·관제·벌금에 처할 수 있는 공소사건, 사실관계가 명확하고 증거가 충분하며 인민검찰원이 간이절차의 적용을 건의 또는 동의한 사건, ② 고소로 처리할 사건, ③ 피해자가 기소한 사건으로 증거가 있는 경미한 사건이다.

⑵ 간이절차의 특징

간이절차의 특징은 다음과 같다. 첫째, 단독부가 심판한다. 둘째, 간이절차를 적용하는 공소사건에 대하여, 인민검찰원은 법정에 인원을 파견하지 않을 수 있다. 피고는 법정에서 직접 기소장의 기소내용에 대하여 진술하고 변호할 수 있다. 공소인이 출정할 경우, 재판관의 허가를 얻어 피고 및 그 변호인은 공소인과 변론을 진행할 수 있다. 셋째, 간이절차를 적용하는 자소사건은 우선 기소장을 낭독한 뒤 재판관의 허가를 얻어 피고 및 그 변호인은 자소인 및 그 대리인과 변론을 진행할 수 있다. 넷째, 간이절차를 적용하는 사건은 1심절차 중 피고 심문, 증인조사, 감정인, 증거의 제시, 변론절차 등의 제한을 받지 않는다. 다만 판결선고 전 반드시 피고의 최후진술을 청취하여야 한다. 다섯째, 간이절차를 적용하여 심리하는 사건의 심리기간은 20일로 한다. 즉, 인민법원은 수리 후 20일 이내에 심리를 종결한다.

인민법원은 심리과정에서 간이절차를 적용함이 부적당하다고 인정하는 경우, 공소사건의 일반절차 또는 자소사건의 일반절차에 따라 재차 심리하여야 한다.

Ⅱ. 제 2 심절차

제 2 심절차는 상소와 항소에 근거하여 상급인민법원이 하급인민법원의 제 1 심판결 또는 재정의 사건에 대하여 재차 재판하는 절차이다. 제 2 심절차의 의의는 제 1 심 판결의 착오를 조속히 시정하여 당사자의 합법적인 권익을 보호하는 데 있고, 이는 상급인민법원의 하급인민법원에 대한 감독에도 의의가 있다.

1. 상소와 항소

중국에서는 2심 종심제를 시행하므로 2심법원의 판결에 대하여 재상소 또는 항소할 수 없다.

피고, 자소인 및 그 법정대리인이 1심판결 또는 재정에 불복할 경우에는, 상소를 제기할 권리가 있다. 부대민사소송의 당사자와 그 법정대리인은 지방각급 인민법원의 1심판결 및 재정의 부대민사부분에 대하여 상소를 제기할 수 있다.

인민검찰원은 1심판결 또는 재정에 착오가 있다고 인정하는 경우, 항소를 제기할 권리가 있다. 피해자 및 그 법정대리인이 제 1 심판결에 불복하는 경우, 판결문을 받은 날로부터 5일 이내에 인민검찰원에 항소의 제기를 청구할 수 있다. 인민검찰원은 5일 이내에 결정을 하여 청구자인 피해자 및 그 법정대리인에 대하여 명확하게 회답하여야 한다.

판결에 불복한 상소와 항소의 기간은 10일로 하고, 재정에 불복하는 상소와 항소의 기간은 5일로 한다. 판결서, 재정서를 받은 날의 다음날부터 기산한다.

상소의 권리가 있는 사람은 원심법원을 통하여 상소를 제기할 수 있고, 직접 제 2 심법원에 대하여 상소를 제기할 수 있다. 상소인의 상소는 서면이나 구두의 형식으로 가능하다.

2. 제 2 심 법원의 상소 및 항소사건에 대한 심리

(1) 전면심리원칙

제 2 심 인민법원은 상소 및 항소사건의 심리를 하는 경우 제 1 심 판결에서 인정한 사실과 법률문제에 대하여 전면적인 심사를 하여야 하고, 상소 및 항소 범위의 제한을 받지 않는다. 공동범죄사건에서 일부분의 피고가 상소한 경우에도 전체 사건에 대하여 심리하고 일괄 처리한다.

(2) 재판절차

① 제 2 심 법원은 상소사건에 대하여 합의부를 구성하여 심리하고, 개정하여 심리하여야 한다. 다만, 합의부가 소송기록의 열람, 피고의 심문, 기타 당사자, 변호인, 소송대리인의 의견을 청취하여 사실관계가 명확하다고 인정하면 개정하지 않고 심리할 수 있다. 인민검찰원이 항소한 사건에 대하여는 반드시 개정하여 심리하여야 한다.

② 인민검찰원이 항소한 사건 또는 제 2 심 법원이 개정 심리하는 사건에 대하여 동급인민검찰원은 직원을 파견하여 법정에 출석토록 하여야 하며, 제 2 심 법원은 개정 10일 전에 인민검찰원에 통지하여 소송기록을 열람토록 하여야 한다.

③ 제 2 심 인민법원은 상소 및 항소사건을 심리한 후, 아래의 상황에 따라 별도로 처리한다. 첫째, 원심판결이 인정한 사실관계 및 법률의 적용이 정확하고 형량이 적정한 경우에는 재정으로 상소 또는 항소를 기각하고, 원심판결을 유지한다. 둘째, 원심판결이 인정한 사실관계가 정확하나 법률의 적용에 착오가 있거나 형량이 부적당한 경우 판결을 변경하여야 한다. 셋째, 원심판결의 사실관계가 불명확하거나 증거가 부족한 경우 사실관계를 명확히 한 후 판결을 변경할 수 있고, 재정으로 원심판결을 취소할 수 있으며, 원심법원에 재심토록 환송할 수 있다.

④ 제 2 심 법원이 제 1 심 법원의 심리가 공개재판의 원칙에 위반하였음을 발견한 경우, 회피제도를 위반하였거나 당사자의 법정소송권리의 박탈 또는 제한함이 공정한 재판에 영향을 주었다고 인정하는 경우, 재판부의 구성이 위법하거나 기타 법률이 규정한 소송절차의 위반이 공정한 판결에 영향을 주었다고 인정하는 경우에는 재정으로써 원심판결을 취소하고 원심법원에 재심토록 환송하여야 한다. 원심법원은 재심토록 환송된 사건에 대하여 새로이 재판부를 구성하

여야 하고, 제1심 재판절차에 따라 재판을 하며, 그 판결에 대하여는 상소 및 항소할 수 있다.

⑤ 제2심 법원은 제1심 재정에 불복한 상소 및 항소에 대하여, 심사를 거쳐 각각 상소 또는 항소의 기각, 원심 재정의 취소 또는 변경의 재정을 하여야 한다.

⑶ 상소불가중의 원칙

제2심 법원은 피고 또는 그 법정대리인, 근친자 및 변호인이 상소한 사건에 대하여 판결을 하는 경우, 피고의 형벌을 가중할 수 없다. 또한 제2심 법원은 형량이 너무 가볍다는 것을 이유로 원심법원에 형벌을 가중토록 환송할 수 없다. 그러나 인민검찰원이 항소한 사건이나 자소인이 상소를 제기한 경우에는 상소불가중의 원칙의 제한을 받지 않는다.

Ⅲ. 사형의 재심절차

사형재심절차는 사형판결과 재정에 대하여 심사비준을 행하는 절차로서, 사형의 즉시집행을 필요로 하는 사건과 집행유예 2년부 사형사건의 심사비준절차를 포함한다. 사형재심절차는 사형의 정확한 집행을 보장하기 위한 특수절차이다.

1. 사형의 즉시집행을 판결한 사건의 재심절차

사형의 즉시집행 사건에 대한 비준권은 최고인민법원이 행사한다. 그러나 중화인민공화국인민법원조직법 제13조에 근거하여 살인, 강간, 강도, 폭발사건 및 기타 공공안전과 사회치안을 심각하게 해치는 것으로 사형에 처하는 사건의 비준권은 최고인민법원이 필요하다고 인정하는 경우 성, 자치구, 직할시의 고급인민법원에 수권할 수 있다.

중급인민법원이 사형의 즉시집행을 판결한 사건의 경우, 법정기한 내에 피고인의 상소가 없고 인민검찰원의 항소가 없으면, 우선 고급인민법원에 심사를 요청하여 사건이 고급인민법원에 비준권을 수여한 사건의 범위에 해당하면 고급인민법원이 비준권을 행사하고, 사건을 최고인민법원에 이송하지 않는다. 그렇지 않는 경우에는 고급인민법원의 심사를 거친 후 최고인민법원에 비준을 요청하여야 한다. 고급인민법원은 중급법원의 사형판결에 동의하지 않는 경우 판결을 변경하는 심리를 하거나 원심법원에 재심토록 환송할 수 있다.

중급인민법원이 사형의 즉시집행을 판결한 사건에서, 피고 또는 인민검찰원이 법정기간 내에 상소 또는 항소한 경우에, 고급인민법원은 우선 제 2 심 절차의 심리를 행하여야 한다. 고급인민법원이 사형의 즉시 집행을 동의하고, 사건이 수권의 범위에 해당하면 원판결의 유지를 하달하고 사형을 비준하는 재정을 한다. 그렇지 않은 경우는 최고인민법원에 비준을 요청하여야 한다.

최고인민법원과 고급인민법원이 하는 사형사건의 심사는 3명의 재판관으로 구성된 합의부에서 행한다. 원심판결에서 사실관계의 인정과 법률의 적용이 정확하고 형량이 적정한 경우에는 재정 또는 판결로써 사형을 비준한다. 원심판결에서 사실관계의 인정이 불명확하고 증거가 부족하면 재정으로써 원심판결을 취소하고 재심토록 환송한다. 원심판결에서 사실관계의 인정은 명확하지만 법률의 적용에 착오가 있거나 형량이 적정하지 못한 경우에는 재정으로써 원심판결을 취소하고 재심토록 환송하거나 판결을 변경하는 심판을 한다. 제 1 심 법원이 법정절차에 위반함으로써 정확한 판결을 내리는 데 영향을 줄 수 있었던 경우에는, 재정으로써 원심판결을 취소하고 재심토록 환송하여야 한다.

2. 집행유예 2년부 사형사건의 재심절차

집행유예 2년부 사형사건의 비준권은 고급인민법원에 있다. 중급인민법원이 판결한 집행유예 2년부 사형사건으로서 법정기간 내에 상소 또는 항소가 없으면, 고급인민법원에 비준을 요청하여야 한다. 법정기간 내에 피고의 상소 또는 인민검찰원의 항소가 있는 경우 고급인민법원은 제 2 심절차의 심리를 진행한다. 고급인민법원이 사형집행 유예의 판결에 동의하는 경우 종심의 재정을 한다.

고급인민법원이 제 1 심 법원으로서 사형집행의 유예를 판결한 사건에서 법정기간 내에 상소 또는 항소가 없으면 이를 종심의 판결로 한다. 법정기간 내에 피고의 상소 또는 인민검찰원의 항소가 있으면 최고인민법원이 제 2 심 절차의 심리를 한다.

고급인민법원이 실시하는 사형의 집행유예 사건의 심사는 3명의 재판관으로 구성된 합의부에서 행한다. 심사 후 각각 판결 또는 재정으로써 비준하거나, 원심판결을 취소하고 재심토록 환송하는 재정을 하거나 판결 변경의 재판을 한다.

Ⅳ. 재판감독절차

재판감독절차는 인민법원 및 인민검찰원이 명백한 착오가 있는 법률효력 있는 판결 또는 재정에 대하여 재심을 제기하고, 재심재판을 진행하는 절차이다. 재판감독절차는 사건의 정확한 처리를 위하여 중요한 의의를 갖는다.

1. 재판감독절차의 제기

⑴ 당사자와 그 법정대리인 및 근친자의 탄원

당사자와 그 법정대리인 및 근친자는 법률효력 있는 판결이나 재정에 대하여, 인민법원 또는 인민검찰원에 탄원을 할 수 있다. 그 탄원이 다음의 상황에 해당하면 인민법원은 재차 심판하여야 한다. 즉, ① 새로운 증거가 원심판결 또는 재정이 인정한 사실관계에 명백히 착오가 있다고 증명하는 경우, ② 범죄의 확정과 형량을 정한 증거가 불확실하거나, 증거의 불충분 또는 사건의 사실관계를 증명하는 중요한 증거 사이에 모순이 있는 경우, ③ 원심판결 및 재정이 법률적용에 있어 명백한 착오가 있는 경우, ④ 재판인원이 당해 사건을 심리함에 있어서, 독직수뢰, 정실에 따른 부정행위, 법을 어기고 재판을 하는 행위가 있는 경우이다. 탄원은 판결이나 재정의 집행을 정지시킬 수 없다.

⑵ 재판감독절차의 제기

첫째, 각급인민법원 원장은 본원의 법률효력 있는 판결 또는 재정이 사실관계의 인정 또는 법률의 적용에 명확한 착오가 있음을 발견한 경우, 반드시 재판위원회에 회부하여 처리토록 하여야 한다. 둘째, 최고인민법원은 각급인민법원의 효력 있는 판결 또는 재정에 대하여, 상급인민법원은 하급인민법원의 효력 있는 판결과 재정에 대하여 명백한 착오가 있음을 발견한 경우 재판을 하거나 하급법원에 재심을 명할 권한이 있다. 셋째, 최고인민검찰원은 각급인민법원의 효력 있는 판결과 재정에 대하여, 상급인민검찰원은 하급인민법원의 효력 있는 판결과 재정에 대하여 명백한 착오가 있음을 발견한 경우 재판감독절차에 따라 동급인민법원에 상소를 제출할 권한이 있다.

2. 재심재판

인민검찰원이 항소를 제기한 사건의 경우, 항소를 접수한 인민법원은 합의부를 구성하여 재심하여야 하고, 원심판결의 사실관계가 불명확하거나 증거가 부족한 경우에는 하급법원에 재심을 명할 수 있다.

인민법원이 재판감독절차에 따라 재심하는 사건은 별도의 합의부를 구성하여 심리하여야 한다. 원래 1심 사건이었던 경우에는 제 1 심 절차에 따라 심리하여야 하고, 그에 의한 판결 및 재정에 대하여는 상소 및 항소할 수 있다. 원래 2심 사건이었거나 상급 인민법원이 재판한 사건의 경우에는 2심 절차의 규정에 따라 심리하여야 하고, 그에 의한 판결 및 재정은 종심의 판결 및 재정이다.

재판감독절차에 의하여 사건에 대한 재심을 한 후, 각각의 상황에 따라 원심판결 유지의 재정을 하거나, 원심판결을 취소하고 판결을 변경하는 재정을 하거나 제 1 심 인민법원에 재심토록 환송하여야 한다.

제 5 절 형사소송의 집행절차

I. 집행의 의의

1. 집행의 개념과 특징

집행은 인민법원, 감옥 및 공안기관이 법률효력 있는 판결 또는 재정이 확정한 내용을 실현하는 활동이다. 집행의 주체는 인민법원, 감옥 및 공안기관이다. 판결, 재정이 확정한 형벌의 내용에 따라 집행기관 역시 다르며, 형사소송법의 규정에 의하면 법원, 공안 및 감옥은 모두 집행기관이다. 사형판결을 집행할 경우 법원이 지휘기관이다. 집행감독의 기관은 인민검찰원이며, 집행절차과정의 활동에 대하여 법률감독을 실시한다.

집행의 법적 근거는, ① 법정기한이 지나도 상소 또는 항소가 없는 판결과 재정, ② 종심판결과 재정, ③ 고급인민법원이 비준한 집행유예 2년부 사형판결 및 최고인민법원의 수권에 근거하여 비준한 사형판결, ④ 최고인민법원이 비준한 사형판결 또는 재정이다.

집행의 내용은 크게 두 가지로 나눌 수 있는바, 하나는 법률효력 있는 판결 및 재정이 확정한 내용을 실행하는 활동이며, 다른 하나는 집행과정에서의 형벌 변경 등의 문제를 처리하는 활동이다. 그러므로 집행절차는 다시 각종 판결 및 재정의 집행절차와 집행중의 형벌변경 등 문제를 처리하는 절차로 구분된다.

형벌의 집행기관은 형벌을 집행함에 있어서 엄격집행의 원칙, 강제집행의 원칙, 신속집행의 원칙을 준수하여야 한다.

2. 집행의 의의

집행은 형사소송에서 불가결한 절차이며, 모든 소송활동의 결과를 실현하는 것이다. 집행이 없으면 입건, 수사, 기소와 재판은 그 의의가 없는 것이다. 우선 집행은 범죄분자로 하여금 상응하는 처벌과 교육을 받게 함으로써 국가와 사회의 이익을 보호할 뿐만 아니라 처벌과 교육 및 개조를 통하여 범죄자를 새로운 사회인으로 만드는 것이다. 둘째, 집행은 공민의 합법적인 권리를 유효하게 보장한다. 셋째, 집행은 군중의 사회주의 교육에도 이로운 것이다.

Ⅱ. 각종 판결 및 재정의 집행

1. 사형판결의 집행

최고인민법원이 판결하고 비준한, 사형을 즉시 집행토록 한 판결의 집행은 최고인민법원 원장이 사형집행의 명령을 발한다. 하급인민법원은 명령을 접수한 날로부터 7일 이내에 집행에 붙인다. 인민법원은 사형의 집행을 하기 전에 동급인민검찰원이 인원을 파견하여 감독할 수 있도록 통지하여야 한다. 사형은 총살형 또는 주사 등의 방법을 채택하여 집행한다. 사형은 형장에서 집행하거나 구금장소를 지정하여 집행할 수 있다. 사형의 집행사실은 공포하여야 하고, 집행현장은 일반인에게 공개하지 않는다.

2. 집행유예 2년부 사형의 집행 및 징역·구역의 집행

집행유예 2년부 사형, 무기징역, 유기징역에 처해진 죄수는 공안기관이 죄수를 감옥에 이송하여 감옥에서 형을 집행토록 한다. 죄수를 이송할 경우 잔여형기가 1년 이하의 유기징역에 해당하는 죄수는 구치소에서 대신 집행한다. 구역에 처해진 죄수는 공안기관이 집행한다. 미성년범에 대하여는 미성년범관찰소에서 형벌을 집행한다. 죄수를 형벌의 집행에 붙일 경우 집행을 붙이는 인민법원은 관련 법률문서와 집행통지서, 판결문, 죄수사건종결기록표 등 법률문서를 감옥 또는 기타 집행기관에 송부하여야 한다. 집행기관은 죄수를 신속히 구금하고 죄수의 가족에게 통지하여야 한다. 유기징역, 구역에 처해진 죄수의 집행이 만료되면 집행기관은 석방증명을 발급하여야 한다.

3. 집행유예부 구금 및 유기징역의 집행

집행유예부 구금과 집행유예부 유기징역은 법정기간 내 일시적으로 판결한 형벌의 집행을 유예하는 것으로, 유예기간중 범죄행위가 없으면 판결한 형벌의 집행을 행하지 않는 것을 의미한다. 집행유예부 징역 및 집행유예부 구금에 처해진 죄수는 공안기관이 소속사업장 또는 기층조직에 넘겨 관찰토록 한다. 죄수는 집행유예의 관찰기간중 법률과 법령을 반드시 준수하여야 한다. 죄수가 유예기간 중 새로운 죄를 범하는 경우에는, 새로운 범죄에 대한 재판을 함에 있어 그 집행유예를 취소한다.

4. 관제 및 정치권리 박탈 판결의 집행

관제는 형벌이 비교적 경미한 범죄분자에 대하여 처하는 판결로서 수감하지 않고 공안기관의 통제와 인민군중의 감독하에서 노동개조를 진행하는 형벌이다. 정치권리의 박탈은 범죄분자의 국가관리 및 정치활동의 참가권리를 박탈하는 형벌이다. 관제 및 정치권리 박탈의 판결은 공안기관이 집행한다. 공안기관은 집행이 만료되면 공안기관이 본인에게 통지하고, 군중에 대하여 관제의 해제 또는 정치권리의 회복을 선포한다.

5. 벌금 및 재산몰수판결의 집행

벌금판결은 인민법원이 집행한다. 만약 항거할 수 없는 재난으로 벌금의 납부가 명백히 곤란한 경우에는 재정으로써 감액 또는 면제할 수 있다. 재산몰수의 판결은 인민법원이 집행한다. 필요한 경우 공안기관과 함께 집행할 수 있다.

6. 집행의 변경절차

(1) 집행유예 2년부 사형의 변경

집행유예 2년부 사형을 선고받은 죄수가 사형의 집행유예기간 동안 고의범죄 없이 집행유예기간이 만료되면 감형하여야 하고, 집행기관이 서면의견을 제출하고 최고인민법원에 재정을 요청한다. 만약 고의로 범죄를 실행하는 경우에는 사형을 집행하여야 하며, 고급인민법원이 최고인민법원에 비준을 요청한다.

⑵ 감옥 이외에서의 형벌의 집행

감옥 이외에서의 형벌의 집행은 유기징역 및 구역에 처해진 죄수에 대하여, 감옥 등 장소에서 수감 집행이 부적당한 경우, 수감장소 이외의 장소에서 형벌을 집행하는 제도이다.

① 감옥 이외에서의 형벌의 집행은 유기징역 또는 구역의 죄수에 한하며, 심각한 질병 등으로 의사의 치료가 필요하거나 임산부 또는 수유가 필요한 영아가 있는 부녀에 한한다. 자력으로 생활할 수 없고, 감옥 이외의 장소에서 집행을 하여도 사회적인 위험을 줄 염려가 없는 유기징역 및 구역 범죄자에 대하여는, 일시적으로 감옥 이외의 장소에서 형벌을 집행할 수 있다. 죄수가 명백히 심각한 질병 등으로 감옥 이외의 장소에서 집행이 필요한 경우는, 성급 인민정부가 지정한 병원에서 증명서류를 발급하여 법률규정의 절차에 따라 심사·비준한다.

② 일시적으로 감옥 이외에서 형벌을 집행하는 죄수의 경우는 거주지 공안기관이 집행한다. 집행기관은 엄격히 관리하여야 하며, 기층조직 또는 죄수의 원소속사업장과 협조하여 감독한다.

③ 일시적으로 감옥 이외에서 형벌을 집행토록 비준한 기관은 비준결정서 초본을 인민검찰원에 송부하여야 한다. 인민검찰원은 비준결정이 부적당하다고 인정하는 경우 1개월 이내에 서면으로 의견을 비준기관에 송부하여야 하고, 비준기관은 즉시 그 비준결정에 대하여 재심하여야 한다.

④ 일시적으로 감옥 이외에서 형벌을 집행할 사유가 소멸되고 죄수의 형기가 만료되지 않은 경우에는 즉시 수감하여야 한다. 죄수가 감옥 이외에서 형벌을 집행하는 동안 사망한 경우에는 즉시 감옥에 통지하여야 한다.

⑶ 감형과 석방

감형은 관제, 구역, 유기징역, 무기징역을 선고받은 죄수가 집행기간중 개전의 정이 명백하거나 복무성적이 뛰어난 경우 그 형벌을 감경하는 제도이다.

석방은 유기징역 또는 무기징역의 죄수가 일정한 형기를 복무한 뒤, 개전의 정이 명백하고 사회에 대한 위험이 없는 경우, 일정한 조건을 전제로 석방하는 제도이다.

감형과 석방은 모두 집행기관이 건의서를 제출하고 인민법원에 심사·재정을 요청한다. 인민검찰원은 감형 및 석방의 결정이 부적당하다고 인정하는 경우, 재정서를 받은 날로부터 20일 이내에 인민법원에 서면으로 시정의견을 제출하여야 한다. 인민법원은 시정의견을 받은 날로부터 1개월 이내에 합의부를 구성하여 심리하고 최종적인 재정을 하여야 한다.

제 6 절 형사소송의 특별절차

I. 미성년자 관련 형사사건의 소송절차

1. 미성년자 관련 형사소송의 특징

중국에서 법률상의 미성년자는 만 14세에서 만 18세 미만인 자를 말한다. 미성년자의 범죄사건에 대한 소송절차는 성년자의 범죄사건과 구별되며, 아래와 같은 특징이 있다. 첫째, 형사소송의 과정에서 교육·개조의 방침이 현저하며, 교육·감화 및 구제가 각 소송의 단계에 내포되어 있다. 둘째, 국가의 입법은 미성년자 피고에 대하여 더 많은 소송권리를 부여할 뿐만 아니라 많은 조치를 마련하고 있다. 셋째, 증거의 운용에 있어서도 비교적 고도의 증명을 요구하는바, 사실의 명확성 및 증거의 확실성뿐만 아니라 미성년자가 범죄의 길로 들어선 가정, 사회, 교육 등의 원인을 규명한다. 넷째, 수사, 기소, 재판에서 집행에 이르기까지 미성년자의 특징에 적합한 소송제도와 절차를 적용하고, 소송절차는 융통성과 다양성 및 관대함을 표현한다.

2. 미성년자 관련 사건의 소송원칙

(1) 교육, 감화, 구제의 원칙

교육, 감화, 구제의 원칙은 모든 미성년자 사건의 소송에 있어서 중요한 역할을 한다. 이 원칙은 청소년으로 하여금 자기 범죄의 심각성과 위험성을 인식시키고, 그들로 하여금 범죄를 인정하고 법에 복종하도록 교육하며, 개조를 통하여 새로운 사람으로 나아가게 하는 것을 포함한다. 사법실무에서 교육, 감화 및 구제의 원칙을 정확히 실시하려면 반드시 처벌과 교육의 관계문제를 정확히 처리하여야 하는 것이다. 죄를 범한 미성년자에 대한 교육, 감화 및 구제는 결코 그들이 행한 범죄에 대하여 처벌하지 않을 수 있다는 것을 의미하지 않는다.

⑵ 사건의 분리 처리 원칙

미성년자 범죄와 성년자 범죄는 그 처리에 있어서 구별되며, 관건이 되는 것은 반드시 미성년자 사건과 성년자 사건을 구별하여 처리하여야 한다는 것이다. 사건의 분리처리는 미성년자 범죄사건에 대하여 시간상으로나 장소에 있어서 모두 성년자 범죄사건과 구별하여야 한다는 것이다. 성년자와 같이 사건을 처리하고 동일한 장소에 수감할 경우 성년피고의 악영향을 쉽게 받아들일 수 있기 때문이다.

⑶ 미성년자 피고의 소송권리 보장 원칙

미성년자 피고는 성년자 피고가 가지는 소송권리 이외에, 미성년자 피고의 생리적·심리적 특징에 근거하여 법률이 규정한 특별한 소송상의 권리를 가진다. 미성년자 피고의 심문과 재판의 경우 피고의 법정대리인이 법정에 출석토록 통지할 수 있는 형사소송법의 규정이 있고, 미성년자 피고인이 위탁변호인이 없는 경우 인민법원이 변호인을 지정해야 하는 경우 등과 같은 형사소송법 규정이 있다.

⑷ 법정심리 비공개 원칙

재판공개 원칙의 예외로서 미성년자 사건의 심리는 비공개를 원칙으로 한다. 미성년자 사건의 비공개는 미성년자 피고의 명예보호, 인격존중, 자존심의 보호, 재판공개가 가져오는 정신적인 상처 발생의 방지와 그들이 교육·감화 및 개조를 받아들이는 데 있어서 긍정적인 작용을 한다.

⑸ 간이 신속의 원칙

미성년자 범죄사건에 대하여 간이 신속의 원칙을 고수하는 것은 법률규정의 절차를 준수하지 않고 필요한 법률수단을 무시한다는 것이 아니다. 이는 법정기한 내에 가능한 한 조속히 사건을 종결하여 미성년자 피고의 합법권익을 최대한 보장한다는 데 있다.

3. 미성년자 관련 사건의 소송절차

⑴ 입건절차

미성년자 형사사건은 기타 형사사건과 마찬가지로, 입건의 단계에서는, 확보한 자료가 범죄사실의 발생과 관계가 있는지, 형사책임을 물을 필요가 있는지를 심사한다. 그러나 미성년자 형사사건의 입건절차에서는, 성년자의 경우에 추가하여, 범죄피의자의 확실한 출생시간, 생활주거 환경, 심리성격 특성, 범죄의 길로 들어선 원인 등에 대하여 조사하여야 한다.

⑵ 수사절차

성년자의 소송과 비교하여 미성년자 사건의 수사는 다음과 같은 특징이 있다. 첫째, 미성년자 형사사건 수사의 경우 생활교육 조건, 범행동기, 범죄의 길로 들어선 원인, 생리·심리·소질 등 수사범위가 광범위하다. 둘째, 미성년자 사건의 수사는 가능한 한 강제조치의 사용을 자제하여야 한다. 셋째, 비교적 융통성 있고 완화된 소환과 심문방식을 채택하여야 한다.

⑶ 기소절차

기소를 심사함에는 형사소송법 제137조에서 규정한 상황의 조사 이외에 수사과정에서 조사한 범죄피의자의 출생시간, 성장과정, 가정환경, 범죄원인 등을 심사하여야 한다. 불기소를 결정한 미성년자 사건은 모두 공개선포의 원칙을 고수하며, 이후에 교육 또는 계속적인 선행 지도가 필요한 경우 불기소의 미성년자에 대하여 정기적인 관찰을 실시한다. 미성년자 사건은 전문가를 지정하거나 전문부서를 구성하여 행하도록 한다. 기소장의 내용에는 범죄피의자의 심리·생리 및 성격특징, 가정환경 및 사회환경 등의 내용을 추가하여야 한다.

⑷ 재판절차

미성년자 사건의 법정심리절차는 성년의 사건과 마찬가지로 개정, 법정조사, 법정변론, 피고의 최후진술, 평의와 선고 등 다섯 단계로 구분된다.

㈎ 개정 전의 준비업무　첫째, 소년법정은 피고인의 연령의 증명자료가 첨부되었는지 조사한다. 둘째, 소년법정은 피고의 법정대리인에게 기소장 사본을 송달할 경우 그 개정심리중의 권리·의무와 주의사항을 고지하여야 한다. 셋째, 공소인과 변호인 쌍방은 미성년 피고의 성격특징, 가정환경, 교제범위, 성장과정 및 범죄실행의 정황 등 기본사항에 대하여 조사할 수 있고, 조사보고서를 작성하며, 개정심리 전에 합의부에 제출할 수 있다.

㈏ 소년법정의 재판　소년법정의 재판에서는 다음과 같은 특징이 있다. 첫째, 소년법정은 변호석 부근의 방청석에 피고의 법정대리인을 위한 좌석을 마련하여야 한다. 둘째, 피고는 법정에서 착석하여 질문에 답할 수 있다. 법정에서는 피고에 대하여 형구를 사용할 수 없다. 셋째, 법정조사시 재판인원은 사건발생시 피고의 연령을 정확히 조사하여야 한다. 넷째, 피고의 최후진술 후, 재판장은 휴

정을 선포하여야 하고, 합의부는 평의를 진행한다. 다섯째, 합의부는 공소인, 변호인 및 미성년피고의 법정대리인이 미성년의 피고에 대하여 법정교육을 행하도록 하여야 한다. 여섯째, 미성년자 사건의 판결선고는 공개로 진행하되 군중대회를 개최할 수 없다. 일곱째, 판결의 선고시 피고의 상소권리를 명확히 고지하여야 하고, 상소할 경우 형벌을 가중하지 않는다는 원칙을 알려야 한다. 여덟째, 제2심 절차는 모두 직접심리의 방식을 채택하고 서면심리의 방식을 엄격히 금지한다.

㈐ 간이절차 소년법정은 형사소송법 제174조의 규정에 부합하는 미성년자 형사사건에 대하여 간이절차를 적용할 수 있다. 간이절차를 적용하여 심리할 것을 결정하는 경우에는 피고의 법정대리인, 변호인이 출정할 수 있도록 반드시 통지하여야 한다.

⑸ 집행절차

인민법원은 소년형사사건을 종결한 후, 사건종결기록표를 상세하게 기록한 뒤 판결문 사본과 함께 집행통지서를 소년관찰소에 송달하여야 한다. 소년관찰소는 교육개조를 위주로 하고 경미한 노동을 보조로 하는 방침을 관철하여야 하며, "반나절 교육 반나절 노동"의 제도를 유지하며, 가능한 한 각기 다른 범죄유형의 소년죄수를 분리 구금하여 관리하여야 한다. 전문인원을 두어 소년죄수에 대한 문화, 법제, 노동기능의 교육을 시행하고, 그들이 사회로 돌아와 직업을 가질 수 있도록 하는 것이 필요하다.

Ⅱ. 형사배상절차

1. 형사배상의 개념과 특징

형사배상은 형사소송의 과정에서 사법기관의 부당한 구속, 부당한 체포 및 오판으로 인하여 공민의 합법적인 권리가 침해된 경우, 국가가 배상을 하는 법률제도이다. 형사배상의 특징은 첫째, 배상은 형사소송활동의 과정에서 발생된 것이어야 한다. 둘째, 손해를 발생시킨 주체는 사법기관이다. 셋째, 손해는 부당한 구속, 부당한 체포 및 오판으로 인하여 발생된 것이어야 한다. 넷째, 공민의 합법적인 권리가 침해되어야 한다. 다섯째, 국가가 배상하는 것이다.

2. 형사배상의 범위

형사배상의 범위는 국가가 형사배상 책임을 지는 범위를 말한다. 중국국가배상법 제15조 및 제16조는 국가가 형사배상책임을 부담하는 범위를 규정하였고, 제17조에서는 국가가 형사책임을 지지 않는 사항을 규정하였다.

국가배상법의 규정에 의하면, 국가가 부담하는 형사책임은 수사, 검찰, 재판, 교도소관리의 직권을 행사하는 기관 및 그 업무인원이 직권을 행사할 경우 발생되는 인신권 침해의 경우와 재산권 침해의 경우를 포함한다. 즉, 형사배상의 범위는 다음과 같다. ① 범죄사실 없이, 또는 사실증명 없이 범죄의 혐의가 있는 자를 부당하게 구류하는 경우, ② 범죄사실 없는 자를 부당하게 체포하는 경우, ③ 재판감독절차에 따라 재심하여 무죄판결을 하였으나 원심판결을 이미 집행한 경우, ④ 고문으로 자백을 강요하거나 구타 등의 폭력행위 또는 타인을 교사하여 구타 등 폭력행위를 함으로써 공민의 신체에 상해를 가하거나 사망케 한 경우, ⑤ 무기 및 경찰장비의 위법한 사용으로 공민의 신체에 상해를 가하거나 사망케 한 경우, ⑥ 재산에 대하여 위법하게 봉인, 압류, 동결, 추징 등의 조치를 취한 경우, ⑦ 재판감독절차에 의하여 재심하여 무죄판결을 하였으나 원심판결의 벌금, 재산몰수가 이미 집행된 경우이다.

국가가 형사배상책임을 지지 않는 경우는 다음과 같다. 즉, ① 공민 자신이 고의로 허위의 진술을 하거나 기타 유죄의 증거를 위조하여 구금되거나 형벌에 처해진 경우, ② 형법 제17조 및 형법 제18조에 의하여 형사책임이 없는 사람이 구금된 경우, ③ 형사소송법 제15조의 규정에 의하여 형사책임이 없는 사람이 구금된 경우, ④ 국가의 수사, 검찰, 재판, 교도소관리의 직권을 행사하는 기관의 업무인원이 직권의 행사와 무관하게 행한 개인행위, ⑤ 공민의 자해 등 고의행위로 손해가 발생된 것, ⑥ 법률이 정한 기타의 사항이 해당된다.

3. 형사배상의 절차

배상청구인의 배상청구는 우선 배상의무기관에 대하여 청구하여야 한다. 배상의무기관은 신청을 받은 날로부터 2개월 이내에 국가배상법이 정한 배상방식과 배상절차에 따라 배상하여야 한다. 기간을 넘겨 배상하지 않거나 배상청구인이 배상금액에 대하여 이의가 있는 경우에는, 배상청구인은 기간의 만료일로부터 30일 이내에 상급기관에 심판을 청구할 수 있다. 배상의무기관이 인민법원인 경우에는 상급 인민법원배상위원회에 배상결정의 신청을 한다. 심판기관은 신청을 받은 날로부터 2개월 내에 결정을 내려야 한다. 배상청구인이 심판기관의 결정에 불복하는 경우, 심판결정을 받은 날로부터 30일 이내에 심판기관 소재지의 동급 인민법원배상위원회에 배상결정의 신청을 할 수 있다.

중급 이상의 인민법원에는 배상위원회를 설치하고, 배상위원회는 3명 내지 7명의 재판인원으로 구성한다. 배상위원회의 배상결정은 다수결 원칙을 채택하며, 배상위원회가 한 배상결정은 법적인 효력이 있다.

배상의무기관은 형사배상을 행한 후, 국가배상법 제15조 제4항 및 5항의 규정에 해당하는 경우 및 사건을 처리함에 있어서 탐오수뢰·정실에 따른 부정행위·위법한 재판 등의 행위를 한 해당 업무인원에 대하여 배상비용의 전부 또는 일부를 구상하여야 한다.

제11장 노 동 법

[鄭二根]

제 1 절 노동법의 대상과 발전

I. 노동법의 개념

노동법은 중국 사회주의 법률체계 중의 독립적 법 영역이다. 노동법은 노동자 및 노동관계와 밀접한 관계가 있다. 중국이 노동 법제를 지속적으로 정비하는 주된 이유는, 노동관계 및 노동과 밀접한 관계가 있는 기타 법 관계를 조절함으로써 노동자의 합법적인 권리를 보호하고 기업과 노동자 사이의 안정과 조화를 이룩하여 국가 경제발전과 사회 진보를 촉진하는 데 있다. 노동법은 노동관계 및 노동관계와 밀접한 관계가 있는 기타 영역을 규율하는 법규범의 총칭이라 할 것이다.

Ⅱ. 노동법의 규율대상

노동법의 규율대상은 두 영역으로 이해할 수 있는바, 즉 노동관계 및 노동관계와 밀접한 관계를 가지고 있는 기타 영역이다.

1. 노동관계

이른바 노동관계는 사람이 노동에 종사하는 과정에서 발생하는 사회관계이다. 노동은 사회적 재화를 창조하기 위하여 행하는 목적적·의식적 활동이며, 인류사회가 생존 발전하는 기초 활동이다. 노동의 과정에서 사람들은 자연계와 일정한 관계를 맺게 되고 또한 일정한 사회관계에 처하게 된다.

중국에서 노동관계는 구체적으로 노동자와 기업, 사업단위, 국가기관, 사회단체, 개인(個體)경제조직 사이에 발생하는 관계로 표현된다. 노동법이 규율하는 대상은 주로 노동관계이다. 노동법은 모든 사회관계에서 일어나는 노동관계를 규율하는 것은 아니며 주로 다음과 같은 영역에 대한 규율을 한다.

즉, 노동관계는 노동과 직접적인 관계를 가지며 노동은 노동관계의 내용이 된다. 노동관계의 당사자 일방은 노동자이고 상대방은 기업, 기관, 단체 등 단위(사업주체)가 된다. 노동관계의 일방인 노동자는 상대방인 단위에 참가하여 그 단위의 구성원으로서 일정한 노동을 하며 해당 단위의 규정, 제도를 준수하여야 한다. 노동관계의 발생, 변경 및 소멸이나 노동과정에서의 권리, 의무 및 노동조건은 법에 의하여 처리되어야 한다. 국가기관, 사업단위, 사회단체가 그 구성원과 노동관계를 성립하였을 경우, 국가의 법률이나 법규가 별도의 특수한 규정을 하는 경우에는 노동법의 규율범주에서 배제될 수 있다.

2. 노동관계와 밀접한 관계를 가진 영역

노동법은 노동관계를 규율하는 것 외에도 노동관계와 밀접한 관계를 가진 기타의 관계를 규율한다. 이러한 기타의 관계는 노동관계는 아니라 할지라도 노동관계와 밀접한 관계를 가지기 때문에 노동법이 규율하는 범주에 포함되는 것이다.

기타의 관계로 표현되는 관계는 노동쟁의를 처리하는 과정에서 발생하는 관계, 사회보험을 집행하는 관계, 노동법령의 집행을 감독하는 관계, 노동조합의 조직과 기업 등의 관계 등이다.

Ⅲ. 노동법의 발전

1. 건국 이래 중국 노동법의 발전

중화인민공화국의 성립은 중국 노동법에 새로운 전기를 마련하였다. 사회주의 개조를 기본적으로 완성한 1950년 6월 중앙인민정부는 「중화인민공화국노동조합법(公會法)」을 공포하였는데, 이는 건국 초기의 중요한 노동법전이 되었다. 또한 1950년 노동부는 「공장위생잠정조례(초안)」를 공포하고 전국 각지에 시행을 명하였는데, 이는 공장의 위생을 개선하는 역할을 하였다. 1951년 국무원은 「중화인민공화국보험조례」를 공포하였는데 이 법령은 노동자의 곤란을 경감하고, 노동능력을 상실한 노동자로 하여금 생활상의 기본적인 물적 보장을 하였다. 또한 산모, 노인, 병자, 사망 또는 부상자, 불구자 등에 대한 대우를 구체적으로 규정하였다.

경제 복구시기의 실업문제를 해결하기 위하여 1950년 정무원은 「실업노동구제에 관한 지표」를 공포하였고, 1952년 9월에는 「노동취업문제에 관한 결정」을 공포하였다. 이러한 법령은 당시의 실업 노동자의 곤란을 해결하고 적극적으로 실업자의 취업을 해결하는 역할을 하였다.

1950년 11월 노동부에서는 「노동쟁의를 해결하는 절차에 관한 규정」을 공포하여, 생산을 확보하고 노동자의 이익을 보호하고 노동쟁의를 합리적으로 해결하는 적절한 제도를 마련하였다. 1954년 7월 정무원에서는 「국영기업 내부의 노동규칙 요강」을 공포하였는데, 이 문건은 노동기율을 공고히 하는 중요한 내용을 담고 있었다. 노임에 관한 규정으로는 1956년 6월 국무원이 제정한 「노임개혁에 관한 결정」이 있다. 노동의 보호에 관한 규정으로는 1956년 국무원이 정한 「공장안전위생규정」, 「건축 가설공사 안전기술 규정」, 「노동자 사무원 사상 사고에 관한 규정」 등이 있다.

전면적인 사회주의 건설 시기에 들어서면서 중국의 노동입법은 계속적인 진전을 보았다. 1958년 국무원은 「노동자 사무원의 정년퇴직 처리에 관한 잠정규정」, 「국영, 공사 합영, 합작사 경영, 개인 경영의 기업과 사업단위의 견습공의 학습기한과 생활보조금에 관한 잠정규정」 등 중요한 규정을 공포하였다.

1966년부터 1976년 문화대혁명기간에는 노동입법의 진전은 없었다고 할 수 있다. 이 기간에도 몇 가지 노동법규가 공포되었지만, 좌파적 오류의 영향으로 노동법은 그 역할을 할 수 없었고, 노동관계에서도 무정부주의 또는 평균주의가 팽배하였다.

2. 중국 노동법의 새로운 진전

1976년 이후 공포된 노동 관련 법규로서 중요한 것은 다음과 같다. 1981년 7월 중국공산당중앙위원회 및 국무원이 정한 「국영공업기업 종업원대표대회 잠정조례」, 1982년 4월 국무원이 정한 「기업 종업원 상벌조례」, 1982년 3월 국무원이 정한 「광산안전조례」와 「광산안전감독조례」, 1982년 2월 노동인사부에서 정한 「노동계약제를 적극 시행함에 관한 통지」 등이다.

경제개혁의 진전에 따라 국무원은 1986년 7월 「국영기업 노동계약제 실시에 관한 잠정규정」, 「국경기업 노동자 채용에 관한 잠정규정」, 「국영기업 기율위반 노동자 해고에 관한 잠정규정」 등을 제정하였다. 또한 종업원 대표대회 제도를 완벽히 하기 위하여 중국공산당중앙위원회와 국무원은 1986년 공동으로 「전민소유 공업기업 종업원 대표대회 조례」를 공포하였다. 여성노동자의 권리를 보호하기 위하여 1988년 7월 국무원은 「여성노동자 노동보호규정」을 공포하였고, 1990년 1월 노동인사부에서는 「여성노동자의 노동금지 범위에 관한 규정」을 제정하였다. 미성년자를 보호하기 위한 입법으로는 1987년 노동인사부에서 정한 「미성년노동자(少年工) 채용을 엄격히 금지함에 관한 통지」가 있다.

노동쟁의의 증가와 이에 대한 대응으로 1987년 7월 국무원은 「국영기업 노동쟁의 처리 잠정규정」을 공포하였다. 이 규정으로 1956년 이래 중단되었던 노동쟁의 처리제도가 회복된 것이다.

1992년 4월 3일 제7기 전국인민대표대회에서 제정한 새로운 「중화인민공화국공회법(노동조합법)」과 「중화인민공화국여성권익보장법」은 각각 노동조합(公會)의 역할과 여성의 노동권리 보호에 있어서 중요한 역할을 하게 되었다. 또한 1992년 11월 제7기 전국인민대표대회 제28차 상무위원회에서는 「중화인민공화국광산안전법」을 통과시켰고, 뒤이어 1993년 7월 국무원은 「기업노동쟁의처리조례」를 공포하였다. 1994년 2월 3일 국무원은 노동자 종업시간에 관한 규정을 공포하였고, 1994년 3월 1일부터 중국은 매일 근로시간 8시간, 매주 평균 종업시간 44시간의 종업시간제 실시가 선포되었으며, 1995년 5월 1일부터 매주 5일 종업제가 실시되었다.

중국 노동법의 기본법인 「중화인민공화국노동법」은 1979년부터 기초를 시작하여 10여 년의 조사 연구 및 논증을 거쳐 30여 차례의 수정을 보았다. 중국공산당 제14차 전당대회 이후 사회주의 시장경제 체제의 수립 요구에 근거하여 국무원이 주도하여 1994년 1월 국무원 회의에서 노동법(초안)을 채택하고, 동년 2월 전국인민대표대회 상무위원회에 상정하여 심의를 요청하였다. 1994년 7월 5일 제8기 전국인민대표대회 상무위원회 제6차 회의에서 통과되었다. 「중화인민공화국노동법」의 공포는 중국의 노동법을 새로운 발전 단계로 진입시키는 계기를 마련한 것이라 할 것이다.

또한 2000년대에 접어들어 중국의 노동관계 입법은 더욱 완벽을 기하게 되었다. 2007년 중화인민공화국노동계약법이 제정되어 2008년 1월 1일부터 시행되고 있으며, 2007년 12월 29일 중화인민공화국노동쟁의조정중재법이 제정되었고, 2007년 8월 30일에는 중화인민공화국취업촉진법이 통과되었다. 이러한 일련의 노동 관련 입법이 이루어짐으로써 마침내 노동법 체계의 확립을 이루게 된 것이다.

제 2 절 노동기준

노동관계를 조정하기 위하여 노동법은 전국적으로 적용되는 통일적인 노동기준을 규정하였다. 이하에서는 근로시간, 휴가제도, 임금제도, 미성년자와 여성의 보호에 대하여 간략히 소개한다.

I. 근로시간, 휴가제도

1. 근로시간제도

근로시간은 법정근로시간이라고도 하며 노동자가 노동의무를 이행하기 위하여 법정 한도 내에서 노동에 종사 또는 업무를 행하여야 하는 시간을 말한다. 최장 근로시간 기준은 법정 최장 근로시간을 말하며 법률이 규정한 일정한 시간 내에 행하는 근로의 최장 한도를 의미한다. 여기에는 일일 최장 근로시간과 주당 최장근로시간으로 나누어 생각할 수 있다. 중국의 현행 입법에 의하면 일일 최장 근로시간은 8시간이며, 즉 노동자가 일일 종사하는 노동시간은 8시간을 초과할 수 없다. 주당 최장 근로시간은 40시간으로 한다. 즉 노동자의 주당 평균 근로시간은 40시간을 초과할 수 없다. 법정 주당 근로시간은 중화인민공화국 성립 이해 줄곧 48시간 이었으나 1994년 3월 1일부터 44시간으로 단축되었고, 1995년 5월 1일부터 40시간으로 단축되었다.

그러나 특별한 사정이 있는 경우에는 40시간보다 단축된 근로시간제를 적용한다. 특정한 작업조건의 작업장(갱도작업, 고산작업 등), 야근(일일 3교대 등), 수유기의 여성노동자, 미성년자 및 임신한 여성노동자 등에 대하여는 법정근로시간

이하의 근로시간을 적용한다.

2. 휴가제도

(1) 법정공휴일

법정공휴일은 국가 또는 민족의 풍속에 근거하여 법률이 규정한 휴일에 실시하는 휴가를 말한다. 법정공휴일은 전적으로 노동자를 위해 정해진 것은 아니라 할 것이지만 고용사업장은 공휴일이라 하더라도 노동자에 대하여 임금을 지급해야 한다.

현행 입법의 규정에 의하면 다음과 같은 경우에는 휴가를 실시하여야 한다. 즉 원단(양력 1월 1일 하루 휴가), 춘절(음력 정월 1, 2, 3일), 노동절(5월 1, 2, 3일), 국경절(10월 1, 2, 3일)이다. 그 외에도 일부 해당자에 대하여 실시하는 부녀의 날, 청년의 날, 건군기념일은 반일의 휴가를 실시하고 어린이날 휴가 1일을 실시한다. 기타 소수민족의 공휴일에 대하여는 당해 민족 잡거의 인민정부가 규정으로 휴가를 정한다.

(2) 연차 휴가

일반적으로 연차 휴가는 그 다음해에 늦추어 이용할 수 없고, 노동자가 만 1년 근로를 하는 경우 연가를 사용할 권리가 있다. 연가의 휴가기간은 6일에서 30일 이내로 하는데 보통 20일 전후로 한다. 중국 노동법은 국가는 연차 휴가제도를 시행함을 규정하고 있고, 노동자가 연속하여 만 1년 이상 근로한 경우에 유급 연차휴가를 누릴 권리가 있고, 구체적이 방법은 국무원이 정한다고 규정하고 있다. 1991년 중공중앙, 국무원의 직공휴가문제에 관한 통지에서 원칙적인 규정을 하고 있는데, 각 업무의 종류와 직종의 구체적 사정에 따라 정하되 최장 2주일을 초과할 수 없도록 정하고 있다.

(3) 가족방문(探親) 휴가

가족방문휴가는 부모 또는 배우자와 별거하는 자가 매년 일정한 시기에 집으로 돌아가 상면하는 휴가를 말한다. 중국은 1958년부터 노동자의 가족방문휴가제도를 시행하고 있다. 1년 이상 근무한 노동자가 배우자 또는 부모와 함께 거주하지 아니하고 또한 공휴일에 상봉할 수 없는 경우에 가족방문휴가를 실시한다.

규정에 의하면 가족방문휴가는 다음과 같은 경우가 있다. 노동자의 배우자방문은 매년 1차에 한하며 휴가는 30일로 한다. 미혼 노동자가 부모를 방문하는 경우 원칙상 매년 1차에 한하고 휴가는 20일로 한다. 단 업무상 휴가를 줄 수 없거나 노동자 본인의 원에 의하여 2년에 한 차례 휴가를 실시하는 경우에는 2년에 걸쳐 1차례의 휴가를 실시할 수 있고, 이 때 휴가기간은 45일로 한다. 기혼자의 부모방문휴가는 매 4년에 1차례 부여하며 휴가기간은 20일로 한다. 주기적으로 집중적인 휴가를 실시하는 자의 경우(예 학교 교사 등)에는 휴가기간에 가족방문을 하도록 하고, 그 휴가기간이 짧은 경우에는 당해 사업장이 적절히 안배한다.

(4) 기타 휴가

기타 상술한 휴가 외에 여성 노동자의 출산휴가, 혼인 및 장례에 의한 휴가가 있다. 고용사업장은 휴가 기간에도 마땅히 임금을 지급해야 한다. 여성 노동자의 출산휴가의 경우 90일 이상의 휴가를 주어야 한다. 혼인 및 장례의 경우 3일 이내의 휴가에 대하여 임금을 지급한다.

3. 연장근무시간

(1) 연장근무의 개념과 제한

노동법이 근로시간의 연장을 금지하는 것은 노동자의 휴식권과 건강 안전을 보장하고 생산 능률을 제고하고, 노동자로 하여금 충분한 시간을 가지고 자녀를 양육하고 학습을 하며 또한 가사를 처리하도록 함으로써 생산의 적극성을 유도하기 위한 것이다. 연장근무시간은 근무시간이 법정시간을 초과하는 경우를 말하며, 즉 정상적인 업무시간 이외에 마땅히 휴식을 취해야 할 시간에 근무에 종사하는 것을 말한다. 연장근무는 법정공휴일 또는 주 휴일에 근무하는 휴일근무(加班)와 초출 또는 잔업 등 시간 초과근무(加点)의 형식으로 구분된다.

중국의 노동법에서 미성년자 또는 임신 7개월 이상의 여성 및 수유기에 있는 만 1년 미만의 영아를 가진 여성에 대하여는 휴일근무 또는 초과근무를 금지한다. 이 외에 일반적으로 노동법에서는 "생산경영의 필요"를 연장근무의 조건으로 하고 있고, 이에 대한 명확한 규정이 없기 때문에 대개 집체계약에서 정하거나 고용사업장과 노동조합이 생산경영의 필요에 대한 구체적인 범위를 정한다.

노동법은 연장근무시간의 범위에 대하여 정하는바, 생산경영의 필요에 따라 연장근무를 하는 경우 일반적으로는 1일 1시간을 초과할 수 없고, 특수한 사정이 있는 경우 노동자의 건강을 보장하는 조건 하에 1일 3시간을 초과할 수 없다. 이 때 주당 36시간은 초과할 수 없다. 다만, 다른 법률의 규정, 자연재해나 국가적 긴급사항 등 특수한 경우에는 이러한 제한을 받지 않는 경우도 있다.

⑵ 연장근무에 대한 보상

노동법은 연장근무에 대한 보상으로 보수의 기준을 정하고 있다. 노동자가 휴일근무 또는 초과근무를 한 경우에는 다음과 같은 기준에 따라 보수를 지급하도록 한다. 초과근무인 경우 정상 근로 임금의 150% 이하로 지급하여서는 아니되고, 휴일 근무인 경우에는 정상 근로 임금의 200% 이하로 지급해서는 아니되며, 법정공휴일 근무인 경우에는 정상 근로 임금의 300% 이하로 지급할 수 없다.

Ⅱ. 임금제도

노동법에서 임금제도에 대한 규정을 두고 있고, 기업최저임금규정(1993년), 임금지급잠정규정(1994년), 임금집체협상시범실시방법(2000년) 및 최저임금규정(2004년)등의 규정이 시행됨으로써 임금제도에 대한 기본적인 입법모델이 형성되었다.

또한 중공중앙의 사회주의 시장경제 실시에 관한 몇 가지 문제의 결정(1993년)에서는 수입의 분배에 대하여 효율우선의 원칙을 구체화하고 공평의 원칙을 고려하도록 하고 있다. 이는 사회주의 시장경제체제에서 임금을 포함한 개인 수입의 분배는 마땅히 효율과 공평을 통일하여 효율을 촉진시킨다는 전제 하에 공평성을 기하도록 한다는 것을 의미한다. 이러한 정신에 입각하여 노동법은 임금의 분배는 노동에 따른 분배의 원칙을 준수하여야 하고 동일한 노동에 대하여 동일한 보수를 지급하는 원칙을 요구하고 있다.

1. 노동자의 임금에 관한 권리

노동자의 임금에 관한 권리는 대개 임금취득권, 임금지배권, 임금보장권 및 임금분배참여권으로 구분된다. 임금취득권은 노동자가 노동급부의무를 이행하고 고용자에 대하여 청구할 수 있는 권리로서 임금청구권과 임금수령권을 포함한다. 임금지배권은 노동자가 어느 누구의 간섭도 받지 않고 그가 취득한 임금의 전부에 대하여 자유롭게 지배할 수 있는 권리다. 임금보장권은 최저임금의 보장, 임금지급의 보장 및 실질 임금의 보장을 요구하는 권리이다. 임금분배참여권은 노동자가 법정 절차에 따라 기업의 임금분배과정에 참여할 수 있는 권리를 말한다.

2. 최저임금의 보상

노동법 제48조에서는 국가가 최저임금 보장 제도를 실시한다고 규정하고 있다. 최저임금의 구체적인 기준은 성, 자치구, 직할시 인민정부에서 규정하고 국무원에 등록한다. 고용사업장에서 노동자에게 지급하는 임금은 당해 지역 최저임금 기준보다 낮아서는 아니 된다고 규정한다. 이는 노동자 개인 및 그 가족의 기본적인 생활을 보장하고 노동자의 능력 제고와 기업의 공정한 경쟁을 촉진하기 위한 것이다. 즉 1993년 기업최저임금규정을 공포 시행하고 있는데 이 규정은 모두 6개 장 32개 조문으로 되어 있다. 총칙, 최저임금률의 공포, 최저임금의 지급, 최저임금의 보장 및 감독, 법적 책임 등을 규정하고 있다.

최저임금의 기준을 확정함에 있어 다음과 같은 사항을 종합적으로 고려하여야 한다. 즉, 노동자 본인 및 부양자 수와 최저 생활비용, 사회의 평균 임금 수준, 취업생산율, 취업상황, 지역 간의 경제발전의 차이 등이다.

3. 임금지급의 일반원칙

중국 노동법 및 1994년 제정된 임금지급잠정규정에 의하면 임금지급의 일반원칙은 화폐지급의 원칙, 직접지급의 원칙, 전액지급의 원칙 및 정기지급의 원칙이다. 또한 기업청산의 경우 임금 우선지급의 원칙이 적용되고 노동자가 긴급한 상황을 맞이한 경우 생활비를 지급하도록 하는 긴급지급의 원칙이 있다.

4. 임금의 불법공제 금지

노동자의 임금에 대하여는 법규가 공제를 규정한 경우를 제외하고 고용사업장이 임의로 공제할 수 없다. 즉 법규가 그 공제를 허용하는 경우에 한하여 임금에 대한 사전 공제를 할 수 있는바, 다음과 같은 경우에 한하여 고용사업장은 노동자의 임금에 대한 공제를 할 수 있다. 노동자의 개인 소득세 공제, 노동자가 납부하여야 하는 각종 보험료의 공제, 법원의 판결이나 재정에서 공제를 요하는 부양비·양육비 등, 법규에 따라 공제할 수 있는 기타 비용이다. 노동자가 노동기율을 위반하여 사업장에 손실을 입힌 경우로서 배상을 하여야 하는 경우에는 노동자의 임금에서 공제를 할 수 있지만, 매월 공제액은 당월 임금의 20%를 초과할 수 없다. 또한 공제한 후의 잔여 금액은 당해 지역 월 최저임금기준 보다 하회해서는 아니 된다.

Ⅲ. 여성 및 미성년 노동자의 보호

1. 여성노동자의 보호

노동법 제7장의 규정, 여직공노동보호규정, 부녀권익보장법, 여직공노동금지범위의 규정 등 규정에 의하여 여성노동자는 특정한 노종조건에서 법적 보호를 받는다. 여성노동자에 대한 보호로는 여성의 건강에 유해한 노동의 종사 금지, 4종 기간에 대한 보호 및 여성노동자에 대한 기타 보호조치가 있다.

여성노동자는 다음과 같은 노동에 종사시킬 수 없다. 즉, 광산 막장, 삼림벌채작업, 체력노동강도 등급 제4급에 해당하는 체력노동이 요구되는 작업, 건축업의 비계 설치 또는 해체 작업, 전력 전신 등과 관련된 고가 작업(높은 작업장소), 연속부하(매 시 6차례 이상의 부하로)로 매 차례 20킬로그램을 초과하는 중량물 작업, 간헐적 부하인 경우는 25킬로그램을 초과하는 중량물 작업에 종사시킬 수 없다.

여성노동자의 생리기간 중에는 고가 작업, 저온 또는 냉수작업을 금지하고 국가가 규정한 3급 체력의 노동 강도를 요하는 노동에 종사시킬 수 없다. 임신기에는 국가가 규정한 3급 체력의 노동 강도를 요하는 노동에 종사시킬 수 없고, 유독성 방사성 물질 발생 관련 작업에 종사시킬 수 없다. 임신 7개월 이상인 여성노동자에 대하여는 연장근무 또는 야간근무에 종사시킬 수 없다. 출산기 여성노동자는 90일 이상의 출산휴가가 보장되도록 하여야 하고, 노동부는 난산이나 쌍태아 출산에 상응하는 휴가를 주도록 규정하고 있다. 여직공노동보호규정에서는 수유기의 여성노동자에 대한 보호규정을 두고 있다.

여성노동자가 많은 사업장의 경우 국가의 관련 규정에 따라 자체 또는 연합의 형태로 여성노동자의 화장실, 임부휴게실, 수유실, 탁아소, 유치원 등 시설을 두어야 하며, 이들 시설을 설치함으로써 여성노동자에게 편의를 제공하여야 한다.

2. 미성년 노동자에 대한 보호

미성년 노동자는 만 16세 이상 만 18세 미만인 노동자를 의미한다. 미성년자에 대한 보호는 미성년자가 성장 발육기에 있다는 것을 고려한 것이다. 미성년 노동자에 대한 보호의 입법적 근거는 미성년자보호법, 노동법, 미성년노동자 특수보호규정 등이다.

고용사업장에서는 16세 미만의 미성년자를 채용하는 것을 금지한다. 미성년자를 채용하는 경우에는 국가의 비준을 받아야 하는 동시에 의무교육을 받을 권리를 보장해야 한다. 노동법에서는 미성년자를 광산 막장, 유독성 물질이 발생되는 작업장, 국가가 규정한 제 4 급 체력노동의 강도에 속하는 노동과 기타 종사를 금지하는 노동에 종사시키지 못하도록 규정하고 있고, 사업장은 미성년 노동자에 대하여 정기적으로 건강검사를 실시해야 한다.

미성년자보호법에서도 만 16세 이상 만 18세 미만의 미성년노동자를 취업시키는 경우에는 직종, 노동시간, 노동 강도 및 보호조치 등에서 국가의 규정을 준수해야 하고, 과중하고 유해한 작업에 배치할 수 없도록 규정하고 있다.

제 3 절 사회보험제도

I. 사회보험의 개념과 관련 입법

사회보험제도는 노동자의 생존을 확보하고 노동력의 재생산, 구가와 사회가 노동능력 및 노동기회의 상실로 인하여 노동을 할 수 없거나 일시적으로 노동을 중지한 노동자에 대하여 일정한 물질적 도움을 줌으로써 최소한 기본적인 생활을 유지하도록 하는 제도라 할 수 있다. 사회보험은 사회성, 강제성, 상호 구제성, 복리성, 보상성 및 차별성의 특징을 가진다.

사회보험제도의 개혁은 양로보험제도와 실업보험제도를 돌파구로 하여 공상 및 의료보험제도의 개혁으로 이어졌다. 중국 노동법의 사회보험과 복리에 관한 규정에서 사회보험제도 개혁의 목표에 대하여 원칙적인 규정을 하고 있다. 노동법의 공포를 전후하여 사회보험제도의 개혁에 따라 「국무원의 기업직공양로보험제도 개혁에 관한 결정」(1991), 「기업직공생육보험시범실시방법」(1994), 「기업직공공상잠정규정」(1996), 「실업보험조례」(1999) 및 「공상보험조례」(2003), 「기업연금시범실시방법」(2004) 등의 법규 규장이 제정되었다.

Ⅱ. 양로보험

1. 개념 및 수혜조건

양로보험은 노동자가 연로하거나 질병 또는 장애로 인하여 노동능력을 상실한 경우로서 노동현장에서 물러난 자에 대하여 정기적으로 생활비용을 지급하는 사회보험제도를 말한다. 양로보험금의 수혜는 퇴휴(退休), 이휴(離休) 및 퇴직(退職)의 세 가지 조건을 전제로 한다.

중국의 일반적인 퇴직연령(정년퇴직연령)은 남자 60세, 여자 50세(노동자) 및 55세(직원)이다. 국가공무원의 사전 퇴휴연령은 남자 55세, 여자 50세이다. 신체에 유해한 작업에 종사하였거나 공상으로 인하여 노동능력을 상실한 직공과 연속 근로 30년 이상인 국가공무원의 퇴휴는 연령제한을 받지 않는다. 고급전문가는 비준을 거쳐 퇴휴를 연기할 수 있고, 이 때에도 정직(正職)의 경우 70세 부직(副職)의 경우 65세를 초과할 수 없다. 이휴는 건국 전 혁명에 참가한 노 간부가 일정한 연령에 도달한 후 퇴직하는 경우를 말한다. 일종의 간부 정착제도이다. 이휴연령과 국가공무원의 퇴휴연령은 동일하다. 이휴의 자격 조건은 건국 전 혁명에 참가한 노 간부이어야 한다. 퇴직은 직공이 퇴휴연령 조건에는 부합되지 않지만 노동능력을 완전히 상실하여 직무에서 물러나 휴양을 하도록 하는 제도이다.

2. 양로보험 기금의 재원

각 고용사업장 및 그 소속 직공은 모두 보험료를 납부하되 기업, 기업화 관리 사업장, 개체 경제조직은 입금 총액에서 일정 비율의 양로 보험료를 납부한다. 국가기관과 전국적 재정 지원 사업장이 부담해야 하는 양로 보험료는 각급 재정으로 하고, 직공은 본인의 기준급여에서 일정 비율의 양로 보험료를 납부한다. 개체 경제조직의 업주, 사영기업주, 자유직업자는 기금의 출원에 참가할 수 있고, 사회 평균임금의 일정 비율로 보험료를 납부한다.

Ⅲ. 실업보험

1. 개념 및 수혜조건

실업보험은 노동자의 실업기간 동안 국가와 사회가 일정한 물적 지원을 함으로써 실업노동자의 기본적인 생활을 보장하고 재취업을 촉진하는 사회 보험제도이다. 실업보험조례의 규정에 의하면 실업보험을 받은 자는 주로 다음과 같다. 즉 실업자가 실업보험에 가입하고 고용사업장과 개인이 보험료를 12개월 이상 납부한 경우, 자신의 원에 의한 실업이 아닌 경우, 실업 등기를 마치고 구직희망을 한 경우이다.

2. 실업보험 기금의 재원

실업보험의 기금은 대개 세 가지 부분으로 구성된다. 고용사업장과 개인이 납부하는 실업보험료, 실업보험기금 이자 수입, 재정지원이다. 이 가운데 고용사업장은 당해 사업장 임금 총액의 2%를 실업 보험료로 납부한다. 일반 사업장의 직공 개인의 납부 비율은 개인 임금의 1%로 한다.

Ⅳ. 공상보험

1. 개 념

공상보험은 직업상해배상보험이라고도 하며, 직공의 업무로 인한 상해, 질병, 장애, 사망에 대하여 경제적 배상과 물적 지원을 행하는 사회보험제도이다.

업무상인지 비업무상인지에 대하여 통상 다음과 같은 사항을 고려하여 구분한다. 첫째, 시간적인 구분으로 업무상 재해는 일반적으로 업무시간 내에 발생한 상병 등에 한한다. 둘째, 공간적인 구분으로 업무상 재해는 일반적으로 생산 또는 업무 장소 내에서 발생한 재해를 말한다. 셋째, 업무에 따른 구분으로 업무상 재해는 업무의 집행중에 발생한 재해에 한정된다. 넷째, 고의 과실에 의한 구분으로 직공 본인의 고의로 인한 재해를 제외하고는 일반적으로 업무상 재해에 속한다.

2. 공상보험 기금의 재원

공상보험의 재원은 고용사업장이 부담한다. 즉, 공상보험료는 모두 고용사업장이 부담하며 당해 사업장의 임금총액에서 일정비율의 금액을 공상보험료로 납부하고, 직공 개인은 공상보험료를 납부하지 아니한다.

V. 의료보험

의료보험은 노동자 및 그 부양가족의 업무 외 질병 또는 부상 등에 대하여 물적 지원을 행하는 사회보험제도이다. 의료보험의 보험사고는 직업병 이외의 질병과 공상 이외의 부상 및 이로 인한 장애가 해당된다.

기본 의료보험료는 고용사업장과 직공이 공동으로 납부한다. 고용사업장이 납부하는 보험료는 직공 임금 총액의 6% 내외이며, 직공이 납부하는 보험료는 대개 본인 임금 수입의 2%에 해당한다. 국가 경제상황의 변화에 따라 고용사업장 및 개인의 부담 비용은 조정된다.

VI. 육아 및 사망보험

1. 육아보험

육아보험은 여성 노동자가 임신 및 분만에 기초하여 사회로부터 물적 지원을 획득할 수 있도록 보장하는 사회보험제도이다. 노동법에서 여성 노동자를 위한 육아보험제도의 수립을 규정하고 있고, 노동부는 그 구체적인 집행을 위하여 1994년「기업직공육아보험시범시행방법」을 제정하였다.

육아보험의 기금은 고요사업장이 소속 노동자는 육아보험료를 납부하지 아니한다. 고용사업장은 직공의 임금총액에 대한 일정 비율의 금액을 육아보험료로 납부해야 한다.

2. 사망보험

사망보험은 유족보험이라고도 하며, 피보험자가 부양하던 친족이 피보험자의 사망 후, 또는 피보험자가 그가 부양하던 친족이 사망한 후에 대한 물적 지원을 보장하기 위한 사회보험제도이다. 사망보험금은 사자의 안장에 대한 경제적 부담을 덜어주기 위한 장제보조금과 장제비용, 사자 생전의 부양자에 대한 기본적인 생활을 보장하기 위한 무휼금과 유족연금으로 구성된다.

제 4 절 노동조합법

1992년 4월 3일 전국인민대표대회 제 7 기 제 5 차 회의에서 제정된 「중화인민공화국노동조합법」(工會法)은 2001년 10월 27일 제 9 기 전국인민대표대회 상무위원회 제24차 회의에서 개정되었다. 이 법은 제 1 장 총칙, 제 2 장, 노동조합 조직, 제 3 장 노동조합의 권리와 의무, 제 4 장 기층 노동조합, 제 5 장 노동조합의 경비와 재산, 제 6 장 법적 책임, 제 7 장 부칙으로 하여 모두 7개 장 57개 조문으로 구성되어 있다.

I. 일반원칙

노동조합의 사회적 지위를 보장하고 노동조합의 권리와 의무를 확정하며 사회주의 현대화 건설사업 중 그 기능을 충분히 발휘하도록 하기 위하여 노동조합법을 제정한 것이다. 노동조합은 노동자의 자발적인 의사에 의하여 결성된 노동자 계급의 조직이다. 중화전국총공회 및 각급 노동조합은 노동자의 이익을 대표하고 법에 의하여 노동자의 합법적 권익을 수호한다.

중국 영내의 기업, 사업단위 및 기관의 노동수입을 주요 수입원천으로 하는 신체노동자와 정신노동자는 민족, 종족, 성별, 직업, 종교 신앙, 교육정도를 불문하고 모두 법에 의거하여 노동조합에 참가하고 노동조합을 조직할 권리가 있다. 어떠한 조직이나 개인도 이를 방해하거나 제한할 수 없다. 국가는 노동조합의 합법적인 권익이 침해되지 않도록 보호하여야 한다.

노동자의 합법적인 권익을 보호하는 것은 노동조합의 기본 직무이다. 노동조합은 전국 인민의 총체적 이익을 수호하는 동시에 개별 노동자의 합법적 권익을 대표하고 이를 수호한다. 노동조합은 평등협상과 집체계약을 통하여 노동관계를 조정하고 기업 노동자의 노동권익을 수호한다. 노동조합은 법률의 규정에 의하여 노동자대표대회 또는 기타 형식을 통하여 노동자가 당해 사업장의 민주적 정책결정, 민주적 관리 및 민주적 감독에 참여할 수 있도록 한다. 노동조합은 노동자와 연계하여 노동자의 의견과 요구를 청취하여 이를 반영하여야 하고, 노동자의 생활에 관심을 갖고 그 어려움을 해결해 주는 데 도움을 주도록 노력하여야 한다.

Ⅱ. 노동조합의 조직

노동조합의 각급 조직은 민주집중제의 원칙에 따라 설립된다. 각급 노동조합위원회는 위원대회 또는 회원 대표대회의 민주 선거로 선출된다. 기업의 주요 책임자의 근 친속은 해당 기업의 기층노동조합위원회 성원의 인선에 참여할 수 없다. 각급 노동조합위원회는 동급 위원대회 또는 회원 대표대회 대하여 책임을 지며 업무를 보고하고 그 감독을 받는다. 노동조합 위원대회 또는 회원 대표대회는 그가 선거한 대표 또는 노동조합위원회의 구성원을 소환 또는 파면할 권리가 있다. 상급 노동조합조직은 하급 노동조합조직을 영도한다.

기업, 사업단위 및 기관의 회원이 25명 이상인 경우에는 기층노동조합위원회를 설립하여야 한다. 25인 이하인 경우에는 단독으로 기층노동조합위원회를 설립할 수 있고, 둘 이상의 사업장 회원이 연합하여 기층노동조합위원회를 설립할 수 있다. 여성노동자가 많은 경우에는 노동조합여성노동자위원회를 설립할 수 있으며, 여성노동자위원회는 동급 노동조합의 영도를 받아 업무를 수행한다. 여성노동자가 비교적 적은 경우에는 노동조합위원회에 여성노동자위원을 둘 수 있다.

기업의 종사자가 비교적 많은 향·진이나 도시의 가도에서는 기층노동조합의 연합회를 설립할 수 있다. 현급 이상의 지방에서는 지방 각급 노동조합총회를 설립한다. 동일 업종 또는 유사한 업종은 필요에 따라 전국적 또는 지역적 산업별 노동조합을 설립할 수 있다. 전국적으로는 중화전국노동조합총회를 설립한다. 기층노동조합, 지방 각급 노동조합총회, 전국 또는 지방의 산업별 노동조합의 설립은 상급 노동조합의 비준을 얻어야 한다.

Ⅲ. 노동조합의 권리와 의무

기업 및 사업단위가 노동자대표대회제도와 기타 민주관리제도를 위반하면 노동조합은 이에 대한 시정을 요구할 수 있으며, 노동자가 법에 의하여 권리를 행사할 수 있도록 보장할 책무를 진다. 법률이나 법규가 노동자대회 또는 노동자대표대회의 심의 또는 결정에 교부토록 한 사항에 대하여 기업 및 사업단위는 반드시 이를 준수하여야 한다.

노동조합은 노동자가 기업 및 사업단위와 노동계약을 체결하는 경우 도와주고 지도한다. 집체계약의 초안은 반드시 노동자대표대회 또는 전체노동자의 토론을 거쳐야 한다. 노동조합이 체결하는 집체계약은 상급 노동조합이 지지하고 도움을 준다. 기업이 집체계약을 위반하고 노동자의 노동권익을 침해하는 경우 노동조합은 기업에 대한 책임의 부담을 요구할 수 있다.

기업 및 사업단위가 노동자를 처벌함에 있어 노동조합이 부적당하다고 인정하는 경우에는 의견을 제출할 권한이 있다. 기업이 그 노동권익을 침해하였다고 인정하여 노동자가 노동쟁의의 중재를 신청하였거나 인민법원에 소송을 제기한 경우 노동조합은 이에 대한 지지와 협조를 한다.

노동조합은 기업 및 사업단위가 노동자의 합법권익을 침해한 경우, 관련 문제에 대한 조사의 권리가 있고, 관련 사업장은 반드시 이에 협조하여야 한다. 노동자가 업무로 인하여 상해 또는 사망하거나 기타 노동자의 건강을 심히 해치는 문제의 처리에 있어 반드시 노동조합이 참가하여야 한다.

노동조합은 기업의 노동쟁의 조정업무에 참가한다. 한편 국가기관은 노동자의 이익과 밀접한 관계가 있는 법률 또는 법규를 제정·개정하는 경우 반드시 노동조합의 의견을 들어야 한다. 현급 이상 각급 인민정부가 국민경제 또는 사회발전계획을 제정할 경우, 노동자의 이익과 관련되는 중대한 문제에 대하여는 반드시 동급 노동조합의 의견을 청취하여야 한다.

Ⅳ. 기층 노동조합 조직

국유기업의 노동자대표대회는 노동자가 민주적 권리를 행사하는 기구이다. 국유기업의 노동자위원회는 노동자대표대회의 업무기구이며 노동자대표대회의 일상 업무에 대하여 책임을 지며, 노동자대표대회의 결의 사항에 대한 집행을 감독한다. 기업 및 사업단위는 경영관리나 기업발전의 중대 문제를 결정함에 있어서 노동조합의 의견을 청취하여야 하며 임금, 복리, 노동안전 및 위생, 사회보험 등 노동자의 이익과 밀접한 관련이 있는 회의 또는 토론을 개최하는 경우 반드시 노동조합의 대표가 참가하여야 한다.

기층 노동조합위원회의 회의의 개최 또는 노동조합의 활동은 반드시 생산 또는 업무시간 외에 행하여야 하며 생산 또는 업무시간 중에 개최할 필요가 있는 경우에는 먼저 기업 및 사업단위이 동의를 얻어야 한다. 기업 및 사업단위의 노동조합 전임 인원의 임금, 장려금, 수당 등은 소속 사업장에서 지급한다. 사회보험과 기타 복리 대우 등은 당해 사업장의 다른 노동자와 동등하게 대우받는다.

V. 노동조합의 경비

노동조합의 경비 원천은 노동조합 회원이 납부한 회비, 노동조합을 설립한 기업 사업단위 및 기관이 매월 전체 노동자 급여 총액의 2/100를 노동조합에 납부한 경비, 노동조합이 소속한 기업 및 사업단위로부터 납입된 수입, 인민정부의 보조금, 기타 수입이다. 노동조합의 경비는 주로 노동자를 위한 서비스와 노동조합이 활동에 사용되며, 경비의 사용에 대한 구체적인 방법은 중화전국노동조합총연합회가 정한다.

기업 및 사업단위가 정당한 이유 없이 노동조합에 납부할 경비를 지연하거나 납부를 거부하는 경우, 노동조합은 법에 의거 인민법원에 강제집행을 신청할 수 있다. 노동조합은 경비 독립의 원칙에 근거하여 예산 및 결산제도와 경비에 대한 심사 제도를 수립하여야 한다. 각급 노동조합은 경비 심사위원회를 설치하여야 한다. 각급 노동조합의 경비 수지 상황은 동급 노동조합이 경비 심사위원회가 심사하고, 정기적으로 그 심사 결과를 회원대회 또는 회원대표대회에 보고하고 감독을 받는다. 노동조합의 경비사용은 법에 의거하여 국가의 감독을 받는다.

제 5 절 노동계약법

I. 노동계약법의 구성과 총칙

1. 구 성

중국에서 노동입법의 중요한 법률로서 「중화인민공화국노동계약법」이 있다. 이 법률은 2007년 6월 29일 전국인민대표대회 상무위원회 제28차 회의에서 통과되어 2008년 1월 1일부터 시행되고 있다.

노동계약법(중국에서는 노동합동법이라 한다.)은 부칙을 포함하여 모두 8개 장 98개 조문으로 이루어져 있으며 각각 총칙, 노동계약의 성립, 노동계약의 이행과 변경, 노동계약의 해제와 종료, 특별규정, 감독검사, 법적책임, 부칙으로 구성되어 있다.

2. 일반원칙

노동계약법은 그 적용 대상 사업자(이하 고용사업장이라 한다.)를 규정하고 있는바, 중국 영내의 기업, 개체 경제조직, 민간 설립의 비 기업 등 조직과 노동자 사이에 이루어지는 노동관계의 성립, 계약, 이행, 변경, 해제 또는 노동계약의 종료에 관하여 적용된다. 국가기관, 사업단위, 사회단체와 노동관계를 수립하는 노동자 사이의 계약, 이행, 변경, 해제 또는 노동관계의 종료에 대하여도 본 법을 적용한다.

고용사업장이 노동보수, 작업시간, 휴식 휴가, 노동 안전 위생, 보험 복리, 직원 훈련, 노동기율 및 노동관리 등 노동자의 이익과 밀접한 관련이 있는 규장제도 또는 중대 사항을 제정 개정 또는 결정하는 경우에는 반드시 직공대표대회 또는 전체 직공의 토론을 거쳐 방안과 의견의 제시하고, 노동조합 또는 직공대표와 평등한 협상을 통하여 확정토록 한다.

Ⅱ. 노동계약의 성립

1. 서면계약의 원칙

고용사업장은 노동자를 고용 시 업무의 내용, 업무조건, 업무장소, 직업위해 안전생산 상황, 노동보수 및 노동자가 이해하고자 하는 기타 사항에 대하여 고지하여야 하며, 노동자 역시 고용사업장이 노동계약과 직접 관련 있는 사항에 대하여 여실히 고지할 의무가 있다.

노동관계의 수립은 서면노동계약으로 하여야 한다. 이미 성립된 노동관계의 경우 서면계약이 이루어지지 않은 경우에는 고용일로부터 1개월 이내에 서면계약을 하여야 한다.

노동계약은 기간을 정한 노동계약, 기간의 정함이 없는 노동계약 및 일정한 업무의 완성을 기한으로 하는 노동계약으로 구분한다. 기간을 저안 노동계약은 고용사업장과 노동자가 계약의 종료 시기를 약정한 노동계약이다. 양 당사자의 협상으로 기간을 정한 노동계약을 체결할 수 있다. 양 당사자의 협상으로 기간의 정함이 없는 노동계약을 체결할 수 있으며, 노동자가 기간을 정한 노동계약을 요구하지 않는 한, 다음과 같은 경우에는 기간의 정함이 없는 노동계약을 체결하여야 한다. 즉, 노동자가 당해 고용사업장에서 연속 10년 이상 근무한 경우, 노동자가 당해 고용사업장에서 연속 10년 이상 근무하고 법정 퇴직연한이 10년 이하인 경우, 연속 2회 이상 고정기한노동계약을 체결하고 노동자의 해고사유나 질병 등 업무수행 불가사유가 없는 경우로서 노동계약을 계속하여 체결하는 경우이다. 또한 고용사업장이 사용일로부터 만 1년이 경과함에 불구하고 노동자와 서면 노동계약을 체결하지 않은 경우에는 고용사업장과 노동자가 기간의 정함이 없는 노동계약을 체결한 것으로 본다. 고용사업장이 노동계약법이 정한 규정을 위반하여 노동자와 기간의 정함이 없는 노동계약을 체결하지 않는 경우에는 기간의 정함이 없는 노동계약을 체결하여야 하는 날로부터 노동자에게 매월 2배의 급여를 지급해야 한다.

또한 서면계약의 원칙과 관련하여 법적인 책임문제로 주의할 필요가 있는 것은, 고용사업장이 고용일로부터 1개월을 초과하여 1년 이하인 기간에 노동자와 서면 노동계약을 체결하지 않는 경우에는 매월 노동자에게 2배의 급여를 지급하여야 한다는 점이다.

2. 계약의 내용

노동계약의 내용에는 다음과 같은 내용이 포함되어야 한다. ① 고용사업장의 명칭, 주소 및 법정대표 또는 주요 책임자. ② 노동자의 성명, 주소 및 신분증 또는 기타 유효한 신분을 증명할 수 있는 번호, ③ 노동계약의 기간, ④ 업무 내용과 장소, ⑤ 업무 시간과 휴식 휴가, ⑥ 노동보수, ⑦ 사회 보험, ⑧ 노동 보호, 노동 조건 및 직업 위험 방호, ⑨ 법률이나 법규가 정한 노동계약에 관한 기타 사항이다.

3. 수습기간에 대한 규정

노동계약 기간이 3개월 이상 1년 미만인 경우 수습기간은 1개월을 초과할 수 없고, 1년 이상 3년 미만인 경우 수습기간은 2개월을 초과할 수 없으며, 3년 이상 고정기간 또는 기간의 정함이 없는 노동계약은 수습기간 6개월을 초과할 수 없다. 수습기간의 임금은 동일 사업장 동일 직무 최저급여 또는 노동계약으로 정한 급여의 80% 이상이어야 하며, 고용사업장 소재지 최저임금 기준에 미달해서는 아니 된다.

고용사업장이 노동자를 위하여 교육비용을 부담하여 전문적인 기술교육을 실시한 경우, 노동자와 협의하여 그 근무기간을 약정할 수 있다. 이 때 노동자가 근무기간의 약정을 위반한 경우에는 그 약정에 따라 고용사업장에 위약금을 지불하여야 하며, 위약금의 액수는 교육비용을 초과할 수 없다.

4. 경업(競業)제한에 관한 규정

경업이 제한되는 자는 고용사업장의 고급관리자, 고급기술자 및 기타 비밀유지 의무를 지는 자에 한한다. 경업 제한의 범위, 지역 및 기간은 고용사업장과 노동자가 약정하며 그 약정은 법률 또는 법규의 규정을 위반할 수 없다.

Ⅲ. 노동계약의 이행과 변경

1. 노동계약의 이행

고용사업장과 노동자는 노동계약에 따라 각자의 의무를 전면적으로 이행하여야 한다. 고용사업장은 노동계약에서 약정한 내용과 국가 규정에 다라 노동자에 대하여 약정한 노동보수를 적시에 충분하게 지급하여야 한다. 약정한 노동보수를 충분히 지급하지 않는 경우 노동자는 소재지 인민법원에 지급명령을 신청할 수 있고, 해당 인민법원은 법에 따라 지급명령을 발하여야 한다.

2. 노동계약의 변경과 해제

고용사업장과 노동자는 협상으로 노동계약의 약정 내용을 변경할 수 있다. 노동계약의 변경은 서면의 형식으로 하여야 한다. 또한 양 당사자는 노동계약을 해제할 수 있다.

고용사업장이 다음과 같은 행위를 하는 경우 노동자는 노동계약을 해제할 수 있다. 즉, 노동계약에서 약정한 노동보호 또는 노동조건을 제공하지 않는 경우, 약정한 노동보수를 적시에 충분히 지급하지 않는 경우, 노동자를 위한 사회보험료를 납부하지 않는 경우, 사업장의 규장 제도가 법률이나 법규를 위반하여 노동자의 권익을 해하는 경우, 노동계약법 제26조 제1항을 위반하여 노동계약이 무효인 경우, 법률 법규가 노동자의 계약 해제를 인정하는 기타의 경우이다.

노동자가 다음과 같은 행위를 하는 경우 고용사업장은 노동계약을 해제할 수 있다. 즉, 수습기간 중 채용조건에 부합되지 않음이 증명된 경우, 사업장의 규장 제도를 심히 위반한 경우, 실직행위 등으로 사업장에 중대한 손해를 입힌 경우, 노동자가 동시에 다른 사업장과 노동관계를 수립하여 당해 사업장의 업무수행에 중대한 영향을 미치게 하거나 그 시정을 거부하는 경우, 노동계약법 제26조 제1항을 위반하여 노동계약이 무효가 되는 경우, 형사책임을 추궁당하는 경우 등이다.

3. 해고의 사전통지와 해고수당

다음과 같은 경우에 해당하면 고용사업장은 30일 이전에 서면으로 노동자

본인에게 해고의 통지를 하여야 하고, 또는 1개월에 해당하는 급여를 지급한 후 노동계약을 해제할 수 있다.

즉, 노동자가 질병 부상으로 규정된 요양기간 만료 후 업무에 복귀할 수 없는 경우 또는 재 배치한 업무를 수행할 수 없는 경우, 노동자가 업무를 수행하기 어려운 경우로서 교육 또는 직무 변경 후 여전히 업무를 수행하기 어려운 경우, 계약의 체결 시 예상하지 못한 객관적 상황의 변화로 노동계약을 이행하기 어려운 경우 등이다.

고용사업장이 기업파산법의 규정에 의하여 구조조정이 필요한 경우, 생산 경영상 중대한 어려움이 있는 경우, 중대 기술혁신 또는 경영방식의 조정, 기타 경제상황의 중대 변화 등을 원인으로 노동자 20인 이상을 감원하거나 또는 20인 이하라 하더라도 총원의 10% 이상의 감원에 해당하는 경우에는, 30일 이전에 노동조합 또는 전체 직공에 대하여 상황을 설명하고 노동조합 또는 전체 직공의 의견을 청취하고, 감원방안을 노동행정부문에 보고한 후, 인원을 감축할 수 있다.

고용사업장이 일방적으로 노동계약을 해제하는 경우에는 사전에 그 이유를 노동조합에 통지하여야 하고, 고용사업장이 법률이나 법규를 위반하거나 노동계약의 약정을 위반한 경우 노동조합은 그 시정을 요구할 수 있다.

4. 퇴직금에 관한 규정

퇴직금(경제보상)은 노동자의 당해 사업장 근무기간을 기준으로 지급한다. 만 1년을 기준으로 1개월의 급여를 기준으로 노동자에게 퇴직금을 지급한다. 6개월 이상 1년 미만인 경우는 1년 근무로 보아 계산한다. 6개월에 미치지 못하는 경우 반달치의 급여에 해당하는 퇴직금을 지급한다. 노동자의 월 급여가 고용사업장 소재지 직할시, 구를 설치한 시 급 인민정부가 공포한 당해 지구 전년도 직공의 월 평균 급여의 3배를 초과하는 경우에, 퇴직금의 기준은 직공 월 평균 급여 3배의 액수에 따라 지급하고, 그 퇴직금의 지급기간은 최장 12년을 초과하여 지급할 수 없다.

Ⅳ. 노동계약법의 특별규정

1. 집체계약

기업의 직공 일방과 고용사업장은 평등한 협상을 통하여 노동보수, 업무시간, 휴식 휴가, 노동안전 위생, 보험 복리 등의 사항에 대하여 집체계약을 체결할 수 있다. 이 때 집체계약에 대한 초안은 직공대표대회 또는 전체 직공의 토론을 거쳐 통과되어야 한다. 집체계약은 노동조합이 기업의 직공 일방을 대표하여 고용사업장과 계약을 체결하고, 노동조합이 설립되지 않은 사업장의 경우에는 상급 노동조합이 노동자가 추천한 대표를 지도하여 고용사업장과 체결한다.

현급 이하 구역 내에서 건축업, 채광업, 요식업 등 항업의 경우 노동조합과 기업의 대표가 항업성 집체계약을 체결할 수 있고, 또는 구역성 집체계약을 체결할 수 있다.

집체계약을 체결하는 경우 노동보수와 노동조건 등의 기준은 당해 지역 인민정부가 규정한 최저기준을 하회할 수 없다. 고용사업장이 집체계약을 위반하여 직공의 근로에 관한 권익을 침해하는 경우, 노동조합은 고용사업장에 대하여 책임을 부담토록 요구할 수 있고, 집체계약의 이행에 관하여 분쟁이 발생하여 협상으로 해결이 불가한 경우, 노동조합은 중재를 신청하거나 소송을 제기할 수 있다.

2. 노무파견

노무파견(제공)사업장은 회사법의 규정에 따라 설립하고 등기자본금은 50만 위엔 이상으로 한다. 노무파견사업장은 파견하는 노동자와 2년 이상의 고정기간 노동계약을 체결하여야 하고, 매월 노동보수를 지급하여야 한다. 파견되는 노동자의 업무가 없는 기간에 대하여 노무파견사업장은 소재지 인민정부가 규정한 최저임금기준에 따라 매월 보수를 지급하여야 한다. 노무파견사업장이 지구를 초월하여 노동자를 파견하는 경우, 파견되는 노동자가 향유하는 노동보수와 노동조건은 고용사업장 소재지의 기준에 따라 집행한다.

고용사업장은 또한 다음과 같은 의무를 진다. 즉, 국가의 노동기준에 따라 집행하고, 상응하는 노동조건과 노동보호를 하며, 파견된 노동자에 업무 요구와 노동보수를 고지하며, 시간외 수당 또는 성과급을 지급하고 직무와 관련되는 복리 후생제도를 제공하고, 파견된 노동자에 대한 필요한 직무교육을 실시하며, 연속하여 고용하는 경우 정상적인 급여조정제도를 적용하여야 한다. 또한 고용사업장은 파견된 노동자를 다시 다른 사업장에 파견할 수 없다.

3. 비 전일제 고용

비 전일제 고용은 시간급을 주로 하여 노동자가 동일한 사업장에서 일일 평균 근무시간이 4시간을 초과하지 않는 고용형태를 말하며, 주 누계 근무시간이 24시간을 초과하지 않는 고용형식이다. 비 전일제 고용은 쌍방 당사자가 구두로 협의할 수 있다. 비 전일제 고용의 경우에는 수습기간을 약정할 수 없다. 또한 비 전일제 고용계약은 당사자가 수시로 고용의 해지를 통보할 수 있고 퇴직금의 적용이 없다.

비 전일제 고용의 경우 시간당 최저임금의 기준은 해당 사업장 소재지 인민정부가 규정한 최저시급기준 이하로 할 수 없고, 임금의 지급 주기는 최장 15일을 초과할 수 없다.

V. 감독 및 검사

국무원 노동행정부문은 전국적인 노동계약제도의 실시에 대한 관리 감독 책임을 진다. 현급 이상 각급 인민정부의 노동행정부문은 당해 행정구역 내의 노동계약제도의 실시에 대한 감독책임을 진다. 현급 이상 각급 노동행정부문은 감독 및 관리업무를 수행하는 과정에서 반드시 노동조합, 기업대표 및 관련 항업의 주관부문의 의견을 청취하여야 한다.

노동자의 합법적인 권리가 침해되는 경우 관련 부문에 의법 처리를 요구할 수 있고, 법에 따라 중재를 신청하거나 소송을 제기할 수 있다. 노동조합은 법에 따라 노동자의 합법적인 권리를 수호하며, 고용사업장에 대하여 노동계약, 집체계약의 이행에 대한 감독을 하며, 의견을 제출하고 시정을 요구할 권리를 가진다. 노동자가 중재를 신청하거나 소송을 제기한 경우 노동조합은 법에 의거한 지원을 한다.

제 6 절 노동쟁의조정중재법

중국은 2007년 12월 29일 제10기 전국인민대표대회 상무위원회 제31차 회의에서 「중화인민공화국노동쟁의조해중재법(中華人民共和國勞動爭議調解仲裁法)」(이하 노동쟁의조정중재법이라 한다.)을 통과시켰다. 이 법률은 노동쟁의를 공정하고 즉시에 해결하고 당사자의 합법적인 권익을 보장하고 노동관계의 화해와 안정을 도모하기 위하여 제정된 것이며, 부칙을 포함하여 모두 4개 장 54개 조문으로 구성되며, 각기 총칙, 조정, 중재(일반규정, 신청과 수리, 개정과 재결) 및 부칙으로 되어 있다. 이 법률은 노동쟁의를 처리하는 근거가 되는 법률로서 2008년 5월 1일부터 시행되고 있다.

I. 노동쟁의조정중재법의 적용

1. 적용대상이 되는 쟁의

노동쟁의조정중재법은 중국 영내에 설립한 고용사업장과 노동자 사이에 발생하는 노동쟁의사건에 대하여 적용되며, 구체적으로는 노동관계의 확인으로 인하여 발생하는 쟁의, 노동계약의 체결·이행·변경·해제 및 종료에 관한 쟁의, 제명·퇴직·사직·이직으로 인하여 발생되는 쟁의, 근로시간 휴식휴가 사회보험 복리 교육 및 노동보로로 인하여 발생하는 쟁의, 노동보수 공상의료비 경제보상(퇴직금) 또는 배상금 등으로 인하여 발생하는 쟁의, 기타 법률 또는 법규가 정한 노동쟁의가 적용 대상이 된다.

2. 노동쟁의 구제방법

노동쟁의가 발생하여 당사자가 협상을 원하지 않는 경우, 협상이 성립되지 않거나 화해협의를 한 후 이행을 하지 않는 경우에는 조정기구에 조정을 신청할 수 있다. 조정을 원하지 않는 경우나 조정이 이루어지지 않는 경우 또는 조정협의를 한 후 이행을 하지 않는 경우에는 노종쟁의중재위원회에 중재를 신청할 수 있다. 중재재결에 불복하는 경우에는 노동쟁의조정중재법이 별도로 규정하는 것을 제외하고 인민법원에 소송을 제기할 수 있다.

Ⅱ. 노동쟁의 조정절차

1. 조정기구

고용사업장과 노동자 사이에 노동쟁의가 발생한 경우 당사자는 다음과 같은 조정기구에 조정을 신청할 수 있다. 즉, 기업노동쟁의조정위원회, 법에 의거 설립된 기층의 인민조정기구, 향 진 가도에 설립된 것으로 노동쟁의에 관한 조정을 할 수 있는 기구 등에 신청한다. 기업노동쟁의조정위원회는 직공대표와 기업대표로 구성된다. 직공대표는 노동조합의 구성원이 담임하거나 전체 직공이 추선하여 선출한다. 기업대표는 기업의 책임자가 지정한다.

당사자가 노동쟁의의 조정을 신청하는 경우 서면으로 신청할 수 있고 구두로도 신청이 가능하다. 구두로 신청하는 경우에는 조정기구는 현장에서 신청인의 기본사항, 쟁의사항, 신청이유 및 시간을 기록한다.

노동쟁의의 조정은 쌍방 당사자의 진술을 충분히 청취하여야 하고 협의가 이루어지도록 최선을 다하여야 한다. 조정협의가 이루어진 경우에는 조정협의서를 제작하여야 한다. 조정협의서는 쌍방 당사자가 서명 또는 날인하고, 조정자의 서명 및 조정기구의 인장을 날인한 후 효력이 발생하며, 조정협의는 쌍방 당사자에 대하여 구속력이 있다.

2. 지급명령의 신청

노동보수, 공상의료비, 경제보상 또는 배상금의 지급 지연과 관련하여 조정협의를 한 경우로서 고용사업장이 협의에서 약정한 기간 내에 이행을 하지 않는 경우, 노동자는 조정협의서를 지참하여 인민법원에 지급명령을 신청할 수 있고, 이 때 인민법원은 법에 따라 지급명령을 발하여야 한다.

Ⅲ. 노동쟁의 중재절차

1. 노동쟁의중재위원회의 설립

노동쟁의조정기구가 조정신청을 받은 날로부터 15일 이내에 조정협의를 하지 못하는 경우 당사자는 중재를 신청할 수 있다. 노동쟁의를 처리하는 노동쟁의중재위원회는 합리적이고 수요에 적절하게 대응하여 설립하되 성, 자치구 인민정부는 시 또는 현에 노동쟁의중재위원회의 설립을 결정할 수 있다. 직할시 인민정부는 구 또는 현에 노동쟁의중재위원회의 설립을 결정할 수 있고, 직할시 또는 구를 설치한 시 역시 하나 또는 약간 수의 노동쟁의중재위회를 설립할 수 있다.

2. 노동쟁의중재위원회의 직무

노동쟁의중재위원회는 다음과 같은 직무를 수행한다. 즉 상근 또는 겸직 중재원의 초빙, 해임에 관한 사항, 노동쟁의사건의 수리, 중대 또는 복잡한 노동쟁의사건의 토론, 중재활동에 대한 감독 등이다. 또한 노동쟁의중재위원회에 사무기구를 설치하여 노동쟁의중재위원회의 일상 업무를 처리토록 한다.

3. 노동쟁의 관할과 참가

노동쟁의중재위원회는 당해 지역 내에서 발생하는 노동쟁의를 관할한다. 노동쟁의는 노동계약의 이행지 또는 고용사업장 소재지의 노동쟁의중재위원회가 관할한다. 쌍방 당사자가 각기 노동계약의 이행지와 고용사업자 소재지의 노동쟁의중재위원회에 중재를 신청한 경우에는 노동계약 이행지의 노동쟁의중재위원회가 관할한다.

노동쟁의사건의 처리 결과에 대하여 이해관계를 가진 제3자는 중재활동의 참가를 신청할 수 있고, 노동쟁의중재위원회가 중재에 참가할 것을 통지할 수 있다. 당사자는 위탁대리인으로 하여금 중재에 참가토록 할 수 있고, 위탁대리인이 참가하는 경우에는 노동쟁의중재위원회에 위탁서를 제출하여야 한다.

4. 노동쟁의의 신청과 수리

노동쟁의로 중재를 신청하는 시효기간은 1년으로 한다. 중재시효기간은 당사자가 그 권리의 침해를 안 날로부터 또는 알 수 있었던 날로부터 기산한다. 불가항력 또는 기타 정당한 사유로 당사자가 중재시효기간 내에 중재를 신청할 수 없는 경우에는 중재시효가 중지된다.

중재신청서에는 다음과 같은 사항을 기재한다. ① 노동자의 성명, 성별, 연령, 직업, 사업장과 주소, 고용사업장의 명칭, 주소 및 법정대표 또는 주요 책임자의 성명 및 직위. ② 중재청구 및 근거 및 이유, ③ 증거와 증거의 출처, 증인의 성명 및 주소를 기재한다. 중재신청서를 작성하기 심히 곤란한 경우에는 구두로 신청할 수 있고, 노동쟁의중재위원회가 기록을 하여 상대방 당사자에게 통지한다. 노동쟁의중재위원회는 중재신청을 수리한 후 5일 이내에 중재신청서 사본을 피신청인에게 송달하여야 한다. 피신청인은 이 송달을 받은 후 10일 이내에 노동쟁의중재위원회에 답변서를 제출하여야 한다. 답변서의 제출 여부는 중재절차의 진행에 영향을 미치지 않는다.

5. 개정과 재결기간

노동쟁의중재위원회가 노동쟁의사건을 중재하는 경우에는 중재정 제도를 시행한다. 중재정은 3명의 중재원으로 구성된다. 중재원이 다음과 같은 상황인 경우에는 회피하여야 한다. ① 중재원이 본안 사건의 당사자 또는 당사자나 대리인의 근 친속인 경우, ② 본안 사건과 이해관계가 있는 경우, ③ 본안 사건의 당사자나 대리인과 기타 관계로 공정한 재결에 영향을 줄 수 있는 경우, ④ 사적으로 당사자나 대리인과 접견하거나, 당사자나 대리인의 접대나 선물 등을 받은 경우이다.

중재정은 개정 5일 전에 개정의 일시 및 장소를 쌍방 당사자에게 서면으로 통지하여야 한다. 당사자는 정당한 이유가 있는 경우 개정 3일 전에 개정의 연기를 신청할 수 있고, 그 연기의 여부는 노동쟁의중재위원회가 결정한다. 중재정이 노동쟁의사건을 재결하는 경우, 노동쟁의중재위원회가 중재신청을 수리한 날로부터 45일 이내에 재결을 종결하여야 한다. 사건이 복잡하여 기간의 연기가 필요한 경우 노동쟁의중재위원회 주임의 비준을 거쳐 연기할 수 있고 서면으로 당사자에게 통지한다. 다만 재결기간의 연장은 15일을 초과할 수 없다. 기간을 초과하여 재결을 하지 않는 경우 당사자는 당해 노동쟁의사항에 대하여 인민법원에 소송을 제기할 수 있다.

6. 증거의 제출

당사자는 중재과정에서 증거에 대한 질의를 하고 변론을 할 권리가 있다. 대질심문과 변론의 종결 시 수석중재원 또는 단독중재원은 당사자의 최후의견을 들어야 한다. 당사자가 제공한 증거가 조사를 거쳐 사실에 속하는 경우 중재정은 그 증거를 사실인정의 근거로 삼아야 한다. 노동자가 고용사업장이 장악 관리하는 중재청구에 관한 증거를 제출하기 어려운 경우에 중재정은 고용사업장에 대하여 기한을 정하여 그 제공을 요구할 수 있다. 고용사업장이 정한 기한 내에 그 증거를 제출하지 않는 경우에는 중재에서 불리한 결과를 부담하여야 한다.

7. 화해 및 조정의 선행

당사자는 중재를 신청한 후 스스로 화해할 수 있다. 화해협의를 달성한 경우에는 중재신청을 취소할 수 있다. 중재정은 재결을 하기 전에 우선 조정을 시도하여야 한다. 조정협의가 되면 중재정은 조정서를 제작한다. 조정서는 쌍방 당사자가 서명 접수한 후 법적 효력이 발생한다. 조정이 성립되지 않거나 조정서의 송달 전에 일방 당사자가 조정의사를 철회하는 경우 중재정은 즉시 재결을 한다.

8. 일부 사건의 선 집행재결 및 종국재결

중재정은 노동보수, 공상의료비, 퇴직금 또는 배상금을 청구하는 사건에 있어 당사자의 신청에 근거하여 선 집행을 재결할 수 있고, 인민법원에 그 집행을 이송할 수 있다. 중재정이 선 집행을 재결하는 경우에는 당사자 사이의 권리관계가 명확하여야 하고, 선 집행하지 않는 경우 당사자의 생활에 중대한 영향을 미치는 상황이어야 한다.

노동보수, 공상의료비, 퇴직금 또는 보상금을 청구하는 사건으로 당해지역 월 최저임금기준의 12개월분 금액을 초과하지 않는 쟁의, 국가의 노동기준의 집행으로 인하여 노동시간, 휴식휴가, 사회보장 등에 관한 쟁의사건에 대한 중재재결은 본법이 별도로 규정하는 경우를 제외하고 종국재결로 하며, 재결서는 작성일로부터 법적 효력이 발생한다.

9. 중재재결의 불복

노동자가 상술한 중재재결에 불복하는 경우 중재재결서를 받은 날로부터 15일 이내에 인민법원에 소송을 제기할 수 있다. 고용사업장은 중재재결이 법률을 위반하거나 하자가 있는 경우로 증거가 있는 경우 중재재결서를 받은 날로부터 30일 이내에 노동쟁의중재위원회 소재지 중급인민법원에 재결의 취소를 신청할 수 있다. 중재재결이 인민법원의 재정으로 취소된 경우 당사자는 재정서를 받은 날로부터 15일 이내에 당해 노동쟁의사항에 대하여 인민법원에 소송을 제기할 수 있다.

제 7 절 취업촉진법

2007년 8월 30일 제10기 전국인민대표대회 상무위원회 제29차 회의에서 「중화인민공화국취업촉진법」이 통과되었다. 이 법은 취업을 촉진하고 경제발전과 취업의 확대에 대한 조화를 도모하며 사회적 화해와 안정을 이루기 위한 목적으로 제정된 것으로 부칙을 포함하여 모두 9개 장 69개 조문으로 이루어져 있다. 각각 제 1 장 총칙, 제 2 장 정책적 지원, 제 3 장 공평취업, 제 4 장 취업서비스와 관리, 제 5 장 취업교육과 훈련, 제 6 장 취업원조, 제 7 장 감독검사, 제 8 장 법적 책임, 제 9 장 부칙이다. 다음에서 중요한 내용을 간단히 소개한다.

I. 일반규정

국가는 취업의 확대를 경제 사회 발전의 중요한 사항으로 삼아 적극적인 취업정책을 실시하고 노동자의 자주적 직업선택, 시장에 의한 취업, 정부 취업촉진의 방침을 견지하여 취업의 확대를 도모하여야 한다.

노동자는 평등취업과 자주적 직업선택의 권리를 가진다. 노동자의 취업은 민족, 종족, 성별, 종교 신앙 등의 차이로 인하여 멸시받지 아니한다.

현급 이상 인민정부는 취업의 확대를 경제 및 사회발전의 중요한 목표로 삼아 국민경제 및 사회발전계획에 반영하고, 취업촉진의 중·장기계획 및 연도 업무계획을 수립하여야 한다. 국무원에 전국취업촉진업무협조에 관한 기구를 설치하고, 국무원 노동행정부문이 전국의 취업촉진 업무에 대한 책임을 지도록 한다.

고용사업장은 법에 따라 자주적으로 고용할 권리를 가지며, 본법 및 기타 법률, 법규의 규정에 따라 노동자의 합법적 권익을 보장하여야 한다. 노동조합, 공산주의청년단, 부녀연합회, 장애인연합회 및 기타 사회조직은 인민정부의 취업촉진 전개 활동에 협조하고 노동자의 노동 권리를 수호한다.

Ⅱ. 정책적 지원

국가는 기업의 일자리 확대를 장려하고, 실업자와 장애자의 취업을 지원하며, 다음과 같은 경우에 기업 또는 개인에 대하여 세제상 우대를 실시한다. 국가의 규정에 부합하는 실업자를 규정에 부합하도록 취업시킨 기업, 실업자가 설립한 중소기업, 장애인을 규정에 적합한 비율로 고용한 기업 또는 장애인을 집중적으로 고용한 기업, 개체경영에 종사하는 국가규정에 부합하는 실업자, 개체경영에 종사하는 장애인, 국무원 규정이 세수우대를 행하는 기타 기업, 개인이다. 특히 개체경영에 종사하는 국가규정에 부합하는 실업자, 개체경영에 종사하는 장애인에 대하여 관련 기관은 영업장소 등에 대한 배려를 하여야 하고 행정사업성 비용의 징수를 면제하여야 한다.

또한 국가는 취업촉진을 위한 금융정책을 실시하여 중소기업의 융자를 확대하여야 하고, 자주적 창업자에 대한 여신지원을 확대하도록 한다.

Ⅲ. 공평 취업

국가는 부녀자가 남녀평등의 노동 권리를 향유하도록 보장하여야 한다. 고용사업장은 여성 노동자를 채용하는 경우 노동계약에서 여성 노동자의 결혼이나 양육을 제한하는 규정을 둘 수 없다. 각 민족의 노동자는 평등한 노동 권리를 가진다. 다만 소수민족 노동자에 대하여도 법에 의거 적당한 배려를 하여야 한다.

고용사업장은 인력을 고용하는 경우 전염병 보균자라는 것을 사유로 고용을 거절할 수 없다. 다만 의학적 감정을 거쳐 전염병 보균자에 대하여 치유 전 또는 전염의 의심을 배제하기 전에 법률, 행정법규 및 국무원 위생행정부문의 규정이 종사를 금지하는 전염병 확산이 용이한 업무에 종사하지 못하게 하여야 한다.

Ⅳ. 취업중개에 관한 일부 규정

직업의 중개에 종사하는 경우에는 합법, 신의성실, 공평, 공개의 원칙을 준수하여야 한다. 어떠한 조직 또는 개인이라도 직업의 중개활동을 통하여 노동자의 합법적인 권리를 침해할 수 없다.

직업중개기구의 설립은 다음과 같은 조건을 구비하여야 한다. 즉 명확한 정관 및 규정과 관리제도, 업무에 필요한 고정된 장소, 업무설비 및 일정한 액수의 자금, 자격을 갖춘 일정 수의 전문 업무 수행자, 법률이나 법규가 규정한 기타 조건을 구비하여야 한다. 직업 중개기구의 설립은 행정허가를 받아 설립하고, 행정허가를 거친 중개기구는 관계기관(工商行政管理部門)에 등기하여야 한다.

제12장 변호사제도

[金玄卿]

I. 변호사제도 개설

중국의 변호사제도와 관련하여, 1950년대 당시의 관련 문건을 살펴보면, 縣 인민법정 및 그 분원은 재판을 할 경우 피고의 변호권과 변호인의 도움을 받을 권리를 보장하여야 한다고 규정하고 있으며,[1] 기타 문건 등에서도 소송당사자에 대한 법률서비스의 제공 및 변호사제도 확립의 필요성 등 이와 관련된 일련의 활동들을 파악할 수 있다.[2] 신 중국이 성립된 1950년대 이후, 변호사제도에 관한 규정은 1954년 헌법 제76조에 피고인이 변호의 권리를 가짐을 규정함으로써 최초로 등장하게 되며,[3] 그 후 1956년 중국의 변호사제도는 정식으로 확립되었다. 그러나 변호사제도가 활발하게 발전하던 시기에, 일련의 법제파괴라는 비정상적인 현상이 출현하였다. 즉, 1957년 하반기에 시작하여 1976년에 이르기까지 정치운동의 확대와 발전에 따라 변호사제도는 당시 중국법제의 운명과 마찬가지로 붕괴되기 시작하였으며, 1970년대 후반 이후에 이르러서야 서서히 회복되기 시작하면서 변호사제도 또한 부활하게 되었다.

1979년 중공중앙("中國共産黨中央委員會"의 약칭)은 변호사단체의 재건을 결정하였고, 이에 따라 전국 각지에 변호사단체가 정비되기 시작하였다. 전국인민대표대회 법률위원회는 전문소위원회를 설치하여 변호사법을 기초하였으며, 마침내 1980년 8월 26일 「중화인민공화국 변호사 임시조례(中華人民共和國律師暫行

1) 1950년 7월 20일 중앙인민정부 정무원이 공포한 인민정부조직통칙 제6조 참조.

2) 1950년 12월 중앙인민정부 사법부가 공포한 「불법변호사 및 소송브로커 단속에 관한 통지」, 1953년 상해 인민법원이 설치하여 형사피의자에게 법률서비스를 제공한 공립변호사 사무실활동, 1954년 7월 31일 중앙 인민정부 사법부가 공포한 「법원조직제도 중 약간 문제의 시험에 관한 통지」 등.

3) 중국 최초의 헌법인 1954년 「헌법」 제76조 규정 (被告人有權獲得辯護) 및 「인민법원조직법」 제7조 규정 또한 중국 변호사제도의 법률적 근거라 할 수 있다.

條例)」가 제정되어 1982년 1월 1일부터 시행되었다. 역사적인 관점에서나 현실적인 측면에서 보더라도, 변호사제도가 순조롭게 발전할 수 있는 토대가 이루어지고 정상궤도에 오르게 되었음은 중국 법제발전에 청신호가 켜졌음을 의미하는 것이었다.「중화인민공화국 변호사 임시조례(中華人民共和國律師暫行條例)」의 제정 이후 변호사제도는 비로소 법적 보강을 기할 수 있는 기틀이 형성되었으며, 활발히 발전할 수 있는 기반을 다지게 되었다. 1996년 5월, 제8기 전국인민대표대회 상무위원회에서 상기 조례를 대체하는「중화인민공화국 변호사법(中華人民共和國律師法)」이 제정되었으며, 이로써 중국 특유의 사회주의 변호사제도의 기본 틀이 완성된 것이다. 동 법은 2001년 12월 29일 제9기 전국인민대표대회 제35차 회의에서 개정된 이후, 2007년 10월 28일, 중화인민공화국 제10기 전국인민대표대회 상무위원회 제30차 회의에서 재개정된 후 지난 2008년 6월 1일 시행되기에 이르렀다.

중국의 변호사제도는 개혁개방 30년 이래, 부단한 발전을 이루고 있으며, 특히 지난 2007년의 변호사법 개정은 그 동안 중국 변호사제도가 안고 있던 여러가지 문제들에 대한 개선책을 반영하였다고 평가할 수 있다. 예를 들면, 변호사의 소송활동에 있어서 그 동안 장애요소로 지적되어 왔던 변호사의 조사권, 소송자료열람권, 접견통신권 등 중국 법조계에서 소위 '三難' 으로 불리던 난제들을 해결하려 노력하였으며, 변호사의 업무수행과정에 불안요소로 작용하였던 변호사의 人身權에 대한 보장규정을 대폭 신설함으로써 변호사의 업무수행능력을 제고시키게 되었고, 이로 인해 구법과 비교할 때 피의자, 피고인의 권리보호는 좀더 신장될 수 있는 법적 토대를 이루었다. 그러나 이러한 규정들의 현실적 실행을 위해서는 형법, 형사소송법, 민사소송법 등 관련 법률들의 개정이 수반되어야 한다는 점에서, 법의 현실적 실행가능성이라는 또 다른 과제를 남기게 되었다.

다음은 중국 변호사법의 대략적인 내용을 2007년 10월 개정되고, 2008년 6월 1일부터 시행된 신변호사법의 내용을 중심으로 서술하고자 한다.[1)]

---

1) 이하「변호사법」은 2008년 6월 1일부터 시행된 신 변호사법을 지칭함.

Ⅱ. 변호사의 정의와 임무

1. 변호사의 정의

중국에서 변호사에 대한 개념은 시대에 따라 여러 변화의 과정을 거쳐 왔다. 중국은 변호사제도 도입 초기 변호사의 개념에 대해, 변호사를 자유 직업인으로서 보편적으로 인식하고 있는 외국의 경우와는 조금 다른 특징을 나타내고 있으며, 이러한 태도는 상당기단 지속되었다. 즉, 1980년 8월에 공포된 「중화인민공화국 변호사임시조례(中華人民共和國律師暫行條例)」는 변호사의 개념을 '국가의 법률담당자'로 정의하고 있다.

변호사제도가 개혁되기 이전 중국의 모든 변호사들은 공직자의 신분으로 국가에 소속되어 있었으며, 변호사가 당사자로부터 수취하는 변호사비용은 상징적인 것으로서 모두 국가에 납부하도록 되어 있었다. 1980년대 중반 이후 개혁개방의 가속화와 함께 변호사제도에 대해서도 역시 개혁이 진행되었고, 일부 변호사들은 공직을 사퇴하고 국가의 편제와 경비지원에서 벗어나 합작제 변호사가 되는 현상도 나타나기 시작했다. 이러한 시대적 변화에 의해, 변호사의 성질을 단지 국가의 법률담당자로만 국한시킬 수는 없는 것이었으며, 새로운 시대에 부합하는 새로운 정의를 내려야만 할 필요성이 제기되었고, 중국 법학계와 사회 각계각층의 10여 년에 걸친 연구와 노력 끝에 변호사에 대한 적합한 개념정의를 할 수 있게 되었다. 즉, 1996년 5월 15일 제정된 「중화인민공화국 변호사법(中華人民共和國律師法)」 제 2 조에는, "본 법률에서 지칭하는 변호사란 법적으로 변호사 자격증을 취득하여, 사회에 법률서비스를 제공하는 자"라고 규정하고 있다.[1)] 이러한 규정은 2001년 「변호사법(中華人民共和國律師法)」개정 시 별다른 내용이 추가되지 않다가, 2007년 개정 시에 변호사의 법률서비스 의무를 강조하는 내용을 추가하였고, 변호사와 위임자 간의 관계를 강조하였으며, 이로써 위임자와 변호사와의 법률관계를 「변호사법(中華人民共和國律師法)」에 직접적으로 규정하였다는 점이 실무적으로나, 법학이론 면에서도 중요한 의의를 지닌다는 평가를 얻고 있다.

1) '법률서비스를 제공하는 자'로서의 변호사에 대한 정의는 2007년 「변호사법」 제 2 조에도 그대로 나타나 있다.

2. 변호사의 임무

「변호사법」 제29조 내지 제42조에 변호사의 권리와 의무에 대해 규정함으로써 변호사의 임무를 보다 구체화하고 있다. 변호사의 임무는 변호사에 대한 개념 정의 즉, 변호사의 성질과도 관련되며, 변호사가 국가의 법률담당자로 인정되던 시기[1]에는 변호사의 임무 중 국가 및 단체이익의 수호를 강조한 반면 당사자의 합법적인 권익이라는 가장 근본적인 임무는 소홀히 하고 있었다.

변호사제도에 대한 개혁이 진전됨에 따라, 변호사에 대한 정의, 지위와 역할 등에 대한 인식도 합리적으로 변화하였고, 변호사 업계 및 변호사 관리기관의 변호사임무에 대한 인식에도 많은 변화가 나타나게 되었다. 변호사의 활동은 당사자의 위임을 통하여 이루어지며, 각각의 구체적인 법률사무를 맡아 이행하는 것이므로 변호사는 반드시 당사자의 합법적인 권익보호라는 법률원칙을 준수하여 업무를 수행하여야 한다. 그러므로 변호사의 임무는 무엇보다도 당사자의 합법적인 권익 보호에 있는 것이다. 여기서 지칭하는 변호사가 보호해야 할 의무가 있는 당사자의 합법적인 권익이란, 물론 법률로서 보호되는 합법적인 권익만을 의미한다.

당사자의 합법적인 권익보호 외에, 변호사의 또 다른 임무는 법률의 올바른 적용에 있다. 법률의 올바르고 정확한 적용과 실시는 변호사업무의 출발점이며, 또한 귀결점으로서 변호사의 중요한 사회적 기능 중 하나이다. 변호사가 담당하는 법률의 올바르고 정확한 적용이란, 주로 당사자의 합법적인 권익보호의 임무를 통하여 실현되는 것이다. 당사자의 합법적인 권익과 법률의 정확한 적용은 서로 밀접한 관련이 있지만, 어떠한 상황에서도 법률의 정확한 적용이라는 이유로 변호사가 당사자의 합법적인 권익보호를 방치하도록 할 수는 없는 것이다.

1) 즉, 1980년에 제정된 「중화인민공화국 변호사 임시조례(中華人民共和國律師暫行條例)」 제 1조의 규정에 의하면, 변호사의 임무를 "국가기관, 기업사업단위, 사회단체, 인민공사와 개인에 대하여 법률서비스를 제공하고, 법률의 정확한 실시, 국가와 단체의 이익 및 개인의 합법적인 권익을 수호하는 것"으로 정의하였다.

Ⅲ. 변호사의 자격과 업무증명서

1. 변호사의 자격

(1) 변호사자격의 정의

변호사자격은 국가의 관련 기관이나 조직이 법률에 근거하여 변호사업무를 담당하기에 충분한 조건을 구비한 자에게 수여하는 특정한 신분이다. 변호사자격은 변호사로서 업무에 종사하려는 자가 반드시 갖추어야 하는 필수요건으로서, 변호사업무수행증서(律師執業証書), 즉 변호사 자격증을 갖추지 못한 자는 변호사로서 법률서비스를 제공할 수 없으며, 법률에 별도의 규정이 있는 경우를 제외하고 소송대리 또는 변호업무를 수행할 수 없다.[1)]

(2) 변호사 자격의 취득

중국에서 변호사의 자격은 국무원 사법행정부문이 수여하며, 현행 변호사법 규정에 근거하면, 변호사자격의 취득방식은 국가 통일사법고시를 통한 방식과 심사를 통한 방식 두 가지로 분류된다.

1) 사법고시를 통한 변호사자격의 취득

변호사자격 취득의 중요한 관문으로서 고시가 시행되기 시작한 것은 1986년부터이며, 국무원의 비준을 거쳐 사법부는 전국에 통일 변호사 자격고시제도를 시행하게 되었다. 현행 중국 변호사법 제5조의 규정에 의하면, 변호사자격을 취득하기 위한 요건으로 국가 통일사법고시 합격증을 반드시 제출하도록 되어 있어, 전국 통일사법고시가 변호사 자격 획득의 중요한 관문임을 알 수 있다. 그 외의 변호사자격 신청요건으로서 변호사 사무소에서 1년간 실습할 것을 요구하고 있으며, 헌법 수호와 단정한 품행 또한 그 요건으로 하고 있다.[2)] 뿐만 아니라, 국가 통일사법고시의 시행 이전에 변호사자격증을 취득한 경우, 변호사자격 신청 시 국가 통일사법고시 합격증과 동등한 효력을 인정해 주고 있다.[3)] 상기 요건을 갖춘 자의 변호사자격 심사신청은 소재지 사법국의 심사를 거쳐 국무원 사법행정부문의 심사비준을 득한 후 변호사자격을 획득하게 된다. 그러나 심사

1) 「변호사법」 제13조.
2) 「변호사법」 제5조 제1항.
3) 「변호사법」 제5조 제2항.

과정 중 신청인이 다음 각 항에 해당될 경우 「변호사법」 제 7 조의 규정에 의거하여 변호사업무 자격증을 발행할 수 없도록 규정되어 있다. 즉, 첫째, 민사 행위무능력자 또는 한정민사행위 능력자인 경우, 둘째, 형사처벌을 받은 적이 있는 경우(단, 과실범의 경우는 제외), 셋째, 공직에서 파면되었거나 변호사 사업증이 취소된 자이다.[1)]

변호사자격 취득을 위한 중요한 등용문으로서의 변호사자격통일고시는 중국의 중요 고시제도 중 하나로 자리매김하였으며, 1993년 이래 변호사자격고시는 2년에 한 번 실시되던 것을 1년에 한 차례 실시하는 것으로 변경되었으며, 더욱이 2002년부터는 기존의 변호사자격시험, 판사자격시험, 검사자격시험 등이 각기 실시되던 제도를 통일사법고시제도로 변경하여 통합되어 실시되기 시작하였다.

2) 심사를 통한 변호사자격의 부여[2)]

심사를 통해 변호사자격을 인가하는 제도는, 사법행정기관이 개인의 신청에 대해 심사를 거쳐 자격요건에 부합하는 자에게 변호사 자격을 부여하는 제도이다. 1980년에 공포된 「중화인민공화국 변호사 잠정조례(中華人民共和國律師暫行條例)」 제 8 조에 근거하여 1986년 이전까지 심사를 통해 변호사자격을 취득한 변호사는 1만 여 명 정도에 이르렀으며, 이러한 제도는 변호사가 되기 위한 가장 중요한 경로였다.[3)] 그러나 1986년부터 1993년까지 심사를 통한 변호사 자격취득 제도는 그리 활용되지 못했으며, 1993년 12월 사법부가 제정하여 국무원의 비준을 거친 「변호사업무개혁의 심화에 관한 방안(關于深化律師工作改革方案)」에 의하여 심사를 거쳐 변호사자격을 취득할 수 있는 제도를 부활시켜 변호사자격고시제도를 보충하도록 하였다. 그러나 이러한 심사에 의한 변호사자격 취득 제도는 그 존폐 여부를 둘러싸고 학계와 실무계 간에 오랜 논쟁이 그치지 않았으며, 2008년부터 시행된 변호사법은 이에 대한 절충안을 취한 것이다. 즉, 심사를 통한 변호사자격수여 제도는 존치하되, 그 요건을 엄격히 강화하는 내용을 변호사법에 수용한 것이다. 구체적으로는, 「변호사법」 제 8 조에 의하면, 대졸이상의 학력과, 고급직급 또는 동등한 전공수준, 또한 이에 상응한 전문법률지식을 구비할 것을 신청요건으로 하는 외에, 특히 눈에 띄는 내용은 법률서비스 인력이 부족한 영역에서 업무에 종사한 지 15년 이상이어야 하며, 국무원 사법행정부문의

1) 「변호사법」 제 7 조.
2) "律師特許執業制度"
3) 「중화인민공화국 변호사 임시조례(中華人民共和國律師暫行條例)」 제 8 조 참조.

심사를 거쳐 합격한 자 만이 변호사업무를 수행할 수 있는 자격을 획득할 수 있으며, 구체적인 방법은 국무원에서 정한다고 규정하고 있다.

⑶ 변호사자격의 취소

변호사자격의 취소란, 변호사자격을 취득한 자가 법률의 규정을 위반하거나 변호사기율을 위반한 경우, 변호사업무에 종사하도록 수여한 특정 신분을 사법행정기관이 취소하는 것을 뜻한다.

변호사자격취소제도는 변호사의 업무기율을 확립하기 위한 제도적 장치로써 「변호사법」 제 9 조의 규정에 의하면, 성, 자치구, 직할시 인민정부 사법행정부문은 신청인이 사기, 수뢰 등 부당한 방법을 이용하여 변호사업 수행증서를 취득하였을 경우와 변호사법이 규정한 요건에 부합하지 않은 신청인이 변호사자격을 취득한 경우 이를 철회하는 결정을 내림과 동시에 변호사 업무 수행증서를 회수한다고 규정하고 있다.

2. 변호사의 업무증명서

⑴ 변호사자격과 변호사업무의 분리제도

중국은 변호사 자격취득과 변호사업무수행을 분리하는 제도를 취하고 있다. 즉, 변호사자격을 취득한 자라 할지라도 변호사업무에 종사하기 위해서는 변호사 업무증명서를 신청하여 발급받아야 하며,[1] 비록 변호사자격을 취득하였다 하더라도 全職 또는 兼職변호사가 아닌 자는 변호사의 명의로 변호사업무에 종사할 수 없도록 법률로 규정하고 있다.

⑵ 변호사 업무증명서 신청조건

「변호사법」 제 5 조에 의하면, 중화인민공화국의 헌법을 수호하며, 국가 통일사법고시에 합격한 자로서 변호사 사무소에서 만 1년간 실습을 거친 품행이 단정한 자를 변호사 업무증명서의 신청요건으로 규정하고 있다. 뿐만 아니라, 동법 제 2 조의 규정에 의하면 국가 통일사법고시가 시행되기 이전에 변호사자격증을 취득한 자에 대해서도 변호사업무증명서 신청에 있어서 통일사법고시에 합격한 자와 동등한 대우를 한다고 규정함으로써, 통일사법고시 시행 이전에 변호사자격증을 취득한 자에 대한 권리보호에 대해서도 규정하고 있다.

1) 「변호사법」 제13조.

⑶ 변호사 업무증명서 발급의 제한조건

「변호사법」 제 7 조에 의하면, 아래의 항목 중 하나에 해당하는 자에게는 변호사업무증명서를 발급하지 않는다고 규정함으로써 변호사업무증명서 발급에 제한을 가하고 있다.

첫째, 민사 행위무능력자 혹은 민사행위능력 제한 자

둘째, 과실범죄를 제외한 형사처벌을 받은 적이 있는 자

셋째, 직무해제되었거나 변호사 증명서가 취소된 자.

⑷ 변호사 업무증명서의 취득절차

현행 「변호사법」 제 6 조 규정에 의하면, 변호사 사업증을 신청하는 자는 반드시 區내의 市級 혹은 直轄市의 區 人民政府의 사법행정부문에 서면으로 신청해야 하며, 동시에 국가 통일사법고시 합격증서, 변호사협회에서 발급한 신청인의 수습합격증 등 관련 서류, 신청인의 신분증명 및 변호사사무소에서 발급한 신청인을 채용하겠다는 채용증명을 제출하여야 한다. 신청 자료를 접수한 관련 부문은 신청서를 접수한 지 20일 이내에 심사를 마쳐야 하며, 성, 자치구, 직할시 인민정부 사법행정부서에 관련 심사의견과 모든 신청서류를 송부하여야 한다. 한편, 성, 자치구, 직할시 인민정부 사법행정부문은 관련 서류가 송부된 날로부터 10일 이내에 심사를 하여 변호사업무수행 여부에 대하여 결정하여야 한다. 신청인의 신청을 허가할 시에는, 변호사업무증서를 발급하고, 만일 신청을 허가하지 않을 경우에는 신청인에게 허가불가 사유를 서면으로 통보하여야 한다.

변호사사업증서의 신청과 관련하여, 현행법과 구변호사법의 관련 조항을 비교해 보면 제출서류에 변호사협회에서 발급한 신청인의 수습합격 서류 및 변호사사무소에서 발급한 신청인을 채용하겠다는 동의서의 제출을 의무화함으로써 변호사협회의 변호사업무 종사자격에 대한 통제권을 강화시켰으며, 변호사사무소의 동의조항 또한 강조되고 있음을 알 수 있다. 뿐만 아니라, 변호사 겸직을 신청하는 자에 대해서도 소속단체에서 발급한 신청인의 변호사 겸직에 대한 동의서를 제출하도록 변호사법에 명문 규정하고 있다.[1]

1) 「변호사법」 제 6 조 제 2 항.

Ⅳ. 변호사의 업무 및 권리 의무

1. 변호사의 업무 및 제한

⑴ 변호사의 업무

「변호사법」 제28조에 규정된 변호사의 업무범위는 다음과 같다.

1) 자연인, 법인과 그 외 조직으로부터 위임을 받아 법률고문을 담당한다.

2) 민사사건, 행정사건 당사자의 위임으로 대리인으로서 소송에 참여한다.

3) 형사사건 범죄피의자의 위임으로 법률자문을 담당하며, 고소·고발·상소 등의 업무를 담당하며, 구속된 범죄피의자를 대리하여 보석을 신청하고, 범죄피의자, 피고인의 위임 또는 인민법원의 지정에 의하여 변호를 담당하며, 自訴사건 自訴人, 公訴사건의 피해자 또는 그 가까운 친척의 위임을 받아 대리인 직을 수행하여 소송에 참여한다.

4) 각 종 소송사건의 제소를 담당한다.

5) 조정, 중재활동에 참여한다.

6) 非訟법률서비스를 제공한다.

7) 법률 관련 문의사항에 답변하고, 소송서류와 법률사무와 관련된 기타 문서를 대필한다.

⑵ 변호사 업무에 대한 제한

「변호사법」 제10조에 의하면, 변호사의 업무활동에 있어서 지역적인 제한은 받지 않지만, 변호사는 한 곳의 변호사사무소에 소속되어야 하며, 만일 소속기구를 변경할 경우에는 반드시 변호사 업무증서를 갱신 발급받아야 함으로써, 변호사업무에 제한을 가하고 있다. 또한 정부기관의 현직공무원은 全職 직업변호사를 겸임할 수 없으며, 변호사가 만일 인민대표대회 상무위원회의 구성원으로 활동할 시에는, 그 임기 동안 소송대리나 변호업무를 수행할 수 없다.

2. 변호사의 권리와 의무

⑴ 변호사의 권리

1) 변호사권리의 의미

변호사의 권리는 변호사가 향유하는 권리로서, 일정한 행위를 행하거나 행하지 않을 권리 및 관련 기관, 사회조직 또는 자연인에 대하여 일정한 행위를 하거나 하지 않도록 요구할 수 있는 권리를 말한다. 변호사의 권리를 법률로서 규정하는 것은 변호사가 법에 의하여 업무를 수행할 수 있도록 보장하기 위한 것이며, 변호사가 당사자에게 양질의 법률서비스를 제공할 수 있도록 하기 위한 조치이다.

2) 변호사권리의 유형

변호사의 권리는 그 권원에 따라 법정권리, 약정권리 및 승계권리로 나눌 수 있다.

㈎ 법정권리　법정권리는 법률에 규정된 변호사의 권리를 말한다. 이는 법률이 변호사라는 특정신분에 기초하여 부여한 권리로써 변호사의 법정권리의 행사는 기타 기관, 단체 또는 개인의 허가나 별도의 위임을 필요로 하지 않는다. 예컨대, 변호사가 변호인으로 선임된 후에는, 구금된 피의자 및 피고인을 직접 접견할 권리를 행사할 수 있으며, 법원, 검찰원 또는 공안기관의 허가 또는 의뢰인의 위임을 필요로 하지 않는다.

변호사의 법정권리는 주로 변호사법, 형사소송법, 민사소송법, 행정소송법에 규정되어 있으며, 중국 법률에 규정된 변호사의 권리는 다음과 같다.

a) 조 사 권　「변호사법」 제35조에 의하면, 변호사는 필요에 따라 인민검찰원, 인민법원에 증거수집, 조사를 신청할 수 있으며, 또는 인민법원에 신청하여 증인에게 법정에 출석하여 증언할 것을 통지하도록 할 수 있다. 변호사의 조사권은 변호사의 매우 중요한 권리 중 하나이며, 소송업무 또는 비송 사건 업무를 포함한 모든 사건에서 조사권을 향유한다.[1)]

b) 소송자료 열람권　소송자료에 대한 변호사의 열람권은 변호사로 하여금 소송업무를 처리하는 데 있어 당사자 및 사건을 잘 파악할 수 있도록 뒷받침하는 중요한 권리이다. 본 권리는 중국의 변호사법, 형사소송법, 민사소송법, 행정소송법 등에 관련 규정을 두고 있다. 변호사의 소송자료 열람 범위에 대하여

1) 변호사의 조사권과 관련하여, 현행법은 구 변호사법 제 31 조에 규정된 변호사의 조사권이 관련 기관 또는 개인의 동의를 얻도록 되어 있어, 현실적으로 관련 기관이나 개인의 협조, 즉 동의를 얻을 수 없음으로 인해 변호사의 조사권은 원활히 실행될 수 없었다. 그러나 2008년 6월부터 시행된 현행 변호사법의 관련 규정은 이러한 부분을 보강하여 관련 기관이나 개인의 동의 없이도 변호사가 조사권을 원활히 행사할 수 있도록 하여, 변호사의 권리 및 이에 수반한 피의자, 피고인의 권리보호 측면에서 보다 긍정적으로 개정되었다고 할 수 있다.

「변호사법」 제34조는, 변호사는 사건기소일로부터 관련 소송자료를 열람, 발췌 및 복사할 권리가 있으며, 인민법원에서 사건을 수리한 날로부터 사건 관련 모든 자료에 대하여 열람, 발췌 및 복사할 권리가 있다고 규정하고 있다. 이에 대한 규정은 구 변호사법과 비교할 때, 변호사가 소송업무를 수행함에 있어서 어려움을 겪었던 "難題" 중 하나를 현행법 개정시에 보완한 것으로서, 변호사의 소송업무 수행에 있어서 무엇보다 중요한 소송자료 열람권을 보장한 것이다.

c) 접견 통신권　접견통신권은 변호사가 사건을 정확히 파악하고 당사자와의 충분한 교류, 및 수사기관의 불법적인 수사활동을 제한하기 위한 중요한 권리이다. 현행 「변호사법」 제33조에는, 범죄피의자가 수사기관에서 처음으로 심문을 받거나 또는 강제조치를 취한 날로부터, 변호사는 변호사업무 수행증서, 변호사사무소증명서 및 위임장 또는 법률지원공문에 의거하여 범죄피의자, 피고인을 접견하고 사건에 대해 파악할 수 있는 권리가 있다고 규정하고 있다. 또한, 무엇보다도 중요한 점은, 현행 변호사법은 변호사가 범죄피의자, 피고인 접견 시에 감청을 받지 않는다는 규정을 신설함으로써 변호사의 범죄피의자 및 피고인 접견의 권리를 보다 강화하였으며, 이로써 범죄피의자 및 피고인의 권리 또한 좀 더 보장될 수 있게 되었다.

d) 법정출석 및 소송참여권　변호인의 법정출석 및 소송참여권은 당사자의 합법적인 권리보호를 위해 매우 중요한 부분으로, 변호사법은 제36조에 변호사의 변론 또는 변호의 권리를 명문으로 규정하고 있으며, 이에 대해 법원은 변호사의 법정출석을 위하여 편의를 제공할 의무가 있다고 규정하고 있다.

e) 변호와 대리의 거절권　변호와 대리의 거절권은 변호사가 더 이상 변호인 및 소송대리인으로서의 역할을 하지 않겠다고 거절할 수 있는 권리이다. 변호 및 대리의 거절은 임의대로 행할 수 있는 것은 아니며, 법정의 사유가 발생할 경우에 한하여 행사할 수 있으며, 「변호사법」 제32조에 규정된 이러한 정당한 사유는 다음과 같다. 즉, 당사자의 위임사항이 법률에 위배되었거나 위임자가 변호사가 제공하는 법률서비스를 이용하여 위법활동에 종사하거나, 위임자가 고의로 사건과 관련한 중요한 사실을 은닉한 경우, 변호사는 변호 또는 대리를 거절할 권리가 있다.

f) 업무수행시의 인신 보호권　변호사가 소송활동 중에 범죄피의자, 피고인의 무죄, 형량의 경감 및 형사책임의 면제 등을 증명하기 위하여 사실과 법률

에 근거하여 법정에서 진술한 대리 및 변호 의견은 법률의 추궁을 받지 아니한다는 본 권리는 변호인의 업무수행에 있어서 매우 중요한 권리이다. 이는 사실상 변호인의 업무수행에 있어서의 일종의 면책특권이라고 할 수 있으며, 현행 변호사법 개정 시에 새롭게 신설된 규정으로서 변호사의 권리 중 핵심이 되는 내용이며, 이로써 범죄피의자 및 피고인의 권리 또한 보다 적극적인 보호를 받을 수 있게 되었다.[1] 그러나 변호사의 법정에서의 진술내용이 국가안전을 해하거나 악의로 타인을 비방하거나 또는 법정질서를 매우 교란시킬 경우는 예외로 하고 있다.

(나) 약정권리　약정권리는 변호사사무소와 위임자가 변호사에 대한 법률사무위임의 계약을 체결하는 과정에서 협의에 의하여 확정하는 변호사의 권리로서 법정권리를 보충하는 역할을 한다.

변호사의 약정권리는 비교적 탄력적으로 협의할 수 있으며, 일반적인 변호사의 약정권리는 주로 다음과 같은 것들이 있다. 첫째, 위임자에 대하여 사실에 근거하여 사건내용을 진술하도록 요구할 권리, 둘째, 위임자에 대하여 그가 보유한 사건 관련 증거서류를 요구할 권리, 셋째, 위임자에 대하여 필요한 업무조건과 경비를 요구할 권리 등이다.

(다) 승계권리　승계권은 위임자의 위임에 의하여 위임자 자신이 가진 권리를 변호사에게 행사토록 하고, 이를 원인으로 변호사가 취득하게 되는 권리를 말한다. 승계권은 당사자의 위임에 의해 발생하는 것으로서 승계권의 범위, 내용 및 권리행사의 기한은 법률 또는 위임자와 타인이 체결한 계약의 제한을 받을 뿐만 아니라 위임자가 지정한 위임범위에 따른 제한을 받는다. 뿐만 아니라, 변호사가 처리하는 업무에 따라 승계권의 범위와 내용 역시 달라진다.

(2) 변호사의 의무

변호사의 의무는 법률 또는 관련 계약에서 변호사에게 일정한 행위를 하거나 하지 않도록 정한 약속이다. 변호사의 의무는 법정의무, 약정의무 및 승계의무로 구분된다.

---

1) 이 밖에 변호사법 第37조 제2항에 의하면, 변호사가 소송활동중 범죄혐의로 인하여 체포, 구속된 경우, 해당 기관은 반드시 24시간 이내에 동 변호사의 가족, 소속 변호사사무소 및 소속 변호사협회에 이를 통지하여야 한다고 규정함으로써, 변호사의 인신권이 침해되지 않을 것을 하나의 중요한 권리로서 규정하고 있다.

1) 법정의무

법정의무는 변호사법 및 기타 관련 법률 등에 규정된 변호사로서 마땅히 지켜야 할 의무이며, 변호사가 법정의무를 위반할 경우 일정한 법적 제재를 받게 된다. 변호사법에 규정된 변호사의 의무는 주로 다음과 같다.

a) 헌법과 법률의 준수 및 직업적 도덕성과 업무기율 준수의 의무 중국 「변호사법」 제3조의 규정에 의하면, 변호사는 업무 수행시 반드시 헌법과 법률을 준수하고 변호사의 직업적 도덕성과 업무 기율을 준수할 것을 규정하고 있다.

b) 정당한 사유 없이 위임받은 변호와 대리를 거절할 수 없는 의무 변호사는 정당한 사유 없이 이미 위임받은 사건의 변호와 대리를 거절할 수 없다.[1]

c) 법률원조 제공의 의무 「변호사법」 제42조에 의하면, "변호사와 법률사무소는 반드시 국가규정에 의하여 법률원조를 수행할 의무가 있으며, 법률원조를 제공받는 자에게 기준에 부합하는 법률서비스를 제공하며 또한 원조를 제공받는 자의 합법적인 권익을 보호하여야 한다고 규정하고 있다.

d) 비밀유지의 의무 「변호사법」 제38조는 변호사가 업무수행과 관련하여 알게 된 국가기밀, 영업비밀 및 위임자 또는 기타의 자가 외부에 알려지기를 원하지 않는 사항과 정보에 대하여 비밀을 엄수할 것을 규정하고 있다. 그러나, 동법 단서규정에 의하면, 이러한 변호사의 비밀유지의무는 위임자 또는 기타의 자가 국가안전, 공공의 안전 및 타인의 인신과 재산안전에 심각하게 위해를 가할 준비를 하고 있거나 또는 위해를 가하고 있는 범죄사실과 정보에 대해서는 예외로 하고 있다.

e) 특정사건 또는 특정시기에 대한 변호사의 회피의무 특정사건에 대한 회피의무란 변호사는 동일한 사건에서 양 당사자의 대리인이 될 수 없으며, 또한 자신 혹은 자신의 가까운 친지와 이해가 상반되는 법률사무에 대한 대리를 할 수 없음을 규정하고 있다.[2]

「변호사법」 제41조의 규정에 의하면, 판사 또는 검사의 직에 있던 변호사는 그 직을 이임한 후 만 2년 이내에는 소송대리인 또는 변호인이 될 수 없다. 또한, 「변호사법」 제11조는 변호사가 각 급 인민대표대회 상무위원회의 구성원이 될 경우, 그 임기 동안 소송대리 혹은 변호업무를 수행할 수 없음을 규정하고

1) 「변호사법」 제32조 단서규정.

2) 「변호사법」 제39조.

있다. 이러한 규정은 변호사의 업무수행에 있어서 공정성을 하기 위한 규정이라 할 수 있다.

이 외에, 「변호사법」 제40조에는 사적으로 사건위임을 받거나 비용 등을 수취하지 않을 의무, 법률서비스 제공의 기회를 이용하여 당사자가 다투고 있는 권익을 도모하지 않을 의무, 고의로 허위증거를 제출하거나 타인으로 하여금 허위증거를 제공하도록 위협 또는 유인하지 않는 등 상대방의 합법적인 증거취득을 방해하지 않을 의무 등에 대하여 규정하고 있다.

2) 약정의무

변호사의 약정의무란, 변호사사무소와 위임자 간에 체결한 계약에 의하여 관련 법률문제와 관련하여 의견을 제시하고, 소송, 화해 또는 조정을 대리하고 이에 참여할 것 등에 관한 변호사의 약정 범위 내에서의 위임자에 대한 합법적인 권리보호에 관한 의무를 의미한다.[1)]

3) 승계의무

변호사의 승계의무란, 변호사가 당사자의 위임을 받은 후, 이러한 특정한 신분을 근거로 업무수행을 할 경우 반드시 이행해야 하는 의무를 의미한다. 예를 들면, 변호사가 민사소송 당사자의 위임을 받아 소송대리인의 신분을 취득할 경우, 소송대리인으로서 반드시 이행하여야 하는 법정규칙의 준수 등과 같은 의무가 이에 속한다.

V. 변호사 사무소

1. 변호사 사무소의 성격

「변호사법」 제14조의 규정에 의하면, 변호사 사무소가 변호사의 업무기구라는 점을 명확히 규정하고 있다.[2)]

---

1) 「변호사법」 제29조.

2) 변호사사무소의 명칭은 1950년대 변호사제도가 설립될 당시 다른 중국의 법률체제처럼 구 소련의 영향을 받아 변호사의 업무기구를 변호사고문처로 명명하여, 이 명칭이 1980년 「중화인민공화국 변호사 임시조례(中華人民共和國律師暫行條例)」에서 법정화되어 1980년대 중기까지 사용되었다. 그 후 변호사고문처의 명칭에 따른 여러 가지 혼란과 국제교류상에 있어서 명칭상의 혼동과 불편함 등으로, 1983년 심천, 광주 등에서 이전까지 통용되고 있던 변호사업무기구의 명칭을 변호사사무소로 변경하여 사용하기 시작하였으며, 1984년 사법부는 이를 정식으로 승인하여 오늘에 이르고 있다.

2. 변호사 사무소의 형태

변호사사무소의 설립방식에 따라, 변호사사무소는 국가출연으로 설립된 변호사 사무소, 파트너쉽 변호사 사무소와 합작 변호사 사무소, 그리고「변호사법」에 새로 규정된 1인(個人) 변호사 사무소가 있다. 이러한 변호사 사무소는 서로 다른 운영 방식을 채용함과 동시에 서로 다른 법적 의무, 즉 민사책임을 부담한다.

(1) 국가출연 변호사사무소

「변호사법」제20조에는 "국가 출연금으로 설립된 변호사 사무소는 법에 의해 변호사 업무를 자주적으로 수행하며, 변호사 사무소의 전 자산으로 그 채무에 책임을 진다"라고 규정하고 있다. 국가가 출자하여 설립한 변호사사무소는, 국가의 필요에 의해 편제되고, 경비를 조달하며, 변호사를 선발하여 설립된 변호사 사무소이다. 여기서 국가의 필요란, 국가가 주로 경제적으로 낙후된 지역에 설립하여 경제적으로 어려움을 겪는 개인을 위하여 법률서비스를 제공하는 것을 말한다. 이러한 형식의 변호사사무소의 자산은 국가에 귀속되고, 변호사는 자주적으로 업무를 수행하며, 변호사사무소의 모든 자산으로 대외적인 민사책임을 부담한다.

(2) 합작 변호사사무소

합작 변호사사무소는 과도기 형태의 변호사사무소로서 이러한 형태의 합작 변호사사무소는 이미 거의 사라졌다고 할 수 있으며, 중국의 현행「변호사법」에도 합작 변호사사무소에 대한 규정은 삭제되었다.

(3) 합동 변호사사무소

합동 변호사사무소는 원칙적으로 민법의 조합 원칙에 따라 설립된 변호사사무소이며, 동업자들의 출자에 의하여 설립된다. 그런데, 동업자의 변호사사무소에 대한 채무에 대해 무한연대책임을 부담하도록 하던 구 변호사법의 규정을 삭제하고, 현행「변호사법」에서는 이러한 무한책임제를 적용하는 일반합동(普通合伙)형식의 사무소 외에, 고의 또는 중대과실로 인하여 사무소에 채무를 초래하는 동업자는 그러한 채무에 대하여 무한책임 또는 연대책임을 지며, 다른 동업자는 자신의 출자지분에 한하여 유한책임을 지는 특수일반합동(特殊的普通合伙: LLP) 형식의 사무소 또한 허용하고 있다.[1]

---

1) 중국의 합동변호사 사무소의 책임형태 중,「변호사법」제15조 제2항의 규정에 의하면,

(4) 개인 변호사사무소

「변호사법」 제16조에 의하면, 동법 제14조에 규정된 변호사의 개업요건에 부합하고, 5년 이상의 변호사업무 경험과 3년 내에 영업정지 처벌을 받은 전력이 없는 변호사는 1인 만으로도 법률사무소를 개업할 수 있다고 규정함으로써, 중국변호사법 사상 최초로 개인(個人)변호사의 개업을 허용하였으며, 변호사사무소의 채무에 대하여 무한책임을 부담하도록 규정하고 있다. 변호사법의 개정으로 법률상 개인 변호사사무소의 개설이 허용됨으로써 업계의 경쟁이 가속화될 것이 예상됨과 동시에 일반인에게는 보다 편리하고 저렴한 비용으로 전문적인 법률서비스를 이용할 수 있는 기회가 더욱 확대될 것으로 기대된다.

3. 변호사 사무소의 설립, 변경 및 소멸

(1) 변호사사무소의 설립

1) 변호사사무소의 설립요건

중국의 변호사사무소는 다음의 일반요건을 갖추어야 설립할 수 있다.[1)]

(가) 독자적인 명칭, 주소와 정관[2)]이 있다.

(나) 본 법의 규정에 부합하는 변호사가 있다.[3)]

(다) 설립자는 반드시 일정한 실무경험이 있는 자이어야 하며,[4)] 또한 3년 이내에 업무정지 처벌을 받은 적이 없는 변호사이어야 한다.

(라) 국무원 사법행정부서에서 규정한 일정금액의 자산[5)]이 있어야 한다.

특수일반합동(特殊的普通合伙: LLP)형식의 사무소 또한 허용하고 있다. 이에 따라 동업관계에 있는 변호사의 위험부담 경감으로 향후 변호사사무소의 대형화, 규모화 추세의 가속화가 예상된다.

1) 「변호사법」 제14조.

2) 변호사사무소의 정관에는 「변호사사무소 등기관리 판법」 제 9 조의 규정에 의하여 관련 사항들을 포함하여야 한다.

3) 동 법 규정에 부합하는 변호사란, 중국 변호사법의 규정에 의하여 변호사자격을 취득하고 변호사 업무증서를 발급받은 변호사를 의미하며, 외국에서 취득한 변호사자격 및 외국에서 발급받은 변호사업무증서를 소지한 변호사는 동법에서 규정하는 변호사의 범주에 속하지 않으므로 변호사사무소를 개설할 수 없다.

4) 합동법률사무소를 설립할 경우, 「변호사법」 제14조에 규정된 설립에 관한 일반요건 외에 3명 이상의 동업인과 설립자는 반드시 3년 이상의 업무경력이 있는 변호사이어야 하며 개인변호사사무소를 설립할 경우, 역시 동법 제14조의 일반요건 외에 설립자가 5년 이상의 업무경력을 가진 변호사이어야 한다.

5) 「변호사사무소 등기관리 판법」 제 5 조 2항의 규정에 의하면, 변호사사무소의 설립등기를 위해서는 10만 위안 이상의 자본금을 필요로 한다.

2) 변호사 사무소의 설립절차

㈎ 신 청 변호사사무소의 발기인은 성, 자치구, 직할시 이상의 인민정부 사법행정부문에 심사를 신청하며, 「변호사법」 제17조에 규정된 신청서류는 다음과 같다.

a) 신청서

b) 변호사사무소의 명칭과 정관

c) 변호사(발기인)의 명단, 약력, 신분증명, 변호사업증서

d) 주소증명서

e) 자본증명서

f) 합동변호사사무소를 설립할 경우, 동업자 계약서를 첨부하여야 한다.

㈏ 심 사 「변호사법」 제18조 규정에 의하여, 신청인이 성, 자치구, 직할시 이상의 인민정부 사법행정부문에 심사를 신청하면, 신청을 접수받은 관련부서는 접수를 받은 날로부터 20일 이내에 심사를 한 후 심사의견서와 관련 모든 서류를 다시 성, 자치구, 직할시 인민정부 사법행정부문에 이송한다.

㈐ 결 정 성, 자치구, 직할시 이상의 인민정부 사법행정부문은 관련서류를 이송받은 후 10일 이내에 변호사 사무소 업무증명서의 발급 여부를 결정하여야 하며, 변호사법이 규정하는 조건에 부합하는 신청에 대하여는 변호사사무소 업무증명서를 발급해야 하며, 만일 설립허가를 하지 않을 경우에는 신청자에게 서면으로 그 이유를 통지하여야 한다.

3) 변호사사무소 출장소의 설립

변호사 사무소 출장소 설립과 관련하여, 「변호사법」 제19조에는 설립된 지 만 3년 이상이며, 2명 이상의 변호사를 갖춘 합동 변호사사무소에 대하여 출장소 설립를 허가하고 있으며, 설립 준비중인 변호사 사무소 출장소 소재지의 성, 자치구, 직할시 인민정부의 사법행정부문의 심사를 거쳐야 하며, 변호사 사무소는 그 출장소의 채무에 책임을 진다고 규정하고 있다.

⑵ 변호사 사무소의 변경

변호사 사무소는 명칭, 대표이사, 정관, 동업 계약서를 변경할 경우 원래의 심사·인가 부문에 보고해야 하며, 주소, 동업인을 변경할 시에는 변경사유발생 15일 이내에 보고하여야 한다.[1)]

---

1) 「변호사법」 제21조.

⑶ 변호사 사무소의 소멸

「변호사법」 제22조 규정에 의한 변호사사무소의 소멸원인은, 첫째, 법정 설립요건을 유지하지 못하여, 일정기한 이내의 개정을 명하였으나 여전히 요건을 만족할 수 없는 경우, 둘째, 변호사사무소의 업무수행증서가 법률에 의해 말소된 경우, 셋째, 스스로 해산을 결정한 경우, 넷째, 법률 및 행정법규의 규정에 의하여 반드시 소멸되어야 하는 상황인 경우이다. 이 밖에 「변호사사무소 등기관리 판법」에 규정된 변호사사무소 소멸원인[1)]에 해당할 경우 변호사사무소는 소멸한다. 이에 변호사사무소 업무수행증서를 발급한 관련 부서는 동 변호사사무소의 허가를 취소하여야 하며,[2)] 「변호사사무소 등기관리 판법」 제20조 규정에 의하여, 관련 등기기관은 변호사사무소 사업증서, 인장, 소속변호사의 사업증서를 회수하여야 한다.

4. 변호사 사무소의 법률책임

「변호사법」 제50조 규정에 의하면, 변호사사무소에 대한 다음의 여덟 가지 금지조항이 있으며, 규정을 위반할 경우 사무소는 1개월 이상 6개월 이하의 영업정지, 경고 혹은 10만 위엔 이하의 벌금에 처할 수 있도록 하는 등의 규정을 신설하고 있다. 이와 같이 새로이 규정된 변호사 사무소에 대한 여덟 가지 금지조항은 다음과 같다. 첫째, 규정에 위반된 위임 및 비용수취 행위, 둘째, 법정 절차를 위반하여 변호사사무소의 명칭, 책임자, 정관, 동업계약서, 주소, 동업인 등에 관한 중대 사항을 변경하는 행위, 셋째, 법률 서비스 이외의 경영활동에 종사하는 경우, 넷째, 다른 변호사사무소 및 변호사를 비방하거나 사건 소개비를 지불하는 등 부당한 수단의 업무행위를 한 경우, 다섯째, 규정에 위배되는 이해관계의 충돌이 있는 사건을 수임한 경우, 여섯째, 법률지원 의무의 이행을 거절한 경우, 일곱째, 사법행정부서에 허위자료를 제출하거나 또는 기타 기만행위를 한 경우, 여덟째, 소속 변호사에 대한 관리를 소홀히 하여 심각한 결과를 초래한 경우.

변호사 사무소가 상기 위법행위로 인하여 처벌을 받을 경우, 사무소의 대표에게도 사안에 따라 경고, 또는 인민폐 2만 위엔 이하의 벌금을 부과하도록 규

1) 「변호사사무소 등기관리 판법」 제19조, 제21조 등
2) 「변호사법」 제22조 제2항; 「변호사사무소 등기관리 판법」 제18조.

정하고 있다.

Ⅵ. 변호사 협회

1. 변호사 협회의 성격과 조직

중국의 변호사협회는 1986년 설립된 중화전국변호사협회(中華全國律師協會)로서, 변호사의 자율적 조직이며 사단법인이다.[1] 중국의 변호사협회는 전국변호사협회와 지방변호사협회의 두 종류가 있으며, 변호사와 변호사사무소는 소재지의 지방 변호사 협회에 반드시 가입해야 하며, 지방 변호사협회에 가입됨과 동시에 전국변호사협회의 회원이 된다.

변호사 협회의 회원은 변호사 협회의 정관에 따라 권리를 향유하며, 의무를 이행하여야 한다. 각각의 변호사협회는 모두 하나의 독립된 사단법인이며, 하급 변호사협회는 상급 변호사협회의 단체회원으로, 상, 하급 변호사협회는 업무상의 지도와 피지도 관계로서 행정상의 예속관계는 아니다. 변호사 협회의 지위 및 사법 행정 기관과의 관계는 지도와 피지도, 감독과 피감독의 관계이다.

2. 변호사 협회의 직무

변호사협회는 일반적으로 회원대표대회, 이사회 및 상무이사회 등의 기구로 구성되며, 회원대표대회는 본 회의 중대 문제를 토론하고 결정하며, 그 주된 직무는 다음과 같다.

⑴ 변호사가 적법한 업무를 수행할 수 있도록 보장하고 변호사의 합법적 권익을 보호한다.

⑵ 변호사의 업무경험을 총괄하고 교류한다.

⑶ 변호사업계의 규범 및 징계규칙을 제정한다.

⑷ 변호사 업무교육, 기율교육 등을 주관하고, 변호사의 업무활동에 대해 심사한다.

⑸ 변호사 업무 자격을 신청하는 자들의 실습활동을 기획 관리하고, 실습자들에 대한 심사를 진행한다.

---

1) 「변호사법」 제43조 제 1 항.

(6) 변호사 및 변호사 사무소에 대해 장려와 징계를 실시하며, 변호사의 업무 집행중에 발생한 분쟁을 조정한다.

(7) 변호사에 대한 투서 또는 고발을 접수하고, 변호사 업무수행 시 발생하는 분쟁을 조정하며, 변호사의 제소를 접수한다.

(8) 법률, 행정법규, 규장 및 변호사협회의 정관에 규정된 기타 직무 등이 있다.

제13장 법학교육[1)]

[韓大元]

I. 서　언

중국의 법학교육은 이미 오랜 전통과 역사를 가지고 있다. 중국 사회의 발전과정에서 법학교육은 다양한 형식과 내용으로 사회발전의 요청에 부응하며 수많은 법조인과 법학전문가를 양성하는 데 기여하였다. 1978년부터 시작된 중국 법제개혁[2)]에서 법학교육의 개혁은 줄곧 법학계의 중요과제로서 입법제도개혁, 법집행제도개혁, 법준수제도개혁, 법률감독제도개혁, 법조인양성제도개혁과 밀접한 관계를 가지며 점진적으로 발전하였다. 현재 중국사회에서 법학교육은 단순히 전문법률전문가 육성을 위한 차원을 넘어 법률제도의 개선과 발전에 직접적인 영향을 주는 이념적 가치와 제도적인 요소로서의 역할을 하고 있다. 중국의 WTO 가입은 법학교육개혁을 새로운 도전에 직면케 하였으며, 본장에서는 중국 법학교육의 전통을 살펴본 후 기본체계를 중심으로 중국의 법학교육에 대해 소개함과 동시에 향후 발전과제에 대해 기술하도록 하였다.

II. 법학교육의 전통과 발전단계

1. 법학교육의 전통

사료에 의하면 춘추시대에 이미 법률지식을 전수하는 법학교육이 존재했다고 한다. 당시의 유명한 송사(訟師)인 "등석(鄧析)"은 법률지식을 전수하는 개인

1) 본문은 「고려법학지」(2001. 4)에 게재된 글을 일부 보완하여 옮긴 것임.
2) 중국의 법제발전은 크게 네 단계로 나뉜다. 1949~1956년: 법제의 정비단계, 1957~1960년: 법제의 가치가 무시된 단계, 1966~1976년: 법치 인치가 이루어진 단계, 1978~현재: 법제가치의 회귀와 개혁의 단계.

사서를 운영하였으며, 삼국시대 위의 명제(魏明帝)는 공식적으로 율박사(律博士)라는 직위를 설치하여 정규적인 법학교육을 실시하기 시작하였다. 책부원구(冊府元龜)에 따르면 위·진·남북조시대에 율박사가 4명, 수·조시기에는 율박사가 8명이 있었다는 문헌이 있다. 당조(唐朝)에 와서 전통적인 법학교육은 비교적 체계적인 형식과 내용이 갖추어졌는데, "율학생들은 율령을 전공으로 격식, 법례를 부차적인 내용으로 공부했다"는 내용이 당육곡(唐六曲)에 기재되어 있다. 물론 당대(唐代)까지의 법학교육은 근대적 의미의 법학교육은 아니였으며 하나의 전통교육에 불과하였다.

근대적 의미의 법학교육은 청대 말기에 시작된다. 1904년 법정학당이 창설되었으며, 이는 중국 역사상 최초로 개설된 정규적인 법과대학이라고 할 수 있다.[1] 1909년의 관련 통계에 의하면 전국에 이미 법정학당이 47개소, 학생 수는 12,282명이 있었으며, 이는 당시 전국 학당 수의 37%와 총 학생수의 32%를 점하는 수치이다. 법정학당의 기본 특징은 학력 교육을 위주로 하지 않고, 재직문관(在職文官)에 대한 법률연수를 진행하는 교육형식이었다. 그 당시 법학교육의 기본형식은 종합대학의 법률학부와 독립된 법정학당이 병존하는 체계였는데 주로 일본의 영향을 많이 받은 결과라 하겠다.[2] 대학에 법과대학, 의과대학, 농업대학, 공과대학, 상과대학을 신설하면서 동시에 별도의 법률전문학교, 의과전문학교 등을 설립하여 공동으로 운영되는 교육체계이다. 교과과정은 기본적으로 같은 내용이었고 교과과정과 과목을 보면 대청율례(大淸律例)와 대청회전(大淸會典) 이외의 과목은 주로 일본의 대학 법학부에서 개설된 과목을 참조로 하였는데 주로 일본 교수를 초빙하여 강의하도록 하였다.[3]

북양(北洋)정부 시기에 이르러 법학은 인기 있는 전공으로서 많은 학생들이 우선적으로 선택하는 학과가 되었으며, 그 당시 종합대학에서 법학을 전공하는 학생수가 50% 정도에 달했다고 한다. 당시 법학교육의 기본특징은, 첫째, 법학교육과 법률직업의 직접적인 결합이다. 당시의 규정에 따르면 법정학당을 졸업한 자는 시험을 치르지 않고도 직접 사법관 및 변호사 자격을 취득할 수 있었다. 다시 말하면, 법정학당 자체가 법률직업자격을 인정하는 권한이 있었고 교과 과

1) 이용·한대원, '법과대학 교과과정의 개혁과 실천' 연구보고서(교육부).
2) 채원배, 대학정제의 사실과 이유, 중국학제사 제3호, 화동사범대출판사, 1989년.
3) 1909년 전국적으로 58명의 일본 법률교수를 초빙하였다고 한다.

목과 내용, 법학교육의 목표는 직업법률전문가 육성이라고 하겠다. 교과 내용은 주로 부문법 위주로 편성되었고 실무법학을 중시하였다. 둘째, 법정학당수가 많다는 점이다. 1912년 북양정부가 공포한 '법정전문학교규정'에 따르면 법정전문학교 설립에 필요한 교과과목이나 교수 인원수 등은 기준이 높지 않아 법학교육의 질이 보장되지 않았다는 지적도 있다.[1] 셋째, 사립법학원이 나오기 시작했다는 점이다. 1911년에 조양대학(전문적인 법과대학)과 1915년에 창립된 동오대학 비교법학원이 그 대표적인 예이다.

남경국민당정부시기에 와서 법학교육과 전문법률직은 더욱 밀접한 연관성을 유지하면서 이에 관한 자격고시를 엄격히 규정하였다. 1933년의 시험법과 1935년의 법원조직법의 규정에 따르면 사법관의 시험은 13종 고등시험의 한 종류로 분류되었다. 그 당시 특징을 살펴보면, 국민정부가 법학교육을 직접 관장하고 사법원(司法院)이 법학원 설립 인정권을 행사하면서 전국적으로 통일된 필수과목을 실시하여 매년 교육계획을 심사하고 졸업증을 발급하였다. 이러한 체제로 말미암아 법학은 자주성을 결여한 '관학(官學)'으로 전락하게 되었다. 법학원 학생 모집 인원도 점차 줄어들고 1931년 29개 법학원이 1940년에 와서는 27개소로 감소되었다. 법학원의 교과과목도 새롭게 개편되었는데 일본의 법학교육과 미국, 유럽의 법학교육을 모델로 육법전서(六法全書)를 위주로 하는 새로운 교과과목이 정착된다. 법학원도 교육의 이념과 전통에 따라 두 가지 모델로 나뉘게 되는데 조양대학, 북경대학, 무한대학 법학원 등은 이론연구 중심의 법학원으로 발전되었고 동오대학, 중앙대학, 호남대학 법학원 등은 법률실무를 중심으로 운영되는 법학원으로 발전된다. 동오대학 법학원[2]을 예로 소개하면 그 당시는 변호사를 전문적으로 배출하는 법학전문기구로 운영되었는데 1934년의 졸업생만 84명이고 석사연구생을 육성하는 시스템도 갖추고 있었다. 교과과목 내용을 살펴보면 영미법, 대륙법과 중국법 내용이 균형 있게 포함되어 있었다. 1934년의 교과과목은 중국법 분야(헌법, 민법, 형법, 상법과 소송법), 대륙법 분야(독일, 일본, 프랑스, 러시아의 민법), 영미법(불법행위법, 계약법), 로마법, 국제법(국제공법과 국제사법) 등 필수과목과 각국 법제사, 형법의 비교 등 선택과목으로 구성되었다. 영미법 과목은

1) 황연패(북경대 초대총장)는 "한 나라의 학자들이 법정에만 집중되는 것이 과연 바람직한가"라는 지적을 하면서 법정학당의 숫자가 너무 많은 것에 대한 우려를 표시한 바 있다.

2) 동오대학 법학원은 1949년 대만으로 옮겨가 지금은 동오대학 법률학부로 많은 활약을 하고 있다. 1915년에 창립되었는데 '중화비교법률학원'이라는 이름도 갖고 있다.

교수가 직접 영어로 강의했고 비교법 강좌도 계속 유지되었다. 당시 동오대학 법학원 교수 겸 교무장이었던 손소로 교수는 「법률교육(1935년 출판)」이란 책에서 학년별 교과과정을 자세히 다루었는데 그 내용에는 영미 등 대학의 교과과정을 참고로 하면서 당시 중국 법학교육의 내용도 충분히 반영하였다. 그 내용을 보면, 1학년 과정은 기초과목으로서 국문, 외국어, 정치학, 사회학, 근대사, 윤리학개요 등이 포함되어 있었고 2학년 과정은 전공기초과목으로서 중국법제사, 법률윤리, 민법총칙, 형법총칙, 비교법, 로마법, 회계상식, 외국어 등이 포함되어 있었다. 3학년 과정은 민법채권편, 형법각론, 국제공법, 민사소송법, 비교법, 외국민법, 영미법, 계약법 등 과목을 포함하고 있고 4학년 과목은 민법물권, 형사소송법, 비교법, 국제사법, 회사법, 어음법, 외국형법 등의 내용이다. 5학년 과정은 법리학, 행정법, 민법친속법, 민법상속편, 노동법, 증권법, 보험법, 해상법, 파산법, 토지법 등 과목을 개설하였다. 위의 교과과목의 특징은 첫째, 실체법 내용의 강의를 중시하고 운용법학을 중심으로 다루었다는 점, 둘째, 비교법 위주의 강의를 진행하면서 매 학기마다 비교법 과목을 개설하였다는 점, 셋째, 법리학, 법률철학 등 기초과목을 중시했다는 점이다.

국민정부 시기의 법학교육의 주요 특징은 당시 미국의 저명한 법학자이자 사회법학파의 대표적 인물인 파운드를 교육부 및 사법행정부의 고문으로 초빙하고 법학교육에 대한 제안을 적극 받아들였다는 점이다. 파운드는 '중국법률교육의 문제점 및 변혁방향'이라는 보고서를 제출하여 법학교육의 기본적인 발전에 대한 제안을 한 바 있다. 교재를 출판할 때 일반원리와 실무를 합리적으로 조화시켜야 하며 교육방법에서 영미식 case study 방법을 적극 받아들여야 한다고 여러 가지 제안을 했는데 그 중 일부 제안은 당시 법학교육의 내용으로 되었다.

2. 신 중국의 법학교육 발전단계

신 중국이 성립된 1949년 이후 국민당의 육법전서와 반동적인 법률은 폐지되고 법학교육도 새로운 정비가 절실히 요청되었다. 새로운 정권의 발족에 부응하기 위한 법학교육이 형성되기 시작하였는데 주요한 방식은 당시 소련의 법학교육제도를 모방하고 도입하는 것이었다. 1951년 교육부는 '법학원 법률학부 교과초안'을 제정하였는데 그 내용은 주로 강의방식, 교과과목개설 등의 내용이 포함되어 있었다. 그 시기는 법령이 있으면 법령에 따라 강의하고 법령이 없으면 정책의 내용을 강의하게 되었는데 기본적인 교재는 소련의 주요 법학원의 교재를 번역하여 사용하였다.

1950년 중국인민대학 법학원(그 당시는 법률학부)이 창설되면서 새로운 정권이 수립된 후 첫 법률학부가 탄생하게 된다.[1] 1950년대 초 사법개혁을 진행하면서 전국의 법과대학과 학부는 새롭게 개편하게 되는데 당시 36개 법률학부가 11개로 개편되어 새로운 법학교육의 체계로 전환되었다.[2] 중국인민대학 법학원은 신 중국 성립 후 처음으로 법학원 학생을 모집하였으며 전국의 법학원 교수진을 육성하는 역할도 동시에 하여 처음으로 석사학위에 해당하는 연구생과정을 개설하여 수많은 고급 법률가와 법학인재를 배출하였다. 1953년 교육부에서 통일적으로 제정한 법학원 교과과목으로는 마레주의국가와 법의 이론, 소련국가와 법권사, 소비에트 국가법, 소비에트 형법, 인민민주국가법, 중국국가와 법권사, 소비에트 법원조직법, 소비에트 노동법 등이었고 1954년부터는 중국헌법, 국제법, 국제사법, 중국법원조직법 등의 과목을 추가하였다. 1958년부터 중국의 법학교육은 정치환경의 변화로 정체상태에 빠지게 되고 1966년부터 1976년까지 완전히 폐지된다. 1970년대 초에는 전국에 세 개의 법과대학만 남게 되었고[3] 1971년부터 1976년까지 전국의 법학원 재학생수는 단지 114명에 불과하였다.

1978년부터 중국은 개혁개방을 추진하면서 법제의 새로운 발전을 시작하게 되었고 법학교육도 점차 회복되고 발전되는 전기가 되었다. 중국법학교육의 발전단계는 시기적으로 다음과 같이 구분된다.

(1) 법학교육의 회복단계(1977～1983년)

1977년부터 대학교 입시제도가 회복되었는데 법학원의 모집 정원은 매우 적은 숫자였다. 1983년에 이르러 법학원(법률학부)의 숫자가 50여개로 증가되고 교육부에서 직접 운영하는 종합대학과 일부 성급의 대학에서 법률학부를 회복하거나 또는 신설하게 된다. 1982년 사법부 주관으로 전국의 법학원에서 공통적으로 사용하는 법학교재가 출판된다.

---

1) 1954년 이후에 북경정법학원(현 중국정법대학), 북경대학법률학부 등 법학부와 전문적인 법률대학이 나오게 된다.

2) 11개 법률학부로는 북경정법학원, 서남정법학원, 서북정법학원, 중남정법학원, 화동정법학원, 중국인민대학 법률학부, 북경대학 법률학부, 무한대학 법률학부, 동북대학 법률학부(길림대학 법학원), 복단대학 법률학부, 사천대학 법률학부 등이다.

3) 북경대학 법률학부, 길림대학 법률학부, 호북대학 법률전문학교이다. 다른 법학원과 법학부는 잠시 폐지된 상태였다.

⑵ 법학교육의 새로운 개편과 제고단계(1984～1991년)

이 단계의 법학교육은 새로운 형식과 제도를 마련하게 되고 교과과목, 교과과정, 교학방법 등 분야에서 많은 발전을 가져오게 된다. 교과과목에서는 정치적 색채가 짙은 과목을 폐지하고 법학 논리에 맞는 새로운 과목의 개설과 보완을 통해 법학교육의 체계를 정리하였고 교육부의 적극적인 지원으로 법학기초이론, 중국헌법학, 중국형법학, 국제법, 국제사법, 국제경제법 등의 과목이 법학교육체계 속에 새롭게 삽입되게 되었으며 학사, 석사, 박사학위 수여제도도 완비되었다.

⑶ 법학교육의 신속한 발전단계(1992～현재)

1992년부터 중국의 법학교육은 기본 교육목표와 교과과목, 교과과정을 체계적으로 정비하고 세계 법학교육의 새로운 움직임을 면밀히 주시하면서 중국적 특색이 강한 법학교육 체계의 구축에 노력해 왔다. 2000년 말까지 중국 전역에 이미 330여 개의 법학원, 법률학부(법학과)가 설치되어 법학교육의 발전은 새로운 계기를 맞이하게 되었으며 대학에 개설된 전공과목 중 법학과가 학생들에게 가장 인기 있는 학과로 인정받고 우수한 학생을 모집할 수 있게 된다. 현재 중국의 법학교육에서 이룩한 성과는 대부분 이 단계에서 축적된 것이라 할 수 있다.

Ⅲ. 법학교육의 기본체계

법학교육의 기본체계는 교육목표 설정, 교과과목, 교육과정, 교육방법, 교수의 수업, 교육성과와 평가제도 등으로 구성된다.

1. 교육목표의 설정

법학교육의 발전을 추진하려면 우선 합리적인 법학교육 목표를 설정하여야 하며, 이러한 목표 설정의 합리성 여부는 법학교육의 전과정에 직접적인 영향을 준다고 하겠다. 교과과목과 내용의 선택, 교육방법과 교육성과의 평가 등은 교육목표를 실현하는 수단과 과정이라 하겠다. 교육목표를 설정하기 위해서는 법학교육을 법제발전의 넓은 환경 속에서 그 역할과 지위를 규명하고 시대적 요청과 현실의 변화, 특히 사회가 풀어 나가야 할 과제를 종합적으로 판단하고 객관적인 기준에 따라 목표를 설정하는 것이 바람직하다.

세계적으로 법학교육의 목표는 주로 세 가지 모델이 있다고 하겠는데, 첫째는 법학교육을 전문적인 법조인을 양성하는 제도로 운영하는 것이고, 둘째는 법학교육을 하나의 교양교육으로 운영하는 제도, 셋째는 직업교육과 교양교육을 융합시킨 혼합적인 제도라 하겠다. 각 나라의 전통문화와 시대적 배경, 법의 기본적 가치관 등이 다양하기에 교육목표도 일원성보다 다양성을 구비하고 있다.

중국의 법학교육은 특정한 사회적·역사적 배경 하에 발전하였고, 중국 사회의 발전 요청에 부응해야 한다. 법학교육의 목표설정에서 종합적으로 고려해야 할 요소로는, ① 중국의 시장경제 발전의 요청, ② 중국 사회변혁의 특징, ③ 법제개혁의 새로운 추세, ④ 중국의 교육법에서 정한 기본적인 인재육성 목표 등이다.[1] 중국법학교육(주로 학부단계)의 목표는 교양교육과 직업교육을 합리적으로 조화하여 합리적 교양소질과 전문적 법률지식을 갖춘 법률인재를 배출하는 것이다. 지금의 단계에서 중국은 법학교육을 단순한 직업교육 즉 법률전문가만 양성하는 제도로 운영하지 않고 다양한 법률인재를 양성하며 교양교육의 기본요청을 충분히 반영한다. 그 이유로, ① 단순한 직업교육은 이익의 다원화를 특징으로 하는 시장경제의 요구를 실현할 수 없으며, ② 법률인재는 특수한 인재로서 사회지도자로서 갖추어야 할 윤리의식과 종합적인 법학지식을 습득해야 하며, ③ 법률관계의 다양성으로 모든 법률현상이 종합적인 현상으로 부각되기에 단일한 지식구조는 현실의 요청에 부응하기 어렵게 되고, ④ 단순한 직업교육은 학생들이 적극적으로 사회현실에 적응하는 능력의 제고에 장애가 된다는 점 등을 들 수 있다. 물론 중국에서의 법학교육이 직업교육을 부인하는 것은 아니며 단일한 교육목표로 설정하지 않는다는 것이다.

법학교육에서 강조되는 교양교육은 종합적인 개념으로서 지식과 능력을 구현한다. 법학교육의 중요한 역할은 법률인재의 인격교육을 실시하는 것인데 그 내용은 사회정의 가치를 목표로 헌법과 법률에 충실하며 법의 신념과 권위를 수호하는 것이다. 법학교육은 단순한 법의 기술만 전수하는 것이 아니라 법률인재의 완벽한 인격적 소양을 함양하는 것이라 하겠다.

중국 주요 법학원의 교과과목의 기본목표를 종합적으로 비교해 보면 다음과 같은 내용을 포함하고 있다. 덕(德), 지(智), 체(體)가 전면적으로 발전하고 전면적

1) 교육법(1995년 제정) 제 5 조는, 교육은 사회주의 현대화 건설을 위해 복무해야 하며, 노동생산과 결합하여 덕, 지, 체가 전면 발전한 사회주의사업의 건설자와 후계자를 육성해야 한다고 규정하고 있다.

이고 체계적인 법률전공 지식을 습득하며 법률의 발전과 법학의 발전을 이해하고 실제 법률문제를 독립적으로 분석하고 해결하는 능력을 키우는 것이다. 인격교육, 창의력과 합리적인 사고 방식을 갖춘 법률인재를 육성하는 것이 중국 법학교육의 기본특징이다. 위의 목표 설정은 법학인재가 갖추어야 할 인격소질, 문화소질, 전공소질과 심리, 신체소질의 제고를 근거로 하고 있으며 학생들의 개성의 발전을 추진하고 법학의 종합적인 지식을 배우는 데 적극적인 역할을 한다. 동시에 법학교육에서 나타날 수 있는 단순한 응시교육의 폐단을 사전에 예방하고 법학교육의 목표를 확고히 하는 데 그 의의가 있다 할 것이다.

2. 법학전공 교과과목과 교과과정

⑴ 법학전공

중국의 법학교육에서 법학전공이란 과학적인 교과체계를 바탕으로 하는 지식체계를 말한다. 교과과목과 전공은 서로 밀접한 관계를 가지고 있다. 학부단계에서 법학전공을 세분화하면 법학교육의 목표 실현과 인재육성에 많은 문제점이 야기된다. 중국은 1958년부터 1982년까지 법학원에 법학전공만 설치하였다가 1982년부터 전공목록을 새롭게 편성하면서 법학을 5개 연구방향으로 개편하였는데 법학, 경제법, 국제법, 국제경제법과 공안업무 등으로 나누어 학생들은 대학 지원시 자기의 연구방향을 선택하게 된다. 1992년 전공목록을 새롭게 개편하면서 변호사의 연구방향을 신설하게 되었는데 법학교육의 발전에 소극적인 역할을 했다고 할 수 있다. 그 이유는, ① 법학지식의 통일성이 유지되기 어려워 경제법 방향을 선택하는 학생은 4년 동안 주로 경제법에 관련되는 과목만 배우는 현상이 있게 되었고, ② 과학적인 교과과목 형성이 어렵다는 점, ③ 세분화된 전공방향으로 학생들은 시장경제발전에 부응하는 기본적인 지식과 종합능력을 키우기 어려웠다는 점이다. 1995년부터 법학교육개혁이 시작되었는데 전공과목의 규범화가 주요한 내용으로 부각되면서 1999년부터 전국의 법학원이 전공을 세분화하던 제도를 정식으로 폐지하여 모든 법률학부는 법학전공만 설치하게 되었다. 석사연구생과 박사연구생은 지원자의 요구에 따라 특정된 전공을 선택할 수 있다.

⑵ 교과과목과 교과과정

법학교육의 목표를 실현하기 위한 과정으로 합리적 교과과목을 개설하는 것은 법학교육의 주요한 내용이다. 각 법학원에서 교과과목을 개설할 때 준수하는 기본원칙으로는, ① 예측성 원칙, 즉 향후의 시대발전 요청을 과학적으로 예측하여 현실성과 미래성을 서로 결합하는 것이고, ② 종합성 원칙, 즉 교과과목에 다양한 지식을 반영하여 법학의 기본소질과 창의력을 키우는 것, ③ 적응성 원칙, 즉 교과과목을 통하여 교육의 기본목표를 실현하며 교과내용과 사회생활의 조화를 도모하는 것이다. ④ 균형성 원칙, 즉 교과과목에서 제공되는 지식, 능력 간의 균형을 도모하면서 합리적 법학지식을 전수하는 것이다.

중국 각 대학의 법학원에서는 학부과정에 70여개의 과목이 개설되어 있으며, 대학원 과정은 15개 정도의 과목이 개설되고 있다. 각 법학원에 따라 차이점이 있지만 교과과목은 공통점이 많다고 하겠다. 교과과목의 구체적인 내용은 다음과 같다.

㈎ 공공과목 교육부에서 통일적으로 규정한 과목인데 정치이론, 외국어, 컴퓨터원리와 운용, 체육 등 과목이 포함된다.

㈏ 기초과목 기초과목은 대학교 차원에서 개설된 통일적인 과목인데 대학국문, 수학, 자연과학개론, 논리학, 정치학, 사회학 등 다양한 기초과목이 포함되어 있다.

㈐ 전공과목 전공과목은 그 내용에 따라 핵심과목, 필수과목과 선택과목으로 나뉜다. 핵심과목은 전국의 모든 법학원, 법률학부, 법학과에서 필수적으로 개설해야 되는 과목이다. 교육부에서 통일적으로 교재를 편찬하고 학점도 통일하며 법학원 교과과목을 평가하는 기본기준으로 된다. 핵심과목은 모두 15개 과목인데 법리학, 중국법제사, 중국헌법, 행정법과 행정소송법, 민법, 상법, 지적재산권, 경제법, 국제사법, 국제경제법, 국제법, 형법, 민사소송법, 형사소송법과 노동법·사회보장법이다. 필수과목은 각 법학원에서 자체의 교수진과 특징에 따라 다양하게 개설된다. 과목 수는 대체로 6~8개이고 그 내용에는 환경법, 계약법, 외국법제사, 법의학 등이 포함된다. 필수과목에서 개설해야 될 많은 과목이 이미 핵심과목에 포함되어 있다. 선택과목은 법학분야의 전문과목을 많이 포함하고 있으며 학생들이 적어도 10과목 정도는 선택해야 선택과목 학점을 이수할 수 있다. 중국인민대학 법학원에서는 학부과정의 선택과목으로 30개를 개설하여 학생들이 자기의 취향과 흥미에 따라 선택할 수 있도록 하고 있다. 그 과목을 살펴보면 노동법, 사회보장법, 보험해상법, 국제거래법, 비교법, 중국법률사상사, 서양법률사상사, 입법법, 외국헌법, 유가증권법, 친족상속법, 형사정책과 범죄, 어

음법, 파산법, 국제인권법, 유럽법, 외국형법, 외국민상법, 경제법기초이론, 법률영어, 민법판례분석, 형법판례분석, 형사소송법판례분석, 민사소송법판례분석, 행정법판례분석, 국제경제법판례분석, 지적재산권사례, 공증과 변호사실무, 세법, 아시아법, 사법문서, 증거학, 물증기술학, 로마법, 법사회학 등이다. 위의 과목들은 새로운 분야의 법률제도를 많이 소개하면서 학생들이 넓은 분야의 지식을 습득할 수 있도록 한다.

중국의 각 법학원은 학점제를 실시하고 있는데 졸업요구 총 이수학점은 대체로 165학점이다. 위의 교과과목 이외 졸업 요구에는 졸업논문, 실무실습 등의 학점도 포함되어 있다. 총 요구학점 중에서 공공과목이 총 학점의 1/3정도 차지하고 기초과목과 전공과목이 2/3정도, 전공과목 중 핵심과목과 졸업논문, 실무실습 등 과목이 총 학점의 1/3정도 차지한다. 전공과목에서 필수과목과 선택과목의 배분은 6 : 4의 비율로 나타나고 있는데 합리적인 배분이라 할 수 있다. 공공과목의 학점 수를 제하면 실제로 법학 전문과목을 이수할 수 있는 학점이 충분히 보장되지 않는 상황에서 선택과목의 비율을 점차적으로 증가하여 학생들의 선택의 폭을 넓혀 주는 것은 법학교육의 기본목표 실현에도 부응한다고 하겠다.

(3) 교과과정

교과과목을 개설한 후 교육목표의 실현을 위해 학년별로 합리적으로 교과과목을 구성하는 것도 매우 중요하다. 각 법학원의 실정에 따라 교과과목이 학년별로 배분되는 형식에는 약간의 차이가 있지만 기본적인 배분원칙은 기초로부터 심화된 전공지식의 습득을 기준으로 한다. 1학년 과정은 주로 공공과목과 인접과학을 중심으로 기본소양을 갖춘 인재육성에 중점을 둔다. 외국어, 정치이론, 수학, 대학국문 등 공공과목이 대부분의 학점 수를 차지하고 전공과목으로 법학이론과 중국헌법 등을 개설한다. 2학년 과정은 법학의 전공 입문을 위한 과목이 많이 개설된다. 민법, 형법, 경제법, 형사소송법, 민사소송법, 국제법 등 법학전공의 기초과목들이 개설되어 학생들을 초보적으로 법학에 입문하게 된다. 3학년 과정은 학생들의 전공지식을 더욱 심화시키고 지식의 폭을 넓힐 수 있도록 세분화된 전공과목과 비교법, 외국법 등 과목을 개설한다. 세법, 증권법, 어음법, 해상법, 투자법, 친족상속법, 외국헌법, 외국민상법, 외국형법 등 과목이 개설되면서 학생들은 법학에 대한 전공의식이 성숙하게 된다. 4학년은 3년 동안 배운 모든 지식과 능력을 종합적으로 운용할 수 있도록 판례(사례)를 중심으로 한 실무성이 강한 과목들이 개설된다. 판례분석 과목이 대부분 4학년 1학기에 개설되면서 학생들은 배운 지식으로 실제 실무를 분석하고 사고하는 능력을 제고시킨다. 4학년 2학기에는 2개월 동안의 실습과 졸업논문을 쓰는 단계인데 지도교수의 지도를 직접 받게 된다.

위에서 소개한 각 법학원의 교과과목과 과정의 특징을 살펴보면 다음과 같다. 즉, ① 교과과목 편성은 법학교육의 기본목표의 실현에 중점을 두고 있고 사법시험 등 국가시험의 영향을 받지 않고 있다는 점이다. ② 교과과목에서 기본적인 소양과 기초지식을 강조하고 폭넓은 지식의 습득을 요구하고 있다. ③ 졸업소요 총 학점 중 공공과목의 비율이 높다는 지적은 있지만 전공 필수과목과 선택과목의 배분은 적절한 평형을 유지하고 있다. ④ 교과과목 중 법학의 발전과 시대적 요청에 따른 새로운 분야의 법학과목이 증설되고 있으며, 이러한 추세는 앞으로도 계속될 전망이다.

3. 법학원 입학자격과 신입생 선발

중국은 교육부에서 통일적으로 대학 입학시험을 실시한다. 매년 7월 초에 대학 입학시험이 실시되는데 고중(고등학교) 졸업자가 대학지원자격을 가진다. 2000년 7월까지 대학 입학에 연령의 제한이 있었으나 평등한 교육권 보장의 차원에서 2001년부터 연령제한을 폐지하여 대학입학지원자 수가 점차 증가하고 있는 추세이다.

법학원에 입학하려는 학생은 전국적으로 실시되는 대학시험 합격을 전제로 자기가 지원한 대학의 전공 기준점수에 도달해야 한다.[1] 유명대학일수록 입학경쟁률이 높으며 그 중에서도 인기 있는 학과의 경쟁률은 더욱 높다. 중국인민대학의 경우 인기 있는 학과는 법률, 경영, 회계, 금융 등의 학과로 매년 전국적으로 점수가 높은 학생들이 입학하게 된다. 2000년의 경우 북경대학과 인민대학의 경쟁률이 제일 높았던 것으로 통계 결과가 나와 있다. 대학원의 경우 석사연구생의 응시자격은 4년제 대학졸업자 또는 교육부에서 동등 이상의 학력을 인정하는 학교의 졸업자이고 박사연구생의 응시자격은 석사학위 소유자 또는 교육부에서 동등 이상의 학력을 인정하는 학교의 졸업자이다. 대학시험과목은 외국어, 정치, 국문, 역사, 지리(또는 물리, 화학) 다섯 개 과목이고 시험성적으로 입학이

1) 대학시험 합격점수와 주요 대학의 인기 있는 전공학과의 기준점수는 차이가 많다.

결정된다. 고등학교 단계에서 특기가 우수하다고 인정되는 학생은 추천제도를 통하여 직접 대학에 입학할 수 있는데 그 비율은 전체 입학자의 10%를 차지한다. 추천의 주요 근거는 고등학교 학습성적, 사회봉사, 특수한 재능이 있는가의 판단이다. 대학원에도 특별추천제도가 있는데 주요 근거는 대학교의 성적과 학문에서 우수한 성과가 있는가의 여부이다. 대부분의 학생들은 대학원의 석사시험, 박사시험에 합격해야 석사과정, 박사과정 입학자격을 가진다. 중국인민대학 법학원의 경우 석사시험과목은 외국어, 정치, 전공과목과 종합과목(헌법, 민법, 형법, 소송법, 중국법제사)이고 박사시험과목은 외국어, 전공과목 1, 전공과목 2이다. 대학원의 입학은 필답시험과 면접시험에 합격해야 하는데 석·박사과정은 면접시험이 총점수의 40~50%를 점한다.

학제는 학부 4년, 석사과정 3년,[1] 박사과정 3~5년이다. 법학원 입학자격과 학생선발제도의 개혁에 대하여 1995년부터 학계에서 활발한 논의가 있었는데 그 주요 논의내용은 다음과 같다. ① 학부를 4년에서 5년으로 개편하자는 의견, ② 미국식 로스쿨 시험제도를 도입하여 대학 학사과정을 이수한 뒤 3년제의 로스쿨을 다니게 한다는 의견, ③ 학부를 4년에서 6년으로 개편하고 석사과정을 통합해야 한다는 의견 등이 있다. 고중(고등학교)을 졸업하면 나이도 어리고 사회경력도 없어 법학의 이념과 다양한 실무를 습득하는 데 어려움이 있다는 점, 법학원은 법률전문가의 배출을 목표로 해야 한다는 것이 로스쿨을 주장하는 주요한 이유이다. 이런 논의가 지금도 계속되고 있고 또한 일부 합리성도 갖고 있지만 학계의 지배적인 견해는 미국식 로스쿨은 중국의 교육체계와 법률문화 및 법률체계에 잘 적응되지 않는 제도이므로 그대로 도입하는 것은 바람직하지 않다는 판단이다. 다만 현행의 제도와 틀에서 로스쿨의 합리적인 부분을 적극 수용하면서 법학교육 개혁을 추진할 필요는 있지만 개혁을 명목으로 충분한 검토 없이 전반적인 제도의 틀을 바꾸는 것은 바람직하지 않다.

현행의 법학교육 제도의 기본 틀을 유지하면서 로스쿨의 일부 장점을 도입하여 개혁한 것이 법학원의 법률석사제도이다. 법률석사는 '학사 후 법학교육'을 목표로 학사과정 비 법학전공자만이 입학할 수 있다. 이 제도는 1996년도부터 실시되어 왔는데 처음에는 북경대 법학원, 중국인민대 법학원 등 다섯 개 법학

---

1) 현재 석사연구생의 학제를 3년에서 2년으로 하는 방안을 검토하는 중인데 2002년부터 실시될 전망이다.

원에서 실시해 오다가 2000년도부터 15개 대학 법학원으로 증가되어 실시되다가 지금은 전국에 약 80여개의 법학원에서 실시하고 있다. 이 제도의 도입으로 학사과정 법학교육, 법학석사과정, 법률석사과정이 병존하는 법학교육체제가 형성되었다. 그 특징을 살펴보면, ① 법학석사는 학제가 3년이고 법학을 전공한 학생과 비 법학전공 학생이 지원할 수 있는 데 반해 법률석사는 학제가 3년이고 학사과정 비 법학전공 학생만이 지원할 수 있다. ② 법학석사와 법률석사는 교육목표, 교과과목, 교육방법 등이 다르다. 법학석사는 주로 학문적으로 발전하려는 학생들이 많이 지원하고 직접 박사학위 공부까지 할 수 있고, 법률석사는 주로 전문적인 법률가 육성이 목표이기 때문에 교과과목은 실무적인 내용이 많이 개설되어 있다. ③ 법학석사는 주로 법학원 졸업생이 많이 지원하는 데 반해 법률석사는 보통 일정한 사회경력과 다양한 전공을 가진 자가 지원한다. ④ 학위는 같은 석사학위이지만 법학석사는 법학석사학위(학술학위)를 수여하고 법률석사는 법률석사학위(전문학위)를 수여한다. ⑤ 법학석사는 입학하면서 전공에 따라 연구하지만 법률석사는 전공에 관계없이 모든 법률실무에 관한 과목을 배우게 된다. ⑥ 교수진도 차이점이 있는바 법률석사과목의 강의는 법학원 교수 이외 판사, 검사, 변호사 등 실무분야의 겸직교수가 많이 하게 된다. 이 제도의 도입으로 중국은 많은 학술적 요청과 실무요청에 부합하는 인재를 배출하여 적극적인 평가를 받고 있다.[1)]

법률석사 정원은 매년 2,000명 정도인데 북경대 법학원과 인민대 법학원에서 매년 300여명의 학생을 각각 모집한다. 중국인민대 법학원은 매년 500여명의 학생을 모집하며 그 중 학부생은 150여명, 석사과정은 300여명, 박사과정 60여명을 모집한다. 현재 2,000여명의 학생 중 학부생은 단지 500여명이며, 나머지 1,500여명은 석사과정(법학석사, 법률석사)과 박사과정의 학생이다. 학부과정을 그대로 유지하면서 모집 인원을 줄이고 대학원 위주인 법학원으로 개편하는 것을 기본 특징으로 하고 있다. 법학교육은 사회생활 및 국가의 기본제도와 밀접한 관계가 있으므로, 충분한 검토와 현실적 실행 가능성 여부가 매우 중요하다. 만일 결과를 예측할 수 없는 상황에서 큰 기본 틀을 바꾸는 것은 여러 가지 문제

1) 법률석사학위제도는 최고인민법원, 사법부, 법학원 등이 공동 참여하여 도입한 제도로서 중국법률석사전공지도위원회가 구체적인 사항을 관장하고 있다. 위원회 주임은 사법부 부장이고 중국인민대 법학원 명예원장 증헌의(曾憲義) 교수가 수석부주임을 맡고 있다.

점이 도출될 수 있으며 시행실패에 대한 부담 또한 크므로, 가능한 한 기본 틀을 유지하면서 합리적인 제도를 적극 도입하여 실속 있게 교육의 발전을 추진하는 것이 바람직하다고 생각한다.

4. 교육방법

법학교육의 질을 향상시키기 위해서는 여러 여건의 성숙 및 환경 여건이 조성되어야 하지만, 그 중 교육방법의 합리성 여부는 매우 중요한 요소 중 하나라고 할 수 있다. 중국의 각 법학원에서는 교육방법(주로 교수방법)의 개선을 개혁의 주요 내용으로 추진하고 있다. 강의방법은 기존의 법학교육에서 기본적인 형식으로 그 역할을 다하겠지만 강의내용과 강의형식을 적극 개선하여 학생들의 창의력과 사고능력을 제고해야 한다. 강의방법의 기본특징을 그대로 유지하면서 다양한 방식으로 보완할 필요가 있다는 인식을 바탕으로 1995년 이후 각 법학원에서는 많은 개선을 시도하였고 또 일부 성과도 있다. 강의 위주의 방법 이외 많이 사용하는 방식으로는 판례분석, 법률실무가 초청수업, 법정방청, 모의재판, 임상실습, 주제토론, 우수논문장려 등 다양한 형식이 있다. 판례분석은 법 원리를 일방적으로 전달하는 주입식 강의를 지양하고 구체적인 분쟁 속에서 법 원리를 이해할 수 있도록 교수가 학생을 지도하고 있다. 학생들은 인터넷을 통하여 다양한 판례를 입수할 수 있고 각종 판례 교재도 사용하고 있다. 최고인민법원과 중국인민대 법학원에서 공동 편찬하는 '중국심판판례총람'은 학생들에게 풍부한 판례를 제공하고 있다. 법률실무가 초청 수업은 이미 제도로 정착되었다. 중국 최고인민법원 및 최고인민검찰원의 대법관과 대검사는 대부분 주요 법학원의 객원교수로 일부 강의를 맡고 있으며 판례분석 등 과목은 판사가 직접 맡는 경우도 있다. 실무경험이 있는 판사, 검사가 판례분석 강의를 하게 되면 학생들의 적극적인 참여를 유도할 수 있다. 법정방청은 주로 민법, 형법, 소송법 등의 강의가 끝나면 대표적인 사건을 선택하여 학생들이 직접 법정에 가서 체험할 수 있도록 한다. 모의재판은 학생회의 조직과 교수의 지도로 이루어지는데 한 학기에 두 번 정도 진행된다. 외국법제도의 모의재판은 대부분 영어로 진행된다. 임상실습은 중국의 주요 법학원에서 3년 전부터 실시한 새로운 형식의 실습방법으로서 직접 미국 주요대학 법학원의 임상실습 교재로 진행되는데 미국 Yale대학 법학원과 Harvard대학 법학원의 협조로 실시되고 있다. 현재 중국인민대학 법학원, 북경대학 법학원, 무한대학 법학원 등 소수의 법학원에서 실시되고 있는데 앞으로는 더 많은 법학원에서 실시될 전망이다. 주제토론은 학생들이 강의시간 후 교수가 부여한 테마를 그룹별로 준비한 다음 발표하는 형식인데 학생들의 사고능력과 표현능력을 제고하는 데 도움이 된다.

중국의 법률전통과 법률제도에서 법학원의 기본 교육형식은 강의방법이고 다른 방식은 보완적인 역할을 한다. 국제화, 정보화 시대의 요청에 따라 교수들의 강의방식도 많은 변화가 예상되지만 교수가 강의내용을 충분히 준비하고 교육에 대한 이념으로 매 시간의 강의를 충실히 하는 기본방식은 계속 유지해야 한다. 그러므로 교수방법의 합리성 여부는 궁극적으로 교수의 강의 질에 의해 결정된다. 교수강의의 질을 제고하고 평가하기 위하여 법학원에서는 매 학기마다 학생들의 참여로 교수 강의평가제도가 실시되는데 평가결과는 교수의 승급과 보수 등에 영향을 준다. 학생들의 평가가 반드시 합리적이라고 인정하기는 어렵지만 지금의 단계에서는 상대적인 기준으로 그 객관성을 인정받고 있다.

5. 교수의 수업과 학문연구

수업과 학문연구는 법학원 교수의 기본 사명이라 할 수 있다. 인재배출기관으로서의 법학원은 강의와 다양한 보완형식을 통하여 학생들에게 다양한 법률지식을 전수하고 분쟁해결의 능력을 제고해야 하며, 과학 연구기관으로서 법학원은 법학연구의 기능도 하고 있다. 학문적인 축적이 없는 강의는 학생들의 창의력을 키울 수 없고 학문적인 연구가 강의를 통해 학생들에게 전수되지 않으면 대학에서의 학문은 그 가치를 잃게 된다. 때문에 법학원에서 진행되는 강의와 학문연구는 동등한 가치가 있다고 하겠다. 위에서도 언급했듯이 중국의 법학원에서는 다양한 법률인재를 배출하여 사회의 발전과 법제발전을 위해 기여하였는데 이는 법학원이 가지는 사회가치의 중요한 표현이다. 교수들은 자기의 학문적 분야의 지식과 연구성과를 강의내용에 적극 반영하여 강의의 질을 향상시키고 있다. 법학원 교수의 연구성과는 강의 내용에 반영되는 외에도 다음과 같은 형식으로 반영된다. ① 입법과정, 즉 중국에서 주요한 법률초안은 법학원 교수의 주도로 제정되는데 법률초안의 기본이론은 학계의 성과를 바탕으로 한다. ② 법률자문, 즉 많은 법학원 교수는 행정기관, 입법기관, 사법기관, 회사 등 부문의 법률고문, 법률자문위원으로 활약하면서 자기의 연구성과를 반영한다. ③ 변호사, 즉 중국의 법률에 따르면 법학원 교수는 변호사자격을 가질 수 있으며 일부 사건의 변호업무도 수행할 수 있다. ④ 법학실무계에서 많은 활동을 한다. 법학원 교수가 고급법관, 고급검사로 진출하는 사례가 점차 늘어나고 있는 추세이며, 이는 법학교육과 법률실무의 양호한 유대관계 형성에도 도움이 된다. ⑤ 국가의 중요 연구과제에 참가하여 연구한다. ⑥ 교수들의 연구를 위해서 대학과 법학원에서는 다양한 연구소를 운영하여 연구성과를 반영하고 있다. 중국인민대학 법학원의 예를 들면 14개 연구소가 운영되는데 대만법연구소, 동아시아법연구소, 금융법연구소, 법률문화연구소, 외국형법연구소, 민상법연구소, 형사법률연구소, 지적재산권연구소, 공법연구소, 일본법연구소, 법률글로벌연구소, 교도소법연구소, 환경법연구소 등이다.

교수와 학생의 비율은 대체로 1：120 정도이고[1] 교수의 연구실적은 엄격한 기준으로 평가된다. 매년 1급 간행물에 논문 발표수가 규정되어 있고 국가의 연구과제 완성여부, 학회논문발표, 저작출판, 연구보고서 제출 등이 자세히 교수연구업적평가에 규정되어 있다. 전임강사(助教), 부교수(副教授), 교수(教授), 박사지도교수(博導)[2]가 별도로 강의와 연구업적 기준이 정해져 있어 기준에 미달하면

1) 중국의 법학원은 모두 국립대학으로 되어 있기 때문에 교수의 충원이 충분히 이루어지고 있고 교수의 강의부담은 크지 않다. 매주 평균 6시간이다. 중국인민대학 법학원의 경우 3,000명 학생에 정교수 47명, 부교수 40명, 전임강사 20명이 있고 행정실, 도서관 등 직원이 20여명 있다.

2) 중국은 특수한 박사모집제도와 박사지도교수제도를 실시하고 있다. 박사연구생을 모집하자면 우선 전공분야 교수들의 평가와 국무원학위위원회, 교육부학위위원회의 엄격한 심사와 비준을 거쳐 박사를 모집할 수 있는 자격이 부여되어야 한다. 자격이 없으면 박사과정 학생을 모집할 수 없다. 법학분야에서 박사과정을 모집할 수 있는 전공은 모두 8개로 헌법과 행정법, 민법과 상법, 형법, 경제법, 법제사, 법리학(법철학, 법사회학), 소송법(형사소송법, 민사소송법, 행정소송법), 국제법(국제공법, 국제사법, 국제경제법)이다. 전국의 법학원 중 중국인민대학 법학원, 북경대학 법학원이 8개 전공의 박사를 모집하고 무한대학 법학원이 5개 전공, 중국정법대학 4개 전공, 길림대학 법학원 2개 전공, 절강대학 법학원 2개 전공, 청화대학 법학원 2개 전공, 소주대학 법학원 1개 전공, 중남재정대학 2개 전공 등이다. 대부분의 법학원(법률학부)은 박사모집자격을 갖지 못하고 있다. 박사모집 전공평가는 2년에 한 번씩 진행되는데 중국의 법학원 실력평가기준에서 박사모집 전공의 보유수는 중요한 기준이 된다. 하나의 박사전공 모집수도 제한되어 있다. 헌법과 행정법의 예를 들면 북경대학 법학원, 중국인민대학 법학원, 무한대학 법학원, 절강대학 법학원(2001년부터), 소주대학 법학원(2000년부터), 중남재정대학, 중국정법대학, 산동대학 등이 헌법과 행정법 박사과정학생을 모집한다.

박사지도교수는 박사를 모집할 자격이 있는 전공에서 학문적으로 성과가 많고 국내 전공분야에서 학술 영향력이 있는 정교수 가운데서 선정되는데 대학교 교수회의와 학위위원회의 심사를 거쳐 교육부 학위위원회에서 인정한다.

상응하는 책임을 지게 된다.

6. 교육성과

법학교육의 사회적 효과는 교육성과에 의하여 평가되는데 법학전공 졸업생의 취업상황, 관련분야에서의 활약 등이 주요 내용으로 된다. 중국의 법학원 졸업생은 취업률이 다른 학과에 비해 높은 편이고 95%의 취업률을 유지하고 있다. 전체적으로 법조인 숫자가 적기에 향후 취업률은 계속 높게 유지되리라 생각된다. 현재 중국에는 판사가 27만 명, 검사가 21만 명, 변호사가 16만 명이 있는데 중국의 인구비례로 보면 매우 낮은 편이다. 중국의 법제개혁에서 더 많은 법조인을 배출하는 것이 주요한 목표이다. 현재 취업에서의 주요한 문제점은 법률인재들이 대도시에 집중되어 있어 지역적으로 불균형하다는 것이다. 때문에 교육당국에서는 학부 졸업생이 대도시(북경, 상해 등)에 취직하는 것을 일정한 기준으로 제한하고 지역간 법률인재의 불균형을 해소하려는 작업도 진행하고 있다.

중국의 법학원 졸업생들은 다양한 분야로 진출하고 있는데 주로 법조계, 공무원, 학계, 회사, 금융기관 등에 집중되어 있는 상황이다. 최근 2~3년간 주요 법학원의 취업현황을 보면 변호사시험에 합격하여 변호사사업에 진출하거나 법원, 검찰원의 시험에 합격하여 법원, 검찰원에 취직하는 숫자가 점차 증가하고 있는데[1] 전체 졸업생 수의 30%를 차지하고 있다. 행정공무원, 외무공무원 등 시험의 합격을 통한 공무원 진출이 20%를 차지하며 졸업생 중 40%는 대학원에 진학하거나 외국유학을 한다. 나머지 10%는 회사, 금융기관 등의 부문에서 법과

1) 중국은 1986년부터 변호사시험제도가 실시되어 국가시험으로 운영되어 왔고 판사, 검사는 국가시험이 아니고 법원, 검찰원 내부의 시험으로 합격자를 선발하였다. 판사법과 검사법의 개정으로 2002년부터 국가사법시험제도가 실시되었다. 2002년 사법시험지원자가 30만 명으로 높은 경쟁률을 유지하였다. 2002년 1월 1일에 최고인민법원·최고인민검찰원·사법부는 공동으로 "국가사법시험실시방법"을 공포하였는데 그 주요내용은 다음과 같다. 국가사법시험성격은 국가에서 통일적으로 조직한 특정법률직업에 종사하는 자격시험이므로 판사·검사·변호사직업에 종사하려는 자는 국가사법시험을 거쳐야 한다. 사법시험은 공평·공정원칙을 준수하며 최고인민법원·최고인민검찰원·사법부가 공동으로 국가사법시험위원회를 구성하여 국가사법시험의 주요한 사항을 결정한다. 사법시험은 매년 한번 실시하고 사법부가 국가사법시험관장기구가 된다. 2002년 사법시험과목은 법리학·헌법학·행정법학·행정소송법학·형법학·형사소송법학·민법학·경제법학·상사법학·국제법학·국제사법학·국제경제법·법률직업도덕 등이다. 사법시험지원자 자격은: ① 중화인민공화국 국적이 있고; ② 중화인민공화국헌법을 옹호하며 선거권과 피선거권이 있는 자; ③ 완전한 민사행위능력이 있는 자; ④ 법관법, 검찰관법, 변호사법의 규정과 전공조건에 부합되는 자; ⑤ 품행이 성실한 자 등이다.

관련되는 분야로 진출한다. 중국인민대학 법학원 졸업생의 경우를 보면 대부분 우수한 학생들은 대학원 진학을 선택하고 석사학위나 박사학위를 취득한 후 다시 법조계, 학계 등으로 진출하는 특징을 보이게 된다. 그 원인을 살펴보면, ① 학부만 졸업해서는 이상적인 취업을 기대할 수 없다는 판단이고, ② 향후의 발전을 위해서 더 체계적인 법률지식의 습득이 필요하다는 인식, ③ 중국의 법률제도가 정비단계에 있기 때문에 제도의 정착에 대한 기대 등으로 분석할 수 있다. 중국에서는 사법시험과 법학교육이 기본적으로 일원화를 형성하였기에 법학원 학생의 사법시험 합격률은 상당히 높아 대부분 졸업생들이 변호사·판사·검사자격을 가지고 있지만 실제 변호사업에 종사하는 숫자는 적다. 중국에서 사법시험 합격률은 법학원의 평가기준에도 적용되지 않고 있는데 그 이유는 법학원에서 체계적으로 공부한 학생은 쉽게 사법시험에 합격할 수 있기 때문이다. 앞으로도 법학원 졸업생들이 진출하는 주요 분야는 법조계, 공무원, 학계에 집중될 것으로 전망된다.

7. 법학원의 평가기준

중국은 법학교육을 추진하면서 법학원에 대한 평가기준을 적극 검토하고 있다. 현재 604개의 법학원, 법률학부(학과)가 있고 재학생수는 28.7만명이고 대학원생은 8만명이다. 법학원의 수가 증가되면서 법학교육의 질을 어떻게 보장할 것인지가 사회적 관심사로 대두되어 교육부는 법학교육의 기본평가기준을 설정하는 제도를 도입하였다. 1995년 교육부에서 21세기 법학교육에 대한 연구과제를 제출하였고 1996년부터 법학교육의 모든 분야에 대한 체계적인 연구가 시작되었다. 1996년에 설립한 중국법학교육지도위원회[1)]는 중국의 법학교육제도 개선안을 마련하고 법학교육의 정책을 제정하는 주요기관으로서 교육부의 위임으로 강력한 권한을 행사하고 있다.

법학원의 평가기준은 현재 제정을 추진하고 있으며, 그 주된 기준이 되는 요건은 다음과 같다. ① 교수진 확보, ② 교육목표 설정과 목표의 타당성, ③ 교과과목의 개설과 평가제도, ④ 법학원 도서관 도서, ⑤ 교육시설, ⑥ 박사모집

1) 법학교육지도위원회는 전국의 저명한 법학자들로 구성되었는데 중국인민대학 법학원, 북경대 법학원, 중국정법대학, 길림대학 법학원, 무한대학 법학원 원장과 총장이 부주임을 맡고 위원수는 36명이다.

전공 보유수와 박사학위 및 석사학위 수여 상황, ⑦ 졸업생의 사회평가, ⑧ 국제학술교류, ⑨ 연구성과물의 사회평가 등이다. 위의 기준을 더 세분화하여 평가기준을 제정할 수 있는데 그 중 핵심은 박사모집 전공 보유수, 교수진, 도서관과 연구성과물의 사회적 평가이다.

법학원 연구업적평가의 주요 기준은 교육부에서 선정한 '국가인문과학연구센터'의 개설 수이다. 국가의 인문과학연구를 국제수준으로 발전시킨다는 차원에서 전국에 100개의 인문사회과학연구센터를 선정하여 재정지원을 한다. 선정기준은 매우 엄격하며 세분화된 기준으로 평가하고 있다. 법학분야는 7개 연구센터가 전공분야에 따라 설립되는데 이미 6개 연구센터가 선정되어 운영되고 있다. 중국인민대학 법학원에 민상법연구센터, 형사법연구센터가 선정되었고 무한대학 법학원에 국제경제법과 환경법연구센터, 중국정법대학에 소송법연구센터, 길림대학 법학원에 법리학연구센터가 선정되었다.

Ⅳ. 법학교육의 발전전망

1. 법학교육의 문제점

중국의 법학교육은 법제개혁을 통하여 문제점을 해결하면서 괄목할 만한 성과를 이루었으나 아직도 풀어나가야 할 산적한 많은 문제점들을 안고 있다. 중국의 법학교육이 안고 있는 문제점들은 다음과 같다.

(1) 법학교육의 질과 양에서 양의 증가가 법학교육의 질적인 측면에 많은 영향을 주고 있다. 여건이 되지 않는 대학에서도 무리하게 법률학부를 설립하여 법학교육의 위상에 영향을 주고 있으며 법학교육의 불균형을 야기시키고 있다.

(2) 법학 교과과정과 내용이 현실과 괴리되는 현상이 있어 학생들이 이론과 실천의 차원에서 법 원리를 습득하고 해석하는 능력이 부족하다고 하겠다.

(3) 교육방법에서 많은 개선을 가져왔지만 아직도 주입식 강의가 지배적인 교육방법으로 역할하면서 학생들의 창의력 제고에 역기능을 하고 있다.

(4) 기초이론과 부문법 과목의 조화가 제대로 이루어지지 않고 기초이론을 강의하는 교수가 부문법을 잘 모르고 부문법을 강의하는 교수가 기초이론을 잘 모르는 현상이 있다.

(5) 법학과목간 서로 중복되는 현상이 있다. 법학과목이 아직도 규범화되지

아니하고 있어 인접과목간의 강의내용이 서로 중복되어 학생들이 불편을 겪고 있다. 예를 들면 민법, 경제법, 상법 등 과목의 중복현상이 심각하다.

(6) 법학교육에서 학생들이 참여할 수 있는 형식과 제도가 다양화되지 않고 있다.

(7) 교과과목에서 인접하거나 새로운 과목을 개설하는 제도가 제대로 마련되고 있지 않다.

(8) 강의와 연구에서 상당수 교수들이 개인의 학문적 연구에만 시간을 집중하고 강의를 소홀히 하는 현상이 있다.

(9) 교수의 충원에서 동일한 학부 출신의 교수가 많은 비율을 차지하면서 자유로운 학문적 연구와 학문적인 비판의 분위기 형성에 부정적인 영향을 미치고 있다.

2. 법학교육의 발전과제

중국의 법학교육이 안고 있는 문제점을 해결하고 21세기의 사회발전에 부응하는 법학교육의 체계를 형성하기 위해서는 우선 법학교육의 이념을 명확히 설정하고 그 이념에 따라 구체적인 방안을 모색하는 것이 바람직하다. 법학교육은 미래지향적인 교육으로서 향후 사회발전에 대한 합리적인 예측이 필요하며 사회발전의 기본적 차원에서 법학교육의 발전방향을 검토해야 한다. 우리는 지금 21세기 법률문화충돌, 법률제도개혁과 문화의 괴리, WTO 가입에 따른 새로운 법률시장의 개방 등 다양한 과제를 풀어야 한다. WTO 가입은 중국 법학교육이 세계법률체계에 편입할 수 있는 새로운 계기를 마련한 것이며 WTO의 요청을 떠난 법학교육은 상상조차 하기 어렵다. 때문에 우리는 명확한 문제의식을 가지고 향후 중국 법학교육의 발전방향을 신중히 검토하면서 합리적 방안을 모색해야 한다.

(1) 중국의 법학교육은 종합적인 과정을 통하여 종합적인 방법으로 제도개혁의 기본방향을 모색하면서 법학교육목표, 법학교육과정, 법학교육성과를 서로 조화시켜야 한다. 학제개편 등 문제를 고립적으로 볼 것이 아니라 법학교육의 전체적 맥락에서 종합적으로 보는 것이 바람직하다.

(2) 중국의 법학교육 사상과 이념에 대한 검토를 더 심도 깊게 진행하여 사상과 이념으로 법학교육제도의 개혁을 추진하며 법학교육을 단순히 기술적인 차원에서 관찰하는 사고방식은 경계할 필요가 있다.

(3) 향후 중국의 법학교육은 기존의 기본틀을 유지하면서 합리적인 제도를 적극 도입하여 제도 내부의 요소를 능동적으로 발전시키는 방향으로 추진하면서 문제점을 해결해야 할 것이며, 현실적 문제 해결을 위해 기존의 틀을 경솔히 방치하는 것은 지양되어야 할 것이다. 미국식 로스쿨제도를 그대로 받아들이는 것은 중국의 법학교육 현실상 불가능한 것이며, 이에 대한 대안으로 중국은 학부의 규모를 대폭 줄이고 법률석사라는 제도의 도입을 통해 로스쿨의 일부 합리적인 부분을 수용하고 있으며, 이러한 방식은 비교적 성공적으로 중국 법학교육 내에 뿌리를 내리고 있으며, 앞으로도 계속 추진될 필요가 있다고 생각한다. 향후 과제는 법률석사 양성제도를 개선하여 보다 질적인 향상을 꾀하는 데 있다.

(4) 법학교육은 학생의 창의력 제고에 초점을 맞추어 단순한 지식의 주입을 지양하고 다양한 강의방법으로 학생들의 법률분쟁, 사회문제에 대한 문제의식과 분석능력을 키워야 한다. 대학생활에서 '성적은 좋은데 능력이 부족한' 문제를 대안을 만들어 풀어야 하며 법학교육을 학생의 창의력 제고를 위한 교육으로 전환해야 한다. 이 목표를 실현하기 위해서는 지금의 강의방법, 교재편찬방법, 실습방법 등을 개혁하여 학생들이 모든 분야의 법률분쟁을 해결할 수 있는 능력을 갖추도록 해야 한다.

(5) 법학교육과 법률실무(사법계)의 관계를 합리적으로 조화하면서 기존의 유대관계를 적극 활용하면서 일원화를 유지해야 한다. 2002년부터 실시되는 국가사법시험제도와 법학교육을 일원화하는 제도를 적극적으로 모색하여 고시 위주의 이원화교육으로 야기될 수 있는 문제점을 사전에 방지할 필요가 있다. 법학교육이 응시교육으로 변질되지 않기 위해서는 양자간의 상호 연관성을 유지하면서 법학교육이 다양한 법률인재 배출의 기능을 하며 법학원이 주요기관으로 그 지위를 확보해야 한다. 변호사응시제도도 지금의 제한에서 더 나아가 법학원 4년제 교육을 받은 사람으로 한정하고 법관, 검사 응시자격도 법학교육을 받은 사람으로 한정하는 것이 바람직하다.

(6) 법학교육의 발전에서 세계법학교육의 흐름에 따라 법학교육의 국제화와 중국의 문화전통, 법률문화, 법률제도를 합리적으로 조화하면서 법학교육의 주체성을 확보하면서 법학교육의 국제화를 추진해야 한다.

(7) 법학원의 법학연구전문화를 통해 법학 연구수준을 높이고 나라의 발전과 법제발전에 기여한다. 위에서 지적한 바와 같이 법학원의 사회가치의 주요한 표

현이 교수들의 연구성과인데 여러 가지 제도를 개선하여 연구성과가 강의내용뿐만 아니라 정부, 권력기관 등 부문의 정책에 직접적인 영향력을 발휘할 수 있도록 제도로 뒷받침할 필요가 있다.

⑻ 법학교육에서 통일성과 다양성을 추구하여야 하고, 통일성만 추구하게 되면 법학교육의 다양성이 가치를 잃게 된다. 교육부에서 통일적인 교육목표의 설정, 통일교재의 편찬 등은 그 합리성을 가지고 있지만 법학교육의 다양성에 영향을 주지 않도록 제도를 마련하여야 한다. 시장경제의 원리에 따라 법학교육을 개선해야 하고, 단순히 계획경제논리의 사고방식대로 법학교육을 운영하면 현실과 괴리되는 현상이 야기될 수 있다. 630여개의 법학원, 법률학부가 자체의 특성에 맞게 법학교육을 진행하며 공평한 경쟁을 통하여 사회평가를 받아야 하며 경쟁력이 없으면 자연히 도태되어야 한다. 향후 법학교육에 대하여 교육부는 거시적인 정책만 제시하고 중국법학교육지도위원회가 구체적인 제도개선에 관여하는 것이 바람직하다.

⑼ WTO의 가입과 교육시장의 개방에 대비하여 국가재정만으로 법학원을 운영하던 제도를 점차 개혁하여 국립대학 법학원과 사립대학 법학원이 병존하면서 서로 경쟁할 수 있는 새로운 제도를 구축할 필요가 있다. 외국의 주요대학 법학원과 실질적인 교류를 통하여 합작형식으로 운영되는 새로운 법학원 체계도 검토할 필요가 있으며 공평한 경쟁을 통하여 법학원의 종합적인 실력을 제고하면서 법학교육의 국제화에 부응해야 한다.

V. 결 론

법학교육의 개혁은 중국의 사회발전과 밀접한 관계가 있으며 사회의 변혁에 따라 점진적으로 발전하고 있다. 우리는 법학교육의 이념과 가치체계에 대한 확고한 신념으로 법학교육의 사회가치를 실현하며 법학교육을 통한 법치국가 건설을 추진해야 한다. 오늘의 법학교육 개혁은 정보화, 국제화 속에서 진행되고 있으므로 법률문화의 가치를 지향하고 법학교육의 문화적 가치를 강조할 필요가 있다. 법학교육의 가치는 매우 다양한 바 동서양 각국의 법학교육은 그 체계와 내용면에서 각기 공통점과 차이점이 존재하므로 서로의 평등한 교류를 통하여 상호 결점을 보완하면서 바람직한 법학교육 모델을 개발해야 할 것이다. 이러한 차원에서 아시아적 법학교육의 미래를 검토하고 법학교육의 보편적 가치와 문화적 가치를 조화시킨 새로운 모델을 모색하는 것이 아시아의 법학자 특히 중국을 비롯한 한국과 일본 학자들의 활발한 교류와 긴밀한 협력을 통하여 해결해야 할 과제라고 생각한다.

[부 록]

중화인민공화국 현행주요법령 목록(232건)

I. 헌법 및 헌법관련법(38건)

1. 중화인민공화국 헌법(中华人民共和国宪法)(1982년)
   중화인민공화국 헌법수정안(中华人民共和国宪法修正案)(1988년)
   중화인민공화국 헌법수정안(中华人民共和国宪法修正案)(1993년)
   중화인민공화국 헌법수정안(中华人民共和国宪法修正案)(1999년)
   중화인민공화국 헌법수정안(中华人民共和国宪法修正案)(2004년)
2. 중화인민공화국 지방각급인민대표대회 및 지방각급인민정부조직법
   (中华人民共和国地方各级人民代表大会和地方各级人民政府组织法)
   (1979, 1982·1986·1995·2004년 개정)
3. 중화인민공화국 전국인민대표대회 및 지방각급인민대표대회선거법
   (中华人民共和国全国人民代表大会和地方各级人民代表大会选举法)
   (1979, 1982 · 1986 · 1995 · 2004년 개정)
4. 중화인민공화국 인민법원조직법(中华人民共和国人民法院组织法)
   (1979, 1983 · 1986 · 2006년 개정)
5. 중화인민공화국 인민검찰원조직법(中华人民共和国人民检察院组织法)
   (1979, 1983 · 1986년 개정)
6. 중화인민공화국 국적법(中华人民共和国国籍法)(1980년)
7. 중화인민공화국 전국인민대표대회조직법
   (中华人民共和国全国人民代表大会组织法)(1982년)
8. 중화인민공화국 국무원조직법(中华人民共和国国务院组织法)(1982년)
9. 전국인민대표대회 상무위원회 현급 이하 인민대표대회 직접선거에 관한 규정(全國人民代表大會常務委員會关于县级以下人民代表大会代表直接选举的若干規定)(1983년)
10. 중화인민공화국 민족구역자치법(中华人民共和国民族区域自治法)(1984, 2001년 수정)
11. 전국인민대표대회상무위원회 연해항구도시 해사법원설립에 관한 결정

(全国人民代表大会常务委员会关干在沿海港口城市设立海事法院的决定)(1984년)

12. 중화인민공화국 외교특권 및 사면조례(中华人民共和国外交特权与豁免条例)(1986년)
13. 중화인민공화국 전국인민대표대회 상무위원회의사규칙
(中华人民共和国全国人民代表大会常务委员会议事规则)(1987년)
14. 전국인민대표대회 상무위원회 중앙군사위원회《이직, 휴양하는 간부에게 중국인민해방군 공로영예장 수여에 관한 규정》비준에 관한 결정
(全国人民代表大会常务委员会关干批准中央军事委员会《关干授予军队离休干部中国人民解放军功勋荣誉章的规定》的决定)(1988년)
첨부문서: 이직, 휴양하는 간부에게 중국인민해방군공로영예장수여에 관한 규정
(关干授予军队离休干部中国人民解放军功勋荣誉章的规定)
15. 중화인민공화국 전국인민대표대회 의사규칙
(中华人民共和国全国人民代表大会议事规则) (1989년)
16. 중화인민공화국 집회시위법(中华人民共和国集会游行示威法)(1989년)
17. 중화인민공화국 도시주민위원회조직법
(中华人民共和国城市居民委员会组织法)(1989년)
18. 중화인민공화국 홍콩특별행정구기본법
(中华人民共和国香港特别行政区基本法)(1990년)
첨부문서 1: 홍콩특별행정구 행정장관의 선출방법(香港特别行政区行政长官的产生办法)
첨부문서 2: 홍콩특별행정구 입법회선출방법 및 표결절차(香港特别行政区立法会的产生办法和表决程序)
첨부문서 3: 홍콩특별행정구에 실시되는 전국성법률(在香港特别行政区实施的全国性法律)
19. 중화인민공화국 국기법(中华人民共和国国旗法)(1990년)
20. 중화인민공화국 영사특권 및 사면조례(中华人民共和国领事特权与豁免条例)(1990년)
21. 중화인민공화국 조약체결절차법(中华人民共和国缔结条约程序法)(1990년)
22. 중화인민공화국 국장법(中华人民共和国国徽法)(1991년)
23. 중화인민공화국 영해 및 인접구역법(中华人民共和国领海及毗连区法)(1992년)
24. 중화인민공화국 전국인민대표대회 및 지방각급인민대표대회 대표법
(中华人民共和国全国人民代表大会和地方各级人民代表大会代表法)(1992년)
25. 중화인민공화국 마카오특별행정구기본법
(中华人民共和国澳门特别行政区基本法)(1993년)

첨부문서 1: 마카오특별행정구 행정장관선출방법(澳门特别行政区行政长官的产生办法)

첨부문서 2: 마카오특별행정구 입법회선출방법(澳门特别行政区立法会的产生办法)

첨부문서 3: 마카오특별행정구에 실시되는 전국성법률(在澳门特别行政区实施的全国性法律)

26. 중화인민공화국 국가배상법(中华人民共和国国家赔偿法)(1994년)
27. 중화인민공화국 법관법(中华人民共和国法官法)(1995, 2001년 개정)
28. 중화인민공화국 검찰관법(中华人民共和国检察官法)(1995, 2001년 개정)
29. 중화인민공화국 계엄법(中华人民共和国戒严法)(1996년)
30. 중국인민해방군 전국인민대표대회 및 현급 이상 지방각급인민대표대회대표의 선거방법(中国人民解放军选举全国人民代表大会和县级以上地方各级人民代表大会代表的办法)(1981년,1996년 개정으로 현재의 법률명칭)
31. 중화인민공화국 홍콩특별행정구 주군법(中华人民共和国香港特别行政区驻军法)(1996년)
32. 중화인민공화국 전속경제구 및 대륙붕법(中华人民共和国专属经济区和大陆架法)(1998년)
33. 중화인민공화국 촌민위원회조직법(中华人民共和国村民委员会组织法)(1998년)
34. 중화인민공화국 마카오특별행정구 주군법(中华人民共和国澳门特别行政区驻军法)(1999년)
35. 중화인민공화국 입법법(中华人民共和国立法法)(2000년)
36. 반국가분열법(反国家分裂法)(2005년)
37. 중화인민공화국 외국중앙은행재산 사법강제조치 사면법(中华人民共和国外国中央银行财产司法强制措施豁免法)(2005년)
38. 중화인민공화국각급인민대표대회상무위원회감독법(中华人民共和国各级人民代表大会常务委员会监督法)(2006년)

Ⅱ. 민법, 상법(32건)

1. 중화인민공화국 중외합자경영기업법(中华人民共和国中外合资经营企业法)(1979년,1990년 개정, 2001년 개정)
2. 중화인민공화국 혼인법(中华人民共和国婚姻法)(1980,2001년 개정)
3. 중화인민공화국 상표법(中华人民共和国商标法)(1982,1993년 · 2001년 개정)
4. 중화인민공화국 특허법(中华人民共和国专利法)(1984,1992년 · 2000년 개정)
5. 중화인민공화국 상속법(中华人民共和国继承法)(1985년)

6. 중화인민공화국 민법통칙(中华人民共和国民法通则)(1986년)
7. 중화인민공화국 외자기업법(中华人民共和国外资企业法)(1986, 2000년 개정)
8. 중화인민공화국 전민소유제공업기업법(中华人民共和国全民所有制工业企业法)(1988년)
9. 중화인민공화국 중외합작경영기업법(中华人民共和国中外合作经营企业法)(1988, 2000년 개정)
10. 중화인민공화국 저작권법(中华人民共和国著作权法)(1990, 2001년 개정)
11. 중화인민공화국 입양법(中华人民共和国收养法)(1991, 1998년 개정)
12. 중화인민공화국 해상법(中华人民共和国海商法)(1992년)
13. 중화인민공화국 부정당경쟁금지법(中华人民共和国反不正当竞争法)(1993년)
14. 중화인민공화국 소비자권익보호법(中华人民共和国消费者权益保护法)(1993년)
15. 중화인민공화국 회사법(中华人民共和国公司法)(1993, 1999·2004·2005년 개정)
16. 중화인민공화국 상업은행법(中华人民共和国商业银行法)(1995, 2003년 개정)
17. 중화인민공화국 어음수표법(中华人民共和国票据法)(1995, 2004년 개정)
18. 중화인민공화국 담보법(中华人民共和国担保法)(1995년)
19. 중화인민공화국 보험법(中华人民共和国保险法)(1995, 2002년·2009년 개정)
20. 중화인민공화국 경매법(中华人民共和国拍卖法)(1996, 2004년 개정)
21. 중화인민공화국 합명기업법(中华人民共和国合伙企业法)(1997, 2006년 개정)
22. 중화인민공화국 증권법(中华人民共和国证券法)(1998, 2004, 2005년 개정)
23. 중화인민공화국 계약법(中华人民共和国合同法)(1999년)
24. 중화인민공화국 개인독자기업법(中华人民共和国个人独资企业法)(1999년)
25. 중화인민공화국 입찰법(中华人民共和国招标投标法) (1999년)
26. 중화인민공화국 신탁법(中华人民共和国信托法)(2001년)
27. 중화인민공화국 농촌토지도급법(中华人民共和国农村土地承包法)(2002년)
28. 중화인민공화국 증권투자기금법(中华人民共和国证券投资基金法)(2003년)
29. 중화인민공화국 전자서명법(中华人民共和国电子签名法)(2004년)
30. 중화인민공화국 기업파산법(中华人民共和国企业破产法)(2006년)
31. 중화인민공화국 농민전업합작사법(中华人民共和国农民专业合作社法)(2006년)
32. 중화인민공화국 물권법(中华人民共和国物权法)(2007년)

Ⅲ. 행정법(78건)

1. 전국인민대표대회상무위원회의 국무원 노동교도문제 결정에 관한 결의

(全国人民代表大会常务委员会批准国务院关于劳动教养问题的决定的决议)(1957년)

첨부문서: 국무원노동교도문제에 관한 결정(国务院关于劳动教养问题的决定)

2. 중화인민공화국 호구등기조례(中华人民共和国户口登记条例)(1958년)
3. 전국인민대표대회 상무위원회《국무원노약자·환자·장애인 간부 일자리 마련에 관한 잠정규정》의 비준에 관한 결의(全国人民代表大会常务委员会关于批准《国务院关于安置老弱病残干部的暂行办法》的决议)(1978년)

   첨부문서: 국무원 노·약·병·장애 간부에 관한 잠정판법(国务院关于安置老弱病残干部的暂行办法)
4. 전국인민대표대회 상무위원회《국무원의 노동교육에 관한 보충규정》비준에 관한 결의(全国人民代表大会常务委员会批准《国务院关于劳动教养的补充规定》的决议) (1979년)

   첨부문서: 국무원 노동교육에 관한 보충규정(国务院关於劳动教养的补充规定)
5. 중화인민공화국 학위조례(中华人民共和国学位条例)(1980, 2004년 수정)
6. 전국인민대표대회 상무위원회 《국무원 원로간부퇴직, 휴양에 관한 잠정규정》 비준에 관한 결의(全国人民代表大会常务委员会关于批准《国务院关於老干部离职休养的暂行规定》的决议)(1980년)

   첨부문서: 국무원의 원로간부퇴직, 휴양에 관한 잠정규정(国务院关于老干部离职休养的暂行规定)
7. 중화인민공화국 해양환경보호법(中华人民共和国海洋环境保护法)(1982, 1999년 개정)
8. 중화인민공화국 문화보호법(中华人民共和国文物保护法)(1982, 1991· 2002· 2007년 개정)
9. 중화인민공화국 수질오염방지법(中华人民共和国水污染防治法)(1984, 1996· 2008년 개정)
10. 중화인민공화국 兵役法(中华人民共和国兵役法)(1984, 1998년 개정)
11. 중화인민공화국 약품관리법(中华人民共和国药品管理法)(1984, 2001년 개정)
12. 중화인민공화국 외국인출입국관리법(中华人民共和国外国人入境出境管理法)(1985년)
13. 중화인민공화국 공민출입국관리법(中华人民共和国公民出境入境管理法)(1985년)
14. 중화인민공화국 의무교육법(中华人民共和国义务教育法)(1986, 2006년 개정)
15. 중화인민공화국 국경위생검역법(中华人民共和国国境卫生检疫法)(1986, 2007년 개정)
16. 중화인민공화국 세관법(中华人民共和国海关法)(1987, 2000년 개정)
17. 중화인민공화국 대기오염방지법(中华人民共和国大气污染防治法)(1987, 1995·2000년 개정)

18. 중화인민공화국 문서법(中华人民共和国档案法)(1987, 1996년 개정)
19. 중국인민해방군 군관계급조례(中国人民解放军军官军衔条例)(1988, 1994년 개정)
20. 중화인민공화국 국가기밀보호법(中华人民共和国保守国家秘密法)(1988년)
21. 중화인민공화국 야생동물보호법(中华人民共和国野生动物保护法)(1988, 2004년 개정)
22. 중화인민공화국 전염병방지법(中华人民共和国传染病防治法)(1989, 2004년 개정)
23. 중화인민공화국 환경보호법(中华人民共和国环境保护法)(1989년)
24. 중화인민공화국 군사시설보호법(中华人民共和国军事设施保护法)(1990년)
25. 중화인민공화국 귀국교포 및 교포가족 권익보호법(中华人民共和国归侨侨眷权益保护法)(1990, 2000년 개정)
26. 중화인민공화국 인민경찰계급조례(中华人民共和国人民警察警衔条例)(1992년)
27. 중화인민공화국 측량법(中华人民共和国测绘法)(1992, 2002년 개정)
28. 중화인민공화국 국가안전법(中华人民共和国国家安全法)(1993년)
29. 중화인민공화국 과학기술진보법(中华人民共和国科学技术进步法)(1993, 2007년 개정)
30. 중화인민공화국 교사법(中华人民共和国教师法)(1993년)
31. 중화인민공화국 도시부동산관리법(中华人民共和国城市房地产管理法)(1994, 2007년 개정)
32. 중화인민공화국 모자보건법(中华人民共和国母婴保健法)(1994년)
33. 중화인민공화국 교도소법(中华人民共和国监狱法)(1994년)
34. 중화인민공화국 인민경찰법(中华人民共和国人民警察法)(1995년)
35. 중화인민공화국 교육법(中华人民共和国教育法)(1995년)
36. 중화인민공화국 예비역군관법(中华人民共和国预备役军官法)(1995년)
37. 중화인민공화국 체육법(中华人民共和国体育法)(1995년)
38. 중화인민공화국 고체폐기물오염환경방지법(中华人民共和国固体废物污染环境防治法)(1995, 2004년 개정)
39. 중화인민공화국 식품위생법(中华人民共和国食品卫生法)(1995년, 2009년 식품안전법의 발효와 동시에 폐지)
40. 중화인민공화국 행정처벌법(中华人民共和国行政处罚法)(1996년)
41. 중화인민공화국 변호사법(中华人民共和国律师法)(1996, 2001·2007년 개정)
42. 중화인민공화국 과학기술성과전화촉진법 (中华人民共和国促进科技成果转化法)(1996년)
43. 중화인민공화국 직업교육법(中华人民共和国职业教育法)(1996년)
44. 중화인민공화국 총기관리법(中华人民共和国枪支管理法)(1996년)

45. 중화인민공화국 환경소음오염방지법(中华人民共和国环境噪声污染防治法)(1996년)
46. 중화인민공화국 인민방공법(中华人民共和国人民防空法)(1996년)
47. 중화인민공화국 국방법(中华人民共和国国防法)(1997년)
48. 중화인민공화국 행정감찰법(中华人民共和国行政监察法)(1997년)
49. 중화인민공화국 건축법(中华人民共和国建筑法)(1997년)
50. 중화인민공화국 헌혈법(中华人民共和国献血法)(1997년)
51. 중화인민공화국 지진 및 재해방지법(中华人民共和国防震减灾法)(1997년)
52. 중화인민공화국 소방법(中华人民共和国消防法)(1998년)
53. 중화인민공화국 개업의법(中华人民共和国执业医师法)(1998년)
54. 중화인민공화국 고등교육법(中华人民共和国高等教育法)(1998년)
55. 중화인민공화국 행정심판법(中华人民共和国行政复议法)(1999년)
56. 중화인민공화국 기상법(中华人民共和国气象法)(1999년)
57. 중화인민공화국 국가통용언어문자법(中华人民共和国国家通用语言文字法) (2000년)
58. 중화인민공화국 현역군관법(中华人民共和国现役军官法)(1988, 1994· 2000년 개정)
59. 중화인민공화국 국방교육법(中华人民共和国国防教育法)(2001년)
60. 중화인민공화국 황사방지법(中华人民共和国防沙治沙法)(2001년)
61. 중화인민공화국 인구 및 계획생육법(中华人民共和国人口与计划生育法)(2001년)
62. 중화인민공화국 과학기술보급법(中华人民共和国科学技术普及法)(2002년)
63. 중화인민공화국 청결생산촉진법(中华人民共和国清洁生产促进法)(2002년)
64. 중화인민공화국 환경영향평가법(中华人民共和国环境影响评价法)(2002년)
65. 중화인민공화국 사립교육촉진법(中华人民共和国民办教育促进法)(2002년)
66. 중화인민공화국 세관계급조례(中华人民共和国海关关衔条例)(2003년)
67. 중화인민공화국 주민신분증법(中华人民共和国居民身份证法)(2003년)
68. 중화인민공화국 방사성오염방지법(中华人民共和国放射性污染防治法)(2003년)
69. 중화인민공화국 행정허가법(中华人民共和国行政许可法)(2003년)
70. 중화인민공화국 도로교통안전법(中华人民共和国道路交通安全法)(2003, 2007년 개정)
71. 중화인민공화국 공무원법(中华人民共和国公务员法)(2005년)
72. 중화인민공화국 치안관리처벌법(中华人民共和国治安管理处罚法)(2005년)
73. 중화인민공화국 공증법(中华人民共和国公证法)(2005년)
74. 중화인민공화국 여권법(中华人民共和国护照法)(2006년)
75. 중화인민공화국 돌발사건대응법(中华人民共和国突发事件应对法)(2007년)

76. 중화인민공화국 도시농촌계획법(中华人民共和国城乡规划法)(2007년)
77. 중화인민공화국 마약금지법(中华人民共和国禁毒法)(2007년)
78. 중화인민공화국 식품안전법(中华人民共和国食品安全法)(2009년)

Ⅳ. 경제법(54건)

1. 전국인민대표대회 상무위원회《광동성경제특구조례》비준에 관한 결의(全国人民代表大会常务委员会关于批准《广东省经济特区条例》的决议)(1980년)
   첨부문서: 광동성경제특구조례(广东省经济特区条例)
2. 중화인민공화국 개인소득세법(中华人民共和国个人所得税法)
   (1980, 1993·1999· 2005·2007년 개정)
3. 중화인민공화국 해상교통안전법(中华人民共和国海上交通安全法)(1983년)
4. 중화인민공화국 통계법(中华人民共和国统计法)(1983, 1996년 개정)
5. 중화인민공화국 삼림법(中华人民共和国森林法)(1984, 1998년 개정)
6. 중화인민공화국 회계법(中华人民共和国会计法()(1985, 1993·1999년 개정)
7. 중화인민공화국 초원법(中华人民共和国草原法)(1985, 2002년 개정)
8. 중화인민공화국 계량법(中华人民共和国计量法)(1985년)
9. 중화인민공화국 어업법(中华人民共和国渔业法)(1986, 2000· 2004년 개정)
10. 중화인민공화국 광산자원법(中华人民共和国矿产资源法)(1986, 1996년 개정)
11. 중화인민공화국 토지관리법(中华人民共和国土地管理法)
    (1986, 1988· 1998 ·2004년 개정)
12. 중화인민공화국 우편법(中华人民共和国邮政法)(1986년)
13. 중화인민공화국 수법(中华人民共和国水法)(1988, 2002년 개정)
14. 중화인민공화국 표준화법(中华人民共和国标准化法)(1988년)
15. 중화인민공화국 수출입상품검증법(中华人民共和国进出口商品检验法)
    (1989, 2002년 개정)
16. 중화인민공화국 철도법(中华人民共和国铁路法)(1990년)
17. 중화인민공화국 담배전매법(中华人民共和国烟草专卖法)(1991년)
18. 중화인민공화국 수토유지법(中华人民共和国水土保持法)(1991년)
19. 중화인민공화국 출입국동식물검역법(中华人民共和国进出境动植物检疫法) (1991년)
20. 중화인민공화국 세금징수관리법(中华人民共和国税收征收管理法)
    (1992, 1995 ·2001년 개정)

21. 중화인민공화국 상품품질법(中华人民共和国产品质量法)(1993, 2000년 개정)
22. 중화인민공화국 농업기술보급법(中华人民共和国农业技术推广法)(1993년)
23. 중화인민공화국 농업법(中华人民共和国农业法)(1993, 2002년 개정)
24. 중화인민공화국 회계사등록법(中华人民共和国注册会计师法)(1993년)
25. 전국인민대표대회 상무위원회 외상투자기업, 외국기업에 적용하는 부가가치세, 소비세, 영업세 등 세금에 관한 잠정조례에 관한 결정(全国人民代表大会常务委员会关于外商投资企业和外国企业适用增值税, 消费税, 营业税等税收暂行条例的决定)(1993년)
26. 중화인민공화국 대만동포투자보호법(中华人民共和国台湾同胞投资保护法) (1994년)
27. 중화인민공화국 예산법(中华人民共和国预算法)(1994년)
28. 중화인민공화국 대외무역법(中华人民共和国对外贸易法)(1994, 2004년 수정)
29. 중화인민공화국 회계감사법(中华人民共和国审计法)(1994, 2006년 개정)
30. 중화인민공화국 광고법(中华人民共和国广告法)(1994년)
31. 중화인민공화국 중국인민은행법(中华人民共和国中国人民银行法)(1995, 2003년 개정)
32. 중화인민공화국 민용항공법(中华人民共和国民用航空法)(1995년)
33. 중화인민공화국 전력법(中华人民共和国电力法)(1995년)
34. 중화인민공화국 석탄법(中华人民共和国煤炭法)(1996년)
35. 중화인민공화국 향진기업법(中华人民共和国乡镇企业法)(1996년)
36. 중화인민공화국 도로법(中华人民共和国公路法)(1997, 1999 · 2004년 개정)
37. 중화인민공화국 동물방역법(中华人民共和国动物防疫法)(1997, 2007년 개정)
38. 중화인민공화국 홍수방지법(中华人民共和国防洪法)(1997년)
39. 중화인민공화국 에너지절약법(中华人民共和国节约能源法)(1997, 2007년 개정)
40. 중화인민공화국 가격법(中华人民共和国价格法)(1997년)
41. 중화인민공화국 종자법(中华人民共和国种子法)(2000, 2004년 개정)
42. 중화인민공화국 해역사용관리법(中华人民共和国海域使用管理法)(2001년)
43. 중화인민공화국 정부조달법(中华人民共和国政府采购法)(2002년)
44. 중화인민공화국 중소기업촉진법(中华人民共和国中小企业促进法)(2002년)
45. 중화인민공화국 항구법(中华人民共和国港口法)(2003년)
46. 중화인민공화국 은행업감독관리법(中华人民共和国银行业监督管理法) (2003, 2006년 개정)
47. 중화인민공화국 농업기계화촉진법(中华人民共和国农业机械化促进法)(2004년)
48. 중화인민공화국 재생에너지법(中华人民共和国可再生能源法)(2005년)

49. 중화인민공화국 축산법(中华人民共和国畜牧法)(2005년)
50. 중화인민공화국 농산품품질안전법 (中华人民共和国农产品质量安全法)(2006년)
51. 중화인민공화국 돈세탁금지법(中华人民共和国反洗钱法)(2006년)
52. 중화인민공화국 기업소득세법(中华人民共和国企业所得税法)(2007년)
53. 중화인민공화국 반독점법(中华人民共和国反垄断法)(2007년)
54. 중화인민공화국 순환경제촉진법(中华人民共和国循环经济促进法)(2008년)

V. 사회법(17건)

1. 전국인민대표대회 상무위원회《국무원 노동자 퇴직에 관한 잠정규정》비준에 관한 결의(全国人民代表大会常务委员会关干批准《国务院关干工人退休、退职的暂行办法》的决议)(1978년)

   첨부문서: 국무원의 노동자 퇴직에 관한 잠정규정(国务院关干工人退休、退职的暂行办法)
2. 전국인민대표대회 상무위원회《국무원의 직원친척방문대우에 관한 규정》에 비준에 관한 결의(全国人民代表大会常务委员会关干批准《国务院关干职工探亲待遇的规定》的决议)(1981년)

   첨부문서: 국무원의 직원친척방문대우에 관한 규정(国务院关干职工探亲待遇的规定)
3. 중화인민공화국 장애인보호법(中华人民共和国残疾人保障法)(1990년)
4. 중화인민공화국 미성년자보호법(中华人民共和国未成年人保护法)(1991, 2006년 개정)
5. 중화인민공화국 노동조합법(中华人民共和国工会法)(1992, 2001년 개정)
6. 중화인민공화국 부녀자권익보장법(中华人民共和国妇女权益保障法)(1992, 2005년 개정)
7. 중화인민공화국 광산안전법(中华人民共和国矿山安全法)(1992년)
8. 중화인민공화국 적십자법(中华人民共和国红十字会法)(1993년)
9. 중화인민공화국 노동법(中华人民共和国劳动法)(1994년)
10. 중화인민공화국 노인권익보장법(中华人民共和国老年人权益保障法)(1996년)
11. 중화인민공화국 미성년자범죄방지법(中华人民共和国预防未成年人犯罪法) (1999년)
12. 중화인민공화국 공익사업기부법(中华人民共和国公益事业捐赠法)(1999년)
13. 중화인민공화국 직업병방지법(中华人民共和国职业病防治法)(2001년)
14. 중화인민공화국 안전생산법(中华人民共和国安全生产法)(2002년)
15. 중화인민공화국 노동계약법(中华人民共和国劳动合同法)(2007년)
16. 중화인민공화국 취업촉진법(中华人民共和国就业促进法)(2007년)

17. 중화인민공화국 노동쟁의조정중재법(中华人民共和国劳动争议调解仲裁法) (2007년)

Ⅵ. 형법(1건)

중화인민공화국 형법(中华人民共和国刑法)(1979, 1997년 개정)

전국인민대표대회 상무위원회 외화사기구매, 외화도피, 불법매매의 범죄처벌에 관한 결정(全国人民代表大会常务委员会关于惩治骗购外汇, 逃汇和非法买卖外汇犯罪的决定) (1998년)

중화인민공화국 형법수정안(中华人民共和国刑法修正案)(1999년)

중화인민공화국 형법수정안(2)(中华人民共和国刑法修正案(二))(2001년)

중화인민공화국 형법수정안(3)(中华人民共和国刑法修正案(三))(2001년)

중화인민공화국 형법수정안(4)(中华人民共和国刑法修正案(四))(2002년)

중화인민공화국 형법수정안(5)(中华人民共和国刑法修正案(五))(2005년)

중화인민공화국 형법수정안(6)(中华人民共和国刑法修正案(六))(2006년)

중화인민공화국 형법수정안(7)(中华人民共和国刑法修正案(七))(2009년)

Ⅶ. 소송과 비소송절차법(7건)

1. 중화인민공화국 형사소송법(中华人民共和国刑事诉讼法)(1979, 1996년 수정)
2. 전국인민대표대회 상무위원회 중화인민공화국이 체결 또는 참가한 국제조약이 규정한 형벌권 행사에 관한 형사관할권의 결정(全国人民代表大会常务委员会关于对中华人民共和国缔结或者参加的国际条约所规定的罪行行使刑事管辖权的决定)(1987년)
3. 중화인민공화국 행정소송법(中华人民共和国行政诉讼法)(1989년)
4. 중화인민공화국 민사소송법(中华人民共和国民事诉讼法)(1991, 2007년 정)
5. 중화인민공화국 중재법(中华人民共和国仲裁法)(1994년)
6. 중화인민공화국 해사소송특별절차법(中华人民共和国海事诉讼特别程序法)(1999년)
7. 중화인민공화국 인도법(中华人民共和国引渡法)(2000년)

색 인

共著者略歷

朱 力 宇〔제 1 장 중국법개론〕
현 중국인민대학 법학원 교수·법학박사

趙 曉 耕〔제 1 장 중국법개론〕
현 중국인민대학 법학원 교수·법학박사

韓 大 元〔제 2 장 헌법 제13장 법학교육〕
현 중국인민대학 법학원 교수·법학박사

鄭 二 根〔제 3 장 행정법·제 7 장 세법·제 9 장 민사소송법 제10장 형사소송법·제11장 노동법〕
현 영산대학교 법과대학 교수·법학박사

李 井 杓〔제 4 장 민법〕
현 부산대학교 법학전문대학원 부교수·법학박사

姚 輝〔제 4 장 민법(물권부분)〕
현 중국인민대학 법학원 교수·법학박사

金 玄 卿〔제 5 장 혼인법·상속법 제12장 변호사제도〕
현 중국인민대학 법학원 조교수·법학박사

吳 日 煥〔제 6 장 상법〕
현 중국정법대학 민상경제법학원 교수

韓 玉 胜〔제 8 장 형법〕
현 중국인민대학 법학원 교수

李 星 燕〔제 8 장 형법〕
현 인하대학교 법과대학 BK21사업팀 박사후연구원. 인천대학교 시간강사·법학박사

2009 改訂版
現代中國法概論

2002年 8月 20日 初版發行
2009年 11月 10日 改訂版印刷
2009年 11月 20日 改訂版發行

共著者 韓大元 外 9人
發行人 安 鍾 萬
發行處 (株) 博 英 社
서울特別市 鍾路區 平洞 13-31 番地
電話 (733)6771 FAX (736)4818
登錄 1959. 3. 11. 제300-1959-1호(倫)

www.pakyoungsa.co.kr e-mail: pys@pakyoungsa.co.kr

저자와 협의하에 인지첩부를 생략함

破本은 바꿔 드립니다. 本書의 無斷複製行爲를 禁합니다.

定 價 45,000 원 ISBN 978-89-7189-190-2